근대중국사상의 흥기 1

現代中国思想的兴起

汪晖 着, 生活·读书·新知三联书店, 2008年 出刊本

근대중국사상의 흥기 1

상권—제1부 리理와 물物

왕후이 지음

백원담, 박자영, 최정섭, 진성수, 이영섭 옮김
백원담 감수

2024년 4월 15일 초판 1쇄 발행

펴낸이 한철희 | 펴낸곳 돌베개 | 등록 1979년 8월 25일 제406-2003-000018호
주소 (10881) 경기도 파주시 회동길 77-20 (문발동)
전화 (031) 955-5020 | 팩스 (031) 955-5050
홈페이지 www.dolbegae.co.kr | 전자우편 book@dolbegae.co.kr
블로그 blog.naver.com/imdol79 | 트위터 @Dolbegae79 | 페이스북 /dolbegae

편집 이경아
표지디자인 김민해 | 본문디자인 이은정·이연경
마케팅 심찬식·고운성·김영수·한광재 | 제작·관리 윤국중·이수민·한누리
인쇄·제본 영신사

ISBN 979-11-92836-64-5 (94150)
      979-11-92836-63-8 세트

책값은 뒤표지에 있습니다.

이 책은 중국 칭화대학교의 출판 지원을 받아 제작되었습니다.

근대중국사상의 흥기 1

上

現代中國思想的興起

1

상권 ── 제1부 　　　　리理와 물物

왕후이汪暉 지음

백원담, 박자영, 최정섭, 진성수, 이영섭 옮김 / 백원담 감수

돌베개

『근대중국사상의 흥기』는 2004년에 처음 출판되었으며, 2010년에 개정판이 출판되고, 2018년과 2020년에 재판이 나왔다. 이 저본 전체는 상하 두 부분으로 나뉘어 총 4권 1,700면에 이른다. 2010년 아카데미아 유니버설 프레스Academia Universal Press는 이 책의 서문을 이탈리아어로 번역해 『제국인가 민족국가인가? 중국의 근대 사상』(Impero o Stato-Nazione? La Modernita intellecttuale in Cian)이라는 제목으로 단독 출판했다. 2011년 일본의 이와나미 서점岩波書店은 『근대중국사상의 생성』近代中國思想の生成이란 제목으로, 책의 도론과 총론을 일본어로 번역해 출판했다. 2014년 하버드대학 출판사에서 출판한 책과 이탈리아에서 출판한 책은 모두 이 책의 도론을 번역한 것이며, 『중국, 제국으로부터 민족국가로』(China from Empire to Nation-State)를 표제로 했는데, 이태리어본에 넣었던 물음표가 영어본에서는 삭제되었다. 2023년 하버드대학 출판사는 또한 1천여 쪽에 달하는 단행본 *The Rise of Modern Chinese Thought*를 출판했다. 그 내용은 『근대중국사상의 흥기』 상권 1, 2권의 종합이다. 그리고 바야흐로 이번에 독자에게 선보이는 한국어 번역본은 세계에서 유일한 이 저서의 완역본이다. 이 책이 중국에서 출간된 지는 20년이 지났다. 백원담 교수가 이끄는 번역진은 이 책이 처음 출판된 아주 이른 시점에 번역을 시작했다. 그러나 이 책의 방대한 분량으로 인해 번역과 출판에서 여러 우여곡절을 겪었다. 그리고 마침내 세상에 빛을 보게 되니, 나는 그야말로 흥분되고 감격스럽지 않을 수 없다. 글쓰기란 일종의 교류 방식이며, 번역은 저자와 번역자 그리고 독자가 언어의 장벽을 넘어 관련 주제에 대해 새로운 인식을 일으키며 완전히 새로운 사색을 창출할 수 있게 해 준다. 『근대중국사상의 흥기』의 한국어판 출판을 맞아, 나는 이 책에서 발전시킨 새로운 생각을 여기에 몇 가지 소개함으로써, 한국 독자들에게 참고를 제공하고자 한다.

이 책이 출판된 이후 중국 학계에서는 제국·조공 체계·천하·문명국가·대일통 등과 관련된 토론이 다시 활발해졌고, 또한 유럽·미국·일본·한국에서도 관련된 논의들이 서로 반향을 일으키며 논쟁을 일으켰다. 이러한 개념이나 범주의 재등장은 민족국가 패러다임에 대한 불만에서 비롯된 것이다. 그러나 많은 상황 속에서, 또한 민족국가라는 프리즘을 통해 중국과 그 역사 변화를 관찰한 결과라고 할 수 있다. 하지만 19세기 이후 제국, 문명 등의 범주는 민족국가 및 민족주의 사상과 얽히면서 종족화되고 단편화되는 과정을 거쳤다. 예를 들어 근대 일본이 제시한 동양 개념 및 그 유교 문명권은 국가를 초월한 문명의 범주이지만, 이 범주는 중국의 광활한 서역, 북방 및 그 문명의 다양성을 개괄해 내기 어렵다. 따라서 이 책은 제국 또는 문명국가 개념으로 민족국가 개념을 대체할 것을 건의한 것이 아니라, 제국-국가 이원론을 비판하고 유학을 중심으로 한 정치 문화가 어떻게 트랜스 시스템 사회 trans-systemic society에서 작동하고 시대적 조건에 적응하고 변화하는지를 탐색한다.

무엇을 '트랜스 시스템 사회'라고 하는가? 혼거 지역의 가정, 마을, 도시 및 농촌 사회는 종종 서로 다른 사회 시스템(민족·종교·언어·관습 등)을 포함하고 있으며, 이러한 '시스템'은 한 사회, 한 마을, 한 가정 심지어는 한 개인에 내재해 있다고 할 수 있다. 역사 편찬학에서는 하나의 족군族群(본서 89면 참조), 하나의 종교 혹은 언어 공동체 등을 단위로 삼아 서술하는데, 그것은 민족주의 시대에 흔히 볼 수 있는 현상이다. 그러나 만약 이러한 족군, 종교, 언어가 한 지역, 한 마을, 한 가정 안에서 서로 교착해서 존재한다면, 이 서술 방식은 이러한 복잡한 관계 자체를 삭제하거나 과장하거나 왜곡시킬 수도 있다. 나의 입장에서 보면, '트랜스 시스템 사회'란 이러한 일련의 독특하지만 근대 지식에 의해 늘 홀시되거나 단순화되는 역사 현상들을 개괄하고 또한 이로써 이러한 현상을 다시 기술할 가능성을 제공했다.

이 개념은 페이샤오퉁費孝通이 1988년에 제출한 '다원일체多元一體 구조'와 약간 비슷하다.* 페이샤오퉁은 다음과 같이 말했다. "자각적 민족 실체로서의 중화민족은 근 백 년 동안 중국과 서구 열강의 대항 속에서 출현했지만, 그러나 하나의 자립적인 민족 실체로서 수천 년의 역사적 과정을 거쳐 형성된 것이다. …그것의 주류는 분산되고 고립된 많은 민족 단위들이며, 접촉하고 뒤섞이고 연결되고 융합되며, 동시에 분열하고 소멸하면서, 네가 오고 내가 가고, 내가 오고 네가 가고, 내 속에 네가 있고, 네 속에 내가 있으며, 또한 각기 개성을 가진 다원 통일체를 형성했다. 이것은 아마도 세계 각지 민족이 형성되는 공통 과정일 것이다. 중화민족의 이러한 다원일체 구조의 형성은 또한 나름의 특색이 있다. 말하자면 상당히 이른 시기에, 지금으로부터 3천 년 전, 황하 중류에서 여러 민족이 모여 점진적으로 통합되어 형성된 핵심이 출현하여 화하華夏로 일컬어지며 눈덩이처럼 구르고 커져서 주변의 다른 민족들을 이 핵심으로 흡수하고 진입하게 하였다. 그것은 황하와 장강 중하류를 흐르는 동아시아 평원을 거느린 후, 다른 민족들에 의해 한족漢族으로 일컬어졌다. 한족은 다른 민족의 요소를 부단히

---

* 이 개념은~비슷하다: 페이샤오퉁은 1988년 홍콩중문대학(香港中文大學) Tanner 강좌에서 저명한 〈중화민족의 다원일체 구조〉라는 강연을 하였고, 다음 해 이것을 정식 논문으로 발표했다. 費孝通, 「中華民族的多元一體格局」, 『北京大學學報』, 1989年 3期, 3-21면 참조.

흡수하여 나날이 성장했으며, 다른 민족의 거주 지역에 침투하여 응집과 연계 작용의 네트워크를 형성해 냈고, 이 강역 안의 많은 민족이 연합하여 형성한 불가분의 통일체로서의 기반을 마련하고, 자율적인 민족 실체를 이루었으며, 민족 자각을 통해 중화민족으로 일컬어지게 되었다."•

　'트랜스 시스템 사회'는 중국 사회의 융합과 혼성, 그리고 통일성 자체의 내재적 다양성을 강조한다는 점에서 다원일체 개념과 중첩되지만, 결코 민족이나 족군 범주에 한정되지는 않는다. 근대 자본주의의 초국가적, 초민족적, 초지역적 활동은 각종 문화와 정치의 요소를 경제 활동에 통섭하는 역량이다. 또한 경제적 불평등이 초래한 사회 분화의 흔한 형태는 계급과 계층의 분화, 지역의 분화, 도시-농촌의 분화이며, 그리고 그것은 다민족 지역에서 족군의 계급화 또는 계급의 족군화로 왜곡될 수 있고, 나아가 다른 유형의 정체성 정치와 분리주의에 온상을 제공하기도 하며, 극렬한 사회 충돌을 일으키기도 한다. 자본의 전 지구화 시대에 '트랜스'trans(跨)라는 접두사는 이미 남용되었고, 경제 활동이 지배하는 민족·국가·지역 등 전통적인 범주를 뛰어넘는 추세와 동향을 대표하고 있다. '트랜스 시스템 사회'는 이와는 다르다. 이 개념 속의 '트랜스'는 일련의 문화·관습·정치·의례 등 역량을 중심으로 하는 것으로, 경제 관계는 앞에서 언급한 복잡한 사회적 연관 속에 있는 교류 활동의 하나로만 들어가 있을 뿐이다. 따라서 '트랜스 시스템 사회'라는 개념이 제공하는 것은 서로 다른 문화, 서로 다른 민족, 서로 다른 지역이 교류·전파와 병존을 통해 형성한 상호 연관된 사회와 문화 형태이며, 사회적 단결에 기초한 동질의식과 이를 기반으로 지속된 사회화 과정을 제공할 수 있다.

　고전적인 민족주의 담론은 항상 정치적 경계와 문화적 경계의 통일

• 자각적 민족~일컬어지게 되었다: 費孝通, 『中華民族多元一體格局』, 北京: 中央民族大學出版社, 2018, 17면.

을 민족국가의 특징으로 간주한다.• 그러나 이 고전적인 담론은 다음과 같은 전제를 일깨우는 것을 잊어버렸다. 즉 근현대 세계의 대부분의 국가는 모두 트랜스 시스템 사회이며, 정치적 경계와 문화적 경계의 통일을 담론하자면 그 전제는 반드시 트랜스 시스템 사회 및 그 문화에 대한 규정 자체가 문화와 정치 경계의 통일을 이끌어 내야 한다는 것이다. 트랜스 시스템 사회에서 문화는 필연적으로 정치적이다. 칸트Kant는 국가에 대해 다음과 같이 말했다. "국가란 하나의 인류 사회이며, 국가 자신 이외에 그 누구에게도 그것에 대해 명령을 받거나 지배를 받지 않는다. 국가란 그 자체가 뿌리를 가진 나무줄기와 같다."• 그러나 칸트의 국가 개념은 그가 처한 시대의 고전적 민족국가 유형과 중첩 관계를 맺고 있다. 이 논지를 중국 역사의 맥락에 대입한다면, 한 인류 사회로서의 국가는 트랜스 시스템적 정치 구조이며, 그 통일성과 트랜스 시스템적 속성이 서로 중첩될 때만이 우리는 비로소 이 국가를 '하나의 인류 사회'라고 일컬을 수 있다. 이 인류 사회는 약간의 상호 침투한 사회로부터 독특한 방식으로 연결된 것이고, 그 사회화는 장기적 과정이라 하겠다. "하나"의 함의는 오직 '트랜스 시스템'의 의미로만 이해할 수 있으며, '반시스템' 또는 '단일적'이라는 의미로 이해할 수 없다는 것이다. "하나의 인류 사회"로서의 국가는 물질문화, 지리, 종교, 의식, 정치 구조, 윤리와 우주관 및 상상적 세계 등의 각종 요소를 포함할 뿐만 아니라 서로 다른 체계의 물질문화, 지리, 종교, 의례, 정치 구조, 윤리와 우주관 및 상상력의 세계도 연결해 낸다. 이러한 의미에서 '트랜스 시스템 사회'는 '민족체'의 관점에서 제출된 다양한 사

• 고전적인~간주한다: 어니스트 겔너(Ernest Gellner), "민족주의는 우선 정치 원칙이고, 그것은 정치적 민족적 단위가 일치해야 한다고 여긴다." "민족주의는 일종의 정서 혹은 운동으로서 이러한 원칙은 가장 합당한 규정이다." 『民族與民族主義』, 韓紅 譯, 北京: 中央編譯出版社, 2002, 1면.
• 국가란~같다: 칸트, 『永久和平論』, 『歷史理性批判文集』, 何兆武 譯, 北京: 商務印書館, 1991, 99면.

회 서술뿐만 아니라 다원 사회 개념과도 다르다. 다원일체 개념과 비교하면, 그것은 '원'元 또는 '일극'一極으로서의 체제의 성질을 약화하고(그러나 부정하지는 않음), 체제 간 운동의 역동성을 돌출시키며, 본질적으로 '하나'가 '여럿'(多)임을 강조한다. '시스템'은 고립되어 존재하는 시스템이 아니라 상호 침투하는 시스템이며, 따라서 시스템은 소셜네트워크의 지속적인 운동의 내재적인 요소이자 동력이기도 하다. '트랜스 시스템 사회'의 기반은 일상생활 세계의 상호 연결성에 있지만, 그러나 또한 부단히 생성 중인 정치 문화에 의존하며, 그것은 각 시스템의 요소를 끊임없이 변동하는 유기적 연관 속에서 종합하지만, 결코 이러한 요소의 독특성과 능동성을 부정하지 않는다.•

하나의 트랜스 시스템 사회로서 중국은 타자의 흔적을 자신의 요소로 내재화하는 동시에 또한 그 독특한 생기를 가진 생생불식生生不息하는 트랜스 문명이다. 그러나 또한 이로 인해 트랜스 시스템 사회는 트랜스 사회 시스템과 서로 연관되고 규정된다. 앞에서 인용한 칸트의 "하나의 인류 사회"라는 정의와 같이 근대 이후 사회는 언제나 국가 및 국경에 의해 규정되었지만, 사람들은 또한 더 광범위한 범주에서 이 개념을 사용했다. 곧 지역, 계층, 문화 혹은 기타 단위를 앞에 붙여 사회의 경계를 규정했다. 그러나 흔히 사용되는 '지인 사회' 또는 '상상 공동체'는 사실 모두 '트랜스 시스템 사회'이며, 이들이 의미하는 '시스템'(언어, 민족, 종교적 신념, 우주론, 관습, 법률 및 제도적 전통, 경제적 유대 등과 같은)도 결코 국가/사회의 경계에 국한되지 않고, 다른 사회적 조건으로 또 다른 현지화 과정을 거치면서 '트랜스 시스템 사회'의 내재적 요소를 이룬다. 중국에는 불교의 중국화와 이슬람교의 중국화라는 역사적 사례가 있으며, 그 안에 서구 사상과 제도, 사회조직 모델을 수렴한 마르크스주의의 중국화라는 근대적 범례가

• '트랜스 시스템 사회'의~않는다: 왕후이, 『東西之間的"西藏問題"』, 三聯書店, 2014, 第269~277면.

존재한다. 그리고 중국 문화 전통과 근대 경험이 여타 사회에 미치는 영향 또한 마찬가지로 교류, 융합, 현지화 및 창조적 변화 과정을 거쳤다. 유럽의 1968년, 남아시아와 라틴아메리카의 마오주의Maoism 운동, 그리고 베트남 및 기타 중국 개혁을 참조하여 형성된 변혁 경로들은 모두 이러한 관점에서 관찰하고 해석할 필요가 있다.

다원일체 구조는 단지 중국 현상일 뿐 아니라 세계적인 현상이지만, 중국이 어떻게 중국이 되었는가 하는 문제를 해석하기에는 불충분하다. 지속적인 중국화 과정과 이 과정에 가장 큰 영향을 끼친 정치 문화 및 그 변천을 이해하지 않고서는 중국의 장구한 생명력을 해석하기란 매우 어렵다. 파란만장한 역사 변화 속에서 이러한 정치 문화는 트랜스 시스템 사회의 모순과 충돌을 지속해서 극복해 나갔으며, 정치 주체의 변화를 발생시키는 조건 아래에서 중국의 연속성을 반복적으로 구축해 나갔다. 바로 이러한 독특한 역사 현상은 중국 역사의 단절과 연속 및 어떻게 중국의 다원성과 그 역사의 형성을 이해할 것인가 하는 문제와 관련된 논쟁을 일으켰다. 그 가장 최신의 파장은 곧 '신청사'新淸史(및 한 학파로서의 신청사의 존재 여부)와 관련된 논란이었다. 2010년 8월, 이 책의 초판이 나온 지 6년 뒤, 중국 인민대학 청사연구소淸史硏究所는 북경 향산香山에서 '청대 정치와 국가 정체성'을 주제로 한 국제 학술 토론회를 개최했다. 회의 중에 '신청사' 및 '한화'漢化와 '호화'胡化에 대한 문제의 토론은 크나큰 논쟁을 일으켰으며, 지금까지도 여진은 끊이지 않고, 미국에서의 이러한 학술 맥락의 영향력을 훨씬 뛰어넘었다.

이 문제에서 '한화'와 '호화'의 이원적 역사관을 뛰어넘을 수 없다면, 역사 과정으로서의 중국화에 대한 새로운 해석 작업은 의미 있는 결론을 낼 수 없다. 영어 및 다른 서구 언어 속에서 중국화 개념과 한화 개념은 구분이 어려운데, 크게는 그것이 근대 유럽 민족주의 지식의 영향으로 서구의 중국 개념이 종족 민족주의(ethnic nationalism, 族裔民族主義)로 각인되었기 때문이고, 또한 이 모호하지 않은 중국어 개념이 일단 다른 언어로 번역되면 아주 쉽게 한화 개념과 같아지기 때문이다. 예컨대 중국 종교인 티베트 불교는 한화의 문제가 존재하지 않을 뿐만 아니라, 다른 종교에서도 근대 문명론이나 민족주의 지식의 의미에서 한화의 문제는 없으며, 단지 이러한 종교와 그 실천이 중국 사회생활에 어떻게 적응하였고, 따라서 중국 특색을 가지는 것 곧 중국화의 문제가 존재할 따름이다. 종교의 중국화는 중국 사회가 서로 다른 유형의 종교 생활을 포함하고 있다는 것을 의미하며, 종교가 전파되는 과정에서 어떻게 중국 사회 생활에 적응했는가 하는 문제가 발생했음을 의미하는데, 이 점과 관련하여 중국 불교사 연구는 충분히 이루어져 있다. 따라서 종족 민족주의라는 개념의 틀을 뛰어넘는 것은 트랜스 시스템 사회인 중국을 이해하는 데 중요한 의미가 있다. 그러나 영어 세계에서 중국화 개념을 Sinicization이라는 단어로 표현하지 않는다면, 또한 어떤 개념으로 표현해야 하는가?

근대 중국은 청나라의 영토와 인구 구성을 계승하고 있는데, 근대 중국에 대한 해석 또한 청나라의 역사를 어떻게 해석해야 하는가와 관련된다. 역사 연구 분야에서 일부 역사학자들은 제국 범주나 천하 개념을 다시 새롭게 논의하고 있다. 그 주된 목적은 다원적 정치 공동체의 관점에서 민족국가의 한도를 사고하는 것이다. 근대 역사의 설명에 이러한 범주를 도입하는 것은 또한 단일 주권 국가 시스템과 그 형식 평등의 규범 관계가 국가의 형태와 국제 관계에 대한 실질적인 설명을 제공할 수 없다는 것을 의미하고 있다. 다른 제국사와 비교해, 중국 역사의 한 가지 자세하게 캐 볼 문제는 몽골인, 만주인 등이 세운 이른바 '정복 왕조'가 어째서 결국 자신을 중국 왕조의 계보에 포함시켰는가 하는 점이다. 유가의 정치 문화는 이러한 새 왕조의 합법성 구축에서 어떤 역할을 했는가? 이러한 합법성 구축 과정에서 유가 정치 문화와 다른 종교·문화의 관계는 어떠했는가? 혹은 이런 거대한 역사적 사변과 전환 속에서 중국 역사가 보여 주는 '연속성'을 어떻게 이해해야 하는가?

이 문제에는 두 개의 대립적 관점이 존재하는데 그것은 주로 '한화'와 '호화'에 관련된 논쟁 속에 집중적으로 체현되며, 또한 종족 민족주의 지식의 근대 중국 역사 연구에 대한 심원한 영향력을 현시하고 있다. 천인커陳寅恪는 『당대정치사술논고』唐代政治史述論稿에서 다음과 같이 말한다. "한인과 호인의 구별은, 북조 시대에는 문화가 혈통보다 더욱 중요했다. 무릇 한화한 사람은 한인으로 보고 호화한 사람은 호인으로 보았으며, 그 혈통이 어떠한지는 전혀 문제 삼지 않았다."• 한인과 호인의 구별은 문화에 있지 혈통에 있지 않았다. 북미에서 이러한 논쟁은 1967년 허빙디何炳棣 교수의 미국 『아시아연구잡지』(Journal of Asian Studies, 1967-2)의 논문 「중국 역사상 청대의 중요성을 논함」(論清代在中國歷史上的重要性), 로스키Evelyn Sakakida Rawski가 1996년 아시아연구학회 연례회의(AAS)에서 발표한 「청대를 다시 본다 – 청대의 중국 역사상의 의미를 논함」(再觀清代 – 論清代在中國歷史上的意義)•이라는 회장 축사, 그리고 1998년 허빙디가 같은 학회지에 발표한 로스키 논문에 대한 응답 성격의 문장 「한화를 수호한다」(捍衛漢化)•로 거슬러 올라간다. 그러나 사실상 중국에 대한 다원화된 해석은 미국에서 발생한 이러한 논쟁보다 훨씬 오랜 세월 동안 이루어졌다. 중국의 역사학자 천인커, 구제강顧頡剛, 푸스녠傅斯年, 야오총우姚從吾 등, 그리고 시로히사 키치이네白鳥庫吉, 카노오 이와키치稻葉岩吉 등도 중국 역사 속의 '이족異族 통치'에 대해 논의한 바 있다.

수십 년에 걸친 이 논쟁은 최근 미국의 '신청사' 연구에서 다른 방식으로 재차 전개되었다. 즉 미국의 일련의 청사 학자들은 '한화'가 청대 말기 중국 역사 서술의 지배적 모델이라고 여기며, 단일하고 통

• 한인과~않았다: 陳寅恪, 『唐代政治史述論稿』, 『陳寅恪史學論文選集』, 上海人民出版社, 1992, 567면 참조.
• 「청대를~의미를 논함」: 羅友枝, 「再觀清代 – 論清代在中國歷史上的意義」, 『清朝的國家認同』, 劉風雲, 劉文鵬 編, 中國人民大學出版社, 2010, 1~18면.
• 「한화를 수호한다」: 何炳棣, 「捍衛漢化」, 같은 책, 19~52면.

일된 중국을 예로부터 이어져 온 정치체로 보는 것에 반대한다. 그들은 제2차 세계대전 이후 유럽과 미국, 일본의 학자들이 독특한 종족성(ethnicity) 정체성을 근거로 한 '정복 왕조'론을 계승했으며,* 일본 학자의 견해에 따르면 북위 등 왕조에서의 족군 관계는 점차 변용(acculturation)되어 동일화되었지만, 정복 왕조(요, 금, 원 등)는 도리어 분명한 다원 체제의 특징을 가지고 있다. 즉 정복자가 한족 문화에 대해 모종의 거부 태도를 취함으로써 대일통 제국 내부의 문화 변화나 융합의 추세가 결코 최종적으로 동일화되지 않는다는 것이다. 역사 서술에서 볼 때, '신청사'는 중국 역사에서 두 개 왕조의 계보를 구분해낸다. 즉 북위·요·금·원·청 등 북방 민족이 세운 '정복 왕조'와 송·명 등 '전통적인 중화제국 모델'을 구분해 내고, 청나라 정치체제의 특징은 팔기八旗 제도에 바탕을 둔 '종족성'種族性이라고 여긴다. 논쟁의 쌍방은 청나라의 다원성을 인정하지만, 전자는 청나라 다민족 국가의 형성이 지속적인 '한화' 과정에서 비롯되었다는 것을 강조함으로써 현대 중국을 연속성의 관점에서 이해할 수 있는 전제를 제공한다. 그러나 후자는 중국을 끊임없이 변화하는 부호로 간주하고, 청조의 다민족 제국은 그 제도 및 문화상의 만주족 청 왕조의 특성을 전제로 한다고 간주하여, 일종의 단절적인 역사 해석을 제공한다. 공간적으로 볼 때 이 관점은 유럽의 동양 지식과 관련된 내중국內中國(이른바 중국 본토 China Proper)과 외중국外中國의 구분과도 밀접한 관련이 있다.

　'한화'라는 문제 제기 방식은 청말 민족주의 사상에서 기원하며, 중국 역사 속의 민족 융합 현상을 해석할 때, 이 개념은 복잡하고 다면적 과정을 '한'漢이라는 하나의 개념에 응집한다. 만주족 청 왕조를 반

---

* 그들은~계승했으며: Karl A. Wittfogel & Feng Chia-Sheng, *History of Chinese society: Liao*, Lancaster: Lancaster Press, 1949. 카를 비트포겔(1896~1988)과 펑지아성(馮家升, 1904~1970)은 요(遼)나라 역사와 관련된 연구에서 일찍이 원나라를 거란과 함께 논란이 된 정복 왕조(dynasty of conquest) 범주에 넣어 북위 등 '침투 왕조'(dynasty of infiltration)와 구별해 낸 바 있다.

14

대하는 역사적 맥락에서 벗어나면 이 개념의 정치적 함의도 변화를 일으킨다. 주지한 바와 같이 '한'이라는 개념은 원래 종족 개념이 아니라 문화 개념이다. 허빙디는 중국화(Sinicization)를 변호할 때 명확하게 지적했다. "'중국화'라는 개념에 대한 가장 정확한 한문 번역은 '화화'華化여야 한다. 그 이유는 '한화'漢化의 역량이 일찍이 한나라가 건국되기 수천 년 전부터 시작되었기 때문이다."• 허빙디가 여기에서 논의한 '화화' 개념은 1923년 천위앤陳垣이 쓴 『원서역인• 화화고』元西域人華化考로 거슬러 올라갈 수 있다. 이 책의 제1권 서론 3에서는 '화화의 의미'를 다음과 같이 논술했다. "화화의 의미는 후천적으로 획득된 것이며, 화인華人이 독자적으로 얻은 것이다."• 무엇이 후천적으로 획득된 것이며, 화인이 독자적으로 얻은 것인가에 대해 천위앤은 또한 다음과 같이 설명한다. 예를 들어 충의, 효우, 정치, 공적 등은 "천부적 재능에 의한 것이거나 본래 인류에게 같을 수 있지만, 그것을 모두 '화화'라고 할 수 없다." 그리고 문학, 미술 등 후천적으로 얻어진 것들이지만, 그러나 그 사람들이 이미 중국에 귀화했더라도, 문학 혹은 예술 형태상에서는 변화가 발생하지 않았으니, 또한 그것은 단지 서역인의 문학이라고 할 수밖에 없다. 따라서 화화는 일종의 문화 특징이고, 그런즉 사람이 아직 귀화하지 않았더라도 그 '마음'(의례, 관습, 문학, 예술 등 표현 방식으로 표현됨)은 도리어 '화화'될 수 있다. 그러나 근대 민족주의의 물결과 유럽의 문명 등급론의 틀 속에서 국가나 문명 등의 개념과 마찬가지로 이 범주 또한 종족화의 과정을 거쳤다. 이러한 배경에서 '한화' 개념 때문에 굴절된 중국 개념은 '중국' 및 그 관련 범주의 역사적 변화와 내부 다원성을 약화시켰다.

청나라 말기 민족주의와 민족주의 사학의 영향력은 오래 지속되었

- '중국화'라는~때문이다: 何炳棣, 「捍衛漢化」, 『清朝的國家認同』, 52면.
- 원서역인(元西域人): 원나라 때 중원에 들어온 서역인(색목인色目人)을 말한다.
- 화화의~얻은 것이다: 陳垣, 『元西域人華化考』, 『中國現代學術經典·陳垣卷』, 劉夢溪 主編, 河北教育出版社, 1996, 54면.

다. 그러나 이후 중국 역사 연구를 한화漢化 사관史觀의 역사 서사로 개괄할 수는 없으며, 더욱이 한화 개념에 대해 유럽 민족주의 지식에 따라 단면적으로 그 종족적 특성만을 부각할 수는 없다. 앞에서 언급한 천인커, 천위앤 등 중국 역사학자 외에도 구제강, 젠보짠翦伯贊, 바이소우이白壽彝, 탄치상譚其驤 등 많은 역사학자가 중국 각 지역의 역사와 중국 내 이민족에 대해 높은 관심을 가졌으며, 이들이 써낸 중국의 역사는 결코 단일 족군의 역사가 아니었다. 인류학과 민족학 분야에서 페이샤오퉁, 린야오화林耀華 등으로 대표되는 수많은 인류학자와 민족학자들의 연구 작업도 중국 역사 연구에 거대한 공헌을 했다. '중화민족의 다원일체 구조'라는 명제는 역사 인류학 혹은 인류학적 역사 연구의 틀 안에서 탄생한 것이다.

'화화'와 '중국화'는 중첩되는 측면이 많지만, 전자는 이민과 교통의 문화적 융합 및 승인 관계를 더욱 강조한다면, '중국화'는 제도·법규 및 정치적 가치 측면의 함의를 포함한다. 1907년 초, 장타이옌章太炎은 「중화민국해」中華民國解에서 중국 및 그 관련 개념에 대해 심도 있게 탐구했다. 그는 중국이라는 개념의 다중적 의미를 이름과 실체 관계의 역사적 형성에 두고 고찰, 중국과 관련된 몇 개 명사들(화華, 하夏, 한漢)의 어원을 고증해 '무엇이 중국인가'라는 문제에 대한 역사적, 정치적 논증을 진행했다. 그의 고증은 다음과 같이 귀납될 수 있다. 즉 화華는 원래 나라 이름이고, 종족 명칭은 아니었다. 종족적 의미를 고려한다면 하夏가 더 가깝지만, 그러나 하라는 이름은 하수夏水로부터 비롯되었다. 하는 처음에는 씨족 이름이었고, 나라 이름은 아니었다. 또한 제하諸夏라는 설법도 있었다. 이러한 명사의 경계는 역사적 변화 속에서 점차 모호해지고 혼용되었다. 그러므로 화·하·한 등의 칭호는 "한 가지 이름을 거론하면 세 가지 의미가 통섭되었다. 한이라는 이름을 세우면 종족이 되고 국가의 의미가 거기에 건재한다. 화라는 이름을 들면 나라로 간주하며 종족의 의미가 또한 거기에 포함된다. 이것이 중화민국이라는 명명이 붙은 이유이다."* 역사 속의 화, 하, 한 등의 개념은 족군, 문화, 정치 공동체의 함의를 포괄했지만, 그러나 유장하고 복잡한 변화는 궁극적으로 중국의 근대화 과정에서 응집되었다.

한화, 화화 등의 개념과 달리 중국화 개념은 정치 문화적 의미를 부각시켰다. 1938년 마오쩌둥毛澤東은 「새로운 단계를 논한다」(論新階段)에서 마르크스주의의 중국화라는 명제를 제출했다. 이것은 근대 중국 역사 속에서 중국화와 관련된 문제에 대한 고전적 서술이라고 할 수 있다. 그는 다음과 같이 말했다. "마르크스주의를 중국에서 구체화하여, 그 하나하나 표현 속에서 꼭 필요한 중국적 특성을 띠게 하는 것, 즉 중국적 특징에 맞게 적용하는 것이 전체 당이 해결해야 할 시급한 과제가 되었다."• 마오쩌둥은 중국공산당 내부의 '서양식 팔고문'(洋八股), '공허하고 추상적인 곡조'와 '교조주의'를 비판했으며, 그것을 "중국 인민을 기쁘고 즐겁게 하는 신선하고 생동감 있는 중국 작풍과 중국 기운으로 대체할 것"을 건의했다. 즉, 마오쩌둥이 제출한 '중국화'란 공산당 자체와 공산당이 추동하는 운동을 겨냥하여 말한 것이고, 그것은 민족성이나 종족적 의미에서의 '한화'와 어떤 직접적 관련도 없었다. 이 개념을 중국 역사의 단절과 연속성을 설명하기 위해 옮겨 사용하는 데에는 다음의 네 가지 이유가 있다.

첫째, 북방 민족이 중원에 들어온 후 그들은 자기 민족 정체성을 유지하는 동시에 또한 자신의 정당성을 중국 왕조의 계보 위에 건립하고자 애썼다. 이러한 정체성은 주동적이었으며, 한화라는 항상 수동적인 의미를 내포하는 개념으로 설명하기에는 적합하지 않았다. 예를 들어,

---

• 한 가지~이유이다: 章太炎, 「中華民國解」, 『民報』第15號, 2면; 汪暉, 『世紀的誕生』, 三聯書店, 2020, 136면 참조.【역주】장타이옌은 '중국'과 '중화'에 대한 양두(楊度)의 견해를 반박하기 위해 1907년 7월 5일에 발행된 『민보』(民報) 제15호에 「중화민국해」라는 제목의 글을 썼다. 이 글은 당시 쑨원(孫文)이 제안한 '중화민국'이라는 국호에 대해 해설하고 분석한 것이다.
• 마르크스주의를~되었다: 毛澤東, 「論新階段」, 延安『解放』周刊 第57期, 1938年 11月 25日, 4~36면; 『中國共產黨在民族戰爭中的地位』, 『毛澤東選集』(北京: 人民出版社, 1966), 522~523면.

금, 원, 청조의 통치자들은 일련의 의식과 법률 그리고 제도적 장치와 경학 해석을 통해 중국 왕조로서의 자신의 합법성을 구축했으며, 그들이 구축한 '중국'을 거쳐, 그 내포와 외연 또한 모두 역사적 변화를 일으켰다. 중국화 개념은 단절과 연속성의 개념을 서로 대립시키는 것이 아니라 두 개념을 변화와 다원성을 인정하는 중국이라는 개념 위에 통합하였다.

둘째, 이러한 왕조의 중국화는 단일한 융합 과정이 아니고, 또한 일방적 정복 과정도 아니다. 그것은 복잡한 승인 관계와 관련된다. 이러한 승인 관계는 중원 지역 및 그 주변 인민이 일상생활에서의 융합이라는 토대 위에서 왕조의 정통에 대한 승인을 포괄하며, 또한 주변 왕조와 유럽 국가의 조공 관계 혹은 외교 관계 속에서 이러한 왕조(특히 청 왕조)에 대해 중국 왕조로서 승인하는 것을 포함한다. 어떤 측면에서든 승인은 모두 단일 방향은 아니다. 예컨대 한인과 기타 족군의 청 왕조에 대한 승인은 그들이 왕조 내부에서 평등 지위를 쟁취하는 투쟁과 연계되는 것이다. 나는 그것을 근대적 평등주의와 다른 평등을 쟁취하는 투쟁으로 규정한다. 즉 주변 왕조들이 청나라를 중국으로 인정한 것은 청나라가 자신을 중국 왕조로 건설하고 중국 왕조의 세계 속에서의 역할을 계승해 가는 자각적 노력 또한 수반하였기 때문이다. 황싱타오黃興濤 교수의 연구에 따르면, 청나라가 중국에 들어온 뒤 오래지 않아 전체 청나라 통치 지역을 '중국'이라 지칭하는 용법이 등장하기 시작했다(『세조실록』世祖實錄 103권). 청나라와 서양인들의 교섭과 조약 관계에서 대부분 중국과 서양이 대칭되었다. 『대청역조실록』大淸歷朝實錄에서는 1644년부터 1911년 사이에 '중국'이라는 용어가 1,680회 이상 사용되었으며, 이러한 용법 중에서 한족 영토만을 지칭하는 사례는 거의 없고, 대부분 청나라 통치 지역 전체와 그 이전의 고대 중국을 지칭했다.• 왕조가 그 영토 전체를 중국으로 지칭하든 외교 문서에서

• 황싱타오 교수의~지칭했다: 黃興濤, 「淸朝滿人的"中國認同"」, 『淸史硏究』 2011年

중국이라는 개념을 사용하든, 그것은 안과 밖의 두 가지 층위와 방향에서의 중국화 과정을 의미하고 있었다. 이 과정은 지연, 혈연, 풍속, 관습, 언어, 문화, 정치 등 각 측면의 융합을 현저하게 포함하고 있었지만, 그러나 이러한 중국화 과정은 단순한 한화 과정과 동일시할 수 없다.

셋째, 중국화는 또한 왕조 내부의 이민, 통혼, 풍속의 변천, 그에 상응하는 제도적 조정 및 기타 사회적 이동을 일상생활의 기초로 하였다. 이민, 통혼, 풍속의 변화, 제도적 조정 및 기타 사회적 이동은 세계 역사에서 보편적인 현상으로, 중국 역사에서도 이러한 변화와 융합에는 또한 부분적 이슬람화, 불교화, 몽골화, 만주화, 한족화 및 다양한 지역의 지방화 과정을 포함하였다. 그러나 왕조 건설과 장기적 사회화 과정에서 이러한 요소와 방향은 늘 상호 침투하였고 생명력 있는 중국 문명의 내재적 부분을 이루었다. 문명의 개방성과 포용성은 복잡하고 다변적인 역사의 산물로, 일방적인 흡수·포용과 같을 수 없으며, 또한 긴장과 투쟁의 배척을 부정하지 않으며, 따라서 다양성의 취소를 목적으로 한 적이 없다. 왕조 진화의 관점에서 볼 때, 종교, 문화, 민족 및 기타 정체성의 다양성을 인정하는 문명은 필연적으로 정치적 문명이다. 따라서 혈맥의 상호 연결, 일상적 융합을 넘어 어떤 시대를 막론하고 어떠한 제도와 가치를 기반으로 견고하고 탄력성이 풍부한 정치 공동체를 구축하고, 그것으로 하여금 지속해서 생장하고 발전하게 했는가 하는 것은 모두 중국과 중국의 역사적 변화를 이해하는 데 있어서 관건이 되는 문제이다.

넷째, 이로 말미암아 '중국화'란 결코 중국의 단일성을 의미하지 않는다. 다민족 통일 왕조든 다민족 통일 국가든 중국의 통일성이란 단일 문화의 정치체와 다르며, 반대로 통일 또는 통합은 비할 데 없이 풍부한 다양성을 내재적 요소 혹은 그 내용으로 한다. 이것이 하나의 '트

1期.

랜스 시스템 사회'이고, 즉 트랜스 족군, 트랜스 종교, 트랜스 언어 심지어는 트랜스 문명의 정치체이며, 그것의 정치적 통일은 일관되게 '트랜스 시스템성'을 전제로 한다. 트랜스 시스템성이란 '하나'는 본질적으로 '여럿'을 포함하고, '여럿'은 '하나'의 유기적 내포라는 것을 의미하고 있다. 족군, 종교 등은 트랜스 시스템적일 뿐만 아니라 마을, 가정, 개인 등 모든 사회적 유기체는 트랜스 시스템적 성질을 갖는다. 트랜스 시스템 사회는 항상 트랜스 소셜 시스템(예를 들어 지역, 종교, 언어 및 서로 다른 사회를 연결하는 기타 시스템)과 밀접하게 관련되어 있으며, 그 내포적 개방성은 말할 나위가 없다. 이런 의미에서 트랜스 시스템 사회나 트랜스 소셜 시스템과 같은 개념은 어떤 종류의 단일 정체성에 기반한 커뮤니티 개념이나 심지어 유교 문명권이나 한자 문화권 같은 범주와는 다른 인식 틀을 제공했으며(유교와 한자 문화가 중국 문명에서 가장 응집력 있는 부분임에도 불구하고), 이질성과 동질화의 역동적인 관계 속에서 중국과 그 정치 문화를 이해하는 방식을 제시했다.

　이 저작의 주된 맥락 중 하나는 사상사, 특히 유교와 그 변화의 관점에서 상술한 문제를 관찰하는 것이다. 비교문화사적 관점에서 볼 때, 기독교와 유교는 무엇이 문화적으로 유럽적이고 중국적인지를 규정하는 역할에서는 다소 유사한데, 그렇다면 차이점은 어디에 있는가? 왕궈빈王國斌은 이 점을 통찰해 다음과 같이 말했다. "기독교는 유럽 민족국가의 정치적 경계를 초월하는 반면, 유가의 사상은 문화적 경계와 정치적 경계를 하나의 단일한(복잡하긴 하지만) 종합체 속에 융합한다. …정치와 문화의 융합이 근대 민족주의의 독특한 특징이라고 가정한다면, 우리는 중화제국의 정치적 건설 전략을 '근대적'으로 간주해야 하는 딜레마에 직면하게 된다."* 이 관찰에 따르면, 기독교는 문

<hr />

* 기독교는~직면하게 된다: 王國斌, 「兩種類型的民族, 什麼類型的政體?」, 蔔正民(Timothy Brook)·施恩德(Andre Schmid) 編, 陳城 等譯, 『民族的構建—亞洲精英及其

20

화적 의미에서의 유럽을 규정했지만, 문화와 정치의 통합을 이루어 낼 방법이 없었고, 민족주의 시대에 이르러 문화적 경계와 정치적 경계는 민족국가의 틀 내에서 비로소 종합되었다고 하겠다. 이와는 대조적으로, 복잡하지만 단일한 종합체로서의 중국은 유교 문명을 전제로 하였다. 이러한 서술은 민족국가와는 구별되는 '문명국가'의 형태를 제공했다. 어떤 의미에서 그것은 중국의 역사 형태이자 또한 유럽이 구상하고 있는 미래 형태이기도 하다.

그러나 여기서 빼놓을 수 없는 중요한 문제는 '유가 사상'을 어떻게 이해할 것인가이다. 이것은 다른 사상 및 가치와 서로 협조할 수 있는 정치 문화인가(따라서 다른 각도에서도 그 특징을 규정할 수 있는가), 아니면 상대적으로 단일한 가치 체계인가? 유교 문화, 심지어 중국 문명 등의 개념은 우리의 일상에서 단일화되는 경향이 있기 때문에(중국 문명을 기독교 문명 및 이슬람 문명과 병치하여 사실상 중국 문명을 상대적으로 단순한 유교 문명으로 규정하는 경우처럼), 중국 사회 속의 비유가 문화 체계를 어떻게 해석할 것인지가 문제가 된다. 이것은 18세기 이후 청나라에서 더욱 두드러진다. 청 왕조의 통일은 유교를 중심으로 이루어졌지만 단일 문화, 단일 종교, 심지어 단일 문명에 기반을 두고 건립된 것이 아니다. 오히려 청 왕조는 트랜스 문화적, 트랜스 종교적, 트랜스 문명적 '트랜스 시스템 사회'였다. 즉 그것은 이미 다중적 체계를 포함하였고, 또한 탄력성이 풍부한 사회를 구성하고 있었다. 중원 지역, 몽골, 티베트, 회족 지역 또는 서남 국경 지역에서 황제는 그들의 내부 통치자이다(이미 중국 황제이지만 또한 몽골의 칸이고, 만주의 족장이며, 티베트의 문수보살의 환생자 등 다중적이고 통일적인 신분이다). 또한 마샬 살린스Marshall D. Sahlins가 말한 것처럼 '이방인 왕'(stranger-king)이기도 했다. 결국 황권은 단순히 어떤 한 지

民族身份認同』(Nation Work, Asian Elites and National Identities), 長春: 吉林出版集團有限責任公司, 2008, 第134~135면.

역의 내부 통치자가 아니었고, 그의 신분의 '트랜스 시스템적' 성격이
비로소 전체 제국 합법성의 원천이었다. 따라서 중국 역사에서 문화
적 경계와 정치적 경계의 종합과 통일을 논의할 때, '문화' 또는 '문명'
을 다시 새롭게 규정할 필요가 있다. 즉 문화 또는 문명을 종교, 언어,
종족 또는 기타 단일 요소로 규정하는 것이 아니라 트랜스 시스템 사
회의 일상생활, 관습, 신앙, 가치, 의례, 부호 및 정치 체계의 종합체로
보아야 하는 것이다. 그런 의미에서 유가 사상이라고 하기보다는 유가
전통, 티베트 불교, 이슬람 문화 등 '시스템'을 종합해 낸 정치 문화가
문화적 경계와 정치적 경계의 일정한 통일을 실현하였고, 따라서 중국
개념의 내포와 외연을 지속해서 확장했다고 하겠다. 청대의 정치 문화
는 다중 문화의 상호 작용 속에서 태어난 것이다. 이러한 관점에서 볼
때, 트랜스 시스템 사회 및 그 문화에 관한 규정 자체가 문화와 정치적
경계의 통일을 이끌어 냈다고 하겠다. 즉 트랜스 시스템 사회에서 문
화는 필연적으로 정치적이다.

유가 문화는 청나라의 정치적 강역과 문화 영토의 통일을 설명하기
에는 부족하다. 그러나 중국 사회와 연결된 다양하고 풍부한 관계의
맥락으로 말하면 유가 문화가 왕조 정치에서 갖는 주도성은 의심할 나
위가 없다. 유가에 대해 말한다면 정치는 바로 예교의 활동과 과정이
고, 그것의 이상적 기능은 하나의 공동의(또한 더불어 조화되지만 동
화되지 않는 화이부동和而不同의) 세계를 창조하는 것이다. 만약 '유
가 사상'이 청 왕조에서 주도적인 지위에 있었다고 한다면, 그것은 바
로 '유가 사상'이 더욱 심각한 정치적 성격이었기 때문이다. 그것은 바
늘을 꿰어 실을 당겨서 여타 체계들을 탄력성이 풍부한 네트워크 안에
정교하게 직조해 내었으며, 또한 이러한 '시스템' 자체의 독특성을 절
대 부인하지 않았다. 유교 사회는 티베트, 몽골 또는 기타 지역이 유
교 윤리 곧 그 정치 원칙과 의례 시스템에 따라 그들 자신의 사회적 관
계를 규제하도록 요구하지 않았다. 국경 지역, 특히 소수민족 지역에
서 왕조는 자신의 정치, 교육 및 법률 시스템을 지역적 관계에 강요하

지 않았으며, 이른바 '현지 관습에 따른 통치'(從俗從宜)란 구체적 정황과 사회적 변화에 근거하여 왕조와 지역 질서 간의 관계를 조정하고 통일해 가는 것이었다. 왕조는 유가의 천하 관념으로 조공 관계를 해설했지만, 다른 공동체가 이 관계를 탄력적으로 해석할 가능성도 예비해 두었다. 청나라 황권이 티베트 불교와 유가 사상 간에 평형을 이룬 것이 바로 그 한 예증이다. 청나라 황제가 티베트 사회에서 문수보살로 환생한 것으로 여겨질 수 있다면, 티베트 사회 내부에도 내외의 관계를 유연하게 규정하는 정치 문화가 존재해야만 할 것이다(이 정치 문화가 종교적 신앙이나 현지 관습과 의례의 형태로 나타난다고 해도, 반드시 정치적이어야 하는데, 이는 서로 다른 공동체 간의 관계를 처리하고 그에 상응하는 제도적 형식을 제공해야 하기 때문이다). 사실 조공-번속藩屬-번지藩地 등의 관계는 절대 균질하지 않았으며, 그 것은 늘 참여자의 특성에 따라 변이를 일으켰다. 따라서 유가 사상의 정치성은 자신의 경계 지역에 대한 때로는 엄격하고 때로는 유연한 지속적 규정 속에서 표현되었다. 각기 다른 형세에 근거하여, 이하夷夏의 구분과 내외內外의 구분은 엄중하면서도 또한 상대적이었고, 각 시대의 유가-정치가는 다양한 경전과 해석 전통에 따라 일련의 해석을 제출했을 뿐만 아니라 이러한 해석을 제도적이고 의례적인 실천으로 전환했다. 물론 이것은 이상적인 묘사일 뿐이고, 실제 역사 변동 속에서 중앙과 지방의 관계는 지속해서 변화해 왔으며, 삼투·지배·배척·투쟁(전쟁, 개토귀류改土歸流 등등)도 마찬가지로 전체 역사적 과정을 관통해 왔다. 의례적인 체제든 강제적인 기구든 그것들은 줄곧 통치 문제와 관련된 것이었다. 그러나 다른 관점에서 보면, 역사 연구의 과제 중 하나는 바로 서로 다른 통치 형식 간의 차이이다.

만일 문화적 경계와 정치적 경계 사이의 관계를 '중국'이 아닌 아시아 지역이라는 범주에 놓는다면, "유교 사상은 문화적 경계와 정치적 경계를 하나의 단일한(비록 복잡하지만) 종합체 속에 융합하였다"라고 여겼던 주장은 어떻게 정치적 경계를 정의할 것인가 하는 문제에 직면할 것이다. 우리는 이 문제를 두 가지 방향에서 관찰해 볼 수 있다. 첫째, 일본과 한반도, 류큐, 베트남 등은 이른바 유교와 한자 문화권 안에 있었지만 결코 그로 인해 '하나의(복잡하긴 하지만) 종합체'를 형성해 내지 못했다. 메이지明治 일본과 쇼와昭和 일본이 이를 대동아大東亞 확장 계획의 근거로 삼으려 했을 때, 이 지역 내 각 국가와 민족의 격렬한 저항에 부딪혔다. 다음으로 류큐, 한반도, 베트남 등 유교 문화와 한자 문화의 영향을 많이 받은 지역과 비교하면 티베트, 몽골, 회족 지역 등 중국 왕조(및 그 뒤를 이어 일어난 근대 국가)의 유기적인 부분은 오히려 결코 유교 문화권이나 한자 문화권 안에 있지 않았다. 중국의 왕당파나 혁명당파 모두 중국의 통일을 추구하는 노력에서 결코 근본적으로 분열되지 않았지만, 그러나 민족주의 시대에 몽골, 티베트, 회족 지역은 각각 통일과 분열의 문제를 일으켰고, 서로 다른 맥락에서 사회 문제의 민족화라는 도전에 직면했다. 20세기 전반에 걸쳐 각기 다른 정치적 주장이 대두되었으며, 그것들 사이의 분기는 모두 '중국'의 '트랜스 시스템'으로서의 특징을 어떻게 해석하고 그에 상응하는 정치-법률적 시스템을 만들 것인가와 관련이 있었다.

　권역적(민족국가 내부 지역과 구분하여 아시아의 공간 지리적 범주를 권역으로 지칭-역자) 관점에서 볼 때 동아시아에서 유교의 역할은 기독교가 유럽에서 가지는 역할과 매우 유사하며, 유교의 동아시아 지역의 문화적 특성에 대한 규정은 정치적 경계와는 전혀 서로 중첩되지 않는다. 어떤 의미에서 양자 간의 차이는 다음과 같은 지점에 있다. 요컨대 기독교 문명이 문화와 정치 간 경계의 통일에 대한 내재적 욕구가 있었다고 한다면, 유교 문명권은 어떤 동질적 수렴에도 불구하고 (유교 문화로 규정된) 권역 문화와 그 권역의 정치적 통일을 강하게 추구하지 않았으며, 오히려 다른 방식으로 서로 다른 왕조를 '트랜스 소셜 시스템'으로 연결했다는 것이다. 이것은 아마도 왜 동아시아에서는 유럽 역사에서 반복되는 다양한 규모의 종교 전쟁이 거의 발생하지 않았는가 하는 이유를 해명해 줄 수 있을 것이다. 하마시타 다케시浜下武志 등 일본 학자들의 노력으로 조공 체제는 이미 유럽의 민족국가 체제와 구별되는 아시아의 지역 모델임이 학술계의 광범위한 지지를 받았다. 문화사 분야에서 일부 학자들은 조공 무역을 유교 문화권, 한자 문화권 등의 개념과 연관해서 연구하기도 했다. 이러한 유학을 중심으로 하는 조공 체계의 구도는 대부분 '동아시아'를 하나의 권역 단위로 삼았으며, 아울러 해양 조공과 이민의 경로를 따라 동북아시아로부터 동남아시아로 확장되었다. 그러나 조공 체계는 유학, 한자 문화 또는 동일한 종교적 신앙과 상호 중첩되지 않으며, 그것은 중앙아시아와 히말라야 지역에도 존재했다. 티베트, 네팔, 부탄, 시킴, 라다크, 미얀마는 중앙 왕조와 성격이 각기 다른 조공-번속 혹은 조공-속지 관계를 맺었을 뿐만 아니라, 서로 교차하는 복잡한 번속과 조공 관계를 맺고 있었다. '트랜스 시스템 사회'와 '트랜스 소셜 시스템'은 모두 문화 동질성을 유일한 존재 근거로 삼지 않기 때문에 상호 교차 침투는 자연적인 것이었다.

'트랜스 시스템 사회'와 '트랜스 소셜 시스템'은 모두 정태적 구조가 아니라 동태적 과정이다. 역사적 변동이나 권력 관계, 사람의 활동을 떠나서는 지역, 중국, 아시아와 같은 역사 범주를 이해하려는 어떠한 방식도 의미가 없다. 20세기의 급격한 변동 속에서 지역, 중국, 아시아를 형성한 힘은 이미 전 지구적이었고, 민족국가가 주도적인 모델이 되었으며, 전쟁·혁명·무역·자본주의 경제 및 사회적 유동 속에서 새로운 사회관계와 국가 형태를 만들어 냈고, 사회의 트랜스 시스템성과 내부의 차이는 현저하게 축소되었다. 따라서 근현대 중국과 아시아 권역 간의 복잡한 관계를 해명하기 위해서는 20세기가 중국과 전체 아시아 권역의 주권, 인민, 권역 관계를 다시 새롭게 재구성하는 데 미친 거대한 작용을 사고해 볼 필요가 있다. 하지만 그럼에도 불구하고 권역 내 또는 권역 간 관계의 측면에서 '트랜스 시스템 사회' 또는 '트랜스 소셜 시스템'과 같은 개념은 역사적 관계를 관찰하고 이해하고 성찰하는 데 독특한 시각을 제공할 수 있을 것이다. 파란만장한 중국 혁명과 개혁 이후 중국 사회에서 '트랜스 시스템'은 여전히 중요한 현상이다.

　복잡 다변한 역사적 문맥 속에서 중국을 어떻게 해명할 것인가는 또한 중국의 정치 문화를 어떻게 해석해야 하는가 하는 문제와 관련이 있다. 예를 들어 유학의 다중 기능을 어떻게 해석해야 하는지, 주로 유학이나 유학을 통해 논술된 정치 개념을 어떻게 해석할 것인지, 그리고 이러한 개념들과 19세기 이후 번역을 통해 중국의 문맥에 들어온 서구의 개념 관계는 어떻게 설명해야 하는지 등등이 그것이다. 이러한 문제에 대하여, 나는 이미 『근대중국사상의 흥기』 2008년 판의 신판 서문에서 설명하였으므로, 여기에서는 더 이상 중복하지 않을 것이다. 다만 유명한 역사학자 존 그레빌 에이가드 포칵J. G. A. Pocock이 이 책에 대한 리뷰에서 제기한 질문에 약간의 답변을 하고자 한다. 포칵은 서평에서 다음과 같이 지적했다. "이 책은 중국이 왕조 '제국'으로부터 '근대 민족국가'로 전변된 것과 관련된 역사이고, 왕조 제국의 우주관은 자기 성찰의 어떤 결과이며, 그리고 근대 민족국가 속에서 여러 종류의 자신과 관련한 역사를 가진다. 지금, 왕조 제국과 근대 민족국가는 근현대 역사 속에서 공존하고 있는데, 말하자면 역사는 이미 과거의 것이지만 동시에 또한 현재의 것이다."• 매우 분명하게도 이 문제는 이 책 전체 서술의 기본 뼈대인 '초기 근대성' 문제에 대한 추궁과 밀접한 관련이 있다. 그러나 나는 결코 포칵이 우려했던 바와 같이, 헤겔 식의 목적론적 경로를 따라 근대성의 직선적 발전 노선을 추종하지 않았다. 내가 묻고자 한 것은 다음과 같다. 곧 이학理學의 형성은 송나라 이후의 사회, 국가 및 사상이 이미 어떤 중요한, 아마 '초기 근대'라고 할 수 있는 변화를 시작했음을 현시했는가 하는 것이다. 바로 이 문제의 압박으로 나는 반세기 이상 전에 일본 학자들이 제출한 중국 역사에 관한 가설로 다시 새롭게 돌아갔다. '당송 변혁기론'(唐宋轉變)은

• 이 책은~현재의 것이다: J. G. A. Pocock, "Chinese Historicity", *Common Knoweledge* 22:2(May, 2016), p.327.

나이토 고난內藤湖南이 1920년대에 제출한 개념이고, 그후 미야자키 이치시다宮崎市定 등 교토학파의 학자들은 '동양의 근세', '송대 자본주의'라는 논제를 발전시켰다. 그들은 귀족 제도의 쇠퇴, 군현제郡縣制 국가의 성숙, 장거리 무역의 발전, 과거 제도의 정규화 등의 측면에서 이 '초기 근대' 문제를 토론했고, 미야자키 이치사다는 이학을 '국민주의' 즉 '민족주의'라는 이데올로기로 명확하게 간주했다. 나의 토론은 주로 '천리天理의 성립과 군현제 국가'의 관계에 착안하여 유학 형태의 변화를 분석했는데, 그 속에는 교토학파가 논의한 문제와의 대화와 응답이 포함되어 있다. 여기서 제기가 필요한 문제는 다음과 같다. 왜 초기 근대성 문제에 대한 논의는 제국-국가 문제와 연관되는가? 교토학파의 문제는 이것과 어떤 관계가 있는가?

19세기 이후 정치경제학 및 역사 담론에서 민족국가를 중심으로 한 서술은 여타 담론과의 대립 구조를 통해 구성되었으며, 이른바 제국과 국가 담론은 곧 이러한 대립을 직접적으로 표현했다. 나는 포칵이 서평에서 다음과 같이 말한 것에 대해 전적으로 찬성한다. "서구—여기에서 말한 서구는 협의의 서구로, 독일 서쪽에 형성된 국가를 의미한다—의 서사에서 민족국가는 결코 로마나 중국적 의미의 '제국'에 대한 직접적 대립물이 아니다(그것은 단지 유럽 식민지를 통해 건립된 글로벌 제국의 전제 조건일 뿐이다). 유럽은 17세기 후반기에 형성된 다원 국가적 구성체에 지나지 않을 뿐으로, 그것은 종교적 교파 분열과 어떤 '보편적 군주제'의 결합으로 형성된 종교적 무정부 상태를 치유하기 위한 것으로 인식되었다. 왜냐하면 당시 유럽 사회에는 모종의 우려가 존재했는데, 그 우려는 고대적인 의미에서의 '제국'으로 회귀할 수도 있다는 점 때문이 아니라, 스페인-오스트리아 혹은 프랑스-스페인 연합 군주국과 같은 군주 정권이 유럽에서 패권을 장악하고 다른 선택의 길을 봉쇄할지도 모른다는 점 때문이다. 공동으로 전개한 전 지구적 상업 무역, 공유된 전쟁, 평화와 조약 체제, 그리고 현재 우리가 계몽주의라고 부르는, 신중한 과정을 통해 출현한 포스트 기독교 이념 공동체 덕분에, (유럽이라는) 다원 국가 체제는 줄곧 우선성을 가지고 유지되었다."* 유럽의 민족국가는 결코 로마 제국의 대립물이 아니지만, 그러나 역사 관념은 19세기에 중요한 변화를 겪게 된다. 즉 이른바 역사란 바로 주체의 역사이며, 그 주체는 다름 아닌 국가라는 것이다. 근대 국가와 그 정치 문화가 확립됨에 따라 초기 유럽의 정치 문화 또는 다른 지역의 국가 형태는 민족국가라는 프리즘을 통해 관찰되었다. 바로 서구 근대성 담론에 대항하기 위해 교토학파는 '동양의 근세', '송대 자본주의' 등의 논제를 제출했고, '동양사'의 프레임 속에서 중국 역사 속의 근대 동력을 재구성하였다. 하지만 교토학파가 서구 근대성과 평행한 동양의 근세라는 담론을 구축할 때, 서사의 출발점은 마찬가지로 국가라는 핵심 문제 위에 건립되었다. 이러한 국가 중심의 서사가 없었다면 이른바 근세 담론이라는 것은 존재하지 않았을 것이다. 교토학파 또한 이학 혹은 도학道學을 이야기하지만, 그들은 이학 혹은 도학을 새로운 민족주의 이데올로기로 이해했고, 이러한 해석의 배후에는 초기 민족국가 또는 원형 민족국가(proto-nation)로서의 군현제 국가와 관련된 역사적 해석이 있었다. 요컨대, 교토학파가 '동양의 근세'로 서구 담론에 대항할 때, '동양의 근세' 담론은 국가와 자본주의를 중심으로 한 담론을 구축했다. 이 서사는 서구의 주류 담론과 정반대이다. 즉 서구 중심 담론은 중국을 하나의 제국, 하나의 대륙 또는 문명으로 간주하는데, 그 잠재적 의미는 중국은 하나의 국가가 아니라는 것이다. 그러나 교토학파는 이와 확실히 상반된다. 교토학파는 '성숙한 군주 국가' 또는 '민족주의'와 같은 범주에 호소함으로써 '동양의 근세'와 관련한 역사적 가설을 건립했다.

따라서 송대에 어떤 '초기 근대'의 요소가 포함되어 있다고 할 때, 우리는 교토학파와는 달리, 근대적인 시간 목적론을 탈피해 민족주의

---

* 서구~유지되었다: J. G. A. Pocock, "Chinese Historicity", *Common Knoweledge* 22:2(May, 2016), pp.328~329.

지식을 초월하는 프레임 속에서 이 문제를 다시 서술해야 한다. 역사의 지속적인 변화 속에서, 여러 왕조는 각자의 방식으로 중국 왕조로서의 합법성을 구축하였는바, 이 과정은 직선론적 역사 서술로는 갈파할 수 없다. 이러한 역사 이해를 바탕으로 나는 이른바 '근대 중국 사상의 흥기'를 교토학파와 달리 송나라에서 시작하여 근대로 이어지는 하나의 궤적으로 파악하지 않았다. 나의 '시세'時勢와 '이세'理勢라는 개념에 대한 해석은 바로 시간 목적론과는 다른 역사 인식의 틀을 제공하고자 하는 것이며, 이러한 틀은 동시에 또한 그 시대의 유학 세계관과 지식론에 내재한 것이다. 이것은 바로 내가 재판 서문에서 언급한 것이다. 즉, 만약 유학 특히 이학의 부상이 역사의 중단에 대한 사고와 전통을 이어가고자 하는 의지를 포함하고 있다면, 연속성은 단절성의 전제하에서 사고되어야 하며, 역사적 주동성의 시야에서 사고해야 한다는 것이다. 정치적 관점에서 이야기한다면 연속성은 합법성의 부단한 구축 과정에 놓고 이해를 해야 할 것이다. 이른바 단절성을 전제로 하여 연속성을 사고한다는 것은 연속성을 자연적 과정이 아니라, 역사 속에서 주체의 의지와 행동의 산물로 이해한다는 것이다.

내가 '천리의 성립'을 군현제 국가, 종법 봉건 문제, 토지 제도, 세법 제도, 양송兩宋 시대의 이하지변夷夏之辨 등의 문제와 연관 지었을 때, 그것은 바로 이 새로운 형태의 세계관의 구성이 한 사회의 정체성과 가치를 재건하는 과정과 밀접하게 연관되어 있음을 표명한 것이다. 내가 유학의 경학적 형태를 중국 왕조로서의 청 왕조의 합법성 문제, 다원적 법률 제도 문제, 만한滿漢 관계 문제 및 조공과 국제 관계를 중심으로 한 내외 문제 등과 연관시켰을 때도 그 또한 마찬가지로 이학이나 신학新學과는 상대적으로 다른 형태의 유학의 출현이 한 사회의 정체성과 가치를 재구성하는 과정과 밀접한 관련이 있음을 표명한 것이다. 내가 공리적 세계관을 민족국가, 사회 체제, 권리문제와 문화 운동 등과 연관 지었을 때, 그것은 바로 새로운 유형의 정체성 및 내재한 모순과 딜레마에 대해 논의한 것이다. 나는 다양한 각도와 측면에서 '중국'이라는 범주의 다른 의미를 탐구했으며, 이 개념을 단순한 유럽 민족주의 모델 속의 '민족 정체성'에서 해방시키고자 애썼다. '중국'은 민족 범주보다 더욱 풍부하고 더 탄력성을 가지며, 더욱 다양성을 포용할 수 있는 범주이다. 소수민족 왕조의 합법성을 재건하고, 왕조 내부의 다른 족군 간의 평등 관계를 재구성하며, 아울러 다른 정치 공동체 간의 조공 혹은 외교 관계를 형성하는 등에서 이 범주는 모두 독특한 탄력성, 적응성 및 안정성을 드러내 주었다. 소위 탄력성과 적응성은 다양한 새로운 요소(외부 요소 포함)를 지속해서 자기 내부로 통합하는 살아있는 유기체를 의미하며, 안정성은 주로 복잡하고 다변적인 역사 과정에서 중국 문명의 연속성을 창출하는 능력을 표현해 낸다. 그런 의미에서 '중국'은 특정 역사 주체 밖에 존재하는 객체도 아니고, 각기 다른 시대의 다양한 중국인(현시대를 포함하여)과 동떨어진 존재도 아니다. '중국'은 특정 시대 사람들의 생각, 행동과 밀접한 관련이 있으며, 전체 권역과 심지어 글로벌 관계의 변화와도 밀접한 관련이 있다. 『단기 20세기: 중국 혁명과 정치의 논리』(短二十世紀: 中國革命與政治的邏輯)의 한국어판이 이 책보다 먼저 나왔기 때문에(2021, 글항아리), 관심 있는 독자들은 이 두 저서를 서로 호응하는 연속 저서로 읽을 수 있을지도 모르겠다.

　나는 한국 독자와 전문가들의 비판과 질정을 기대한다. 다시 한번 번역진의 간고한 작업에 감사드린다.

2024년 1월 왕후이

차 례

일러두기

1 이 책은 왕후이의 『現代中國思想的興起』(北京: 生活·讀書·新知三聯書店, 2004.7)의 재판본(重印本, 2008.3) 상권 제1부를 번역한 것으로, 초판 서문과 도론은 백원담, 재판 서문은 박자영, 제1장은 최정섭, 제2장은 진성수, 제3장과 제4장은 이영섭이 각각 번역하였다.

2 원서의 제목은 '현대중국사상의 흥기'지만, 여기서 '현대'는 우리말의 '근대'에 해당하므로, '근대중국사상의 흥기'로 서명을 바꾸었다.

3 고유명사 표기 원칙
 — 중국 인명의 경우 신해혁명(1911)을 기준으로 그 이전에 사망한 사람은 한자 독음으로, 이후까지 생존한 사람은 원어 발음으로 표기하였다.
 — 중국 지명의 경우 한자 독음으로 표기하였다.
 — 여타 국가의 인명과 지명의 경우 원어 발음으로 표기하였다.
 — 중국 서명은 고문인 경우 한자 독음에 한자를 병기하였고, 백화문이나 다른 언어인 경우 번역된 제목과 한자를 병기하였으며, 여타 언어의 서적인 경우는 원어명으로 표기하되, 국내에 번역된 책인 경우 한국어명도 병기하였다.
 — 서명은 『 』, 편명은 「 」으로 표기하였다.
 — 고유명사의 한자 병기는 각 장별로 처음 나올 때만 병기하였고, 그 이후로는 한자 독음으로만 표기하는 것을 원칙으로 하였다.

4 개념어 번역 원칙
 — 원어의 개념이 최대한 손실되지 않는 범위 내에서 번역어가 있는 경우 이를 사용하되 원어의 한자를 병기하였으며, 원어의 개념에 적합한 번역어가 없거나 의미 손실이 크다고 판단되는 경우는 원어의 한자 독음을 그대로 사용하되 한자를 병기하였다.
 — 개념어가 각 장별로 처음 나올 때만 한자를 병기하는 것을 원칙으로 삼되, 개념어가 한 글자이거나 다른 의미의 한글 단어와 의미가 혼동될 우려가 있는 경우 모두 한자를 병기하였다.
 — 원서에서 사용하고 있는 '현대'라는 용어는 경우에 따라 국내 담론 체계의 의미 맥락에 맞게 '근대'로 바꾸어 번역하였으며, 나머지 경우에는 '현대'로 번역하였다.

5 인용문
 — 원서에서 인용문 문단으로 되어 있거나 본문 내에 직접 인용으로 삽입되어 있는 인용문의 경우, 독자의 이해와 학술적 검토의 편의를 위해 고문인 경우에 한하여 번역문 다음에 원문을 병기했으며, 백화문의 경우는 번역문만 실었다.

6 각주 및 미주
 — 저자 원주는 미주로, 역주는 각주로 달았으며, 미주는 번호로, 각주는 •로 구분했다. 단, 왕후이가 쓴 '한국어판 서문'의 경우, 저자 왕후이의 원주를 각주로 달았다.
 — 간단한 단어 설명의 경우, 본문 내에 '(-역자)'의 형태로 설명을 삽입했다.
 — 원주에 있는 중국 서적의 저자명과 서명은 번역하지 않고 원문대로 표기했으며, 여타 언어의 서적인 경우는 원어명에 중국어명을 병기하되, 국내에 번역된 책인 경우 한국어명도 병기했다.

무엇이 근대고, 무엇이 중국의 근대인가? 시간과 관련된 이러한 개념은 일찍이 역사 연구의 중심 주제였다. 하지만 일단 사람들이 역사 결정론과 현대인의 자기 증명 방식을 회의하기 시작하자 오랫동안 역사를 분기해 왔던 각종 근거는 모두 의심스러운 것으로 변했다. 현대라는 의식이 반드시 고대에 이미 소멸한 의식과 밀접한 관련이 있다고 한다면, 이러한 고전적 고대 혹은 예악禮樂의 세계가 이미 소멸했다는 의식은 일찍이 공자 이래로 유학의 내재적 주제를 이루어 왔다고 하겠다. 이른바 '삼대三代 이전'과 '삼대 이후'의 구분, '예악'과 '제도'의 분화는 바로 이러한 역사의식의 특수한 표현이고, 유학 형태의 갖가지 변화와 전환은 모두 어떤 방식으로든 이 주제와 관련을 맺고 있다. 곧 유학자들 자신이 처한 시대에 대한 이해는 말할 것도 없고 고전 예악 세계에 대한 추구, 역사 변화에 대한 다양한 해석은 물론, 가능한 미래에 대한 각종 탐색 등이 그러하다. 이러한 고전 세계와 단절된 의식은 실제로 일련의 사상적 기조를 이루어 왔으며, 아울러 온갖 수신치국修身治國의 방안, 역사 이해의 방법과 문화/정치적 정체성의 구축 과정으로 전화되었다. 그렇다면 어떻게 이러한 독특한 역사의식을 드러내 보여 줄 것인가?

19세기의 산업화, 식민주의, 민족주의의 조류 속에서 직선적 진화라는 시간 의식과 이에 근거한 진보 의식이 지배적 위치를 점했다. 그리하여 전술한 역사의식과의 대치 속에서 근대인은 자신을 '근대적'으로 구축했거나 이해했다. 그러나 그들은 천연天演, 진화 등의 관념이 어떻게 고전적 역사의식과의 뒤얽힘을 통해 비로소 자신의 합법성을 확립해 갈 수 있었는지에 대해서는 망각해 버렸다. 사실상 19세기에 형성된 새로운 시간관념은 근대 역사 서사의 한 요소일 뿐이다. 그러나 그것은 많은 역사 저작들이 근대/근대성을 자본주의 문명을 동력으로 한 객관적 사회 진행으로 이해하게 하는 인식론적 틀을 제공했다. 이러한 저작들 속에서 근대를 구성하는 기본 요소는 다름 아닌 전통 경제 형식과 상대되는 시장경제이고, 전통 정치 구조(더구나 제국)에 상대되는 민족국가, 전통 생산양식(유목 또는 농업 등)에 대응하는 도시와 산업 문명, 전통 사회구조(특히 귀족 제도)에 대응하는 시민사회, 전통문화(주로 신성한 종교 생활 형태를 가리킨다)에 대응하는 세속 사회, 전통 예술 방식에 대응하는 근대 예술 및 세계관 등이다. 역사 분기에서 다소 차이가 있더라도, 이러한 요소들은 모두 시간적 서사 속에 조직되었다. 개인적, 주관적, 사상적 세계의 예술사와 사상사를 보여 주고자 애썼던 학자라 하더라도 이러한 요소들을 상술한 '객관적 사회 진행' 속에 놓고 해석하는 경향이 있었다. 근대 학술사에서 '동양적 근세', '송대 자본주의', '국민주의'(민족주의), '명청 자본주의 맹아', '초기 계몽주의' 등의 논제들 역시 이와 관련된 예증들이다. 모든 이러한 역사 서술은 19세기의 '대전환'—즉 자본주의의 탄생—에 대한 이해와 밀접한 연관이 있다. 모든 역사 요소는 이 '대전환'(및 이 '대전환'으로 인해 나타난 사회 형태)과의 관계 속에서만 비로소 규정될 수 있는 것이다.

사상, 관념, 명제는 어떤 맥락의 산물일 뿐만 아니라, 또한 역사 변화 혹은 역사 맥락의 구성적 역량이다. 그렇다면 위와 같은 역사 서술의 속박에서 벗어나는 방법은 과연 무엇인가? 이 책에서 나는 그러한 전통 범주의 의미를 다시 새롭게 회복하고자 시도하였으며, '시세'

時勢(시대의 추세), '리세'理勢(이론 추세) 등 유학 개념을 중심으로 역사 이해의 틀을 만들어 내고자 하였다. 이러한 유학 개념들은 시간과 공간을 하나의 관계 속에 조직하였으며, 역사 변화를 목적론적 시간 틀에 속박시키지 않았다. 이것이 바로 이 책의 제1장이 우선 '천리天理와 시세'('존재와 시간', '자연과 역사'의 구조가 아니라)에서 출발하여 유학적 세계관, 인생관 및 그 역사/정치의식의 변화를 해석해 낸 근거이다. 이러한 분석틀 속에서 내가 반복해서 질의하고자 한 바는 다음과 같다. 곧 어떻게 '천리'의 성립 및 그것이 야기한 유학 형태의 변화를 이해할 것이며, 유학 내부에서 발생한 변화 및 그것과 역사·정치와의 착종 관계를 어떻게 해석할 것인가? 여기에서 관건은 어떻게 유학의 내재적 시각을 유학에 대한 정치/사회사와 유기적으로 종합해 낼 것인가 하는 것이다. 이러한 유기적 종합을 통해서만 비로소 유학을 단지 대상으로 삼는 사회사적 방법을 벗어날 수 있다.

계몽시대 이후 유럽의 오리엔탈리즘은 동양/서양의 본체론과 인식론적 차이 위에서 동양이라는 지식을 건립했다. 이 지식은 식민주의 지식과 민족주의 지식에 동종의 인식론적 틀을 제공했다. 이 책은 이러한 형이상학적인 인식론적 틀이 형성되어 온 역사, 동력, 메커니즘을 분석하였다. 나아가 '중국'을 역사 진화 속에서 각종 역량의 상호작용으로 형성된 부단히 진화하는 존재로 설명함으로써 이 틀에서 벗어나고자 하였다.

나의 노력에도 불구하고 두 가지 목표는 달성해 내기가 결코 쉽지 않았다. 첫째, 사상·명제·지식을 자족적 체계로 간주하는 것이 아니라, 각종 역량의 상호 관계 속에서 역사적으로 이해하는 것이다. 둘째, 유학과 여타 사상을 역사 및 해석의 대상으로 삼을 뿐만 아니라 그것을 살아 있는 구성적 역량으로 보는 것이다. 이 두 가지 목표는 서로 연계되어 있다. 따라서 나는 결코 통사적 사상사를 쓰고자 애쓰지 않았으며 또한 사상사적 인물들을 나열하고자 하지 않았다. 나는 사상에 대한 역사적 해석을 통해 근대의 문제에 대한 다중적인 해석을 제공하고자 하였다. 그러나 역시 그 때문에 이 책에는 앞으로 보완되어야 할 부분이 적지 않다. 중국 혁명 및 그 이데올로기에 대한 역사적 분석과 같은 문제가 그러하다. 20세기 역사 속에서 중국 혁명은 중국 사회의 기본 구조에 매우 심각한 변화를 가져왔다. 때문에 '중국'이라는 범주의 연속성만으로는 근대 중국의 정체성 문제를 설명할 수 없다. 그런 점에서 추후의 연구가 이런 방면에서 새로운 역사적 해석을 제공해 줄 수 있기를 기대해 본다.

나는 1988년 『반항절망: 루쉰과 그 문학세계』(反抗絶望: 魯迅及其文學世界; 원제는 魯迅的精神結構與「吶喊」「彷徨」研究)를 완성한 뒤 이 과제의 연구로 전환했다. 「예언과 위기: 중국근대사 속의 '5·4'계몽운동」預言與危機: 中國現代歷史中的"五四"啓蒙運動(『文學評論』 1989년 3-4기), 「사이언스의 중국에서의 운명; 중국 근현대 사상에서의 과학 개념 및 그 사용」賽先生在中國的命運－中国近現代思想中的科學概念及其使用(『學人』 제1집, 1991), 이 두 편의 긴 논문은 내가 이 분야에 관하여 썼던 최초의 작업이라고 할 수 있다. 이후 10여 년 동안 나는 많은 사상사 관련 논문을 발표했다. 20세기 마지막 10여 년 동안 중국 사회와 전 세계에 발생한 거대한 변화는 사람들의 상상을 초월한다. 이 거대한 변화가 나의 사상, 생활, 학술 연구에 미쳤던 영향을 정확히 어떻게 설명해야 할지 아직도 잘 모르겠다. 내가 줄곧 역사의 영역에서 탐색을 진행했다고는 하지만 이러한 탐색이 다루었던 한 가지 혹은 일련의 논제들은 지금도 여전히 우리의 생활 과정에 영향을 주고 있으며, 어떤 단일한 줄거리 혹은 추상적 관념도 이러한 논제에 대해 유력한 해석을 내놓는다는 것은 불가능하다. 연구의 심화와 함께, 한편으로는 구체적인 개별 사안들에 관한 연구를 진행하면서, 다른 한편으로는 반복적으로 글쓰기 계획을 수정하며 논술의 방향을 새롭게 다잡았다. 이 과정에서 나는 그동안 많이 접근해 보지 않은 영역에 발을 들여놓았고, 새삼 내 지식의 한계와 고통스럽게 마주했다. 탐색의 과정은 망망대해를 항해하는 배와 마찬가지로 언제나 열려 있었으며, 매 방향마다 모두 가능성을 담지하고 있었고, 각각의 시각들 모두 서로 다른 답안을 만들어 낼 수 있었다. 1997년 처음 원고를 출판사에 제출했지만, 그러나 되풀이 고심한 끝에 나 스스로 철회했다. 이후 한 번 또 한 번 지연될 때마다 그것은 나를 완성이 예정된 글쓰기 계획으로 이끄는 것이 아니라, 한 개 또 한 개 새로운 문제들로 이끌어 갔으며, 이 저작의 완성은 점점 더 요원해져 갔다. 벗들의 관심과 물음을 접할 때마다 나의 초조는 점차 습관이 되어 갔다. 이 책이 야기한 문제 속에서 생활하는 데 익숙해졌고, 이러한 문제들의 인도하에 자료를 조사하는 것에 익숙해졌으며, 또한 내가 관여했던 일들 가운데 전혀 관련 없을 것 같던 일들을 '근대중국사상의 흥기'라는 논제와 연계시키는 데 익숙해져 갔다.

그러나 나는 결국 끝나지 않을 지점에서 이 책을 마무리할 수밖에 없었다. 즉 이 저작은 한 과정의 종결이라기보다는 다시 새로운 출발의 기점이라 할 수 있다. 많은 스승과 벗 들의 관심과 연구 기관들이 제공해 준 도움이 없었더라면 나는 지금도 이 미완의 저작을 완성할 수 없었을 것이다. 그들 모두에게 감사를 표하고 싶다. 1988년부터 2000년까지 나는 줄곧 중국사회과학원문학연구소에서 일을 했다. 문학은 나에게 과제를 선택할 자유를 주었고, 10여 년의 시간 속에서 단순한 문학 연구에 종사하는 것과는 완전히 다른 과제를 얻게 해 주었다. 1992~1993년, 리오우판李歐梵 교수와 하난韓南(Patrick Hanan) 교수의 도움으로 나는 하버드 옌칭연구소와 UCLA 중국연구센터에서 방문연구를 했다. 이후 북유럽 아시아연구소(Nordic Institute of Asian Studies), 홍콩중문대학香港中文大學 중국문화연구소中國文化研究所, 베를린 고등연구소(Wissenschaftskolleg Zu Berlin), 워싱턴대학 등에서 연구원으로 있었으며, 아울러 워싱턴대학 역사학과, 콜럼비아대학 동아시아학과와 하이델베르그대학 중국연구소에서는 중국 사상과 관련된 코스를 개설하였다. 이런 연구 기관들의 동료들과 관련 선택 과목 코스의 동학들로부터 많은 격려와 계발을 받았다. 천팡정陳方正 교수, 진관타오金觀濤 교수, 리우칭펑劉青峰 교수, 발로우Tani Barlow 교수, 페리 앤더슨Perry

Anderson 교수, 왕더웨이王德威 교수, 와그너Rudolf Wagner 교수는 내가 상술한 연구 기관에서 연구와 교학 과정을 하는 데 도움을 주었다. 그리고 코즈츠 미츠요시高筒光義와 다카하시 노부유키高橋幸信 두 분 선생에게도 감사드린다. 이들은 이토 도라마루伊藤虎丸 교수, 오자키 후미야키尾崎文昭 교수 등의 학자와 함께『학인』學人 잡지를 창간하는 데 지지를 아끼지 않았으며, 나의 몇몇 사상사 논문들은 바로 이『학인』총간總刊에 발표한 것이었다.『중국사회과학계간』中國社會科學季刊,『중국사회과학평론』中國社會科學評論,『중국학술』中國學術,『천애』天涯,『시계』視界, *Positions, The UTS Review, The Stockholm Journal of East Asian Studies* 등의 간행물과 여타 중국과 외국의 문집들도 또한 나에게 발표할 지면을 제공해 주었다. 이러한 간행물과 그 편집자들에게 감사를 표한다. 우위민吳予敏, 깐양甘陽, 천옌구陳燕穀, 린춘林春, 왕샤오밍王曉明, 한샤오공韓少功, 머시Viren Murthy, 천웨이강陳維綱, 상웨이商偉, 동웨董玥, 양니엔췬楊念群, 뤼신위呂新雨, 추이즈웬崔之元, 장쉬동張旭東, 리투어李陀, 허자오티엔賀照田, 진따청靳大成 등의 친구들은 이 책의 여러 장절들에 대해서 구체적인 평론과 건의를 해 주었다. 미조구치 유조溝口雄三, 위잉스余英時, 엘먼Benjamin Elman, 후터스Theodore Huters 교수는 일찍이 여러 장소에서 논문으로 발표했던 책 속의 장절들에 대해 지적해 주었다. 로뎅Torbjörn Lodén 교수, 예원신葉文心 교수와 차이웬펑蔡元豐 선생 등은 일부 장절의 번역과 발표를 위해 심혈을 기울여 주었다. 허자오티엔, 량짠梁展, 가오진高瑾 등은 이 책의 몇몇 자료들의 조사 및 대조에 도움을 주었고, 일부 인용문에서의 누락과 착오를 면할 수 있게 도와주었으며, 특히 허자오티엔 선생의 노고가 컸다. 책 속에 포함되어 있을 모든 오류는 나 자신의 책임임은 더 말할 필요가 없을 것이다. 이 책을 집필하는 기나긴 과정 동안, 이 책의 작업에 관심과 도움을 준 스승과 선후배, 친구들에게 일일이 감사를 표하기는 힘들겠지만, 왕더호우王得後, 자오위엔趙園, 치엔리췬錢理群, 리우짜이푸劉再複, 리저호우李澤厚, 예웨이리葉維力, 동시우위董秀玉, 황핑黃平, 그리고 『독서』讀書 잡지의 동료들이 다년간 나에게 보내주었던 지지와 관심에 감사드리지 않을 수 없다.

나에게 이 연구는 하나의 열린 과정이라 할 수 있을 것이다. 원고를 넘긴 이후에도 나는 '완성'했다는 느낌을 받을 수 없었다. "나는 갈 수밖에 없어. 아무래도 가는 게 좋겠어…."(루쉰의 소설, 「과객」過客의 한 구절 — 역자) 10여 년 전, 생애 첫 번째 저작을 완성한 뒤 나는 이 두 구절로 스스로를 격려했는데, 지금에 와서는 이것이 숙명임을 알겠다.

왕후이

2003년 11월, 베이징北京 시바허베이리西壩河北里에서

'중국'과 그 '근대'를 어떻게 해석할 것인가?

『근대중국사상의 흥기』는 2004년에 출간되었는데 초판본은 곧 소진되었다. 최근 이삼 년 동안 중국과 일본, 미국과 유럽의 동료들이 이책에 대한 서평을 발표했고 상하이와 베이징, 도쿄에서 토론회도 네차례 열려 참석한 바 있다. 재판 출간에 즈음하여 나는 연구의 맥락을 갈무리하면서 되돌아보고 또한 토론에서 언급됐던 문제들에 대해서도 초보적인 대답을 제시하고자 한다.

세 가지 개념 쌍: 제국과 국가, 봉건과 군현, 예악과 제도

중국 역사를 연구할 때 역사적인 현상을 묘사하는 데 사용되는 개념 및 범주, 관련 연구 패러다임은 자주 의문에 부쳐진다. 이 의문은 주로 두 가지 지점에 집중된다. 하나는 이론 범주와 사회과학 패러다임이 역사 상황을 유효적절하게 서술하고 해석할 수 있는가에 대한 우려가 있다. 가령 1990년대 미국의 중국 연구 영역에서 시민사회(civil society) 개념으로 중국 역사의 유사한 현상을 묘사할 수 있는가와 관련된 논쟁을 예로 들 수 있다. 또 하나는 서구의 개념과 범주가 중국 상황을 해석할 때 유효한가에 대한 의문이 있다. 예를 들어 본서 제1권에서 서구 사상의 '제국-국가'라는 이원론이 중국 연구에 파생시킨 질문을 거론할 수 있다. 이 문제는 종종 서구 이론-중국 경험의 이원적인 관계 속에서 검토되었는데 이 날카로운 문제 제기는 이른바 '서구-본토' 혹은 '보편-특수'의 모순으로 단순화되면서 이론적인 의미를 상실하곤 했다. 바로 앞서 말한 이중적인 우려와 관련해서 많은 역사학자는 전통 범주를 활성화하여 역사적인 현상을 해석하고자 노력을 기울였다. 그러나 전통적인 개념과 범주에 단순하게 의지하는 것으로 해석의 유효성이 자연스럽게 보장되는 것 같지는 않다. 왜냐하면 이들 개념과 범주는 종종 근대사상과 이론의 조명 아래에서 의미를 드러내는 경우가 많았기 때문이다. 또한 이 때문에 이론적인 개념과 사회과학 범주를 적용하는 데에 신중한 태도를 취해야 하지만 개념과 범주의 적용 자체는 여전히 불가피한 면이 있다. 앞서 말한 합리적인 질문에 이론적인 의미를 부여하려면 '서구-본토', '보편-특수'의 이원론을 타파하고 역사와 이론의 복잡한 관계를 새롭게 사고해야 한다.

본서에서 나는 정치 제도와 관련되는 세 쌍의 개념을 제기했다. 첫 번째 개념은 서구 사상에서 연유한 제국과 국가이다. 중국 역사 연구에서 상이하면서도 상호 관련된 이론 틀 두 가지가 있다. 하나는 중국을 서구 근대 국가와 대립하거나 대조를 이루는 제국으로 이해하는 것이고, 또 다른 하나는 중국의 초기 역사에서 군현제를 핵심으로 하는 초기 민족국가가 출현했다고 보는 것이다. 이 두 가지 서술은 상호 대립하지만 유럽 근대사상의 제국-국가의 이원론에서 발전했다는 공통점을 갖고 있다. 그러나 나는 제국-국가의 이원론을 비판하는 과정에서 제국 혹은 국가의 개념을 완전히 폐기하지 않고 다른 측면에서 두 종류의 서술을 종합하는 가운데 중국 역사의 특징들을 제시하고자 했다. 두 번째 개념은 중국의 전통적인 군현郡縣과 봉건 개념이다. 이는 상당히 오래된 중국의 역사적인 범주이다. 나는 송대에서 청대까지의 유학을 논의할 때, 그리고 정치적인 해석을 구체적으로 언급할 때, 유학자나 사대부가 제국이나 국가 개념을 거의 사용하지 않고 군현과 봉건 개념을 자주 사용했다는 점에 주목했다. 예컨대 송대 천리天理가 어떻게 성립되었는지를 해석하면서 군현과 봉건 문제를 둘러싸고 전개된 유학 변론을 도드라지게 언급했으며, 이 유학 변론의 내재적인 문제에 착안하여 역사적인 변천을 분석하고자 했다. 세 번째 개념은 더 오래된 개념인 예악禮樂과 제도制度(선진 문헌에는 '제'制였는데 나중에 '제도'制度로 발전했다)이다. 송대를 해석하면서 예악과 제도의 분화를 논의했지만 일반적으로 기술하는 것처럼 예악과 제도를 완전히 다른 묘사적인 범주로 사용하지 않았다. 나는 예악과 제도의 분화를 송대의 도학道學과 사학史學의 시야 내부에 위치시켰고 이로써 객관적으로 보이는 역사 서술을 역사적인 판단 혹은 가치 판단의 영역으로 변화시켰다.

마지막 개념 쌍부터 논의를 시작해 보겠다. 선진 시대 유학에서 예악과 제도는 상호 중첩적인 관계를 맺었지만 송대 유학은 다른 방식으로 양자를 구분하고 더 나아가서 '예악과 제도의 분화'라는 명제를 발전시켰다. 이는 역사 묘사에 쓰이는데, 곧 '삼대지치'三代之治*는 예악과 제도가 완전히 합일된 시대였고, 후대에는 제도와 예악 사이에 분리와 틈이 발생했다고 하는 것이 그것이다. 이 때문에 예악과 제도의 구분 그 자체가 정치적인 명제가 되었다. 송대의 유학자가 '예악'으로 고대의 봉건을 묘사하고 '제도'로 황권을 중심으로 하는 후대의 군현제 국가를 설명했기 때문에 예악과 제도의 구분은 군현 및 봉건과 관련된 정치적인 사고, 특히 이러한 사고에서 전개된 당시의 정치적인 판단과 밀접하게 관련된다.

송대 유가는 종법宗法과 정전제井田制, 봉건 등 삼대三代 정치의 구체적인 내용을 일상생활에서 회복하고자 했는데, 옛 제도로의 이러한 복

• 삼대지치(三代之治): 중국 고대 하(夏), 은(殷), 주(周) 3대 왕조의 통치를 말한다. 한대 유가들은 진나라를 부정하고 주대까지의 봉건 통치를 정치의 이상적 전범으로 삼았다. 송명 이학에서 상고시대의 의례적 통치 체제를 이상화하며 삼대지치를 소환했으나, 왕양명과 황종희의 삼대지치에 대한 해석은 다르다.

귀 시도는 단순한 복고로 받아들여져서는 안 된다. 이는 과거 제도와 군현 체제의 정규화에 대한 비판적인 이해라는 맥락에 놓여야 제대로 파악될 수 있다. 그들은 과거科擧를 반대했지만 고대의 선거選擧를 회복할 것을 요구하지 않았고 새로운 맥락에서 과거 제도에 제한을 가하고 이를 보완하고자 했다. 그들은 고대의 정전제를 제창했지만 그 목적은 당대 후기에 시행된 양세법兩稅法* 및 그 후유증에 대항하는 데 있었으며 송대 사회를 정전제 사회로 되돌릴 생각은 없었다. 그들은 종법을 회복하는 실천에 참여함으로써 당대 이후에 가계가 문란해지고 정치제도가 형식화되는 역사적인 상황에 대항했던 것이다. 마찬가지로 전체 정치 제도가 고대 분봉分封의 방향으로 발전해야 한다고 판단하지 않았다. 이보다는 황권을 중심으로 하는 군현 제도의 합법성을 인정하는 편이었다.

옛 제도로의 복귀 주장은 새 제도를 비판하기 위한 것이지만 이 비판은 전반적인 부정이 아니라 시세時勢 판단에 기반하여 군현의 틀에서 봉건적인 요소를 흡수하고 더 나아가 현재의 정치 제도를 개혁하고자 한 것이었다. 이런 의미에서 송대 도학은 천도天道와 천리天理, 심성心性 등의 비교적 추상적인 철리−윤리학의 범주를 종횡무진 움직이지만, 예악과 제도의 분화에 대한 그들의 역사적인 서술을 경유해야 도학 사상에 깊게 잠겨 있는 정치적인 사고를 제대로 짚어 낼 수 있다. 군현과 봉건의 이념 및 관련 역사관을 떠나서는 도학이나 이학의 정치성을 해석할 수 없다. 마찬가지로 이러한 정치/역사적인 관계를 떠나서는 송대 유학이 왜 천리 범주에 그렇게 공을 들였는지도 이해할 수 없다. 예악과 제도의 분화를 통해, 삼대 이전과 삼대 이후의 대비를 통해, 그리고 봉건과 군현, 정전과 균전, 학교와 과거 등의 변증법적인

---

* 양세법(兩稅法): 중국 당대(唐代) 후기부터 명대 후기까지 지속한 농경지에 대한 과세 제도이다. 여름과 가을 두 번에 나누어 납세하는 것을 의무로 하였으므로 양세법이라 명명했다.

대립을 통해 천리의 세계관을 형성하고 발전시킨 역사적인 동력이 내재적으로 드러날 수 있다.

북송에서 남송까지 도학가들의 관심이 점차 천리 범주에 집중됨으로써 이후에 이학으로 칭해지는 유학의 형태를 갖추게 됐다. 천리 개념은 추상적인 것처럼 보이는데 이와 직접적인 관계가 있는 리理, 기氣, 심心, 성性 및 격물치지格物致知 등과 같은 논제는 선진 시대와 한당 시대의 유학이 관심을 가졌던 문제와는 구별된다. 유럽 근대 철학의 영향을 받은 다수의 사람이 본체론, 실재론과 인식론의 틀에서 송대 사상에 대한 철학적인 분석을 진행했다. 그런데 나는 이 방법이 그 자체로 외재적이며 유럽 철학의 범주와 개념, 틀에 따라서 구축된 해석 체계라고 생각한다.

이와 동시에 상당수의 학자가 이러한 관념사적인 방법에 대한 불만에서 출발하여 사상사를 사회사적으로 해석하고자 했는데 이는 중요한 시도이다. 내가 앞에서 말한 대로 사회사 분석이라는 이들 기본 범주는 근대 사회과학에서 생산된 것이다. 예컨대 정치, 경제, 사회, 문화 등등의 범주 및 관련 분류는 근대의 지식과 사회 분류의 산물이다. 다수의 역사 현상을 경제, 정치 혹은 문화 범주에 배치시킨다면 우리는 그 시대에 내재한 시선을 상실하게 된다. 그리고 그 시대의 내재적인 시야의 상실로 인해 우리는 우리 자신의 지식과 신념, 세계관을 성찰하고 관찰할 기회를 잃게 된다. 나의 연구에서 천리의 세계관은 단순한 추상이 아니다. 천리 범주가 송대의 특정한 맥락에서 왜 새로운 형태의 세계관에 중심적인 범주가 되었는지, 어떤 사람들이 이 범주를 제기했는지, 그리고 이 범주는 어떤 조건에서 구체화되고 추상화되었는지 등을 질문함으로써 추상적인 범주가 사회 변화와 맺는 내재적인 관계를 찾고자 하는 것이다. 여기에 중간 고리가 하나 있는데 곧 송학宋學 내부의 형이상학 범주──예를 들면 천리──와 송대 사상이 직접 제기하는 사회 명제의 관계에 대한 분석이 그것이다. 따라서 이를 통하여 송대 유학의 시각에서 역사 변천과 가치 판단의 문제를 새롭게 접근해 보고자 한다.

그런데 이 관계가 어떻게 구축되었는가는 꼼꼼하게 따져 봐야 할 문제이다. 만약 천리·기·성 혹은 격물치지 등의 개념이나 명제를 경제사, 사회사 또는 정치사의 서술 속에 위치 짓는다면, 우리는 복잡한 관념의 문제를 경제·정치 혹은 군사 문제로 단순화시킬 뿐만 아니라 경제·정치·군사 혹은 사회 범주 내부로 귀납된 이러한 현상들이 고대 사상 세계에서 가지는 의미를 제대로 파악하지 못할 것이다. 이 때문에 우리는 이 관념을 특정한 세계관 내부에 두고 관찰할 필요가 있다. 그뿐만 아니라 이 세계관의 내재적 시각에서 근대인이 정치·경제·군사 혹은 기타 범주로 귀납한 현상과 그것이 천리 등의 범주와 맺는 관계를 해석할 필요가 있다. 나는 처음부터 논의의 출발점을 구양수歐陽脩와 몇 명의 사학자의 역사 기술에서 찾았는데 특히 삼대 이전과 삼대 이후의 구분에 주목했다. 이 구분은 객관적인 역사 진술일 뿐만 아니라 유학의 내재적인 시야에서 전개된 역사 과정으로, 이 속에서 우리는 송대 유학의 정치적인 이상이 역사 기술 속에서 어떻게 전개되었는지를 살펴볼 수 있다. 송대 유학의 정치, 경제 심지어 군사적인 변론은 봉건과 군현, 정전제와 양세법, 선거와 과거 등의 문제와 자주 관련된다. 이들 관련 명제는 삼대 이전과 삼대 이후(혹은 한당지법漢唐之法)의 역사 서술 속에 위치 지어지기도 한다. 우리는 봉건/군현, 정전제/양세법, 선거/과거와 관련된 문제를 근대 지식의 틀 아래의 정치사와 경제사의 해석 방식 속에서 처리할 수 있다. 그러나 내가 앞에서 언급한 '내재적인 시야'라는 문제를 고려한다면 다음과 같은 문제를 제기하지 않을 수 없다. 봉건제나 군현제, 정전제나 양세법, 선거나 과거의 문제는 삼대 이전/이후와 관련된 유학자들의 역사 서술 속에서 도대체 어떤 의미를 지니고 있는가? 이런 문제는 정치 문제이고 경제 혹은 제도 문제이지만 유학의 시야에서 이러한 대립 범주의 관계는 삼대 이전/이후의 역사 구분과 '예악과 제도의 역사적인 분화'와 밀접한 관련이 있다. 이런 의미에서 정치는 단순히 정치 범주로 표현될 수 없으며 경제도 경제라는 범주로 간단하게 표현될 수 없다. 왜냐하면 양세법, 정전제, 종법, 황권, 과거제 등의 문제는 봉건의 이념이자 삼대의 이념이며 예악론의 내부 구조에서 발전한 것으로 근대 사회과학의 제도 문제로 단순하게 귀납될 수 없기 때문이다. 송대 천리관의 탄생을 송대 유학의 역사관과 연관하여 살펴본다면 유학에서 천리의 지위가 제고된 것은 역사 변천에 대한 다음의 관찰과 밀접한 관련이 있음을 발견할 수 있다. 삼대 이전은 예악의 세계이며 도덕과 윤리, 예악, 자연이 완전히 일체화되어서 도덕에 관한 서술과 예악에 관한 서술이 일치했다. 그리하여 예악의 범주를 벗어난 본체에 도덕의 근원을 제공할 필요가 없었다. 그러나 삼대 이후는 '예악과 제도의 분화'를 거친 세계이다. 곧 현실의 제도 그 자체는 예악처럼 도덕적인 근원을 제공할 능력이 없고 제도에 대한 진술은 도덕에 대한 진술로 등치될 수 없다. 따라서 도덕에 대한 진술은 이러한 현실 세계를 초월한 본체에 의지해야만 했다. 그러한 분화 과정은 '물'物 범주의 전환 속에서 구체화되었다. 예악의 세계에서 물은 곧 만물의 물이자 예악의 규범을 대표하는 것으로 물과 리理는 완전히 통일되어 있었다. 그러나 송대 유학의 세계에서 예악은 이미 제도로 퇴화했는데 곧 도덕적인 의미를 갖지 않는 물질적이거나 기능적인 관계로 존재한다. 이에 따라서 '물'은 예악의 세계가 갖는 도덕적인 의미까지 완전히 탈피하여 격물의 실천을 통해서만 '리'를 드러낼 수 있게 된 것이다.

바로 이 때문에 천리의 탄생을 이해하는 것은 역사적인 변천에 대한 유학자의 이해와 불가분의 관계가 있다. 나는 이 책에서 특별히 '시세' 時勢* 범주에 대한 분석을 전개했는데 중국의 역사의식 혹은 유학의 역

• 시세(時勢): 시세는 세태, 추세를 뜻한다. 『장자』(莊子) 「추수」(秋水)에 처음 나온다. "뜻을 얻지 못한 것도 시세다. 요순시대에 천하에 곤궁한 사람이 없었던 것은 지혜를 얻었기 때문이 아니고, 걸주 시대에 천하에 형통한 사람이 없었던 것은 지혜를 잃었기 때문이 아니다. 시세가 그러했을 뿐이다."(求通久矣而不得時也. 當堯舜而天下無窮人, 非知得也; 當桀紂而天下無通人, 非知失也, 時勢適然) 왕후이는 송명 이학의 변

사의식은 이와 특수한 관계가 있기 때문이다. 서구 근대 사상의 핵심적인 범주는 시간이었다. 이는 진화론적이고 목적론적이면서 균질하고 텅 빈 시간이었다. 19세기의 유럽은 역사관의 전환을 겪었는데 사실 이 전환은 역사 범주가 시간 범주와 내재적인 일치성을 획득하는 과정에 불과했다. 양자의 결합을 통해 역사에 목적론이 부과되었는데 본서 도론導論에서 전개한 헤겔주의에 대한 비판은 이런 의미에서 제기한 것이다. 근대 민족주의 서술도 이 시간 인식론에서 전개된 것으로, 민족 주체는 이 인식론적인 틀에 의지하여 구축되었다. '시세' 개념의 사용은 역사 서술의 인식론적 틀을 재구성하기 위한 것이다. 유학의 관점에서 보면 시간 개념과 마찬가지로 '시세' 의식은 역사관 및 역사의식과 상관있지만 이는 직선으로 나아가는 텅 빈 개념이 아니다. 이는 역사 변화의 자연적인 전개 과정과 이것의 내부 동력에 대한 서술로서 자연적인 전개 과정 그 자체는 특정한 목적을 따르지 않는다. 목적에서 문제가 되는 것은 변화 가운데 놓여 있는 사람이 가치(천리, 예악, 삼대 등)를 추구함으로써 천리와 예악, 삼대의 정치 등이 우리의 일상생활과 실천 속에 존재하게 된다는 점이다. '시세'는 송대의 사유 속에서 내재적인 것으로 바뀌었고 '이세'理勢 개념은 이 내재적인 전환의 방향을 직접적으로 체현했다. 그렇지만 시세의 문제는 단지 송학뿐

화 추이를 시세로 풀이한다.
왕후이는 중국 역사 서술의 인식론적 틀을 내재적으로 재구성하기 위해 '시세' 개념을 채용했다. 왕후이는 유학의 관점에서 볼 때 '시세' 의식은, 시간 개념과 마찬가지로 역사관 및 역사의식과 상관이 있지만 직선으로 나아가는 텅 빈 개념이 아님을 역설한다. 시세란 역사 변화의 자연적 전개 과정과 이것의 내부적 동력에 관한 서술로서 자연적인 전개 과정 그 자체는 특정한 목적을 따르지 않는다는 것이다. 목적이 문제가 되는 것은 변화 가운데 놓여 있는 사람이 가치(천리, 예악, 삼대 등)를 추구함으로써 천리, 예악, 삼대지치 등이 우리의 일상생활과 실천 속에 존재하게 되기 때문이다. '시세'는 송대의 사유 속에서 내재적인 것으로 바뀌었다. '이세'(理勢) 개념은 이 내재적 전환의 방향을 직접적으로 체현했다. 그렇지만 시세의 문제는 송학에서뿐만 아니라 고염무(顧炎武)와 장학성(章學誠)의 경학(經學)과 사학(史學)에서도 이러한 역사관이 다른 방식으로 발전했다는 사실을 확인하게 한다.

만 아니라 고염무顧炎武와 장학성章學誠의 경학과 사학에서도 이 역사 관이 다른 방식으로 발전했다는 사실을 찾을 수 있다.

다른 범주와 마찬가지로, '세'勢도 일찍이 존재했던 개념이다. 그러나 '시세'든 '이세'든 이 문제는 송대 사상에서 특별한 의미가 있었다. 도학가는 전체 사회의 변화나 역사적인 변화에 주목했는데 특히 이른 바 예악과 제도의 분화에 대해서 많은 논의를 했다. 그들은 단순하게 양자에 대해서 포폄을 가하지 않고 이 분화를 역사 변천의 결과로 판단했다. 송대 유가는 한편으로 삼대의 예악을 성찰하면서 다른 한편으로 천리라는 깃발을 내걸었다. 그런데 그들은 왜 옛 제도로 돌아가자는 호소를 재차 추상적인 천리로 전환하면서 개인의 도덕적인 실천에 귀착시켰는가. 만약 역사적인 관점을 지니고 있지 않다면 이 양자는 제대로 연결될 수 없다. 여기에서 예악과 제도의 분화는 송대 유가의 표현이 아니라 그들의 진술 속에서 귀납해 낸 것이다. 이른바 삼대 이전과 삼대 이후의 구분은 그들의 기본적인 역사 관점이 아닌가? 이러한 귀납도 첸무錢穆와 천인커陳寅恪 두 선생이 수당隋唐의 역사를 해석할 때 전개한 예악과 제도에 대한 서로 다른 관점에 영향을 받았다. 그러나 '예악과 제도의 분화'에 대한 나의 해석은 그들이 논쟁했던 구체적인 맥락과는 완전히 다르다. 첸무는 천인커가 당대唐代 역사를 분석할 때 예악과 제도를 구분하지 않아서 문제가 발생했다고 지적했다. 그는 천인커 선생이 예악으로 귀속되어야 하는 것을 제도로 귀납했다고 비판한 것이다.

그러나 우리도 다음과 같이 질문할 수 있다. 선진 시대에도 이러한 분명한 경계가 없었다면 첸무 선생의 이 이원적인 관점은 어디에서 나온 것인가? 반대로 질문을 던지면, 송대 이후의 맥락에서 예악과 제도는 상호 구별되는 범주로 여겼는데 천인커는 중고 시대 역사를 해석할 때 왜 이를 구분하지 않고 혼용하려 했는가? 우리는 천인커 선생이 송대 및 그 시대의 이념에 매우 동조했음을 알고 있다. 그는 사학자이다. 그러나 중국 고대의 역사 서술 자체가 역사적인 이념을 포함하고 있는 것처럼 천인커 선생의 서술에 이념이 없을 수가 없다. 양자를 구분하거나 섞어 버리라고 요구하는 것은 단순한 사실 문제가 아닌 것이다. 역사 서술에서 사람들은 예악과 제도의 분화를 역사적인 사실로 판단하여 논의를 전개하곤 한다. 남북조 혹은 수당 역사 연구에서 이 구분은 필요한 것일지도 모른다. 그러나 천인커 선생이 구분했든 안 했든 간에 이는 모두 송대 이후의 역사적인 변화를 바라보는 시각에서 생산된 역사관이다. 예악과 제도는 구분하지 않고 섞일 수도 있고 또 특정한 시기에는 반드시 분리하여 다스려지기도 했다. 왜 그런가? 유학의 전통에서 보면 이 분리와 합침의 변증법은 유학 특히 예악의 붕괴와 관련된 공자의 표현과 내재적인 관계가 있다. 이런 의미에서 예악과 제도의 분화는 일반적인 역사적 사실의 문제가 아니라 역사관의 문제이다. 어떤 각도와 시야 그리고 가치에서 역사를 서술하는가의 문제인 것이다. 우리는 이를 역사 과정으로 표현할 수 있지만 동시에 이 역사 과정이 특정한 시야에서 전개된 역사적인 판단이라는 점을 이해해야 한다. 마찬가지로 이런 의미에서 종법과 정전을 회복하고 과거科擧를 비판하며 형법을 엄격히 실행하자는 송대 유학의 논의는, 삼대의 예악을 기준으로 군현제 아래의 새로운 제도적인 실천을 판단하겠다는 의미를 담고 있다. 삼대 이전과 이후의 구분, 예악과 제도의 대립은 이 지점에서 직접적인 정치성을 획득하기도 한 것이다. 이러한 정치성은 직접적으로 전개된 것이 아니라 천리의 세계관 구축을 통해서 더 깊고 넓은 시야 위에서 발전한 것이다.

유학에 뿌리내린 이러한 역사적인 시야에서 출발하여 천리의 성립을 분석하고 당대의 역사가에 의해 경제사와 정치 제도사, 문화사 혹은 철학사의 범주에 위치 지어진 문제를 논의하는 것이 내재적인 시야에서 역사를 해석하는 것이라고 생각한다. 이러한 시야에서 단순하게 정치와 경제적인 범주에 속한다고 여겨졌던 현재의 문제들은, 역사적인 다른 맥락에서는 단순한 정치, 경제의 문제로 해석될 수 없게 된다. 예를 들어 군현과 봉건 등의 개념은 유학 체계에서 내재적인 완정성을 지닌 사상 세계의 유기적인 부분이다. 이런 사상을 통해서만이 현실 세계와 그 변화가 의미를 부여받고 파악되고 이해될 수 있다. 내재적인 시야는 당대와의 끊임없는 대화 과정에서 생산된다. 방법상으로 이는 고대로 근대를 해석하거나 고대로 고대를 해석하는 것일 뿐만 아니라 근대로 고대를 해석하는 것이자 대화 방법을 통해 이 시야를 우리 자신의 내재적이고 성찰적인 시야로 바꾸는 것이기도 하다. 삼대 이전과 이후의 구분에서 그리고 예약과 제도의 분화라는 시야에서 우리 지식의 한계도 발견할 수 있다.

역사 서술에서 국가와 제국

중국 역사의 내부에서 봉건과 군현의 문제가 전개된 것이라면 왜 또 제국과 국가의 문제를 토론해야 하는가? 확실히 이 문제는 책의 주요 서술, 곧 '초기 근대성' 문제에 대한 질문과 밀접한 관련이 있다. 내가 추적하는 문제는 다음과 같다. 이학의 형성은 송대 이후의 사회와 국가 및 사상에서 '초기 근대'라고 부를 수 있는 중요한 모종의 전환이 이루어지는 것을 드러내고 있는가. 이 문제를 주지하면서 나는 50여 년 이전에 일본 학자가 제기한 중국 역사와 관련된 가설로 되돌아가 본다. '당송唐宋 변혁기론'은 나이토 고난內藤湖南이 1920년대에 제기한 개념으로 그 후 미야자키 이치사다宮崎市定 등의 교토학파 학자들이 '동양의 근세', '송대 자본주의' 논제로 발전시켰다. 그들은 귀족 제도의 쇠퇴, 군현제 국가의 성숙, 장거리 무역의 발전, 과거 제도의 정규화 등의 측면에서 '초기 근대'의 문제를 토론했다. 더 나아가 미야자키 이치사다는 이학을 '국민주의', 곧 민족주의의 이데올로기로 보기까지 했다. 나는 교토학파와 제국 정치의 관계에 관하여 자세하게 논의할 능력은 없지만 중국 역사에 관한 그들의 연구는 지금도 토론할 만한 통찰을 제공하고 있다고 생각한다. '당송 변혁기론'과 송대를 동아시아 근세 역사의 발단으로 보는 문제는 그중 하나이다. 내 논의는 주로 '천리의 성립과 군현제 국가'가 맺는 관계에 착안하여 유학 형태의 변화를 분석하는 것이다. 여기에는 교토학파가 토론했던 문제에 대한 대화와 대답을 일정 정도 포함하고 있다. 내 논의에서 제기하는 문제는 다음과 같다. 초기 근대성 문제에 대한 검토는 왜 제국–국가 문제와 관련되는가. 교토학파의 문제는 이와 또 어떤 관계가 있는가?

홉스봄Hobsbawm은 19세기 이후 역사 연구에 중심 주제가 있다면 민족국가라고 말한 바 있다. 우리는 여기에 덧붙여 '이보다 더 기본적인 19세기에 대한 또 하나의 서술은 자본주의다'라고 말할 수 있다. 19세기 이후 정치경제학과 역사 서술에서 민족국가를 중심으로 하는 서술은 다른 서술과의 대립 속에서 구성된 것이다. 이른바 제국 대 국가의 서술은 이 대립을 직접적으로 표현한 것이다. 역사 개념은 19세기에 중요한 전환을 이뤘다. 이른바 역사는 주체의 역사이며 이 주체는 국가라는 것이 그것이다. 이런 의미에서 국가가 없으면 역사가 없는 것이다. 이 때문에 '중국은 국가가 아니다'라거나 '중국은 제국이다'라는 이야기는 곧 중국에 역사가 없으며 진정한 역사적인 주체를 구성할 수 없었다는 말에 불과하다. 서구의 근대성 서술과 맞서기 위하여 교토학파는 '동양의 근세', '송대 자본주의' 등의 논제를 제기했으며 '동양사'라는 틀에서 중국 역사 내부의 근대적인 동력을 재구성했다. 이 학파가 일본 제국주의 혹은 식민주의와 맺는 정치적인 관계에 대해서는 이 자리에서 논의하지 않겠다. 내가 여기에서 관심을 기울이는 것은 그들의 서술 방식이다. 서구 근대성과 평행하는 동양의 근세에 대해 서술할 때 이들은 마찬가지로 국가라는 핵심적인 문제에서 출발했다. 이러한 국가 중심적인 서사가 없다면 이른바 근세의 서사 또한 존재하지 않는다. 교토학파도 이학이나 도학을 논의했지만 이는 이학이나 도학을 새로운 국민주의 이데올로기로 이해한 것이었다. 이러한 해석은 초기 민족국가 혹은 원형 민족국가(proto-nation state)로서의 군현제 국가라는 역사 해석과 관련된다. 요컨대 교토학파가 '동양의 근세'로 서구의 서술에 대항할 때, 이는 확실히 국가와 자본주의 관계 중심으로 서술한 것이었다. 이는 서구의 주류 담론을 뒤집은 것이다. 곧 서구 중심적인 서술은 중국을 제국이며 대륙 혹은 문명으로 보는데 이 담론의 숨은 의미는 중국은 국가가 아니라는 것이다. 그런데 교토학파는 이와 정반대의 논리를 편다. '성숙한 군현제 국가' 혹은 '국민주의' 등의 범주에 호소함으로써 교토학파는 '동양의 근세'와 관련된 역사적 가설을 구축한 것이다.

위와 같은 의미에서 교토학파에 공감하면서도 구별되는 내 주장의 요지는 19세기 유럽의 '세계 역사'에 대한 비판과 관련된다. 단순하게 말하자면, 송대의 특수성에 대한 논의에서 내가 교토학파 특히 그 대표 인물과 구별되는 것은 주로 다음과 같은 몇 가지 지점에서이다. 첫째, 미야자키 이치사다는 이학을 그가 묘사한 송대 사회의 전환과 어울리는 '근대의 철학' 혹은 '국민주의 이데올로기'의 일종으로 보았다. 그러나 나는 이학 및 이와 관련된 천리관天理觀은 오히려 이 과정과 내재적인 긴장과 대립을 드러내고 있으며 양자 사이의 역사적인 관계는 이러한 대립을 통하여 역사적으로 전개된 것이라고 생각한다. 방법론적으로 본다면, 교토학파는 사회사적인 경향이 강하며 유럽에서 19세기 이후 형성된 지식 체계에서 나온 범주들을 주로 사용함으로써 역사 변화를 관찰하는 내재적인 시선이 부족했다. 이런 의미에서 교토학파의 기본적인 이론 구조와 역사적인 서술은 유럽 근대성의 파생물이다. 만약 송대의 모습이 그들이 묘사한 대로 보다 중국적인 중국이라면, 유학의 관점에서 이 전환은 어떻게 표현해야 하는가? 가령 '동양의 근세'의 실질적인 내용이 초기 자본주의 및 민족국가와 유사한 군현제라고 한다면, 역사 변화에서 관찰한 '삼대의 예약과 후세의 제도'라는 첨예한 대비를 특징으로 하는 송대 유학자의 역사관이란 역사 변화에 대한 인식을 포함하면서도 군현 체제와 '초기 자본주의'(만약 이 개념을 사용할 수 있다면)에 대한 저항을 체현하고 있는 것은 아닌가.

이와 밀접한 관련이 있는 것으로 두 번째, 교토학파가 근대 서구의 민족주의/자본주의 지식의 틀 속에서 송대 사회와 관련 사상의 '근세'적인 특징을 묘사했다면, 나는 이러한 단선적이고 진화적·목적론적인 서술을 타파하고자 한다. 본서의 '제국-국가의 이원론'에 대한 분석이 대표적이다. 송대를 성숙한 군현제 국가로 묘사하는 것을 통하여 '동양의 근세'가 전개되었다고 주장하는 교토학파 논제의 기본적인 전제는 유럽의 근대성과 민족국가 체제의 역사적인 관계이다. 나는 민족국가가 교토학파의 서술에서 내재적인 척도로 작용했다는 점을 안다. '동양의 근세'와 관련한 교토학파의 서술은 이러한 경향이 도드라진다. 그러나 원대元代의 사회구조를 어떻게 묘사하고 특히 청대淸代의 사회 체제를 어떻게 이해할 것인가? 내가 '제국'이라는 개념을 제한적으로 사용한 것은 근대성과 민족국가가 상호 중첩된 역사 서술의 문제를 타파하고자 했기 때문이다. 어쨌든 '제국'이라는 범주에 걸쳐 있는 장기 역사와 비교하자면 민족국가는 단기적으로 존재했다. 명대에서 청대로의 전환이 '당송 변혁'과 유사한 모델일 수가 없다는 점은 분명하다. 청대와 민국民國의 관계를 제국에서 국가로의 전환으로 정의내리는 것도 문제가 있다. 그렇지 않으면 우리는 민국 시대가 인구, 족군族群의 구성과 지역 및 제도 면에서 청대와 분명한 연관 관계를 갖고 있다는 점을 어떻게 이해해야 할까?

이 때문에 송대가 '초기 근대'적인 요소를 갖고 있다고 말할 때 우리는 교토학파와는 다르게, 근대성의 시간 목적론을 벗어나고 민족주의를 초월한 지식의 틀에서 이 문제를 새롭게 서술해야 한다. 일전에 지인이 책의 제목에 대해 다음과 같이 질문한 적이 있었다. '근대중국사상의 흥기'라고 하는데 무엇이 '근대'이며 무엇이 '중국'이고 무엇이 '사상'이며 무엇이 '흥기'인가? '근대중국사상의 흥기'는 일견 평이한 서술 같지만 서론에서 결론에 이르기까지 책의 모든 부분은 우리 상식 속의 '근대'와 '중국', '사상'과 '흥기'와 같은 개념에 대해 도전하고 있다. 중국 사상의 흥기를 쓴 것은 근대 중국 사상사의 기원에 대한 서술이 아니다. 무엇이 '흥기'인가? 당신은 이를 『주역』周易의 "생생을 역이라고 한다"(生生之謂易)라는 의미에서의 '생생'으로 해석할 수도 있다. 이는 새로운 변화와 생장으로 충만한 과정이다. 송대가 '근세'의 시작이라고 가정한다면, 몽골족의 원대는 연속인가 중단인가? 만약 명대 말기가 초기 계몽사상의 기원이라고 한다면 청대 사상은 반동인가 재기인가? 우리는 이 시대와 사상이 근대 중국과 맺는 관계를 어떻게 해석할 것인가? 나는 역사 속에서 일련의 요소가 반복적으로 드러나는 데 관심이 있지 절대적인 기원에 주목하지 않는다. 지속적으로 변화하는 역사 속에서 상이한 왕조가 각자의 방식으로 중국 왕조로서의 합법성을 자체적으로 구축했는데 이 과정은 직선적인 역사로 서술될 수 없다. 나는 이러한 역사적인 이해에 기반하여 이른바 '근대중국사상의 흥기'를 교토학파와 비슷하게 송대에서 기원하여 근대로 나아갔다는 선선적인 진행으로 보지 않았다. '시세'時勢나 '이세'理勢 등의 개념에 대한 나의 해석은 시간 목적론과 다른 역사 인식의 틀을 제공하고자 하는 것인데 이 틀은 그 시대에 내재하는 유학의 세계관이자 지식론이기도 하다. 시간 개념과 민족주의의 관계에 대한 베네딕트 앤더슨Benedict Anderson의 논의를 참고한다면, 왕조의 역사와 그 교체 속에서 시세 범주의 의미를 훨씬 더 충분하게 이해할 수 있다.

바로 이러한 관점에서 출발하여 나는 '중국'에 관한 각종 서술을 비판했다. 예를 들면 한편으로는 요·순·우·탕·문·무·주공·공자 그리고 이후의 진·한·수·당·송·원·명·청이라는 전통적인 일련의 자명한 계보에 도전하면서, 다른 한편으로 단순하게 소수민족 역사의 각도에서 중국으로 정체화하는 것에 도전하고 이를 부정하는 방식에도 동의하지 않았다. 유학, 특히 이학의 흥기가 역사의 중단에 대한 사유와 전통 접속에 대한 의지를 포함하고 있다면, 연속성은 반드시 단절성이라는 전제 아래에서 사고해야 하며 역사의 주동성이라는 시야 속에서 사고해야 한다. 정치적인 관점에서 말하면 이것도 합법성이 부단하게 구축되는 과정에서 이해되어야 한다. 이른바 단절성을 전제로 연속성을 사고하는 것은 연속성을 자연적인 과정으로 이해하지 않는다는 것이다.

이는 연속성을 역사 속의 주체 의지와 행동의 산물로 보는 것이다. 이는 어떤 의미인가? 그것은 곧 '중국'은 우리 존재 바깥에 있는 것이 아니며 또한 특정한 역사 주체의 바깥에 존재하는 객체도 아니라는 의미이다. '중국'은 특정 시대인의 사상 및 행동과 밀접한 관련이 있다. '천리의 성립'을 군현제 국가, 종법 봉건 문제, 토지 제도, 세법 제도, 양송兩宋 시대의 이하夷夏(화이華夷) 구분과 연관 지어 볼 때 이 새로운 형태의 세계관의 구성이란 한 사회가 새롭게 동일시하고 가치를 재구축하는 과정과 밀접한 관련이 있다는 사실을 드러낸다. 유학의 경학 형태를 중국 왕조의 합법성 문제와 다원적인 법률제도의 문제, 만주족과 한족의 관계, 조공과 국제 관계가 주축이 되는 내외 문제 등으로서 청대의 국가와 관련지을 때도 마찬가지이다. 이학 혹은 신학新學과는 상대적으로 다른 형태의 유학 출현은 한 사회의 정체성 및 가치를 재구축하는 과정과 밀접한 관련이 있다는 사실을 드러낸다는 것이다. 공리의 세계관을 민족국가, 사회 체제, 권리 문제와 문화운동 등과 관련지을 때도 나는 새로운 형태의 정체성과 여기에 내재한 모순 및 곤경에 대해 토론한다. 나는 다른 시각과 방면에서 '중국' 범주의 상이한 함의를 검토했고 이 개념을 단순한 유럽 민족주의 모델의 '민족 동일시' 사고에서 해방시키고자 했다. '중국'은 민족 범주보다 더 풍부하고 탄력성을 가지고 있으며 더 많은 다양성을 포용하는 범주이다. 소수민족 왕조의 합법성을 재구성하고 왕조 내부의 상이한 족군 간의 평등 관계를 재구성하며 여러 정치 공동체 사이의 조공이나 외교 관계 등의 틀을 만들면서 이 범주는 독특한 탄성과 적응력을 드러낸 바 있다.

민족국가 체계에 대한 검토와 이른바 전全 지구화 연구가 진전됨에 따라서, 초기 제국의 일부 경험과 제국이 근대 국가로 전환하는 동력 등의 문제가 새로운 연구 시야 속으로 들어오기 시작했다. 그리고 이에 근거하여 근대화라는 목적론적 서술의 관점에서 한계로 인식되었던 초기 제국의 국가 구조와 경제 제도 및 트랜스로컬한 교류가 재검토되었다. 제국과 관련된 당대의 논의는 방향이 다른 두 가지 논의를 포함한다. 하나는 이른바 '포스트 민족국가'라는 전 지구화 문제에 대한 사유이다. 안토니오 네그리Antonio Negri와 마이클 하트Michael Hardt가 쓴 『제국』(Empire)은 이 방면에서 가장 영향력이 큰 저서 중 하나이다. 다른 하나는 민족국가 체제에 대한 불만 혹은 성찰에서 출발하여 새롭게 전개된 '제국 연구'이다. 이는 역사학자들이 전前근대의 제국 역사에 대해 새롭게 주목하고 역사 연구 영역에서 여전히 지배적인 지위를 차지하는 민족국가 및 관련 기준 중심의 서술을 초월하는 것으로 표현된다. 내가 논의한 두 가지 측면은 당대의 위기에 대한 반응과 역사에 대한 연구이다. 물론 이 두 측면은 연관이 있다. 그러나 뒤섞어서 논의해서는 안 되는 것으로 본서 상권 제2부 '제국과 국가'는 후자와 좀 더 긴밀한 관계가 있다. 따라서 제국 문제를 재론하는 목적은 민족주의적인 역사 서술을 강화하는 것이 아니라 그러한 서술을 초월하는 데 있다. 제국 유산에 대한 총괄 속에서, 내가 제기한 트랜스로컬한 교류 이외에 다른 논의, 예컨대 제국의 다민족 공존이라는 정치 구조와 문화 정체성, 제국 내부에서 발생하는 식민과 권력 집중의 경향, 제국 시대와 민족국가 형성의 복잡한 관계 등은 학자들이 관심을 가진 과제이다.

그러나 제국과 초기 근대성 문제에 관한 관심이 제국–국가 이원론의 상투적인 틀에 갇힌다면 중국에 진정한 정치 주체가 없다고 보는 19세기 유럽 역사관의 함정에 빠지거나 이를 반증하는 것이 된다. 여기에서 핵심적인 문제는 중국 역사에서 '국가'의 존재를 인정하느냐 부인하느냐에 있는 것이 아니라, 상이한 정치체제의 개념과 유형을 새롭게 밝히고 근대 유럽의 자본주의와 민족국가 역사에 포위되지 않는 국가 개념을 해명하는 데 있다. 근대 국가는 서로 다른 정치 문화를 가지고 있다. 예를 들어 사회주의 국가와 부르주아 국가는 각기 고유한 정치 문화를 보유하고 있다. 근대 국가에 대한 논의조차도 각기 다른 정치 문화나 정치 전통의 문제와 긴밀히 연관되어 있는데, 그렇다면 20세기 이전의 국가와 그 주체성의 문제를 추상적인 차원에서만 논의한다는 것은 거의 불가능하다. 교토학파는 송대를 강조하고 중국이 성숙한 군현제 국가로 변모했으며 이른바 성숙한 군현제 국가는 준準민족국가라는 점을 강조했다. 이 학파가 군현제 국가를 초기 근대성과 관련짓는 것은 다른 방향에서 보면 제국-국가 이원론을 확증하는 것이기도 하다. 제국-국가 이원론은 완전히 다르게 서술될 수 있다. 그러나 절대로 변하지 않는 것은 국가가 자본주의와 내재적인 관련을 맺고 있다는 점이다. 미야자키 이치사다의 서술이 하나의 예증이다. 이러한 틀 아래에서 비非자본주의적인 국가의 유형을 재검토할 가능성은 크지 않다.

위와 같은 다층적인 고려에서 나는 제국-국가 이원론 내부의 복잡한 관계가 아니라 이른바 제국 건설과 국가 건설 사이의 중첩적인 관계에 주목한다. 19세기 이후 '전근대' 역사 연구는 제국 역사 연구의 범주 속에서 위치 지어졌는데 대표적으로 1960년대 저술인 아이젠슈타트S. N. Eisenstadt의 『제국의 정치체제』(The Political System of Empires)를 거론할 수 있다. 광범위한 영향력을 지닌 이 저서는 베버주의의 틀 속에서 각각의 세계 문명에 관한 역사 연구를 종합하여 이른바 전근대 역사를 '제국의 정치체제'라는 개념 아래에 위치시켰다. 이 개념은 19세기 유럽 정치경제학의 '제국-국가 이원론'에서 발전했다. 바로 이 이원론 속에서 '제국'은 근대성과 상반되는 특징을 구성했는데 제국과 근대성의 연관 관계를 인정한다고 하더라도 이 연계는 특정한 기원으로의 소급 관계 속에 배치되곤 했다. 전제專制와 권력 집중이라는 근대 국가 특징의 근원은 무엇인가? 근대 국가는 왜 고유한 폭력성에서 벗어날 수 없는가? 위와 같이 근대성 위기의 모든 표징은 근대 세계와 제국의 역사적인 연계로 소급된다. 『제국의 정치체제』가 하나의 사례이다. 이는 거의 모든 '전근대 역사'가 20세기 들어 갖가지 방식으로 '제국'이라는 하나의 범주 속으로 포함되었다는 점을 설명하고 있다.

본서 상권 제2부 '제국과 국가'에서 나는 다음과 같은 몇 가지 문제를 주로 논의했다. 첫째, 중국 왕조로서 청조의 합법성에 대한 유학의 논증은 어떻게 구성되었는가? 제국 체제 내의 다원적인 정체성과 정치/법률 체제는 어떻게 구성되었는가? 청대 통치자는 유학을 이용하여 통치를 공고화했는데 그중 하나는 유학을 통해 청조를 '중국 왕조'로 정의 내리는 것이었다. 다른 한편, 사대부도 유학이라는 합법적인 지식을 이용했다. 그들은 유학을 이용하여 왕조 체제 내부에 존재하는 민족 등급제에 비판을 제기함으로써 일부 유학 명제와 원칙에 대한 해석을 특정한 역사 맥락에서 평등의 문제와 관련지었다. 둘째, 19세기 이후 대다수 주요 저작들이 제국을 국가의 대립 면으로 여겼다면, 제국 건설과 국가 건설 사이의 역사적인 관계는 도대체 어떠했을까. 예를 들어 나는 청대 경학經學 특히 공양학公羊學을 논의하면서 조공 체계의 확장을 포함한 제국의 건설과 청조의 국가 건설은 동일한 과정의 다른 측면이라는 점을 강조했다. 실제로 그러한 정통적 민족국가의 표지로 귀납되는 동서東西란 일찍이 17세기 청조에 이미 존재했거나 발전하기 시작한 것들이었다. 변경이나 변경의 행정 관할권 등이 그 예이다.

그런데 17~18세기의 청대에 발생한 이러한 현상은 다른 종류의 정치 문화와 역사 관계의 산물이다. 이는 단순하게 민족국가의 초기 형태로 간주해서는 안 된다. 가령 조공, 화번和藩 및 기타 교류 형태는 왕조 시대의 정치 문화 틀 속에서 해석되어야 한다. 그런데 이러한 과정이 없으면 우리는 신해혁명(1911) 이후에 건립된 중화민국 더 나아가 1949년에 건립된 중화인민공화국이 왜 지역과 인구, 일부 행정구역 면에서 청대와 겹치는지 그 관계를 이해하기 어렵다. 본서에서 나는 조공 체제가 조약 체계와 어떻게 중첩되고 어떻게 다른지 그리고 유학 서적이 어떻게 근대 국제 관계의 구체적인 과정에 이용됐는지를 분석했다. 나의 문제의식은 식민주의의 흐름 속에서 이러한 '제국의 지식'이 어떻게 새로운 '유학 보편주의'와 결합했는가에 집중된다. 유학 연구의 관점에서 보면 이 연구는 유학을 단순하게 철학적, 관념적, 윤리적 혹은 학술사적인 구조 아래에 두고 진행하는 연구 방법에 대한 수정 작업이기도 하다. 유학은 정치적인 역사 속에서 합법화된 지식으로 이해될 수 있으며 그 상이한 형태는 왕조 체제 및 합법성의 구축 과정과 복잡한 관련을 맺고 있다. 이 관점을 벗어나서는 유학의 역사적인 의미를 전면적으로 이해할 수 없다.

중국 문제를 분석하면서 '천하'라는 좀 더 '고유'하고 '유학적'인 개념을 사용하지 않고 왜 '제국'이라는 용어를 고수하는지에 대해 질문한 지인이 있었다. '천하' 개념에 대한 『장자』「천하」편의 해석은 사람들이 흥미진진하게 다루는 사례이며 후대 학자들도 이 개념을 자주 활용했다. '천하'는 확실히 연구할 만한 역사적이고 이론적인 의미를 지니는 매력적인 개념이다. 실제로 중국의 특수성을 강조하기 위하여, 또 민족국가에 대한 질의에 대답하기 위하여 중국은 '천하'일지언정 국가는 아니라고 인식한 학자들이 있었다. 이 '천하' 개념은 제국과 개념적으로 다르지만 제국─국가 이원론 속에서 중국 역사를 해석한다는 점은 통한다. 그들은 '천하' 범주를 통하여 중국을 국가 곧 근대 민족국가를 핵심으로 하는 국가 범주와 구분하고자 시도했다. 이러한 기술은 중국 역사에 존재하는 중앙집권적인 통일국가가 전국시대의 '국'國이라는 제도의 형식에서 발전했다는 점을 경시했으며 또한 '국'의 상이한 역사적 유형과 함의를 검토하지 않았다. 역사관의 측면에서는 19세기 유럽의 '세계 역사'관의 핵심인, 중국은 역사가 없다 혹은 동방은 역사가 없다는 관점으로 회귀한 것이 아닌가 한다. 나는 내가 '천하' 개념을 언급하면서 동시에 여전히 '제국' 개념을 사용하고 있는 것에 대해서 몇 가지 한정을 짓고자 한다.

우선, 제국이라는 용어는 우리가 발명한 것이 아니다. 중국 고대 전적典籍에서도 제국이라는 용어가 나오지만 이들 전적의 제국 개념과 근대 일본과 서구에서 수입된 제국 범주는 직접 대응하지 않는다. 제국 용어는 만청晩淸 시대에 새롭게 발명되어 근대 중국어로 편입된 것으로 이미 근대 중국 역사 전통의 일부분이 되었다. 이는 이른바 '번역의 근대성'의 표징 중의 하나이다. 19세기 말 민족주의 흐름 속에서 이 용어는 점차 중국의 사상과 지식 계보 속에 자리하게 되었다. 따라서 이 개념은 번역 과정을 경유하여 근대 중국 사상 내부에 자리하게 된 것이다. 이 개념을 중국 역사에 외재하는 외래 용어로 단순하게 간주해서는 안 된다. 물론 더 적합한 개념이 있다면 나는 흔쾌히 그 용어를 선택하겠지만 같은 수준에서 관련 문제를 논의할 수 있는 다른 개념이 지금으로서는 떠오르지 않는다.

둘째, '천하' 개념은 우주 자연 및 예악 세계와 관련된 중국 사상과 밀접한 관계가 있으며 상당히 오래된 기원이 있다. 그러나 이 개념을 유럽의 민족국가 개념과의 단순한 대비에서 벗어나 다른 역사 문명과 비교한다면, 다른 문명과 종교 세계관에서도 비슷한 표현을 찾을 수 있다. 이러한 의미에서 이 개념이 중국의 '특수성'을 대표한다고 생각하는 것은 민족국가라는 기본 지식에서 출발하여 중국과 관련된 특수주의적인 서술을 한 것으로, 심사숙고한 결과라고 보기 어렵다. 정치분석의 시각에서 보면 '천하' 개념은 특정한 정치체로서의 중국과는 등치될 수 없다. 고염무가 '망천하'亡天下를 '망국'亡國과 구분한 것처럼, 이 개념은 특정한 이상과 가치를 담고 있으므로 '국' 개념과 구별되어야 한다. '천하'를 특정한 왕조와 정치적인 실체를 묘사하는 것으로 계속 사용한다면 고염무 등의 유학자들이 이 개념에 부여한 특정한 함의는 상실된다.

셋째, 천조天朝 국가, 왕조王朝 국가 등의 개념을 사용하여 중국의 정치 역사를 서술한 학자들도 많다. 이는 물론 가능하다. 그러나 이 개념들은 중국 왕조 사이에 존재하는 차이를 해명하기에는 불충분한데, 특히 내가 본서에서 제기한 송, 명 왕조와 원, 청 왕조 사이의 차이를 드러내기란 힘들다. 이들은 모두 천조 국가 혹은 왕조 국가이다. 그렇지만 몽골과 만주 왕조의 영토 면적과 주변 관계 및 내부 정치 구조는 송과 명 왕조—곧 미야자키 이치사다가 성숙한 군현제 국가 혹은 준민족국가라고 지칭했던 왕조인—와는 중요한 차이가 있다. 교토학파는 송대의 군현제 국가가 근세의 발단이라는 점을 강조했는데 그렇다면 원대와 청대가 중국 역사에서 차지하는 위치는 어떻게 해석했는가?

그들은 송·명의 이학을 '국민주의' 혹은 근대 사상의 발단으로 해석했지만 청대의 경학과 사학이 청 왕조의 정치적인 합법성과 맺는 관계에 대해서는 또 어떻게 해석했는가? 위에서 언급한 두 문제에서 교토학파의 해석은 완전하지 못하다. 중국 학자도 청조를 일정 부분 역사의 중단으로 보곤 한다. 가령 명말 자본주의 혹은 초기 근대성에 대한 논의에서 만주족의 청조가 중원을 차지함과 동시에 자본주의 혹은 초기 근대성이 중단된 것으로 해석하는 것이 대표적인 예이다. 이렇게 청조는 이른바 근대성의 서사 바깥으로 배제되었다.

청대 공양학을 논의하면서 나는 예의중국禮儀中國이라는 개념을 사용했다. 더 나아가 중국 강역疆域의 변화와 정치 구조의 전환, 내외 관계의 새로운 모델을 이 개념에 대한 해석 속에 위치시켰다. 중국이 국가냐 제국이냐를 새롭게 확정 짓는 것이 아니라 중국의 정치 문화적인 특수성 및 그 전환 과정을 충분하게 토론하는 것이 더 중요하다고 나는 생각한다. 몽골 왕조와 만주 왕조(청조)는 우리가 말하는 제국과 일정한 유사성을 갖고 있다. 그러나 나는 이러한 제국에 관한 서술을 제국-국가의 이원론에 근거하여 해석하지 않았다. 청조가 어떻게 중국 왕조의 계보 속에 합법적으로 포함될 수 있었는지 그 내부적인 근거를 설명하는 데 주력했다. 청대의 예를 들자면, 통치자는 왕조의 명칭을 변경하고 원대와 명대 두 왕조에 제사 지내고 두 왕조의 황실 후손을 공손히 모시며 한문과 과거를 부활시키고 정주이학程朱理學을 받들며 명대 법률을 계승하는 등의 방식으로 자신을 중국 왕조의 합법적인 계승자로 확인했다. 이런 의미에서 청조 황제도 중국 황제인 것이다. 이와 동시에 청조 황제는 특수한 제도(몽골 팔기八旗, 티베트 갈사噶嘎 제도, 서남 토사土司 제도 및 다양한 조공 체제 등)로 몽골, 회족 부락, 티베트 및 서남 지역을 통치함으로써 중앙아시아, 서아시아 지역에 대한 몽골 칸의 전통도 계승했다. 이뿐만 아니라 청조 황제는 만주족의 족장으로서 만주족의 정체성과 통치 지위를 유지하는 중임도 맡았다. 이 때문에 청조 황제는 황제이자 칸이며 또 족장인 세 겹의 중층적 신분의 종합이었다. 그리고 복잡한 청대 정치 상황——예를 들어 황권, 만주 귀족, 몽골 귀족 간의 모순 및 조정朝廷에서 한족 지위의 변화 등등——도 종합적이면서도 변화 발전하는 황권의 상황과 관련되어 있다. 만주족과 황실이 만주족의 정체성을 유지했다는 단순한 시각에서 만주적인 자족성을 논증하고 이것이 이후에 만주국을 형성하게 한 필연성을 초래했다는 것은 황권 자체의 다중성이라는 시각에서 보더라도 근거가 없다. 만주족과 한족의 관계라는 시각에서만 청대의 합법성 문제를 검토한다면 청대 초기 역사에서 반복적으로 출현하는 청조 황제와 만주족, 몽골족 귀족 사이의 충돌을 어떻게 해석할 것인가. 이러한 충돌 자체는 왕조의 합법성을 구축하는 과정에서 발생한 필연적인 현상이면서 동시에 다중적인 황권 자체의 내재적인 모순 및 그 변화 과정의 산물이기도 한 것이다. '예의중국' 개념도 바로 이 다중적인 관계 속에서 겹겹으로 재구성된 것이다.

제국-국가 이원론이 중국의 정치 문화적인 특징을 드러낼 수 없다면, 천하나 왕조 등의 중국의 전통 개념도 여러 왕조 사이의 정치 제도와 정치 문화적인 특징을 설명할 수 없다. 실제로 근대 역사관의 틀에서 이들 개념은 근대 역사 서술의 내적인 구성 요소였다. 이러한 역사 해석의 틀과 밀접한 관련이 있는 것이 중서中西 이원론의 서술 방식이다. 이는 중국의 특징을 천하, 왕조, 조공 체계로 보고 서구의 특징을 국가와 형식적인 평등인 주권 개념으로 보는 것이다. 실제로 제국과 국가의 이원론은 근대 식민주의자에 의해서도 활용되곤 했다. 그들은 이른바 '주권국가'의 문화로 전통적인 사회관계와 정치 모델을 평가절하했던 것이다. 예를 들어 1874년 일본의 제1차 타이완 침략 때의 구실은 타이완 원주민과 류큐인琉球人 사이의 충돌이었다. 일본 통치자는 청조 관원의 논리를 이용하여 타이완 원주민(이른바 '미개인')은 군현제 혹은 대청大淸 제국의 법률적인 관할 내에 있지 않은 '화외지민'化外之民이므로 타이완 '미개인'과 그 지역을 침범한 것은 대청 제국에 대한 침략일 수 없다고 강변했다. 이때 유럽 국제법이 이미 동아시아에 전파되어 있었는데 일본 통치자는 유럽 국제법에 근거하여 '습속과 마땅한 것을 따르는'(從俗從宜) 다원적인 청대의 제도 및 제국 내부의 내외 구분법을 주권국가 간의 관계라는 범주 내부에 위치시킴으로써 이를 침략의 구실로 삼았던 것이다. 이 사건에서 우리는 일본과 청조 사이의 충돌에 주목해야 할 뿐만 아니라 일본이 침입의 근거로 삼은 원칙과 청대의 다원적인 사회 체제 및 관련 원칙 사이의 충돌, 특히 이 두 종류의 원칙이 내외의 경계를 구분할 때 척도와 응용의 범위가 달랐다는 점에 더 많은 관심을 가질 필요가 있다.

역사의 '연속과 단절' 논제에서 정치 합법성의 문제

중국 역사는 연속적이고 서구 역사는 단절되었다는 오래된 논리가 있다. 내가 앞에서 언급한 전환의 문제—곧 정복 왕조가 자신을 중국 왕조로 전환시킨 문제—를 이해하지 못한다면, 이른바 연속론은 근거없는 믿음에 지나지 않는다. 중국에서 주변이 중원을 침입하고 삼투한 역사적인 상황은 무수하게 발생하였고 정치적이든 족군 관계이든 단절도 끊임없이 발생했다. 이른바 연속성이란 역사 과정에서 끊임없이 등장한, 의식적이거나 무의식적인 구성의 결과이다. 예를 들면 이들 소수민족 왕조 통치자는 유학—이학과 경학, 사학과 같이 여러 형태를 포함한—을 이용하여 갖가지 방식으로 자신을 중국으로 전환시켰다. 이 '예의중국'의 문제는 일반적으로 말하는 예의 혹은 도덕의 문제가 아니라 정치적인 문제이며 정치 합법성의 문제이다. 내가 여기에서 '자기 전환'이라는 범주를 사용한 것은 이 전환 과정이 능동적이었다는 점을 설명하기 위해서이다. 곧 새로운 왕조 통치자는 자신(소수민족 왕조 혹은 반란으로 세워진 왕조)을 중국 왕조의 역사적인 계보나 유가적인 전통 속에 위치시키고 나아가 유학의 정통 이론을 이용하여 자신의 합법성을 논증했다. 그러나 이러한 '자기 전환'은 하나의 전제에 불과하다. 중국 왕조로서 새로운 왕조의 합법성은 무엇보다 다중적인 승인의 관계 속에서 확립되었다. 즉 '자기 전환'은 반드시 특정한 '승인의 정치' 속에서 확인되었던 것이다. 청조의 경우 다수의 한족 사대부(및 주변 왕조들)에게 중국 왕조로서 청조의 합법성은 건륭 시대 무렵에서야 인정받기 시작했다. 이는 강희, 옹정 시대에 만주족·한족의 일체화를 중심으로 하는 왕조 전환 과정이 촉진되지 않았다는 것을 의미하는 것도 아니며, 건륭 이후에 만주족과 한족의 문제가 완전히 해결되었다는 것을 가리키는 것도 아니다. 이는 이 시대에 이르러 중국 왕조 계보의 한 지절支節로서 청조의 지위가 두루 확고해졌다는 것을 지칭하는 것이다. 그런데 우리는 청조 문제를 청대 초반기부터 다루기 때문에 이 전환의 순간을 지나쳐 버리곤 한다. 내가 '중국' 범주를 반복적으로 정의하려는 까닭은, 왕조 통치자와 사대부 계급, 주변 왕조와 일반 백성의 중국에 대한 이해가 바로 이 과정에 따라 변화했기 때문이다.

　여기에서 우리는 민족주의 서사를 초월한 풍부한 역사 관계를 전개하는 새로운 역사적인 시야를 펼칠 필요가 있다. 족군과 지리의 관계를 역사적으로 이해하는 것 이외에도 20세기 이전의 역사적인 영역을 해석할 때 나는 다음의 두 가지 문제에 관한 토론이 필요하다고 생각한다. 하나는 내가 앞에서 언급한 '승인의 정치'의 문제이다. 곧 통치의 합법성이 어떻게 역사적으로 형성되었는가 하는 문제이다. 다른 하나는 이른바 '자기 전환'이 근거했던 정치 문화의 문제이다. 예를 들면 다음과 같은 문제이다. 청조는 궁극적으로 어떠한 정치 문화에 근거하여 중국 왕조로서 자신의 합법성을 논증했는가? 이 정치 문화는 상이한 족군, 인구, 종교 등의 다양한 요소들을 어떻게 다원적이고 유연성이 풍부한 정치 구조 속으로 포괄시켰는가? 확실히 이것은 종족, 언어, 종교 등의 범주에 의지한 민족주의적인 지식과는 다른 지식이다. 이 지식은 자신만의 독특한 개념과 형태를 지니고 있다.

　경학사經學史의 예를 들어 이 문제를 설명할 수 있다. 경학사의 기술에 따르면 청대의 금문경학今文經學은 상주학파常州學派에서 시작되었는데 동한東漢 이후 금문학은 쇠퇴했다. 그리하여 원말 명초에 등장했던 조방趙汸 등의 개별 사례를 제외하고 거의 완전히 끊어진 것처럼 보였으나 건륭 후기에 출현한 상주학파가 금문학의 전통을 새롭게 계승한 것으로 서술됐다. 그러나 사상사가와 학술사가가 청대 경학 문제를 토론할 때, 여진(금金)과 몽골, 만주족의 청조가 중원을 통치하면서 공양 사상, 특히 '대일통'大一統, '통삼통'通三統, '별내외'別內外 등의 주제를 활용하여 새로운 왕조의 정통성을 구축했던 과정에 대해서는 거의 주목하지 않았다. 이와 관련된 저술과 주장은 정치적인 글 혹은 상주문이었는데 그것들은 전문적인 학술 저작이라고 할 수 없고 금문경학에 대한 전문적인 연구 저서도 아니었다. 이는 여진, 몽골, 만주를 위해 일한 여진인, 몽골인, 만주인과 한족의 손에서 나왔다. 그런데 이 상황이 바로 금문경학의 상당한 주제들이 왕조 정치와 그 합법성을 구성하는 과정에 이미 스며들어 있었다는 사실을 설명하고 있다. 예를 들어 보자. 금대가 송대와 대치할 때 금대의 사대부와 대신은 춘추와 공양 사상을 이용하여 정통성 문제를 논의하면서 중원 정복에 합법성을 부여하고자 했다. 몽골이 송대를 정복하는 과정에서도 몽골의 원제국은 자신을 중국 왕조로 구성하는 사안에 대해 검토한 바 있는데, 몽골 조정은 그들이 계승해야 하는 전통이 요의 것인지, 금의 것인지, 아니면 송의 것인지를 둘러싸고 논쟁을 벌인 적이 있을 뿐만 아니라, 원 건국 이후에 율법인 태화율泰和律이 느슨해지자 유학자들이 어떻게 『춘추』를 활용하여 원의 법적인 정통성을 확립할 것인가를 논의하기도 했다. 만주족의 청조가 중원을 통치하는 과정에서 청 정부는 과거와 한문漢文 시험을 부활하고 유학 특히 주자학을 받들었을 뿐 아니라 춘추공양 및 대일통 학설에서 영감을 얻어 정치적인 합법성을 새롭게 확정했다. 유학을 중심으로 하는 정치 문화나 합법성을 뒷받침하는 이론이 없었다면 왕조 간의 연속성을 논하는 일은 거의 불가능했다. 연속성이란 의식적으로 구축한 결과물인 것이다.

위의 논의는 합법성을 부여하는 지식이라는 시각에서 유학의 필요성을 인식했다는 점을 설명하고 있을 뿐만 아니라 20세기 이전 중국 왕조가 다른 족군과의 관계를 처리할 때 수행했던 정치적인 실천에 대한 검토이기도 하다. 제국이 통치 모델이자 권력 관계의 실천이라는 점에 대해서는 의문의 여지가 없다. 그러나 상술한 지식을 시대에 맞지 않는 것으로 폄하하는 민족주의 지식의 시대에, 이 합법성 이론과 실천을 새로이 검토하고 그 시대의 여러 족군이 공존한 경험을 살펴보는 작업은 민족주의 지식과 그 한계—특히 동질화 경향—를 이해하는 데 의미가 있다.

민족주의 지식의 구조와 이에 대한 질의

동/서와 중/서의 문제 틀이 특정 시기에 주도적인 지위를 차지한 것은 역사적인 형세의 산물이다. 이 이원 관계를 방법론적으로 절대화하면 문제를 은폐할 가능성이 크다. 법학 연구 중에 중국의 예제禮制를 서구의 법제와 대립시켜 검토하는 연구 경향이 있는데, 이는 설득력이 전혀 없다고는 할 수 없다. 그러나 이는 중국에 대한 단순화—중국은 법률 전통이 없는가—일 뿐만 아니라 서구에 대한 단순화—서구는 예약과 교화가 없는가—이기도 하다. 학계에서 방법론의 측면에서 특수주의와 보편주의 문제를 토론하는 경우가 종종 있다. 특정한 역사 시대와 사회의 경험을 연구하려면 당연히 특수성을 고려해야 하며 특히 서구의 보편주의를 비판하려면 더욱 그렇다. 그렇지만 철학적으로 봤을 때 이 양자는 거의 성립 불가능한 개념이라고 할 수 있다. 왜냐하면 지금까지의 이른바 특수주의 서술은 모두 보편주의의 특수주의였으며 보편주의 서술은 특수주의의 보편주의였기 때문이다. 이 두 서술은 대립적인 것 같지만 사실 상호 보완적이다. 일정한 수준에서 우리는 이른바 특수성의 보편주의 혹은 특수성에 관한 보편주의를 논의해야 한다. 특수성의 보편주의라는 틀 내에서 특수성에 관한 탐구는 단순하게 특수주의로 회귀하지 않는다. 이는 특수성 그 자체로써 보편적인 의미를 드러내고 더 나아가 이 특수성이 어떠한 조건에서 왜 보편성으로 전화할 수 있었는지를 따져 묻는 작업이다.

여기에서 본서의 하권을 예로 들어 20세기의 정치적인 합법성의 문제가 근대 지식과 내재적인 관계가 있다는 점을 논의하고자 한다. 상권에서는 천리 세계관과 군현제의 관계를 논의하고 경학과 왕조의 합법성 사이의 문제를 검토했다면 왜 하권에서는 지식 문제를 집중적으로 토론했는가? 근대성의 발생 연대와 기원에 대한 견해가 얼마나 다른가와 상관없이 다수의 사상사 연구자들이 관찰했듯이 유럽 역사에서 이른바 근대 문제란 바로 과학과 방법이라는 새로운 관념으로 확정된 것이다. "인류 지식과 관련된 각종 연구 성과와 형식을 정치학, 윤리학, 형이상학, 신학 등의 전통적인 학문에 직접적으로 사용했는데 그 목적은 이들 학문의 곤경을 단번에 끝내는 데 있었다. 이것이 19세기 철학가들이 완성하고자 한 프로젝트였다. 그들이 운용하고자 한 원리는 17세기의 새로운 과학 규범이었다. 만약 실험 증거가 없었다면 중세기에 금과옥조로 신봉됐던 '자연적'인 원리라는 선험적인 연역이란 있을 수 없었다." 바로 이러한 인식론적인 전환 속에서 "공간과 시간, 질량, 힘, 운동량, 정지靜止 등의 역학 용어가 점차 궁극 원인, 실체 형식, 신성 목적 및 기타 형이상학 개념을 대체했다. 중세기의 본체론과 신학 같은 놀음은 완전히 기각되었다."[1] 이 새로운 관념은 모든 지식 영역에서 결정적인 영향을 끼쳤다. 이는 로크와 흄 등 자연과학을 추종하는 철학자의 저작에 스며들었을 뿐만 아니라 버클리George Berkeley와 같이 자연과학을 부정하는 형이상학 가설에 관심을 가진 이들에게까지 영향을 미쳤다. 이는 미국 혁명과 프랑스 혁명의 주요 선언 속에 삼투되었 뿐만 아니라 근대의 모든 방면에 깊은 흔적을 남겼다. 이 때문에 사회 역사 속의 과학과 방법의 문제는 과학 방법과 과학 관념의 범주에만 머물러 있을 수 없었다. 이는 세계관의 전환과 관련되었다. 나는 과학이라는 관념과 공리적인 세계관에 대한 분석을 통하여 근대 지식 계보의 구성을 드러내고자 했다.

본서 전체를 꿰뚫는 하나의 단서가 있다. 곧 지식과 제도의 상호 관계가 그것이다. 가령 천리와 군현제 국가의 관계, 공리와 근대 민족주의 및 그 체제의 관계를 예로 들 수 있다. 캉유웨이康有爲에 대해서 논의할 때 나는 그가 유학 보편주의를 재창조했다는 점에 특별히 주목했다. 이 재창조의 전제는 역사의식에서 생산되었다. 곧 유학의 보편성이 중국이라는 개념과 맺고 있던 자명한 관계가 느슨해지기 시작했던 것이다. 이 전제에서 유학의 보편성을 논증하려 한다면, 중국은 세계의 일부에 지나지 않으며 중국 바깥에 거대한 외부가 존재한다는 것을 인정해야 했다. 그리고 이 외부는 공간적이고 지리적인 의미뿐만 아니라 정교政敎적이고 문화적인 의미를 담고 있기도 하다. 유학 보편주의가 다수의 국가 혹은 외부 속의 중국이라는 이미지와 상호 연결되어 있을 때 이것은 무엇을 설명하는가? 이는 민족주의가 보편주의적인 세계관 및 지식 계보에 기대고 있다는 사실을 설명하고 있다. 다시 말하면 새로운 형태의 유학 보편주의의 탄생은 새로운 형태의 세계 체제 속에서 주권국가로서의 중국의 탄생과 동시에 발생한 것이다. 이른바 유학 보편주의는 실제로 바로 근대 공리관이 굴절되어 드러난 것이었다.

보편주의와 근대 국가 혹은 민족주의의 관계는 이러한 논리 속에 포함되어 있다. 만청부터 이러한 보편주의적인 지식 구조는 유지되어 왔는데 캉유웨이가 이 보편주의에 부여했던 유학의 외피는 철저하게 벗겨졌다. 근대 국가의 합법성은 이러한 보편주의적인 지식 및 분류의 논리 위에서 건립되었고 근대 국가 제도 또한 이러한 보편주의적인 체제와 그 분업 관계 위에서 수립되었다. 주권 개념이든 각 정치 역량이 자신에 대해 합법성을 부여하는 논증을 제시하든, 진화나 진보적인 역사 관념이든 혹은 이 역사관이 뒷받침하는 각종 체제와 학설의 합리성이든 상관없이 이들은 모두 이 보편주의 지식이라는 문제에서 벗어날 수 없었다. 근대 국가는 모종의 반反역사적인 인식론적 틀과 관련되어 확립되었다. 민족주의 지식은 자주 '역사', '전통', '근원' 등의 문화 특수주의에 호소하지만 그 기초는 새로운 형태의 인식론과 그 지식 계보 위에 세워졌다. 이 때문에 이 시대의 지식 체제와 담론을 토론하는 것은 새로운 형태의 정치적인 합법성을 논의하는 것이기도 하다. 민족주의의 도드라진 특징은 자신의 기원을 탐구하는 것인데 조상 숭배든 문화적인 근원이든지 간에 더 '본체적'이고 '본원적'이며 더 '특수한' 이러한 지식은 바로 새로운 형태의 인식론과 지식 구조 속에서 생산되었다. 이로써 '본체'와 '근원'이 새로운 종류의 지식론을 창조한 것이 아니라 민족국가로서의 이러한 인식론적 틀 자체가 자신의 '본체'와 '근원'을 요구했고 그리하여 이러한 '본체'와 '근원'을 창조해 낸 것이다.

그런데 민족주의 지식의 이러한 구성적인 성격을 지적하거나 민족주의 지식의 틀에 대한 해체론적인 실천을 수행하여 민족주의 문제를 간단하고 손쉽게 해결했다고 생각한다면, 이는 일방적인 환상에 지나지 않는다. 민족주의는 자신의 '본체'와 '근원'을 창조하는 동시에 대중에게 동원을 호소했다. 바로 이러한 대중 민족주의 운동 중에서 이른바 '자각자'들은 특정한 '시세'에 처한 민족의 운명에 대해 고민했으며 이를 자신이 헌신하기로 결심한 가치에 대한 탐구와 결합하는 시도를 했다. 중국 혁명은 광범위한 사회운동으로서 인류 역사상 보기 드물 정도의 규모와 깊이를 갖고 전개된 민족해방운동이다. 이는 민족주의라는 범주로 포괄할 수 없는 역사적인 내용을 담고 있다. 민족주의 개념으로 20세기 중국의 모든 것을 망라할 수 없다. 이 때문에 민족주의 지식에 대한 비판과 부정은 매우 풍부하고 복잡한 역사 과정에 대한 간단한 부정으로 될 수 없다. 만약 근대 중국이 청대 역사의 토대 위에 세워졌다는 점을 인정한다면, 중국 혁명을 거쳐 산출된 근대 중국을 민족주의 지식으로 적절하게 기술할 수 있을까? 또한 동일한 논리에서 중국 혁명은 어떤 의미에서 비로소 '민족 혁명'으로 기술될 수 있는가? 본서는 20세기 중국 혁명에 대한 깊이 있는 연구를 진행하지는 않았다. 그렇지만 위에서 제기한 질문은 일정 부분 20세기 중국을 새롭게 사고하는 방향을 제시했다고 할 수 있다.

또한 나는 본서와 다른 글에서 '반근대성의 근대성' 문제를 제기한 바 있다. 하권 제1부 '공리公理와 반공리反公理'에서 옌푸嚴復, 량치차오梁啓超, 장타이옌章太炎의 사상을 집중적으로 분석하면서 그들이 각기 다른 사상적인 자원으로 근대에 대해서 질의했다는 점을 중점적으로 논의했다. 이 문제 제기는 총체적인 것이 아니라 근대에 대한 그들의 탐색에 내재되어 있었다. 당연하게도 사고의 깊이와 경로 면에서 그들은 상당한 차이를 보였다. 가령 옌푸는 주자학에서 출발하여 서구의 근대 실증주의 학설에 접근했고, 역학易學과 사학에서 출발하여 천연론天然論(진화론)을 번역하고 논증했으며, 노자의 시각에서 서구 사상의 자유 문제를 언급했다. 그렇지만 옌푸의 번역과 해설은 그 자체로 또한 그가 번역한 사상 사이의 대화이자 적응이며 또한 장력을 형성했다. 한편 량치차오는 금문경학과 양명학 등의 지식에서 출발하여 서구의 갖가지 정교政敎 지식에 접근했으며, 근대 유럽의 과학 학설과 독일의 국가 학설·칸트 철학·제임스William James의 실용주의 및 종교 학설 등을 소개 및 번역하고 제창했다. 그러나 그의 사상에서도 자본주의 및 공리적인 교육 체제와 가치 위기에 대한 성찰을 포함하고 있었다. 이 가운데 장타이옌의 사상이 가장 급진적이었는데 그는 불교 유식학과 장자 제물론의 틀에서 근대성 문제를 체계적이면서도 가장 격렬하게 비판했다. 또 나는 마지막 권에서 과학 담론 공동체의 문제를 논의하면서 과학자 공동체 내부의 복잡성 및 과학주의의 패권을 의식적으로 거부했던 인물과 집단을 분석한 바 있다. 이 논의들은 다음과 같은 점을 설명하고 있다. 중국 사상의 근대에 대한 탐색은 그 자체로 근대에 대한 질문을 품고 있으며 이 현상은 중국 근대성의 자체적인 문제 제기나 자기부정으로 해석될 수 있다.

그런데 '반근대의 근대성'이라는 틀에서 보면, 과학자 공동체와 후스胡適 및 '5·4' 신문화운동이 과학주의적인 특징을 가지고 있을 뿐만 아니라 량치차오, 량수밍梁漱溟, 장쥔마이張君勱 등 과학주의를 반대한 인문주의자까지 과학주의의 분류 계보에 들어갈 수 있는데, 그렇다면 우리의 출구는 도대체 어디에 있는 것인가? 근대 인문주의는 과학주의와의 대항을 통해 생산된, 과학주의에 대한 보충이라고 생각한다. 이러한 의미에서 인문주의는 이른바 근대를 벗어날 길을 제공하지 못한다. 이 문제에 대해서 나는 내가 문제를 제기한 방식에 대해서 특별히 언급하고 싶다. 나는 이들 사상이 출구가 될 수 있다고 단순하게 생각하지 않았다. 이보다 나는 이들이 문제 제기하는 과정을 보여 주고 또 총체적인 과정에 그 가능한 출구들이 어떻게 포함될 수 있었는지를 드러내고자 했다. 옌푸, 량치차오, 장타이옌에 대한 서술 방식도 마찬가지이다. 그들 사이의 복잡한 갈등 속에서 나는 서로 다른 사고의 방향과 서로 다른 가능성의 영역을 드러내고 서로 다른 시세의 위치에 처하여 그들이 어떻게 반응했는지를 보여 줬다. 사실 다양성을 제시하는 것 자체가 근대성에 대한 성찰과 이른바 출구에 대해 사고하는 것이다. 이 때문에 나는 '반근대성의 근대성'이라는 용어를 사용하여 중국의 근대를 기술하곤 했다. 그러나 우리는 근대 역사의 기본적인 조류가 어떻게 이러한 다양성을 포섭하는지에 주의하지 않을 수 없다. 이를 부정하면 이른바 '벗어난다는 것'은 아주 간단한 문제로 바뀌지 않는가? 자신과 격투할 필요가 없는 문제로 변하지 않는가? 그러므로 간단한 하나의 길이 아니라 근대성의 다중성에 대한 성찰이 가능성을 가진 하나이거나 한 조組의 방향을 만들었던 것이다. 이것이 바로 내가 하고자 한 작업이었다.

나는 1989년 이후의 침울하고 비관적인 시대 분위기 속에서 이 책을 쓰기 시작했다. 이 분위기는 현재의 중국 상황과는 완연히 달랐다. 이 책은 '리와 물', '제국과 국가', '공리와 반공리' 그리고 '과학 담론 공동체' 등 네 방면을 중심으로 다음과 같은 질문을 따져 보고자 했다. 송명 시대 유학의 천리 세계관은 어떻게 형성된 것이고 그 역사적인 동력은 무엇인가? 청대 제국의 건설과 근대 중국의 국가 건설은 어떤 관계인가? 만청 사상은 복잡한 근대성의 면면과 관련하여 우리에게 어떤 사상적인 자원을 제공할 수 있는가? 근대 중국의 지식 체제는 어떻게 구축되기 시작했는가? 근대의 공리 세계관과 천리 세계관은 어떤 관계인가? 이런 문제에 관한 연구가 제공한 것은 무엇이 '중국'이고 무엇이 '중국의 근대'이며 중국 사상의 근대적인 의미의 역사적인 해석은 무엇인가였다. 이들 문제는 모두 다음과 같은 이중의 질문과 밀접한 관련을 맺고 있다. 중국의 정체성이란 무엇인가? 이 문제는 근대성이 포괄하는 사회의 분열적인 경향에 대한 검토이면서 또한 다양성과 동일시 사이의 변증법적 역사 관계에 대한 탐색이기도 했다. 다른 질문은 다음과 같다. 근대의 사회관계와 그 확장 경향을 어떻게 이해할 것인가? 이 문제는 근대성이 포괄하는 권력 집중 경향에 대한 사고이면서 중국 사상이 함유한, 이 경향을 극복하는 일련의 전통에 대한 탐색이기도 했다. 많은 학자가 경험한 바대로 연구 단계에 접어든 다음은 풍부한 역사와 역사의 내재적인 논리가 연구를 추동했다. 그리하여 최상의 방법은 가장 폭넓은 시각을 발전시키고 내재적인 논리를 존중한다는 전제 아래에서 역사의 잘못된 방향을 넘어서 서로 관련되면서도 당대인들에게 여전히 시사적인 해석을 내놓는 것이라 하겠다. 그런데 서문의 끝에서 아직 하고 싶은 말이 있다. 이 두 가지 질문의 동력은 특정 시세에 근거한 것이고 질문과 탐구 역시 단절된 역사를 넘어가기 위한 시도라는 점이다.

교정에 관한 설명

이번 재판 출간에서 나는 일부 어구와 문장부호, 개념 및 인용문과 주석 체제를 교정했는데 그중 변동이 큰 것은 아래 몇 가지 상황으로 정리될 수 있다.

첫째, 인용문의 판본을 조정한 것이다. 이 책의 원고는 12~13년간 집필되었는데 다년간 방문했던 연구 기관의 도서관에서 자료를 구했다. 초판 인쇄 전에 나는 이미 많이 지쳐 있어서 통일된 교정 작업을 진행할 힘이 남아 있지 않았다. 다행히 지인이 문연각文淵閣의 『사고전서』四庫全書에 근거하여 일부 인용문을 검토해 줬다. 이 재판본에서는 어느 비평가의 건의를 받아들여서 인용 문헌을 조정했다. 가능한 한 문헌 전문가의 교정 작업을 거치거나 더 많이 사용되는 판본을 인용하려 했다. 둘째, 인용문과 일부 문장부호와 오탈자 및 인쇄 실수를 바로잡았다. 셋째, 개별 개념을 새로이 정리하고 수정했다. 예를 들어 상권에서 많이 사용했던 '종족' 개념이 있다. 이 개념은 서로 다른 상황에 따라 괄호로 '족군'이라는 글자를 덧붙이기도 했는데 이는 중국어의 '종족' 개념이 서구의 'race' 개념과 구별된다는 것을 설명하기 위한 것이었다. 근현대의 서구 이론이 race와 ethnic group, ethnicity 등으로 용어를 구별 짓고 있다는 점을 고려하여 나는 심사숙고한 끝에 상황이 다르다는 판단에 따라 대부분은 '족군'으로 고쳤다. 그러나 하권에 나오는 캉유웨이, 량치차오, 장타이옌 등의 '종족' 개념은 수정하지 않았다. 왜냐하면 그들의 '종족' 개념은 근대 유럽 사상의 영향을 받았고 피부와 혈액, 유전자 등의 범주와 관련이 있기 때문이다. 책의 분량이 꽤 많고 인용문도 적지 않아서 짧은 시간 동안 전체를 재검토하기는 쉽지 않았다. 이번 수정에서 빠진 것이 분명히 있을 것이니 이후에 다시 교정 작업을 할 수 있기를 바란다. 이번 교정 작업에서 일부분은 치사오홍齊曉紅과 인즈광尹之光의 도움을 받았다. 이들에게 진심으로 감사하다는 말을 전한다.

왕후이

2007년 8월 14일 화요일 칭화위앤淸華園에서

도론導論

역사 연구에서 구체적인 맥락이나 사료에서 이탈하여 문제를 간단히 결론 맺는 방식은 너무나 많은 역사 감각을 희생시킬 수 있다. 이 도론은 책 전체 내용에 대한 전반적인 개요를 위한 것은 아니다. 다만 역사 분석 과정에서 다룰 몇몇 이론적인 문제들을 정리해서 독자들이 이 책을 읽어 나갈 때 참고할 수 있도록 하고자 하였다. 나의 논의는 두 가지 성찰적인 문제에 집중되어 있다. 첫째, 중국(특히 근대 중국)의 함의는 과연 무엇인가? 여기에서 말하고자 하는 것은 '중국'이라는 개념의 역사[1]가 아니라, 다음과 같은 질문에 대한 문제 제기이다. 즉 어떻게 근대적 중국 정체성, 지역 관념, 주권의식 등이 역사적으로 형성되거나 혹은 구축되었는가 하는 것이다. 근대 중국 사상에 관한 논의는 모두 '중국'에 대한 역사적 이해와 불가분의 관계에 있다. 둘째, 중국의 근대를 어떻게 이해할 것인가? '근대'라는 개념은 근대인의 자기 확인 방식, 즉 근대인이 고대인과 그 세계로부터 자신을 구분하는 일종의 방식을 의미한다. 이러한 자기 확인이 이끌어 낸 사상적인 입장 변화는 결국 어떠한 내용을 포함하고 있는가? 이 근대인의 자아 정체성을 구성하는 근거, 혹은 근대인이 역사를 구분하는 조건은 과연 무엇인가? 중국의 근대 사상에 대한 어떤 분석도 모두 이 '근대'에 대한 자기 이해를 떠나서는 이루어질 수 없을 것이다. 상술한 두 개의 문제는 서로 다른 여러 영역과 분야에서 논의될 수 있겠지만, 여기서는 하나의 제한적인 관점, 즉 사상사의 관점 속에서 분석을 전개할 것이다. 나는 중국과 관련된 역사 서사에 대한 분석으로부터 첫 번째 문제를 논의하고자 하며, 또한 천리天理의 세계관과 공리公理의 세계관 사이의 상호 관계를 둘러싸고 두 번째 문제에 대한 분석을 전개하고자 한다.

두 가지 중국 서사 및 그 파생 방식

중국과 관련된 각종 역사 기술과 분석에는 내재화된 서사와 표면화된 서사라는 두 가지 상이한 중국 서사가 존재한다. 나는 이를 제국으로서의 중국 서사와 민족국가로서의 중국 서사로 귀납시키고자 한다. 이 두 가지 서사는 중국 연구에서 곧잘 언급되는 도전-대응, 전통-근대, 그리고 제국주의 및 지방사 경향 등의 연구 모델들과 함께 뒤얽혀 있지만 그동안 충분한 주목을 받지 못했다. 이는 일정 부분 중국, 중화제국, 민족국가 등의 개념이 너무나 '자연스러운' 범주 개념이 되어, 특별히 이러한 범주 자체에 대해 따로 개념을 규정할 필요가 없다는 점에서 기인한다. 하지만 중국이 과연 하나의 제국인지 아니면 하나의 국가인지, 그리고 중국 정체성 자체를 어떻게 이해할 것인지 등의 문제들은, 중국과 근대성의 관계를 검토하는 데 있어서 오히려 매우 중요한 관건이 된다. 제국 서사 속에서 중국은 비근대적이고 전제주의적(반민주적) 정치 형식이자, 광활한 지역에 걸쳐 있는 (비도시적, 비상업적 혹은 비공업적인) 농업 문화와 관련된 생산 형태의 조직자이자, 다민족적이고 문화 정체성에 의지하는 (그러나 비민족적이고 정치 정체성이 없는) '상상의 공동체' 혹은 문명이자, (형식적인 평등이나 조약 체계가 아니라) 조공 체계에 기반한 자기중심적 세계 체제 혹은 대륙으로 기술되어 왔다. 상술한 제반 특징은 중화제국과 유럽 근대 국가의 차이를 만들었을 뿐만 아니라, 중국과 근대성 사이에도 커다란 간극을 만들어 냈다. 이와 달리, 국가로서의 중국 서사 속에서 중국은 적어도 북송北宋 시대부터 이미 민족주의적인 정체성 모델, 상업주의적 경제 관계, 발전된 도시 문명, 고도로 발달한 행정 시스템, 사회적 계층을 뛰어넘는 사회적 유동 모델, 평민주의적인 사회 문화, 유구한 과학기술 전통, 세속화된 유학 세계관, 사통팔달의 국제 교류 형식 등을 지녀 왔다. 이러한 역사 현상에 관한 연구와 서술 속에서, 중국은 유럽 근대 문명과 병존해 온 또 다른 근대성 모델을 제공해 주고 있다. 상술한 두 가지 서사는 상호 대립하면서도 상호 보완적이며, 아울러 또 다른 각도에서 좀 더 미묘한 서술들로 전환되기도 한다.

제국 서사를 국가 서사와의 대응 관계 속에 놓고 바라보는 것은 유럽 민족주의 서사로부터 파생된 것이며, 또한 이는 19~20세기 유럽의 정치 이론과 경제 이론에 내재해 있는 주제이기도 하다. 나는 앞으로 이 문제에 대해 상세히 분석해 나갈 것인데, 여기서는 그에 앞서 우선 상술한 두 가지 서사가 중국 연구 속에서 각기 어떤 형태들로 나타나고 있는지를 논의해 보고자 한다.

가장 익숙하게는 중국의 마르크스주의 학파나 미국의 페어뱅크John King Fairbank가 주창한 '도전-대응' 모델로 대변되는 역사 서술이 있다. 이 역사 서술 속에서 연구자들은 각자의 입장에 따라 아편전쟁 이후 일어난 변화를 중화제국이 민족국가로 (또는 전통 사회에서 근대 사회로) 전환되는 역사 과정으로 설명하였으며, 이로부터 제국과 국가의 관계는 시간적 서열 관계 속에 놓이게 되었다. 생산양식의 변천을 중심으로 하는 역사진화론은 제국주의나 민족자결권 이론과 결합하여 마르크스주의-레닌주의 학파의 주요한 서사 틀을 구축했다. 이러한 틀 속에서 마르크스주의 학자는 유럽 식민주의와 제국주의의 정치 지배·군사 침략·경제 약탈·자본주의의 국제적 노동 분업 등을 비판했다. 그러나 이들은 동시에 전통적 가치관과 사회관계에 대한 자본주의 역량의 파괴적인 공격이야말로 역사 발전의 필연적인 과정이자 인류 역

사가 미래로 나아가는 보편적 발전 형식이라고 여겼다. 마르크스주의
자는 근대적 성취(민족 독립, 산업화, 국민 주권)를 피식민지 인민의
각성·투쟁·자아 해방, 그리고 (생산수단의 개량을 중심으로 하는 기술
진보와 지식 발전을 포괄하는) 노동 중심의 일상생활 실천과 결합해
내어, 역사적 변증법을 통해 외세 침략과 내부의 억압에 대한 투쟁을
역사 주체성의 생성 과정으로 전환했다. 마르크스주의 학파는 식민과
피식민의 역사적 관계 속에서 동서양 문제를 다루기는 했지만, 이들이
서술의 중심에 두었던 것은 서양이 아니라 보편 역사의 특수 단계인
자본주의였다. 아울러 이들은 중국 역사 속에서 자본주의의 맹아를 발
견해 내고자 애썼다.[2] 그리고 마르크스주의자는 계급 분석의 틀 속에
서 전제주의와 소농小農 경제라는 범주를 가지고 대일통大一統 정치와
내부적 식민주의를 설명하였으며, 더 나아가 중국 사회 내부의 자본주
의 요소에 대해 긍정적인 평가를 했다.

　마르크스주의 학파의 생산양식 변천 및 계급론의 틀과는 달리, '도
전-대응' 모델(그리고 '해안-내륙' 모델 등)을 주창한 페어뱅크, 유
교 중국에 관하여 분석한 막스 베버Max Weber, 그리고 사상사적 접근을
통해 역사와 가치, 혹은 감성과 이성의 충돌로 그려 낸 레벤슨Joseph R.
Levenson 등은 모두 중국을 독특한 문화·가치·메커니즘을 지닌 상대적
으로 자족적인 문명으로 간주하는 경향이 있다. 또한 이 문명이 비록
정교하고 아름답기는 하지만, 내재적인 자본주의 동력의 결여로 인해
그 근대화 과정이 유럽 문명의 도전과의 조우 속에서 전개될 수밖에
없었다고 보는 경향이 있다.[3] 18~19세기 유럽 사상 속에서 형성된 이
러한 '문명론' 혹은 '문화주의'의 논리에 따르면, 서양의 근대성과 중
국 문명은 대립과 긴장 속에 놓여 있었으며, 이 때문에 중국이 전통을
변화시키고서야 비로소 근대로 진입할 수 있었다는 것이다. 따라서 상
술한 분석 방식들은 모두 전통과 근대의 대립 관계라는 분석 틀 속에
포함시킬 수 있다.

　예컨대 페어뱅크는 만청晚淸 중국이 직면한 곤경을 논의할 때, 특별

히 문화 민족주의를 정치 민족주의와 구별하였다. 이른바 문화 민족주의란 다원적인 제국의 정치 관계에서 생겨난 것이기 때문이다. 즉 제국은 다원적 사회의 정체성 기반으로 삼을 보편주의적 문화를 필요로 하였다. 그러나 이른바 정치 민족주의는 민족국가와 자본주의의 산물이며, 그것은 국가의 합법적 조건으로서 정치적 민족 정체성을 필요로 한다. 그런데 단지 정치 민족주의만이 근대 주권국가 및 그 정치 문화(시민 문화 및 민주 제도)의 조건을 구축하였다. 상술한 두 가지 서로 다른 역사 서술은 다음과 같은 명확한 가설을 공유하고 있다. 바로 유교주의적, 전제주의적, 종법제적宗法的, 농업적, 조공 체계적 사회로서의 전통 중국(특히 청대 사회)은 근대 자본주의 발전을 촉진할 만한 정치 문화, 사회 메커니즘, 생산방식, 외교/무역 관계를 구축할 능력이 없었고, 따라서 근대 중국은 유럽 자본주의, 제국주의, 식민주의 혹은 근대의 충격과 이에 대한 중국 사회의 대응 과정에서 태동했다는 것이다. 아편전쟁은 중국이 서양 문명의 도전에 맞닥뜨린 상징적 사건으로서, 앞의 두 학파에 의해 중국 근대성 탄생의 시기를 구분하는 표지로 간주되었다.

19~20세기 유럽 정치/경제 체계의 확장과 함께, 중국과 여타 아시아 국가의 사대부, 지식인, 정치가들은 서양을 모범 삼아 자강自强 운동을 추진하는 한편, 부단히 자기 사회 내부에서 정체성 형성을 위한 자원을 찾아내고자 하였다. 이러한 변혁의 조류 속에, 중국(혹은 아시아 사회) 내부에서 근대성을 찾고자 애썼던 이들도 있었다. 예컨대 20세기 초반에 일부 지식인들은 동양(중국)/서양이라는 이원론의 전복을 시도하면서, 서구의 근대성 서사와는 다른 중국 혹은 아시아의 독자적인 근대성 서사를 창출해 내었다. 량수밍이 『동서 문화와 그 철학』東西文化及其哲學* 속에서 묘사한 서양·중국·인도의 문화 진화 모델은 바로

• 『동서 문화와 그 철학』(東西文化及其哲學): 이 책은 한국에서 『동서문화와 철학』(강중기 옮김, 서울: 솔, 2005)이라는 이름으로 번역·출판되었다.

(역사진화론과 같은) 유럽 근대성 관념과 문명론을 새로운 세계사 서사로 종합해 낸 예증이다(하권 제2부 제13장 참조). 그러나 이러한 추세가 한쪽에서만 일어나고 있었던 것은 아니었다. 밀려드는 민족 해방의 물결 속에서, 유럽 식민 역사와 서구 중심주의에 대해 회의를 품고 있던 서양의 지식인들 역시 역사에 대한 자신들의 기준을 뒤집어, 유럽 중심주의적인 '세계사' 서술을 바꾸고자 애썼다. 그런 의미에서 '중국에서 역사 찾기'(Discovering History in China)•에 대한 호소는 다음과 같은 이중적인 과정의 산물이다. 즉 이것은 이미 중국의 지식인과 기타 아시아 국가의 역사학자들이 자신들의 정체성과 주체성을 수립하는 과정에서 부단히 천명해 왔던 주제이자 연구 방향이며, 또한 동시에 서양 학자(특히 페어뱅크학파)의 자기비판의 산물이었던 것이다. 때문에 '중국에서 역사 찾기'라는 제목의 저작은 중국어로 번역되자마자, 많은 중국 학자들의 공감과 찬동을 이끌어 냈다.[4]

그러나 역사 연구에 있어서, "중국에서 역사를 발견하고자 하는" 노력은 1970년대 페어뱅크학파의 자기비판 이전으로 훨씬 더 거슬러 올라가며, 그 동력 역시 매우 복잡하다. 1895년 이후 일본은 중국 해군을 물리친 데 이어(청일전쟁, 1894~1895) 동쪽으로 세력을 확장하던 러시아 제국마저 물리치면서(러일전쟁, 1904~1905), 아시아 대륙과 동남아시아에 대한 세력 확장과 지배를 본격화하였다. 이에 서구 열강과 태평양·동남아·아시아 대륙에 대한 통제권을 다투는 과정에서 새로운 세계사의 틀과 전략적 관점을 창출해 내고자 하는 시도들이 당시 일본 지식계의 주요한 추세가 되었다. 나이토 고난, 미야자키 이치사다 등의 걸출한 역사학자를 대표로 하는 교토학파는 독특한 동양사 연구를 개창했다. 이들은 중국을 중심으로 하는 동아시아 지역을 자체

• 중국에서 역사 찾기(Discovering History in China): 이 표현은 폴 코헨(Paul A. Cohen)의 *Discovering History in China*(1984)라는 책의 서명을 인용한 것이다. 이 책은 한국에서 『학문의 제국주의』(이남희 옮김, 서울: 산해, 2003)란 이름으로 번역되었다.

적인 근대성 형성의 동력과 경험을 갖춘 역사 세계로 구축해 냈다. 나이토 고난은 '당송 변혁'唐宋變革이라는 가설을 상정하면서, 당송 시대는 귀족제의 쇠퇴라는 위대한 변혁을 거쳤고, 이로부터 중국 역사와 동양 역사의 신기원이 시작되었다고 보았다.[5] 이 가설을 추종하는 학자들은 서로 다른 여러 가지 측면에서 10세기 전후 북송 왕조에서 발생한 일련의 변화들에 대해 세밀하게 관찰하고 종합적으로 분석하여, 결국 '동양적 근세'를 구성하는 사회와 문화의 특징을 포착해 냈다. 즉 귀족제의 와해와 (향촌지주제를 포함하는) 서민 문화의 형성, 세계사적인 의의를 가지는 장거리 무역의 발전과 다각적인 민족의식의 형성, 황권皇權·발달한 관료제·새로운 군사 제도 등을 근간으로 하는 국가 구조, 도시 경제와 문화의 흥기, 상술한 발전들과 맞물린 세속적인 유학儒學과 '국가주의'의 발전 등[6]을 확인한 것이다. 송 왕조는 전형적인 중국 왕조이며, 선명한 민족의식으로 규정되는 초기 민족국가이자, 문화적인 면에서 "보다 중국적인"(또는 보다 유교주의적인) 중국으로 간주되었다. 따라서 이들 요소는 한漢·당唐 제국 모델(및 원·청 제국 모델)과 구별되는 군현제郡縣制 국가 혹은 초기 민족국가를 정치와 사회의 틀로 삼았다. 고대-중세-근세라는 시간 틀 속에서, 10세기의 송조·14세기의 조선·17세기의 일본 도쿠가와德川 막부 시대를 중심으로 하고, 유가 문화와 초기 민족국가를 문명 특징으로 하며, 중국과 조선과 여타 지역을 '동양'이라는 범주에 귀납시킬 수 있는, 초기 근대성(혹은 '근세')의 서사가 구축된 것이다. 이 서사에 따르면 '동양적 근세'는 서양의 근대와는 별개로 발생한 역사적 현상이고, 유럽보다 빠르지는 않다고 하더라도 최소한 유럽과 대등한 근대화 과정이었다. 이 '동양적 근세'라는 가설은 유럽 중심주의에 대해 저항적인, 혹은 경쟁적인 '세계사' 서사 구조 속에서 탄생한 것으로, 오늘날의 새로운 세계사 서사들 속에서도 여전히 이러한 가설에서 파생된 요소들을 찾아볼 수 있다. 중국 중심의 조공 체계를 준거 틀로 삼아 구성해 낸 아시아 자본주의에 관한 서사나,[7] 14~18세기 중국 및 은본위銀本位 자본을 중심으로 하는 자본주의 세계 체제에 관한 서사,[8] 그리고 이러한 서사들로부터 발전해 나온 아시아론 등은 모두 이 '동양적 근세'라는 가설에서 발전해 나온 것이라 할 수 있다.

　교토학파는 시종일관 서양 근대성과의 경쟁적인 구조 속에서 자신의 동양 근대성에 관한 담론을 구성해 왔다. 유럽의 '세계사'라는 틀을 전복시키고 타파하기 위해 교토학파는 '국민주의'(Nationalism)의 입장에서 출발하여 11세기를 아시아 초기 근대의 시작으로 간주했다. 또한 제국의 역사가들은 전략의 관점과 심도 있는 역사적 통찰을 결합하여 새로운 세계사의 틀을 갖춘 '동양사'를 창출했다. 그러나 이러한 전복은 유럽 근대성 서사의 아시아판일 뿐이다. 왜냐하면 이러한 역사 서술 속에서 19세기 유럽의 정치경제학이 만들어 놓은 제국-국가 이원론은 여전히 '메타역사'(meta-history)의 범주 안에 놓여 있기 때문이다. 교토학파의 연구에서 '동양'은 지역적 개념일 뿐만 아니라 그것은 또한 사회 형태·정치 제도·문화 정체성·족군族群* 관계에 대한 이해와 이러한 이해를 고대-중세-근세라는 시간 틀 속에 배치하는 방식까지

---

* 족군(族群): 사실 중국에서는 'Race'를 '종족'(種族)으로 'Ethnic Group'(혹은 ethnie)을 '족군'으로, 'Nation'을 '민족'으로 번역한다. 이렇게 굳이 '종족'과 '민족' 이외에 따로 그 중간에 '족군'이라는 개념을 설정하는 데에는 그만한 이유가 있다. 거칠게 말하면 중국에서 '종족'(Race)은 주로 생물학적인 특성에 근거한 인종 개념이고, '민족'(Nation)은 근대 국가의 성립을 필요충분조건으로 하는 개념이다. '족군'(Ethnic Group)은 '민족' 개념과 유사한 면이 있긴 하지만 주로 언어, 풍속, 종교 등 문화적인 차이를 가진 집단을 가리키는 개념이다. 그리고 이러한 설정은 중국을 '다민족'(多民族) 국가가 아닌 '다족군'(多族群) 국가로 지칭하게 해 주는 근거가 된다. 즉 중국 내 56개 민족을 '민족'이 아닌 '족군'으로 간주하면서, 민족 간의 갈등과 충돌을 민족 간의 문제가 아닌 한 국가 안에서 벌어지는 족군 간의 갈등이나 충돌로 치환해 버린다. 즉 중국 내에서 민족주의적 인식으로 인해 발생하거나 격화될 민족 간의 갈등 요소를 아예 말소시켜 버리는 것이다. 그리고 궁극적으로 다족군이라도 하나의 국가 아래에서 단일한 민족 정체성을 획득할 수 있다고 주장하는데, 이러한 주장은 바로 중국의 56개 민족을 다민족이 아닌 다족군으로 구성된 중화민족이라는 단일 민족으로 상상하고 간주하게 하는 근거가 된다. 왕후이도 재판 서문에서 '족군' 개념에 대해 설명한 바 있다.

포함하는 개념인 것이다. 이 때문에 동양이란 개념은 근대성이라는 척도를 가지고 역사와 지역을 병행 비교하고 구분하고자 하는 시도, 즉 동양이란 범주를 근세라는 범주와 결합하고자 하는 시도를 내포하고 있다. 이는 나이토 고난과 미야자키 이치사다의 논저에서 매우 분명하게 드러나는 방법론적 특징이다. 그들의 '동양'에 대한 규정과 유럽 근대 역사에서의 '서양'에 대한 개념 규정은 그 기준이나 시간적인 순서에 있어서 매우 흡사하다. 그들의 '동양' 개념은 근대 '서양' 개념의 형성 과정과 잘 대비되는데, 버만Harold J. Berman은 '서양'이라는 개념과 근대성의 관계를 다음과 같이 분석한 바 있다. "서양은 하나의 역사문화이자 문명으로서 동양과 구별될 뿐만 아니라, '문예부흥'의 각 시기에 '회복'되었던 '전前서양 문화'(pre-Western cultures)와도 구별된다." "이러한 관점에서 보면 서양은 고대 그리스·로마나 이스라엘 민족을 말하는 것이 아니라, 오히려 고대의 그리스·로마나 헤브루의 전적典籍들을 흡수하여 원작자도 놀라워할 정도의 방식으로 그 전적들을 개조해 버린 서구의 여러 민족을 가리키는 것이다. 물론 서양에서 이슬람교를 신봉하는 부류는 서양에 포함되지 않는다. 설령 서양의 철학과 과학이 일찍이 아랍의 영향을 많이 받았다 할지라도, 더욱이 상술한 전적 연구와 관련이 있는 시기라 할지라도 말이다."[9] 버만은 '서양 법률 전통'의 맥락 속에서 '서양'이란 개념을 '서구의 여러 민족'과 연결 짓고 있는데, 그가 말한 '서구의 여러 민족'이란 11세기에서 12세기에 이르는 중세 전성기의 영국, 헝가리, 덴마크, 시칠리아 등을 가리킨다. 그들은 로마 천주교의 통치에 맞서 투쟁하면서, 왕가王家 중심적이고 도시적이면서도 여러 새로운 세속적인 법률 체계를 만들어 냈다. 이 시기에 동방정교를 신봉한 러시아, 그리스와 같은 나라들이나 무슬림의 땅이었던 스페인의 거의 대부분 지역은 서양의 바깥으로 밀려났다. 서양·민족·세속 권력·그 권력의 법률 체계라는 측면에서, 즉 다시 말해 법률 사학자 버만은 훗날의 민족국가 체제와 직접적으로 관련된 역사적 요소라는 측면에서 '서양'과 '근대'라는 두 개념을 밀접하게 연결시켰던 것이다. "서양에서 근대가 기원한 시기는 1050∼1150년 무렵으로, 그 이전 시기는 아니다. 이것은 근대적 법률 제도와 법률 가치는 물론, 근대적 국가, 근대적 교회, 근대적 철학, 근대적 대학, 근대적 문학, 그 밖의 많은 근대적인 것들까지 포괄한다."[10] 교토학파는 바로 이와 유사한 틀 속에서 '동양적 근세'를 기술했다. 즉 정교합일政教合─된 다민족 제국의 틀로부터 점차 이탈해 나온 근대적 국가(성숙한 군현제 국가), 근대적 종교(세속적인 유교), 근대적 철학(송대 이학理學), 근대적 학제(과거제科擧制), 그리고 여타의 근대적인 것들을 가지고 근대적 정치·법률·문화 전통을 설명하였고, 아울러 이러한 제도적 변혁을 진화의 시간 순서 속에 놓았다. 그들의 서술에 따르면 이러한 과정은 시간상으로 유럽과 거의 완벽하게 나란히 진행된 것이었다.

제국─국가에 관한 서술의 틀 역시 서로 다른 보완적 서사들을 만들어 냈지만, 이러한 틀의 기본 구조와 판단 기준에는 결코 아무런 변화가 없었다. 마르크스주의 학파나 미국의 경제/사회사 연구와 현대 문화 연구 등은 모두 일찍부터 연구의 중심을 만명晩明 자본주의 맹아, 강남 경제와 도시 문화의 흥기 등의 측면에 두고 있었고, 서로 다른 각도에서 17세기를 요절해 버린 중국 초기 근대성의 주요 단계로 파악하고 있었다. 그들 간의 입장 차이 역시 대개 각기 유럽 근대성이나 자본주의의 기원에 대한 서로 다른 이해에서 비롯된 것이었다. 이러한 서술들은 송대의 경제·정치·문화의 '자본주의'적 경향을 논의하는 교토학파의 서술 방식과도 일맥상통하는데, 이들은 주로 중국 역사 내부에 함축된 근대성의 동력을 찾아내는 데 주력했다. 그 가운데 명청 시기 자본주의 맹아에 관한 서술은 다음과 같은 가설을 함축하고 있다. 그것은 바로 중국 사회에 유럽 역사와 유사한 자본주의의 발전 과정이 존재하고, 이러한 초기 근대성(초기 자본주의, 초기 해양 시대, 초기 도시 문화)의 요절은 중국의 봉건적 사회구조, 특히 17세기 만주인의 산해관山海關 함락과 청 제국 수립이라는 외재적 요인에서 비롯되었다는 것이다. 하지만 설사 그렇다 하더라도, 경제적 측면에서의 '자본주의의 맹아'와 문화적 측면에서의 '계몽사상'의 요소들이 그러한 요인들로 인해 완전히 사라져 버린 것은 결코 아니었으며, 제국 통치의 내부에 잠복해 있다가 18세기 이후 외부에서 들이닥친 도전에 맞서 대응하게 되었다는 것이다.[11]

　베버는 『유교와 도교』에서 이와는 다른 주장을 펼친다. 베버는 이론적 관점에서 볼 때, 근대성과 이성화理性化는 동일한 범주에 두고 이해할 수 있으며, 시간적 요인은 단지 이 범주와 관계를 맺게 될 때만 비로소 의미가 있을 수 있다고 생각했다. 제국-국가 이원론은 본래 정치 구조상의 대비(이에 관한 상세한 논의는 뒤에서 다룬다)이다. 그러나 제국-국가 이원론은 탄생 당시부터 동양(아시아)-서양이라는 이원적인 관계와 연관되어 있었으며, 후자의 관계가 겹치면서, 정치 구조의 문제 역시 역사 연구의 문화주의적 혹은 문명론적인 방법론에 근거한 관점으로 전환되었다. 즉 베버는 문명론의 틀 안에서 이성화 혹은 합리주의를 중국 역사를 기술하는 근간으로 삼았다. 역사를 관찰하는 척도로서의 이성화와 합리주의는 유럽 자본주의 정신에 대한 이해 속에서 배태되어 나온 것이지만, 동시에 중국과 인도의 문명과 역사를 관찰하는 내재적인 척도가 되어 버렸다. 이 사회 이론과 역사학에 중요한 위치를 점하고 있는 저작에서 베버는 선진先秦 시대──주로 진한秦漢의 대일통 왕조 이전의 주周나라를 가리킨다──에 이미 어떤 '정치적 합리주의'가 존재하고 있었다고 간주했다. 즉 제후국들이 상호 경쟁 속에서 배태해 낸, 유럽 근대 합리주의와 아주 유사한 정치적 합리주의가 존재했다고 본 것이다. 유럽/중국/인도 3대 종교 문명의 대비 관계 속에서 베버가 제시한 핵심적인 결론은 다음과 같다. 이러한 정치적 합리주의는 경제적 합리주의를 결여하고 있었고, 그나마도 진한 제국의 정치 모델 속에서 완전히 사라져 버리면서, 유럽 프로테스탄티즘 윤리 속에서만 생성될 수 있는 자본주의 정신이 중국에서는 결국 전혀 생성되질 못했다는 것이다.[12] 베버가 이러한 선진 시대의 '정치적 합리주의'라는 해석을 통해 증명해 내고자 한 것은 진한 시대의 대일통 제국 구도와 경쟁적인 민족국가의 대비였다. 이러한 대비에 따르면, 대일통 제국이라는 구도 및 그 내부의 운용 메커니즘은—중국에서든 서양에서든 상관없이—모두 근대성 혹은 자본주의 발생을 저해하는 정치/경제적 조건이 된다.

내가 제6장의 '『춘추』春秋 국제공법'(본서 상권 제2부)과 관련한 논의 속에서 증명하고자 하는 것은 다음과 같은 사실이다. 상술한 베버의 중국관과 19세기 서양 선교사들의 중국 묘사는 밀접한 관계가 있다. 중국인이 유럽의 국제법에 따라 일 처리하기를 설득하기 위해, 그리고 유럽인들이 원래 기독교 세계에만 한정되던 국제법의 운용 범위를 중국을 포괄한 아시아 지역으로 확장하도록 설득하기 위해, 19세기의 유럽과 미국의 선교사들은 중국에 유럽 민족국가 문화와 유사한 정치 합리주의가 존재하고 있으며, 국제법의 가장 빠른 기원은 아마도 중국일 것이라는 점을 누차에 걸쳐 논증했다. 『춘추』나 『주례』周禮를 전범으로 하는 '고대 중국의 국제공법'은 베버의 중국 고대 정치 합리주의에 대한 분석과 완전히 일치하는데, 이는 주대周代의 봉건제라는 조건 아래에 있던 제후국 간의 관계를 역사적 전제로 하고 있다. 진한 통일 체제는 이러한 정치 합리주의와 고대의 국제법을 완전히 사라지게 만들었고, 이에 따라 만청 시기의 중국은 2천 년 동안이나 실전失傳되었던 정치 전통을 유럽의 국제법으로부터 찾아내야만 했다. 이 서주西周 시기 정치 합리주의에 관한 서사는 진한 이후 정치 모델에 대한 부정 위에 수립되었고, 그 속에 내포된 서사는 다름 아닌 제국-국가 이원론이었다.

아편전쟁 시대의 중국과 서양의 충돌을 중국 근대화의 출발로 삼는 입장과 북송 시대의 '자본주의'를 동아시아 초기 근대성의 효시로 삼는 입장은, 상호 대립하는 근대성 서술이다. 그러나 이 두 입장 모두 사실은 중국 혹은 동아시아의 '근대성'이나 '근세'의 기원에 대한 탐색을 주된 목표로 하고 있다. 그런데 이와는 달리 명청明淸 시기 자본주의 서술 혹은 선진 시기 정치 합리주의 서술은 비록 중국 역사 속에 존재하는 근대성의 요소를 묘사하긴 했지만, 궁극적인 논점은 "어째서 중국 역사 내부의 '근대성 요소'가 끝내 유럽식 자본주의나 근대성을 태동시킬 수 없었는가?", 혹은 "어째서 근대 자본주의는 서양에서만 발생할 수 있었는가?"를 논증하는 것이었다. 전자의 서술에서는 만명 晚明 근대성이나 자본주의의 중단이 만주족의 침입 및 청조의 건립과 직접적인 역사 관계를 맺고 있다고 본다. 그러나 후자의 서술 속에는 (유럽 군주국가나 민족국가의 정치 형식과 유사한) 제후 국가들 간의 경쟁 속에서 만들어진 선진 시기 정치 합리주의가 진한의 대일통 제국에 의해 단절되어 버렸다고 본다.

확실히 상술한 여러 근대성 서사들은 모두가 민족국가, 도시화, 산업화, 정통 유학과는 다른 새로운 윤리 관계의 출현을 근대성의 표지로 본다. 그것들은 서로 다른 측면과 방향으로부터 공통으로 제국, 농업 제국, 대일통 제국(및 그 제국의 봉건적인 사회 체제)을 근대성의 대립 면으로 파악했다. 그러나 제국이란 개념과 봉건과 군현 등의 중국의 전통적인 정치 개념들이 어떤 관계인지에 대해서는 거의 논의하지 않았다. 교토학파의 암묵적인 기준에 따르면, 송명宋明 시기의 '자본주의'는 모두 상대적으로 단일한 한漢 민족 왕조의 정치/경제 구조 속에서 만들어진 것이지만, 베버 식의 합리주의 관점에서 볼 땐 대일통적이고 다민족적인 제국 체제는 시종 억압적인 정치 구조였다. 이러한 구도 속에서 진한 통일 체제는 주대의 경쟁적인 정치 합리주의를 억압했으며, 몽골의 원 제국은 송대 자본주의를 중단시켰고, 만주족의 중원 침입은 명말 자본주의 맹아와 도시를 중심으로 하는 개인주의 문화를 훼멸해 버렸다. 청대 사회 내부에 각종 자본주의나 근대성의 맹아가 내포되어 있었다 할지라도, 제국 및 그 사회 체제란 여전히 억압적이고 근대성 생성을 방해하는 메커니즘을 구축하고 있었다는 것이다. 상술한 서술들의 일련의 요소들에 대해서, 보다 급진적이고 대담한 학자들은 '국가'와 '민족'이라는 두 개의 척도로 '중국'을 가늠하고, '중국'은 진정한 근대 국가가 아니라 제국이라고 단언했다. 즉 '중국'

은 내재적 동일성을 갖춘 민족이 아니라, 그 상층 문화가 강제적으로 결속시키고 있을 뿐 사실은 내재적 연계와 정체성을 결여한 사회라는 것이다. 이러한 두 개의 가설 뒷면에는 보다 근본적인 (대개 글쓴이들이 완전히 자각하지 못하는) 가설이 있는데, 그것은 바로 '국가'와 '민족'이 자본주의 시장에 적응하고 민주 체제를 형성하는 기본 조건이라는 것이다.[13]

그러나 19세기 아시아 지역에 대한 유럽 세력의 확장을 중국 근대성의 발단으로 삼든, 송대나 명대를 초기 근대성의 기점으로 삼든 간에, 명·청조와 근대 중국의 이러한 분명하고 직접적인 역사 관계를 어떻게 설명해 낼 것인지 하는 것은 간과할 수 없는 문제이다. 만일 청조가 근대와 대립하는 시기였다고 한다면, 인구 구성이나 영토 범위, 문화 정체성, 정치 구조 측면에서 근대 중국과 청조의 관계를 도대체 어떻게 해석해야 하는가? 설마 '근대'가 청대라는 구체적이고 광범한 역사적 관계를 초월하여 단독적으로 구축되거나 확립될 수 있다는 말인가? 이러한 근대성 서사의 내재적 곤혹과 확연한 결함을 극복하기 위해, 역사가들은 여러 가지 주목할 만한 노력을 기울여 왔다.

첫 번째 해석은 고대·중세·근세라는 역사 목적론적 서술과 중국 왕조 순환이라는 모델을 결합하고, 시민사회의 발전이나 일상생활의 '근세로의 전환'을 중심으로 하여 송·원·명·청 왕조를 '근세'의 범주 안에 놓아두면서 송·명 등 상대적으로 단일한 한족 왕조와 원·청 등 다민족 제국 간의 차이를 약화하는 것이다. 가령 원대에 왜 새로운 법령의 반포가 없었는가라는 현상을 해석할 때, 미야자키 이치사다는 초원 제국과 중원 왕조를 구별 짓는 관점에서 논증에 착수하는 것을 거부했다. 그가 보기에, 송대 이후 지속적인 사회 변화는 전통적인 법률 체제를 답습할 수 없는 상황을 조성해 냈으며, 따라서 원대元代에 새로운 법령의 반포가 없었다는 사실은 바로 원대와 송대의 사회생활에 있어서의 연속성을 증명해 주는 것이었다. 이것은 '중국 왕조'의 순환 모델과 사회생활의 근대화라는 틀 속에서 '동양적 근세'를 묘사하려는 노력이다. '동양적 근세'라는 주장은 왕조 순환, 생활 방식의 지속적인 변천과 고대-중세-근세라는 이 두 가지 서로 다른 시간 모델의 독특한 결합 위에 세워진 것이다.[14] 이 해석이 가장 큰 힘을 발휘하는 부분은, 몽골과 만주의 침입이 송 왕조 이후 싹튼 근대성 요소를 말살하지 못했으며, 오히려 정반대로 설령 이민족의 침입이라 할지라도, 일상생활 영역에서 이미 발생한 변화를 뒤바꿀 방법이 없었음을 설명해 냈고, 이로부터 '동양적 근세'라는 논제의 자기 정합성을 수호했다는 점이다.

두 번째 해석은 청대 사회의 내부 발전을 탐색한 것으로, 청 왕조에 관한 총체적인 기술을 부분적이고 지역적인 역사 변천으로 전환시켰고, 나아가 이러한 지역적 변천을 왕조 해체와 중국 사회 변혁의 내재적인 동력으로 간주했다. 예컨대 사회사의 분야에서 필립 쿤Philip Khun은 태평천국운동이 황권皇權과 신사紳士•라는 양극단이 상호작용하는 청대 사회구조에 미친 충격과 와해를 연구했다. 그리하여 그의 연구는 이 역사적인 운동이 신사 계층 및 그 기능에 엄청난 변화를 가져왔으며, 따라서 청대의 멸망과 전통 사회구조의 해체 과정이 완전히 일치한다는 점을 발견했다. 이러한 기술이 이끌어 낸 결론은 바로, 청 왕조의 멸망이라는 역사적 사실과 근대성의 발단은 내재적 연관이 있다는 것이다.[15] 사상사와 문화사 영역에서 보면, 다양한 학파들 모두 17~19세기에 이르는 청대 역사 내부에서, 만명 시기에 생겨난 초기 계몽주의의 사상적 단서 및 청대 학술에 내포된 과학적 방법론의 요소를 발굴해 내었고, 이로부터 19~20세기 사상과 지식의 변천에 내재적인 역사의 맥락을 제공했다. 이 내재적인 역사의 맥락은 청조 전제주의 왕조

• 신사(紳士): 송대까지 사대부(士大夫)로 불리던 지식 계층은 명청대 들어 주로 '신사'로 칭해졌다. 크게는 지식 계층, 즉 독서인(讀書人)을 가리키지만, 작게는 벼슬아치나 권문세가를 가리키기도 했다. 한국의 '선비'나 '양반'과 유사한 의미다. 원래는 옛날 벼슬아치가 홀(笏)을 꽂을 허리띠를 했는데, 이를 '진신'(搢紳)이라 불렀고 여기서 '신사'라는 이름이 기원했다. 이후 영어 '젠틀맨'의 번역어로 사용되었다.

체제 내부가 내포하고 있던 자기 해체적 요소로 간주될 수 있으며, 아편전쟁 이후 중국 사대부가 서구의 신지식을 수용하게 되는 역사적 전제前提로 해석될 수도 있다.[16]

세 번째 해석은 민족주의와 민족국가 체제에 대한 회의 및 제국 내부에 존재하던 문화 다원성에 대한 재발견을 통해 이루어졌다. 이러한 해석 구도에서 보자면 청조는 더 이상 평면적인 전제주의나 이민족 지배의 포악하고 반동적인 왕조가 아니라, 각종 제도·법률·문화·종교를 충분히 용인할 수 있었던 다원적 제국이다. 그래서 만주, 몽골, 중가르, 티베트, 서남西南 지역 각 소수민족의 정체성, 풍속, 문화, 법률 체제에 관한 연구는 바로 이 다원적인 제국에 관한 기술의 주요 내용을 이루게 되었다.[17] 이러한 새로운 연구 경향은 어떤 면에서 래티모어 Owen Lattimore가 반세기 이전 만리장성을 중심으로 전개한 중국과 중앙아시아 간의 역사적 상호작용 연구에 대한 아득한 반향으로 간주될 수 있다.[18] 그러나 다음과 같은 부분에서는 서로 다르다. 래티모어가 만리장성을 중심으로 중국과 중앙아시아의 농경과 유목 사회 간 유구한 상호작용과 침투 관계에 관심을 두었다면, 지금의 연구는 민족 정체성과 다원성 문제를 묘사의 출발점으로 삼고 있는 것이다. 즉 다원적인 정체성, 다원적인 권력 중심, 법률 다원주의, 다원적인 제도 틀 등, 제국에 관한 기술은 '지방사 경향' 속에서 종법적宗法的 신사 사회의 지방자치와 봉건 가치에 대한 존중이 서로 호응하며, 공통으로 다원성, 분권주의, 사회 자치를 역사 기술을 축조해 내는 중심 범주이자 가치 척도로 삼는 것이다.[19] 이 제국의 다원성에 대한 역사 기술은 민족주의라는 틀을 반성하면서 전개된 것이고, 그 기술의 비판 대상은 근대 주권국가 및 그 합법성이다. 즉 주권국가는 다원성 박탈을 전제로 하여 수립되었고, 이에 따라 정치의 민주화, 산업의 발전, 개인의 자유가 아니라 그 내부에 담겨 있던 식민주의나 문화 단일성, 그리고 대일통 국가의 전제주의가 근대 국가의 특징을 이룬다는 것이다.

다원주의, 분권주의, 지역주의라는 틀 안에 수립된 제국 서사가 바야흐로 새로운 조류를 형성하고 있기는 하다. 그러나 다원주의 기술은 민족 정체성, 지역 관계 및 정치 구조를 기술의 기본 단위로 하고 있기 때문에, 제국 내부의 다원성에 관한 연구와 민족자결이라는 역사적 전제에 대한 기술 간에는 서로 통하는 부분이 있으며, 이에 따라 제국 서사 속에서 민족 서사(national narrative) 역시 곧잘 기술의 방향을 장악하게 된다. 사실 국가라는 정통 서사를 비판하기 위해, 다원주의 서사는 항상 (소수)민족주의 서사를 이용하여 저항한다. 이러한 경향은 래티모어, 플레처Fletcher 등이 몽골과 회족回族, 그리고 티베트에 관한 기술속에서 이미 그 단서를 드러내 보인 바가 있으며(그들은 민족자결 운동에 대해서도 보편적으로 동조하고 있었다), 지금의 연구에서도 이에 대한 반향이 그치질 않는다.[20] 예컨대 청조 제국 내부에 속한 만주족으로서의 독특한 정체성에 관한 연구는, 만주국 서술의 역사적인 전제가되었다.[21] 중가르가 러시아나 청조와 벌인 전쟁에 관한 연구에서는 정치 구조, 인구 구성, 지역 경계(국경), 민족문화를 온전하게 갖춘 중가르라는 국가의 틀이 제시되었다.[22] 그리고 운남雲南·귀주貴州·타이완臺灣·서남 여러 지역의 무슬림, 묘족, 그리고 기타 족군들에 관한 연구가 '중국 식민주의'라는 틀 안에 놓이는 것 등이 그러한 예이다.[23] 만주, 몽골, 티베트 및 서남 지역의 소수민족은 모두 자기의 독특한 정체성과 아울러 각기 다른 시기에 자신만의 정치 구조(한족 지역 내에도 서로 다른 지역적 정체성이 존재한다)를 가지고 있었다. 그렇다면 이러한 정체성 간에는 어떤 관계가 있으며, 그것들과 '중국이란 정체성' 사이에는 또한 어떤 관계가 있는 것인가? 이러한 문제들은 왕조의 합법성 모델 가운데 포함된 다원적인 정체성의 조건들을 어떻게 이해할 것인가 하는 문제와 연계되어 있으며, 민족국가 서사를 초월하여 중국이란 정체성을 기술해 낼 수 있는지와도 관련되어 있다(예를 들어 천인커는 수隋·당唐의 제도를 중원과 북방 각 민족의 장기간에 걸친 상호작용 속에 놓고, '중국 제도'라는 혼종적인 함의를 제시했다. 천인커의 이러한 의미 맥락에서 보면, 중국 정체성 자체도 상호작용이라는 조건에서 논의되어야만 한다).

이 지점에서 지금의 중국 연구에 보이는 '중국 식민주의'와 '청 제
국주의'라는 두 개념에 대해 분석해 볼 필요가 있다. '중국 식민주의'
란 개념은 반드시 아래 설명한 두 가지를 전제로 해야 한다. 첫째, 중
국 왕조 순환의 서술 및 근대 중국과 청 왕조의 연속성을 인정한다(주
변에 대한 청나라의 확장을 '중국 식민주의'나 '중국 확장주의'의 범
주 안에 놓으려면, 우선 청나라가 중국 왕조의 계보 속에서 정통의 지
위에 있음을 인정해야만 한다). 둘째, 서남 지역의 주변을 중국 바깥에
있는 정치 단위로 간주한다. 전술한 역사 서술 속에서 만주 왕조, 한인
漢人, 중국 및 한인 이외의 소수 족군이라는 이 몇 가지 범주 사이에 존
재하는 복잡한 역사 관계를 정리하지 않았기 때문에, '중국 식민주의'
라는 개념은 역사 기술 속에서 해석상의 혼란이 초래되고 말았다. 우
선 중국 왕조의 합법성으로서의 청조는 중원을 점거한 후 기나긴 시간
을 거쳐 점진적으로 확립된 것이기에, 청조가 중원에서 주인 노릇을
하게 된 후 상당 기간 중원 지역의 한인 및 서남 소수민족과 주변 왕조
는 청조를 중국 왕조로 인정하지 않았다. 이 때문에 우리는 청조의 역
사에서, 시종일관 도대체 무엇을 근거로 하여 혹은 어느 시점을 경계
로 삼아 만주족 왕조와 중국 왕조를 구별할 것인가라는 문제와 도대체
어떻게 만주와 중국, 한인과 중국, 청조와 중국 등의 범주 간 관계를
정의해야 하는가 하는 문제에 직면해 왔다. 다음으로 청 왕조는 개국
한 이후로 만주나 몽골의 기원 지역인 동북 지역과 서북 지역에 대해
봉쇄 정책을 채택했지만, 18~19세기 오랜 기간 동안 많은 한인이 이
지역에 이주하여 새로운 족군 관계를 형성했다. 그렇다면 이러한 현상
은 '중국 식민주의' 문제 속에 놓고 해석해야 할 것인가, 아니면 청 왕
조의 대일통 국면이 조성한 사회의 유동流動 관계 속에 놓고 해석해야
하는가? 세 번째로 청조는 명조明朝의 제도를 계승한 점을 근거로 한
인이 운남과 귀주 등 서남 지역으로 이주하는 것을 허가하고 장려했
으며, 아울러 그들과 묘족·회족의 대규모 충돌과 일련의 중대한 재난

들(1870년대 발생한 운남에서의 충돌은 그곳 회족 인구의 90% 감소를 야기했다)을 일으켰다. 그렇다면 이것은 '중국 식민주의', '한인 식민주의'의 산물인가, 아니면 청조 제국 체제 및 그 전환 과정의 산물인가?

이러한 해석 과정의 혼란은 세 가지 요소를 파생시킨다. 첫째, 제국이라는 범주의 애매함이다. 이것은 역사 속에서 형성되고, 계속해서 변화하며, 확실하게 규정짓기 어려운 개념으로, 19세기 이후의 이론적인 지식 속에서 이 개념은 민족국가나 민족자결과의 대립적인 기술 속에서만 비로소 상대적으로 안정된 함의를 가질 수 있었다. 둘째, 중국이라는 범주에 대한 이해이다. 이것은 오래되었지만, 근대에 와서야 비로소 직접적으로 국가 이름으로 사용된 개념이기에, 유장한 역사 속에서 이 개념이 지칭한 인구, 지역, 정치 공동체는 지속적으로 바뀌어 왔다. 따라서 청대 사회 속의 '중국 식민주의'라는 개념을 검토할 때, 이러한 추가 질문이 불가피하다. 과연 무엇을 '중국'이라고 하는가? 셋째, 식민주의 개념의 함의와 외연의 변화이다. 식민주의 개념은 유럽의 아프리카 남부 해안(1488년)과 아메리카 대륙(1492년)의 발견과 그 척식拓植 과정에서 발생했고, 그때부터 유럽의 해양 패권 경쟁은 중심지를 지중해에서 대서양으로 옮기게 되었다. 포르투갈, 스페인, 네덜란드, 프랑스, 영국 등 민족국가의 출현과 이런 해상의 확장 과정은 밀접한 관계가 있다. 16~19세기까지 시기에 상술한 국가들의 확장과 지배를 기술할 때, 식민주의라는 개념은 중상주의적인 자본주의나 초기 산업 자본주의와 하나로 연계된다. 그러나 지금의 문맥 속에서 식민주의라는 범주의 함의는 점차 확장되었고, 그 기술 범위는 기타 지역의 경제와 인구 자원의 탈취를 목적으로 하는 거의 모든 (제국, 국가, 국가 연맹 등의) 조직적인 확장 활동까지 미치지만, 이 범주와 자본주의 범주 간의 역사적인 연계 부분이 반드시 고려되는 것은 아니었다. 이러한 변화 속에서 이 개념을 오로지 서양의 헤게모니, 침략, 착취를 비판하는 데에만 사용하는 상황 역시 변화가 생겨난다.

식민주의 개념의 전환과 상호 일치되는 것은 제국주의 개념의 운용 범위의 확장이다. 문화 다원성을 중시하면서도 보편적인 통일성을 특징으로 하는 제국 개념과 달리, 제국주의 개념은 국가 및 국가의 확장 정책을 중시하고, 경제 착취와 종족 충돌을 강조하는 '중국 식민주의' 개념과 같은 논리에 근거하고 있다. 래티모어의 초원 사회에 관한 서술 논리를 따르고 있는 현대 연구의 경향은, 청조를 내륙으로부터 연해까지 지속적으로 확장해 간 제국주의 주체로 서술하는 것이다. 그러나 래티모어가 아시아 내륙의 확장 동력을 前전서양과 後후서양, 농경·유목과 산업화 역량으로 구분한 것과는 전혀 다르게, '청 제국주의' 개념은 더 이상 제국주의라는 범주와 산업화/자본주의 사이의 역사적 연계를 중시하지 않는다. 이러한 연구에서 만주, 몽골, 서북 지역의 소수민족, 서남 지역의 소수민족, 명조明朝의 중국은 모두 독립적인 정치 실체 혹은 민족국가로 서술되었다. 따라서 이들 지역에 대한 만주의 확장과 점령은 국가를 핵심으로 하는 제국주의의 확장 과정으로 서술되었다. 이 서술 논리는 교토학파가 오대五代 무렵의 민족 관계와 송대, 그리고 북방과 남방 여러 '나라'(國)의 관계를 서술하는 방식과도 일맥상통하는 점이 있다. 즉 이런 서술들은 모두 '중국'을, 족군 의식을 중심으로 구축된 국가 체제의 기초 위에, 그리고 준準민족국가(혹은 전前민족국가 시대의 민족국가)의 틀 속에 위치시켜 놓았다. '청 제국주의' 혹은 '만주 제국주의' 등의 개념은 이런 논리로부터 나온 것이다. '청 제국주의' 개념은 상술한 '중국 식민주의' 개념이 청 왕조 혹은 만주와 중국이라는 몇 가지 개념들 사이에서 나타날 수 있는 혼란을 피해서, 아편전쟁을 청 제국주의의 지속적인 확장과 영국 제국주의의 세계 패권 간의 충돌로 간주했다.[24] 이러한 논술 방식과 민족주의 서사는 사실 겹치는 부분이 있다.[25] 이러한 해석 모델을 제국주의 이론의 역사적 맥락에서 관찰해 보면, 이들 담론이 고대 중국, 서아시아, 그리스의 제국 확장을 제국주의의 유럽 전통과의 내재적 연속성 및 근대 제국주의 이론에 대한 갖가지 반향으로 서술하고 있는 것을 분명하게 확인할 수 있다. '청 제국주의' 서사는 20세기 80년대 이래로 서구 학술계의 제국주의 연구 분야 내부에서 발생한 일련의 새로운 변화 맥락 속에서 전개된 것이고, 아울러 탈식민주의 이론과 내재적 관련을 가지고 있으며, 그 특징은 종주국과 식민지 사이의 쌍방향적 상호작용 관계를 강조하는 것이었다.

근대 역사 속에서 제국주의의 원인과 가치에 관련된 토론은 대개 네 가지 주요한 논술을 포함하고 있다. 민족 안전의 필요와 폭정하에서 인민을 해방한 것으로 귀결시키는 두 가지 변호적인 제국주의 이론을 제외하자면, 제국주의의 탄생에 대해 가장 해석력을 갖춘 것은 내재적으로 중요한 차이가 있는 두 가지 이론이다.

첫째는 애덤 스미스Adam Smith, 리카르도David Ricardo, 홉슨J. A. Hobson,[26] 그리고 마르크스주의 이론가 힐퍼딩Rudolf Hilferding, 레닌 Vladimir Lenin, 부하린N. I. Bukharin, 로자 룩셈부르크Rosa Luxemburg, 카우츠키Karl Kautsky를 대표로 한다(내 생각엔 여기에 응당 『대전환』The Great Transformation의 저자 칼 폴라니Karl Polanyi를 포함해야 한다). 그들은 경제 자원(인구, 천연자원, 시장)에 대한 점유라는 각도에서 제국주의의 동력을 논술하였으며, 서로 다른 측면에서 이러한 확장 성향의 국가 정책을 자본주의 경제 범주와 연계시켰다. 제국주의는 자본주의의 생산방식 및 그 위기와 밀접한 연관이 있다. 즉 산업자본과 은행자본이 서로 융합하여 만들어 낸 금융자본, 자본 수출의 확장 및 군사 장비 생산과 군국주의의 성장이 제국주의를 위한 조건을 조성해 준 것이다. 스미스·리카르도·홉슨과 레닌·부하린의 주된 차이는 다음과 같다. 전자는 제국주의가 민족 중 소수의 사람에게만 유익할 뿐 전체 민족에게 유익한 것은 아니라고 주장한다. 그러나 후자는 민족에 대한 통치라는 개념을 제시하면서, 제국주의를 자본주의의 말기 혹은 최고 단계로 간주한다.[27]

둘째는 마키아벨리Machiavelli, 베이컨Sir Francis Bacon, 굼플로비치 Ludwig Gumplowicz, 히틀러Adolf Hitler, 무솔리니Benito Mussolini 등으로 대

표된다. 그들은 서로 다른 입장에서 출발하여 제국주의가 인류 집단의 본성에 뿌리를 두고 있다고 보았다. 즉 제국주의는 인류 집단(특히 국가)이 생존경쟁을 하면서 나타난 자연적인 산물이라는 것이다. 20세기 후반 무렵 역사 상황이 새롭게 바뀜에 따라, 장기적인 역사 속에서 제국주의 현상을 관찰하는 방법이 점차 완성되면서, 전술한 고전적 방법에 대한 비평이 제기되었다. 예컨대 아리기Giovanni Arrighi는 브로델 Fernand Braudel의 장기 역사 서술의 영향하에서 다음과 같은 문제를 제기했다. 금융자본은 결코 레닌과 힐퍼딩이 생각했던 세계 자본주의의 특정한 단계가 아니라, 장기간 존재하고 반복적으로 출현했던 역사 현상이다. 중세기 내부의 자본주의에서 지금에 이르기까지 금융자본은 시종일관 자본주의의 특징이었다.[28] 이런 의미에서 제국주의 개념 또한 19~20세기의 역사 단계에 한정될 수 없다. 다른 일련의 학자들은 제국주의가 우선 경제 문제에 대한 반응임을 확인함과 동시에, 문화적 측면에서의 영향, 더욱이 종주국과 식민지 사이의 문화 영향 역시 강조했다. 장기 역사의 관점은 반反스미스주의적인 틀을 제공해 주었고, 이로부터 19세기 정치경제학이 수립한 제국-국가 이원론에 대해서도 다음과 같은 비판이 제기되었다. 첫째, 그것은 근대 사회에 대한 자기 확신을 위해 제국 통치의 기본 특징은 폭력 통치이고, 따라서 생산에 불리한 것이고, 오로지 근대 사회(국가와 시민사회)만이 스미스가 분석한 그러한 생산, 유통 그리고 노동 분업의 체계에 의존할 수 있다는 것이다. 둘째, 장기 역사의 관점은 제국 통치 속에 자본주의 성분이 포함되어 있다는 것과, 민족국가를 핵심적인 정치 구조로 하는 제국주의 및 그 경제 체제는 폭력의 사용에 과도하게 의존하고 있다는 것을 증명했다. 이 때문에 제국과 제국주의 사이에는 사람들이 통상적으로 상상하는 것과 같은 확연한 구분점이 없는 것이다.

그러나 그렇다 하더라도, 장기 역사라는 새로운 역사 해석은 자본주의와 자본의 형태라는 기본 범주를 떠나서 제국주의 문제를 논하고 있지는 않다. '청 제국주의' 개념은 주로 국가의 확장과 생존경쟁이라는 패러다임 안에서 제국주의로 다뤄지며, 또한 청조와 대영제국의 전례典禮 논쟁*과 관련이 있기도 하지만, 그 논의가 생산방식과 경제 형태 문제까지 미치는 경우는 거의 없다. 청조가 17세기부터 시작한 확장 과정을 제국주의로 정의하는 것은 확실히 자본주의 범주를 벗어나 내린 정의이다. 이 점에 있어서, 지금 이 서술은 두 번째 제국주의 이론에 보다 근접해 있다. 따라서 문제의 관건은 청조에 확장·정복·척식拓殖 현상(여기에는 어떠한 의문도 없다)이 존재했는가를 인정하느냐 마느냐에 있는 것이 아니라, 자본주의와 비자본주의의 유사 현상 간에 ──또한 전통적인 제국과 19~20세기 유럽의 산업화 과정에서 대두한 제국주의 사이에──구분의 필요성이 있다는 것을 인정하느냐 안 하느냐에 달려 있었다. 근대 제국주의와 식민주의의 근본적인 특징은 군사 점령, 무력 정복, 종족 등급제에 있을 뿐만 아니라 식민지 사회의 고유 구조를 철저하게 뜯어고쳐 산업화한 종주국의 경제 체계에 종속시키고, 나아가 세계를 범주로 하는 불평등한 국제적 노동 분업을 형성했는가 하는 것에 달려 있다. 이것이 많은 제국주의 관련 연구가 발전, 축적, 의존 등의 문제에 집중된 원인이라 하겠다. 여타 제국과 마찬가지로 중국 왕조의 역사는 무력 정복과 종족 통치의 요소를 포함하고 있으며, 불특정한 지역과 시기에 있어서, 이러한 정복 활동은 해당 지역의 사회 풍속, 습관, 사회구조와 생산 체계의 전환(명조의 대리국大理國에 대한 개조)까지 야기했다. 그러나 이른바 '조공 체제'는 지역과 시기에 따라 매우 큰 차이가 있었다. 그리고 그것은 때로는 공식적이고 때로는 비공식적인 체제였으며, 통상적으로 해당 지역의 풍속과 생산구조의 철저한 전환을 목표로 삼진 않았다.[29] 이러한 각도에서 볼 때

• 청조와 대영제국의 전례(典禮) 논쟁: 청조와 로마교황청 간의 전례 논쟁은, 당초 예수회가 중국인들이 공자와 조상에게 제사 지내는 일을 인정했으나, 이후 도미니크 회가 이를 미신으로 부정하면서 벌어졌다. 로마교황청이 도미니크 교단의 입장에 찬성하여 이단 행위에 대한 금지령을 내리자, 청 강희제는 교황의 금지령에 맞서 중국에서의 기독교 선교 활동에 대한 금지령을 내렸다.

제국주의에 관한 각종 해석은 반드시 근대 국가 건설 및 그 동력에 대한 이해를 수반해야 하며, 그것의 핵심은 국가의 정치-군사 구조, 국가의 대외 정책 및 사회의 재구성과 산업자본주의가 도대체 어떤 관계에 있는가를 규명하는 데 있다.

족군·지역(변경 지역)·종교·언어 등 전통적인 민족주의 개념이 여전히 제국 내부의 사회관계에 관한 서술을 지배하고 있는 조건에서는, 제국과 민족 사이의 이원적 관계를 타파할 수 없다. '청 제국주의' 서술은 한편으로는 제국주의와 자본주의의 역사적 연계를 경시했으며, 다른 한편으로는 분리적이고 경쟁적인 제국주의 범주와 보편적인 제국 간의 차이를 다소 간과했다. 전술한 제국 담론 내부에는 민족국가 서술의 내재적인 요소, 심지어는 보다 더 근본적인 요소를 포함하고 있다는 점에서, 제국 서술의 민족국가 서술 혹은 제국주의 서술로의 이행은 지극히 자연스러운 것이라 하겠다. 이러한 과도적 이행 과정에서, 영어로 제국과 국가 사이에 껴 있는 이 제국주의라는 개념은 독특한 작용을 일으켰다. 그것은 제국 범주와 국가 범주를 결합한 개념이었다. 그러나 이러한 결합이 제국과 민족국가 간의 어떤 역사적 구분을 덮어 버릴 수는 없다. 로마제국의 쇠락 이후 통일 역량으로서의 제국 개념은 더 이상 실현되지 않았다. 그러한 로마제국, 몽골제국, 그리고 이슬람제국의 폐허 위에서 일어난 여러 민족은 분열된 상태에서 서로 경쟁했고, 나아가 훗날 제국주의라 일컬어지는 현상을 만들어 냈다. 따라서 제국주의가 제국의 확장성을 공유하고 있다 하더라도, 세계라는 범주 안에서 그것은 각 민족과 국가 간에 발생한 분열적이고 통일적이지 않은 세력이었기에, 한 국가가 다른 나라 혹은 여타 공동체의 영토와 경제 자원을 직접 침략·점령한 국가 확장 정책, 실천, 선전 등과 밀접한 관련이 있다. 바로 이런 이유로 '청 제국주의' 서술은 단지 제국의 확장성만을 중시할 뿐, 이러한 확장의 모델과 이른바 보편적 제국의 구별에는 신경 쓰지 않으며, 청대 제국 통치 모델이 17~19세기의 장기간에 걸친 단계 속에서 만들어 낸 중요한 전환에 대해서도 거의 관심을 기울이지 않는다. 예컨대 '청대 전기의 매우 탄력적이던 조공 체제와 청대 후기 행성제도行省制度의 확장 간의 관계는 어떻게 해석해야 하는가?'와 같은 문제엔 거의 관심이 없었다.

제국 서사와 국가 서사 및 그 파생 형식은 서로 다른 측면에서 각자의 중국관을 수립했다. 중국은 역사 순환을 거쳐 지속해서 존재해 온 정치 실체인가? 중국은 제국인가, 아니면 민족국가 혹은 민족국가로 위장한 제국인가? 중국은 정치적 개념인가, 아니면 문명이나 문화적 개념인가? 중국의 민족주의와 민족 정체성을 어떻게 이해할 것인가? 오리엔탈리즘과 탈식민주의의 이론 조류 속에서 상호작용(interaction)·상호 연결(inter-connectedness)·혼종성(hybridity) 등과 같은 개념들은 사람들의 영감을 불러일으켰고, 근대성과 관련된 각종 범주는 바야흐로 혼합 현상으로 전환되고 있는 중이며, 사람들이 사회 공동체 및 그 정체성을 다시 새롭게 묘사하는 데 새로운 사유 경로를 제공했다.

'뒤얽힌 근대성'(entangled modernity)이라는 개념은 사람들의 근대성에 대한 새로운 상상 방식을 형상적으로 보여 주었고, 이러한 상상 방식 속에 학자들은 각기 다른 측면에서 새로운 역사 연계 모델을 제시했다.[30] 근대성을 교류, 상호작용, 혼종성 등의 범주 속에 둔 결과 중 하나가 '중국' 범주의 탈자연화이다. '중국'이라는 자연스럽고 자명한 개념이 와해일로에 있지만, 이에 수반된 것은 바로 혼종적이면서 역사의 상호작용 속에서 생성된 중국 형상이다. 상호작용성·혼종성이 모든 문화와 사회의 특징이라면, 상호작용성과 혼종성이 창조해 낸 중국 형상은 여전히 내재적 동일성을 가지고 있을까? 현대 학술의 수사修辭에 의해 시선을 교란당하지만 않는다면, 이런 문제들은 사실 만청 시기 인물들을 곤혹스럽게 했던 중대 과제였다. 우리는 만청 시기 민족주의의 두 가지 주요 모델, 캉유웨이와 량치차오의 중화 민족주의와 쑨원孫文과 장타이옌의 한족 민족주의 속에서 그 중대 과제의 원형을 발견할 수 있다. 캉유웨이, 천인커는 이러한 혼종성의 범주 속에서 '중국', '한족' 및 '중국 문화' 등의 문제를 논했고, 이러한 '혼종적인 중국관'으로 유럽식 종족 민족주의(ethnic nationalism)에 대항했으며, 포용적인 '중국 정체성' 혹은 제국식의 '중국 정체성'을 구축했다(상권 제2부 제7장, 하권 제1부 제9장 참조). 그들과 대조적으로 장타이옌은 고증학적 방법으로 화하華夏 '종성'種性(혈통)의 근원을 발굴해 냈다. 장타이옌이 '한종'漢種의 혼종성을 발견해 낸 것은 유감스럽지만, 그는 여전히 종족을 특징으로 하는 한족 민족주의 서사를 견지했다(하권 제1부 제10장 참조). 민족주의 시대에 혼종성과 상호작용성에 대한 발견이 여전히 민족주의라는 상이한 형태의 서사 속에 섞여 있었다고 한다면, 오늘날 세계화란 맥락 속에서 상호작용성이나 혼종성에 관한 논의들은 주로 서구 중심주의와 민족국가 서술의 해체를 그 주요 방향으로 삼고 있다. 이러한 서술 속에서 집단 정체성의 확실한 근거를 확인하고자 하는 시도는 심각한 곤경에 빠질 수밖에 없게 되었다.

바로 이러한 역사 진행 과정에서 중국 문제가 매우 급박하게 변화하는 것을 어떻게 이해해야 할 것인가? 우선 모든 전근대 제국과 비교하여 볼 때, 중화제국의 규모 및 그 안정성은 보기 드문 것이다. 엘빈Mark Elvin의 말을 빌리면 "가장 폭넓은 시야 속에서 장기간 영토와 인구가 중국과 맞먹는 대상은 언제나 불안정했다는 법칙과도 같은 현상에 대해 말해 보자면, 중화제국은 전근대 세계의 중요한 예외가 된다."[31] 이 "예외"란 바로, 왜 중화제국은 그처럼 장구한 시간 속에서 지역, 인구, 정치 통일의 안정성을 유지할 수 있었는가 하는 문제이다. 다음으로 이 중요한 예외, 즉 중국은 결코 "전근대 세계"에만 속할 뿐만 아니라, 21세기에 있어서 중국은 세계에서 유일하게, 19세기 이전 시기에도 제국의 영토 규모, 인구, 정치 문화를 주권국가와 민족이란 범주 속에 유지한 사회이다. 모든 제국이 주권국가의 형식으로 분열된 것과 달리 중국 근대의 민족운동과 국가 건설은 19세기 이전 혼합형 보편주의 제국 체제의 특징과 내용을 직접 민족국가의 내부 구조 속으로 전환해 냈다. 20세기 전기前期 군벌들의 혼전·분열·할거를 거친 후, 통일 제국 시대에 뿌리를 둔 거대한 중앙 관료 기구 및 계층 메커니즘(행정과 자치구 및 그 하부 메커니즘)은 근대 혁명을 통해 갱신되었고, 아울러 효율적으로 중국의 산업과 농업을 하나의 완정한 국민경제 체계로 구축해 냈다. 쑨원의 '오족공화'五族共和 이념으로부터 마오쩌둥毛澤東의 "각 민족 인민들의 대단결"(各族人民大斷結)의 호소에 이르기까지 94%의 인구가 한족으로 정의된 상태에서 새로운 중국 민족 정체성이 점차 형태를 갖추었다.

이러한 현실은 다음과 같은 문제를 묻지 않을 수 없게 만든다. 첫째, 중국 혁명과 국가 건설 과정에서는 어째서 여타 제국 체제에서는 도저히 피할 수 없었던 해체가 발생하지 않았는가? 다시 말해 어째서 청조의 제국 건설과 근대 국가 건설 간에 역사적 중첩 관계를 형성할 수 있었는가? 둘째, 중국 혁명과 국가 건설의 진행 과정은 어떻게 제국의 유산을 성공적으로 혁명과 건설의 요소로 전화시킬 수 있었으며, 이로부터 제국 자체의 전환이라는 이러한 기본 형태 속에서 새로운 주권을 구축할 수 있었는가? 셋째, 19세기 이전 시기의 제국 건설은 19~20세기의 국가 건설과 도대체 어떤 관계인가? 혼종성, 상상성, 구성성 등의 개념은 '중국–서구'라는 이원적 서술을 수정하여 아주 다양하고 개방적인 연계망 속에서 중국의 국가 건설과 사회 진전 과정을 이해하는 데 일조했다. 그러나 상호작용, 혼종성, 뒤얽힘과 관련된 역사 서술은 결코 다음과 같은 의문을 해소할 수는 없었다. 만약 모든 국가가 다 '상상의 공동체'라면, 중국의 '상상' 자원과 그 전제는 어떻게 구축된 것인가? 다원성과 차이, 내외 상대화와 통일성·보편성의 추구를 인정하는 것을 특징으로 하는 제국의 특징은 '중국'이라는 범주와 도대체 어떤 관계인가? 혼종성의 서술 속에 중국 정체성의 가능성 혹은 상상성은 어떻게 존재하는가? 넷째, 폭력과 문화라는 이중 전제하에 수립된 통제 메커니즘으로서, 제국은 자기 내부에 상이한 민족문화, 종교 신앙, 법률 제도, 정치적 자치에 대한 용인을 포함하고 있었다. 비교컨대 민족국가는 정치 제도, 법률 제도 및 언어와 문화 등 측면에서 고도의 동일성을 요구하고, 이로부터 주도적인 민족이 자신을 주권의 대리

자로 전환할 때, 주변 민족 및 그 문화가 받게 되는 충격과 해체는 제국 시대보다 더욱 강력한 것이었다. 이 때문에 다음과 같은 질문을 던질 필요가 있다. 정치적 전제專制의 문제가 그저 '제국 전통'의 범주 안에서 해석될 수 있으며 민족국가 체제 자체의 문제는 고려할 필요가 없는 것일까? 제국 시대 내부의 문화 관계에 관한 기술은 비판적 시야와 차이를 충분히 포용할 수 있는 민주적인 방안을 제공할 수 있는가? 다섯째, 만약 제국 시대가 사람들이 상상하는 것보다 훨씬 다양한 내외 교류 관계를 맺고 있었다면, 제국 시대의 국제 관계 및 그 내외 관계의 모델은 근대 중국의 국제 관계 및 그 모델과 도대체 어떤 관계인가?

그동안 유럽 국가는 민주와 민족 간의 상호작용 논리를, 민주와 유럽의 상호작용 논리로 전환하려는 시도를 했다. 이는 제국식 혹은 초국가식 구조로 민족 정체성을 포용하고 문화 차이를 인정하는 새로운 정체성 모델과 합법적 조건을 형성하고자 하는 것이다. 19세기에 이루어진 민족국가 체제가 전환되던 시기에, 이 민족국가 서사에 의해 장악당한 역사를 회고하고 역사의 가능성을 다시 새롭게 발굴해 본다면, 거기에는 확실히 미래로의 지향까지도 포함하고 있었다. 예컨대 제국 개념 속에 포함된 보편성과 다원성의 변증 관계 및 습속, 습관, 지방의 전통 보존은, 역사적인 제국의 필연적 특징인 폭력과 통제의 논리와 도대체 어떤 관계인가? 우리는 이로부터 탈민족국가의 정치 형태의 맹아 혹은 요소를 발견할 수 있는가? 이 문제에 대한 사고를 제국에 대한 복고적이고 이상화하는 태도 혹은 방식과 뒤섞어 버릴 수는 없다. 내가 보기에, 민족국가의 합법성에 대한 논증이든 아니면 19세기 이전 제국의 이상화에 대한 기술이든 간에 상관없이, 모두가 제국-국가 이원론의 전제 위에서 수립된 것이다. 이 때문에 위에서 제기했던 문제들에 답하기 전에, 제국-국가 이원론의 형성 자체에 대해 분석을 가할 필요가 있다.

제국-국가 이원론과 유럽 '세계 역사'

중국 연구에서 제국-국가 이원론은 19~20세기 유럽의 지식 전통에 뿌리를 두고 있다. 민족국가라는 이 19세기의 산물과 비교해 볼 때, 제국이란 개념은 유럽사 속에서 장구한 역사가 있다. 서구 언어에서 'empire'라는 단어는 라틴어의 'imperium'에서 변화되어 왔는데, 라틴어의 뜻은 '합법적 권력 혹은 지배'이다. 그러나 분석적 범주로서의 제국 개념은, 민족국가 개념이 형성되는 과정에서만 비로소 그 명확한 의미를 획득할 수 있었다. 이로부터 제국이라는 오래된 단어는 사실 근대적이면서 민족주의 문제와 밀접한 관련이 있는 개념이기도 했다. 중국어에서 제국이라는 말은 결코 상용되는 개념이 아니다. 『사고전서』를 조사해 본 결과, 수백 개의 '제'帝와 '국'國 두 글자가 병렬되어 있긴 하지만 합성어가 아닌 경우를 제외하고 단지 18개의 제국이란 단어를 찾아냈을 뿐이다. 이러한 사항에 대한 종합적인 분석을 통해, 나는 중국어에서 제국이라는 말을 두 가지 함의로 귀납시킬 수 있었다.

하나는 제국 개념으로 지리적 의미에서의 중국의 범주와 제왕 치하의 국가적 결합체를 지칭한다는 것이다. 예를 들면 다음과 같은 기록들이 있다. 『홍경거사집』鴻慶居士集* 권9의 「하금상황제등극표」賀今上皇

---

* 『홍경거사집』(鴻慶居士集): 송나라 손적(孫覿, 1081~1169)의 별집(別集)이다. '홍

帝登極表[32]에는 다음과 같은 구절이 있다. "육룡六龍을 타고 하늘로 올라 임금께서 황좌皇座에 임하셨네. 황제 폐하께서… 천년에 걸쳐 지킬 만한 위대한 계책을 내리시고 끝도 없는 영토를 물려주시며, 크신 명성·크신 덕·크신 권능·크신 공적으로 제국을 어루만지시며 정연한 구주九州를 끌어안으시네."(禦六龍而乘乾, 君臨大寶. …皇帝陛下… 詔皇策於千齡, 嗣無疆之服, 撫帝國於四大, 包有截之區) 또한 왕발王勃의 「강녕오소부댁전연서」江寧吳少府宅餞宴序[33]에는 이런 구절이 있다. "장산蔣山 남쪽을 바라보니 장강이 북으로 흐르고, 오자서가 등용되니 오吳 지역이 번성하고, 손권이 곤궁에 빠지니 구주가 분열되었네. 폐허만 남겨졌으되 수만 리에 달하는 황성에는 추억이 담겨 있고, 영웅호걸들이 똬리를 틀었던 삼백 년간의 제국이여!"(蔣山南望, 長江北流, 伍胥用而三吳盛, 孫權困而九州裂, 遺墟舊壞數萬里之皇城, 虎踞龍盤三百年之帝國) 그리고 진비陳棐의 「공진루부병서」拱辰樓賦并序[34]에는 다음과 같은 구절이 있다. "이 새벽 더더욱 생각에 빠지다 보니 이 누각에 오르게 되었네. 남쪽으로는 고향이 보이고, 북쪽으로는 제국이 아련히 보인다."(尤馳想於斯晨, 所以登茲樓也. 南可望乎家山, 北邀瞻乎帝國) 또한 「선방직증왕이수좌리개하서」宣邦直贈王貳守佐理開河序[35]에서는 다음과 같이 말하고 있다. "대개 황하는 곤륜산에서 발원하고 그 지류가 국내에서 범람하는데, 애당초 트고 뚫는 노고를 면하지 못했다. 수해가 평정된 연후에야 사람들이 그 이로움을 누렸다. 무릇 전국의 부세나 공물은 조정과 가깝거나 멀거나 상관없이 모두가 황하를 통해 제국에 다다른다."(蓋河源發於昆侖, 其流泛濫中國, 始固不免疏鑿之勞. 及水患旣平, 然後人享其利, 凡九州貢賦, 若遠若近, 皆自河而至於帝國焉)

다른 하나는 제국 개념으로 덕치를 특징으로 하는 오제五帝의 제도를 일컬었다. 이는 문중자文中子 왕통王通의 "제국은 덕을 다툰다"(帝國戰德)는 말에서 기원한다. 『중설』中說 권5 「문역」問易 편(송대宋代 완일阮逸의 주注)[36]에 보면 다음과 같은 문장이 있다.

경거사'는 그의 별호(別號).

문중자가 이르기를, 왕의 은택이 다하면 제후가 정의를 이유로 나서게 되고, 황제의 제도가 쇠락하면 천하 사람들의 말들이 날카로워진다. 문중자가 이르기를, 강국強國*은 병력을 다투고(오로지 힘에 의지할 따름이다), 패국覇國*은 기지機智를 다투고(싸우지 않고 다른 사람의 병력을 굴복시키는 것은 기지에 달려 있다), 왕국王國*은 의로움을 다투고(백성이 나쁜 짓을 못 하게 하는 것은 꾀만으로 하는 것이 아니다), 제국帝國*은 덕을 다투고(어진 이는 천하무적이니, 그 덕을 알 만하다), 황국皇國*은 무위無爲를 다툰다.

> 文中子曰: 王澤竭而諸侯仗義矣, 帝制衰而天下言利矣. 文中子曰: 強國戰兵(惟恃力爾), 霸國戰智(不戰而屈人之兵在智), 王國戰義(禁民爲非, 不獨任智), 帝國戰德(仁者無敵於天下, 德可知矣), 皇國戰無爲.

송나라 승려 계숭契嵩의 「문병」問兵[37]에서는 다음과 같이 말하고 있다.

문중자가 이르기를, 망하는 나라는 병력을 다투고, 패국은 기지를 다투고, 왕국은 인의를 다투며, 제국은 덕을 다투고, 황국은 무위를 다툰다고 했다. 성왕聖王은 더 이상 더할 것이 없기에 인의仁義를 행할 수 있는 것이다. 그래서 이렇게 말했던 것이다. 어질고 의로울 따름이다. 홀로 헛되이 거짓과 힘을 사용하는 싸움은 군자가 더불지 않는다고 했으니 내 어찌 이와 더불겠는가?

- 강국(強國): 전국칠웅(戰國七雄)의 시기를 가리킨다.
- 패국(覇國): 춘추오패(春秋五覇) 시기의 나라를 가리킨다.
- 왕국(王國): 삼왕(三王: 하夏 우왕禹王, 상商 탕왕湯王, 주周 문왕文王) 시기의 나라를 가리킨다.
- 제국(帝國): 오제(五帝) 시기의 나라를 가리킨다.
- 황국(皇國): 삼황(三皇) 시기의 나라를 가리킨다.

文中子曰: 亡國戰兵, 霸國戰智, 王國戰仁義, 帝國戰德, 皇國
戰無爲. 聖王無以尙, 可以仁義爲. 故曰: 仁義而已矣. 孤虛詐
力之兵而君子不與, 吾其與乎?

『황씨일초』黃氏日抄[38]에는 이렇게 말하고 있다.

> 태고부터 어찌 다스림이 있었겠는가? 후세 성인이 있고 나서야
> 다스림이 있게 된 것이다. 윗사람이 정말 무위하였다면, 아랫사
> 람들 역시 어찌 자족할 수 있었겠는가! 제국은 덕을 다투고, 황
> 국은 무위를 다툰다고 했는데, 덕과 무위를 '다툰다'고 표현하
> 는 것은 노자조차 한 적이 없던 것이다. …아아! 일찍이 문중자
> 가 이같이 말한 것은 후세 사람들이 견강부회할 것을 두려워했
> 기 때문이다.
>
> > 太古何嘗有治, 至後世聖人然後有治耳. 且上果無爲, 則下亦烏
> > 能自足耶. 若夫帝國戰德, 皇國戰無爲, 德與無爲, 而以戰言,
> > 雖老子未嘗道. …嗚呼! 曾謂文中子而有此, 恐亦後世附會之
> > 爾.

상술한 예증에 근거하여 우리는 세 가지 층차에서 제국의 함의를 파
악할 수 있다. 첫째, 제국과 봉건·군현 등의 정치 제도 개념은 서로 병
치시키면 특정 가치와 형식을 포함하는 정치 공동체를 지칭한다. 둘
째, '제국'은 삼황오제三皇五帝, 주왕周王, 춘추오패春秋五覇와 전국칠
웅戰國七雄의 서열 속에 배열된 정치 형식이다. 이는 오제 시대의 덕을
특징으로 삼아 강국, 패국, 왕국, 황국의 정치 형태 및 그 가치 지향을
구별한 것이다. 셋째, 제국 개념은 이해득실에 근거해 음모를 꾸미고
무력을 행사하는 정치체제에 대한 부정이다.

이러한 오제五帝의 나라에 기원을 둔 제국 개념과 고대 서구의 제국
개념 및 19세기 아시아에 전해 들어온 제국 개념 사이에는 뚜렷한 구

분이 있다. 전자는 덕치를 중심으로 하지만, 후자는 절대 황권과 통일 국가를 총괄한 권력 형식인 것이다. 어떤 의미에서 "덕을 다투는" 제 국은 단지 '병력으로 다투거나' '기지로 다투는' 등의 정치 형식과 대 비되는 관계 속에서만 존재하는 상상의 존재이다. 우리에게 익숙한 제 국 개념은 19세기의 산물이다. 1868년 메이지明治 천황天皇이 '대일본 제국'을 국호로 삼은 뒤, 이 새로운 형태의 제국 개념은 19세기 말엽 중국에도 전해졌다. 이 제국 개념은 절대 국가의 정치 형식 및 군국주 의 사회 체제와 아주 밀접한 관련이 있으며, 중국의 전적들에서 보이 는 제국 개념과는 확연히 다르다. 어떤 의미에서 19세기에 형성된 새 로운 제국 개념은 차라리 고대 제국 개념이 부정했던 정치 구조(패국, 강국 등)와 더 가깝고, 심지어 진한 시대에 형성된 황제 및 그 통솔하 에 있는 대일통 왕조(즉 황권-군현 체제하의 왕조 체제)를 묘사하는 데 사용될 수 있다. 선진 시대 전적들에서 제帝 혹은 상제는 하늘의 별 칭이었고, 인격성·주재성·보편성이 이 개념의 특징이었다. 진시황은 육국六國을 정복하고 통일 국가를 건립하면서 자칭 '시황제'라고 하여 주왕周王의 칭호와 구별지었다. 한漢나라 5년(기원전 202), 천하는 통일 되고, 제후들은 한왕漢王을 존칭하여 황제로 삼아서, 황권이 봉건제도 를 초월한 보편 권력임을 표시하기도 했다. 황제 개념은 세 가지 층차 의 의미를 포함한다. 첫째, 분봉 제도의 기초 위에서 건립된 (주周)왕 王의 개념과 달리 황제 개념은 군현일통郡縣一統의 국가 제도 구조 위 에 건립되었기에, 제제帝制란 군현제와 봉건제의 구별에까지 관련된 다. 둘째, 황제는 천자이기도 하다. 천자란 하늘의 의지를 이어받게 되 는데, 하늘의 의지란 예악과 문화 속에서 실제화되는 것이다. 따라서 천자 또한 일종의 문화적 동일성을 상징한다. 셋째, 최고 정치권력으 로서의 황제는 군사 통수권자이다. 황제가 친히 말을 타고 정벌하는 것은 황권의 위엄 중 가장 중요한 구현이었다. 이런 의미에서 황권과 군사적인 정복은 밀접한 관계가 있다. 주의할 것은 유럽의 제국 개념 또한 emperor라는 라틴어의 어근과 관련이 있으며, 황제는 우선 군대의 최고 통수권자이고, 그다음이 제국 통일성의 상징이었다는 점이다. 예컨대 로마제국이라는 맥락에서 '황제'라는 말은 당초 성공한 장군을 지칭했다가 이후 군주의 칭호로 사용되었는데, 양자 모두 군사적인 의미를 많이 포함하고 있었다. 일본 천황은 제국이라는 말을 국호에 직접 사용했는데, 이것은 대영제국 등 유럽 국가의 영향을 받은 것인 동시에, 그 역시 막부 체제를 전복하고 수도를 도쿄로 정하고 통일된 집권 국가의 조건을 수립한 조건으로 천황과 제국이라는 범주를 운용했다. 보편 권력과 통일 국가의 결합이야말로 제국이라는 한자 합성어가 성립할 수 있는 근거였다.

19세기 이전의 중국과 관련된 역사 연구에서, 중국 사대부와 학자는 서구 학자가 가장 잘 사용하는 개념 중 하나인 '중화제국'(Chinese Empire)에 대해 줄곧 의혹을 품어 왔다. 원인은 다음의 두 가지였다. 첫째, 중국 학자 대부분은 유럽 제국을 중국 왕조와 동일 선상에서 논하는 것에 동의하지 않았고, 중국 및 중국이란 세계 모델은 주로 문화와 예의에 의거한 동화(이른바 가까운 곳은 부드럽게 대하고 먼 곳은 통제하는 '왕화'王化)라고 여겼다. 따라서 중국은 로마, 몽골, 오스만제국 등 무력 정복의 기초 위에 형성된 제국과는 다르다고 생각했던 것이다. 둘째, 대량의 사용을 통해 제국 개념은 이미 민족국가, 심지어는 근대성과 완전히 대립적 관계에 놓이게 되었고, 따라서 제국이라는 명명 자체가 중국 사회와 문화의 폐쇄성·전제성專制性·낙후성을 전제로 하고 있었다. 첫 번째 측면을 가지고 말해 보자면, 비교제국사比較帝國史를 연구하는 대다수 전문가는 중국 왕조가 사대부 유생과 신사 계층을 특수한 중개자로 하였으며, '왕화'를 실행하는 과정에서 '문화'가 군사 정복보다 훨씬 유력한 역할을 담당했다는 것을 인정한다. 그러나 이 점은 제국 개념의 운용을 전복시키기에는 매우 부족하다. 진, 한, 수, 당, 송, 원, 명, 청, 역대 왕조 중 어느 한 왕조라도 무력 정복의 역사가 없겠는가? 무력 정복을 중요한 특징으로 하는 유럽 제국 혹은 아시아 제국(로마제국, 오스만제국, 무굴제국 등) 중에서도 보편적 '문명'으로서 자기의 세계 구상과 합법성을 구축하지 않는 제국이 어디 있겠는가?

여기에서 진정으로 문제가 되는 것은 제국 개념의 사용이 아니라, 어떻게 제국-민족국가라는 이원론을 타파할 것인가 하는 것이다. 아울러 역사 연구에서 제국 개념과 중국의 정치 개념—봉건, 군현, 대일통 혹은 조공 등—간의 관계 및 중국의 각 왕조 사이의 역사적인 구별을 타당하게 처리하는 것이다. 나이토 고난, 미야자키 이치사다는 송조를 민족국가(족군 정체성, 유한 공동체, 관료 체제, 무역 관계, 평민 문화 등)에 접근하는 군현제 국가로 이해하고, 한·당 혹은 원·청과 같이 영토가 크고 족군 구성이 다양하며, 귀족제를 내포한 무한 권력의 정치 공동체와 구별했다. 송·명 왕조와 비교할 때 청대는 정치 구조, 문화 이데올로기, 족군 구성의 측면에서 모두 혼종적이며 제한이 없는(이 개념은 민족국가의 강역, 인구 등에서 유한 공동체적 특성에 대해 상대적인 것을 말한다) 특징을 드러내는데, 후자가 사람들이 통상 이해하는 제국에 보다 가깝다. 우리는 그 체제 구성에서 다음과 같은 특징을 총괄해 낼 수 있다. 첫째, 단순한 봉건제, 군현제와는 다른 혼합형의 제어 기제였다. 둘째, 군사적인 확장 과정을 통해 형성된 영토가 광활하고, 민족 구성이 복잡한 사회체이자 경제체였다. 셋째, 다중적인 권력 구조였다. 즉 중앙집권이 지방 문화에서 만들어진 권력 구조와 병존하고 있었다. 넷째, 자신을 보편적 문화 혹은 문명의 대표로서 상정하고자 노력한다. 그러나 이러한 보편적 문화나 문명은 혼종적이고 단일하지 않은 것을 주요 특징으로 한다. 19세기 민족주의의 물결 속에서 이러한 다원적인 권력 중심을 가지고 있으며, 여러 족군이 뒤섞여 있고, 비제한적인 제국에 대한 엄격한 질의는 곧장 민족국가의 합법성에 역사적 근거를 제공해 주었다. 여기서 피할 수 없는 한 가지 역사 문제는 바로 '근대 중국이 청조가 기초를 닦은 역사적 기반 위에서 수립되었다면, 이 제국과 민족 사이의 연속 관계는 어떻게 이해해야만 하는가' 하는 것이다.

도미니크 리벤Dominic Lieven이 제국이라는 말의 역사를 체계적으로 검토한 뒤 얻은 결론은 다음과 같다.

> 과거 2천 년 동안 제국이라는 말은 서로 다른 시기에 서로 다른 국가의 사람에게 서로 다른 너무나 많은 함의를 가지고 있었다. 설사 같은 국가와 같은 시기의 사람들에게도 제국 개념은 종종 서로 다른 함의를 가지고 있었다. 정치가들과 정치사상가들은 때때로 이 개념의 모호성에 주의를 기울였으며, 따라서 의식적으로 서로 다른 맥락 속에서 이 어휘를 통해 각기 다른 의미를 표현했다.[39]

러시아 제국사와 비교제국사 전문가인 리벤은 우리에게 제국이라는 개념의 풍부하면서도 애매한 역사를 묘사해 주었고, 광대한 세계상 속에 대제국들의 부침을 기술해 냈다. 20세기 초기 제국 개념이 번영과 강성 등의 개념과 함께 연계되었다 할지라도, 그것에 대한 폄하는 나치 독일의 제국 개념에 대한 사용과 냉전 시기 서구 진영의 소련에 대한 비난이 이루어지던 특정한 시기에만 나타났다. 그러나 어째서 서구 사회는 나치와 소련을 폄하하는 데 '제국' 개념을 사용했을까? 내가 보기에 이러한 통속적 용법은 심도 있는 지식 배경 위에서 수립된 것이다. 그것은 바로 19세기의 정치경제학 전통과 20세기의 사회학 범주 속에서, 제국은 이미 확장주의 및 전제주의와 확고하게 연계되어 있었다.[40] 이러한 지식 전통의 범주 안에서 제국 개념의 폄하는 민족국가 체제가 자신의 패권적 지위를 확립한 결과인데, 그 가운데 다음의 두 가지 대비 관계가 가장 중요하다. 첫째, 제국은 영토가 넓고, 족군들이 뒤섞여 있고, 주권에 제한이 없는 정치체제이지만, 민족국가는 상대적으로 영토가 비교적 작고, 족군이 단일하고, 주권이 유한한 정치체제이다. 둘째, 광활한 지역과 복잡한 족군 사이에서 통제를 시행하기 위해 제국은 전제주의에 경도되어 있지만, 민족국가의 구성원은 단일하고 민주나 공화제에 보다 경도되어 있다.

제국-국가 이원론의 지적인 근원은 19세기 유럽의 '정신과학'이 천명한 정치/경제 이론으로까지 거슬러 올라갈 수 있다. 하버마스Jürgen Habermas는 독일 민족국가의 형성을 다음과 같이 묘사했다.

> 정신과학의 세계관이 제공해 주는 시각을 통해, 우리는 독일의 정치 통일을 장기간에 걸쳐 형성된 민족문화의 동일성에 대한 진일보한 보완으로 간주할 수 있다. 문화와 언어가 확립된 문화의 본체는 적합한 정치적 외투가 필요하다. 민족국가 속에서 언어 공동체는 반드시 법률 공동체와 중첩되어야만 한다. 그래야만 어떤 민족이든 처음부터 정치적으로 독립을 가질 수 있는 권리가 있는 것처럼 보이기 때문이다.[41]

문화와 언어가 확립된 공동체는 실질적으로 19세기의 "정신과학", 즉 그 시대의 자연과학과 구별되는 철학, 언어학 및 기타 정치경제학 범주 속에서 정확하게 규정해 낸 민족 범주를 지칭한다. 이 범주와 "적합한 정치적 외투", 즉 민족국가 혹은 법률 공동체의 결합은 독립적인 주권 범주를 만들었다. 민족국가의 자기표현에 있어서, 하버마스의 역사 기술은 경전적이며, 그로부터 우리는 출현한 적이 없던 다음과 같은 메타 서사를 발견할 수 있다. 그것은 바로, 민족의 정치적 독립이란 민족이 자기 자신을 관리하는 배타적 주권을 지니고 있다는 것을 의미한다는 것이다. 이것은 군주국가가 신성로마제국의 지배를 거절하는 직접적인 표현이었다. 민족과 주권의 결합은 민족 구성원이 평등한 시민권을 획득하는 전제가 되어 주었다. 19세기의 새로운 조류는, 민족을 언어·종족·종교·신앙·문화·역사 등 '자연적인 속성'을 특징으로 하는 자연적 존재로 규정했고, 민족이라는 자연적 존재 또한 자신의 주권을 수립할 국가와 정부라는 권력을 가지고 있었기 때문이다. 이런 전제하에서 지역이 광대하고, 다민족으로 이루어진 보편적인 제국은 자연에 위배되는 전제專制 권력의 상징이 되었다. 이 때문에 '정신과학' 속에서 확립된 민족의 권리는 제국과 민족의 대립 관계 속에 놓아야만 비로소 확립될 수 있다. 전제주의적이고, 광대한 지역을 지니고, 민족성이 아닌 보편적 종교를 기초로 한 제국의 형상은 사실상 18~19세기 유럽인들이 민족국가 및 그 주권 형식의 합법성을 논증하기 위해 구축해 낸 것이다.

19세기 유럽 사상에서 전술한 제국-국가 이원론은 정치 구조에 대한 묘사일 뿐만 아니라, 유럽과 아시아의 사회/정치 체제의 차이에 대한 개괄이기도 하다. 즉 제국은 유럽 국가의 정치체제와 구별되는 아시아적인 정치 구조인 것이다. 제국-국가 이원론은 이로부터 아시아-유럽(혹은 동양-서양) 이원론과 함께 연결되고, 아울러 19세기 유럽을 중심으로 한 '세계 역사'의 구축을 위해 제도와 지역이라는 이중 근거를 제공해 주었다. 분명한 것은 아시아 제국에 대한 이러한 논리적인 인식이 서구 국가의 정치 구조 및 합리성에 대한 자기 인식과 논증에서 배태된 것이라는 점이다. 페리 앤더슨Perry Anderson이 논증한 바와 같이, 18~19세기 유럽 사상에서 이른바 아시아 국가 구조—전제주의 제국—는 유럽 사상가들이 튀르키예 세력을 관찰하며 만들어 낸 것이다. 처음으로 오스만제국을 유럽 군주국의 대립물로 삼은 이론가인 마키아벨리Machiavelli는 『군주론』君主論에서 튀르키예의 군주 관료제를 모든 유럽 국가와 완전히 다른 제도로 간주했다. 마키아벨리 이후 보댕Bodin은 유럽의 주권 개념을 경전적으로 해석했다. 이 해석은 유럽의 국왕 주권(royal sovereignty)과 오스만의 '영주 주권'(lordly power)의 대비 속에서 수립된 것이다. 이 두 사람은 유럽 국가 구조를 아시아 국가 구조와 대비하는 전통을 창시했고, 그 속에서 동양적 전제주의라는 개념을 탄생시켰다.[42] 그러나 계몽 시대에 이르러, 라이프니츠Leibniz와 볼테르Voltaire 같은 많은 유럽 사상가들은 거의 이러한 개념의 영향을 받지 않았다. 그들은 중국과 동양에 대해 지극한 경의를 표하고 있었다. 선교사의 소개와 상인의 활동과 궁정 간의 왕래를 통해, 계몽주의자들은 중국 사회의 이성적 생활 방식, 도시 관리, 수학과 철학 및 물질문명 각 방면에서 자양분을 섭취하고, 나아가 중국과 인도 등 여타 문명에 대한 인식을 '계몽'의 내재적 요소로 전환했다. 이러한 제국-국가 이원론은 18세기 후반에서 19세기 전반에까지 영향을 미쳤다. 이 시대의 세 가지 조류는 마키아벨리와 보댕이 창시한 제국-국가 이원론의 보편화를 위한 가능성을 제공해 주었다. 즉 프랑스 혁명과 유럽 및 미국의 민족운동은 정치 공동체라는 새로운 전범을 확립했고, 이 이원론에 정치적 합법성을 제공해 주었다. 식민주의는 이 이원론을 유럽 역사로부터 보편적 세계 역사로 전환하기 위한 역사적 전제가 되었다. 19세기의 정신과학 및 그 지적인 발전은 이 이원론에 '객관 지식' 혹은 '과학 지식'이라는 형식을 제공해 주었다.

19세기 유럽 학자들은 자연과학 발전에서 자극을 받았고, 과학 정신과 방법을 인류와 사회에 대한 관찰에 적용하고자 힘썼다. 제국-민족 혹은 제국-국가라는 이원론은 철학, 법학, 정치 이론, 언어학, 인류학, 종교학, 정치경제학이라는 범주에 포괄되는 각종 지식 속에서 수립된 것이다. 당시 유럽 지식의 틀 속에서, 제국 개념 및 그 운동은 다음과 같은 특징을 갖는다. 첫째, 제국과 민족국가는 서로 대립되는 정치/경제 범주이다. 둘째, 제국과 민족국가라는 이러한 대립 관계는 시간적 관계 속, 혹은 정치 구조와 경제 모델을 기본 단위로 조직된 통시적인 진화 과정에서 구축되었다. 셋째, 민족국가와 제국의 이러한 이원 대립 관계는 서양과 비서양의 시공간 관계 속에서 전개되었다. 다시 말해 민족국가로서의 서양과 제국으로서의 비서양 간의 관계는 현재와 과거, 진보와 낙후 등 시간적 범주로 해석될 수 있었다. 서구 봉건국가와 오스만제국의 이러한 대비 관계는 유럽의 민족국가와 아시아 제국(중국, 이슬람, 러시아, 무굴 등)의 대비 관계로 전환되었다. 이렇게 서구 국가와 아시아 제국의 역사적 연계와 구별을 논증함으로써, 유럽의 국가·법률·경제·언어·종교·철학·지리 환경이라는 제반 특징은 자기 증명의 기회를 획득했던 것이다. 이러한 유럽의 자기 증명

노력은 보편주의적인 역사관과 이론의 전제 위에서 수립된 것이고, 이로 볼 때 아시아 국가의 특색으로 간주되는 전제주의 제국이 실제로는 오스만제국 문화에 대한 유럽인들의 귀결에서 파생한 것이라는 점을, 지금의 우리는 이미 이해하기 어렵다.[43] 이런 배경 아래에서 국가는 유럽의 본질적인 속성과 '세계 역사'의 귀결점이 되었고, 제국 개념은 아시아―특히 이슬람, 중국, 무굴―라는 지리 범주와 역사적으로 연계되었다.

몽테스키외Montesquieu, 애덤 스미스, 헤겔Hegel, 마르크스Marx 등 유럽의 학자들이 수립해 낸 그러한 아시아와 유럽의 대비 관계 속에서, 아시아와 유럽의 형상은 목적론적 구조에 따라 두 가지 대립적 정치 형식과 경제 형태, 즉 제국과 국가, 농경과 공업·무역으로 전개되었다.[44] 이러한 이원론 구조 속에서 아시아란 개념은 유럽 근대 국가 혹은 군주국가와 대조되는 다민족 제국, 유럽 근대 법률 및 정치체제와 대립하는 정치 전제주의, 유럽의 도시 국가 및 무역 생활과는 완전히 다른 유목·농경 생산방식 등과 같은 특징들을 갖게 되었다. 이런 관점에서 바라봐야만 비로소 그 시대의 중국에 대한 유럽 학자들의 기술 및 그 수사적修辭的인 전략을 이해할 수 있다. 예컨대 몽테스키외는 일부 선교사와 유럽 계몽주의 운동에서 언급된 중국의 정치·법률·풍속·문화에 대한 비교적 긍정적인 묘사(이러한 묘사는 일찍이 볼테르, 라이프니츠 등의 중국에 대한 긍정적 묘사에 영감을 제공한 바 있다)를 단호하게 부정했고, 나아가 '전제'와 '제국'의 개념으로 중국 전체의 정치 문화를 포괄했다.[45] 그의 경전적 묘사에 따르면, 제국의 주요 특징은 다음과 같다. 최고 통치자는 군사 권력에 의지하여 모든 재산 분배권을 농단했으며, 그로써 군주 권력을 제어할 수 있는 귀족 체제를 소멸시켰고, 분립적인 민족국가의 탄생을 억제했다. 이러한 서술 속에서 오스만, 무굴, 러시아, 청조 등 '아시아 제국'들의 제각각인 특징에 대한 묘사는 결핍되었을 뿐만 아니라, 상호작용과 혼종적 관계 속에서 배태된 사회적인 형상을 제공해 줄 수도 없었다. 몽테스키외의 상상 속에서는, 중국 역사에서의 전쟁·정복·각종 사회 교류는 중국이란 사회의 제국으로서의 특징을 바꿀 수 없었던 것이다. 그는 이렇게 말했다. "중국은 정복되었다고 중국이 가지고 있던 법률을 상실하지는 않았다. 중국에서는 습관, 풍속, 법률, 종교는 하나였다."[46] 이러한 관점과 뒤 알드Jean Baptiste Du Halde 등 초기 선교사의 중국에 관한 관점은 아주 흡사한데, 즉 4천여 년 동안 중국의 정치·법률·언어·복식·도덕·풍속·습관은 시종 동일성을 유지했고, 실질적 변화는 없었다는 것이다. 이러한 역사적인 변화와 역사적인 상호작용을 생략해 버린 '문화주의'적인 시각 속에서, 아시아는 역사가 없고 근대성을 창출할 만한 역사적인 조건과 동력이 부재했다.―이 근대성의 핵심은 '국가' 및 국가의 법체계, 그리고 도시국가 및 무역 중심의 생활 방식이다.

18~19세기 일련의 경전적인 서술 속에서 강역이 넓고, 민족 구성이 복잡한 전제주의 제국 체제는 '아시아'라는 개념과 밀접하게 관련되어 있다. 이러한 두 개 범주는 바로 그리스의 공화제와 군주국가라는 유럽 형식의 대비 속에서 배태되었다.―19세기 민족주의의 파고 속에서 공화제 혹은 봉건 군주국가는 모두 유럽 민족국가의 전신으로 간주되었고, 이러한 유럽 민족국가는 어떠한 여타 지역의 독특한 정치 형식과도 구별되었다. 이러한 자기 증명의 논술 방식 속에서, 동양의 전제주의적 정치 형식으로서의 제국 체제(오스만, 중국, 무굴, 러시아 등 광활한 다민족 제국)는 자본주의 발전에 필요한 정치 구조[47] 및 베버가 논증한 그러한 프로테스탄트 윤리에 연원을 둔 경제 합리주의를 배태시킬 방법이 없었다. 이로 인해 근대적 자본주의는 단지 서유럽 특유의 사회 체제의 산물이며, 따라서 자본주의적 발전과 봉건국가를 역사 전제로 하는 민족국가 체제와의 사이에는 필연적 혹은 자연적 연계가 존재하게 된다. 이러한 논술은 의식적으로든 무의식적으로든 다음과 같은 사실을 간과하고 있다. 그것은 바로 지금까지 모든 정치체제는 역사 속 상호 관계의 결과이며, 로마제국, 이슬람제국, 중화제국과 여타 제국 형식은 다름 아닌 이른바 '세계화 이전의 세계화'의 가장

중요한 담지체라는 사실이다. 그러한 근대성을 단일한 문화 혹은 제도 조건에서 기인한다고 보는 논술 방식은, 설령 심도 있는 통찰을 포함하고 있다 하더라도, 여전히 지나친 단순화가 아닐 수 없다.

유럽의 민족국가와 자본주의 시장 체계의 확장이 세계 역사의 고급 단계와 목적으로 간주됨으로써, 아시아 및 그 상술한 특징들은 세계 역사의 저급 단계로 취급되었다. 이러한 맥락에서 아시아는 지리적 범주일 뿐만 아니라 문명 형식이다. 이것은 유럽의 민족국가와 서로 대립하는 정치 형식이고, 유럽 자본주의와 서로 대립하는 사회 형태이며, 역사가 없는 상황에서 역사 상태로 나아가는 과도적인 형식이다. 제국-국가 이원론이 정치 구조와 정체성 모델에 초점을 두고, 아시아-유럽 이원론이 지리 관계에 중점을 둔 묘사라고 한다면, 문명론의 틀은 상술한 정치 구조, 정체성 모델, 지리 관계를 전통과 근대라는 시간 논리 속에 끼워 맞춘 것이다. 한편으로는 봉건국가에서 민족국가로 넘어가는 서구적 맥락 속에서 전제주 개념은 광대한 제국의 개념과 긴밀한 연계를 맺는다. 따라서 제국과 대립하는 '국가' 범주는 그 가치상의 그리고 역사상의 우월성을 획득하게 된다. 다른 한편으로 유럽 자본주의가 점차 전 지구를 뒤덮어 갈 때, 이 제국과 국가의 이원론 역시 유럽 혹은 서구가 자신의 정체성을 확립하고 자신의 '세계 역사'를 수립할 때의 내재적 구조가 되었다. 이러한 아시아 제국과 유럽 국가라는 서술은 유럽의 지식인과 아시아의 혁명가, 개혁가, 역사학자를 위해 세계 역사와 아시아 사회를 묘사하고, 혁명과 개혁 방안을 제정하고, 아시아의 과거와 미래를 설명하는 기본 틀을 제공했다. 19세기와 20세기 중 대부분의 시간 속에서, 아시아 제국과 관련된 서술은 유럽 근대성의 보편주의적 서술에 내재한다. 아울러 식민주의자와 혁명가들이 기존의 관점과 완전히 상반되는 역사적 청사진을 상정하는 데 유사한 서술의 틀을 제공해 주었다. 이러한 틀의 세 가지 중심 주제와 주요 개념은 제국, 민족국가, 자본주의(시장경제)이다. 19세기로부터 지금에 이르기까지 거의 모든 아시아 담론은 이 세 가지 중심 주제 및 주요 개념과 이러저러한 연계를 만들어 냈다. 따라서 아시아의 농업 국가 제국이라는 이미지는 18~19세기 유럽인이 새로운 유럽 정체성을 형성하는 과정에서 배태된 것이다.

19세기 유럽의 역사·철학·법률·국가·종교 논술에서 제국-국가 이원론은 구조적인 대비 관계를 구성했을 뿐만 아니라, 시간적인 목적론속에 수용되었고, 따라서 유럽의 '세계 역사'는 정치 형식의 진화를 기본적인 단서로 삼아 구축해 낸 시간 서사로 개괄될 수 있다. 독일의 형이상학적 전통 속에서, 정치 형식을 함의로 하는 보편 역사는 19세기 독일 '정신과학'이 제공한 지식 틀 속에 포섭되었다. 예컨대 유럽 언어학의, 유럽 언어와 산스크리트어 사이의 연계에 대한 발견으로부터 계발받은 헤겔은, 이 역사언어적 연계를 19세기 유럽 지식의 또 다른 두개의 발견—종족 이론과 역사지리학—과 연계해 냈고, 아시아 제국을 유럽 국가가 최종적으로 만들어 낼 수 있는 역사적 출발점으로 간주했다.

> 근 20년 이래 산스크리트어의 발견과 산스크리트어와 유럽어의 관련성에 대한 발견은 신대륙 발견에 견줄 만한 역사상의 커다란 발견이다. 이 발견은 특히 게르만과 인도 민족의 연계성을 시사하는바, 언어라는 민족 생활에 밀착된 장면과의 관련인 만큼 두 민족의 관계를 의심할 수는 없다. 또한 현재에도 국가는커녕 사회조차도 형성되지 않은 채 오랫동안 그 존재가 알려진 민족이 있다. …멀리 떨어져 있는 민족끼리의 언어의 연관성이라는 사실로 볼 때, 이른바 아시아는 하나의 기점이고, 각 민족은 모두 거기에서 퍼져 나왔으며, 원래 관련되어 있던 그러한 것들이 도리어 이처럼 서로 다른 발전을 거쳤다는 것은 모두 논쟁의 여지가 없는 사실이다.[48]

이에 따르면, 아시아는 '출발점'을 구성하는 데 두 가지 조건이 있었다. 첫째, 아시아와 유럽은 상호 연관된 동일한 역사 과정의 유기적인 부분들이다. 그렇지 않다면 이른바 출발점과 종착점의 문제는 아예 존재하지 않게 된다. 둘째, 아시아와 유럽은 이러한 역사 발전 과정 중 서로 전혀 다른 단계에 놓여 있으며, 이러한 단계의 판단 근거를 구성하는 것은 주로 '국가'이다. 즉 아시아가 '출발점' 혹은 역사를 결핍한 시기에 놓인 까닭은, 아시아가 국가도 아니며, 역사를 구성할 주체도 없었기 때문이다. 이런 의미에서 아시아 지역은 '국가'로 전환될 때, 아시아는 아시아가 아니게 되는 것이다. 아시아라는 범주 자체는 그저 절대정신의 자아 복귀 과정의 상징적 표현에 지나지 않는다. 절대정신 발전의 역사를 논증하기 위해, 헤겔은 '역사적 지리 기초' 즉 '정신'이 전개될 수 있는 장소가 필요하다는 것을 인정했고, 따라서 지리학의 형식으로 '시간'을 '공간'으로 구축했다.

> 세계 역사상 '정신 관념'은 그 현상 형태로 드러나는데, 그것은 일련의 외적인 형태이다. 그 각각의 형태는 실제 살아가고 있는 민족을 자칭한다. 그러나 이러한 생존의 측면은 자연 존재의 방식에서 '시간'의 범주에 속하기도 하고, '공간'의 범주에 속하기도 한다.[49]

이처럼 '공간'을 '시간'으로 조직하거나 '시간'을 '공간'으로 전개하는 '철학의 역사'에 따르면, 절대정신의 발전은 네 가지 큰 역사 과정을 거쳐 왔다. 중국·인도·페르시아 등을 포함하는 '동양 세계', '그리스 세계', '로마 세계', 그리고 근대 세계 정신을 대표하는 '게르만 세계'가 그것이다. '게르만 세계'는 앞선 각 세계의 반복, 즉 절대정신의 자아 복귀이다. 아시아는 표면적으로는 지구의 동쪽에 있는 문명의 발원지이지만, 심층 구조에서는 도리어 전제적 제국이다. 제국과 국가라는 내재적 대비 속에서, 헤겔은 비로소 아시아에서 기원한 유럽을 구 세계의 중심과 끝, 혹은 '절대적 서양'으로 간주할 수 있었다. "세계 역사는 '동양'에서 '서양'으로 향했다. 왜냐하면 유럽은 절대적인 역사의 종착점이고, 아시아는 출발점이기 때문이다. …세계사에는 하나의 고정된 '동양'이라는 것이 있는데, 그것이 바로 아시아이다. …동양은 과거로부터 현재에 이르기까지 오로지 '한 사람'만이 자유롭고, 그리스와 로마 세계는 '몇 사람'만이 자유롭지만, 게르만 세계는 '모두'가 자유롭다는 것을 안다. 그러므로 세계사에서 볼 수 있는 첫 번째 정치 형태는 전제 정치체제이고, 두 번째는 민주 정치체제와 귀족 정치체제이며, 세 번째가 군주 정치체제이다."[50]

왜 헤겔은 이처럼 자연스럽게 '시간'을 '공간'으로 조직하고, '세계 역사'와 국가 정치 제도라는 범주 속에서 정신의 발전을 이해했을까? 헤겔 이론의 내재 논리와 지식의 전제에서 보면, 이러한 전환은 적어도 다음과 같은 두 가지 조건을 내포하고 있다. 첫째, 헤겔의 역사철학의 주요 원천의 하나는 심리학 이론이다. 그것은 개인주의적, 인류 중심주의적 전통으로부터 발전해 온 것이며, 그 목적은 세계 역사와 개인 정신 역사의 대비 관계의 구축을 통해 개인주의 담론 속에서 생겨난 철학의 곤경을 해결하는 것이다. 보편 단위로서의 개인은 세계 및 그 세계의 무한함을 보편 주체의 역사로 상상했으며, 정치 형식, 즉 전제 정치체제, 민주 정치체제, 귀족 정치체제의 국가 형식이란 바로 이러한 보편 주체의 자아 전개 과정에서 시간축 위에 있는 단계적 표지이다. 바로 이러한 인류 중심주의와 정치 형식주의의 전통 위에서 헤겔은 비로소 상이한 지역과 상이한 역사 형식을 정신 발전의 과정으로 이해할 수 있었고, 이로써 시장 확장, 노동 분업, 개인주의로부터 배태된 사회 분열을 극복할 수 있었다.[51] 유럽 사상에서 항상 대립 위치에 있는 개인과 국가는 여기에서 동일한 역사 진행 자체에 종속된다. 헤겔은 애덤 스미스로부터 '시민사회'(및 시장과 직접적으로 관련된 재산권과 계약 관계)의 범주를 빌려 왔지만, 그의 정치철학의 핵심은 국가의 역할, 정치 영역, 신분적 정체성이었다. 19세기의 독일인들은 분열된 약소국들에서 생활하고 있었는데, 그 작은 국가 간에 집중적인 정치 매개가 결여되었던 상황은 오히려 독일 문화에 통일된 틀을 제공했다. 이러한 조건에서 헤겔은 국가 및 그 법적 체계를 역사 진화의 최고 범주에 두고, 국가 통일형 민족주의로 16세기 이래, 특히 18세기 말 이후 중부 유럽과 독일의 분열된 정치와 사회 현실에 대응하였고, 시민사회와 국가의 정치 문화로 사람들의 가족, 지방, 종교에 대한 다중 정체성을 통일했다. 그가 말한 철학적 차원에서의 총체성(wholeness) 회복이란 국가 총체성 회복이었다. 그것의 기능은 시민사회의 정치 구조를 제공하는 것이었고, 시장 및 그 분업 체계가 조성한 사람과 사람의 분열을 극복하는 것이었다. 그가 보기에 국가 및 법률 메커니즘을 떠나서는 자산계급 사회의 원자화原子化된 개인이 시민사회를 구성할 방법은 없다.

> 이기적 목적을 실현하는 데는 그와 같이 보편성에 의한 제약이 따르고, 이 지점에서 전면적인 상호 의존의 체계(ein System allseitiger Abhängigkeit)가 성립된다. 개인의 생계와 복지와 권리는 만인의 생계와 복리와 권리에 얽혀 들어 있어 이를 기초로 한 연관성 속에서만 그것이 실현되고 확보된다. 이 체계는 일단은 외적인 국가, 즉 필요와 이성이 지배하는 국가로 간주할 수 있다.[52]

다음으로 만약 우리가, 헤겔 역사철학 속의 동양·그리스·로마·게르만이라는 단계적 서술을, 애덤 스미스가 경제사의 관점에서 인류 역사 발전의 4단계, 즉 수렵·유목·농경·상업에서 내린 결론과 대비해 본다면, 우리는 헤겔의 정치 형태를 중심으로 한 역사적 단계의 묘사가 애덤 스미스의 생산 형태를 중심으로 한 역사적 단계의 묘사와 내재적 연계가 있다는 것을 어렵지 않게 발견할 수 있다. 애덤 스미스는 농경 사회에서 상업 사회로의 발전을 유럽 봉건사회가 근대 시장 사회로 나아가는 과정으로 보았고, 따라서 역사 서술의 형식으로 근대, 상업 시대, 유럽 사회 등의 개념들을 내재적으로 연계해 냈다. 한편으로 보면 애덤 스미스는 역사학자이기에 경제에 대한 그의 기술들은 일종의 역사적 기술이지만, 다른 한편으로 보면 그가 제시한 시장 운동 모델은 다음과 같은 추상적 과정을 거쳤다. 즉 아메리카의 발견, 식민주의, 계급 분화는 모두 무궁무진한 시장 확장, 노동 분업, 산업 기술의 진보, 세수稅收와 부의 상승과 관련된 경제학적 기술로 귀결되고, 세계 시장의 순환 운동과 관련된 논술은 바로 이런 형식주의적인 서술 방식 속에서 수립된 것이다. 이러한 서술 방식 속에서 시장 모델은 역사 발전의 결과이며, 역사의 내재적 법칙이기도 하다. 식민주의와 사회 분화라는 구체적인 공간 관계는 여기에서 생산, 유통, 소비라는 시간 과정으로 전환된다. 이로써 시간과 공간의 호환적인 관계는 자본주의적 생산 과정과 식민주의적 지역 관계의 역사적 연계 위에 수립되었다. 한편으로 애덤 스미스가 기술한 자본 활동 과정에서의 생산, 유통, 소비의 시간 관계는 반드시 해외 식민, 계급 분화, 시장 확장 등의 공간 활동을 거쳐야만 비로소 완성될 수 있다. 다른 한편 이러한 자본주의 시장과 노동 분업으로부터 구축된 공간 관계는 자본의 연속적인 활동 바깥에 있는 관계가 아니다. 따라서 지역상의 공간 관계는 시장 활동 속의 시간적인 관계로 전환될 수 있다. 눈여겨보아야 할 것은 애덤 스미스가 묘사한 이러한 반복적 생산과 교환 활동에 대한 관찰을 통해, 헤겔은 이러한 순환적인 과정 자체가 계급 분야와 제국주의를 탄생시켰음을 발견했다는 점이다. 생산과 소비 과정의 무궁한 팽창은 반드시 인구의 상승, 분업의 제한, 계급의 분화를 가져오게 되고, 이에 따라 시민사회가 자신의 경계를 넘어서고 새로운 시장을 찾고, 식민 정책을 시행하게 만든다.

이에 산업은 이윤을 추구함과 동시에 자신을 향상해 영리를 초월한다. 그것은 더 이상 진흙덩이 위에, 혹은 범위가 한정된 시민 생활에 고정되지 않았고, 더 이상 이러한 생활의 향유와 욕망을 탐하지도 않았으며, 이러한 것을 대체한 것은 유동성·위험·

훼멸 등의 요소였다. 이 밖에도 이윤 추구를 위해 산업은 연계되어 있는 가장 거대한 매개물을 통해 먼 나라와 교역을 진행하게 되는데, 이것은 일종의 계약 제도를 채용한 법률적인 관계이다. 동시에 이러한 교역은 문화 교류의 가장 강력한 수단이기도 했으며, 상업 또한 교역을 통해 세계사적 의의를 획득했다.[53]

여기에서 헤겔은 시민사회, 경제 활동, 소비주의, 제국주의 확장 사이의 연계를 "세계 역사 속에서 무역의 의미"로 해석했다. 이를 통해 그는 시민사회, 시장경제, 법철학, 국가의 과학을 그의 '세계 역사' 혹은 '절대정신'의 발전 틀 속에 결합해 내는 전제로 삼았다.[54]

헤겔은 '세계 역사'라는 구조 틀에 근거해, 자주적 개인에 의해 조직된 시민사회 및 그 법률 체계로부터 정치 공동체(국가)의 내재 구조를 만들었다. 이러한 정치 공동체는 완전히 인위적인 구조가 아니라 종합적인 진화 과정의 산물이다. 그래서 이로부터 '세계 역사'라는 목적 자체를 만들어 냈다.[55] 헤겔의 동양 개념은 유럽 사상 속 아시아론에 대한 철학적인 총결이며, 그 핵심은 유럽의 국가 구조를 아시아의 국가 구조에 대비시킨 데에 있다. 헤겔의 시민사회와 시장, 무역과 관련된 논술은 스코틀랜드학파의 정치경제학에서 기원한 것이고, 따라서 그의 전제주의적 아시아 개념과 특정한 경제 제도 사이에는 호응 관계가 존재하고 있다. 애덤 스미스는 『국부론』에서 중국과 기타 아시아 국가들의 농업적 성격과 수리 공정 사이의 연계를 논했고, 이를 가지고 제조업과 대외무역이라는 유럽 도시의 업종적 특징과 구분 지었다. 수렵·유목·농경·상업이라는 4단계 역사 과정에 대한 구분은, 서로 다른 지역과 민족의 상황에 대한 정의와 결합되기도 한다. 예컨대 "가장 저급하고 가장 거친 수렵민족"을 이야기할 때, 애덤 스미스는 "지금의 북아메리카 원주민"을 언급했다. 그리고 "비교적 진보한 유목민족의 사회 상태"를 언급하면서 그는 고대 타타르인과 아랍인을 예로 들었다. 비교적 좀 더 진보된 농업 사회를 논하면서 그는 고대 그리스

인과 로마인(바로 앞 장절에서는 중국 농업을 언급하기도 했다)을 언급했고, 상업 사회로는 "문명국가"인 유럽을 지칭했다.[56] 애덤 스미스는 농경 사회가 상업 사회로 가는 이행 과정을 유럽 봉건사회가 근대 시장 사회로 가는 과도기이며, 근대와 상업의 시대와 유럽 사회는 내재적 역사 관계를 맺고 있다고 보았다. 바로 이 때문에 유럽과 기타 지역의 역사 관계에 대한 그의 분석이 최종적으로 창출해 낸 것은 경제 운행에 관한 서술이었다. 예컨대 그는 이같이 논증했다. 유럽은 아메리카의 발견과 식민지 개척에서 다음과 같은 이익을 취했다. 첫째, 유럽의 향락 용품이 증가했다. 둘째, 유럽의 산업 규모가 확대되었다. … 아메리카의 발견과 식민지 개척은 다음과 같은 나라들의 산업을 촉진했다. 스페인·포르투갈·프랑스·영국같이 아메리카와 직접 통상한 국가들이나, 오스트리아령 플랑드르와 독일의 몇몇 지역처럼 아메리카와 직접 통상하지는 않지만 타국을 매개로 대량의 삼베 및 기타 화물을 아메리카로 운송해 온 국가들은 확실히 비교적 광활한 시장을 가지고 있었고, 그들의 잉여 생산물을 수출했기 때문에, 이 같은 상황에 고무되어 잉여 생산물의 수량을 증가시켰다.[57] 애덤 스미스는 아메리카의 발견 및 그 발견과 유럽의 관계를 무궁무진한 시장, 노동 분업과 산업 기술의 진보, 세수와 부의 상승과 밀접하게 연계시켰고, 이에 근거해 식민지의 개척과 세계로서의 지역 관계를 세계 시장의 순환 운동과 관련한 논술 속에 편입시켰다.

　헤겔이 보기에 이런 문제들은 모두 국가와 관련한 정치적 관점으로 귀결되는 것들이었다. 그가 보기에, 수렵민족이 "가장 저급하고 가장 거친" 민족으로 상정된 까닭은, 수렵과 채집을 하는 사람들의 규모가 비교적 적어서 국가를 구성할 수 있을 만큼 노동의 정치적 분업을 창출할 방법이 없기 때문이었다. 어니스트 겔너Ernest Gellner의 말을 빌리면, "그들에 대해서 말하자면, 국가의 문제, 즉 안정적이고 질서 유지를 책임질 전문적 기구를 건설하는 문제는 아예 존재하지 않았다."[58] 바로 이 때문에 헤겔은 자신의 '세계 역사'를 서술할 때 북아메리카(수

렵과 채집은 그 지역 생활 방식의 특징이다)를 확실하게 배제하고, 동양—제국 체제와 농업 생산방식이 결합한—을 역사의 출발점에 두었던 것이다. 애덤 스미스가 역사를 서로 다른 경제 형태 혹은 생산 형태로 구분했다면, 헤겔은 지역·문명·국가의 구조를 가지고 상이한 역사 형태를 명명해 낸 것이다. 그들은 모두 생산 형태 혹은 정치 형태와 구체적 공간(아시아, 아메리카, 아프리카, 유럽 등)을 연계시켰고, 아울러 그것들을 시간적 단계론의 관계 속에 구축했다. 이에 대해 앙구스 워커Angus Walker는 다음과 같이 논한 바 있다.

> 스코틀랜드 사상가들이 애덤 스미스의 관점, 즉 노동 분업이 사회로 하여금 재부의 최대화와 행위의—경제적·사회적·지적知的—다양성을 추구하게 한다는 관점에 찬성했지만… 그들은 모두 노동 분업이 상반된 사회적 결과를 낳을 수 있다는 것을 인정했다. 그러나 진보의 이러한 부작용은 원래 그들 저술의 주요 주제가 아니다. …스코틀랜드 사상 속의 진보적이고 이성적인 낙관주의와 관련된 서술이야말로 독일 사상가들이 그들의 사회 분열을 설명하는 데 사용해야 했던 것이다. 노동 분업은 사회계층 분화, 전문화된 인류 활동의 이성으로 간주되었다. 이러한 전문화된 활동은 사람들이 자신의 잠재 능력(자연이 사람에게 부여한 정신과 체력의 역량)을 충분히 발휘할 가능성을 박탈해 버렸다. 이것은 사회와 인간관계의 약화이자, 사회의 내재적 연계의 쇠퇴로 해석되었다.[59]

어떤 입장에서 출발하더라도 상술한 학자들은 모두 "아시아는 자신의 역사가 있는가?" 하는 문제에 대해 부정적인 답변을 내놓았다. 왜냐하면 역사는 반드시 하나의 주체를 전제로 해야 하는데, 19세기의 유럽의 정치적 맥락에서 볼 때, 이른바 주체란 바로 민족국가이기 때문이다. 이런 의미에서 이 부정적인 답변은 결코 아시아 혹은 중국 역사에 대한 구체적 서술에 근거한 것이 아니라, '세계 역사'의 구축이나 유럽의 이러한 '세계 역사'에 대한 '종착점'적인 지위 구축에서 도출된 것이다. 출발점으로서의 아시아는 농경 생산양식을 제국 정치 구조 속에서 합치시킨 형식이고, '종착점'으로서의 유럽은 자본주의를 민족국가의 정치 구조 속에 위치시켜 놓은 보편 법칙이다. 이러한 역사 법칙은 도대체 어떤 논리를 통해 '자연화'된 것인가?

마르크스는 사회적 경제구조의 진화를 설명할 때, 아시아·원시·봉건·자산계급이라는 4단계 역사 과정을 채용하면서, 그의 독특한 아시아적 생산양식 개념이 애덤 스미스와 헤겔의 역사관에 대한 총괄에서 나온 것이라고 밝혔다. 페리 앤더슨Parry Anderson의 귀납적 결론에 따르면, 마르크스의 '아시아적 생산양식' 개념은 15세기 이후 유럽 사상사가 아시아의 특성에 대해 개괄해 낸 광범한 전제들 위에서 수립된 것이다. 국가 토지 소유제(해링턴Harrington·프랑수아 버니어Francois Bernier·몽테스키외), 법률적 제약의 결여(보댕·몽테스키외), 종교의 법률 대체(몽테스키외), 세습 귀족의 부재(마키아벨리·베이컨·몽테스키외), 노예와 같은 사회 평등(몽테스키외·헤겔), 고립된 촌락 사회(헤겔), 공업에 대한 농업의 압도적 우세(존 스튜어트 밀John Stuart Mill·베르니에), 공공 수리 공정(애덤 스미스·밀), 무더운 기후 환경(몽테스키외·밀), 역사의 정체停滯(몽테스키외·헤겔·밀) 등이 그것이다. 이러한 모든 특징은 이들 여러 저술가에 의해 동양의 전제주의라는 표현으로 귀결되었고, 이러한 방식은 아시아에 대한 그리스 사상의 단정적인 논의로까지 거슬러 올라갈 수 있다.[60]

'전제주의' 개념의 명확한 출현은 처음부터 '동양'에 대한 외부의 평가에 근거해 있었다. 사람들은 진정한 그리스 세계 자체(이것은 일상적이지 않은 논법이다)인 고전 고대(Classical Antiquity)를 발견했는데, 중요한 경전적 논리는 아리스토텔레스의 다음과 같은 대표적인 논의라고 할 수 있다. '야만인들은 그리스인에 비해 더 노예적이고, 아시아인은 유럽인들에 비해 더욱 더 노예성을 가지고 있다. 따라서 그들은 전혀 반항하지 않고 전제 정치를 견뎌냈다. …그들은 실정법을 준수하며 대대로 계승했기에 매우 안정적이었다.'[61]

아시아인의 '노예성'은 아시아 사회구조의 안정성이라는 역사적 관찰로부터 추론해 낸 것으로, 아시아 사회구조──중국 사회구조를 포괄하는──의 거듭된 중대하고 내재적이며 혁명적인 변화는 이러한 역사적 관점 속에 전혀 존재하지 않는다. 페리 앤더슨은 마르크스가 애덤 스미스의 생산양식에 관한 기술을 수용했는지에 대해서 언급하지 않았으며, 또한 마르크스의 유물사관의 입장이 어떻게 헤겔의 상부구조를 단서로 하는 역사 논리를 가져다가 생산양식의 변화 구조 속에 놓음으로써, 헤겔 사상 가운데 상부구조와 하부구조의 관계를 전복시켰는지에 대해서도 다루지 않았다. 그러나 마르크스의 헤겔, 애덤 스미스에 대한 총괄과 헤겔 학설에 대한 '전복'은 정치 형식과 생산양식을 시간의 궤도에 귀결시키는 유럽 정치사상의 핵심 논리를 변화시킨 것은 아니었다.

20세기 초에 발전하기 시작한 각종 형식의 민족자결주의 이론(레닌주의와 윌슨주의)은 모두 이 국가 정치 형식을 중심으로 한 시간 논리를 따르고 있다. 레닌의 자본주의와 세계 혁명의 사고 틀 속에서, 낙후 지역(아시아 농업 제국)이 자신의 사회구조를 변혁하고 자본주의의 발전을 추구하는 노력은 자본주의 체계를 겨냥한 '세계 혁명'의 내재적 요소가 되기도 했다. 그러나 이러한 새로운 '세계 역사'에 대한 해석은 여전히 제국-국가, 농업-산업(혹은 상업)이라는 이원론을 전제로 하고 있었다. 그것은 레닌의 아시아 혁명에 대한 기대, 유럽 자본주의에 대한 비판이 전부 다 민족자결 형식으로 자본주의의 조건을 창조·발전시킨다는 핵심 논제 위에서 수립되었기 때문이다. 중국의 신해혁명(1911) 발발과 중화민국 임시정부(1912)가 성립된 지 얼마 되지 않아, 레닌은 「중국의 민주주의와 인민주의(Populism)」(1912), 「아시아의 각성」, 「낙후된 유럽과 선진적인 아시아」(1913) 등의 글들을 연속 발표하여, "중국에서 정치적 움직임이 활발해졌고, 사회운동과 민주주의가 고조되어 바야흐로 폭발적으로 발전하고 있는 것"에 대해 환호하면서,[62] 반면에 "기술이 충분히 발달했고, 문화가 풍부하며, 헌법이 완비된 문명 선진 유럽"이 바야흐로 부르주아 계급의 지도하에 "일체의 낙후되고 파멸 상태에 이른 중세기의 유산들을 지지하고 있는 것"에 대해 저주했다.[63] 레닌의 이러한 판단은 그가 이후 만들어 낸 제국주의와 무산계급 혁명 이론의 추형雛形이라고 하겠다. 그의 관점에 따르면 자본주의가 제국주의 단계로 진입함에 따라 세계 각지의 피압박 민족의 사회 투쟁은 세계 프롤레타리아 계급 혁명의 범주 속에 포함되었다. 이렇게 유럽 혁명과 아시아 혁명을 상호 연계하여 관찰하는 방식은, 마르크스가 1853년 『뉴욕 데일리 리뷰』에 썼던 「중국 혁명과 유럽 혁명」이라는 글로 거슬러 올라가 볼 수 있다. 레닌과 '탈아입구'脫亞入歐를 주장했던 후쿠자와 유키치福澤諭吉의 결론은 상반되지만, 기본적으로는 공통된 인식을 바탕으로 하고 있었다. 즉 아시아의 근대는 곧 유럽 근대의 산물이고, 아시아의 지위와 운명이 어떻든지 간에 그것의 근대적 의의는 단지 선진 유럽과의 관계 속에서만 자기 모습을 드러낸다는 것이다. 예컨대 레닌은 러시아를 아시아에 속한 국가로 간주했지만, 이러한 자리매김은 지리학의 각도에서가 아니라 자본주의의 발전 정도라는 측면, 즉 러시아 역사 발전의 진행 정도에서 정의한 것이다. 「중국의 민주주의와 인민주의」라는 글에서 레닌은 다음과 같이 말했다. "러시아는 많은 측면에서 의심할 것 없이 아시아 국가일 뿐만 아니라, 가장 야만적이고, 가장 중세기적이며, 부끄러울 정도로 가장 낙후된 아시아 국가이다."[64] 레닌이 중국 혁명에 대해 열렬히 공감하고 있었지만, 문제가 아시아 혁명에서 러시아 사회 내부 변혁으로 전환되었을 때, 그의 입장은 '서구파'와 완전히 같았다. "아시아 국가"라는 특성을 구성하는 것은 결국 무엇인가? 전제주의 제국과 농업 및 농노제이다. 19~20세기 초 러시아 지식인들은 러시아 정신을 동양과 서양, 아시아와 유럽이라는 두 역량의 갈등과 충돌이라고 생각했다. 상술한 인용문에서 아시아는 야만과 중세, 낙후 등의 개념과 함께 연계된 범주이지만, 바로 이런 점에서 러시아 혁명 자체는 심각한 아시아적 특성(즉 이러한 혁명은 러시아라는 "아시아 국가" 특유의 "야만적", "중세적", "부끄러울 정도로 낙후된" 사회관계를 겨냥하고 있었다)을 띠고 있는 동시에, 세계적인 의미를 지니고 있는 것이었다.

1917년 10월혁명은 직접적으로는 제1차 세계대전이라는 배경하에서 발발했으며, 아울러 중국 혁명에 심각한 영향을 끼쳤다. 그러나 사람들은 다음과 같은 두 가지 사실에 주의를 기울이지는 않는다.

첫째, 10월혁명은 신해혁명 이후에 발생했지만, 이로부터 시작된 한 나라의 사회주의 건설 방식은 상당 정도 아시아 혁명(중국의 신해혁명)에 대한 반응으로 볼 수 있다는 것이다. 민족자결주의에 관한 레닌의 이론, 제국주의 시대 낙후된 국가의 혁명 의미에 대한 그의 해석은, 모두 1911년 신해혁명 이후에 출현했으며, 아울러 이는 중국 혁명에 대한 그의 분석과 이론적으로 연계되어 있었다. 국가 형식으로 유럽 자본주의의 도전에 대응하는 이러한 논리 자체는 마르크스 혹은 19세기 사회주의 이론과 아무런 관계가 없으며, 오히려 제국-국가 이원론 속에서 구축된 것으로 보아야 할 것이다. 이 이원론의 역사 틀에 따르면, 국가는 자본주의 발전과 시민사회 형성의 가장 중요한 조건이 된다. 사회주의자들은 단지 헤겔의 변증법적 논리를 이 이원론에 주입했을 뿐이다. 즉 국가 형식만이 비로소 초국가 형식의 내재 동력을 제공할 수 있고, 자본주의의 생산 형태와 조직 방식만이 초자본주의적 생산양식과 조직 방식을 제공할 수 있다는 것이다. 사회주의와 국가의 결합은 이미 19세기 유럽 사상이 정치 형식과 생산 형태로 구성해 낸 '세계 역사'를 전복시키려는 노력이자, 또한 그것은 이 세계 역사의 내재 논리의 혁명적인 전개 방식이기도 했다.

둘째, 러시아 혁명은 유럽에 거대한 충격과 지속적인 영향력을 미쳤으며, 이는 러시아를 유럽과 분할해 낸 역사적인 사건으로 간주할 수 있다. 10월혁명, 제2차 세계대전, 냉전 시대 이래로 동서 대치 국면이라는 조건에서, 서구의 시각에서는 러시아(소련)를 다시 아시아의 품으로 되돌려 버렸다. 제2차 세계대전 시기에 잠시나마 러시아(소련)와 전시戰時 연맹 관계를 맺었다 하더라도, 이 점만큼은 바뀌지 않는다. 레닌의 혁명적 판단과 애덤 스미스, 헤겔의 아시아에 관한 기술에는 근본적인 차이가 없다. 그들은 모두 자본주의의 역사를 고대 동양으로부터 근대 유럽으로 변화해 가는 역사 과정으로 묘사했고, 수렵·농경으로부터 상업·산업의 생산방식으로 전화되는 필연적 발전으로 서술했다. 그러나 레닌의 경우, 이 세계 역사라는 구조는 두 가지 의미를 포함하게 되었다. 한편으로는 세계 자본주의와 그로부터 격발된 1905년 러시아 혁명은 아시아──이 오랜 세월 완전히 정체되고, 역사가 없는 국가──를 각성시킨 기본적인 동력이었으면서,[65] 다른 한편으로 중국 혁명은 세계 역사에서 가장 선진적인 역량을 대변했다. 이는 사회주의자들에게 제국주의 세계 체계를 돌파하는 명확한 출로를 제시해 주었다. 러시아 지식인과 혁명가들 사이에서 발생한 슬라브파와 유럽파의 장기적인 논쟁은, 특수한 측면에서 아시아 논술의 배후에 숨겨져 있는, 상술한 이중적인 역사적 동력을 설명해 주고 있다.[66]

아시아 및 그 정치/경제 형태라는 세계 역사의 수사修辭 속에서의 특수한 지위는 아시아 근대 혁명의 임무와 방향에 대한 사회주의자들의 이해를 규정지었다. 10월혁명은 사회주의─자본주의 두 체제적 대립 국면을 조성했지만, 레닌의 이론은 사실 애덤 스미스, 헤겔, 마르크스의 자본주의에 대한 역사적 긍정의 연속선상에 있었다. 그가 주목한 핵심 문제는 바로 어떻게 러시아와 아시아 지역에서 자본주의 발전을 위한 조건을 제공할 수 있는 정치 구조를 만들어 낼 것인가 하는 것에 있었다. 민족자결 문제는 결국 어떻게 자본주의를 발전시킬까 하는 문제이다.

중국 혁명가들이 제시했던 자본주의를 초월한 민주주의와 사회주의에 대한 강령을 평론할 때, 레닌은 이러한 강령이 심각한 공상에 빠져 있다고 비판하면서, 그것은 차라리 인민주의적이라고 지적했다. 그가 보기에, "아시아에서 역사적으로 진보 활동에 종사할 수 있는 자산 계급의 주요 세력 혹은 사회적 지주는 농민"이고, 따라서 아시아는 유럽 부르주아 계급의 혁명 임무를 반드시 먼저 완수해야 하며, 그런 이후에야 사회주의 문제를 논할 수 있었다. 레닌은 노련하게 역사변증법을 운용하여, 한편으로는 쑨원의 토지혁명 강령이 '반혁명'적 강령이라고 단언했는데, 그것은 그 강령이 역사의 단계를 위배 혹은 초월했기 때문이었다. 그러나 다른 한편으로는 중국 사회의 아시아적 '특성' 때문에 이 '반혁명적 강령'이 공교롭게도 자본주의의 임무를 완성했다고 지적했다. 즉 "인민주의는 농업 속의 '자본주의'를 반대하기 위한 것이지만, 뜻밖에도 농업 속의 자본주의가 가장 신속하게 발전할 수 있게 하는 토지 강령을 시행했다는 것이다."[67] 확실히 아시아에 대한 이해는 부분적으로 그들의 혁명의 임무와 방향에 대한 이해를 결정했다. 레닌의 아시아관의 전제는 무엇인가? 그것은 바로 헤겔과 애덤 스미스의 세계 역사관 속의 아시아에 대한 특수한 정의(중세적, 야만적, 비역사적, 농업적인 아시아)이고, 거기에 자본주의와 혁명의 논리를 덧붙인 것이다. 헤겔과 혁명이 결합된 아시아 개념은 고대(봉건)·중세(자본주의)·근대(프롤레타리아 혁명 혹은 사회주의)라는 역사 발전 모델을 포함하면서, 자본주의 시대에 이르러 여타 지역의 역사를 이해하는 데 시간적 단계론의 틀을 제공했다.

상술한 두 가지의 아시아관은 각기 서로 다른 측면에서 아시아 개념과 자본주의 사이의 역사적 연계를 제시했다. 이러한 역사적 연계 내부에서, 우리는 제국과 국가, 농업과 공업의 대비를 분명하게 확인할 수 있다. 레닌은 1914년에 만들어진 민족자결주의 이론 속에서, 식민주의와 사회혁명을 근대 세계의 두 가지 확연히 상반된 트랜스 내셔널리즘 혹은 인터내셔널리즘의 동력으로 이해했다. 그러나 동시에 이 두 가지를 민족자결 혹은 자본주의를 창조적으로 발전시키는 정치 형식,

즉 민족국가의 근거로 귀결시키기도 했다. 왜 사회주의를 기치로 한 혁명과 인터내셔널리즘은 똑같이 민족국가라는 역사 형식을 이끌어 냈을까? 이에 대해 레닌은 다음과 같이 설명했다.

> 민족국가는 자본주의의 통례이자 '정상적인 상태'이다. 민족 구성이 복잡한 국가는 낙후 상태 혹은 예외 상황이다. …이것은 물론 이러한 국가가 부르주아 계급 관계의 기초 위에서 민족 착취와 민족 억압을 배제할 수 있다는 것을 의미하지는 않는다. 이것은 다만 마르크스주의자라면 이러한 민족국가를 수립하고자 하는 경향을 조성하는 강력한 경제적 요소를 경시할 수 없다는 점을 말하는 것이다. 즉 역사적, 경제적 관점에서 마르크스주의자의 강령에서 말한 '민족자결'은 정치 자결, 즉 국가 독립, 민족국가 건립 이외에 어떠한 다른 의미가 있을 수 없다.[68]

여기서, '민족국가'와 '민족 구성이 복잡한 국가'(즉 '제국')는 대비를 이룬다. 전자는 자본주의의 "정상적인 상태"지만, 후자는 민족국가와의 대립 면을 구성한다. 민족자결은 "정치 자결"이고, 이 개념은 다음과 같은 의미를 담고 있다. 민족자결은 간단하게 정체성 정치로 환원되지는 않지만, 정치적 의미에서 자결을 실행하고, 따라서 자본주의 경제를 발전시키는 정치 조건, 곧 정치 민족 혹은 민족국가라는 정치 구조를 형성시킨다는 것이다. 그래서 레닌이 "아시아의 각성"을 논할 때, 그가 관심을 가진 것은 사회주의 문제가 아니라 어떻게 해야만 비로소 농업적이고 제국적인 관계 속에서 자본주의 발전을 위한 정치적 전제 조건을 창출할 것인가 하는 것이었다. 이 문제는 또한 자본주의(산업과 시장경제)의 정치 구조와 노동 분업 모델—민족국가—을 창출하느냐의 문제이기도 했다. 레닌은 다음과 같이 주장했다. "자본주의는 아시아를 각성시켜, 아시아 도처에서 민족운동을 일으켰다. 이러한 운동의 추세는 바로 아시아에서 민족국가를 수립해 나갈 것이다.

또한 이러한 국가만이 자본주의 발전을 위한 가장 좋은 조건을 보장할 수 있을 것이다."[69] 여기에서는 민족주의와 자본주의의 내재적 연계가 명확하게 지적되었다. 즉 혁명도 아니고, 아시아의 특수한 문명도 아닌, 자본주의적 발전이 민족운동을 요구하고 있다는 것이다.

19세기 유럽 정치경제학에서 레닌의 혁명 이론과 민족자결론의 관계—특히 그 속 깊이 뿌리내리고 있는 제국-국가 이원론—를 정리한 뒤에야, 우리는 왜 레닌주의를 중요한 이론적 근거로 하는 중국의 마르크스주의 학파와 미국의 페어뱅크학파가 중국 근대성의 발생 문제를 해석할 때 구조적인 유사성을 드러내는지 이해할 수 있다. 그들의 중국 국가 위기와 사회 위기에 대한 분석을 종합해 보면 거의 유사한 논증 논리를 귀납해 낼 수 있다. 첫째, 중국의 위기는 영토가 넓고 종족이 복잡하고 지방 문화의 차이가 매우 큰 제국의 위기이다. 둘째, 제국의 통치는 강대하고 통일적인 중앙 국가에 의존하고 있는데, 이것이 바로 중국 위기의 근원이다. 셋째, 통일된 중앙 국가는 특정한 정치 문화를 전제로 하는데, 이러한 정치 문화는 유교 문화(및 한자 서면어)의 기초 위에서 수립되었다. 그래서 이로부터 다음과 같은 내용을 추론해 볼 수 있다. 위기는 통일 제국의 위기이고, 통일 제국은 언제나 중앙집권 방식으로 국가를 통치하는 경향이 있다. 그러므로 전제專制를 와해시키는 방식은 바로 제국 및 그 정치 문화를 와해시키는 것이다. 이 때문에 민족자결은 바로 전제의 문제를 해결하는 중요한 방법이 된다.[70]

19세기와 20세기 유럽 사상 속의 제국-국가 이원론은 보편주의적 지식 체계 속에서 출현했지만, 정치학·경제학·법학·문화인류학·언어학·고고학·역사학·종족 이론 등 각 방면에 흩어져 있다. 다양한 형식의 민족운동과 국가 건설 과정에서 이러한 지식 구축 과정은 지극히 중요한 요소이다. 즉 일본을 근대 국민국가로 상상하거나 구축하기 위해서 메이지유신 이래 일본 사회는 대규모 번역을 통해 서구의 정교政敎, 법률, 과학에 대한 소개를 지속해 왔다. 한편 제정帝政 러시아의 정

치 구조와 세계 관계를 전환시키기 위해, 레닌은 민족자결주의 이론
을 구축할 때 헤겔과 마르크스를 거듭 자세히 탐독했다. 그리고 만청
晚淸 제국 내부에서 변법變法을 시행하거나 제국 체제를 뒤엎고 공화제
를 수립하기 위해 만청 이래의 각종 운동은 전례 없는 열정으로 유럽
의 정치, 법률, 경제와 문화 이론을 번역하고 소개하고 설명했다. 민
족주의적 지식 및 그 정치적 운용은 국가적이면서 대중적인 민족주의
운동을 촉진시켰다. 이러한 현상이 설명하는 것은 다음과 같다. 즉 민
족국가라는 구상, 방안, 설계는 보편주의적(더 정확하게 말하면 특수
주의적 보편주의) 지식과 깊은 연관이 있다. 거의 모든 민족주의 사상
―그것이 민간 사회운동의 형식으로 출현하든, 혹은 관방의 정치·법
률·경제 개혁의 형식으로 출현하든, 혹은 감정적·문학적·신앙적 형식
으로 출현하든 상관없이―은 모두 이러한 보편주의적 세계관과 지식
체계를 전제로 한 것이며, 이러한 보편주의적 지식 체계 속에서 국가
지식은 역사와 정치 서술의 중심점을 이루었다. 따라서 사회 조건 이
외에 대중 또는 인민 주권을 지향하는 민족운동과 정치 주권을 중심으
로 하는 국가 건설 운동의 발생은 모두 인식론적 구조에 있어서 내재
적으로 연관되어 있다. 이 점에 대해서는 다음 절에서 논하고자 한다.

천리-공리와 역사

1. 시세時勢와 시간

본서에서 제국과 국가, 봉건과 군현郡縣 등의 문제는 또 다른 보다 기본적인 사상사 맥락, 즉 천리天理의 성립 및 리理와 물物의 관계의 전환을 둘러싸고 전개된 사상 변천이라는 맥락 속에서 다룬 것이다. 본서의 상권이 유학의 범위 안에서 이 문제의 의의를 논의했다면, 하권은 이를 가지고 과학적 세계관의 형성 및 그 내재적 모순을 관찰했다. 리와 물의 관계의 문제를 통해 다루고 있는 것은 변화와 불변, 연속과 단절이라는 주제, 즉 사물의 질서 및 그 자연적 변천의 문제이다. 이 구조 틀 안에서 상술한 각종 정치적·사회적 주제는 이러한 질서 및 변천의 역사 형식으로 볼 수 있다. 천리적 세계관과 공리적公理的 세계관에 대한 논의는 사실 각 시기별 중국 정체성의 특징과 그 진화 과정 및 합법성에 관한 연구라고 할 수 있다. 간단히 말하면 다음과 같다. 도덕·정치 공동체의 보편 가치관으로서의 천리는 '서구화 이전'(Pre-Western) 시대의 도덕 실천, 문화 정체성, 정치 합법성 등에 있어 관건이 되는 개념이었으며, 이것을 핵심으로 한 세계관의 해체는 장구한 시대를 통해 형성된 도덕적·정치적 공동체와 그 정체성이 바야흐로 위기에 직면했음을 의미하는 것이었다. 또한 이러한 해체의 산물이라 할 수 있는 공리적·과학적 세계관의 태동은 원래 있었던 정체성 형태가 이미 더 이상 지속되기 어려움을 보여 주고 있다. 자본주의·식민주의 체계의 확장에 따라, 민족국가 모델은 바야흐로 지배적 정치 형식이 되었고, 또한 중국의 자기 전환 과정에서, 전통적 혼합형 국가의 역사적·정치적 정체성은 새로운 형식의 정체성, 즉 공리적 세계관의 틀 안에서 형성된 민족 정체성에 자리를 내어 주지 않으면 안 되었다. 초기 민족주의 이데올로기가 공리적 세계관에 의존했던 것도, 그리고 중국 공산주의 운동 및 그 이데올로기가 공리적 세계관과 내재적 연관 관계를 맺고 있었던 것도, 모두 천리적 세계관과 그 정체성 모델이 더 이상 중국 정체성에 합법적인 근거를 제공해 줄 수 없게 되었음을 설명해 준다.

천리적 세계관이 일상생활 지식·우주론·지식론의 구축과 예의 제도의 실천을 통해 불교와 도교의 지배적 영향력에 대항하고 그것을 궤멸시켰던 것과 마찬가지로, 근대적 과학적 세계관(혹은 공리적 세계관)은 자신의 우주론·역사관·방법론을 구축하고 제반 상식에 호소함으로써 천리적 세계관의 지배적 지위에 도전했다. 만청 시기부터 '5·4' 시기에 이르는 방대한 문헌들로부터 천리적 세계관과 공리적 세계관이 첨예하게 대립하고 있는 몇 가지 측면들을 도출해 볼 수 있을 것이다. 첫째, 공리적 세계관은 천리적 세계관의 역사관을 전도시켰다. 과거가 아니라 미래를 이상 정치와 도덕 실현의 근원으로 여긴 것이다. 이러한 전도는 유학적 세계관 속에 내포된 '역사는 중단 혹은 단절된다는 생각'과 이러한 생각으로부터 나온 '도통道統을 잇고자 하는 의지'를 와해시켰으며, 또한 이를 '역사는 연속적이며 끊임없이 진화한다는 생각', 그리고 이러한 역사의식에서 발생한 '과거와 단절하고자 하는 의지'로 대체시켰다. 이러한 역사의식의 지배하에서, 개인의 도덕적·정치적 실천을 통한 도통 계보의 재건이 아니라, 미래 사업에 투신함으로써 역사 의지를 체현하는 것이 새로운 윤리가 되었던 것이다. 둘째, 공리적 세계관은 미래를 향한 직선적 시간 개념으로 천리적 세계관의 시세時勢 혹은 이세理勢 개념을 대체했다. 시세와 이세는 사물의 변화 자체에 내재하는 것으로, 결코 사물의 변화를 시간의 목적론적 궤도 위에 짜맞추거나 하지 않는다. 그러나 미래 지향의 직선적 시간은 목적론적 틀을 제공하여 일상생활 세계의 변화, 전환, 발전을 전부 목적론적 궤도 속에 집어넣어 버렸다. 셋째, 공리적 세계관은 원자론적 방식으로 '사실'이라는 범주를 구성하였고, 이를 바탕으로 천리적 세계관의 형이상학적 가설에 충격을 가했으며, 사실의 논리 혹은 자연법칙에 따라서 윤리와 정치의 근거를 구성하고자 하였다. 원자론적 사실 개념이 확립됨에 따라, 사실 논리 혹은 자연법칙에 대해 저항하려면 우선 반드시 사실과 가치의 이원론부터 인정해야만 했다. 이러한 윤리학적 방향은 심학心學, 경학, 사학의 전제에서 출발하여 정주程朱 이학을 극복하고자 애썼던 육구연陸九淵, 왕수인王守仁, 고염무顧炎武, 장학성章學誠 등의 이원론과는 대립적 위치에 서 있다.

그러나 근대의 '과학적 공리관'은 이학적 세계관을 비판하는 동시에 그 가운데서 자연적 이서관序觀을 흡수했다. 옌푸는 헉슬리Thomas Henry Huxley의 도덕주의와 스펜서Herbert Spencer의 자연주의 관념을 비교할 때, 그들 사이의 차이를 당대唐代 중기의 유종원柳宗元과 유우석劉禹錫의 "천론"天論과 연계시켰다. 그것은 사실상 천론의 모델을 가지고 "물경천택"物競天擇(사물은 경쟁 속에서 적응하는 것만이 살아남는다는 의미―역자)과 '적자생존'의 진화 법칙을 "자연주의적"으로 해석한 것이다.[71] 그는 근대 진화론으로부터 유종원과 유우석의 천론으로 거슬러 올라가, 유우석의 "서로 이기고 서로 쓰임이 된다"(交相勝, 還相用)는 천론과 진화론의 '물경천택'을 결합시켰다. 이 같은 사실은 기본적인 역사 관계, 즉 진화론의 역사관 안에서도 천론을 현실 질서의 합법적 근거로 삼는 방식은 전혀 변화하지 않았음을 보여 준다.[72] 이와 동시에 옌푸는 주희朱熹의 격물치지론格物致知論의 논리에 따라 과학적 방법론의 뜻을 이해했으며, 과학적 인식과 도덕적 실천을 통일시켜 내고자 노력을 기울였다. 따라서 천리적 세계관의 쇠퇴와 과학적 세계관의 흥기는 단순히 흥망 교체의 관계가 아니며, 그들 사이에는 상호 삼투작용이 이루어지고 있었던 것이다. 예를 들면 천연天演의 패러다임은 현대 국가·사회·시장·각종 권리 등과 같은 패러다임을 자연 진화의 결과로 이해하였으며, 사회과학 이론을 가지고 개량주의적 사회 기획을 입증해 주었다. 이는 천리의 패러다임으로 자신들의 각종 사회사상을 입증하고자 했던 이학가理學家들과 과연 얼마나 차이가 있을까?

천리와 공리 개념은 사대부가 사회를 비판하고, 하층계급이 사회적으로 저항하고, 신질서가 구질서를 대체하는 데 있어서 합법성의 근거로 이용되었으며, 더욱이 현대적 혁명 운동의 도의적 목표로까지도 활용되었다. 또한 각기 다른 사회에서 통치 질서의 합법성의 논거로 이용되기도 하였다. 각종 비판 운동과 저항 운동은 천리나 공리를 궁극적·보편적 가치로 이해하였으며, 나아가 천리·공리와 현실 질서의 인위적 연계를 해체시켜, 이러한 질서의 반反천리적 혹은 반反공리적 특징을 폭로하였다. 그러나 이 절대적이고도 보편적인 가치는 일단 실제 저항 운동에서 벗어나게 되면 바로 새로운 계급 관계에 합법성의 논거를 제공해 주게 된다. 이런 측면에서 천리, 공리 등의 관념은 오래된 천명관天命觀의 운명과 유사한 점이 있다고 하겠다. 즉 천天 혹은 공公의 명의로 기존 질서를 합법화하고, 또한 천 혹은 공의 명의로 혁명과 반란에 합리성을 부여해 주는 것이다. 그 때문에 근대 사회도 자신을 합법화할 수 있는 보편 원리에서 벗어나지 못했다. 다시 말해 근대 사회는 예악禮樂 사회에서처럼 그렇게, 사회의 존재 방식을 사회의 도덕 평가 형식과 완전히 일치시킨 적이 없었다. 천리적 세계관과 공리적 세계관은 모두 일상생활에 기대어 도덕과 정치의 합리성 문제를 논했지만, 양자는 또한 모종의 형이상학적 특징을 보존하고 있었으며, 우연과 필연 사이의 긴장과 구분 또한 유지하였다. 이러한 의미에서 봤을 때, 공리적 세계관은 천리적 세계관의 논리를 따라 자신의 합리성과 합법성을 확립했던 것이다.

천리나 공리의 문제를 이해하는 데 있어서 이를 개념상으로 명확히 정의하는 작업은 그 출발점이 될 수도 없으며 또한 되어서도 안 된다. 오히려 천리나 공리의 역사적 전개 과정 자체로부터 출발해야 할 것이다. 천리나 공리의 역사적 전개 과정이란 바로 그들이 정치, 윤리, 경제 등 일상 행동 속에서 드러나는 상태를 말한다. 이러한 상태 속에서, 천리나 공리는 추상적 개념·정의·규율이 아니라 사람들이 시시각각 직면하고 또 선택하거나 결정해야만 하는 실제인 것이다. 그러므로 유학의 각 학파나, 근대 사상사학자 혹은 철학사학자들이 천리, 공리와 관련한 수많은 정의를 내린다 해도 이러한 정의들은 결코 천리나 공리에 대한 실질적 이해를 제공해 주거나 증진시킬 수 없다. 이런 의미에서, 천리와 공리의 관계를 이해하기 위해서는, 개념상의 연속과 단절에만 주목할 것이 아니라, 이러한 전환 과정에서 발생한 실질적 사회관계의 변화를 분석해 내야 할 것이다. 천리적 세계관의 지배적 지위는 당송 시대 역사의 형성과 완성 과정에서 이루어졌고, 공리적 세계관은 민족국가라는 근대 기획의 합법성의 전제가 되고 있다고 한다면, 천리와 공리 및 그 상호 관계를 논하는 데 있어서 그 사회의 제도적 변천의 문제는 결코 피해 갈 수 없다. 그러나 천리와 공리 두 개념은 구체적 정황과 일상생활의 실천 속에서 사람들이 행하는 선택이나 판단과 시종 연계되어 있으므로, 사회관계를 윤리적 도덕적 선택 과정으로 이해할 때만이 비로소 이 두 개념의 실질적 함의를 파악할 수 있다.

일정한 의미에서 사회적 상상의 핵심은 도덕 질서에 대한 상상이다. 즉 모든 사회관계는 도덕 관계로 해석되어야만 하는 것이다. 예를 들어 과학적 세계관은 윤리적 관계를 물질적 관계, 이해관계, 필연적 관계로 이해함으로써, 자연과 사회에 관한 지식(자연과학, 사회과학, 인문과학)을 가지고 이들 관계의 신비한 성격을 제거하는 경향이 있다. 그러나 천리적 세계관은 이와 정반대인데, 그것은 각종 물질 관계 혹은 이해관계를 도덕적 관계, 심성적 관계, 형이상학적 관계로 간주함으로써, 도덕적 지식을 가지고 각종 현실 관계(이학, 경학, 사학)를 이해하는 경향이 있다. 따라서 과학·사회과학·인문과학 등은 모두 도덕 지식으로 이해되어야 하며, 이학·경학·사학 등의 유학 형태도 자연·물질·제도·행위에 관한 지식으로 이해되어야 한다. 전자는 '리'理를 '물'物의 관계로 보는 것이고, 후자는 '물'物을 '리'理의 관계로 보는 것이다. 따라서 '리'에 대한 논의는 반드시 '물'에 대한 논의를 출발점으로 해야 하고, '물'에 대한 논의는 '리'에 관한 논의를 출발점으로 해야 한다. '리'와 '물'의 구분은 리와 물이라는 두 개념의 발생과 변화, 그리고 그 조건에서 이해되어야 한다. 따라서 나는 '리'와 '물'이라는 낡았지만 또한 새롭기도 한 두 범주를 역사 서사의 중심에 두고 그것들의 계보에 대한 추적을 통해, 부단히 변화해 온 지식·제도·도덕 평가의 역사적 관계를 그려 내 보고자 한다.

과연 천리적 세계관과 공리적 세계관의 관계는 어떻게 이해해야 할까? 천리적 세계관에 대한 일반적 이해로부터 시작해 보자. 천리관의 확립은 이학의 형성에 결정적 의미를 지니고 있으며, 이로부터 유학의 갖가지 문제들은 모두 이 중심 범주를 둘러싸고 재조직되고 전개되었다. 원대 이후, 정주이학이 통치자들에 의해 관방 유학의 표준으로 확립되었고, 이러한 정치적 발전은 이학적 세계관을 지배 이데올로기로 만들었으며, 이로 인해 왕조 체제를 겨냥한 모든 사상적 실천 활동은 각기 정도는 다르지만 이학에 대한 비판적 의미를 띠게 되었다. 명청 시대 심학心學의 조류와 박학樸學(고증학) 연구는 모두 이러한 관방화한 이학에 대한 저항을 내포하고 있었다. 그러나 관방 이학에 대해 비판한다고 해서 결코 이러한 비판적 사상이 이학의 기본 가설을 벗어난 것을 의미하지는 않는다. 여기서 두 가지를 주의할 필요가 있다. 첫째, 관방화된 이학과 사대부의 이학은 정확히 구분할 필요가 있고, 더 나아가 이학의 관방화 과정과 이학가의 왕조 체제에 대한 비판을 보다 복잡한 역사 관계 속에 두고 고찰해야 할 것이다. 둘째, 심학·박학·사학 등의 유학 형태는 모두 이학, 더욱이 관방화된 이학에 대한 저항과 비판에서 대두한 것이지만, 정도나 방향이 다를 뿐 이학의 여러 전제들을 계승하고 있었고, 이학가들이 해결하고자 한 문제들에 대해 답변하고자 해 왔다. 청대 사상 속에서 이른바 "이학은 경학이다"라는 명제가 강조하고자 했던 것은 경학 형식이야말로 이학이 제출한 그러한 기본 명제에 회답하는 유일한 적합한 경로라는 것이다. 따라서 심학·경학·사학 등의 유학 형식은 모두 이학적 세계관의 전환·발전·연속으로 간주될 수 있다. 이학적 세계관에 대한 근본적인 도전은 만청 시기에 있었다. 즉 국가 체제의 개혁 과정에서 새롭고 실증주의적인 과학 관념을 핵심으로 하는 공리 개념이 정치, 도덕, 인식 과정에 충분히 합리성과 합법성을 제공할 수 있는 지고지상의 범주로 부상하게 된 것이다. 이러한 공리관의 지지하에서 개혁적 사대부와 지식인들은 새로운 과학 우주관과 사회학설을 가지고 천리적 세계관에 대해 전면적인 비판을 가했다. 아울러 최종적으로는 이데올로기적 측면과 지식 체계 면에서 천리적 세계관을 대체하게 된 것이다(본서 하권 제1부 제8장, 하권 제2부 제11장 참조).

과학적 공리관은 두 개의 상호 구별되는 단계의 과정을 거쳐 자신의 패권을 확립했다. 만청 시기에, 과학 사상·과학 실천·과학 지식 등은 전체 사회사상·사회 실천·신지식의 유기적인 일부분이었다. 옌푸, 량치차오, 두야취앤杜亞泉 등 많은 과학 잡지의 편집자들과 작가들은 결코 완전히 전문화된 과학 공동체를 구성하지는 못했다. 개혁의 창도자든 아니면 혁명의 선동가든, 그들의 과학의 의의에 대한 해석은 시종 과학/문명, 과학/시대, 과학/국가, 과학/사회 등 수사적 모델 속에 제한되어 있었다. 그러나 민국의 성립에 따라 전문화된 과학 공동체가 여타 사회 집단과 지식 집단에서 분화되어 나와 정치·사회·문화 등의 여타 영역과는 무관한 전문화된 모습으로 그 합법성을 확립했다. 과학을 위한 과학이라는 신념은 새로운 노동 분업과 지식 체계의 산물이다. 왜 사회·정치와 무관한 과학 분야의 직업과 그 교육·과학기술 영역에서의 실천이 사회·정치 영역에서 권위를 갖게 되었을까? 어째서 과학과 인문의 엄격한 구분이 인문 영역에 대한 과학 우주관과 과학 담론의 지배적 영향을 초래한 것인가? 이러한 현상은 공리적 세계관 및 그 방법론의 패권을 떠나서는 해명할 도리가 없다.

공리 개념과 유럽 근대 인식론의 흥기는 밀접한 관계가 있으며, 후자는 유럽 근대 과학과 정신과학의 방법론적 전제를 이루고 있다. 가다머Hans-Georg Gadamer는 일찍이 이렇게 언급한 바 있다. "즉 근대성의 탄생 연대와 기원에 관해 이견이 분분하지만, 그래도 이 개념은 과학과 방법이라는 새로운 관념의 출현에서 기원한다고 봐야 할 것이다. 그것은 처음에 갈릴레이Galileo Galilei의 일부 연구 영역 속에서 형성되었고, 데카르트Rene Descartes에 의해 처음으로 철학적으로 규정되었다. 우리는 17세기 이래로, 오늘날 말하는 철학이란 것이 변화되어 왔음을 알 수 있다. 과학에 직면하여, 철학은 미증유의 방식으로 자신의 합법성을 증명하기 시작했으며, 또한 헤겔과 셸링Friedrich Wilhelm Joseph von Schelling에 이르는 두 세기 동안, 철학은 사실상 과학에 맞선 자기방어 속에서 자신을 구축해 왔다. 앞의 두 세기 동안의 체계적 구성물(Edfices)은 형이상학적 전통과 근대 과학 정신을 조화시키기 위한 노력의 산물이었다. 뒤이어 콩트Auguste Comte 이래로 이른바 실증주의 시대로 진입함에 따라, 사람들은 상호 충돌하는 세계관의 대폭풍 속에서 철학의 과학적 특성(the scientific character of philosophy)이라는 엄정한 순수 학술적 태도로 자신을 견실한 토대 위에 올려놓고자 했다. 이로 인해 철학은 역사주의라는 수렁에 빠져들거나, 인식론이라는 여울목에서 허우적거리거나, 아니면 논리학이라는 시궁창에서 배회하게 되었다."[73] 데카르트, 홉스Thomas Hobbes, 로크John Locke, 흄Hume 등은 각기 다른 방향과 방면에서 원자론적인 개인주의 관념을 세계를 관찰하는 체계적인 방법으로 발전시켰고, 이를 통해 신을 대신하여 인간을 그 중심적 위치에 놓았다. 바로 이러한 개인으로서의 사람에 대한 관심, 즉 유럽 근대 사상이 직면한 첫 번째 문제는 바로 한 개인과 그(그녀)가 처한 환경(물질적 대상과 그 밖의 심령) 사이의 관계였다. 즉 사람은 어떻게 외재하는 다른 사람과 사물을 이해하는가? 의식과 세계에 대한 인식은 어떻게 발생한 것인가? 어떠한 메커니즘을 통해 지식 획득의 방식을 제어하는가? 우리가 이 같은 인식론적 원칙을 공리적 세계관으로 간주하는 이유는, 18세기 유럽 계몽운동 이래 사람들이 이러한 인식론적 원칙을 통해 우주 자연의 원칙뿐만 아니라, 공정하고 이성에 적합한 도덕 원칙을 발견하고자 했기 때문이다. 아울러 이러한 원칙이 "문화적 전통·종교적 배경·정치 질서·도덕 구조 등의 특수성에 상관없이, 이성적이고 성찰적인 모든 존재물에 대해 똑같이 유효하고, 똑같이 규정력을 갖는다"고 여겼기 때문이다. 이러한 시도는 정치적으로 미국 혁명과 프랑스 혁명의 주요 선언들 속에서 체현되었다. 철학가 중에서 흄, 디드로Denis Diderot, 벤담Jeremy Bentham, 칸트Immanuel Kant 등은 모두 이 원칙을 이론적으로 설명해 내고자 했다."[74] 천리에서 공리로의 전환은 격렬한 충돌의 과정이었다. 천리적 세계관의 지배성이 제도적 관계 속에서 대두했던 것과 마찬가지로, 공리적 세계관의 지배성은 근대 국가의 주권 모델 및 그 지식 체제의 확립 속에서 태동했다. 천리적 세계관이 예제禮制 질서를 자연적이고 합리적인 질서로 삼았다면, 공리적 세계관은 원자론과 개인주의를 가지고 천리적 세계관과 그 사회적 함의를 해체하고 비판했다.

천리와 공리는 모두 심心·물物 관계와 사물의 질서 문제를 다룬다. 즉 천天과 공公이 보편성을 언명한다면, '리'理는 '물'을 초월하지만 또한 '물'에 내재하는 법칙을 나타낸다. 여기서 주의해야 할 것은 공리적 세계관의 천리적 세계관에 대한 격렬한 비판 과정에서, 이러한 혁명적 변화에도 불구하고 '리'라는 시공을 초월한 보편 질서를 대표하는 개념은 의외로 보존되고 있다는 점이다. 그 명확한 증거는 다음과 같다. 중국어에서 천리와 공리라는 두 개념은 모두 '리'의 개념과 사상에 기대고 있다. 만청 지식인은 '이학', '궁리학'窮理學, '격물', '치지' 등의 범주로 과학과 그 인식 과정을 번역했고, 이로 인해 공리라는 자연과학 개념과 천리라는 이학理學 범주 사이에는 예기치 못한 연계가 발생했다(본서 하권 제2부 제11장 참조). 이 때문에 다음과 같은 문제를 피할 수 없게 되었다. 왜 고대 질서와 근대 질서가 모두 '리'라는 범주에 기대야만 하는가? 어째서 '리'라는 범주는 근대 인식론에 차용될 수 있었는가? 천리적 세계관은 공리(과학)적 세계관과 도대체 어떠한 관계에 있는 것인가? 연속적 관계인가 아니면 혁명적 대체 관계인가? 이학의 발전이 체제화의 과정을 수반했던 것과 마찬가지로, 과학적 세계관과 그 지식 계보의 발전과 전파 역시 유사한 과정을 거쳤다. 그러므로 상술한 문제에 답하기 위해서는 천리적 세계관의 확립 과정 및 그 변화에 대해 역사적으로 분석할 필요가 있다. 천리의 함의를 이해하기 위해서는 다음 몇 가지 문제를 고찰해야 할 것이다.

첫째, 천리 개념은 농후한 복고주의적 유학의 분위기 속에서 대두되었다. 당나라 후기의 한유韓愈 등은 유학의 도통道統이 맹자 시대에 이르러 이미 중단되었다고 역설했으며, 이러한 관점은 북송의 유학자들에게 보편적으로 받아들여졌고, 그들은 모두 도통의 회복을 자신의 소임으로 여겼다. 이러한 복고주의적 시각 속에서 '삼대지치'三代之治(하夏·은殷·주周 시대의 치세)는 진정한 사회적 이상이었다. 당시의 역사 편찬학과 정치·도덕 담론 속에서 그러한 '삼대지치'를 진한秦漢 이후 전제田制·병제兵制·학제學制·관제官制 등의 각종 제도와 첨예하게 대비시키는 서술들을 자주 목도할 수 있다. 이러한 담론 모델은 역사가 단절되었다는 의식적 전제하에서 대두한 것이다. '삼대'에 대한 상상이 공자이후 유학의 내재적 요소 혹은 명제라고 한다면, 송대 유학은 이러한 상상을 완정한 역사의식과 비판적 자원으로 구성해 낸 것이라고 할 수 있다. 여기서 더욱 주의를 기울여야 할 것은, 천리가 역사 연속의 의식에서 나온 것이 아니라 역사 단절의 의식에서 나왔다는 점이다. 또한 이로 인해 천리에 대한 추구 자체는 주체적 역량, 즉 주체의 실천을 통해 단절된 역사를 다시 새롭게 계승해 나가는 의지에 기댈 수밖에 없다는 점이다. 이러한 의미에서 역사 단절의 의식은 주체성의 생성과 내재적 연관을 갖는다. 이러한 단절 의식은 이학, 경학, 사학 등과 같은 유학의 각종 형태의 형성에 큰 영향을 미쳤다.

중단 혹은 단절의 역사의식과 보편으로서의 천리 사이의 관계로부

터 논의를 시작해 보면, 우선 고려해야 할 것은 이 단절이라는 역사의
식이 드러나는 방식이다. 단절은 단선으로 이어져 온 도통 계보의 끊
김이라는 형태로 드러날 뿐만 아니라, 예악과 제도 사이의 역사적 분
화, 즉 역사의 흐름 속에서 발생하는 '삼대'의 예악 제도의 소외라는
형태로 나타나기도 한다. 예를 들면 봉건제가 군현제로 변하고, 학교
가 과거제로 바뀌고, 정전제가 균전제로 퇴보하고, 이적夷狄이 발전하
여 중국화되고, 중국이 변화하여 이적이 되는 등등이 바로 그것이다.
이러한 변화는 도통의 연속이 아니라 도통이 중단된 이후에 나타나는
현상들이다. 도통의 중단이라는 맥락 속에서 천리는 예악과 제도의 분
화를 판단하는 척도가 되었을 뿐만 아니라, 변화하는 역사 맥락 속에
서 유학자가 자기 정체성을 확립하는 근거가 되기도 하였다. 바로 이
러한 역사의식의 전개 속에서 송대 유가들은 천리의 해석을 통해 정치
와 일상생활의 실천에 대한 비평과 개입을 전개할 수 있었던 것이다.
역사는 '연속적'인 것이 아니라 '비연속적'이라는 복고주의적 시간 개
념은 천리의 성립에 있어 중요한 내재적 논리, 즉 유가는 반드시 천리
와 천도를 통해 자신과 고대 성왕聖王의 역사를 연결시켜야만 한다는
내재적 논리를 제공해 주고 있다. 천리는 도통이나 이상적 질서가 이
미 중단되었다는 맥락 속에서 성립된 것이고, 송대 유가들은 이러한
개념을 통해 역사적 변화와 이상적 질서(혹은 본연의 질서)와의 관계
를 다시 새롭게 이해했다. 단절이라는 의식이 예악과 제도의 분화라는
방식을 통해 표현되었기 때문에, 천리와 천도를 어떻게 이해할 것인가
를 둘러싼 격렬한 논쟁은 결국 모두 정치 제도 및 일상생활 문제와 밀
접히 연관될 수밖에 없었다. 바로 그런 의미에서, 천리는 송대 이후 유
학 사대부의 정치·윤리 의식의 핵심이 되었다(본서 상권 제1부 제1장 참조).

　둘째, 천리와 역사 사이의 역설적 관계로부터 출발해서, 천리와 시
세時勢의 관계를 분석해 볼 수도 있을 것이다. '삼대'의 예악이 이미 해
체된 조건에서, 즉 현실의 제도가 도덕적 합리성을 제공할 수 없는 조
건에서, 천리는 도덕적 평가의 최고 척도이자 근거가 되었다. 따라서

천리와의 합일은 역사적 연속성을 재건하는 유일한 길이고, 따라서 천리에 대한 추구와 역사에 대한 추구는 동일한 과정이 되었다. 그러나 송대 유가의 사고 속에서 천리와 합일하는 것은 고대 이상 정치로 돌아가는 것과 동일시되지 않으며, 그러므로 천리는 결코 이상적 과거에 강박되어 존재하는 것이 아니었다. 천리는 역사 단절의 의식 속에서 대두한 것일 뿐만 아니라 현재 내지는 미래 지향적 태도에서 나온 것이자, 이른바 '자연의 이세理勢' 혹은 '시세'時勢 속에 존재하는 것이다. 즉 이 '시세' 혹은 '자연의 이세'는 천리의 내재적 요소를 구성한다. '시세'란 단절을 연속으로 전환하는 개념으로, 한유韓愈는 「민기부」閔己賦에서 "옛사람에 미치지 못한 것을 슬퍼하노니, 이 시세가 그러하다"라고 하였다.[75] 『사고전서』에는 '시세'라는 말이 약 1,458번 등장하는데, 경부經部 주역류周易類 중에는 154번 정도 사용되었고, 나머지 대부분은 후인들이 『논어』와 『맹자』를 해석할 때 사용되었다.[76] 그리고 자부子部에는 216번 사용되었고, 사부史部에도 다수의 예증이 나온다. 『논어』에는 시세 개념이 전혀 쓰이지 않았지만, 『맹자』 권10에서는 공자를 "때를 잘 아는 성인"(聖之時者)이라 칭하였고, "공자는 천시가 행해지면 행하고, 천시가 멈추면 멈추었다"(孔子時行則行, 時止則止)고 하였다. 따라서 후인들은 시세(혹은 이세) 개념을 써서 『논어』, 『맹자』를 주석하는 경우가 많았다. 정자程子가 이르기를 "때를 알고 대세를 식별하는 것이 주역을 배우는 기본 방법이다"(知時識勢, 學易之大方也)[77]라고 하였다. 여조겸呂祖謙은 "세상의 변화에 따르는 의미는 크도다. 선현들은 역易의 384효爻를 한마디로 말해서 '때 시時 자' 하나로 요약할 수 있다고 하였다. 공자의 위대함은 따로 이름 붙일 수 없겠지만, 맹자는 단지 시의적절함(時中)을 아는 성인이라는 말로 그 의미를 다하였다"(隨時之義大矣哉, 先輩謂易三百八十四爻一言以蔽之只是一時字, 如孔子大不可名, 孟子只以聖之時盡之)[78]라고 하였다. 그는 역의 이치를 '시세'로 개괄하고 있다, 즉 변화 및 그 법칙 그리고 어떻게 이러한 변화 및 그 법칙에 조응할 것인가 하는 사고를 유학의 중심 문제로 보았던 것이다. 이러한 우주관에서 출발하여, 한편으로 유학은 시세와 덕행 사이의 내재적 관계를 구축하고, "시세의 변화에 따르면 덕행도 빠르게 진전됨"(由時勢易, 而德行速也)[79]을 강조하였다. 다른 한편으로 유학은 사람이 특정한 형세에 따라 권한을 행사할 필요성이 있음을 제시하고, "이 때문에 성인은 일할 때 반드시 권변權變(권력의 변화)에 근거하고 시세에 맞게 힘써 일어나야 한다. 무릇 권변에 기댄다는 것은 만물의 법도요, 시세란 만사의 으뜸이다. 그러므로 권변에 기대지 않고 시세를 등진 채 일을 이룰 수 있는 자는 드물다"고 여겼다.[80]

송대 유가들은 리理를 통해 천天을 해석하고, 점차 시세의 개념을 '이세'의 개념으로 대체함으로써, 이를 '적시'適時(시세에 적응함)의 내재적 근거로 삼았다. 조사에 따르면, 정이程頤의 저작 중에서 '시세'는 한 번 등장하고, 장재張載의 저작에서는 '이세'理勢가 세 번 사용되었으며, 주희의 저서에서는 '이세'와 '시세'가 63번, 육구연의 저작 속에서는 '이세'라는 말이 4번 나오는 것으로 확인되었다. '시세' 개념은 원래 『주역』과 밀접한 관계가 있지만, 장재의 『횡거역설』橫渠易說에서는 더 이상 '시세' 개념을 사용하지 않고 대신 '이세' 개념을 사용했다. 즉 "이세가 이미 변하여, 때와 더불어 순조롭게 통하기 어려우니, 이로움을 다한 도가 아니다"(理勢旣變, 不能與時順通, 非盡利之道)[81]라고 하였던 것이다. 주희의 저작에서는 '시세'와 '이세'가 겸용되고 있는데, 그러나 '이세' 개념의 빈도가 '시세' 개념보다 훨씬 높았다. 예를 들면, "천하 이치는 그 근본에 바름(正)이 있을 뿐 사악함이 없고, 그 시초에는 순리만 있을 뿐 역행하는 것은 없었다. 그러므로 천하의 세는 바르고 순조로우면 항상 진중하니 외부의 사악함에 기대지 않으며, 천하의 흐름에 거스르면 항상 가벼우니 다른 사람에게 의존하지 않을 수 없다. 이것이 이세의 필연이다"(天下之理, 其本有正而無邪, 其始有順而無逆, 故天下之勢, 正而順者常重而無待於外邪, 而逆者常輕而不得不資諸人. 此理勢之必然也)[82]라고 하였다. 여기서 '시세'나 '이세' 모두 역사 변화라는 의미에서 사용한 것이다. 즉 이 개념의 기능은 성왕의 제도에 왜 변화가 일어났는지를 설명하고 있다. 분명한 것은 시세나 이세 개념은 역사 중단 혹은 도통道統의 단절이라는 전제하에서 대두하였고, 따라서 역사 중단 의식과 역사 연속 의식이 병존한다는 것이다. 역사 중단이라는 전제하에서 연속은 더 이상 직접적으로 구체적인 역사적 존재의 연속으로 규정될 수 없으며, 따라서 연속은 내재적·본질적 과정과 상태가 된다. 즉 연속은 반드시 추상적 방식으로 규정되어야 하는 것이다. 시, 세, 시세, 이세, 자연 등의 범주는 역사 변천 속에서 천리를 규정하고 논증하는 보편 존재의 개념으로 사용되었다. 역사의 변천이 예악·제도의 분화나 하·은·주 삼대 이전과 이후의 엄격한 경계 구분이라는 형태로 드러난다고 했을 때, 중단은 역사 과정의 일부분이 되는 것이다. 따라서 사람들은 다음과 같이 묻지 않을 수 없다. 결국 어떤 역량이 이 역사 과정을 지배하는 것인가? 어떻게 지속적 변동이나 단절 속에서 천리를 파악할 것인가? 시세나 이세 개념은 이러한 질문 과정에서 출현한 것이다. 이 두 개념의 구성이라는 관점에서 봤을 때, '삼대'의 이상 사회로 되돌아가려는 시도는 모두 반드시 자연의 이세나 시세를 전제로 해야 한다. 그렇지 않으면 어째서 '삼대'의 예악과 후세의 제도 사이에 가로놓인 단절 자체가 역사 연속의 필연 형식을 구성하는지 이해할 수 없을 것이다. 맹자는 공자를 "때를 잘 아는 성인"으로 일컬었고, 『예기』에서는 "예는 때에 맞는 것을 중요하게 여긴다"(禮, 時爲大)고 하였다. 여기에서 이른바 시時란 시대와 그 변천을 의미하며, 또한 시세 변화에 대한 적응을 말한다. 유학의 주류적 맥락에서 '세'가 강조한 것은 물질적 변화를 지배하는 자연의 추세 혹은 자연의 힘이다. 물론 이러한 자연의 추세나 힘은 결국 자기실현을 촉진시키는 인물·제도·사건 등을 통해 구체화되는 것이지, 결코 물질적 과정 자체와 동일시되어서는 안 된다. '시세'에서 '이세'로의 이행은 시간적 함의에 대한 희석화를 내포하고 있다. 즉 '이세' 개념이 강조한 것은 '세'의 내재성인 것이다. '시세'나 '자연의 이세'라는 두 개념의 중요성은 다음과 같은 점에 있다. 즉 유학은 비록 복고주의적 정치 이상을 제공했지만, 그러나 그러한 복고주의적 정치 이상은 선진先秦 유가들의 교리를 경직되게 고수하는 "원리주의자"(原敎旨主義)와 같을 수는 없다는 것이다.

당송 시대에 시세의 개념은 역사의 자연 발전이나 자생이라는 관념과 밀접한 연관이 있으며, 우주론의 차원에서 그 반대는 한나라 때의 천명론天命論이다. 가령, 유종원은 정치 제도의 변천을 시세의 산물이나 시대 적응의 산물로 간주했고, 모든 정치 제도의 절대적 합리성을 부정함으로써, 정치 형식을 중심으로 하는 역사철학을 창조해 내었다. 헤겔이 가정, 시민사회, 국가를 역사적 변화의 형식으로 본 것과 마찬가지로 유종원은 분봉제分封制와 군현제를 역사 변천의 내재적 결과로 보았던 것이다. 즉 "군장형정"君長刑政(군주를 수장으로 하여 형벌로 다스리는 정치)에서 "제후의 서열"(諸侯之列)에 이르기까지, "방백연수"方伯連帥(방백과 연수, 즉 제후의 수장)의 출현에서 중앙집권적 군현 체제에 이르기까지 이 모든 것은 유구한 역사적 진화의 과정인 것이다. 유종원의 시세관時勢觀은 봉건 관계를 영구화하는 한대漢代 천인 사상에 대한 부정과 중앙집권 체제의 합법성에 대한 논증이다. 그러나 이러한 논증은 결코 헤겔 철학과 같은 그러한 목적론적 역사관에 호소한 것이 아니었다. 그것은 차라리 『주역』, 『장자』에 의해 확립되었고 곽상郭象이 주석을 덧붙였던 "생생"生生이나 "자생"自生의 역사관과 자연관 위에 세워진 것이라 해야 할 것이다. 이러한 생생 혹은 자생의 역사관과 자연관에서 출발하여 유종원이 옹호했던 중앙집권 체제 역시 마찬가지로 영원한 합리성을 구비하지 못한, 끊임없이 변화하는 시세의 산물일 뿐이었다(본서 상권 제1부 제1장 참조). 주희 등 이학가들의 경우 '삼대지치'에 대해서는 유종원과는 다른 이상주의적인 태도를 가지고 있었지만, 시세나 '자연의 이세'로 후대 제도의 역사적 합리성을 해석했다는 점에서는 완전히 일치한다.

유학 사상, 특히 이학의 발전 속에서, 시세 개념이나 시세 의식은 거의 사람들의 시선을 끌지 못했지만 지극히 중요한 명제였고 그것은 적어도 두 가지 측면에서 중추적인 작용을 하였다. 우선, 시세 개념은 역사와 그 변화를 자연의 범주로 편입시켰으며, 천명의 인간 세상에 대한 규정적 관계를 해체시켜, 주체의 역사적 행동에 공간을 마련해 주었다. 역사 변화의 시각 속에서 도덕·정치 이상으로서의 '삼대지치'는 내포되어 있었지 외재화된 위치에 있지 않았다. '삼대'의 이상은 변화 과정에 존재하였으며, 시시각각 만들어지는 임기응변과 결단 속에 존재하였지, 기존의 교조와 이러한 교조에 대한 기계적인 복제 속에 존재했던 것은 아니다. 이학가들은 자연의 개념으로 '사'事와 '물'物을 구분하였고, 사물을 자연적인 사물과 비자연적인 사물로 구분하였으며, 또한 시세 변화의 관점에서 어떤 것이 자연스럽고 어떤 것이 부자연스러운지를 가늠하였다. 송대 유가들은 늘 격물치지와 '지지'知止(그칠 때를 앎)의 개념을 연계시켰고, '그침'(止)은 자연과 비자연非自然을 구분하는 척도이자 주체가 파악해야 할 척도였다. 송대 유가들은 삼대를 숭앙했지만, 결코 삼대의 구체적인 정책들을 자신들의 실천 방안으로 삼지는 않았다. 그러나 천리를 표준으로 삼아, 한편으로는 변화하는 역사 속에서 합리적 해결 방안을 찾았고, 다른 한편으로는 개인의 자기 수양을 통해 일상 행위 속에서 성인의 목표에 도달하고자 하였다. 격물치지에 대한 반복적 논쟁으로부터 원칙(經)과 임기응변(權)을 어떻게 다룰 것인가에 대한 진지한 사고에 이르기까지, 송대 유가와 그 후계자들은 모두 역사의 변화, 시세의 흐름, 자연의 이세 속에서 도덕·정치 실천의 척도와 표준을 파악했다. 『맹자자의소증』孟子字義疏證에서 대진戴震은 자연과 필연의 분별 문제를 제기했고,* 아울러 '권'權이라는 개념의 중

---

* 대진(戴震)은~제기했고: 대진(1823~1877)은 『원선』(原善)에서 자연/필연 개념 즉 '스스로 그러함'(自然)과 '반드시 그렇게 될 수밖에 없음'(必然)이란 개념을 제시했다. 야마노이 유우(山井湧)에 따르면, 대진의 '필연'이란 보통 떠올리는 '반드시 그렇게 되도록 정해져 있다'라는 의미가 아니라, '그렇게 되지 않으면 안 된다'는 의미이며, 대진의 '필연'이라는 표현은 이학의 '당연'(當然)과 상당히 유사한 개념이지만 '당연'은 주자학의 용어였기에 따로 '필연'이라는 표현을 취한 것이라 보았다. 이는 대진이 구상한 개념이 이학에서 연원했음을 암시해 주는 대목이다. 야마노이 유우, 김석기·배경석 옮김, 「대진철학戴震哲學에 있어서의 '기'氣」, 『명청사상사의 연구』(학고

요성을 특별히 중시했다. 즉 '권'은 주체가 반드시 유학 원칙과 구체적인 상황 사이에서 형세 판단(權衡)을 내려야 함을 의미하며, 더 나아가서는 자연·시세와 인간 정리(人情) 사이의 조화에 도달해야 함을 의미한다. 천리는 바로 자연에 부합하는 상태 속에 존재한다(본서 상권 제1부 제4장 참조). 역사를 자연화하는 과정에서 시세 개념은 중요한 역할을 했다. 천리가 시세 속에 존재한다면 개인은 반드시 자아의 수양과 시세에 대한 통찰 능력을 통해 수시로 선택을 해야만 한다. 이러한 의미에서 천리와 시세의 종합은 바로 주체 실천을 위한 공간을 제공해 주는 것이다.

다음으로 시세 개념은 단절된 역사를 자연적 변화의 관계 속에 다시 새롭게 조직함으로써, 자연과 함께 변화하는 역사 주체를 창조하기도 하였다. 그렇지 않다면, 사람들이 어떻게 단절 이후의 역사를 '삼대지치'로부터 시작된 제도적 변화의 계보 속에 조직할 수 있었겠는가? 족군 관계의 전환, 왕조 계보의 교체, 사회구조의 변천, 언어 풍속의 변모 등의 모든 것들은 시세의 변화 속에 편입될 수 있고, 역사 주체가 겪은 무한하며 풍부한 변화 속으로 수용될 수 있다. 그러므로 시세 개념은 공동체 의식이나 중국 정체성을 위해 중요한 인식 틀을 제공했다고 하겠다. 그리고 이학과 심학의 관점에서 '자연의 이세'나 '이세의 필연'이라는 개념은 천리와 역사 사이에서 소통 가능성을 찾아냈다. 즉 경사지학經史之學의 관점에서 시세 개념은 역사 방법론의 전제였던 것이다. 즉 천리가 시세 속에 존재한다면, 형이상학적 방식에 따라 천리를 탐문하여 들어가는 것은 방법론적 오류이다. 요컨대 천리는 역사 사건의 자아 전개 방식인 것이고, 역사 변화(풍속과 정치 형식의 변화와 마찬가지로)를 떠나 천리를 탐구하는 방법은, 그것이 어떠한 것이든 천리에 대한 진실한 이해에 도달할 수 없는 것이다. 이학과 경학은 공통으로 유학의 역사관과 방법론에 전제를 제공했다. 이학은 도덕 실

방, 1994), 452면 참조. 자연/필연에 대해서는 제4장에서 상세히 다루고 있다.

천을 수신의 실천 과정에 두었지만, 경학은 이러한 과정이 반드시 예악론禮樂論적 근거를 가져야 한다고 여겼다. 송명 이학과 청대 '경사지학'은 모두 다음과 같은 문제를 기본 출발점으로 삼았다. 즉 삼대 이전의 시대와 삼대 이후의 시대 사이에 이미 심각한 단절과 변화가 발생했다고 한다면, 어떻게 해야만 진정한 예악 세계에 도달할 수 있는가?

송명 유가들이 격물치지론의 틀에서 이 문제를 사고했다면, 청대의 박학가들은 독특한 방법론으로 역사적 변화를 꿰어 내고, 예악 세계의 각 세부 항목들을 회복시키고자 시도하였다. 이러한 문제의식에서 출발하여, 고염무는 지극히 정밀한 고증 방법을 발전시켰다. 그는 역사 변화라는 관점 속에서 '고문지음'考文知音(고문자의 문형과 음운을 가지고 고증하는 방법)의 방법론을 이용하여, 시세의 변천을 따라 거슬러 올라가 진정한 삼대의 음과 뜻을 추적할 것을 요구했다. 고염무의 음운학,* 문자학, 풍속과 제도에 대한 논의 속에서 역사 변천과 그 내재적 연계는 고증학적 방법론의 핵심을 이루었다(본서 상권 제1부 제3장 참조). 장학성의 "육경개사"六經皆史(육경은 모두 역사이다)의 명제는 경서의 내용에 대한 이해에 도움을 주었을 뿐만 아니라, 경서가 형성될 수 있었던 역사적 조건과 변화에 대한 파악을 경서 이해의 전제 조건으로 삼았다. 도기일체道─體라는 관념하에서 장학성은 성인의 인식을 '자연' 과정 그 자체, 즉 자연에 대한 통찰을 통해 생겨난 "부득불연"不得不然(그렇지 않을 수 없는)한 인식으로 간주하였다. 바로 이러한 역사 본체론을 출발점으로 삼아, 그는 예악 제도와 그 역사적 변화의 관계 속에서 도를 해석하는 방법을 발전시켰으며, 나아가 시세의 관계 속에서 육예六藝, 칠략七略, 사부四部 등 지식 분류의 의미를 판단하였다. 시세 변화의 관점 속에서 경經/자子, 경經/전傳의 관계는 철저하게 전복되었다. 즉 경에 대한 해석으로서 '자'와 '전'이 나온 것이 아니라 '자'와 '전'이 '경'을 구축하는 과정에서 '경'이 나오게 되었다는 것이다. 다시 말해 아버지가

---

* 고염무의 음운학: 고염무는 『음학오서』(音學五書)라는 책을 저술한 바 있다.

아이를 낳은 것이 아니라 아이가 아버지를 낳은 셈이다. 이러한 경전을 구축하는 과정 자체가 제도적 변화의 산물이다(예컨대 진한 시대 경학박사經學博士 제도의 확립). 여기에서 시세의 개념은 경학고고학과 경학계보학의 탄생을 위해 기초를 닦았다고 할 수 있다. 경학고고학 혹은 경학계보학의 관점에서는 경전 원문에 대한 훈고와 고증 자체뿐만 아니라, 또한 경전이 그 의미를 획득하는 과정과 시세 사이의 관계, 즉 경학의 정치성과 역사성이 고찰의 중심을 이루었다. 이러한 '경사지학'의 입장에 선 고염무와 장학성 등은 모두 삼대와 그 예악 제도를 이상적인 도덕과 정치의 근원으로 간주하고, 아울러 이 '삼대지치'에 접근하는 일련의 방법들을 발전시키고자 하였다. 그들은 시세에 대한 이해에 기초하고 있었던 것이지, 결코 원리주의적 방식으로 그 정치적·도덕적 이상을 구축하였던 것이 아니었다. 고염무의 "봉건을 군현제 속에 깃들게 하다"(寓封建於郡縣之中)에서의 정치관과 장학성의 역사 변화 속에서 사학 방법을 확립시킨 논의는 모두 유학의 시세관을 전제로 하고 있었다(본서 상권 제1부 제3장, 제4장 참조).

삼대지치, 시세(역사), 천리 등 세 가지 이학의 주제를 함께 놓고 보면, 왜 송대 이후 '격물치지'가 유학 논쟁의 쟁점 문제가 되었는지 알수 있다. '삼대'에 대한 추앙과 상상은 역사 중단 의식에서 생겨난 것이지만, 시세 변천이라는 관점에서 봤을 때 이러한 중단은 각기 다른측면에서의 예악과 제도 사이의 분화로 표현되었다. 이학과 사학의 서술에서 예악과 제도의 분화라는 명제는 고대 예악과 현실 제도 사이의구분에 대한 이해에서 나온 것이다. 즉 고대의 그러한 천의天意와 도덕규범을 직접적으로 체현했던 예악은 이미 역사의 변화 속에서 천의와소통할 방도가 없는 일종의 기능주의적 제도로 전환되었던 것이다. 그러나 예악과 제도의 분화는 시세 변화의 결과이지만, 시세 자체는 천天의 자기표현 방식이다. 따라서 후대의 제도·풍속·학설 등이 이미 고전의 예악과 완전히 분리되었다고 할지라도, 시세 변화 속의 현상으로서 그것들은 여전히 이상 혹은 성인 대의를 향한 '종적'蹤迹인 것이다.

이런 관점에서 봤을 때, 한편으로 현존하는 모든 제도·법률·규범, 그리고 성인의 말씀, 선조의 전통(傳), 군왕의 권위(威) 등에 가탁한 모든 질서는 성왕의 예악이나 보편적 천리와 동일시될 수 없으므로, 따라서 천리 개념(그리고 예악과 제도의 이원론)은 제도적 권위에 대해 문제를 제기했다. 다른 한편으로 그 어떤 천리에 관한 탐구도 현실에 존재하는 제도·풍속·관습·학설에 관한 탐구와 떨어질 수 없었다. 천리의 탐구는 유학의 보편 원칙과 역사의 구체적 상황 사이에서 전개된 과정이기 때문에, 시세의 변화 속에서 어떤 방법·경로·과정을 통해 천리를 발견하고, 체험하고, 현시해 낼 것인가 하는 것이 사람들이 관심을 갖는 중심 문제가 될 수 있었던 것이다. 도통이 중단되었다는 의식이 개인의 수신修身과 정치적 실천을 통해 도통의 연속성을 재건할 의지와 충동을 자극했다고 한다면, 시세의 개념은 다음과 같은 강렬한 방법론적 요구를 촉발해 내었다고 할 수 있다. 즉, 어떤 방법으로 항상 구체적 상황 속에 존재하는 '물'과 그 변화를 통찰하여, 보편 질서를 이해할 수 있을 것인가? 그리고 어떻게 '물'의 외재성과 임시성을 넘어 '리'와의 합일에 도달할 것인가? 이것이 바로 격물치지론이 송대 이후 유학 논쟁에서 중심 문제가 되었던 내재적인 동력이다.

격물치지론의 역설은 다음과 같다. 한편으로 만일 천리에 대한 이해가 결핍되었다면, 일상생활 형식의 모든 정당성은 의심받을 것이며, 일상생활 형식의 의의에 대한 모든 이해 역시 가능하지 않을 것이다. 다른 한편 천리는 일상생활의 전개 과정 자체에 내재하므로, 따라서 격물치지를 일상생활 실천에 외재하는 인식 활동으로 파악하는 방식은 모두 천리를 파악하는 데 도움이 안 된다. 천리는 격물치지의 산물이 아니며, 성인이 창조한 것이 아니라 일상생활에 내재하지만 또한 일상 현실과 다르고 발견되어야 할 존재인 것이다. 유학의 입장에서 보면 천리에 맞는 일상생활 형식은 예악의 조건에서 존재할 뿐이며, 일단 예악이 공동화된 형식이나 기능적 제도로 퇴화되고 나면, 천리와 일상생활 세계의 관계는 더는 투명하거나 직접적이지 않게 된다. 따라서 격물치지의 실천을 거칠 때에만 비로소 일상생활과 천리 사이의 내재적 연계를 다시 새롭게 건립할 수 있다. 이러한 의미에서 유학의 방법론에 대한 요구는 유학의 역사관 속에 깊게 뿌리를 내리고 있었다고 하겠다.

이 같은 예악과 제도의 분화라는 역사 관점에 따라, '물'이라는 범주에는 중대한 변화가 일어났다. 선진 예악론의 범주 안에서, '물'은 이미 도덕 질서의 체현이며, 동시에 도덕 행위 자체('물'物과 '사'事의 동일 관계 또한 예악 실천의 의미에서 건립되어 나온 것이다)이기도 하였다. 그러므로 '물'이라는 개념과 규범이라는 개념은 완전히 일치했다. 즉 천의가 예악 질서로 직접 체현되므로 이러한 질서 속에서 '만물'의 '물' 또한 자연 질서라는 관념과 밀접한 연관을 가지게 되었던 것이다. 그러나 예악과 제도의 분화에 따라 천의와 제도의 관계는 애매해졌고, 예악론 범주 안에서의 '물'이 가지고 있는 규범적 함의는 점차 쇠퇴했다. 따라서 규범과 무관한 대상의 객관성을 주로 표현하는 '물'의 개념(근대의 '사실' 개념에 가깝다)은 예악과 제도가 분화된 조건하에서 출현한 것이다. '물'이 표현한 것이 여전히 예의禮儀의 실천 속의 '사'事일지라도, 그러나 예의 실천 자체가 형식화 혹은 공동화함에 따라 이러한 실천 행위와 과정은 결코 도덕적이거나 규범적인 의미를 가지지 않게 되었다. 그러나 '물'의 전환은 시세 관계 속에서 발생했고, 따라서 또한 이중성을 포함하고 있다. 즉 한편으로 '물'의 전환은 예악과 제도의 분화로 인한 결과이고, 그러므로 '물'은 더 이상 예악 규범과 동일하지 않다는 것이다. 다른 한편으로는 분화 과정이 시세의 산물이라면, '물'의 전환 자체는 또한 자연 과정의 일부분이고, 그런 점에서 필연적으로 천리의 종적을 포함하고 있었다고 하겠다. 이로 인해 '즉물궁리'卽物窮理(사물에 임하여 그 이치를 규명)의 방법론은 시세 변화의 조건에서 예악 세계나 천리 세계로 되돌아가는 통로가 되었던 것이다. 상술한 의미에서 가치나 규범과 대립하는 '물'(사실) 개념은 예악과 질서의 지속적인 분화의 산물이라고 하겠다(본서 상권 제1부 제2

장 참조). 송명 이학 내부의 '성즉리'性卽理와 '심즉리'心卽理에 관한 논쟁, 그리고 청대 경사지학의 이학에 대한 비판은 시종 '물'이라는 범주의 전환과 관련이 있다. 만일 '물'이 일종의 사실 범주로 바뀌었다고 한다면, '물'이나 '물성'에 관한 추구가 어떻게 인간의 도덕 실천에 근거를 제공할 수 있겠는가? 여기서 '물'은 만물인가, 아니면 '차물'此物, 즉 마음(心)*인가, 그도 아니면 예악 제도의 규범 그 자체인가?

'리'는 중국 사상에서 질서관의 핵심 개념이다. '리'와 '물'의 문제는 결국 불변과 변變, 연속과 단절의 관계 문제이며, 혹은 역사의 각종 관계와 그 전환을 합리적인 자연 과정으로 이해하는가의 문제라고 할 수 있다. 이는 사상사 연구의 중요한 단서이다. 중국 사상의 범주에서 '리' 개념은 줄곧 '도道·기氣·성性·심心·물物·명名·언言' 등의 범주와 함께 연계되어 있었지만, '리'는 확실히 논리적 중심의 위치에 있어 왔다. 즉 그것은 세속 질서와 초월적 질서, 순환적 논리와 변화의 논리를 하나로 융합해 냄으로써, 편재해 있는 자연적인 범주가 되었던 것이다. '편재'라 함은 곧 '리'가 모든 사물의 특수성 속에 있음을 가리킨다. 그리고 '자연적'이라 함은 곧 '리'가 경직된 규칙이 아니라, '물'의 변화 과정 내부에 체현된 질서임을 말한다. '리'에 대한 인식은 시종 '물' 개념에 내포된 특수성과 연계되어 있다. '물'은 사물일 수도 있고, 윤리 규칙일 수도 있으며, 객관적 대상일 수도 있고, 주관적인 심령일 수도 있으며, 순수한 자연일 수도 있고 인간의 실천일 수도 있다.[83] '리'의 관점에서, '물'에 대한 인식 과정은 모두 '리'와 관련된 보편주의적 가설을 포함하고 있다. 그러나 '물'의 시각에서는, 이러한 '리'의 보편 가설은 모두 구체적 상황 속에서 구현된다. '물'을 추구하는 지적 실천이 우리가 통상 말하는 도덕적 행위와 아무리 떨어져 있다 하더라도, 그것은 결국 도덕론이나 윤리학적 함의를 가지고 있다. 이러한 판단은 또한 동시에 그동안의 도덕적 평가와 도덕적 실천이 모두 구체적 상황

• 마음(心): 심(心)도 포함한 만물과 상대되는 구체적인 개체로서의 물.

이나 관계 속에서의 도덕적 평가와 도덕적 실천이었음을 의미한다.

2. 천리와 공리

만청 이후로, 중국의 사상·제도·지식 계보에는 매우 중요한 전환이 발생했다. 그때부터 각파의 학자들은 '근대' 전환의 역사적 연원을 추적하기 시작했다. 사람들이 인도주의(종교의 전제적 통치로부터 인간의 해방을 획득하고, 봉건귀족의 전제 통치로부터 평등권을 획득한 것, 자연에 대한 제어로부터 인간의 중심적 지위를 획득한 것 등)를 근대성의 핵심적 가치로 여기듯이, 사람들은 일반적으로 명청 시기의 사상 변화를 중국 근대성의 발생을 이해하는 역사적 단서로 삼고 있다. 량치차오, 후스胡適, 허우와이루侯外廬 등은 역사관에 있어서는 각기 확연한 차이가 있지만, 학술사 및 사상사 연구상의 다음 두 가지 기본적 논점에 있어서는 일맥상통한다. 우선 그들은 송명 이학의 근대로의 전환이 왕기王畿나 태주학파泰州學派의 왕간王艮과 같은 왕양명王陽明 문하 제자들이 '심'心을 본체적 지위로 끌어올렸던 사실에서 드러난다고 여겼다. 또한 이러한 조류는 이지李贄(호는 탁오卓吾)가 욕망과 새로운 사적私的 질서관을 긍정하였던 사실에서 가장 철저하게 나타난다고 보았다. 이 같은 판단은 다음의 두 가지 참조 체계 위에서 확립되었는데, 하나는 유럽 근대 사상에서의 개인과 자아 관념의 흥기이고, 다른 하나는 이학과 그 사회적 기초에 대한 근대 사상의 격렬한 비판이었다. 다음으로 그들은 청대 고증학의 흥기가 실증적 과학 방법과 '지식을 위한 지식'이라는 목적론을 내포하고 있으며, 이러한 방법론과 지식관의 혁명은 심성론에 대한 반발일 뿐만 아니라 근대 과학의 방법론적 요소를 포함하고 있다고 보았다. 이 같은 판단 역시 근대 유럽 과학 사상과 중국의 반이학反理學의 조류라는 이중 배경 위에서 확립되었다. 이 두 가지 기본 논점은 송명 이학과 청대 사상의 변천을 이해하는 기본 맥락을 구축했다. 즉 자아 관념(및 새로운 사유권 사상)과 실증적 방법은 부단히 형이상학적 천리 관념의 구속에서 벗어나, 중국 사상의 근대로의 전환을 위한 내적 동력을 제공했다.

이러한 사유의 경로에 따르면, 근대 사상의 흥기를 다음과 같이 설명할 수 있을 것이다. 1)인간의 해방, 자아의 발견, 사적 개인의 평등 권리의 건립 2)과학적 역량을 가지고 미신을 제거하거나 이성화하는 과정. 이러한 논리에 따라 우리는 다음과 같은 진일보한 추론을 해 볼 수 있다. 즉 근대 평등관과 근대 과학관(이것들은 어떤 의미에서 완전 일치되는 것이다)은 선천적으로 등급화된 모든 존재를 부정하고, 과학의 공리에 따라 사회를 재구성하는 데 힘썼으며, 그런 점에서 전통적 등급 관계를 자연화한 천리관과 근대적 공리관 사이에는 확연한 대립 관계가 존재한다고 보았다. 이 두 가지 기본 관념은 자연철학의 전환을 의미했다. 즉 근대 사회는 이미 더 이상 천天, 천리 등의 자연주의적 범주를 자기 합법성의 기반으로 삼을 필요가 없게 되었다는 것이다. 이러한 의미에서 천리관과 근대 사회는 서로 어울리지 않으며, 근대 세계관의 흥기는 천리관의 쇠퇴와 동시에 진행되었다. 우리는 각기 다른 방향에서 이 두 가지 관점을 검토할 필요가 있다.

우선 위의 두 가지 판단 모두 이학에 대한 부정적 견해에서 나온 것이었다. 즉 반反이학의 방향에서 중국 사상 속의 근대적 요소를 규정한 것이라고 하겠다. 근대 개인주의로부터 출발하여 이학을 봉건 신분 구조의 이데올로기로 간주하고, 실증주의적 과학관에서 출발하여 이학을 사실 근거가 결핍된 형이상학으로 규정한 것이다. 그러나 주자의 "성즉리"性卽理에서 왕양명의 "심즉리"心卽理에 이르기까지, 양명학 좌파의 무선무악無善無惡에서 이지의 무인무기無人無己에 이르기까지, 그리고 고염무·황종희黃宗羲의 자사자리自私自利에서 쑨원의 "천하위공" 天下爲公에 이르기까지, 유학의 형태는 심각한 변화를 일으켰다. 그러나 이러한 변화는 여전히 유학의 범주 안에서 이루어지거나 유학의 내재적 요소를 품고 있었으며, 아울러 이학이 확립한 이서관理序觀을 공유하고 있었다. 이러한 비판적 사상은 천리관의 외피를 입은 등급−통제 관계를 폭로했다. 그러나 이들이 그러한 관계를 비판하고 폭로한 근거는 도리어 천리 자체, 즉 천리에 대한 새로운 이해와 해석이었다.

예컨대 명말 왕학王學(양명학)의 심성과 자아에 관한 탐구는 이학의 전제하에서 발전해 나온 것이며, 이들의 정주이학에 대한 비판 또한 이학 내부에서 분화가 발생한 결과라고 볼 수 있다. 그리고 청초 경사지학은 지식의 경향과 방법에 있어서 이학이 주창한 격물치지의 전통을 계승하고 있을 뿐만 아니라 또한 경사의 방식으로 이학이 제출한 기본 문제의 해법을 찾고자 하였던 것이다. 황종희의 정치 제도에 대한 사고, 고염무의 풍속 습관에 대한 분석, 대진의 "이리살인"以理殺人(리로써 사람을 죽인다)에 대한 폭로 등등, 이러한 사상들은 유학 범주 내부에서 발생한 사건이었고, 그 동력은 모두 천리, 천도의 본의를 회복하고 확립하고자 하는 데 있었다.

그러므로 명말 청초의 사상 조류가 근대적 요소를 포함하고 있었다는 것을 확인하고자 한다면 곧 이학 자체가 이러한 요소를 내포하고 있었는지를 밝혀내야 할 것이다. 그러나 단지 이학과 반이학이라는 구조 틀 안에서는 이 문제를 파악할 수 없다. 북송의 이학은 천리 개념으로 한나라 시대 이후 "주재적 천관天觀"(주재자로서의 하늘이라는 관념)을 대체했고, 천리를 사람들이 수양과 인지의 실천을 통해 도달할 수 있는 경계로 간주하였다. 이러한 전환은 확실히 당송 시대의 귀족제 쇠퇴를 중요한 표지로 하는 사회적 변화를 전제로 하여 이어져 내려온 것이며, 그로써 천리와 개인 주체의 도덕 실천 사이에 내재적 관계를 확립했던 것이다. 이러한 역사관에서 볼 때, '천' 개념이나 '리' 개념의 쇠퇴를 근대성의 표지로만 여긴다면, '근대 사상'이나 '근대 사상의 요소'가 천리 세계관과 맺고 있는 복잡한 역사적 연계를 이해할 수 없을 것이다.

다음으로, 명청 사상 속의 근대적 요소나 '초기 계몽주의' 사상에 대한 발굴은 사회사적 배경 속에서 형성되어 나온 것이다. 즉 이러한 개인·자아를 중시하는 관념과 평등 관념을 자본주의적 역사 진행과 연계시켜 낸 것이다. 이는 바로 근대의 목적론적 시간을 자본주의 관계의 발전과 관련지음으로써 나오게 된 결과이다. 그러나 신분 등급제의 부정이나 그 내재성에 대한 관심은 결코 단순한 근대적 현상이 아니며, 우리가 이해할 필요가 있는 것은 오히려 어떤 종류의 등급제에 대한 부정이냐 하는 것이다. 예를 들면 위진남북조 시대의 '이관'理觀은 중요한 변화를 거쳤다. 즉 진한 시대의 군현 제도의 확장 이후로 이 시대는 귀족 문벌 제도를 다시 새롭게 긍정하고 황권을 제한하는 사상이 대두했으며, 위진 시대 인물들의 '이관'과 개인·자아·자연을 숭상하는 경향은 황권-문벌의 공동 통치라는 역사적 조건에서 고대 봉건(분봉제)을 회복시키고자 하는 정신과 내재적 관계를 맺고 있었다. 이와는 반대로 당대 안사의 난 이후, 사람들이 분열·할거·전쟁 등으로 인해 느낀 위기는 황권을 중심으로 한 집권 체제의 필요성을 다시 새롭게 사고하게 했다. 유종원의 「봉건론」封建論*은 봉건의 쇠락과 사회적 유동성의 상승 문제를 논했고, "대중지리"大中之理*로써 품급品級 제도에 대항했는데, 이 개념이 내포하고 있는 대일통 사상은 당대 군현 제도의 확장과 귀족 등급 제도와의 충돌과 밀접한 관련이 있었던 것이다. 남송과 북송 시대의 과거제, 양세법兩稅法, 관료 제도의 성숙 등은 중앙집권의 정치 질서 및 도시 경제의 발전을 위한 전제였고, 분봉을 특징으로 하는 귀족 제도는 철저하게 와해되었다. 이러한 배경 조건에서 송대 유가들은 리와 천리를 도덕의 근원적 개념으로 변화시켰던 것이고, 군현제 국가의 각종 제도 및 그 표준과 서로 각축하면서 그들의 천리 개념은 복고적 외피 속에서 분권 요구를 내포하고 있었던 것이

• 「봉건론」(封建論): 유종원의 작품. 유종원은 「봉건론」과 「정부」(貞符)에서 형세〔勢〕를 논했다. 유종원은 분봉제의 발생을 '성인의 뜻'이 아니라 형세에 의한 것이라 하였다. 봉건제가 군현제로 대체된 것은 변할 수 없는 객관적 추세라는 것이다.
• 대중지리(大中之理): 당대 유종원은 천명론을 부정하며, 대중지도(大中之道), 성인지도(聖人之道), 중용지도(中庸之道) 등을 주장하였다.

다. 전체적인 경향으로 보면, 천리 개념은 품급 제도의 타파와 중앙집권적 황권 체제의 건립을 정치적 내함으로 하는 유종원의 천도관(혹은 '대중지리')과는 확실히 다르다. 여기서 방점을 찍어 두어야 할 것은 황권과 군현 체제에 대한 제한과 각축일 것이다. 따라서 한편으로 천리 개념의 대두는 고전적인 등급제의 파산과 내재적인 역사 관계를 가지고 있었고, 그것의 새로운 사회관계에 대한 기대와 논증은 평등주의적 형식으로 표현되었다. 다른 한편 이러한 평등주의적 형식이 군현제 조건하의 새로운 사회관계를 완전히 인정한 것은 결코 아니었다. 예컨대 송대 유가들이 정전제로 균전제와 양세법에 대항하고, 종법제로 관료행정 제도에 대응하며, 학교라는 이상을 가지고 과거 제도에 대항한 것 등이 바로 그것이다. 그러므로 송대 유가들은 근대인들이 사회 변화를 목적론적 시간과 연계해 내는 방식과는 거리가 있으며, 그들이 변화를 판단하는 척도는 시간이 아니라 내재적 척도, 즉 '이세'였던 것이다.

셋째, 명청 시대의 종법 제도는 천리 세계관을 그 합법성을 논증하는 근거로 삼았기 때문에 '5·4' 신문화운동은 종법宗法 제도 및 그 이데올로기를 비판하는 과정에서 개인·자아의 가치관을 천리 세계관과 대립시켰고, 아울러 평등주의의 틀 속에서 천리 세계관을 신분 등급제의 이데올로기라 규정하였던 것이다. 이러한 담론 방식은 근대 평등주의와 새로운 사회 등급제의 역사 관계를 은폐시켰다. 원자론적 개인 관념은 법리적 추상이고, 그것은 근대 국가 제도의 배경 위에서 인간을 혈연·지연이나 기타 사회관계로부터 떼어 내어 책임과 의무 관계 속의 개체로 구성해 내었다. 이러한 법리적 추상은 인간의 현실 관계에 대한 배제가 아니라 새로운 현실 관계 유형으로 개인의 행위를 규범화할 것을 요구하는 것이었으며, 따라서 새로운 규칙에 따라 사회를 새롭게 편제하였다. 법적 관계가 인간의 행위를 완정하게 규범화할 방도가 없을 때, 개인의 관념은 내재적 자아 관념으로 전환되고, 그것은 개인을 내재적 심도를 갖는 존재로 파악하며, 아울러 이것을 도덕과 감정 영역의 근거로 삼는다. 이것이 바로 자율적인 도덕 범주와 감정 범주가 배태되는 배경 조건이다. 원자론적 개인과 자아 범주 사이에는 내재적 긴장이 존재하는데, 즉 자아 개념 자체는 개인주의적 사회 체제에 대한 저항을 내포하는 것이다. 근대 사회의 발생은 체계적인 전환이고, 그것은 단지 인식 방법이나 개별 권리뿐만 아니라 전체 사회 체제 및 그 합법성 기반의 변환에도 영향을 주었다.

넷째, 바로 이 점에서 천리 세계관과 공리 세계관의 사회적 대립 속에서 유사한 구조를 발견할 수 있다. 우선 이 두 가지 관념은 모두 평등의 가치에 호소하지만, 그것은 동시에 또한 각기 다른 사회 등급제가 재편되는 것을 합법적으로 논증해 준다는 것이다. 아울러 이학과 심학의 심성론 및 그 자아관은 근대적 자아 개념과 연계되며, 서로 다른 맥락 속에서 그것들은 모두 새로운 사회관계에 대한 저항과 비판을 내포하고 있다. 바꿔 말하면 천리 세계관과 공리 세계관은 새로운 사회 변화(귀족 제도의 쇠퇴와 새로운 국가 제도의 출현 등)를 역사적 전제로서 받아들였으며, 따라서 새로운 역사 변화('시세')에 대해 인정하였던 것이다. 그러나 이 두 관념 자체는 또한 이러한 변화 및 그 합법성과 내재적 긴장 관계를 이루고 있다. 바로 이 때문에 이 두 관념은 또한 각자의 시대에 비판적 사상 자원이 되는 것이다. 천리와 공리는 이미 각자의 시대에 내재하면서, 또한 각 시대의 타자이기도 하다.

이 마지막 지점에서 나의 송명 이학에 대한 담론은 나이토 고난, 미야자키 이치사다의 관점과 구분된다. 즉 교토학파는 송 왕조가 이미 하나의 국민국가(즉 민족국가)라는 전제하에 이학을 '국민주의' 이데올로기로 간주하였다.[84] 또한 이 '국민주의' 이데올로기는 발달한 교통, 번영한 도시, 상대적으로 자유로운 시장, 새로운 화폐 제도와 세법, 나날이 발전하는 노동 분업, 과거제를 기초로 한 관제와 교육 보급, 정부와 군대의 분리 등과 같은 '송대 자본주의'적 요소들과 완전히 동보적인 관계를 이룬다고 보았다. 때문에 이들은 이학 세계관과 '송대 자본주의' 범주로 귀납시킨 사회 발전 과정 사이의 긴장 관계나 비판적 대립 관계를 발견해 내지 못했다. 그러므로 송대 유가들이 체득한 '이세'와 오늘날 근대성과 자본주의 등의 범주로 귀납시킨 역사적 요소들을 구분할 필요가 있으며, 그것을 통해 이러한 '요소'를 역사결정론(근대화 이론은 역사 서사 속의 이러한 결정론의 가장 완정하고 가장 중요한 표현이다)의 논리로부터 해방시켜야 할 것이다.

이러한 구분은 '근대 중국 사상의 흥기'라는 문제를 다시 새롭게 이해하는 데 도움이 될 것이다. 어째서 캉유웨이, 량치차오, 옌푸, 장타이옌, 루쉰魯迅(및 두 차례의 근대 중국 혁명의 영도자 쑨원과 마오쩌둥 등) 등에게서 일종의 역설적인 사상 형식들이 나타나고 있는지, 즉 근대성을 추구하면서도 정도는 다르지만 자본주의 및 그 정치 형식에 대해 비판적 사고를 지니고 있었는지, 그리고 송대 이후의 사상 전통과 근대 사상 간의 복잡한 관계를 어떻게 이해할 것인지 등의 문제들을 말이다. 내재적 척도와 경험이 없다면 우리는 그들이 역사 변화에 대해 이미 수용하면서 동시에 그에 반항했던 방식에 대해 이해할 방법이 없으며, 그들이 이미 공리를 추구하고 있으면서 또한 각종 공리의 명의를 빌린 보편주의적 선언에 대해 단호히 거절했던 것을 이해할 방도가 없다.

다섯 번째, 천리 세계관과 공리 세계관은 모두 '자연'과 '필연'의 범주에 호소하여 도덕적·정치적 실천의 합리성을 논증하였다. 자연과 필연, 자연과 비자연, 우연과 필연 사이의 구분을 통해 이 두 세계관은 방법론적 사고를 중심적 지위에 놓았다. 천리적 세계관은 격물치지를 천리에 통달하는 유일한 경로로 삼았고, 공리적 세계관은 과학적 방법을 공리를 인식하는 유일한 방도라 여겼다. 천리 세계관과 공리 세계관은 보편적이면서 내재적인 절대 존재, 즉 천리와 공리를 핵심으로 하여, 그러한 도덕 평가와 구체적 배경 조건을 하나로 융합해 내는 세계관인 예악론적 세계관을 와해시켰다. 이관理觀의 내재적 모순과 그 전환의 동력은 주로 두 가지 측면으로 나타난다.

우선, 리와 리를 모색하는 방법론 사이의 역설이다. 천리적 세계관이든 공리적 세계관이든 리는 모두 우주론, 형이상학, 심성론을 관통하는 개념이다. 그러나 이 몇 개 영역 사이에는 항상 통약 불가능한 부분이 존재한다. 형이상학적 가설(신앙)로서의 리는 실증적인 것이 아니며, 우주론적 가설로서 리는 인식 가능하고, 윤리 질서로서의 리는 또한 일상 실천을 통해서만 파악될 수 있다. 한편 보편적인 리는 구체적 인지와 수양의 실천을 통해 자신의 경로로 복귀하는 것을 전제로 하며, 따라서 천리 개념은 실증성을 띠는 격물치지론이나 과학적 방법론과 연관을 이룬다. 그러나 격물치지의 수양 실천이 점차 실증성을 띠는 방법론으로 된다면 그것은 바로 격물치지의 도덕적 함의를 세계에 대한 인지 실천으로 전화한 것이라 할 수 있고, 이로써 리를 객관적 규율이나 사실로 끌어내린 것이라고 하겠다. 다른 한편 리는 천(자연)과 인간 사이의 내재적 연관성을 전제로 하였고, 이로써 도덕 실천의 심성론적 전제를 이룬다. 이러한 심성론의 논리에 따르면, '리'는 외재적 객체가 아니다. 따라서 격물치지는 마음 자체에 내재하는 활동으로 이해되어야지, 객관 세계에 대한 인식과 혼동해서는 안 된다. 그러한 '즉물궁리'卽物窮理나 과학적 방법론을 사물 분류에 대한 이해 방식으로 이해하는 것은 곧 '리'에 대한 왜곡이라고 할 것이다.

다음으로 천리와 제도 사이의 역설적 관계이다. 초월적 개념으로서의 리는 개체와 천리 사이의 연관을 포함하고 있다. 즉, 각 사람들은 모두 일상의 도덕 실천을 통해 천리에 도달하며, 그러므로 리는 구체적인 권력 관계와 제도를 초월한 힘과 주장을 보여 준다. 그러나 리 개념은 항상 예악 제도나 법률 체계 등과 같은 질서관을 내재적 동력으로 하면서, 또 다른 측면에서는 도덕과 현실 체제의 통일 관계를 수립하고자 애쓴다. 이 때문에 리와 질서 사이에는 분리할 수 없는 관계가 존재한다. 리와 제도의 역설적 관계는 다음과 같다. 우선 리는 자신을 천도·자연 운행과 주체의 인식이라는 이중적 기초 위에 건립하여, 도덕적·정치적 평가에 있어서 지배적 제도 및 그 평가 체제의 통제로부터 벗어나고자 함으로써, 리 개념이 가정하고 있는 그러한 당위와 실제가 상호 통일된 질서관을 스스로 부정한다. 다음으로 리에 대한 임의적이고 개인적인 해석을 넘어서기 위해 사람들은 방법론적 객관성을 강조함으로써 인식과 실천 사이에 넘기 어려운 간극을 형성하였다. 상술한 두 가지 요소는 모두 리 개념과 그 운용 과정의 내부에 내재한다. 바로 이로 말미암아 방법론은 천리와 공리 세계관의 내재적 요구이자, 또한 천리와 공리 세계관이 위기 혹은 자아 와해를 끊임없이 발생시키도록 이끄는 동력이기도 하다.

천리 세계관과 공리 세계관의 내재적 곤경은 세 가지 상이한 사상 경향에 길을 터 주었다. 첫 번째는 이학 내부의 반이학적 경향과 근대 사상 내부의 반인도주의적 경향으로 드러났다. 즉 천리와 격물치지의 방법론 간의 관계에 대한 회의로 인해, 이학 내부로부터 리를 한층 더 내재화하려는 노력이 분화되어 나왔다. 즉 리를 본심·심·적체寂體*·허무 등과 연결 지으면서, 어떠한 지식 경향이나 제도적 장치도 도덕 실천의 근거를 제공할 수 없다고 여겼다. 성체性體, 심체心體에서 적체, 허무로의 전환은 사실 인간과 그 내재성으로부터 그에 대한 자기 부정으로의 전환 과정이기도 하다. 내재성을 극단으로 끌고 간 이러한 논리는 인식 지향적인 격물치지론을 철저히 부정한다. 근대 사상에서도 이러한 논리는 역시 대체로 유사한 양상을 보인다. 예를 들어, 장타이옌은 『장자』莊子 제물론齊物論·불교 유식학·피히테Johann Gottlieb Fichte·니체 등의 사상을 종합하여, 공리·진화·과학주의 등을 결렬하게 비판했다. 또한 최종적으로 제물평등의 자연관을 가지고 인류 중심주의적 우주론과 세계관을 부정하였다.

• 적체(寂體): 양명후학(陽明後學) 7개 학파 중 한 학파에 속하는 왕문(王門) 강우학파(江右學派)는 양지(良知)에는 허적(虛寂)의 체(體)와 감발(感發)의 용(用)이 구별되어 있다고 보며, 양지를 이발(已發)과 미발(未發)로 이분(二分)하고, 미발의 적체(寂體)인 양지가 이발의 양지를 주재(主宰)하며, 나아가 치지(致知)를 적체의 양지로 확충시켜 나가 주재가 되도록 함으로써 결국 주정귀적(主靜歸寂)이 치지의 유일한 공부가 된다고 주장한다.

두 번째로는 이학 내부와 근대 사상 속의 신제도론으로 나타났다. 천리 세계관과 공리 세계관은 모두 도덕적·정치적 실천의 근거로 이상 사회(삼대지치나 예악 세계, 미래 사회나 대동 세계 등)를 가정하였다. 그런 점에서 이상 사회와 현실 세계 사이의 긴장 관계를 가설적으로 조성하기도 하였다. 인간과 천리의 합일은 제도상의 목적론을 포함하였는데, 즉 천리는 도덕적·정치적 실천과 이상 질서 간의 완벽한 결합 속에서 체현되는 것이다. 바로 이러한 천리를 목적으로 하는 도덕적·정치적 실천 내부에서 제도론적 사고가 나타났다. 제도성이나 예의성을 결핍한 의존적 실천은 천리가 전제하는 도덕적 목표를 달성할 도리가 없기 때문이다. 이학가가 종법과 정전을 회복하고자 한 실천에서부터 후기 왕명학파가 공자의 예의 복식에 따라 일을 진행하고자 하였던 노력에 이르기까지, 그리고 고대 전제田制를 모델 삼아 정치·경제 제도를 구상하였던 시도(황종희처럼)에서부터 격물의 범주에서 육예六藝를 회복하고자 하였던 실천(안원顏元, 이공李塨 등과 같이)에 이르기까지, 이러한 각각의 노력은 모두 제도적 실천을 사고의 중심에 놓음으로써, 비록 정도는 다르지만, 천리의 내재적 특징을 와해시켰던 것이다. 천리를 제도와 긴밀히 연관 지으려는 이러한 사상 방식 또한 근대 유토피아주의의 근거가 되었다. 즉 캉유웨이의 『대동서』大同書의 미래 제도에 대한 구상에서부터 사회주의자의 현실 세계에 대한 부정에 입각하여 탄생하였던 미래 세계에 이르기까지, 모두가 천리나 공리를 내재적 상태로부터 현실적 제도로 전환해 내고자 시도하였고, 아울러 도덕적·정치적 실천에 근거를 제공해 주었다. 이러한 제도론의 틀 안에서 천리·공리와 현실 제도 사이의 대립 관계는 서로 다른 제도 간의 대립 관계로 전환되었다.

세 번째는 유학 내부의 신예악론이나 신풍속론, 그리고 근대 사상 가운데 신고전주의로 나타났다. 신제도론과 마찬가지로, 신예악론과 신고전주의는 현실과 동떨어진 고담준론과 천리를 과도하게 내재화하려는 경향을 거부했고, 아울러 천리·공리 세계관 자체를 근대성 위기의 징조로 보았다. 그것들은 도덕적·정치적 실천은 반드시 실질적 예악 관계나 제도 관계 속에 건립되어야 한다는 입장을 견지했던 것이다. 그러나 신제도론자와 달리 신예악론이나 신고전주의는 예악 제도가 전통과 그 변화의 결과이며, 풍속·습관·언어·전통 등으로부터 유리된 그 어떠한 도덕·정치에 관한 담론이나 실천도 천리와의 합일에 도달할 수 없음을 역설하였다. 신예악론과 신고전주의는 두 가지 태도를 지니고 있다. 그 하나는 급진적 측면인데, 즉 고전적 이상을 가지고 현실 제도를 공략하고, 역사적 맥락에서 예악 형식과 고전 제도를 재건하고자 노력함으로써 개혁 실천의 근거로 삼고자 하는 것이다. 두 번째는 보수적 측면으로, 그것은 예악과 전제典制의 변화를 중시하고, 모든 도덕적·정치적 실천이 예악·풍속과 그 변천 과정 자체에서 유리될 수 없음을 강조하며, 이러한 변화 과정 자체를 떠나서 미래를 구상하는 사상 방식을 거부하는 것이다.

위와 같은 세 가지 경향은 다른 측면에서 천리·공리 세계관의 내재적 모순을 해석하고 있다. 그러나 동시에 세 가지 다른 천리관·자연관을 전제로 하고 있다. 첫 번째는 인위와 자연(천리)의 대립 관계 속에서 자연·천리를 규정한 것이다. 두 번째는 자연과 필연의 관계 속에서 자연·천리를 규정한 것이다. 세 번째는 자연과 시세의 관계 속에서 자연·천리를 규정한 것이다. 이 세 가지 천리관·자연관은 모두 자연의 탈자연 혹은 천리의 탈천리화의 기초 위에서 건립되었다. 즉 현실 존재 자체를 인정하지 않는 것이 바로 천리 자연이고, 이는 아울러 각기 다른 방향에서 이러한 현실 존재와 구별되는 자연 상태를 구축한 것이다. 주의해야 할 것은 다음과 같다. 공리 세계관의 주요 특징은 과학 및 실증주의 방법을 이용하여 천·천도·천명·천리 등 자연주의적 범주의 허구적 성격을 폭로하고, 나아가 자연을 객관적 실재의 위치에 놓음으로써 자연이라는 개념이 가진 본체론(본연의) 의미를 바꿔 버린 데 있다. 근대 공리관은 자연을 인식하고 제어할 수 있는 대상으로 간주하며, 자연을 제어하는 과정 자체가 바로 주체 자유의 실현이라고 여겼다. 주체를 자연으로부터 분리해 내는 것은 자연을 객체로 삼아 제어를 가하기 위한 전제이다. 하지만 자연을 제어하는 과정은 어떤 상황에서도 사회에 대한 제어와, 즉 자연을 제어하는 주체에 대한 제어와 불가분의 관계에 있다. 그런 의미에서, 이러한 근대화 과정 자체에 대한 사유와 비판을 하고자 한다면 공리 세계관과 그 자연 개념에 대해 탈공리화와 탈자연화를 진행해야 할 것이다. 예컨대 근대 역사에서 진화론은 일종의 공리로 간주된다. 그것은 이미 객관적 역사 서사이기도 하고 도덕 명령이기도 하였다. 국가 윤리로부터 사회 윤리에 이르기까지, 종족에서 성별에 이르기까지, 그리고 가정에서 혼인에 이르기까지, 근대 사회의 갖가지 변화는 모두 진화의 모델 속에 들어갔다. 시장 사회는 진화의 결과로 이해되며 따라서 '자연적' 제도 혹은 공리에 부합되는 제도인 것이다. 이런 측면에서 본다면 근대 세계는 다른 범주를 자연화함으로써 근대 사회의 합법성을 제공하였다고 할 수 있다.

장구한 세월 동안 '리'의 관념을 둘러싸고 끊임없이 논쟁이 발생해 왔고, 각 논쟁은 모두 '리'의 탈자연화를 이끌어 왔다. '리'는 우주의 실재 혹은 본체인가, 아니면 우리들 심령 속에 있는 질서인가? '리'는 역사적으로 형성된 예약 관계 혹은 도덕 규범인가, 아니면 자연 과정의 산물인가? '리'에 대한 해석은 결국 사람들을 현실 세계에 대한 이해로 다시 인도하게 된다. 이것은 物物(물질적)의 세계인가, 心心(정신적)의 세계인가? 제도적 세계인가, 자연적 세계인가? 사람들은 물리적 세계에 대한 인식을 통해 비로소 '리'에 도달할 수 있는가, 아니면 반드시 일상적 생활 실천을 거쳐야만 비로소 '리'의 내재성을 이해할 수 있는가? 사람들은 결국 제도와 예의의 규범에 따라 '리'를 실천해야 하는 것인가, 아니면 모든 외재적 규범으로부터 벗어나서 자기 본질로 다시 돌아와 '리'를 재현해야 하는 것인가? '리'에 대한 탐구는 사람들의 '리'에 대한 이해와 밀접하게 연계되어 있으며, '물'에 대한 이해는 또한 '리'를 파악하는 유일한 통로이다. '리'와 '물'에 대한 탐구는 비판과 해방의 원천에 대한 탐색이며, 또한 질서와 제어의 근거에 대한 분석이다. 부단히 변동하는 '물'의 관계 속에서 '리'의 역사적 변화를 서술하는 것, 이러한 방법 자체는 이미 보편주의적 '리' 개념(천리, 공리)에 대한 역사화 혹은 해체를 포함하고 있다.

나의 주요한 목적과 방법은 '리'와 '물'의 관계를 중심으로 다음과 같은 '사물의 질서'의 제반 측면들을 관찰하는 것이다. 첫째, 도덕 평가 방식의 변화와 그 역사적 조건. 둘째, 도덕 평가의 변화와 사람들의 지식 체계·지식 추구 방법의 재구축 사이의 관계. 셋째, 지식 계보의 재구축과 사회 체제 변동의 관계. 이러한 모든 문제는 중국의 근대 정체성 문제와 밀접한 관련을 맺고 있다. 정체성 문제는 불가피하게 세계관, 지식, 그리고 그 체제의 문제를 주도한다. 민족주의와 근대성, 그리고 여타 문제들은 제도와 지식의 거대한 변화 속에서 나온 현상이고, 따라서 이러한 문제에 대한 역사적 이해는 19세기에 발생한 세계관·지식 체계·제도적 조건·물질문명 등의 거대한 전환을 포괄할 수밖에 없다. 근대 중국 혁명의 주요한 임무 가운데 하나가 전통 중국을 민족국가로 전환시키는 것이었다고 한다면, 천리 세계관의 해체와 공리 세계관의 지배적 지위의 형성은 바로 이러한 전환에 적응하는 과정이었다고 할 수 있다.

제4절

중국의 근대 정체성과 제국의 전환

1. 민족 정체성의 두 가지 해석 방식

19세기 문화주의의 방법론은 근대 중국과 '중화제국' 사이의 연속성을 설명하는 이론적 틀을 제공했다. 이러한 연속성 관점은 정치적으로는 항상 상호 대립하지만 그 역사관은 오히려 매우 비슷한 두 가지 숙명론적 관점을 만들어 냈다.

첫째, 근대 이후 모든 '국사' 서술에서 보여 주는 민족주의적 서술이다. 그 특징은 두 가지 유형을 포괄한다. 먼저, 중국의 공통 조상 신화를 시발점으로 하여 요·순·우·탕·문·무·주공·공자의 도통道統 계보와 왕조 교체의 시간적 순서를 기본 틀로 삼아 연속적인 역사 형식으로 중국을 서술하는 것이다. 다음은, 고대·근대·현대의 시간적 서사를 기조로 하고, 여기에 생산방식의 진화와 계급 관계의 발전으로 보완하여 단선적인 진화와 발전의 중국 서사를 구축하는 것이다. 대중매체와 교과서 속의 염제·황제 자손 및 용의 후손에 관한 현대 판본 그리고 국가 주도하의 현대 제사 의식(황제 혹은 공자 등)과 고고학-역사 공정, 이 모두는 전술한 두 가지 역사 신화의 각기 다른 표현 방식이라고 하겠다.

둘째, 중국의 공통 조상 신화와 왕조의 연속적인 계보에 대한 해체를 전제로 한 문화주의 서사로서, 그 특징은 앞의 관점과 표면적으로는 정반대이다. 즉 그것은 삼대 서사의 허구적 성격을 논증하고 중국의 왕조 대부분이 외래 민족에 의해 건립되었음을 밝힘으로써, 왕조 순환의 연속적 계보라는 관점이 근거가 없음을 증명하는 것이다.[85] 그러나 근대 중국과 '중화제국'의 관계를 해명할 때, 이러한 서술 방식도 앞의 서술 방식이 늘 호소했던 연속성 논거에 입각하여 근대 중국의 위기도 완전하게 부단히 순환하는 역사 자체의 산물임을 증명하고 있다. 한 역사학자는 다음과 같이 말한 바 있다. 즉 기전체·편년체의 왕조 사학과 방형方形 한자는 모두 역사 시간 의식을 결핍하고 있고, 이러한 시간적 감각을 결핍한 언어를 담지체로 한 중국 문학, 희극, 음악, 이야기 고사와 대중문화는 필연적으로 이러한 '무시간'적 시간 감각을 복제함으로써 중국의 '과거'는 부단히 '현재'로 재생될 수 있다. 중국 민족주의 서사가 연속적 역사 신화로써 자신의 합법성을 구성한다면, 문화주의적 방법론은 인구·지역·정치 구조 방면에서의 합법성의 연속성을 부정한다고 할지라도, 족군 정체성과 왕조 교체를 초월한 문화 연속성을 승인하고, 나아가 이를 바탕으로 근대 중국은 여전히 '근대 민족국가로 위장한 제국'임을 논증할 것이다.[86] 이러한 문화주의적 관점은 두 가지 중요한 역사 인식을 함축하고 있다. 즉 첫째, 중국은 아직까지 제국으로부터 민족국가로의 자연적인 전환을 겪지 않았다는 것이다. 둘째, 중국은 민족 동일성이 결여된, 제국 전통(유교적 문화 정체성과 제국 언어로서의 한자)으로 유지되는 사회라는 것이다.

지난 이삼십 년간의 학술 조류는 민족주의에 대한 성찰과 비평에 따라 '상상성'과 '구성성'을 핵심 개념으로 하는 민족 서사가 점차 지배적 지위를 점하게 되었다. 민족을 근대적인 창신의 결과로 부각시켜 강조하는 이 두 개념은 위와 같은 연속적인 역사의 표상을 전제로 한 민족주의적이고 문화주의적인 역사 서술을 타파하는 데 기여했다. 『상상의 공동체』라는 큰 영향력을 발휘한 저작에서 베네딕트 앤더슨Benedict Anderson은 민족을 일종의 "상상된 정치 공동체", 유한하고 주권을 향유한 상상 속의 공동체로 규정하였다. 여기서 이른바 유한하고 주권을 향유한 공동체는 무한한 제국 및 그 권력 구조와는 서로 대응하는 개념이다. 세계적인 근대 현상으로서 이러한 '상상의 공동체'의 형성은 다음과 같은 조건을 기반으로 한다. 첫째, 고전적인 왕조의 몰락, 종교 신앙과 지역 관계의 결합, 그리고 공시적 시간관념의 변화와 같이, 전前산업사회의 통일적인 사회의식을 구성하는 기본 요소의 점차적인 쇠퇴이다. 둘째, 인쇄 자본주의(더욱이 신문, 문학과 교과서)의 대규모 확장으로, 새로운 국가 방언이 형성될 수 있었으며, 아울러 다양한 집단과 사회를 벤야민Walter Benjamin이 『역사철학테제』에서 말한 "균질적이고 공동화된 시간" 속에 조직할 수 있게 되었다. 앤더슨의 설명에 의하면 민족주의는 북미와 유럽으로부터 세계의 기타 지역으로 확산되었으며, 점차적이고 연속적인 파고 속에서 관방적 혹은 대중적 민족 조류를 형성하였고, 거듭되는 파고가 만들어 내는 정치 모델은 반복적으로 복제되고 결국에는 민족국가라는 세계 체제가 출현하는 데 기초를 마련했다.[87] 식자층의 비율·상업·공업·매체와 국가 기구의 보편적인 확대와 성장은 19세기 유럽의 특색이 되었고, 각 왕조 내부에서는 방언을 통일하려는 강력한 새로운 추동력이 형성되었다. 바로 이러한 방언 민족주의의 조류 속에서 라틴문자가 여전히 국가의 공식 언어이기는 했지만, 상업 언어, 과학 언어, 인쇄 언어 혹은 문학 언어가 될 수는 없었다.[88] 19세기 유럽의 군중적 민족주의든 동남아 지역의 방언 민족주의든, 상상 도구로서의 '언어'와 인쇄 문화는 민족 상상에서의 지극히 중요한 매개 역할을 하였다.

2. 중국 정체성과 언어 문제

'상상의 공동체'가 '허구적 공동체'가 아닌 것과 같이, '상상'이라는 개념은 '허구 의식'이나 근거 없는 환상과는 다르다. 그것은 공동체의 형성이 사람들의 정체성, 의도, 의지와 상상 관계 및 이러한 정체성과 상상을 지탱하는 물질 조건과 밀접한 관계를 맺고 있음을 말해 줄 뿐이다. 역사의 연속성, 공동체의 감각은 모두 상상의 산물이지만, 그러나 결코 허구적 이야기는 아니며, 여기에는 상상이 이루어질 수 있는 조건이 존재하고 있다. 예컨대 왕조 교체의 조건에서 일상생활 방식의 연속성, '외래 왕조'를 중국 왕조로 전환시키는 유학儒學의 역사관과 예의론, 일상생활과 유학 관념 속에 깊이 내장된 일종의 독특하고 부단히 변화하는 시간과 공간 관념, 그리고 자본주의의 확장에 따라 대두된 정치 형식 등등. 왕조의 쇠퇴와 인쇄 자본주의의 발전 및 이러한 두 가지 조건 아래 생겨난 민족을 단위로 한 진화론적 시간/역사 관념은 만청 이후 중국 역사에서 똑같이 중요한 역사적 역할을 담당했다. 그러나 이러한 요소는 중국 정체성이 만들어질 수 있었던 동력이라기보다는 중국 정체성의 근대적 변화를 위한 조건을 제공했다고 할 것이다. 만일 근대 중국이 제국의 자아 전환의 산물이라면 정치 공동체 의식으로서의 민족 정체성은 제국 전통 내부에 뿌리를 두고 있는 것이지, 순수한 근대 현상은 아니라고 할 수 있다. 이러한 의미에서 인쇄 자본주의는 중국이라는 이 '상상의 공동체'의 불가결한 전제라고 할 수 없다.

간단히 방언 문제를 예로 들면, 근대 민족국가의 형성은 방언을 기초로 서면어를 창조하는 과정과 분명한 역사적 연관이 있다. 야코프 부르크하르트Jacob Christoph Burckhardt는 『이탈리아 르네상스 시기의 문화』에서 단테의 방언을 통한 글쓰기가 어떻게 라틴문자와의 대항 속에서 토스카나 방언으로 하여금 새로운 민족 언어의 기초가 되도록 하였는가를 서술한 바 있다.[89] 대중문학과 인쇄 자본주의는 방언 민족주의를 위한 매개체와 동력을 제공했다. 동아시아 지역에서 일본과 한국은 각각 자기의 방언을 가지고 한어의 영향에 저항했고, 자기 민족의 서면어를 창조했다. 바로 이러한 이유로, 가라타니 고진柄谷行人은 음성 중심주의(phonocentrism) ──사실 더 정확하게 말하면 방언 민족주

—는 결코 '서구적' 문제만은 아니라고 본다. 왜냐하면 민족국가 형성 과정에서 "세계 각지에 예외 없이 동일한 문제가 출현"했기 때문이다. 18세기 일본의 고학古學운동•이 바로 그 대표적인 예이다.[90] 그러나 청말 이후 인쇄 문화와 언어 혁명은 방언 민족주의를 목표로 삼지 않았고, 오히려 제국의 서면어를 중심으로 방언의 통일을 촉진하였으며, 지역성을 '전국성'의 궤도 속에 편입시켜 버렸다. 중국 언어 운동의 이러한 독특한 현상은 근대 국가 건설을 가능케 한 제국의 전제와 밀접한 관계가 있다.

이러한 역사적 전제는 음성 중심주의와 민족주의의 관계라는 관점에서 보더라도 중요하기는 매한가지이다. 중국 사회의 방언 운동은 명청 시대 유럽 선교사의 '교회 로마자 운동'에서 비롯되었는데, 즉 로마자로 각 지역의 방언을 표기하고, 『성경』과 기독교 인쇄물을 번역하고 전파하는 운동에서 비롯된 것이다. 이 운동은 지역 정체성 형성을 목적으로 하지 않았으며, 민족 형식의 형성을 지향하지도 않았다. 오히려 방언 표기를 천주교의 보편 교의와 결합해 내고자 한 것이다—방언 운동과 종교적 정체성 사이에는 내재적 연계가 존재한다. 청말 시기에 이 '교회 로마자 운동'의 성과는 점차 '국어 로마자 운동'으로 전환되었는데, 청말 시기 사대부들이 추동했던 중국어의 로마자 표기와 어음 조사를 기초로 각 지방어 간 공통 어음을 찾으려는 노력이 그것이다. 이 운동은 일본 등의 방언 민족주의의 자극하에서 출현하였지만, 그러나 유럽 국가 또는 일본의 방언 민족주의의 경로를 그대로

• 고학(古學)운동: 혹은 국학운동이라 부른다. 일본에서 18세기 후반에 음성 중심주의적 사상과 그것에 기초한 언어학이 모토오리 노리나가(本居宣長)를 중심으로 '국학'으로 대두하였다. 일본에서는 한자의 표음적 사용 습관으로부터 그것을 간소화한 표음 문제가 자연 발생적으로 만들어졌지만, 일반적으로 한자와 가나를 병용하는 에크리튀르가 사용되었으며 한자·한문이 우위에, 곧 '제국의 언어'가 우위에 있었다. 이를 뒤집으려 했던 것이 모토오리 노리나가이다. 그는 그때까지 경시되어 온 야마토(大和)말로 쓰인 고전 『고사기』(古事記), 『겐지 이야기』를 한문보다 우위에 놓았다.

답습하지는 않았다. 우선 '국어 로마자 운동'은 결코 보편 언어—한어 서면어—의 극복을 목표로 한 것이 아니라, 오히려 각종 방언 사이에서 한어 서면어의 보편성에 상응하는 어음 찾기에 목적을 두고 있었다. 바로 그러한 점에서 이 운동은 민국 초기 '국음통일회'國音統一會(1913)가 발기되고 성립될 수 있었던 전제라고 볼 수 있다.

다음으로 어음을 중심으로 한 운동은 민족주의의 특수한 산물이라기보다는 제국 시대의 언어 개혁을 위한 기획의 발전이라고 보는 것이 옳을 것이다. 1730년(옹정雍正 8) 복건福建과 광동廣東 사람들은 관화官話에 능통하지 않았는데, 조정에서는 4개 도시에 정음관正音館을 설립하여 관화 발음을 가르치게 하였으며, 과거 시험을 보는 응시생 중 관화를 할 수 없는 자는 시험에 참여할 수 없도록 규정하였고, 그 기한을 3년으로 하였다. 그리고 1733년(옹정 11)에는 또 기한을 3년 더 늘렸다. 제국 시대의 문화 정책에서 볼 때, 왕의 고유 직무인 "백성의 풍속을 바로잡는다"라는 그 정치는 실제로는 서면어를 중심으로 한 것이었다. 왜냐하면, 정음은 관화의 발음을 표준으로 하였지만, 그 관화는 일반적인 수도권 지역의 방언을 가리키는 것이 아니라 관방의 서면어를 내재 규칙의 언어로 한 언어였으며, 따라서 모든 방언에서 보여 주는 속자와 속어는 절대로 정음의 범주에 들어갈 수 없었기 때문이다. 캉유웨이는 이 문제를 논하면서 다음과 같이 말했다.

이제 서면어 문자에 관한 책을 편찬하여 전국에 보급해야 한다. 무릇 천지·귀신·인류·왕제王制·사물 등은 고금을 참작·비교하여, 명칭을 바르게 하고, 조사에 대해서도 모두 일정한 규칙을 정해 천하에 시행해야 한다. …이에 언어로 삼고 각 성과 번부藩部에 시행하면 통하지 않는 곳이 없을 것이다. …서면어 문자가 일단 정해지면, 공·사 문서, 전기傳記, 논리적 서술 등 모든 문체는 정해진 양식을 따르게 된다. 부府와 현縣은 도읍이라 부르지 않고, 파견한 관리는 수령이라 부르지 않으며, 산서山西·섬서陝

西는 진秦·진晉이라 불러서는 안 된다. 모든 명칭은 반드시 오늘날의 방식을 따라야지 옛것을 인용하여 사용해서는 안 된다. 이렇게 하여 문식이 있는 지식 계층이나 일반 백성들이 모두 읽을 수 있다면 백성의 지혜는 날로 늘어나고, 학문은 더욱 넓어질 것이다. 문체, 문구도 모두 규칙을 두어 제멋대로 말하게 해서는 안 된다.[91]

이로 보아 청말의 음성 중심주의는 민족주의 및 새로운 민족 언어를 창제하는 것과 확실히 관계가 있다. 그러나 이러한 연관은 제국 언어의 기본 방향에 따른 것이지 방언 민족주의의 조류에 따라 형성된 것은 아니다.

음성을 중심으로 한 언어 운동이 서면어를 중심으로 한 언어 운동으로 대체되었을 때 이러한 경향은 다시 분명해진다. '5·4'(1919)에서 30년대에 이르기까지의 언어 혁명은 근대 민족문화 운동의 주요 내용을 이룬다. 그러나 그 주요한 경향은 방언 민족주의와 제국 언어 사이에 전개된 것이 아니라 귀족과 평민, 엘리트와 대중, 전통과 과학 사이의 계급적이고 문화적인 대립 속에서 전개된 것이다. 언어 운동의 중심 문제는 음성 문제에서 보편 언어—서면어—문제로 바뀌었다. 그리고 신문화운동, 국가 교육 정책, 근대 도시 상업의 추동하에서 문학·과학 도서와 초중등 및 대학 교재는 점차 문언문의 영향을 없애고, 상업·과학·신문과 기타 대중 독서물 속에 운용된 백화문으로 대체하였다. 그러나 백화문 운동은 완전히 방언 운동으로 간주될 수는 없으며, 서면어 계통의 일종인 백화문의 문언에 대한 대체 또한 음성 중심주의로 설명될 수 없다. 여기에는 어떤 민족 언어로 다른 제국 언어를 대체하는 문제는 결코 존재하지 않았다. 즉 이탈리아어, 프랑스어, 영어가 라틴어를 대체한 문제, 혹은 도쿄 방언, 서울 방언으로 새로운 민족 언어를 창조함으로써 한어를 대체하는 문제와 같은 그러한 일은 없었던 것이다. 단지 한어 서면어 체계로 또 다른 종류의 한어 서면어 체계를 대체하는 문제만이 존재했다. 이 시기에는 또한 결국에는 실행되지 못한 한자 폐지 운동과 효과가 별로 없었던 에스페란토어 운동이 출현하기도 했지만, 그러나 이 두 운동은 모두 방언 민족주의로 진전되지 않았고 오히려 세계주의적 경향을 중국 서면어 개조의 궤도 속에 흡수시켰다. 그런 의미에서 상술한 언어 운동은 더욱 단순하게 '근대 정체성' 혹은 민족 정체성의 근대 형식을 선언하고 있다.

20세기 전체 과정에서 가장 큰 방언 운동은 항일전쟁 시기(1937~1945)에 발생했다. 대도시의 함락에 따라 민족문화의 중심은 도시에서 광활한 농촌으로 옮겨졌고, 인쇄 문화는 구두 문학 형식으로 전개된 문화 운동으로 바뀌었다. 또 정치·문화와 경제의 중심은 발달한 도시에서 요원한 내륙 지역으로 바뀌었는데, 이는 근대 중국의 사회적 유동이 일반적인 경향과 배치되는 방향으로 이루어진 매우 예외적인 시기였다. 방언 운동은 저항 전쟁, 군사 동원, 사회 동원과 밀접한 관계를 가지고 있다. 이 시대의 문화와 정치는 반드시 광대한 문맹의 농민과 병사들과 소통해야 했다. 따라서 서면어 및 신문·문학 잡지 중심의 인쇄 문화가 아니라 지방적인 구어口語와 지방적인 문화 형식이 이 시대의 사회 교류와 사회 동원의 주요 매개물이었고, 소설·산문·현대시·화극話劇 등의 문학과 예술 형식이 아니라 고사鼓詞·가사歌詞·설창說唱·대구사對句詞·가두극街頭劇·지방희地方戱 등이 문학과 예술의 주요 갈래를 이루었다. 구어 방언 및 지방 문화 지위의 상승은 한어 서면어와는 다른 새로운 병음 언어와 인쇄 문화의 출현을 수반하였으며, 그 구체적인 표현이 바로 라틴어로 방언을 표기하는 인쇄물——잡지, 교과서 및 기타 인쇄물——의 대량 출현이다. 라틴어화 운동은 원래 소련 극동 지역의 적군赤軍(Red Army)과 노동자들의 언어 실천에서 기원하는데, 나중에 취추바이瞿秋白 등의 소개를 거쳐 중국에 들어왔고 아울러 항일전쟁 시기에 광범위하게 전파되었다. 형식적인 측면에서 보면 이것은 유럽과 기타 지역의 방언 민족주의적 언어 운동에 가장 근접한다. 그것은 방언 발음뿐만 아니라 쓰기 형식인 문자 측면까지 연계된

운동으로서, 제국의 보편 언어의 형태를 철저하게 변화시켰다. 그러나 이 방언 운동과 라틴어 운동은 시작 초기부터 '민족성'의 논리를 바탕으로 삼고 있었다. 즉 대중적 민족운동은 방언 민족주의 방향으로 발전한 것이 아니라, 오히려 방언과 지방 문화를 민족성 혹은 '전국성' 문제와 종합적으로 결부시켰던 것이다. 실제로 이 운동에서 방언 민족주의의 정치적 경향은 찾아볼 수 없다. 항일전쟁이 종식되면서 이 방언 성질의 문화 운동 또한 그에 따라 종결되었다.[92] 따라서 방언이나 지방성이 아니고, 오히려 방언과 지방성을 포용할 수 있는 문화/정치 정체성이 중국이라는 이 '상상의 공동체'의 전제가 되었으며, 전쟁이 야기한 대규모 사회 유동이 중국 농촌 사회의 민족의식을 촉발시켜 냈다고 할 수 있다. 이 상상의 공동체 및 그 정체성은 새로운 근대적 창제물이라기보다는 민족 형성의 유장한 역사 속에서 부단히 파생되어 나온 담론·제도·신앙·신화·생활 방식의 산물이며,[93] 민족 전쟁과 근대 정당 정치가 민족운동 과정에서 지방적인 문화를 민족주의에 대한 추구 속에 종합해 내는 방식과 능력이라고 하겠다.[94] 이와 같이 유럽 방언 민족주의 발전과 마찬가지로 일본·조선·베트남의 방언 민족주의가 중국어라는 제국 언어에 저항하고 극복하기 위한 방향으로 전개된 것에 비해, 중국의 방언 운동과 중국 민족 정체성 사이의 관계는 이와 다른 독특한 현상을 보여 주고 있다. 방언 운동은 중국 정체성을 위협하는 민족주의 운동을 형성하지 않았다. 즉 한편으로 민족 정체성은 결코 모든 집단과 개인을 통일된 정체성 속으로 끌어들이는 단일 과정이 아니었으며, 다른 한편 근대 민족어의 형성 또한 방언 심지어 소수 민족 언어의 말소를 전제하거나 목표로 하지 않았다. 항일전쟁 시기의 지방적인 문화의 부흥과 방언 운동의 발전이 결코 민족 정체성의 장애가 되지 않았던 것과 마찬가지로 민족 정체성 또한 지방성, 방언 문화 및 족군적, 지역적 혹은 종교적 정체성을 해체시킬 수 없었다.

이런 의미에서 실질적 정치/역사의 함의를 떠나 단지 방언, 인쇄 문화, 서면어의 형식적 측면에서 민족주의와 민족 정체성을 논의하는 어떠한 방법도 파행적이지 않을 수 없다. 청말 이후의 문화 운동에서 진정으로 새로운 것은 민족 주체가 아니라 주권국가의 정치 형식이고, 상업과 산업 자본주의의 장족의 발전과 민족국가 사이의 내재적 연계이며, 과학기술 및 그 세계관의 혁명적 역량과 민족주의 사이의 유기적 상호 추동이었다. 그리고 또 근대 교육과 도시 문화를 중심으로 전개된 지식 계보와 새로운 국가 정체성의 관계이고, 개인을 가족, 지방성과 여타 집단적 정체성 메커니즘 속에서 추출하고 아울러 바로 직접국가 정체성에 조직해 넣는 정체성 방식 및 이로부터 배태되어 나온의무와 권리라는 신개념이며, 이러한 조건에서 민족 주체 자체의 갱신이었다. 이 모든 것들은 중국의 제국 전통과 근대 민족문화의 상호 전환 관계 속에 그리고 사회 변천의 구체적 조건에 놓고 관찰할 필요가있다. '5·4' 문화 운동의 세계주의 경향 속에서 민족 정체성과 국제주의는 심지어 상호 지지 관계를 이루기도 하였다. 이런 의미에서 근대정체성은 결코 단순한 민족 정체성과 같을 수 없으며(더욱이 족군 정체성과 같을 수 없다), 그중에는 지방적·국제적 그리고 기타 다중적인정체성 모델을 포용하고 있다고 할 수 있다.

이러한 정체성 모델은 전쟁과 위기 상황에서 민족 정체성의 체계 속으로 조직되고, 또 항상 민족국가 담론의 지배적 궤도 속에 편입되었지만, 그러나 중국 정체성은 아직까지 다중 정체성의 의미와 부단히변화하는 방언 문화를 없애 버린 적이 없다(방언 문화와 소수민족 언어의 쇠락은 오히려 현대의 시장 확장 과정과 더욱 밀접한 관계를 가지고 있다). 19~20세기의 문화 논쟁과 역사 연구에서 지방성, 국제성, 문화 혼종성은 줄곧 민족 정체성 문제와 관련하여 사람들의 관심을 끄는 중심 문제였다. 현대 민족주의 연구는 민족 정체성의 지역 정체성에 대한 편입과 억압을 강조하고 있다. 이러한 편입과 억압의 사회 동력—특히 근대 자본주의—에 대한 심도 있는 연구는 방기한 채이 억압 메커니즘을 제국 전통의 결과로 간주한다면, 왜 청 제국의 관방 문화가 만주족·몽골족·한족·회족·장족 등의 다양한 관방 언어와 다원적 정치/법률 체제, 그리고 매우 풍부한 지방적인 문화를 포용할 수 있었는지를 설명할 수 없다. 결국 앞에서의 간략한 논의가 다른 것은 제쳐 두더라도 확실히 의미하는 바는, 바로 민족이라는 이 '상상의 정치 공동체'를 순수한 근대 현상으로 간주한다면, 중국이 겪어 온 전환을 설명할 수 없다는 것이다.

전형적인 민족주의의 특징 중 하나는 언어를 통해 민족성을 규정하는 것이다. 문화주의자는 중국의 통일성을 한어의 통일성으로 귀결했으며, 포스트모더니즘의 민족 서사 또한 인쇄 문화와 언어 운동 등의 측면에서 근대 중국의 민족 정체성을 해석했다. 확연히 다른 이 두 방법론적 시각은 모두 민족주의의 민족에 관한 규정으로부터 영향을 받았다. 이러한 지식 구조 속에서 중국의 통일성은 방언 민족주의의 결핍(혹은 한어의 통일성과 안정성)으로 귀결되었고, 따라서 중국의 정치 위기 또한 정치 민족주의의 부재와 제국 문화의 연속성으로 귀결되었다. 그러나 19세기 유럽의 민족주의 언어학자들조차도 언어와 민족의 관계를 간단한 숙명 정도로 말한 적은 없다. 19세기 독일 비교언어학의 대표 인물인 훔볼트Humboldt는 일찍이 언어의 인류 정신에 대한 구조적 영향을 논증하는 데 주력했지만, 그 또한 다음과 같은 사실을 인정한 바 있다. 즉 언어의 형식과 규칙이 낳는 작용은 정태적이고 유한하지만, 인간이 언어에 가하는 작용력은 동태적이며 무한하므로 "어떠한 시기, 어떠한 상황에서도 언어는 인간에 대해 절대적 질곡이 될 수 없다."[95]

은나라 갑골문의 발견으로, 방형 한자의 독특한 지속성은 입증되었고, 한어 서면어는 오늘날 광활한 중국 내 각 민족 각 지역 간의 융합과 동화를 촉진하였음은 의심할 나위가 없다. 이것은 서로 다른 인간 집단이 공존하면서 하나의 문화 경험을 함께 누릴 수 있음을 충분히 예증한다고 하겠다. 그렇지만 한어의 통일성과 정치 구조의 통일성은 동일한 것이 아니다. 중국의 역대 왕조는 모두 단일 언어의 제국이 아니었으며, 또한 단일 민족의 제국도 아니었고 더욱이 반드시 한족이 건립하고 통치한 제국도 아니었다. 중고 시대의 선비鮮卑, 탁발拓拔 등 북방 민족의 중원 지역에 대한 혼융, 그리고 몽골과 여진이 건립한 거대한 제국은 모두 오늘날 중국의 지역, 문화, 인구 구성을 위해 매우 중요한 역사적 기초를 창조했다. 중국의 인구, 민족, 지역은 무수한 혼종, 이주, 전쟁, 교류의 산물이다. 부단히 지속된 민족의 왕조 교체와 복식의 변경, 그리고 이민족 간 통혼의 발전 속에서 이미 확실히 한족을 단일한 민족으로 간주할 수 없고, 또한 이른바 한족으로부터 다시 '과학적으로' 상이한 혈연관계를 분리해 낼 수도 없다. 고대부터 오늘날에 이르기까지 완전히 다른 언어 계통의 언어와 무궁무진한 방언(언어학자들은 한어를 북방, 오吳, 상湘, 감贛, 객가客家, 민閩, 월粤 등 일곱 가지 주요 방언으로 구분하였다. 이들 각 방언 또한 무수한 하위 방언으로 구분될 수 있다)들은 이른바 중국 문화의 언어 특징을 형성하였다.[96] 각 시기의 변동과 인구의 혼종은 모두 언어상의 거대한 변화를 가져왔는데, 이것이 바로 역사 변화를 바탕으로 각 시기의 고음古音을 추적 연구하는 청대 고증학 방법(특히 음운학과 고고학)이 성립할 수 있는 근거이다.

한어의 통일성은 결코 직접적으로 제국의 정치 통일성으로 연결될 수 없다. 즉 만주족, 몽골족, 장족, 회족 등은 모두 자신의 문자를 가졌지만, 몽골과 만주 왕조에서 이러한 다양한 문자는 결코 분열형 민족국가 혹은 민족 제국의 근거로 작용하지는 않았다. 이와 반대로 조선, 일본, 베트남은 장기간 방형 한자를 사용했지만, 근대 민족주의가 대두되던 시기에 이들 국가는 그 공통 문자인 한자에 근거해서 중국의 일부분으로 남은 것이 아니라 오히려 각기 방언 민족주의를 통해 새로운 민족 정체성을 건립했다. 어찌하여 문자와 문화적 측면에서 이처럼 가까운 왕조들이, 그리고 혁명 과정에서 이처럼 친밀하게 협조했던 집단들이 혁명이나 개혁 과정을 통해 통일된 국가로 전환되지 않았는가? 여기에는 적어도 두 가지 요소가 포함되어 있다.

첫째, 19세기 이전의 긴 역사 과정에서 중국 문화 및 중국 왕조와 밀접한 관계를 유지한 이 왕조들은 줄곧 자기의 정체성과 독립적 정치 구조를 가지고 있었으며, 조공 체제의 틀 속에서도 자주적 정치 실체를 유지했던 국가라는 점이다. 이러한 의미에서 문화 동질성은 결코 통일 국가의 유일한 조건이 아니며, 문화의 이질성 또한 반드시 상이한 정치 실체를 구성할 수밖에 없는 그런 역사적 전제 조건은 아니라고 할 수 있다. 따라서 중국에는 단지 문화 정체성만 있을 뿐 정치 정체성은 결핍되었다고 보는 그러한 주장은 지극히 단순한 논리인 것이다. 둘째, 19세기 민족국가의 구성은 식민국가에 의한 세력 범위의 구획과 왕조 시대와 차이가 큰 정치/경제 관계에서 결정되었다. 그리고 초기 중국 혁명의 역사에서 영국·프랑스·일본·러시아 등의 식민적 이해를 직접 침해하는 어떠한 연맹 관계도 불가능했다. 1907년 장타이엔이 처음으로 '중화민족'의 개념을 제출했을 때, 그는 일찍이 유럽 민족국가의 모델을 모범으로 하여 족군(한족)과 문화의 동일성을 기초로 한 중국을 건립하고자 하였다. 매우 영향력이 컸던 그 문장 속에서 그는 중국 전통의 전甸, 복服 등의 개념을 가지고 다음과 같이 분석하였다. 조선, 베트남, 미얀마 등은 역사적 문화적으로 중국과 밀접한 연계를 가지고 있지만, 만일 중국이 이들 국가와 통일적인 연맹 국가를 건설했다면 그것은 반드시 일본, 프랑스, 영국 등 열강의 신생 중화민국에 대한 무력간섭을 야기했을 것이다. 이와 반대로 중국의 서북 지역은 족군, 문화, 종교 등 측면에서 내지와 중요한 차이를 가지고 있지만, 역사와 지정학적 요소에 비추어 볼 때 이러한 지역을 신생 공화국에 편입해도 유럽 식민자의 직접적인 간섭을 초래하지는 않았을 것이다. 바로 이 때문에 청말 시기 가장 급진적인 민족주의자였던 장타이엔은 결코 엄격하게 족군, 언어, 종교 등 요소에 따라 그의 '중화민국'을 구상하지 않았던 것이다.[97] 식민주의 세계 질서와 그 무력간섭의 위협은 20세기 전기 중국 건국 운동 및 그 주권 범위를 구축하는 가장 중요한 역량 가운데 하나였다.

3. 유학과 소수민족 왕조의 중국 정체성

정치 제도는 살아 있는 존재이며, 그것은 부단히 사회와 경제 변화에 적응하며 부적응으로 인한 모순 상태를 피하고자 한다. 프랑스 역사학자 자크 제르네Jacques Gernet는 일찍이 정확하게 단언한 바 있다. 즉, 총체적으로 중국을 군주 사회 혹은 제국으로 규정하는 것은 방법론상의 착오라는 것이다. 예컨대 송명 시대의 군현제 국가 및 그 황권은 칸의 정통성과 황권을 종합한 청조 체제와는 문화 구성의 측면에서나 총체적인 제도의 측면에서 모두 중요한 차이점이 존재한다. 중국의 황권일통皇權一統 체제의 연속적인 표상하에서도 국가 조직, 사회 집단, 구역, 족군, 종교 신앙의 차이에서 비롯된 변화는 줄곧 존재하고 있었다. 이러한 복잡한 역사에 대한 이해가 없다면 '중국'이라는 부단히 변화하고 끊임없이 창조되는 역사적 함의를 설명할 길이 없다. 바로 이러한 시각 속에서 역대로 중국의 제도(토지 제도·관료 제도·군사 제도·과거 제도·황권 등등), 문화(언어·습속·유학·불교·도교 등등), 족군(언어·문화·제도의 충돌·융합·전환을 통해 생성된 새로운 사회 관계) 등 범주 속에 귀납시켜 왔던 역사 관계는 이미 요·순·우·탕·문·무·주공·공자의 유교주의 계보에 따라 윤곽을 그려 낼 수 없고, 또한 왕조가 교체되는 한족 중심주의라는 정치 도식 속에 귀속시킬 수도 없다. 이른바 단순한 한민족 및 그 군주 문화에 대한 상상은 지금까지 환상에 지나지 않았다.

또 바로 이러한 까닭에 '중국'이라는 개념의 함의를 논할 때, 다음과 같은 문제를 제기하지 않을 수 없다. 즉 선비, 척발, 무슬림, 유태인, 기타 여러 족군들은 중원으로 들어오거나 이전한 후 어떻게 점차 하나의 더욱 거대한 사회 공동체 속으로 융합해 들어갔으며, 또한 어떻게 공존의 관계 속에서 자신의 정체성을 유지해 나갈 수 있었는가? 어찌해서 북방 민족—몽골족과 만주족을 포함하여—은 중국 왕조를 패배시킨 뒤 결국 자신을 중국 왕조로 전환시켰으며, 일정 시기 혹은 일정한 범위 속에서 다원 중심적인 권력 구조를 채택했는가? 왕조 순환의 표상은 통치의 합법성 문제를 포함한다. 즉 이른바 '외래 왕조'는 어떻게 자신을 중국 왕조로 전환하였고, 중원 지역의 기타 족군(주체 족군)은 어떻게 이러한 왕조를 중국 왕조로 인정했으며, 이러한 왕조는 또 어찌하여 조공/국제 관계 속에서 중국 왕조의 합법적 대리자로 승인받을 수 있었는가? 이러한 문제들에 답하지 않고서는 역사 변천 속의 '중국'의 함의를 이해할 수 없으며, 어찌하여 직선적 역사관과 한족 중심주의의 중국관에 대한 비판이 '중국'을 해체시키는 결론으로 이어지지 못했는지 이해하기 어려울 것이다. 중국 연구에서 '한족화'(漢化) 혹은 '오랑캐화'(胡化)와 관련한 토론은 '정치적 정확성'의 선언이 아니라 구체적 역사 관계를 중심으로 진행될 때 비로소 실질적 의미를 갖는 성과를 도출해 낼 수 있다.

언어·윤리·풍속은 정치 통일 및 그 상징에 대해 물론 일정한 작용을 가지고 있지만, 그러나 후자는 역사적 전제와 정치적 근거로서 특수한 정치 문화 및 특수한 왕조 합법성 이론을 필요로 한다. 한대 이후 점차 형성된 유학 '정통' 이론 혹은 의례주의, 이를 근거로 형성된 왕조 순환 모델은 그 속에서 매우 중요한 역할을 담당했다. 바로 이 모델이 부단히 변화하는 지역과 족군 관계 속에서 '중국'의 정치 연속성을 창조해 냈던 것이다. 다시 말하면 여타 다민족 제국과의 중요한 차이는 다음과 같은 점에 있다. 즉 중화제국의 정치 통일은 중앙 권력과 주변 권력 간의 권력 동력학에 의존했을 뿐만 아니라 종적 연속 관계 즉 유학 정통 이론 위에 건립된 왕조 순환 계보에 의거하기도 했다는 것이다. 중국 역사의 직선적 계보의 구축은 이 정통 이론 및 의례주의와 밀접한 관련이 있다. 왜냐하면 한족 왕조를 물리치고 중원에 들어온 소수민족 왕조는 바로 이 '정통' 이론에 따라 비로소 자신을 왕조 순환의 모델 속에 편제할 수 있었기 때문이다.

청대에 부흥한 춘추공양학春秋公羊學에 대한 연구는 다음과 같은 것을 증명하고 있다. 춘추공양학은 결코 동한東漢 이후 금문경학今文經

學의 쇠퇴에 따라 사라진 것이 아니라, 오히려 이 유가 학설(춘추공양학)의 정통 이론(대일통과 통삼통通三統 이론)은 이미 역대 새로운 왕조가 자신의 합법성을 구성하는 이론적 토대이자 예의禮儀의 근거가 되었다는 것이다. 송 왕조와 장기간 대치한 금 왕조는 일찍이 유학 정통주의—대일통 관념—를 가지고 자신의 정통 지위를 논증하였다. 그리고 금 왕조를 대신하여 송 왕조를 멸망시킨 몽골제국 또한 유학의 정통설(춘추학)을 이용해서 중국 왕조로서의 자신의 정통 지위를 논증했으며, 그 시대의 사대부들은 공양학을 원용하여 『춘추』를 새로운 왕조의 법통으로 간주했다.[98] 즉 청조의 건국자는 삼통설三統說의 구조 속에서 몽골 원나라의 칸의 법통과 명 왕조의 황권일통을 흡수하고, 아울러 유학의 정통 지위를 이용하여 자신을 중국 왕조의 계보에 편입시켰다. 이로 인해 유학 정통 이론 및 그 의례는 외래 소수민족에게 민족성, 심지어 언어 문화의 차이를 넘어 '중국 왕조'의 정통을 세울 수 있는 근거를 제공했던 것이다. 이런 의미에서 '중국' 정체성은 한족 중심주의라는 관점에서 나온 것이 아니라 다양한 민족이 새로운 왕조를 구축할 때 채택한 합법화 방식 즉 자신을 중국 왕조로 개조 혹은 전환하는 방식에서 나온 것이라고 하겠다. 따라서 유학 정통론은 선진 시대에 확립된 유학의 교리와 같을 수 없으며 또한 한족 중심주의 역사관으로 귀결될 수도 없다. 정통주의의 부단한 발전은 상이한 왕조—그중에는 각 소수민족 왕조도 포함된다—의 자신의 정치 합법성에 대한 논증과 밀접한 관련이 있으며, 또한 끊임없이 혼종되고 교체되는 역사 관계 속에서 새로운 윤리 가치, 제도 형태, 생활 방식을 새롭게 규정해야 할 필요성과 함께 결합되었던 것이다(본서 상권 제2부 제5장 참조).

바로 이런 의미에서 유학의 이하지변夷夏之辨에 대해 단순한 비판을 넘어 다음과 같은 문제에 대해 새롭게 질의하지 않을 수 없다. 즉 유학 내부에 어떤 잠재력이 있기에 사람들은 그것을 활용하여 종족과 문화의 차이를 넘어설 수 있었으며, 외래 왕조에는 합법성을 제공할 수 있었는가? 청말 이후의 문화 조류와 역사 저작 속에서 유학의 '이하지

변'은 항상 중화제국 및 그 인문 전통의 자아 폐쇄의 근원으로 여겨졌다. 마르크스는 만리장성을 외국인을 적대시하는 야만적 습속과 아울러 자아 격리의 상징으로 간주했고, 자본주의라는 염가 상품의 충격만이 그것을 대대적으로 붕괴시킬 수 있다고 보았다.[99]

그러나 장성은 정말 사람들이 상상하는 것처럼 그러한 이하夷夏의 구별의 산물인가? 일찍이 1940년대, 래티모어는 장성을 중심으로 한 내륙 아시아(inner Asia)의 생동적인 모습을 묘사한 바 있다. 이러한 중국과 내륙 아시아에 관한 서술에서 보이는 장성 중심론은 농업을 위주로 한 황하 중심의 역사 서술과 도시·무역·농업 경제를 중심으로 한 운하나 강남 중심의 역사 서술을 초월했을 뿐만 아니라 정치 제도와 국가 경계를 기본 틀로 하는 역사 관점도 넘어섰다. 이른바 '장성 중심'이 지칭하는 것은 장성 양쪽에 나란히 존재했던 사회 실체 즉 농경 사회와 유목 사회이다. 이 두 사회는 장성을 둘러싸고 오랜 기간 교류했으며, 따라서 각자 자신의 사회 속에 상대방을 깊이 각인시켰다. 유목 민족은 자연적으로 형성된 유목 민족이 아니라 농경 사회의 발전 조류 속에서 배척된 일부분으로서 초원 지역에서 정착하면서 형성되었다. 초원 지역의 환경에 적응하기 위해 그들은 점차 농경을 버리고 유목 민족으로 전환했던 것이다. 이러한 노동 분업이 일정한 단계로 발전했을 때에서야, 이 사회는 비로소 자신을 농경 사회의 주변 상태에서 초원 사회로 전환시켰다. 따라서 농경 사회와 유목 사회는 동시 발전하고 유기적으로 상호작용하는 사회이며, 그들 양자 사이에서 역사적으로 변강邊疆의 풍격(the frontier style)이 형성되었다.[100] 아주 오랜 시간 동안 장성은 연계와 상호작용의 끈이었다. 자크 제르네는 일찍이 연계와 상호작용의 세 가지 주요 형식을 거론한 바 있다. 즉 상업 경제 조류(해상무역과 육로 낙타 대상), 군사 확장과 외교 관계, 종교 전파와 성지순례가 그것이다.[101] 청 왕조의 일통 국면이 형성됨에 따라, 장성은 더는 내외 변강의 상징이 아니라 청 제국의 내지가 되었고, 1691년 강희제는 장성의 개축을 금하는 명령을 내렸다.

그러나 이것은 제국 내부에 족군 통치에서 기인하는 봉쇄와 격리, 그리고 이러한 봉쇄와 격리를 토대로 한 등급 제도를 이미 없앴다는 의미는 아니다. 만주와 몽골 등 지역은 만주족과 몽골족의 발원지로서, 청 왕조는 많은 법규를 반포하여 내지 거주민이 그 지역으로 진입하는 것을 제한했으며, 아울러 한족과 만주족·몽골족의 통혼을 엄격히 금지했다. 새로운 안(만주·몽골 팔기군)과 밖(한족)의 차별이라는 시각 속에서 조정은 일련의 봉쇄정책을 실시했을 뿐만 아니라 법률이나 정령政令의 방식으로 족군을 명확히 구분했다. 내외 격리를 진정으로 돌파한 운동은 제국의 통일이라기보다는, 중원 지역에 대한 제국의 정복에 따라 발생한 상반된 방향의 이민 운동과 일상생활 영역에서의 부단한 혼종이라고 해야 할 것이다. 즉 청조 군대의 중원 진입, 장성 밖 거주민의 대량 입관入關과 동시에 엄청난 내지 거주민이 합법·비합법적으로 외지로 이주하였다. 그들은 땅을 빌리고 무역을 하며 그 지역 사람과 통혼하면서 이른바 만주족과 한족이 잡거하는 국면을 형성했다. 그리하여 장성은 다시 농경 사회와 유목 사회를 이어 주는 끈이 되었다. 관방의 분리 정책을 돌파한 이 모든 사회 이동은 내외/이하夷夏라는 절대적인 척도에 대한 충격이자, 또한 새로운 형태의 정체성 관계의 형성이기도 하다. 구체적이고 부단하게 변화하는 역사 관계로서의 '중국'이라는 함의는 이러한 실천을 벗어나서는—그 가운데에는 서로 다른 족군과 지역의 인민들이 정치적 격리의 장벽을 뚫고 진행한 교류와 공존의 실천을 포괄하고 있다—논의할 수 없다. 관방의 공식적인 역사가 문화 다양성에 대해 가한 억압은 동시에 또한 이러한 교류와 공존을 보여 주는 민간의 역사에 대한 억압이기도 하다.

이하의 구별, 내외의 분별은 공자 시대 유학의 중요 내용으로서, 그 명제는 유학 예의의 규범 문제와도 관련이 있다. 많은 개념, 명제의 운명과 같이 이하와 내외 범주의 역사적 연속성의 배후에는 확실히 완전히 다른 역사 동력과 의미가 함축되어 있다. 아편전쟁(1840~1842) 이후 위원魏源은 "이민족(서방)의 과학기술을 배워 이민족을 제압한다"(師夷

長技以制夷)는 주장을 제기함으로써 양무운동洋務運動을 위한 논리적 근거를 제공했지만, 또 한편 이 구호에는 이하의 구별이라는 역사적 흔적이 여전히 남아 있었다. 민족국가의 주권 형식과 민족주의 이론은 종족 구분, 지역 구획과 주권 관계상의 내외 구분을 포함했는데, 이것은 일종의 단절과 봉쇄에 관한 이념이다. 만청 시대 이하 문제와 관련한 논쟁은 하나의 기본적인 사실을 은폐했다. 즉 200여 년의 청조 통치 기간 동안 '이하의 구분'이라는 유학 명제는 결코 주류의 지위에 있지 않았다. 그리고 만청 시대의 '이하의 구분'은 유학적 전통의 직접적인 발현이라기보다는 외래 침입과 유럽 민족주의에 대한 반응이었다는 점이다. 청 왕조는 오랫동안 한족에 의해 외래 정권으로 간주되었고, 그것의 합법성은 유학의 '이하의 구분'이라는 전통 위에 건립될 수 없었다. 17세기 이후 청 왕조는 한편으로는 소수민족의 귀족 전제정치 체제를 건립하였고, 다른 한편으로는 '만한일체'滿漢一體라는 구호로 '이하의 구분'이라는 관념을 비판하였다. 그리고 주자의 배향配享, 과거제 회복, 종족에 대한 지원, 명 왕조의 율령 계승, 한족 관리 기용 등의 방식을 통해 만주족과 한족의 모순을 완화시켰다. 자신의 합법성 확립과 관련하여, 제국 이데올로기가 지닌 주요한 특징은 바로 이하와 내외의 절대 차별을 없애는 것이었다. 명말 청초 시기에 '양이론'攘夷論(왕부지王夫之), '이하지변'夷夏之辨(여유량呂留良) 등이 명나라 유민들 사이에서 한차례 유행했지만 그러나 줄곧 청 왕조 관방의 억압을 받았으며, 옹정제가 여유량의 제자 증정曾靜을 비판하기 위해 편찬한『대의각미록』大義覺迷錄은 바로 '이하의 구별'에 대한 강렬한 비판이었다.

청 왕조 관방의 '만한일체론'滿漢一體論이 한족의 반항을 완화하고 동시에 이를 통해 청 왕조를 순조롭게 다민족의 '중국 왕조'로 전환하기 위한 것이었다고 한다면, 18세기의 한족 사대부들 속에서 점차 유행했던 '이하 상대론'은 족군 등급상 낮은 층에 있던 한족 사대부가 청 왕조의 법통을 승인한 전제하에 청 왕조의 족군 분리, 족군 등급, 족군 체제에 대한 비판을 표명한 것이라고 하겠다. 정치적 입장이 이미 완전히 다르지만, 그들은 예의를 중심으로 '중국' 개념을 족군, 지역 범주와 구분해 냈다. 그리고 이러한 관점은 청대 초기 고염무의 망천하亡天下와 망국亡國 사이의 구분과 마찬가지로 모두 유학의 예의 관념, 그리고 유학의 관점에 기반한 역사 변천에 대한 이해에 뿌리를 두고 있었다. 이런 의미에서 봉쇄와 분리를 유학의 결과로 귀결시키는 것은 본말이 전도된 것이다. 예컨대 청대 중기의 금문경학은 『춘추』의 예를 존중하고 신의를 중시하여 출신지나 신분보다 신의와 예의를 더 중시한다는 원칙을 더욱 확장해서 출신지나 신분(족군 신분)을 표준으로 중국이냐 아니냐를 재단하거나 중국 여부를 규정하는 어떠한 방식도 모두 예의 원칙에 위배된다는 것을 강조했다. 장존여莊存與, 유봉록劉逢祿, 공자진龔自珍, 위원 등은 경학의 틀 속에서 청 왕조 국가의 족군 등급 정책을 비판했다. 그들 문장 속의 "중국 출신이지만 이적화되면 이적으로 취급하고" "이적이지만 중국화되었다면 중국으로 간주한다"라거나 "중국 또한 하나의 새로운 오랑캐다" 등의 경학 명제는 '중국'을 규정하는 데 있어서의 (지역과 족군이 아니라) 예의와 문화의 중요성을 강조하였고, 아울러 이하의 구분을 제창한 송대 이학理學 및 그 중국관에 대해 날카로운 비판을 가했다. '이하 상대화'는 『춘추』의 뜻도 『춘추공양전』의 교의도 아니고, 오히려 서한 시대 동중서董仲舒의 『춘추번로』春秋繁露에 기술된 『춘추』의 대의에 대한 해석이었다. 즉 서한 제국의 확장에 따라 주 왕조 시대의 내외內外 이하夷夏라는 지역 관념은 대일통 제국 내부에서 운용될 수 없었고, 옛날의 이夷는 이제 하夏의 지위를 획득해야만 했다. 청대의 맥락에서 한족 사대부는 왕조 내부의 족군 차별을 제거하고 내외 상대화를 주창하기 위해 실제적으로도 '중국'이라는 함의를 다시 새롭게 정의했다. 즉 만약 예의가 이하를 구분하는 가장 중요한 표준이라면 그것은 또한 이하 사이의 상호 전환이 가능함을 의미하는 것이었다. 즉 일단 이적이 예의를 받든다면 이적은 또한 '중국'이 될 수 있는 것이고, '중국'이 예의를 거스른다면 '중국'은 더 이상 '중국'이 아니게 되는 것이다(본서 상권 제1부 제3장과 상권

제2부 제5장 참조). 이러한 논점은 적어도 규범의 측면에서 다음과 같은 것을 표명하고 있다. 곧 족군, 지역, 정치권력이 아니라 예의 관계가 청대 정체성 정치의 중요한 척도를 구성한다는 것이다. 이것은 고전적 '공화'共和 이념이 청대 정치 속에서 반향된 것이라 하겠다.

청대 사대부는 이러한 예의 관계를 중심으로 상대화된 하夏/이夷, 내內/외外관에 근거하여 제국 내부의 족군 관계를 비판했으며, 아주 미시적인 차원에서 제국 내부의 권력 평등 문제를 제기했다. 이 이하 상대성 관념은 동시에 또한 '중국'이라는 함의를 확대하였고, 따라서 족군 정체성을 초월한 중국 정체성을 위한 기본 틀을 제공했다. 아편전쟁을 전후하여 공자진, 위원 등은 이러한 상대화된 이하관을 중中/서西 관계 속에 적용했고, 나아가 서방을 학습하고 개혁을 촉진하기 위해 유학 내부로부터 이론적 근거를 찾아냈다(본서 상권 제2부 제5장, 제6장 참조). 이러한 의미에서 '중국'이라는 관념은 확실히 불변하는 본질적인 것으로 간주할 수 없고, 오히려 부단히 구성되는 개념이었다. '중국'이라는 개념은 이미 통치 민족에 의해 자기 왕조에 대한 합법성 논증을 위해 유용되었고 또한 피통치 민족이 민족 평등을 추구하기 위한 목적에도 활용되었다. 곧 '중국'이라는 이 변화하는 역사 관계는 이미 다수민족 왕조에 의해 규정되었고, 또한 소수민족 왕조에 의해서도 규정되었다. 북방 민족이 중원을 정복하고 중원 왕조가 '이적'을 정복하는 과정에는 피비린내와 잔혹함이 수반되었는데, '중국'이라는 범주는 바로 내외 이하의 절대 차별을 없애고, 각 족군 및 그 문화적 독특성을 인정하는 전제하에서 평등주의적 중국 정체성을 형성하였다. 이것은 이러한 민족 화해, 족군 공존과 전쟁을 없애는 데 이념을 제공했다. 이것은 분명 하나의 이념에 불과할 뿐이지만, 그러나 이 이념이 역사 허구(혹은 천하 중심 국가의 과대망상의 표현)에 불과할 뿐 구체적 역사 관계, 특정한 정치 문화, 풍부한 생활 형태, 아주 오래된 정치 합법성 이론과 관계가 없다고 여긴다면, 그것이야말로 이른바 역사 허무주의가 될 것이다. 왕조 일통의 상황, 만주족과 한족 잡거의 상황, 한족 사대부의 화이 상대화라는 전제하에서 자기 정체성을 형성하는 방식은 청조의 다원 사회 국면과 제도적 구조에 큰 영향을 미쳤다.

　여기서 캉유웨이의 금문경학의 4개 주제를 요약하는 것만으로도 상술한 이하론이 어떻게 청말 시기에 근대 중국 정체성의 요소로 전환되는지를 이해할 수 있다. 즉 첫째, 당대 세계는 바야흐로 춘추전국시대와 마찬가지로 열국 병립의 시대로 진입했다는 것을 확인하고 '중국'은 자신과 세계의 관계를 다시 재구성해야 한다고 보았다. 캉유웨이는 민족국가라는 관념으로 중국의 함의를 규정하는 것을 거부하고, '중국'은 역사 진화를 통해 완전한 자기 동일성을 획득했다고 생각했다. 이러한 전제하에서 단일 기원과 단일 민족이 아니라 변화와 다양성이 '중국'의 실질적 내용을 구성했는데, 그의 유가 학설은 바로 이러한 변화와 다양성을 총결한 기초 위에서 형성된 이론이었다. 둘째, 고문경학과의 대립 속에서 공자를 추숭하여 성왕聖王과 신왕新王으로 여겼고, 주공의 숭고한 지위를 인정하지 않았으며, 실제로 공자를 왕으로 형상화하였다. 그리고 나아가 문화 정체성의 기초 위에서 황권의 절대 중심과 정통 지위를 세우고 섭정 형식으로 형성된 모든 권력 관계를 부정했다. 이러한 태도는 서태후의 섭정이라는 조건에서 황권을 재건하려는 노력이었고, 또한 이론적으로 주권의 단일성을 확인한 것이었다. 셋째, 공자의 신왕의 지위를 수립함으로써 황권 중심의 사상을 명확히 하였다. 한편으로는 유학의 예의/정치 체계를 황제 개인보다 높은 지위에 둠으로써 새로운 국가 정치 변혁을 위한 이론적 전제를 구축했으며, 다른 한편으로는 이로써 황제의 대표성을 재구축하였다. 즉 유가 예의의 최고 상징인 황권은 결코 특정한 족군(만주족)을 대표하지 않으며 특정한 계급을 대표하지도 않고 오히려 '중국'을 대표한다는 것이다. 넷째, 근대 과학 지식으로 우주론을 재구성하고, 유학 보편주의를 자연법칙을 근거로 한 세계 관계 속에 함께 조직함으로써 우주·인류·윤리의 자연법칙 체계를 구축하였다(본서 하권 제1부 제8장 참조).

4. 제국 시대의 지역 확장, 국제 관계와 주권 문제

다민족 제국인 청조의 정치 통일은 황권과 봉건 권력의 다중 구조 관계 속에서 구축되었다(봉건 전제가 봉건귀족 제도를 완전히 압살했다고 여기는 그런 관점은 적어도 지나친 단순화의 오류를 범하고 있다고 하겠다). 그러나 전반적인 추세로 보면 이러한 다원 국면은 결코 안정적이지 않았다. 17세기 이후 제국의 건설 과정은 다원성과 일원성의 장력을 포함하고 있었으며 제도의 동일화 과정은 장기적인 추세였다. 제국 권력의 다중심화는 다음과 같은 두 가지 측면에서 집중적으로 체현되었다. 첫째, 한족 집단 거주 지역에서 청 왕조 정부는 명대의 군현 제도를 채용했고 중앙 권력은 절대적 권위성을 가졌다. 그러나 이러한 권위성은 결코 직접 기층 사회에 스며들지 않았고, 청대의 종족宗族−향신鄕紳* 체제가 매우 중요한 지위를 점하고 있었다(본서 상권 제1부 제3장 참조). 둘째, 청대 중앙 황권과 몽골, 티베트, 신강新疆, 서남西南의 토사土司(소수민족 세습 족장) 사이의 종속 관계와 상하 복종 관계는 다중심의 권력 구조 내에 건립되었다. 전자는 결코 후자의 내부 사무에 직접 간섭할 권한이 없었으며, 후자는 자체의 독특한 법률, 종교 신, 자주권을 보유하고 있었다. 종족−향신 체제의 와해는 태평천국운동 및 근대 국가 건설과 더욱 밀접한 관계가 있지만, 중앙과 소수 족군의 권력 관계의 변화를 이끈 주요 요소는 다음의 세 가지였다.

첫째, 외부 위협(러시아 등)과 내부 반란(삼번三藩 전쟁과 그에 따라

---

* 향신(鄕紳): 명청 시기 지역에서 지도층 역할을 했던 지식인 계층을 가리킨다. 송대부터 대두된 이학(理學)은 주자학이든 양명학이든 상관없이 모두가 기본적으로 붕당정치로 대변되는 사대부 주도의 중앙 정치와 함께 향약(鄕約)으로 대변되는 해당 지역 사대부 중심의 지방자치를 지향했다. 송대의 사대부는 명청 시기 신사로 고쳐 부르게 되었다. 실제 과거 시험에 급제 여부나 관직의 역임 여부에 상관없이 각 지역에 신사들은 상당한 지역 장악력을 가지고 있었다. 이렇게 지역 사회의 구심점으로서의 신사에 주목할 때 '향신' 즉 '향촌 신사'란 개념을 사용한다.

발생한 '개토귀류'改土歸流, 즉 소수민족의 토사제土司制를 중앙정부에서 파견한 관리로 바꾼 정책)에 직면해서 제국은 각종 제도로 각지가 가진 자주권을 회수하고자 시도하였다. 둘째, 만주족과 한족의 잡거와 민족 혼거가 크게 확대됨에 따라 다원적 법률과 제도가 낳은 차이가 제국 내부 성원들의 지위 불평등의 한 근원이 되었다. 따라서 왕조의 자체 합법성을 확립하기 위한 '만한일체' 등 제국의 선언은 한인과 기타 민족 성원이 지위 평등 획득을 요구하기 위한 구호가 되었다(이하 상대론과 내외 무차별론은 바로 정체성 정치의 관점에서 제기한 평등에 대한 요구이자 추구였다). 셋째, 18세기 말엽부터 유럽의 해상 패권과 아편 무역은 청조의 경제와 사회를 침식하기 시작했고, 연해 지역은 심각한 압력을 받기 시작했다. 더욱 많은 세수와 변강의 안정을 위해 청 왕조는 내지의 행성行省 제도를 원래의 조공 구역으로 확장하기 시작했고, 따라서 제국 내부에는 새로운 권력 집중의 추세가 일어났다.

공자진은 1820년에 일찍이 서역에 행성 설립을 요구하는 상주문을 제출했지만 글자체가 규범에 맞지 않아 황제의 주의를 끌지 못했다. 그러나 그로부터 반세기 후에 이 건의는 결국 시행되었다. 그 건의 내용은 다음과 같이 귀납할 수 있다. 첫째, 행성 체제는 중앙이 지방의 간섭을 받지 않고 내지로부터 변경 지역으로의 이주를 보장하고, 제정帝政 러시아 제국의 동방 확장에 대항하는 인력 자원을 형성한다. 둘째, 행성 체제는 중앙의 서역 지역에 대한 직접 관리를 강화하고, 국가가 해당 지역으로부터 더 많은 세수를 획득하기 위한 제도 보장을 마련해 준다. 따라서 18세기 말기 이후 나날이 증가하는 아편 무역이 조성한 중앙 재정의 곤란 상태를 완화해 준다. 셋째, 유럽 해양 군사 패권이 밀수와 깊이 결속함에 따라 중국은 동남 연해 이외의 대외 창구를 찾아야만 하는데, 서역은 바로 인도양으로 나아갈 때 반드시 거쳐야 하는 경로이다(본서 상권 제2부 제5장, 제6장 참조).

19세기 전기의 서북 지리학은 청대 제국 건설 과정과 러시아 동방 확장의 압력에 대한 반향이지만, 또 명대 이후 사대부들이 익혀 온 중국관에 대한 대대적인 수정으로서, 지리학 방식으로 '중국'의 강역과 함의를 새롭게 정의한 것이라고 할 수 있다. 이와 관련하여 다음과 같은 사실은 주목할 만하다. 즉 고염무가 『일지록』日知錄에서 '외국 풍속'이라는 조목하에 서술한 제반 내용은 이 시대에 이미 제국 지리 지식의 유기적인 부분이 되었다. 이 시대 한족 사대부들 속에서 일어난 지리학 연구는 앞에 언급한 공자진의 전략적 사고와 내재적 연계를 가지고 있었다. 이러한 지리학 연구의 내용은 근대 지리학의 범주를 훨씬 넘어, 그 가운데에는 변강 지역의 언어·종교·관습·인구·관개지 상황·기타 자원의 조사를 포함하고 있었다. 청대 전기, 한족 사대부는 서북과 동북 변방에 깊이 들어가서 지리를 연구할 수 없었으며, 대다수 한족 사대부는 아직 명대에 형성된 중국 관념에 익숙했다. 그러나 제국의 합법성이 승인된 이후 이하 상대화의 관념은 점차 신분 문제로부터 지역 관념 속으로 침윤해 들어갔다. 중앙과 지방의 관계 및 중국과 외국의 관계는 지리학 연구의 내재적 동력이었다. 일찍이 1689년, 청 왕조와 제정 러시아는 「중러 네르친스크 조약」을 체결했고, 옹정 시대에는 또한 「중러 캬흐타 조약」을 체결했는데, 그 내용은 국경 지역 경계 확정, 국경 무역의 발전, 국경 지역민의 귀속과 이주 문제를 언급하고 있다. 쌍방이 공통으로 승인할 수 있는 경계 조약을 체결하기 위해 강희제는 유럽 선교사를 초청하여 선진적 제도製圖 기술로 국경을 확정하는 것에 협력하도록 하였으며, 라틴어로 조약의 정식 문건을 작성하고 만주어와 러시아어로 조약의 부본副本을 만들었다. 제국 확장으로 인한 전쟁과 평화 관계는 이러한 국경이 확립될 수 있는 중요한 동력이었는데, 이것은 또한 초기 제국과 구별되는 이후 민족국가의 상징인 국경이 실제로는 제국 간의 경쟁 관계 속에서 만들어졌다는 사실을 말해 준다.

서북 지리학이 제국 확장이 만들어 낸 지역 관계의 변화에서 생겨난 것이라고 한다면, 해양을 중심으로 한 새로운 형태의 세계상의 출현은 중국을 많은 '해양국' 속에 위치시켰다고 할 수 있다. 아편 무역, 더욱이 아편전쟁의 폭발에 따라 지리학 연구의 중심은 서북 지역으로부터 동남 연해 지역, 남양南洋*과 유럽으로 옮겨 갔다. 서계여徐繼畬 이후 임칙서林則徐의 뜻을 받들어 위원이 완성한『해국도지』海國圖誌는 당시 수집할 수 있는 각종 지도와 설명 자료를 집대성하여, 매우 풍부하고 완전한 세계상 및 그 역사적 맥락을 구축하였을 뿐만 아니라 세계 권력 관계에 대한 정치적·경제적 해석 또한 포함하였다. 이 저작의 주요 공헌은 다음과 같이 정리할 수 있다. 첫째, 위원은 아편 무역과 청 왕조 무역 적자의 형성을 정확하게 파악하였고, 18세기 영국의 산업혁명이 어떻게 세계적 무역 관계의 전환을 가져왔는지 그리고 동인도회사의 운영 메커니즘과 영국 해상 군사 역량의 지배적 지위가 이 전환 과정에서 일으키는 작용을 해명하였다. 나아가 바야흐로 형성되고 있었던 새로운 세계 권력 관계 및 그 동력, 그리고 중국이 직면한 도전을 설명하였다. 그가 제기한 기본 전략은 다음과 같다. 정부와 민간의 쌍방 역량으로 조선·항운·해군 역량을 신속하게 발전시키고, 군사 보호와 상업을 연계시키며, 아울러 군사와 산업 양 방면에서의 요구에 따라 정부의 관리 체제를 다시 새롭게 조직하는 것이다. 이러한 군사 산업화 과정은 청말 국가 건설을 위해 중요한 전제를 제공했다. 둘째, 지식 측면에서 송명 시대의 해양 연결 노선의 회복을 통해 해양 네트워크를 중심으로 한 새로운 세계상을 다시 그려 나갔고, 중국 조공 체계 속에서 남양 지역이 가진 중요성을 드러냈다. 정성공鄭成功의 타이완 근거지에 대한 포위와 봉쇄를 위해 청 왕조는 초기에 해상 금지 정책을 실행했지만, 강희제는 결코 해상 통상의 노력을 방기하지 않았다. 우리는 17~18세기에 청 왕조가 어떻게 주변 국가 및 유럽 국가와 조약을 체결하고, 조공 관계를 발전시킴으로써 자못 복잡한 경제와 문화

---

* 남양(南洋): 남양은 강소(江蘇) 절강(浙江) 이남 지역과 동남아시아 지역까지를 말한다.

관계를 형성했는지를 설명해 주는 많은 사실을 찾아볼 수 있다.[102] 건륭제 후기부터 청 왕조의 무역에 대한 규제가 나날이 엄격해졌는데,[103] 이러한 정책의 변화는 단순하게 보수적이고 쇄국적인 심리 태도로 귀결시킬 수는 없으며, 오히려 새로운 국제무역 관계에 대한 반응이라고 보아야 할 것이다. 즉 18세기 영국의 산업혁명은 세계적인 무역 관계의 변화를 야기했고, 동인도회사와 영국 해상 군사력의 지배적 지위는 이 시대의 중요 특징을 이루었다. 위기가 나날이 심각해지는 시점에서 위원은 다음과 같은 점을 발견했다. 곧 관문을 닫고 무역을 규제하는 방식은 중국의 궁극적 이익을 옹호할 수 없으며, 청 왕조는 반드시 경제·군사·정치의 여러 측면에서 개방과 자기 보호를 상호 병행하는 방향으로 개혁을 실행해야 한다는 것이다.

근대 주권은 새로운 형태의 국제적 승인 관계의 산물이고, 조약은 바로 이러한 승인 관계의 계약 형식이다. 조약 체계가 형식적인 평등의 주권 개념을 가정하고 있기에 민족주의 또한 이로써 제국 시대의 불평등 관계에 저항했다. 제국 간의 무역과 외교 관계는 조공 체계라는 이름 아래 이루어졌으며, 이때 조공 개념은 등급적 의미를 내포하고 있었다. 이로 말미암아 사람들은 일반적으로 조공 체계를 조약 체계와 상호 대립적 관계 속에 놓았다. 그러나 1840년 이전의 수많은 쌍무 조약을 조금만 관찰해 본다면 조공 관계가 무역 통상의 성격을 포함하고 있을 뿐만 아니라 이른바 조약 관계와 병행하면서 서로 배치되지 않았음을 알 수 있다. 조공 관계 속에서 각기 다른 주체는 조공 관계에 대해 다양한 해석 방식을 가지고 있었고, 따라서 조공 예의하의 등급 체계는 그것의 실천 과정에서 또한 각기의 표현을 통해 실질적 평등의 의미를 만들어 낼 수 있었다.

조공/조약 체계의 실패는 새로운 형태의 국제 관계와 패권 구조의 결과이지, 형식적으로 평등한 주권 관계가 불평등한 조공 모델에 승리한 결과가 아니었다. 1689년 「중러 네르친스크 조약」 및 이후 유럽 국가와 조인한 쌍무 조약과 달리, 아편전쟁 이후의 조약은 더 이상 청 왕조가 조공 관계라는 표상을 유지하지 못하도록 하였다. 그러나 그보다 더 이른 시기의 조약 속에 있는 청 왕조의 주권에 대한 승인은 여전히 유지하였다. 유럽 식민주의자들은 청 왕조와 유럽 열강의 충돌을 청조의 자유무역에 대한 거부와 국제법에 대한 무지로 규정하였지만, 그것이 역사적 아이러니라는 것은 다음과 같은 사실에서 확인해 볼 수 있다. 즉 청 왕조가 불평등조약에 조인하도록 하기 위해 청 왕조에 대해 유럽 국제법적 의미에서의 형식상 평등의 주권을 부여해야만 했지만, 유럽 국제법의 지배하에서 체결된 조약은 조공 체제 시대의 조약과 비교하면 훨씬 불공평하다는 것이다.

17~19세기에 이르는 긴 시간의 흐름 속에서 유럽 국가가 상호 승인한 주권 관계는 기독교를 배경으로 한 유럽 '문명국가' 사이의 그것으로 제한되어 있었다. 그러나 아편전쟁 이후 유럽 국가는 유럽 밖의 형식상 평등한 주권 단위가 불평등조약을 체결하는 데 필요하였고 따라서 청 왕조를 유럽 국가 주도의 조약 체계 속에 편입시켰다. 유럽 제국주의 국가가 계속해서 중국 내부 관계의 복잡성—족군 관계 및 지방과 중앙의 관계와 같은—을 이용하여 자기의 이익을 도모했다 하더라도, 주권국가의 개념은 확실히 단일 주권의 함의를 전제하는 것이다. 즉 민족국가는 단일한 주권의 원천을 가지며, 여타 민족국가는 반드시 이 단일 주권을 국가의 유일한 정치 주체로 간주해야 한다. 주권의 단일성은 유럽 절대 국가 형성의 역사 속에서 비롯된 것이고, 그것은 봉건시대의 다원 권력 중심의 국면을 와해시켰으며, 민족국가의 형성을 위한 역사적 근거를 제공했다. 이러한 단일한, 형식 평등의, 국제 승인을 척도로 한 주권 개념이 중국과 여타 지역으로 널리 확산되었을 때, 실제로 전통적인 조공 체계 및 그 내외 관계 모델은 부차적이고 시의에 맞지 않는 모델로 폄하되었는데, 이것은 또 다른 방향에서 청 제국의 단일 주권국가로의 전환을 촉성한 것이라 할 수 있다. 『만국공법』(Elements of international Law)의 번역 소개 과정은 바로 이 주권 전환 과정에 참여하는 것이자 그 결과물이었다(본서 상권 제2부 제6장 참조).

이러한 역사적 맥락 속에서 사대부와 시대 상황에 민감한 조정 관리들은 새로운 세계 국면에 대한 인식을 왕조의 자아 인식으로 전환시켰다. 그들은 유럽의 과학 지식, 정교政敎 지식과 유학의 관념을 결합해냈고, 중국의 내외 관계를 다시 새롭게 규정하려 했으며, 아울러『춘추』·『주례』周禮 및 기타 전적 속에서 국제법 관념과 세계적 지리학의 관점을 찾아냈다. 이 시대에는 민족국가 경쟁의 시대를 "열국이 함께 경쟁"(列國幷爭)하는 전국시대戰國時代로 묘사하는 것이 성행했는데, 이런 의미에서『춘추』와『주례』를 국제법의 초기 전범으로 삼은 것은 서주西周와 춘추시대에 대한 추앙을 의미했다. 즉 전국시대는 예禮와 신信이 결핍되고 모략과 폭력이 높이 떠받들어지던 시대로, 예컨대 장의張儀가 초楚 회왕懷王을 속여 진秦나라 무관武關으로 끌어들여 돌아가지 못하고 죽게 한 것은 그 전형적인 사례이다. 이와 달리 춘추시대에 국제 활동은 전쟁을 포함하여 여전히 성誠과 신信을 준칙으로 삼았는데, 진晉나라 문공文公이 원原나라를 정벌할 때 3일 안에 정벌하지 못하면 철수하겠다는 공언을 지키고 함락 직전에 스스로 철군한 것이 바로 그 사례이다. 이것은 유학의 원칙을 국제 관계에 확대한 방법이다.

캉유웨이는 조공 체계의 심각한 위기에 놀라서 '열국 경쟁' 시대의 도래를 황권을 중심으로 한 주권국가를 재건하는 근거로 삼았다. 캉유웨이의 황권 중심에 대한 강조는 서태후의 섭정을 겨냥한 직접적 정치 동기 외에도, 더 중요하게는 중국 주권의 상징성 문제에 대한 고려에서 나온 것이었다. 즉 황권은 제국 영토 안의 각 민족과 강역을 대표했는데, 황권이 해체된다면 유학을 중심으로 형성된 중국 정체성은 장차 유럽식의 민족 정체성으로 대체될 것이고, 따라서 제국의 분열은 피할 수 없는 것이 된다. 캉유웨이의 개혁 주장은 황권의 상징성을 전제로 한 것이며, 그는 제국을 직접적으로 하나의 주권 단위로 전환할 것과 중앙과 지방 체제의 개혁으로 이 새로운 주권 형태를 지탱할 것을 주장했다(본서 하권 제1부 제8장 참조). 청말 시기 혁명당원 등은 일찍이 배만排滿적 한족 민족주의를 호소했지만, 신해혁명이 창건한 것은 여전히 대외적으로는 민족자결을 실행하고 대내적으로는 민족 평등을 실행하는 오족공화五族共和의 정치 구조였다. 혁명당의 공화제 주장과 캉유웨이의 입헌군주제 주장은 상호 대립했지만, 그러나 제국을 직접 주권국가로 전환시킨다는 점에서는 거의 차이가 없다. 신생 공화국에게 정치적 자치란 우선 황권, 귀족 제도에 대한 인민 자치를 말하는 것이고, 다음으로 유럽 식민자에 대한 국가 자치를 말하는 것이었다. 이러한 공화국의 자치 모델은 유럽 제국의 통치 형식에 대항하여 대두한 민족국가 모델과는 중요한 차이점이 있다. 구조적으로 보면 근대 주권국가로서의 중국과 중화제국 사이에는 명확한 연속성이 존재하고 있고, 이것은 또한 민국의 창건자가 '도통'의 연속성으로 새로운 국가에 역사적 합법성을 부여할 수 있었던 이유이기도 하다. 중앙 권력의 집중과 정치구조의 단일화는 이미 내외 압력에 대응한 결과이며, 또한 새로운 민족국가 체계의 단일 주권을 위한 승인 관계의 산물이기도 하다. 식민주의의 패권적 국면, 유럽 국제법의 승인 관계, 청 왕조의 자아 개혁은 다른 방법으로 주권국가로서의 '중국'에 대해 규정했던 것이다.

5. 제국 건설, 국가 건설과 권력 집중 추세

청대의 제국 건설 과정 중 권력 집중 추세와 청말의 국가 건설에는 현저하게 중첩하는 과정과 그러한 측면이 존재한다. 그러나 그 가운데 가장 중요한 두 요소는 시민권을 핵심으로 하는 민족 정체성 모델 및 단일 주권의 정치 구조와 연관이 있다. 이 두 가지는 제국 건설과 국가 건설 사이의 명확한 경계선으로 삼을 수 있다. 첫째, 초기 왕조의 통일성은 각 민족과 각 지역의 다중 정치 구조와 문화 정체성을 인정하지만 청말 이후의 국가 건설은 다중 사회 체제를 하나의 상대적으로 단일한 정치 구조 속에 편입하는 데 주력한다. 제국 내부의 다원 권력 중심과 자치 요소는 제국이 주권국가로 전환되는 과정에서 점차 약화되고 소실된 것이다. 아편전쟁 이후의 모든 사회 변혁은 하나의 목표를 중심으로 삼고 있는데, 즉 강대한 중앙집권 국가를 건설하여 이러한 집권 국가와 모순되는 구제도 속의 모든 제도적 요소들을 파괴하는 것이었다. 근대화라는 관점에서 보면 이는 이미 위대한 역사의 진보이다. 권력이 집중되지 않는 국가는 산업화라는 목표를 실현할 길이 없으며, 식민주의와 외래의 침략에 저항하고 사회적 자주성을 형성할 방도도 없기 때문이다. 그러나 동시에 이러한 진보 자체는 새로운 위기를 잉태하기도 하였다. 어떠한 전통 왕조도 근대 사회처럼 그렇게 철저하게 각종 자치 요소를 거부하고, 고유의 사회구조를 궤멸시킨 적이 없었기 때문이다. 근대 혁명은 만주, 몽골의 팔기 제도, 티베트의 갈하噶厦(티베트 지방정부의 주요 관헌) 제도, 서남의 토사土司(세습 족장) 제도, 신강의 지방 제도, 향촌의 종법 제도 및 그 가운데 상이한 형식을 내포한 자치권을 파괴시켰고 그로써 국가 건설을 추동할 수 있는 조건을 제공하였다.

여기에서 다음과 같은 것은 주목해 볼 필요가 있다. 즉 청말 시기 정치 개혁은 분권 개혁과 지방자치의 요소를 포함하고 있었지만, 이러한 분권과 지방자치는 제도적 통일성과 주권의 단일성을 전제로 한 것이고, 제국 시대의 제도와 법률 다원주의와는 구별된다는 것이다. 조공 체계 안에서 각 지역과 민족은 결코 단일한 정치 구조 속에 편입되지 않았다. 그러나 근대 국가 건설의 핵심은 단일한 정치 구조를 형성하는 것이다. 케두리E. Kedourie의 중유럽 지역 민족주의에 관한 연구는 이와 관련하여 시사하는 바가 있다.

> 민족자결 원칙의 운용으로 형성된 국가는 그것들이 대체한 다민족 제국과 마찬가지로 기형 지역과 잡거 지역에 두루 퍼져 있다. 그러나 하나의 민족국가에서 다민족의 존재로부터 생긴 문제는 제국의 그것보다 훨씬 첨예하다. 잡거 지역에서 한 민족이 영토 요구를 실현하고 아울러 민족국가를 건립했다면, 나머지

다른 민족은 위협감을 느끼고 불만을 표시할 수 있다. 그들의 입장에서 보면 자기 민족의 영토에 기반하여 통치하는 민족에 의해 통치되는 것이 민족 영토에 기반을 두지 않고 통치해 오던 제국에 의한 통치보다 더 문제가 많았다. 왜냐하면 제국 정부에서 볼 때, 잡거 지역에서 생활하고 있는 각 민족이 모두 평등한 대우를 받는다고 한다면, 민족 정부의 입장에서 그들은 장차 동화되거나 혹은 배척되는 국가 속의 외부적 집단들이기 때문이다. 이러한 민족국가는 모든 신민을 평등한 민족 성원이라고 주장하지만, 그러나 이처럼 공평한 것처럼 보이는 원칙은 다만 어느 한 민족의 다른 민족에 대한 폭정을 은폐하기 위한 것일 뿐이다.[104]

중국의 민족자결 운동은 비슷한 문제를 대면하고 있었으므로 어떻게 제국 시대의 유산을 민족 평등의 원칙 속에 놓고, 민족국가의 주권 단일성이 가져온 민족 불평등 문제를 극복할 것인가 하는 것이 중국 정체성과 국가 건설의 중요 문제 중 하나가 되어 왔다. 중국의 지역 자치 제도는 바로 민족 주권과 제국 유산의 제도를 종합한 것이며, 자치권의 실현과 민족 불평등 원칙의 실시는 불가분의 관계를 맺고 있다.

둘째, 근대 국가의 권력 집중 추세는 새로운 정체성 모델 즉 가족, 지방, 족군을 초월한 민족 정체성 모델의 대두에 의존하고 있다. 시민 혹은 국민 개념 및 그 법률상의 지위는 개인을 종족권, 신권神權, 종법 등 지방적 관계 속에서 해방시켜 국가 주도의 사회 연계망 속에 직접 조직하는 것을 목표로 하고 있다.

민족국가의 민족주의는 시민적임과 동시에 관료적이다. 왜냐하면 민족국가는 관료제 및 그것이 시민과 연관된 기구를 통해 제도화되고 구현될 수 있기 때문이다. 관료제 및 그 기구는 나날이 민족국가의 민족주의의 소재지가 되는데, 이것은 간단하게 관료 부문의 현직자들의 물질적 이익과 지위상 이익의 측면에서가 아

니라 민족국가 자체의 권력, 단결, 이익의 측면에서 그러하다.[105]

청조 사회에서 종법의 역량은 중요한 발전을 이루었고, 중앙집권 및 관료 체제와 병존하는 분권 구조를 형성했다. 만청 왕조의 체제를 공고히 하기 위해 강희제, 옹정제, 건륭제 시기에는 종족宗族 체제를 힘써 육성하였고, 종족 체제는 심지어 지방정부의 직능을 부분적으로 대체하기도 하였다. 18세기에 종법 권력은 부단히 확장되었고, 종족이 지방 정권과 권력을 다투고 나아가 국가 법률의 범위를 넘어서는 국면조차 나타났다. 이러한 상황의 균형을 유지하기 위해 건륭 황제는 일찍이 종족의 권력에 대해 제한을 하였고, 일련의 권력을 초월하고 사사로이 종족의 생사여탈을 행사하는 족장을 징벌하기도 하였지만, 중앙 정권은 종족 체제를 철저하게 와해시키지는 않았다.

청말 시기 개량파는 분권이라는 관점에서 중국의 종족 체제를 유럽의 시민사회와 동등하게 보았고, 그것이 분권 체제와 사회 자기 관리라는 사회적 기초를 구성하는 것으로 간주했다. 그러나 근대 중국 혁명의 주요 임무의 하나는 농민을 혈연과 지연 관계로부터 해방시켜 내는 것이었고 아울러 그들을 혁명의 주력, 국가의 '시민'과 도시 산업화 과정 속의 염가 노동력으로 전환시키는 것이었다. 이런 의미에서 '시민' 및 그 권리와 국가 정체성, 그 산업화 계획은 직접적 관계를 가지고 있다. 즉 시민의 가장 중요한 책임과 의무는 가정 혹은 지역 공동체에 대한 책임과 의무가 아니라 민족 혹은 국가에 대한 의무였던 것이다. 앤서니 스미스Anthony D. Smith는 다음과 같이 언급한 바 있다.

족군 민족주의뿐만 아니라 시민 민족주의 또한 소수집단의 문화와 소수집단 공동체 자체의 소멸을 요구할 수 있다. 그것들은…
획일적인 정리를 통해 평등의 실현을 요구했을 뿐만 아니라 '고등' 문화와 '대민족'이 필연적으로 '저등' 문화와 소민족 혹은 소족군보다 더 가치가 있다고 여겼다. 따라서 이러한 서구 민족국가의 설교식 서사 결과와 그러한 비서구의 독재국가식 민족은 똑같이 가혹하고 엄격하며 실제로 시행되는 것은 족군 일변도로의 편향이다. 그것이 민족국가 속에서 소수 족군을 교화하여 동질의 주체 족군의 문화로 나아가게 하고, 소수민족 집단에 대한 동화를 실현할 것을 요구하기 때문이다. 시민의 공통적인 민족 평등은 모든 시민과 국가 사이에 가로놓여 있는 조직과 단체를 파괴했고, 시민 민족주의의 이데올로기는 전통적이고 본토적인 문화를 사회의 주변으로 귀결시켰으며 가정과 민속의 범주로 귀일시켰다. 이러한 목적을 달성하기 위해 그것은 또한 의식적이고 고의적으로 이미 정착한 소수 족군 및 이민해 온 족군 문화를 폄하하고 억압했다.[106]

따라서 근대 건국 운동은 명말과 청말의 지방 분권 사상을 따라 발전한 것이 아니고 또한 17~18세기 청조 제국 건설의 기본 구조를 따라 진행된 것도 아니며, 오히려 기층 사회 조직과 제도의 다양성을 와해시키는 방향으로 발전했던 것이다.

신해혁명 시기의 민족주의 혁명가, '5·4' 시기의 계몽 지식인, 중국 공산주의 혁명의 지도자 마오쩌둥은 종족과 족권族權* 등의 문제에 대해 매우 유사한 관점을 가지고 있었다. 즉 종족과 족권을 중국 '봉건' 전통의 가장 중요한 유산이자, 중국 사회 동원의 최대 장애(즉 쑨원의 이른바 '흩어진 모래알')임과 동시에 중국 혁명의 기본 대상으로 간주

• 족권(族權): 종법적 가족 질서 체계 내에서의 권력. 마오쩌둥(毛澤東)은 『호남농민운동조사보고』(湖南農民運動考察報告, 1927. 3.)에서 중국 인민(특히 농민)이 당장 해결해야 할 14건의 중대한 사안 중 일곱 번째로 중국 농민을 지배하는 네 가지 권력을 거론하며 이러한 억압 기제의 전복을 촉구했다. 마오쩌둥이 언급한 네 가지 권력은 정권(正權: 국가 체계), 족권(族權), 신권(神權: 염라대왕 등 각종의 귀신 체계), 부권(夫權: 여성을 억압하는 남자의 권력)이다. 마오쩌둥은 중국 인민이 특히 이 네 가지의 굴레에 속박되어 있다고 보았다.

했던 것이다. 민족 평등, 시민 권리, 인민 국가의 합법성의 선언하에, 근대 국가는 '혁명', '해방', '합법 권리' 등의 명분을 가지고 개인을 국가 주도의 집단 체제 속에 다시 새롭게 조직했으며, 따라서 근대 국가에게 개인에 대한 보다 직접적인 통제권을 부여했다. 사람들이 근대적 전제專制의 근원을 황제 체제의 전통에서 찾을 때, 그들은 도리어 근대의 중앙집권 형식과 제국 시대 사회 통제의 사회 조직 형태상에서의 중요한 차이를 간과했다. 위와 같은 복잡한 안팎의 역사 관계, 특히 해양 시대의 군사와 무역 관계, 유럽 주권 체계의 세계적 범주 안에서의 확장이라는 문제들을 벗어나서는 근대 국가의 권력 집중 추세와 행정 구조의 동일화 추세의 사회적 조건을 설명할 수 없다.

대략 반세기 전, 토크빌Alexis de Tocqueville은 각종 기록과 문헌의 분석을 통해, 과거 프랑스 역사에서 당대 프랑스의 모습을 파악했다. 그는 많은 원래 프랑스 대혁명에 기원을 둔 감정, 대혁명으로부터 유래한 사상, 대혁명에서 발생했다고 여겨졌던 관습들이 놀랍게도 프랑스의 구제도 속에 그처럼 깊숙하게 뿌리를 두고 있었다는 것을 논증했다. 토크빌은 근대 프랑스의 중앙집권 제도는 대혁명의 성취가 아니라 구제도의 산물이며, 구제도가 대혁명 이후에도 여전히 보존해 온 정치 체제의 유일한 부분이라고 확신했다. 왜냐하면, 구제도 가운데 이 부분만이 대혁명이 창건한 새로운 사회에 적응할 수 있었기 때문이다.[107]

어떤 의미에서, 청말 혁명의 정치 제도상의 결과는 청 제국의 광활한 영토와 인구 구조 내에서 송·명 시대 군현제 국가의 구조를 회복하였고, 따라서 청대 제국 건설의 제도 동일화 과정을 따라 군현제를 제국의 행정 구조로 확장·발전시켰다고 할 수 있다. 중국 혁명은 그러한 고유한 군주국가와 제국 통치가 상호 분리된 유럽 모델을 따르지 않고, 오히려 청조의 기초 위에 민족과 국가의 결합을 통해 단일한 주권 국가를 형성했다. 쑨원의 민족주의는 대외적으로는 민족자결을 추구하고 대내적으로는 민족 평등을 실현하는 이중 방향이 그 특징이다. 즉 고유의 제국 체제를 와해하는 과정에서 결코 각 민족이 독립하는 정치 구조를 진작시키는 것이 아니라 본래의 지역과 인구를 기초로 하여 청 제국의 정치 구조를 전환시키고, 민족 특권을 일소하여 세계 민족국가 체계 속의 하나의 주권 단위를 형성하는 것이었다. 청말의 혁명에서 1949년 중화인민공화국의 성립에 이르기까지 지방 할거, 군벌 혼전, 경제 파산, 외적 침입, 내전 종결을 거쳐 중국은 마침내 하나의 독립된 인민 주권국가의 형식으로 세계의 무대에 다시 새롭게 출현했지만, 그 지역과 인구의 경계는 청대와 거의 차이가 없다. 중국 혁명은 크게 보아 하나의 민족 혁명으로 볼 수 있지만, 그러나 이 민족 혁명의 진정한 결과는 중국을 하나의 제국으로부터 민족국가 체계 속의 주권 국가로 전환시킨 것이다.

그러나 왜 이 새로운 사회는 구제도의 중앙집권적 특징을 필요로 하고 확대했는가? 토크빌 바로 직전에 마르크스는 1848년 프랑스 2월혁명을 총결한 바 있다. 토크빌과 마찬가지로 그는 "모든 죽은 선배들의 전통이, 악몽처럼 산 사람의 머리를 사로잡은 상황"을 개탄하였다. 그러나 그는 동시에 우리에게 다음과 같이 일깨워 주고 있다. "세계 역사상 이러한 망령을 소환하는 행동을 관찰할 때, 즉각 그것들 사이의 현저한 차이를 간파해 낼 수 있다."[108] 다시 등장한 역사 유령은 전혀 다른 역사 음성의 소환을 받아, 처음 그들이 출현했을 때와는 확연히 다른 역사적 역할을 완수하는 것이다. 역사학자의 입장에서 보면 사회적 곤경은 전통과 역사로부터 조성된 숙명에 지나지 않는다는 것을 논증하기보다는 새로운 역사 운명을 조성하는 동력은 어디에 있는지를 질의하는 편이 나을 것이다. 왜 어떤 요소들은 철저하게 소거되는데, 다른 요소들은 모습을 바꾸어서 다시 새로 등장하는가? 민족국가의 합법성 이론이 모든 죄과를 '제국' 위에 덮어씌웠을 때, 결국 어떤 진실한 역사 동력이 우리의 시야에서 사라지는가? 또 부단히 재난을 야기하는 어떤 메커니즘이 우리의 가장 습관화된, 즉 완전히 자연화된 질서를 형성하는가? 민족국가가 자본주의의 '항상태'라면, 이 새로운 국가 건설의 핵심은 바로 자본주의의 발전 논리 혹은 근대화의 논리를 둘러싸고 전개되어 온 것이다. 민족국가의 형식으로 자본 축적, 노동 분업, 조직 재생산을 진행하고, 국제 경제에 참여할 수 있는 국민경제 체계를 형성하는 등의 측면에서 역사 자본주의와 국가 사회주의 양자는 결코 근본적인 차이가 없다. 쑨원이 제기한 자본주의를 초월한 민주주의 및 사회주의 강령에 대한 레닌의 평론에서 보인 바와 같이 이 강령이 체현한 "나로드니키Narodniki는 농업 속의 '자본주의'를 '반대'하기 위해 결국 농업 속의 자본주의가 가장 신속히 발전할 수 있는 토지 강령을 내렸다."[109]

그러나 바로 이 반자본주의적 강령은 자본주의 발전을 위해 가장 효과적인 방식을 제공했다. 아시아 민족주의라는 이 새로운 전범은 우선 자본주의 조건에서의 새로운 노동 분업 및 그것이 가져온 구 사회관계에 대한 개조와 밀접한 연관이 있다. 자본주의 축적은 고유의 농촌 관계와 인구 구성을 재구성해야 했으며, 나아가 산업화의 기초를 창출해 내야 했다. 이 모든 것은 민족국가 건설이 새로운 등급 관계를 형성하게 된다는 것을 의미한다. 즉 도시와 농촌, 도시 인구와 농촌 인구, 다시 새롭게 나뉜 계급 구조 및 민주와 평등의 합법성 요구에서 형성된 불평등한 정치권력 체계 등등.

근대 국가와 자본주의는 복잡하지만 유효한 제도와 법률 구조가 필요하다. 따라서 제도 개혁과 법률 창제는 청말 이후 개혁 운동의 보편적인 특징을 이루었다. 제도론을 중심으로 한 사상 운동은 근대 사상 발전의 중요한 특징이었다. 겔너Ernest Gellner는 민족과 민족주의를 논의할 때 다음과 같은 것을 논증했다.

근대성의 출현은 결국 구속력이 강한 많은 소규모 지역 조직의 쇠퇴를 기반으로 하고, 그것들이 유동적이고 개성이 없으며 식자적이고 사람들에게 정체감을 주는 문화로 대체되는 것을 기초로 한다. 바로 이런 보편화된 상황이 민족주의를 규범화시키고, 보편성을 가지게 하였다. 그러나 상술한 두 가지 유형의 충성을 지니고서, 우연히 혈연관계를 이용하여 신질서에 간헐적이며 기생적이고 불완전하게 적응해 가는 것은 또한 결코 이와 서로 모순되지 않는다. 상층에서 근대 산업은 가장식 통치와 외척 관계의 복잡한 착종 상태로 표현된다. 그러나 그것은 부족사회와 같이 혈연 혹은 지역 원칙을 기초로 하여 자기 생산 단위를 발전시킬 수 없다.

근대 사회는 시종 그리고 필연적으로 중앙집권적이다. 이는 질서 유지를 담당하는 것은 단지 하나 혹은 일련의 기구일 뿐, 전 사회 속에 그 임무를 분담하는 것은 아니기 때문이다. 복잡한 노동 분업, 상호 보완성, 의존성, 부단한 유동 등, 모든 이러한 요소는 사람들이 생산자와 폭력적 참여자로서의 두 가지 역할을 동시에 수행할 수 없게 한다. 어떤 사회에서 특히 유목 사회에서 이것은 가능했다. 즉 목축하는 사람은 동시에 사병이기도 했고, 뿐만 아니라 항상 자기 부락의 의원, 법관, 시인을 겸임했다. 전체 사회의 모든 혹은 거의 모든 문화는 개개인의 신상에 농축되어 있었으며, 다른 형식으로 그들 사이에 분산되어 있지 않았다. 사회는 거의 적어도 남성 성원들 사이에서 상당히 전문화를 배척했던 것이다. 이러한 사회에 의해 용인된 전문가는 또한 사회 멸시의 대상이기도 하였다.[110]

청초와 청말, 중국 사상에는 송명 이학에 대한 비판적 조류가 두 차례 일어났다. 이 비판은 청초에는 경세의 학문과 경학의 흥기를 이끌었으며, 청말에는 각종 정교政教와 기술 지식의 전파를 위한 토대를 제공하였다. 또한 바로 이로 인해 청말 사상도 청초 경세 학문의 족군 사상과 실천 이론에 항상 의존했고 나아가 민족 정체성과 정치 변혁을 위한 사상적 자원으로 삼았다. 그러나 고염무를 캉유웨이와 대비해 보면 양자는 유학을 바탕으로 각자의 이상 사회 모델을 구축했는데, 고염무가 예악을 기초로 했다면 캉유웨이는 제도론을 전제로 했다. 즉 고염무는 지역적 풍속, 관습, 자치 전통과 '중국' 범주의 내재 연계를 중시하고 이른바 "군현제 속에 봉건을 깃들이다"라는 말로 이러한 정치관의 핵심 가치를 설명했다. 그러나 캉유웨이는 황권 중심의 국가 구조에 주의를 기울여, 입헌·국회·서구식 행정 체제와 법률 규범을 국가 건설의 핵심 조건으로 삼았다(본서 상권 제1부 제3장과 제2부 제7장 참조).

청말 사상의 가장 중요한 특색 중 하나는 대규모로 서구 지식을 소개, 번역, 해석하고, 아울러 이러한 지식의 기획을 국가 제도의 건설과 밀접하게 결합시킨 것이다. 군현제 국가의 각종 기능과 법률 전통이 하나의 완전한 기본 구조를 제공했다 하더라도, 개혁의 방향은 시종 이 구조를 철저하게 단일 주권국가에 적합한 정치 구조와 자본주의 발전을 촉진할 수 있는 법률/권리 체계로 개조해 내는 것이었다(본서 상권 제2부 제7장과 하권 제1부 제8장, 제9장 참조).

국가/사회 제도의 합법성과 권위성이 청말 사상의 기본 전제를 이룰 때, 이 제도가 조성한 새로운 억압에 대한 비판적 사고는 곧 새로운 규범 안에서 전개되었다. 즉 캉유웨이는 금문경학을 기본 틀로 삼아 각종 서구 정교政教 지식을 종합하고, 대일통의 국가 건설 이론을 구성했다. 그러나 이와 동시에 그는 또 유학, 불학의 이념을 유럽의 유토피아 사상과 결합시키고 과학 우주론을 배합하여 국가와 여타 사회 단위가 소멸된 대동 세계를 구축했다(본서 상권 제2부 제7장 참조). 옌푸는 대규모로 스펜서, 밀, 몽테스키외, 헉슬리, 애덤 스미스 등 유럽 사상가의 국가 이론, 법철학, 경제 이론, 사회 이론, 과학 방법 및 역사 사상을 번역했다. 그러나 또한 황로무위黃老無爲의 사상으로 유럽 자유주의의 이념(특히 개인 권리에 관한 이념)을 종합하여 그가 추구한 부국강병 학설이 제도적 억압으로 전환되는 것을 방지했다(본서 하권 제1부 제8장 참조). 량치차오는 국가유기체 학설과 대민족주의 관념을 창도하였다. 그러나 또한 양명학 전통과 칸트 등 유럽 철학 속에서 개인 자주, 지방자치의 사상을 발굴해 내고, 아울러 진화론에 도덕적 색조를 부여하고 과학과 윤리 사이의 첨예한 모순을 조화시키고자 힘썼다(본서 하권 제 1부 제9장 참조). 장타이옌은 고문경학古文經學으로 서구 민족주의의 지식을 종합하여 한족 민족주의의 정체성을 건립하는 데 지식상의 계보를 제공했다. 그러나 불교 유식학과 피히테, 니체 등 독일 철학의 명제에서 출발하여 그 가운데서 국가와 사회 전제專制에 격렬하게 반대하는 개인 관념을 추출하고 마침내 장자의 제물론과 불교 철학을 종합하여, 유럽에 이미 출현했고 중국에 바야흐로 확립되고 있는 근대적 체제에 대해 부정적인 유토피아를 확립했다(본서 하권 제1부 제10장 참조). 이러한 모든 상이한 사상 경향은 각기 정도와 방향은 다르지만 역설적 특징을 구현해 냈고, 따라서 중국적 근대 정체성의 확립 및 그 자아 성찰을 위해 매우 중요한 자원을 제공했다.

청말 이후 국가 개혁을 중심으로 한 사회운동은 청대에 형성된 중국 정체성, 제국 확장 과정 속의 지역 관계 및 그 지식 발전, 국제간 승인 관계를 종합하였으며, 아울러 이러한 모든 것을 국가 건설, 경제 재건의 근대화 방안, 그리고 시간 의식의 궤도 안에 두고 사고하였다. 왕조의 쇠락은 공화정치 체제의 합법성에 전제를 제공했지만, 그러나 왕조 시대의 정체성과 제도 건설의 요소 또한 공화 시대의 정치 정체성과 제도 구조 속에 조직되었다. 즉 도시 인쇄 문화(매체, 문학, 교과서 등 등)의 대규모 발전으로부터 전시戰時 도시 역량의 농촌으로의 틈입과 확대·발전에 이르기까지 민족 정체성의 형성은 위로부터 아래로, 그리고 아래로부터 위로의 곡절 과정을 거쳤다. 자본주의 및 그것이 창조한 세계 관계는 이미 새로운 국가 정체성과 주권 형식의 가장 중요한 동력이었으며, 또한 민족 정체성과 주권 형식에 위기와 전환을 가져온 가장 중요한 동력이기도 하다. 20세기 세계 역사상 가장 중대한 역사 현상——중국 혁명 및 그 이데올로기——은 바로 이러한 위기와 전환 속에서 발생했으며, 바로 이 혁명 과정이 전통적 정체성 형식을 전환시켰고 국가의 주권 형태를 재구성했으며, 새로운 정치/사회 구조와 정체성 형식을 창출하여 각기 다른 정치 경향의 기본적인 역사 전제가 되었다.

그러나 소련과 동유럽 체제의 와해, 중국의 개혁 개방과 여타 지역에서 발생한 역사적 변화에 따라 식민주의·제국주의·민족주의 등 개념과 같이 19~20세기에 형성된 정치 개념은 바야흐로 발전주의적 기본 구조 속에서 '전 지구화'라는 현재 통용되는 술어 속으로 정합 혹은 흡수되어 갔다. 만약 이러한 개념이 주로 세계 구석구석의 세계 경제 속으로 삼투되어 갔다고 한다면, 일련의 낡은 제국 술어를 사용하여 표면으로 부상한 '제국' 개념은 이러한 세계 경제의 정치 형식에 대한 시험적 표현이었다.[111] 이 '제국' 개념은 전통적인 제국 개념과 중요한 차이를 가지고 있어 사람들은 이 개념의 유효성에 회의를 품고 있다. 굳이 그 전후 관계 맥락을 논하자면, 이 개념은 차라리 자본주의의 특정 형식으로서의 제국주의 개념과 보다 긴밀한 관계가 있다고 하겠다. 확실히, 세계 경제라는 의미에서의 전 지구화는 결코 초기 제국과 같은 그러한 규정이 명확한 정치 구조를 형성해 내지 못했으며, 따라서 전통적인 제국 범주와 동일하게 다룰 수는 없다. 그러나 어떤 점에서는 여전히 명확하게 규정할 수 있다. 즉 어떤 정치 어휘로 당대 세계의 통치 형식을 묘사할 것인가 하는 문제에 대해서는 많은 다양한 관점이 있겠지만, 사람들은 근대 혁명이 창출해 낸 주권 형식, 정체성 모델, 세계 관계가 바야흐로 심각하고 광범위한 위기에 직면하고 있다고 보편적으로 믿고 있다. 따라서 19~20세기의 혁명과 변혁이 만들어 낸 주권 형식 및 그 합법성 위기를 재해석하는 것은 당대 세계의 변화 및 그 전망을 이해하는 데 지극히 중요한 작용을 한다. 본서는 근대 사상의 일련의 기본 문제와 합법화 지식을 연구했지만, 그러나 중국 혁명 및 보다 이른 시기의 사회 저항 운동에 대해서는 직접적이고 긍정적인 해석을 하지는 않는다. 나는 이후의 연구에서 이 과제에 대해 비교적 완전한 분석을 해낼 수 있기를 희망한다. 이것은 피할 수 없는 역사적 과제라고 하겠다.

나의 기본적인 사유에 대한 설명에 이어 여기에서는 간단히 이 책의 기본 구조를 설명하고자 한다. 이 책 전체는 '리理와 물物', '제국과 국가', '공리와 반공리' 그리고 '과학 담론 공동체' 등 4개 방면을 중심으로 나누어져 있고, 사상사의 관점에서 다음과 같은 문제를 탐색한다. 즉 북송 시대부터 점차 형성된 천리 세계관 형성의 역사 동력은 무엇인가? 청대 제국 건설과 근대 중국이라는 국가 건설은 결국 어떤 관계가 있는가? 청말 사상의 근대성에 대한 복잡한 태도는 우리에게 어떠한 사상 자원을 제공할 수 있는가? 근대 중국의 지식 체계는 어떻게 구축되었는가? 이러한 문제에 대한 연구는 '중국', '중국의 근대' 및 중국 사상의 근대적 의미에 관한 역사적 이해와, 그리고 중국 사상과 사회의 변혁에서 출발하여 전개된 근대성 문제에 대한 이해를 제공한다. 역사 서술 속에서 '중국', '근대 중국', '중국 사상' 혹은 '근대성' 등의 개념은 역사적인 범주이며, 이러한 개념을 자연화하는 어떠한 방식도 우리 사고의 깊이에 영향을 미치거나 제약할 수 있다. 이 책이 '천리'의 역사 분석에서 보여 준 바와 같이 어떤 개념 혹은 범주는 자연적 범주 속에 감추어질 수 없으며, 심지어 천리와 자연과 같은 개념 또한 역사적으로 분석할 필요가 있다. 그러나 역사적 분석의 의미는 이러한 개념 및 그 역사적 함의를 없애는 것이 아니다. 본서의 중국 사상에 대한 분석은 바로 개념 및 그 문제의 형성 과정으로부터 전개된 것이다.

이러한 성찰적 관점 속에서 나의 연구와 사고는 대개 다음과 같은 몇 가지 측면에 걸쳐 있다. 첫째, 유학 및 그 전환을 중심으로 한 사상 전통. 둘째, 다민족 왕조 내부에서 유학은 어떻게 상이한 족군의 관계를 처리하고, '중국'이라는 함의를 규정했는가? 셋째, 청대 제국 전통과 근대 국가 전통 형성 간의 관계 및 그것들의 내외 관계의 모델. 넷째, 민족주의와 근대 지식·제도의 형성. 본서의 기본 구조 안에서 이러한 문제들은 모두 사상사의 내재적 맥락——특히 유학의 전환——속에서 사고되었다. 나는 모든 사태를 나열하는 식의 편년사 서술을 피하고 또 개념사의 방식이나 철학적 방식으로 사상사 문제를 처리하지는 않을 것이다. 나의 방식은 사상사의 인물·사건·문제를 일정한 문제 구조 속에 놓고 토론하는 것이며, 이러한 문제로서 책 전체를 관통하는 단서로 삼는다. 여기에는 종합적 분석도 있고 사안별 토론도 있다. 즉 제1, 2장의 송명 이학에 대한 분석은 종합적 분석 방식을 채용했으며 (그러나 또한 천리의 성립이라는 문제에 집중했다), 여타 각 장은 모두 다른 사안에서 출발하여 텍스트, 인물, 역사 맥락에 대한 해독을 통해 내가 토론하고자 하는 주요 문제를 드러냈다. 사상과 인물을 장절로 하여 전체 내용을 구성한 목적은 가능하면 각각의 구체적 사상과 인물의 정황과 복잡성을 드러내고 이러한 사상과 인물들을 억지로 나의 목적에 따라 총체적 서술 속에 꿰맞추는 것을 피하기 위해서이다. 그러므로 한편으로는 이러한 장절의 역사 의미는 총체적 서술 맥락 속에서만이 비로소 충분히 드러날 수 있다. 다른 한편 각 장절의 분석은 또한 상대적으로 독립되어 편장을 이룰 수 있다. 상, 하권의 안배는 역사 서술 속에서 자연스럽게 형성된 것이지만, 그러나 또한 각각 처리한 주요 문제 및 그 연계와 차이를 고려하였다. 전권을 읽을 시간이 없는 독자는 어떤 상관 부분만 선택하여 읽어 나가도 된다. 도론 부분은 주로 본서 상권의 사유에 대한 배경적 설명을 한 것이고, 하권에 대한 총결은 마지막 장 '총론' 속에 진행하였다. 그러나 도론과 총론은 하나의 전체이며, 그들 간의 모종의 긴장은 이러한 전체성의 구현이다. 본서의 글쓰기 과정이 10여 년 넘게 진행되어, 나는 나의 이론적 사고 및 그 변화의 전체 맥락을 그려 낼 수 없음을 밝혀 둔다.

제1장   천리와 시세

天道行而萬物順,   천도天道가 행해지면 만물萬物이 순응하고,
聖德修而萬民化   성덕聖德이 수행되면 만민萬民이 교화된다.

                    ── 주돈이周敦頤, 『통서』通書

천리와 유학 도덕 평가 방식의 전환

1. 이학과 초기 근대성

1920년대부터 40년대까지, 나이토 고난, 미야자키 이치사다는 잇달아 '당송 변혁變革', '송대 자본주의', '동양적 근세' 등의 중요한 명제를 제기했다. 그때부터 지금까지, 이 명제들의 내용과 성질에 대한 학술계의 논쟁·수정·보완은 끊임없이 이어졌지만, 교토학파가 논증한 당과 송의 기본적 차이 및 송대의 특수한 역사적 지위는 오히려 보편적으로 긍정되었다. 나이토 고난은 "당과 송은 문화의 성격상 현저한 차이가 있다. 즉, 당대는 중세의 종결이고, 송대는 근세의 시작으로서, 그 사이에 당말부터 오대五代에 이르는 과도기가 포함된다"고 하였다.[1] 송대의 특수한 지위에 대한 논술을 귀납하면, 우리는 아래의 몇 가지 측면을 나열할 수 있다. 첫째, 송대는 비록 무력으로 천하를 통일했으나 그 정치적 통치와 상업적 통치 또는 경제적 통치의 관계는 전에 없이 강화되었다. 송조는 "상업 통제를 중앙집권의 기초로 삼아 만민을 통치한 최초의 통일 왕조이다. 이 경제적 중앙집권제가 성과를 얻어, 이후 역대 왕조의 기초를 철벽처럼 굳건하게 하였다."[2] 상업 통치를 형성하는 두 개의 결정적 요소는 교통과 경제 제도의 변화이다. 즉 운하運河는 원거리 무역과 인구 유동을 촉진하였고, 도시화의 발전, 새로운 형태의 사회관계, 노동 분업에 사회적 기초를 제공하였다. 토지 제도, 세제, 화폐 제도 등의 영역에서는 중대한 변화가 발생하여, 실물 경제를 주로 하는 경제 형태에서 화폐경제로의 전환을 촉진하였다. 그 중 양세법이 조용조제租庸調制*를 대체한 것은 특히 중요한 제도적 요소로서, 인민을 토지에 속박하던 상태에 변화를 가져왔다. 바로 이런 변화들로부터 미야자키 이치사다는 '현저한 자본주의적 경향'을 보았고, 나아가 이 시기를 황하 중심 시대 혹은 내륙 중심 시대와 구별되는 신시대의 지표로 삼았다. 이것이 바로 운하 중심 시대의 확립이다.[3] 둘째, 경제 변화에 따라서 구품중정제九品中正制를 중심으로 한 귀족 사회구조와 문화가 쇠락하였다. 그것을 대신해 일어난 것은 성숙한 군현郡縣 제도, 중앙 독재 및 관료 체계로서, 그중 과거 제도의 정규화로 인해 발생한 신사紳士-관료 계급의 흥기는 송대 이래의 중국 문화에 매우 큰 영향을 미쳐, 한당漢唐 제국과 구별되는 정치 문화의 형성에 기초를 놓았다. 셋째, 오대의 분쟁과 그 후에 형성된, 민족 단위를 주체로 하는 여러 나라의 병치 국면으로 송대 이후의 중국 왕조는 민족 상징이라는 특징을 갖게 되었고, 그 정체감은 "피차 강렬한 자각과 의식을 가진 국민주의의 상호 대립"에서 탄생하였다.[4] 한당 다민족 제국의 문화적 정체성과는 달리, 송대 사회는 초기 민족주의(국가와 민족의 결합 및 문화적 배외주의)의 출현을 보여 주었다. 넷째, 위 각 항의 조건과 상응하여, 이학理學이 한당 경학經學을 대체함으로써, '국민주의', 평민주의(반귀족적 평민주의), 세속주의 등 '근세'적 경향의 새로운 형태의 유학 세계관을 확립하고, 사상사 영역에서의 '초기 근대' 혹은 '근세'의 표지가 되었다. 미야자키 이치사다는 이렇게 주장했다.

---

* 조용조제(租庸調制): 당대(唐代) 조세법(租稅法). 균전제(均田制)를 배경으로 조(租)는 구분전(口分田: 각 가구의 실제 인원수에 따라 상응하는 토지 지분을 부여하는 것)에 부과한 세, 용(庸)은 사람에 대하여 부과한 노역(勞役) 의무, 조(調)는 집에 부과한 현물세(現物稅)를 말한다.

송대는 사회경제적 약진, 도시의 발달, 지식의 보급을 실현시켰으니, 유럽의 르네상스 현상과 비교하면 당연히 그것과 동시적이고 또 동등한 수준의 발전이라고 이해해야 한다. 특히 중국 르네상스의 초기 단계에서는 독특한 인쇄술의 발달을 볼 수 있다.

중세의 사상계는 유불도 삼교를 대표로 하는데, 그중 영향력이 가장 큰 것은 불교이다. …때때로 불교는 속계에서의 활동이 과도하여 사전寺田을 확장하고, 민정民丁을 숨겨 주고, 치안을 문란케 하고, 정부의 재정에 영향을 미쳤기 때문에, 위정자가 꺼려하여 탄압을 받았으나, 이때 위정자의 배후에서 탄압을 획책한 것은 대다수가 도사道士였다. …당송부터 과거제가 성행함에 따라 유생은 과거 출신을 중심으로 하는 사교계를 수립하였고, 유교가 정치와 민중의 헤게모니를 독점하는 운동을 일으키기 시작하였다. 그 결과 유교 측에서 배불론排佛論의 형식을 띤 공세가 나타났는데, 문호文豪 한유韓愈가 부처 사리 맞이에 대해 간諫한 것(『간불골표』諫佛骨表)이 바로 그 선구이다.[5]

미야자키가 보기에, 송학은 전술한 사회관계의 발전과 변화에 적응하여 탄생한 일종의 세속적 '종교'이다.[6] 교토학파는 송 왕조의 천하통일을 '동양적 근세' 혹은 '초기 근대성'의 발단으로 보았으며, 역사 연구에서 중국사(및 동아시아사)와 관련한 장기간의 논쟁을 야기했다. 바로 이 때문에, '근대중국사상의 흥기' 탐구를 중심으로 하는 본서가 송대 사상의 새로운 해석에서부터 시작하지 않을 수 없는 것이다.

양송兩宋 도학道學(특히 정주이학程朱理學)의 어떤 특성들 역시 근대의 유학 연구자가 유럽 근대 철학과 역사를 참조해서 그 의의를 해석하는 데 편의를 제공했다. 후스의 실용주의, 펑유란馮友蘭의 신실재론新實在論, 머우쭝싼牟宗三의 칸트주의의 철학 틀 속에서, 유학의 기본 명제는 부단히 본체론, 인식론 등 유럽의 철학 범주 속에서 조직되었을 뿐 아니라, '내재內在로의 전향', '이성화'理性化, '세속화' 등 유럽의 역사 범주 속에서도 조직되었다. 계몽주의의 조류 속에서, 18~19세기의 유럽 사상은 이성주의적 전환과 개인주의적 전환을 거쳤는데, 그 핵심은 종교의 전제專制에 대항하는 세속주의, 그리고 절대주의에 대립하는 자주성 관념이다. 그러므로, 근대 유학 연구에서의 '내재로의 전향', '이성화' 및 이 시각에서 형성된 '일상생활과 그 윤리' 개념은 모두 근대 유럽 형이상학, 개인주의 가치(자아를 중심으로 하는 내재화된 도덕적 시각), 시민사회의 문화 및 실증주의적 과학관을 참조로 하여 형성된 범주였으며, 이는 종교적 권위와 절대왕권에 대한 세속화된 개인 및 그 이성의 반란의 가능성을 갖고 있었다. 조지프 니덤 Joseph Needham은 심지어 "이학가理學家들의 불교 반대는 실질적으로 과학적 세계관이 세계를 부정하는 일종의 고행주의苦行主義 신앙에 반격하고 있는 것이다"[7]라고 분명히 인정하였는데, 그 말투는 거의 '5·4' 시기 중국의 신문화운동新文化運動 인물들의 이학에 대한 공격 및 조소와 같았다. 비록 중국 학자 중 '근세' 혹은 '초기 근대' 등의 개념을 사용하는 이는 매우 적지만, 이러한 개념 자체는 '중세기'와 구별되는 송대 사상의 모종의 특징들을 암시하고 있다. 사실상, 송명 이학에 대한 '이성적 시각의' 서술과 교토학파의 '자본주의'(시장경제), '국민주의'(민족주의), 원거리 무역(노동 분업), 도시화(사회적 유동) 등 유럽 범주 내에서 송대 사회를 서술한 것은 호응한다.─그것들은 모두 중국 혹은 동아시아와 관련된 근대성 서사이고, 모두 유럽 근대성의 참조하에서 구축된 역사 상상想像이다.[8]

청말 이래, 천리적 세계관의 형성과 그 의의에 대해서는 두 가지의 전혀 다른 이해 방식이 존재하는데, 그것들은 모두 근대의 가치관 속에 깊이 뿌리를 두고 있다. '5·4' 신문화운동의 해석 틀 속에서, 천리적 세계관은 중국 근대의 기회 상실을 초래한(반과학적이고 반시장적인) 일종의 반동적인(황권皇權을 옹호하는), 중세적인(종법宗法 가족 제도와 예교禮敎를 제도적 기초로 하는) 이데올로기이다. 이와 반대로, 교토학파와 근대 신유학은 서로 다른 고려에서 출발하여, 송학의 출현을 문화 영역에서의 중국과 동아시아의 초기 근대성의 표지라고 보며, 그 속에 민족주의(국민주의)적, 평민주의적(반귀족주의적), 개인주의적, 세속주의적(반종교적), 분권주의적 경향을 담고 있었다고 간주한다. 이런 두 가지 전혀 상반된 평가는 모두 근대 유럽 계몽주의의 도덕 계보—특히 주체성과 내재성의 관념—를 그 척도로 삼는다.[9] 예를 들어, 머우쫑싼은 맹자의 "구하면 그것을 얻게 되고, 버려두면 잃게 된다. 구하는 것이 얻는 데 유익한 것은, 구하는 것이 나에게 있기 때문이다"(求則得之, 舍則失之, 是求有益於得也, 是求在我者也)*라는 말을 해석할 때, 맹자가 말한 나(我)를 개인 자주성의 범주라고 설정하였고, 따라서 정치와 줄곧 떨어져 본 적 없는 유학이라는 이데올로기를 '반정치적'이자 '비정치적'인 개인의 독립 선언이라고 해석한다.

> 유가를 정치와 한데 얽히지 않게 하고, 시대에 따라 부침하지 않게 하고, 오직 개인의 성덕成德을 인류가 광명을 여는 문으로 삼아 그 영원한 독립의 의의를 유지케 하라. …이 '내성지학'內聖之學은 '성덕지교'成德之敎라고도 한다. '성덕'의 최고 목표는 성인聖人·인자仁者·대인大人이며, 그 참뜻은 곧 개인의 유한한 생명 속에서 하나의 무한하고 완벽한 의의를 얻는 데 있다.[10]

유학을 '정치'와 '시대'로부터 분리시키는 것은 곧 성인·인자·대인 등 성덕의 핵심을 이 개념의 배경 조건으로부터 분리시키는 것이다. 이학의 내부 논리에서 볼 때, 이 해석이 가능한 까닭은 이학의 여러 판단이 천리에 관한 서사 틀 속에 수립되어 있기 때문이다. 따라서 도덕/정치의 판단은 우주 질서와 내재적 본성에 대한 인지의 방식을 가지고 전개되는데, 사맹학파思孟學派*는 바로 상술한 이학의 방식의 중요한

---

* 구하면~때문이다:『맹자』「진심 상」(眞心上)에 나온다.

원천이다. 그러나 우주론, 본체론의 틀로 유학적 판단의 정치성을 포괄하는 것으로는 결코 유학의 '반정치적'이고 '비정치적'인 본질을 증명할 수 없다. 오히려 반대로 우주론, 본체론 혹은 기타 '비정치적' 서술 형식 자체가 곧 정치적인 서술 형식이다. 따라서 '비정치적' 서술 형식은 '정치적' 맥락 속에 두어야만 비로소 이해할 수 있다.[11] 만약 개인의 성덕이 구체적인 등급적 인륜 관계를 벗어나 '영원한 독립의 의의'에 대한 증명이 된다면, 이 범주는 얼마나 공맹孔孟의 사상이라고 이해될 수 있으며, 또 얼마나 신문화운동이 대표하는 근대적 가치관의 확증이 될 수 있을까?[12] 종교 관계, 귀족정치, 절대왕권을 벗어난, 근대 유럽의 세속적 주체성과 내재성 개념을 배경으로 갖고 있지 않다면, 맹자에 대한 머우쭝싼의 분석을 이해하기가 매우 힘들다. 역사적 유비類比의 의미에서, 종족 윤리 관계를 인간 자신의 바깥에 있는 일종의 권위주의적 속박이라고 본다면, 이학은 곧 '중세적'이다. 심성 철학을 내재성(자아) 관념의 기원으로 보고, 이학이 주창하는 종법 관계를 절대왕권에 대항하는 사회적 조건(혹은 중국식의 '시민사회'의 형성)이라고 보고, '격물치지'格物致知라는 이학의 명제를 실증주의적 과학 방법의 기원이라고 본다면, 이학은 또한 '초기 근대성'의 요소를 가질 수 있을 것이다. 이러한 대립은 결코 근대성 서사의 기본 틀을 벗어나지 않았다.

양송 도학兩宋道學(이학)은 복고주의의 틀 속에서 두 가지 고전적 관념으로 자기가 처한 시대의 새로운 규범과 새로운 제도를 공격하였다.

• 사맹학파(思孟學派): 중국 전국시대(戰國時代) 유가(儒家) 사상가 가운데 인간의 본성을 중시하는 '천도'天道 사상을 발전시킨 일파로, 공자의 진정한 계통이자 유학의 분류로 여겨져 왔다. 사(思)는 자사(子思), 맹(孟)은 맹자(孟子)를 이른다. 이 학통은 공자의 중심 사상을 충서(忠恕)로 파악한 증자(曾子)와 연결된다. 증자에게 배운 자사는 『중용』(中庸)의 저자로 알려졌으며, 맹자 또한 자사의 문인에게 배웠다고 한다. 『순자』(荀子) 「비십이자편」(非十二子篇)에서 자사와 맹자를 같은 계열로 파악하였다. 한비자는 공자 이후 유가 학파가 8개로 분화되었다고 하였다(『한비자』韓非子 「역학」易學).

즉 하나는 천天·도道·천도天道 등의 고전적 관념을 종합하여 발명해 낸 새로운 고전적 관념인 천리天理이고, 또 하나는 삼대三代의 왕제王制와 예악禮樂이다. 전자는 전면에 내세운 기치이고, 후자는 감춰진 척도이다. 우리는 이학의 기본적 입장을 이렇게 귀납할 수 있다. 즉 천도/천리로써 정술政術(군현제郡縣制 조건하의 황권-관료정치)에 대항하고, 종법을 회복하여 시장의 유동성에 대항하고, 정전제를 주창함으로써 무역과 세법稅法에 대항하고, 학교로써 과거제에 대항하고, 성덕으로써 공명功名에 대항하고, 복고의 형식으로 외래문화와 역사적 변천에 대항하는 것 등이 그것이다. '5·4' 신문화운동과 맑스주의학파의 서술 속에서, 이와 같은 이학의 경향은 항상 귀족주의, 복고주의, '반동적' 이데올로기로 간주되었다. 앞에서 말한 송대 사회의 제반 특징 —중앙집권, 시장경제, 원거리 무역, '국민주의' 혹은 '원민족주의'(proto-nationalism), 개인주의 등등—이 모종의 '초기 근대성'으로 귀납될 수 있다면, 천리를 중심으로 하는 유학 사조의 정치적 혹은 사회적 함의는 이른바 '초기 근대성' 요소들에 대한 비판 이론으로 개괄될 수 있다. 그러나 이학의 비판성은 역사 변화의 합리성을 인정한다는 전제하에 수립되고, 따라서 그 이론적 구조의 요소—예를 들면, 리理, 기氣, 심心, 성性 등등—는 새로운 역사 관계를 그 전제로 삼으며, 천리 자체는 시세時勢에 대한 평가를 포함하고 있다. 이런 의미에서, 천리 개념의 수립을 위해서는 시세의 변천 속에서 존재의 확고한 기초를 찾아야 하기도 하고 또한 성인지학聖人之學의 기본 원칙을 부단히 변화하는 형세에 적응시켜야 하기도 한다.

그러므로 이학은 상술한 요소가 구성하는 사회관계 및 문화적 경향의 외부에 서서 비판을 한다기보다는 차라리 비판적이고 복고적인 태도로 일종의 역설적인 사유 방식을 구축하였다고 말하는 것이 나을 것이다. 예를 들어, 도학가道學家들은 도학과 그 봉건의 이념으로써 '정술'에 대항하지만, 황권 중심주의 및 그 군현 체제를 인정한다. 의義로써 이利를 억제하고, 리理로써 욕欲을 억제하지만, 이利와 욕欲의 모종의 정당성을 인정한다. 종법·정전으로 전제田制 개혁과 세제 개혁에 대항하지만, 이들 개혁의 역사적 합리성을 인정한다. 고대 학교의 이념으로 과거취사科擧取士에 대항하지만, 또한 귀족 제도 쇠퇴의 필연성을 인정한다. 종족과 봉건을 도덕적 이상으로 삼지만, 또한 성덕의 실천을 개인의 수신 실천 속에서 실현한다. '불교와 도교의 배척을 호소하지만, 그 이론적 형식(우주론, 본체론 혹은 심성론)은 오히려 불교와 도교의 영향을 깊이 받아서, 후세에 도학을 '양유음석'陽儒陰釋으로 비판받게 했다.

그렇다면, 설령 송대 사회의 상술한 변화를 '초기 근대성'(혹은 '근세')이라는 이런 약간 억지스러운 개념 속에 두고 개괄할 수 있다 하더라도, 이학의 주요 경향은 단지 일종의 '반反 초기 근대성적 근대성'의 사상 구조로 귀결될 수밖에 없다. 사실상, 이학가의 '이세'理勢 혹은 '시세'時勢 개념은 결코 시간적 목적론의 의미를 담고 있지 않으며, 따라서 '근세', '근대' 등의 여러 개념을 이용하여 기술하는 것은 결코 내재적 근거가 없다. 미야자키 이치사다가 국민주의 개념을 가지고 이학과 군현제 국가를 일종의 대응 관계 속에 둔 것은 단순화의 혐의가 없지 않다. 천리적 세계관의 역설적 모습은 다음과 같이 개괄할 수 있다. 첫째, 천리 개념 및 그 사유 방식은 일종의 복고적 방식으로 송대 사회의 각종 새로운 발전에 대한 비판이 되었지만, 이 비판과 그 형식 자체는 송대의 변혁 내부에서 발생하였고, 또 이들 변혁의 역사적 함의를 이론적 전제로 삼았다. 둘째, 천리를 중심으로 하는 사상 계보는 단연코 추상적·형이상학적 혹은 철학적 체계일 뿐 아니라, 그것은 동시에 여전히 이 방식으로 전개하는 도덕/사회/정치 이론이고, 따라서 이 사상과 세계관의 역사적 함의는 확정적이지 않다. 그런 점에서 이학의 개념과 명제는 일종의 '공용公用 공간'이 된다. 즉, 통치자는 애써 그것을 체제화하고 관방화官方化하고, '사'士 계층은 힘써 그 비판성과 순결성을 견지하고 새롭게 하며, 반역자는 그 최고의 가치(천리)를 반항의 자원으로 삼을 수 있다. 그러므로, 천리의 해석과 실천을 둘러싼 논쟁과 투쟁은 송대 이후 장기간 사상사적 현실이 되었다. 천리를 중심으로 하는 사상 계보는 최종적으로 수많은 정치/도덕 논쟁 속으로 말려 들었고, 이 사실은 다음을 증명한다. 천리의 성립은 유학의 도덕/정치 평가 방식의 형태 전환을 보여 주는 것이다.

'근세', '초기 근대' 등의 개념은 분명한 역사적 목적론의 색깔을 띠고 있으며, 우리는 잠시 이들 개념이 낳은 논쟁을 우회하여, 이학의 형태와 그 역사적 함의의 이해에 집중해도 무방할 것이다. 양송 도학은 불교와 도교의 잘못을 타파하고, 한대 유가들의 전주지학傳注之學을 폐기하고, 유학의 진면목을 회복하였는데, 이 유학 운동의 결과, 천리를 중심 개념으로 하는 유학 우주론·심성론·지식론이 확립되었다. 천리天理 개념은 천天과 리理가 합쳐서 만들어졌다. 즉 천은 리理의 지고한 지위와 본체론적 근거를 표현한 것이고, 리理는 우주 만물이 우주 만물이 되는 근거를 암시하였다. 천과 리의 합성어는 천天·제帝·도道 혹은 천도天道 등의 범주가 전통 우주론·천명론天命論 및 도덕론 속에서 갖고 있던 지고한 지위를 대체하였고, 따라서 유학의 각종 범주와 개념을 천리 중심의 관계 속에서 조직하기 위한 전제를 마련하였다. 천리 개념이 확립되면서, 유자儒者는 현실 세계에 내재적이기도 하고 서로 대치되기도 하는 형식으로써 자기와 자기가 처한 세계를 관조할 수 있었고, 또 '리'의 틀 속에서 이상 세계를 상상할 수 있었다. 이후의 시각에서 보면, 이 개념을 창시한 이정二程과 이 개념을 활용하여 보편적 체계를 만들어 낸 주희는 도학에서 기타 도학가—북송 도학의 선구자를 포함하여—와는 다른 특수한 지위를 갖고 있다. 앵거스 그레이엄 A.C. Graham은 이렇게 말했다.

> 이정二程은 천天, 명命, 도道가 단지 리理의 다른 명칭일 뿐이라고
> 여겼다. 이렇게, 그들은 인류 사회와의 유비類比 속에서 상상한
> 자연법칙을 이성의 법칙으로 전환시켰다.[13]

천·명·도는 모두 천도론(자연법칙)의 흔적을 띠고 있으나, 리는 오히려 이 법칙의 이성적 전환을 대변한다. 근대 신유학 연구 중에서, 이른바 '내재로의 전향'[14] 혹은 '이성화' 등의 개념은 바로 이 역사적 이해에 부응하여 탄생한 것이다. 이른바 '내재로의 전향'은 통상 천天의 절대성에 대한 도학 사상의 거부를 묘사하는 데에 이용된다. '이성화' 혹은 '이성적 법칙'은 도덕 판단의 근거를 천의 의지로부터 인간에 내재하는 이성에게로, 외재적 예의 제도로부터 내재적인 단련으로, 우주론적 기술 방식으로부터 본성론적 기술 방식으로 전환시키는 것을 기술하는 데 통상 '리'라는 개념이 이용된다.

그러나, '이성화' 개념은 세속/종교라는 대립 범주 속에서 수립된 것이다. 만약 송학의 '내재로의 전환'이 '이성 법칙'을 수립한 것이라면, 미야자키 이치사다가 송학을 '세속적 종교'라고 규정한 논단과 이른바 '유학의 종교성'이라는 명제는 또 어떻게 이해해야 하는가?[15] 송대 유학의 특징을 서술하기 위해서 '이성화', '내재로의 전향'을 세속/종교라는 대립 범주 속에 두고 해석할 때 마주칠 수 있는 약간의 곤란한 문제들을 간략히 설명할 필요가 있다.

우선, 불교 및 도교와의 논쟁 속에서, 유학은 일상생활과 그 윤리에 대한 긍정을 통하여 불교 배척의 사회적 동기와 이론적 근거를 밝혔으나, 당唐나라 말기 혹은 북송 시대에 유학과 불교·도교의 투쟁 배후에는 짙은 정치적 함의가 담겨 있었다. 다음으로 유학의 범주 내에서, 현세 생활에 대한 긍정이 비종교적 혹은 세속화라고 말하기는 매우 어렵다. 따라서 상술한 투쟁 역시 세속과 종교라는 이원론으로 경계를 설정하기가 어렵다. 유학은 불교의 출세간주의出世間主義에 맞서 일상생활을 긍정하는 자세로 대항하였다. 바로 이 '일상생활 경향' 때문에 근대의 연구자들은 유럽의 계몽철학과 마찬가지로 송학宋學은 종교 생활 혹은 피안의 생활에 대한 비판이라고 믿었다. 유럽의 맥락에서 '일상생활' 범주는 유럽 기독교의 생활 범주와 서로 대응하는 것으로서, 근대 시장과 시민사회의 발전에 따라 탄생한 비종교적 세속 생활을 암시하였다. 그러나, 유학의 일상생활은 '예'의 범주 속의 일상생활을 가리키는 것으로서, 불교의 '율律'의 범주 규범에서의 생활과 마찬가지이다. 리와 예는 직접 상관되는데, 리는 곧 예가 예 되는 원리, 근원 혹은 본질이며, 곧 사람들이 예의에 따라 행사(실천 혹은 실행)하는 근거이다. 불교가 성행하던 당송 시대에, 예에 대한 존숭은 부단히 지속되었다. 셋째, 이학가들은 예의 외부에 별도로 하나의 '리'를 설정하여 예의 실천을 한정하였고, 현실의 예와 그 체제 자체가 이미 그 내재적 가치를 상실했다고(공동화空洞化된 형식으로 타락했다고) 생각했다. 따라서 리와 예의 내적 연계를 재구성하는 데 힘썼고, 나아가 예와 그 실천의 신성성과 가치를 회복하고자 하였다. 이런 의미에서, 일상생활에 대한 이학의 긍정은 예의 신성성에 대한 긍정을 포함하고 있었다. 유학의 시각에서, 일상생활이 드러내 주는 것은 어떤 우연적이고 임의적인 구조 혹은 과정이 아니라, 예의 본질과 직접적으로 상관된 구조와 과정이고, 따라서 천의 본질과 직접 상관된 구조와 과정이기도 하였다. 그러므로 천리의 확립은 세속화의 과정이라기보다는 예의 혹은 일상생활 실천이 다시 한번 내재적으로 신성화되는 과정이라고 하는 것이 좋을 것이다.──일상생활 실천(예의의 실천과 제도의 실천)이 공동화되고 임의적이고 우연적인 형식으로 타락할 때, 도학은 주체의 성誠과 경敬을 통해 예의적 실천에 실질적 내용을 부여할 것을 요구한다.[16] 이학은 어떤 의미에서 사람들이 새롭게 성誠과 경敬을 얻도록 도와주는 도덕 학설이다.

유학의 전개 과정에서, 예악 제도·풍속 관습 및 언어 수사의 붕괴, 쇠락, 형식화에 대한 우려는 지속적인 내재적 기조였다. 공자는 인仁으로써 예를 해석했는데, 이는 곧 예악 붕괴의 상황 속에서 '인'이라는 범주를 통하여 예에 내재적·실질적 내용을 새롭게 부여하고자 시도한 것이다(인을 예악의 핵심으로 삼고 또 예악을 천으로 삼았기에, 인은 천의 본질이기도 하고 사람의 본질이기도 했다). 송대 유가들은 리로써 예를 대신하였으니, 또한 예악과 제도의 분화라는 상황 속에서 '리'

범주를 통하여 제도/예악의 실천에 내재적 규범을 제공한 것이다(리 혹은 심心을 천天과 인仁의 본성으로 삼는다). 청대 유가들은 예로써 리를 대신하는 것, 즉 '예'라는 범주를 통하여 예의 이학화理學化 혹은 심학화心學化가 초래한 예악 체제의 해체를 극복하고자 시도하였다. 이들 유학자의 말에 따르면, 예악·예의·제도·천리·심성은 모두 천 혹은 천의 존재 형식이고, 따라서 천과 그 신성성은 결코 인간의 일상생활의 바깥에 있는 존재가 아니다. 이런 의미에서, 인仁·리理·심心·성性 등의 유학 범주는 모두 제도·예악·의식儀式·일상생활 등의 형식화와 공동화의 극복을 종지로 삼는다. 따라서 이들 개념이 이성화의 추세에서 탄생했다고 하기보다는 이성화 추세에 대한 반응——일종의 반이성화적 이성화 추세——이라고 하는 것이 나을 것이다. 여전히 예의 관계 속의 일상생활에 대한 이학의 긍정을 '세속화의' 범주 혹은 '이성화의' 범주 속에 두고자 한다면, 우리는 반드시 이 두 개념을 완전히 새롭게 해석해 내야 한다.

2. 이학의 성립과 유학의 전환

천리적 세계관의 역사적 함의에 대한 논의를 전개하기 전에, 우리는 아래에 서술하는 문제에 대한 합당한 대답을 제출해야 한다. 첫째, 천리적 세계관의 성립은 유학의 도덕/정치 평가 방식의 전환 혹은 돌파를 보여 주는가? 둘째, 어떻게 이학의 도덕/정치 평가 방식과 선진 유학 및 한당 경학의 주요한 차이 속에서 이 전환 혹은 돌파를 이해할 것인가? 셋째, 천리적 세계관이 확립될 수 있었던 사회정치적 조건은 도대체 무엇인가?

학술사가의 고증에 따르면, 이학은 뒤늦게 일어난 개념으로, 원나라가 송사宋史를 편찬할 때에도 '도학전'道學傳이라고 칭한 것이 바로 그 예증이다. 송대 학자들도 이학이라는 단어를 사용했지만, 그 함의는 전혀 달랐다. 예컨대 주희·육구연陸九淵·황진黃震 등이 사용하는 이학은 사장詞章·고거考據·훈고訓詁와 상대되는 의리지학義理之學을 가리킨다.[17] 원나라 말기 장구소張九韶의 『이학류편』理學類編은 이학 개념의 기원으로 간주되지만, 그때는 아직 그것과 대립되는 심학心學 개념이 없었고, 따라서 이 이학 범주는 후대의 이학 범주와 결코 일치하지 않는다. 명대 진진성陳眞晟(자字는 잉부剩夫, 처음의 자는 회부晦夫, 뒤에 보의步衣라고 자호自號하였다. 복건福建 진해위鎭海衛 사람이다)의 『심학도』心學圖 이후에야 심학 개념이 비로소 통행될 수 있었다. 그러나 진진성의 학문은 정주程朱를 종주宗主로 하였기 때문에,[18] 그 심학 개념은 그 이전의 육구연이나 그 이후의 왕수인과는 내재적 연계가 없다. 심학은 양명학陽明學의 일련의 명제들로부터 상산학象山學으로까지 미루어 올라가 성립한 것이지만,[19] 그것의 확립은 사실 정주이학과의 대립에 의존한다.

근대 신유학은 이학을 일종의 형이상학 혹은 철학 체계로 간주하여 그 이전의 각 파의 유학과 구별하는데, 그중 이학과 경학, 의리와 고증의 대립은 두드러진 점이다. 그러나, 우리는 주소注疏, 고거, 훈고의 방식으로 의리를 탐구하는 그 사유 방식들을 어떻게 개괄할 것인가? 또 서로 다른 의리지학은 무엇을 근거로 구분할 것인가? 정주程朱 등의 이학가는 대량의 경학 연구를 했을 뿐 아니라 일상생활 영역 속의 종법 의식, 규범, 윤리에 대해서도 자세히 설계하고 연구했다. 경전에 대한 그들의 태도는 철학적이기보다는 설명적 혹은 해경적解經的이라고 하는 것이 나을 것이다. 이는 일부 학자들이 송명 이학을 '경학' 범주 속에서 연구하고, 또 역사 변천의 맥락에 따라 송명 이학의 발전을 네 단계로 개괄하는 이유이기도 하다.[20] 이런 의미에서, 의리지학義理之學과 전주傳注·고거지학考據之學의 구별이든, 아니면 형이상학과 구체적 실천 사이의 차이이든, 모두 이학이 중국 사상 속에서 가지는 독창적인 의의를 설명하기에는 부족하다.

주희는 『이락연원록』伊洛淵源錄에서 이학 형성의 주요 계보를 그려

냈다. 그는 주돈이周敦頤를 이학의 시조로, 북송오자北宋五子를 이학의 선구로, 그중 이정二程을 일대一代의 종사宗師로 삼았고, 동시에 또 이 운동의 많은 참가자를 언급하였다. 이 계보는 주희가 자신이 계승한 학술 노선을 부각시키기 위하여 수립한 것으로서, 결코 이학 발생의 다중적 연원을 반영하지 못하고 있다.[21] 피터 볼Peter K. Bol은 이렇게 논증했다. 송초삼선생宋初三先生*의 유학 부흥이 정주학파를 직접 이끌어 냈다는 관점은 견실한 역사적 근거가 결핍되어 있으며, "도통道統이 주돈이로부터 이정二程으로 갔다는 주장은 역사적인 면에서 성립될 수가 없고, 철학면에서도 믿을 수 없는 것이다. 심지어 이른바 11세기 도학道學 대가들에 대한 세밀한 분석으로 이미 증명되었듯이, 그들은 결코 공유하는 철학 체계를 갖지 않았다."[22] 도학 내부에는 많은 대립과 불일치를 포함하였으며, 따라서 '도학'의 모종의 일치성은 '일종의 공유하는 철학 체계'에 의해서 결정된다고 하기보다는 도학과 이들 대립물의 관계(예를 들면, 도학과 신학新學,* 이학과 경학, 도학과 문학, 의리지학義理之學과 치용지학致用之學 등)에 의해서 결정된다고 하는 것이 나을 것이다. 주자가 구축한 도학 계보와 역사적 변혁은 바로 이 부단히 변동하는 관계 속에서 전개되었다. 도학의 "공유하는 철학 체계"를 발굴하는 데만 국한된다면 주자가 이 도학 계보를 구축한 진정한 함의조차도 파악할 수 없을 것이다. 바로 이 때문에, 양송兩宋 사상을 논할 때 많은 학자는 통용되는 이학 개념이 아니라 도학 개념을 이용하여 주돈이, 장재張載, 소옹邵雍, 이정 및 주희 등 유가들의 사상을 논할 것을 주장한다.[23]

그러나, 천리와 그 체계에 대한 정주程朱의 설명은 유학의 일종의 특수한 형태의 출현을 상징하고 있다. 그 이후 유학의 발전·분화·형태

---

* 송초삼선생(宋初三先生): 송나라 초기 세 유학 대가인 호원(胡瑗), 석개(石介), 손복(孫復)을 이른다.
* 신학(新學): 북송 왕안석(王安石)의 학문.

전환은 거의 모두 이학의 내부 관계 혹은 이학과의 대화 관계 속에서 발전하고 변천하였을 뿐 아니라, 새로운 사유 방식과 가치관을 확립하려는 어떠한 시도도 반드시 이학적 세계관과의 관계를 설명해야 한다. 예를 들어, 송원 교체기에 사람들은 도학의 개념, 저작, 구체적인 실천이 큰 세력을 형성한 운동이 되고 일종의 담론 방식을 확립한 것에 주목하였다. 따라서 도학에 반대하는 이라 하더라도 도학이 중시할 만한 존재라는 것은 인정하였다. 그렇다면 이들 반대자의 마음속에서 도학의 기본 형태와 특징은 도대체 무엇이었던가?[24] 또한 청대 사상의 발전 속에서, 고염무·황종희·대진·장학성에서 캉유웨이·량치차오에 이르기까지의 사상과 학술 탐색은 모두 '이학'이라는 사상 형태 및 그 내부 관계와의 대화 속에서 전개되었다. 이들 대화 속에서, 당송 시대 이학 형성 과정의 그 지엽적인 말단이 아니라 송·원·명·청 시대에 점차적으로 형성되고 수립된 중대한 사상사적 현실 및 그 제도적 조건이 후대 사상가들이 사고하고 대화하고 또 논쟁하는 전제가 되었다. 도학가들이 동일한 종류의 '철학 체계'를 공동으로 향수한 것과 도학 혹은 이학에 사상 형태상의 '동일성'이 결핍된 것은 별개의 일이라고 여기는 것, 이 점을 인정하기를 거부하는 것은 곧 '도학' 혹은 '이학'이라는 명명의 의의를 거부하는 것과 같다. 명명 자체는 '동일성'에 대한 확인을 의미할 뿐 이 동일성은 결코 체계의 절대적 통일을 의미하지 않는다. 역사적 과정에서 동일성의 범주 자체는 유동성, 불확정성, 차이성, 자기 해체 및 내부 분열 등등의 요소를 포함하고 있다. 따라서 동일성은 역사적 구축물이다. 이런 의미에서, '이학' 형태를 총체적으로 관찰하는 것은 도학에 대한 현대의 철학적 해석의 반복을 의미하는 것도 아니며, 목적론적 틀에서 출발하여 이학의 특징을 서술하는 것도 아니다. 그것은 차라리 계보학적 작업을 필요로 한다. 즉 이러한 형태적 특징의 출현을 유학가들이 그 속에 참여하면서 대화하는 역사적 조건과 연계시키고, 이학가들의 대화와 논쟁 속에서 이 사상 형태의 수립 과정, 역사적 조건, 자기 와해를 파악하는 작업이 그것이다.

도학/이학 계보의 확립은 유학의 도덕/정치 평가 방식의 중요한 전환을 보여 주고 있다. 이학의 확립은 유학 전환의 각 방면에 관련되는데, 왜 나는 여기서 도덕 평가 방식을 이 전환의 두드러진 중심 고리이자 이학 형태의 주요 특징으로 삼는가? 첫째, 유학은 도덕론을 중심으로 전개되며, 예악/예제를 기본 틀로 하는 정치·경제·문화·자연과 관련된 지식 체계이고, 천인 관계를 새롭게 소통시키고자 하는 도덕/정치 담론이다. 유학의 모든 평가는 최종적으로 모두 반드시 도덕 평가로 귀결된다. 따라서 유학의 변천을 이해하는 가장 중요한 방식은 유학의 도덕 평가 방식에 전환이 발생했는가 혹은 어떻게 전환이 발생했는가를 관찰하는 것이다. 둘째, 유학의 도덕 평가는 정치, 경제, 우주 만물, 기타 사회생활의 각 영역에 두루 영향을 미친다. 따라서 도덕 평가의 개념은 현대 지식 속의 도덕 범주와 혼동되어서는 안 된다. 유학의 범주 내에서 도덕 범주는 의례, 제도, 습속 등과 밀접한 관계를 맺고 있다. 따라서 도덕 평가 방식의 전환을 이해하는 방법은 도덕 평가와 제도, 예의, 습속의 전환을 연계시켜야 한다. 셋째, 유학의 여러 형태 중에서 이학은 평가 과정의 내재적 측면을 부각시켰다. 이는 부분적으로는 이학이 리理 혹은 천리天理를 최고의 평가 기준으로 하는 사상 형태를 확립하면서 한당漢唐 유학의 평가 방식을 탈피했기 때문이다. 그러므로 단지 성性, 심心, 리理, 기氣라는 여러 범주 및 그 맥락과 연원에만 얽매여서는 이학의 역사적 함의를 이해하기에 부족하다. 더 실질적인 문제는 오히려 다음과 같은 것이다. 즉 왜 이들 범주가 유학의 도덕 평가 속에서 핵심 범주로 부상하였는가? 도학의 핵심적 범주로서, 그것들이 '정술'政術·예악·제도·일상생활과 가지는 관계는 도대체 어떠한가? 바꿔 말하면, 이학이 유학의 도덕/정치 평가 방식의 패러다임 전환을 나타내고 있다면, 이학은 어떤 형식으로 그 도덕·정치·기타 사회 담론을 전개하는가? 이 형식 전환을 촉진한 동력과 역사적 조건은 도대체 무엇인가?

우선, 이학의 도덕/정치 담론은 지배적 질서관 속에 두어지는데, 그 중요한 근원은 선진 사상 속에서 중심적 지위에 있던 천天 개념이다. 펑유란은 중국 문자 속의 '천'을 다섯 가지로 개괄하였다.

> 1)물질의 천, 즉 땅과 상대되는 천. 2)주재主宰의 천, 즉 이른바 황천상제皇天上帝로서 인격을 가진 천天, 제帝. 3)운명의 천, 곧 인생에서 우리가 어찌해야 할지를 지시해 주는 것으로서, 예를 들면 맹자가 말한 '만약 성공한다면 하늘의 뜻입니다'(若夫成功 則天也)*의 천이 이것이다. 4)자연의 천, 곧 자연의 운행을 가리 키는 것으로, 예를 들면 『순자』荀子「천론편」天論篇에서 말하는 천이 이것이다. 5)의리義理의 천, 곧 우주의 최고 원리로서, 예 를 들면 『중용』에서 말하는 "하늘이 명하는 것을 성性이라고 한 다"(天命之謂性)의 천이 이것이다.[25]

이 개괄은 대체로 정확하지만, 다섯 층위의 구분은 지나치게 오늘날 사람들의 이해에 접근해 있다. 예를 들면, '물질의 천'을 이용하여 '천 지'天地라는 대칭 범주 속의 천을 표현하는 것은 결코 정확하지 않다. 『사기』史記「천관서」天官書에서는 이렇게 말하였다.

> 처음에 사람(民)이 생긴 이래, 세주世主가 어찌 일찍이 일월성신 日月星辰을 거치지 않았던가? 오가五家,* 삼대三代*에 이르러 이어 받아 밝혔고, 관대冠帶*를 안으로 하고, 이적夷狄을 바깥으로 하 여, 중국을 십이주十二州로 나누고, 우러러 하늘에서 상象을 관 찰하고, 굽어 땅에서 류類를 본받았다. 천에는 일월日月이 있고, 지地에는 음양陰陽이 있다. 천에는 오성五星이 있고, 지에는 오행

• 만약~뜻입니다: 『맹자』「양혜왕장구 하」(梁惠王章句下)에 나온다.
• 오가(五家): 황제(黃帝), 고양(高陽), 고신(高辛), 당(唐, 요堯), 우(虞, 순舜).
• 삼대(三代): 하(夏), 은(殷), 주(周).
• 관대(冠帶): 본래는 복제(服制)를 가리키지만, 예의, 교화로 의미가 확대되었다.

五行이 있다. 천에는 곧 열수列宿가 있고, 지에는 곧 주역周易이 있다. 삼광三光*은 음양의 정精이고, 기氣는 본래 지에 있으니, 성인이 그것을 통제하고 다스린다.[26]

『좌전』左傳「소공昭公 25년」 조에서도 말하였다. "예禮는 상하上下의 벼리(紀)이고, 천지의 경위經緯이다." "자산子産이 말하였다. 무릇 예禮는 천天의 경經이고 지地의 의義이고 민民의 행行이다. 천지의 경을 민이 실제로 기준 삼는다."[27] 여기서 천과 지는 대칭이고, 천문, 지리 등의 물질적 현상과 관계있을 뿐 아니라 오제五帝, 삼대三代의 예禮와도 상호 대응하고 관련되어 있다. 따라서 근대의 '물질' 개념과는 차이가 있다. 음양오행의 운행은 곧 예의 운행이며, 예의 운행은 곧 자연의 운행이다. 따라서 이 우주 운행 속에는 자연의 천과 가치의 천의 구분 혹은 자연 물질과 '가치 판단이 있는' 물질의 구분이 존재하지 않는다. 사실상, 선진先秦 시기의 문맥에는 단순한 물질 개념을 나타내는 '자연' 개념이 결코 없다. 자연은 세계 존재의 본연의 상태로서, 이 범주 속에서 '가치 판단의 물物'의 개념 역시 이해하기가 어렵다. 상술한 천의 다섯 가지 의미 중에서, 이학적 질서관은 주로 『시』詩, 『서』書, 『좌전』, 『국어』國語 및 『논어』論語 속의 천의 주재적主宰的 요소, 특히 한대漢代 천인학설天人學說 속에 체현된 그런 주재적이자 인격신의 특징을 가진 천(이 경향은 당대 후기 한유, 유종원柳宗元, 유우석劉禹錫의 천인 관계에 대한 논쟁과 맥이 이어진다)을 주로 지양했다. 이학적 질서관은 천이 함축하고 있는 일종의 내재 구속적인(그러나 외재 구속적이지는 않다) 질서를 최고이자 내재적인 도덕적 원천으로 삼는다.[28]

천과 리理의 합일을 통해 이학은 리, 기, 심, 성 등의 범주를 중심으로 하는 총체적 질서 체계를 창조하였다. 이 새로운 질서관에 따라, 한편으로 천도와 천리는 우주의 본체, 만물의 기준, 도덕의 기원이 되었

• 삼광(三光): 일(日), 월(月), 성신(星辰).

다. 다른 한편으로는 천도와 천리가 만물과 우리 자신에 내재하기 때문에, 이학의 중심 임무는 곧 우리의 일상 세계 속의 천리를 밝히고, 우리의 일상 세계가 어떤 방식을 통해서 천리와 합일하는지를 밝혀 주는 것이었다. 천이 내재적 질서를 대표하고 있으므로, 이 내재적 질서를 체현하는 개념인 '리' 역시 지극히 중요한 범주가 되었다. 천이 우리 자신에 내재하고 있기 때문에, 천의 명령에 복종하는 것과 우리의 내재적 자연적 요구에 순응하는 것은 상호 관련되어 있다. 천은 일종의 '내재적' 자연이므로, 이 '내재적' 자연에 접근하는 방법을 발전시켜야 한다. 천이 체현하는 질서는 내재적이고 본질적이지, 외재적이고 현상적이지 않기 때문에, 천과 현실 질서(기氣의 세계 혹은 현상세계) 사이에는 모종의 긴장 관계가 존재한다. 이로 인해 사람들은 결국 천에 호소하여 현실 질서에 대한 항의와 비판을 표현하게 되는 것이다.

그러므로 이것은 천리의 위에는 더 이상 어떠한 궁극적 실재가 없는 사상 체계이며, 천天·도道·심心·성性 등을 '리'의 각 방면으로 간주하는 사상 체계이다. 천리관의 확립을 전제로 유학자들은 도덕, 지식, 정치, 기타 각종 사회문제를 모두 이 질서관 속에서 판단하였다. 즉 예악·제도·사공事功·선왕先王의 말은 중요하지만, 그것들이 중요한 까닭은 보편적이고도 내재적인 '리' 혹은 '천리'를 체현하였기 때문이다. 일단 예악·제도·사공 및 지식이 '리'와 분리되면, 이 모두는 실질적 함의가 없는 형식 혹은 가치 없는 사실로 퇴화될 것이다. 이런 의미에서, 예악·제도·사공·선왕의 말이 아니라 리 혹은 천리가 도덕 비판의 최종 근원 혹은 기준이 되었다. 따라서 예악·제도·사공·선왕의 말 및 도덕과 관련한 판단과 해석은 모두 반드시 '천리'의 틀 속에서 이루어져야 한다.

이학이 제공하는 것은 우주와 세계의 질서와 관련된 시각, 우주와 인간의 생활 세계를 이해하는 기본 틀, 내재적 질서를 근거로 하는 도덕/정치 평가 방식, 즉 천리라는 기초 범주 혹은 존재론적 범주로부터 세계를 이해하는 세계관이다. 천도론天道論이 우주 운행 과정에 대한 묘사를 중시하는 것과 달리, 천리관은 우주(인간 자신을 포함하여)의 내재적 원리를 보여 주려 하고, 따라서 천의天意를 자연의 과정에 대한 묘사를 통하여 드러내는 방식을 탈피하였다. '리'理의 내재화 특성 때문에, 리에 대한 묘사는 필연적으로 이원론적 틀 속에서 탄생하였다. 즉 리理와 기氣, 리와 물物, 선천지성先天之性과 기질지성氣質之性, 덕성지지德性之知와 문견지지聞見之知 등. 리·성性·심心이 응연應然*의 범주라면, 기氣·물物·기질氣質은 실연實然*의 범주이고, 우주는 이 이중적 세계로 구성된다. 리理는 만물에 실현되지만 오히려 만물의 호오와 선악에 따라 변화하는 것이 아니다. 따라서 리와 현실(기의 세계) 사이에는 일종의 긴장 관계가 조성되었다. 즉 리理는 만물 속에 있고, 만물은 리를 본질, 목적으로 삼는다. 이학의 주요 과제는 곧 리와 기 사이의 틈을 발견하고 또 이해하며, 나아가 천인합일, 이례합일理禮合一, 치도합일治道合一이라는 궁극적 경지에 도달하는 것이다. 이기이원론理氣二元論에 대한 정이程頤와 주희의 설명은 유학 내부의 장구한 논쟁을 유발하였고, 이후 심일원론心一元論·기일원론氣一元論·신예악론新禮樂論에 대한 각 세대 유학자들의 주장은 모두 리와 기의 이분二分이 가져온 도덕/정치 담론의 곤경을 극복하려는 노력으로 볼 수 있다.

그다음, 천리적 세계관을 유학 도덕 평가의 변화 속에서 관찰하면, 우리는 이학과 공자 유학의 중대한 차이를 발견할 수 있다. 즉, 공자 유학은 예악론을 골간으로 하고, 무사巫史*와 왕제王制를 '예악'의 범주 속에 두며, 예악을 천으로 삼고 도덕/정치 판단의 근거로 삼는다. 그러나 송명 이학은 천리, 심성을 골간으로 삼으며, 예악 제도의 도덕

• 응연(應然): 당위(當爲: Sollen, ought to be)의 뜻으로서 '마땅히 있어야 하는 것'을 의미하는 윤리학·철학 용어이다. 일반적으로 존재(Sein)의 상대 개념으로 사용되는데, '반드시 생겨나야 한다고 요구되는 것', 혹은 그러한 '요구 의식' 등을 가리킨다. 일반적으로 당연(當然)의 뜻으로 사용된다.
• 실연(實然): 존재(Sein, is)의 뜻으로서 '실제 존재하는 것'을 의미하는 윤리학·철학 용어이다. 일반적으로 응연(應然)과 당위(當爲)의 상대 개념으로 사용된다.

평가 체계를 '이학화'理學化하였으니, 곧 리를 천으로 삼은 것이다. 이학의 시각에서, 도덕 평가는 보편적이면서도 내재적인 질서에서 탄생한다. 이 질서가 내재적이라고 말하는 것은 이 질서가 현실에 존재하는 예의·제도·법률·규범과 같을 수 없어서, 주체의 인지·체득 및 그것과 리의 합일을 통해서만 비로소 획득되거나 구현되어야 하기 때문이다. 그것이 보편적이라고 말하는 것은 이 내재적 질서가 예의적, 제도적, 일상적 실천 과정 자체의 외부에 있기 때문이 아니라 경서에 대한 학습, 예의의 실천, 일상 사무에 대한 처리를 통해서만 '진정한' 예의·제도·습속 및 사건에 대한 지식을 획득할 수 있기 때문이다. 이학의 틀 내에서, 도덕 평가와 제도 평가 사이에는 긴장 혹은 차이가 있으니, 즉 제도적 실천 혹은 예의적 실천을 한다고 해서 결코 도덕적 완성을 보증할 수는 없다. 그러나 이와 동시에, 제도적 혹은 예의적 실천에 대한 의문 제기는 제도, 예의 및 그 실천에 대한 부정이라고 하기는 어렵다. 차라리 제도적 실천과 예의적 실천의 신성성神聖性의 재구축을 종지로 한다고 하는 것이 나을 것이다. 즉 리라는 범주를 통해 예의, 제도 및 그것들의 일상 실천과 천의 내재적 연계를 새롭게 소통시킨다고 하겠다.

장재張載는 "조정에서 도학과 정술을 별개의 일로 여기는데, 이는 참으로 예부터 우려하던 바이다"[29]라고 하여, 도학가가 우려하는 주요 문제는 곧 도학과 정치의 분화이며, 천도와 천리를 밝혀서 드러내려는 그들의 노력은 바로 치도합일의 새로운 국면을 재구축하기 위함이라고 하였다. 송명 이학을 선진 유학이나 한당 경학 등의 유학 형태와 구별해 주는 것은 바로 이 도덕 평가 방식상의 차이이다. 이런 의미에서, 이학은 '철학적' 또는 '형이상학적' 방식으로 전개한 예악론, 제도론,

---

• 무사(巫史): 고대에는 신(神)을 부르고 점을 치는 사람을 무(巫)라 부르고, 천문·별자리·역수(曆數)·사책(史冊)을 담당하던 사람을 사(史)라고 했는데, 처음에는 한 사람이 겸하는 경우가 많았으므로 '무사'라고 합쳐서 부른다.

도덕론이다. 이 판단은 아래에 서술하는 두 판단을 전제로 한다. 첫째 판단은, 유학의 맥락 속에서 이학·경학·실학實學·사학史學 등 형태는 각기 다르지만, 그것들이 최종적으로 대답하는 것은 여전히 유학의 기본 문제 중 하나, 즉 변화하는 역사 속에서 어떻게 도덕의 척도를 재구성하는가이다("이학은 경학이다" 혹은 "육경六經은 모두 역사다" 등의 명제는 곧 이것을 전제로 한다. 즉 전자는 오직 경학의 방식을 통해야만 이학의 문제에 대답할 수 있다고 생각하며, 후자는 오직 사학의 방식만이 선왕의 도에 다가갈 수 있는 유일한 통로라고 생각하지만, 그것들은 최종적으로 도대체 도덕이란 무엇인가 혹은 정당함이란 무엇인가라는 기본 문제에 답해야 한다). 둘째 판단은, 유학이 지식 형태상에서 가지는 차이는 도덕 평가의 근원, 척도, 기준의 차이를 반영하였다. 예를 들면 우리는 천리와 선왕의 전제典制 중에, 우주의 달도達道와 성인의 말 중에, 내심內心의 자연自然과 공리적功利的 관계 중에 어느 것을 도덕 평가의 최고 원천으로 삼아야 하는가? 공자가 예악 붕괴의 맥락 속에서(도학과 정술의 분리 국면) 선왕을 조술祖述하는 형식으로 천도와 예악이 일체가 되는 도덕 평가 체계를 재건했다고 한다면, 이학은 천리를 중심으로 고금古今 도덕道德의 올바른 이치를 '궁구'(格)하여 도덕 평가 체계를 재구성하고자 한다. 이런 의미에서, 도덕은 반드시 예악론禮樂論·예제론禮制論 혹은 천도론天道論을 전제로 하여야 한다.

셋째, 이학의 중심 문제가 예악 제도로부터 치지致知의 방법론으로 방향을 튼 것은 상술한 도덕 평가 방식의 전환과 밀접하게 관계된다. 만약 도덕이 기댈 수 있는 기초가 최고 질서와 최고 본질에 대한 인지·체득·실천이고, 이런 종류의 최고 질서 혹은 본질은 또 '기'氣의 세계 속에 존재한다면, 이학과 그것이 제공하는 인지·체험·실천의 프로그램 자체는 가장 적당한 도덕 이론이 될 것이다. 그러므로, 비록 이학가들도 공자와 마찬가지로 제도와 예악 및 그 구체적 규범 문제에 관심을 가지지만, 이학의 중심적 지위를 점하고 또 이학 내부의 사상 논쟁을 이끄는 것은 바로 인지의 문제이다. 즉 '격물치지'와 '격물궁리' 문제에 대한 다양한 주장은 이학 내부(심학을 포함하여)의 수많은 분기를 가져왔다. 송명 유학을 분류할 때, 머우쭝싼은 이학과 심학의 관습적 구분과 달리 '치지' 방법의 차이를 이학 분류의 근거로 삼았다. 그는 이렇게 말하였다.

송명宋明 유자儒者의 발전은 세 계통으로 나누어야 한다. 1)오봉·즙산계五峰蕺山系. 이 계통은 염계濂溪, 횡거橫渠로부터 명도明道에 이르는 원교圓敎 모형模型(일본의一本義)을 계승하여 시작하였다. 이 계통은 객관적으로는 성체性體를 중시하고, 『중용』·『역전』易傳*을 주로 하며, 주관적으로는 심체心體를 중시하고, 『논어』·『맹자』를 주로 한다. 특히 '심으로 성을 드러낸다'(以心著性)는 의의를 제출하여 심성心性이 일一이 되는 실實과 일본원교一本圓敎가 원圓이 되는 실實을 밝혔다. 공부에 있어서는 '역각체증'逆覺體證을 중시하였다. 2)상산·양명계象山陽明系. 이 계통은 "『중용』·『역전』으로부터 『논어』·『맹자』로 회귀하는" 길을 따르지 않고 『논어』·『맹자』로 『주역』·『중용』을 포섭하여 『논어』·『맹자』를 주로 하는 것이다. 이 계통은 단지 일심一心의 낭현朗現, 일심의 신전伸展, 일심의 편윤遍潤일 뿐이다. 공부에 있어서는 또한 '역각체오'逆覺體悟를 주로 한다. 3)이천·주자계伊川朱子系. 이 계통은 『중용』, 『역전』을 『대학』大學과 합하는데, 『대학』을 주로 한다. 『중용』, 『역전』이 말하는 도체道體 성체性體의 경우는 단지 수축收縮 제련提煉하여 하나의 본체론적 존재가 되었으니, 즉 '존재하지만 활동하지 않는' 리理이며, 공자의 인仁 역시 단지 리라고 보고, 맹자의 본심本心은 전화되어 실연實然의 심기지심心機之心이 된다. 그러므로 공부에 있어서 후천적 함양涵養('함양은

• 『역전』(易傳): 『주역』 본경(本經)에 붙은 주석인 '십익'(十翼).

반드시 경敬을 이용해야 한다') 및 격물치지의 인지의 횡섭橫攝('진학進學은 곧 치지致知에 달렸다')을 특히 중시한다. 결국 '심이 고요하면 리가 밝아지는'(心靜理明) 것으로서, 공부의 실현처는 모두 격물치지에 있으니, 이 대체大體는 '순조롭게 얻어지는 길'(順取之路)이다.[30]

이러한 계통적 분류는 송명 유학의 분화가 우주 본성 혹은 질서를 어떻게 논증하고, 도달하고, 실천하는가를 축으로 하여 전개되었음을 분명하게 보여 준다. 성체性體, 심체心體 및 리 등의 범주 간 차이는 우주 질서에 대한 상이한 인식 방식에서 탄생한다. 도학 우주관과 천리 개념의 수립으로 인해 어떠한 합리화의 담론도 반드시 천도, 천리를 전제로 하여야 하며, 그러므로 천도와 천리 및 그 속에 함축된 질서를 어떻게 해석할 것인가가 동시에 도덕·정치·경제 및 사회 담론의 전제가 된다. 이런 의미에서, 북송 이래 유학의 기본 문제, 분류 형식, 내부 분기 및 형태 변화는 모두 반드시 도학 혹은 이학과의 관계 속에 두고 이해해야 할 것이다. 근대 서방의 과학적 우주관, 방법론, 분류 기준이 중국에 들어올 때 제일 처음 직면한 저항 또한 우선 이학의 세계관에서 온 것이다.

천리로써 우주 질서와 도덕 근원을 통섭하는 방식은 이정二程에서 시작해 주회에게서 집대성되었다. 그러나 도학가들은 보편적으로 심성론, 도덕론을 우주론과 본체론의 틀 속에 두고자 하였다. 정이程頤의 시대에 천리 개념은 여러 종류의 경쟁적 관념 중 한 가지에 불과했다. 그러나 이후로 천리 개념은 광범위하게 점점 천도 개념을 대체하고 이학의 도덕 평가 방식의 핵심 부분에 자리 잡았으며, 천리가 체현하는 지선至善의 도덕 본질과 도덕 질서는 점차 모든 사물의 소이연所以然 혹은 응연應然으로 이해되었다. 다음과 같은 것을 주목해 볼 수 있다. 소이연과 응연 문제가 도덕 평가 속에 출현하였다는 것은 도덕 평가와 예악 과정 사이의 어긋남을 표시하며, 따라서 또한 유학 도덕 평가 방식의 거대한 전환을 보여 주고 있다. 천리 개념을 핵심으로 하여 도덕 평가 체계를 구축하는 것의 핵심적 함의는, 전통 유학과 마찬가지로 이학이 각종 사물은 천의 질서와의 합일 상태에서만 그 사물의 응연 상태 즉 도덕적 상태를 구성할 수 있다고 여기는 데에 있다. 그러나, 그것이 특히 강조하는 것은 이 질서가 전체 현상세계 속에 존재하지만 또 현상세계와 동일시될 수는 없다는 점이다. 따라서 이 도덕 본질 혹은 도덕 질서를 실현하는 기본 방식은 충분히 우리의 인지 능력 혹은 체득 능력을 발전시키고, 세계와 우리 자신에게 내재하지만 또한 세계와 우리 자신과는 다른 이 질서·본질·자성自性을 드러내고 인증하고, 나아가 세계와 우리 자신의 합일에 이르는 것이다. 송학 속에서 면면히 이어져 온 도학과 정술의 분리에 관한 우려는 이 기본적 판단에서 기원하였다. 즉, 정술 자체는 이미 도학이 탐구하는 가치에서 벗어났고, 따라서 도학과 정술의 합일의 추구는 반드시 내재적 방면으로부터 실현해야 한다는 것이다. 인간의 예의 실천은 이미 도학이 확인한 종지宗旨에서 벗어났다. 따라서 도덕 실천 역시 내재적 방면으로부터 실현해야 한다. 여기서 말하는 내재란 인간과 물物 사이의 그런 내외 관계의 의미에서의 내재가 아니라 보편적 내재이다. 인간과 물은 모두 내재적 가능성을 지니고 있고, 그들은 모두 일종의 자아실현(즉 자신의 외재성을 지양한다)의 과정을 필요로 한다. 이런 의미에서, 도덕 상태는 내재적 노력을 통해 자신의 한계를 탈피하는 상태이고, 도덕 실천이 외재적 규범을 따른다고 보기보다는 내재의 자연에 따른다고 말하는 것이 나을 것이다. 자연은 바로 우주의 질서 혹은 본질 자체이다.

개괄적으로 말하면, 이학은 우주 질서와 예서禮序 사이에 본질적 연계를 수립하고자 시도하였다(그러나 직접적 연계 혹은 대위법적 연계는 아니다). 천리 개념의 윤리학에서 가지는 결과는 우주론과 내재론이 도덕 논증과 가지는 관계의 수립이다. 합일을 추구하는 이러한 도덕 논증 방식은 바로 도덕 논증과 제도의 분리 혹은 긴장을 전제로 한다. 내재적이고 보편적이지만 또한 반드시 실현되지는(혹은 현현되지는) 않는 범주로서, 천리는 반드시 인지·체득·실천 과정을 통해야만 드러날 수 있고, 따라서 도덕 실현과 주체 사이의 내재적 연계는 '리理는 사事 속에 있다'는 관념을 통해서만 명확히 드러날 수 있다. 이런 새로운 도덕 논증 방식은 하나의 기본 전제 위에 세워졌다. 곧 제도가 이미 예악의 세계로부터 분화되어 나왔고 따라서 이 제도가 제공하는 규범에 의거하여 행사行事해서는 결코 천의를 체현할 수 없다고 여기는 것이다. 천의는 도덕 실천의 기초인데, 만약 제도와 규범이 천의를 체현할 수 없다면 천의는 곧 제도를 평가하고 판단하는 근거가 된다. 제도와 예악의 분리와 관련된 이 관념은 북송 도학과 선진 유학 및 한대 유가의 도덕 논증 방식의 차이를 형성하는 데 중요한 의의를 가지고 있다. 그러므로, 우리는 이학의 담론에서 하나의 이중적 현상을 볼 수 있다. 즉 한편으로 이학가理學家들은 예의 질서 관계를 부단히 탐구했지만, 다른 한편 그들은 또 천도에 대한 인간의 체득이 제도적 실천과 동일시될 수는 없다고 생각했다.

정리해 보면, 천리적 세계관의 확립은 유학 도덕/정치 평가 방식의 전환을 보여 주고 있다. 즉 이 도덕 평가 방식에 따라, 도덕과 정치는 반드시 자연지세自然之勢, 만물과 우리 자신에 내재하는 질서를 준수해야 한다. 천 혹은 천리는 자연지세와 내재적 본성을 동일 범주 내에 통합한다. 따라서 송학의 기본 특징은 우주, 자연, 인사人事의 체계를 천리의 세계 속에 융합하는 것이다. 천리적 세계관은 한편으로 현실에 존재하는 제도와 질서를 이용하여 도덕과 정치 평가의 척도로 삼기를 거부하고, 다른 한편으로는 천인상류天人相類의 방식으로 천의 질서와 인간세상의 질서의 관계를 직접적 대응 관계로 이해하는 것도 거부한다. 따라서 천리적 세계관은 한대 우주론 속에서 지상신至上神 노릇을 했던 천을 일종의 우리 자신과 세계에 내재하고 자아실현을 기다리는 본질로 변화시켰다. 그렇다면, 이 도덕 평가 방식과 우리가 처음에 제기한 그 사회정치적 변천들은 도대체 무슨 관계인가? 이 문제에 대답하기 위해, 우리는 반드시 이학과 선진 유학 및 한대 사상의 몇몇 규범적 특징에 대해 비교 분석을 진행하여 이학의 도덕 평가 방식에 대한 이해를 심화시켜야 한다.

예악 공동체와 그 도덕 평가 방식

1. 이인석례以仁釋禮와 '이성화' 문제

정주이학의 도덕 평가 체제가 체계적으로 '이성화'로 해석되는 것과 마찬가지로, 근대 유학 연구의 또 다른 전통은 주공周公의 '제례작악'制禮作樂, 공자의 '술이부작'述而不作*을 "'무사巫史 전통'의 이성화 과정"으로 귀결시키는 것이다.[31] 푸스녠傅斯年은 다음과 같이 말했다. "유가의 도덕 관념은 전적으로 종법 사회의 이성적 발전이다."[32] (아래의 글에서, 우리는 관례에 따라 '예악과 제도'라는 개념을 사용하지만, 반드시 설명해야 할 것은 '제도'라는 단어는 진나라 이후에야 형성되고 전파되었으며, 선진 문헌에서는 일반적으로 '제'만을 사용했다는 것이다.) 그가 말하는 '이성적 발전'은 주周나라의 '덕'德이 원시적 무술 예의巫術禮儀로부터 군왕의 행위, 예의, 제도로 변화되어 왔음을 가리킨다. 이런 의미에서, "공자의 국제 정치사상(제후국 간의 정치에 관한 사상)은 단지 하나의 패도覇道이지, 결코 맹자가 말하는 왕도가 아니며, 이상적 인물은 곧 제齊 환공桓公과 관중管仲이다. … 공자의 국내

---

* 술이부작(述而不作): '성인의 말을 전할 뿐 자기 입론을 지어내지 않음'을 가리킨다. 『논어』 「술이」 참조.

정치사상은 자연히 '공실公室을 강화하고 사문私門을 막는'(强公室杜私門) 주의이다."[33] 푸스녠은 왕제王制 속에 포함된 천인 관계를 완전히 회피하고, 공자의 사상을 주대의 제도 현실과 등치시켰다. 이 담론은 공자의 '술이부작'에 대한 이해 위에 수립되었다. 즉 공자 사상은 객관적으로 주제周制의 기본 함의, 국제 관계 속의 패도와 국내 관계 속의 전제專制를 담고 있으며, 이 두 방면은 모두 원시 종법 관계의 이성화 산물이다. 여기서, 무술巫術로부터 왕제王制로의 이행은 유럽 역사 속에서 종교 전통의 통치로부터 세속 통치(국왕 통치)로의 이행과 같은 것으로 간주되며, '왕제를 본받아 서술하는' 공자의 예학 역시 자연히 중국 문화의 '세속화'와 '이성화'의 상징으로 규정된다.

푸스녠과 달리, 리쩌허우李澤厚가 본 것은 '공실을 강화하고 사문을 막는' 왕권주의가 아니라 "'신神의 준신准神 명령으로부터 인간의 내재적 욕구와 자결 의식自決意識으로 변하는 것", 즉 "종교적이고 신비한" 것을 배척하는 모종의 개인주의적('자기', '심리적 요구') 경향이자 세속주의적(정욕을 긍정하는 '인간') 경향이다. 리쩌허우는 이렇게 평했다. "(공자의 학은) 일종의 종교적이고 신비한 물건을 일상생활로 변화시켰고, 따라서 윤리 규범과 심리적 욕구를 일체一體로 융화시켰다. '예'禮는… '신'神의 준신 명령으로부터 인간의 내재적 욕구이자 자결 의식으로 변하였고, 신에 대한 복종으로부터 인간에 대한 복무, 자기에 대한 복무가 되었는데, 이 전환은 중국 고대 사상사에서 획기적인 의의가 있다."[34] 그러나 이 두 가지 서로 다른 담론은 모두 '이성화' 범주 속에 귀납된다.

주공·공자 전통의 형성으로부터 송대 이학의 확립까지, '이성화'는 하나의 영구적인 역사적 시각을 구축하였는데, 그 전제는 이렇다. 즉 중국 사상 혹은 문화는 '비종교적'이며, 유학의 도덕 판단은 처음부터 인간과 그 생존 세계 자체에 주목하였다는 것이다. 공자는 중국 사상이 자연에 대한 탐구, 신성한 사물에 대한 관심으로부터 인간 자신에게로 방향을 돌린 최초의 인물로 여겨지며, 그의 유명한 '인'仁 개념은 이를 증명한다. 그러나, 인간과 자연, 인간과 신성한 사물이라는 이 경계는 도대체 어떤 전제 위에 수립되었는가? 인간의 일상생활에 대한 유학의 관심은 확연히 드러난 사실이다. 그러나 윗글에서 서술한 바와 같이, 여기에서 관건은 유학의 '일상생활' 혹은 '인간적 정리의 상도'(人情日用之常), 그리고 '인간'과 그 '내재적 욕구 및 자결 의식'이 어떠한 관계 속에서 규정되는가 하는 것이다. 유학의 맥락 속에서, '일상생활'과 공자가 거듭 관심을 가진 '예'는 밀접한 관계가 있다. '예'는 원시 제사와 군사 정벌 등의 의식으로부터 발전한 것으로서, '예'가 함의한 인정人情과 물리物理는 천제天帝와 귀신의 관념과 결코 서로 모순되지 않는다.

> 공자께서 말씀하셨다. "무릇 예는 선왕이 그것으로 하늘의 도를 이어받고, 그것으로 인간의 정을 다스리는 것이니, 그러므로 그것을 잃는 이는 죽을 것이고 얻는 이는 살 것이다. …이런 까닭에 예는 반드시 하늘에 근본하고, 땅을 본받고, 귀신과 나란히 서고, 상喪·제祭·사射·어御·관冠·혼婚·조朝·빙聘에 관철되어야 한다. 그러므로 성인은 예로써 보여 주는 까닭에 천하 국가가 바로잡힐 수 있다."
>
> > 孔子曰, "夫禮, 先王以承天之道, 以治人之情, 故失之者死, 得之者生, …是故, 夫禮必本於天, 殽於地, 列於鬼神, 達於喪祭射御冠昏朝聘. 故聖人以禮示之, 故天下國家可得而正也."[35]

이런 의미에서, 일상생활 즉 상, 제, 사, 어, 관, 혼, 조, 빙 등의 예의 실천 속의 일상생활은 곧 예의 생활 자체이다. '인'人의 개념도 마찬가지로 이러하다. 삼대三代의 통치, 특히 주대周代 봉건封建에 대한 유학자들의 묘사에 따르면, 초기 유학의 도덕 평가 방식은 전체적이고 연속적인 체계로 귀납될 수 있다. 그리고 이 체계 속에서 자연히 제도, 예악 및 도덕, 심지어 일정한 조건으로 형성된 법령法令, 예속禮俗 등의 규범은 확연히 구분 짓기 어려운 영역을 이루었다. 일종의 도덕적 존재로서, 인간 개념과 예의 개념은 일치하는데, 일단 예의 범주를 벗어나면 곧 인간을 규정하는 기초가 존재하지 않게 되기 때문이다. 『예기』禮記「관의」冠義에서는 이렇게 말하였다.

> 무릇 사람이 사람 된 까닭은 예의이다. 예의의 시작은 몸가짐을 바르게 하고, 안색을 가지런히 하고, 말을 순통하게 하는 데에 있다. 자태가 바르고, 안색이 가지런하고, 말이 순통한 후에야 예의가 갖춰진다. 예로써 군신君臣을 바르게 하고 부자父子를 친親하게 하고 장유長幼를 화목하게 한다. 군신이 바르고 부자가 친하고 장유가 화목한 이후에야 예의가 선다. 그러므로 관冠을 쓴 후에야 의복이 갖추어지고, 의복이 갖추어진 후에야 몸가짐이 바르게 되고, 안색이 가지런해지고, 말이 순통해진다. 그러므로 "관冠은 예의 시작이다"라고 말하였다. 이런 까닭에 옛날 성왕은 관을 중시했다.
>
> 凡人之所以爲人者, 禮義也. 禮義之始, 在於正容體, 齊顔色, 順辭令. 容體正, 顔色齊, 辭令順, 而后禮義備. 以正君臣, 親父子, 和長幼. 君臣正, 父子親, 長幼和, 而后禮義立. 故冠而后服備, 服備而后容體正, 顔色齊, 辭令順. 故曰, "冠者, 禮之始也."是故古者聖王重冠.[36]

성인成人이 되게 한다는 것은 곧 장차 그로 하여금 성인례成人禮를 행하도록 요구하는 것이다. 성인례를 행하도록 요구한다는 것은 사람의 아들이 되고, 사람의 아우가 되고, 사람의 신하가 되고, 사람의 후손이 되는 예를 행하도록 요구한다는 것이다. 사람에게 이 네 가지를 행하라고 요구하는데, 그 예가 중하지 않을 수 있겠는가?

成人之者, 將責成人禮焉也. 責成人禮焉者, 將責爲人子, 爲人

弟, 爲人臣, 爲人少子之禮行焉也. 將責四者之行於人, 其禮可
不重與.

　　성인의 상징은 예禮의 질서 속에서 확립된다.[37] 여대림呂大臨의 주注
에서는 이렇게 말한다. "이른바 성인이란 사지四肢와 피부가 어린이와
다름을 말하는 것이 아니니, 반드시 인륜을 갖출 줄 알아야 하는 것이
다. 부모를 부모답게 모시고, 귀한 이를 귀하게 모시고, 어른을 어른으
로 모시고, 그 순서를 잃지 않는 것을 갖춘다고 한다."(所謂成人者, 非謂
四體膚革異於同稚也, 必知人倫之備焉. 親親·貴貴·長長, 不失其序之謂備.)[38] 머우쭝싼
은 『예기』에서 말하는 성인의 예는 단지 형식적 규정 혹은 순자가 말
하는 "왕자는 제도에 정통함을 다한다"(王者盡制)이며, "군자가 자각적
으로 인륜을 실천하여 그 덕을 이루어야" 비로소 이른바 "성자는 인
륜을 다한다"(聖者盡倫)라고 여긴다.[39] 그러나 윗글의 서술에 따르면, 왕
자진제王者盡制와 성자진륜聖者盡倫은 확연히 구분할 수 없고, 둘 다 직
분職分 혹은 예제禮制에 의거한 실천이다. "그는 한 사람의 군자이다"
라는 사실 판단은 "그는 마땅히 어떻게 해야 한다"는 가치 판단을 포
함하고 있을 뿐 아니라 그가 자각적으로 군자의 도덕 법칙을 실천하고
있다는 함의를 내포하고 있다. 선진 유학의 도덕 판단과 특정한 제도
적 배경(제制 혹은 륜倫)의 연속 관계는 도덕 담론의 내재적 구조를 구
성하였다. 이런 의미에서, 인간이라는 범주 자체이든 아니면 "인간의
내재적 욕구와 자결 의식"이든 모두 일정한 예약 관계가 확정한 것이
다. 따라서 "인간의 내재적 요구"와 "'신'의 준신 명령" 사이에는 결코
세속과 종교 사이의 이원 대립과 그 대립이 낳은 '이성화' 과정이 존재
하지 않는다. 유학 사상의 범주 내에서, 유럽 계몽운동이 만들어 낸 신
으로부터 인간으로의 '이성화' 서사는 결코 진정한 해석력을 갖지 않
으며,[40] 우리는 '이성화' 범주를 근대 사상의 자기 확증이라고 보는 것
이 차라리 나을 것이다. 말하자면 그것은 역사를 '이성 발전'의 틀 안
에 편재해 놓음으로써 '근대'의 권위를 확립하며, 아울러 '근대' 자체

에 대한 점검을 회피한다.

주대 제도와 유학에 대한 공자의 설명을 함께 이성화의 시각 속에 놓는다면, 이러한 방법 자체는 청대 경학의 주요 결론과 서구 사회 이론의 이성화 관련 담론의 종합에서 나온 것이다. 송학을 비판하는 과정에서 청대 유학은 점차로 맹자와 다른 하나의 관점을 형성하였다. 요컨대 유儒가 주대 전제典制 자체에서 기원하였고, 문왕文王·주공周公은 시조始祖의 지위를 가지며, 공자는 단지 '집대성자'일 뿐이라는 것이다.[41] 여기에서 관건은 주대 전제의 형성과 공자의 '술이부작'과 '이인석례'以仁釋禮의 관계를 어떻게 이해하는가이다. 공자는 주대 예악 제도의 정수를 기술하고 총결하였고, '왕제王制를 조술祖述'하는 방식으로 예악의 완정성完整性을 새롭게 구축하였다. 아울러 도와 덕, 성誠과 경敬, 인과 예, 군자와 소인 등의 범주를 천명하여 천인 관계를 새롭게 소통시켰으며, 예악 제도의 의의를 창조적으로 해석하였다. 이러한 창조적 작업들은 후세 유학에 동력과 영감을 제공하였다. 우리는 '주나라 문화', '왕제'王制(무사巫史 전통에 대한 지양 혹은 이성화)를 공자가 왕제, 주나라 문화의 실천 과정(그 종지는 날로 형식화되어 가는 '예악', '왕제'에 '천'의 성질을 부여하는 것이다)에 적극적 헌신을 요구한 것과 간단히 등치시킬 수 없으며, 양자를 함께 '이성화' 범주 안에 귀결시킬 수 없다. 공자의 학은 상술한 '이성화' 과정이 초래한 예악의 형식화·공동화 및 규범의 파괴(예악 붕괴)에 대한 일종의 비판이며, 그 가운데에는 왕제의 발전이 초래한 천인 관계 단절에 대한 우려도 포함되어 있다. 주나라 제도의 쇠퇴 과정에서, 공자는 주나라 제도의 규범과 신성성의 내재적 근원을 밝히는 데 힘썼다. 그리고 '인'仁을 중심으로 하여 덕德·성誠·경敬·인仁·의義 같은, 천인天人을 소통시키기 충분한 품성과 신념의 회복에 힘썼다. 공자의 도덕 세계에서, 오직 이들 품성, 정감 및 신념을 회복해야만 예악은 비로소 진정으로 예악이 된다. 공자에서 예악론 범주 속에 귀납되는 이들 개념과 무巫의 전통은 긴밀한 연관이 있다.

그러므로 이른바 예악을 천으로 삼고, 인으로써 예를 해석한다는 것은 공자가 주대 예악 제도의 기초 위에서 천인일체天人一體의 기본 가치와 천인 소통을 회복하려고 시도할 때의 그러한 정리겸용情理兼用의 기본 상태를 말한다. 이 양자는 모두 예악 제도와 무巫 문화의 내재적 공생 관계를 표명하였다. 주대 예악 제도의 범주 내에서, 천인 소통은 결코 초기 무사巫史가 무술巫術 의식을 행할 때의 필연적인 발광發狂, 혼수상태를 필요로 하지 않았고, 일상 예의 실천 속의 천인 소통에 호소하였다. 이것은 또한 공자의 예학과 초기 무술 의식 사이의 기본적 차이이다. 그러나 서주 예악 제도와 무술 예의는 결코 확연히 갈라지지 않으니, 공자의 학學과 무巫의 정신 및 예의 사이의 관계는 결코 이처럼 단순하지 않다. 주대 왕제는 종법宗法, 왕제 및 그 예의 형식을 천인 소통의 경로로 삼았으나, 『상서』 주서周書 「여형」呂刑에 기록된 상고시대 군왕君王의 '절지천통'絶地天通*의 신화 및 『국어』國語 「초어」楚語에 기록된, 이 신화에 대한 관야보觀射父*의 해석에 근거하면, 군왕君王 시대의 천인 관계는 전부 순조로운 것이 결코 아니었다. 초기 사회는 "인간과 신神이 업業을 달리하여, 인간이 신을 공경하면서 모독하지 않았으므로, 신은 인간에게 곡물을 내려주었고, 인간은 소로 제사 지냈으며, 재앙이 이르지 않았고, 필요한 것이 모자라지 않았다."(民神異業, 敬而不瀆, 故神降之嘉生, 民以物享, 禍災不至, 求用不匱) 무격巫覡은 그 강신降神 능력을 이용하여 천인을 소통시켰다. 그러나 이 뒤에 "민民과 신神이 혼잡해지고, 명물名物을 구분할 수 없고, 사람마다 제사를 올리고, 집집마다 무사巫史를 세우니", 전욱顓頊은 "곧 남정南正인 중重에게 명하여 속신屬神으로써 천天을 담당하고, 화정火正인 려黎에게 명하여 속민屬民으로써 땅을 담당하고, 옛 법도를 회복하게 하여, 서로 침해하지

- 절지천통(絶地天通): 천상천하, 신과 인간은 각기 그 업무가 있어서 서로 간섭하지 않는다는 뜻이다.
- 관야보(觀射父): 중국 춘추시대 말기 초나라 종교 사상가.

않게 하였으니, 이것을 절지천통이라 한다."(乃命南正重司天以屬神, 命火正
黎司地以屬民, 使復舊常, 無相侵瀆, 是謂絶地天通)[42]

쉬쉬성徐旭生, 양샹쿠이楊向奎, 장광즈張光直는 이 말을 해석할 때 모
두 이렇게 강조한다. 즉 초기의 무격巫覡은 강신降神을 전업專業으로 하
였고, 인간에게 복무하였으나, 후세에는 천지의 문門이 군왕君王이 파
견한 중重과 려黎에게 장악되었고, 천지는 마침내 더 이상 통하지 않
았다(不通). 여기서 말하는 '불통'不通은 주로 인간에 대해 말한 것이고,
황제皇帝는 무격의 위치를 농단하였기 때문에 여전히 천지와 통하는
특권을 갖고 있었다.[43] 이런 의미에서, 왕제王制는 비록 천인을 소통시
킬 수 있었으나 동시에 천인 소통을 저해할 가능성도 함축하고 있었으
며, 공자가 살던 시대에는 주대의 예악 제도가 마침 이 위기에 직면하
고 있었다. 예악 제도상에서 천인 관계 단절의 표현은 다름 아닌 예악
의 공동화·형식화였으니, 즉 천의를 함축한 예악이 의미 없는 의규儀規
와 제도로 바뀐 것이다. 만약 사람들이 단지 옥백玉帛과 종고鐘鼓를 예
악으로 삼는다면, 예악은 더 이상 예악이 아니다. 공자는 이 때문에 크
게 소리쳤다. "예禮, 예禮 하는 것이, 옥백을 말하는 것이랴! 악樂, 악樂
하는데, 종고를 말하는 것이랴!"(子曰, "禮云禮云, 玉帛云乎哉? 樂云樂云, 鐘鼓
云乎哉?")[44] 만약 예악이 그 실질적 함의를 잃어버리면, 진위眞僞와 선악
善惡을 변별할 방법이 없으니, 『논어』「팔일」八佾에서 슬피 탄식한 것
은 바로 위에 있는 이가 "예를 제대로 다 하지 않고"(爲禮不盡), 아래에
있는 이가 따를 바가 없어 "임금을 섬김에 예를 다하면 사람들은 그것
을 아첨이라고 여기는"(事君盡禮, 人以爲諂也)[45] 국면에까지 이른 것이 아
닌가 하는 것이다. 공자는 "사람으로서 인仁하지 않으면 예禮를 행한들
무엇 할 것인가? 사람으로서 인하지 않으면 악樂을 행한들 무엇 할 것
인가?"(人而不仁, 如禮何? 人而不仁, 如樂何)[46]라고 탄식하였다. 참으로 예악
과 제도의 분화 상태에서 출발하여, 공자는 '인'으로 '예'를 해석할 것
을 제기하였고, 따라서 '인'이 처리하는 것은 형식화 혹은 공동화의 조
건에서 탄생한 '예'의 진실성 문제이다. 진정한 '예'가 천의天意를 체현

할 수 있는 예라면, "인으로써 예를 해석한다"의 핵심은 곧 인으로써 천과 소통하고, 예의 내재적 신성성을 회복하는 것이다. 여기서 말하는 예악과 제도는 천의를 체현할 수 있거나 도덕적 함의를 가진 예의 관계와, 하늘과의 내재적 연계를 상실한 의식·법규와 체제를 각기 가리킨다. 공자와 맹자가 상정한 예악은 곧 예악과 제도의 구분이 없는 예악이며, 예악 붕괴의 결과는 곧 예악과 제도의 분화이다. 즉 예악이 더 이상 예악이 되지 않고, 제도는 더 이상 어떠한 도덕적 함의도 갖고 있지 않은 것이다.

예악의 '진실성' 문제는 공자의 도덕/정치 이론 배후에 감춰진 중요한 개념이며, 앞의 인용문 각각은 진정한 예악과 형식적인 예악 사이에서 내린 판단이 아닌가?[47] '술이부작'은 전장典章 제도 자체의 엄격성을 강조하는데, 그것은 예악 붕괴의 국면에 대해 보인 반응이다. '이인석례'는 예의 과정의 진실성을 중시하는데, 이는 예의 실천 과정과 내재적 상태 자체에 관한 관심이다. 상술한 두 가지 판단은 최종적으로 군자에 대한 공자의 기대 속에서 실현된다. 즉 경천외명敬天畏命의 두려운 마음으로, 천이 이 사람에게 큰 임무를 내렸다는 책임감으로, 선왕의 예의를 애써 지키는 복고의 형식으로, 통정달례通情達禮와 통금박고通今博古의 회통會通 정신으로, '행行과 사事'의 과정에서 예악과 제도 사이의 동일성을 회복하는 것, 곧 주체의 실천과 품성을 통해 날로 쇠퇴해 가고 형식화되어 가는 예악 형식에 풍부하고 실질적인 의의를 부여하는 것이다. 예제의 회복이라는 각도에서 볼 때, 이 과정은 구체적인 정치 관점과 제도적 실천에 관련된다. 성덕成德의 각도에서 보면, 이 제도적 실천은 곧 도덕 행위의 과정이다. 예악과 제도의 합일은 도덕 실현의 전제이며, 따라서 도덕 실현의 과정 자체는 필연적으로 동시에 제도적 실천의 과정이다. 이런 의미에서, 이른바 예악과 제도의 합일은 형식화된 예악과 이성화된 제도 사이의 결합을 가리키는 것이 아니라 예의적 실천과 제도적 실천 과정에서 체현된 천인합일, 치도합일, 도기합일道器合─의 상태를 가리키는 것이다. 형식화된 예악은 진정한 예악이라 볼 수 없고, 형식화된 제도 역시 예악 제도라는 의미의 제도를 구성할 수 없다. 그러므로, '술이부작'이든 아니면 '이인석례'든 모두 '이성화'를 이용하여 해석할 수는 없다. 즉 '술이부작'은 객관적으로 선왕의 전장 제도를 나타내기 위한 것이 아니라 행위 실천에 대해 엄격한 예의 규범을 진행하기 위한 것이다. '이인석례'는 내재성으로 예의의 엄격성을 대체하는 것이 아니라, 예악의 해체 혹은 형식화라는 조건에서 예의의 엄격한 준수를 환기하는 내재적 열정이다. 한편으로, 공자는 예악을 천으로 삼아, '괴력난신'怪力亂神을 말하지 않고, 초기 무술 전통을 지양하였고, 또 한편으로 그는 인으로 예를 해석하여 예의 실천을 인간의 품덕品德, 열정의 관계 속에 둠으로써 예악의 형식화가 초래한 문화적 위기를 극복하였다.

위에서 설명한 바와 같이, 예의 형식화 때문에 공자는 두 가지의 상이한 '예'禮에 직면하고 있었다. 그중 하나는 완정하고 이상적이고 천의를 체현하고 천인을 소통시킬 수 있는 예, 즉 '진정한' 예이다. 다른 하나는 현실 속에서 소외되고, 형식과 실질이 서로 분리된 '예' 즉 '거짓된' 예이다. 전자의 의미에서 인과 예는 완전히 통일되어 있으며, 후자의 의미에서 인과 예는 서로 어긋난다. '이인석례'는 주체의 성誠과 경敬에 기대어, 천에 헌신하는 정신적 태도(원시 무술巫術 활동 속의 천에 대해 경외하는 마음과 '천'과의 합일 충동처럼)를 '애인'愛人의 예악 실천 속으로 전환시킴으로써 새롭게 천인을 소통시키고 예의 완정성 혹은 신성성을 재건하고자 시도하였다. 그러므로, 이른바 '이성화'와 상반되게, 공자 '인학'仁學의 중요 범주──덕德, 성誠, 경敬, 신信 등──는 모두 무군巫君의 제사 주관의 전통에서 연원한다. '덕'德의 기원이 가장 빠른데, 아랫글에서 따로 해석할 것이다. 여기서는 다만 '경'敬 자를 예로 삼겠다.

주나라 초기의 문고文誥(왕이 신하에게 하달한 문서) 속에는 '경'敬 자가 많은데, 예를 들면 『서』「고요모」皐陶謨에서 "하늘이 듣고 보는 것은 우리 백성이 듣고 보는 것으로부터 오며, 하늘이 밝고 두려운 것은 우리 백성이 밝고 두려운 것으로부터 옵니다. 위와 아래가 통하게 될 것이니, 공경하십시오. 땅을 가진 자여"(天聰明自我民聰明, 天明畏自我民明威. 達于上下, 敬哉有土)[48]라고 하였다. 『예기』禮記「제통」祭統에서는 "성誠과 신信을 다함(盡)이라 하고, 다함을 경敬이라 하는데, 경을 다한 후에야 신명神明을 섬길 수 있는 것, 이것의 제祭의 도道이다"(誠信之謂盡, 盡之謂敬, 敬盡然後可以事神明, 此祭之道也)[49]라고 하였다. 앞에 든 실례는 사천事天, 사민事民과 군왕君王의 경敬을 논하는데, 왕제와 천의 관계를 부각시켰고, 뒤의 예는 제사의 도를 논하고 성誠·신信·경敬·진盡 등의 범주가 제사의 예의와 실천에서 유래했음을 증명하였다. 양자 모두 '경' 개념이 초기 무술巫術 실천 속의 공포, 놀라움, 경앙敬仰 등의 정서와 밀접한 연계가 있음을 증명한다. 쉬푸관徐復觀, 머우쭝싼 등의 학자는 주나라 초기의 '경'이 주체를 상제上帝에게 투신投身하는 그런 종교적 혼미발광昏迷發狂과는 달리,[50] "인간의 정신"의 체현이라고 강조한다.[51] 초기 무술과 주대 왕제의 형성이라는 각도에서 본다면, 이 판단은 여전히 다소 추상적이다. 첫째, 룽산문화龍山文化 유적지와 기타 묘장墓葬의 발견에서 다음과 같은 사실을 알 수 있다. 즉 제사 의식과 관련된 유물에는 '중요 인물' 묘장에 집중하는 추세가 존재하고, 따라서 "왕이 무巫에서 나왔다"라는 가설을 증명해 주었다.[52] 다음으로, 예악과 무술에는 밀접한 연계가 존재하는데, 그들은 모두 천의 지고한 지위를 가정하였고, 왕제의 발전 때문에 의식 활동 속의 혼미발광식의 체험 및 교감과 천인을 소통시키는 예악 활동 사이에는 결코 절대적 구분이 없었다. 만약 공자의 '경'敬이 "원시 무술 활동 속의 혼미발광한 심리 상태의 해명解明, 확정화確定化 및 이성화"[53]라면, 우리는 또 어떻게 공자의 '경'敬과 형식화된 예악 제도의 관계를 파악해야 하는가?

공자의 '이인석례'는 곧 '인'의 인지와 실천을 통하여 예의 실천 속에서 제사 등의 의식 속의 조화를 회복하는 것이며, 그것은 비록 신비 체험을 목표로 하지는 않지만 오히려 주동적으로 천에 대한 경외를 드러내었다. 만약 무술巫術 예의 속에서와 마찬가지로, '경'敬이 천인 관계를 소통시키는 데 주체적으로 헌신하는 자각적 추구라면, 다른 점은 이런 것이다. 즉 군자는 '해명, 확정화, 이성화'의 역사적 맥락 속에서 천인 관계를 재구축하지만, 무사巫史는 이 과정을 완전히 미분화未分化된 자연적 과정으로 볼 것이다. 주체에 대한 '인'仁의 요구와 무사가 혼미발광 과정에 몰입할 것에 대한 무술의 요구는 상호 근접해 있다. 이런 의미에서, 첫째, '인간의 자결 의식'은 예의 실천 속에 몰입하는 결심과 신념으로 규정할 수 있고, 따라서 근대 세속주의적 경향과는 무관하다. 둘째, '해명, 확정화 및 이성화'가 아니라 '해명, 확정화 및 이성화에 대한 반항', 즉 경외 자체에 대한 자각적 추구야말로 공자가 '인'仁과 '경'敬을 주장하는 동력을 이루었다. 애써 예를 지키는 것은 경외의 감정에서 탄생하였고, 따라서 일방향적인 '이성화' 경향으로 귀결시키기는 어려우며, 그렇지 않다면 우리는 곧 '술이부작'하는 공자가 예로써 예를 해석하지 않고 인으로써 예를 해석한 것을 이해할 수 없게 된다. 셋째, 이런 경외의 감정은 무술 과정의 혼미발광 상태로 표현되는 것이 아니라 예악 과정의 내재적 신성성이며, 따라서 우리는 그것을 '반이성화적 이성화' 경향으로 귀납하고, 이를 이용해 이 '반이성화' 과정이 주나라 초기의 '제례작악'制禮作樂 과정(이성화 과정)에 의존하고 있음을 설명할 수 있다.

이런 의미에서, '이인석례'는 외재적인 예로부터 인간의 내재성으로의 전향이라고 해석할 수 없다. 공자는 명확히 말했다. "하루라도 극기복례하면 천하가 인으로 돌아갈 것이다."(一日克己復禮, 而天下歸仁焉) '인'은 '극기복례'를 통해 도달하는 상태이며, 또한 사람들이 '극기복례'하도록 추동하는 궁극적 동력이다. 예의 신성성이 새롭게 수립될 때, 천하귀인天下歸仁과 천하귀례天下歸禮는 완전히 합일한다. 여기서 말하는 예의 신성성은 예의 외재적 형식의 신성성을 가리키는 것이 아니라 사람이 인仁의 실천을 통해 충실하게 하는 예악 정신의 신성성이다. 신성성과 일상성 사이에는 긴장이나 대립이 존재하지 않는다. 그러므로 '인학'仁學은 예악 제도 및 그 도덕 평가 형식에 대한 부정이 아니라 오히려 예악 공동체의 도덕 평가 형식에 대한 재확인이며, 이 재확인은 특히 예악 실천의 내재적 정신 조건을 부각시켰다. '이인석례'는 예악 범주를 중심으로 한다. 즉 예의 엄격성, 엄숙성, 장엄성은 '인'의 필요조건이며, '인'은 곧 예의가 그 엄격성, 엄숙성 및 장엄성을 획득할 수 있는 근본 전제이다.

'인' 개념과 근대의 '자아' 개념에는 거리가 있다. 공자는 '괴력난신'을 말하지 않았고, 천도를 드물게 말하였으며, 천에 대한 존숭이 반드시 예악 제도와 그 실천을 거쳐야만 비로소 실현될 수 있다고 생각했다. 이는 주대 예제 및 그 기본 가치와 경천예지敬天禮地하는 무술의 밀접한 관계를 전제로 한 것이다. 그렇지 않다면 예악을 천으로 하는 근거는 존재하지 않는다. 『논어』「향당」鄕黨의 묘사에 따르면, 공자는 일단의 형식적 예의까지 꼼꼼히 따졌는데, 대개 일상생활과 관혼상제에 같은 종류의 규범이 존재하지 않음이 없었고, 심지어 길을 가는 것도 예의 제약을 받았다.[54]

천명, 대인 혹은 성인의 말에 대한 이런 외경과 의식의 엄수는 '이성화'의 정감인가 아니면 경천외지敬天畏地의 태도인가? 청말(1899) 이래의 갑골복사甲骨卜辭 연구는 다음과 같은 점을 증명하였다. 즉 조상 숭배와 상제上帝(및 천天) 숭배의 합일은 은주殷周 심지어 더욱 초기의 상고 사회 및 그 신앙 체계의 특징이다.[55] 상제는 풍작과 전승戰勝을 돕지만, 그는 결코 특정한 족군族群의 상제가 아니다. 군왕君王의 조상은 족군의 상징으로, 그는 상제에게 진언할 수 있었다. 군왕 본인은 제사 활동을 통해 조상과 소통하였고, 따라서 상제의 의지를 살펴볼 수도 있었다. 은주 시대의 제사 활동과 신앙에 대해 말하자면, 상제, 천, 조상 간의 차이와 거리는 극히 적었다.[56] "이 세 가지 신명神明은 동시에 병존하며, 그래서 무릇 신명 변화 발전론—즉 자연신이 변화 발전하여 조상신이 되고 다시 변천하여 상제가 되었다는—이라는 주장은 모두 실증되기가 어렵다."[57] 이 전제가 없으면, 우리는 『예기』「제의」祭義에서 말하는 "문왕의 제사는, 죽은 사람을 살아 계실 때처럼 모셨다"(文

王之祭也, 事死者如事生)와 공자가 말한 "사람도 섬기지 못하는데 어찌 귀신을 섬길 수 있겠는가"(未能事人, 焉能事鬼) 등의 주장을 해석하기가 매우 어렵다. ──그것들은 상제와 조상의 동일 관계를 정확하게 체현하였다. 상제와 조상이 동일하였기 때문에, 공자는 비로소 천에 대한 두려운 감정을 예악을 존숭하는 내재적 열정으로 전환할 수 있었다. 예악은 조상 숭배와 상제 숭배를 하나로 합일하는 실천 과정이자 예의禮儀 형식이다.

2. 치도합일과 주대 예악 제도

이런 의미에서, 인으로 예를 해석하는 동시에 도덕 실천을 표명하는 것은 하나의 제도적 과정이며, '술이부작' 혹은 '조술왕제'祖述王制의 서술 형식이 표현하는 것은 예의 제도의 엄격성과 예의 엄수의 필요성이다. 『논어』에서 왕제를 집적 기술한 내용은 제한적이지만, 공자가 육경六經을 가르침의 내용으로 삼았다는 사실은 공자가 말하는 '술이부작'의 제도적 함의를 이해하는 데 도움을 줄 수 있다. 『예기』의 진위眞僞와 성서成書 연대에 관해서는 역대로 다른 의견들이 있지만, 확정할 수 있는 것은 다음과 같다. 즉 그 속에 실린 각종의 예의와 제도는 적어도 부분적으로는 공자지학孔子之學의 제도적 함의 혹은 예의적 함의를 이해하는 근거가 될 수 있는 것이다.[58] 아랫글의 서술을 전개하기 위해서, 우리는 만상萬象을 다 담고 있는 '주도'周道,* 특히 그 핵심적 제도에 대해 대략 귀납할 필요가 있다. '주도'의 핵심은 고대 성왕聖王에게서 답습해 오고 또 발전한 봉건, 정전井田 및 학교學校 등의 제도이며, 조상 숭배, 군왕의 예, 상하 분위分位* 및 효제충신孝悌忠信 등의

* 주도(周道): 주나라 때의 치국(治國)의 도리(道理).
* 분위(分位): 본래 '직분'이나 '직위'의 뜻이었으나, 철학적으로는 일정한 체계 내에

가치, 예악정벌禮樂征伐 등의 규범은 모두 종법 봉건제도를 기초로 한다. 조상 숭배, 종법분봉의 함의를 떠나서는 우리는 각종 형식의 예악에 대해 설명할 수 없다.[59]

주나라 초기에 봉건이 누구에게서 시작되었는지는 결코 확정되지 않았는데, 왕궈웨이王國維는 『은주제도론』殷周制度論에서 종법宗法 제도가 주공周公에 의해 만들어졌다고 주장하며, 또 이것을 주나라 제도와 은나라 제도의 주요한 차이 중 하나라고 여긴다. 어떤 이는 더 나아가 주공이 성왕成王에게 양위한 것(적장자에게 전한다는 종법 원칙을 다진 것)이 종법분봉제의 정확한 시작이라고 주장한다.[60] 그러나 고고학적 발견에 근거하면, 상술한 관점은 모두 의심할 필요가 있다. 고고학 발굴에서, 고고학자들은 서양西襄 분현汾縣의 도사陶寺와 산동山東 제성현諸城縣의 정자程子가 모두 분조묘장分組墓葬으로 배치되었으며, 매 조組 안에는 대·중·소의 상이한 등급의 묘장이 있음을 발견하였다. 장광즈는 이렇게 추정하였다. "묘장의 조組는 분명 친족의 종宗이며, 조組 내의 묘장의 등급은 곧 종족 내 상이한 등급의 성원임을 말해 준다." 그러므로, "은상 시대에 이미 종법 제도가 있었을 뿐 아니라, 룽산문화에서도 이미 있었을 것임을 고고학적 자료로부터 추정할 수 있다."[61] 여기서 문제는 다음과 같은 것이다. 즉 주대에 종법 제도를 왕조의 정치 구조로 발전시켰고, 따라서 봉건 체제를 형성하였으나, 위와 같은 고고학적 발견은 은상 시대에 이미 종법 제도가 일종의 분봉적分封的 왕제王制로 확장되었음을 결코 증명할 수는 없다는 것이다. 그러나 확신할 수 있는 것은 이런 것이다. 즉 만약 룽산문화가 이미 종법 제도의 내용을 포함하고 있었다면, 무巫 문화와 예악 문화를 확연히 구분하는 관점은 성립하기가 매우 어려워질 것이라는 점이다.

소위 종법 봉건 즉 "별자別子가 시조始祖가 되면, 그 시조를 계승한 이는 종宗이 되고, 예자禰子*를 계승한 이는 소종小宗이 된다"(別子爲祖,

서 차지하는 '의미'와 '위상'을 가리킨다.

繼別爲宗, 繼禰子爲小宗)는 원칙은 주 천자의 책봉 의식('사명'錫命)을 통하여 왕기王畿(왕도王都 근방) 바깥의 토지와 인민을 왕위를 계승하지 못한 주왕의 별자에게 내려 주고 또 제후국諸侯國을 수립하는 것이었다.[62] 봉토封土를 받은 서자는 곧 제후국의 조祖이며, 여전히 적장자嫡長子 계승의 원칙에 따라 작위爵位를 계승한다. 종주宗周와 봉국封國의 관계는 천자와 제후의 관계이기도 하고 원자元子와 서자의 관계이기도 한데, 각 봉국 내부의 정치 관계 역시 마찬가지로 혈연적 종족 관계의 성질을 갖고 있다. 『순자』「유효편」儒效篇에서는 주공周公이 "천하를 모두 제압하고, 71국을 세웠는데, 희성姬姓의 제후국이 53개나 되었다"(兼制天下, 立七十一國, 姬姓獨居五十三人)[63]고 하는데, 그들은 모두 문왕, 무왕의 소목昭穆과 주공의 윤胤*이다. 주나라 초기의 봉건은 약간의 이성異姓 제후를 포함하였는데, 대다수가 주나라에 귀순한 소국小國의 후예(예를 들면 신농神農, 황제黃帝, 요, 순, 우의 후예) 혹은 주 왕실의 친척이지만, 기본 원칙은 여전히 종법 제도에 따라 동성同姓 제후를 분봉하는 것이다. 그러므로 종법 원칙은 씨족 혈연관계 및 그 기본 질서를 유지하였고, 또 주나라 때의 보편적 원칙이 되었다. 서주의 맥락에서, '중국'은 곧 이 보편 원칙의 기초하에 주왕과 분봉된 숙叔·백伯·형兄·제弟·생甥·구舅의 각국各國이 구성한 것이며, 일정한 지역을 중심으로 한 하나의 정치/종법 공동체이다.

종법분봉은 정치 제도일 뿐 아니라 경제 제도이자 군사 제도이기도 하다. 『좌전』「희공僖公 24년」 조에는 "옛날 주공이 관숙管叔과 채숙蔡叔의 선종善終하지 못함*을 슬퍼하여, 친척을 제후로 봉하여 주周의 보호막으로 삼았다"(昔周公弔二叔之不咸, 故封建親戚以蕃屛周)[64]고 기록되어 있는데, 주 왕실을 보호하는 일종의 제도로서의 봉건의 특수한 기능을

- 예자(禰子): 별자(別子)의 서자(庶子).
- 소목(昭穆), 윤(胤): '소목'과 '윤'은 모두 자손 또는 후손을 의미한다.
- 선종(善終)하지 못함: 관숙과 채숙은 주공의 형제지만 반란을 일으켜 주공에게 토벌되었다.

분명히 설명하였다.[65] 분봉의 구체적 내용은 백성과 영토를 주는 것이지만, "봉건시대에 영토를 나누어 다스리는 것은 본래 하나로 정비된 전장 제도가 없으며, 또 일단 성립하면 변하지 않는 거시적 규칙도 없었고",[66] 분봉 후에 실행된 토지 제도도 따라서 차이 나는 바가 있었다. 예를 들면, 주 왕실은 진국晉國에 거주하는 하夏의 유민인 '회성구종' 懷姓九宗을 숙우叔虞에 봉사封賜하였는데, 그 땅은 융戎에 가깝고 추웠으며, 풍속이 '중국'과 달랐고, 왕실은 "하나라의 정치로 계도啓導하되 땅은 삭막한 융 땅을 가질 것을"(啓以夏政, 疆以戎索) 요구하였으니, 곧 주나라 제도와는 다른 토지 제도를 원용하여 토지를 정리하였다. 그러나 '중국' 범위 안에서는 토지 제도와 분봉 제도가 서로 나란히 행해졌으며, 주의 통치자는 노魯와 위衛의 임금이 은殷의 유민遺民을 대함에 "모두 상商나라의 정치로 계도하고, 주나라의 땅을 줄 것" 요구하였다.[67] 이는 후세 유자들이 '중국' 범주를 일종의 예의적 범주로 전화시키는 데 근거를 제공하였다(즉 예의 혹은 문화의 전화를 통하여 기타 족군을 '중국' 범주에 병합시켰다).[68]

정전론井田論은 주로 『맹자』, 『주관』周官 두 책에 보이는데, 한대의 저작인 「왕제」王制(『예기』의 편명), 『춘추공양전』春秋公羊傳, 『춘추곡량전』春秋穀梁傳, 『한시외전』韓詩外傳, 『모시전』毛詩傳 등이 이어서 보충하였다. 근대 후한민胡漢民, 후스胡適, 뤼스미앤呂思勉, 궈모러, 쉬중수徐中舒, 쉬푸관 등의 학자들은 정전井田의 유무有無와 구체적 내용에 대해 각기 다른 주장을 하고 있는데, 여기서는 깊이 논할 수 없다.[69] 그러나 다음과 같은 것은 대략 확인된다. 즉 정전은 분봉 제도가 경제와 군사 방면에서 구체화된 것이다. 『맹자』 「등문공 상」滕文公上에 다음의 기록이 있다.

하후씨夏后氏는 50무畝에 공법貢法을 썼고, 은인殷人은 70무에 조법助法을 썼고, 주인周人은 100무에 철법徹法을 썼는데, 그 실제는 모두 1/10입니다. 철徹은 통한다는 뜻이고, 조助는 빌린다는 뜻입니다. …『시』에서 "우리 공전公田에 비가 내리고, 다 내린

다음에 내 전田에도 내려라"라고 하였습니다. 조助는 공전이 있기 때문이니, 이로 볼 때 비록 주나라라 하더라도 조법을 썼습니다. (…)

필전畢戰을 시켜 정지井地에 대해 물었다. 맹자가 대답하였다. "…인정仁政은 반드시 토지 구획에서부터 시작된다. 토지 구획이 바르지 않으면 정지가 균등하지 않고, 곡식과 봉록封祿이 평등하지 않다. 그런 까닭에 폭군暴君과 오리汙吏는 반드시 그 토지 구획을 게을리한다. 토지 구획이 바르면 토지 분배와 곡식과 봉록의 제정이 앉아서도 정해질 수 있다." …청컨대 들에는 1/9로 조법을 쓰고, 수도에서는 1/10의 세법으로 스스로 세금을 내게 하라. 경卿 이하는 반드시 규전圭田*이 있어야 하니, 규전은 50무이다. 나머지 사람들은 25무이다. …사방 1리里가 정전井田인데, 정전은 900무이고, 그 가운데가 공전이니, 여덟 집이 모두 100무씩을 갖고, 함께 공전을 경작한다. 공사公事가 끝난 후에야 감히 개인의 일을 볼 수 있으니, 이렇게 하여 야인野人을 차별한다.

> 夏后氏五十而貢, 殷人七十而助, 周人百畝而徹, 其實皆什一也. 徹者, 徹也, 助者, 藉也. …詩云, "雨我公田, 遂及我私." 惟助爲有公田. 由此觀之, 雖周亦助也. (…) 使畢戰問井地. 孟子曰, "…夫仁政, 必自經界始. 經界不正, 井地不均, 穀祿不平, 是故暴君汙吏必慢其經界. 經界旣正, 分田制祿可坐而定也." …請野九一而助, 國中什一使自賦. 卿以下必有圭田, 圭田五十畝, 餘夫二十五畝. …方里而井, 井九百畝, 其中爲公田. 八家皆私百畝, 同養公田, 公事畢, 然後敢治私事, 所以別野人也.[70]

여기서 삼대三代의 전장 제도를 논하면서 공貢·조助·철徹 세 종류의

---

* 규전(圭田): 제사 비용을 충당하는 데 쓰는 토지.

부세를 구분하였는데, 그중 철이 주나라 제도이지만, 맹자는 단지 "철徹은 철徹이다"라는 한마디 말을 붙였을 뿐이다. 이 주장으로부터, 우리가 대략 얻어 낼 수 있는 결론은 다음과 같다. 첫째, 정전은 봉건의 산물이며, 또한 봉건제도를 지탱하는 경제 체제이기도 한데, 그것은 봉건시대의 점유 관계를 체현하였다. 둘째, 정전은 생산, 노동의 방식과 부세賦稅의 형식을 규정하였고, 따라서 기본적 사회조직 형식을 규정하였다. 셋째, 정전은 또한 일종의 병농합일兵農合一의 군사 제도였으며, 제후를 분봉하고 정전을 설치하는 것은 모두 외부로의 확장, 후방 방어, '중국'과 이적夷狄의 접경 부분의 군사 형세를 안정시키는 작용이 있었다. 상술한 의미에서 정전은 경제·군사·정치 등 각 방면을 하나로 결합하는 제도이며, 공전과 사전의 구분으로부터 밭의 수로水路의 구조에까지, 1/10세의 납부로부터 토전土田을 주관하는 관직에까지, 그리고 정전을 기초로 구성된 진영陣營 혹은 공사工事는, 종법분봉제도와 밀접히 관계되지 않는 것이 없었다. 종법분봉제가 친친존존親親尊尊*의 원칙을 정치와 경제 등의 범위에까지 확대하였으므로, 이 종법분봉과 관계된 체제 역시 친친존존 원칙의 확장으로 이해될 수 있다. 예를 들면 주 왕실을 보호하는 군사 제도로서, 정전은 종법분봉의 원칙과 내외이하內外夷夏의 예의 기준을 준수하고 있다. 우리는 정전제를 공동체의 도덕 계보와 관련시킬 수 있다.

후대 유학자들이 반복해서 논하는 삼대의 제도 중 하나인 학교는 예의 관계를 유지하고 전승하는 연결 고리이다. 『예기』「경해」經解에서 다음과 같이 말하였다.

공자께서 말씀하셨다. 그 나라에 들어가면 그 나라의 가르침을

---

* 친친존존(親親尊尊): '친한 사람을 친하게 대하고 존귀한 사람을 존중한다'는 의미. '친친'은 효(부권)를, '존존'은 충(군권)을 강조하는 규범으로 종법 질서의 근거와 운영 원리로서 작용했다.

알 수 있다. 그 사람됨이 온유돈후한 것은『시』의 가르침이다. 소통하고 또 옛일을 멀리까지 아는 것은『서』의 가르침이다. 마음이 넓고 선량하게 바뀌는 것은『악』의 가르침이다. 음란하지 않고 궁리하고 진성하여 미묘함을 파악하는 것은『역』의 가르침이다. 공손하고 검소하며 장중하고 공경스러운 것은『예』의 가르침이다. 글을 짓고 사건을 늘어놓는 것은『춘추』의 가르침이다. 그러므로『시』의 가르침이 없다면 어리석어진다.『서』의 가르침이 없다면 황당무계해진다.『악』의 가르침이 없다면 사치해진다.『역』의 가르침이 없다면 남을 해친다.『예』의 가르침이 없다면 번쇄해진다.『춘추』의 가르침이 없다면 어지러워진다.

> 孔子曰, "入其國, 其敎可知也. 其爲人也, 溫柔敦厚, 詩敎也.
> 疏通知遠, 書敎也. 廣博易良, 樂敎也. 絜靜精微, 易敎也. 恭儉
> 莊敬, 禮敎也. 屬辭比事, 春秋敎也. 故詩之失愚, 書之失誣, 樂
> 之失奢, 易之失賊, 禮之失煩, 春秋之失亂.[71]

만약 그 나라에 들어가서야 그 가르침을 알 수 있다면, 예악 체계는 곧 '국'國(제도적 조건)을 그 물질적 전제로 하는 것이다.[72] 『예기』「학기」學記에는 다음과 같은 이야기가 있다. "군자가 백성을 교화하고 풍속을 이루고자 한다면, 반드시 학學으로 말미암아야 한다."(君子如欲化民成俗, 其必由學乎) "옛날의 왕은 나라를 세우고 백성에게 임금 노릇 할 때 교학敎學을 우선으로 하였다."(古之王者建國君民, 敎學爲先)[73] 고대의 학교는 제도와 예의의 결합체, 곧 왕제의 유기적 부분이었다. 고대 학교에는 소학과 대학의 구분이 있었는데, 교육·도의 전수·교학敎學의 순서를 체현하였다.[74] "옛날의 학교는, 가家에 숙塾이 있었고, 당黨에 상庠이 있었고, 술術에 서序가 있었고, 국國에 학學이 있었다."(古之敎者, 家有塾, 黨有庠, 術有序, 國有學) 정현鄭玄 주注와 공영달孔穎達 소疏에 따르면 다음을 알 수 있다. 주례周禮에 근거하면, 100리 내에 25채의 집(家)이 여閭인데 모두 한 골목(一巷) 안에 있었고, 항巷의 처음에는 문門이 있고,

문 옆에 숙塾이 있다. 백성이 집에 있을 때 아침저녁으로 출입하면서 숙에서 배웠기에 "가에 숙이 있다"(家有塾)라고 하였다. 500가가 1당黨인데, 당에 학을 세웠고, 여閭 안에서 올라온 이를 가르쳤는데, 이것이 곧 상庠이다. "술에 서가 있다"(術有序)의 술은 '수'遂의 오자誤字인데, 주례에 따르면 1만 2500가가 수遂이고, 수 가운데 학을 세워서 당중黨中에서 올라온 자를 가르쳤는데, 이것이 서序이다. 국國은 천자天子가 도읍한 곳과 제후국을 가리키는데, "천자는 사대四代의 학學*을 세우고, 제후는 다만 당대 왕의 학學만을 세운다."(天子立四代學, 諸侯但立時王之學也)[75] 상서庠序* 및 그곳에서 가르친 것과 관련해서는 여전히 더 깊은 해석이 가능하다. 내가 여기서 관심 가진 것은 이들 개념이 상호 관련되어서 봉건제도하의 등급적 질서를 구성하였다는 것이다. 이 제도는 학교의 내용과 단계를 배합하여 예의 체계를 구축하였는데, 예의 체계 자체가 곧 '사람이 되어가는'(成人) 과정이다. "매년 입학하는데, 한 해 걸러 한 번씩 시험을 보았다. 첫해에 학생의 경전 이해력을 살피고 의지를 변별하며, 3년째에는 학생이 학업을 중시하고 무리들과 어울리는 것을 좋아하는지를 살피고, 5년째에는 두루 학습하고 스승을 섬기는 것을 보고, 7년째에는 학문을 논하고 벗을 사귀는 것을 살피는데, 이것을 소성小成이라고 한다. 9년째에는 사물에 통달하게 되고, 굳건히 서서는 위반하지 않게 되는데, 이것을 대성大成이라고 한다. 그런 후에 백성을 교화하고 풍속을 바꿀 수 있는데, 가까이 있는 이는 설복당하고 멀리 있는 이는 이들을 그리워한다. 이것이 대학大學의 도이다."[76] '학'學으로써 '사람'을 키우는 것을 주요 임무로 하지만, 사람의 '사람'됨은 곧 예의를 아는 데에 있다. 『예기』「학기」의 묘사에 따르면, '학'의 시간, 내용 및 형식은 모두 체계적 예의 절차에 부응하고 있고, 따라서 '학' 자체가 예의의 분위分位 및 그 제도적 전장 제도를 체현하

- 사대(四代)의 학(學): 우(虞)·하(夏)·은(殷)·주(周)의 학.
- 상서(庠序): 주나라와 은나라 때의 학교. 주에서는 상(庠), 은에서는 서(序)라 하였다.

였으며, 어떠한 구체적 지식과 훈련도 전체의 목표에 연계되어 있다. 순서에 따라 점진적으로 나아가고, 일체 사물에 통달하고, 재능에 따라 가르치고, 배움을 공경히 하고 스승을 존중하며, 최종적으로는 모든 강물이 바다로 모여들 듯이 큰 근본에 도달한다.[77]

　예악론의 틀 내에서, 제도적 설치는 동시에 일종의 도덕적 관계이기도 하며, 따라서 봉건, 정전 및 학교 역시 제도를 전제로 하는 일종의 도덕 체계이다. 상고시대의 문헌과 주대의 문헌에는 덕德과 도道, 덕德과 행行, 덕德과 형刑 등의 글자가 짝을 이루어 한 단어가 되는 현상이 매우 많은데, '덕'德이 내재적 품덕品德이기도 하고 공동체의 예의 및 제도와 밀접히 상관된 규범이기도 함을 명백히 보여 준다. 그것들은 모두 천도 자체에 연원한다. 『마왕퇴 노자갑본』馬王堆老子甲本 뒤의 「일서」佚書에서 말하였다. "선善은 인도人道이며, 덕德은 천도天道이다."(善人道也, 德天道也) 또 "군자가 선을 행하면, 시작을 같이하는 이가 있고, 마침을 같이하는 이가 있다. 군자가 덕을 행하면, 시작을 같이하는 이가 있고, 마침을 같이하는 이는 없다."(君子之爲善也, 有與始也, 有與終也. 君子之爲德也, 有與始也, 無與終也) 같은 「일서」에는 또 덕의 이룸이 악樂의 이룸과 같음을 표현한 것이 있다. 즉 "악이란 것은 그 유체流體를 말한다. 기機…라는 것은 덕의 지극함이다. 악樂 이후에야 덕이 있다. 덕이 있은 후에 국가가 함께한다. 국가가 함께한다는 것은 천하가 인의仁義와 함께한다는 것이다."(樂者, 言其流體也. 機……者, 悳之至也. 樂而後有悳; 有悳而後國家與; 國家與者, 言天下之與仁義也)[78] 라오쫑이饒宗頤는 이 인용문을 다음과 같이 평하였다. "덕이 천도이기에 체體를 버리고 그 심心을 전일專一하게 하며, 형形으로써 그것을 추구하지 않을 수 있고, 자연히 천도의 유행과 같아서, 천지에 걸어 놓으면 모두가 준수하는 것과 같은 것이다. 이는 당연히 자사子思의 오덕종시설五德終始說이다. …선善을 말하고 덕德을 말하는데, …하나는 인도人道이고, 하나는 천도天道라, 천과 인이 참으로 상응한다."[79] 우리는 다른 문헌에서 비슷한 용법을 찾을 수 있다. 예를 들면 『서』에 "하늘은 친한 이가 없으니, 오직 덕 있는 이만을 돕는다"(皇天無親, 唯德是輔),[80] "옛날 상제께서 벌을 내리시어 문왕의 덕을 거듭 권하였으니, 그의 몸에 대명大命이 모인 것이다"(在昔上帝割, 申勸寧王之德, 其集大命于厥躬),• 『시』에 "백성이 일정한 법을 지녀 아름다운 덕을 좋아하네"(民之秉彝, 好是懿德), "그대들의 조상은 생각 말고, 그 덕만 닦으라"(無念爾祖, 聿修厥德)[81]고 하였다. 옛사람이 말하는 "덕으로써 민과 어울린다"(以德和民)는 '민과 어울림'(和民)으로써 천도에 순응함을 표시한다. 이 개념은 이미 군왕에 대한 요구를 은밀히 담고 있으며, 「일서」에서 말한 "덕이 있은 후에 국가가 함께하는데, 국가가 함께한다는 것은 천하가 인의와 함께한다는 말이다"와 정확히 상응한다.

그러나, "악樂 이후에야 덕이 있다"와 비슷하게, 군왕의 천하 다스림에 대해 말하자면, 덕의 이루어짐 역시 제도와 밀접하게 관계가 있으며, 상고시대의 '형덕'刑德 관념은 곧 천의 의지를 받드는 제도와 그 상벌을 암시한다. 은상 시대에, '덕'은 '상'賞을 제기하는 또 하나의 방법이었다. 「강고」康誥에는 "내가 너에게 덕에 관한 주장과 벌의 실행에 대해 말해 주겠다"(告汝德之說于罰之行)라는 말이 있는데, 이미 상벌의 관념을 담고 있다.[82] 상고시대의 천 관념은 심판자의 함의를 띠고 있었고, 따라서 후대의 형, 법 등의 범주를 낳을 수 있었다. 왕궈웨이는 주나라의 도덕과 제도의 관계를 다음과 같이 논하였다. "주나라의 제도와 전례典禮는 곧 도덕의 기제이며, 존존尊尊·친친親親·현현賢賢·남녀유별男女有別이라는 네 가지의 결합체이다. 이것을 민이民彝라고 하는데, 이에서 말미암지 않은 것이 있으면 그것은 민이가 아닌 것이라고 하였다"[83] 종법분봉 체제와 그것이 파생시킨 정치·경제·문화적 계보는 자연·도덕·제도를 고도로 합일시켰으며, 서주 시대 도덕 평가의 분위 관념이 체현된 것은 종법분봉의 원칙과 거기서 파생된 제도 및 예악 관계이다.

• 옛날~것이다: 『서경』 「군석」(君奭)에 나온다.

3. 예악 공동체와 도덕/정치 담론으로서의 '술이부작'

만약 예악과 제도가 둘이 합쳐서 하나가 되는 것이라면, 도덕 판단은 곧 공동체의 제도를 객관적 전제로 하게 되고, 따라서 도덕 판단과 분위分位 사이에는 내재적 연계가 있게 된다. '분위'는 정치 제도의 원칙이기도 하고 도덕 판단의 근거이기도 한데, 이는 혈통의 적서 및 친소장유親疎長幼의 신분 체계와 봉건 정치 체제의 작위·권리·의무 체계를 하나로 합한 결과이다.[84] 공자의 도덕 서사에서, 인과 예는 분리해서 서술할 수 없다. 사회구조와 성질이 다른 도덕은 존재하지 않고, 도리道理와 사리事理, 의리義理와 정리情理의 분화는 존재하지 않는다. 도덕과 사회구조(예제 질서)는 같은 것이고, 평가 문제는 사회의 사실 문제이며,[85] 따라서 이 동일성을 유지하는 가장 중요한 길은 '정명'正名이다. 군신, 부자, 부부, 형제, 붕우 이 다섯은 유가 윤리에서 말하는 '천하의 달도達道'이다. 이 다섯 중에서 부부·부자·군신이 가장 중요한데, 옛사람들은 그것을 '육위'六位 혹은 '육직'六職이라고 칭했으며, 성聖·지智·인仁·의義·충忠·신信은 이와 상응하는 '육덕'六德이다. 이로부터, 인간의 정위定位와 도덕적 요구는 그들의 분위, 직책을 근거로 하였다.[86] 예제론의 맥락에서, 군君·신臣·부父·자子·부夫·부婦·우友·붕朋 등의 개념은 기능적 개념이기도 하고 실천적(도덕적) 개념이기도 하며, 따라서 '명군'明君·'충신'忠臣·'자부'慈父·'효자'孝子 등의 평가성 개념을 떠나서 정의할 수 없다. 이 도덕 담론에서, 우리는 근대 사상이 구축한 그런 실연實然과 응연應然, 사실과 가치의 모순을 확정할 방법은 없다. 논리적으로 볼 때, 군·신·부·자 등의 개념의 배경 조건에 극렬한 변화가 발생해야만 실연과 응연이 모순 명제가 될 수 있다. 그것은 보편적 논리 명제가 아니라 구체적 역사 명제이다. 제도 체계와 도덕 평가가 분리될 때에만, 즉 제도가 예악 체계로부터 탈바꿈해 나와 도덕적 함의를 갖지 않게 될 때만 비로소 실연과 응연에는 충돌이 발생한다.[87]

예악과 제도 사이에 내재적 연계가 존재하기 때문에 예악, 도덕의 추구는 동시에 제도 문제에 관한 탐구이다. 왕권의 절대성이 날로 강화되던 맥락에서, 예와 형刑은 한 걸음 더 나아가 분화가 생겼다. 이후 법가 문하로 귀납되는 유자들은 법을 예로 삼았고, 공맹의 문도門徒로 하여금 형刑을 인간의 도덕 실천과 무관한 외재적이고 강제적인 규범으로 보게 하였다. 예악과 제도의 고도의 일체화는, 예와 형을 두 가지의 무관한, 심지어 대립적인 체제로 구분할 방법이 없으며, 도덕 판단은 반드시 예악 제도를 전제로 해야만 천의天意에 부합할 수 있다. 공자가 육경을 가르침으로 삼은 것은 위기의 조건에서 공동체의 예악 제도와 그 실천적 가치를 재구축하기 위한 것이었고, 예악 제도와 도덕 사이의 내재적 근거를 명시했기에, 예악론은 곧 제도론이자 정치론이다. "후인이 선왕을 보지 못하니, 당연히 보관할 수 있는 기器에 의거하여, 눈으로 볼 수 없는 도를 생각해야 한다. 그러므로 선왕의 정교를 표장表章하여, 관사의 전수典守에게 주어 사람들에게 보일 것이지, 직접 지어서 설說을 만들어 기器를 떠나 도道를 말하는 지경에 이르지 않아야 한다. 공자는 『춘추』를 지은 까닭을 스스로 말씀했다. 즉 '내가 공언空言에 그것을 의탁하고자 한다면, 그것을 행사行事에서 드러내어 보이는 것만큼 깊이 있고 절실하고 분명하게 드러나지 않을 것이다.' 즉 정교政敎와 전장典章은 인륜人倫 일용 외에 다른 저술의 도를 내지 않은 것이 또한 이미 분명하다."(後人不見先王, 當據可守之器而思不可見之道. 故表章先王政敎, 與夫官司典守以示人, 而不自著爲說, 以致離器言道也. 夫子自述『春秋』之所以作, 則云: '我欲託之空言, 不如見諸行事之深切著明.' 則政敎典章, 人倫日用之外, 更無別出著述之道, 亦已明矣)[88] 도덕 담론이 정교 전장과 인륜 일용에 대한 담론과 동등하다면, 도덕은 틀림없이 공동체의 제도, 예의 및 습속을 객관적 기초로 하는 행위 규범일 것이다.

상술한 의미에서, '술이부작'은 곧 선왕의 전장 제도를 명목으로 삼아 전개한 정치 이론이고, '이인석례'는 이상적 정치의 동력과 경로에 대한 탐색이며, 공자는 그것을 인간의 내재적인, 애인愛人을 특질로 하는 품성으로 귀결하였다. 그러나, '애인'愛人을 특질로 하는 '인'仁은 일종의 추상적이고 순수 개체적인 열정과 품성이 아니라, 제도 원칙의 확장, 즉 종법 봉건이 의거한 친친親親 원칙의 확대이다. 무술巫術 예의 禮儀가 무사巫史의 의식적 행위 과정에 의지한 것과 마찬가지로, 예의 세계에서는 '행行과 사事'를 벗어나 천의를 표현하는 어떠한 방식도 진정으로 천인을 소통시킬 수 없고, '예'의 형식을 벗어난 어떠한 '행과 사'도 심지어 '행과 사'의 범주로서 고려할 수조차 없다. 그러므로, '술이부작' 혹은 '조술왕제'祖述王制는 예의의 엄격성에 대한 훈계로 간주해야 한다. 맹자는 말하였다. "하늘은 말하지 않고, 행과 사로써 보여줄 뿐이다."(天不言, 以行與事示之而已)[89] '행과 사'는 천의를 펼쳐 보이는 방식이지, 단순한 개인적 행위가 아니다. 즉, 한편으로 '행과 사'는 곧 일정한 예악 제도 속에서 전개되는 과정이고, 따라서 개인의 성덕成德은 제도적/정치적 행위이다. 또 한편으로 제도적/정치적 행위는 단지 '행과 사'의 과정에서 내재적으로 연계되어야만 비로소 도덕 실천의 과정이 될 수 있고, 따라서 성덕의 충동, 열정, 표현 형식을 벗어난 어떠한 제도/정치도 모두 도덕 실현의 충분조건이 될 수 없다. 전자는 예의의 순수성을 요구하고 후자는 내심의 진정성을 요구한다. 이 고전적 도덕 관념은 공문孔門 유학의 두 가지 특징에 역사적 전제를 제공하였다. 첫째, '술이부작'의 형식으로 고대 전장 제도의 운용 과정을 전개하여, 도덕 행위와 예악 제도가 동일한 것임을 강조하였다. 둘째, '이인석례'의 형식으로 도덕 행위의 실질적 함의를 논술하여, 내재적 충동과 실질적 내용이 결핍된 어떠한 예악 형식도 '진정한' 예악 형식으로 볼 수 없음을 강조하였다.

만약 도덕 담론 속에서 실연과 응연의 모순 혹은 사실과 가치의 모순이 예악과 제도 혹은 법률의 분화에서 탄생한다면, 다음과 같은 문제가 자연스럽게 제기된다. 즉, 공자야말로 예악이 붕괴한 시기에 살고 있지 않았던가? 이 시대는 참으로 새로운 제도와 법률이 예악의 서주 형식을 벗어나서 자신의 정통적 지위를 쟁취한 시대가 아니었던

가? 어째서 이 변화된 역사적 조건에서 공자는 바로 실연과 응연의 완전한 합일을 그의 도덕 담론의 출발점으로 삼았던 것일까? 1926년, 구제강顧頡剛은 일찍이 이렇게 물었다. "『논어』에서 보건대, 공자는 단지 구문화의 계승자일 뿐이지, 신시대의 창시자가 아니다. 그러나 진한秦漢 이후는 하나의 신시대인데, 어째서 공자가 결국 이 시대의 중심 인물이 되었는가? 유물사관으로 공자의 학설을 보았을 때, 그의 사상은 봉건사회의 산물이다. 진한 이후는 봉건사회가 아니었는데, 어째서 그의 학설이 결국 이렇게 오랫동안 지배할 수 있었는가?" 이 문제의 다른 일면은 다음과 같다. 상앙商鞅, 조趙나라 무령왕武靈王, 이사李斯 등은 모두 신시대의 창시자인데, 어째서 그들은 신시대를 이룬 후에 오히려 "신시대 속 비판의 표적이 되었는가?"[90] 여기서 진정으로 문제가 되는 것은, 공자의 서주 윤리에 대한 현실적 재구성과 상술한 제도적 변천의 관계를 어떻게 평가해야 할 것인가 하는 것이다.

우선 예악과 제도, 예제와 도덕의 합일(즉 '삼대지치'三代之治)은 공자가 자신이 처한 시대와 그 위기를 관찰한 방식이다. 공자가 서주 예악과 제도의 고전적 형식을 도덕 담론의 모든 근거로 삼은 것은 이중의 내용을 포함하고 있다. 첫째, 예악과 제도(형법 포함), 예제와 도덕 사이의 극심한 분화에 가장 강렬하게 저항하였다. 둘째, '경'敬과 '예'禮의 정신으로 왕제王制 중심의 예악 공동체를 회복하자고 호소하였다. 바꿔 말하면, 덕德과 위位의 통일이라는 명제 자체가 겨냥한 것은 바로 덕위德位 분리의 시대 상황이었다. "비록 그 위位가 있더라도 그 덕德이 없으면 감히 예악을 짓지 않는다. 비록 그 덕이 있더라도 그 위가 없으면, 역시 감히 예악을 짓지 않는다."(雖有其位, 苟無其德, 不敢作禮樂焉; 雖有其德, 苟無其位, 亦不敢作禮樂焉)[91] '술이부작'이 제공하는 것은 바로 상술한 "감히 하지 않는" 예의禮儀 근거이며, "감히 하지 않는다"는 여기서 일종의 계율의 표현 형식, 즉 위位를 넘어선 모든 행위에 대한 경고로 볼 수 있다. 이런 의미에서 예악, 제도 및 도덕 평가의 완전한 합일은 공자가 근거하여 시대를 관찰한 윤리학의 수립, 분열 상황 속에서의 합일에 대한 추구이다. 공자 학설의 비판적 역량은 이 복고적 윤리의 수립과 현실 제도 사이의 긴장 관계에서 유래한다. 즉 이 윤리가 수립되었기 때문에 현실 제도의 합법성 위기는 제도와 예악의 분화로 해석된다.

다음으로, 분위 관념은 결코 공자의 윤리 사상을 개괄하기에 충분치 못하다. 『논어』에서, 고대의 덕행을 기탁한 '군자'와 '사'士는 대변혁의 시대에 (복고의 형식으로) 새로운 도덕적 전범을 창조한 진정한 담지자이다. 구제강, 위잉스余英時 등 여러 학자의 해석에 따르면, '사'는 처음에 무사武士였다가 춘추전국시대의 격렬한 변화를 거쳐서야 비로소 문사文士가 되었다. 이른바 격렬한 변화란 '상층 귀족의 지위 하락과 하층 서민의 지위 상승'을 가리킨다. 사 계층은 "귀족과 서인庶人의 중간에 있었는데, 아래위로 유동하는 회합처였기 때문에, 사의 수는 크게 증가할 수밖에 없었다. 이는 곧 사 계층의 사회 성격상에 근본적인 변화를 가져왔다."[92] 전국시대의 관직 계층인 '사'는 이미 농공상農工商과 함께 '사민'四民으로 병렬되었다. 따라서 춘추 이래 발생한 전환은 구조적인 것으로서, 왕조 교체 과정 속의 귀족 몰락이라는 주기적 현상과는 전혀 같을 수가 없다. 이런 전환 속에서, 사로 상승한 서인 계층은 도덕 규범을 명확히 해석하고 확립할 기회와 권리를 얻었으며, 귀족에서 하락하여 사가 된 사람 혹은 옛날의 예악 제도를 그리워하는 사람은 봉건적 예의 질서를 다시 펼 기회를 얻었다. 『논어』「자로」子路에서는 이렇게 말했다.

> 자공이 물었다. "어찌하면 사土라고 할 수 있겠습니까?" 선생께서 말씀하셨다. "자신의 행동에서 부끄러움을 알고, 사방에 사신으로 가서 임금의 명을 욕되게 하지 않으면 사라고 할 수 있다." 자공이 말하였다. "감히 그다음을 묻고자 합니다." 선생께서 말씀하셨다. "친척들이 효성스럽다고 칭찬하고, 향당에서는 웃어른을 공경한다고 칭찬하는 것이다." 자공이 말하였다. "감히 그다음을 묻겠습니다." 선생께서 말씀하셨다. "말에 반드시

믿음이 있고, 행동에 반드시 결과가 있으면, 깐깐한 소인일 수도 있지만, 그래도 또한 그다음이 될 수는 있을 것이다." "오늘날 정치에 종사하는 이들은 어떻습니까?" 선생께서 대답하셨다. "아, 비루하고 자잘한 인간들은 헤아리기에도 부족하다."

> 子貢問曰, "何如斯可謂之士矣?" 子曰, "行己有恥, 使於四方,
> 不辱君命, 可謂士矣." 曰, "敢問其次." 曰, "宗族稱孝焉, 鄉
> 黨稱弟焉." 曰, "敢問其次." 曰, "言必信, 行必果, 硜硜然小
> 人哉! 抑亦可以爲次矣." 曰, "今之從政者何如?" 子曰, "噫!
> 斗筲之人, 何足算也?"[93]

재위자在位者는 고려할 것이 못 되는데, 왜냐하면 위位와 덕德이 이미 완전히 분화되었기 때문이다. 사는 용감히 나설 수 있었는데, 왜냐하면 예의 질서와 도덕의 내재적 연계가 반드시 요구하는 내재적 용기와 덕행을 갖고 있기 때문이다("자신의 행동에서 부끄러움을 안다"). 만약 종법분봉제가 규정한 예의 등급을 절대적 척도로 삼는다면 우리는 신분 등급 제도에 대한 이런 멸시를 이해할 수 없을 것이다. 이로부터 다음과 같이 추정할 수 있다. 공자는 결코 예禮의 형식에 집착하지 않았고, 차라리 사士의 '행行과 사事'를 통해 예가 예 되는 형태를 회복하려고 하였으며, 나아가 예의 형식과 내용의 완전한 합일에 도달하려 하였다.[94] 공자지학孔子之學과 사라는 이 계층의 성장에는 내재적 연계가 있다.

그러므로 공자의 인 개념은 결코 '예'에 대한 초월이 아니다. 그는 예를 인으로 전환시킨 범주 속에서 서술하였는데, 그 목적은 예제적 도덕 실천이 '과정'에 대해 가지는 초월, 예의 실천자에 대해 가지는 상태(성誠, 경敬, 외畏, 신信 혹은 애인愛人 등), 정신적 충동에 대해 가지는 의지를 부각시켰다. '초월' 개념은 도덕 실현과 외재 규칙 사이의 일종의 대립을 가정하였고, '인'은 반드시 구체적 덕목으로 체현되어야 하며, 또 구체적 예악 관계 속에서 천인을 소통시켜야 한다. 『논어』

「학이」學而에서는 "효와 제는 인의 근본일 것이다"(孝弟也者, 其爲仁之本與)라고 하였다. 『예기』「애공문」哀公問에서는 "어진 사람은 사리를 뛰어넘지 않고, 효자는 사리를 뛰어넘지 않는다"(仁人不過乎物, 孝子不過乎物)고 하였다. 장타이옌은 다음과 같이 해석하였다. "그러므로 '군자는 언言이 사辭를 뛰어넘지 않고, 행동이 칙則을 뛰어넘지 않으니, 궤도가 있어서 뛰어넘을 수 없음을 말한 것이다'라고 하였다. 『역』에서 '말(言)에는 내용(物)이 있고 행동(行)에는 항상됨(恒)이 있다'[95]고 하였다. 격물格物은 그 궤도에 끼워 맞추는 것이다.'"(故曰: 君子言不過辭, 動不過則, 謂有軌度, 不可逾也. 其在『易』曰: '言有物而行有恒.' 格物者, 格距於其軌度)[96] 사辭·칙則·물物은 일정한 법도 혹은 규범을 가리키기도 하고 또 일정한 구체적 관계를 가리키기도 하는데, 사실 진술과 규범 진술이 완전히 통일된다. 즉 인인과 효자를 판단하는 척도는 그들의 언행이 자연적으로 이들 법도나 규범과 들어맞는지를 보는 것이다. 그러나 인인, 효자가 행사하는 기준은 "사리를 뛰어넘지 않는 것"(不過乎物) ──'불과'不過라는 단어는 주체의 분수 파악을 합당하게 표현하였다──이다.[97]

다시 『논어』「안연」顔淵에서 "안연이 인仁에 대해 물었다. 선생께서 '자기를 극복하고 예로 돌아가는 것이 인이다. 하루라도 자기를 극복하고 예로 돌아가면 천하가 인에 귀의한다'고 하셨다. 안연이 말하였다. '그 항목들을 묻고자 합니다.' 선생께서 말씀하셨다. '예가 아니면 보지 말고, 예가 아니면 듣지 말고, 예가 아니면 말하지 말고, 예가 아니면 행하지 말라'"(顔淵問仁. 子曰, "克己復禮爲仁. 一日克己復禮, 天下歸仁焉. 爲仁由己, 而由人乎哉?" 顔淵曰, "請問其目." 子曰, "非禮勿視, 非禮勿聽, 非禮勿言, 非禮勿動)[98]라고 한 것을 보자. '~이 아니면 ~하지 말라'의 문장 형식이 표현한 것은 외재적 권위의 훈계가 아니라 경외의 마음이 그렇게 시킨 것이고, 따라서 '예로 돌아감'과 '인에 귀의함'은 모두 주체의 내재적 품성, 용기 및 수양이 결정한 것이다. "자장이 공자께 인에 대해서 물었다. 공자께서 대답하셨다. '다섯 가지를 천하에 행할 수 있으면 인이다.' 자장이 '그것에 대해 묻고자 합니다'라고 하였다. 공자께서 대답하셨다. '공손함(恭), 관대함(寬), 믿음(信), 민첩함(敏), 은혜로움(惠)이다.'"(子張問仁於孔子. 孔子曰, "能行五者於天下爲仁矣." "請問之." 曰, "恭寬信敏惠.")[99]

공자의 인과 군자 혹은 사 등의 역사적 범주를 연계시키면, 우리는 공자 사상의 구조적 특징이 마찬가지로 역설적임을 발견할 수 있다. '종교적 형식'의 태도로써 고전적 신성성을 회복하고, 헌신의 심경을 고전 와해의 산물로서의 '사'의 몸에 기탁하고, 따라서 예악 제도의 소외에 대한 그의 비판은 동시에 이 소외 과정의 필연성에 대한 확인을 포함하였음을 발견할 수 있다. 이런 의미에서, 공자의 역사적 자세를 단순히 복고와 귀족주의로 해석한다면 반드시 역사 변화에 대한 그의 민감함과 도덕적 책임을 간과할 수밖에 없게 된다. 그렇게 되면 공자를 예악 제도의 이성적 전개의 집대성자로 보게 되고 또 이 전개 과정 자체에 대한 공자 사상의 완강한 거부와 비판을 설명할 방법이 없게 된다.

4. 천리적 세계관과 사맹학파思孟學派

공자는 예악을 천天으로 삼았기에, 예악 제도의 해체는 천이 숨겨졌거나 혹은 천인 관계가 중단되었다고 해석할 수 있다. 만약 예악을 회복하려는 노력이 사 혹은 군자의 인仁의 실천과 천에 대한 이해에 달려 있다면, 군자 혹은 사에게는 필연적으로 천도와 상호 소통하는 어떤 것이 있을 것이다. 공맹의 도로 복귀하려는 송대 유가의 노력이 특히 사맹학파와 성性과 천도에 대한 그 학파의 해석에 집중되는 것은 바로 이 논리로부터 발전한 것이다. 이른바 공맹의 도로 복귀한다는 것은, 실제로는 사맹학파의 시각에서 공자의 사상을 재해석하는 것이다. 그들은 사서四書의 지위를 높임으로써 공자 사상을 육경과의 복잡한 관계로부터 분리시키고, 나아가 공자의 도덕 평가 방식과 예의 제도 사이의 내재적 관계를 약화시켰다. 북송 시대에, 이구李覯는 경학과 사공事功의 입장에 서서 도학의 조류를 비판했는데, 하나의 특정한 방향에서 신유학의 특징을 드러냈다.

> 오늘날의 학자들은 …맹자를 옳다 하고 육경을 그르다 하며, 왕도를 즐기면서도 천자를 잊는다. 나는 천하에 맹자는 없어도 되지만 육경이 없어서는 안 된다고 생각한다. 왕도는 없어도 되지만 천자가 없어서는 안 된다고 생각한다. 그러므로 『상어』常語를 지어 군신의 의를 밝히고, 공자의 도를 밝히고, 후세에 있을 어지러움과 근심을 막는다.
>
> 今之學者 …是孟子而非六經, 樂王道而忘天子. 吾以爲天下無孟子可也, 不可無六經; 無王道可也, 不可無天子. 故作『常語』以正君臣之義, 以明孔子之道, 以防亂患於後世爾.[100]

"맹자를 옳다 하고 육경을 그르다 하는"것은 도학이 성性과 천도天道를 중시하고 선왕의 전장 제도를 경시한다는 것을 명확히 보여 준다. 또 "왕도를 즐기면서 천자를 잊는다"는 것은 도학이 봉건(분권 정치)의 가치를 중시하고 또 군현 제도하의 절대 황권을 도외시함을 해석한 것이다. 맹자는 위로 공자를 이어받아 옛 제도 혹은 요순의 '인정'仁政을 도덕/정치의 이상으로 삼았다. 그러나 맹자 학설 가운데 가장 중요한 관념은 공자가 드물게 말한 '성'性 혹은 '인성'人性이다. 경서에 실려 있는 전적이 아니라 예악 제도가 의탁하는 인성이야말로 맹자의 인정의 정수였다. "맹자는 성선을 말하고, 입만 열면 요순을 언급하였으나"(孟子道善性, 言必稱堯舜),[101] 비교해 보면, 그는 공자를 더욱 추앙하였다. 그 원인은 공자의 인학이 경서에 실린 옛 제도가 보여 주기 어려운 도덕적 용기와 내재적 품성을 포함했다는 데에 있다. 맹자가 추모한 군주와 스승은 곧 "하늘을 대신해 가르침을 행하는"(替天行敎) 사람으로서, 이른바 "천도에게 있어서 성인聖人은 명命이다. 여기에 성性

이 있었다면, 군자가 그것을 명이라고 부르지 않았을 것이다"(聖人之於天道也, 命也. 有性焉, 君子不謂命也)[102]라고 한 것은 도덕 실천 속에서 무군무군巫君 전통을 회복하여 천인天人을 소통시키는 문제를 명확히 표현하였다. 이런 의미에서, 공자가 인과 예 사이에서 '인'을 해석하는 것과는 달리, 맹자는 직접적으로 인을 천에 귀속시킨다. "삼대가 천하를 얻은 것은 인仁 때문이었고, 천하를 잃은 것은 불인不仁 때문이었다. 나라의 흥망성쇠 역시 그러하다."(三代之得天下也以仁, 其失天下也以不仁. 國之所以廢興存亡者亦然)[103] 또 "인인仁人에게는 천하에 적敵이 없으니"(仁人無敵於天下),[104] 천하에 적이 없는 자는 "천리"(天吏也)라고 하고, "무릇 인은 하늘의 존귀한 작위爵位이고, 사람의 편안한 집이다"(夫仁, 天之尊爵也, 人之安宅也)[105]라고 하였다. 이로부터 다음과 같은 것을 알 수 있다. "천天, 인仁, 인人 삼자 사이에는 틀림없이 밀접한 관계가 있다. …인仁은 천天과 인人이 만나는 곳이다. 이는 맹자 성선론의 중요한 뼈대이다."[106]

맹자의 사상 체계에서 인의예지는 "군자가 성으로 삼는 바"(君子所性) 혹은 "마음에 뿌리를 둔다"(根於心)[107]로 귀속될 수 있고, "그 마음을 보존하고 그 성을 기르는 것은 하늘을 섬기는 방법이다. 몸을 닦으면서 그것을 기다리는 것은 명命을 세우는 방법이다."(存其心, 養其性, 所以事天也. 殀壽不貳, 修身以俟之, 所以立命也)[108] 맹자는 또한 말했다. "사람이 인仁에 귀의하는 것은 물이 아래로 흘러가고 짐승이 들판으로 달려가는 것과 같다."(民之歸仁也, 猶水之就下, 獸之走壙也)[109] 인仁은 일종의 자연적 추세 즉 천의天意이다. '극기복례'는 천의에 부합하지 않음이 없다. 이 사유의 경로를 따라 사맹학파는 예의 문제와 성의 토론을 연계시켜서 한걸음 더 나아가 천 혹은 예의를 내재화할 수 있었고, 그리하여 이렇게 말할 수 있었다. "인의예지는 바깥으로부터 나를 녹여 들어오는 것이 아니고, 내가 본래 가지고 있는 것이다."(仁義禮智, 非由外鑠我也, 我固有之也)[110]

비록 맹자의 사상과 『중용』이 모두 공자 문하에서 나오긴 했지만, 그들의 해석과 공자가 묘사한 도덕적 근거로서의 예악의 서주西周 형식 사이에는 이미 중요한 차이가 있다. 즉 인간의 내재적 역량의 원인을 예악 제도가 아니라 직접적으로 본체론 혹은 천도론에 돌리며, 또 공자가 명확히 논술한 서주 형식을 엄격히 고수한다는 관념도 지양하였다.──공자는 인간과 천의 관계를 거의 논하지 않았다. 쉬푸관은 『중용』의 지위를 논할 때, "유가 사상은 도덕을 중심으로 삼는다. 중용은 도덕의 내재적이면서도 초월적인 성격을 지적해 냈고, 따라서 도덕의 기초를 확립하였다"고 했는데, "내재적이면서도 초월적이다"라는 말로써 『중용』의 의의를 지적해 냈다.[111] 사맹학파는 공자의 '인'仁 개념 속의 내재적·주체적 충동과 천명·상제 간의 관계를 명확히 강화하였다. 두웨이밍은 이렇게 해석하였다. "유가는 자아 개념을 여러 관계의 중심으로 삼았을 뿐 아니라, 정신 발전의 동태적 과정으로도 삼았다. 본체론에서 자아, 우리의 원초적 본성은 천에 의해 부여되었다. 결국 천이 내려 준 것이다. 이런 의미에서 자아는 내재적이기도 하고 초월적이기도 하다. 그것은 우리가 본래 가지고 있는 것이다. 동시에 그것은 천에도 속해 있다." 두웨이밍은 독자들이 천의 초월성과 상제의 초월성의 차이에 주목할 것을 요청하였으나, 여전히 "이 개념은 신성으로서의 기독교적 인성 개념과 같은 것처럼 보인다. 유비적으로 보자면, 유가가 말하는 자아 혹은 인간의 원시적 존재는 인간 자신인 상제로 간주할 수 있다."[112]

송대 유가가 추앙하는 『중용』의 '중'中이 가리키는 것은 "결코 외재적 힘에 흔들리지 않는 한 개인의 정신 상태"이며, 이 자아의 내재적 역량의 원천은 곧 "일종의 본체론적 상태"로 귀결된다.[113] 다음 사실에 주목해야 한다. 즉 청대 이래로 유학 전적 속의 우주론적 요소 혹은 천명론은 일찍이 유학 내부에 혼입된 '비유학적 요소'로 간주됨으로써, 유학 전적으로서 『중용』의 지위에도 의문이 제기되었지만,[114] 근래의 고고학 발견(특히 곽점 초간의 발견)은 『중용』이 명확히 자사子思에게서 나왔고 『대학』이 증자曾子와 관계있을 것임을 증명해 주었기에, 송대 유가의 문헌 배치(특히 사서의 배치)는 견실한 문헌적 근거가 있는 것이다.[115] 『중용』 첫 편의 이른바 "천이 명한 것을 성이라 하고, 성을 따르는 것을 도라고 하고, 도를 닦는 것을 교라고 한다"(天命之謂性, 率性之謂道, 修道之謂敎)로부터 우리는 공자 학설에서 매우 드물게 보이는 짙은 '종교'적 색채(그때는 결코 '종교'라는 개념과 범주가 없었으니, 여기서는 단지 빌려온 비유일 뿐이다)를 발견할 수 있다. 우리는 심지어 또 다른 곳에서 천명, 인성에 대한 이해와 제사 등의 의식 사이의 직접적 관계를 찾을 수 있다. 『중용』에서는 '성'誠을 이렇게 논하였다. "성이란 것은 자기를 이루고, 도는 자기를 이끈다. …성이란 것은 자기를 이루기만 하는 것이 아니라, 물物을 이루기도 한다. 자기를 이루면 인仁하고, 물物을 이루면 지혜롭다. 성性의 덕德은 내외內外의 도道를 합하기에, 적당한 때를 얻어 이용하는 것이 옳다."(誠者自成也, 而道自道也. …誠者 非自成己而已也, 所以成物也. 成己, 仁也; 成物, 知也. 性之德也, 合內外之道也, 故時措之宜也) "성誠은 하늘의 도이다. 성하게 하는 것은 사람의 도이다. 성은 애쓰지 않아도 들어맞고, 생각하지 않아도 얻고, 느긋하고 서두르지 않아도 도에 들어맞는 것이 성인이다. 성하게 하는 것은 선을 택하여 그것을 굳게 쥐는 것이다."(誠者, 天之道也; 誠之者, 人之道也. 誠者, 不勉而中, 不思而得, 從容中道, 聖人也. 誠之者 擇善而固執之者也)[116] 여기에서 '성'誠은 인간의 상태일 뿐 아니라 천도의 상태이기도 하며, 따라서 '성'에 대한 묘사는 필연적으로 일종의 우주론적 형식으로 전개된다.

> 그러므로 지극히 성실함은 쉼이 없다. 쉬지 않으면 오래 가고, 오래 가면 징험되고, 징험되면 멀리 가고, 멀리 가면 두터워지고, 넓고 두터워지면 높고 밝아진다. 넓고 두터움은 물物을 싣는 방법이다. 높고 밝음은 물을 덮는 방법이다. 오래 감은 물을 이루는 방법이다. 넓고 두터움은 땅에 어울리고, 높고 밝음은 하늘에 어울리며, 유구함은 한계가 없다. 이와 같이 보여 주지 않아도 드러나고, 움직이지 않아도 변하며, 하는 것이 없어도 이루어진다.

故至誠無息, 不息則久, 久則徵, 徵則悠遠, 悠遠則博厚, 博厚
則高明, 博厚 所以載物也 高明 所以覆物也 悠久 所以成物也.
博厚配地 高明配天 悠久無疆. 如此者 不見而章 不動而變 無
爲而成.[117]

　우주론의 틀 내에서 '성'誠을 논하는 이 방식은 주돈이의 『통서』通書
에 깊은 흔적을 남겼다. 예를 들면 "'크도다 건원이여, 만물이 시작되
게 해 주는구나'는 성誠의 근원이다"('大哉乾元, 萬物資始', 誠之源也),[118] "성
이 정치精緻한 까닭에 밝고, 신이 반응한 까닭에 오묘하고, 조짐(幾)이
은미(微)한 까닭에 아득하다(幽)"(誠精故明, 神應故妙, 幾微故幽)[119]라고 말한
것과 같은 것이다. '성'의 내재 상태와 천의 존재 상태를 관련짓는 방
식은 무巫 문화 속의 천인 소통의 과정에서 연원하였다. 초기 무술巫
術 예의와 그 실천 과정의 회복과 공자가 예악의 서주 형식을 엄수하는
자세는 선명한 대비를 이루었지만, 만약 우리가 인으로써 예를 해석하
고 군자의 헌신적 열정으로 예악을 부르는 공자의 내재적 정신 속으로
깊이 들어간다면, 양자간의 일맥상통하는 방식을 발견하기란 어렵지
않다. 공자의 예악은 예악일 뿐 아니라 천의 존재 방식이기도 하며, 따
라서 공자의 인학仁學을 역사적 존재인 예의 형식 및 규범과 동일시하
는 어떠한 관점—문헌적 의미에서나 고고학적 의미에서 얼마나 많은
근거를 가졌는지를 막론하고—도 공자 사상의 진정한 함의를 이해하
지 못했다. 공자가 인으로써 예를 해석한 것과 마찬가지로, 사맹학파
의 우주론 혹은 본체론적 논술 방식은 제도의 해체와 예악의 형식화에
대한 반동에서 기원하였으며, 따라서 예악 형식의 엄격성을 둘러싸고
천명과 성性, 도道 등의 원시적 범주에 직접 호소하는 것은 바로 예악
의 신성성 회복을 목적으로 삼는다.[120]

　송대와 명대의 유가는 '천리'를 만물의 특성, 도덕의 기원 및 실천의
표준으로 보았고, 또 이를 기반으로 하여 도덕 실천·예의 관계·형이상
학이라는 이 세 방면을 종합하였다. 이는 이학理學이 공자의 '예'학과

구별되는 가장 중요한 특색이다. 이학의 정치적 함의에 관해서, 나는 뒤쪽의 논의에서 집중적으로 다룰 것이며, 여기서는 우선 "맹자를 옳다 하고 육경을 그르다고 한" 경향에 대해 말하겠다. 예禮에서 인仁으로, 인仁에서 성性으로, 성性에서 심心으로, 심心에서 천天으로 가는 사맹학파의 논리를 따라, 송대 유가는 천·천도·천리를 도덕 실천의 중심에 놓았다. 이 "내재로의 전향" 추세는 '이성화'의 범주 속에 두고 고려하기보다는 차라리 예약 제도 해체라는 맥락 속에서 새롭게 천인 관계를 소통시키려는 노력이라고 보는 것이 낫다. 이런 의미에서 이것은 내재화된 '태도'이다. 즉, 도덕 평가는 더 이상 예약 제도와 도덕 평가 사이에서 발생하지 않고, 도덕 행위와 천天 사이에서 발생한다. 우리는 주희와 왕수인의 인仁과 공자의 인을 비교하여 이 이치를 밝혀도 좋을 것이다. 주희는 『인설』仁說에서 이렇게 말하였다.

> 천지는 물物을 낳는 것을 심心으로 삼으며, 사람과 사물이 태어남이 또한 각기 천지의 심을 얻는 것을 심으로 삼는 것이다. 그러므로 심의 덕을 말하자면, 비록 그것이 총괄적으로 다스려 관통하고 갖추지 않은 것이 없긴 하지만 한마디로 말하면 곧 인仁일 뿐이다.
>
> > 天地以生物爲心者也, 而人物之生又各得夫天地之心以爲心者也. 故語心之德, 雖其總攝貫通, 無所不備, 然一言以蔽之, 則曰仁而已矣.[121]

천리관天理觀의 틀에서, 주희는 '극기복례'의 '기'己를 '몸(身)의 사욕私欲'으로 해석하고, '예'를 '천리의 절문節文'[122]이라고 해석하였으며, 따라서 인仁·의義·예禮·지智·충忠·서恕와 선왕의 전장 제도 사이의 내재적이고 긴밀한 연계는 느슨해졌다. 왕수인은 『전습록』傳習錄 상 제93조에서 리理로써 인仁을 해석하였다.

인仁은 자연의 끊임없이 나며 쉬지 않는 리理이다. 비록 가득 차서 두루 존재하여 인이 아닌 곳이 없지만, 그 흘러 다님과 발생함은 또한 단지 점진적일 뿐이니, 그래서 끊임없이 나며 멈추지 않는다. …묵자의 차등 없는 겸애는 자기의 부자형제父子兄弟와 길 가는 사람을 같은 것으로 간주하니, 발단이 절로 없어질 것이다. 싹을 뽑아 보지 않고도 그것에 뿌리가 없음을 알 수 있으니, 이것은 곧 끊임없이 낳아서 쉬지 않음(生生不息)이 아닌데, 어찌 그것을 인仁이라고 말할 수 있겠는가? 효제는 인의 근본이지만, 오히려 인의 리는 안에서부터 발생하여 나오는 것이다.

> 仁是造化生生不息之理, 雖彌漫周遍, 無處不是, 然其流行發
> 生, 亦只有個漸, 所以生生不息. …墨氏兼愛無差等, 將自家父
> 子兄弟與途人一般看, 便自沒了發端處; 不抽芽便知得他無根,
> 便不是生生不息, 安得謂之仁? 孝弟爲仁之本, 却是仁理從裏
> 面發生出來.[123]

상술한 해석은 공자의 인仁이 예의 형식에 의존했던 것을 홀시하고, 인학이 함의한 천인상통의 신비 체험의 분위기를 강화하였다.

예악론에서 보편적이고도 내재적인 '성'性이라는 범주를 귀납해 냈기 때문에, 도덕적 자각의 함의에는 중요한 전환이 발생하였다. 정이程頤는 말하였다. "리理, 성性, 명命, 이 세 가지는 서로 달랐던 적이 없다. 리를 끝까지 추구해 가면 곧 성을 다하게 되고, 성을 다하면 곧 천명天命을 알게 된다. 천명은 천도天道와 같으니, 그 용용으로써 말하자면 곧 명命이라고 하는데, 명命이란 것은 조화造化를 말하는 것이다."(理也, 性也, 命也, 三者未嘗有異. 窮理則盡性, 盡性則知天命矣. 天命猶天道也, 以其用而言之, 則謂之命, 命者造化之謂也)[124] 공자가 분위分位의 관념을 실천한 것과는 달리, 정이는 사람이 "의명義命에 안주하기"를 요청하였는데, 그는 『역전』易傳의「미제괘」未濟卦를 이렇게 해석하였다. "미제의 극極에 거하였고, 제濟할 수 있는 위位가 아니니, 제濟할 수 있는 리理가 없기에,

기꺼이 천명에 순응해야 할 따름이다. …지극한 성誠은 의명義命에 편안하면서도 스스로 즐거우니, 곧 허물이 없을 것이다."(居未濟之極, 非得濟之位, 無可濟之理, 則當樂天順命而已. …至誠安於義命而自樂, 則可無咎)[125] 주희의 해석도 매우 비슷하다. "부자가 그 친親을 바라고, 군신이 그 의義를 바란다고 한다면, 그것은 저절로 이와 같을 것이니, 바랄 것까지도 없다. 부자는 저절로 친해질 것이고, 군신은 저절로 의로워질 것이다."(如說 父子欲其親, 君臣欲其義, 是他自會如此, 不待欲也. 父子自會親, 君臣自會義)[126] "저절로 ~것이다"는 부자·군신의 예의 내용이 내재적 본질에서 생산됨을 밝힌 것이다. 이 서술에서, 부자·군신의 실천은 곧 '성'性이라는 이 내재적 본질의 외재화이다.[127]

확실히 양송 도학은 유학의 기본 문제를 우주론과 본성론의 틀 속에 귀납하였는데, 그 목표는 도덕 평가와 보편적 질서를 내재적으로 연계한, 선진 유학의 도덕 평가 방식으로 다시 회귀하는 것이다. 그러나 도덕 평가와 보편적 질서 사이의 내재적 연계에 관심을 가지면서도, 공자의 인과 예는 송학의 '천리'에 비하여 훨씬 더 구체적이다.[128] 공자가 상상한 요순시대에, 예악 제도 자체는 곧 천과 천의의 전개였으며, 결코 예악의 위에 도덕 기원이 존재하지 않았다. 한 사람의 도덕은 그가 예의 질서 속에서 맡은 역할과 직접 상관되기에, 도덕은 질서 속의 분위分位를 떠나 평가할 방법이 없다.[129] 데이비드 홀David Hall과 로저 에임스Roger Ames가 공자의 철학을 일종의 "사건의 본질론"이지 "실체의 본체론"이 아니라고 귀결한 것은 일리가 있다.[130] 왜냐하면 예악론의 범주 내에서, 인간사를 이해하는 것은 결코 '질', '속성' 혹은 '특성' 등의 도움을 요구할 필요가 없기 때문이다. 그러나, 공자는 사건과 본체의 대립 같은 문제에는 줄곧 관심이 없었으며, 그의 세계 속에서 '사건'은 고립된 사건이 아니라 예악 질서 속의 사건이었으니, 만약 예악 질서라는 전제가 없었다면 '사건'은 도덕 판단 속에서 '본체'를 구성할 수 없었을 뿐 아니라 심지어 '사건'도 될 수 없었을 것이다. 그러므로 공자의 도덕 담론 속에서 도덕 평가는 결코 우주론적, 본체론적 틀을 필요로 하지 않았다. 왜냐하면 예악론 자체가 곧 고전적 자연관을 내포하였기 때문이다. 송대宋代 유가는 예악 혹은 선왕의 전장 제도가 아니라 천리와 천도를 중간 매개로 하여 도덕 평가와 질서의 동일 관계를 수립하였고, 따라서 공맹의 도로 회귀하려는 이 노력 자체가 바로 유학 도덕 평가 방식의 중대한 전환을 뚜렷이 보여 주었다. 보편적 도덕 개념으로서 천리, 양지의 범주는 군신·부자·형제·붕우 등의 범주와는 달랐고, 군자·대인·사 등의 범주와도 달랐다. 천리와 양지는 사회 구조와 도덕의 구체성을 벗어났기에, 도덕 실천에 초월적이고도 내재적인 동력을 제공할 수 있었다.

왜 송대 유가는 선진 예악론의 형식을 직접 채용하여 도덕 계보를 재구축하지 않고 천리 및 그와 연관된 개념을 확립함으로써 합일의 가능성을 찾았던가? 송학의 도덕 평가 방식과 공자 학술의 차이 속에는 동시에 내재적 연계가 담겨 있었다. 즉 공자에게 있어서는, 예악 질서의 붕괴와 해체가 분위分位 질서와 도덕의 내재적 연계를 재구축하려는 노력을 촉발하였다. 인仁을 실천하고 천天을 아는 군자라는 이 도덕적 전범에 대한 묘사를 통해, 도덕 행위와 예악 질서를 완전히 합일시킬 수 있는 도덕 세계가 새롭게 구축되었다. 공자는 개인 혹은 자아를 도덕의 근원으로 수립하지 않았고, 정반대로 개인과 자아는 단지 예악의 서주西周 형식을 회복하고 재구축하는 동력이자 주체일 뿐이었기에, 개인 혹은 자아는 곧 개인의 노력을 통하여 예악의 덕德과 위位의 통일을 체현할 수 있는 사 혹은 군자였다. 이 사 혹은 군자는 경천외지敬天畏地의 태도로 자기를 '행行과 사事'에 헌신하였다.

송학은 군현郡縣 제도가 성숙해 가던 시대에 탄생하였으며, 그것은 이념상으로 이 제도의 도덕적 합리성을 거부하였고, 따라서 도덕 평가와 제도 형식을 직접 관련시킨 도덕 평가 방식도 거부하였다. 공자가 인으로써 예를 해석하고 맹자가 성과 천도를 말하고 『중용』이 천명과 중용을 말한 논리를 따라, 송학은 도덕 평가 문제를 천리의 범주 속에 두고, 격물궁리를 통한 주체적 실천을 힘써 도모하였으며, 사람들로 하여금 인간 소외적 제도 평가 체계를 넘어서 천리와 본성 자체로 복귀하도록 하였다. 그러므로 비록 '격물치지'의 실천이 늘 지식, 이성 혹은 반성의 형식을 채용함에도 불구하고, 그 성질은 오히려 무사巫史 가 천인의 소통에 몸 바친 예의 실천 과정과 마찬가지이다. 왕양명은 말하였다.

> 예禮 자는 곧 리理 자이다. 리理가 발현해서 볼 수 있는 것을 문 文이라고 하고, 문文이 은미해서 볼 수 없는 것을 리理라고 하며, 문과 리는 하나일 뿐이다. 만약 예악禮樂이 단지 이 마음이 하나 의 천리이기만을 바란다면, 리理가 발현하는 곳에 나아가 노력 해야 한다.
>
> 禮字卽是理字. 理之發見, 可見者謂之文; 文之隱微, 不可見者 謂之理, 只是一物. 禮樂只要此心純是一個天理, 須就理祉發見 處用功.[131]

마음으로써 "리理가 발현하는 곳에 나아가 노력하는 것"과 무사巫史 가 신체 동작, 춤, 혼령의 몰입으로써 천지에 제사 지내는 것은 자연히 차이가 있지만, 출발점은 오히려 일치한다. 즉 성誠과 경敬의 상태 속 에서, 내재적 혹은 의식적 과정에 주동적으로 몰입함으로써 천과 인을 소통시킨다. 이런 의미에서, 왕양명의 해석은 결코 틀리지 않았다. 즉 "예禮 자는 곧 리理 자이다." 만약 봉건, 정전, 학교 및 그와 관련된 예 악 제도의 쇠퇴에 대하여 공자가 인으로써 예를 해석하고 술이부작하 였다고 한다면, 송학의 추상적 천리 범주 및 그 도덕/정치 평가 방식은 또 어떠한 역사적 함의를 지니고 있는가?

한당 혼합 제도와 그 도덕적 이상

1. 종교적인가 과학적인가? 무술적인가 왕제적인가?

이학이 자신을 확립하는 과정에서 힘써 초월하고 부정하고 비판한 세 가지 주요 대상은 불교와 도교, 한당 전주지학傳注之學, 그리고 제도론을 핵심으로 하는 공리주의 유학이었다. 한당 경학經學에 대한 비판은 당대 후기에 시작되었다. 한유·유종원·유우석·이고李翶 등은 천인天人 관계를 새롭게 탐구하였고, 천도·자연·인사에 대하여 합리적 해석을 시도했다. 이런 조류는 송명 이학 내부에까지 계속 이어졌다. 한유가 "맹자가 죽자 그 계승이 이루어질 수 없었다"고 단언한 것은 양한 이래의 경학 정통의 합법적 지위를 없애 버린 것이나 다름없다. 따라서 한당 경학을 뛰어넘어 공맹 유학에 접속하는 것이 또한 도통을 계승하는 유일한 길이 되었다. 송대 유가의 도덕 담론에서 가장 두드러진 담론 방식 중 하나는 삼대의 치세治世로써 한당의 법法을 비판하고 공맹의 도로써 전주지학을 비판하는 것이었으며, 그리하여 한당 제도와 그 윤리 사상을 삼대 예악 및 그 도덕 담론과 명확히 구분하였다. 정이의 『이천역전』伊川易傳은 「몽괘」蒙卦를 이렇게 해석하였다. "순이 묘를 정벌하고 주공이 삼감三監*을 주살한 것의 경우는 도적을 제어한 것이다. 진시황과 한 무제가 무력을 남용하여 주벌誅伐한 것은 도적

질을 한 것이다."(若舜之征有苗, 周公之誅三感, 禦寇也; 秦皇漢武窮兵誅罰, 爲寇也)[132] 같은 정벌이지만 함의는 전혀 다르다. 즉 전자는 봉건 예약의 범주이고, 후자는 제국帝國 제도의 산물이다. 전자는 종법 원칙을 준수하였고, 후자는 군현 체제에서 기원하였다. 송대 유학의 맥락에서, 삼대 예약과 한당 제도를 대비하는 이 방식은 정치(봉건과 군현), 토지 제도(정전제와 양세법兩稅法), 교육(학교와 과거) 및 군사 등의 각 방면에 두루 미쳤다. 선진 예약론의 틀 속에서 예약과 제도는 둘이 하나로 합쳐졌으며, 따라서 만약 일종의 도덕 평가 방식의 전환이 없다면 한대 제도를 삼대 예약과 구별하는 이 논법은 탄생할 수 없다. 이런 의미에서 제도에 대한 비판은 우선 예약과 제도를 구분하는 역사적 시각에서 기원한다. 그러므로 우리는 다음과 같이 질의해야 한다. 왜 송대 유가는 한당 제도와 그 경학이 예약 공동체의 도덕 평가 방식을 이반離叛했다고 여겼는가? 삼대의 예약론과 한당의 제도론을 명확히 구분하는 이런 역사적 관점은 이학의 형성에 또한 무슨 의의를 지니는가?

한漢은 진秦을 이어 일어났는데, 진의 군현과 봉건 전통 사이에서, 중앙집권과 분봉 귀족 사이에서, '중국' 구부舊部(본래의 땅, 본토)와 제제帝制가 팽창하여 내부로 받아들인 '이적'夷狄 사이에서 어떻게 평형을 형성하는가 하는 것이 한대 정치 이념의 중심 문제가 되었다. 이것은 『춘추』와 『주례』가 한대에 그처럼 중요한 지위를 차지한 주요 원인이었다. 『춘추』는 역사 변화의 범주 내에서 법률, 제도 및 도덕에 대한 해석을 제공하였고, 『주례』는 하나의 보편주의적 우주론 속에서 제도의 합법성과 원칙을 내보일 수 있었다. 한대 유학은 추연鄒衍의 오행五行 학설,[133] 『여씨춘추』의 음양 학설 및 한대의 과학 지식을 통하여 천도자연天道自然을 해석하였으며, 이후에 다시 천인상감天人相感, 천인상류天人相類의 원칙을 근거로 하여 음양·오행·사시四時·상수象數 등의 범주를 『춘추』와 『주례』를 해석하는 기본 틀이자 개념으로 삼았다. 구

• 삼감(三監): 관숙·채숙·곽숙(霍叔) 혹은 관숙·채숙·무경(武庚: 주왕紂王의 아들).

제강은 『진한의 방사와 유생』(秦漢的方士與儒生)에서 한대 음양 학설이 파생시킨 정치 학설을 세 방면으로 귀납하였다. 곧 추연에게서 연원한 오덕종시설五德終始說, 오덕종시설과 대동소이한 '삼통설'三統說, 그리고 『여씨춘추』「십이기」十二紀의 월령月令 제도에 근거하여 탄생한 명당설明堂說은 한대 정치 학설과 음양오행 관념의 내재적 연계를 알기에 충분하다고 하겠다.[134] 『한서예문지』漢書藝文志로부터는 고대 '무사'巫史 전통을 한대漢代 유가가 재구축하고 발전시킨 기본 방식을 알 수 있다. 즉 길흉·화복·미래·처리 방법 등에 대한 하도河圖·낙서洛書·팔괘八卦· 주역周易의 구조적 숫자 연산演算과 『춘추』 등 유학 전적의 역사적 서술을 연계시키고, 또 그 속에서 당세當世에 적합한 정치 이념을 미루어 연역하고 발전시켰다. 공자와 대비되게, 한대 유학의 중심은 인간과 그 예의 실천에 대한 관심으로부터 천과 인사·제도 사이의 대응 관계에 대한 탐구로 방향을 바꾸었다. 우리가 '인'仁의 내재적 품성에 대한 공맹의 추구를 일종의 '종교적 태도'라고 본다면(여기서 '종교적'이라는 개념은 단지 비유적인 것이다), 천에 대한 한대 유가의 이해는 일종의 '과학적 태도'에 더욱 근접할 것이다. 즉 천인 관계에 대한 인식을 통하여 합법적 원칙을 확립하려고 시도한 것이다. 이런 의미에서 많은 저작에서 '종교 미신' 혹은 '신비주의'라고 비판되는 한대 유학은 거꾸로 보다 '과학주의' 혹은 '이성화'理性化의 특질을 갖추고 있다 하겠다.

천, 우주 및 자연에 대한 묘사가 한대 사상 속에서 이처럼 두드러진 지위를 점하는데, 이런 자연주의적 서술 방식은 도대체 '종교 신비주의적'인가 아니면 '과학주의적'인가? 무술적 성질인가 아니면 왕제적 성질인가? 이 문제는 무술과 왕제의 관계로부터 논의해 나가야 한다. 은·주 예악 제도는 씨족, 부락 등 무巫 문화를 중심으로 형성된 혈연 공동체와 초기 국가 사이의 역사적 연계를 체현하였다. 즉, 국가 제도와 그 예의는 씨족사회의 조직, 신앙 및 의식의 기초로부터 발전한 것이다. 무巫로부터 군君으로, 씨족으로부터 국가로, 직접적 혈연관계가 구성한 공동체로부터 혈연을 유대로 구축된 국가 공동체로, 이러한 제도 확장의 과정은 시종 예악 체계의 발전과 내재적 연계가 있었다. 여기에서, '~로부터 ~로'의 표현 구조는 결코 뒤 단계가 앞 단계의 간단한 부정 혹은 초월임을 암시하는 것이 아니다. 예를 들어, 무사 전통과 주대 예악은 결코 확연한 구별이 없으며, 주대 예악 자체가 무사의 함의를 포함하였다. 또한 예를 들면, 당대唐代에 이르기까지 줄곧, 무술 예의 속의 나체의식裸體儀式은 여전히 성행하였으며, 요도妖道·법술法術·사술邪術·사법邪法 등의 형식은 지금까지도 여전히 민간 종교와 신앙 속에 살아 있다. 은·주 시대와 관련된 인류학과 역사 연구에서, 사람들은 점차로 은·주 제도의 변화 발전 과정 속의 '무군합일'巫君合— 전통을 식별해 냈다. 따라서 상고시대의 왕제와 신앙 체계를 한 사물의 양면으로 본다. 예악과 왕제를 천天으로 삼는 것의 전제는 곧 왕이 무巫의 우두머리이고 무는 천天과 인人을 소통시킨다는 것이다.[135] 갑골문에서, 巫와 舞는 같은 자이며, 무격巫覡이 손으로 깃털 혹은 기타 법기法器를 들고서 춤추고 예식을 행하는 것을 상징한다. "춤은 시종 (무술의) 특별히 중요한 요소이지만, 복화술 그리고 교사教士들이 그 속박을 스스로 풀어내는 데에 이용하는 갖가지 마술 수법과도 비슷하다."[136] 무술은 의술·의약(독약 포함)·기우술祈雨術 등과 관계가 있고, 따라서 무술은 신체·우주 및 천명 사이의 관계에 대한 이해를 내포하였다. 씨족 부락으로부터 초기 국가로의 전환 과정은 무군巫君 합일을 표지로 삼을 수 있다. 즉 인간과 신 사이의 매개로서, 무군은 일종의 이상한 상태 혹은 정신착란의 상태를 빌려 신과 소통할 수 있는 것이다. 무술과 초기 국가 문화의 관계로 볼 때, 무의 전환과 공동체의 조직 구조의 정규화는 밀접한 관계가 있으며, 이 과정에서 무巫로부터 사史로의 이동과 예악 제정은 초기의 무巫 전통이 점차로 국가의 문화로 전환되는 두 가지 고리를 상징하고 있다.

무로부터 사로의 이동과 예악 제정의 과정은 모두 '수'數의 범주와 내재적 연계가 있다. 은상殷商 갑골 복사甲骨卜辭 속의 점복占卜 활동과 관련한 기록에 의하면, 은·주 시대의 복卜과 서筮는 이중적 요소를 포함하였다. 한편으로 그것은 수의 연산으로 무의 신체적 의식 활동을 대체하였고, 천인을 소통시키고 길흉·화복·일에 대한 실행의 가부可否를 점치는 방식 노릇을 하였다. 한편으로는 그것은 천상天象을 관측하는 방식으로 왕사王事를 기록하고 미래를 예측하였으며, 따라서 '사'史의 기원이 되었다.[137] '수'가 사로 전환될 수 있었던 것은 '수'가 전장제도와 천의 내재적 연계를 체현하였기 때문이며, 양자는 모두 인간의 활동에 대한 설명 혹은 기술이다. 「곡례」曲禮에서는 이렇게 말하였다.

> 거북이로는 복점卜占을 치고 점대(筴)로는 서점筮占을 친다.[138] 복卜과 서筮는 선성왕先聖王이 민民으로 하여금 때와 날을 믿게 하고, 귀신을 공경하고 법령을 두려워하게 하는 방법이었다. 민으로 하여금 의심스러운 것을 해결하게 하고, 머뭇거리던 것을 결정하게 하는 방법이었던 것이다. 그러므로 의심스러울 때 서점을 치면 비난하는 이가 없다. 길일을 잡아 일하게 되면, 반드시 그대로 실천한다.
>
> 龜爲卜, 筴爲筮. 卜筮者, 先聖王之所以使民信時日, 敬鬼神, 畏法令也. 所以使民決嫌疑, 定猶與也. 故曰, "疑而筮之, 則弗非也. 日而行事, 則必踐之.[139]

복과 서는 각기 용도가 있지만, 수를 형식으로 하는 점에서는 완전히 일치한다. 오징吳澄은 이렇게 해석하였다. "복과 서의 용도는 두 가지이다. 날짜를 점치는 것과 일을 점치는 것이다. 날짜를 점치는 데에 사용함으로써, 민으로 하여금 때와 날을 믿게 한다. 일을 점치는 데에 사용함으로써, 민으로 하여금 의심을 풀게 한다."(卜筮之用有二: 占日與占事也. 用以占一, 使民信時日; 用以占事, 使民決嫌疑) 「교특생」郊特牲에서도 말하였다. "예를 존중하는 것은, 그 뜻을 존중하는 것이다. 그 뜻을 잃고서 그 수를 늘어놓는 것은 축祝과 사史의 일이다. 그러므로 그 수는 늘어놓을 수 있으나 그 뜻은 알기 어렵다. 그 뜻을 알고서 공경히 그것을

지키는 것은 천자가 천하를 다스리는 방법이다."(禮之所尊, 尊其義也, 失其
義, 陳其數, 祝史之事也. 故其數可陳也, 其義難知也. 知其義而敬守之, 天子之所以治天
下也)[140] 축과 사는 단지 수의 형식을 이해할 뿐, 수의 정수精髓는 이해
하지 못하니, "예의 수는 사물의 말단에 드러난다. 예의 의義는 성명性
命의 정精에 통한다."(禮之數, 見於事物之末. 禮之義, 通乎性命之精)[141] 그러므
로 '수' 자체는 아직 천명을 구성하기에 부족하며, 그것은 제도·예악·
인정 등등의 요소의 보강을 필요로 한다. 「중니연거」仲尼燕居에서 말하
였다. "제도는 예에 달렸고, 문文을 행함도 예에 달렸으나, 그것을 행
하는 것은 아마도 사람에게 달렸을 것이다!"(制度在禮, 文爲在禮, 行之其在
人乎) 또한 말하였다. "예라는 것은 리理이다. 악樂은 절도節度이다. 군
자는 리가 없으면 움직이지 않고, 절도가 없으면 행하지 않는다."(禮也
者, 理也. 樂也者, 節也. 君子無理不動, 無節不作)[142] 『악기』樂記에서는 다음과 같
이 말하였다.

> 악樂이라는 것은 정情 중에서 변화시킬 수 없는 것이다. 예라는
> 것은 리理 중에서 바꿀 수 없는 것이다. 악은 같음을 통어하고,
> 예는 다름을 변별한다. 예악의 설은 인정人情을 관리하는 것이다.
>
> 樂也者, 情之不可變者也. 禮也者, 理之不可易者也. 樂統同,
> 禮辨異. 禮樂之說, 管乎人情矣.[143]

만약 복卜과 서筮가 수의 형식으로 무巫 문화의 '형식화' 혹은 '이성
화'를 체현했다면, 유儒는 인간의 '행行과 사事'를 중시하였으니, 이른
바 리理가 없으면 움직이지 않고, 절도가 없으면 행하지 않고, 인정人情
을 관리한다는 것이다. 수와 왕제는 관계가 밀접한데, 유儒는 곧 구체
적 예악 실천 과정에 관심을 가진다.

장학성의 '육경개사'六經皆史 설이 『주역』을 '사'史로 본 것은 초기 전
적 속의 상수 관계가 선왕의 제도, 의식 및 활동과 역사적 연계를 갖고
있음을 더욱 구체적으로 증명한 것이다. 『문사통의』文史通義 「역교 상」

易教上은 『역』易이 "정전政典이 된 까닭은 사료와 동등한 의미를 가졌기 때문임"을 논증하였으며, 다음과 같이 말하였다.

> 무릇 『역』은 만물의 이치를 열고 천하의 대사를 성취하며, 천하 의 도를 포괄하고, 미래를 알고 과거를 보관하며, 길흉을 민과 함께 걱정한다. 그 도는 정교와 전장이 미치지 못하는 것을 포괄 하고, 하늘을 본뜨고 땅을 본받으니, 신물神物을 일으켜서 백성 들이 사용하도록 가져다준다. 그 가르침은 정교와 전장보다 먼 저 나왔다. 『주관』에서 태복太卜은 삼역의 법을 관장하였는데, 하나라의 역은 『연산』, 은나라의 역은 『귀장』, 주나라의 역은 『주역』으로서, 각기 그 상과 수를 가지고 있으며, 그 변화와 점 치는 방법이 각기 달라서 서로 답습하지 않았다.
>
> 夫『易』開物成務, 冒天下之道, 知來藏往, 吉凶與民同患. 其道, 蓋包政敎典章之所不及矣, 象天法地, 是興神物, 以前民用; 其 敎, 蓋出政敎典章之先矣. 周官太卜掌三易之法, 夏曰連山, 殷 曰歸藏, 周曰周易, 各有其象數, 各殊其變與占, 不相襲也.[144]

이 논법에 따르면, 『주역』은 점복의 책인 동시에 수의 추연推演을 형 식으로 하는 '사'史이다. 장학성의 영향을 깊이 받은 공자진은 다음과 같이 단언하였다.

> 주周의 세습 관직 중 큰 것이 사史이다. 사 외에는 언어를 가지 고 있지 않았다. 사 외에는 문자를 가지고 있지 않았다. 사 외 에는 인륜 품목人倫品目이 없었다. 사가 있기에 주가 있고, 사가 없다면 주가 없다. …무릇 육경이란 것은 주사周史의 정통正統 이다. 『역』은 복서卜筮의 사史이다. 『서』는 말을 기록한 사이다. 『춘추』는 행동을 기록한 사이다. 풍風(『시경』국풍)의 사史는 민民 에서 채집하여 죽백竹帛에 편집하고 사악司樂에게 준 것이다. 아

송雅頌(『시경』 아송)의 사史는 사대부士大夫에게서 채집한 것이다.
『예』는 일대一代의 율령律令이다. …관례冠禮와 혼례婚禮의 등차等
差, 상례喪禮와 제례祭禮의 등급에 있어, 대부大夫와 사士의 제도
와 세부 형식은 모두 수로 되어 있다. 수를 버려두고 의義를 말
한다면, 나는 믿지 않는다.

> 周之世官, 大者史. 史之外, 無有語言焉. 史之外, 無有文字焉.
> 史之外, 無人倫品目焉. 史存而周存, 史亡而周亡. …夫六經
> 者, 周史之宗子也. 易也者, 卜筮之史也. 書也者, 記言之史也.
> 春秋也者, 記動之史也. 風也者, 史所采於民而編之竹帛, 付之
> 司樂者也. 雅頌也者, 史所采於士大夫也. 禮也者, 一代之律令.
> …冠婚之殺·喪祭之等, 士大夫制度曲儀, 咸以爲數. 夫舍數而
> 言義, 吾未之信也.[145]

'사'史와 '무'巫의 어떤 차이를 구성하는 것은 곧 '사'가 복서卜筮 ——
'수'에 대한 장악——를 통하여 무술巫術과 춤 등의 형식에 대한 의존
을 넘어섰다는 것이다. 예악 제도의 이성화는 구체적으로 수의 형식으
로 체현되었다. "무와 마찬가지이지만, 복서는 군왕의 활동, 특히 정
치 활동과의 연계를 더욱 부각시켰고, 그 때문에 기록과 보존 역시 중
대한 정치·군사 사건의 경험을 드러내고 있다."[146]

2. 음양오행설과 대일통 제국 정치의 합법화

"수를 버려두고 의를 말한다면, 나는 믿지 않는다"는 공자진의 말이
바로 한대 유학이 상수象數, 역사 및 대의大義를 종합한 방식을 설명해
준다. 만약 공자가 인으로써 예를 해석한 것이 내재적 정신으로써 '왕
제'의 함의를 충실히 하려는 것이었다면, 한대 유가들이 찾은 것은 오
히려 복卜, 서筮 전통 속의 천인 관계로써 대일통 체제에 합법성을 제

공했다. 여기서 동중서(BC.179~BC.104)의『춘추번로』를 예로 들겠다.『한서』「오행지」五行志에서는 "진나라가 학문을 없앤 뒤에 한이 수립되었는데, 경제와 무제 때 동중서가『춘추공양전』을 연구하여 처음으로 음양을 추동하여 유학의 정종正宗이 되었다"(漢興, 承秦滅學之後, 景武之世, 董仲舒治公羊春秋, 始推陰陽, 爲儒者宗)[147]고 하여, 음양오행 학술을 유학과 연결시키는 동중서의 사상적 특징을 지적하였다.『춘추번로』는 두 가지 주요 사상 경향을 포함하였다. 첫째,『춘추공양전』의 해석을 척도로 삼아『춘추』의 도덕/정치 원칙을 설명하였다. 둘째, 추연의 오행 학설과『여씨춘추』의 음양·오행·사시·재이災異의 우주론을 가지고『춘추』에서 끌어낸 도덕/정치 원칙들을 새롭게 해석하였다. 이 두 방면의 결합은 포괄하지 않은 것이 없으며, 또 상호 연계된 우주 체계를 구축하였다. 총 17권으로, 통행본은 82편(그중 제39, 40, 54편은 없다)인데, 대체로 두 부분으로 나뉜다. 즉「유서」兪序 제17에서는 공자가『춘추』를 지은 동기와 효과를 개괄적으로 설명하였고, 이상적인 도덕/정치 모델을 이끌어 냈다.「부서」符瑞 제16은『춘추』가 끝날 때의 "서쪽에서 기린을 잡았으니, 명命을 받은 신표(符)가 이것이다"(西狩獲麟, 受命之符是也)를 결말로 삼았는데, 이 편(「유서」제17편)이 앞 16편의 발문跋文임을 명확히 판정할 수 있다.* 제18부터 82까지는 음양·오행·사시·재이 등 우주론 모델로 도덕/정치의 실천과 원칙이 어떻게 우주 자연의 운행과 완전히 일치하는지를 논했기에, 천도의 운행을 틀로 하고, 도덕·정치·사회 생활의 각 영역을 포괄하는 우주 체계를 수립하였다.[148] 이 부분은 또 음양 사시를 주로 하는 유형과 오행을 주로 하는 유형으로 나눌 수 있다. 즉, 천지·음양은 우주 간의 대응하는 등급 관계를 체현하였고, 군신 관계·군민 관계는 모두 이 등급 질서의 대응물이다. 오행

---

* 이 편이~있다: 손이양(孫詒讓: 청말의 고증학자)은 이 편이 어렵지만 동중서의 서문과 같다(『찰이』札迻)고 하였고, 캉유웨이 또한 공자의 후학 중에 춘추에 밝은 것은 동중서만 한 자가 없으며,「유서」는 춘추의 서문이라 하였다(『춘추동씨학』春秋董氏學 제1권「춘추지·작경총지」春秋怡作徑總怡).

은 우주 간의 자연 분류로서, 인간 사이의 분업적 전문 직능(관직 같은 것)과 인륜 간의 규칙(충효의 도 같은 것)은 곧 그 분류 관계의 대응물이다. 사시는 공간·시간 및 순서의 틀을 드러내 보여 주었고, 인·의·충·덕은 천의 사덕四德으로 묘사되었으며, 우주와 역사의 진화는 이 구조적 전환 속에서 자연스럽게 합목적적으로 발전하였다.[149] 한대의 예의 제도는 대다수가 은주 이래의 각종 예의를 승계하여 가감한 것으로서, 『통전』通典 권40에서 열거한 '길례'吉禮, '가례'嘉禮, '빈례'賓禮, '군례'軍禮, '흉례'凶禮* 속의 절대다수는 황제와 관련이 있다. 천의 절대성과 지고무상한 지위를 강화하기 위해서, 동중서는 예의, 제사(특히 교사郊祀)를 묘사하였고, 국군國君의 예의 활동을 직접적으로 천의 의지와 연계시켰다.[150] 상술한 묘사 중에서, 제사를 포함하는 예의는 천과 소통하는 경로였고, 또한 황제의 지고무상한 지위와 권위를 드러내 보여 주는 방식이었다. 이들 예의 자체는 하나의 특수한 체계를 구성하였으며, 따라서 기능적 정치 제도, 경제 제도, 군사 제도와는 차이가 있다.

음양·오행·사시 등의 관념과 정치·경제·기타 사회관계를 하나의 자연 과정으로 묘사하는 데에는 반드시 하나의 전제가 있어야 했다. 곧 천인天人 사이가 모종의 관계로 서로 관련되고 교류한다는 것으로, 이것이 바로 천인상감天人相感과 천인상류天人相類의 원리이다. 『춘추번로』「동류상동」同類相動에서는 이렇게 말하였다.

> 평지에 물을 부으면 건조한 곳을 피하여 습한 곳으로 간다. 평평한 땔감에 불을 붙이면, 습한 곳을 피해 건조한 곳으로 간다. 만

---

* 길례(吉禮), 가례(嘉禮), 빈례(賓禮), 군례(軍禮), 흉례(凶禮): 오례(五禮). 길례는 대사(大祀)·중사·소사 등 나라에서 지내는 제사의 모든 예절이다. 가례는 왕의 성혼이나 즉위 또는 왕세자·왕세손·황태자·황태손의 성혼이나 책봉 등의 예식을, 빈례는 외국 사신을 접대하는 의식에 관한 모든 예절을, 군례는 군사 의식에 관한 모든 예절을, 흉례는 국장(國葬)을 포함하는 상례를 이른다.

물은 그 타고난 성질과 다른 것은 피하고 그 타고난 성질과 같은 것을 따른다. 그러므로 기가 같으면 모이고, 소리가 어울리면 응하는 것은, 그 효험이 명백하다. 금슬을 조절하여 연주해 보라. 궁음을 연주하면 다른 궁음이 거기에 응한다. 상음을 연주하면 다른 상음이 거기에 응한다. 다섯 음이 어울리면 스스로 소리가 나는 것은, 신이 있어서가 아니라 그 수가 원래 그러한 것이다. 좋은 일은 좋은 것을 불러들이고, 나쁜 일은 나쁜 것을 불러들이니, 같은 것들끼리 서로 응하여 생겨나는 것이다. 말이 울면 말이 응하고, 소가 울면 소가 응한다.

제왕이 장차 일어나려고 할 때, 그 아름답고 상서로움이 또한 먼저 보인다. 제왕이 장차 망하려 할 때, 재앙의 조짐이 또한 먼저 보인다. 사물은 참으로 같은 것들끼리 서로를 부른다. 그러므로 용으로 비를 불러들이고, 부채로 더위를 쫓고, 군대가 주둔한 곳은 가시나무가 생긴다. 미악美惡은 모두 출처가 있는데, 그것을 명命이라고 여기는 것은 그 출처를 모르기 때문이다. …음양의 기氣만이 같은 것끼리 나아가고 물러날 수 있는 것이 아니다. 비록 상서롭지 않더라도, 화禍와 복福 또한 여기서부터 비롯된다. 이미 먼저 일어나면 사물이 같은 것으로써 응하여 움직이지 않는 것이 없다. …그러므로 금슬은 그 궁을 연주하면 다른 궁이 저절로 울어서 그에 응하는데, 이것은 사물이 같은 것끼리 움직이는 것이다. 소리로써 움직이고 형체가 없기에, 사람들은 그 움직임의 형체를 보지 못하고 그것을 저절로 운다고 말한다. 또 서로를 움직임에 형체가 없기에, 그것을 저절로 그러하다고 말한다. 사실은 저절로 그런 것이 아니라, 그렇게 시키는 것이 있는 것이다. 사물은 참으로 실제로 그렇게 시키는 것이 있으며, 그 시킴은 형체가 없다.

今平地注水, 去燥就濕; 均薪施火, 去濕就燥. 百物其去所與
異, 而從其所與同. 故氣同則會, 聲比則應, 其驗皎然也. 試調

琴瑟而錯之. 鼓其宮, 則他宮應之; 鼓其商, 而他商應之. 五音
比而自鳴, 非有神, 其數然也. 美事召美類, 惡事召惡類, 類之
相應而起也. 如馬鳴則馬應之, 牛鳴則牛應之.

帝王之將興也, 其美祥亦先見; 其將亡也, 妖孽亦先見. 物固以
類相召也. 故以龍致雨, 以扇逐暑, 軍之所處以棘楚. 美惡皆有
從來, 以爲命, 莫知其處所. …非獨陰陽之氣可以類進退也. 雖
不祥, 禍福所從生, 亦由是也. 無非已先起之, 而物以類應之而
動者也. …故琴瑟彈其宮, 他宮自鳴而應之, 此物之以類動者
也. 其動以聲而無形, 人不見其動之形, 則謂之自鳴. 又相動
無形, 則謂之自然. 其實非自然也, 有使之然者矣. 物固有實使
之, 其使之無形.[151]

이 인용문은 아래와 같은 요점을 포함하고 있다. 첫째, 동중서의
천인감응 학설은 완전히 무술적이다. '교감 무술'交感巫術(공감 주술, 즉
Sympathtic magic―역자)에 관한 프레이저James George Frazer의 논술에 따
르면, "무술巫術이 수립될 때 의존하는 사유 원칙을 분석해 보면 곧 그
것들을 두 방면으로 귀결할 수 있음을 발견하게 될 것이다. 즉, 첫째는
'같은 종이 같은 종을 낳음'(同類相生) 혹은 같은 결과는 그 원인도 같음
(果必同因)이다. 둘째는 '물체가 일단 상호 접촉을 거치고 나면, 실체의
접촉을 중단한 후에도 여전히 원거리의 상호작용을 계속할 수 있다.'
전자는 '상사율'相似律이라 부를 수 있고, 후자는 '접촉률'接觸律 혹은
'촉염률'觸染律•이라 부를 수 있다. …일종의 자연법칙 체계로서의 무
술, 즉 세상의 각종 사건 발생의 순서를 결정하는 진술로서의 무술은
'이론 무술'이라고 부를 수 있다. 인간이 그 목적을 이루는 데 반드시

• 상사율(相似律), 접촉률(接觸律), 촉염율(觸染律): 프레이저의 책에서 '상사율'은
'Law of Similarity'(유사 법칙)로, '접촉률'은 'Law of Contact'(접촉 법칙)로, '감염
률'은 'Law of Contagion'(감염 법칙)으로 표현된다.

준수해야 할 계율로서의 무술은 '응용 무술'•이라고 부를 수 있다."[152]

다음으로, 동중서의 천인감응 학설은 또한 '과학적'이다. 그는 음악의 공명共鳴, 제왕의 흥기를 예로 들어 '자연의 법칙 체계'를 해석하는데, '과학적' 관점으로 천인 관계를 보는 경향을 지니고 있다. 니덤은 일찍이 동중서가 음향학의 공명 현상을 다섯 종류의 범주로 나누는 근거와 예증으로 삼은 것에 대해 과학 사상의 체현이라고 보았다. 즉 "음파를 조금도 이해하지 못하는 사람들로 말하자면, 그의 실험은 틀림없이 사람들을 매우 신복信服하게 하는 것이었으며, 이는 그의 논점, 즉 우주 간에서 동류에 속한 모든 사물이 서로 공명 혹은 격려한다는 것을 실증하였다. 이는 결코 단순한 원시적 무차별 상태, 즉 그 속에서 어떠한 것도 모두 다른 것에 영향을 미칠 수 있는 그런 것이 아니다. 그것은 긴밀히 맞물려 있는 우주의 한 부분으로서, 그 속에서는 일정한 종류의 사물만이 같은 종류의 기타 사물에 영향을 미칠 수 있다."[153] 니덤은 유기론有機論을 이용해 중국 사상의 특색을 해석하지만, 여기서는 오히려 음향학 실험과 예악 제도의 내재적 관계를 명확히 밝히지 않으며, 윗글에서 인용한 「일서」佚書 속의, 악樂의 이루어짐, 덕德의 이루어짐과 가家·국國·천하天下의 관계에 대한 통찰이 결핍되어 있다. 「악기」에서 말하는 "예로써 차이를 변별하고, 악으로써 화합을 주재한다"(禮以別異, 樂以主和)는 바로 "단순한 원시적 무차별 상태"를 초월하여, 다양성과 차이성을 포용할 수 있는 예악 현상이 아니던가? 여기서 천인감응의 무술 관념, 천인상류天人相類의 '과학 담론'과 예악 제도 간에는 유기적이고 유비적인 연계가 존재하고 있으며, 따라서 천의는 이 세 가지 상태 속에서 동시에 드러날 수 있다.

셋째, 상술한 유기적 연계를 전제로 하여, 동중서는 사물이 같은 것끼리 서로 부른다는 관념을 제기하였으며, 상서로움으로써 제왕의 출

• 이론 무술, 응용 무술: 프레이저의 책에서 '이론 무술'은 'theoretical magic'으로, '실천 무술'은 'practical magic'으로 표현된다.

현을 설명하는 데에 조건을 제공하였다. "서로를 움직임에 형체가 없기에, 그것을 저절로 그러하다고 말한다. 사실은 저절로 그런 것이 아니라, 그렇게 시키는 것이 있다. 사물은 참으로 실제로 그렇게 시키는 것이 있으며, 그 시킴은 형체가 없다."(相動無形, 則謂之自然. 其實非自然也, 有使之然者矣. 物固有實使之, 其使之無形) ─제왕의 출현은 자연현상이기도 하면서 또 순수한 자연현상은 아니다. 이 현상의 배후에는 "그렇게 시키는 것이 있기" 때문이다. 그러므로, 자연현상과 천의, 천명 사이에는 의존 관계가 존재하며, 따라서 자연현상을 관찰하는 것은 천의 혹은 천명을 이해하는 방식이 된다.

공자의 '술이부작'述而不作이 예악 왕제를 천으로 삼고, '이인석례'以仁釋禮가 예악 제도를 경외로 가득한 주체의 실천 속에 둔다고 한다면, 동중서의 천인감응 학설은 다시 한번 예악 왕제의 신성성을 자연현상에 대한 '과학적 인식'과 자연 과정 배후에 있는 지고의 의지의 '무술적 체험'으로 전환시킨다. 공자에게서 무巫의 유산은 주로 내재적 품성과 그 예악 실천으로 체현되지만, 동중서에게서 무의 유산은 오히려 복卜·서筮 전통을 거쳐 전화된, 천의 형식화 혹은 '과학화된' 표현이다.[154] 그러나 이 '과학화된' 표현 형식이야말로 후인들이 이 논술의 부분적 내용을 '종교 신비주의'로 귀결하도록 하였다. 프레이저는 이렇게 말하였다. 무술은 "자연법칙을 왜곡한 체계이며, 또한 잘못된 행위지도 준칙이다. 그것은 가짜 과학이며, 또한 성과 없는 기예이다."[155] 그러나 인류가 우주 자연을 충분히 파악하지 못했다면, 자연과 관련한 어떠한 지식도 모두 "일종의 왜곡된 자연법칙 체계"로 귀결될 수 있을 것이다. 유학의 도덕/정치 판단의 전환으로 말하자면, 동중서는 분명히 도덕/정치 판단과 자연에 대한 인식을 더욱 긴밀히 연계하였고, 나아가 자연의 천에 대한 묘사 속에서 도덕/정치의 법칙을 드러내는 데에 힘썼다. 이런 의미에서, 상술한 한대 유가들의 사유 방식은 '과학주의적'이기도 하고 '신비주의적'이기도 하며, '무술적'이기도 하고 또한 '왕제적'이기도 하다. 과학주의/신비주의, 무술/왕제의 이원론은 마찬가지로 근대적 자기 확인의 산물이다.

위베르H. Hubert와 모스M. Mauss는 설득력 있게 논증했다. "무술은 과학을 배양하였고, 게다가 최초의 과학자는 곧 무술가였다. 무술은 신비 생활의 많은 틈 속에서 발생하였고, 아울러 그 속에서 힘을 얻어서 속인의 생활과 한데 섞이고 또한 그들을 위해서 봉사하였다. 무술은 구체적 사물로 기울고, 종교는 추상적 관념에 기운다. 무술은 기술, 공업, 의학, 화학 등과 같은 의미에서 작용하였다. 무술은 실질적으로 일 처리의 기술이다."[156] 한대의 천문 역산, 농학, 의학 및 화학(선단仙丹을 구하는 방사方士의 실험에서 발생한 수은, 납, 유황 등의 물질의 속성 및 그 변화 법칙에 대한 인식)은 모두 장족의 발전이 있었다. 그러나 농업 발전의 수요를 제외하면 한대 교통의 확대(장건張騫의 서역 소통 등)와 내재적 연계가 있었는지 여부는 오늘날까지도 알 수 없다. 천문 연구와 농시農時의 추정은 밀접하게 관련되어 있어서, 천체 구조에 대한 한대의 이해는 매우 풍부하였다. 세 가지 천체 학설 중에서, 선야설宣夜說은 이미 전해지지 않고, 『주비산경』周髀算經과 그 개천학설蓋天學說은 무제武帝 시대에 이미 유행했으며, 비교적 과학적인 혼천설渾天說은 양한 시대에 모두 훌륭한 연구 성과가 있었다.* 한 무제 때 낙하굉落下宏, 사성射姓, 등평鄧平, 사마천司馬遷 등은 전욱력顓頊曆을 수정하여 태초력太初曆을 지어서 정월正月을 세수歲首로 삼았고, 농시에 유리한 24절기를 채용하였다. 또한 윤달을 삽입하여 태양주천太陽周天과 음력 열두 달이 서로 맞지 않는 모순을 조정하였으며, "초하루와 그믐에 달이 보이고, 반달과 보름달의 차고 이지러짐이 옳지 않은 경우가 많은"

---

* 세 가지~있었다: 선야설, 개천학설, 혼천설은 고대 중국의 우주론에 나오는 천체설이다. '선야설'은 일월성신(日月星辰)은 허공에 떠 있어 기(氣)에 의해 운행하기도 하고 정지하기도 해서 그 운동이 극히 불확실하다는 학설이다. '개천학설'(개천설)은 하늘은 삿갓처럼 생겨 지구를 위에서 덮고 있으며, 그 아래 있는 땅은 평평하다는 학설이다. '혼천설'은 우주를 달걀 모양에 견주어 하늘은 밖에서 노른자위인 땅을 싸고 있으면서 돌고, 껍데기의 겉에는 끝이라고 할 만한 것이 없다고 보는, 천동설의 하나다.

국면을 변화시켰다.[157] 낙하굉, 경수창耿壽昌 등이 설계한 혼천의渾天儀
는 동한東漢 장형張衡이 설계한 새로운 혼천의 및 천상天上 관찰이 진보
하는 데 기초를 제공했다. 『사기』 「천관서」天官書와 『한서예문지』는 주
천이십팔수周天二十八宿 별자리의 명칭과 부위를 상세히 기재했다. 한
대漢代의 사람들은 성신星辰의 운행으로부터 1년의 24절기를 추산했는
데, 그 명칭과 순서는 후세에 유통된 것과 완전히 일치한다. 천문학의
발전에 수반한 것은 수학 방면의 새로운 발견이다. 『주비산경』은 장대
로 그림자를 재서 해의 높이를 구하는 방법을 사용하여 피타고라스 정
리를 발견하였다. 『구장산술』九章算術은 비록 동한 화제和帝 때 형태가
고정되긴 했지만, 형성·개정 및 보충의 과정은 오히려 훨씬 더 빨랐다.
그 속의 각종 계산 방법과 수학 개념은 모두 농지 계산, 토지 측량, 비
례 분배, 창고 체적, 세금 할당 등 "속인의 생활과 한데 섞이고 또 그
들을 위해 봉사한", "일 처리 기술"이었다.

천문·역법의 발전과 호응하여, 한대 농학은 이미 전문적 지식이 되
었다. 『한서예문지』에서는 아홉 가지 농학 저작을 기록하였는데, 그중
최식崔寔의 『사민월령』四民月令은 동한 후기에 책이 이루어졌지만 진나
라 재상 여불위呂不韋가 지은 『여씨춘추』의 「월령」은 서한 시기에 동
중서 등의 유학자에게 이미 거대한 영향을 끼쳤다고 전해진다.[158] 『여
씨춘추』는 기紀·람覽·논論 세 부분으로 구성되는데, 그중 가장 주목할
만한 것은 매 부분의 분류 형식이 천인 관계에서 가지는 상징적 의의
이다. '기'는 모두 12권으로, 1년 12개월과 대응하며, 매 권이 5편으로
합계 60편인데, 간지 기년의 60을 한 갑자甲子로 하는 순환 모델에 부
합한다. 기 중에서, 매 3권은 사계 중의 한 계절에 대응하며, 매 계절
은 모두 하나의 중심 주제를 갖고 있다. 봄은 양생, 여름은 음악과 교
육, 가을은 전쟁, 겨울은 사망이다. 12권의 첫 편은 『일주서』逸周書의
「월령」 장에서 빌려와서 1년 중 언제 무슨 일을 해야 하는지를 논하여,
국가 대사의 순조로운 진행을 확보하였다. 뒤에 이어지는 네 편은 각
기 계절에 상응하는 합당한 관념과 행위를 탐구하였다. '람'은 8권으

로 나뉘는데, 매 권은 8편으로 총 편수는 64편이다.『주역』에서 논술한 8괘 64괘와 일치한다. '논'은 6권이고 각권 6편으로 마지막의 네 편이 농업 문제를 논하는 것을 제외하면, 앞의 32편은 인의지군仁義之君의 행위가 중심 주제이다. 논의 6권과 36편이라는 총수는 어떤 종류의 자연 관계에 대응하는지를 명확히 알 수 없지만, 책 전체의 구조에 따르면 틀림없이 가리키는 바가 있을 것이다.[159]『십이기』十二紀「기수」紀首 중에서, 열두 달이 구성하는 사시를 제외하면, 가장 중요한 것은 음양 이기二氣를 사시 속에서 운행하고 오행과 사시를 서로 배합하는 것이다. 예를 들면 봄은 "성덕盛德이 목木에 있다", 여름은 "성덕이 화火에 있다", 가을은 "성덕이 금金에 있다", 겨울은 "성덕이 수水에 있다" 같은 것이 그것이다. 계하지월季夏之月(6월)의 말단에서는 "중앙은 토土로서, 그 날짜는 무기戊己이며, 그 제帝는 황제黃帝, 그 신神은 후토后土"라는 어법을 첨가하여 사시와 오행의 수치상의 차이를 메웠다.[160] 음양오행이 구축해 낸 천天은 인격의 천과 질서의 천 사이를 매개하는 존재로서, 인격신이 아니지만, 또한 상벌의 능력과 의지를 갖고 있다.

이로부터 출발하여, 우리는 동중서의 천인 상응의 관념을 새롭게 이해할 수 있다. 즉, 왜 그에게서 유학의 이상理想은 반드시『여씨춘추』의 음양 관념, 추연의 오행 학설 및 한대 천문학과 농학의 주천周天,• 사시와 관련된 '과학적 발견'과 결합해야 했는가? 왜 '수'가 유학 속에서 가지는 지위가 현저히 상승하여 복卜, 서筮 전통 속에서의 지위를 거의 다시 획득했는가? (오행으로 '국'國의 운명을 해석하는 것은 음양가의 방식에서 연원했으며, 자산子産이 말한 "예로써 천에 순응하는 것이 천의 도이다"[禮以順天, 天之道也]라는 유학적 방식과 선명한 대조를 이루었으니, 음양가의 방식은 복, 서 전통에서 직접 왔다고 말할 수 있다.)『춘추』대의에 대한 동중서의 천명闡明과 수정은 반드시 천의 자연법칙을 받든다는 이름으로 완성되어야 했는가?

• 주천(周天): 하늘을 둘러싼 큰 원, 일정한 시간의 순환 혹은 만천(滿天)의 뜻.

먼저 『춘추번로』의 천인상통의 서술 구조와 『여씨춘추』의 관계에서 부터 논의를 시작해 보자. 『여씨춘추』의 천인 구조에 따르면, 제왕 정치와 천의 법칙은 완전히 연결되어, 제왕은 하늘이 수여한 직책이고, 그 행위는 반드시 천의에 부합하는 것을 목표로 해야 하며, 따라서 정령·행위는 반드시 때에 순응하여 행해야 한다. 천 및 천의를 체현하는 음양·오행·사시는 제왕 정치의 합법성 근거 및 행위 규범을 구성하였다. 『춘추번로』는 이 논리에 준거하여, 『춘추』 속의 각종 사례에 대한 해석을 통해 천의와 그 질서라는 절대로 위반하거나 거역할 수 없는 기본 원칙을 표현하였고, 황권 중심주의에 우주론적 근거를 제공하였다. 동중서가 『춘추공양전』과 음양오행을 종합한 목적은 천론의 틀로 대일통 정치에 합법성을 제공하기 위해서였다. 즉, 『춘추』를 천의에 갖다 붙인 것은 아마도 천이 이 우주 체계 속의 최고의 척도이기 때문일 것이다. 동중서는 『춘추』를 공자가 후왕들을 위해 세운 법으로 간주하였고, 그러므로 또한 견강부회의 방식으로 공자를 '신왕'新王으로 확인하지 않을 수 없었다. 『춘추』를 한대의 법의 지위로 확립하려면 이 텍스트를 읽고 지극히 심원한 의미를 추측하는 특수한 독법을 반드시 발전시켜야 하였다. 『춘추공양전』에는 본래 임기응변의 관념이 있고, 『춘추번로』는 이것을 천명하였다.[161] 왜냐하면 권변의 관념을 끌어들여야만 동중서가 비로소 『춘추』의 미언대의를 읽고 이해하는 수법과 방법을 발전시키고 나아가 분봉 체제하의 예제론을 군현 체제하의 대일통 이론으로 전환시킬 수 있었기 때문이다.

한대는 황권 중심의 중앙집권 국가를 확립했으나, "초한 시대에, 육국은 각자 후계자를 세웠고"(楚漢之際, 六國各立後), 귀족 분봉 체제는 여전히 존재했다. 따라서 한 제국은 군현 체제를 주체로 하는 군현/봉건 혼합형 체제라고 개괄할 수 있다. 한대는 군국郡國 병행 체제를 실행해서 중앙집권을 특징으로 하는 군현 체제와 제후 분권 사이에 심각한 긴장이 존재했다. 한나라 초기에 일찍이 여덟 명의 제후를 분봉했다가 나중에는 완전히 소멸되었다. 뒤에 또한 주대의 봉건을 모방하고 동성왕同姓王을 분봉하여서 다시 한번 중앙 황권과 제후왕諸侯王 사이의 충돌을 형성했다. 문제文帝, 경제景帝는 각기 가의賈誼, 조조晁錯의 건의를 받아들여 제후의 세력을 약화시켰고, 무제 때는 추은령推恩令*과 좌관율左官律*을 새로 반포하여 각 왕국에서 자제를 분봉하여 제후국을 분할하였다.[162] 「맹회요」盟會要 제10에서는 『춘추』의 대의를 이렇게 귀결하였다.

> 『춘추』의 말뜻이 이미 밝혀졌으므로 의義를 세워 존귀함과 비천함의 나뉨을 분명히 한다고 하였다. 나무의 줄기를 강하게 하고 곁가지를 약하게 하여 대소의 직무를 밝힌다. 혐의 있는 행위를 변별하여 세상을 바로잡는 의를 밝힌다. 좋은 것을 골라서 예에 어긋난 것을 바로잡는다.
>
> 辭已喻矣, 故曰立義以明尊卑之分. 强干弱枝, 以明大小之職. 別嫌疑之行, 以明正世之義. 探撫托意, 以矯失禮.[163]

이른바 나무의 줄기를 강하게 하고 곁가지를 약하게 한다는 것은 제후 권력에 대한 중앙 황권의 절대적 지배성을 가리키며, 존귀함과 비천함의 나뉨, 대소의 직무 역시 이 절대적 질서를 전제로 한다. 동중서

• 추은령(推恩令): 한 무제 때 중앙의 권력을 공고히 하기 위해 제후들의 영지와 관련하여 공포한 정령(政令). 이것은 군현제의 기초 위에서 이루어졌다. 장자에게 승계하던 제후의 영지를 자제들 모두에게 분할하게 하였고, 제후의 영지 또한 삭감했다. 무제는 또한 황제의 조상에게 제사를 지낼 때 제후에게 황금을 헌납하게 하는 주금법(酎金法)을 제정하였고, 제후의 신하가 되는 것을 금하는 좌관율(左官律)을 시행해 제후를 통제했다. 이로써 군현제가 전국적으로 실현되고 황권이 강화되었다.
• 좌관율(左官律): 한대(漢代) 제후 통치 방안으로 마련된 법률. 한대에는 오른쪽〔右〕을 존귀하고 왼쪽〔左〕을 비천하다 여겼다. 좌관율은 관료들이 규정을 위반하고 제후국에 복무하는 행위에 대해 죄를 묻는 것이다. 좌관죄는 전제적이고 중앙집권적 통치를 위협하는 범죄로, 한 무제는 제후가 권력 체제를 갖추는 것을 견제하고 황권을 강화하는 방안으로 이 법률을 공포하였다.

의 이 견해는 『춘추』에서 천자·제후·대부 사이에 존재했던 상대적인 직분 관계를 변화시켰고, 봉건 관계와는 갈라지는 '대일통' 관념을 창조하였다.

> 그러므로 『춘추』의 원리는 근본의 깊이로써 천天의 단端을 확정하고, 천의 단으로써 왕王의 정사를 확정한다. 왕의 정사로써 제후의 위치를 확정하고, 제후의 위치로써 경내境內의 통치를 확정한다. 이 다섯 가지가 모두 바로잡히면 교화가 크게 행해진다.
>
> 是故『春秋』之道, 以元之深, 正天之端. 以天之端, 正王之政. 以王之政, 正諸侯之位. 以諸侯之位, 正竟內之治. 五者俱正而化大行.[164]

『춘추번로』가 발휘한 공자수명개제설孔子受命改制說 및 음양·오행·오덕종시설에 근거하여 발전시킨 적·백·흑 삼통의 설은 모두 역사적 임기응변과 새로운 대일통 학설의 배경에서 해석해야 한다. 천의 절대성과 황권 절대주의는 확실히 잘 맞아떨어지는 관계이다.[165] 푸스녠傅斯年은 이렇게 개괄하였다. "서주의 봉건은 개국식민開國殖民이었고, 그러므로 봉건은 일종의 특수한 사회조직이다. 서한의 봉건은 군현을 분할하였는데, 이때의 이른바 봉건은 단지 지리상의 용어일 뿐이다."[166] 유가의 시각에서 볼 때, 서주 분봉제와 한대 봉건의 차이 역시 예악과 제도의 분화라고 표현할 수 있는데, 전자는 봉건의 가치를 체현하였고, 후자는 황권 중심의 관념을 체현하였다. 군현제 조건에서 관료정치 체제와 예악 관계는 서로 분리되었고, 따라서 예악은 이미 새로운 정치 체제의 합법적인 전제 역할을 할 수 없었다.

황권 중심주의 이외에 대일통 관념은 또한 제국의 지역 확장과 관련되었다. 한대 제국은 주변으로 확장되었고, 외부 세계와의 관계는 전에 없이 발달하였다. 내외 관계는 제국의 자기 이해의 주요한 척도 중 하나가 되었다. 제국은 선진先秦 '중국'의 범위를 확장하였고, 대일통 관념과 이하夷夏 상대화의 관념에도 이로 인해 연계가 생겼다. 이런 조건에서『춘추』가 담고 있는 봉건 예의 관계를 개조하는 것은 필연적이었다. 동중서의 이하 상대론은『춘추』와『춘추공양전』이 내외內外, 이하 문제에서 가지는 태도를 아주 크게 변화시켰다.『춘추번로』「죽림」竹林 제3에서 동중서는 이렇게 말한다.

(질문자가 말했다.)

『춘추』의 통상적인 표현은, 이적을 인정하지 않고 중원의 한족만 인정하는 것을 예禮라 하였다. 그런데 진晉이 초楚의 필邲 땅에서 싸운 전쟁의 경우 거꾸로 바뀌었으니 어째서인가?

(동중서가) 대답하였다.

『춘추』에는 모든 상황에 두루 적용되는 표현법(通辭)이 없으며, 사태의 변화에 따라 바뀐다. 지금 진晉이 변하여 이적이 되었고, 초楚가 변하여 군자가 되었기에, 그 말을 바꾸어 실제 상황을 따른 것이다. 초나라 장왕莊王이 정鄭나라의 항복을 받아들였으니 귀하게 여길 만한 미덕이었다. 진인晉人이 그 선행을 모르고 공격하고자 하였다. 그들이 구하고자 했던 정나라의 포위가 이미 풀렸는데도, 초나라와 싸우려 했으니, 이는 선함을 선하다고 여기는 마음이 없고, 백성을 구하겠다는 마음을 가벼이 여긴 것이다. 그러므로 진인들을 천하게 여겼으며, 현자들과 함께 예를 행할 수 있게 내버려 두지 않았던 것이다.

> 『春秋』之常辭也, 不予夷狄而予中國爲禮. 至邲之戰, 偏然反之何也? 曰:『春秋』無通辭, 從變而移. 今晋變而爲夷狄, 楚變而爲君子, 故移其辭以從其事. 夫莊王之舍鄭, 有可貴之美; 晋人不知其善而欲擊之; 所救已解, 如挑與之戰, 此無善善之心, 而輕救民之意也. 是以賤之, 而不使得與賢者爲禮.[167]

이하지변夷夏之辨은『춘추』와『춘추공양전』의 핵심 명제 중 하나이지만, 제국 확장이라는 조건으로 이하의 구별을 새롭게 확정하여 새로운 내외 관계에 적응하는 것은 분명 매우 중요한 문제이다. 동중서의 상대화된 예의론*과 한대에 유행한 자연학설—특히 추연의 지리학설—사이에서, 우리는 음양오행 학설을 갖춘 내외 상대론을 찾아낼 수 있다. 『사기』 권74의 제목은 「맹자순경열전 제14」孟子荀卿列傳第十四이지만, 추연과 그 학설이 글 속에서 중요한 지위를 차지한다.

추연은 나라를 가진 자가 더 음란하고 사치하여 도덕을 숭상할 수 없으므로, …마침내 음양의 변화와 순환을 깊이 관찰하여 기이하고 현실과 거리가 먼 변화를 기술하여 「종시」終始, 「대성」大聖 등을 지었다. …그 말은 커서 변함없는 큰 도리(經)에는 맞지 않으나, 반드시 먼저 작은 사물들을 검증하고 그것을 추론하여 확대해서 무한지경에 이르렀다. …먼저 오늘날의 일로부터 서술하여 위로 황제黃帝에까지 이르렀는데, 이는 모두 학자들이 공통적으로 서술한 것으로, 대체로 세상의 성쇠盛衰를 논한 것이다. 그리하여 그 길흉의 징조와 국가의 법령 제도를 기술하고 그것으로 미루어 먼 곳까지 이르게 하였는데, 천지가 생기기 이전의 깊고 멀고 신비하여 그 근원을 생각할 수 없는 시대까지 논급했다. (지리적 고찰에서도) 먼저 중국의 이름난 산, 큰 강, 깊은 계곡, 들짐승과 날짐승들, 물과 뭍에서 번식하는 것들, 진기한 물류들을 열거하고, 그것에서 미루어 바다 바깥의 사람들이 볼 수 없는 이역異域에까지 이르렀다. 천지가 갈라진 이후 오행인 목

• 동중서의 상대화된 예의론: 동중서는 『춘추번로』 「죽림」에서 『춘추』의 필법이 일반 원칙과는 다른 예외적인 규칙이 있었음을 들어, 제후와 신하(卿)의 관계, 국가간 관계의 유연한 정의를 논한다. 우선 이하의 구별을 제국 경계로 구분하지만, 내부의 이족화된 경우가 있음을 진나라의 이적(夷狄) 행위를 들어 설명했다. 또한 『춘추』의 전쟁에 대한 입장을 백성의 처지에서 판단해야 하며, 진실한 문제에 직면해서는 겸양보다 군자의 도가 중요하다고 하였다.

화토금수의 요소가 상생상극 하면서 변화하였고, 따라서 그것에 마땅한 치세(각 왕조의 교체)가 각기 이에 부합하고 대응해 왔다고 하였다. 그는 유가가 말하는 중국이란 천하 세계의 81분의 1을 차지하는 데 불과할 뿐이라고 생각했다. 그는 중국을 적현신주赤縣神州라고 명명했다. 적현신주 안에는 자연히 아홉 개의 주州가 있는데 우왕이 정리한 구주九州가 바로 이것이다. 그러나 우왕의 구주를 세계의 주의 수로 생각해서는 안 된다. 중국 이외에 적현신주와 같은 것이 아홉 개나 되며, 그것이 이른바 구주인 것이다. 거기에는 비해裨海라는 작은 바다가 있어서 구주의 하나하나를 에워싸고 있는데, 백성들이나 짐승들은 서로 교통할 수 없으며 그 하나의 구역을 이루고 있는 것이 하나의 주라는 것이다. 이와 같은 것이 아홉 개이며, 거기에 큰 바다가 있어 그 밖을 에워싸고 있다. 이것이 하늘과 땅의 끝이다. 추연의 학술이란 모두가 이런 따위이다. 그러나 그 귀착되는 바를 요약한다면 반드시 인의와 근검절약을 강조하고, 군신·상하·육친의 사이에 시행해야 할 도로 끝나는데, 그 서두의 설명은 참으로 장황할 따름이다.

> 騶衍睹有國者益淫侈, 不能尙德, …乃深觀陰陽消息而作怪迂之變, …其語閎大不經, 必先驗小物, 推而大之, 至於無垠. …先序今以上至黃帝, 學者所共術, 大並世盛衰, 因載其禨祥度制, 推而遠之, 至天地未生, 窈冥不可考而原也. 先列中國名山大川, 通谷禽獸, 水土所殖, 物類所珍, 因而推之, 及海外人之所不能睹. 稱引天地剖判以來, 五德轉移, 治各有宜, 而符應若玆. 以爲儒者所謂中國者, 於天下乃八十一分居其一分耳. 中國名曰'赤縣神州'. '赤縣神州'內自有九州, 禹之序九州是也, 不得爲州數. 中國外如'赤縣神州'者九, 乃所謂九州也. 於是有裨海環之, 人民禽獸莫能相通者, 如一區中者, 乃爲一州. 如此者九, 乃有大瀛海環其外, 天地之際焉. 其術皆此類也. 然要其歸, 必止乎仁義節儉, 君臣上下六親之施, 始也濫耳.[168]

추연은 예의 질서의 혼란에서 느낀 바 있어 우주 자연에 대한 관찰로 방향을 바꾸었고, 또한 이런 자연학의 방법을 고금 중외의 정치와 예의 관계로 밀고 나아가 확장하였다. 대소大小 구주九州에 대한 그의 설명이 제공한 것은 예의 정치의 자연적 기초와 비중심화된 중국 관념이었다. 추연이 지리학적 의미에서 대소 구주를 구분하고 중국을 새롭게 정한 것에 호응하여,[169] 동중서는『춘추』와『춘추공양전』의 전통적 관점을 바꾸어서 대일통 관념에 따라 이하夷夏 상대화의 논술을 전개하였다.

대일통 관념의 세 번째 방면은 천의 자연 분류와 관제官制의 대응 관계이다. 한대 대일통과 군현 체제는 밀접히 관련된다. 즉 완전히 혈연 관계를 기본 관계망으로 하는 봉건 체제와 달리, 군현 제도는 황권과 형식화된 관료정치 체제가 공동으로 구축한 통치 모델에 의존하였다. 진秦이 육국六國을 멸하고 통일을 이루자, 육국의 귀족은 평민이 되었고, 봉건·정전 및 학교 등 주나라의 제도 역시 그에 따라 와해되었다. 이런 조건에서 종법·혈연관계를 유대로 하여 형성된 예악론의 도덕 평가 체계는 필연적으로 근본적인 개조에 직면하였다. 통일 제국의 관료 행정 체제와 그 비인격적이고 기능주의적인 특성은 한대 유가가 사고하고 표현하고 해석하는 대상이 되었으며, 그것들이 여전히 사용하고 있던 예악 체계는 이미 더 이상 주대 제도라는 조건에서 가졌던 의미를 갖지 않았다. 예악과 제도에서 분화가 발생하는 맥락에서, 만약 관료와 법률의 기능 체계를 동시에 도덕성의 계보라고 이해한다면, 반드시 제도 바깥에서 합법적이고 합리적인 자원을 찾아야 했다. 절대적인 천天과 제도 혹은 법률 사이의 내재적 연계는 이 도덕적 곤경 속에서 발생하였다. 동중서는『춘추』의 선례에 따라『춘추결옥』春秋決獄 232례를 지었는데, 성인의 미언대의와 천의를 사건 판결의 근거로 삼았으며, 이는 선진 법가 사상이 제국의 일통 체제 내에서 한 걸음 더 발전한 것이다. 한대 제도론에 도덕 이상과 도덕 척도의 의미를 부여하기 위해, 동중서는 상수의 방식으로 천과 관제를 소통시켰다.『춘추번로』

「관제상천」官制象天 제24에서는 이렇게 말하였다.

왕이 관직을 규정할 때, 3공公과 9경卿, 27대부大夫, 81원사元士
이니, 무릇 120인으로 모든 신하가 갖추어진다. 내가 듣기에, 성
왕聖王들이 법을 채택하는 준칙은 하늘의 근본 원칙으로, 3개월
을 한 계절로 하고, 사계절이 진행되면 한 해가 마무리되는 것이
다. 관제 또한 그러하니 천도를 본받은 것이다. 세 사람을 가
려뽑는 것을 일선—選이라 한 것은 석 달이 한 계절이 되는 것을
본떴다. 사선四選으로 그치는 것은 네 계절로서 마치는 것을 본
떴다. 3공은 왕을 지탱하는 사람이니, 하늘이 세 달로 한 계절을
완성하듯이 왕은 세 사람으로 자신을 지탱하게 하는 것이다. 완
전한 수인 성수成數 3을 세워 기준으로 삼고 그것을 네 번 되풀
이 하면, 놓치는 것이 없을 것이다. …그러므로 천자는 3공으로
자신을 보좌하게 하고, 3공은 9경으로 자신을 보완한다. 9경은
3대부로 자신을 보좌하게 하고, 3대부도 각각 세 명의 사를 활
용하여 자신을 보완한다. 이처럼 3인이 선발되는 것이 네 번이
니, 결국 3을 기본 단위로 하여 천하를 다스리는 것은 마치 하늘
이 계절을 네 번 거듭하여 3개월로 한 해를 시작하고 마무리하
는 것과 같다. 하나의 양기가 3개월의 봄이 되는 것은 3으로부
터 계절의 단위가 시작되는 것이 아닌가? 하늘이 계절을 네 번
거듭하였으니 그 수도 동일한 것이다. 하늘에는 사시사철이 있
고, 한 계절은 3개월로 이루어져 있다. 왕은 네 번의 선발 과정
이 있으니, 한 번의 선발에서 세 사람의 신하를 뽑는다. …인도
人道의 변화를 다하여 천도天道에 부합하게 하는 것은 성인聖人만
이 할 수 있으니, 그러므로 왕사王事를 일으켜 세울 수 있는 것이
다. …사람의 변화를 분별하여 네 차례의 선발 과정을 거치게 하
고 과정마다 세 명을 한 단위로 묶는다. 이것은 하늘이 한 해의
변화를 나누어 네 계절로 진행하게 하고 계절마다 세 달이 지속

되도록 하는 것과 같다.

> 王者制官, 三公九卿, 二十七大夫, 八十一元士, 凡百二十人,
> 而列臣備矣. 吾聞聖主所取儀, 金天之大經, 三起而成, 四轉而
> 終, 官制亦然者, 此其儀歟? 三人而爲一選, 儀于三月而爲一時
> 也. 四選而止, 儀于四時而終也. 三公自王之所以自持也. 天以
> 三成之, 王以三自持, 立城數以爲植而四重之, 其可以無失矣.
> …是故天子自參以三公, 三公自參以九卿, 九卿自參以三大夫,
> 三大夫自參以三士. 三人爲選者四重, 自三之道以治天下. 若天
> 之四重, 自三之時以終始歲也. 一陽而三春, 非自三之時與? 而
> 天四重之, 其數同矣. 天有四時, 時三月; 王有四選, 選三臣,
> …盡人之變合之天, 唯聖人者能之, 所以立王事也. …分人之
> 變以爲四選, 選立三臣, 如天之分歲之變以爲四時, 時有三節
> 也.[170]

이른바 '4선'四選은 곧 3공三公, 경卿, 대부大夫, 사士가 각기 1선一選
이다. 이른바 "하늘이 세 달로 한 계절을 완성하듯이 왕은 세 사람으
로 자신을 지탱하게 하는 것이다. 완전한 수인 성수成數 3을 세워 기준
으로 삼"는다는 말은 곧 3을 기수基數로 삼은 것이다. 뒤에 이어지는
"네 번 되풀이한다"(四重之)란 곧 3공은 3을 한 번 한 것이고, 9경은 3의
제곱이며, 27대부는 3의 세제곱이며, 81원사는 3의 네제곱이다. 4중四
重은 곧 3의 네제곱이다. 이 모든 관직 제도상의 숫자는 모두 사시四時
변화의 법칙과 서로 관련되며, 따라서 수를 매개로 하여 관제의 합법
성은 하늘의 운행 속으로까지 거슬러 올라간다. 『춘추번로』「작국」爵國
제28에서, 그는 또 3공 9경의 숫자에서 "천자가 좌우를 다섯 등급으로
나누는데, 363인은 하늘의 1년의 수를 모방한 것이다"(天子分左右五等,
三百六十三人, 法天一歲之數)라고 갖다 붙여서, 360이라는 이 숫자를 부각
시켰다.[171] 360은 주천 360도에 대응하는 것으로, 이것이 천을 본뜬 것
이다.

일통과 봉건의 혼합 관계 속에서, 봉건은 제국 일통 체제의 부속 부분을 구성하였으며, 따라서 예악과 제도 또한 확연히 분리되지 않았다. 예를 들어 진한 시대에 형벌을 무겁게 하던 경향에 대하여, 동중서는 "대학을 세워 나라에서 교육하고, 상서(庠序: 고대 지방 학교)를 설치하여 읍에서 교화하고, 인仁으로써 백성을 감화시키고, 우애로 백성을 감동시키고, 예로써 백성들을 절제하게 하였다. 그러므로 그 형벌이 매우 가벼워도 금령을 범하지 않았던 것은 교화가 행해져 습속이 아름다워졌기 때문이다"(立大學以敎於國, 設庠序以化於邑, 漸民以仁, 摩民以誼, 節民以禮, 故其刑罰甚輕而禁不犯者, 敎化行而習俗美也)[172]라고 하였다. 이는 저 군현 일통과 삼대 예악의 '학'을 하나로 종합한 것이다. 다시 예를 들면 동중서는 진나라가 "상앙의 법을 써서, 제왕의 제도를 고쳤다. 정전을 제거하여, 민간에서 사고팔 수 있었다. 부자의 밭은 밭 사잇길이 이어졌고, 빈자는 바늘 꽂을 땅도 없었다"(用商鞅之法, 改帝王之制, 除井田, 民得賣買, 富者田連仟伯, 貧者亡立錐之地)고 비판하고, 삼대의 제도 중 하나인 정전을 주창하였다. 그는 이렇게 비교했다. "옛날에 민에게 부과한 세금은 1/10에 지나지 않았어도, 수요를 맞추기 쉬웠다. 민을 부리는 것이 사흘에 지나지 않았어도, 노동력을 충족시키기 쉬웠다."(古者稅民不過什一, 其求易共. 使民不過三日, 其力易足) 그러나 지금은 "농지세와 인두세와 소금·철에서 나오는 이익이 옛날의 20배이다. 혹 부자의 밭을 경작하면, 세금으로 내는 것이 5/10이다."(田租口賦, 鹽鐵之利, 二十倍於古. 或耕豪民之田, 見稅什五) 이는 부자가 부패·황음·잔인해지고 빈자가 가난에 쪼들려 근심한 나머지 도망가서 도적으로 변하게 되는 근원이다. 그는 정전의 구상을 참조하였으나, 결코 정전으로 돌아가자고 호소하지 않았으며, 임기응변의 정신으로 다음과 같이 제의하였다. "옛 정전법은 비록 갑자기 실행하기는 어려우나, 마땅히 옛날에 조금이라도 가깝게 하여야 하니, 백성이 소유한 토지를 제한하여 부족한 이들을 만족시키고, 토지 겸병의 길을 막아야 한다. 소금과 철은 모두 백성에게 귀속되어야 한다. 노비를 없애고, 멋대로 살인하는 위세를 없애야 한다. 세금을 가볍게 하고 요역을 줄여서 백성의 힘을 여유롭게 한 후에야 잘 다스릴 수 있다."(古井田法雖難卒行, 宜少近古, 限民名田, 以澹不足, 塞幷兼之路. 鹽鐵皆歸 於民. 去奴婢, 除專殺之威. 薄賦斂, 省繇役, 以寬民力. 然後可善治也)[173]

『춘추번로』의 우주론은 일종의 도덕/정치의 법칙을 제공하였고 또한 이 도덕/정치 법칙을 이해하는 인식론도 제공하였다. 천인 관계에 대한 이런 종류의 신성화 묘사는 확실히 주공과 공자 시대 예악론의 서술 방식과 구조를 변화시켰으며, 새로운 도덕/정치철학의 경향을 보여 주었다. 『춘추번로』「인의법」仁義法 제29는 동중서의 인仁, 의義를 중심으로 하는 도덕/정치 이상의 기본 원칙을 개술하였다.

> 그러므로 『춘추』에서는 인과 의의 원칙을 세웠다. 인의 원칙은 남을 사랑함에 있지 나를 사랑함에 있지 않으며, 의의 원칙은 나 자신을 바로잡는 데에 있지 다른 사람을 바르게 하는 데 있지 않다. 내가 스스로 바로 하지 않으면 비록 남을 바르게 하더라도 그것을 의롭다고 여기지 않는다. 남이 나의 사랑을 입지 않으면 비록 두텁게 자신을 사랑한다고 하더라도 인하다고 인정하지 않는다. …그러므로 왕도로 다스리는 군주는 사랑이 사이四夷*에 미치고, 패도로 다스리는 군주는 사랑이 제후에게 미치며, 나라를 편안히 하는 군주는 사랑이 그 영토 안에 미치지만, 나라를 위태롭게 하는 군주의 사랑은 사랑이 바로 곁에만 미치며, 나라를 망하게 하는 군주는 사랑이 자기 한 몸에만 미친다. 자기 한 몸만 아는 자는, 비록 천자나 제후의 지위에 서더라도, 그저 한 사람의 필부匹夫일 뿐으로, 신하와 인민을 돌볼 수 없다. 이와 같은 자는 남이 그를 멸망시키는 것이 아니라 스스로 망하는 것이다. …그러므로 인이라는 것은 남을 사랑하는 것이지, 나를 사랑

---

* 사이(四夷): 고대 중국의 사방에 있던 오랑캐인 동이(東夷), 서융(西戎), 남만(南蠻), 북적(北狄)을 통틀어 이르던 말.

하는 데 있지 않다고 했으니, 이것이 그 법이다. 의라는 것은 남을 바르게 하는 것을 말하는 것이 아니라 나를 바르게 하는 것을 이르니, 난세의 비뚤어진 군주가 남을 바로잡으려 하지 않는 사람이 없었으니 어찌 의롭다 하겠는가? …그러므로 의는 나를 바로 함에 있지 남을 바로 함에 있지 않다고 했으니, 이것이 그 법인 것이다. …군자는 인의의 구별을 구하여 남과 나의 사이에 기강을 세워야만 안팎의 차이를 변별하고 순리와 역리의 소재를 드러내게 된다. 그런 까닭에 안으로 자신을 다스려 하늘의 이치를 되찾아 자신을 바르게 하고, 예에 따라 복福을 권장한다. 밖으로 남을 다스리되 복지 정책을 관대하게 해서 사람들을 포용해야 한다.

> 是故『春秋』爲仁義法, 仁之法在愛人不在愛我. 義之法在正我
> 不在正人. 我不自正, 雖能正人, 弗予爲義. 人不被其愛, 雖厚
> 自愛, 不予爲仁. …故王者愛及四夷, 覇者愛及諸侯, 安者愛及
> 封內, 危者愛及旁側, 亡者愛及獨身. 獨身者, 雖立天子諸侯之
> 位, 一夫之人耳, 無臣民之用矣. 如此者, 莫之亡而自亡也. …
> 故曰: 仁者愛人, 不在愛我, 此其法也. 義云者, 非謂正人, 謂
> 正我. 雖有亂世枉上, 莫不欲正人, 奚謂義? …故曰: 義在正
> 我, 不在正人, 此其法也. …君子求仁義之別, 以紀人我之間,
> 然後辨乎內外之分, 而著於順逆之外也. 是故內治反理以正身,
> 據禮以勸福; 外治推恩以廣施, 寬制以容衆.[174]

동중서가 여기서 표현한 도덕 이상은 공자의 도덕 이해에 접근하였으나, 차이는 다음과 같은 지점에 있다. 즉 예악론의 틀 내에서, 공자는 예악 자체를 상호 관련된 제도로 보았고, 이 제도는 도덕/정치 행위의 기본 규범을 구성하였다. 동중서의 천인감응의 틀 내에서, 제도적 관계는 반드시 천의와 천명의 지배에 복종해야만 비로소 합법성을 획득할 수 있었다. 공자의 예악론과 천의 관계는 내재적(예악이 천이다)

이었다면, 천인감응론과 천의 관계는 상수대위象數對位 식이었기에, 천의는 추측해야 하는 대상이 되었다. 제사 등의 의례는 곧 천의를 아는 경로였다. 그러므로 동중서의 서술 원칙은 성왕의 전장 제도를 조술하는 공자와 완전히 달라서, 그는 변화하는 역사 관계에 근거하여 제도와 예의를 재구축하고자 하였고, 또한 천의 이름으로 이 새로운 제도와 예의에 합법성을 부여하였다. 이런 종지를 따라서, '술이부작'과 '이인석례'는 모두 더 이상 적합한 이론과 방법이 되지 못했다.

3. 상수와 관제

상수대위를 연계하여 관제官制와 우주의 관계를 진술하는 방식은 이후에 고문경古文經인 『주례』 속에서 더욱 체계적으로 표현되었다. 천과 형식화된 제도·법률의 이런 연계는 예악 공동체의 도덕/정치 계보의 와해를 전제로 한다. 즉 예악 관계와는 달리, 제도·법률은 자기 바깥에 있는 합법성 원천이 필요하다. 서한·동한의 경학에는 금문·고문의 구별이 있었으나, 경학이 체현하는 왕제론 방면에서는 일맥상통하였다. 동한을 건국할 때 통치자는 무제 때 반포한 「아당부익지법」阿黨附益之法*을 새로 펴서, 제후왕의 권력을 제한하였다. 제후왕을 제한한 상술한 조치는 일련의 법규들과 상호 결합해 있었다. 예를 들면 제후왕은 천자의 의제儀制를 훔쳐 쓸 수 없고, 제후왕의 관리 임용은 반드시 한제漢制를 이용해야 하며, 제후왕은 정기적으로 입조入朝하여 조공

---

* 「아당부익지법」(阿黨附益之法): 한 무제가 제후국 문제를 해결하기 위해 제정한 법이다. 주요 내용은 반고(班固)의 『한서』(漢書)와 범엽(范曄)의 『후한서』(後漢書)의 주석에 흩어져 있다. 내용은 제후국 왕을 위해 관료가 부를 축적하는 것을 엄금하고, 관료가 제후와 공모 및 이익을 취하는 것을 엄금하는 것이다. 이 법의 공포는 제후가 정치적으로 재정을 모으고 소집단을 형성할 수 없게 하려는 것이었다.

해야 하고, 제후왕은 호부虎符* 없이는 군대를 동원할 수 없으며, 제후왕은 국내에서 사적으로 소금을 제조하고 철을 만들 수 없고, 제후왕은 외척과 사사로이 교류할 수 없다는 것 등이 그것이다.[175] 이런 의미에서, 동한 사상 속의 천의 절대성과 지배성은 여전히 천자와 제후, 백관의 관계에까지 미친다.[176] 『주례』는 원래의 명칭이 『주관』周官이다. 최초로 『주관』이라는 이름을 언급한 것은 『사기』 「봉선서」封禪書이고, 그 후 『한서』 권30에서 '『주관경』周官經 6편'을 기재하여, 이 책이 한대에 이미 경서가 되었음을 표명하였다. 전통적인 관점에 따르면, 『주례』는 기원전 2세기 중엽에 생산되었지만, 한대에 이르러서야 사람들에게 알려졌고, 그 속에는 유흠劉歆, 왕망王莽 등의 사상이 많이 혼합되었다.[177] 그 근거 중 하나는 유흠(B.C46~AD.23)이 일찍이 『주례』를 학관에 세우려고 시도했다는 것이다.[178]

『주례』의 주요 특징은 수의 관계로 관제 체계를 조직하고 또 관제 체계로써 정치적 이상을 표현했다는 것이다. 앞서 서술한 바와 같이, '수'가 예제 질서에서 가지는 중요성은 은상의 복·서 전통으로까지 소급할 수 있으며, 또 음양가의 저작 속에서 새롭게 발전하였다. 한대의 자연학의 돌발적 진보 과정에서 '수'의 중요성은 자연에 대한 인지를 천의와 인사를 체찰하는 것으로 삼는 사유 방식으로 표현되었는데, 그것을 일종의 '준準 과학주의'적 인지 방식이라고 불러도 무방할 것이다. 『주례』는 연, 월 등의 숫자를 음양·오행·사시 등의 범주와 배합하여, 수의 관계에서 하나의 완비된 관제 체계를 구축하였다.

다음과 같은 것에 유의해야 할 것이다. 즉 성제成帝 때, 유흠은 『태초력』太初曆에 근거하여 『삼통력』三統曆을 지어서, 1년의 시간이 대략 365.25일에 부합하도록, 한 달이 대략 29.53일에 맞도록 규정하였다. 이는 이미 오늘날 우리가 익숙하게 사용하는 시수時數에 접근한 것으로, 당시 세계에서 가장 정밀한 역법이었다. 『주례』의 수의 관계에 대

• 호부(虎符): 구리로 호랑이의 모양을 본떠 만든 군대 동원의 표지.

한 유흠의 해석과 주천周天의 숫자는 내재적인 연계가 있다. 『주례』는 주대周代 관제의 구조와 조직을 중심으로 모두 6개 부분으로 나뉜다. 즉, 1. 천관총재天官冢宰(방치邦治, 전면적 정무를 관장), 2. 지관사도地官司徒(방교邦敎, 교화를 관장), 3. 춘관종백春官宗伯(방례邦禮, 제사 등을 관장), 4. 하관사마夏官司馬(방정邦政, 군사를 관장), 5. 추관사구秋官司寇(방형邦刑, 형벌을 관장), 6.동관고공기冬官考工記(방사邦事, 공예를 관장하고 기록을 심의) 등이 그것이다. 매 관官 아래에 60관이 소속되어, 여섯 관은 총 360관으로서, 이 주천의 도수로써 사시와 천지에 배합하여, 하나의 천인상관적 체계를 완정하게 구축하였다. 「천관총재」 제1조 아래의 정현鄭玄의 주注에서는 다음과 같이 말하였다.

> 천天을 본떠 세운 관직이다. 총冢은 크다는 것이다. 재宰는 관직이다. 천은 만물을 통어하고 다스리는 것으로서, 천자는 총재를 세워 나라의 정무를 관장케 하고, 또 그것을 이용하여 뭇 관리들을 모두 통제하여 직무를 벗어나지 않게 한다. 사司라고 말하지 않은 것은 대재大宰는 뭇 관리들을 전체적으로 통제하지 하나의 관직의 일을 주로 하지 않기 때문이다.
>
> 象天所立之官. 冢, 大也. 宰者, 官也. 天者統理萬物, 天子立冢宰使掌邦治, 亦所以總御衆官, 使不失職. 不言司者, 大宰總御衆官, 不主一官之事也.[179]

이에 따르면, 관제는 하늘을 본떠 세웠으며, 천관天官에서 사司라고 말하지 않은 것은 일종의 엄격한 등급 질서를 체현하고 있음을 표명한 것이고, 여러 관직을 나누어 설치한 것은 업무에 따른 분류이다. 정치 공동체의 운행은 반드시 관제와 그 분업 체계가 필요했다. 예악 사회 속에서도 마찬가지로 이러했으나, 관제로써 사회 이상을 표현하는 것은 새로운 발전이다.[180] 무사巫史 전통은 수數로써 의義를 드러냈고, 『주례』는 관제와 수의 관계를 통하여 결합했으며, 따라서 관제 자체가

'의'義를 표현하는 방식이 되게끔 하였다. 관제로써 이상을 표현하는 것과 왕제王制를 조술祖述하는 공자의 방식은 형식적으로 유사한 면이 있으니, 즉 이 두 가지 방식은 모두 일정한 제도를 도덕적 이상의 의탁처로 삼았다. 그러나 예악론의 범주 내에서, 성왕聖王의 전장 제도 자체는 곧 예악 공동체의 제도였고, 예악과 제도는 둘이 합하여 하나가 되었으며, 따라서 이 제도는 도덕 평가의 객관적 근거가 되었다. 그러나 중앙집권 체제하에서, 관제는 봉건 예악과 구분되는 형식화된 직능 체계였으며, 따라서 관제 자체는 결코 도덕 평가의 의미를 담고 있지 않다. 무사 전통 속의 '상천'象天 관계를 회복하고 재구축하고 발전시켜서, 관제에 도덕적 합리성을 부여하는 것, 이러한 도덕 이상의 구축 과정은 예악과 제도의 분화를 전제로 한다.

하늘과 그 상수 관계가 논증하는 것은 결코 황권 자체가 아니라 황권을 중심으로 하는 군현/봉건 체제이다. 중앙정부에서, 이 체제는 3공 9경을 기본 체제로 하며, 승상丞相 등의 관리는 행정 체계 속의 중심적 역할이었다. 기층基層 부문에서 이 체제는 현縣과 향鄕, 정亭, 리里를 기본 단위로 하였다. 각급 정부의 정치 분업과 중앙정부는 대략 서로 비슷하여, 또한 행정·사법·군사·재정의 합일 체제이다. 오직 하나의 권력 중심만 있기 때문에, 지방정부는 중앙 권력에 대한 이반적離叛的 경향을 형성하기 쉬웠으며, 따라서 집권과 분권의 모순을 이루었다. 군현 체제의 작동은 행정 법규와 조정이 반포한 령令, 조詔, 제制, 칙勅 등에 의존하였다. 이런 조건으로 행정과 법률 체제는 기능적 구조가 되었고, 군현제하의 봉건 질서는 주대 분봉제의 진정한 함의를 잃어버렸다. 따라서 은주殷周 분봉제에서의 친친親親 원칙은 중앙집권 국가의 정치적 조건에 적용될 수 없었고, 예악론의 도덕/정치 원칙은 새로운 황권 중심적 군현 제도에 합법성을 제공할 수 없었다. 이것이 바로 한대 유가들이 군권신수君權神授 관념에 호소하여 황권 중심주의에 정치적 합법성을 제공한 전제이다. 그러므로 한대 천인감응 학설은 황권을 중심으로 하는 관료제 국가의 합법성 이론이라고 하겠다.

그러나 엄밀한 상수象數 관계로 관제 체계를 설명하는 것 역시 관제 자체의 엄격성을 표명하였고, 따라서 또 황제의 권한을 제한하는 함의를 포함하였다. 중앙집권 제도하에서, 형식화된 법률과 관제는 결코 그 자체로 운영되기에는 부족했는데, 주요 원인은 다음과 같다. 첫째, 황제가 최종 결재권을 가졌다. 둘째, 법률 제도가 완비되지 않았거나 법에 근거하지 않았다. 셋째, 정책 결정은 임의성을 가지고 있었다.[181] 무제武帝 때에, 령領·평平·시視·록錄·상서尚書 등의 대우를 받은 대장군大將軍·시중侍中·상서尚書 등이 구성한 '중조'中朝•는 중앙 정책 결정 기구가 되었고, '외조'外朝로서의 승상부丞相府는 권력이 약화되었다. 광무제光武帝 때 "비록 3공三公을 두긴 했으나, 일은 상서대尚書臺에 귀속되었다."(雖置三公, 事歸臺閣.)[182] 상서대는 3공보다 권력이 컸다. 이런 조건에서, 상수의 방식으로 천의와 관제의 대위 관계를 수립하여 관제 체계의 신성성을 강화하는 것은 확실히 또한 중앙행정 체계를 존중하고 임의로 관제를 변경하거나 행정 과정에 간여하는 것을 제한한다는 의미를 포함하였다. 서한 왕조가 추진한, 황권과 중앙집권을 강화하는 정책은 많은 경제적 정치적 결과를 수반하였다. 예를 들면 상인商人의 관직 매수買收를 허락하여 지주地主가 상업을 겸영하도록 장려해서 관官, 상商, 지주地主 3자 합일의 국면을 야기하고 또 토지 겸병으로 인한 농민 파산을 야기하였다. 이런 배경 아래에서, 왕망은 종법지주宗法地主를 주요한 사회적 역량으로 삼아, 삼대의 제도를 회복함으로써 종법 귀족의 세습 제도를 재구축하였으니, 이것이 곧 이른바 신정新政이다(서기 9~23). 신정은 행정 구획과 행정 제도를 개정하였고, 공公·후侯·백伯·자子·남男의 5등五等의 봉작을 회복하였으며, 정전제를 재건하고 또 상업 영역에서 "공인과 상인이 관리를 먹여 살리는 상태"(工商食官)

• 중조(中朝): 무제가 신임하는 신하들로 구성한 의사 결정 기구. 내조(內朝)라고도 한다.

를 회복하고, 5균6관五均六管*을 실행하는 등이었다. 『주례』와 그 상천
象天 구조의 이용은 상술한 정치적 실천을 배합하고 있었다. 후대에 금
문경학으로 받들어진 경전인 『춘추번로』와 고문경학으로 받들어진 경
전인 『주례』 사이에서, 우리는 이와 유사한 표현 형식을 발견할 수 있
는데, 그 원인 중 하나는 그것들이 모두 천과 그 상수 관계의 지배 아
래에서 제도 자체에 대한 엄격한 설명을 통해 황권皇權의 행사를 제한
하려는 요구를 제기하고자 시도했다는 것이다.

4. 우주론의 전환, 황권 중심주의와 분권주의 정치

북송北宋 도학道學의 형성과 당나라 후기 유학의 천인天人 관계에 관
한 논의는 역사적 연계가 있다. 당대 후기에 천인 관계와 관련한 토론
이 겨냥한 것은 바로 한대漢代 정치와 유학 속의 천인감응 학설이었다.
한유韓愈(768~824), 유종원柳宗元(733~819), 유우석劉禹錫(772~842)은 당대
정치 속에서 성행하던, 불교에 대해 아첨하고 상서祥瑞를 만들어 내던
현상과 『오경정의』五經正義를 중심으로 한 전주지학傳注之學을 각기 다
른 방면에서 비판하였다. 한대 경학에 대한 비판은 사실 이 조류의 연
장이다. 천인감응 학설을 타파하는 방면에서, 가장 주목할 만한 것은
유종원의 「시령론」時令論인데, 한대 이래 끊이지 않고 성행하던 오행
학설을 직접적이고 날카롭게 비판하였다.

「월령」月令을 보면, 억지로 다섯 가지 일에 맞추고 오행에 맞춰

---

* 5균6관(五均六管): 왕망(王莽)이 행한 신정(新政) 중에서 경제 사업의 관리 통제
조치. 전한(前漢) 말기 관료였던 왕망은 황위를 찬탈하여 신(新)나라를 세우고 『주례』
(周禮)에 입각한 이상국가를 만들고자 했으나 실패했다. 5균은 유명한 산과 강의 산
물, 소금, 철, 화폐, 포목의 민생 용품의 시장 가격을 균일하게 한 것이고, 6관은 여기
에 술의 공정 판매를 더하여 총칭한 것으로 10년 넘게 시행되었다.

정령政令으로 시행하려는 것이니, 이는 성인의 도에서 심하게 벗어난 것이 아니겠는가?

정령에는 때를 기다려서 해야 할 일이 있고 때와 상관없이 해야 할 일이 있다. 그러므로 초봄에는 논밭의 경계를 정비하고 밭두둑과 물길을 바로잡으며, 땅의 상태를 살피고 대중을 모으지 않도록 한다. 늦봄에는 제방을 정비하고 도랑을 정돈하며, 사냥을 금지하고 누에치기 도구를 준비하며, 소와 말을 교배시키고 온갖 기술자는 때를 거스르지 않게 한다. 초여름에는 토목공사를 시작하지 않고 대중을 동원하지 않으며, 농사를 권장하고 백성들을 격려하도록 한다. 한여름에는 마정馬政의 정령을 반포하고 온갖 약재를 모으게 한다. 늦여름에는 물관리를 하고 잡초를 죽이며, 밭에 비료를 주어 토질을 관리하며, 토목공사나 군사적인 일을 일으키지 않도록 한다. 초가을에는 목재와 땔감을 거두어들이고, 한가을에는 백성들에게 보리 파종을 권하도록 한다. 늦가을에는 갖가지 기술자들을 쉬게 하며 백성들이 모두 집안에 들어가 옷가지를 마련하게 한다. …초겨울에는 성곽을 쌓고 빈 구덩이를 파며… 이러한 일은 실로 때를 맞추어 행할 일로서 이른바 백성들에게 때에 따라 부여하는 일이다. 그밖에 교외나 종묘에서의 각종 제사 역시 옛날부터 전하는 제도에 따라 행해야 하며 폐지해서는 안 된다.

옛날의 위정자가 봄이 아니라고 해서 덕을 펼치지도 금령을 완화하지도 못하며, 상을 내리지도 은혜를 베풀지도 못하며, 어린아이를 양육하지도 소송을 잘 살피지도 못하며, 빈궁한 이에게 물품을 주지도 현인을 예우하지도 못한다면, 그리고 여름이 아니라고 해서 빼어난 인재와 덕행이 있는 자와 건장하고 힘센 자를 추천하지도 또 그들에게 작위와 봉록을 부여하지도 못하며, 가벼운 죄를 재판하지도 또 작은 죄를 지은 자를 용서하지도 못하며, 욕심을 절제하지도 또 뭇 관료들을 다독이지도 못한다면,

또 가을이 아니라고 해서 선비를 선발하지도 또 병사를 단련시키지도 못하며, 공이 있는 이를 임명하지도 또 포악하고 태만한 이를 벌하지도 못하며, 좋고 나쁜 것을 밝히지도 또 법제를 정비하지도 못하며, …겨울이 아니라고 해서, 목숨 바친 일에 대해 상을 주지도 또 고아와 과부를 불쌍히 여기지도 못하며, 아부하는 무리들을 알아채지도 또 관문과 저자의 통행을 편하게 해 주지도 못하며, 상인들을 오게 하지도 또 가정과 마을의 실정을 살피지도 못하며, 귀족과 인척 및 풍습을 바로잡지도 못하며, 안일한 관리를 파직하지도 또 쓸모없는 기물을 버리지도 못한다면, 그렇게 된다면, 정치의 결함은 많아질 것이다. 그와 같은 것들은 실로 때를 가리지 않고 행해야 할 것들이다.

> 觀月令之說, 苟以合五事, 配五行, 而施其政令, 離聖人之道, 不亦遠乎. 凡政令之作, 有俟時而行之者, 有不俟時而行之者. 是故孟春修封疆, 端徑術, 相土宜, 無聚大衆；季春利堤防, 達溝瀆, 止田獵, 備蠶器, 合牛馬 百工無悖於時. 孟夏無起土功, 無發大衆, 勸勉農人. 仲夏班馬政, 聚百藥. 季夏行水殺草, 糞田疇, 美土疆土功, 兵事不作. 孟秋納材葦, 仲秋勸人仲麥, 季秋休百工, 人皆入室, 具衣裘. …孟冬築城郭, 穿竇窖… 斯固俟時而行之, 所謂敬授人時者也. 其餘郊廟百祀, 亦古之遺典, 不可以廢.
> 盛使古之爲政者, 非春無以布德和令, 行慶施惠, 養幼少, 省囹圄, 賜貧窮, 禮賢者; 非夏無以贊桀俊, 遂賢良, 擧長大, 行爵出祿, 斷薄刑, 決小罪, …非冬無以賞死事, 恤孤寡, 擧阿黨, 易關市, 來商旅, 審門閭, 正貴戚近習, 罷官之無事者, 去器之無用者, 則其闕政亦以繁矣. 斯固不俟時而行之者也.[183]

「시령론」은 정사, 제도와 천명의 관계를 제거하였고, 따라서 인사人事 자체의 발전과 변화에 여지를 남겼다.

동중서와 유종원 모두 황권 중심주의 정치체제를 위한 변호를 하면서도, 동중서는 천인감응 학설에 호소해야 했고 유종원은 오히려 음양陰陽·오행五行·사시四時·재이災異·상서祥瑞와 정사政事·법률法律·도덕道德의 대위對位 관계를 와해하려고 시도했는가? 우선, 동중서의 황권은 제후·귀족과 관료의 대표로서, 천과 황권을 직접 연계한 것 역시 한대에 이미 중요한 영향력을 갖고 있던 분봉 제도에 대한 반응이었다. 유종원의 황권 중심주의는 오히려 귀족 제도 와해 과정 속의 사회관계에 대한 입증이었다. 당대 초기에 분봉과 군현의 다툼이 있었는데, 그 결과는 군현과 제후국이 혼거하는 국면의 형성이었다. 고종高宗(재위 649~683) 중기 이후, 중앙이 직접 군사력을 통제하던 부병제府兵制가 파괴되고, 남아십육위南衙十六衛*는 단지 의식儀式용으로만 쓰였으며, 조정은 북아금군北衙禁軍*에만 의존할 수 있었다. 변방의 군사적 수요 때문에, 당나라는 절도사節度使를 설치했는데, 부병제의 파괴는 직접적으로 절도사 무인武人 세력의 신속한 팽창을 가져왔다. 안록산安祿山의 반란을 평정한 후, 조정은 난을 평정한 공신과 항신降臣들에게 번진藩鎭을 주어 절도사로 삼지 않을 수 없었고, 따라서 절도사 제도가 전국에 두루 퍼지는 결과를 낳았다. 이러한 배경에서, 하북삼진河北三鎭*은 각기 그 지역에서 독점적 권력을 행사하여 중앙에 부세를 납부하기를

* 남아십육위(南衙十六衛): 부병제(府兵制)의 고급 단계. 부병제는 균전제의 기초 위에서 병농일치를 기반으로 한 제도다. 전국에 군부(軍府)를 설치하였고, 그 부에 소속된 부병은 지역 농민들이었다. 위(衛), 곧 십육위는 수도를 지키는 금병(禁兵)임과 동시에 전국의 부병을 통솔했다. 그 관서가 황궁의 남면에 있었기에 남아십육위라고 불렀다. 중당 이후 균전제가 무너지고 부병제도 와해되자, 십육위도 전투력을 상실하고 의식용으로만 남았다.
* 북아금군(北衙禁軍): 황궁의 북면에 주둔하면서 황제와 황실을 지키던, 일종의 황실 사병 집단이며, 모병제에 의한 것이다.
* 하북삼진(河北三鎭): 중국 당 왕조 말의 최대 번진(藩鎭: 절도사를 최고 권력자로 한 지방 지배 체제). 위박(魏博)·성덕(成德)·노룡(盧龍)을 지칭하는 '하북' 삼진 또는 '하삭'(河朔) 삼진은 중앙정부에 반기를 든 반측(反側) 번진으로 반란의 중심 세력이었다.

거부하였고, 기타 번진은 조정에 항명하였으며, 당 왕조는 점차로 쇠망하였다. 천인감응 학설에 대한 유종원의 비판은 바로 이런 맥락 속에서 발생한 것으로, 그는 천명의 속박을 벗어나 역사 발전의 동력과 발전에 주의를 집중하려고 시도하였다.

「봉건론」封建論에서 유종원은, 그의 이른바 '세'勢의 관념에서 출발하여, 분봉제와 군현제를 역사 변천의 내재적 결과로 보았고, 따라서 정치 제도 형식의 그 어떤 절대적 합리성도 부정하였다. 그의 시야에서, '군장형정'君長刑政(군주의 형벌과 정령政令)의 형성은 초기 인류의 생존 투쟁의 결과이며, '제후지열'諸侯之列은 서로 다른 인류 부락이 서로 경쟁한 산물이며, 제후의 상쟁相爭은 '방백方伯·연수連帥의 류'*의 출현을 가져왔고, 중앙집권의 군현 체제는 곧 이 기나긴 역사 진행 과정의 산물이다. 유종원은 여기서 정치 형식을 중심으로 하는 역사철학을 창조했는데, 그 중심 임무는 황권을 중심으로 하는 중앙집권 체제의 역사적 합법성과 도덕적 합리성을 논증하는 것이었다.

> 이로써 더 큰 투쟁이 발생했다. 덕망 또한 큰 자가 있어, 방백과 연수의 무리들이 또한 나아가 그의 명령을 듣고서, 그들의 백성을 안정시킨 후에야 천하가 하나로 모일 수 있었다. …천자로부터 촌장에 이르기까지 사람들에게 덕망 있는 자가 죽으면 반드시 후계자를 찾아서 받들었다. 따라서 봉건은 성인의 뜻이 아니라 형세였다.
>
>> 則其爭又有大者焉. 德又大者, 方伯·連首之類, 又就而聽命焉, 以安其人. 然後天下會於一. …自天子至於里胥, 其德在人者, 死必求其嗣而奉之, 故封建非聖人意也, 勢也.

• 방백(方伯)·연수(連帥)의 류: '방백'은 한 지방 제후들의 수령(首領), '연수'는 열 개 나라〔國〕 제후들의 수령을 말한다.

저 봉건이란 것은, 옛 성왕인 요·순·우·탕·문·무라 하더라도 없
앨 수가 없다. 그것을 없애고 싶지 않아서가 아니라, 형세가
허락하지 않았기 때문이다.

> 彼封建者, 更古聖王堯舜禹湯文武而莫能去之, 蓋非不欲去之
> 也, 勢不可也.[184]

일종의 세습 귀족 제도로서 분봉 제도는 할거割據와 전쟁을 초래하
기 쉬웠고, 또 현자賢者와 유능한 자의 채용을 방해했으나, 군읍郡邑 제
도는 효과적인 등급 제도를 통해 현자가 위에 있고 불초한 이가 아래
에 있도록 할 수 있었다. '세'勢는 여기서 천명天命이 아니라 역사의 운
동에 내재하는 추세이자 동력이었다. 바로 '세'로부터 출발하여, 유종
원은 군읍제가 분봉제를 대체한 것이 자연적이고 합리적인 역사 과정
이라고 보았다.

유종원이 하늘과 인간 사이의 직접적 대위對位 관계를 타파하려고
한 이유는, 당대 정치에서 재이災異·상서祥瑞 등의 관념이 이미 너무 부
패하여 쓸모없어진 것 외에, 다른 하나의 원인은 당대 정치 구조 속에
분봉제적 내용이 농후하게 담겨 있었기 때문이다. 이 분봉 제도는 또
한 늘 『주례』가 확정한 주대 예의禮儀에까지 소급되었다. 윗글에서 서
술한 바와 마찬가지로, 『주례』의 특징은 천인 관계를 상수대위의 방식
으로 연계했다는 것이다. 이런 조건에서, 주대 분봉제하의 세습 귀족
과 번진 세력에 대한 비판과 부정은 동시에 봉건 관계를 영구화하는
한대의 천과 인의 틀에 대한 부정이 되었다. 그리고 '세'라는 범주에
호소하여 새로운 사회관계에 합리성을 제공하는 것은 반드시 극복하
기 어려운 곤경에 직면하게 된다. 즉 첫째, '세'는 변동하여 멈추지 않
으며, 따라서 '세'에 의지하여 생겨난 사회구조 역시 부단히 변화하는
'세'의 위협을 받고 그 구조도 해체될 것이다. 둘째, 현명한 이와 어리
석은 이의 상하 등급 관계의 확보를 이유로 군현 제도의 우월성을 논
증하는 것은 기능주의적 논증 방식이다. 결국, 천인감응 학설의 폐기

는, 기능적 제도에는 도덕적 자원이 심각할 정도로 결핍되었다는 사실을 다시 한번 부각시켰다.

천인 관계 문제에 있어 한유韓愈의 타협적 관점은 부분적으로는 상술한 제도와 도덕적 합리성 사이의 분리에 대한 반응으로 볼 수 있다. 「원인」原人에서, 한유는 '형이상'形而上, '형이하'形而下 및 '명어양간'命於兩間 개념으로 천도·지도 및 인도를 묘사하였고, 따라서 인의 도를 천의 도와 구별하였다.[185] 한유는 분명히 사회질서와 예의 관계를 인간의 창조적 활동의 결과로 보았지만, 여전히 천과 천명에 대한 신앙을 유지하였다. "역사를 쓰는 이는 인화人禍가 없으면 천형天刑이 있으니, 어찌 두려움 없이 가벼이 쓸 수 있겠는가!"(夫爲史者, 不有人禍, 則有天刑, 豈可不畏懼而輕爲之哉)[186] "세 사람의 명은 하늘에 달려 있다. …그러므로 그의 운명은 하늘에 달려 있다고 말하여 그 마음을 풀어 준다."(三子者之命則懸乎天, …故吾道其命於天者以解之)[187] 한유의 성삼품설性三品說 역시 마찬가지로 천명관天命觀의 구조 속에 휩싸여 있다.

> 후직后稷이 태어날 때 그 어미에게 고통이 없었으며, 그가 처음에 기어다닐 때에는 슬기로웠고 꾀가 있었다. 문왕이 어머니 뱃속에 있을 때 어머니에게 근심이 없었고, 태어난 후에는 돌봐 주는 이가 애쓰지 않았고, 배우고 나서부터는 스승이 고민하지 않았다.
>
> 后稷之生也, 其母無災, 其始匍匐也, 其岐岐然, 嶷嶷然. 文王之在母也, 母不憂, 既生也, 傅不勤, 既學也, 師不煩.[188]

천명관의 시야에서 출발하여, 한유의 도통道統 계보와 도통 수립의 노력 자체는 전부 '천명'이 그렇게 하도록 했다는 점으로 귀결된다. 즉 "위정자가, 교화가 말미암고 폐해지는 연유를 알아서, 일상에 어긋나고 괴이한 것들을 물리치고 위대한 중정中正의 정치를 펼치며, 꾸밈을 누르고 꾸밈없는 질박함을 숭상한다면, 하늘의 명운이 아득히 퍼지고 신령한 교화教化가 멀리까지 시행될 것이니, 도의 행해짐은 거의 이루어질 것이다!"(其有作者知敎化之所繇廢, 抑詭怪而暢皇極, 伏文貌而尙忠質. 茫乎天運, 窅爾神化, 道之行也, 其庶已乎)[189] 만약 도통 자체 역시 천명의 호위를 필요로 한다면, 도덕 담론 자체는 또 어떻게 진정으로 한대의 천인 학설의 영향을 벗어날 수 있을 것인가?

　주돈이周敦頤·소옹邵雍·장재張載·정호程顥와 남송의 주희는 그들 각자의 우주론을 수립할 때 모두 정도는 다르지만 한대 천인 학설의 흔적을 남겨 두었는데, 천인 문제에서 그들은 한유와 비슷한 곤경에 직면했다. 북송 천도론 확립의 중심인물로서, 주돈이·소옹·장재는 각자의 다른 서술 경로와 핵심 개념을 발전시켰으나, 또한 총체적 질서를 중심으로 하여 우주론으로부터 도덕과 가치를 끌어내는 방식을 공유하였다. 주돈이(1017~1073)는 '도학의 종주宗主'로 받들어졌다. 그의 「태극도설」太極圖說과 「통서」通書는 역易을 해석하는 방식으로 형이상학과 우주론의 이중적 특징을 갖춘 체계를 수립하였다. 「태극도설」은 '무극이태극'無極而太極의 우주론으로부터 인극人極의 수립으로 돌아갔고, 「통서」는 천도론天道論 및 도덕심道德心으로부터 다시 확대하여 예악禮樂을 말하였으며, 북송 도학의 우주론·형이상학·도덕론·예악론을 일체로 합하는 이론 방식을 만들었다. 「태극도설」은 무극·태극·음양·오행을 천天의 층차로 삼고, 오행과 만물의 관계를 두 번째 층차로 삼고, 인人의 세계를 세 번째 층차로 삼으며, 성인聖人과 인극人極을 네 번째 층차로 삼고, 천도天道·지도地道 및 인도人道로써 상술上述한 몇 가지 층차를 총괄하여 천인일체天人一體의 우주관을 구축하였다. '무극이태극'의 우주 본체론은 사람들에게 무극·태극·음양·오행의 생성 변동하는 우주상을 제공하였고, 천도天道·지도地道·인도人道가 모두 본래 하나의 이치라는 요지를 드러내 보였으며, 따라서 우주론적 틀 속에서 총체적 질서관을 구축하였다. 주돈이는 역을 해설하는 방식으로 우주 도식의 묘사를 전개했는데, 명백히 한당漢唐 시대 도가·도교 및 음양가의 역학적易學的 성취를 흡수하였다.[190]

천은 양으로 만물을 낳고, 음으로 만물을 이룬다. 낳음은 인仁이고, 이룸은 의義이다. 그러므로 성인聖人이 위에 있으면서, 인으로써 만물을 기르고, 의로써 만민을 바르게 한다. 천도가 행해지면 만물이 순응하고, 성덕聖德이 수행되면 만민이 교화된다.

> 天以陽生萬物, 以陰成萬物. 生, 仁也; 成, 義也. 故聖人在上, 以仁育萬物, 以義正萬民. 天道行而萬物順, 聖德修而萬民化.[191]

이 역학 우주관에 따르면, 인仁과 의義는 천도天道 운행의 상리常理이며, 또한 성인의 덕의 근거이다.

소옹(1011~1077)은 상수학象數學에 정통하여, 아주 능숙하게 수를 운용해 우주와 역사의 생성과 전개를 설명했으며, 따라서 그가 관심을 가졌던 것은 우주 만상의 배후에 숨겨져 있으면서도 또 우주 만상을 지배하고 있는 총체적 질서였다. 『황극경세서』皇極經世書 「관물외편」觀物外篇에서 그는 이렇게 말했다.

> 원圓이란 성星이다. 역기曆紀의 수數는 아마도 여기서 시작되었을 것이다. 방方이란 토土이다. 구주九州와 정전井田의 법은 아마도 이것을 모방했을 것이다. 원圓이란, '하도'河圖의 수이고, 방方이란 '낙서'洛書의 문文이다 그러므로 복희伏羲와 문왕文王은 이에 근거하여 『역』易을 만들었고, 우禹와 기자箕子는 그것을 펼쳐서 「홍범」洪範을 만들었다.
>
> > 圓者星也, 曆紀之數, 其肇於此乎! 方者土也. 劃州井地之法, 其仿於此乎. 蓋圓者, '河圖'之數, 方者, '洛書'之文, 故羲文因之而造『易』, 禹箕敍之而作『範』也.[192]

주희는 뒤에 이렇게 해석하였다. "원이란 성이다. (소옹이) 원이란 하도의 수라고 했는데, 그것은 (하도의) 저 네 개의 모서리가 없으니 모양이 곧 원圓이라고 한 것이다. 또한 하도에 이미 저 네 개의 귀퉁이(四隅)가 없으니 낙서에 비교해 본다면 또한 본래 원이 된다고 한 것이다. 방이란 토이고, 방이란 '낙서'의 무늬(文)인데, 구주와 정전이 그에 의거하여 만들어진 바라는 것이다."(圓者星也. 圓者'河圖'之數, 言無那四角底其形便圓. 又曰: 河圖旣無那四隅, 則比之洛書固亦爲圓矣. 方者土也, 方者'洛書'之文, 言劃州井地所以依以作者也)[193] 주희는 마찬가지로 수의 관계로써 우주宇宙·획주劃州·정전井田을 연계하여, "정전제가 모두 '낙서'의 구수九數를 본받았다"[194]고 여겼다. 이것은 소옹·주희의 학설과 사상 속에는 모두 한대 우주론의 요소가 약간 남아 있음을 보여 준다. 소옹의 『황극경세서』와 진단陳摶의 「선천도」先天圖의 관계는 역대로 많은 논의가 있었으나, 다음과 같은 점을 언급해 둘 필요가 있다. 즉 「선천도」는 팔괘와 육십사괘의 차서次序를 논증하였고, 상수로써 천·지·인을 소통시켰으나, 또한 '심'心이라는 본체 속에 귀결시켰다. 소옹의 상수학을 『주례』혹은 동중서의 『춘추번로』와 비교해 보면, 우리는 양자 간의 차이를 명확히 볼 수 있을 것이다. 즉 동중서는 완정한 제도 위에서 천과의 대위 관계를 구축하였으나, 소옹의 상수학에는 오히려 이와 같이 명확한 제도와의 대위 관계가 없다. 소옹은 말하였다.

리理라고 부르는 것은 물物의 리理이기 때문이다. 성性이라고 부르는 것은 천天의 성性이기 때문이다. 명命이라고 부르는 것은 리理와 성性에 처할 수 있는 것이다. 리와 성에 처할 수 있는 것은, 도道가 아니면 무엇이겠는가? 이에 도가 천지의 본本이고, 천지가 만물의 본임을 안다. 천지로써 만물을 보면 만물이 물物이다. 도로써 천지를 보면 천지 역시 만물이다.

所以謂之理者, 物之理也; 所以謂之性者, 天之性也; 所以謂之命者, 處理性者也; 所以能處理性者, 非道而何? 是知道爲天地之本, 天地爲萬物之本, 以天地觀萬物, 則萬物爲物; 以道觀天地, 則天地亦爲萬物.[195]

소옹 '선천학'先天學의 중요한 특징의 하나는 심心을 만물의 기원으로 보는 것으로, 직접 도와 심을 관련시킬 뿐 아니라, 우주 질서를 '심'의 범주 속에 두기도 한다는 것이다. 이런 의미에서 이러한 질서는 우선 이 질서를 관찰하거나 드러내는 일종의 내재적 시각과 밀접하게 관계되어 있다. 즉 철저히 '심'으로 돌아가야만 비로소 우주 본질과 관련된 지식을 얻을 수 있는데, '심' 자체가 곧 우주의 기원이기 때문이다. "하늘은 도道로부터 생겨나고, 땅은 도로부터 이루어지며, 만물은 도로부터 형상이 생기고, 사람은 도로부터 수행한다."(天由道而生, 地由道而成, 物由道而形, 人由道而行),[196] "하늘이 나뉘어 땅이 되고, 땅이 나뉘어 만물이 되지만, 도는 나눌 수 없다. 그 마지막에는 만물이 땅으로 돌아가고, 땅은 하늘로 돌아가고, 하늘은 도로 돌아간다."(天分而爲地, 地分而爲萬物, 而道不可分也. 其終, 卽萬物歸地, 地歸天, 天歸道)[197] 하늘·땅·사람·만물은 분해할 수 있지만, 도는 오히려 '하나'이며, 절대로 분해할 수 없는 질서이며, 본체이자 근원이다. 이 '도'의 절대성과 객관성은 사람들이 통상 주체 혹은 주관의 영역으로 귀입歸入시키는 '심'心이다. 즉 "선천학은 심법心法이다. 그러므로 도식圖式은 모두 그 가운데서 나오고, 모든 일은 심에서 생긴다."(先天學, 心法也, 故圖皆自中起, 萬化萬事生乎心也)[198] 만약 우주 만물이 '심'에서 생산되고, 우주 도식이 '모두 그 가운데서 생긴다'면, 우주 질서는 곧 내재적으로 생성될 것이며, 이 '내재적으로 생성된' 질서는 바로 분해할 수 없는, 만물과 상황의 영향을 받지 않는, 가장 객관적인 질서를 구성할 것이다. 이 객관적이면서도 내재적인 질서 시각으로부터, 소옹은 "도가 태극이다"(道爲太極)와 "심이 태극이다"(心爲太極)라는 이중二重 명제를 제기하였고, 따라서 '태극'의 의미에서 도와 심을 하나로 합하였다.[199] 여기서 도, 태극 및 우주 질서는 우리의 내재적 본심 속에서 드러내거나 발견할 수 있는 도식으로 해석된다.

소옹의 '심'은 개인의 주관적 특성 혹은 인류 정감의 특수성과 조금도 관계가 없으며, 만물유심萬物惟心 또한 우주 만물의 최후 질료가 심이라고 말하는 것이 아니다. "심이 태극이다"와 "만물유심"은 우주 만물이 일종의 내재적 질서에서 근원하며, 따라서 오직 일종의 내재적 자연 질서의 시각 혹은 시야로부터 출발해야만 이 질서를 통찰할 수 있다는 말이다. 아마도 우리는 이것을 일종의 존재적 시각으로 귀납시킬 수 있을 것이다. 정호는 이렇게 평하였다. "소옹의 학문은 먼저 리理로부터 그 뜻을 추론하는데, 상수象數를 말하고, 천하의 리는 반드시 네 가지에서 나와야 함을 말하였다. 리理에까지 밀고 가, '내가 이 큰 것을 얻으면 만사가 나로부터 말미암고, 정定해지지 않음이 없다'라고 하였다."(堯夫之學, 先從理上推意, 言象數, 言天下之理須出於四者. 推到理處, 曰: '我得此大者, 則萬事由我, 無有不定.')[200] 여기서 도·태극·심·리 등의 개념은 상호 관련되었고, 따라서 '심'은 주관적이고, 우리의 육체에 내재하는, 한시도 동요하지 않을 때가 없는 정감·판단과 밀접히 상관된 '심'이 아니라, 심물합일心物合一—의 조건에서 드러난 질서 혹은 본체이다.

소옹의 학문은 겉으로는 모순처럼 보이지만 실질적으로는 통일된 성질을 갖고 있으니, 곧 그것은 한편으로는 깊은 운명론적 색채를 띠고 있고 또 다른 한편으로는 주체와 그 인지 능력을 극히 중시한다. 이 두 측면이 우주 질서와 관련된 묘사 속에서 하나로 종합될 수 있는 것은 소옹이 도道, 태극太極, 심心과 일一을 곧 일물一物이라고 판정하고, 따라서 물物에 대한 인간의 인지는 개체의 경험에 국한될 수 없을 뿐 아니라 인간의 지위를 벗어나서 물을 관찰해야 한다고 하였기 때문이다. 이것은 곧 이른바 "물을 내 것으로 하지 않으면 물을 물로 볼 수 있다"(不我物, 則能物物)로서 ─ "물을 물로 봄"은 곧 자연 질서 혹은 천하의 리理의 시야와 시각으로 물을 관찰하는 것으로, 따라서 이 시각과 시선 자체는 객관성을 지니고 있었다.[201] 첸무는 "도가의 방법으로써 유가의 궁극적 목표로 향해 간" 소옹의 입장을 "새로운 인간 본위적 객관주의" 혹은 "객관적 유심론"[202]으로 귀결했으나, 객관 개념은 여전히 소옹 사상의 핵심을 찌를 수는 없는 것 같다. 왜냐하면 그의 '심'은 일종의 존재 방식으로서의 '인식'에 대한 이해를 포함하였고, 따라서 차라리 '존재론'이기 때문이다. "내재적 자연 질서의 시각 혹은 시야"

라는 이 개념은 아마도 소옹의 소위 "물을 물로 봄"의 함의를 드러내 보여 줄 수 있을 것이다. 여기서 "내재적 자연 질서의 시각"은 우리가 오늘날 내재적 깊이를 갖고 있다고 부르는 자아라는 개념과 중요한 차이가 있다. 이 두 서로 다른 질서관과 방법론은 모두 확연히 다른 질서관과 질서를 이해하는 방법론을 보여 주었지만, 수사修辭 측면에서도 모두 내재內在로 전향하는 경향을 지니고 있다.

장재(1020~1077)의 학은 "예를 존중하고 덕을 귀하게 여기며, 천에 즐거워하고 명에 편안하며, 『역』을 종宗으로 삼고 『중용』을 체體로 삼으며, 공맹을 법으로 삼는다. 괴이하고 망령된 것을 쫓아내고 귀신을 변별하는데"(尊禮貴德, 樂天安命, 以『易』爲宗, 以『中庸』爲體, 以孔孟爲法. 黜怪妄, 辨鬼神).[203] 그것이 바로 관학關學*의 기초이다. 이런 의미에서, 장재는 선진 예악론과 가장 연계가 깊다. 그러나 장재의 사상 세계에서, 예악론은 이미 새로운 우주론 혹은 자연 질서의 시각 속에 두어졌다. 「서명」西銘은 만물일체萬物一體, 이일분수理一分殊를 논하는데, 우선 천지 만물과 인간이 모두 일체임을 확인한 후, 천지는 곧 인간과 만물의 근본으로 귀결되었다. 소위 "백성은 나의 동포이고, 만물은 나와 함께한다"(民吾同胞, 物吾與也)는 말은 장재 사상의 핵심을 여실히 드러냈다.[204] 『정몽』正蒙에서, 그는 '태화'太和라는 개념을 사용하여 만유萬有의 생성 변화의 총체를 묘사했다. 그러나 동시에 또 이 묘사적 개념에 만족하지 못하고 더 나아가 '태허'太虛를 우주의 본체로 제시하였다. 즉 "태허는 형形이 없고, 기의 본체이다. 그 모임과 흩어짐은 변화의 외재 형태일 따름이다. 지극히 고요하고 감응이 없으니, 성性의 연원淵源이다. 식識이 있고 지知가 있으니, 사물과 교류할 때의 외재적 감응일 뿐이다."(太虛無形, 氣之本體; 其聚其散, 變化之客形爾. 至靜無感, 性之淵源; 有識有知, 物交之客感爾)[205] 이것이 곧 많은 학자가 말하는 장재의 기일원론氣一元論 혹은 기

---

* 관학(關學): '관중(關中: 지금의 섬서성陝西省) 땅의 학문'의 약칭. 주로 북송 시기 장재의 가르침을 계승한 학문을 가리킨다.

본론氣本論의 우주관으로서, 그것은 '기'(태허)가 '모여서' '물'이 되고, '흩어져서' '기'가 되는 사변적 구조로 표현되었다. 기본론은 무를 본체로 하는 도가의 우주론을 벗어났다. 그리하여 "당세 자연과학의 최고 성과를 전통적인 『역전』易傳 사상과 직접 하나로 융합하였는데, 근본에서 불교와 도교의 '천박하고 망령된' '유무'有無의 설을 힘써 배척하고, 소박한 유물론적, 변증법적 '기氣 본체론'을 창립하였다"[206]고까지 여겨지게 되었다. 물과 기의 외재성과 물질성을 인정하였기 때문에, 장재의 기본론 및 학이치용學以致用의 주장은 자연 인식 활동에 어떤 전제들을 제공하였다.[207] 그의 영향 아래에서 관학關學 전통은 "대체로 실용을 귀하게 여겼고, 허虛에 대해 언급하는 것을 경계하였으며"(大抵以實用爲貴, 以涉虛爲戒)[208] 또 실용적 의미에서 '도'를 해석하는 데로 기울어졌다.[209] 예를 들어 이복李復, 이야李冶는 "자연의 리"(自然之理)와 "자연의 수"(自然之數)의 개념을 명확히 제출하였고, 심지어 천을 운동 중인 '물'로 간주하여 주돈이·소옹 역학易學의 범주를 다소 벗어났다.[210]

기 본체론은 사람들에게 세계 내부로부터 우주의 본질과 근원을 이해하도록 인도하였고, 따라서 속세에서 벗어나 은거하는 불교와 도교의 경향과는 명확히 경계를 그었다. 기 본체론과 자연학의 탐구는 북송 도학의 논리적 결과로 볼 수 있다. 왜냐하면 도덕 법칙에 대한 추구는 일단 우주론의 모델과 결합하면 곧 자연 질서와 관련된 지식 형식을 요구하게 되며, 이런 지식 형식 속에서 모든 층위의 인식이 하나의 연역적인 등급 체계 속에 배치될 수 있으며, 이 연역 체계의 최고 위치에 처한 것은 바로 천도 자신이기 때문이다.[211] 장재의 사상이 어떤 특수성을 가졌든지 간에, 그 기론의 보다 근본적인 특징은 여전히 우주 질서의 관념이다. 그러므로 장재의 기 본체론과 주돈이와 소옹의 '태극도설', '선천'先天 상수설象數說의 차이를 지나치게 과장해서는 안 된다. 주돈이, 소옹, 장재 세 분은 모두 우주 본체론을 구축하여 도덕 윤리와 심성 이론을 배치하려 했으며, 따라서 기본적 사유 방식에서 천

天·도道·성性·심心의 논리적 구조를 따르고 있다. 장재의 학의 중심 의도는 자연철학 문제를 논하는 것이 아니라 왕부지王夫之가 말한 것처럼 "예의 수립을 근본으로 삼는 것"(立禮爲本)[212]이었고, 따라서 '기본론'은 마땅히 '정심'正心·'성의'誠意에 근거를 제공해야 했다.[213] 바꿔 말하면 "예의 수립을 근본으로 하는" 장재의 학문은 마찬가지로 반드시 자연 질서 속에서부터 일상의 윤리 실천의 법칙을 끌어내야 한다. 이것이 곧 『정몽』17편이 일종의 내재적 논리 구조 혹은 총체적 질서를 따른 이유이다. 즉 「태화편」太和篇은 만물일체를 총론하고, 「삼량편」參兩篇부터 「동물편」動物篇까지는 천天·지地·인人·물物의 '기화'氣化 과정을 논한다. 「성명편」誠明篇부터 「왕제편」王諦篇까지 모두 11편은 인도人道를 중심으로 인성론人性論·치지론致知論·도덕론·정치론을 형성하고, 마지막의 「건칭편」乾稱篇은 다시금 '인도'를 '천도'에 합하고, '만물본일'萬物本一, '천인일기'天人一氣의 본체론을 거듭 천명한다. '천지지성'天地之性과 '기질지성'氣質之性의 이분론二分論은 송명宋明 이학理學 속에 오래 지속할 과제를 던져 주었다. 그러나 '태허' 개념이 포함하는 내재적 본질 혹은 내재적 질서의 함의가 없다면, 상술한 이분법은 이론적 근거가 결핍될 것이다.[214] 이런 의미에서, 장재의 기론은 총체적 내재 질서의 관념을 제공하였다고 하겠다.

상술한 한송漢宋 천론天論의 대략적인 비교는 '천리적 세계관'이 확립한 사상사적 의의를 보여 주었다. 첫째, 도학은 한대 우주론의 약간의 요소를 승계하였다. 예를 들면 상수로써 천도와 인도를 관련짓는 방식, 하도낙서 등 논제의 연속, 우주론으로부터 파생된 '과학적 경향' 등이 그러하다. 그러나 상술한 연속 속에서 우리는 또한 중대한 차이와 구별을 발견할 수 있다. 즉 도학 우주론은 우주 실재와 관련된 묘사와 형이상학의 묘사 사이에 세워진 것이고, 후자의 함의는 갈수록 중심적 지위를 차지하였다. 북송 도학의 이러한 방향을 따라, 이정二程과 주희는 우주 만물이 일리一理로 돌아감과 이일분수理一分殊(리는 하나이지만 각기 다르게 갈라짐), 물각유리物各有理(사물에는 각각의 이치가 있음), 각당

기분各當其分(각기 자기의 맡은 바가 있음)이라는 이론을 발전시켰으며, 도덕이론 내부로부터 사물을 인식하라고 요구했다. 이학의 틀 내에서, 물은 외재적 사물이기도 하며 또한 인간의 행위이기도 하다. 정이는 "격물格物은 외물外物인가, 성분性分 속의 물物인가?"라는 질문에 이렇게 답하였다. "구애되지 않는다. 무릇 눈앞의 것은 물이 아닌 것이 없고, 모든 사물에 리가 있다. 불이 뜨거운 까닭, 물이 차가운 까닭부터, 군신君臣과 부자父子 사이에 이르기까지 모두가 리이다."(不拘. 凡眼前無非是物. 物物皆有理. 如火之所以熟, 水之所以寒, 至於君臣父子間, 皆是理)[215] 모든 사물에 리가 있다는 가정은 구체적 사물에 대해 인지하라고 요구하지만, 천인상관天人相關의 학설에 따라 상수로 이치를 추구하는 것이 아니었기 때문에,[216] '물'은 내재화되었다. 매우 분명하게도 형이상학의 천리의 세계 속에서 천과 인의 대응 관계는 더 이상 한대의 천인감응 학설 속에서처럼 그렇게 구체적이고 명확하지 않았으며, 천의 절대성은 점차로 리의 질서관에 의해 대체되었다.

둘째, 초기 도학의 상술한 경향에 따라, 이정은 천리 혹은 리의 범주를 제출하였다. 즉 리 혹은 천리는 천인 간의 내재적 상관성을 유지하였으나, 자연주의 방식으로 천인 관계를 수립하는 경향을 포기하였고, 나아가 천을 일종의 형이상학적 범주로 전화시켰다. 정호는 말하였다. "천天이란 리이다. 신神이란 만물을 묘하게 여겨서 말한 것이다. 제帝란 사事를 주재主宰하기 때문에 그렇게 이름한 것이다."(天者, 理也. 神者, 妙萬物而爲言者也. 帝者, 以主宰事而名)[217] 여기서 천명天命의 관념은 남아 있으나, 천·신·제 사이의 구분은 명확해졌고, 이것을 전제로 하여 송대 유가는 천명을 성과 리──성과 리는 곧 자연의 리로서, 그 속에는 이미 한대 천명관의 그런 천과 인 사이의 대위 관계가 없다──로 전화시킬 수 있었다.[218]

그러므로 셋째, 리 혹은 천리는 위에서 아래로 내려오는 절대적 명령이 아니라 우주, 만물 및 인간 자신에 내재하는, 실현되어야 할 본질이며, 따라서 천리에 복종하는 것은 곧 우리의 내재적 자연에 복종하는 것이다. '태극은 무극이다'라는 명제로부터, 사물마다 리가 있다는 명제까지, 천리 개념은 단일 중심의 우주론에 대해 강력히 도전하였다. 천리관의 시야 내에서, 현실 세계의 물질적 질서와 리 혹은 천리에는 긴장이 존재하며, 따라서 리 혹은 천리에 대한 복종은 내재적 도덕 행위이기도 하고 또한 물질적 질서 가운데에서 자주성을 보존하는 근거이기도 하다.[219] 이로부터 출발하여, 송대 유가는 우주론宇宙論상의 리/기 이원론, 인식론認識論상의 리/물 이원론, 본성론本性論상의 천지지성天地之性/기질지성氣質之性 양분법, 도덕론상의 리理/욕欲 이분법을 확립하여 이른바 응연應然과 실연實然, 가치와 사실의 모순을 해결하였다. 이 리理/기氣 이분二分의 구조 속에서, 상수 관계로 천인을 직접 소통시키는 그런 모델은 더 이상 유효하지 않았다.

넷째, 격물궁리格物窮理의 인식론은 수신과 자아실현의 전제이기도 하며 또한 정치 공동체의 자아 완성의 경로이기도 하다. "치지致知는 격물格物에 있다는 것은 이른바 본本이고, 시始이다. 천하 국가를 다스린다는 것은 이른바 말末이고, 종終이다. 천하 국가를 다스림은 반드시 신身에 근본을 두니, 그 신이 바르지 않고서 천하 국가를 다스릴 수 있는 자는 없다. 격格은 궁窮과 같고, 물物은 리理와 같다는 것은 그 리를 궁구한다고 말하는 것과 같을 뿐이다. 그 리를 궁구한 이후에야 앎에 이를 수 있다. 궁구하지 않으면 이를 수 없다."(致知在格物, 則所謂本也, 始也; 治天下國家, 則所謂末也, 終也. 治天下國家, 必本諸身; 其身不正, 而能治天下國家者, 無之. 格, 猶窮也; 物, 猶理也; 猶曰: 窮其理而已也. 窮其理, 然後足以致知; 不窮則不能致也)[220] 천하 국가의 다스림은 '사'士의 수신修身과 인지認知 실천實踐에 달려 있으며, 이 전환은 유학과 제왕 정치의 직접적인 관계가 이완되었음을 표명한다. 이학은 새로운 형태의 '사'라는 계층이 발전시킨 것으로서, 사는 황권 제도와 도덕 판단 사이에서 긴장 관계를 유지하였다.

결국 한대 우주론으로부터 북송 천도관의 수립까지는 하나의 전환인데, 후자는 더 이상 천인감응과 천인 간의 상수 대위 관계에만 관심을 갖는 것이 아니라, 관심의 중심을 인간의 내재적 도덕 품성과 도덕 행위로 전향하였다. 천도관이 천리 세계관 혹은 이른바 '본성론'으로 변화 발전되는 것 역시 하나의 중요한 전환인데, 이 유학의 도덕/정치 실천의 척도와 근거로부터 중대한 전환이 일어났다. 이 전환은 이렇게 귀결할 수 있다. 즉 우주론은 내재론으로 전향하였고, 도덕/정치 실천은 천의 주재 혹은 명령으로부터 내재적 자연에 순종하는 데로 전향하였고, 인간과 세계 사이의 인식 관계는 상수 관계의 구성으로부터 사물에 대한 구체적 인지로 전향하였다. 상술한 이중의 의미에서, 우리는 송명 이학과 공맹의 도 사이의 유사한 도덕/정치 태도를 볼 수 있다.

제4절

리의 계보와 그 정치성

1. 리와 예

천리 성립의 의의를 충분히 이해하기 위해, 천리적 세계관의 도덕적/정치적 함의를 논하기 전에, '리'라는 범주의 역사적 변천에 대해 기본적인 설명을 할 필요가 있다. 주나라 초부터 춘추 시기까지 유가의 문헌 속에서 '리' 자는 단지 경계의 구획과 모종의 관직(법관 같은 경우)의 칭호를 표시하였다. 그중 『시경』 속에 네 개의 사례, 『춘추좌씨전』에 다섯 개의 사례가 있으며, 『서경』과 『논어』에는 이 글자가 없다.[221] '리'는 전국시대에 유행하기 시작했으나, 관련 저작 속에는 모두 중심적인 지위를 차지한 개념이 아니었다. 허신許愼의 『설문해자』 說文解字는 '리'理 자를 이렇게 해석했다. "리는 옥을 다듬는 것이다. 구슬 옥으로부터 나왔고, 리를 소리로 한다."(理, 治玉也, 從玉, 里聲), "갈라진 결을 서로 구별할 수 있음을 안다."(知分理之可相別異也)[222] 단옥재段玉裁는 이것을 다음과 같이 부연했다. "『전국책』에서 정나라 사람은 다듬지 않은 옥을 박璞이라 했는데, 이 리理는 쪼갠다는 뜻이다. 그릇을 만들기 어렵지 않으므로 리라고 한다. 무릇 천하의 일사일물一事一物은 반드시 그 정情을 미루어 유감스러움이 없는 경지에 이른 후에야 안정되니, 이것을 천리天理라고 하고, 이것을 선치善治라고 한다."(『戰國策』鄭

人謂玉之未理者爲璞, 是理爲剖析也. 以成器不難謂之理. 凡天下一事一物, 必推其情至
於無憾, 而後卽安, 是之爲天理, 是之謂善治)[223] 단씨의 이 설은『맹자자의소증』
孟子字義疏證에서 나왔다. "리理라는 것은, 살펴서 기미幾微를 구별하는
것을 이름한다."(理者, 察之而幾微, 區而別之之名)[224] 대진은 천리가 곧 자연
의 분리分理임을 강조하였다. 일사일물이 각기 조리가 있다면, '리'는
곧 일방향적 지배 관계와는 다른 상대적 개념을 은근히 내포할 것이
다. 혜동惠棟은 법가 경전을 인용하여 '리' 자의 옛 뜻을 얻어내어 말했
다. "리 자의 뜻은, 둘을 겸함을 말한다. 인간의 성性은 천天에게서 품
부하여 받는데, 성은 반드시 둘을 겸한다. 하늘에 있으면 음과 양이라
하고, 땅에 있으면 유柔와 강剛이라 하고, 사람에게 있으면 인仁과 의義
라 하니, 삼재三才를 겸하고 천天을 둘로 나누었으니, 성명지리라고 한
다."(理字之義, 兼兩之謂也. 人之性稟於天, 性必兼兩. 在天曰陰與陽, 在地曰柔與剛, 在
人曰仁與義, 兼三才而兩天, 故曰, 性命之理)[225] '둘을 겸한다'(兼兩)는 말은 곧 상
대相對라는 의미이다. 즉 리는 일종의 대응의 방식으로 존재하며, 치
도治道는 정情과 리를 겸용하는 데에 있다.[226]

'겸양'兼兩의 의미는 초기 천도관 속에 그 근거가 있다. 상대商代부터
주대周代까지, 천·제의 관념에는 변화가 발생했는데, 곧 예악 제도로써
천의 의지를 체현하고, 군왕이 천직을 대행하고, 직접 인민의 부모와
교사의 역할을 담당했다.『서경』,『시경』속의 예에 따르면, 천의는 결
코 군왕에게서만 드러나는 것이 아니며, 군왕과 인민 양측에서 공동으
로 드러나는데, 군의 도덕('사천'事天)은 반드시 민의를 받들고('사민'
事民) 있는지 여부를 통해 증명해야 한다. 여기서 몇 가지 예를 들겠다.

> 천天 또한 사방의 백성을 가엾게 여기시고, 천의 명을 새로 내려
> 올바로 힘쓰도록 하셨으니, 왕께서는 덕을 부지런히 공경해야
> 합니다.
>
> 　天亦哀於四方民, 其眷命用懋, 王其疾敬德.[227]

천은 백성을 불쌍히 여기시니 백성이 바라는 바는 천이 반드시 따릅니다.

天矜于民, 民之所欲, 天必從之.[228]

천이 보시는 것은 우리 백성이 보는 것에서 비롯됩니다. 천이 듣는 것은 우리 백성이 듣는 것에서 비롯됩니다.

天視自我民視; 天聽自我民聽.[229]

천이 밝게 듣고 밝게 보는 것은 우리 백성의 밝게 듣고 밝게 보는 것에서 말미암으며, 천이 밝게 드러내고 두렵게 하는 것은 우리 백성이 밝게 드러내고 두렵게 하는 것에서 비롯됩니다. 위와 아래에 통하니, 경건하도다. 땅을 다스리는 이여.

天聰明自我民聰明, 天明畏自我民明威. 達於上下, 敬哉有土.[230]

천의天意가 민의民意로 드러나는 이 훈계의 핵심은 군왕이 자기의 의지를 천의로 삼을 수 없음을 훈계하는 데에 있고, 따라서 천의는 모종의 객관적 법칙의 성질을 갖고 있다. 그러므로 민의에 순종하는 것과 천칙天則에 순종하는 것은 상보상성相補相成한다.

상제가 문왕에게 말한다. …알고 알아서 상제의 준칙에 따르라.

帝謂文王: …不識不知, 順帝之則.[231]

천이 이 세상을 명령하심은, 아 꿋꿋하여 쉼이 없도다. 아아 어찌 이리 밝으랴, 문왕의 덕의 순수함이여.

維天之命, 於穆不已, 於乎不顯, 文王之德之純.[232]

혜동의 '겸양'兼兩설은 의미론적으로 성립되는지가 줄곧 논쟁거리였다. 그러나 상대적 관념으로부터 출발하여 '리' 개념의 함의를 개괄하는 것은 은상 시대의 전적 속에서 예증을 찾을 수 있을 뿐 아니라, 전국시대의 새로운 정치관 혹은 사회관 속에서도 근거를 찾을 수 있다. 전국시대는 종법분봉 제도에 위기가 발생한 시대이다. 즉 정치적으로는 주 왕실이 쇠미해지고, 각 지역의 제후가 분분히 떨쳐 일어나 패권을 쟁탈하는 과정은 사회의 유동을 촉진하였고, 서인庶人 신분의 재능 있고 지혜로운 선비가 사대부 계층으로 전환되는 동시에, 전쟁에서 패한 일단의 귀족들은 그들의 존엄과 영광을 잃고 있었다. 따라서 본래의 귀족 봉작 체제의 위기와 해체를 초래하였다. 경제적 측면에서, 농민·상인·수공업자 등의 평민 계층은 발전의 기회를 얻었으며, 날로 증강하는 그들의 사회적 지위와 권익에 대한 요구는 경제 관계의 변화를 상호 촉진하였다. 그러므로 군주와 제후, 귀족과 평민의 권력 관계는 상대화의 경향이 나타났다. 이런 배경 속에서, 주대 천관 속에 담지된 그러한 민의로써 천의를 대변하고 아울러 군왕을 제약하는 관념이 발전할 수 있었다.

먼저 장자莊子의 주장을 보자. 우선, 그는 '리'가 천의 의지와 만물의 원리를 대표한다고 여겼다. 원리로서, '리'라는 개념은 그 추상성, 본질성, 절대성을 특징으로 한다. 『장자』「각의편」刻意篇에서 말하였다. "지知와 고故를 버리고, 천리를 따른다."(去知與故, 順天之理) 천리를 따르는 방식은 지(지식)와 고(거짓)를 버리는 데에 있으며, 지식과 거짓은 "성인의 삶은 하늘의 운행"(聖人之生也天行)이고, "마음을 비우고 고요하고 맑아야만 천덕에 부합한다"(虛無恬淡, 乃合天德)는 상태와 대조되는 것이다. 장자가 볼 때, 천리는 유행하여 만유일체에 관철되니, 생生·사死·동動·정靜·화禍·복福·물物·인人·귀鬼·사思·모謀·침寢·각覺 등 일상 현상을 초월한다. 따라서 이들 현상과 관련 있는 "지와 고"는 거꾸로 순리循理의 장애가 되었으며, 반드시 제거해야 한다.[233] 「지북유」知北游에서는 "천지는 큰 아름다움을 가지고서도 말하지 않고, 사시는 밝은 법을 가지고 있으면서도 따지지 않으며, 만물은 생성의 이치가 있으면서도 유세하지 않는다. 성인이란, 천지의 아름다움에 근원하

여 만물의 이치에 통달한다. 그러므로 지인至人은 무위無爲하고, 대성大
聖은 부작不作한다는 것은 천지를 관찰하여 말한 것이다."(天地有大美而
不言, 四時有明法而不議, 萬物有成理而不說. 聖人者, 原天地之美而達萬物之理, 是故至
人無爲, 大聖不作, 觀於天地之謂也)[234] '리'는 여기서 일종의 보편주의적 원리
이지, 그 어떤 구체적인 사물에 관한 지식이 아니다. 다음으로 장자는
천의와 일종의 자연의 천 관념을 결합하고, 또 자연의 천의 의미에서
"민의 리"를 합법화한다. 『장자』「천하」에서는 다음과 같이 말하였다.

> 일용의 일(事)로써 상常으로 삼고, 의식衣食을 위주로 하여 번식
> 시키고 축적하여, 노인과 약자와 고아와 과부를 마음에 두고 모
> 두 부양받게 하는 것이 민의 리이다.
>> 以事爲常, 以衣食爲主, 蕃息畜藏, 老弱孤寡爲意, 皆有以養,
>> 民之理也.

> 시詩로써 지志를 말하고, 서書로써 정사를 표현하고, 예禮로써 행
> 실을 말하고, 악樂으로써 오음의 조화를 진술하고, 역易으로써
> 음양陰陽의 이치를 말하고, 춘추春秋로써 명분名分을 밝힌다.
>> 詩以道志, 書以道事, 禮以道行, 樂以道和, 易以道陰陽, 春秋
>> 以道名分.[235]

'민의 리' 개념은 군주가 단순히 자기의 의지로 통치할 수 없음을 암
시한다. 천의에 부합하는 일종의 자연 질서('천지의 리', '천의 리' 혹
은 '자연의 조리')로서, '리' 혹은 '명분'은 세계가 각자 원리를 지닌 상
이한 힘들로 구성되는 것임을 의미한다. 그러므로 단지 일방적 권력
관계와 바람에 따라 행사하는 방식은 천의에 위배된다.

인간의 응연의 리를 우주의 본연의 질서와 내재적으로 관련시키는
방식은 결코 도가만의 관념이 아니다. 『한비자』韓非子「해로」解老에서
는 다음과 같이 말하였다.

도라는 것은, 만물이 그러한 까닭이고, 모든 이치가 머무는 바이다. 리라는 것은, 물物을 이루는 모양(文)이다. 도는 만물이 이루어지는 까닭이기에, 그러므로 도리라고 하는 것이다. 물에는 저마다 다른 이치가 있어서 서로 침범할 수 없으므로 리라는 물은, 만물을 지배함에 각기 다른 리를 지닌다.

> 道者, 萬物之所然也. 萬理之所稽也. 理者, 成物之文也. 道者, 萬物之所以成也. 故曰道理之者也. 物有理不可以相薄, 故理之爲物, 制萬物各異理.[236]

도는 만물의 소이연이며, 리는 만물의 구성 원리인데, 이 원리는 사물의 차이로 인해 각기 다름이 있다. "『춘추』로써 명분을 밝힌다"(春秋以道名分)고 할 때 이 '명분'은 곧 각자의 도리 혹은 분리分理에 따라 형성된 질서를 가리킨다. 슝스리熊十力는 이렇게 해석했다. "종래의 해석자들은 명분을 상하의 등급을 변별하는 것이라고 여겼다. 이는 제왕帝王 사상으로써 갖다 붙인 것으로, 실로 『춘추』의 뜻이 아니다. 내 생각에, 분分은 분리分理로서, 물物의 리理를 변별하여 그 이름을 바로 하니, 이것이 명분名分이다."[237] 명분은 예제 질서와 상관되니, 소위 물의 리란 것은 곧 예의 질서 속의 명분을 가리킨다. 『순자』「유효」儒效에서는 "『시』詩가 말한 것은 그 뜻(志)이며, 『서』書가 말한 것은 그 사실(事)이며, 『예』禮가 말한 것은 그 행行이며, 『악』樂이 말한 것은 그 조화로움(和)이며, 『춘추』春秋가 말한 것은 그 은미한 조짐(微)이다"(詩言是其志也, 書言是其事也, 禮言是其行也, 樂言是其和也, 春秋言是其微也)라고 하였다. 또한 한대 양웅揚雄의 『법언』法言「과견」寡見 편에서는 "리를 말한 것으로는 『춘추』보다 더 잘 변별한 것이 없다"(說理者莫辯乎『春秋』)라고 하였다. 이 두 가지 언설을 위의 명분과 관련된 슝스리의 입장과 대조해 보면, '명분' 혹은 '미'微는 모두 춘추대의를 묘사한 것, 즉 예제의 관념에 따라 시비를 명확히 가리는 것을 치리治理의 근거로 삼은 것이니, 그 속에는 모두 상대적 관념을 담고 있다.

장자의 저작 속에서, '리'의 보편성과 내재성, 그리고 구체적인 지식에 대한 부정은 '무위'無爲에 논증을 제공했다. 그리고 법가의 저술 속에서 '리'의 관념은 군주의 의지와 군권 통치의 직접적인 지배 관계를 초월하는 데 근거를 제공했다. 『관자』管子가 "리를 따라서 움직임"(緣理而動)을 강조한 것은 명확히 도가 학설의 영향을 받았지만, 그가 말한 '순리'循理는 결코 무위無爲의 의미에서 전개된 것이 아니다. 관자는 말하였다. "그것을 밝혀 그 성을 살피고, 반드시 그 리를 따라야 한다."(明之以察其性, 必循其理) 또 말하였다. "자기에게서 지득知得하고, 민民에게서 지득하며, 그 리를 좇는다."(知得諸己, 知得諸民, 從其理也)[238] "임금이 말을 할 때 리에 따르고 민정民情에 부합하면, 민이 그 언사를 받아들인다."(人主出言, 順於理, 合於民情, 則民受其辭)[239] 군주는 반드시 '리'를 좇아 행해야 한다. 즉 '민정'民情, '민리'民理를 좇아 행해야 한다. 장자가 순리와 자연의 천의 관념을 종합했다고 한다면, 법가法家는 천이 포함한 제약적 관념과 법리를 연계하였고, 따라서 '순리'는 민의의 체찰體察로 표현될 뿐 아니라, 법도의 엄숙성으로도 표현된다.

『관자』「법금」法禁에서는 이렇게 말했다. "임금이 그 법을 살펴 세울 수 없는데, 그것을 제도로 삼으면, 백성 중에는 사리를 세우고 이익에 민감한 이들이 반드시 많아질 것이다."(君不能審立其法, 以爲下制, 則百姓之立私理而徑於利者必衆矣) "임금이 그 형식을 둠에 일관성이 없으면 아래에서 법을 어기고 사적인 논리를 세우는 자들이 반드시 많아질 것이다."(君之置其儀也不一, 則下之背法而立私理者必多矣)[240] 유사한 관점을 기타 저작 속에서도 볼 수 있는데, 예를 들면 『여씨춘추』呂氏春秋「적음」適音에서는 이렇게 말했다. "뛰어난 리로써 나라를 다스리면 법이 선다."(勝理以治國則法立) 법도는 군주 개인의 의지와 개인적인 일을 초월하고 군/신, 사師/도徒 관계를 지도하는 보편적 질서이다. 이른바 "도를 따르지 임금을 따르지 않는다"(從道不從君)[241] 혹은 "리를 따르지 스승을 따르지 않는다"(從理不從師)[242]는 훈계가 바로 그 분명한 예증이다. 종법봉건제에 위기가 발생한 시기에, 혈연 종법의 분봉 관계는 이미 효과적으로 사회를 통치할 방법이 없었고, 따라서 법적 관계가 시대적 요구에 따라 생겨났다. '리'가 군신·사도의 절대적 등급 관계를 초월하는 법도를 대변했다면, 리의 제도화로서의 법도 역시 천의天意의 형식을 구성하였다.

전국시대의 법적 관계는 여전히 예제 질서의 범주 내부에 싸여 있었고, 따라서 '리'와 '예'는 호환할 수 있는 개념이었다. 『관자』「승마乘馬·작위爵位」를 보자.

> 조정은 의義를 이치로 한다. 그러므로 작위가 바르면 민이 원망하지 않으며, 민이 원망하지 않으면 어지러워지지 않고, 그런 다음에야 의를 이치로 할 수 있다. 리가 바르지 않으면 다스릴 수가 없으니, 이치에 맞지 않을 수 없다. 그러므로 일국의 백성이 모두 귀할 수는 없다. 모두가 귀한 신분이 되면 일이 이루어지지 않고 나라에도 이롭지 못하다. 일이 이루어지지 않음은 나라의 불리함이기 때문에, 귀한 자를 없도록 하면 민은 스스로 이치에 합당할 수 없다.
>
> 朝者, 義之理也. 是故爵位正而民不怨, 民不怨則不亂, 然後義可理. 理不正, 則不可以治, 而不可不理也. 故一國之人不可以皆貴; 皆貴則事不成而國不利也. 爲事之不成國之不利也, 使無貴者, 則民不能自理也.[243]

구팡谷方의 고증에 따르면, '리' 개념은 예의 범주 속에서 전환된 것으로, 그것은 한편으로 '예악 붕괴'의 국면에서 '예'의 대체물이었으며,[244] 또 한편으로 예의 범주 속에 포함되어 있었으니, 예를 들면 순자에게서 '리'는 곧 '예'의 일부분이었다.[245] 그러나 리와 예의 상호 관계는 고정적인 것이 아니었다. 그것들은 상호 동일시될 수도 있고 또 상호 종속·치환·전도될 수 있었다. 『맹자』, 『여씨춘추』, 『순자』에는 각기 리와 예가 통용되는 많은 예증이 있는데,[246] 그중 '리'가 '예'보다 높은 상황——즉 '리'가 일종의 현실 질서의 내재적 본질로서 존재한 경우는 여전히 극소수이다.[247] 리와 예의 호환은 다음을 증명한다. 즉 리는 구체적인 예악, 제도 혹은 기타 질서에 의탁해야만 비로소 드러날 수 있다.

예악이 붕괴된 시대에, 도대체 무엇이 진정한 예악 질서인가 하는 것이 하나의 문제가 되었다. 유가의 정명正名 학설, 묵자의 명학名學 사상은 상이한 방향에서 '인식'認識이 '복례'復禮 과정에서 가지는 중요성을 체현했으며, 따라서 예악론의 범주 내에서 일종의 '인식론'에 근거를 제공했다. '리'와 인식 혹은 지식 문제에 연계가 발생한 계기는 바로 여기에 있다. 『묵자』「소취」小取는 "명실의 리를 살펴"(察名實之理), "만물의 그러함을 본떠 요약하고, 여러 언술들의 이동異同과 시비是非를 비교하여 논구할 것"(摹略萬物之然, 論求群言之比)을 주창했으며, 일종의 지식적 방법을 써서 리와 사事의 관계를 설명할 것을 요구하였다.[248] 소위 "명실의 리를 살핀다"는 것은 곧 각종의 사물에 대하여 새롭게 살피고, 일정한 '리'에 따라 분류하고 명명하여, 따라서 명리 관계의 혼란을 깨끗이 정리할 것을 요구하는 것이었다. '리'의 조리條理라는 함의는 사물 질서에 대한 분류 파악을 함축했고, 따라서 이 범주와 일종의 인식 방법('찰'察, '모략'摹略, '논구'論求 및 '정명'正名)의 개념에 연계가 발생했다. 상술한 의미에서, '인식'의 필요성은 예제의 위기에서 탄생했으며, 이 인식 과정과 밀접히 상관된 것은 '리' 범주와 현실의 '예제' 사이의 모종의 구분이 불가피해졌다는 점이다. 인지認知 자체가 '예'와 '리'의 완전 합일을 목표로 하였기 때문에, 리와 예의 구분은 여전히 임시적이었다. 전국시대의 전적 중에는, 지식 문제와 도덕 실천 문제가 동일한 문제임을 설명하는 대량의 예증이 존재한다. 예를 들면 『여씨춘추』는 '리'와 모종의 천명 혹은 천지의 관념을 연계시켜서, 사람들로 하여금 "지志를 펴고 리를 행하고"(申志行理), "리를 마주하여 그 어려움을 피하지 않을 것을"(當理不避其難) 요구했으며, 『한비자』「해로」는 '일을 함'과 '리를 따름'을 실천 과정의 유기적 부분으로 보았고,[249] "도리를 따라 일을 하면 이룰 수 없는 것이 없다"(緣道理以從

事者)고 여겼다.[250] '천', '도' 등의 개념과 상대하여 말하자면, 전국시대의 리는 그저 종속적 개념일 뿐이었으며,[251] 그것은 천도의 그런 초월성과 본체성을 지니지 않았고 단지 현실 관계를 제약하고 구성하는 질서 역량으로 작용했을 뿐이다.

2. 현리玄理와 정치

진秦나라 제도를 계승한 한漢나라는 정치적으로 중앙집권적인 방대한 제국이다. 여섯 나라 귀족 세력과 단결하고 선진先秦의 전통 속에서 정치적인 합법성을 획득하기 위해서, 한조의 창건자와 통치자는 중앙집권적인 관료제를 귀족 제도와 결합하여 황권일통皇權—統하에서 부분적으로 종법분봉제宗法分封制를 회복하였다. 한나라 유자는 리를 말할 때 모두 리를 '분'分 혹은 '이'離로 풀이하여, 한대 군현郡縣 체제와 봉건 병존의 국면을 강하게 암시했다. 『가자신서』賈子新書 「도덕설」道德說에서는 "리는 이상離狀이다"(理, 離狀)[252]라고 하였다. 정현鄭玄은 「악기」樂記 편의 주注에서 "리는 분分이다"(理, 分也)라고 하였다.[253] 『백호통』白虎通에서는 "예의禮義는 분리分理가 있다"(禮義者, 有分理)라고 하였다.[254] 『설문』說文 「자서」自序에서는 "분리分理를 알면 서로 다름을 구별할 수 있다"(知分理之可以相別異也)[255]고 하였다. 분리의 개념은 한대부터 청대까지 면면히 끊어지지 않았는데, 그것은 보편주의적인 도덕 개념 내부에서 사물과 맥락의 모종의 자주성을 추구하였고, 또 정치적인 층위에서 분권주의적(봉건적 혹은 귀족적) 정치관에 인식론적인 근거를 제공하였다. 양한兩漢 시대에 이 '분'分 관념은 시종 군권일통의 범주 내에 제한되어 있었다. 이 상황은 군현과 봉건이 하나로 종합된 제국 체제가 천도 체계 속에서 드러나는 방식으로 해독할 수 있을 것이다. 동중서는 말했다. "윤리를 밝히고 사물의 등급을 정함에 있어서 그 리를 잃지 않는다."(明倫等物, 不失其理),[256] "그러므로 봄에는 남쪽과 함께

하고, 가을에는 북쪽과 함께하지만 도를 함께하지는 않는다. 여름에는 앞에서 내어 주고 겨울에는 뒤에서 내어 주지만, 리를 함께하지는 않는다."(是故春俱南, 秋俱北, 而不同道. 夏交於前, 冬交於後, 而不同理)[257] 그는 예제 질서와 음양오행 관념을 상호 연결하였고, 따라서 사물의 리를 그가 수립한 천인 관계의 틀 내부에 덮어씌웠다.

한말漢末 위진魏晉 시대에는 황권과 귀족의 권력 관계에 중대한 변화가 발생하였다. 황족과 관료 세력이 구성한 세가대족世家大族의 세력이 부단히 확장되어, 최종적으로 내부로부터 제국의 통일 역량을 와해시킨 것이다. 한대漢代 관리의 선거選擧에서, 지방에서는 찰거察擧를 이용하고 조정에서는 징벽徵辟을 이용하였으나, 동한東漢 말년에는 "사류士流가 멀리 떠돌아다녔고"(士流播遷),[258] 명실名實의 전도顚倒가 사회 혼란의 상징이 되었다. 조비曹丕는 진군陳群의 건의를 받아들여 구품중정제九品中正制를 설치하고, 주군州郡에 대소중정大小中正을 설치했는데, 수도에 있는 관리로서 재덕을 갖춘 해당 지역 출신 사람을 중정으로 삼아, 덕재德才, 문제門第에 따라 구품을 정하였으며, 이부吏部의 관리 임용 역시 이를 근거로 하였다. 구품중정제의 형성은 선거 제도 사상 획기적인 사건일 뿐 아니라, 새로운 귀족 제도 형성의 핵심이기도 했다. 미야자키 이치사다는 일찍이 '구품관인법'九品官人法이라는 말로 구품중정제를 일컬으며 선거 제도와 귀족관료제의 관계를 밝힐 것을 제안했다.[259] 한위漢魏 시대에 명실名實과 관련된 토론 속에서, '리'는 사람을 평가하는 기준이 되었다. 유소劉劭는 조위曹魏 시기에 명과 실이 상부하기로 이름난 사상가였는데, 이른바 명과 실이 상부한다는 것은 관직 수여 제도에 대한 논평과 제안을 포함하고 있다. 『인물지』人物志「구정 제1」九征第一에서는 이렇게 말했다.

인물의 근본은 정성情性에서 나온다. 정성의 리는 매우 은미하고 심오하니, 성인의 살핌이 아니면 그 누가 구명할 수 있으랴!

人物之本出於情性. 情性之理甚微而玄, 非聖人之察, 其孰能究

之哉!²⁶⁰

『인물지』「재리 제4」材理第四에서 또 말했다.

리理에는 사부四部가 있고, 명明에는 사가四家가 있다. …천지 음
양의 기운이 작용하여 이루어진 만물에는 기복 소장의 변화가
있는데 이것이 세간 만물이 변화·발전하는 도리道理이다. 법제
로써 정사를 바로잡음은 인사의 도리이다. 예교가 적합함은 의
의 도리이다. 사람의 말을 관찰함으로써 성정을 이해하는 것은
성정의 도리이다. 네 가지 이치가 다르기는 하지만 인재人才에
있어서는 반드시 밝게 드러나야 한다. 외부 표현은 내부 자질에
의거하는 것이다. 그러므로 인재의 자질은 도리와 서로 합치되
고, 합치되면 외재적 표현으로 드러난다. 명이 리를 드러내기에
족해지면, 도리가 충분하여 일가의 리를 이룰 수 있다. 그러므로
질성質性이 평담平淡하고, 사심思心이 현미玄微하며, 자연에 통할
수 있는 것이 도리의 가家이다. 자질과 성정이 기민하고 영민하
며, 권략權略이 기민하고 민첩하며, 번잡하고 긴급한 일을 처리
할 수 있는 것이 사리事理의 가家이다. 자질과 성정이 화평하고,
예교를 논할 수 있으며, 그 득실을 따지는 것이 의리義理의 가家
이다. 자질과 성정이 영리하여, 본뜻을 미루어 알고, 그 변화에
적응할 수 있는 것이 정리情理의 가家이다.

夫理有四部, 明有四家. …若夫天地氣化, 盈虛損益, 道之理
也. 法制正事, 事之理也. 禮敎宜適, 義之理也. 人情樞機, 情之
理也. 四理不同, 其於才也, 須明而章. 明待質而行. 是故質與
理合, 合而有明. 明足見理, 理足成家. 是故質性平淡, 思心玄
微, 能通自然, 道理之家也. 質性警徹, 權略機捷, 能理煩速, 事
理之家也. 質性和平, 能論禮敎, 辨其得失, 義理之家也. 質性
機解, 推情原意, 能適其變, 情理之家也.²⁶¹

도리는 곧 천도의 리이고, 사리는 곧 정사政事의 리이며, 의리는 곧 예악 교화의 리이며, 정리情理는 인사人事의 정감情感, 습관習慣 혹은 의지意志 등의 방면에 관련된다.[262] 리를 분류하는 동력은 인물 품평이 었으니, 즉 하나의 리 속에서 일련의 덕목을 전환시켜 내고 나아가 품류品類를 획분하는 데 근거를 제공했다. 유소劉劭는 '리'의 분류에 근거하여 인간을 '사가'四家로 나누었고, 따라서 '리' 개념이 일종의 객관적 세계의 분류학으로 전환되는 데 기초를 제공했다. 이런 의미에서, '리'의 분류학은 결코 인식론 혹은 지식론의 요청에서 기원한 것이 아니라, 한말 위진 시기 인물 품평 기준(즉 도덕 평가 기준)과 관련된 논의에서 연원한 것이다.[263] 참으로 도덕 계보와 제도 관계를 재수립하는 이 과정에서, 리 개념은 형이상학적 도덕론을 새로운 사회 분업 및 그 지식론과 연계하기 시작했다.[264]

곽상郭象(312년 사망)의 『장자주』莊子注는 위진 현학玄學의 새로운 동향들을 체현하였다. 아리마키 노리토시荒牧典俊는 곽상 저술 속의 '리'의 특징을 인문주의의 전환으로 개괄하였다. 곧 '리'가 선진先秦 제왕 정치의 원리로부터 새로운 인간을 중심으로 하는 모든 문화의 철학적 원리로 전환되었으며, "실천철학"을 향한 "일대 전환"을 실현했다는 것이다.[265] 리에 관한 이 인문주의적 이해는 두 층위를 포괄한다. 즉 정치적으로, '리'의 확립은 고대 제왕식帝王式 성인聖人의 절대적인 권위에 붕괴가 발생하고, 따라서 귀족·승려 등도 그것을 대신하여 일어나 성인이 될 수 있음을 나타내고 있다. 천도론상에서, '리'의 범주는 주재적主宰的인 무조건 명命이 결정한다는 식의 천관天觀을 해체했고, 만물은 모두 동등하다(萬物齊同)는 관념을 각 개인이 모두 '리'를 깨닫는 데에 뜻을 둘 수 있는 '리의 철학'으로 발전시켰다.[266] 그러나 '리' 개념과 자연 개념의 연계는 결코 곽상의 독창이 아니며, 차라리 선진의 '리' 개념(특히 장자의 '리' 개념)을 전개한 것이라 하겠다. 중요한 문제는 왜 이런 자연으로서의 '리' 개념이 곽상에게서 '도' 개념과 유사한 지위를 가졌는가 하는 데에 있다. 만약 곽상의 '리'가 제왕 정치의 리를 탈피했고, "인간을 중심으로 하는 문화의 철학적 원리"가 되었다면, 이러한 인간은 또한 누구인가? 여기서 '인간을 중심으로 하는 문화'라는 이런 범주를 사용하여 곽상의 '리'관을 묘사하기보다는 이 '리'관의 정치성을 드러내는 것이 더 나을 것이다.

곽상의 '리' 개념은 현학 내부의 논변 속에서 탄생했다. 이들 논변—조위曹魏의 정시正始 연간(240~249) 왕필王弼(226~249)·하안何晏의 '귀무'貴無와 영가永嘉 전후(290년 전후) 배위裴頠의 '숭유'崇有 같은 것—은 위진 시대의 정치적 조건과 밀접한 관계가 있다. 왕필은 다음과 같이 주장했다.

> 물物은 멋대로 그렇게 되는 일이 없으니, 반드시 그 리理로부터 말미암는다. 통統함에는 종주가 있고, 회會함에는 근원이 있으므로, 번잡하지만 어지럽지 않고, 많지만 미혹되지 않는다
>
> 物無妄然, 必由其理. 統之有宗, 會之有元, 故繁而不亂, 衆而不惑.[267]

> 명名을 변별하지 못하면 더불어 리理를 말할 수 없고, 명名을 정定하지 못하면, 함께 실實을 논할 수 없다.
>
> 夫不能辨名, 則不可與言理, 不能定名, 則不可與論實也.[268]

그는 '리'의 성립이 '명'의 성립에 의존한다고 단언했으나, 최종적으로 '명'과 '리'는 하나로 돌아갈 것이고, 무체無體·무명無名·무불통無不通·무불유無不由의 대大'도'道 즉 만물의 본체에 통합된다고 단언하였다. '리'에 대한 왕필의 해석은 그 본체론적 '무' 개념 위에 수립되었으나, '무' 자체는 결코 실질적인 내용이 없다. 위에 인용한 말의 뒤에서, 그는 간결함(簡)으로 번잡함(繁)을 통어하고, 층차가 분명한 '리'와 품급 제도 및 그 종주 관계에 역사적 설명을 제공했으며, 또 양자를 모두 왕권일통 아래의 예의 법제 체계 속에 귀납시켰다. 그는 말했다.

옛날과 오늘날이 비록 다르고, 군국軍國은 모습이 다르지만, 중中이 사용되었기에 차이가 크지 않았다. 품제는 만변했지만 '종주'宗主는 여전히 존재한다.

> 夫古今雖殊, 軍國異容, 中之爲用, 故未可遠也; 品制萬變, '宗主'存焉.

소少는 다多가 '귀'貴하게 여기는 바이고, 과寡는 중衆이 종宗으로 삼는 바이다.

> 夫少者多之所'貴'也, 寡者衆之所'宗'也.[269]

곽상과 왕필의 차이는 유무 관계 방면에 집중적으로 체현되었다. 곽상은 '무'가 '유'를 낳을 수 없다는 것에 관한 배위의 관점을 이어받아 왕필과 대항했고,[270] 다른 한편으로는 유무 사이에서 제3의 범주, 즉 '자생'自生의 관념을 열었다. "무릇 천지 만물은 변화하며 날마다 새로워지며, 시간과 함께 가는 것인데, 어떤 사물이 그것들을 싹틔우겠는가? 저절로 그러할 뿐이다!"(夫天地萬物, 變化日新, 與時俱往, 何物萌之哉? 自然而然耳)[271] 이른바 "저절로 그러하다"란 곧 만물이 모두 근본임을 강조하고, 만물 존재의 최종적이고 유일한 기원을 부정한다. 이런 의미에서, '자생'은 사물 변화의 형태를 표시하기도 하고 이 변화의 근본도 없고 뿌리도 없는 특성을 설명하기도 한다. 만약 '자생'이 곧 '자생'이라면, '무'는 '유'로 변할 수 없고, '유' 역시 '무'로 변할 수 없으니, 생생자生生者란 곧 시생자始生者이다. 「제물론」 주에서 이렇게 말했다. "무가 이미 없다면 유를 낳을 수 없고, 유가 아직 생기지 않았다면 또한 생이 될 수 없으니, 그렇다면 생하고 생하는 것은 누구인가? 혼자서 저절로 생길 따름이다."(無旣無矣, 則不能生有, 有之未生, 又不能爲生, 然則生生者誰哉? 塊然自生耳)[272] 사물이 저절로 생겨나기 때문에, 사물의 소이연 역시 "저절로 그러하며", 따라서 무슨 절대적 조물주란 것은 존재하지 않는다. "물物을 물 되게 하는 것은 무물無物이니, '물은 스스로 물일'

따름이고, '물은 스스로 물일' 따름이기에 '명'冥하다.•"(物物者無物, 而'物自物'耳, '物自物'耳, 故'冥'也)²⁷³ 곽상은 유무 사이에서 '생생'生生의 '본체론'을 창조했다.

'리'는 만물에 내재하는 저절로 그러함의 소이연이다. 따라서 곽상의 '리'는 왕필·배위가 '도'를 논하듯 그렇게 유가 아니면 무이다. 곽상은 '명'冥, '자연'自然, '필연'必然 등의 범주를 이용하여 '리'의 특징을 표현하며, '리'가 곧 만물이 자생하는 본체임을 암시하였다. 곽상은 「서무귀」徐無鬼 주에서 "지리유극至理有極•하지만, 그것을 '가물'(冥)하게 해야만 그 요체를 얻는다"(至理有極, 但當'冥'之, 則明其樞要也)²⁷⁴고 하였다. 그렇다면 무엇이 또 '명'冥인가? 「소요유」 주에서는 "가물하게 불사불생不死不生한 자는 '무극'無極한 자이다"('冥'乎不死不生者, '無極'者也)라고 하였고, "'물과 함께 가물하고' 대변大變에 따르는 자만이 다른 것에 의지함 없이 상통常通할 수 있다"(夫唯'與物冥'而循大變者, 爲能無待而相通)²⁷⁵고 하였다. '리'는 한편으로 '지극'을 가졌고, 또 한편으로 "무극에서 막힘없이 통한다"(暢於無極)²⁷⁶ 하였으니, 따라서 이 내재적이고 자연적인 '리'의 추구는 타고난 자연적 성질에 내맡기고, 체體가 물物과 함께 가물어지는(冥) 방식을 따를 수밖에 없다. "신神과 심心이 모두 온전하면, '체體가 물物과 함께 명冥하고', '물과 함께 명하면' 천하가 멀리할 수 없다."(天下之所不能遠)²⁷⁷ "이미 품부하여 받은 것이 저절로 그러하면, 그 리는 이미 족하다."(旣稟之自然, 其理已足) "생리가 이미 그 모

• 명(冥)하다: 곽상의 명(冥) 개념은 만물의 성(性)을 억제하거나 제어하지 않고 있는 그대로 따른다는 뜻이다. 곽상은 『장자』의 주석을 통해 '현'(玄)과 '명'(冥) 개념을 설파했다.
• 지리유극(至理有極): 곽상에 따르면, 만물은 물론 인간 세계도 변화한다. 따라서 앎이 변화와 함께하면 어디를 가더라도 가물하지 않음이 없다. 모든 사물은 존재 근거를 가지고 있으며 이는 각기 사물의 본성을 규정하는데, 성(性)에는 각각 본분[性分]이 있고, 이것은 지극한 리[至理]에서 나온 것이므로, 거기에서 벗어날 수도 없고 외재적 요인으로 변화되거나 제거되지 않지만, 모두 어떤 한계를 가진다. 그것이 극(極)이나 분(分)이다.

습에 스스로 만족하니, 그저 맡겨 두면 몸은 보존된다."(生理已自足于形貌之中, 但任之則身存) 물의 자연은 내재적이며, 따라서 "물의 가물함과 함께하여 흔적이 없다."(與物冥而無迹)[278]

그러나 '리'는 결코 '무'가 아니다. 곽상 사상 중의 극히 중요한 개념은 '적'迹인데, 그것은 리와 예의禮儀 전제典制의 관계를 이해하는 핵심적 매개물이다. '적'의 관념에 따르면, 한위漢魏의 경사經師들이 신명神明처럼 받드는 '육경'은 선왕先王의 진적陳迹이 아님이 없으며, 따라서 경전과 천도는 결코 직접적인 관계가 없다. 『장자』「천운」天運에서는 "'적으로 삼는 바'(所以迹)는 진성眞性으로서, 물物의 진성에 맡기는 자는 그 '적'迹이 육경이다. 하물며 오늘날의 인사人事는 자연을 리履로 삼고 육경을 적迹으로 삼는 데에야"('所以迹'者眞性也, 夫任物之眞性者, 其'迹'則六經也. 況今之人事, 則以自然爲履, 六經爲迹)[279]라고 주했다. 『장자』「응제왕」應帝王 주의 주장에 따르면, '진성'은 곧 '소이적'所以迹이고, '소이적'은 곧 '무적'無迹이다. '소이적'의 표현으로서의 육경과 요순은 '소이적' 자체와 동일시될 수 없다. 「외물」外物에서는 "『시』와 『예』는 선왕先王의 진陳'적'迹이다. 만약 그 사람이 아니면 도는 헛되이 행해지지 않으니, 그러므로 유자가 유용하여 간奸이 되면 '적'은 기댈 만한 것이 못 된다"(詩禮者, 先王之眞'迹'也. 苟非其人, 道不虛行, 故夫儒者乃有用之爲奸, 則'迹'不足恃也)[280]라고 주하였다. 「칙양」則陽에서는 "법法은 이미 지나간 '적'일 뿐이니, 발에 들어맞지 않는다"(明法者, 已過之'迹'耳, 而非適足也)[281]라고 주注하였다. 곽상은 이렇게 생각했다. 즉 '적'을 따라 리를 찾기보다는 무대無對, 무대無待의 '적' 속에서 "사물의 가물함과 함께하고 자취 없음"(與物冥而無迹)이 낫고, 기계적으로 선왕의 전장 제도를 복제하는 것보다, 자연의 리에 순종하여 행사하는 것이 낫다고 생각했다.[282] '적'과 '소이적'의 관계에 관한 곽상의 논의는, 분명히 장자의 '무위이치'無爲而治의 자연 사상에서 탄생했다. 그는 예·형·지·덕을 자연적 과정으로 간주했고, 주관적 의지와 인위적 역량의 창조 작용을 부정했다. '자연'의 범주는 리를 비자연적 인위의 예('적' 아님이 없다)와 논리적으로

철저히 분리시켰다.[283] 리와 적의 구분은 송명 이학의 이기이원론에 전
제를 제공했다.

정치적 의미에서 볼 때, 리와 적을 서로 분리한 목적은 육경과 예법
의 절대성을 해소함으로써 "한 사람이 천하를 전제함"(一己專制天下)에
반대하는 것이다. 그러나 "한 사람이 천하를 전제함"에 반대하는 것
이 비례무군非禮無君과 같지는 않으며, 무위이치 역시 무치無治와 다르
다.• 「소요유」에서 "천하를 다스려지게 할 수 있는 것은 천하를 다스
리지 않는 자이다. 그러므로 요순은 '다스리지 않음'으로써 다스렸지,
'다스림'으로써 다스린 것이 아니다"(夫能令天下治, 不治天下者也. 故堯舜以
'不治'治之, 非'治之'以治者也)[284]라고 주注하였다. 이른바 다스리지 않음으로
써 다스림이란 곧 자연의 질서에 따르는 것으로서, 위진 시대에 자연
의 질서의 핵심적 의미는 군신의 '공동 통치'共同統治에 있었다. 「제물
론」에서는 "군신君臣 상하上下, 수족手足 내외內外가 곧 천리 자연이니,
어찌 진인眞人이 하는 바이겠는가!"(君臣上下, 手足內外, 乃天理自然, 豈眞人
之所爲哉)[285]라고 주하였다. 이에 따라, '천리 자연'은 절대적 통제 관계
를 초월하며, 상대적 분위 관계를 수립한다. 육경의 예는 천리 자연에
불과하며, 만약 우리가 '리'를 따라 곧장 나아간다면, 자연은 곧 군신
상하, 수족 내외의 질서에 부합할 것이니, 또 성인의 말에 집착할 필
요가 무엇 있겠는가? 「제물론」에서 "물에는 자연이 있고 리에는 지극
至極이 있으니, 따라서 곧장 나아가면 '가물'(冥)하게 저절로 부합하니,
말할 바가 아니다"(夫物有自然, 理有至極, 循而直往, 則'冥'然自合, 非所言也)[286]
라고 주하였다. 이런 의미에서, 곽상은 비록 배위와 손성孫盛이 유로
써 무를 공격하고, 유로써 도를 공격하고, 제왕 질서에 합법성을 제공

• 그러나~다르다: 곽상은 조물주나 주재자를 부정하는데, 도(道)는 물(物)의 지극
함이고 항상 스스로 그러하므로 무(無)이고, 무는 없는 것이니 조물주가 될 수 없다고
했지만(『장자』 「칙양」), 인간 사회에서 임금은 필요하다고 주장했다(『장자』 「인간세」
人間世). 그러나 행함이 없이 스스로 그러한 "無爲而治 不治之治"를 정치의 공능으로
한다는 점에서 임금의 역할이 중요하다 하였다.

한 것과는 다르지만, 또한 결코 예법을 멸시하거나(죽림칠현), '무군'
無君을 힘써 제창하거나(포경언鮑敬言), "유가와 도가의 분리"(儒道離)를
주장한 인물이 아니다. 그는 위로는 왕필·상수向秀·유준庾峻을 계승하
여, 진조晉朝의 조정과 재야의 나뉨(朝野兩宜), 군신이 각기 그 분分을 지
킴(君臣各守其分)이라는 주류 사상을 대변하였고,[287] "유가와 도가의 합
일"(儒道合: 명교名敎와 자연의 결합)의 일파에 속했다. 곽상에게서, '리' 개
념의 위치를 끌어올리는 것은 결코 도통위일道統爲一의 질서를 철저히
부정하는 것이 아니며, 차라리 본체론과 인식론이 합일된 기초 위에서
자연과 예서를 암묵적으로 부합하는 관계로 보는 것이다.

　본체론과 인식론을 하나로 합하는 이런 방식은 도학에서 연원하며,
실로 이학理學의 선구이다.[288] 우리는 곽상의 '리' 개념을 '절대적 지배
권력이 없는 질서' 혹은 '단일 지배가 아닌 질서'에 대한 소구訴求, 지
향 및 논증으로 귀결시킬 수 있다. 톈위칭田餘慶은 문벌 정치門閥政治를
사족士族과 황권皇權의 공동 통치로 간주한다. 이른바 "황제는 옷소매
를 늘어뜨린 채 팔짱을 끼고 있고, 사족이 권력을 담당함"(皇帝垂拱, 士族
黨權)으로, 이는 "중국 고대 황권 정치의, 특정한 조건에서의 변형태이
다." "거시적으로 동진東晉과 남조南朝 시기 300년 동안의 전체 정치체
제로 볼 때 주류는 황권 정치이지 문벌 정치가 아니긴 하지만", 문벌
정치 세력은 특정한 시기 내에서는 또한 황권과 동등하거나 혹은 황권
을 초월하였다.[289] 이는 일본 학자가 말한 위진 시대의 국가의 "대호족
적大豪族的 형태"라는 관점과 호응한다. 우츠노미야 키요요시宇都宮清吉
는 이렇게 역설한 바 있다. "진한 시대의 정치성과 상대적으로, 육조
시대의 모든 사물을 지배한 것은 자율성이다. 진한 시대는 황제가 한
쪽 끝에 있고, 인민이 또 다른 한쪽 끝에 있는 정치 원리가 통치한 시
대였다. 육조시대는 개인이든 집단이든 모두 자기의 자율적 원리가 통
제하였다." 여기서 이른바 개인의 자율성이란 결코 일반인에게 속한
것이 아니라 단지 호족豪族에게만 속하였으며, 인민·개인 등의 개념은
모두 역사적으로 이해할 필요가 있다. 정치 형태상에서, "호족은 사회

경제적 자립 자존성이 강화되었고, 서민은 국가와 호족에 의해 분할되었으며, 호족 계급과 사회의 분화는 분명해졌다." "이때의 국가는 대호족적 형태를 취했다고 말할 수 있는데, 호족은 마치 장원을 영토로하는 소국가와 같았다."²⁹⁰

미야자키 이치사다는 위진 시대의 지방 분권을 분석할 때 '분열 시대'라는 개념을 사용하였다. 그가 말하는 '분열'은 남북의 분열뿐 아니라 국내의 할거 경향도 가리킨다. "이런 할거적 지방 세력은 봉건제도의 기초가 있긴 하지만, 오히려 봉건제도의 형식을 채용하지 않았는데, 그 이유 중 하나는 호족이 총명하고 합리적으로 그들 세력을 운용하는 방법을 이해했다는 데 있다. 이것은 곧 당시 최하층의 향鄉에서 호족의 대표자가 현 정부縣政府를 형성했고, 현의 호족은 주 정부州政府를 형성했으며, 주의 호족이 중앙정부를 형성했음을 말한다. 지방 장관長官은 비록 중앙정부가 추대한 군벌 천자軍閥天子가 임명했지만, 이 장관은 바로 호족의 대표자였으며, 호족은 피차 기득권을 상호 인정했고, 자기 계급의 이익을 보전하기 위해 노력했다. 지방 호족은 이렇게 했으니, 비록 봉건제도를 채용하지 않았지만 오히려 봉건적 신분 제도를 채용했고, 여전히 재산을 자손들에게 전해 주었으며, 또한 그들의 사회적 지위를 대대로 전할 수 있게 했다."²⁹¹ 부정적인 면에서 보면 호족은 지방의 토호이지만, 긍정적인 면에서 보면 오히려 관료적 귀족이다. 상술한 의미에서, '리' 개념은 제왕의 리가 인간의 리로의 전환을 반영했다기보다는 황권과 문벌 공동 통치의 조건에서 황권과 사족의 권력의 평형 관계를 반영했다고 하는 것이 낫다.

곽상이 설계한 "물은 각기 저절로 만들어지며 의지하는 바가 없다"는 세계상世界像과 송대 유가의 '이일분수'理一分殊* 개념은 아마도 직

• 이일분수(理一分殊): 천지에는 하나의 이치가 있고, 만물에는 각각 고유한 이치가 존재한다는 뜻으로, 즉 사물마다 그 이치가 있다는 뜻이다. 송명 이학에서 '하나의 이치'와 '만물'의 관계에 대한 중요한 명제로, 현상 속에 드러나는 리의 전개 양상을 효과적으로 표현했다. 주희는 '태극'의 관점에서 이 사상을 구체화했다. 인간이 수많은

접적인 관계가 없겠지만, 그러나 양자는 모두 지극히 다른 역사적 함의를 가진 분권주의적 공동 통치 경향을 함축하고 있다. 리의 개념은 '리' 바깥에 존재하는 어떠한 궁극적 실재도 인정하기를 거부하며, '치'治 혹은 분치分治의 치라는 의미를 내포하였다. 지극히 은밀한 이런 측면에서 우리는 위진 현학과 불법佛法·불성佛性·현오묘리玄悟妙理로 리를 해석하는 불교의 경향의 차이를 보았으며, 또 현학과 당송 유학이 '리' 개념을 해석할 때의 보다 심각한 일치성을 파악했다. 이제 물物 가운데 리의 관념은 한대 천관天觀 속의 황권과 성인의 절대적 지배적 지위를 취소하였고, 따라서 문벌 사족門閥士族과 황권 간의 평형 관계를 수립하는 정치 질서에 근거를 제공했다.[292] 절대적 군권은 해소되었으나, 자립적 형식의 정치는 여전히 일종의 '공동 통치'의 형식인 것이다. 더욱 중요한 것은 이것이다. 즉 오래된 낡은 질서관에 근거하면, 도덕 평가의 중심은 예의 질서 관계이고, 따라서 명의상 혹은 형식상만이라도 이 예의 질서를 유지하는 것은 필수적이다. 이것이 바로 '리' 개념의 지위가 상승하게 된 정치적 조건이었다. 즉 그것은 예의 질서 관계의 실질적 내용은 없앴으나, 그 형식적 내용은 유지하였다. 우리는 그 속에서 군현과 봉건, 중앙집권과 지방 분권, 관료정치와 귀족 정치가 상호 침투한 역사적 관계를 파악할 수 있다. 그러므로 곽상의 자연, 생생의 본체론과 무위이치의 정치관은 여전히 군신 상하의 질서관을 유지하고 있으며, 이는 문벌 정치 형식이 황권 없는 자치 형식이 아니라 분권 형식으로 출현한 황권의 타협 형식이기 때문이다.

위진 현학은 '리'의 형이상학적 성질을 확립하였고, 그 후 불교 철학이 이 개념을 운용하는 데 이론적 자원을 제공하였다.[293] 위진 이래 불교가 점차로 성하여서 불성佛性·법성法性·공무空無로 리를 해석하는 풍조가 면면히 끊어지지 않았는데, 지도림支道林, 축도생竺道生, 승조僧肇,

역할을 수행할 수 있는 것, 다른 역할[分殊]을 해낼 수 있는 것은 인간의 본성에 그 모든 역할의 이치[理一]가 부여되어 있기 때문이라는 것이다.

사령운謝靈運 등이 그러하였다. 그중 지도림 같은 이는 '소이무'所以無,
'소이존'所以存을 '리'로 삼았다. 이는 상수, 곽상의 '소이적'所以迹, '소
이존'所以存에 해당한다. 승조는 불유불무不有不無 비유비무非有非無 또
비불유非不有 비불무非不無를 리로 삼았다. 사변의 수준에서 곽상의 비
유비무설非有非無說을 초월했으나, 그 논술의 방향은 오히려 일맥상통
한다.[294] 수당隋唐 시기에 이르러 천태天台·삼론三論·화엄법상華嚴法相·
율종律宗·선종禪宗의 각 종宗은 진공眞空·공무도리空無道理·불성佛性·진
여眞如·묘오지심妙悟之心으로써 리를 해석하였다. 그런 시비쌍견是非雙
遣·이중부정二重否定의 사변 방식은 '리'의 비본비시非本非始·역비비본
비시亦非非本非是의 특성을 본체론적 층위에서 매우 복잡하게 표현하였
다. 후세 이학 혹은 도학의 발전으로 볼 때, 송학의 본체론과 우주론은
현학과 불학에서 계발을 깊이 받았으며, 게다가 그것이 천리를 규정하
는 방식도 크게 영향을 받았다. 예를 들어, 율종의 도선道宣은 묘오妙悟
의 심心으로써 리를 해석했고, 선종의 현각玄覺은 불가사의의 현리玄理
로써 리를 해석했으며, 삼론종三論宗의 길장吉藏은 불성 혹은 제중생각
오諸衆生覺悟의 성性으로써 리를 해석했는데, 모두 송명 이학 중의 심성
론에 사상적 자원을 제공했다.

유종원은 도가의 자연무위自然無爲 사상을 이어받아서 정치 차원에
서 "부전不戰의 공功을 이룰 수 있으면 마침내 무위無爲의 이치에 들어
맞음을"[295] 주창했다. 그러나 당나라 시기 정치의 맥락에서 그는 "성인
聖人의 대중지법大中之法을 취하여 리로 삼았으니",[296] 그의 자연지설은
실제로는 통치에 대해서 제기한 말임을 알 수 있다. 말하자면 이 '리'
는 '경권통일'經權統一이라는 치국의 도이다.[297] 유종원은 호족豪族·번
진藩鎭의 봉건론을 거부했는데, 봉건은 성인의 의도가 아니며 단지 시
세가 이룬 것에 불과하다고 여겼다. '정치에 대한 그의 논의'의 중심
은 곽상이 리理를 논한 것에서 이탈해 도통의 대중지정大中至正의 원칙
을 회복하는 방향으로 나아갔으며, 이는 중앙집권에 대한 합법화 논증
으로 볼 수 있다. 이런 의미에서, 현리玄理를 밝게 깨달음에 대한 유종

원의 부정은 그의 '대중지리'大中之理와 '현학지리'玄學之理가 정치적 경향에서 대립하는 과정에서 탄생했다고 하겠다. 송대 이학의 형성 시대에 이르러, 보편적이면서도 내재적이고 어떠한 궁극적 실재도 거부하는 '리' 개념은 비로소 새로운 사회적/정치적 조건에서 다시 새롭게 거대한 에너지를 배출할 수 있었다. 요컨대 천리天理(이일理一)의 지고한 지위를 승인하는 것을 전제로 하여, 리의 내재성·분수성分殊性 및 구체성을 강조하는 것을 특징으로 하는 송명 시대의 학자는 그때까지와는 다른 사상 형태를 구축했다.

3. 천리 개념의 수립

'리' 개념의 상술한 운용 방식은 분명히 송명 유학이 계승하고 발전하였으며, 격물·궁리·지행합일 등의 범주에는 초기 '리' 개념의 어떤 요소들이 포함되었다.[298] 그러나 송대 천리 개념의 수립은 전혀 새로운 역사적 함의를 포함한 사건이었다. 한漢과 송宋 시대에, 불교와 도교가 성행했고, '리'와 '예'의 분화는 많든 적든 불교와 도교가 유학에 미친 영향을 드러냈다.[299] 선종禪宗은 지리무언至理無言과 언어도단言語道斷을 중요시했으나, 여전히 '지리'至理와 "문언文言을 빌려 그 뜻을 드러냄"을 인정하였다.[300] 만약 리가 말에 의존하여 갖추어진다면, 명언名言의 기초 위에서 '리'를 분류하는 것은 곧 없어서는 안 될 공부工夫가 될 것이다. 그러나 송과 명 때의 유학자들의 '리'는 선명한 세속적 경향을 지녔고, 단지 우주론·본체론 혹은 본성론의 범주에서만 '리'를 해석한다면 천리적 세계관이 성립될 수 있었던 더 넓은 역사적 동력을 파악할 수 없을 것이다. 우리가 황권/귀족의 공동 통치 상태에서 출발하여 곽상의 '리'관을 이해해야 하는 것과 마찬가지로, 송대 천리 개념의 성립에 대한 탐구가 반드시 거쳐야 하는 길은 이러한 개념과 특정한 정치 조건의 역사적 연계를 수립하는 것이다. 그러나 이에 앞서, 우리는 송대 유가의 리 개념을 요점적으로 귀납할 필요가 있다.

천도론의 서술 방식은 한대 천론의 어떤 요소를 이어받았으며, '리' 개념의 수립은 송대 유학의 중요한 전환과 도덕 평가 방식의 진전을 이룩했다. 주돈이·소옹·장재는 각기 '리'라는 개념을 따로따로 제기하거나 운용했다. 그러나 '태극'(주돈이, 소옹), '태허'太虛(장재) 등의 범주는 그들의 사상 체계 속에서 더욱 중심적인 지위를 차지했다. 진정으로 이기이원론(장재의 기일원론 혹은 소옹의 심일원론이 아니라)의 틀 속에서 '리' 개념의 지위를 정초한 것은 정호程顥(1032~1086)·정이程頤(1033~1108) 형제이다. 그들은 만물은 최종적으로 일리一理로 돌아가며, 천·명·성·도는 리의 다른 명칭에 불과하다고 단언했고, 따라서 한대의 사상 속에서 인류 사회의 유비類比에 근거하여 상상해 낸 자연법칙을 '이성적 법칙'으로 전화시켰다.[301] 한·송 사상의 진정한 분기는 바로 여기서 전개된다. 현대 신유학의 연구는 이정 형제의 사상을 엄격히 구분했는데, 『이정유서』二程遺書 속에 대체 두 사람 중 누구의 어록인지가 아직 규명되지 않은 부분이 있다는 기술적 원인을 제외하면, 문제의 진정한 초점은 여전히 '리'라는 이 범주를 어떻게 해석할 것인가에 집중되어 있다. 이정에 대한 자세한 구분, 특히 정이에 대한 특별한 숭상은 현대 신유학의 한 가지 기본 가정, 즉 도학가가 공동으로 인가한 그런 도덕 원칙과 천도론의 자연주의적 경향 사이에는 넘기 어려운 큰 간극이 존재한다는 것을 반영한다. 북송 도학의 우주론은 흄과 칸트가 그들의 도덕 이론과 인식론 속에서 제기한 이른바 실연과 응연의 모순에 직면하고 있었다. 상술한 가정의 정확하고 적절한 함의는 이런 것이다.

첫째, 만약 도덕과 윤리의 취지가 인간의 덕성을 교화하고 바로잡고 발전시키는 것이라면, 그것은 곧 실제로 존재하는 우주 세계와 인성 상황의 묘사로부터 추론하고 연역하지 않을 수 없다. 둘째, 지식의 경로에 따라 도덕 법칙을 찾는 어떠한 노력도 옆길로 새게 될 것이다. 펑유란의 『중국철학사』中國哲學史는 이에 대해 상세히 정리했으며, 머우

쭝싼의 『심체와 성체』心體與性體와 『육상산에서 유즙산으로』從陸象山到劉
蕺山, 라오쓰꽝勞思光의 『신편중국철학사』新編中國哲學史 등의 저작은 이
관점을 극치에까지 밀고 갔다. 비록 그들은 도학에 대해 각자 취하는
바가 있었으나, 모두 실연實然과 응연應然의 모순 관계 속에서 도학의
사상적 구조를 해설하려고 시도했다. 그리고 주자의 리와 육상산의 심
및 그것이 파생시킨 문제를 도학 우주론이 가진 고유한 모순을 벗어
나려고 시도한 상이한 방식이라 보았다. 이정의 중요성은 '리'라는 범
주로써 천도론의 자연주의와 도덕 실천의 이성적 근거를 소통시키려
했다는 데 있다. 정호의 사상에 여전히 도학 우주론의 자연주의 경향
이 남아 있다면, 정이의 이기이원론은 인지認知상의 진전이었으며, 일
종의 성숙한 도덕 이성주의에 틀을 제공했다. 정치의 층위에서 말하자
면, '리'라는 개념은 천 혹은 태극과 군권의 직접적 대응 관계를 해소
했으며, 일종의 내재적 조리의 관념 및 물각유리物各有理 혹은 이일분
수리一分殊의 가정을 우주와 세계의 중심 위치에 두었다.

　정호는 우주론의 범주 속에서 '리'를 말했고, 따라서 '리'를 일종의
'자연적 추세'로 보았다. "만물은 모두 단지 하나의 천리일 뿐이니, 내
가 무엇을 줄 것인가? 설령 '하늘이 죄 있는 자를 토벌할 때, 다섯 가
지 형벌을 다섯 가지 죄인에 적용한다. 하늘이 유덕한 자를 임명할 때
다섯 가지 복색을 다섯 작위에 따라 맞춰 준다'고 말하더라도, 이는 모
두 단지 천리의 자연이 당연히 이와 같은 것일 뿐, 사람이 언제 제공해
준 것이겠는가? 그리했다면 그것은 곧 사의私意이다."[302] 이 말은 정호
의 말이라고 규명된 기타 부분과 문의文意가 가깝다.[303] 이른바 우주론
의 틀 속에서 '리'에 대한 논술을 전개하는 것은 곧 이기일원론을 '리'
라는 이 범주의 전제로 삼는 것이다. 리를 도덕의 근원으로 삼는다면,
도덕 실천의 유일한 경향은 곧 자연의 추세에 순종하는 것이다.[304] "리
가 물을 떠나서 홀로 존재한다고 말하지 않는" 경향은 우주일원론 방
면을 견지한다는 데서 주돈이·소옹·장재와 매우 가까우며, 따라서 그
들의 우주론 틀이 가져온 곤란을 극복하기도 어렵다. 이 곤란은 아래

와 같이 귀납할 수 있다. 즉, 만물의 운행이 천도天道의 지도指導를 받는다면, 혹은 곧 천도 운행의 표현이라면, 만물 속에서 '도'에 역행하여 행해지는 일들은 또 어떻게 해석할 것인가? '악'의 가능성 및 도덕 생활과 그 가치 판단은 어떻게 설명할 것인가?

'천도' 개념이 강렬한 우주론적 특색을 지니고 있기 때문에, '천도'에 대한 기술은 사실 세계에 대한 서술로 이해될 가능성이 있다. 송대 유가가 숭상한 종밀宗密(780~841)의 「원인론」原人論은 일찍이, 만약 만물이 '대도'大道에서 생긴다면, 왜 호랑이와 이리와 걸桀과 주紂를 낳았으며, 어찌하여 안회顔回 같은 이런 성인은 일찍 죽게 하였으며, 어찌하여 갓난아이에게 사랑하고 미워하는 감정이 있는 것인가? 하고 힐문했다. 바로 이런 의미에서, 천도론의 서사 방식은 사실 기술과 가치 기술의 모순(즉 실연과 응연의 모순)을 포함하고 있을 가능성이 매우 높다.[305] 바꿔 말하면, 천도가 만물의 기원이고 또 만물의 운행 속에 존재한다면, 그것은 곧 확정적인 가치 판단 혹은 '선'善의 근거를 제공할 수 없다. 천도가 가치와 '선'의 기원이라면, 그것은 곧 일종의 우주적 실재實在일 수 없다. 이런 각도에서 볼 때, 정호는 비록 자기가 솔선하여 세세히 체득한 '리' 개념을 공전空前의 높이에까지 끌어올렸지만, 이 범주 자체는 결코 상술한 천도관의 모순을 극복하지 못했다.

'리'에 대한 정이의 논술은 상당히 달랐고, 따라서 현대 유학 연구자들에 의해 "2천 년 내에 가장 위대한 유학 사상가"라고 숭상되었다.[306] 우선 정이는 '리'라는 범주를 '기' 혹은 구체적인 사물과 명확히 구분하려고 시도했다. 즉 기를 질質로 삼고 리를 식式으로 하였으며, 구체적 사물을 형이하로 삼고 리를 형이상으로 삼았다. 리와 관련한 정이의 논술은 매우 많아서 상세히 인용할 수 없지만, 아래에 서술하는 각 구절들이 대표적인 관점이라고 할 수 있다.

"고요하게 움직이지 않으면서, 느껴서 마침내 통한다"는 것은, 천리를 두루 갖추어 빠진 것이 없음이다. 요임금 때문에 존재하

는 것도 아니고, 걸임금 때문에 없어지는 것도 아니다. 부자와
군신 같은 당연한 이치는 바뀜이 없으니 어찌 일찍이 움직였겠
는가. 움직이지 않기 때문에 고요하다고 말한다. 비록 움직이지
않더라도 느끼면 곧 통하는데, 느낌은 바깥으로부터 오는 것이
아니다.

> "寂然不動, 感而遂通"者, 天理具備, 元無欠少. 不爲堯存, 不
> 爲桀亡, 父子君臣, 常理不易, 何曾動來. 因不動, 故言寂然. 雖
> 不動, 感便通, 感非自外也.[307]

물물마다에는 모두 리가 있는데, 예를 들면 불이 뜨거운 까닭,
물이 차가운 까닭이다.

> 物物皆有理, 如火之所以熱, 水之所以寒.[308]

물과 내가 리를 하나로 하고서야 비로소 저것을 밝히면 이것이
밝아지니, 내외의 도에 부합한다. 그 큰 것을 말하자면 천지의
높고 두터움이요, 그 작은 것을 말하자면 일물의 소이연이니, 학
자는 모두 마땅히 이해해야 할 것이다.

> 物我一理, 才明彼卽曉此, 合內外之道也. 語其大, 至天地之高
> 厚; 語其小, 至一物之所以然, 學者皆當理會.[309]

이러한 이기이원론 속에서, '리'는 상수학 속의, 구체적 사물에서 뽑
아낸 그런 상수와 유사하다. 그것은 우주의 존재를 통섭하기도 하고
만물의 당위當爲를 설명할 수도 있다. 그러나 한대 사상 속의 그런 '상
천'象天 모델과 다른 지점은 다음과 같다. 즉 리와 구체적 사물의 관계
는 상수대위식이 아니다. 리는 영원하고 항구적이어서, 인간의 인지
여부에 따라서 존재하거나 증감하지 않으며, 우주 만물 속의 유무상
응有無相應의 실례實例로 인해 흥망興亡하지 않으며, 사물과 형세의 변
화로 인해 존폐存廢하지 않는다. 리가 천·도·명命·성性 등의 유학 범주

를 하나로 통합할 수 있는 원인은 그것이 다음에 서술하는, 모순처럼 보이는 관계를 이 하나의 범주 속에서 종합할 수 있었다는 데 있다. 즉 한편으로, 천하에는 단지 일리一理만 있어서, 그것을 사해四海로 밀고 나아가면 모두 들어맞고, 또 한편으로 만물에는 모두 리가 있어서 일물一物의 리는 곧 일물의 당위인 바이다. 다른 한편으로 만물의 리는 모두 마음속에 있어서 "자기를 반성하여 성실하면"(反身而誠) 곧 천리를 파악할 수 있고, 또 한편으로 물마다 각기 리가 있어서 인간의 주관적 애호에 따라 변동하지 않기에, 인간은 반드시 구체적인 인지와 실천을 통해야만 비로소 사물의 리를 파악할 수 있다.[310]

다음으로는, 명확하게 리와 기 사이를 구분했기 때문에, 만사만물 (즉 기의 범주)로부터 소이연 혹은 응연의 리를 '미루어' 내는 것 역시 유학이 반드시 마주쳐야 할 문제가 되었다. 그러나 이 '미룸'의 과정은 한대 상수학의 유추推類 관계와 차이가 있는데, 사물의 구체성과 인지의 주체성에 매우 주목하였다.

> 격물궁리는 천하의 물을 끝까지 궁구하려는 것이 아니라, 단지 한 가지 일에서 궁진하려는 것으로서, 그 나머지는 유추할 수 있다. 효孝를 행하는 까닭이 어떠한지를 말할 때, 궁리하여도 한 가지 일에서 궁구할 수가 없다면, 또 따로 한 가지 일을 궁구하는데, 혹 그중 쉬운 것을 먼저 하기도 하고, 혹 그중 어려운 것을 먼저 하기도 하여, 각기 사람의 깊고 얕음의 정도에 따르니, 온갖 길이 모두 목적지로 갈 수 있으나, 길 하나를 얻으면 들어갈 수 있는 것과 같다. 궁구할 수 있는 까닭은 만물이 모두 일리이기 때문일 뿐이며, 일물 일사와 같은 경우, 비록 작더라도, 모두 이런 리가 있다.
>
> > 格物窮理, 非是要盡窮天下之物, 但於一事上窮盡, 其它可以類推. 至如言孝, 其所以爲孝者如何, 窮理如一事上窮不得, 且別窮一事, 或先其易者, 或先其難者, 各隨人深淺, 如千蹊萬徑,

皆可適國, 但得一道入得便可. 所以能窮者, 只爲萬物皆是一理, 至如一物一事, 雖小, 皆有是理.[311]

리는 우주의 자연으로서, 천리에 순종한다. 즉 자연에 순종한다. 자연의 리는 만물의 소이연이며, 따라서 자연에 순종하는 것은 결코 만물에 순종하는 것과 같지 않으며, 만물의 이치를 추구하는 것이다. 만물의 리는 모두 나에게 갖추어져 있으므로, 궁리는 일종의 성誠과 경敬의 수양 공부와 밀접한 상관이 있다. 또 하나의 사물에는 모두 각각의 이치인 일물의 리가 있으므로, 궁리는 또 격물의 인지 절차를 벗어날 방법이 없다. 상술한 두 다른 측면은 공동으로 자연법칙을 리의 법칙으로 전화시켰으며, 이후 유학의 발전과 변천에 매우 깊은 영향을 미쳤다. 정이의 리는 보편성(만리가 일리에 귀속된다)과 다양성(분수의 리, 물물마다 모두 리가 있다), 내재성(그것이 그러한 까닭, 마땅히 그러해야 할 법칙, 물에 근거하여 리를 미루어 냄)과 실재성(천하에 리보다 더 실질적인 것이 없다)을 하나로 종합하여, 이전과는 다른 '사물의 질서'를 구축했다.

주희朱熹(1130~1200)와 육구연陸九淵(1139~1193)의 다른 경향은 뒤의 장절에서 비교적 상세히 분석할 것이고, 여기서는 단지 요점적으로 그 특징을 개괄하여 천리적 세계관의 역사적 함의에 대한 논의를 전개하기에 편하게 하겠다. 주자는 도학의 집대성자라고 칭해진다. 그는 주돈이의 「태극도설」太極圖說을 골간으로 하여 소옹이 말한 수數, 횡거가 말한 기氣, 정씨 형제가 말한 형상形上과 형하形下 및 리기의 구분을 융합하고, 리/기, 태극/무극, 성性/정情, 격물/궁리 등의 범주에 대한 해석을 통하여 천리를 중심으로 하는 형이상학 체계를 창조했다. 상산학象山學의 요의要義는 "먼저 그 대大를 세운다"(先立其大)는 데에 있고, 도가 곧 내 마음임을 강조하지만, 이 마음 또한 리이다. "만상은 사방 한 치의 공간에 빽빽하고, 마음에 가득 차서 발하면 우주에 가득 차니, 리 아님이 없다."(萬象森然于方寸之間, 滿心而發, 充塞宇宙, 無非是理)[312] 주희와 육구연은 소위 '성즉리'性卽理와 '심즉리'心卽理, '격물'格物과 '격차물'格此物이라는 경로의 차이가 있으나, 그들의 우주론과 도덕론은 모두 리와 그 질서관을 중심으로 삼는다. 주자의 '성즉리'와 육구연의 '심즉리'는 모두 이학의 범주 내에 있고, 그들 간의 차이는 '리'라는 이 기본적 우주 질서를 확인하는 것을 전제로 한다. 주자의 '성즉리' 명제는 위로 정이의 논술을 이어받아 이기이원론의 전제 위에 수립되었으며, 현실 사물──마음을 포함하여──이 하나의 부단히 변화하는 우연적 세계를 구축했으나, '리'는 오히려 이 세계에 내재하는, 다양하면서도 통일되고 영원히 존재하는 질서이다. 육구연의 관점은 소옹, 특히 정이와 관계가 더욱 밀접한데, 그는 '우주'와 '내 마음'을 동일시하였고, "이 리가 우주에 가득 차 있으니, 이른바 도 바깥에 사事가 없고, 사 바깥에 도가 없음이다. 이것을 버리고서 따로 상량商量이 있고, 따로 추향趨向이 있고, 따로 규모規模가 있고, 따로 형적形迹이 있고, 따로 행업行業이 있고, 따로 사공事功이 있다면, 곧 도와는 관계없으며, 곧 이단이고, 곧 이욕利欲이다. 그것을 함닉陷溺이라 하고, 구과舊窠라 한다. 말하면 곧 사설邪說이요 보면 곧 사견邪見이다."[313] 그러므로 육구연의 '심즉리' 명제는 심물일원론心物一元論의 전제 위에 수립되었다.

천리 개념의 확립은 윤리 도덕이 반드시 일종의 선험적 리를 근거이자 표준으로 삼아야 함을 명시하고 있는데, 이 점은 주자와 육구연 모두에게 적용된다. 즉 구체적인 제도, 예의, 윤리가 아니라 추상적이고도 편재遍在하는 '리'가 도덕의 원천과 최고의 표준이 되었다. 모든 현실 존재는 반드시 '리'의 검사를 거쳐야 한다. 리 개념의 확립으로 송대 도학은 당대唐代 후기 유학이 확립한 도통론道統論 모델을 진전시켰다. 우리는 한유와 유종원의 '도'론을 대조하는 것으로 첫 부분의 논술을 보충해도 좋을 것이다. 한유는 도가 직접 "그 문은 『시』·『서』·『역』·『춘추』, 그 법은 예악형정, 그 민은 사농공상, 그 위位는 군신·부자·사우師友·빈주賓主·형제·부부, 그 복장은 마사麻絲, 그 거처는 궁실宮室, 그 음식은 속미粟米·과소果蔬·어육魚肉"[314]으로 체현됨을 논했다. 그는

『효경』의 "(선왕先王에게는) 지덕과 요도가 있다"(有至德要道)로부터 출발하여, 도를 도통 계보가 확인한 유가 윤리 질서로 실현시켰다. 유종원은 『주역』의 "한번 음하고 한번 양한 것이 도이다"라는 우주론으로부터 출발하여 '도'를 핵심 범주로 하는 논리 구조를 구축하였다. 이론 형식 방면의 공헌으로 볼 때, 유종원의 도론이 양송 도학에 미친 영향은 한유보다 적지 않다.[315] 유종원은 말하였다.

> 그러므로 천자로부터 서인에 이르기까지 모두 그 경분經分을 지키고 도를 잃음이 없음이 지극한 화和이다.
> 물物이라는 것은 도의 기준이다. 그 물을 지키고 그 기준에서 말미암은 후에 그 도가 존재한다. 만약 그것을 버리면, 도를 잃는 것이다. 무릇 성인이 벼리로 삼고 명물로 삼는 바에는 도가 없는 것이 없다. 그것을 관官에다 명하면 관은 그것으로써 나의 도를 행한다. 그러므로 그것을 군신·관부官府·의상·여마輿馬·장수章綬의 수數에 세우고, 회조會朝·표저表著·주선周旋·행렬行列의 등급에 세우면, 이것이 도가 존재하는 곳이다. 그런즉 다시 전명典命, 서제書制, 부새符璽, 주복奏復의 문文에서 보여 준다. …이것이 도가 말미암는 바이다. 그런즉 또 작록·경상慶賞의 아름다움으로써 권하고, 출원黜遠·편박鞭撲으로써 징계하니, …이것이 도의 행하는 바이다.
>
> > 故自天子至於庶人, 咸守其經分, 而無有失道者, 和之至也.
> > 物者, 道之準也. 守其物, 由其準, 而後其道存焉. 苟舍之, 是失道也. 凡聖人之所以爲經紀, 爲名物, 非無道者. 命之曰官, 官是以行吾道云爾. 是故立之君臣, 官府, 衣裳, 輿馬, 章綬之數, 會朝, 表著, 周旋, 行列之等, 是道之所存也. 則又示之典命, 書制, 符璽, 奏復之文, …是道之所由也. 則又勸之以爵祿, 慶賞之美, 懲之以黜遠鞭撲, …是道之所行也.[316]

이른바 '물'을 '도의 기준'으로 삼는다는 것은 '도'의 존재가 '수물'
守物, '유준'由准과 "모두 그 경분을 지킴"(咸守其經分)에서 결정되며,
'물'이 직접적 판단 기준임을 표시한다. 여기서 비록 '도'가 이미 하나
의 우주론의 틀 속에서 전개되긴 하지만, 강상綱常·예의·예제 등 물질
적 존재는 여전히 '도'의 전제 혹은 '도'를 평가하는 기준이 되었다.

이학은 도덕 실천의 구체적인 상황과 예의를 중시하지만, 그것의 논
리 구조 속에서 '리'는 하나의 내재적·초월적·항구적인 존재로서, 어
떠한 물질적 사물도 기준 혹은 전제로 삼지 않는다. 이런 의미에서 구
체적인 사물, 전장 제도, 윤리 실천이 '리'를 판단하는 기준을 제공하
거나 '리'에 도덕적 함의를 부여한 것이 아니다. '리'가 사물·전장·제
도·예악 및 윤리 실천의 표준과 근거가 되었고, 또 이들 물질적인 존
재에 의미를 부여한 것이다. 육경의 가치는 그것들이 '천리'를 체현했
다는 데에 있다. 주자의 경우, '리'는 인간과 물이 하늘에서 얻은 것으
로서, 그것은 만사만물의 소이연의 근거를 구성하였다.[317] 각종 사물은
모두 그 리가 있지만, 사물——예의, 제도, 국가, 도덕 실천의 형식 등
——의 시공 속에서의 존재 여부는 결코 '리'의 상태를 결정할 수 없다.
이른바 이기이원론의 근본 의의는 바로 여기에 있다. 바로 이 때문에,
'공부' 범주가 주자 이론 체계 속에서 특별히 중요한 지위를 차지하는
것은, '공부'가 실연과 응연을 소통시키는 유일한 경로이기 때문이다.
"옛 성현은 근본에서 유정유일惟精惟一의 공부가 있었고, 그래서 그 중
을 잡을 수 있었기에 철두철미하여 선을 다하지 않음이 없었다. 후래
에 이른바 영웅은 이런 공부를 한 적이 없어서 진선할 수가 없었다. …
선을 다할 수 없었고, …이른바 삼대는 다할 수 있었고 한당은 다할 수
없었다는 것은, 바로 이것을 말한다."(古之聖賢, 從本根上便有惟精惟一功夫,
所以能執其中, 徹頭徹尾, 無不盡善. 後來所謂英雄, 則未嘗有此工夫, …不能盡善, …所
謂三代做得盡, 漢唐做得不盡者, 正謂此也)[318] 여기서 평가의 기준이 된 것은 삼
대의 예악 혹은 한당의 제도가 아니라 '다함'과 '다하지 못함', 즉 '리'
에 부합하거나 체현하는 정도이다.

육구연은 우주와 내 마음을 하나로 합하여, 심일원론心一元論을 통해, 이기이원론이 창조한 리와 물질적 세계 사이의 내재적 긴장을 해소했으나, 그의 '심'은 결코 물질적인 심이 아니라 우주 간에 가득 찬 리 자체이다. 육구연파의 학자 양간楊簡(1140~1226)은 이렇게 말했다. "천지는 나의 천지이다. 변화는 나의 변화이다. 다른 물이 아니다. … 예의삼백禮儀三百, 위의삼천威儀三千은 내 마음 바깥의 물이 아니다. 그러므로 '성性의 덕은 내외의 도를 합하며, 그러므로 때에 따른 조치의 올바름이다'라고 하였다. 말하면 저절로 올바를 것이며, 구하여서 올바른 것이 아니다."(天地, 我之天地; 變化, 我之變化; 非他物也. …禮儀三百, 威儀三千, 非吾心外物也. 故曰: '性之德也, 合內外之道也, 故時措之宜也.' 言乎其自宜也, 非求乎宜者也)[319] 리는 우주에 가득 차 있고, 우주는 곧 내 마음이며, 심은 곧 리이니, 따라서 심일원론은 일종의 내재적 방식으로 '리'를 '심'으로 귀결시킨다. 주희와 육구연은 모두 삼강오상을 기본 내용으로 하는 예의와 제도를 중시했으나, 그들의 맥락 속에서 삼강오상은 결코 물질적인 예의나 제도 같은 것이 아니라 내재적인 자연 질서였다. 이런 의미에서, 도덕 판단의 기준 척도를 구성한 것은 여전히 '리'──예약, 제도 혹은 윤리 실천의 가치와 의미는 그것들이 영원하고도 내재적인 '리'를 체현하는가 혹은 부합하는가에서 결정되었다──였다.

도학 우주론이 체현한 도덕 평가 방식은 선진 예약론과 한당 경학이 창도한 도덕 평가 방식의 지양(후자의 전주傳注 형식은 일종의 물질적, 명령식의, 또 신학적神學的 목적론의 원초적 질서를 가정했고, 또 이 질서를 도덕적 합리성과 정치적 합법성의 전제로 삼았다)이기도 하고, 또한 당대 말기 유학에 대한 일종의 개조이기도 하다. 인간의 도덕적 입장이 반드시 우주 질서 혹은 본질 질서 속에서 도출되어야 한다면, 어떻게 이 질서를 이해할 것인가 혹은 접근할 것인가가 도덕 이론의 중심 문제가 된다. 단지 사물의 표면에서 우주의 질서와 의미를 깨닫는 그런 사람들, 우주를 우리의 본성(혹은 내재적 질서)과 관계없는 냉혹한 사실 혹은 추상적 명령으로 이해하는 그런 사람들은 우주 질서를 이해한 사람으로 간주할 수 없다. 우주 질서 혹은 천의 과정 자체는 우리의 내재적 방면에서 인증이나 확인을 얻을 수 있거나 얻어야 하는 질서와 과정이기 때문이다. 바로 상술한 판단에 기반하고 있으므로, 무슨 방식(인식적, 체험적, 실천적 등)으로, 우주 만물 속으로부터 어떤 종류의 정보를 수용하는가 역시 도덕 이론이 반드시 주의를 기울여야 하는 문제가 된다. 이 논리를 따라, 북송 도학의 인간·만물·도덕의 기원에 대한 탐구는 필연적으로 일종의 지식의 이론 혹은 인식의 이론과 함께 연계된다. 천리와 합일한 도덕적 고민은 최종적으로 어떻게 천리를 이해하고, 인식하고, 파악하고, 도달할 것인가라는 인지 실천으로 전화된다. '성즉리'인가 아니면 '심즉리'인가? '격물'格物인가 아니면 '격심'格心인가? 현세의 실천에 몸 바치는가 아니면 고요한 본심에 회귀하는가? …도학 내부의 우주론, 본체론, 심성론 및 방법론상의 분기, 분류 및 분화는 거의 전부 이와 관련되어 있다.

천리와 군현제 국가

1. 삼대 상상과 예악/제도의 분화

천리적 세계관이 자신을 확립하는 과정에서, 우리는 몇 가지 분명한 경향을 볼 수 있다. 첫째, 천리적 세계관은 고대 유학, 특히 공맹지도孔 孟之道의 회복을 명분으로 전개되었으나, 송대 유가는 결코 예악론의 도덕 평가 방식을 전반적으로 회복할 준비를 하지 않았고, 삼대三代의 치治의 이상을 직접 당대當代의 실천에 운용할 준비가 되어 있지 않았 다. 둘째, 천리적 세계관은 천인 관계 속에서 도덕 평가 체계를 발전시 켰으나, 천인 관계를 천인감응의 틀 속에 두기를 거부하였다. 또한 제 도와 천 사이의 관계를 신비한 상수象數 대응 체계로 보는 것을 거절하 였으므로, 자연주의적이고 주재적인 천관의 지배하에서 현실 제도와 행위 규범을 천의에 부합하는 제도와 규범으로 이해하기를 거부하였 다. 셋째, 천리적 세계관은 학문·수신修身의 순서로 발전되었으며, 천 도와 '사'士의 도덕 실천 사이에 직접적인 다리를 놓았기에, 도덕 실천 을 다시 한번 '제도'와의 긴장 관계 속에 방치하였다.

상술한 세 가지의 경향으로부터, 우리는 다음과 같은 판단을 얻을 수 있다. 첫째, 천리적 세계관은 선진先秦 예악 제도의 회복을 목표로 삼았지만, 또한 현실의 예악과 제도를 도덕 평가의 객관적 기초로 삼기를 거부했는데, 이 태도는 다음과 같은 판단 위에서만 수립될 수 있었다. 즉 한당 이래의 제도는 이미 예악과 서로 분리된 제도로서, 도덕 평가의 객관적 기초를 제공할 수 없으며, 따라서 반드시 제도론 바깥에서 도덕 평가의 전제를 구상해야 한다. 둘째, 천리적 세계관은 변화를 인정하는 역사관 위에 수립되었으며, 삼대로 되돌아가고 예악과 제도의 통일적 관계를 재구축한다는 그것의 태도는 최종적으로 천리를 인지認知·체오體悟·실천하는 과정에서 실현된다. 그러므로 도덕 평가에서 그것이 한당 시대 천명관과 제도론을 거절하는 것은 결코 선진 예악론의 회복이 아니라 천인 관계를 재구축하고 시대 변화에 적응하는 도덕 평가 체계를 형성한 것이다. 셋째, 천리적 세계관은 예악과 제도의 합일을 도덕적 이상으로 보았으나, 이 도덕적 이상은 최종적으로 반드시 '사'士의 도덕 실천 속에서 실현되어야 한다. 상술한 여러 특징 가운데에서, 관련된 예악 및 제도와 분화가 일어난 역사의식이 하나의 중심 문제를 이루었다. 만약 이 분화의 의식과 시각이 없다면, 선진 유학과 전장 제도로 되돌아가는 문제는 존재하지 않을 것이며, 천리의 범주로써 천인 관계를 재구축할 필요성도 존재하지 않을 것이다.

예악과 제도의 분화는 유학의 특수한 시각에서 출발하여 전개된 역사 기술이다. 그러므로 다음과 같은 문제를 피할 수 없다. 즉 역사적 시각은 결국 누구의 역사의식에서 생산되는가? 공자의 술이부작述而不作의 방식은 성왕聖王의 전장 제도를 예악과 제도의 완전한 합일(혹은 치治와 도道의 합일)의 상태라고 기술하였으나, 이 서술 방식 자체 및 그것이 '군자'에 대해 가지는 기대는 모두 예악과 제도의 관계(특히 예악의 형식화, 공동화空洞化 해체)가 '사'로 자임하는 유자들이 처한 시대를 관찰하는 내재적 시각을 구성하였다. 전술한 바와 같이, "뜻이 넓고 굳세지 않을 수 없는" 사의 도덕적 책무는 마침 '예악 붕괴'의 시대에 탄생되었는데, 바로 봉건적 등급 관계가 무너진 시대에는 평민 계층 가운데에서 몸을 일으켜 나온 그런 인재들이 천하의 일을 자기의 일로 여길 수 있었기 때문이다. '예악 붕괴'는 이 새로운 형태의 '사'가 탄생할 수 있었던 조건이기도 하고 또 이들 '사'가 이른바 예악과 제도의 분화를 기술하는 도덕적 시각이기도 하였다. 예악 혹은 도덕을 이용하여 제도의 변화에 대항하는 것은 선진 유학의 역사적 유산 중 하나이다. 정전 제도와 병농합일을 예로 들면, 전부田賦의 목적은 제후에게 군대를 공급하는 것이었으나, 전국시대에 이 제도는 점차로 일종의 병기와 양식의 분담액(세)으로 발전하였기에,[320] 노魯나라의 예의학파禮儀學派는 곧 일찍이 법률과 세수稅收의 발전을 전통 예의에 대한 침범으로 보았다. 전국시대 각국은 군권君權 건설을 중심으로 하여 법률과 제도의 변혁을 추진했는데, 그 목적은 생산력을 촉진하고 군사적 능력을 제고하는 것이었다.

유가와 법가의 분화는 바로 이 과정의 사상적 반영이다. 상술한 조류는 최종적으로 진한 시대의 군현 제도의 형성과 황권 중심주의 및 그와 관련된 법률 제도, 군사 제도 및 경제 제도의 확립으로 전환되었다. 이 새로운 체제 내에서, 황권이 종법 내용을 보존하고 있었다고 하더라도, 또한 한대에 잇달아 이성과 동성 제후를 분봉하였다 하더라도, 봉건적 예악·제도·문화 역시 일찌감치 중앙집권 정치의 부속 형식으로 전락하였다. 이 조건에서, 예악과 제도의 분화는 실질적으로도 중앙집권의 군현 체제가 주대 봉건제도를 대신하는 과정이었다. 진한 시대가 오례 속에 귀납시킨 예의는 대체로 황권 체제의 지고무상함에 적응하고 은주殷周의 예의에 대해 득실을 안고서야 비로소 발전한 것으로서, 그것들과 이른바 삼대 예악에는 이미 근본적인 차이가 있었다. 황권 및 그 예의 관계, 군현제 국가의 관료 체계와 사법·감찰 제도, 왕조의 군사 제도, 경제 제도와 인사 제도가 모두 주대 봉건 체제 및 그 원칙과는 구별되었다. 유학의 시각에서 볼 때, 봉건에서 군현으로의 전환 혹은 과도적 이행은 바로 예악과 제도의 분화라는 명제로 귀납할 수 있다. 예악과 제도 사이를 명확히 구분하고 또 제도 바깥에서 도덕적 시각을 구축하려고 힘써 시도하는 것, 이러한 노력 자체는 도학가들이 왕안석王安石 등 유학 관료와 진행한 투쟁의 책략 중 하나로 볼 수 있다. 왕안석, 이구李覯, 남송의 정량程亮은 모두 정부 기능을 매우 중시하였고 또 제도적 문제의 해결을 중점적으로 고려했다. 이 구분과 도학 관념의 확립을 빌려, 그들은 제도상에서 일종의 초월적인 도덕적 우위를 형성하려고 힘써 시도하였다. 그러나 여기서 다음 사실을 환기할 필요가 있다. 즉 일종의 역사적 시각으로서, 예악과 제도의 분화는 북송 시대 유학자가 역사를 관찰하는 보편적 시각이었다는 것이다. 『신당서』新唐書의 '본기'本紀, '지'志 및 '표'表는 마찬가지로 정부와 제도 기능을 중시한 구양수가 지은 것으로서, 그 「예악지」禮樂志에서는 이렇게 말하였다.

삼대 이전에 다스림은 하나에서 나왔으니, 예악이 천하에 전달되었다. 삼대 이후에는 다스림이 둘에서 나왔으니 예악은 허명이 되었다.

옛날에, …모든 백성의 일은 예에서 나오지 않은 것이 없었다. 예로 말미암아서 그 백성에게 효자·우제·충신·인의를 가르치는 경우, 항상 거처·동작·의복·음식을 벗어나지 않았다. 대개 밤낮으로 무엇을 하든 간에 이런 일이 아닌 것이 없었다. 이것이 이른바 다스림은 하나에서 나오고 예악이 천하에 전달된다는 것으로, 천하로 하여금 편안히 익혀 행하면서도 선해지고 죄를 멀리하는 것이 풍속이 되는 이유는 몰랐다.

삼대가 망한 후에, 진나라가 과거의 제도를 변화시켰고, 이후에 천하를 가진 자들은 천자天子와 백관百官의 명호名號와 위서位序에서부터 국가 제도, 관용 수레와 복장 및 기물의 일체가 진秦의 것을 채용하였다. 그사이에 비록 다스리고자 하는 군주가 있어 개정하고 싶더라도 초연히 삼대로 멀리 되돌아갈 수 없기에, 그 세속을 끌어 보고는 조금씩 그것으로써 손익을 보았으나, 대체로 구차하고 간단한 것에 안주할 따름이다. 밤낮으로 하는 일은 공문서 기록, 송사訟事, 군량軍糧 같은 급한 것들로서, "이것이

정치이며, 이로써 백성을 다스린다"라고 말한다. 삼대의 예악의
경우에는, 그 명칭과 실질을 갖추어 담당 관리가 보관하고, 때가
되면 꺼내어 교묘郊廟와 조정朝廷에서 사용하면서 "이것이 예를
행하는 것이다. 이로써 백성을 교화한다"라고 말하였다. 이것
이 이른바 다스림이 둘에서 나오고 예악은 허명이 되었다는 것
이다.

> 由三代而上, 治出於一, 而禮樂達於天下; 由三代而下, 治出於
> 二, 而禮樂爲虛名.
>
> 古者, …凡民之事, 莫不一出於禮. 由之以敎其民爲孝慈, 友
> 悌, 忠信, 仁義者, 常不出於居處, 動作, 衣服, 飮食之間. 蓋其
> 朝夕從事者, 無非乎此也. 此所謂治出於一, 而禮樂達天下, 使
> 天下安習而行之, 不知所以遷善遠罪而成俗也.
>
> 及三代已亡, 遭秦變古, 後之有天下者, 自天子百官名號位序,
> 國家制度, 官車服器一切用秦, 其間雖有欲治之主, 思所改作,
> 不能超然遠復三代之上, 而牽其時俗, 稍卽以損益, 大抵安於苟
> 簡而已. 其朝夕從事, 則以簿書, 獄訟, 兵食之急, 曰: "此爲政
> 也, 所以治民." 至於三代禮樂, 具其名物而藏於有司, 時出而
> 用之郊廟·朝廷, 曰: "此爲禮也, 所以敎民." 此所謂治出於二,
> 而禮樂爲虛名.[321]

구양수의 기술은 다음과 같은 것을 뚜렷이 보여 준다. 북송 시대에
예악과 제도의 분리로써 고대 역사를 기술하고 삼대와 진한·수당 등
후대 왕조를 평가하고, 당세 현실의 도덕/정치 상황을 설명하는 것은
이미 큰 영향력을 가진 역사적·도덕적·정치적 시각이 되었다. "예악
은 허명이 되었다"는 말은 예악이 여전히 존재하지만 이미 형식화되어
서 실질적인 정치·경제·군사 제도와 완전히 분리되었을 뿐 아니라 백
성을 교화하고 풍속을 이루는 데 쓸모가 없음을 설명해 준다.

사마광司馬光(1019~1086)의 『자치통감』自治通鑑은 또 다른 예증을 제공

한다. 그 책의 권1 「주기 1」周紀一은 예를 숭상하고 왕을 존중하여, 예의 질서의 붕괴라는 각도에서 제후의 문란한 정치를 논한다.

신이 듣기에 천자의 직무에는 예보다 큰 것이 없고, 예는 분分보다 큰 것이 없고, 분은 명名보다 큰 것이 없습니다. 무엇을 예라고 하는가? 기강이 그것입니다. 무엇을 분이라 하는가? 군과 신이 그것입니다. 공, 후, 경, 대부가 그것입니다. …그러므로 천자의 직무는 예보다 큰 것이 없다고 말하는 것입니다.

臣聞天子之職莫大於禮, 禮莫大於分, 分莫大於名. 何謂禮? 紀綱是也. 何謂分? 君, 臣是也. 公, 侯, 卿, 大夫是也. …故曰天子之職莫大於禮也.[322]

바로 예로써 "귀천을 구별하고, 친함과 소원한 관계를 순서 지으며, 사물들을 재단하고, 여러 일들을 제어한다"는 입장에서, 사마광은 주대의 역사 변화를 예禮/지력智力, 덕德/재才, 성인聖人/우인愚人, 군자君子/소인小人 등의 양분법 속에 두고 서술하였다. 진晉나라가 셋으로 갈라진 것을 논할 때 사마광은 이렇게 말하였다.

주 왕실이 쇠미해지고 삼진三晉이 강성해졌으므로, 비록 허락하고 싶지 않아도 어찌 그럴 수 있었겠습니까! …지금 천자에게 청하자 천자가 허락하였으니, 천자의 명을 받아 제후가 된 것을 누가 토벌할 수 있겠습니까! 그러므로 삼진이 제후의 열列에 든 것은 삼진이 예를 파괴한 것이 아니라 천자가 스스로 파괴한 것입니다. 아! 군신의 예가 이미 무너지고, 천하 사람들은 지력으로써 서로 겨루니, 마침내 성현의 후예로서 제후가 된다 하더라도 사직이 끊어지지 않을 수가 없고, 백성들은 거의 다 문드러져 없어졌으니, 어찌 슬프지 않겠습니까!

周室衰微, 三晉强盛, 雖欲不許, 其可得乎! …今請於天子而天

子許之, 是受天子之命而爲諸侯也, 誰得而討之! 故三晉之列
於諸侯, 非三晉之壞禮, 乃天子自壞之也. 嗚呼! 君臣之禮旣壞
矣, 則天下以智力相雄長, 遂使聖賢之後爲諸侯者, 社稷無不泯
絶, 生民之類糜滅幾盡, 豈不哀哉![323]

약간 뒤의 단락에서 그는 또 이렇게 말했다.

신 사마광이 아룁니다. 지백智伯*이 망한 것은 재才가 덕德을 이
겼기 때문입니다. 무릇 재와 덕은 다르지만 세속에서는 그것을
변별할 수가 없고, 싸잡아 현명하다고 하니, 이것이 사람을 잃
는 까닭입니다. …이런 까닭에 재와 덕이 모두 갖추어진 사람을
'성인'이라 하고, 재와 덕이 둘 다 없는 사람을 '우인'이라 합니
다. 덕이 재보다 승한 이를 '군자'라 하고, 재가 덕보다 승한 이
를 '소인'이라 합니다.

> 臣光曰: 智伯之亡也, 才勝德也. 夫才與德異, 而世俗莫之能辨,
> 通謂之賢, 此其所以失人也. …是故才德全盡謂之"聖人", 才德
> 兼亡謂之"愚人"; 德勝才謂之"君子", 才勝德謂之"小人".[324]

상술한 이분법은 '예악 붕괴'에 관한 공자의 서술로부터 발전한 것
으로, 결코 명확하게 예악/제도의 이분법을 사용하지 않았다. 그러나
『자치통감』은 전국시대부터 오대까지의 역사를 서술하는데, 전국의
변란이 바로 진秦나라 제도의 역사적 근원이다. 예는 '덕'과 '군자'를
중심으로 하였으나, 후래의 제도를 배태한 사회적 역량은 오히려 '지
력'과 '소인'을 중심으로 하였으며, 양자의 차이는 삼대 예악과 후대

* 지백(智伯): 지요(智瑤)를 가리킨다. 지요는 전국시대 진(晉)나라 지영(智罃)의 현
손으로, 지씨 가문의 우두머리이기 때문에 지백 혹은 지요라고도 불린다. 지요가 한
(韓)·위(魏)와 함께 조양자를 공격했으나 거꾸로 조양자가 한·위와 합세하여 지백을
공격하여 지씨를 멸족시켰다.

제도의 도덕/정치 평가 척도의 차이에서 생산되었다. 그러므로 사마광의 역사적 평가 방식과 북송 도학의 도덕적 평가 방식에는 내재적 유사성이 있다.

삼대 이전과 이후를 가지고 예악과 제도의 관계를 구분한 것은 송대 유가가 성왕의 전장 제도를 추모하고 또 봉건/군현을 구분하는 태도를 분명히 보여 준 것이다. 구체적으로 당대唐代 제도에 관한 판단에까지 이르게 되면 이 구분은 더욱 구체적인 역사적 함의를 포함하게 된다. 첸무는 천인커의 『수당제도연원약론』隋唐制度淵源略論을 평할 때 봉선封禪·교사郊祀·여복輿服·의주儀注 등과 직관職官·전부田賦·병제兵制 등을 구별하였는데, 그 근거 중 하나는 곧 구양수가 말한 삼대 이전과 이후 예악의 변천과 관련된 것이다. 첸무는 말하였다.

> (천인커는) 당나라가 개국할 때 그 예악, 여복, 의주는 대체로 남조를 답습하였음을 상세히 열거하였다. 그러나 예악, 제도는 진한 이래로 일찌감치 분별이 생겼다. 사서에서는 직관·전부·병제 등을 '제도'에 귀속시키고, 봉선·교사·여복 등을 '예악'에 귀속시켰다. 송 구양수의 『신당서』「예악지」는 이것을 매우 명확히 변별하였다. 수당의 제도는 본래 북조北朝를 따랐다. 천인커는 그것을 뒤섞어 놓고 구분하지 않고, 단지 남조의 예악만을 서술하고 북방의 제도를 홀시하였으니, 이 또한 변별하지 않을 수 없는 것이다.[325]

여기서 첸무는 직관·전부·병제를 모두 제도에 귀입시키고, 예악과는 관계없게 하여 명확히 이들 '제도'를 예악 관계로부터 분리해 냈다. 이 관점은 윗글의 주대 종법분봉 제도에서의 예악과 제도의 합일의 기술과 전혀 일치하지 않는 것으로서, 이는 한말漢末 이래 남북 관계의 변천과 밀접한 관계가 있다.

천인커로 말하자면, 그는 북방 제도와 남방 제도에는 명확한 구별이 있기도 하고 또 "뒤섞여서 구분하지 않을 수도 있다"고 하였다. 부병 제도를 예로 들면, 그 "전기에는 선비鮮卑의 병제로서, 대체적으로 병농兵農 분리제였고, 부족추장분속제(部酋分屬制)이며, 특수귀족제이다. 그 후기는 화하華夏의 병제로서, 대체로 병농합일제이며 군주직할제이며 비교적 평민제이다. 그 전후의 경계선은 곧 수대隋代에 있다"[326]고 하였다. 당唐나라 번진(예를 들면 설숭薛嵩, 전승사田承嗣의 무리)은 "비록 한인漢人이긴 하지만 실제로는 번장藩將과 같아서, 그 군대는 어떤 종족을 막론하고 실제로 또한 호인胡人 부락部落과 같다"는 것이다. 바로 이 때문에, 그는 오대五代에 대한 구양수의 의론을 다음과 같이 비판했다. "단지 천성天性·인륜人倫·정의情誼·예법禮法의 범위에만 제한되어 있고 오대의 의아義兒 제도, 예를 들면 후당의 의아군義兒軍*과 같은 류가 실제로는 호인 부락의 습속에서 나왔음을 몰랐다. 대개 당나라 시대의 번장과 동일한 연원이다. 전적으로 도덕적 관점에서만 입언하고 역사적 사실을 언급하지 않는다면, 약간 차이가 있는 것 같다"고 문제를 제기한 것이다.[327] 그리하여 명확히 당나라 시대의 병부 제도를 북방 전통에 귀속시켰다.[328] 다시 예율禮律을 예로 들면서, 북방의 제도와 남방의 예악은 또한 상호 침투하는 부분이 있다고 하였다. "고대에 예와 율은 관계가 밀접하였으나, 사마씨는 동한 말년의 유학 대족儒學大族이 진晉 왕실을 창건하고 중국을 통제하자, 제정한 형률이 특히 유가화되었다고 여겼다. 이미 남조에서는 역대로 답습한 바이고, 북위가 율律을 개정하였으며, 다시 그것을 채용하여 전전하면서 탈바꿈하여, 북제北齊, 수隋를 거쳐 당唐에까지 이르렀으니, 실로 화하華夏 형률刑律의 불멸의 정통이다."[329] 효문제孝文帝의 제도 개혁은 명확히 『주례』周禮를 참고하였고, 또한 제도 개혁의 형식으로써 북방 민족과 남방 문화의 융합을 추진하였다.

---

* 의아군(義兒軍): 당말 진왕(晉王) 이극용(李克用)은 용사들을 양자로 삼아 장교로 임용하고 부대 이름을 '의아군'이라 하였다.

구양수가 표현한 제도와 예악의 구분은 송대 정통주의의 표현이다. 예악과 제도의 합일은 유가의 도덕적 이상이지만, 남북 관계의 범주에서 이 문제를 논하는 것은 "예악과 제도의 분리"가 더욱 구체적인 역사적 관계를 다루는 것과 관련 있음을 보여 준다. 그중 특히 중요한 것은 동한 말기 이래 형성된 남북 분열이다. '남북의 중국사'라는 틀은 역사의 산물로서, 이는 장강 유역이 중국 정치에서 차지한 지위가 상승함에 따라 비로소 출현한 것이다. 푸스녠은 다음과 같이 언급한 바 있다.

> 손오孫吳 시대에야 장강 유역에 독립적인 큰 정치 조직이 생겼다. 삼대 시대와 삼대 이전에는, 정치의 진화는 부락으로부터 제국으로 향하는 것이었으며, 하수河水·제수濟水·회수淮水 유역을 기반으로 한 것이었다. 지리적인 형세로 볼 때 단지 동서의 나뉨이 있을 뿐 남북의 한계는 전혀 없었다.[330]

서기 4세기에, 새외塞外 민족인 흉노匈奴, 갈羯, 선비鮮卑, 저氐, 강羌이 북방 지역으로 진입하여 이른바 "다섯 오랑캐가 중화를 어지럽히는"(五胡亂華) 국면을 형성하였다. 영가永嘉의 난 이후 300년간, 북방에 진입한 새외 종족이 거주민의 절반을 차지하였으며, 종족 간 갈등이 매우 첨예해졌다. 남북 충돌이라는 배경 속에서 일종의 정치적 합법성의 표지로서의 예악은 극히 중요해졌다. 효문제 개혁의 주체 부분 즉 예제 개혁은 그 핵심이 "옛 방식을 참고하고, 구전舊典을 준수한다"(稽參古式, 憲章舊典), "은주殷周와 그 아름다움을 나란히 한다"(齊美於殷周), 곧 『주례』를 근거로 하는 주나라 전장 제도화 체제 개혁이었다. 효문제의 개혁 이래 형성된 북조의 예제는 대체로 제사종묘祭祀宗廟, 장의상복葬儀喪服, 혼인과 성씨의 결정, 삼로오경三老五更• 및 향음鄕飮 등으

• 삼로오경(三老五更): 연로하고 덕망 높은 사람을 '삼로오경'이라 한다. 주나라 시

로 나눌 수 있다.[331] 태화太和 9년(485)에 실행한 균전제 개혁 역시 동일한 조류의 산물이다. 동진東晋·송宋·제齊·양梁·진陳의 300년간 남방에서는 계속 한족漢族 천자를 받들었고, 원래 북방에 거주하던 명문 귀족은 그를 따라 남방으로 이주했으며, 황권이 쇠락하고 문벌이 정권을 잡는 국면을 조성했고, 문벌이 제도·예악·학술·문화 등의 방면에서 자기의 역량을 드러냈다. 상술한 국면은 강렬한 봉건 색채를 드러냈으며, 군주 집권제를 중시한 북방 제도와의 중요한 차이였다. 이 시대의 남방 예악 문화는 전쟁, 이주 및 족군族群 충돌의 역사적 과정에서 탄생되고 전파된 것으로서, 이른바 남북 충돌은 불가피하게 족군 충돌의 함의를 담고 있었고, 또 문화적 정통성 쟁탈 투쟁의 첨예화를 촉진시켰다.[332] 유학의 정통주의적 시야는 남과 북이라는 시각으로 예악과 제도를 대하는 것으로 표현되었고, 또 북방 문화를 '제도'의 범주에 귀입시켰으니, 곧 북방 제도가 예악의 도덕적 실질을 가졌음을 인정하지 않은 것이다. 송대 유가의 시각에서, 상술한 경제·정치 제도의 변천은 간단히 제도 변천의 역사로 간주할 수 없으며, 더욱이 예악과 제도에 분화가 발생한 역사로 간주할 필요가 있다. 요컨대 제도가 예제 관계 속에서부터 분리되어 나와 더 이상 도덕적 합법성의 기초로서의 역사가 아니었던 것이다.

송대 유가가 이러한 방식으로 한당 제도와 도덕의 관계에 대해 평가한 것은 분명하게 보다 현실적인 동력이 있었는데, 왜냐하면 송 초기의 제도 역시 한당 제도의 연장이었기 때문이다. 그들이 보기에, 당나라 이래로 점차 실행되었고 또 송나라 때 확대된 양세법·과거제 및 황권 일통과 그 관료정치는 삼대 예제의 가장 중요한 내용, 즉 봉건·정전·학교를 대신했다. 만약 당우삼대唐虞三代가 일종의 덕치 원칙을 체

대에 연로하여 관직에서 물러난 사람을 임금이 부형의 예로써 대접한 일을 말한다. 삼로는 삼덕(三德) 즉 정직(正直)·강(剛)·유(柔) 또는 지(智)·인(仁)·용(勇)을 아는 사람을, 오경은 오사(五事) 즉 외모[貌]·말[言]·보는 것[視]·듣는 것[聽]·생각하는 것[思]을 아는 사람이다.

현했다고 한다면, 한당의 제도는 오히려 도덕과 무관한 제도적 실시이다. 예악이 품계 직위品階職位 관념이 제공하는 도덕적 함의를 갖고 있다면, 제도는 오히려 상대적으로 독립적인 함의를 갖고 있으며, 그것은 도덕의 보편적 기초를 제공할 수가 없다. 바꿔 말하면, 예악과 제도의 분화는 객관적인 역사적 진술이라기보다는 차라리 진한秦漢 이래 각종 사회와 윤리 변화에 대한 송대 유가의 총결이라 하겠다. 그들은 예악과 제도의 분화라는 이 시각으로부터 자신들이 처한 시대의 제도와 도덕적 상황을 판단하였고 또 각종 정치·경제·사회 문제의 논의를 일종의 윤리적 서술 속에 받아 넣었다. 섭적葉適(1156~1223)은 도학의 비판자이지만, 마찬가지로 삼대 예악과 한당의 법의 대비로써 역사를 평가 판단하는 틀을 수립했으니, '예악과 제도의 분리'가 송대 유학의 보편적 명제를 구성했음을 알기에 충분하다. 즉, 한당은 "세력위령勢力威令을 군도君道로 삼고, 형정말작刑政末作을 정치의 요체로 삼았으니, 한漢의 문제文帝와 선제宣帝, 당의 태종은 비록 현군이라고 부르나 사실은 걸주桀紂와 별 차이가 없다." 이런 한당의 제도는 당우삼대의 덕치와 대조된다. 즉 "당우삼대는 안과 밖이 합치하지 않음이 없었고, 그러므로 마음을 수고롭게 하지 않아도 도가 저절로 존재하였다. 오늘날 도라고 하는 것은 반드시 내內에서 벗어나 외外를 다스리므로 항상 부합하지 않는다."[333] 그러므로, 예악과 제도의 분화라는 이 역사관 자체는 두 가지 구별되는 해석 방향을 포함하고 있다. 현실 제도와 그 정책(개혁적 제도와 정책을 포괄하여)의 바깥에서 도덕 판단의 근거를 찾아야 할 것인가 아니면 제도 자체의 완전화를 통하여 도덕적 시각을 구축할 것인가? 양송 시대의 정치 쟁론 속에서, 도학가들은 전자의 방향을 선택했다. 이 선택은 송학의 각기 다른 파별 논쟁 속의 각종 문제와 관련되었다. 예를 들면 북송부터 남송까지 면면히 이어진 왕도王道 패도覇道 논쟁이 그것이다. 즉 사마광·이구가 황권 존숭에서 출발하여 패도覇道에 대한 긍정적인 태도를 취했고, 소옹·정호는 각자의 각도에서 무위자연의 정치적 이상 및 도덕적 바람을 근거로 하는 왕도를 강

조했다.[334]

　'예악과 제도의 분화'라는 이 역사/도덕 시각은 당송 시기의 사회구조 전환과 밀접히 관련되어 있으며, 이 역사/도덕 시야의 주체로서의 '사' 역시 이 전환 자체의 산물이다. 당송 시기의 전환은 다음과 같은 것들로 나타난다. 첫째, 귀족정치의 쇠퇴와 군주 독재의 출현. 둘째, 세가대족 조직의 소멸과 사당祠堂·가보·족전族田을 특징으로 하는 새로운 형태의 가족 제도 출현. 셋째, 귀족 선거 제도의 쇠퇴와 관료 사대부 체제의 전에 없던 확대. 넷째, 다민족과 다권력 중심의 제국 체제의 와해와 성숙한 군현 체제의 형성, 그리고 '오대십국'의 역사와 지속된 민족 충돌로 인해 탄생한 농후한 족군 의식 등이 그것이다. '예악과 제도의 분화'라는 유학적 시야 속에서, 이 네 가지 표지는 또한 봉건과 군현의 장기적인 투쟁의 일부분으로 귀결될 수 있다. 계급 구조의 각도에서 볼 때, 상술한 전환은 당대 후기 특히 오대십국 시기에 배태되었으며, 그 표지는 문벌 사족과 부곡部曲·노객奴客·천민·번장番匠·노비 등이 구성한 당대 계급 구조가 관료 지주와 전객佃客·향촌하호鄕村下戶·차고장差顧匠·화고장和顧匠·인력人力·여사女使* 등이 구성한 송대 계급 구조로 전화된 것이었다. 이 기간에 과도적 역할을 한 것은 과거로 출세한 의관호衣冠戶(송대의 관호官戶)의 지속적 존재와 형세호形勢戶의 발전이었으며, 이 발전의 고리 중 하나는 '사'라는 존재 양식이 이 사회 범주에 발생한 심도 있는 전환이다. 피터 볼은 이 발전을 출신 성분으로 대변되는 당대唐代의 문벌/세가대족이 북송에 이르러 정치 참여로 대변되는 학자-관원/문관 가족으로의, 다시 남송의 문인/지방 엘

---

* 부곡(部曲), 노객(奴客), 전객(佃客), 향촌하호(鄕村下戶), 차고장(差顧匠), 화고장(和顧匠), 여사(女使): '부곡'은 지방의 치안이 문란해질 것에 대비해 장군이나 지방의 호족이 거느리도록 인정받은 군부대 또는 그들의 집단을, '노객'은 사속민(私屬民)이나 노예를, '전객'은 전호(田戶) 즉 논밭의 소작인을, '향촌하호'는 향촌민을, '차고장'은 민간에서 차출하는 장인을, 화고장은 정부에서 직접 고용하는 장인을, '여사'는 천민의 부녀로서 의례를 치를 때에 사역되던 자를 말한다.

리트로의 변환을 이루는 역사적 과도기로 개괄하였다.[335] 공자 시대 종법분봉 제도의 해체가 평민 계층의 '사'로 하여금 두각을 나타내게 하고 또 천하를 자신의 책임으로 삼게 한 것과 마찬가지로, 당나라 귀족 제도와 그 예의 관계의 해체는 새로운 '사'가 역사 무대에 등장하는 계기를 제공했다. 또 공자가 '예악 붕괴'의 시각으로 성왕의 예제를 재구축한 것과 마찬가지로, 송대 유가는 그들이 관찰한 각종 사회문제와 위기를 '예악과 제도의 분화'라는 도덕/역사 시각 속에 개괄하였고, 또한 유학의 기본 문제의 재구축을 통하여 당나라 시대의 사회문제에 개입하면서, 자신의 역사적 위치의 토대를 마련하였다.

정치의 각도에서 볼 때, '예악과 제도의 분화'라는 관점은 봉건에서 군현으로 가는 과도적인 역사 과정의 산물이며, 그 관점에서는 군현 제도가 예악과 분리되고 따라서 삼대 봉건의 도덕적 함의를 위배한 제도라고 개괄되었다. 그러나 비록 송대의 유가가 보편적으로 복고의 자세를 취하긴 했지만 그들은 여전히 군현이 봉건을 대신한 역사적 합리성을 인정하였다. 따라서 문제는 간단히 고대 봉건을 회복하는 것이 아니라 어떻게 군현 체제에서 봉건의 정신과 그 예의 조건을 재구축하는가가 이학가들의 주요 관심사였다. 그들은 과거를 통하여 벼슬을 얻어 직접 정치 실천에 참여해 도덕과 정치를 '사'의 역할 위에서 응집했거나, 혹은 종족과 지방 계보의 재구축을 통하여 사신士臣 분권 정치의 기초를 형성하여 새로운 형태의 종법 관계 위에서 도덕의 근거를 확립하였다. 또는 도학 실천을 지렛대로 하여 정치를 멀리하거나 혹은 제도적 실천과 맞서 '사'의 자주성으로써 새로운 도덕 중심의 전제를 구축하였다. 양송 도학의 이론과 실천은 서로 다른 방면에서, 당면한 시대의 기본 문제에 대한 '사'의 이해·해석 및 쟁론을 반영하였으나, 우리는 이학을 '사'를 중심으로 하는 이론이라고 단순하게 귀결할 수 없다. 이학은 광범한 사회정치적 사고를 포함하고, 그것은 천리를 중심으로 하여 격물치지와 수신양심의 위학 방법 및 도덕 실천을 주요 내용으로 한다. 그리고 종족의 회복·사당의 건립·전장 제도의 변별·과거제에 대한 논의·이하夷夏의 구별·지방 자치의 주장 등을 주요한 사회/정치적 함의로 하며, 최종적으로는 광범한 내용의 형이상학·정치·사회적 논변의 중심 담론이 되었다.

2. '봉건' 상상: 군현 제도에서의 종법과 가족

동한부터 당나라 말기까지의 수백 년간, 세가대족世家大族 제도는 실제로 장전제莊田制 경제와 문벌 사족 제도의 결합체였으며, 이 체제가 정치상에서 가진 분권 형태와 봉건 예의는 밀접한 관계가 있었다. 위진魏晉의 문벌 체제하에서, 족장族長은 대량의 토지와 재산을 소유했을 뿐 아니라, 동종同宗의 자제와 약간의 이성異姓 농민을 자기의 호적에 들였고, 따라서 그들이 국가 호적을 벗어난 전객佃客과 장호莊戶가 되게 하였다. 전쟁 상황에서, 문벌 제도는 병농일체兵農一體의 제도를 발전시키기가 매우 쉬웠으니, 전객과 장호를 종부宗部·종오宗伍·종병宗兵 혹은 부곡部曲으로 전화시켰고, 족장은 곧 '종수'宗帥였다. 당나라 시기의 사회는 세가대족 체제를 보존했지만, 군사화의 상황은 이미 점차로 소실되었다.[336] 균전제의 해체와 귀족제의 와해에 따라, 당나라 후기 정부는 새로운 각급 정부 기구를 세워 징세를 책임지게 하고 병역을 조직하고 사회를 관리하지 않을 수 없었다. 사회의 엘리트 계층은 더 이상 단순히 귀족으로 이루어지지 않고 지주·상인·직업 군인·각종 전문가를 포괄하였다.

오대五代는 귀족 체제가 철저히 붕괴된 시대로, 족보가 흩어지고 어지러워졌다. 이도李燾(1115~1184)는 "당말 오대의 난亂에서, 전통적인 세족世族들은 향리를 떠나거나 혹은 작위와 관직이 중간에 끊어져 계보를 고찰할 수 없는 경우가 많았다"(唐末五代之亂, 衣冠舊族多離去鄕里, 或爵命中絶, 而世系無所考)고 하였다.[337] 전대흔錢大昕(1728~1804)이 위진부터 당나라 및 오대 이래의 종법 관계를 기술할 때도 이렇게 말했다. "작위爵位가 세습되지 않자 가문의 종법宗法이 폐해졌다. 위진魏晉 시기부터 당대唐代에 이르기까지 조정에서는 문벌 귀족門閥貴族들을 존숭尊崇해 그들의 족보들을 국사에 기록했기에, 성씨는 같으나 종가가 다른 경우이거나 종가는 같으나 지파支派가 다른 경우가 있었으나 종가와 지파가 갈리는 자초지종을 갖추고 있었다. 오대五代 이후로는 족보들이 흩어져 사라졌다."(自世祿不行而宗法廢, 魏晉至唐, 朝廷以門第相尙, 譜牒之類, 著錄於國史, 或同望而異房, 或同望而異房, 支分派別, 有原有委. 五季以降, 譜牒散亡)[338] 당조唐朝의 구품관계九品官階 체제에서, 5품 이상 관원의 자손은 관리가 되는(반드시 이부吏部의 전형 선발을 거쳐야 했다) 자격을 향유하였다. 통계에 의하면, 당조 369명의 재상은 98가의 문벌 사족에서 나왔으며, 기타 각급 관료의 임관 역시 대략 비슷하였다. 그러나 북송의 72명 재상 중 대를 이어 재상이 된 것은 여呂와 한韓 두 가문뿐이었으며, 전자는 3대 동안 재상이었고, 후자는 2대가 재상이었다. 또 이 두 가문은 원래 한족寒族*이었고, 모두 여러 대에 걸친 세가世家는 아니었다. 이런 상황에서, 몰락한 문벌의 후예가 자신의 뿌리라고 간주하던 족보학은 이미 헌신짝으로 간주되었고, 윤리와 도덕 법칙은 시대에 뒤진 사회 조직 형식으로부터 해방되어야 했다. 남송의 정초鄭樵 (1104~1162)는 이렇게 말했다.

> 수당 이전의 관직에는 부장簿狀(관료의 신분과 직위를 기록한 책)이 있었고, 가문에는 족보가 있었다. 관직의 채용은 반드시 부장에 근거했고, 가문의 혼인은 반드시 족보에 근거했고, 역대로 모두 도보국圖譜局이 있어 낭郎과 영사令史를 두어 관장하게 했는데, 여전히 옛일에 박식하고 오늘날의 일에도 통달한 유학자를 써서 족보 작성을 담당하게 했다. 성姓을 가진 귀족들*로서 가장家狀

---

* 한족(寒族): '귀족'과 구분되며 보통 선비(素士), 농민(農), 노동자(工), 상인(商), 군인(兵), 노예, 문객 등을 가리킨다.

을 가진 자는 그것을 관에 바쳤고, 관에서는 그것을 심사하고 사실 여부를 따져 비각秘閣에 소장했으며 부본副本은 좌호左戶에 두었다. 만약 사서私書에 사실과 다른 것이 있으면 관적官籍으로써 바로잡았고, 관적이 미치지 못하면 사서로써 심사하였다. 이 것은 옛 제도에 가깝게 천하를 엮어, 귀족은 항상 존귀하게 하고 천한 이들에게는 신분과 지위에 따른 등위等威가 있게 하였다. 사람들이 족보학을 숭상하게 하고 가家에서는 보계지서譜系之書를 소장하게 한 것이었다. 오대 말 이후 사士를 취함에 가세家世를 묻지 않고, 혼인에서 문벌을 묻지 않았기에, 그 책들은 흩어져 없어졌고 그 족보학도 전하지 않는다.

> 自隋唐而上, 官有簿狀, 家有譜系. 官之選擧, 必由於簿狀; 家之婚姻, 必由於譜系. 歷代竝有圖譜局, 置郎·令史以掌之, 仍用博古通今之儒, 知撰譜事. 凡百官族姓之有家狀者, 則上之, 官爲考定詳實, 藏於秘閣, 副在左及; 若私書有濫, 則糾之以官籍, 官籍不給, 則稽之以私書. 此僅古之制, 以繩天下, 使貴有常尊, 賤有等威者也. 所以人尙譜系之學, 家藏譜系之書. 自五季以來, 取士不問家世, 婚姻不問閥閱, 故其書散失, 而其學不傳.[339]

북송 시대의 대가족은 결코 당대 귀족의 후예가 아니었으며, 그들은 태반이 이 과거 제도에 의지해 벼슬길에 진입했고, 또 높은 지위를 얻었다. 새로운 사회 조건에서, 송조 통치자와 도학가들은 서로 다른 목적에서 출발했으나 모두 종법을 재건하고 족보를 중수重修하며 지주계급의 장기적 이익을 확립하고 또 정치상에서 새로운 집권/분권 정체

• 성(姓)을 가진 귀족들: 해당 원문은 "百官族姓"이다. 지금은 '백성'(百姓)이 서민을 가리키지만, 원래 뜻은 성씨를 가지고 있는 귀족을 뜻했다. 과거엔 관직이 세습되는 이들이 바로 귀족이었고, 이들만 성씨를 가지고 있었기 때문이다. 원래 '百姓' 자체가 '百官族姓'의 줄임말이었다.

에 이론적 기초를 제공하려고 시도했다. 바로 이 때문에, 군현 체제하의 봉건 문제는 종법 가족 제도의 변천 문제에 집중되었다.

송대 통치자와 신사紳士 계급은 모두 『예기』의 이른바 '경종수족'敬宗收族*을 통해 도덕/정치 공동체를 재구축하려고 시도했다. 구체적인 방법은 곧 사당을 건립하고, 족전族田을 두고, 가보家譜를 편찬하는 것이었다.[340] 이른바 집권/분권 정치는 조정과 신사 계급이라는 두 측면에서 본 것이다. 송나라 조정의 절대 군권 체제는 번진 할거 세력과의 투쟁 속에서 생산된 것으로, 그것의 행정·군사 및 경제 제도는 모두 귀족 체제를 없애고 할거 세력을 막는 것을 목표로 삼았다. 장전제의 와해는 국가가 농호農戶를 국가 호적에 넣고, 개별 가정을 중심으로 하는, 조전租田 관계가 보편화된 농업 경영 체제를 형성하기에 유리했다. 이 생산 관계와 고용 관계의 상대적 자유는 사회의 유동성에 편리한 문을 열어 주었고, 기존의 사회 조직 관계는 해체의 위험에 직면했다. 그러므로 조정은 '경종수족'을 장려했는데 그 목적은 지주제를 중심으로 하여 중앙집권적 행정·부세 및 병역 체제의 사회적 기초를 형성하고 지탱하는 것이었다. 신사 지주계급의 각도에서, 종법과 향약의 형식으로 지주제의 기초 위에서 기층 지방자치를 형성하는 것은 변화된 역사적 조건하에서 황권과 종법의 공동 통치의 정치 구조를 형성하는 유일한 경로였다.

바로 이런 배경하에서, 도학가들은 종법을 회복하고 계보를 중수하는 데 노력을 기울였다. 종자법宗子法이 의도한 것은 서주西周의 종법식 가족 제도이고, 계보학이 의도한 것은 위진魏晉 수당隋唐 시기의 세가대족식 가족 제도이며, 그들은 종법과 계보의 재구축을 통하여 갈등과 분쟁을 수습하고, 재부財富를 균등히 나누어 사람들이 각자의 몫을 얻기를 희망했다. 장재는 말했다.

---

* 경종수족(敬宗收族): 조상을 공경하고 가족 족보 등을 통해 가족사를 존중하고 전승함으로써 가문의 힘을 응집하고 가계 전통과 정신을 발양하는 것을 이른다.

종자법이 없어지자 후세에 보첩을 숭상하였으니 여전히 남겨진 풍속이 있다. 보첩이 폐해지자 가문은 어디에서 왔는지를 알지 못했다. 100년 된 가문이 없고, 골육骨肉에 계통이 없어, 비록 지친至親이라 하더라도 은의恩義가 얇았다.

종자법이 세워지지 않으니 조정에는 세신世臣이 없다. …종법이 세워진다면 사람마다 각기 그 유래를 알 것이고, 조정에는 크게 이익이 있을 것이다. …지금 부귀를 모아 얻은 자는 그저 30~40년 가는 계획을 세울 수 있을 뿐이고, 한 지역에 집을 세우지만, 그 소유한 재산은 그 사람이 죽으면 여러 아들이 찢어 나누어서 얼마 가지 않아 탕진해 버리니, 가문이 마침내 존재하지 않게 된다. 이와 같으면 가문 역시 보존할 수 없는데, 또 어찌 국가를 보존하랴!

공경公卿이 각기 그 가문을 보존한다면, 충의가 어찌 세워지지 않겠는가? 충의가 세워지고 나면, 조정의 근본이 어찌 확고하지 않겠는가?

> 宗子法廢, 後世尙譜諜, 猶有遺風. 譜諜又廢, 人家不知來處. 無百年之家, 骨肉無統, 雖至親, 恩亦薄. 宗子之法不立, 則朝廷無世臣. …宗法若立, 則人人各知來處, 朝廷大有所益. …今驟得富貴者, 止能爲三四十年之計, 造宅一區, 及其所有, 旣死則衆子分裂, 未幾蕩盡, 則家遂不存. 如此則家且不能保, 又安能保國家! 公卿各保其家, 忠義豈有不立? 忠義旣立, 朝廷之本豈有不固?[341]

정이는 엄격한 가법家法과 족규族規의 수립을 주장했는데, 완전히 '제가치국'齊家治國의 논리를 따랐다. 그는 말했다.

종자법이 무너지자, 사람들은 근본을 몰랐기에, 사방으로 전전하다가, 왕왕 친족 관계가 아직 끊어지지 않았는데도 서로 알아

보지 못했다.

> 宗子法壞, 則人不知來處, 以至流轉四方, 往往親未絶, 不相
> 識.[342]

만약 종자법을 세운다면, 사람들이 조상을 존중하고 근본을 중
시할 줄 알게 될 것이다. 사람들이 근본을 중시하면 조정의 세력
도 절로 존귀해진다.

> 若立宗子法, 則人之尊祖重本. 人旣重本, 則朝廷之勢自尊.[343]

비록 작은 일가라도 존엄이 없으면 효도와 공경이 쇠하고, 군장
이 없으면 법도가 폐해지니, 엄한 군주가 있고 난 뒤에야 가도가
바르게 된다.

> 雖一家之小, 無尊嚴則孝敬衰, 無君長則法道廢, 有嚴君而後家
> 道正.

집안을 다스림이란 뭇 사람을 다스리는 것이다. 법도로써 막지
않으면 인간의 감정이 제멋대로 분출되어서, 반드시 후회에 이
를 것이니, 장유의 질서를 잃게 되고, 남녀의 구분이 어지러워지
며, 은의가 손상되고, 윤리가 해쳐지지 않는 곳이 없을 것이다.

> 治家者, 治乎衆人也, 苟不閑之以法度, 則人情流放, 必至於有
> 悔, 失長幼之序, 亂男女之別, 傷恩義, 害倫理, 無所不至.[344]

남송의 주희는 장재, 정이의 주장과 일맥상통한데, 그는 『고금가제
례』古今家祭禮, 『가례』家禮 등의 책을 편집하였고, 또 종족이 모이는 사
당祠堂을 상세히 설계하였으며, 조상 제사와 족전 및 종자宗子의 설립
을 통해 군현 시대 지주제의 기초 위에서 초기 종법분봉의 정신 혹은
심원한 의미를 회복하였다.[345]
「발삼가례범」跋三家禮範에서, 주희는 명확히 예와 봉건 문제를 떼어

놓았고, 따라서 예의 문제를 군현 제도의 정치적 틀 내부로 받아들였다.

> 아! 예가 폐해진 지 오래되었다. 사대부가 어려서 일찍이 몸에
> 익히지 않기 때문에, 자라서도 집안에서 행할 수가 없다. 자라서
> 도 집안에서 행할 수가 없으면, (벼슬자리에) 나아가서도 조정
> 에서 의론하고 군현에서 (정책을) 실시할 수가 없고, 물러나서
> 는 고을에서 가르치고 자손에게 전할 수가 없으며, 혹여라도 그
> 직무의 수행되지 않음을 알지 못한다.
>
>> 嗚呼! 禮廢久矣. 士大夫幼而未嘗習於身, 是以長而無以行於
>> 家. 長而無以行於家, 是以進而無以議於朝廷, 施於郡縣, 退而
>> 無以教於閭里, 傳之子孫, 而莫或知其職之不修也.[346]

주희와 왕양명이 각자의 시대에 주도하고 종사한 향약 실천은 이 종
법과 가족 실천의 확장이라고 볼 수 있다. 즉 그것들은 모두 군현 조건
하에서 신사 지주제를 기초로 군현 체제와 상호 어울리는 지방자치 형
식을 창조하려고 시도하였다. 중앙집권적 군현 체제에 적응하였고 송
대 이후에 장기적으로 발전할 수 있었기 때문에, 사당·가보家譜·족전
을 주요 특징으로 하는 '근대 가족 제도'는 송·원·명·청 시대의 보편
적인 사회 조직 형식이 되었다. 그러나 또한 종법을 회복하려는 노력
은 군현 체제하의 새로운 사회적 실천이며, 그것은 간단히 종법분봉의
서주 형식 속으로 '되돌아갈' 수 없었다. 이 조건하에서 어떻게 변화된
역사적 조건에 적응하여 봉건의 정의精意를 섭취하는가가 또한 인지·
이해·체험·실천을 필요로 하는 일이 되었다. 천리적 세계관과 그 치지
致知의 순서는 사람들이 선대 유학자가 남긴 가르침과 역사적 변화를
종합하는 데에 근거와 방법을 제공했으며, 따라서 또한 군현 조건에서
종법을 회복하려는 노력에 전제가 되었다.

3. '정전' 상상: 상업화 과정에서의 토지 제도, 세법, 도덕 평가

귀족 제도의 와해는 결코 돌발적이거나 고립적인 사건이 아니었다. 당송 교체기 토지 제도와 세법의 변화는 곧 귀족 제도 와해의 한 고리였다. 북위 이래로 토지 제도의 변혁은 하나의 기본적인 방향을 따르고 있었다. 즉 신분적이거나 등급적인 호족 지주豪族地主가 호구戶口를 암암리에 점유하던 국면을 변화시켜서, 균전제의 기초 위에서 새로운 세제를 발전시켰다. 균전제는 효문제孝文帝 태화太和 9년(835)에 처음 시행되었는데, 이름을 '균전'均田이라 한 것은 삼대 정전 제도 이래 토지 제도의 전통을 본받고 총결한다는 의미이다. 그 특징은 수전授田과 한전限田을 동일한 토지 제도 속에서 종합한다는 것이었고, 따라서 재산권 형식에서 토지 국유제와 사유제가 병존하는 토지 소유 관계를 조성하였다. 이런 의미에서 주대 제도의 증감을 표방하던 균전제는 전통 전제 형태가 토지 사유제 형태로 가는 과도기를 대변하고 있으며, 그것이 문란해진 것은 바로 이 제도 내부의 두 가지 병존하던 제도 형식이 상호 충돌한 결과이다. 당나라의 균전령均田令과 조용조법은 균전제를 전제로 한 것으로, 무덕武德 7년(624)에 반포되었다.[347] 균전령은 성별·연령·관작官爵 등에 따라 전지田地를 나눠주었지만, 노비나 부곡部曲 및 소를 부려 경작하는 이들이 받을 전지는 없애 버렸다. 나눠줄 전지가 부족한 협향狹鄕(공지公地는 적으나 인구가 많은 지역 ─ 역자)에서는 한도를 넘는 전지 점유를 금지하였고, 관원官員의 영업전永業田과 황제가 하사하는 칙전勅田은 나눠줄 전지가 충분한 관향寬鄕(공지는 많으나 인구가 적은 지역 ─ 역자)에서만 받을 수 있었다. 당나라 중엽에 토지 겸병이 날로 심각해지고 유민이 많아졌다. 그래서 균전령의 보호하에 균전 농민과 중소 지주의 경제가 우세를 점하던 관계는 파괴되었다.[348] 균전제의 와해는 토지 겸병과 토지 사유제 확립의 결과이다.

토지 점유 관계의 변화는 부세 제도에서 조용조제의 와해로 반영되었으며, 이는 유민의 발생으로 인해 인정人丁을 근본으로 하는 조용조 중앙 징세가 계속되기 어려웠기 때문이다. 토지·인구·부세가 지방 세력에 의해 대대적으로 침탈당하는 상황에서, 당 왕조는 부세 제도의 정리와 '양세법'兩稅法 개혁을 추진하지 않을 수 없었다. 대종代宗 대력 大曆 연간(766~779) 당 왕조의 부세 수입은 이미 점차로 호세戶稅와 지세 地稅 위주로 바뀌었다. 덕종德宗 건중建中 원년(780), 재상 양염楊炎은 양 세법을 제정했는데, 그 대체적인 내용은 다음과 같다. 중앙에서는 재 정 지출에 근거하여 총 세액을 정하고, 각지에서는 중앙의 배당액에 따라 현지의 인호人戶에게 징수한다. 토착호土着戶와 객거호客居戶는 모 두 주현의 호적에 편입되고, 정장丁壯의 수와 재산에 따라 호등戶等을 정한다. 봄과 가을 두 철에(6월과 11월) 양세를 징수한다. 조용조와 기타 요역을 폐지한다. 양세는 호등에 따라 돈을 납부하고, 전무田畝 에 의거해 미속米粟을 납부한다. 전무세는 대력 14년(779)의 간전墾田의 수數를 기준으로 하여, 평균적으로 징수한다. 상인은 여거지旅居地에서 그 수입의 1/30세를 납부한다.[349]

양세법의 시행으로 문벌 호족에게 명의상 공납을 요구하였을 뿐 아 니라, 이를 통해서 그들이 암암리에 점유하던 은호隱戶와 객호客戶를 빼 앗으려 시도하였다. 따라서 "사람 수에 따라 세금을 계산하고", "인정 人丁을 근본으로 하는" 전통 세제를 변화시켰다. 양세법은 재산의 많고 적음을 징세의 기준으로 삼았기 때문에, 부세를 부담하는 층을 확대시 켰고, 과세가 더 이상 빈곤한 농민에게 집중되지 않았다.[350] 또 "자산資 産을 근간으로 한 만큼", 양세법의 실시는 세제에서부터 간접적으로 토 지 사유의 재산권을 규정했다. 동시에 또 '수용대역'輸庸代役의 용庸을 양세 징수에 병합했고, 제도적으로 요역 징발을 없앴기 때문에, 노동 력이 더 이상 토지 재산권의 부속물이 되지 않았다. 토지 사유재산권 과 농민의 인신人身 권리가 세제에서 법률적으로 명확히 규정됨에 따 라, 중앙의 왕권과 지방의 지주 할거 세력은 균전수전제均田授田制하에 서 형성한 토지 재산권으로 뒤얽혔던 관계가 상대적으로 옅어졌고, 양 자는 각자 독립적인 이익을 가진 행위 주체가 되었다.[351] 이것이 시장 관계와 상업 문화의 기초가 되고, 또한 토지 겸병이 또다시 확대된 제도와 정책의 전제前提가 되었다. 이고李翱는 「진사책문제일도」進士策問第一道에서 양세법 이후 "백성의 토전土田 중에 유력자에게 병합된 것이 셋 중 하나를 넘는다"(百姓土田爲有力者所幷, 三分逾一)[352]고 비판했는데, "부자는 겸병한 땅이 수만 무畝이고, 빈자는 발을 둘 곳도 없다"(富者兼地數萬畝, 貧者無容足之居)[353]는 논법을 완전히 인증하였다. 이고는 도학의 선구자로 간주되지만, 그의 「소개세법」疏改稅法, 「진사책문제일도」를 천도天道에 대한 그의 논술과 연계시켜 이해하는 사람은 거의 없다.

미야자키 이치사다의 연구에 따르면, 양세법의 당초의 의도는 동전으로 세금을 거두는 것이었으며, 뒤에 전화錢貨의 절대량이 부족해지자 어쩔 수 없이 미곡米穀과 견백絹帛으로 할인 납부(折納)하는 것을 인정하였다.[354] 송조는 남방의 여러 나라를 평정한 후, 오대 시대의 각국에서 행하던 연전鉛錢, 철전鐵錢을 정리하여 동전을 추가로 주조해 민간에 유포했다. 정부 가격 체제와 형법상 장물취득죄의 기준 역시 동전으로 계산했다.[355] 전에 없던 이런 동전 경제는 의심의 여지 없이 사회생활의 상업화와 시장화를 촉진하였다. 남방의 동전화와 동시에, 남방에서 유행한 은괴가 반대로 또 화북華北 지역에 영향을 미쳤고, 따라서 관방의 가격 체제(형법상 부정한 돈의 계산을 포함하여)가 동전으로 계산해도 민간의 장사는 오히려 여전히 은괴 화폐 제도를 따랐다. 따라서 "화북의 통화 제도로 남방을 확충하고 강제하는 정책으로써 성공한" 시대였다.[356] 이른바 '통화 제도'의 확충은 이 시기의 장거리 무역이 이미 중요한 경제 방식이 되었음을 보여 주며, 이 방면에서 대운하가 제공한 교통의 편리는 하나의 중요한 요인이었다. 운하 유역을 따라 움직이던 상업 활동과 전제와 세법 개혁이 상호 배합되어, 상업이 이끈 사회적 유동을 강력하게 촉진하였다.[357] 경제사가인 폴 바이로흐Paul Bairoch는 19세기 이전 비유럽 전통 무역정책을 분석할 때 이미 송대를 예로 들어, 중국인이 자기 폐쇄적이고 외부 상인에 대한 의심을 보인 것에 관해 유럽인이 가진 회의적 태도는 16세기부터 19세기까지의 시기에 생긴 것으로, 10세기부터 13세기까지의 정황은 전혀 그렇지 않았다고 하였다. 1137년, 송 고종高宗이 발표한 조서에는 "시장과 선박을 통한 이익이 가장 많아서, 소득이 툭하면 백만 단위로 계산되니, 만약 적절히 조치를 취한다면 어찌 백성들이 더욱 더 많이 취하지 않겠는가?" 등의 말이 있는데, 당시의 중국에서 외부 세계와의 상업적 연계의 수립을 허용하였을 뿐 아니라 이런 연계를 적극적으로 추구하고 격려하기도 하였으며, 많은 외국 상인이 이들 도시에서 개업을 허락받았고, 또 열렬한 환영을 받았음을 알 수 있다.[358] 요컨대, 무역의 발전, 도시의 확장, 인구의 증가 및 유동성의 상승, 그리고 군사적으로 송대의 무능이 조성한 토지 자원의 긴장은 필연코 새로운 사회관계와 사회 모순을 탄생시킬 수밖에 없었다.

　양세법은 더욱 자유로운 시장 관계에 조건을 제공했지만, 또한 토지 겸병과 양극 분화를 촉발했다. 화폐경제의 발전으로 실물경제는 반드시 깊은 영향을 받을 수밖에 없었다.[359] 양세법이 처음 실행될 때, 납견納絹 한 필이 전錢 3,200~3,300문文에 맞먹었으나, 정원 10년(794) 전후에 이르러서는 납견 한 필이 겨우 전錢 1,500~1,600문이었다. 헌종憲宗 원화元和 14년(819)에 견포絹布의 값은 이미 처음 양세를 정했을 때의 1/3로 떨어졌다.[360] 『송사』宋史「식화지」食貨志에서는 양세법의 확립으로 "고관과 갑부의 토지 점유가 한이 없었고, 겸병하는 데에 속임수를 무릅쓰는 것이 풍속이 되어 버렸다"(勢官富姓, 占田無限, 兼竝冒僞, 習以成俗)[361]고 하였다. 이는 『송회요집고』宋會要輯稿「식화 12」에 기술된, "호구戶口의 세부稅賦에 관한 장부가 정비되지 않고, 이서吏胥가 사사로이 세부를 은닉하여, 연좌된 집들이 파산하여 도망가기도 하고, 전호佃戶인 척하여 경작지를 침범하기도 하고, 죽은 사람의 이름을 호적에 끼워 넣고, 부세는 경중이 같지 않고, 차역差役은 노역이 균등하지 않은"(戶口稅賦帳笈皆不整擧, 吏胥私隱稅賦, 坐家破逃, 冒佃侵耕, 鬼名挾戶, 賦稅則重輕不等, 差役則勞役不均) 상황이 가져온 모순이었다.[362] 양세법은 균전제가 파산한 다음의 산물이지만, 균전제의 이념은 또한 선진 시기부터 물려

받은 것이었으므로, 유자들은 삼대의 치治와 한당의 법法의 틀 내에서 균전을 비판하기가 극히 쉬웠다. 이구(1009~1059)는 『역』과 『주례』의 연구로 뛰어났으나, 도학의 강력한 비판자이기도 하였다. 그는 「평토서」平土書·「부국강병안민책」富國強兵安民策·「주례치태평론」周禮治太平論·「잠서」潛書 등의 정치적 저작을 발표하였다. 그중 가장 중요한 사상은 곧 '평토'平土·'균역'·'평준'平準·'평적'平糴이었으며, '평토'(균전)는 그중에서도 핵심 부분이다. "법제가 세워지지 않고 토전이 균등하지 않아, 부자는 날로 토지가 늘고, 빈자는 날로 토지가 줄어드니, 비록 쟁기와 호미가 있더라도 곡식을 먹을 수가 없는" 국면에 대해, 그는 '평전'을 주창했는데,[363] 그 원칙은 정전제에서 유래했다. 즉, "나는 이제 정전법이 백성을 위한 법도임을 알겠다! 정전법이 확립되면 토전이 균등해지고, 토전이 균등해지면 경작자가 밥을 먹을 수 있게 되고, 음식이 풍족해지면 누에 치는 자가 옷을 얻게 된다. 경작하지 않고 누에 치지 않으면서도 배고프지 않거나 춥지 않은 자는 드물 것이다."(吾乃今知井地之法, 生民之權衡乎! 井地立則田均, 田均則耕自得食, 食足則蠶者得衣. 不耕不蠶, 不饑寒者希矣)[364]

종법과 정전에 대한 송대 도학가들의 호소와 간구는 새로운 시장 관계의 형성, 토지 매매와 겸병의 발전, 황권의 대폭 확장, 엄격하고 준엄한 형법과 법의 실행 및 유민의 출현 등과 역사적으로 연관이 있다. 도학가들은 봉건, 정전 및 학교를 일종의 대항적, 비판적 제도 구상으로 간주했다. 즉 봉건·정전·학교는 황권과 법률의 확장, 상업 문화의 발전, 토지와 인구의 모순, 사회적 유동성의 상승에 대한 비판적 대응이었다. 장재는 『경학이굴』經學理窟 「주례」周禮에서 사형의 범람과 시장의 확장을 견책했는데, 그는 이렇게 비판했다. 즉 사형의 남발로 인해 반대로 "지금의 망령된 자들이 왕왕 죽음을 가볍게 보게 되었다."(今之妄人往往輕視其死) "시장에서의 교역에 관한 정책은 그저 한 사람의 시장 담당 관리의 일에 그칠 뿐이지, 왕정王政의 일이 아니다."(市易之政, 止一市官之事耳, 非王政之事也)[365] 만약 그의 비판적 관점을 정전 회복의 주장과 연계시켜 고려한다면, 우리는 광범한 사회 변동의 기미를 엿볼 수 있을 것이다. 사형의 남발은 사회적 유동성의 상승, 유민의 출현, 종법 관계의 파괴와 밀접히 관련되어 있다. 바로 이 새로운 상황 속에서, 우리는 이학가의 저술 중 『맹자』 「등문공 상」藤文公上 속의 정전제와 종법 관계에 대한 회고 투의 어조를 듣는다. "죽어서나 이사갈 때나 향鄕을 떠남이 없으며, 향의 밭에서 정지井地를 함께 가꾸며, 출입할 때 서로 벗하며, 도둑을 지키고 망봄에 있어 서로 도우며, 병이 나면 서로 돕고 의지하였다."(死徙無出鄕, 鄕田同井, 出入相友, 守望相助, 疾病相扶持)[366]

장재는 「서명」西銘에서 건곤천지乾坤天地를 이용하여 국가를 포함하고, 효제인애孝悌仁愛의 가족 윤리를 이용하여 군주와 국가의 행위를 규범지었으니, 정전제와 종법제는 국가 윤리에 객관적 기초를 제공한 것이다. 우리는 그가 천도관의 논리적 구조 바깥에서부터 주대 종법과 정전제에 따라 사회적 실험을 진행하는 노력을 발견할 수 있다. 장재는 말하였다. "천하를 통치함에 정전제로부터 말미암지 않으면 끝내 균평均平하게 할 수 없다. 주도周道는 단지 균평일 뿐이다."(治天下不由井地, 終無由得平. 周道止是均平) "정전제는 행하기가 지극히 쉬우니, 단지 조정에서 명령을 내리기만 하면 한 사람도 매질할 필요 없이 정해진다. 대개 감히 토지를 점거할 자가 없으면 또 반드시 백성이 기뻐 따를 것이고, 토전을 많이 가진 자는 그 부를 잃지 않게 한다. 대신들 중 토지 1천 경頃을 점거하고 있는 자의 경우 50리의 국國을 봉한 것에 불과하지만, 이미 그 소유를 넘어섰다. 그 밖에는 토지의 다소에 따라 관직을 부여하여, 조세권租稅權을 가진 사람이 재산을 잃지 않도록 하였다. 천하를 다스리는 술術은 반드시 여기에서 시작된다."(井田至易行, 但朝廷出一令, 可以不笞一人而定. 蓋人無敢據土者, 又須使民悅從, 其多有田者, 使不失其爲富. 借如大臣據有土千頃者, 不過封與五十里之國, 則已過其所有; 其他隨土多少與一官, 使有租稅人不失故物. 致天下之術, 必自此始)[367] 정전과 종법 봉건에는 밀접한 관계가 있기 때문에, 그는 또 정전과 종법을 새로운 역사적 형세에서 결합하였다. 51세에 횡거진橫渠鎭으로 돌아온 장재는 책을 저술하면서 동시에 정전을 실험했는데, 이런 토지 제도의 소규모 실험은 사실 옛 제도인 종법을 회복하려는 노력이다. 『경학이굴』「종법」宗法에서, 그는 종자법宗子法이 재산권 방면에서 가지는 함의를 상세히 기술했고, 따라서 종자의 제사권 역시 특수한 경제 제도임을 증명했다. 즉 종자가 제사를 지낼 때 여러 아들과 그 지속支屬* 중에서 제사에 참여하는 이들은 "몸으로써 일을 담당해야"(以身執事), 즉 노역에 복무해야 했고, 참가하지 않는 이들은 "물건으로써 도와야"(則以物助之) 했으니, 사실은 공납이라는 말이다.[368] 이는 양세법과 다르고 유동적 상업 경제와 다른 경제 형식이다. 도학가들이 보기에, 이들 경제 활동 자체는 도덕적 의의를 포함하고 있는데, 이것이 곧 옛 제도의 정수이다. 종법 제도는 고대 예제의 중요한 기초이며, 또한 사회가 유지될 수 있는 조건이다. 전국시대 사士와 서인庶人 관계의 혼란은 종법의 몰락 때문에 생긴 계급 분야의 변화이며, 이른바 대종大宗이 소종小宗을 종으로 여기지 않는 일이 일어남이나, 예악의 붕괴, 당송 시대 귀족 제도와 그 예의 체계의 와해 역시 비슷한 함의를 지녔다. 그러므로, 종법을 재건한 기본 동기는 예제를 다시 진작시키는 데서 기원하였고, 예제를 다시 진작시키는 과정은 단순한 도덕적 교화의 과정이 아니라 경제적이고 정치적인 과정이기도 하다.[369]

장재의 관점과 호응하여, 호굉胡宏(1105~1155)은 균전을 '봉건'과 '정전' 등 옛 제도 회복의 전제로 보았고, 또 정전과 봉건의 문제를 천리/인욕人欲, 공公/사私 등 도학 범주 속에 포함시켰다.

> 균전제는 정치의 선결 과제이다. 토전이 고르지 못하면, 비록 어진 마음이 있어도 민은 그 혜택을 입지 못한다. 정전은 성인의 균전제의 요체이다.
>
> 均田, 爲政之先也. 田里不均, 雖有仁心而民不被其澤矣. 井田

• 지속(支屬): 갈라져 나온 혈족.

者聖人均田之要法也.[370]

정전법이 행해지고 난 다음에야 지혜로운 자와 어리석은 자를 가릴 수 있어서, 학교에는 남아도는 사士가 없고 들에는 남아도는 농부가 없으며, 인재가 각기 제자리를 얻고 노는 사람이 드물어진다. 임금이 경卿에 대해 경이 대부大夫에 대해 대부가 사에 대해 사가 농민과 공상민에 대해 받는 바 분수에 맞는 제한이 있고 그 많고 적음이 균일하여 가난하고 괴로운 이가 없다. 사람들이 모두 땅을 받아, 대대로 그것을 지킨다. 교역에서 남의 것을 빼앗으려는 꾀가 없어지니 쟁탈에 관한 송사가 없고, 쟁탈에 관한 송사가 없으니 형벌은 줄어들고 백성은 편안해지며, 형벌이 줄어들고 백성이 편안해지니 예악이 정리되고 조화로운 기운이 호응한다.

> 井法行而後智愚可擇, 學無濫士, 野無濫農, 人才各得其所而游手鮮矣. 君臨卿, 卿臨大夫, 大夫臨士, 士臨農與工商, 所受有分制, 多寡均而無貧苦者矣. 人皆受地, 世世守之. 無交易之侵謨則無爭奪之獄訟, 無爭奪之獄訟則刑罰省而民安, 刑罰省而民安則禮樂修而和氣應矣.[371]

그러므로 봉건이란 것은, 제왕이 천리를 따르고 인심을 받들며 천하를 공공의 것으로 여기는 큰 실마리이자 큰 근본이다. 봉건하지 않음은 세상을 패도로써 억누르는 폭군이 인간의 욕망을 쫓고, 대도를 거역하고, 자기 자신만 아끼는 큰 죄업이요 큰 도적질이다.

> 故封建也者, 帝王所以順天理, 承人心, 公天下之大端大本也. 不封建也者, 霸世暴主所以縱人欲, 悖大道, 私一身之大孼大賊也.[372]

주목해야 할 것은, 정전과 봉건에 대한 호굉의 논술은 군현 제도에 대한 그의 비판과 긴밀하게 연계되어 있고, 군현 제도에 대한 비판은 또 봉건 관계 속의 이하지변夷夏之辨과 긴밀하게 연계되어 있으므로 전제와 예의, 군사 및 내외 관계를 밀접히 연결했다는 점이다. 그는 한편으로는 "방국邦國이 폐해지니 군현제가 생겼다. 군현제가 생기니 세습제가 없어졌다"(邦國廢而郡縣之制作矣. 郡縣之制作而世襲之制亡矣)[373]고 하였다. 다른 한편으로는 "제후국을 제어한 것은 왕기王畿(수도)를 제어하기 위한 것이다. 왕기가 안정되고 강하면 만국이 가깝게 따르니, 그로써 중하中夏를 보위하고, 사이四夷를 제어한다"(制侯國, 所以制王畿也. 王畿安强, 萬國親附, 所以保衛中夏, 禁御四夷也),[374] "진秦나라 이래로 천하를 군현으로 만들자 중원에 대대로 변경邊境의 화가 생겼다. 슬프도다!"(自秦而降, 郡縣天下, 中原世有遍鄙之禍矣. 悲夫)라고 하였다. 수공취앤蕭公權의 관점에 따르면, "호굉은 은연중에 남쪽으로 천도한 책임을 송대 군현 집권제에 돌리고 있는데, 특히 '진나라는 독재였고 송나라는 형편없다'(孤秦陋宋)고 말한 후대 왕부지王夫之의 주장과 부합한다."[375]

남송 시대의 주희의 태도도 일맥상통한다. 「개천맥변」開阡陌辨에서, 주희는 분봉 수전 제도의 붕괴가 낳은 결과를 깊이 분석하여, "천맥제阡陌制의 땅이 민전과 아주 유사하며 또 반드시 은밀히 거기에 기대어 제 것으로 만들어 세稅가 공상公上으로 들어오지 않는 것이 있다"(阡陌之地, 切近民田, 又必有陰據以自私, 而稅不入於公上者)라고 지적했다. 그는 상앙의 '천맥阡陌*의 개설', 양염의 양세법 등 토지 제도의 개혁이 정전, 수전제의 폐단을 극복하는 데 유리하긴 했으나, 오히려 고대 성현이 만든 제도의 심오한 도덕적 함의를 잃어버렸다고 생각했다. "천맥을 다 열고, 금지와 제한을 다 제거하여, 백성에게 겸병과 매매를 허락하여 인력을 최대한 활용했다. 버려진 땅을 개간하여 모두 밭으로 만들어, …지리地利를 다하였다. 백성이 밭을 가지면 곧 영업전營業田이 되고 다

• 천맥(阡陌): 밭 사이에 종횡으로 교차하는 작은 길.

시 되돌려 주지 않으니, 번거롭고 요란스러우며 속이고 감추는 간사함을 근절시켰다. 땅은 모두 밭으로 만들고 모두 세금을 내게 하여 은밀히 점거하고 제 것으로 만드는 요행을 조사한다. 이 계책은 참으로 양염이 부호의 폐단을 싫어하여 마침내 조용租庸을 혁파하고 양세兩稅로 한 것과 마찬가지이다. 대개 한때의 해를 비록 제거하더라도 오래도록 성현이 전수한 심오한 의의는 여기에서 다 잃어버렸다."(盡開阡陌, 悉除禁限, 而聽民兼幷買賣, 以盡人力; 墾辟棄地, 悉爲田疇, …以盡地利. 使民有田卽爲永業, 而不復歸授, 以絶煩擾欺隱之奸. 使地皆爲田, 而田皆出稅, 而覇陰據自私之幸. 此其爲計, 正猶楊炎疾浮戶之弊, 而遂破以爲兩稅. 蓋一時之害雖除, 而千古聖賢傳授精微之意, 於此盡失矣)[376] 왜 주자는 전제의 개혁으로부터 "오래도록 성현이 전수한 심오한 의의"의 상실이라는 결론을 얻었는가? '예악과 도덕의 분화'라는 유학적 시각이 없으면 이러한 결론을 얻을 수가 없다. 그러므로 송대 유가의 경제 관점과 정치 관점은 반드시 도덕 판단 방식의 전환 과정에서만 적절히 이해될 수 있다.

전통 종법 제도에서 확립한, 종자宗子를 중심으로 하고 혈연관계로 분위分位를 정한다는 원칙은 토지 점유 관계 위에 수립된 것이다. 천자가 종법에 따라 분봉 수전한다는 각도에서 볼 때, 이 제도는 분전제록分田制祿*의 국가행정 관리 제도의 파생물로 간주할 수 있으며, 종법제의 기초는 분봉 세록分封世祿에 있고, 분봉 세록의 기초는 녹전祿田(토지)에 있다. 녹전이 없으면 이른바 세록도 없고, 세록이 없으면 종법도 없다. 이런 종법 윤리와 토지 및 노동력에 대한 그 분배 방식은 인정人情과 법法의 겸용, 의義를 중시하고 이利를 경시할 것을 요구하였으며, 그 것은 법적 형식으로 지나치게 명확한 토지재산권 관계를 규정하는 것

---

* 분전제록(分田制祿): 원래 전국시대의 맹자가 임금·신하·백성 사이의 토지 관계 문제를 해결하기 위해 제출한 경제론이다. 봉건 군주는 농민에게 농사를 짓도록 토지를 주고, 한편으로는 자급자족의 소농경제 생활을 하게 하고, 다른 한편으로는 농민들에게 공전(公田: 녹전祿田)을 경작하여 세금 형식으로 봉납하게 함으로써 군주와 대신 등 관료 통치자들을 봉양하게 하는 것이다.

에 찬성하지 않았다. 역사적 관점에서 볼 때, 정전 제도와 '천맥 개간'의 투쟁은 또 봉건과 군현의 모순으로 귀결할 수 있다. 우리는 진 효공시대 상앙 변법의 "정전을 파괴하고 천맥을 연" 것에 대한 『한서』「식화지」食貨志의 기록으로부터 이 점을 이해할 수 있다. 주희 이전에, 한대의 조조晁錯와 동중서가 이미 유사한 주장을 한 바 있다. 그들은 '정전의 파괴와 천맥의 개간'이 토지 겸병, 빈부 분화, 상인의 농민 겸병, 농민의 유망流亡을 초래했다고 비판했다. 우리는 오직 유학과 제도 개혁의 장구한 관계 속에서만 주희의 양세법 등의 제도 혁신에 대한 관점을 이해할 수 있다. 그가 왜 '향약'과 종족宗族 윤리에 대해 그처럼 지극히 큰 열정을 가졌는지, 그의 '천리' 개념이 현실 제도를 객관적 기초로 삼기를 거부하고 오히려 동시에 또 종족 윤리를 주요 내용으로 하였는지에 대해 비로소 이해할 수 있다.

당대 후기의 이고부터 북송 시대의 장재, 다시 남송 왕조의 주희에 이르러, 우리는 이중으로 연계된 단서를 보았다. 즉 한당 이래의 각종 제도와 그 결과를 비판하는 동시에 천도 혹은 천리를 중심으로 하는 새로운 도덕 계보를 수립한 것이었다. 이로써 자연스럽게 다음과 같은 문제가 제기된다. 즉 도학가들이 삼대의 치治로써 한당의 법에 대항했으나, 왜 그들은 삼대 예악론을 도덕/정치 평가의 기본 틀로 삼지 않고, 천도 혹은 천리를 중심으로 하여 천도론 혹은 본성론의 틀 내에서 새로운 도덕/정치 평가 방식을 형성했는가? 여기에서, 역사적 변천과 이 변천에 순응하는 의식―즉 '시세'時勢에 대한 의식―이 중요한 작용을 하였다. 도학가들은 삼대의 치로써 현실 제도와 그 사회적 효과를 비판했지만, 결코 정전제 등 구제도의 회복을 통해서 문제를 해결할 수 있다고 생각하지 않았으며 전체적으로 그들은 차라리 군현 조건하의 권력 구조를 인정하였다. 주희는 말했다. "봉건제와 정전제는 곧 성왕의 제도이며 천하를 공적인 것으로 하는 법인데, 어찌 감히 그렇지 않다고 할 것인가! 그러나 오늘날에는 아마 수행하기 어려울 것이다. 강행하여 이룰 수 있다 하더라도, 역시 뜻밖의 다른 병폐가 생겨

오히려 전보다 못할 것이니, 수습하기 어려울 따름이다."(封建井田, 乃聖王之制, 公天下之法, 豈敢以爲不然! 但在今日恐難下手. 設使强做得成, 亦恐意外別生弊病, 反不如前, 則難收拾耳)[377] 그는 정이의 정전 구상을 이렇게 평했다. "정선생이 젊어서 여러 차례 정전 봉건의 필요를 말했으나, 만년에 이르러서는 다시 실행의 어려움을 말했다. …그가 많은 세상일을 겪은 후에 일의 형세상 실행할 수 없음을 알게 된 것이라고 생각된다."(程先生幼年屢說須要井田封建, 到晚年又說難行, …想是他經歷世故之多, 見得事勢不可行)[378]

상술한 논의로부터 우리는 몇 가지 기본적인 결론을 얻을 수 있다. 첫째, 주자는 토지 겸병의 추세와 그 후과를 억제하는 데에 찬성했으나, 새로운 제도를 만드는 것은 오랫동안 도덕적 대가를 지불한 것이라고 생각했다. 둘째, 고대 제도의 도덕적 함의에 대한 주자의 추모는 결코 귀족제 회복을 요구한 것과 같지 않았다. 그가 주력한 향촌지주제를 기초로 한 '향약'이 바로 귀족제 와해 후의 산물이기 때문이다. 셋째, 현실 제도에 대한 주자의 비판은 하나의 가정, 즉 이 제도는 도덕적 평가의 객관적 근거를 제공할 수 없다는 가정 위에 수립되었다. 그러므로 공맹의 도로 복귀하는 것은 결코 공자와 맹자가 담론한 예악 제도를 현실의 정치 방략으로 삼을 수 있다는 것을 의미하지 않으며, 도덕 실천과 도덕 평가의 출발점 혹은 객관적 전제를 반드시 새롭게 구상해야 하는 것이었다. '리'는 사물에 내재한 질서·척도·본질이기에, '리'에 대한 긍정은 간단히 사물에 대한 긍정으로 전환될 수 없고, 또 사물에 대한 부정으로 간단히 전환될 수도 없다. 토지 제도, 세법, 상인 문화에 대해 역사적으로 긍정하고 도덕적으로 비판하는 주자의 이런 이중적인 태도는 그의 이욕지변理欲之辨에서 전형적으로 체현된다. 『주자어류』 권12에서 "성현의 천언만어는 단지 사람에게 천리를 밝히고 인욕을 멸하기를 가르칠 뿐이다"(聖賢千言萬語, 只是敎人明天理, 滅人欲)라고 말했지만, 권13에서는 다른 사람이 "먹고 마시는 데에 있어서 무엇이 천리이고 무엇이 인욕입니까?"(飮食之間, 孰爲天理, 孰爲人欲)라고 묻자 "먹고 마시는 것은 천리이다. 좋은 맛을 요구하는 것은 인욕이다"(飲食者, 天理也; 要求美味, 人欲也)라고 대답하였다.[379] 그러므로 도대체 무엇이 제거되어야 할 인욕이고 무엇이 보존되어야 할 합리적 바람인지, 그 핵심은 상태가 합당한가 아닌가에 달려 있고, 천리는 곧 이 상태의 합당 여부를 판단하는 척도이다.

4. '학교' 상상: 과거 제도, 관원 선임 그리고 도덕 평가

송명 이학은 혈연 및 지연의 공동체 윤리학 재건을 통해 한대 이래로 나날이 발달한 제도론을 지양하였으므로, 한대 경학처럼 직접적으로 황권과 정치에 종속되지 않았다. 천도관의 초월적 특징은 제도와 예악의 분화에 대한 유학의 역사 판단에서 만들어진 만큼, 천도와 천리의 성립은 부정적인 경향을 포함하고 있었다. 제도/도덕, 기능/덕성의 관계 속에서 도덕 합리성을 논증하는 방식은 더 이상 유효하지 않았다. 그러므로 도덕 판단은 현실의 제도와 업적이 아니라 반드시 천리 혹은 자신의 심신心身에 호소해야 했다. 송대 유학자들의 시각에서, 한당 이래 제도 개혁은 일종의 분리, 즉 제도와 그 제도에 관련된 지식 및 기타 맥락(규범, 예의, 목적 등)의 분리를 초래했다. 과거제, 양세법, 2인 승상제丞相制 등은 단지 기능적 제도 구상이었을 뿐이다. 그것들은 삼대의 제도처럼 도덕적 함의를 포함하지 않았고, 따라서 본래의 맥락에서 벗어났다. 제도 개혁에 진력한 왕안석은 일찍이 이렇게 개탄했다. "옛날에는 하나의 도덕으로 풍속을 같이했기에, 사士들은 옛사람이 한 바를 헤아려 자신을 지켰으니 사람들 사이에 이론異論이 없었다. 지금은 집집마다 도가 다르고, 사람마다 덕이 달라서, 사士로서 자신을 지키고자 하는 사람 역시 말세의 경향에 이끌려 매사가 옛날과 같지 않으니, 사람들의 이론異論이 모두 그칠 수 있겠는가?"(古者一道德以同俗, 故士有揆古人之所爲以自守, 則人無異論. 今家異道, 人殊德, 士之欲自守者, 又牽於末俗之世, 不得事事如古, 則人之異論, 加悉弭乎)[380] 유학자의 눈에는 한 무제가 육경六經을 표창하고, 광무제光武帝가 창을 던져두고 학예를 논하고, 북위北魏의 효문제孝文帝가 오랑캐 풍속을 개혁하고자 하고, 당唐 태종太宗이 통치 도구를 문식文飾한 것이 "모두 늘어놓고 현란하게 꾸미는 것으로서 겉으로만 아름답게 한 것이며, 반드시 리와 의가 있어서 인심이 그만둘 수 없는 그런 곳은 아니다"(皆鋪張顯設以爲美觀, 非見得理義之在人心不可已處)[381]라고 보았다.

한 문제 때 정식으로 시작되어 800년간 계속된 선거제는 수대 이후 과거제로 정식 대체되었고, 지식 위주의 인재 선발 기준은 덕행 위주로 점차 대체되었다. 당대 후기, 특히 북송 시대에, 과거제와 그 함의는 중대한 변혁을 겪었는데, 그것은 관리 선발의 경로가 되었을 뿐 아니라 사士의 인격과 기능을 검증하는 기준이었다. 이런 의미에서 과거제도는 단지 교육과 관리 임용의 체제뿐 아니라 도덕 평가의 전제前提도 변화시켰다. 사대부 계급은 바로 이것을 근거로 하여 귀족계급을 대신해 사회의 중간 계층이 되었다. 주의해야 할 것은, 삼대의 치에 대한 송대 유가의 개탄에서, 학제學制 문제가 중심적 지위에 있었다는 점이다. 마단림馬端臨의 『문헌통고』文獻通考는 상고 시대부터 송나라 영종寧宗 대까지의 전장 제도의 연혁을 기재하여, 송대 유가들의 많은 관점을 종합했다. 『문헌통고』권42 '학교'學校에서 여조겸의 말을 인용하여 다음과 같이 말했다.

"선왕의 제도는 진한 이래로 모두 무너져서 끊긴 듯했지만, 예악 법도와 같은 것은 그나마 그림자에 근거해 형상을 알아보듯, 지엽에 근거해 근본을 찾아내듯 유추할 수 있었다. 그런데 학교만은 선왕의 제도와 완전히 어긋난 듯, 더 이상 살필 수가 없었다. …학관 하나만 들어 보더라도 알 수 있듯이, 순임금 때 기夔에게 음악을 담당하고 귀족 자제를 가르치도록 명하고, 주나라 때 대사악大司樂이 성균成均*의 법을 관장했는데… 어째서 언제나 음악을 관장한 관리들이 교육을 담당했는가? 이는 음악이 사람을 느긋하게 수양하게 만들거나, 사람을 고무시켜 뒤흔들면서 마음속 깊이 파고들 수 있기 때문일 것이다. …교화敎化되지 않는 자는 먼 곳으로 내쳐서 종신토록 등용하지 않았다. 이 역시 체용體用과 본말本末의 무궁함을 드러낸다. 대저 학교라는 존재의 궁극적인 의미에 대해, 당우삼대唐虞三代 이전에는 벼슬아치가 아닌 입장에서 봤지만, 진한 이후에는 오히려 벼슬아치의 입장에서 봤다. 그래서 후세의 학교는 거슬러 올라가 살펴볼 수 없지만, 당우삼대의 학교를 유추하기엔 충분했던 것이다."

진한 시기의 것이라면 응당 싹 다 묶어서 못 보게 해야 한다. 지금 상세히 편찬하는 자라면 응당 이런 뜻을 미루어 보아야 할 것이다. 대저 후세를 살펴보면, 진한 시기에는 교화를 정치로 오인했기에 완전히 어긋나게 되어 버렸다. 진秦나라부터 오대까지는, 문화를 좋아하는 군주라면 때때로 몇몇을 예로 들 수 있다. 하지만 한 무제가 육경을 표창하고 태학을 일으킨 것은 논할 만한 것이 못 된다. 광무제가 제생諸生을 위하여 창을 던져 두고 강의하고 처음으로 세 개의 학교를 건설한 것 역시 논할 만한 것이 못 된다. 북위北魏의 효문제가 낙양으로 천도하고 융적戎狄의 풍속을 고치고자 한 것 역시 논할 만한 것이 못 된다. 당 태종이 정관貞觀 초에 정치가 안정되자 통치 방식을 문식文飾하고자 하고, 학사學舍를 1,200구區로 넓히니 배우러 온 자들이 8천여 명에 이른 것 역시 말할 만한 것이 못 된다. 이것은 모두 드러내서 늘어놓은 것만을 훌륭한 외관으로 여기는 것이다. 다만 전쟁으로 어지러운 나라, 변방의 비좁은 나라, 엄격한 임금은 학교를 마치 헤어진 신발짝이나 잘린 갈대처럼 쓸데없는 존재로 간주하는데,

---

• 성균(成均): 성운(成韻)과 같은 말. '운'(韻) 자는 남북조 이래로 본격적으로 사용되기 시작한 글자로 이전에는 '균'(均) 자로 '운' 자를 대신했다. 그리고 '성균'은 조선의 최고 학부 '성균관'의 어원이기도 하다.

그래도 학교 설립이 그치지 않았던 것은, 의리義理란 사람 마음속에서 그치게 할 수 없는 부분이 있다는 것을 보여 주는 것이다.

지금 학자들은 대부분 한 무제, 광무제, 북위 효문제, 당 태종 등의 겉과 속이 달랐기에, 그들은 그저 통치 방식을 문식文飾하기만 할 뿐 사실 당우삼대의 학교와는 오히려 동떨어진 수준이었음을 몰랐다. …남북조의 경우는 비록 초창기여서 볼만한 부분이 부족해 보이지만, 오히려 치장하는 것에 그치게 할 수 없는 부분이 있었으니, 당우삼대의 학교에 근접해 있었다. 애석하게도 이런 사실을 천명해 줄 두루 박식한 선비와 학식이 깊은 스승이 없구나! 바로 이 점을, 학자들은 반드시 깊이 고찰해야만 한다. 여타 제도는 하나하나 고찰할 수 있으니, 이런 고찰에 근거해 학교의 득실이 저절로 드러나게 된다. 삼대 이전에는 학교를 통해 교화를 펼치고 관리를 임명했으니, 그 지극한 이치와 정밀한 의미를 마땅히 깊이 고찰해야 한다.

先王之制度, 自秦漢以來皆馳壞絕然, 然其他如禮樂法度, 尙可因影見形, 因枝葉可以尋本根. 惟是學校, 幾乎與先王全然背馳, 不可復考. …祗擧學官一事可見, 在舜時命夔典樂敎胄子, 在周時大司樂掌成均之法… 何故皆是掌樂之官掌敎? 蓋其優游涵養, 鼓舞動蕩, 有以深入人心處. …至於不率敎者, 屛之遠方, 終身不齒. 這又見體用本末無窮. 大抵學校大意, 唐虞三代以前不做官司看, 秦漢以後却做官司看了. 所以後世之學不可推尋, 求之唐虞三代足矣. 秦漢之事當束之不觀. 今所詳編者要當推此意. 大抵看後世秦漢一段錯認敎爲政, 全緣背馳. 自秦至五代, 好文之君, 時復能擧, 如武帝表章六經, 太學不足論; 如光武爲諸生投戈講義, 初建三雝, 亦不足論; 如後魏孝文, 遷都洛陽, 欲改戎狄之俗, 亦不足論; 如唐太宗, 貞觀之初, 功成治定, 將欲文飾治具, 廣學舍千二百區, 游學者至八千餘人, 亦不足道. 這個都是要得鋪張顯設, 以爲美觀. 惟是擾攘之國, 僻陋

之邦, 剛明之君, 其視學校若弊屣斷梗, 然而不能已者, 見得理
義之在人心不可已處. 今時學者多是去看武帝, 光武, 孝文帝,
唐太宗, 做是不知這個用心內外不同, 止是文飾治具, 其去唐虞
三代學校却遠. …如南北朝雖是草創, 若不足觀, 却不是文飾自
有一個不能已處, 其去唐虞三代學校却近, 惜乎無鴻儒碩師發
明之. 這般處, 學者須深考, 其他制度, 一一能考, 亦自可見學
校之所以得失. 三代以上, 所以設敎命官, 至理精義當深考.[382]

　　여조겸의 눈에, 삼대 예악과 진한 이후의 제도는 본말이 완전히 다
르며, 학교 제도는 더욱 그러했다. 설령 후세에 법도가 모두 갖추어졌
다 하더라도, 법제로써 임하는 데에 지나지 않고, 예악이 인심에 깊이
들어가는 도리는 완전히 상실했다고 보았다. 그의 논의는 삼대/진한,
교敎/정政, 이의理義/문식文飾의 대비 관계 속에서 전개되었는데, 유일
하게 삼대 학교의 정의를 체현할 수 있는 것은 봉건적인 함의를 띠고
있는 남북조라 보았다. '예악과 제도의 분화'라는 특정한 시야 속에서,
송대 유가는 이러한 제도적 평가 기준에 대해 새롭게 논의할 것을 요
구하였다. 그들은 당송 시대의 개혁(특히 구등호제九等戶制, 과거제 및
양세법의 설립)이 예악과 다르고 도덕적 논증을 하는 데에도 적합하지
않은 일련의 제도를 낳았기 때문에 도덕/정치 평가의 기본 척도를 새
롭게 확립해야 한다고 여겼다. 이것이 곧 '예악과 제도의 분화'라는 역
사적 시야의 논리적 결과였다.
　　송대 통치자는 오대 시기에 무장武將들이 권력을 전횡한 교훈과 문
벌 귀족 제도의 와해를 거울삼아 전에 없던 방대한 문관 체계와 복잡
한 과거 시험 과목을 수립하였다. 장시칭張希淸의 통계에 따르면, 송대
에는 매년 과거로 벼슬에 오른 사람이 평균 361명인데, 대략 당 왕조
의 5배, 원 왕조의 30여 배, 명 왕조의 4배, 청 왕조의 3.4배로서, 대개
대신大臣·근신近臣·변방의 장군·전량錢糧 관원·지주知州 등의 관직이
모두 과거 출신의 문사에서 나왔다.[383] '공천'公薦 제도 폐지, 전시殿試

제도 확립, 권력자 자제를 억제하는 '별두시'別頭試 확대, '쇄원'鎖院 제도와 호명糊名,• 등록법謄錄法• 등의 조치를 통해, 송대 과거 제도는 지주계급과 상층 농민, 각 계층 사인士人에게 평등한 경쟁의 제도적 조건을 제공했다.

송대의 많은 명신 관료가 과거 시험 출신이며, 사대부 계급의 사회적 지위는 전에 없이 높아졌다. 후한 봉록부터 형벌 제도의 예우까지, 관직의 수에서 언로의 공간까지, "사대부에 대한 송 왕조의 예우는 비할 데가 없었다."[384]

송나라 초기 과거제는 당 왕조를 이어받았으나 과목이 감소되었는데, 일반적인 과거 시험은 진사·제과諸科·무거武舉·동자童子 등이었으며, 진사과를 주로 하였다. 채양蔡襄은 천성天聖 연간의 진사로서, 영종조英宗朝에 관직이 삼사三司에 이르렀는데, 그는 과거제를 통한 관리 선발 기준에 대해 이렇게 기술하였다. "관리를 선발하는 것은 취사取士에 달려 있다. 지금의 취사에서, 이른바 제과諸科란 박문강기博聞强記한 것이고 진사란 시부에 능하고 문사가 있음이다. 명경이란 역사서와 경전을 암송하여 시험 문제의 뜻에 대답하는 것이다. 이 셋은 훌륭한 관리를 얻기 위한 것이다. 재보宰輔(재상)에 이르기까지 모두 여기에서 비롯된다."(擇官在於取士, 今之取士, 所謂制科者, 博聞强記者也; 進士者, 能詩賦, 有文詞者也; 明經者, 誦史經而對題義者也. 是三者, 得善官. 至宰輔皆由此也)[385] 사 계층의 사회적 지위의 상승과 밀접히 관련된 진사 시험은 문사文詞와 시부를 중시했는데, 과거 시험 출신의 많은 관원은 당대當代의 명공明公 현상賢相일 뿐 아니라 당대의 유학자 문인이기도 했다. 제과의 시험에는 차이가 있었는데, 거기에는 구경九經·오경五經·삼사三史·삼례三禮·삼전三傳·학구學究·개원례開元禮·명법明法 등 과거 시험 과목이 포함되었으

• 호명(糊名): 과거 시험 답안지의 작성자 이름을 풀로 붙여 작성자가 누구인지 알지 못하게 하는 것.
• 등록법(謄錄法): 과거 시험의 답안지를 따로 베껴서 누구의 필적인지 알지 못하게 하는 것.

며, 기본 내용은 한당漢唐의 주소注疏를 무턱대고 외우는 것이었다. 당 왕조의 경학 정통인 『오경정의』五經正義는 송 왕조 초기의 과거에서도 여전히 막대한 영향력을 갖고 있었다. 『정관정요』貞觀政要 「숭유학」崇儒 學과 『구당서』舊唐書 「유학 상」儒學上의 기록에 따르면, 『오경정의』의 편 찬은 정관 4년(630) 태종의 칙명으로 시작되었는데, 그것이 주소의 방 식을 채용한 까닭은 당시의 유가가 사설師說을 전수 받아 익혀 "유학 에 문파가 많고 장구가 번잡하기"(儒學多門, 章句繁雜) 때문이었다.[386] 당 태종은 공영달孔穎達(574~648)과 여러 유학자에게 고본古本에 근거하여 경전들을 고정考定하고 훈고 경학의 방법으로 한대 이래의 각 파의 경 학을 통일할 것을 요구하였다. 『신당서』新唐書 「선거지」選擧志에 따르 면, 당대唐代 명경취사明經取士는 경전들의 지위를 명확히 정하였다. 즉 "『예기』, 『춘추좌씨전』은 대경大經으로 한다. 『시』, 『주례』, 『의례』 는 중경中經으로 한다. 『역』, 『상서』, 『춘추공양전』, 『춘추곡량전』은 소 경小經으로 한다."(凡『禮記』·『春秋左氏傳』爲大經; 『詩』·『周禮』·『儀經』爲中經; 『易』· 『尙書』·『春秋公羊傳』·『穀梁傳』爲小經)[387] 명경과 진사 두 과의 시험은 또 반드 시 "『당육전』唐六典에 의거하고 세 차례의 관문을 모두 경과하여야 한 다."(依『六典』所擧, 都經過三關)[388] 경학 정통과 과거 시험 제도는 공동으로 유학의 관방 체계를 구축하였다. 이를 배경으로 하여 과거 시험 속의 경학 정통에 대한 비판 사조가 당송 유학을 꿰뚫는 하나의 중요한 줄 기가 되었다. 경력신정慶曆新政* 시기에 반포한 상정공거조제詳定貢擧條 制(인재 추천제―역자)로부터 왕안석의 변법에 이르기까지, 경의經義의 묵 수墨守를 변화시키고 경서의 의리를 발휘할 것을 주장하는 것이 과거科 擧 개혁 가운데 하나의 중요한 조류가 되었다.

위와 같은 배경에서, 북송 시대에는 의리학義理學과 전주학傳注學의 첨예한 대립이 출현하였다. 여기서 이른바 의리학은 주로 과거 시험

---

* 신정(新政): 북송 인종 경력 연간(1041~1048)에 범중엄(范仲淹, 989~1052)의 주 도로, 그가 제시한 개혁 방안을 실시한 정치 개혁을 말한다.

속의 한당 전주학에 대립한 것으로서, 범위가 도학道學보다 광범하다. 역시 의리학인 도학의 흥기는 과거의 제도 및 내용에 대한 비판의 조류와 밀접한 관계가 있었다. 그러나 의리학 내부에는 심각한 갈등이 있었다. 이구, 왕안석의 의리학과 도학 사이의 첨예한 대치로부터, 아래로 남송 시기 진량陳亮과 주희의 격렬한 논변에 이르기까지, 상이한 의리학의 분기가 의리학과 전주학의 충돌보다 더욱 첨예하고 장기적인 모순이 되었다. 이구는 『주례』를 중심으로 하여, 예禮를 성인의 법제로 해석하였고, 예의 틀 속에서 정치체제, 토지 제도 및 세제 문제를 논하였으며,[389] 일종의 제도론의 형식을 가지고 도학 담론을 현담玄談이라고 폄하했다. 그뿐만 아니라, 왕안석(1021~1086) 역시 마찬가지로 한대에 비로소 경전의 반열에 든 『주례』를 매우 중시하였다. 왕안석은 희녕熙寧 3년(1070) 재상에 임명된 후, 곧 신정을 추진했다. 즉 희녕 4년 2월 시험 제도를 개혁하였고, 희녕 6년에 경의국經義局을 설치하였으며, 『시』·『서』·『주례』 삼경의三經義를 수찬하였으며, 희녕 8년에 『삼경신의』三經新義를 학관學官에서 반포하였으며, "선유의 전주를 일체 폐지하고 사용하지 않았다."(先儒傳注, 一切廢不用)[390] 『삼경신의』 속의 서문 세 편 외에, 왕안석은 몸소 『주례신의』周禮新義를 지었다. 왕안석은 『주례신의』 서문에서 이렇게 말했다.

> 사士가 속학俗學에 가려진 지 오래되었습니다. 성상께서 이를 걱정하시어, 경술로써 돕고자, 곧 유신儒臣들을 모아 그 뜻을 훈석하고, 학교에 전파하고자 하니, 신臣 안석이 실로 『주관』周官을 주관主管하였습니다. 도는 정사에 달려 있고, 그 귀천에는 위位가 있으며, 그 선후에는 순서가 있으며, 그 다과에는 수數가 있으며, 그 느리고 빠름에는 때가 있습니다. 제정하여 사용하는 것은 법에 달려 있고, 미루어 실시하는 것은 사람에게 달려 있습니다. 그 사람이 관직에 임명하기에 족하고, 그 관직이 법을 실행하기에 족하기로는, 성주成周 때보다 성한 적이 없었습니다. 그

법이 후세에 시행될 수 있고, 그 문文이 서적에 보이기로는 『주관』이라는 책보다 더 잘 갖추어진 것이 없습니다.

> 士弊於俗學久矣! 聖上閔焉, 以經術造之, 乃集儒臣, 訓釋厥旨, 將播之學校, 而新安石實董『周官』. 惟道之在政事, 其貴賤有位, 其先後有序, 其多寡有數, 其遲速有時. 制而用之存乎法, 推之行之存乎人. 其人足以任官, 其官足以行法, 莫盛乎成周之時. 其法可施於後世, 其文有見乎載籍, 莫其乎『周官』之書.[391]

이구와 왕안석은 모두 한대 경학을 수단으로 경학의 의리를 설명하여 왕조 개혁의 청사진으로 삼았다. 한당 경학에 대한 북송 도학의 비판은 동시에 신경학新經學과 그 개혁 이론의 대립을 수반하였다. 우리는 대체로 이 대립을 이렇게 개괄할 수 있다. 즉 신경학이 의문을 제기한 것은 국가를 다스리는 데 과거科擧의 내용이 쓸모없다는 것이었으나, 도학이 질의한 것은 곧 과거 취사 제도가 도덕/정치 평가의 기초를 제공할 수 없다는 것이었다.

우리는 왕안석의 개혁과 그것이 도학과 가지는 관계를 예로 들어도 좋을 것이다. 북송 유학자들 사이에서 선왕의 뜻이라는 각도로부터 과거의 폐단을 비판하는 것은 보편적인 관점이었다. 왕안석은 나중에 신정을 추진하여 이학가들의 비판을 받았으나, 그와 이학가들은 선왕을 본받는다는 점에서는 결코 근본적인 차이가 없었다. 가우嘉祐 4년(1059) 왕안석은 변경으로 가서 도지판관度支判官에 취임했는데, 이 자리에서도 그는 인종仁宗에게 만언萬言의 「언사서」言事書(「상인종황제언사서」上仁宗皇帝言事書)를 올려 "오늘날의 법도는 선왕의 정치에 부합하지 않는 것이 많음"을 비판하고, 선왕의 뜻을 본받아 개혁할 것을 요구하였다. 왕안석은 과거 제도를 논할 때, 북송이 실행한 '현량방정'賢良方正, '무재이등'茂才異等, '진사'進士, '명경'明經, '학구'學究, '명법'明法 등을 전반적으로 거부했다. 특히 음서제蔭敍制의 방법을 반대하여, 향당에서 천거하고 조정에서 그 덕德·행行·재才·언言을 심사한 뒤에 채용하는 방법을 제출했다. 왕안석의 이런 관점들은 결코 고립되지 않았으니, 그의 정적인 사마광司馬光, 여공저呂公著(1018~1089), 한유(1017~1098), 정호, 손각孫覺(1020~1090) 등은 모두 시부詩賦를 폐지하고 경의를 채용할 것을 주장하였다. 그들의 비판 의견의 배후에서 우리는 삼대의 학교와 수당의 과거를 대립시키는 사유 노선을 분명히 볼 수 있다. 왕안석의 「언사서」萬言書에서는 이렇게 말했다.

> 옛날의 천자와 제후는, 국國에서부터 향당鄕黨에 이르기까지 모두 학學을 두고, 교도지관敎導之官을 널리 설치하여 그(학사) 선발을 엄격히 하였습니다. 조정의 예악형정의 일은 모두 학에 달려 있었으며, 학사가 보고 익히는 것은 모두 선왕의 모범적인 말과 덕행과 천하를 다스린 뜻이었으니, 그 자질 역시 천하 국가의 쓰임이 될 수 있었습니다.
>
> 古者天子諸侯, 自國至於鄕黨皆有學, 博置敎導之官而嚴其選, 朝廷禮樂刑政之事, 皆在於學, 學士所觀而習者, 皆先王之法言德行治天下之意, 其材亦可以爲天下國家之用.

그러나 새로운 취사 제도는 단지 널리 외우고 억지로 기억하는 것과 문사文辭였으니, "크게는 천하 국가를 운용하기에 부족하고, 작게는 천하 국가를 위한 쓰임이 되기에 부족합니다. …지금 사가 마땅히 배워야 하는 것은 천하 국가의 쓰임입니다."(大則不足以用天下國家, 小則不足以爲天下國家之用. …今士之所宜學者, 天下國家之用也)[392] 희녕 원년(1068)의 상주문에서 정호는 선언하였다. "지금 바야흐로 사람들은 사견에 집착하고, 학자마다 설이 다르다. 경전의 해석을 지리멸렬하게 하여 더이상 통일되지 않으니, 도가 밝아지지 않고 행해지지 않는 것은 바로 이 때문이다."(方今人執私見, 家爲異說, 支離經訓, 無復統一, 道之不明不行, 乃在於此)[393] 여공저의 견해 역시 별 차이가 없다. "학교의 교화는 도덕을 하나로 하고 풍속을 같게 하는 근원입니다. 지금은 사람마다 스스로 가르침을 펼치고 스승마다 설을 달리하고 있으니, 사람마다 익히는 바가 다릅니다."(學校敎化, 所以一道德, 同風俗之原. 今若人自爲敎, 則師異說, 人異習)[394]

제도에 대한 위와 같은 회의 기조들은 언제나 과거 제도와 고대 예악 전통(특히 학교 제도)의 대비 관계 속에서 이루어졌다. 제도의 부패와 무능은 전통 예악 제도에 대한 위배에서 기원했다고 보았으므로, 예악과 제도의 통일 관계를 새롭게 확립하는 것은 유학자들이 당대 문제에 개입하는 기본 경로가 되었다. 왕안석은 「걸개과조제」乞改科條制 서두에서 말하였다. "옛날의 취사取士는 모두 학교에 근본을 두었기에, 도덕은 위에서 하나가 되었고 습속은 아래에서 이루어졌으니, 그 인재들이 모두 세상에서 일할 수 있었다."(古之取士, 皆本於學校, 故道德一於上, 而習俗成於下, 其人材皆足以有爲於世) 왕안석이 삼대 학교 제도의 부흥을 희망한 것은 결코 문식이 아니었으나, 그는 이렇게도 말하였다. "지금 옛 제도를 좇아 회복하여 그 폐단을 바꾸고자 하는데, 그것이 효과가 없을까 걱정이다."(今欲追復古制, 以革其弊, 則患於無其漸)[395] 그의 새 과거 제도는 단지 옛 제도 회복의 첫걸음일 뿐이었음을 알 수 있다. 왕안석의 개혁은 제도 개혁과 관련되었다는 것(예를 들면 중앙에 태학내외상사 太學內外上舍를 설립하고 지방에 지방 학교를 설립하는 것) 외에, 또 내용상으로도 시부詩賦로써 취사取士하는 것과 전주傳注를 암송하는 경학을 폐지하고, 경의經義와 논책論策을 이용하여 사士를 시험하는 방향으로 전환하였다. 신제新制의 관련 조목 가운데에서, 진사에서 시부詩賦·첩경帖經·묵의墨義*를 시험에서 없애고, 경의經義·논論·책策으로 바꾸어 시험을 보았다. 『시경』·『상서』·『주역』·『예기』·『주례』 오경 중 하나를 본경本經으로 선임하고 『논어』·『맹자』를 겸경兼經으로 하였다. 신제가 "의리에 통하는 데 힘써야지, 주소만을 이용해서는 안 된다"(務通

* 첩경(帖經)·묵의(墨義): '첩경'은 경서(經書)의 위와 아래 일부를 가리고 그 대문을 알아맞히게 하는 방법이다. 주로 당대 명경과에서 치러졌다. '묵의'는, 구의(口義)와 다르게, 경전에 의거한 문제를 사(士)가 그 경문의 뜻과 전대 사람의 주소 등을 필답(筆答)하는 것을 말한다.

義理, 不須盡用注疏)고 규정했기 때문에, 전주학의 쇠퇴와 의리학의 흥기에 제도적 조건을 제공했다. 바로 이런 배경하에서, 왕안석은『삼경신의』의 편찬을 주관하여 삼대 제도의 회복으로써 신제 개혁 완성을 표방하였다.[396]

신제 개혁은 당송 시대 가치의 중심이 날로 문학에서 윤리로 방향을 바꾸었음을 반영하고, 시부를 폐지하고 책론策論을 중시한 것은 관리 선발 제도가 갈수록 '교양'·'도덕'·'예악'이 아니라 '능력'·'기능'·'제도'를 중시했음을 보여 주었다. 도학과 신경학의 충돌은 바로 이 제도 개혁이라는 배경에서 발생했다. 왕안석은 한대 유학자들의 관례를 따르지 않아서『춘추』를 일반 과거 응시자가 연구하여 익히고 시험 보는 경전에 포함시키지 않았다. 왕안석이 중시한 것은 제도에 관한 책으로서의『주례』였으니, 그가 경전과 제도의 관계에서 전체적이고 구조적인 관계를 더욱 중시하고 역사적·시간적 관계는 비교적 소홀히 했음을 보여 주었다. 희녕 4년(1071) 10월, 왕안석은 모든 "고관의 자제로서 처음 벼슬을 얻은"(奏補初仕) 이들과 "선발되어 임용되기를 기다려야 하는"(守選) 이들은 모두 관료 전형銓衡에서 소송 사건과 율령律令의 대의大義에 대한 시험을 거친 후에 다시 등급의 고하에 따라 나누어 관직을 줄 것을 명문화하여 명령했다. 희녕 6년(1073) 3월에 다시 이 규정을 확장하여, "진사와 제과諸科 동출신同出身 및 수시감부인授試監簿人"•에게 관직을 주려면 모두 반드시 이런 시험을 거쳐야 했다. 희녕 8년(1075) 7월에 다시 영을 내렸는데, 높은 성적으로 진사에 합격한 사람 역시 반드시 율령의 대의와 소송 사건에 대해 시험을 보아야 했다.[397]『주례』에 대한 추종과 제도 변혁은 밀접한 관계가 있었다. 왜 왕안석은 왕망王莽과 유흠劉歆이 복고개제復古改制의 청사진으로 쓴 관직 제도에 관한 저작을 이처럼 중시했는가? 피석서皮錫瑞는 이렇게 논평했다. "왕안석

• 진사(進士)와~수시감부인(授試監簿人): '진사와 제과 동출인'은 송대 과거제에서 4등과 5등 합격자. '수시감부인'은 시험 감독관.

이 신법을 만든 것은 반드시 『주례』에 근본을 둔 것은 아니고, 대부(貸貸)와 구매(市易) 제도는 특히 그 일단일 뿐이다. 사실은 송나라 사람들이 부강함에 대해 말하는 것을 부끄러워했기에 위로 올라가 주공을 끌어와서 반대 의견을 가진 이들을 설득하고자 했던 것이다. 후인들은 왕안석이 『주례』로써 천하를 어지럽혔다고 말하지만 이는 왕안석에게 속은 것이다. 왕안석은 일찍이 말하였다. '선왕의 올바름을 본받는 것은 그 뜻을 본받는 것일 뿐이다.' 이 말은 통달의 극치에 해당한다. 그러므로 그가 시행한 법이 매사에 주나라를 모방한 것이 아님을 알 수 있다."[398]

제도의 폐단에 대한 왕안석의 총결은 제도와 예약의 분화로 귀결되었으나, 그는 여전히 제도적 개혁에 주력했다. 왕안석의 생각에, 『주례』가 관제의 형식으로 펼쳐 보인 이상적 제도는 제도와 도덕 평가가 완전히 합일된 모델을 제공했고, 따라서 새로운 정치·경제 및 사회 관계에 적합한 신제에 도덕적 논증을 제공할 수 있었다. 매우 분명한 사실은 다음과 같다. 왕안석이 새로운 의리학을 제창한 데에는 직접적인 정치적 동기가 있었으며, 『삼경신의』의 편찬은 송 왕조가 경서에 대한 해석을 통일하여 신정 혁신을 실행하려는 의향을 체현했다는 것이다.[399] 비록 왕안석의 출발점이 삼대 예약과 한당 제도의 분화이긴 하지만, 그의 제도 혁신과 의리학은 진정으로 제도와 도덕의 내재적 연계에 뜻을 둔 것이 아니라 오히려 제도적 실천으로 유학의 예약론을 대신한 것이었고, 따라서 어느 정도는 유학의 예약론을 법가 제도론의 궤도에 귀속시켰다.

왕안석이 채용한 방법은 교육의 내용을 바꾸고, 사대부와 제도(국가의 쓰임)의 통일 관계를 강화하는 것이었으나, 새로운 제도적 조건 아래에서 삼대를 본받는다는 이상적 건의는 제도와 정책 속에서 완전하게 실현되기 어려웠다. 왕안석 자신이 권력을 잡고 희녕의 변법을 추진할 때에도 그가 할 수 있었던 것은 주로 과명과 과목을 조정하는 것이었다.[400] 더욱 심각한 것은, 개혁 정책이 예기했던 효과를 얻지 못하고 오히려 새로운 문제를 야기했다는 것이다. 한편으로, 경의를 채용한 것은 태학의 사생師生 관계(사사로운 정리)를 과거 시험장으로 끌고 들어갔는데, 원풍元豐 2년(1079) 태학太學의 옥사獄事*는 바로 이런 상황 속에서 발생한 것이었다. 또 한편으로, 왕안석은 명경明經·제과諸科를 폐지하고, 진사과에서 경의經義를 이용하는 방식으로 전환했지만, 전통에서 차이가 있던 북방의 사인士人과 남방의 사인 사이에서 균형을 보장하기란 여전히 어려웠다.

신제新制 혁신을 통해 제도를 재구축하고, 사상과 지식을 통일하려는 시도는 결코 예악과 제도의 합일이라는 효과를 얻지 못했다. 따라서 신제가 체현한 사공론事功論과 신제 실시 과정에서 현실과 바람이

---

* 태학(太學)의 옥사(獄事): 원풍 2년에 발생한 태학의 옥사는 신종(神宗) 희녕(熙寧) 2년(1069) 참지정사(參知政事) 왕안석(王安石)의 적극적인 추진으로 '태학삼사법'(太學三舍法)이 본격적으로 시행된 것이 발단이 되었다. 태학삼사법은 우선 태학(太學)의 생원(生員)을 외사(外舍), 내사(內舍), 상사(上舍) 3등급으로 나눈 뒤, 다달이 학습 과정을 평가해 차근차근 학사(學舍)를 승격하고 결국엔 추천을 받아 관직까지 제수받을 수 있도록 설계되었다. 이 법을 시행한 가장 큰 이유는 그동안 이원화되어 있던 인재 양성 교육 체계와 인재 선발 시험 체계를 일원화하여, 원시(院試)로 선발된 생원들이 태학에 들어온 뒤 더 이상 향시(鄕試)나 전시(殿試)를 거치지 않고도 직접 관직에 나갈 수 있게 하기 위한 것이었다. 이는 과거 제도가 가지고 있는 인재 선발권까지 중앙정부가 장악하려는 의도가 강했다. 기존의 인재 양성뿐만 아니라 인재 선발권까지 태학에 부여하여 중앙정부의 통제력을 강화하려는 태학삼사법은 처음에는 경사(京師)와 경기(京畿)에만 한정되어 시행되었는데, 휘종 때에 이르러서는 지방의 관학(官學)들도 이 법을 시행하게 되었다. 그런데 태학에서 인재를 직접 추천한다는 것은 위진남북조 시기의 찰거제(察擧制)인 구품관인법(九品官人法)이 결국 문벌귀족에 의해 좌지우지되었던 경우와 마찬가지의 폐해를 초래하기 마련이었다. 가장 대규모의 비리가 발각되어 대대적인 처벌을 받은 것이 바로 원풍 2년에 발생한 태학의 옥사다.
본문에서 "경의를 채용한 것은 태학의 사생(師生) 관계(사사로운 정리)를 과거 시험장으로 끌고 들어갔"다고 했는데 '경의를 채용한 것'은 왕안석이 주석을 단 『삼경신의』(三經新義)를 과거 시험과 태학의 교재로 사용하게 된 것을 말하고, '태학의 사생 관계'가 바로 태학 내에서 스승과 제자 간에 사사로이 친소 관계나 뇌물로 승격을 결정하는 비리를 가리킨다.

어긋나는 그런 상황과 관련하여, 우리는 신유학新儒學 속에서 삼대의 예악을 이용해 한당의 법에 대항한다는 수많은 글을 발견할 수 있다. 예를 들어 『이정문집』二程文集 권6에는 「논개학제사목」論改學制事目, 「회예부취문장」回禮部取問狀 및 「논예부간상장」論禮部看詳狀 등의 글이 있다. 이들은 '이로움으로 유혹함'(利誘) '다투기 좋아함'(好爭)을 특징으로 하는 학제의 폐단을 상세히 서술하였으며, '상서庠序의 예禮'를 다시 회복하고 '천하의 도덕지사道德之士'를 불러들이고, 예악의 완정성을 보존하고자 힘써 도모하였다.[401] 이 논술 방식이 끼친 영향은 심원해서, 결코 북송 시대에 한정되지 않았다. 『상산선생전집』象山先生全集에도 유사한 글이 있는데, 예를 들면 권31 「문제과」問制科, 「문당취민·제병·건관」問唐取民·制兵·建官은 당대唐代 이래 실행된 과거제·균전제·조용조제·부병제 및 각종 관제가 점차로 파괴되거나 혹은 폐단이 많이 생긴 정황을 논하고, "삼대의 법을 회복하면 한 달 만에 그런대로 괜찮아지고 3년이면 성취가 있을 것을"(復三代之法, 期月而可, 三年有成)[402] 건의했다. 도道의 추구와 과거 시험의 상호 대립이 도학 담론 속의 내재적 맥락을 구성했다고 하겠다.[403]

여기에서 신구 제도의 폐단은 동시에 도덕과 제도를 구분하는 데 지극히 좋은 이유를 제공했다. 과거를 통해 출사出仕할 수 없는 이들로 말하자면, 도덕의 척도를 새롭게 수립하여 자신이 추구하는 바를 확정하는 것은 자연스러운 선택이었다. 변화된 역사적 상황에서, 삼대로 돌아가기를 표방하는 것은 아마도 강력한 비판 방식이었을 것이나, 삼대의 제도가 현실적인 방안이자 척도가 될 수 있다고 진지하게 생각한 사람은 아주 적었다. 신제의 제창자가 국가와 사직社稷을 위한 쓰임을 표방한다면, 회의적인 이는 반드시 새로운 도덕 원천을 확립해야 했다. 그것은 삼대의 도덕적 이상을 체현할 수 있으면서도 단순히 삼대의 제도를 구체적 변혁 방안으로 삼는 것은 아니었다.

천리적 세계관은 참으로 이 역사적 균열이 낳은 산물이다. 즉 천리적 세계관은 한편으로는 도덕 평가와 질서의 내재적 연계를 회복하였고, 다른 한편으로는 또 이러한 합일의 도덕 평가 방식을 제도 관계 속에 직접적으로 두었기에 자신을 황권을 중심으로 하는 제도의 한쪽에 놓아두었던 것이다. 여기에서 삼대의 제도의 정의를 체현할 수 있는 질서는 이미 일종의 내재적 본질로 추상화되었다. 그것의 표현 방식은 '리'理·'성'性·'심'心 등이었으며, 이 내재적 질서에 통달하는 수단 역시 더 이상 답습과 경학 해석이 아니라 격물格物 혹은 격심格心으로써 치지致知하는 것이었다. 격물궁리를 통해서만 비로소 도덕의 정의를 파악할 수 있었고, 또 격물궁리할 수 있는 사람—제도적 평가로 확인한 사람이 아니라—만이 비로소 도덕적 합리성을 획득할 수 있었다. 이 독특한 도덕 논증 방식은 도학을 신학 제도론과 구별되게 할 뿐 아니라 이런 제도론이 의지한 경학 형식과도 구별되게 하였다. 즉 경학과 그 훈고학 방법의 핵심은 고대의 예와 그것이 당세當世 제도와 갖는 관계를 추구하여 옛 제도의 부흥을 기대하는 것이지만, 도학가들은 대체로 더는 경서 속의 내용을 당세의 예禮에 계속 사용할 수 있다고 보지 않았다. 그들은 경서의 사상 혹은 정신을 추구하는 데 더욱 주의를 기울였고, 나아가 한당漢唐을 부정하고 고대를 부흥시키는 복고 사상을 낳았다. 양송 도학의 발전에서, 사서四書의 지위는 점차로 오경五經을 뛰어넘었는데, 이는 송대 유학자가 전주傳注 고증考證이 아닌 경의經義를 중시한 태도와 일맥상통한다.

이학과 신학의 충돌은 신·구 당쟁과 정확히 긴밀한 관계에 있었다. 따라서 역대로 이학을 명호대족名豪大族의 이데올로기로 간주한 학자들이 있었다. 그러나 당쟁의 발생은 청묘법靑苗法* 실시 이후이며, 과거 제도 개혁과는 무관하다. 이학가들은 신정과 대립한 경우는 많았지만, 그들이 대표한 것은 지주 사대부 계급의 사회적 여론으로, 혹자

---

* 청묘법(靑苗法): 중국 북송 때 왕안석이 제안하고 추진한 신법의 하나로, 봄가을에 관이 민에게 돈과 곡식을 싼 이자로 꾸어 주던 제도. 대지주의 고리채 때문에 농민이 몰락하는 것을 방지하고 동시에 정부의 세입 증가를 도모한 정책이다.

는 지방 엘리트로서의 '사'士의 정치적 요구라고 하며 희녕 변법에 대해 결코 전반적 부정의 태도를 취하지 않았다. 참으로 실제 정치 문제에서 출발하여, 주희는 왕안석의 변법이 "시절에 맞추어 변한 것이고"(合變時節), "희녕의 변법 또한 시대 추세에 마땅했다"(熙寧更法, 亦時勢當如此)[404]고 긍정하였다. 주희 본인의 저작 속에는 경세 작품이 매우 많다. 주희와 진량陳亮이 왕도와 패도의 의리를 논변한 것 역시 왕안석과 도학가들의 분기에 대한 후대의 대답이었고, 그 속에 함축된 문제는 한당 제도(특히 관료 통치)와 도道의 관계를 어떻게 평가할 것인가였다.[405]

여기에서 관건은 이것이다. 즉 현실 제도가 삼대의 법도에 부합하지 않는다고 비판한 것은 결코 삼대의 제도를 회복해야 한다는 것을 의미하지 않으며, '자연의 이세理勢'를 근거로 새로운 제도 형식을 구축하여 제도와 예악 사이의 분열을 극복하는 것이었다. 그러므로 문제는 결코 사공事功의 중시 여부에 있는 것이 아니라 도대체 무엇을 기초로 하여 도덕/정치 평가의 전제를 확립하느냐에 있었다. 이학은 제도 개혁에 수반하여 탄생한 윤리 판단 방식의 변화를 체현하였다. 신정 혁신은 실제로 당대 후기 이래의 역사적 변화에 순응하며, 그것의 강렬한 제도 개혁 경향은 예악과 제도의 전통적 관계를 바꾸었고, 그리하여 도덕 판단의 방식까지 바꾸었다. 즉 도덕 판단의 근거를 제도와 기능의 층위에 확정하였고, 따라서 도학이 추숭한 유가 예악론과 충돌을 일으켰다. 주자는 변법에 "그 추세를 멈출 수 없는"(勢容已) 근거가 있음을 인정하였으나, 변법 자체가 "삼대의 법도"에 부합하지 않음 또한 강조했다.[406] 그러나 그는 결코 간단히 삼대의 옛 제도로 되돌아가 제도와 예악의 동일 관계를 요구하지 않았고, 도덕 함양을 근본으로 하는 학문과 처세의 방식으로써 "서적과 역사서를 읽고 사물에 응하는 사이에서 그 리理의 소재를 구할 따름이었다."(讀書史, 應事物之間, 求其理之所在而已)[407]

바로 이 '리'理를 중심으로 하는 도덕론이 왕안석, 진량(1143~1194) 등의 왕패사공론王覇事功論과의 진정한 차이였다. 왕안석의 왕패론은 도덕/사공 합일론을 포함하고 있으며, 도학가들은 오히려 사공과 도덕을 분리하는 데로 기울어졌다. 도덕은 '리'理라는 만물에 내재하면서도 또 만물과는 다른 범주에서 연원하지만 왕패와 그 정치 제도 자체에서 연원하지 않았기 때문이다. 주자는 절동학파의 왕패론이 역사 속의 천리를 덮어 감춘 것을 비판했는데, 천리를 간파하는 유일한 방식은 자신을 되돌아보아 리를 궁구하는 것이었다. 즉 "절중浙中의 전반적인 학은 영웅이 되는 학이다, …심신을 전혀 점검하지 않는다. 여기에서는 반드시 매사에 마음으로부터 이해해야 하니, 움직이고 멈추고 걸어다니는 모든 것이 하나하나 일마다 도리가 있다. 전혀 그렇지 않다면, 곧 그 도리를 잃어버리게 된다."(浙中一般學, 是爲英雄之學, …全不檢點身心. 某這裏須是事事從心上理會起, 擧止動步, 事事有個道理. 一毫不然, 便是欠缺了他道理)[408] 당우삼대唐虞三代의 제도로써 한당 이래의 제도 개혁을 비판하는 분위기에서, 도학이 제기한 핵심 문제는 이것이다. 즉 신제는 기능적 제도이지 도덕적 의의의 예악을 포함하지 않았다는 것이다. 제도 자체가 더 이상 도덕적 자원을 제공하지 않는 상황에서, 도덕에 대한 추구는 오히려 더욱 강렬해졌으며, 따라서 송대 유가는 이중의 곤경에 직면하였다. 한편으로, 도덕 평가는 현실의 제도적 관계를 초월한 힘에 호소하지 않을 수 없고, 다른 한편으로는 한당 우주론이 가정한, 현실의 제도를 초월한 천은 또 바로 현실 제도 자체에 종속되기에, 송대 유가는 반드시, 정치 제도론에 종속되는 우주론 바깥에서 도덕 논증의 논거를 발견해야 했다. 이것이 바로 천도관과 천리 개념이 성립될 수 있었던 기본 전제이다. 즉 천리, 천도는 우주 만물을 초월하여 벗어나 있으면서도 또 우주 만물에 내재하는 절대 진리이다. 도덕 판단 속의 인식 작용과 내재적 전향은 도덕과 제도가 이미 분리되었다는 역사적 판단 속에서 생산된 것이다.

도덕 논증의 각도에서 볼 때, 도학가들이 공자가 남긴 가르침에 더 접근했다기보다는 오히려 왕안석이 주대의 계승자를 더 닮았다고 하

는 것이 나온데, 왜냐하면 그는 도덕과 제도를 완전한 통일적 관계로
간주했기 때문이다. 그러나 왜 왕안석은 오히려 유학의 정수를 위배한
사람으로 간주되었을까? 이것은 유학의 시각에서 이른바 제도와 예악
의 관계는 봉건과 군현의 역사적 변천을 반영하며, 제도론은 황권 중
심적 군현제의 합법성 이론인 반면에, 도학가는 종법 봉건을 체현하는
예악을 도덕/정치 판단의 근거로 보았기 때문이다. 여기에서, 시세時勢
는 이미 천리에 내재하는 요소가 되었다. 이것이 곧 유학의 정통주의
와 역사관의 정치적 핵심이다. 주자가 말한 '삼대의 법도'에 부합하지
않는다는 비판은 이 맥락 속에 놓았을 때야만 이해할 수 있다. 첸무는
왕안석의 왕패론을 이렇게 귀납했다.

> 왕안석의 이론에 따르면, 도덕과 신성神聖은 모두 곧 사업事業이
> 다. 큰 사업이라야 비로소 참된 도덕이며, 참된 신성이다. 불가
> 佛家에서는 법신法身을 주로 삼으며, 법신에 의거하여 보신報身과
> 응신應身이 있으니, 이것을 진眞으로부터 속俗으로의 전환이라
> 고 한다. 그런데 왕안석은 그것을 뒤집었다. 대인大人을 주로 하
> 고, 대인에 의거하여 성인聖人과 신인神人이 있으니, 속에서부터
> 진을 드러냄이다. 어째서 대인이 곧 성인이고 신인이며, 사업이
> 곧 도덕인가? 그 근본은 심지心地에 있다. …왕안석의 신정은 바
> 로 이런 견해에 바탕을 두고 있으므로, 청묘법과 균수법均輸法•
> 으로 경제 정책을 삼아도 그것이 왕정을 해치지 않는다.[409]

또 이렇게 말하였다.

• 균수법(均輸法): 중국 북송 때 왕안석이 제안하고 추진한 신법의 하나로, 각 지방
의 물가 안정을 위하여 정부가 물자를 사들여서 싼 곳에 운반하여 팔았던 부국강병책
이다.

만약 이정 형제를 왕안석과 비교한다면, 왕안석은 성性과 도道를 논하긴 했으나, 실제 정사를 더욱 중시하였다. 이정 형제는 희녕 신법의 유폐를 거울삼았으므로 학문을 논하면서 일관되게 성과 도를 우선으로 하였고, 정사政事를 뒷일로 치워 두었다.[410]

보다 정확히 말하면, 이학가와 신학의 충돌은 성·도와 정사의 선후 문제로 귀결될 수 없으며, 두 가지 다른 도덕 평가 방식의 모순으로 이해되어야 한다. 이 두 가지 도덕 평가 방식의 배후에 감춰진 것은 그것들이 황권과 그 정치 제도를 어떤 도덕적 지위에 두느냐의 차이였다. 이런 의미에서, 송대 이래의 유학 이론 속의 이른바 '실연'과 '응연', '사실'과 '가치'의 대립은 역사적 변천에 관한 도덕/정치 판단, 즉 예악과 제도의 분화에서 비롯되었다.

5. '내외' 상상: 남북 문제, 이하지변, 정통 관념

송대 유가에게서, 예악과 제도의 분화는 현실적 제도와 이상적 질서의 차이로 표현되었고, 이상적 질서는 직접 복고적 정통 관념으로 표현되었다. 이 정통 관념은 유자에게 예악과 제도를 판별하는 구체적 조목을 제공하였을 뿐 아니라(무엇이 제도이고 무엇이 예악인가), 제도를 대하는 판단 기준을 세울 수도 있었다. 왜 예악과 제도의 차이가 정통 의식 혹은 도통道統 의식에 호소해야 했는가?

우선 송학의 정통관·우주론 및 그 '지식주의'는 수당隋唐 이래 삼교三敎 합일의 문화적 분위기 속에서 태어난 것이고, 삼교 중 진정으로 주도적 위치에 있었던 것은 불교였다. 당조의 멸망, 오대의 난리, 그리고 송조 건국 후 북방 민족과의 장기간의 대치를 거쳐 송대 사상가들은 유학으로써 유불도 삼교를 통일하고, 문자 주해를 주로 하는 한당 훈고학을 지양하였다. 또한 복고의 경향과 진지眞知 탐구의 노력을 하나로 종합하였다. 바로 불교·도교 및 한당 경학과의 투쟁 속에서 이학가들은 '천'을 일종의 우주론과 형이상학의 틀 속에 두었고, 세계를 긍정하는 세계관을 수립했으며, 그것으로 하여금 우주론·자연관·인성론·수양론의 기본적 범주가 되게 하였다. 이 방식은 오래된 근원을 가지고 있다.[411]

이학과 불교·도교의 관계로 볼 때, 우리는 아래에 서술하는 두 방면의 문제에 주의해야 한다. 첫째, 이학의 관념은 이 사상적 자원들의 간단한 복제가 아니며, 그 반대로 그것은 이들 자원을 섭취하는 동시에 이들 자원에 대한 저항과 여과濾過를 포함하고 있다. 왕부지는 말하였다. "장자와 노자는 허무를 말하였고, 본체의 무를 말하였다. 부처는 적멸을 말하였고, 용用의 무를 말하였다. 부처가 말한 진공眞空 역시 용을 없애 무체無體로 되돌아가는 것이다."(莊·老之言虛無, 體之無也; 浮屠言寂滅, 言用之無也. 而浮屠所云眞空者, 則亦銷用以歸於無體)[412] 송대 유학자들은 '본연전체'本然全體상에서 불교와 도교를 공격하여 넘어뜨리려 했기에, 반드시 우주론과 본체론상에서 '무'를 깨고 '유'를 세우며, '허'로부터 '실'로 되돌아가야 했고, 체계적으로 불교·도교와 대항하는, 감성적 현실 세계를 긍정하는 세계관과 그 도통 계보를 수립해야 했다.[413] 둘째, 불교·도교에 대한 이학의 배척과 비판은 결코 단순한 관념론적 층위에만 머물지 않았는데, 우리는 일상생활의 예의와 풍속의 변천 속에서 그 격렬한 투쟁을 목도할 수 있다. 불교의 출세간주의出世間主義는 추상적 철리哲理로써 효 중심의 종법 윤리와 투쟁하였을 뿐 아니라, 상례나 장례 활동 같은 가정 내부의 활동 속에도 스며들어, 전통적 가정 예의에 대한 심각한 위협이 되었다. 따라서 불교 배척은 결코 추상적 이론 투쟁이 아니었다. 당대 말기, 이고는 「거불재론」去佛齋論이라는 글을 지어 불교가 "이적의 풍습으로 중국을 변화시킨다"(使夷狄之風而變乎諸夏)고 비판했는데, 그가 겨냥한 것은 양수楊垂의 「상의」喪儀이다. 그 속에는 "사십구재 날에는 죽은 자의 의복을 절에 보내어 복을 신추申追한다" 등 불교 의궤儀軌에 대한 기술이 있다.[414]

송대 이전에, 유자와 조정 관원은 일반 백성의 가정과 종교의 실천에 직접적 관심이 매우 적었으나, 송대의 유가는 자신들의 유교 윤리를 발전시키고 갱신할 때 많은 일상 습속과 투쟁을 진행하지 않을 수 없음을 발견하였다. 패트리샤 에브리Patricia Ebrey의 연구에 따르면, 이들 새로운 습속에는 혼인 풍속(혼수품 등)과 묘지에서의 조상 제사 의식(화장, 조상 제사 의식에서 화상畵像의 사용, 장례에서 승려의 역할 등등과 같은 것)이 포함된다. 송대에, 사람들은 묘지에서 제사를 지냈고, 동종同宗의 친척 역시 설날에 묘지에 모였는데, 묘는 조상 숭배의 가장 중요한 장소였다. 송대 유가는 의식 장소로서의 묘지는 결코 문헌상 근거가 없음을 잘 알고 있었으나, 이런 새로운 풍속과 유교의 '효' 관념의 결합을 힘써 도모했다. 주희의 『가례』와 정이의 더 이른 시기의 논의는 바로 이런 경향을 표현했다. 그러나 그 밖의 화장火葬과 같은 일련의 불교 습속은 유교에 흡수되기가 매우 어려웠다. 화장은 10세기부터 14세기까지 줄곧 성행했는데, 이 의식은 전통 유교의 의식과 매우 차이가 컸을 뿐 아니라 그것이 담고 있는 초도超度(지옥에서 벗어나 극락으로 감—역자)의 관념 역시 유학의 세속적 가치와 충돌했다. 사마광·정호·주희는 모두 화장에 대해 크게 놀라움을 표하면서, 야만적 습속이라고 여겼다.[415] 종법과 사당 문제에 대한 북송 도학의 많은 토론은 어떤 의미에서는 상술한 습속에 대한 직접적인 반응으로 간주할 수 있다. 이학의 우주론과 심성론은 그 예식주의禮式主義와 내재적 연계가 있으며, 이런 연계 방식 역시 우리는 불교 철학과 그것의 의식 및 습속과의 연관 속에서 찾을 수 있다.

도학자들은 불교가 예의 실천 속에서 가지는 영향을 겨냥해서 선유先儒의 가르침과 고대의 예의를 새롭게 고찰했는데, 이하지변夷夏之辨은 정통 조류를 확립하는 과정에서 중요한 역할을 하였다. 한유의 「원도」는 맹자를 추존했는데, 『대학』을 특별히 끌어와서 '도'의 개념을 제시했고, 또 공자의 도로써 석가와 노자의 설을 힘써 배척했으며, 송대 신유학 출현에 역사적 단서를 제공했다. 한유의 '도'론은 최종적으로 도통에 대한 추소追溯 혹은 수립으로 귀결된 것으로, '도' 자체에 대하여 철학적 질문을 던진 것은 아니었다. 단일하고 명확한 도통의 실마리는 직접적인 정치적 의미를 포함하고 있었다. 곧 이로써 불교와 도교의 정통적 지위를 거부하고, 유가의 예의와 제도의 기초를 새롭게 놓았던 것이다. 바로 그런 점에서 한유의 불교 배척은 이하지변의 범주 속에서 전개되었다.

불교가 동쪽으로 전파된 역사에서, 우리는 유학의 이하지변을 이용해 불교를 반대한 약간의 예증을 찾을 수 있다. 예를 들면 이렇다. 서진西晋의 왕부王浮가 『노자화호경』老子化胡經에서 진부한 이야기로 불교를 폄하했다. 동진東晋의 채모蔡謨는 "불교는 이적의 습속으로써, 올바른 전범이 되는 제도가 아니다"(佛者夷狄之俗, 非經典之制)라고 하여 불교를 배척하고 폄하했다.[416] 남조 송나라 말기의 고환顧歡은 도교를 숭상하고 불교를 배척했는데, "부처는 악을 깨는 방도이다"(佛是破惡之方), "도는 선善을 일으키는 기술이다"(道是興善之術)라고 하여 전자는 오랑캐의 습속이고 후자는 중국의 정통이라고 여겼다.[417] 한유의 논설 방식은 이와 분명한 연속성을 가지고 있다. "불법은 이적의 법일 뿐입니다. 후한 때 중국에 유입되었으며, 상고시대에는 일찍이 없었습니다."(佛者, 夷狄之一法耳, 自後漢時流入中國, 上古未嘗有也) "부처는 본래 이적의 사람으로서, 중국과 언어가 통하지 않으며, 의복 제도가 다르고, 입으로는 선왕의 법언을 말하지 않고, 몸으로는 선왕의 법복을 입지 않으며, 군신의 의와 부자의 정을 모릅니다."(佛本夷狄之人, 與中國言語不通, 衣服殊制, 口不言先王之法言, 身不服先王之法服, 不知君臣之義, 父子之情)[418] "지금 이적의 법을 들어 선왕의 가르침 위에 둔다면, 시간이 좀 지나면 기다리지 않아도 오랑캐가 될 것입니다."(今也舉夷狄之法而加之先王之敎之上, 幾何其不胥而爲夷也) "이 도는 무슨 도인가? 이것은 내가 말하는 바의 도이며, 이제껏 말해 오던 노자와 부처의 도가 아닙니다. 요임금은 이것을 순에게 전했고, 순임금은 이것을 우임금에게 전했고, 우임금은 이것을 탕임금에게 전했고, 탕임금은 이것을 문왕·무왕·주공에게 전했고, 문왕·무왕·주공은 이것을 공자에게 전했고, 공자는 이것을 맹자에게 전했습니다. 맹자가 죽자 그것을 전하지 못했습니다."(斯道也, 何道也? 曰: 斯吾所謂道也, 非向所謂老與佛之道也. 堯以是傳之舜; 舜以是傳之禹; 禹以是傳之湯; 湯以是傳之文·武·周公; 文·武·周公傳之孔子; 孔子傳之孟軻. 軻之死不得其傳焉)[419]

　　이런 의미에서 도통설은 이하夷夏를 구별하는 사회정치적 동기와 밀접한 관련이 있다. 이고의 「복성서」復性書는 『중용』을 인증하여 예악을 진성盡性의 방법으로 삼고, 『대학』의 격물치지설을 드러내 밝혔으나, 그 역시 한유와 마찬가지로 '도'를 단일한 계통으로 추소하였고, 또한 자신을 맹자의 계승자로 여겼다. 펑유란은 이 도통설이 선종禪宗이 전술傳述한 종계宗系에서 새로운 계발을 받은 것이라고 여겼다. 즉 선종은 부처의 심전心傳이 역대의 불조를 지나 하나의 맥으로 이어져 홍인과 혜능에게 곧장 이르렀으며, 한유·이고·송대 신유가新儒家들이 공자 문하의 심법心法 전수를 담론한 것 역시 상술한 계보를 이었다고 여겼다.[420] 이런 의미에서, 『중용』과 사맹학파思孟學派의 관계를 인정하는 것은 결코 송명 이학에게 단일한 계통의 정통적 근거를 찾아줄 수 없었으며, 이학이 자신을 확립하는 과정은 시종 배타적 관념을 포함하고 있었다.

　　다음으로 이하지변의 정통주의 틀 내에서 불교와 도교를 배척한 것은 당송 시대 남방과 북방의 역사적 충돌에 호응한 것이었다. 북송은 건국 때부터 이미 북방과 서부 민족의 압력에 직면했으며, 시종 연운십육주燕雲十六州*를 수복할 능력이 없었다. 북송 왕조는 북으로 거란(요遼)과 마주하고, 서로는 당항黨項(서하西夏)을 마주했으며, 하서河西에는 토번과 위구르가 있었으므로, 서북 소수민족과의 강화와 전쟁은

---

* 연운십육주(燕雲十六州): 중국 오대(五代) 시대에, 석경당(石敬瑭)이 거란의 도움으로 후당(後唐)을 멸망시키고 후진(後晉)을 창업하고 그 보답으로 거란에게 넘겨준 땅. 연(燕), 운(雲), 탁(涿), 계(薊), 단(檀), 순(順), 영(瀛), 막(莫), 울(蔚), 삭(朔), 응(應), 신(新), 규(嬀), 유(儒), 무(武), 환(寰)을 일컫는다. 거란은 이 지역을 180여 년간 통치했다.

북송 시대 사회 생활 속의 중요한 사건이 되었으며, 심지어 운남雲南의 대리大理 역시 송 왕조에 도전했다. 1115년에 여진이 금을 세웠고, 1125년에 요를 멸망시켰으며, 1127년에 북송이 전복되었고, 이로부터 남방에 치우친 남송 왕조와 북방에 웅거한 금조金朝의 장기간의 대치가 시작되었다. 남송 왕조는 통일된 몽골이 흥기하고 또 1234년 금조를 멸하기까지 줄곧 북방으로부터의 위협에서 벗어나지 못했다. 1279년 남송은 몽골에 의해 멸망했다. 서기 4세기의 영가永嘉의 난 혹은 진晉 왕실의 남천南遷과 서기 12세기의 정강靖康의 난 혹은 송宋 왕실의 남천, 이렇게 중국 역사에서는 남북 대치의 시대가 두 번 나타났으며, 사대부 계급은 강렬한 이하 분별의 의식을 가지고 있었다.

송대 경학에서는 『역』, 『예』를 대종大宗으로 한 것 외에, 춘추학春秋學이 극성했으며, 『송사』宋史「예문지」藝文志에 실린 북송 춘추학 저작은 128종에 달했다. 도학의 선구라고 불리는 '송초삼선생'宋初三先生과 그후의 저명한 대유학자인 구양수歐陽脩·손각孫覺·소철蘇轍(1039~1112) 등은 모두 춘추학 저작이 있으며, 양송兩宋 때의 호안국胡安國(1074~1138)은 더욱 송대 춘추학의 대표적 인물이다. 도학가들 중 정이는 『춘추전』春秋傳을, 장재는 『춘추설』春秋說을, 양시楊時는 『춘추설』을 지었다. 남송 시대에 주희는 아직 전문적인 춘추학 저작을 짓지는 않았으나, 그가 효종孝宗 시기에 저술한 『자치통감강목』資治通鑑綱目은 오히려 『춘추』와 유사한 저작이었다. 주희의 제자 이방자李方子는 이 책을 이렇게 평했다. "의義가 바르고 법이 엄하며, 사辭가 진실하고 앎이 깊으며, 역대의 치우친 것을 바로잡아 일리一理의 순수純粹로 회귀하였다."[421] 이 글에서, '일리로의 회귀'는 이하夷夏 변별辨別의 정통주의와 내재적 연계가 있다. 예를 들면 주희는 '토벌'討伐의 예를 이렇게 해석했다. "무릇 정통에서는 아래로부터 위로 역逆하는 것을 '반'反이라 하고, 도모함만 있고 실행하지 않은 것을 '모반'謀反이라 하며, 군대가 대궐을 향한 것을 '거병범궐'擧兵犯闕이라고 한다." "중국에 군주가 있으면 이적을 '입구'入寇라고 한다. …중국에 군주가 없으면 단지 '입변'入邊이라고만 한다." "무릇 정통은, 신하의 참월한 반란에 군대를 이용하는 것을 '정'征·'토'討라고 한다. 이적의 경우는 그 신하가 아니면 '벌'伐이라고 하고 '공'攻이라고 하고 '격'擊이라고 한다."[422]

주희는 「임오봉사」壬午封事에서 이렇게 말했다. "천하 국가를 맡은 자는 반드시 일정하고 바뀌지 않는 계책이 있어야 한다. 그러나 오늘날의 계책은 정사를 수행하고 이적을 물리치는 것에 불과하다."[423] 양송 춘추학의 중심은 존왕尊王과 양이攘夷였으며, 전자는 중앙집권 정치의 발전에 조응하고 있었고, 후자는 양송 시대의 첨예한 민족 충돌에 응하였다. 호안국의 『춘추전』은 손복과 정이를 계승한 것으로, 존왕양이를 중심으로 대일통大一統·정인륜正人倫·휼민고본恤民固本(백성을 구휼하고 근본을 단단히 함)·신군억신申君抑臣(군주권을 신장하고 신하의 권한을 억제함)·주난적誅亂賊(난적을 주살함)·엄이하지방嚴夷夏之防(오랑캐와 중국의 구분을 엄격히 함) 및 복구復仇(원수를 갚음) 문제를 드러내 밝힘으로써, 하나의 완정한 춘추학 체계를 구축하였다.[424] 바로 이 사상적 배경 속에서, 도학의 불교와 도교 배척과 존왕양이 관념에는 내재적 연계가 발생하였다.

그러나 마찬가지로 이하지변을 논하지만, 도학가의 논의는 여전히 어떻게 덕정德政을 형성하고 사정邪正을 변별할 것인가를 중시했다. 따라서 그들은 대외 투쟁 속에서 항상 이하 관계를 내부 문제 속에 두었다. 이것은 공리적功利的 효과를 중시하는 유자들이 '중국'과 '이적'에 대해 행한 명확한 공간적 구분과 차이가 있는데, 예를 들어 진량은 이렇게 말하였다.

> 신의 생각에, 오직 중국만이 천지의 정기이며, 천명이 모인 곳이며, 인심이 모이는 곳이며, 의관과 예악이 모이는 곳이며, 백대 제왕이 서로 이은 바이니, 어찌 천지 바깥에 있는 이적의 사기邪氣가 범할 수 있는 곳이겠습니까! 불행히도 범하여, 중국의 의관과 예악을 이끌고 가 한쪽 구석에 살게 되었는데, 비록 천명과 인심이 여전히 묶여 있는 바가 있다 하더라도, 어찌 이것을 오랫

동안 편안하고 무사하다고 여길 수 있겠습니까!

> 臣竊惟中國, 天地之正氣也, 天命之所鍾也, 人心之所會也, 衣
> 冠禮樂之所萃也, 百代帝王之所以相承也, 豈天地之外夷狄邪
> 氣之所可奸哉! 不幸而奸之, 至於挈中國儀觀禮樂而寓之偏方,
> 雖天命人心猶有所係, 然豈以是爲可久安而無事也.[425]

이 '중국'과 '이적'의 대치 관계 속에서, 남송 '중국'의 문제는 주로 공간의 치우침이었다. 바꿔 말하면, 이하 관계는 직접 공간상의 내외 관계로 체현되었다. 공간 관계로부터 이하를 절대화하는 이러한 관점 역시 진량이 시간상에서 삼대와 한당 사이의 연계와 연속성을 중시하는 데 영향을 미쳤다. 그 목적은 후대 제도에 대한 긍정적인 태도를 유지하는 것이었다.

도학자의 논술 방식은 이것과 차이가 있었다. 그들은 삼대의 예악과 한당의 제도를 대비시켰고, 또 삼대 예악 제도로의 복귀를 한당 시대에 형성된 각종 제도에 대한 비판의 근거로 삼았다. 그래서 이하 관계는 일종의 도덕과 예의 관계로서 내외 사이에 존재할 뿐 아니라 '중국의' 후세의 제도 자체에 대한 평가도 포함하고 있으니, 즉 이하 관계는 내외 사이에 존재할 뿐 아니라 '중국' 내부에도 존재했다는 것이다. 예를 들면 당송 시대의 전제田制와 세법 개혁은 토지 겸병이 촉발한 사회적 모순, 인구와 부세를 두고 황권과 귀족이 벌인 장기적 투쟁과 밀접히 연계되어 있다. 새로운 제도의 근원은 왕왕 북방에서 유래했다. 도학자들은 한당 제도가 삼대의 봉건·정전 및 학교의 원칙을 어겼다고 비판했으며, 단지 일종의 기능적 제도 안배로서 도덕적 함의를 갖추지 않았다고 여겼다. 이 비판을 이른바 남방 예악과 북방 제도의 구분과 연계시킨다면, 우리는 이런 비판 방식이 담고 있는 남북 관계를 중심으로 하는 정통의 의미를 명확히 관찰할 수 있을 것이다. 바꿔 말하면 정통의 관념은 남북 관계, 족군 정체성 및 문화 권력의 투쟁 속에서 이해해야 할 뿐 아니라, 예악 도통과 제도 혁신의 관계 속에서도 해석해야 한다. 이런 층위에서, 남북 문제는 민족 충돌 혹은 내외 이하의 문제일 뿐 아니라, 이미 어떻게 사회 제도를 평가할 것인가라는 합리성의 문제이자 합법성의 문제이기도 했다.

천리를 중심으로 하는 이학 계보와 현실의 제도 및 그 평가 체계에는 심대한 긴장이 존재하였다. 이것은 이학가들이 과거·세법·토지 제도에 대한 비판에서 보첩의 재편찬, 예의의 재건 및 삼대 추모의 사유 방식을 채용했기 때문이며, 이는 예악 정통으로부터 출발하여 (외재적이고 외래적인) 제도를 비판한다는 의미를 보여 주었기 때문이다. 수당 제도에 관한 천인커의 연구는 다민족 군현제 국가의 형성 과정에 대한 관찰이며, 그는 수당의 "문물제도가 널리 전파되어서, 북으로는 대사막을 넘고 남으로는 교지交趾*에 달하며, 동으로는 일본에 이르고, 서로는 중앙아시아에 이르렀으나, 그 연원과 변천을 통론한 전문 서적이 드문 것은 우리나라 역사학의 결함"이라는 데 주목했다. 또한 수당 제도의 근원을 북위北魏와 북제北齊, 양梁, 진陳, 서위西魏와 주周 등 삼대 연원에서 찾았다.[426] 『당대정치사술논고』唐代政治史述論稿의 모두冒頭에서, 천인커는 『주자어류』 권116에서 "당의 원류는 이적에서 나왔고, 그러므로 규문閨門에서 벌어지는 예에 어긋나는 일들을 이상하다고 여기지 않았다"[427]고 말한 것을 끌어다 당대의 습속과 북방 민족의 관계를 설명하는 데 이용했다. 또 한편에서는 송대 유학의 정절 의식과 북방 민족 풍속의 남하南下의 상호 영향 관계를, 즉 이하 변별의 의식意識이 어떻게 보수적 윤리의식으로 전환되었는지 드러내 보였다. 한위 시대 과부 수절의 풍속은 한인과 선비족을 구분하는 것과 관계있는데, 수절은 일종의 전통적 덕성으로 간주되었고, 이 남조 풍속이 또한 송유에 의해 계승되었기 때문이다. 제니퍼 홀름그렌Jennifer Holmgren의 연구에 의하면, 송대 여성의 재혼 비율은 매우 높았으며, 과부 수절의

---

* 교지(交趾): 중국 한나라 때에, 지금의 베트남 북부 통킹·하노이 지방에 둔 행정구역. 전한의 무제가 남월(南越)을 정복하고 설치한 곳이다.

풍속은 명청 시대에 이르러서야 비로소 최고조에 달했다. 송대 정부政府와 도학가가 수절을 전통적 덕성으로 삼아 크게 주창하고 격려하여 상을 준 것은 이하夷夏의 풍속을 구분한 것과 직접적 관계가 있다.[428] 가무歌舞 기생과 상층 기녀의 전족纏足 풍속은 당나라 말기에 기원하여 송대에 유행하기 시작했다. 패트리샤 에브리는 이것이 송대 문화가 유아儒雅를 숭상한 사대부의 풍습과 관계있다고 하였다. 즉 아雅를 숭상한 남성 문화의 영향 아래에서, 더욱 유약하고 유아한 여성 문화를 구축해야 했다는 것이다.[429]

송대 사회의 비교적 성숙한 군현 체제는 그 시대의 족군 관계, 장거리 무역, 군사적 충돌과 밀접히 연계되어 있는데, 그것의 관료·토지·과거 제도는 모두 전 왕조를 답습하고 개혁을 철저하지 않게 행한 결과로서 북방 제도문화의 영향을 깊이 받았다. 도학가들은 각종 근거를 가지고 이들 제도를 비판했다. 이들 제도의 합법성과 합리성에 의문을 제기하는 유효한 수단 중 하나는 바로 정통 관념에 호소하여 예악 정통으로써 한당 제도의 권위성에 대항하고, 또 이 대비 속에서 이들 제도 자체가 삼대를 위반한 이제夷制였을 뿐임을 암시하는 것이었다. 토지 제도를 예로 들면 남조의 점전占田·공전公田·과전課田은 한대 공전과 둔전屯田의 전통을 이어받았으므로 토지 제도는 한으로부터 위진을 거쳐 남조에 다시 전해졌으며 내재적 연속성이 있었다. 북조의 상황은 오히려 많이 달랐다. 북조의 균전법은 공전·둔전·과전을 기초로 하였으나 제도 형식에 있어 오히려 강력한 토지 공유 제도로서, 한대의 토지 대량 사유화의 상황과 차이가 있었다고 할 수 있다. 이런 토지 제도는 북방 민족이 통치자가 된 후에야 비로소 반포되었고, 수당 이래 토지 제도의 기본 전제를 이루었다. 당조는 공전·둔전·과전을 기초로 하여 북조 균전제의 형식을 계승하고 발전시켰다. 이것은 북방의 유목 부락에서 우선 실행되었고, 나중에 다른 지역에까지 전파된 토지 제도이다. 효문제가 균전제를 확립하기 전에, 척발위拓跋魏는 식구 수에 따라 밭을 준 사실이 있는데, 예를 들면 『위서』魏書「식화지」食貨志에서는 이렇게 말하였다. "중산을 평정하고 나서, 관리와 백성 및 도하徒何와 여러 이민족(種人),* 기술자 10만여 가구를 이주시켜 수도를 채웠고, 각기 경작용 소를 공급하였으며, 사람 수에 따라 밭을 주었다."(既定中山, 分徙吏民及徒何種人, 工伎十萬餘家以充京都, 各給耕牛, 計口授田)[430] 『위서』 본기本紀의 「태조기」太祖紀, 「태종기」太宗紀, 「공제기」恭帝紀에도 유사한 기록이 있다. 주의할 점은 다음과 같다. 초기의 정부政府 전객佃客은 모두 한인이었고, 선비족은 따로 호적에 두었는데, 이 민족 구별은 수 왕조에 이르러서야 비로소 점차로 해소되었다는 사실이다. 일정 정도에서, 북위北魏 시대 육진기의六鎭起義는 곧 천역賤役으로 몰락한 이들 선비족 귀족이 균전제 등의 제도 개혁에 대해 가진 불만 때문이었다.[431] 확실히 균전제와 그 징세 방법은 집권 국가의 관료 행정 조직의 발전에 수반된 것으로서, 중앙정부는 이것으로써 유민을 배치해 일에 종사케 하여 정부의 전객 혹은 농노가 되게 하고자 시도하였다. 그러나 이데올로기적으로 이 제도의 창설은 오히려 맹자의 정전제와 『주례』의 균전제를 합법적 증명으로 삼을 필요가 있었다. 양염의 양세법 개혁은 마찬가지로 중앙정부와 귀족의 호구戶口와 부세賦稅 쟁탈 투쟁을 포함했다. 송대 유학자는 삼대三代의 정전제井田制와 한당漢唐의 토지 제도라는 틀 속에서 그 결함을 논술했으며 이는 상술한 과정과 일맥상통한다. 이런 역사적 맥락 속에서, '천리'라는 척도의 확립을 통하여 각종 역사적 제도를 신중하게 평가하고 따라서 군현 조건 속에서 새롭게 봉건의 정신을 확립하는 것이 도학이 자신에게 부여한 역사적 임무의 하나였다.

천리와 그에 관련된 주제는 도덕 공동체를 구성하는 사상적 자원을 제공했으며, 복고 경향 특히 도통의 추소追溯 자체 역시 이 도덕 공동

---

* 도하(徒何)와 여러 이민족[種人]: '도하'는 선비족의 한 갈래로 '徒河'라고도 한다. 본래 지금의 요녕(遼寧) 지역에 거주했는데, 요동(遼東) 및 요서(遼西) 여러 부(部)로 나뉘었다. 종인(種人)은 고려인 등 여러 이민족을 말한다. 『위서』(魏書) 「식화지」보다 『위서』 「태조기」(太祖紀)에 보다 자세한 설명이 있다.

체에 기타 사회 집단과는 구별되는 역사적 근거를 제공했다. 천하를
자기 임무로 삼는 '사'±의 도덕적 부담은 일정한 조건 아래에서 도덕
공동체의 역사적 운명에 대한 책임감으로 전화될 수 있었다. 바로 이
논리 아래에서 이학은 일종의 준민족주의의 자원으로 전환될 가능성
을 가지고 있었다. 그러나 이학의 내재적 논리로 볼 때, 이러한 전화는
여전히 주로 일종의 도덕주의적 경향 속에(인정 혹은 덕정의 양성 같
은 것) 집중되었다. 따라서 사람들이 '공리주의적 유가'라고 부르는 것
과는 구별되었는데, 후자는 군사행동과 그 책략을 위기 해결의 중심적
지위에 두었다. 이 두 다른 현실적 경향은 두 가지 다른 이하지변에 근
거한 것이다.

천리와 '자연의 이세'

비록 '예악과 제도의 분화'라는 인식 틀이 농후한 복고주의와 정통주의의 경향을 띠긴 했지만, 삼대에 대한 송대 유학자들의 추종은 여전히 역사적 변천의 인정을 전제로 하였다. 천리라는 개념 자체는 시세時勢에 대한 이해를 포함하였다. 즉 시세에 대한 항거이기도 하고 시세에 대한 포용이기도 하였다. 송대 유가에 의해 시사時事는 날이 갈수록 '자연의 이세理勢'로 대체되었다. 천리의 관념이 충분히 발전할 수 있다면, 가장 좋은 예악 제도에 대한 사고와 완전히 부합할 것이었다. 그것은 양자 모두 자연의 이세에 따라 도대체 무엇이 정당하고 지선至善한지에 대한 판단의 내용을 포함하고 있기 때문이다. 이것이 천리의 정치성이긴 하지만 이런 정치성 역시 그것의 자연적 본질로 해독될 수 있다. 중앙집권의 정부 형식, 형식화된 고시 제도 및 선관 제도, 더욱 자유로워진 세법과 상업 관계, 발달한 장거리 무역 및 화폐 정책, 세습 귀족 제도의 철저한 와해, 지주제의 확립과 사회생활에서 사士 위치의 대폭 향상이 송대 사회 체제의 주요 특징을 이루었다. 도학은 이 체제가 선진 예악의 정신을 상실했다고 비판했지만, 결코 삼대의 제도를 완정하게 회복하기를 요구하지 않았으며, 군현제 국가 내부에서 봉건의 정수를 회복하고자 기도했다. '리'理라는 이 범주는 적합한 제도, 규범 및 예의를 가감하고 평가하고 탐구하는 데 근거를 제공했다. 천

리와 군현제 국가의 긴장 관계, 그리고 천리적 세계관이 내포한, 삼대
예악에 대한 상상 관계는 모두 천리를 중심으로 한 송대 사상으로 하
여금 간단히 이른바 '국민주의'의 틀 속에 귀속될 수 없게 하였다. 군
현제 국가에 대한 그것(삼대 예악에 대한 상상 관계)의 비판은 군현제
국가의 역사적 합리성에 대한 확인을 포함했음에도 불구하고 그러하
였다.

　이런 의미에서 천리적 세계관은 역사적 변화를 향한 개방적 자세를
포함하고 있으며, 시세 자체가 천리의 내재적 요소를 이루었다고 하겠
다. 주희는 진량과 벌인 논변에서 일찍이 진량이 삼대와 한당의 구별
을 부인함으로써 삼대를 한당의 수준으로 떨어뜨렸다고 비판하여, 후
대 사람으로 하여금 그가 고대와 근세 역사를 절대적으로 구분한다고
생각하게 하였다.[432] 남송 시대의 유명한 왕패王霸 논쟁은 사람들의 인
상에 더욱 각인되었다. 그러나 주희가 더욱 중시한 것은 인간의 내재
적 품성이다. 그가 보기에 천리와 인욕 사이에서 왕도와 패도의 자취
를 찾을 필요가 없으며, 차라리 내 마음의 의義와 이利, 사邪와 정正 사
이에서 찾는 것이 나았다. 이 판단 방식 자체가 곧 시세 변화에 대한
인정을 포함했다. 주희는 이렇게 말하였다. "공자께서 나라를 얻으신
다면, 상고上古의 사대四代(즉, 우虞·하夏·상商·주周) 제도를 증감하여 모든 왕
들의 변치 않는 법도로 삼을 것이며, 주나라의 제도만 추종하진 않았
을 것이다."[433] 또 이렇게 말하였다. "고금의 변화란 극에 달하면 반드
시 되돌아가니, 낮과 밤이 서로를 낳고 추위와 더위가 서로 교대하는
것처럼, 리理의 당연當然으로서, 인력人力으로 어찌할 수 있는 것이 아
니다. 그러므로 삼대의 상호 계승은 서로 인습하여 변할 수 없는 것이
있으며, 서로 증감하면서 항상적이지 않은 부분도 있으나, 이 역시 오
직 성인만이 그 리의 소재를 관찰하여 그것을 인습하거나 개혁할 수
있으며, 이로써 인류의 기강紀綱이 백세百世에 전해져도 낡지 않을 수
있는 것이다."[434] "그 리의 있는 바를 살펴 그것을 인습하거나 개혁한
다"라고 할 때의 '리'는 역사적 변천이 내포한 합리성에 대한 확인으

로 변하였다. 그러므로 도학가들이 삼대를 추종한 것은 오히려 도덕 평가의 객관적 기초로서 삼대의 제도를 직접 제출하지 않았고, 도덕의 근원으로서 천리의 개념을 재구축했다. 그것은 후자가 우리가 역사 변화의 추세를 통찰하고 또 이 추세에 순응하는 의지를 드러내도록 도울 수 있기 때문이다.

『주자어류』권139에는 유종원의 봉건론에 대한 진중위陳仲蔚의 회답이 기록되어 있는데, '자연의 이세' 등의 범주로써 군현이 봉건을 대체하는 역사에 합법성을 제공했다.

> 유종원이 "봉건은 성인의 뜻이 아니라 세勢(추세)였다"라고 한 것역시 옳다. 그러나 좀 더 면밀하게 말해 보자면 치우친 곳이 있고, 후인으로서 그것을 변명한 사람 역시 지나치게 많이 틀렸다. …봉건은 옛날부터 있었고, 성인은 단지 자연의 이세로 봉封하였으니, 곧 성인의 공심公心을 볼 수 있다. 주나라가 강숙康叔을 봉한 것과 같은 일 역시 옛날에 그런 제도가 있었던 것이다. 공功이 있고 덕德이 있고 친척 관계가 있음으로 인하여 마땅히 봉한 것이니, 성인이 부득이한 바가 있었던 것이 아니다. 만약 유종원이 말한 바와 같다면, 곧 성인이 그것을 병탄하고자 하였으나 그럴 수 없었던 것이 되고, 곧 어쩔 수 없어서 그렇게 한 것이 된다! 이른바 세라는 것이 곧 자연의 이세이지 부득이함의 추세가 아님을 모른 것이다.
>
>> 子厚說"封建非聖人意也, 勢也", 亦是. 但說到後面有偏處, 後人辯之者亦失之太過. …此封建自古便有, 聖人但因自然之理勢而封之, 乃見聖人之公心. 且如周封康叔之類, 亦是古有此制. 因其有功, 有德, 有親, 當封而封之, 却不是聖人有不得已處. 若如子厚所說, 乃是聖人欲吞之而不可得, 乃無可奈何而爲此! 不知所謂勢者, 乃自然之理勢, 非不得已之勢也.[435]

봉건도 군현도 '자연적'이지 않으며, 봉건이 더 이전의 제도를 대체하고 군현이 봉건을 대체한 역사적 과정이 '자연적'이다. 여기서 '자연'에 부합하는 '이세'(혹은 '세로 보아 멈출 수 없음'[勢不容已])를 이용하여 성인의 뜻과 봉건의 수립을 기술한 것은 역사 변천 자체를 도덕적 합리성의 논증 속에 집어넣는 것과 같다. 만약 진秦이 육국을 공격하여 패배시키고 군현이 봉건을 대체한 것이 모두 자연의 이세가 그렇게 시킨 것이라면, 삼대를 추숭한 송대 유학자는 삼대 봉건 체제 자체를 도덕적 평가 판단과 정치적 상상의 근거로 삼을 수 없을 것이다.[436] "진은 이미 봉건제의 폐단을 거울삼아 군현으로 고쳤고, 그 종속宗屬이라 하더라도 일제히 약화시켰다. 한漢에 이르러 비로소 동성同姓을 크게 봉했는데, 제도를 넘어섬이 없었다." 바로 이 각도에서, 주희는 희녕 변법熙寧變法 역시 "세로 보았을 때 그칠 수 없는 것"(勢有不容已者)임을 긍정했으며, 그가 비판한 것은 변법 자체에서 "단지 변變이 도道에 들어맞지 않는다"(但變之自不中道)[437]는 것뿐이었다.

　주자가 희녕 변법을 비평한 이 두 문장으로부터 우리는 이렇게 추론할 수 있다. 첫째, 변법은 필연적이며, 따라서 삼대 봉건의 진부한 규칙을 가지고 변법을 질책할 수는 없다. 둘째, "단지 변이 도에 들어맞지 않는다"는 말은 변법 자체가 역사 평가와 도덕 평가의 가치를 체현할 수 없음을 표명하며, 여기서 역사 변화에 내재하고 또 구체적 변화와 동일시할 수 없는 자연법칙을 평가 판단의 기준으로 삼아야 한다는 것이다. 자연 개념은 자연과 비자연非自然의 구분을 포함하였고, 사람들이 천하의 변화에 대해 손익을 따지거나 혹은 자연과 비자연을 구분하는 것을 도울 수 있는 것은 곧 '리'로서, 이른바 "천지 만물에 부합하여 말하자면 단지 하나의 리일 뿐이며", "산하山河 대지大地가 모두 꺼진다고 하더라도 필경 리는 오히려 여기에 있을 뿐이다."[438] 신사紳士·귀족 및 황권의 관계로 볼 때, 리가 체현하는 도덕 체계는 군현 제도 아래에서 신사 계급 및 그들이 대표하는 역사적 추세와 긴밀히 상관된다.

‘천도'와 ‘천리' 개념은 한편으로 도덕적 논증과 제도의 이탈을 직접 표시하고 있고, 다른 한편으로 예악의 회복도 목적으로 한다. 예제에 대한 추종과 거듭된 주장은 날로 예악에서 벗어나 발전하는 ‘제도'에 대한 항거이기도 하고, 또 ‘향약'鄕約과 ‘예제'禮制의 필요성에 대한 논증이기도 하다. 그 목적은 혈연 관계와 지연 관계를 기초로 하는 윤리 관계를 새롭게 발전시키는 것이었다. 도학가들은 도덕 평가와 제도 평가 사이의 관계 문제에 관심을 두었으며, 그들은 삼대의 예악을 일종의 내재적 척도이자 도덕적 실천의 방법으로 전환할 것을 요구하였다. 이 실천은 단순히 복고하는 것이 아니라 격물치지를 통해 정확하고 합당하고 딱 들어맞는 사물의 리에 대한 인식을 획득하고, 그리하여 리와의 합일에 도달하는 것이다. 삼대의 치로써 한당의 법에 대항하는 것, 이러한 논술 방식은 도학가들이 한당 시대 문벌 호족의 대표가 아니라 일어서고 있는 서족庶族 지주 이익의 전달자임을 분명히 보여 준다. 그런 의미에서 종자법宗子法과 보첩지학譜牒之學에 대한 그들의 그리움은 귀족제 회복을 요구한다기보다는 새로운 사회 체제 형성을 요구한다고 보는 것이 낫다. 도학은 군현 조건 아래의 종족宗族·향약 및 비교적 완전한 왕조 체제를 현실적 기초로 하는, 천리 혹은 천도를 초월적 원칙으로 하는 일종의 도덕 이론이다. 공자와 마찬가지로 도학가들은 도덕적 질서가 인간의 실천의 결과임을 강조했지만, 공자에 대해서는, 성왕의 전제典制가 이상적 질서 자체를 이루었으나, 삼대 예악에 대한 송대 유학자의 추소는 오히려 천리 혹은 리에 도달하는 방법이었다고 하겠다. 공자 윤리학의 내재적 긴장은 그가 이상화한 삼대의 제도와 현실의 질서 사이에 존재했으나, 천리적 세계관의 내재적 긴장은 초월적이면서도 만물에 내재하는 리와 현실 질서 사이에 존재하였다.

　위와 같은 해석을 거친 다음, 천리의 성립이라는 보다 철학적인 의미를 가진 명제로 되돌아가 보자. 주희가 말한 바에 따른다면 산하 대지가 함몰하는 것도 리의 영원한 존재에 영향을 미칠 수 없으니, 리는 하나의 순수한 ‘존재' 영역으로서 물物의 세계와는 다른 세계에 속한다. 이런 의미에서 천리 개념은 한대 우주론 지배하의 천도관을 내재적 법칙으로 전환했고, 따라서 도덕 평가 속에서 '실연'과 '응연'을 엄격히 구별하였다. 그러나, 도덕 이론 속의 이 명제는 도대체 보편적 법칙인가 아니면 역사적 관계의 산물인가? 몇 세기 후 18세기의 유럽 계몽운동에서, '실연과 응연의 통약 불가능성'이 근대 유럽 윤리학의 보편 법칙을 이루었으며, 지금까지도 여전히 서방 정치 이론, 윤리학 및 형이상학을 괴롭히는 중심 문제이다. 매킨타이어Alasdair MacIntyre는 유럽 윤리 사상 속의 사실과 가치의 충돌을 평가할 때 다음과 같이 말했다. "도덕 계율과 실제 인성 사이의 어떠한 연계도 없애 버렸기 때문에 조성된 도덕 특성의 변화는, 18세기 도덕 철학자들의 저작에서 이미 표현된 바 있다. …각 사상가가 모두 그 긍정적 논증에서 도덕을 인성의 기초 위에 두고자 하였으나, 그들은 각자 행한 부정적 논증에서 모두 그처럼 일종의 갈수록 무제한적인 주장으로 나아갔다. 즉 순수한 사실적 전제로부터 어떤 도덕적이고 평가적인 결론을 얻어 낼 수 있는 어떠한 유효한 논증도 없다."[439] 그는 근대 윤리학 법칙과 귀족제의 쇠퇴를 연계시켰고, 또 이렇게 단언하였다. 단지 "이런 고전 전통이 전체적으로 기본 부정을 당했을 때, 도덕 논증의 특성은 비로소 변화되고, 따라서 모종의 형식의 '이다'(是)라는 전제 속에서 '그래야 한다'라는 결론을 얻어 내지 못한다는 원칙의 범위 안에 빠져들었다. 즉 사람을 이 모든 역할보다 우선하고 또 이로부터 분리된 독립적 개체로 볼 때만 비로소 더 이상 '사람'을 기능적 개념으로 삼지 않을 수 있다는 것이다."[440] 이런 의미에서, 실연과 응연의 충돌 혹은 사실과 가치의 모순은 유럽 근대 개인주의 문화의 산물이다. 그러나 우리는 이미 송대 천리관의 성립 과정에서 어떤 유사한 논리를 보았으니, 윗글은 곧 리를 일종의 역사 형식으로 전개하려는 시도이다.

　도덕 논증을 제도 규범에서부터 분리하는 것은 철학적 문제라기보다는 역사적 문제이다. 선진 유학의 도덕 논증은, 내재적 본질과 목적을 포함한('인'仁, '인심'人心) 인간 개념을 시종 체현했으나, 이런 내재적 본질과 목적은 추상적 본질이 아니라 예악 제도가 체현하는 객관적 가치이다. 우리는 이런 본질·목적을 갖추지 않은 인간을 인간이라고 부르기가 어렵다고 할 수 있으며, 또 예악 제도 속에서 자기의 객관적 위치를 찾을 수 없는 인간을 인간이라고 부르기가 어렵다고도 할 수 있다. 인간과 인仁 사이에는 바로 그런 의미에서 기본적 동일성이 존재한다. 공자의 시각에서 출발하여, 도학가들은 (자기들이) 처한 시대의 도덕적 위기를 예악과 제도의 분화로 해석하였다. 나아가 예악의 형식화, 정치 제도 및 그 법규와 향약 및 그 혈연 윤리의 분기分岐를 공격하였고, 황권을 중심으로 하여 구축된 위로부터 아래로의 관료 행정 제도와 향약과 신사 계급을 기초로 구축된 봉건적 사회 통치의 다름을 비판했다. 그들은 역사 관계를 총결하여 제도와 예악의 모순을 메우고, 또 개인의 도덕 실천 속에서 천리와의 합일에 도달하고자 시도하였다.

송대 유학자의 세계 속에서, '예악과 제도의 분화'는 역사와 현실을 관찰하는 도덕적/역사적 시각을 이루었고, 우리는 그것을 역사적 사실의 문제로 보기보다는 역사 상상이자 역사 이해의 문제로 간주하는 것이 좋을 것이다. 삼대의 치와 한당의 법의 대비를 통하여, 송대 유가들은 현실의 제도 평가와 도덕 평가 사이의 모순을 드러내 보였다. 이런 의미에서 천리적 세계관의 성립은 특정한 역사적 조건 및 역사적 동력과 밀접히 상관되어 있다고 하겠다. 즉 황권 절대주의를 중심으로 한 군권신수君權神授의 천명 관념을 초월하고, 등급성 윤리와 문벌 호족 체제를 중심으로 한 예의 관계를 초월하고, 군현 조건 아래의 제도 평가 체계를 초월하고, 일종의 총체적·이일분수적理一分殊的 질서관을 전제로 하여 새로운 윤리 모델과 정치 모델을 탐구하고 논증했던 것이다.

그러므로 예제론의 틀을 벗어나 도덕 문제를 논하는 것은 북송 도학이 실연과 응연의 이율배반이라는 보편적 윤리 법칙을 발견했기 때문이 아니라 아래와 같은 이중적 역사 조건 때문이다. 즉 첫째, 예악과 제도의 분화, 특히 과거제와 관료 제도의 발전은 예악 체계 속에서 인간과 제도의 관계를 변화시켰고, 제도가 제공한 사회적 신분과 역할이 더 이상 도덕 평가의 객관적 기초와 자기 이해의 예의禮儀 조건을 제공할 수 없었다. 둘째, '신계급'(서족 지주와 신사)은 전통적 귀족 제도와 그 도덕적 정당성을 인정하기를 거부하였다. 또한 새로운 지주제와 종법제에 도덕적인 이론적 기초를 제공해야 했으므로, 전통 예제론과 천명관을 벗어난 도덕 평가 방식을 구상하는 것이 매우 절박해졌다.[441] 예악은 선진 유학 속에서 윤리/정치의 법칙 혹은 규범을 대표하였으나, 도학 속에서는 오히려 마음을 밝히고 성을 보는(明心見性) '치성'致誠의 방법이었다. 천리적 세계관의 틀 내에서, 인도의 최종적 근원은 현실 질서 속의 위치가 아니라 사람과 천리 사이의 관계였으며, 따라서 내재적인 도덕 실천 방법을 발전시키는 것이 이학가들이 관심을 기울인 중요 문제가 되었다.

　'리'는 내재적이면서도 초월적이므로 경험 세계 속의 사물과 그 질서는 해당 사물의 내재적 본질 혹은 자연에 반드시 부합하지는 않았고, 따라서 '물'의 세계와 '리'의 세계는 구분되었다. 또 물과 리(혹은 리와 기)의 구분 때문에, '즉물궁리'即物窮理의 인식론은 이학의 중심 문제를 이루었고 또한 이학 내부의 장기적인 논쟁을 촉발하였다. 이학의 범주 내에서 인식론 문제는 도덕/정치 평가 문제의 연장이었으며, 도덕/정치 평가는 또한 내재성과 밀접히 상관된 문제였다. 바로 이런 의미에서 송명 시대의 유학은 '성리학'性理學이었으며, 그것은 이미 규범 윤리학 혹은 제도 윤리학으로부터 도덕/정치 영역의 '형이상학'·'심리학'·'인식론'으로 전환되었다. 그러나 이 '성리학'의 배후에는 '예악과 제도의 분화'와 관련된 복고주의적 역사 시각이 시종 존재하고 있었으며, 이 역사 시각과 현실 정치 사이에는 강력한 상호 영향 관계가 있었다. 따라서 예악·정치·경제 관계의 재구축을 도덕 판단의 객관적 전제로 삼으려는 노력이 '성리학'의 또 다른 일면을 이루었다.

　만약 응연과 실연의 구분 위에 도덕 논술을 수립하는 것이 모종의 현대 윤리학의 기원을 표현하고 있다면, 천리는 곧 이 구분의 사회적 기초와 역사적 조건에 대한 격렬한 비판이다. 그러나 마침 이 비판적 이론 자체가 리/기 이원론을 가정하였고, 따라서 이원론적 분할의 극복을 이후 유학의 도덕/정치 담론의 중심 과제로 설정하였다. 그런 의미에서 예악과 제도의 분화라는 이 복고주의적 역사 시각 위에 수립된 천리관 자체는 마침 실연과 응연의 상호 구별에 이론적 논술을 제공하였다. 우리는 이제 이학 지식론 속의 리와 물의 분야로 방향을 바꾸어 이 문제를 설명해 나가는 것이 좋겠다.

제2장 　　　　　　　　　　物物의 전환: 이학과 심학

所謂致知在格物者,　　　　이른바 치지致知가 격물格物에 있다는 것은

言欲致吾之知,　　　　　　나의 지知를 다하려고 하는 것이

在卽物而窮其理也　　　　　物物에 나아가 그 이치를 다하는 것에 있음을 말한다.

　　　　　　　　　　　　- 주희, 『대학장구』大學章句

'물' 범주의 전환

    천리天理의 성립과 함께 고전적인 우주론의 모델은 이기이원론으로의 중대한 변화가 일어났다. 정자와 주자 이후로 유학에서 지속적으로 논쟁의 초점이 된 것은, 리理·도道·태극太極 등과 같은 기원이나 본체와 관련된 개념이 아니라, 그동안 유학 사상에서 부차적인 주제에 불과했던 '격물'格物이었다. 이학理學과 심학心學의 분화, 송학宋學과 청학淸學의 분기, 그리고 유학 내부의 여러 가지 미묘한 차이 등은 거의 모두 이 주제에 대한 서로 다른 이해와 관련되어 있다. 그 이유는 무엇일까?

    천도天道/천리 세계관의 사상 체계에서는 리와 기의 구분으로 인해 새로운 개념이 출현했다. 즉 사실로서의 '물'物 개념이다. 또한 이 구분으로 인해 새로운 주제가 도출되었는데, 이것이 곧 '격물치지'格物致知이다. '물'과 '격물치지'는 물론 완전히 새로운 어휘는 아니다. 그러나 이들은 송대宋代 사상 발전의 과정에서 이전과는 다른 의미를 획득하였다. 논리적으로 보면, '물' 개념의 변화는 '기'라는 우주론 개념의 변화에서 나온 것이고, '기' 개념의 변화는 '리' 개념의 확립에서 시작한 것이다. 중국 고대의 기 개념은 음양陰陽과 관계가 있었다. 이 두 가지는 모두 지리地理와 관련된 명사名詞였지만 순수한 지리적 개념은 아니었다. 『한서예문지』漢書藝文志 「수술략」數術略에서는 "형形과 기는 서로 수미상관首尾相關하는데, 형은 있지만 그 기가 없는 것도 있으며, 기는 있지만 그 형이 없는 것도 있다. 이것은 미묘한 차이에서 기인한다."(形與氣相首尾, 亦有有其形而無其氣, 有其氣而無其形, 此精微之獨異也)[1]라고 하였다. 고대의 일원론적 우주관에서는 천지 우주와 예악禮樂 제도는 완전한 하나로, 두 개의 다른 영역으로 구분할 수 없었다. 『사기』「천관서」天官書에서는 "하늘에는 해와 달이 있고, 땅에는 음과 양이 있다"(天則有日月, 地則有陰陽)[2]고 하였다. 사마천은 천지를 동일하게 구성하여 하늘의 28수宿와 땅의 구주九州를 함께 거론했다. 이로써 천문·지리·제도가 예의禮儀와 함께 정기精氣의 범주에 놓이게 되었다. 또 다른 단락에서 사마천은 천상天象과 지리에 역사 변화의 의미를 부여했다. 고대에서 진한秦漢까지의 시세時勢의 변천 — 예컨대 중국과 외국, 화하華夏와 사이四夷의 관계 — 을 음양 형기形氣의 변화 속으로 끌어들였다. 라오쫑이는 갑골·금문 등의 자료와 『국어』國語·『좌전』左傳 등의 기록을 상호 인증하여 '형기'와 연관된 천지의 현상이 모두 '덕례'德禮와 관계있다고 설명했는데, 이 역시 그 증거이다. 그의 설명에 따르면, "'덕례'는 이미 하나의 고유명사가 되어, 춘추 시대에는 '예'禮에 또한 새로운 천지天地라는 의미가 부여되었고, 주나라 초기의 '문'文과 동등한 정도의 중요한 위치를 차지하였다"[3]고 한다. '삼사'三事(천덕天德 - 후생厚生, 인덕人德 - 정덕正德, 지덕地德 - 이용利用)는 '덕례'의 3대 목적이며, '정덕·이용·후생'이라는 '삼사'의 시각에서 본다면, 육부六府(수水·화火·금金·목木·토土·곡穀) 역시 '덕례'의 범주에 속한다. '형기'와 '덕례' 사이에는 송대 이기이원론식의 관계가 존재하지 않았다.

선진 유학의 상상과 실천 속에서 예악 질서는 '천'天을 그 중심과 근거로 삼았으며, 이에 따라 예악 제도 자체가 곧 천의天意의 발현이었다. 이처럼 사실 평가(형기形氣)와 가치 판단(덕례德禮)이 완전히 합일되어 있는 상황 속에서, 순수하고 고립된 사실로서의 '물' 범주를 발견하기란 쉽지 않다. 예악의 범주에서 '물'이 유사한 것끼리 한 부류로 묶이는 것(以類相屬)은 자연적·본연적 질서의 발현인 것이다. 예컨대『주례』하관夏官「교인」校人에 "말은 여섯 부류로 구분한다. 좋은 품종의 번식용 종마, 전쟁용 융마, 천자 의장용 제마, 교통 운송용 도마, 농사용 전마, 잡무용 노마이다"(辨六馬之屬, 種馬一物, 戎馬一物, 齊馬一物, 道馬一物, 田馬一物, 駑馬一物)라고 한 것에 대해 정현鄭玄은 "같은 부류(類)끼리 분류한 것"(謂以一類相從也)[4]이라고 주를 달았다. 『좌씨춘추』左氏春秋에서 "백관百官은 물을 본떠 움직인다"(百官象物而動)고 한 것에 대해 두예杜預는 『춘추좌씨경전집해』春秋左氏經傳集解에서 "물은 류와 같다. … 백관은 모두 그 물류物類를 본뜬 후에 행동에 옮기지, 경거망동하지 않는다"(物猶類也. …百官皆象其物類而後動, 無妄動也)[5]고 했고, 『춘추좌전정의』春秋左傳正義에서는 "류는 깃발에 그린 사물의 분류를 가리킨다. 백관은 존비尊卑가 같지 않으니, 각기 그 상징적 사물(物象)을 내세운다"(類謂旌旗畫物類也. 百官尊卑不同, 所建各有其物象)[6]라고 했다. 여기에서 자연의 분류와 제도의 분류는 완전히 일치한다. 따라서 자연의 평가와 제도의 평가 또한 완전히 일치한다.

예악의 기능과 의의는 이러한 자연관을 전제로 한다. 『주례』춘관春官「대종백」大宗伯에서는 "예악으로써 천지의 변화와 백물百物의 생산을 화합시키고 귀신鬼神을 섬기며, 만물과 조화를 이루고 백물을 완성한다"(以禮樂合天地之化百物之產, 以事鬼神, 以諧萬物, 以致百物)[7]고 했다. 한편으로는 예악이 만물을 화해의 관계 속에 놓이게 만들 수 있다. 이로써 '물' 또는 '백물'은 고립적인 객관적 사실이 아닌 일정한 관계·제도·질서·규범 속의 '물'이다. 그러나 다른 한편으로 예악이 이렇게 할 수 있는 것은 인간과 신이 상통하는 우주론을 전제로 하기 때문이다. 『예기』「중용」의 "성誠은 물物의 처음과 끝이다"(誠者物之終始)에 대해 정현은 주注에서 "물은 만물이다"(物, 萬物也)[8]라고 했고, 『예기』「악기」樂記의 "그 근본은 인심人心이 물에 감응하는 것에 있다"(其本在人心之感於物也)에 대해 공영달孔穎達은 소疏에서 "물은 외부 세계이다"(物, 外境也)[9]라고 했다. '성'誠은 우주의 본성과 물의 시종始終이자, 또한 동시에 예악의 본성과 시종이다. 따라서 "인심이 물에 감응함"이 바로 '악'

樂의 근원이 될 수 있는 것이다. 예악 질서가 곧 우주의 질서라고 한다면 만물의 '물' 역시 예의 규범이 된다. 이른바 "백관이 모두 물의 종류를 본뜬 후에 움직인다"는 것은 이러한 판단의 가장 좋은 설명이다. 『주례』 지관地官 「대사도」大司徒에서는 "향리에서는 삼물三物로써 백성을 가르치고 능력 있는 자를 선발한다"(以鄕三物敎萬民, 而賓興之)[10]라고 한다. 여기에서 '삼물'三物은 곧 육덕六德(지知·인仁·성聖·의義·충忠·화和), 육행六行(효孝·우友·목睦·인姻·임任·휼恤), 육예六藝(예禮·악樂·사射·어御·서書·수數)이다. 따라서 '물' 개념은 예제 규범의 범주 전체와 불가분의 관계에 있다. '물'은 '성'誠과 일치하기 때문에 '성'이 곧 자연의 본성이 되며, 따라서 '물'은 곧 자연 질서의 발현이다. 또한 예악이 직접적으로 자연의 질서(예악을 하늘로 삼음)를 체현했기 때문에 자연 질서의 '물'을 체현하는 것은 곧 예악/제도의 규범을 체현하는 것이다.[11] 이러한 의미에서 '물'은 규범의 의미를 내포한다. 기일원론의 틀 속에서 "예를 세우는 것을 근본으로 삼는다"(以立禮爲本)는 도학적 목표를 추구했던 장재의 학문은 이러한 우주론과 '덕례' 사이의 아주 오래된 연관성에 그 근원을 두고 있다.[12]

그러나 물物과 자연의 관계가 '물'의 상태에 의해 결정되기 때문에 그 관계에는 변수가 존재한다. 즉 우리는 자연 개념에 근거하여 '물'을 자연의 '물'과 비자연의 '물'로 구분할 수 있다. 주대周代 사람들이 예악을 하늘로 삼는 분위기에서 장자는 인仁·의義·예禮를 자연의 상태로 보았다. 그러나 장자는 만약 의도적으로 '인仁을 행하고', '의義를 좋아하고', '예禮를 행한다면' 이는 오히려 부자연적이며 위선의 근원이 되므로 현실의 예악은 결코 천의天意를 체현할 수 없다고 주장했다. 이러한 판단은 두 가지 차원으로 귀결된다. 첫째, 인·의·예는 모두 자연의 '물'이기 때문에 자연의 물과 인·의·예는 같은 구조이다. 둘째, 인위적인 요소가 자연 질서를 파괴한다면 인·의·예는 곧 부자연적인 '물'이 된다. 즉 도덕 함의(우주 본성)를 갖추지 않은 사실이 된다. 이로 인해 장자는 여기에 자연의 인·의·예와 비자연의 인·의·리理의 대립을 구축하였다. 그는 더 나아가 "도道를 잃은 후에 덕德이 생기고, 덕을 잃은 후에 인仁이 생기며, 인을 잃은 후에 의義가 생기고, 의를 잃은 후에 예禮가 생긴다. 예는 도의 꽃이지만, 혼란의 시초이다. …(그런데) 지금 만물 중의 하나가 되어 있으면서 그 근원으로 돌아가려 한다면 어렵지 않겠는가!"(失道而後德, 失德而後仁, 失仁而後義, 失義而後禮. 禮者, 道之華而亂之首也. …今已爲物也, 欲復歸根, 不亦難乎)[13]라고 했다. '위물'爲物(만물이 됨)의 결과는 물이 자연 질서에서 응연應然의 위치를 잃게 되어 '위물'의 '물'은 이미 '자연의' 존재가 아니다. 여기에서 자연은 곧 인·의·예의 상태이고, 비자연은 곧 인仁이 아니며 의義가 아니며 예禮가 아니지만, 인·의·예의 상태로 드러난다. 이러한 논리에 따르면, '자연'이란 범주는 마땅한 질서(應然秩序)의 개념과 밀접한 관계가 있으며, '비자연'은 마땅한 질서의 혼란을 나타낸다. 그러나 후자는 응연, 본연本然, 자연의 의미를 지니지 않는 사실일 뿐이다. 우리는 아마도 앞서 언급한 대구의 마지막에 "예禮를 잃은 후에 물物이 생긴다"(失禮而後物)는 말을 덧붙일 수도 있을 것이다. 즉 인·의·예가 일단 자연 본성에서 벗어나게 되면 곧 도덕 함의와 가치를 지니지 않는 '물'로 전환된다는 것이다. 여기서 반인反仁·반의反義·반예反禮는 곧 반反자연이며, 반자연이라는 의미에서의 '물'은 곧 자연의 응연 상태로부터 벗어난 사실로서의 '물'이다.

　장자의 주장은 도가의 범주에 속하지만, 그가 말한 천도 자연天道自然, 예악 질서와 '물'의 전환이라는 이 세 가지의 관계는 사실 바로 이학理學의 발단이다. 이학의 두드러진 특징은 성덕成德의 문제와 인식 및 그 과정의 문제를 밀접하게 연관해 낸 것이다. 이러한 연계가 이학 도덕 담론에서 끊이지 않는 논쟁들, 즉 도덕과 인식의 관계에 관한 문제들을 만들어 냈다. 이른바 실연實然과 응연, 사실과 가치의 패러독스는 도덕론과 인식 문제의 내재적인 연계 과정에서 구축된 것이다. 도덕 평가를 예악론의 범주에서 분리해 냈기 때문에, 그 평가 과정은 예에 대한 객관적인 논의와 더 이상 동일하지 않게 되었다. 이에 따라 응연과 실연 또는 가치와 사실에 관한 논의는 합일에서 대립으로 전환되었다. 즉 사실 논의(예컨대 제도 시스템이 제공한 객관적 평가)와 도덕 평가(개인 도덕 상황에 대한 평가) 간에는 더 이상 필연적인 관계가 없다. 인지의 측면에서 보면, 이른바 가치 판단과 완전히 분리된 사실 논의는 반드시 사실로서의 '물' 개념을 가정해야 한다. 즉 하나의 규범·가치·판단과 무관한 범주이다. 이것은 고전적 예악 체계 속의 '물' 개념과 완전히 다른 범주이다.

이학 체계 속에서 사실로서의 '물' 개념은 예禮 질서의 이질적 변화에서 기원한다. 즉 예악 제도가 더 이상 천의天意(천리, 본성)를 체현하지 않을 때, 예악 제도 또한 더 이상 도덕 평가의 능력을 갖추지 않는다. 이에 따라 예악 제도 및 그것이 설정한 규범·형식 등은 평가 체계에서 떨어져 나와 도덕 함의 또는 가치를 가지지 않는 사실 범주가 된다. 정호程顥의 「정성서」定性書에서는 "무릇 천지天地의 항상됨은 그 심心이 만물에 편재되어 있으므로 무심한 것이며, 성인聖人의 항상됨은 그 정情이 만사의 순리에 따르므로 무정한 것이다. 그러므로 군자의 학문은 넓고 공평하며 '물'이 다가오면 순응해야만 한다"(夫天地之常, 以其心普萬物而無心, 聖人之常, 以其情順萬事而無情. 故君子之學, 莫若廓然而大公, 物來而順應)라고 했다.[14] 정호는 '인'仁을 '물'과 같은 것으로 해석하는데, 장자의 주장과 가깝다. 이것은 공자가 인심人心과 인사人事에서 '인'仁을 말했던 것과 거리가 있다. 이정二程과 주자 이후 격물치지는 도덕 실천의 핵심적 위치에 놓였다. 이것은 바로 도덕 실천이 이미 '물'에 대한 인식과 체득을 떠나서는 이해될 수 없음을 설명한다.

이러한 의미에서 유학 범주 내에서의 '물'의 전환은 도덕 평가 방식의 변화에서 기원한다. 공자 예악론의 도덕 판단은 예악 체계의 '분위'分位 관념에서 수립된 것이다. 그러나 송대 유학자의 천리관天理觀의 도덕 판단은 '천리'가 제공하는 객관적 기초를 필요로 한다. 송대의 유학자는 『논어』, 『맹자』의 예악론 및 인성론과 『대학』, 『중용』에서 제시한 우주론 및 지식론을 긴밀하게 연계시켰다. 이로써 공맹 유학 중 예의 규범으로서의 '물' 개념은 점차 천리의 틀에서 인식/실천 대상의

'물' 개념으로 변화되었다. 공자 예악론 틀에서 예악·제도·규범과 행동은 모두 하늘의 내재적 질서 가운데 전개된 것이며, 이에 따라 예악·제도·규범과 행동 자체는 곧 응연의 질서이다. 그러나 천리 세계관 범주 내에서는 현실의 예악·제도·규범 및 행동은 천리와 큰 격차가 있다. 양자는 모두 응연의 질서를 체현하지 않으며, 응연의 이치와 같을 수도 없다. 따라서 리와 물의 이원 관계 속의 '물'이 된다. 리와 기, 리와 물의 분화는 도덕 평가와 사실 평가의 분리를 의미하며, 아울러 물에서 리를 찾는 인식적 실천이 도덕 평가에서 가지는 중요한 의의를 의미한다.

여기에서 한 가지 예를 들어 보자.『시경』에서 "하늘이 백성을 낳으니 물이 있으면 법칙이 있도다. 백성들이 일정한 도(常道)를 지니고 아름다운 덕德을 좋아하는구나"(天生烝民, 有物有則, 民之秉彝, 好是懿德)라고 하였다.* 여기에서 말하는 '물'은『주례』에서의 '삼물'의 용법과 유사하다. 따라서 '칙'則과 같은 뜻으로서 모두 특정한 제도·행위·규범을 나타내거나 혹은 물은 곧 예악 규범을 말한다. 정호는 이 말을 해석할 때 "그러므로 만물이 있으면 반드시 법칙이 있으니 백성들의 마땅한 이치이다. 그러므로 이 아름다운 덕을 좋아한다고 한 것이다. 만물은 모두 리가 있으니, 그것에 따르면 쉬워지고 그것에 거스르면 어려워진다. 각기 그 리를 따름이 어찌 내 힘을 수고롭게 하는 것이겠는가!"(故有物必有則, 民之秉彝也, 故好是懿德. 萬物皆有理, 順之則易, 逆之則難. 各循其理, 何勞於己力哉)[15]라고 하였다. "물이 있으면 반드시 법칙이 있다"(有物必有則)는 것은 물이 곧 칙則이라는 뜻은 아니다. 정호는 '물'을 만물로 해석했다. 그리고 "만물은 모두 리가 있음"(萬物皆有理)의 범주 안에서 '물'을 논했다. 따라서 아름다운 덕(懿德)은 물의 규범을 따르는 것이 아니라 물에 내재한 리에 순응하는 것이다. 전자를 따르면, '물'은 제도가 규정한 도덕 가치를 포함한다. 그러나 후자를 따르면 '물'은 천리를 내

---

* 『시경』에서~하였다:『시경』 대아「증민」(烝民)의 구절이다.

포하고는 있지만 또 천리와는 다른 사실 범주다. 이는 정이程頤, 주희의 이기이원론과 다르다. 상술한 정호의 설명에는 천도관의 흔적이 선명하게 남아 있다. 그러나 여기에서 '순리'와 관련된 주장은 이미 '물'을 예악 체계에서 분리해, 우주 만물이라는 의미에서의 '물' 개념을 구성해 내고 있다.

'물'에 대한 각기 다른 해석들은 사실 도덕 이해의 변화를 나타낸다. 즉 예악론이 우주론 또는 본성론으로 변화된 것이다. 앞의 『시경』의 예시에서 도덕 평가는 세 가지 요소를 갖춘 구조를 내포한다. 즉 사람, 모든 사람이 살고 있는 예의禮儀(물·칙), 그리고 사람 및 예악의 목적을 구성하는 천天 또는 제帝이다. 도덕 체계로서 이 구조의 특징은, 즉 사람은 하늘에서 나며, 천의는 직접 '물'과 '칙'으로 드러난다. 따라서 사람이 천의에 순응하는 방식 곧 복종은 하늘의 의지·명령·규범의 '물'과 '칙'을 체현하는 것이다. 이와 대조적으로 송대 사상의 틀에서 '물'은 더 이상 예의 제도의 규범이 아니며, 이로써 규정된 인간 행위의 내재적 목적도 아니다. 이것은 우주 혹은 자연적이며 자아실현 되어야 할 '물'이다. 이러한 변화에서 사실로서의 '물'은 중요한 범주로 격상된다. 아울러 '물'의 인식자와 운용자(일반 예의 실천자가 아닌 사람)가 되는 사람 또한 중요한 범주로 격상된다. 이러한 과정은 유학이 예악론의 도덕적인 틀에서 벗어나는 과정이다. 주자는 다음과 같이 말했다.

> 문 호랑이나 이리는 부자 관계를 이루고, 벌이나 개미는 군신 관계를 이루고, 승냥이나 수달은 조상에게 보답하며, 물수리나 비둘기는 암컷과 수컷이 유별합니다. 만물은 비록 어느 한쪽밖에 되지 못하지만, 철저하게 의리의 올바름을 따릅니다. 사람은 원래 이러한 천명의 온전한 전체를 갖추고 있으면서도, 외물을 좇는 욕망으로 품부 받은 기운이 혼미해져, 오히려 한쪽에만 통하면서도 온전히 다할 수 있는 만물만도

못하게 되는 것은 무슨 까닭입니까?

답 외물은 단지 한쪽으로만 통하기 때문에 오히려 전념하게 된다. 사람은 모든 것을 조금씩 이해할 수 있지만, 대충 얼버무리기 때문에 쉽게 어두워진다.

문 말라죽은 것에도 본성이 있는 것은 무엇 때문입니까?

답 그것이 원래 이치를 가지고 있기 때문이다. 그러므로 "세상에 본성을 갖지 않은 것은 없다"고 하였다.

…

문 말라죽은 나무에도 이치가 있습니까?

답 사물이 있으면 곧 그 이치가 있다. 하늘은 일찍이 붓을 만든 적이 없지만, 사람이 토끼털을 모아서 붓을 만들었다. 붓이 만들어지자 곧 붓의 이치가 있게 되었다.

문 붓에서 어떻게 인의仁義를 구분합니까?

답 하찮은 것이니 그렇게 인의를 구분할 필요가 없다.

> 問: 虎狼之父子, 蜂蟻之君臣, 豺獺之報本, 雎鳩之有別,物雖得
> 其一偏,然徹頭徹尾得義理之正. 人合下具此天命之全體,乃爲
> 物欲氣稟所昏,反不能如物之能通其一處而全盡,何也？ 曰: 物
> 只有這一處通,便卻專. 人卻事事理會得些,便卻泛泛,所以易昏.
> 問: 枯槁之物亦有性,是如何？ 曰: 是他合下有此理,故云天下
> 無性外之物. … 問: 枯槁有理否？ 曰: 才有物,便有理. 天不曾
> 生箇筆,人把免毫來做筆. 才有筆,便有理. 又問: 筆上如何分仁
> 義？ 曰: 小小底,不消恁地分仁義.[16]

사람, 물, 그리고 사람이 만든 물은 모두 각각의 리가 있다. 이러한 판단은 "세상에 본성을 갖지 않은 것은 없음"(天下無性外之物)을 전제로 한다. '성즉리'性卽理에 따르면, '세상에 본성을 갖지 않은 것은 없음'의 또 다른 표현은 곧 세상에 이치를 갖지 않는 것은 없음(天下無理外之物)이다. 그러나 이일분수理一分殊, 물각유리物各有理의 명제는 물즉리物卽

理의 명제와 같을 수 없으며, 오히려 그 반대이다. 물각유리의 판단은 '물'과 '리'의 구분을 나타낸다.*

유학 도덕 담론의 변화에서 만약 예악/제도 틀에 대한 회의가 없었다면, '물'은 사실 범주로 탈바꿈하지 못했을 것이다. 만약 '물' 배후의 숨겨진 질서(천리 혹은 성)를 가정할 수 없다면, '격물치지' 범주 속의 물 개념 또한 출현할 수 없다. 여타 도학자들의 담론에서도 이미 비슷한 명제를 담고 있지만, 격물치지라는 주제는 여전히 정주(정호·정이와 주희를 가리킴—역자) 이학의 특징이다. 예컨대 소옹邵雍은 『황극경세』皇極經世(권11, 권12)에서 반복하여 "천지 또한 만물이다"(天地亦萬物也), "사람 또한 물이며 성인 또한 사람이다"(人亦物也, 聖亦人也)를 거론하여 '물' 범주에서 사람의 지위와 가치를 발견하고 이해하고자 하였다. 그의 주관론에는 '인식'의 요소가 포함되어 있다.[17] 그러나 여기에서 이른바 '인식'은 주객 관계 사이에서 전개되는 인식과 연구 활동이 아니라 성찰 방식의 활동이다. 즉 소옹의 이른바 '반관'反觀—'반관'은 사람과 만물의 대립 관계(즉 이른바 인식론의 관계)를 조건으로 세우지 않으며, '이아관아'以我觀我라는 성찰 방식의 관계(즉 근대 사상의 자아 의식과 그 연장) 형성을 전제로 하지 않는다. 반관이 요구하는 것은 '이물관물'以物觀物이다. '이물관물'과 정주程朱의 격물궁리格物窮理는 모두 이른바 '총체적 객관'에 도달하는 것을 목적으로 한다.[18] 그러나 그 전제는 차이가 있다. 후자는 '격'格과 '궁'窮의 주체와 객체를 명확하게 가정하지만, 전자는 물과 리의 구분을—이른바 '이물관물'은 물의 시각으로 물을 대할 것을 요구하며, '물'과 '물의 성性'의 분화는 언급하지 않음—설명하지 않았다.*

• 성즉리(性卽理)에~나타낸다: '성즉리'란, '성이 곧 이치이다', '물즉리'(物卽理)란 '만물이 곧 이치이다'의 뜻이다.
• 이아관아(以我觀我)라는~않았다: '이아관아'란, '나로써 나를 바라본다', '이물관아'(以物觀我)란 '사물로써 나를 바라본다', '격물궁리'(格物窮理)란 '사물을 연구하고 이치를 궁구한다', '이물관물'(以物觀物)이란 '사물로써 사물을 바라본다'는 뜻이다.

천·지·인 등 '물'의 범주는 최종적으로 '천' 또는 '리'라는 내재적 본성 또는 정확한 질서에 종속되어 있다. 천리를 중심으로 하는 세계에서 '물' 범주의 실재성이 크게 강화되기는 하였지만, '물'은 결코 가치 범주를 완전히 벗어나지는 않았다. 이러한 새로운 물 개념 속에서 가치는 내재적이며 실현되어야 할 범주가 되었다.[19] 우주와 세계 본질로서의 '천'·'천도'·'천리'는 모두 우주의 실재 또는 현실 제도의 묘사를 통해 자연스럽게 드러날 수는 없지만, 우주의 실재 또는 현실 제도에 포함되어 있다. 주희의 세계에서 사물 또는 개체는 각기 자신의 '분수'分殊의 성性, 도리 또는 '태극'을 가지고 있다. 이러한 성性, 도리 또는 태극이야말로 '물'이라고 하는 유類의 속성을 가능하게 만들었다. 만약 물과 그 유형적 속성의 합일이 일종의 지선至善과 조화로운 우주 질서를 가정한다면, 이 '물' 개념과 기계론적 자연관 지배 아래의 사실 개념은 여전히 거리가 있을 것이다. 근대 유럽 도덕 이론 가운데 실연과 응연의 모순은 이중적 분리에서 생겨났다. 1)기계론적 질서관과 실증론적 질서관을 전제로 사실 범주를 가치론에서 분리해 하나의 독립된 영역으로 구성한다. 2)자아론의 내재적 개념을 전제로 도덕 범주를 제도론에서 분리해 하나의 초월적 영역을 구성한다. 이학의 문맥에서 이 두 가지 조건은 기껏해야 부분적으로 존재할 뿐이다. 즉, 천리 개념과 그 질서관은 사실과 가치를 일종의 내재적인 방식으로 연계시켜 도덕 인식의 과정이 예제론의 틀을 완전히 벗어나지는 못하였다. 다만 이러한 예제론은 이제 오직 내재적인 방법으로만 표현될 수 있을 뿐이다. 따라서 역사적 측면에서 보면, 송명 이학의 핵심 문제는 실연과 응연의 모순이 아니라, 예악론적 도덕론으로부터 천리관적 도덕론으로의 전환이었다. 예악론적 도덕론은 다만 천리관적 도덕론에서 파생된 문제였다.

상술한 도덕 담론의 전환은 학술 방법에 대한 송대 유학자의 관점에 영향을 주었다. 즉 인식의 실천은 교정校訂, 고증考證, 주소注疏 등 경학의 방법을 포함한다. 그러나 교정, 고증 또는 주소의 방법으로 인식의 실천을 한정 지을 수는 없다. 왜냐하면 경학의 방법은 고대 전장 제도와 그 구체적인 분위分位 복원을 지향하는 것이었지만, 이학의 방법은 일종의 우주 질서 관계 속에서 만물과 자신의 본질에 대한 지知를 통해 천리天理를 획득하고자 하는 것이었기 때문이다. 비록 천리는 반드시 '물의 이치'에 대한 인식을 통해서만 파악할 수 있지만, '물의 이치'는 물(형식화된 예악 제도를 포함) 자체와는 전혀 다르다. 주소注疏와 고증考證에서 격물 혹은 격심, 궁리로의 전환은 단순한 방법론의 전환이 아니며, 도덕 평가 방식이 전환된 결과이다. 머우쭝싼은 일찍이 천도관과 성리학의 입장에서 예교禮敎를 '외적인 것'이라고 칭했다. 이를 통해 그는 송명 이학이 이미 개인의 도덕 상태를 예악 관계에서 분리시켜 냈으며, 또한 그것을 천리 혹은 천성과 직접 연결 짓고 있었음을 명확히 설명하였다.[20]

'물' 범주의 전환은 '격물치지'의 함의를 확정하는 데에 결정적인 기능을 하였다. 이미 제1장에서 논증한 바 있듯이, 당송 시기에 발생한 신분 제도의 변화와 도덕 논증 방식의 전환 사이에는 모종의 호응 관계가 존재한다. 즉 새로운 제도 방식(과거를 통한 취사取士 제도, 토지 제도 및 관직 제도)이 제도 내부 구성원의 도덕 상태를 완전히 보장하지는 못하기 때문에 제도 자체 역시 더 이상 도덕 평가의 객관적인 기초가 될 수 없었다. 예컨대 과거 공부를 통해 높은 벼슬을 얻은 사람이 반드시 도덕적인 사람은 아니다. 이러한 상황에서 도덕 논증은 일정한 의미에서 제도 틀에 대한 부정으로 나타났다. 그러나 이러한 부정은 단지 제도의 비판으로 국한되지 않고, 천리관의 틀 속에서 새로운 규범과 사실, 윤리와 제도 간의 통일 관계를 재건하는 것으로 발현되었다. 도덕 판단과 제도의 분리는 제도 자체의 소외에서 기인했으며, 천도관과 천리관의 틀에서 도덕 근거를 재건하는 목적은 도덕 판단과 질서 사이의 관계를 재건하는 것이었다. 이러한 질서는 현실에 존재하는 사물이 구성하는 질서가 아니라, 이러한 사물의 본성이 구성하는 질서이다. 요컨대 도덕 논증의 배경 조건 변화로 말미암아 도덕적 결론이 예전처럼 합리적으로 논증될 수 없었던 것이다. 이것이 바로 주자 격물치지론의 기원이다.

도덕은 더 이상 예제 규범(유품流品, 분위分位, 명기名器)*을 객관적 기초로 하지 않았으며, 천도 혹은 형이상학의 천리를 객관적 기초로 삼았다. 이러한 전환은 유학 사상에서 천도와 천리 개념이 독특한 지위를 갖도록 만들었다. 즉 도덕 논증은 더 이상 도덕과 제도의 차원에서 진행되지 않았으며, 인간과 천도 혹은 천리의 관계 속에서 진행되었다. 논리상으로 봤을 때, 천도와 천리 개념의 해체는 아마도 다음 두 가지 측면에서 기원하였을 것이다. 첫째, 이 개념이 또다시 현실 질서와 긴밀한 관계를 맺게 된다면, 천리 개념은 그 초월성을 상실할 것이다. 둘째, 천리에 대한 논증 혹은 파악이 모든 가치 함의를 벗어난 '사실' 범주에 기대야 한다면, 도덕 논증은 실연과 응연의 모순에 빠질 수밖에 없다. 천리의 형이상학적 성격은 현실의 도덕과 정치 실천을 통해 공통적 또는 객관적 기준을 제공할 수 없으며, 경험적 또는 실증적인 방식을 통해 논증될 수 없다. 즉 천리의 객관성은 천인 관계의 독특한 논증 방법에 의존한다. 따라서 이학이 직면한 기본적인 난제는 두 가지로 요약할 수 있다. 첫째, 이학이 예제禮制 또는 분위分位를 기초로 하는 도덕 논증을 초월하고자 했던 것은 예악 제도에 대한 부정이라기보다는 차라리 예악 제도와 그 내재 본성의 합일에 대한 요구였다는 점이다. 이학의 제도화와 정통화의 과정에서 예악 제도에 대한 이학의 비판은 이학 자체를 지향할 수 있었을까? 둘째, 이학은 끊임없이 리理·성性·기氣·물物 등의 범주에 의존하여 경직된 예제론에 대해 비판함으로써, 격물치지를 도덕 논증의 중심에 놓았다. 그렇다면 이러한 '격물'의 실천은 결국 도덕 평가의 지평에서 분리되어 순수한 인식 실천이 될 수 있으며, 더 나아가 거대한 이학 구조의 붕괴를 초래할 수 있

---

* 유품(流品), 명기(名器): '유품'은 관직의 품계, '명기'는 신분에 맞는 명칭과 기물을 말한다.

었을까? 여기에서 반드시 언급해야 할 것은 이학에 대한 근대 과학 세계관의 치명적인 공격이 원자론原子論적 '사실' 또는 '물질' 개념 위에 세워졌다는 점이다. 또한 근대 과학 세계관은 고전적 물 개념이 철저히 '탈주술화'(去魅)된 산물이었다는 점이다.

격물치지론의 내재 논리와 지식 문제

물物에 대한 이정二程의 해석은 사리일치事理一致(사와 리의 일치─역자),
현미일원顯微一源(확연히 드러나는 것과 은미하게 숨겨져 있는 것의 근원은 하나이다─
역자)의 원칙을 따른다. 그들은 한편으로 '일에 따라 이치를 살피는'(隨
事觀理) 것을 중시하고, 사물의 본성이나 천리관을 외재적 규범으로 보
는 것을 거부했다. 다른 한편으로 그들은 '사'事 혹은 '물'의 리는 내재
적이라고 생각하여 '사' 혹은 '물' 자체가 직접적으로 규범 자체와 같
을 수 없다고 생각했다. '물의 리' 혹은 '물의 성性' 개념은 인식의 필
요성과 가능성을 제시했다. 만약 물마다 각각의 이치가 있다면, 첫째
격물궁리의 함의는 '물'과 그 특수한 상황을 떠나서 파악될 수 없다.
둘째, 격물궁리는 결코 '물'이 아니라 '물의 리' 회복을 궁극적인 목적
으로 삼는다.

'물' 개념과 격물치지 명제의 중요성은 『대학』에 대한 송대 유학자
의 반복적인 논변과 해석에서 집중적으로 표현되었다. 『대학』은 본
래 『소대례기』小戴禮記의 한 편명이었으나 송대 이후 독립적으로 간행
되었다. 한유의 「원도」原道, 이고의 「복성서」復性書는 모두 『대학』을 유
가 의리를 선양하고 유가와 불가를 구별하는 중요한 텍스트로 삼았다.
북송의 사마광司馬光 역시 격물에 대한 새로운 해석으로써 도덕 쇠퇴
의 원인을 분석했다.[21] 그러나 이정이 "덕으로 들어가는 문"(入德之門)과

"학문하는 순서"(爲學次第)로서『대학』의 의의를 논한 이후에야 이학에서『대학』의 위치가 비로소 확립되었다. 그들은 각 편의 순서를 정리하고 정본을 보완했는데, 이는 주자와 후대 유학자들이 계속해서『대학』을 개정하고 그 의미를 재해석하는 데에 초석이 되었다. 주자는 다음과 같이 말했다.

> 정자가 이르길 "『대학』은 공자가 남긴 글이니, 처음 배우는 자가 덕에 들어가는 문"이라 하였다. 지금 옛사람들이 학문을 하는 순서를 볼 수 있는 것은 오직 남아 있는 이 편에 의지할 수밖에 없다.『논어』와『맹자』가 그다음이 되니, 배우는 자가 반드시 이 순서에 따라 배워야 할 것이다. 그리한다면 거의 틀리지 않을 것이다.
>
> 子程子曰: "『大學』, 孔氏之遺書, 而初學入德之門也." 於今可見古人爲學次第者, 獨賴此篇之存, 而『論』『孟』次之, 學者必由是而學焉, 則庶乎其不差矣.[22]

주자가 보기에『대학』은 삼대三代의 태학太學에서 가르치는 법에서 기원하며, 그 기능은 예악 질서를 통해 인의예지의 선천적 성性을 보존하는 것이었다. 그는 "그 가르치는 바의 근본은 모두 임금이 몸소 행하고 심득한 끝에 나온 것으로, 백성들이 살아감에 있어 일상적인 법도와 인륜에서 벗어나지 않았다. 그러므로 당시 사람들이 배우지 않은 이가 없었다"(而其所以爲教, 則又皆本之人君躬行心得之餘, 不待求之民生日用彝倫之外, 是以當世之人無不學)고 보았다. 또한 그는 학문하는 순서의 근거는 예악 질서의 구조이며, 따라서 학문을 순서에 따라 진행해야만 비로소 "그 고유한 본성과 그 당위적인 직분을 알아, 각기 최선을 다해 노력할 수 있게 된다. 이는 과거 태평성세 시절에 위로는 정치가 융성하고 아래로는 풍속이 아름다웠던 이유이니, 후세가 도저히 미칠 수 있는 바가 아니다"(無不有以知其性分之所固有, 職分之所當爲, 而各俛焉以盡其力. 此

古昔盛時所以治隆於上, 俗美於下, 而非後世之所能及也)[23]라고 하였다. 『대학』은 '학문하는 순서'에 대한 서술을 통해 신신身·가가家·국국國·천하天下를 하나로 연결했다. 그 최초의 근거는 예제론과 밀접한 관계가 있다. 그러나 주자는 삼대의 예악이 이미 완전히 없어졌기 때문에 반드시 다른 길을 찾아야 한다고 생각했으며, 격물을 통해 천리 혹은 선천지성을 궁구해야만 예악 정신을 회복할 수 있다고 보았다. 따라서 그는 『예기』로부터 완전히 독립시킨 '격물치지'를 『역전』易傳의 '궁리진성'窮理盡性과 결합함으로써, 이학 방법론의 중요한 범주로 만들었다.[24] 그가 만든 3강령 8조목 중에 격물과 치지는 학문을 하는 순서에서 우선적인 지위를 갖는다.

　주자학의 여러 측면들은 내재적으로 연계되어 있다. 그 핵심은 천리를 존재 근거로 삼아 천리를 추구하는 절차와 과정을 전개한 것이다. 「대학장구서」의 설명을 놓고 보자면, 주희의 '물'物 개념과 '지'知 개념은 윤리 도덕 행위와 윤리 도덕 지식의 범주를 완전히 탈피하지는 못했다. 따라서 실연과 응연으로 구분하여 이 두 범주를 설명하기 어렵다. 그러나 격물치지론은 물에 대한 인식을 분명히 포함하고 있다. 주희는 '병의 근원', '본원', '마음 전체'에 관하여 논하는 것을 좋아하지 않았다. 그것은 구체적인 물의 탐구를 통해야만 천리를 파악할 수 있다고 생각했기 때문이다. 공자와 비교해 보자면, '물'이 주자 사상에서 매우 중요한 것은 분명하다. 공자가 "쉰 살이 되어 천명을 안다"(五十而知天命)*고 한 것에 대해 주자는 "(천명이란) 천도가 널리 행해져 사물에 부여된 것이니, 바로 사물이 당연當然의 이치가 되는 까닭이다"(卽天道之流行而賦予物者, 乃事物所以當然之故也)라고 주석했다. 첸무는 이를 논평하여 "명命을 천도로 삼은 것은 공자의 뜻에 부합한다고 하겠지만, 그것을 '물'에 부여한 것이라고 한 것은 공자의 뜻과는 다른 듯하다. 맹자는 성을 말할 때 단지 인성만을 말하고, 『중용』에서 비로소 물성을

• 쉰 살이~안다: 『논어』 「위정」(爲政)의 구절이다.

겸하여 언급하기 시작했다. … 주자가 사물이 당연의 이치가 되는 까닭이라고 했으니, 이는 곧 명이 사물에 부여되었다는 것이다. 이는 또 사물 안에 내재한다는 것이다. 명은 사물 자체에 내재하는 것이지, 사물 외부에 있지 않다. 그래서 따로 말할 수 있는 명도 없는 것이다"[25] 라고 하였다. 이것은 매우 정확한 관찰이다. 주자는 지와 행을 논하는데, 지선행후知先行後의 입장을 견지했다. 그 원인은 행의 근거가 예의 순서에 있으며, "주나라가 쇠락해지자, 어질고 성스러운 군주가 나오지 못하고, 학교의 정사政事가 정비되지 못하여 교화가 침체되고, 풍속이 무너졌다"(及周之衰, 賢聖之君不作, 學校之政不修, 敎化陵夷, 風俗頹敗)[26]고 생각했기 때문이다. 만약 격물치지부터 시작할 수 없다면, 어떻게 '행'의 근거를 찾을 수 있는가? 우리는 이 문제를 격물치지론의 근거로 삼을 수 있다.

주자가 격물을 논함에 있어, 그 최후 결론은 『대학장구』大學章句의 '격물보전'格物補傳에 보인다.

> 소위 치지致知가 격물格物에 있다고 하는 것은, 나의 지식을 지극히 하고자 한다면 사물에 나아가 그 이치를 궁구해야 함을 말하는 것이다. 인심人心의 영특함은 모두가 앎에 있고, 천하의 사물에는 모두 이치가 있다. 다만 이치를 사유하면서 미처 다 궁구하지 못하는 까닭에 모두 다 알지는 못하는 것이다. 그러므로 『대학』에서 처음 가르칠 때 반드시 배우는 자들에게 모든 천하의 사물에 나아가서 그 이미 알고 있는 이치를 따라 더욱 궁구하여 그 궁극의 지를 추구하도록 하였던 것이다. 오래토록 최선의 노력을 다하여 일단 크게 깨닫게 된다면, 모든 사물의 겉이든 속이든, 작은 것이든 큰 것이든 모든 것에 통달하게 되고, 내 마음의 전체와 그 심리 작용 또한 모두 명확해질 것이다. 이것을 일컬어 '격물'이라 하며, 이것을 일컬어 '앎이 지극하다'고 하는 것이다.

所謂致知在格物者, 言欲致吾之知, 在卽物而窮其理也. 蓋人心
之靈莫不有知, 而天下之物莫不有理, 惟於理有未窮, 故其知有
不盡也. 是以『大學』始敎, 必使學者, 卽凡天下之物, 莫不因其
已知之理而益窮之, 以求至乎其極. 至於用力之久, 而一旦豁然
貫通焉, 則衆物之表裏精粗無不到, 而吾心之全體大用無不明
矣. 此謂物格, 此謂知之至也.[27]

여러 설을 종합해 보면, 주자의 격물치지론은 다음 몇 가지 요점을
내포하고 있다. 첫째, '격물치지'는 주자 이학 체계의 유기적인 한 부
분으로, 그것이 해결하려고 하는 문제는 '리'의 자아 회귀이다. '리'는
우주 본원과 최고 윤리 도덕 원칙의 본체로서, '기'를 통해 만물을 파
생한다. 이른바 리의 자아 회귀란 곧 그것이 어떻게 세계 만물을 통해
다시 자신으로 돌아오는가를 가리킨다. 그러나 이러한 회귀는 단지 논
리상의 과정일 뿐, 외부에서 내부로의 과정이 아니다. 왜냐하면 성즉
리의 뜻에 따르면 성性은 내외內外가 없고, 리도 내외가 없으니, 천하의
만물 중에 성性에서 벗어나는 물이나 리에서 벗어나는 물은 없다. 그러
므로 비록 격물치지가 직접적으로는 각 사물의 '리'에 대한 인간의 인
식 과정과 인식의 여러 형식에 관하여 설명하고 있지만, 이는 이학의
틀 속에서 보자면 본체 '리'의 자아 회귀 과정일 뿐인 것이다. 이러한
의미에서 격물치지는 리가 자기 합일에 이르는 데 있어 필수 불가결한
과정이다.

둘째, 앞에서 말한 리와 물의 관계는 인식 과정에 대해 선험적인 결
과를 제공하였으며, 이러한 과정이 지니는 도덕 실천의 함의를 규정하
였다. 여기에서 말하는 도덕은 단순히 현대 사회의 합리적으로 분화
된 특정한 도덕 영역을 가리키는 것은 아니다. 왜냐하면, 인류의 이법
理法과 만물의 조리條理 사이에 응연과 실연의 구분이 없기 때문이다.
이른바 성즉리의 핵심은 '하늘이 리이며, 사람이 성'이라는 것에 있다.
주희는 『대학장구』의 마지막 부분에서 그가 쓴 '격물보전'은 "곧 명덕

의 선"(乃明德之善)이라고 강조했다. 그리고 마지막으로 격치의 공功은 "내 마음의 전체와 그 심리 작용이 모두 명확해지도록"(吾心之全體大用無不明) 하는 도덕 경지라 결론을 맺고 있다. 이에 따라 격치는 학문의 도덕일 뿐만 아니라, 정심성의正心誠意·명명덕明明德·지지선止至善의 기본 방법이라고 밝혔다. 여기에서 주희는 서주西周 시기의 덕 개념과 예제의 긴밀한 관계에서 벗어나 덕을 일종의 우주론의 틀 속에 세워진 내재적인 도덕 경지로 해석하였다. 그의 말을 빌리면, "소위 격물이라고 하는 것은 정이가 말한 '책을 읽어서 의리를 강론하여 밝히거나, 위로 옛사람을 논하여 그 시비를 분별하거나, 사물에 맞닥뜨려 그 합당함과 부당함을 처리하는 것'을 가리킨다. 이는 모두 격물의 일이다."(所謂 格物云者, 河南夫子所謂'或讀書, 講明義理, 或尚論古人, 別其是非, 或應接事物而處其 當否', 皆格物之事也),[28] "이 학문을 하면서, 천리를 궁구하고 인륜을 밝히며, 성인聖人의 말씀을 강론하고 세상의 이치를 통달하지 않은 채, 오로지 하나의 초목과 하나의 기물器物에만 마음을 쓴다면 이것이 무슨 학문이겠는가?"(爲此學而不窮天理明人倫講聖言通世故, 乃兀然存心於一草木一器 用之間, 此是何學問)[29] 격물치지는 일종의 주체적인 도덕 실천(심心 공부)이자, 일종의 내재적인 본성에 대한 성찰로, 단지 우주 만물에 대한 인식을 추구한 것만은 아니었다. 그러므로 명나라 말기 왕당남王塘南•은 "주자의 격물이 외물만을 추구하는 것은 아니며, 왕양명의 양지良知도 오로지 마음만을 일삼는 것은 아니다"라고 말했다. 첸무는 심지어 '주자 심학'의 개념을 제시하여 지식을 중심으로 주자학을 이해하는 관점을 비판했다.[30] 그러나 격물치지론이 설정한 도덕 실천은 육구연의 가족에 대한 사랑, 슬픔, 공경하는 마음 등을 세계 우주로 확대하는 것과는 다르다. "주자는 가족, 촌락, 국가, 세계의 모든 모순에 주목했고,

• 왕당남(王塘南): 1522~1605. 이름은 시괴(時槐)이며, 자는 자식(子植), 호가 당남 (塘南)이다. 왕양명의 재전(再傳) 제자로서 명나라 말기 양명심학(陽明心學)의 대표적인 학자이다.

이러한 모순을 해결하기 위해 지지知를 위주로 한 궁리학을 제시했다."[31]

셋째, 이른바 격물은 '즉물'卽物, '궁리'窮理, '지극'至極 세 측면을 포함하는데, 학문하는 세 단계 순서 중에서 '궁리'를 중심으로 하였다. 주희는 리와 기를 우주와 인간의 요소로 간주하고, 리가 일종의 내재적인 본질과 조리라면 이른바 기는 물리적인 물질과 인간의 감성 실재(감정, 감각, 욕망 등)를 구성한다고 생각했다. 주자는 이정二程의 이일분수리一分殊 사상을 발전시켜 천하의 만사만물은 모두 일반과 개별의 이일분수 관계(天下之理萬殊)가 있다고 생각했다. 이러한 분수分殊는 사물의 공시적共時的 관계뿐만 아니라 역사적 변화와 사물의 다양성을 가리킨다. "하나의 사물을 이해하지 못하면, 여기에서 곧 한 사물의 이치가 결여된 것이다."(一物不理會, 這裡便缺此一物之理) 인심자연人心自然의 지지知는 궁리 이후의 지와 같지 않다. "리를 미처 다 궁구하지 못하는 까닭에 모두 다 알지는 못하는 것이다."(理有未窮, 知有不盡) 사물에 나아가 궁리하여 그 지극함에 도달하는 절실한 공부를 거치지 않는다면 철저하고 투철한 진정한 지지知가 될 수 없다. 바로 이 때문에 주자는 "오늘 하나의 일을 연구하고 내일 또 하나의 일을 연구하여 쌓은 지식이 많아진 이후에 초연히 저절로 관통하게 된다"(今日格一件, 明日又格一件, 積習既多, 然後脫然自有貫通處)면서 '순차적인 공정'(次第工程)•을 매우 중시했다.[32] "격물의 이론에서 정이는 눈앞에 있는 것이 '물'이 아님이 없다고 했지만, 그 연구에서도 모름지기 완급선후緩急先後의 순서가 있으니 어찌 갑자기 하나의 초목과 하나의 기물에 마음을 써서 홀연히 깨닫는다고 생각할 수 있겠는가?"(格物之論, 伊川意雖謂眼前無非是'物', 然其格之也, 亦須有緩急先後之序, 豈遽以爲存心於一草木器用之間而忽然懸悟也哉)[33] 주자는 지식에 있어서 리에 대한 인식이 반드시 경험 지식의 축적과 체험을 통해야 함을 특히 강조했다. 윤리적인 측면으로도 반드시 특수한 구체적인 규범을 통해 보편적인 도덕 원리로 나아가야 함에 주목했다.

• 순차적인 공정(次第工程): '학문하는 순서'를 가리킨다.

왜냐하면 비록 궁리의 최종 목적은 천리를 파악하는 것이지만, 이러한 과정 자체가 구체적인 사물의 성격과 법칙에 폭넓게 연관되기 때문이다. 학문하는 순서에서 사물에 나아가는 것은 격물치지의 필수 불가결한 부분이다.

넷째, 즉물궁리와 이일분수 등의 범주를 종합하여 고려해 보면, 격물의 핵심은 구체적인 사물의 특수한 리를 파악하는 데에 있다. 이른바 활연관통豁然貫通은 단지 심心의 지와 물의 리의 합일을 가리키는 것이 아니라, 물의 리와 리 본체의 합일 상태에 대한 통찰이기도 하다. 이학의 인식 방법은 결코 명확한 분류 방식으로 우주 질서에서 구체 사물의 위치를 파악하는 것이 아니다. 그러나 그것이 분수지성分殊之性과 활연관통을 인정한다면 필연적으로 일종의 세계 질서 관계에 관련된 이해를 포함하게 된다. 그러므로 한편으로 주자의 사물 개념은 '분수'分殊의 성性이며, 이른바 "나누어진 것이 다르다는 것을 알면 알수록, 리가 크다는 것을 더욱더 잘 알게 된다"(分得愈見不同, 愈見得理大)[34]는 것이다. 한편 주자의 자연 범주는 일종의 품류品類의 존재이며, 각자의 '리' 또는 '성'을 통해 부제不齊, 불화不和, 불평不平, 부동不同으로 나타난 질서이다. 이렇게 나타나는 과정은 곧 리 자체가 리에 결합하는 것이다. 격물론과 그 절차성이 포함하는 인지의 측면은 부인할 수 없다. 격물은 사물에 관한 분류 연구를 통해 우주 자연, 그리고 사회의 질서 총체를 확정하도록 요구한다. 이러한 점에서 볼 때, 격물은 분류된 지식 계보로서의 과학 개념과 별다른 차이가 없다.[35]

앞의 분석에 따르면, 격물치지론은 응연 질서를 견인하는 방법론이다. 주자학에서 격물치지론의 핵심적인 지위는 중요한 함의를 가지고 있다. 첫째, 도덕 평가의 객관적 기초는 상당히 형식화된 질서일지라도 현실의 질서가 아니라 우주의 존재 원리임을 보여 준다. 둘째, 그것은 우주의 존재 원리가 현실 세계와 인간 자체를 떠나서는 얻을 수 없으며, 반대로 리는 오직 물과 인간의 세계를 통해야만 드러난다는 것을 보여 준다. 즉물궁리의 명제는 천리가 일종의 물에 내재된 '합당여차'合當如此(이와 같아야 합당한 것임―역자)의 '자연' 또는 '조리'임을 의미한다. '리'와 '물'의 관계는 근대 자아 개념이 설정한 외부 세계와의 완전한 분리와 대립으로 발전하지는 못했다. 예컨대, 이사理事 관계로 말하자면 주자는 "이 일이 있기 전에 이 이치가 먼저 있으며"(未有這事, 先有這理), "천지가 생기기 전에는 필경 이 이치만이 있었을 것이다"(未有天地之先, 畢竟也只是理)라고 했다. 그러나 동시에 그가 논한 이사理事 관계는 단순히 존재론적 의미에서의 논리 관계일 뿐, 리와 사 간의 실제 관계가 아니라는 것을 명확히 보여 준다.[36] 이정은 '물物은 곧 사事'라고 생각했기 때문에, 사와 리의 관계가 완전히 무관한 정도까지는 아니었으며, 오히려 둘 사이에는 내재적인 일치성이 존재한다고 보았다.[37] 『이정어록』二程語錄에서 "아득하고 고요하지만 만물이 모두 갖추어져 있다"(沖漠無朕, 萬象森然已具)고 하였으며, "간괘艮卦는 단지 만물에 각각의 머물 자리가 있음을 명확히 할 뿐이니, 분수에 맞게 머묾이 곧 정定"(艮卦只明使萬物各有止, 止分便定)이라고 하였다. 이는 일리一理의 관심을 만물의 질서와 분위分位에 자리매김한 것이 분명하다.[38] 이러한 의미에서 '합리'合理(리와의 합치―역자)의 과정은 '물' 자체를 초월할 필요가 없으며, 오히려 '물' 자체의 '합당여차'의 자연 속으로 돌아가는 것이다.[39]

새로운 도덕 인식 방법으로서 격물치지론은 실제 질서를 통해 도덕 법칙을 궁구한다. 이러한 과정에서 정주程朱는 일련의 미묘한 개념을 제시하였다. 예컨대, '지'止·'진'盡·'합당'合當 등이 그것이다. 이로써 정주는 예악 제도 및 그 분위를 새롭게 정의하였다. 이러한 개념의 정확한 함의는 단지 '지'·'진'·'합당' 상태에 처한 군신君臣·부자父子·부부夫婦·붕우朋友 등의 관계만이 도덕적 관계라는 것이다. 이러한 개념은 한편으로 현실의 예 질서 관계가 진정한 또는 자연스러운 예 질서 관계가 아님을 증명하며, 다른 한편으로 매우 적절한 상태에서의 군신·부자·부부·붕우 등의 관계가 곧 도덕적 관계라는 것이다. 이것은 이학가들이 천리관의 틀 속에서 예악의 도덕 논증 방식을 회복시킨 것이다. 우리는 이 속에서 공자가 인仁으로써 예를 해석하는 노력과 비슷한 경향을 조금이나마 이해할 수 있다. 만약 한 임금이 인에 머물 수 없으며, 한 신하가 경敬에 머물 수 없으면, 그들은 군신의 의義를 감당할 수 없으며, 군신이라는 이름을 감당해 낼 수 없다. 마침 송나라 고종高宗이 죽고 효종孝宗이 즉위하였다. 금金의 세력은 날로 번성하고 국사國事는 나날이 피폐해지자, 주자는 효종에게 "제왕의 학문은 반드시 먼저 격물치지함으로써 그 사물의 변화를 끝까지 규명하여 의리가 있는 것을 모두 세세히 밝히는 것이니, 그리한다면 자연히 뜻과 마음이 성실하고 바르게 되어 천하의 일에 대응할 수 있게 될 것"(帝王之學, 必先格物致知, 以極夫事物之變, 使義理所存, 纖悉畢照, 則自然意誠心正, 而可以應天下之務)이라고 하였다. 제왕의 학문으로서의 격물치지는 '현실 정치나 공리功利적 태도'와 명확히 대립한다.[40]

주희 격물치지론의 핵심은 물 자체에 있지 않으며, 심心 자체에 있지도 않다. 오히려 물과 심을 하나로 종합하는 격格의 절차에 있다. 이러한 절차는 도덕과 윤리의 법칙을 드러내는 데에 필수적인 과정을 제공했다. 주자학의 이중성은 우선 그것이 리 또는 궁리를 목표로 삼는 것으로 표현된다. 이 리는 현실 질서의 근거가 될 수도 있으며 현실 질서의 부정물否定物이 될 수도 있다. 주희의 세계에서 성 또는 리는 현실의 상태가 아닌 사물 질서의 일종의 합당한 상태로 표현된다. "격물은 이 일이 마땅히 이러하고 저 일은 마땅히 저러해야 함을 연구하여 아는 것이니, 마치 임금이 되어서는 곧 마땅히 어짊에 머물고, 신하가 되어서는 곧 마땅히 공경에 머무는 것과 같다."(格物, 是窮得這事當如此那事當如此, 如爲人君, 便當止於仁; 爲人臣, 便當止於敬)[41] 궁리의 관건은 "모름지기 사물의 이치를 끝까지 궁구하여 궁극에 이르면 곧 하나의 옳음과 하나의 그름이 있으니, 옳은 것이면 행하고 그른 것이면 행하지 않는다"(須窮極事物之理, 到盡處便有一個是一個非, 是底便行, 非底便不行)[42]에 있다. 치지致知의 핵심은 "예를 들면, 부자·군신·부부·붕우가 옳음에 합당하려면 어떻게 처신해야 하는가?"(如父子君臣夫婦朋友, 合是如何區處)[43]에 있다. 주자 사상에서 '지어'止於 '당지'當止 '진처'盡處 등은 매우 중요한 개념이다. 이것은 격물의 목표일 뿐만 아니라 만물이 천리에 부합하는 상태이기도 하다.[44] 여기에서 구체적인 사물(예컨대 군신·부자·부부·붕우)이 아닌 '합시'合是 '진처'盡處 '저'底 '지'止가 격물치지의 핵심 단어가 된다. 딱 맞지는 않지만 비유를 들어 보자면, 주자가 궁구한 최종 목표는 존재물이 아닌 존재 그 자체였던 것이다. 그러나 주자는 또한 존재를 표현하는 개념 자체가 천리를 동태적인 과정에 둠으로써, 존재(理)가 존재물(事)을 떠날 수 없다는 생각을 명확히 하였다. 사물의 다양성과 그 구체적인 문맥에 대한 격물치지의 이해는 바로 이러한 리理/사事·리理/물物 관계를 기초로 했다.

『대학』과 그 격물치지론은 주자 이후 도덕 논증의 초점과 이학에 관련된 중심 논제가 되었다. 격물치지론에 대한 해석은 존재의 리理 또는 지선의 도道에 대한 가설을 포함하며, 개별적인 사실 탐구를 통해 천리에 이르는 방법을 규명했다. 만약 도덕 평가가 예에 대한 실천에서 기원하지 않고 천리에 대한 체득에서 기원한다면, 어떻게 천리를 인식하고 천리에 이르고, 더 나아가 천리와 합일할 것인가가 이학의 중심 문제가 될 것이다. 그러므로 "송대 이후 일가를 이룬 학파마다 거의 모두 그 학파의 격물론이 있었다."(自宋以後, 幾乎有一家宗旨, 就有一家的格物說)[45] 『논어』·『맹자』·『중용』·『역전』易傳·『대학』은 송대 유학자에 의해 공자 전통 중 내성지학內聖之學의 대표로 구분되었다. 그리고 정이 이후로, 특히 주자가 『대학』을 강론한 이후로 『대학』은 사서四書의 대표가 되어 신유학 계통을 나타내는 중요한 부분이 되었다. 주자의 사상은 '집대성'을 특징으로 하며, 그 각각의 부분은 그다지 독창적인 부분을 가지고 있지 않은 듯하다. 라오쓰광은 이 때문에 "주자의 학설은 사실 '천도관'과 '본성론'의 결합을 통해 만들어진 것이다"라고 단언하였다. 즉 주돈이周敦頤·장재張載·정호·정이 형제의 학설을 종합하여 하나의 통일적인 체계로 만들었던 것이다.[46] 그러나 이것은 단지 송대 이학 내부의 관계에서 보았을 때 이와 같을 뿐이다. 만약 유학 발전의 연속선상에서 보면, 정이와 주자의 격물치지론(천도관과 본성론의 결합의 산물인)은 "선진 유학이 본래 가지고 있던 의미"를 극복하여 "다른 체계로의 전환을 이루어 냈으며" 또한 『대학』을 중심으로 천·리·성·물의 상호 관계를 서술해 냈다. 그래서 머우쫑싼은 다음과 같이 말했다. "송명 유학에서 새로운 의미를 지니고 있고, 또한 '신유학'이라고 불릴 수 있는 것은 사실 오로지 정이, 주자의 학문 체계뿐이다."[47] 왜 그러한가? 격물치지론은 일정 정도 인지의 과정을 통해 도덕을 증명하는 방법을 처음으로 만들어 냈으며, 이러한 인지 과정이야말로 천리관의 도덕 평가 방식에서 가장 중요한 특징이기 때문이다.

천리관의 성립을 기준으로 유학 도덕 평가 방식의 변화를 말한다면, 우리는 또한 어떻게 이학가들의 예禮에 대한 연구 및 회복과 실천을 이해해야 할 것인가? 예를 들면, 주자가 『의례경전통해』儀禮經傳通解에서 가례家禮·향례鄕禮·학례學禮·방국례邦國禮·왕조례王朝禮 등의 유형에 대해 정리하고, 가족·촌락·문화·국가·각 공동체를 기초로 하여 고대 예제를 분석한 것을 보면, 예는 여전히 이학가들의 관심의 중심에 있었음이 분명하다. 이학가들이 예에 치중한 것은 공자의 예학과 궁극적으로 무엇이 다른가? 공자와 마찬가지로, 주희 역시 도덕과 예의 관계의 전제가 되는 예악 제도가 이미 쇠퇴하였다고 생각하였다. 그러나 이 둘이 다른 점은 공자는 술이부작述而不作과 인仁으로써 예를 해석하는 방식으로 예악 제도 및 그 윤리 관계를 해석했지만, 주희는 예가 현재 단지 일종의 형이상학적 본질(理)로서만 존재할 수 있다고 생각했으며, 따라서 예악을 회복하는 노력은 반드시 천리 혹은 복성復性(본성의 회복—역자)을 증명하는 과정을 통해서만 성사될 수 있다고 생각했다. '성즉리'性卽理의 논리에 따르면, "인의예지는 아직 발현되지 않은 본성이다."(仁義禮智乃未發之性)[48] 그것은 외재적인 법칙이 아니라 내재적인 본질인 것이다. 리는 구체적인 예를 초월하기도 하지만 또한 제약하기도 한다. 혹은 구체적인 예는 (반드시) 리를 근거로 한다고 말할 수 있다. 내재적 또는 보편적으로 존재하는 리로서 예禮를 규정해야 하는 까닭은 무엇인가? 그 이유는 예악 자체 및 예에 대한 이해가 이미 외재화되었기 때문이다. 『신당서』新唐書에서 "예악은 헛된 이름이다"(禮樂乃虛名)라고 한 것처럼 진정한 예악 관계를 밝힐 수 없다. 이 때문에 이학자들은 우주 질서(천리)에서 도덕 질서를 도출할 것을 요구했던 것이다. 그리고 우주 질서에 대한 인식(혹은 실천) 방법으로서의 격물치지는 구체적인 윤리 법칙과 천리를 소통시키는 유일한 길이 되었다. 송명유학에는 『대학』에 관한 다른 견해가 존재했다. 이는 문헌에 대한 끊임없는 편집과 재해석에 기원했다기보다는 차라리 천리 개념의 특징 및 그 가설의 논증 절차에서 기원한 것이었다. 사실 범주로서의 물 개념은 예제/도덕의 논의 틀에 대해 충격을 주었으며, 나아가 이것은 또한 물의 인식자로서 주체의 지위를 제고하였다.

'성즉리'와 물의 자연

주자는 존재물이 아니라 존재를 강조했는데, 그 주된 이유는 상술한 바와 같다. 이렇듯 존재와 존재물을 서로 분리시켜 서술하는 방식은 예악의 '진실성'에 대한 유학 내부의 이해에서 직접적으로 기원한다. 송대 사회는 역사적 전환기였다. 그리고 이학자들은 종법 질서와 보첩譜牒의 학문의 심각한 붕괴 상황을 맞이하여 심각한 도덕 위기가 존재한 시기라고 생각했다. 이학자들의 지평에서는 현실 세계와 그 질서는 도덕적 기초를 제공할 수 없으며, 도덕적 기초는 천리에 대한 사람들의 인지와 실천에 있었다. 격물치지의 공부 이론은 사람들에게 예 질서 가운데의 실천과 내성內省을 통해 자기의 현실성을 초월하고 이로써 자기의 본질과 합일하는 목적에 도달할 것을 요구했다. 이러한 의미에서 보자면, '물' 개념의 변화는 오직 도덕 제도의 변화라는 조건 속에 놓고 보아야만 비로소 제대로 이해될 수 있다.

따라서 주자의 격물치지론에 대한 후인들의 이해는 언제나 도덕 제도 및 정치 제도와 관계가 있다. 허우와이루는 "주희의 이른바 '격물치지'는 '몸이 없는 이성' 자체의 복귀이다. '물'은 객관 사물이 아닐 뿐만 아니라, '지' 또한 객관 사물에 대한 인식이 아니다. 그 체계는 일종의 교활한 승려 철학이다", "이러한 농노제의 인생 철학은 모두 '격물치지' 즉 봉건주의의 '정리'定理에서 도출한 결론"이라고 하였다.[49]

이러한 견해에 따르면, 주자의 격물치지는 단지 천리 개념을 유도하는 방법론일 뿐이며 인식의 의미를 가지지 않고 천리만이 예의 질서의 합법적 근거이다. 이와 정반대로 류수셴劉述先은 『주자어록』을 조금 발췌하여 주자의 성학聖學과 그 천리관이 과거科擧, 공리功利, 황권皇權과 대립하는 것을 일일이 논증하였다. 이를 통해 그는 주자의 내성지학內聖之學을 근본으로 삼는 정치의식이 청류淸流의 여론적 역량에 이론적인 근거를 제공했다고 보았다.[50] 미조구치 유조溝口雄三는 "…기존의 견해에서는 주자의 자연법이 완전히 군신의 자연법이라고 보았다. 그러나 주자는 리의 명의名義로써 황제를 우두머리로 하는 통치자 집단을 비판하거나, 리로써 그가 제시한 규범 질서를 체계화시켰다. 이러한 능동적인 이념에 관해서는 …다른 측면에서 새롭게 평가해야 할 것"[51]이라고 했다. 주자의 격물치지론이 단지 등급 윤리를 이끌어 내는 방법론이라고 한다면, 주자와 현실 정치 간의 긴장감을 어떻게 이해해야 하며, 격물치지론과 자연학의 관계를 어떻게 이해해야 할 것인가? 먼저 첫 번째 문제를 설명해 보자.

이학, 특히 주자학과 사회 체제의 관계를 하나의 유동적이고 사회 전체 구조의 변모에 따라 변화하는 관계로 본다면, 우리는 왜 신유가新儒家가 남송의 주자를 성인聖人으로 받들지만 '5·4' 인물들은 오히려 주자학을 봉건 법규의 집대성이라고 생각하는지 쉽게 이해할 수 있다. 천리 개념은 일종의 등급화된 질서관과 도덕관을 포함하지만, 이러한 도덕의식과 황권을 중심으로 한 현실 정치 질서 간의 관계는 결코 안정적인 관계가 아니다. 앞의 분석에 따르면, 한당漢唐 이후 예악과 제도의 분화(그리고 이 분화에 관한 상상 또는 삼대에 대한 상상), 특히 송대 정치 제도 자체의 변화와 발전은 예악 제도와 도덕 평가의 통일 관계를 변화시켰다. 이러한 배경 조건 속에서 송명 이학은 제도/도덕의 동일한 관계를 초월하고, 천리를 중심으로 하여 새로운 도덕 평가 방식을 재건하고자 했지만, 실질적으로는 제도 평가 밖에서 도덕 계보를 재건하는 것이었다. 따라서 천리관과 현실 정치 및 그 제도 실천의 관계는 내재적 긴장을 포함한다. 전체적으로 말하면, 이학자들이 기대한 것은 일종의 황권과 민간 권력(지주地主 신사紳士를 중심으로 하고, 향약으로 연결되는 향촌 자치)이 모종의 평형적인 덕치 또는 왕도에 도달하고, 일종의 군현제의 조건하에서 봉건 가치를 받아들이는 사회 질서였다.

'성즉리'性卽理의 명제를 분석하는 것부터 이학과 역사 간의 관계 및 그 변화를 논의해 보자. 한대漢代 우주론과 북송北宋 천도관이 직면한 난제 중 하나는 어떻게 우주 만물과 윤리의 관계를 처리하는가였다. '물'이 더 이상 하나의 규범 범주가 아니며, 단지 사실 범주라고 가정한다면, 우리는 어떻게 '물'에 대한 서술에서 우리가 지켜야 할 도덕 법칙을 깨달을 수 있을까? 천리의 성립, 이기이원론 및 '성즉리' 명제는 곧 이 난점을 극복하기 위해 만들어진 것이다.[52] 정이는 "성은 리이다. 이른바 리는 성이다"(性卽理也. 所謂理, 性是也)[53]라고 하였다. '성'과 '리'는 현실의 등급 세계와 서로 대립하는 보편적인 성性과 보편적인 리理이다. 남녀노소, 가문 등급—이른바 "리는 곧 요순으로부터 보통 사람에 이르기까지 모두 같다"(理卽自堯舜至於途人, 一也)[54]—의 구분이 없을 뿐만 아니라, 천天·지地·인人·물物—이른바 "하늘에서는 명命이 되고, 의의義에서는 리理가 되며, 사람에게서는 성性이 되고, 몸을 위주로 하면 심心이 되지만, 그 실질은 하나이다"(在天爲命, 在義爲理, 在人爲性, 主於身爲心, 其實一也)—의 구분도 없다.[55] 이 명제는 다음과 같은 이중적인 함의를 지닌다. 현실 세계와 천리 세계를 구별함으로써, 도덕과 윤리가 초월적 세계로 묘사되어, 우리의 지위·태도·기호와 감정, 즉 우리의 현실 존재('기'의 세계)로부터 완전히 독립되는 것이다. 그러나 여기에서 이른바 '초월'과 '독립'은 결코 초탈의 의미가 아니다. 왜냐하면, '리'는 또한 우리 자신과 우리가 생존하는 세계에 내재하는 것이며, 따라서 응연應然 세계에 통달하는 유일한 방법은 수신修身을 실천하는 것뿐이다. 즉 하나의 완전한 절차 속에서 천리에 대한 체득과 증명을 얻는 것이다.[56]

'성즉리'의 명제는 '복성'復性(성의 본질로 돌아감)으로써 선진의 '복례' 復禮(예의 본질로 돌아감)를 대신하여 일종의 인성의 목적론을 재건하였다. 정주程朱의 성性 개념은 우주론 또는 천리관의 틀에서 기성己性(나의 본성), 인성人性, 물성物性을 하나로 통일시켜 더 이상 맹자처럼 단순히 인성을 다루지 않는다. 정이의 말을 빌리면, "성인이 기뻐함은 물의 마땅함으로 기뻐하고, 성인이 성냄은 물의 마땅함으로 성냄이다. 이것은 성인의 기뻐함과 성냄이 심心에 달려 있지 않고 물에 달려 있는 것이다"(聖人之喜, 以物之當喜: 聖人之怒, 以物之當怒. 是聖人之喜怒, 不繫於心, 而繫於物也)[57]이다. 여기에서의 '심'은 추상적 본질이 아니라 현실의 고민으로 인해 곤혹스러운 '심'이다. 여기에서의 '물'은 경험의 사물이 아니라 '물'의 자연 또는 '물'의 본질이다. 심/물의 대립은 곧바로 '천리'의 선험성과 객관성을 논증했다. 사람과 물은 모두 성의 범주 안에 있기 때문에 '물'(의 자연 또는 본질)은 인성의 목적이 될 수 있다.[58] 이러한 의미에서 '성즉리'의 명제는 '천' 또는 '리'의 내재성과 선험성을 강화시켰고 천도 개념에 내포된 초월적, 운명적 그리고 우주론적인 특질을 지양하였다. 주희는 말했다. "예컨대 이 부채는 물物이니 부채의 도리가 있다. 부채를 이렇게 만든 것은 이렇게 사용하기에 합당하게 한 것이니 이는 곧 형이상形而上의 리理이다. …형이하의 기器 가운데 각자의 도리가 있으니, 이것이 곧 형이상의 도道이다."(且如這個扇子, 此物也, 便有個扇子底道理. 扇子是如此做, 合當如此用, 此便是形而上之理. …形而下之器中, 便各自有個道理, 此便是形而上之道)[59] 형이상과 형이하의 구분을 통해 물과 리의 관계가 뚜렷해진다. 일종의 자연 질서로서의 리는 일종의 물에 내재된, '합당여차'合當如此의 질서이다.

　'성즉리'의 명제는 또 다른 특징을 포함한다. 즉 '성'性은 보편적인 성과 개별적인 성으로 구분된다. 정호의 견해에 따르면, 성은 도(우주의 보편 본질)인 동시에 기(만물은 모두 성을 나타내고 있음)이며, 또한 개별적인 성(만물이 개별적인 독특한 성)이다.[60] '성즉기'의 명제는 장재에서 기원하였다. 이는 세계의 구성에 대해 어느 정도 해명해 주고 있으며, 또한 어째서 우주는 성도性道를 우선으로 하면서 동시에 악惡이 출현하도록 한 것인지 설명해 주고 있다.[61] 만물에 각기 종류가 다른 '성'이 존재한다면, 천리 역시 '분리'分理의 함의를 지니고 있을 수 있다. 정호는 "천지 만물의 이치는 홀로됨이 없고 반드시 짝이 있다"(天地萬物之理, 無獨必有對)[62]고 하였으며, "성인은 공公을 이룸에 있어, 천지 만물의 이치와 그 각각의 합당한 분수에 온 마음을 다한다"(聖人致公, 心盡天地萬物之理, 各當其分)[63]고 하였다. '홀로됨이 없고 반드시 짝이 있다'고 한 것은 곧 사물이 각기 서로 짝을 이루는 질서 안에 있음을 암시하며, '각각 합당한 분수가 있다'고 한 것은 도덕 실현과 분위分位 관념 사이에 내재적인 상관성이 있음을 명확히 보여 주고 있다. 여기에서의 '분'分은 예제 속의 분위와는 다르다. 그것이 요구하는 것은 천지 만물이 '합당여차'의 자연 질서에서 '합당여차'의 위치를 차지하는 것이다. 즉 '물'은 자신의 '성'으로 회귀하는 것이다. 때문에 정이는 한편으로 "천하의 물物은 모두 이치로써 비출 수 있다"(天下物皆可以理照)고 생각하면서, 다른 한편으로는 "물物이 있으면 반드시 법칙이 있으니, 하나의 물物은 반드시 하나의 이치를 가지고 있다"(有物必有則, 一物須有一理)[64]고 하여 천하 만물의 이치를 궁구하고 축적함으로써 천리를 획득할 수 있다고 주장하였다. 성性의 구분에서 리의 구분에 이르기까지, 궁리진성窮理盡性의 명제가 이미 잘 드러나고 있을 뿐만 아니라, 형이상학의 측면에서 '이서'理序의 등급성 또한 잘 나타나고 있다. 이것은 바로 '리' 개념 분류학의 새로운 형식이자, 또한 주자 격물치지론의 이론적 전제이기도 하다.

도덕 논증을 진행하는 데 있어서 천도관이 현실 세계와 천도를 명확히 구분해 낼 수 없었다고 한다면, 천리 개념, 특히 '성즉리' 명제는 이러한 구분을 실현해 낼 수 있었다. '천리'의 우주 도식은 단순히 위에서 아래로의 수직적인 체계가 아니라 사물이 각각의 리에 따라 그 속에 직조된 질서이다. 주자의 서술 속에서 '천'·'리'·'성'은 밀접히 결합된 불가분의 관계이다. 그들 간의 선후 관계는 기껏해야 일종의 서술 논리상의 문제일 뿐이다. 주자는 "성은 곧 리이다. 하늘은 음양오행으로 만물을 변화시켜 낳고, 기로써 형태를 이루면 리 역시 갖추어지니 마치 명령과 같다"(性卽理也, 天以陰陽五行化生萬物, 氣以成形而理亦附焉, 猶命令也)고 하였다. 사뭇 '성'/'리'는 자기 의지를 가지며 명령할 수 있는 주재자이다. 그러나 여기서 '명령' 앞에 '유'猶 자를 붙였는데, 이것은 '~와 같다', '마치 ~와 같다'의 의미를 나타내는 것이지 이러한 범주가 정말로 상제처럼 인격과 의지가 있음을 말하는 것이 아니다. 따라서 주자는 "유명령야"猶命令也에 이어 "사람과 만물이 태어날 때는 각기 그 부여된 이치로 인하여 건순오상*의 덕을 세우니, 이것을 이른바 성이라고 한다"(於是人物之生因各得其所賦之理, 以爲健順五常之德, 所謂性也)[65]고 하였다. 또한 "오행이 생김에 각각의 성이 있다. …태극 전체가 모든 각 사물 속에 갖추어져 있다. …성은 곧 태극 전체이다"(五行之生也, 各一其性. …太極之全體無不具於一物之中 …性卽太極之全體),[66] "성은 단지 리이니, 사람에게 품부해 있기 때문에 그것을 성이라고 말한다"(性只是理, 以其在人所禀, 故謂之性)[67]고 하였다. 이 논리에 따르면, 천리(태극)는 우주 만물의 근원과 근거이며, 만물('기'로 구성됨)과 사람은 내재적으로 '천리'를 포함하였다. 이른바 "리는 하늘의 본체이며, 명은 리의 쓰임이다. 이것은 책임지거나 결정하는 상제가 없을 뿐만 아니라, 하늘이란 존재도 없다. 다만 하나의 이치가 있을 뿐이라서 결국 그것을 하늘이라고 말하는 것이다."(理者天之體, 命者理之用. 是則不僅無帝在作主, 亦復無天之存在. 只有一理遂謂之天耳)[68] 만약 천리가 주재성과 창조성의 주체라면 왜 주자는 '격물치지'를 이렇듯 중요한 지위에 놓았을까?

송대 유가의 이해에 따르면, 선진 예악 문화에서는 도덕 평가와 사람은 예제 질서 안에서의 분위分位가 완전히 일치한다. 이에 따라 이른바 사실과 가치, 실연과 응연의 구별 문제가 존재하지 않는다. 그

• 건순오상(健順五常): 하늘의 이치, 땅의 이치, 인간의 도리인 오륜(五倫)을 가리킨다.

러나 행정 제도, 관리 선발 제도, 토지 제도 등이 나날이 발전하는 시대 배경 속에서 주자 등의 이학자들은 현실의 인륜 관계나 제도적 구조를 가지고는 도덕 평가를 할 수 없다고 생각했다. 그들의 '명덕'明德, '명명'明命 등과 같은 명제가 겨냥한 것은 바로 사람의 명덕이 물욕物慾으로 가려진 상황이다. 격물치지의 목적은 일정한 절차를 통해 부모와 자식의 사랑, 임금과 신하의 의로움, 부부의 구별, 윗사람과 아랫사람 사이의 차례, 친구 간의 믿음 밝히는 것이다. 여기에서 이른바 사랑 (親), 의로움(義), 구별(別), 차례(序), 믿음(信)은 현실 제도 혹은 예악 질서와 구분되며, 오히려 주자가 반복적으로 논증한 '진처'盡處, '저'底, '지'止 또는 '합당'合當의 관계, 즉 일종의 현실 질서와 긴장 관계에 처한, 실현을 기다리는 질서이다. 그러므로 인仁, 의義, 예禮, 지智는 비록 명덕이 본래 가지고 있는 것이지만 격물의 절차를 통해서만 비로소 드러날 수 있다. 임금과 신하라는 신분이 임금의 인仁, 신하의 경敬을 대변해 줄 수는 없다. 따라서 군신의 '합당한' 관계는 일종의 이상적인 질서를 구성할 뿐만 아니라, 현실의 군신 관계에 대한 일종의 비판적인 규범인 것이다. 이것이 바로 주자 이기이원론의 사회적 함의이다.

향약, 종법과 주자학

그렇다면, 사회생활사 측면에서 어떻게 천리 개념과 격물치지론의 특징을 이해할 수 있을까? 여기에서 우선 두 가지 해석을 제시해 보자. 첫째, 과거 제도와 여타 정치 제도가 이전에 없던 발전을 이룬 상황 속에서 주자학은 제도 평가와 도덕 평가를 구분했지만, 또 다른 한편으로 '질서'(또는 '이서'理序)와 도덕 평가가 통일된 관계를 재건하고자 하였다. 따라서 이 양자 사이에는 비판적인 긴장이 존재한다. 둘째, 주희는 향약鄕約·종법宗法·사학私學의 발전에 힘썼는데, 격물치지는 예제 질서의 필요성을 논증하기 위함일 뿐만 아니라, 실천적인 측면에서 이러한 혈연·지연·인정으로 연결되는 공동체에 도덕적 근거를 제공했다. 주자는 "우주에는 하나의 리가 있을 뿐이니, 하늘은 그것을 얻어 하늘이 되고, 땅은 그것을 얻어 땅이 되었다. 무릇 하늘과 땅 사이에 태어난 것 또한 각각 그것을 얻어 성性으로 삼으니, 그것이 펼쳐져 삼강이 되고, 그것이 추려져 오상이 된다. 대개 모두에 이 리가 널리 퍼져 있어 어디를 가든 존재하지 않는 바가 없다"(宇宙之間一理而己, 天得之而爲天, 地得之而爲地, 而凡生於天地之間者, 又各得之以爲性, 其張之爲三綱, 其紀之爲五常, 蓋皆此理之流行, 無所適而不在)[69]라고 말하였다. 리의 차례는 단순히 위에서 아래로의 수직 질서가 아니라 자연/응연의 관계에 따라 세워진 상호 보완적인 등급 관계이다. 이것은 일종의 광범위한 윤리 구조이다. 주자의 도덕론이 종법·혈연·지연 관계를 재건하고자 한 노력과 밀접히 관련되어 있다고 한다면, 그의 도덕 주장과 현실 정치의 관계 역시 상당 부분 종법·향약·사학 등의 사회 조직과 황권 국가 사이의 균형 관계에 의존하고 있다.

그러나 이러한 평형 관계는 전혀 안정적인 것이 아니었다. 우선, 이학가들의 도덕 학설은 그들이 제창하는 '향약' 실천과 내재적으로 연계되어 있었지만, 향약과 당송唐宋 이후 제도 개혁의 관계는 줄곧 변화를 겪어 왔다. 주자는 「개천맥변」開阡陌辨에서 양염의 양세법과 그 토지 제도가 토지 겸병을 막았음은 인정했지만, 이와 같은 위로부터 아래로의 법제화된 제도가 더 이상 도덕적 의미를 가지지 않는다고 생각했다. 그는 삼대 제도의 회복을 주장했는데, 이는 결코 단순히 옛 제도의 회복을 요구한 것이 아니라 다음과 같은 당시의 실천적 문제를 고려한 것이었다. 즉 지주 신사를 중심으로 하여 향약과 종법을 통해 도덕, 경제, 정치가 서로 통일된 사회 기초를 재건하는 것이었다. 주희는 『고금가제례』古今家祭禮와 『가례』家禮를 직접 집필하여 가족의 예의와 절차를 상세하게 설계하고 규정했으며, 또한 사당祠堂과 족전族田의 필요성을 논증했다. 종법과 예의의 회복이라는 배경 속에서, 주희는 북송 때 여씨呂氏 형제가 고향 남전藍田에 만들었던 향약을 수정·보완하여 『증손여씨향약』增損呂氏鄕約을 만들었다. "덕행을 서로 권장하고, 잘못을 서로 고쳐 주며, 예의와 풍속으로 서로 사귀고, 어려울 때 서로 도와준다"(德業相勸, 過失相規, 禮俗相交, 患難相恤)를 4대 강목으로 삼았던 향약은 연장자이면서 덕이 있는 자를 추대하여 '약정'約正으로 삼고, 그다음 학문이 뛰어나고 품행이 바른 두 사람을 추대해서 보좌하도록 하여 매달 번갈아 당직을 맡도록 하였다.[70] 이 향약에 맞추어 주희는 제사 대상에 조상뿐만 아니라 지방의 선현까지도 포함시켰다.

송대에는 이 향약의 구상과 황권을 중심으로 하는 군현 정치 간에 일종의 비판적인 관계가 존재했다. 그리고 왕양명이 제창·제정·실행한 『남감향약』南贛鄕約의 시대에 이르면 향약법이나 보갑법保甲法*의 주된 기능은 이미 지방 치안의 유지였고, 그 도덕적 의미는 그다음 문제가 되었다고 할 수 있다. '향약'은 일종의 혈연·지연·인정을 토대로 유대를 맺은 기층 사회관계이지 단순히 황권 아래 행정 관료에 의해 시행된 법규 질서가 아니다. 윌리엄 시어도어 드 배리William Theodore de Bary는 "향약은 지방자치단체의 기본 '헌장'이다. …그것은 일종의 계약으로, 단체 속의 회원들이 체결하여 이로써 서로 보호하는 것이다. 이러한 계약은 개인의 인격적 특징을 강조한다. …왜냐하면 그것은 재산권을 중시하거나 물질 교환에서 자질구레하게 따지는 이해관계보다 훨씬 더 사람의 필요와 욕망에 대한 상호 존중을 강조하기 때문이다"[71]라고 하였다. 이러한 논리는 강한 이상주의적 색채를 띠는데, 반드시 실제 역사 관계를 체현한 것이라고 할 수는 없다. 일본학자 데라다 히로아키寺田浩明는 최근 발표한 보고서「명청 시대 법질서에서 '약'의 성질」(明淸時期法秩序中'約'的性質)에서 다음과 같이 설명한다. "이른바 향약은 한편으로 '향리제약'鄕里制約 또는 '범약'凡約 등의 말들을 통해서도 알 수 있듯이, 구성원의 일정 범위 내 윤리상의 상호 감독과 생활상의 상호 부조 등의 의무를 규정하는 규범, 규약에 속한다. 동시에 다른 한편으로 '정원입약'情願入約(자원하여 향약에 가입함—역자), '동약지인'同約之人(향약에 함께 가입한 사람들—역자), '출약'出約(향약 탈퇴—역자) 등 구성원 자격에 관한 세 가지 전형적인 상태로 볼 때, 향약 역시 지도자가 있고, 구성원의 명단과 내외의 구분이 있는 일종의 구체적인 조직을 가리킨다. 이 두 가지 측면을 함께 본다면, 향약의 실체는 곧 일정한 규범하에 그 규범을 기꺼이 지키는 사람들이 집결하여 구성한 집단 또는 조직이라고 할 수 있다." 그것이 전국 진한秦漢 시기의 군사적인 '약'約이든지, 아니면 송대 이후의 향약이든지 간에, '약'約이란 다양한 노력

• 보갑법(保甲法): 송대 왕안석이 만든 신법(新法)의 하나로, 주목적은 농촌의 자경(自警) 및 민병제(民兵制)의 원활한 운영 등이었다. 농촌의 10가(家)를 1보(保), 50가를 1대보(大保), 500가를 1도보(都保)로 하여 각각 장(長)을 두어 치안 유지·사건 신고 등의 의무를 주었다.

을 통해 공통 행위 규범을 형성 또는 완성한 사회 존재의 모든 형태를 말한다.[72] '약'과 성문법의 차이를 살펴보면, 형법은 국가에 의해 폭넓은 범위에서 강제로 시행되며 형식화되고 제도화된 권력 시스템에 의존하여 실천되는 것이다. 반면에 '약'은 민간의 상호 교류 속에 형성된 특성과 정서적인 특징을 가지며 그 실천 과정은 지역 또는 혈연 공동체의 연계에 의존한다.

주희는 지역 사회가 국가의 관여와 가정의 이익 사이에서 조절 기능을 발휘하도록 함으로써, 정부의 권위와 함께 향약이 자주성을 지닐 수 있도록 하고자 하였다. 이는 송대에 정부가 확대되던 상황에서 생겨난 사회사상이다. 당대唐代 후기, 오대五代, 그리고 송대에 이르기까지 토지 소유제는 균전제에서 개인 토지 소유제로 변화했다. 세제 측면에서는 조용조租庸調에서 양세법으로 바뀌었다. 이 변화는 '지배 대상의 변화'로 개괄할 수 있을 것이다. "즉 전제 권력이 단정單丁 개인에 대한 신체적 지배에서 호戶에 대한 지배로 바뀌었다. …농민에 대한 송 왕조의 통치는 호등제戶等制를 통해 실현된 것이다." 또한 "토지 점유량을 토대로 농민을 호등戶等으로 편성하여 하나의 계층을 만들어 냈으며, 이 계층을 근거로 하여 향촌의 통치를 관철시켰다."[73] 송대의 관료(관호官戶) 대부분은 과거를 통해 배출되었는데, 그 주요 구성원들은 본래 벼슬아치(사환仕宦) 가문이 아닌 지방 호족(형세호形勢戶) 출신으로 이루어져 있었다. 그들은 부역 면제를 중심으로 하는 각종 특권을 누렸다. 스도 요시유키周藤吉之의 연구에 따르면, 이른바 송대의 대토지 점유는 사실 형세호와 관호의 토지 점유가 발전된 것이었다. "북송 때, 화북華北과 강남江南 모두에서 개인의 토지 점유가 확대되었는데, 북송 말부터 남송 말에 이르기까지는 강남의 대토지 점유가 크게 성장했으며, 또한 이들은 그 대토지에서 장원莊園을 경영했다."[74] 새로운 관호의 형성은 보첩譜牒과 신분을 중시하는 북송 이학가들에게 당연히 반가운 일이 아니었을 것이다.

향약의 자치는 균전제에서 개인 토지 소유제로, 그리고 조용조에서 양세법으로 이행하는 과정에서 생겨난 것이다. 따라서 그 핵심 문제는 어떤 원칙에 따라 새로운 사회 경제 제도(특히 지주제)를 기획하느냐 이지 황권 권위의 인정 여부에 있는 것이 아니었다. 주희가 살았던 남송 시대에 향약의 구상은 두 측면의 사회적 의미를 내포한다. 즉 한편으로 향약 체제는 명문대가 가족 제도의 와해를 전제로 하는 사회 체제로서, 황권을 중심으로 하는 군현 체제와 긴밀한 관계를 맺는다. 다른 한편으로 향약의 사회 구상과 당송 이후 황권을 중심으로 하는 정치·경제·문화 제도와의 사이에는 긴장 관계가 존재한다. 따라서 앞에서 언급한 도덕 평가 방식의 충돌 이외에 이러한 긴장 관계는 어떠한 근거로 향촌을 조직하고 토지를 분배하며, 어떻게 지주 신사 계급의 사회 지위를 평가하느냐의 측면에서 드러난다. 주자와 여러 이학자들은 신사 지주제를 찬성하고 황권/관료 체제로써 향촌 사회를 조직하는 것을 반대했다. 그들은 '덕치'를 원칙으로 하고 '향약'이라는 형식과 종족 제도를 통해 지방 지역 사회질서를 세우고자 했다. 이 때문에 황권이 주도하는 위로부터 아래로의 질서관과 이해관계상의 충돌이 존재했다.

　종법 지주제는 평등주의의 요구뿐만 아니라 등급제의 윤리도 포함하고 있으며, 지주제와 황권 중심 국가 체제의 충돌이 지속 불변의 관계인 것도 아니다. 예컨대, 가묘와 사당의 함의는 시대와 함께 변화했는데, 이들과 황권 및 그 정치 제도 사이의 긴장 관계는 나날이 완화되어, 결국 상호 협력 아래 새로운 등급 질서의 사회적 기초 조건을 만들어 냈다.[75] 북송 이전까지 가묘는 관료 귀족 사대부만의 특권이었으며, 일반 백성(중소 지주 신사 포함)들은 흔히 정청正廳에서 제사를 지냈다. 장재는 이렇듯 서인庶人들이 제사 지내는 정청을 '묘'廟라고도 했다. "무릇 사람들의 집에 있는 정청은 이른바 묘와 같으니 마치 천자가 조회를 받는 궁궐과 같아서 사람이 평상시 거처할 수는 없으며, 제사, 길사·흉사, 관례·혼례 등을 이곳에서 치른다."(凡人家正廳, 似所謂廟也, 猶天子之受正朔之殿, 人不可常居, 以爲祭祀, 吉凶, 冠婚之事於此行之)[76] 정이는

"역사상 정식으로 귀족 사대부와 서민을 구분하지 않고 가묘를 세우며 가묘의 규제規制와 진설陳設(제물 차리기)에 대해 구체적으로 구상한 최초의 인물이다."[77] 그는 "인심을 모으고 합하는 데에 종묘만 한 것이 없다. …인심을 결속하고 흩어지는 것을 모으는 방법으로 이것보다 나은 것이 없다"(收合人心, 無如宗廟. …繫人心, 合離散之道, 無大於此)[78]고 하면서, 사대부 가문은 반드시 정결한 곳을 선택하여 집 밖에 따로 가묘를 세우도록 하였다.[79] 주희는 지방의 선현이나 명사를 제사 지내는 '사당'이란 용어를 차용하여, 장재와 정이가 구상한 가묘를 '사당'이라 고쳐 부르고, 이를 가족들이 조상의 제사를 지내고 친족이 모이는 중심이 되도록 하였다. 또한 제전祭田을 두어 제사의 거행을 보장하고 물질적으로 친족들을 끌어들일 수 있도록 하는 구상을 제시하였다. 그는 "군자는 집을 지으려 할 때 먼저 침실의 동쪽에 사당을 세우며, 네 개의 감실을 만들어 조상의 신주를 모실 것"(君子將營宮室, 先立祠堂於正寢之東, 爲四龕以奉先世神主)[80]을 주창하고, 사당祠堂·족전族田·제사祭祀·가법家法·족장族長·가족 예의禮儀와 각종 번거롭고 복잡한 예절 등의 여러 방면에서 세세하게 가족 제도를 설계했다. 이후 사대부의 가묘와 서인들의 정청은 점차 쇠퇴하고 사당이 그 자리를 대신하게 되었다.[81] 주희는 또한 장서각을 지어 미풍양속을 권장하는 글을 집필했다. 그 목적은 "상호 의존과 상호 부조를 강조하고, 공공사업을 추진하는 데 있어서 권위나 법률의 위력을 토대로 삼지 않도록 하기 위함"[82]이었다. 엘렌 네스카Ellen Neskar는 사당 건축 흥망성쇠의 중요한 요소 중 하나가 조정朝廷과의 관계라고 논증했다. 송대에 지방의 사당은 학파도 아니며 조정의 전속 특권을 가진 부류도 아니었다. 사실 송대의 지방 선현을 가장 잘 받들었던 곳은 관학官學이었다. 남송 말기 도학道學이 조정의 정통으로 추대되자, 독립된 사당 건축은 곧 쇠락했다. 그리고 조정 관원들은 지방 선현의 사당에 대해 더욱 직접적인 관할권을 얻게 되었다. 이것은 사실 조정 주도권에 대한 인정이었으며, 중앙정부가 사당을 통제하는 시발점이 되었다.[83]

양명학의 발흥과 향촌 지주 제도의 발전에는 역사적 연계가 존재한다. 미조구치 유조는 명대 말기의 '공'公 개념과 '천리' 개념이 부민분치富民分治(백성을 부유하게 하고 지방별로 자치를 하게 함—역자)를 주장하는 군주론과 서로 관련되어 있으며, '사'私와 '욕'欲에 대한 긍정은 매우 구체적인 경제적·정치적 내용을 포함한다고 생각했다.[84] 앞서 분석했듯이, 신사 지주 제도와 황권의 관계는 더욱 근본적이면서 상호 조화를 이루는 측면이 존재한다. 도학, 특히 주자학이 조정의 정통으로 추존되었을 당시, 설령 주자학의 이념은 유지하고자 한다 하더라도, 더 이상 단순히 주자가 행했던 것처럼 황폐한 묘지와 종묘를 정비하고 선현을 추모했던 방식을 반복하는 것만으로는 도덕 규범을 세울 수 없었다. 오히려 그 반대로 이미 변질되어 버린 이런 전통 방식들을 타파해야만 비로소 '정심성의'正心誠意라는 도덕 목표에 도달할 수 있었다. 이것은 양명학과 명대 후기의 발전을 이해하는 데 중요한 의미를 지닌다. 왜냐하면 이러한 사상 맥락 속에 담겨 있는 '무인무기'無人無己(너와 나의 구분이 없음—역자), '적자지심'赤子之心(어린아이와 같은 마음—역자) 등의 관념이나 호방한 정신은 번거롭고 복잡한 예절과 정통 예제 질서에 대한 거부이기 때문이다. 즉 어떠한 의미에서는 주자학에 대한 이런 반역이야말로 초기 송학이 내포한 평등주의와 비판성을 회복시켰다. 명청 시대에는 지주제, 그리고 사당의 족장을 특징으로 하는 종법제가 나날이 상층부 정치 제도와 짝을 이루는 기층 사회 체제를 형성했다. 지주 신사의 권익 요구와 향촌 체제는 이미 왕조 체제 속으로 편입되었다. '나라에는 율례律例가 있고, 백성에게는 사약私約이 있다'는 속담 속에는 이 이중적인 사회구조 방식이 은연중에 내재했다. 다시 말해 한편으로는 황제를 권위의 근원으로 삼고 관료를 집행 기구로 하여 민간의 악행에 대해 징벌을 가하는 성문 법전과, 다른 한편으로는 "'일군만민'—君萬民 식의 황제에 의한 일원적인 동등한 지배가, 동시에 또한 상호 합의를 통해 여러 가지 사회관계 속의 인민들을 구성해 내고, 또한 그들이 계약을 매개로 형성한 경제생활 공간도 구성해 냈다."[85] 신사 지주

계급은 이 양자의 사이에서 점차 중요한 역할을 담당하게 되었다.

명말 청초 무렵, 이러한 특수한 역사적 관계는 이미 상당히 안정되어 거의 더 이상 관官 혹은 민民, 국가 혹은 사회와 같은 양극 대응의 패턴으로 분석할 수 없게 되었다. 데라다 히로아키는 두 가지 측면에서 이 점을 지적하였다. 첫째, '약約'의 시행 측면에서 보자면, 표면적으로는 상호 합의로 세운 계약처럼 보이지만, 실질적으로는 해당 지역 주민들에 대한 권력 집단의 일방적인 명령의 성격을 지니고 있었다. 이 때문에 사람들은 이 가운데에서 '위에서 아래로의 명령(약속)'과 '상호 합의에 기초한 계약'이 혼합된 상태를 분별해 낼 수 있었다. 둘째, 군현 체제가 이미 완성된 상황에서 민간 계약은 더 이상 춘추전국시대에서처럼 권력 주체 간의 정치적 맹약과 같은 의미를 갖지 않게 되었다. 왜냐하면, 명말 이후 향약을 중심으로 하던 윤리 규정은 「태조육유」太祖六諭(1398, 명 홍무제), 「성유광훈」聖諭廣訓(1724, 청 옹정제) 등 황제가 하달한 유지諭旨로 대체되었다. 향약 조직 또한 점차 보갑제保甲制가 결합된 이른바 '향약 보갑제'가 주류를 이루었다.

청대의 향약은 지방 관리 지도하에 모든 지역을 아우르는 국가 제도가 되었다. 예컨대 옹정雍正 시기에 실행한 '탄정입무제'攤丁入畝制•는 곧 향신鄕紳과 관료가 연합하여 시행한 것이다. 이러한 상황에서 '향약'은 이미 관과 민이라는 두 개의 영역을 넘나드는 현상이 되었기 때문에, 주희가 설정했던 의미로는 설명하기 어려워졌다.[86] 이러한 역사적 맥락 속에서 주자학이 제창한 '향약' 및 그 윤리가 종법 제도의 이론적 근거가 되어 버린 마당에, 그 도덕 평가와 제도 평가의 대립 관계를 찾아내기란 거의 불가능하다. 강상명교綱常名敎(예교)가 기층 사회 질서와 상층부 정치 제도를 유지하는 이데올로기가 되자, 그동안 분화되었던 예악과 제도 사이의 긴장 관계가 다시 통일되었다. 이 통일은 물

• 탄정입무제(攤丁入畝制): 인두세를 철폐하고 토지를 유일한 세금 기초로 삼는 제도.

론 송명 유학자들이 상상한 삼대의 덕치를 만들어 낼 수는 없었다. 왜냐하면 현실의 예교가 그 외재화된 특징을 변화시킬 수는 없었기 때문이다. 이러한 역사적 맥락을 이해해야만 우리는 비로소 명말 이후 이학 사상이 왜 반예교反禮敎 경향(예컨대 이지가 향약, 특히 '향금약'鄕禁約을 극도로 혐오하고 대진이 천리살인天理殺人에 대해 엄중하게 항의했던 것)을 띠게 되었는지를 이해할 수 있다. '향약'과 국가 제도의 내재적 긴장은 이미 상호 조화의 관계로 전환되었으며, 이것이 일찍이 가지고 있던 비판성은 이미 종법주의로 변질되었을 뿐만 아니라 엄밀한 이갑제里甲制*와 서로 조화를 이루었다.

근대 중국 사상이 비판하고 반대한 것은 주희의 이론뿐만 아니라 (주로) 주자학 영향에서 형성된 종법주의 및 그 제도적 기초이다. 따라서 주자학에 대한 비판은 일종의 새로운 사회질서 및 그 합법성의 형성을 의미했다. '5·4' 신문화운동은 군주제가 이미 붕괴된 상황에서 행해진 반군주제 운동과 공화 운동이었다. 이 운동들의 직접적인 목표는 더 이상 군주제가 아니라 군주제의 사회적 기초 및 그 이데올로기였으며, 신사 지주들이 주도하는 사회질서 및 그 도덕 기초였다. 윤리적으로 그것이 요구하는 것은 개인을 종법, 가족 심지어 지역 사회의 윤리와 정치 관계에서 해방하는 것이었으며, 현대 국가 법률하의 개인 주체를 형성하는 것이었다. 이 개체는 국가의 공민公民이자, 법률상의 개인 주체이다. 원자론을 핵심으로 하는 현대 실증주의는 인간을 원자화된 사회 개체로 이해하였으며, 개인이라는 명분하에 종족·가족·지연·혈연 공동체에 대해 해체와 비판을 가하였다. 이로써 개인주의와 과학주의를 기본 방향과 틀로 하는 이데올로기가 구축되었다.

• 이갑제(里甲制): 1381년 명나라 태조 주원장이 제정한 제도이다. 부역(賦役)을 부담하는 호(戶) 110호로 1리(里)를 편성, 부유한 10호를 이장호(里長戶), 나머지 100호를 갑수호(甲首戶)로 해서 이를 10호씩 10갑(甲)으로 나누었으므로 이갑제라 하였다. 명대 초기 지방 사회의 권력 구조를 이갑제를 통해 지주 중심으로 재편, 농촌 공동체의 질서를 형성하고자 한 것이다.

주자학의 전환과 심학

향약과 황권 제도의 관계에 관한 논의는 정주이학과 심학의 관계를 새롭게 이해하는 데 구체적인 배경을 제공했다. 주희는 『가례』, 『고금가제례』 그리고 『동몽수지』童蒙須知*를 개정하고 가족 예의와 사당을 강력히 주장했다. 그의 도덕 논증 방식은 선진 유학의 예제론 형태로 회귀하는 듯하다. 그러나 이정二程과 주희가 천리 개념을 최고의 개념으로 보았을 때, 그들은 이미 예악 제도를 객관적 근거로 삼는 도덕 논증 방식에서 훨씬 벗어나 있었다. 따라서 예악을 회복하려는 노력은 곧 예악의 도덕 평가 방식을 변화시켰다. 송대 유학자들은 묘지와 종묘를 중시함으로써 덕성 실천에 모종의 매개물을 제공했다. 그러나 근본적으로 말하자면, 묘지·종묘 및 그와 관련된 실천이 아니라, 천리가 덕성의 근거와 기원을 구성한 것이다. 송학宋學의 정통은 인생 문제와 덕성 문제를 중시했으며, 덕성에 관한 추구를 천리의 범주에 놓았다. 이 점에서 이학과 심학은 차이가 없다. 그들의 진정한 차이는 다음과 같은 것에 있었다. 즉 심학은 도덕적 실천을 외재적 인식과 절차로부터 분리시켜 더욱 깊이 있게 양지良知와 현실의 긴장 관계를 구축했다. 주자의 천리관과 예제론은 비록 실천에서 일관되지만, 이론적 혹은 논

• 『동몽수지』(童蒙須知): 송나라 때 주희가 아동 교육을 위해 엮은 교재.

리적인 모순이 존재한다. 한편으로 송대 유학자가 천리와 격물치지론의 논리 관계에서 도덕 근거를 추구할 때 주희는 이미 예제론의 도덕 논증 방식에서 벗어나 심학 및 그 변천에 근거를 제공했다. 다른 한편으로, 주자의 천리관은 반드시 구체적 가족 예법과 예의 실천에 정착되어야 하기 때문에 리의 추상성과 초월성은 또한 끊임없이 예제의 구체성과 외재성에 의해 뒤엉킨다. 이학과 심학의 발전은 결과적으로 사실 매우 유사하다. 즉 주체 경험과 객관 세계 간의 유효한 대화 관계를 와해시켜 마침내 도덕 평가의 객관적 기초를 제공할 수 없게 된 것이다.

주희의 세계에서 격물치지, 향약과 예의의 실천은 관료 제도와 모순 관계에 있었다. 그러나 명청 시대 주자학은 이미 관학 제도의 내재적 요소가 되어 버렸다. 이러한 현상은 다음 내용을 설명한다. 즉 향약의 변천과 매우 유사하게, 이학과 과거의 관계는 이학과 사회 체제의 관계를 관찰하는 매우 중요한 시각이라는 것이다. 송대 이학 발전의 배경 조건 중 하나는 사학私學의 발전이지만, 사학과 관학의 관계는 사람들이 상상하는 것처럼 그렇게 명확하지 않다. 초기의 사학은 한대漢代 경학을 학습하는 풍토에서 생겨났으며, 대체로 한대 조정이 예비 관리에게 반드시 오경五經을 학습하도록 요구한 산물이다. 학생을 모아 강학하는 것은 경제적인 도움이 필요하다. 구품중정제九品中正制에서의 문벌 사족 제도는 때마침 사학 발전에 유리한 조건을 만들어 주었다. 그러나 리훙치李弘祺의 연구에 따르면, 위진魏晉 시기 관학과 사학은 내용적으로 큰 차이가 없었다. 수당隋唐 시기 과거 제도가 흥기했지만 귀족 제도의 붕괴로 대규모 개인 강학은 오히려 불가능해졌다. 이를 대신한 것이 불교 정사精舍 훈련 영향하의 서원 제도 형성이다. 송대 초기 지방 교육 체제에는 국가 기관이 학교를 세운 사례가 전혀 없다. 다만 진종眞宗과 인종仁宗 시대(11세기 초기에서 중기) 일부 지방의 장리長吏*들이 학교를 세우고 재정적인 지원을 했을 뿐이다. 이러한 학교는

• 장리(長吏): 중국 고대 현(縣)의 관리 가운데 우두머리 또는 상급 관리.

국가 기관의 관인이 찍히고 기관에서 증여한 유가 경전을 가지고 있었다. 또한 정부가 분배해 준 학전學田(흔히 5~10경頃)을 받고, 아울러 학교 건물과 공묘孔廟를 지었다.[87] "관부官府가 학전을 분배하는 것은 더욱 특별한 의미를 가진다. 왜냐하면 이러한 방법은 이후 중국의 지방 교육에서 영구적인 특징이 되었기 때문이다. 지방 교육은 이후 흔히 자급자족하였으며, 지출은 대부분 학전의 조부租賦로 지불했다." 왕안석 변법과 채경蔡京 집권 시기, 개혁론자들은 심지어 관리 선발·인재 등용과 지방 교육의 결합을 요구했다. 즉 이른바 "천하의 인재 선발은 모두 학교에서 뽑혀 올라온다"(天下取士悉由學校升貢)이다. 이러한 조건에서 과거 시험 응시자가 지방 관학에서 공급되는 상황이 기본 제도로 발전되면서, "지방 관학의 목적이 모호해져 버렸다."[88] 이러한 상황은 청말 새로운 학교 제도의 흥기에 이르기까지 지속되었다.

상술한 배경은 이학, 특히 주자학과 관학의 관계를 설명한 것이다. 주희의 향약은 단지 향촌 자치 구상일 뿐만 아니라, 일종의 대중 교육 도구이기도 했다. 왜냐하면 그것은 지방에서의 교육 보급을 통해 관학의 사회 교화(社敎) 기능을 보완할 수 있었기 때문이다. 예컨대 서원에서의 향약 강회鄕約講會 제도는 주희의 열렬한 인정과 지지를 받았다. 향학과 사학社學은 후대에 크게 유행하였고, 그 영향은 서원에 뒤떨어지지 않았다. 서원 교육의 기능 중 하나는 국가 강제와 백성의 도덕 수양 간의 긴장 관계를 조절하는 것이다. 원대元代 인종仁宗 황경皇慶 2년 (1313)에 과거를 시행했다. 이 조례를 따르면, 첫째 시험은 명경경의이 문明經經疑二問*이다. 사서四書에서 출제되며 주희의 장구章句와 집주集

---

* 명경경의이문(明經經疑二問): 원대 과거 시험은 몽골인, 색목인(色目人)과 한인(漢人), 남인(南人)의 구분이 있었다. 한인과 남인의 첫 번째 시험은 명경경의이문(明經經疑二問)과 경의일도(經義一道)이다. 명경경의이문은 『논어』·『맹자』·『대학』·『중용』 등 사서(四書)에서 출제된 문제를 우선 주자의 장구(章句) 집주(集注)를 인용하여 해석하고, 자신의 견해를 300자 이상으로 논술하는 것이다. 경의일도는 『시경』·『서경』· 『역경』·『예기』·『춘추』 등 오경(五經) 중 하나를 선택하여 논술하는 것으로 500자 이

注를 기준으로 하였다. 이때부터 사서와 주자의 저서를 한당漢唐의 오경五經을 대신하여 후대 과거 시험의 표준 독본으로 삼았다.[89] 명 태조 때, 경의經義의 제재題材를 엄격하게 규정하여 시험 제도는 팔고八股[•]를 선발의 기준으로 삼아 이른바 과목科目이 형성되었다. 홍무洪武 2년 (1369), 주원장이 "치국은 교화를 우선으로 하고, 교화는 학교를 근본으로 한다"는 이유로 조서를 내려 각급 학교를 설립하도록 하고 각 부府·주州·현縣에 모두 학교와 향촌 사숙私塾을 세웠다.[90] 영락제永樂帝 (1402~1424)에 이르러서는 『사서대전』四書大全, 『오경대전』五經大全, 『성리대전』性理大全을 편찬하여 관학으로서의 주자학의 지위가 더욱 확고해졌으며, 이는 청대 말기까지 변함이 없었다. 이학은 자신이 일찍이 반대하고 항거하던 과거 취사 제도에 편입됨으로써 이 사상 체계와 제도론 사이의 긴장 관계는 철저히 소멸되었다. 명청 시기 조정은 보통 이학 및 민간 교육 기제—학교, 종족 조직, 심지어 동업 조합—를 통해 이데올로기의 통일을 추진했다. 청대 강희제는 주자학을 중시하는 동시에 경학의 고증을 중시하여 도통道統과 치통治統을 하나로 합하고자 하였다. 이것은 물론 초기 이학자들이 예상하지 못했던 것이지만, 그들의 사상적 전제는 이러한 결과를 이미 설정해 놓았다고 하지 않을 수 없다.

개괄하면, 북송 도학과 주자학은 모두 과거 인재 선발 제도 및 그 평가 기준에 비판적인 태도를 가지고 있었다. 그러나 주자학이 과거 시험의 표준 독본이 됨으로써 그것이 내포했던 공리功利 및 그 제도의 근거를 반대하는 의의가 무너졌다. 다른 한편으로 향약과 종법 윤리가 나날이 상층부 정치 제도와 서로 어울리는 기층 사회 체제가 되면서 주자학의 주된 관심사였던 지주 향신鄉紳 체제는 더 이상 위에서 아래

상으로 작성하며, 격률(格律: 문장을 짓는 격식)의 제한은 없었다. 명(明) 송렴(宋濂)의 『원사』(元史) 권81 지(志) 제31 선거(選擧) 1조목 참조.
• 팔고(八股): 중국 명청 시대 과거 시험에서 답안을 작성할 때 사용하도록 정한 특수한 문체.

로의 황권 일통—統 체제에 대해 비판적 함의를 가질 수 없게 되었다. 만약 이학의 탄생이 일정 정도 천리, 천도가 제도 평가 체계에서 분화되어 나오는 과정이라고 한다면, 이학의 도덕 평가 방식과 제도 평가의 관계는 주자학이 과거 시험의 공인된 표준이 되면서 역사적 변화가 일어난 것이라 할 수 있겠다. 이학의 지도하에서 예교와 황권 제도의 상호 의존은 명청 시대의 중요한 사회적 특징이 되었다. 오직 이러한 배경에서 우리는 주자학에 대한 양명학의 비판과 지양을 이해할 수 있으며, 왜 '5·4' 이후 주자학과 격물치지론이 일종의 종법 등 등급 윤리의 방법론으로 이해되었는지 알 수 있다. 그러므로 만약 주자학이 지닌 비판성을 보존하려면 후대의 유학자들은 더욱 첨예하고 반주자학적 방식으로 문제를 생각하여 관학과의 경계를 긋지 않으면 안 된다. 이 변화는 개념의 층차에서 반드시 리, 심, 성, 물 그리고 격물치지 등 범주의 중요한 전환을 초래할 것이다.

심학의 '격심'格心설은 내재적 도덕 실천으로 모든 외재적 절차 및 물질을 배척하는 구상이며 아울러 심일원론心—元論으로 이기이원론에 대항함으로써 심의 본체로서의 지위를 확립하였다.[91] 심학은 '물'의 실재성을 부정하는 가치 성향을 포함한다. 그러나 이것은 지식을 반대하는 성향이라기보다는 오히려 남송 이후 과거 시험을 반대하는 '지식 성향'이다. 박학다식했던 주희는 송대의 자연학自然學에 대해 깊은 흥미를 지니고 있었고, 그의 격물치지론은 '물' 개념을 설정하여 무의식 중에 박물학자들에게 이론적 출발점을 제공했다. 남송 후기와 원대 초기는 자연 지식(특히 천문, 수학 등)의 황금시대이다. 이러한 지식 분위기 속에서 주자의 격물치지론과 자연 지식이 연관성을 갖게 되는 것은 쉽게 이해가 간다. 예컨대, 송원 시대에 유전된 『물류상감지』物類相感志, 『격물추담』格物麤談에서의 '물' 개념은 명확하게 자연계의 사물을 지칭한다. 그리고 금원金元 시대 4대 의학파의 대표 인물 중 하나이며 주자의 오전五傳 제자인 주진형朱震亨(1281~1358)의 의학 저서인 『격치여론』格致餘論은 직접 '격치'格致 개념을 의학 범주에 사용했다. 이러한 사

례는 격물치지와 자연 지식 사이에 존재하는 어떤 연계 가능성을 보여
준다.

명대 사상의 주류는 인지적 성향으로 도덕 문제를 논하는 것을 거부
하였다. 이 방식은 예로부터 자연 지식 발전에 지장을 주었다고 보았
다. 그러나 벤자민 엘먼Benjamin A. Elman의 연구에 따르면, 남송과 원대
이후 "'자연학'은 관원들이 반드시 준비해야 하는 '박학'博學의 한 부
분으로 그 지위가 향상되었으며, 황제의 지지를 얻었다. 이밖에도 경
학의 보편성과 실학의 특수성 간의 분야는 문제가 되지 않았다. 천문
역법의 학문 등이 국가의 세 차례 시험 중 책문策文에 꼭 준비해야 하
는 내용으로써 과거 시험에 포함되었다."⁹² 주자 이후 '자연학'은 이미
주자학과 함께 과거 시험에 반드시 준비해야 하는 내용이 되었다. 이
러한 의미에서 '자연학'은 일반 자연 관련 지식이 아닌 일종의 체제화
된 지식이었다. 따라서 두 가지의 다른 이학이 존재하는 것처럼, 두 가
지 다른 자연학이 존재하였다. 즉 사람들이 자연에 관한 탐구 및 인식
으로서의 자연학과 시험 제도의 특정 내용인 자연학이다. 명대 학자들
은 과거 및 주자학에 대해 날카로운 비판을 하였으며, 이것은 그들의
자연학에 대한 견해에도 영향을 주었다. 그러나 이러한 견해는 일종
의 체제화된 지식으로서의 자연학에 대한 비판이다. 설령 왕학王學 및
그 변천이 명대 사상사에서 중요한 내용을 구성했다 하더라도 관학 이
데올로기로서의 주자학의 지위는 시종 확고했다. 팔고 인재 선발 제도
이외에, 호광胡廣(1370~1418)이 칙령을 받들어 집필한 총 70권의 『성리
대전』性理大全은 국가의 공인 텍스트가 되었다. 이러한 의미에서 이학
은 이미 황제의 이학이지 '사'士의 이학은 아니었다. 심학의 이러한 성
격은 이미 심학이 명대의 주도적인 이데올로기를 대표한다고 설명할
수 없으며, 자연학의 쇠퇴 역시 증명할 수 없다.

'자연학'이 과거 시험과 책문에서 차지한 지위는 점차 하락했다. 이
것은 송명 이학 때문이라기보다는 오히려 청대 고증학의 영향 때문이
라고 할 수 있다. 엘먼은 "18세기 말, 고증학자들은 '도학'에서 경사經

史 연구로 전환했는데, 이것은 청대 사회와 과거 시험 과목 중 폭넓은 교육 변화를 반영한다. 이러한 변화는 응시자들이 '자연학' 문제를 더 이상 대답할 필요가 없게 만들었다"[93]라고 하였다. 명대 과거의 상징은 곧 신유학과 '자연학'의 성공적인 조화이다. 다만 1680년 이후에 이르러 이러한 특징은 비로소 점차 사라진다. 이 연구 성과는 이미 구태의연한 견해, 즉 송명 유학과 과학은 조화를 이룰 수 없으며 청대 고증학이 현대 과학의 선구라는 것을 부정하였다. 심학의 내재적 논리로 볼 때, 내재 세계에 관한 관심은 '심'의 내재성과 절대성을 강화시켰다. 이에 따라 자연과 사회에 관한 지식이 도덕론의 범주에서 분화되어 나오는 데 그 가능성을 제공했다.

주목할 만한 것은 유럽 근대 인식론의 확립은 주체 지위의 확립에 의존하는데, 도덕 자율을 강조하는 근대 윤리학과 객관 세계에 대한 인식을 강조하는 근대 인식론 사이에는 내재적 역사 관계가 존재한다는 것이다. 즉 자율적 도덕 주체가 없다면, 외부 세계에 대한 객관적 인식 관계를 만들 수 없다. 이러한 논리가 심학과 자연학의 관계를 이해하는 데에 시사점이 없지는 않을 것이다. 예컨대, 송렴宋濂은 명대 홍무洪武 연간 황제의 명으로 『원사』를 편찬할 때 총책임자가 되었는데, 제도와 전장 문물의 학문에 조예가 깊었으며, 예로부터 주자학의 계승자라고 여겨졌다. 그러나 그는 하늘과 사람의 이치를 반복적으로 연구·분석한 후 오히려 '나'를 학문의 기본으로 삼았다. "세상은 다른 사람에게서 성인을 구하고 경전에서 성인의 도를 구하니, 이것은 이미 크게 벗어난 것이다. 내가 성인이 될 수 있고 나의 말이 경전이 될 수 있는데, 단지 그것을 생각하지 않을 뿐이다"(世求聖人於人, 求聖人之道於經, 斯遠已. 我可聖人也, 我言可經也, 弗之思耳), "세상의 뜻은 작거나 크고 간단하거나 번잡하며, 부족하거나 넘치고 같거나 다르니 한결같기가 어렵다. 군자는 마음으로 그것을 지키니 빠뜨린 부분이 없을 것이다."(天下之意, 或小或大, 或簡或繁, 或虧或盈, 或同或異, 難一矣. 君子以方寸心攝之, 了然不見其有餘)[94] 그는 박학博學의 주자학자로서 "이후 심학 일파의 선구자"[95]가 되었다.

이상의 논의로 볼 때, 양명학과 그 후학들의 주자학에 대한 비판은 곧 주자학이 일찍이 포함했던 비판적 역량을 계승하고 회복한 것이다. 따라서 그들을 단순히 주자학과 완전히 상반되는 사상으로 볼 수는 없다. 명대 사상은 바로 이러한 특정한 역사 관계에서 주자학과의 대화였으며, 사상의 방식을 새롭게 구조화하고 또한 이것에 따라 경전의 근거를 발견했다.[96] 심학은 양지와 천리의 실천 내용을 바꾸지 않았으며, 이론적으로 줄곧 내재적 심心에서 사회 도덕 실천으로 전환하는 길을 모색했다. 그러므로 '격심'의 실천이 '경세'의 함의를 포함하는 것은 필연적인 추세이며, 본체를 추구하는 노력 또한 외부 세계에 관한 지식의 부정으로 단순화시킬 수 없다.[97]

심학의 내재성에 대한 강조는 현실 질서와의 긴장 관계를 지니고 있었다. 그러나 이론적·논리적으로는 오히려 내/외, 심/물을 구분함으로써 생기는 이원적인 모순을 해소하였다. 주자의 격물 이론은 현실 질서와 천리의 직접적인 대응 관계를 부정하여 각 사람이 구체적인 격물 실천에서 천리를 증명하도록 요구했다. 이것은 단지 지식상에서 새로운 활력을 지니고 있었을 뿐만 아니라 현실에서도 비판적인 요소를 함축하고 있었다. 즉물궁리卽物窮理의 절차는 사실과 가치 간의 소통을 설정하여 최종적으로는 인식 과정이 사실과 가치의 분리라는 전제 위에서 세워진다는 것을 부정한다. 그러나 주자학의 관학화 과정은 이 이론에서 내포하는 유학 사상 및 현실 질서를 결합해 이론의 비판 정신을 해소시켰다. 격물치지 과정에서 성찰적인 요소를 없앴다면 오로지 하나의 결과를 낳게 될 것이다. 즉 '물'의 절대화를 통해서 현실 질서의 합법성을 긍정하는 것이다. 그러므로 만약 주자학에서 일찍이 포함했던 비판적인 요소들을 회복하려면 반드시 이 이론에서 내포하는 사실에 대한 숭배를 제거하고 치지 과정의 주체성을 회복해야 한다. 바로 이러한 의미에서 심학의 흥기는 이학에 대한 부정이라기보다는, 오히려 리의 내재적 논리가 심화되고 전개된 것이라고 할 수 있다.[98]

여기에서 '리'는 이학의 전환을 이끄는 내재적인 원동력이 된다. 왜냐하면 '리'는 그 자신을 현존 질서의 실체화로 보는 것을 거부하기 때문이다. 그러나 '리' 또한 경험 밖의 초월 관념이 아니며, 경험 과정의 내재적인 요소이다. 명청 시대에 이학과 심학의 흥망성쇠와 융합은 대체로 당대의 요구에서 비롯된다. 즉 리의 실체화, 초경험화, 외재화를 거부하고, 리 자체를 부정하지 않는다. 심학에서는 본체가 곧 도덕 실천의 본체이고, 공부는 곧 도덕 실천의 공부이며, 도덕 실천 외부의 성체性體 또는 천리는 존재하지 않는다고 간주되었다. 그러므로 격물치지는 '물에 나아가 그 이치를 궁구함'(卽物而窮其理)이 아니며, 본심으로 회귀하는 것이다. 이것은 곧 '심즉리'의 기본적인 함의이다. 국가 주도의 주자학이 '물'을 절대화하는 경향을 반대하기 위한 심학 발전의 결과는 '심'의 절대화였다. 이러한 변화는 물 개념의 측면에서 중요한 결과를 낳았다. 이것은 곧 '물'의 실제성을 해소하고, 그것을 '차물'此物 곧 '심'心으로 이해하였다.

이기이원론理氣二元論의 형성은 이후 유학의 발전과 논쟁의 방향을 제시하였다. 또한 원대 이후 주자학의 정통적 지위는 이기이원론의 형성에 정치적인 동력을 제공하였다. 명대를 통틀어 사상가들의 주된 노력은 정주의 이기이원론을 공격하고 비판하며 벗어나는 것이었다. 심과 물(기氣), 이 두 가지 다른 방향에서 심일원론心一元論 또는 기일원론氣一元論을 추구하여 분리된 리理와 기氣를 통합하고자 하였다. 14~16세기까지 심일원론은 더욱 흡인력을 가진 사상적 패러다임이 되었다. 또한 이것으로 말미암아 이학理學과 심학心學의 대치, 대항, 상호 침투가 발생했다. 그러나 이학과 심학의 분화는 시간적으로 전개된 자연적 발전 과정이 아니었으며, 주자 시대의 사상 논변과 분화는 이미 이후의 발전에 일련의 근거를 제공하였다. 남송 시대에 주자의 리理(진처盡處, 저底, 지止, 합당合當)와 육구연(1139~1193)의 심心(차물此物, 차지此知)은 모두 천리天理 개념을 설정하였고, 모두 현실 상태와 모종의 긴장 관계를 내포하였다. 주자와 동시대 사람인 육구연은 심일원론을 명확하게 세계관의 출발점으로 삼아 주자의 이원론 및 그 지식 방법에 대항했다. 그의 사상 세계에서 천리는 스스로 존재할 뿐만 아니라 스스로 드러나며, 세계 만물 및 그 존재 질서 자체는 곧 리의 발현이다. 그러므로 천리는 관찰되고 이해되며 학습되기를 기다리는 객체가 아니라 심心의 자기 전개이다. 육구연은 '먼저 그 원칙을 세울 것'(先立其大)을 주장했는데, 직접 '마음을 바르게 함'(正心)에서 시작하여 고전의 예禮 실천을 통해 우주의 도리를 관철하였다. 그의 심 개념은 '내재'적 심(예컨대 현대 자아 개념에서 설정한 '심')으로 볼 수 없으며, 전체 세계를 포용하는 폭넓은 영역이다. 육구연은 '심즉리'를 주장하였다. 이에 따라 이른바 '먼저 그 원칙을 세움' 또는 '마음을 바르게 함'이 언급하는 것 또한 보편 질서, 곧 '리'의 문제이다. 심학의 확립은 결코 그것이 리와 다른 질서관을 제시한 데에 있는 것이 아니라, 오히려 우주 만물을 내재성 개념 속으로 포괄할 수 있는 수사修辭와 서술 방식을 발전시켜, 이로써 정주의 이기이원론을 극복한 데에 있다.

육구연의 일부 사회 관점은, 그 평가 방식과 출발점은 다르지만, 정주程朱와 매우 가깝다. 예컨대 과거 제도와 그 잘못된 구습에 대해 육구연은 맹렬히 비판했는데, '과거제의 구습'(科擧之習) 자체가 '이 도가 행해지지 않고'(此道不行) '이 도가 밝혀지지 않은'(此道不明) 상태를 보여 주는 것이라고 단언했다. 이러한 태도는 정주와 크게 다르지 않다. 그러므로 '심즉리'의 명제와 '성즉리'의 명제를 과거 제도가 지니고 있는 평가 방식을 비판하는 맥락 속에 두었으니, 그들 간의 유사점이 차이점보다 훨씬 많았다. 그러나 육구연은 '내재적' 수사修辭 사용으로 문제를 파고들었기 때문에, 논증 방식이 주자의 '성즉리'와 이미 완전히 같지는 않았다. 그의 시각에서 봤을 때, 과거 제도에서는 송대 유학자가 추앙했던 『시경』·『서경』·『논어』·『맹자』 또한 '과거 시험의 글'(科擧之文)로 받아들여졌기 때문에, 그는 경서의 학습을 통해 인의仁義를 인식하는 치지의 방법을 철저히 거부하였다. '내'內의 함의는 '지'知의 범주를 인식 절차 가운데 놓는 것에 대한 거부를 통해 드러난다. 육구연의 견해는 주자학의 역사적 운명을 정확히 예상하였다. 육구연은 주나라 도道의 쇠락을 개탄하며, '정리'理理를 외재적 제도와 경전의 문장이 아닌 '인심'人心에 의탁하였다. 이것은 또 다른 사상적 논리이다. 그러나 예의·제도·지식에 신성성의 함의(신성성은 여기에서 일상성과 서로 대립되지 않음)를 새롭게 부여하고자 했던 점에서 보면, 정주가 제시한 천리와 육구연이 제시한 본심本心의 종지宗旨는 사실 매우 유사하다.

그렇다면 육구연의 학문은 주자학의 운명에서 벗어날 수 있었을까? 「여이재서」與李宰書에서 그는 다음과 같이 말했다.

> 주나라의 도가 쇠퇴하자 겉치레가 나날이 증가하고, 양심良心과 정리正理는 나날이 무너져 없어졌다. 우리 도에 해가 되는 것이 어찌 단지 소리와 겉모습, 재물과 이익뿐이겠는가? …그러므로 바른 이치는 사람의 마음에 있으니, 이른바 고유固有한 것이라고 말한다. 쉬운 것은 알기 쉽고, 간단한 것은 따르기 쉬우니 애초부터 고차원적이고 실천하기 어려운 일이 아니다. 그러나 바름을 잃는 것을 말하자면, 반드시 정학正學을 통해 그 사사로움을 극복한 후에야 말할 수 있다. 이 마음이 아직 바르지 않으면 이 이치가 아직 밝지 않은데도 평심平心이라고 말하는 것은 평정이 어떤 마음인지 알지 못하는 것이다. 『대학』에서 "그 마음을 바르게 하고자 하는 자는 먼저 그 뜻을 성실히 하고, 그 뜻을 성실히 하고자 하는 자는 먼저 그 앎을 지극히 하니, 앎을 지극히 함은 물物을 연구함에 있다"라고 말했다. 물物이 이미 연구되면 앎이 저절로 지극해지며, 아는 것이 이미 지극해지면 뜻은 저절로 성실해지고, 뜻이 성실해지면 마음이 저절로 바르게 되니, 반드시 그렇게 되는 형세 때문이지 억지로 이루어지는 것이 아니다. …주나라가 쇠퇴한 후 이 도가 시행되지 않고, 맹자가 죽은 후 이 도가 밝혀지지 않았다. 지금 천하의 선비들은 모두 과거 시험을 위한 공부에 빠져 있다. 그 말을 살펴보면, 간혹 『시경』·『서경』·『논어』·『맹자』를 말하지만, 그 실제 내용을 종합하면 단지 과거 시험을 위한 문장을 빌린 것일 뿐이다.
>
> 周道之衰, 文貌日勝. 良心正理, 日就蕪沒. 其爲吾道害者, 豈特聲色貨利而已哉? …故正理在人心, 乃所謂固有. 易而易知,

簡而易從, 初非其高難行之事. 然自失正者言之, 必由正學, 以
克其私, 而後可言也. 此心未正, 此理未明, 而曰平心, 不知所
平者何心也『大學』言"欲正其心者先誠其意, 欲誠其意者先致
其知, 致知在格物." 物果已格, 則知自至. 所知既至, 則意自
誠. 意誠則心自正. 必然之勢, 非強致也. …自周衰, 此道不行:
孟子沒, 此道不明. 今天下士皆溺於科擧之習. 觀其言, 往往稱
道『詩』,『書』,『論』,『孟』, 綜其實, 特借以爲科擧之文耳.[99]

육구연은 '심'의 사악함과 올바름을 분명하게 밝히고자, 외부의 사
물에는 흥미를 가지지 않았다. 이것은 주자가 '진처'盡處, '합당'合當 등
의 말을 사용하여 사물의 이치를 해석한 것과 완전히 일치한다. 그러
나 주자는 심과 성, 인심과 도심을 둘로 나누어 '심이 성정을 통괄한
다'(心統性情)고 주장하며, 깊이 연구하고 연마하는 것을 통해 천리를 파
악한다고 하였다. 이에 반해 육구연의 심은 심리합일心理合一의 심이
며, 그가 강조하는 것은 내심內心의 천리를 순종하는 것이지 사소한 격
물의 공부가 아니었다. 그의 심은 감성의 심이 아닌 오래전 성인聖人의
심이며, 심즉리의 방식으로 체현된 것은 내재적이며 객관적인 질서이
다. 이것이 내재적이라고 하는 것은 이 방식이 외재적 절차를 거부하
고 사람들에게 자신의 내심을 살피도록 했기 때문이다. 또한 이것을
객관적이라고 하는 것은 이 방식이 내심에 순종함을 암시하는 동시에
우리가 자신을 초월하여 심心·리理 합일의 안목과 시야를 발견해야 함
을 의미하기 때문이다. 여기에서 가장 중요한 것은 심과 성의 실질적
인 구분이 아니라, 내재성과 관련된 이 심心이라는 표현 범주와 객관성
과 연관된 성性이라는 표현 범주의 구별이다. 이 구별의 이면에는 심일
원론과 이기이원론의 대립이 은연중에 내포되어 있다. 이 내재성의 언
어 방식은 천리에 도달하는 내재된 길을 설정했기 때문에 더 이상 리/
기, 심/물의 대립 관계에서 인식의 실천을 전개할 필요가 없다. 「무릉
현학기」武陵縣學記에서 육구연은 '격물치지'를 해석하며 다음과 같이

말했다.

> 이른바 '격물치지'라는 것은 차물此物을 연구하여 차지此知를 완
> 성하는 것이다. 그러므로 밝은 덕을 천하에 밝힐 수 있다. 변화의
> 이치를 궁구하는 것은 이 이치를 궁구하는 것이다. 그러므로 성
> 性을 다하고 명命에 이를 수 있다. 맹자가 말한 '진심'盡心이란, 이
> 심을 다하는 것이다. 그러므로 성性을 알고 천天을 알 수 있다.
>
> > 所謂'格物致知'者, 格此物, 致此知也, 故能明明德於天下. 易
> > 之窮理, 窮此理也, 故能盡性至命. 孟子之盡心, 盡此心也. 故
> > 能知性知天.[100]

'차물'은 이 마음과 이 이치이며 곧 인륜·양지이다. 이에 따라 '격차물'格此物, '치차지'致此知는 '심즉리'를 전제로 한다. '격물치지'가 본심을 직접 가리키는 이유는 바로 지知가 '차지'此知이고, 물이 '차물'此物이므로 이것들이 모두 인간의 도덕 실천 밖에 있는 사물이 아니기 때문이다. 육구연의 '차물' 개념은 주자의 '물' 개념이 포함한 '사사물물' 事事物物(모든 사물─역자)의 외재하는 객관적 함의를 제거하였고, 심/물 범주가 일으키기 쉬운 내외 이원론을 제거했다. '격물치지'가 '차물'此物을 연구하는 것으로 바뀔 때 이 명제는 인식과 내면적 성찰을 하나로 합치게 된다. 이 전제에서 학문하는 순서는 쓸데없이 중복되고 지리멸렬하며 전혀 필요가 없게 된다.

육구연은 격물格物을 격심格心으로 귀결시켰으며, 치지致知 활동의 외재적 절차를 부정하였다. 그러나 그의 학문은 또 다른 면에서는 의식儀式과 제도 등 중개적 절차에 대해 중시했다. 의식·제도와 같은 매개적 절차는 실천의 전개 형식이다. 육구연은 '진심'盡心을 천리에 도달하는 유일한 방법으로 삼았을 뿐만 아니라 관혼상제의 의식, 예법, 정교政敎 제도의 도덕 실천적 기능을 매우 중시하였다. 정주가 이기 관계에서 인식 활동을 전개한 것에 비해 육구연의 방식은 무사巫史의 전

통에 더욱 가깝다. '심즉리' 명제는 우주 만물을 심心의 범주 내부에 포용하고, 또한 심이라는 범주가 내포하는 질서관으로써 예악 제도의 소외로 인해 발생한 가치와 물질의 분리를 새롭게 봉합하였다. 그러므로 의식·제도가 체현한 것은 실천 구조이며, 심과 생활 세계의 질서를 내재적으로 연관시키는 매개이자, 또한 공자가 인仁으로써 예禮를 해석한 것처럼 주체 경험을 예제 질서와 결합시키고자 한 노력이었다. 의식·예법 등 매개적인 사물을 중시하는 것으로 말한다면, 육구연의 학문은 유럽 종교가 종교 의식에 의존했던 것과 유사하다. 그러나 종교의 의식성은 세속적 생활의 지위를 폄하하고, 생활의 의의와 가치를 상제上帝 혹은 일상생활보다 높은 실체에 귀결시켰다. 반면 육구연에게 있어서 의식·제도·절차와 수신의 실천은 현세적 생활의 일부분이며, 가정생활과 예의禮儀의 내재적 부분이며, 우리에게 내재하는 자연으로 돌아가는 길인 동시에 하늘의 뜻과 하늘의 명령, 그리고 하늘의 이치로 회귀하는 방법이었다. 유학 세계에서 신성神聖과 세속世俗의 구분은 군더더기이다. 우리는 그것을 신성을 세속으로 삼거나 세속을 신성으로 삼는 것으로 귀납할 수 있다. 이러한 맥락에서 '진심'盡心의 범주는 유럽 종교의 신앙 개념과 동일한 것이 아니다. 여기에서 중요한 점은 현실 제도, 예컨대 과거 시험 등은 이미 내재적 질서 또는 자연적 질서와 긴장 관계를 구성한 외재적 규범이 되었으며, 의식·예법·정교가 '심'心과 그것이 설정한 천리天理 사이에 장벽을 구축함으로써 천리에 따른 보편 정신에 의해 의식·예법과 정교 제도를 재확립하는 것이야말로 심물합일이 거쳐야만 했던 필연적인 과정이다.

그러므로 심의 범주와 외재적 체제 간의 긴장 또는 대립이 실제로 체현한 것은 심이라는 범주를 경유하여 내재화된 의식·예법·제도와 현실의 의식·예법·제도 사이의 긴장 또는 대립이다. 후자는 가치·정신 또는 내재 질서와 분리된 물질적 현실을 상징한다. 만약 주자의 격물치지가 외물에 대한 관찰을 중시한다고 말한다면, 육구연은 국가 법규 이외의 의식적인 생활 규범에 더욱 관심을 가졌다. 그의 세계에 있어서 내심內心으로부터 시작된 '행위'는 순수한 내재 행위가 아니며, 일정한 윤리 관계에서의 행위이며, 심물합일의 실천이다. 그러나 이러한 윤리 관계는 군현제 국가가 확립한 예약 제도와 같을 수는 없다. 그가 말한 윤리 관계에서 내재와 외재의 구분은 의미가 없다. 내재성의 언어는 결코 내재화의 도덕 이론을 만들지 못했다. 육구연의 '심'은 단순히 '내재성'으로 이해될 수 없으며, 그가 논의한 의식·제도 등은 또한 단순히 외재성으로 이해될 수 없다. 주나라의 도가 쇠퇴한 후 반드시 '올바른 이치'(正理)·'올바른 학문'(正學)의 실천을 통해 '심'에 내재된 의식·예법·제도 등을 일상생활 가운데 확장시켜야 한다. 그러므로 육구연의 심학은 두 가지 예의 제도의 대립을 설정하였다. 즉 형식화된 예약 제도와 봉건 가치를 포함한 예약 제도의 대립이다. 이러한 의미에서 육구연의 '심'은 예약 제도 및 그 평가 방식에 대한 거부가 아니며, 그의 실천주의는 '본심'과 예의 규범 사이의 동일 관계에 대한 이해를 포함하고 있다. 내외의 구분을 없애는 의미에서 이러한 실천주의는 선진 유학의 도덕 평가 방식에 더욱 가깝다. 그러나 차이점은 선진 유가가 '심'이라는 수사修辭를 통섭적 범주로 사용하여 천의天意를 체현할 수 있는 예약을 대신하지 않았다는 것이다.

육구연의 학문은 명대 심학의 기원 또는 시초라고 알려져 있다. 육왕심학陸王心學이라는 표현이 그 실례이다. 그러나 '기원' 또는 '시초'로는 모든 것을 설명할 수 없다. 양명학이 발생할 수 있었던 원동력을 보다 완전하게 이해하기 위해서는 다른 계보가 필요하다. 왕수인王守仁(1472~1529, 자는 백안伯安, 별호는 양명陽明, 절강浙江 여요餘姚 사람)은 육구연의 '심즉리'를 계승했으나, 이에 대해 더욱 복잡한 해석을 하였다. 원元에서 명明에 이르기까지 주자학은 과거 제도에서 정통의 지위를 획득하였다. 명대 심학의 일부 명제는 비록 육구연의 심에 대한 제기로 거슬러 올라갈 수 있지만, 이러한 사조의 흥성은 명대 사대부가 과거 제도 체제에서 정통의 지위를 획득한 주자학에 대한 비판 흐름과 매우 깊은 관련이 있다. 양명학은 주자학과의 대립 관계에서 전개되었다. 그러나 이 양자의 관계는 단지 비판·반항 등 부정적인 개념으로 개괄할 수는 없다. 양명이 관심을 가진 문제는 주자학과 매우 밀접한 관계가 있다. 위잉스는 양명의 양지설이 주자학과의 논쟁에서 얻어진 결과로 볼 수 있다고 생각했다. 즉 양명의 "심에서 가장 큰 문제 중 하나는 어떻게 지식을 대하고, 어떻게 지식을 처리하는가의 문제"[101]라고 지적하였다. 또한 위잉스는 심학이 점차 역사학이나 경학과 같은 유학의 형태로 변화하는 내재적 동력을 제시하였다. 양명의 '심'에 대한 중시와 주자의 격물론 사이에는 내재적인 대화 관계가 존재한다. 양명과 주자는 모두 천리라는 보편적이며 지극히 선한 질서를 설정하고, 또한 지식의 천리 도달 여부라는 근본적인 문제에 관심을 가졌다. 그러나 차이점은 천리에 도달하는 길과 방법에 있었다.

유명한 왕수인의 용장龍場에서의 깨달음은 격물에 대한 새로운 해석에서 시작된 것이다.* 그는 단지 격물의 '물'을 심중지물心中之物로 간주하면 모든 어려움이 없어진다는 점을 어느 순간 깨닫게 되었다. 『전습록』 권중卷中 「답고동교서」答顧東橋書의 내용은 매우 유명하다.

> 이른바 치지격물이란 것은 내 마음의 양지를 모든 사물에 지극히 하는 것이다. 내 마음의 양지는 곧 이른바 천리이다. 내 마음의 양지인 천리를 모든 사물에 지극히 하면, 모든 사물은 모두 그 이치를 얻게 된다. 내 마음의 양지를 지극히 한다는 것은 앎

---

* 유명한~것이다: 왕양명은 초기에는 당시 지식인들과 마찬가지로 주자학에 매진했다. 그러나 주자학의 근본 명제인 격물궁리(格物窮理)의 이치를 깨달을 수 없었다. 그러던 중 당시 막강한 권력을 행사하던 환관 유근(劉瑾)의 탄핵을 주장하다가 귀주(貴州) 용장으로 좌천되었다. 왕양명은 용장에서 생활하며, 인생의 전환점을 맞이하는 깨달음을 얻게 된다. 그것은 바로 '리는 외부 세계의 사물에 있는 것이 아니라 오로지 내 마음속에 있으며, 그 본래 마음인 양지(良知)를 따르는 것이 성인에 이르는 길'이라는 것이다. 왕양명이 깨달음을 얻은 곳이 용장이었으므로 후대에 이것을 '용장의 대오(大悟)' 또는 '용장오도'(龍場悟道)라고 하였으며, 이 사건을 계기로 양명학이 탄생한다.

을 이루는 것이다. 모든 사물이 모두 그 이치를 얻는다는 것은 물物을 바르게 하는 것(格)이다. 이것은 심心과 리理를 합하여 하나로 만드는 것이다.

> 所謂致知格物者, 致吾心之良知於事事物物也. 吾心之良知, 卽所謂天理也. 致吾心良知之天理於事事物物, 則事事物物皆得其理矣. 致吾心之良知者, 致知也. 事事物物皆得其理者, 格物也. 是合心與理而爲一者也.

치지격물은 "내 마음으로 모든 사물에서 이치를 구하여 '마음'과 '이치'를 나누어 둘로 만드는"(以吾心而求理於事事物之中, 析'心'與'理'而爲二)[102](즉 모든 사물에 대해 인식하는) 것이 아니라 '내 마음의 양지'를 모든 사물로 확대하는 것이다. 여기에서 양명의 심 개념은 '인심'人心에서 '오심'吾心으로 바뀐다. 육구연이 말한 오래전 성인의 심과 비교할 때 이러한 심 개념은 개인의 경험과 주체성을 부각시킨 것이다. 지知는 곧 양지이다. 이른바 '그 이치를 얻음'이란 객관 사물을 그 자신의 구체적 규율성에 부합시키는 것이 아니라 '양지인 천리'에 부합시키는 것이다. 이러한 의미에서 격물은 선을 행하여 악을 제거하는 도덕 실천이지, 양지의 인식 활동을 통해 사물에 접근하는 방식이 아니다. 왜냐하면 양지인 천리는 양지 밖에 있는 천리가 아니라, 양지 자체이기 때문이다. '내 마음의 양지'란 개념은 양지와 개인 실천의 밀접한 관계를 강조한다. 그러나 이러한 관계는 양지 또는 치양지致良知의 실천이 사회의 실천 밖에 있다는 것을 암시하지는 않는다. 즉 양명의 맥락에서는 원자론적 의미에서의 개인 개념이 존재하지 않으며, 인간은 영원히 관계 안에 존재하며 또한 관계 자체이다. 따라서 자신의 양지를 통해 세계와의 내재적 연계를 건립할 수 있다.

또한 바로 그러므로 '치양지'의 명제는 곧 '경세'經世 명제의 근원이다. 양명은 다음과 같이 말하였다.

대개 '하늘을 안다'(知天)고 할 때의 '지'知는 지주知州, 지현知縣
의 '지'와 같다. 주州를 주관하면 일개 주의 일이 모두 자기의 일
이며, 현縣을 주관하면 일개 현의 일이 모두 자기의 일이다. 이
것(하늘을 안다는 것)은 바로 하늘과 하나가 되는 것이다.

　　蓋'知天'之'知', 如'知州', '知縣'之'知', 知州則一州之事皆己

　　事也, 知縣則一縣之事皆己事也, 是與天爲一者也.[103]

만약 '지천'知天의 '지'가 '지주' 혹은 '지현'의 '지'와 같다면, 양지
혹은 심은 내재적 사물로 이해될 수 없다. 만약 일상적인 실천 밖에 존
재하기를 거부하는 규범·가치·척도가 일상생활에서의 실천과 그 가치
를 긍정하는 힘을 구성했다면, 이러한 외재 규범 또는 척도의 신성성
과 권위에 대항하기 위해 일상생활에서의 실천에 신성성을 부여해야
만 한다. 즉 일상생활은 천리라는 최고 질서의 유일한 구현이다. 구체
적인 실천에 집착하는 것은 개별적인 목표에 집착하는 것과 같을 수는
없다. 반대로 그것이 요구하는 것은 천리에 따른 보편 질서로서 구체
적 실천에 종사하며, 구체적 실천에서 천리라는 개념이 체현하는 우주
질서와의 조화·일치를 달성하는 것이다. 양명은 심학의 논리에서 출
발하여 '경세'經世의 함의를 새롭게 정의하였다. 이것은 육구연이 주로
종법 의식에서 예악 실천의 의의를 이해했던 것과 이미 다르다. 육구
연에게 있어서 종법宗法 의궤儀軌와 정치 제도 사이에는 커다란 간격이
존재한다. 우리는 이러한 커다란 간격에서 송대 유학자의 사상 세계에
깊이 새겨진 봉건과 군현, 예악과 제도 간의 대립을 발견할 수 있다.
그러나 양명은 '심'을 소옹과 육구연의 본심에서 '오심'吾心의 범주 아
래로 확대했으며, 아울러 '경세' 개념과 군현 체제하에서의 관료 책임
을 긴밀하게 연관시켰다. 이는 양명이 이미 개인과 제도와의 실천에서
의 내재적 연관을 재구성하였음을 보여 준다. 육구연의 심일원론은 심
心과 군현 체제 이외의 예악 실천의 합일을 전제로 한다. 그러나 양명
의 심일원론은 군현 체제를 실천적 제도의 기초로 삼는다. 즉 예악 실

천은 이미 군현 제도의 범주 안으로 흡수되었다.

이러한 논리에서 볼 때, 양명 사상에서 가리키는 일상생활의 '사'事 개념은 일련의 개념 틀 안에 놓여 천리에 도달하고 천리를 구현하고 천리를 실천하는 길이 되었다. 양명은 사事에서의 수련을 강조하고, 독서 궁리를 치지의 방법으로 삼는 것에 반대했으며, 나아가 인식 방법으로서 격물의 절차를 부정하였다. 그는 다음과 같이 말했다.

> 양지를 이루고자 한다는 것이 또한 어찌 들릴 듯 말 듯 보일 듯 말 듯 허황하여 실체가 없는 것을 말하는 것이겠는가? 이것은 반드시 그 사事가 있다. 그러므로 치지致知는 반드시 격물에 있다. 물物은 사事이니, 무릇 의意가 발한 곳에 반드시 그 사事가 있으며, 그 의가 있는 곳의 사事를 물物이라고 말한다. 격格이란 바로잡는다는 것(正)이니, 그 바르지 않음을 바르게 하여 바름으로 돌아가도록 하는 것을 말한다. 그 바르지 않음을 바르게 한다는 것은 악을 제거함을 말한다. 바름으로 돌아간다는 것은 선을 행함을 말한다. 무릇 이것을 격이라고 말한다.
>
> > 然欲致其良知, 亦豈影響恍惚而懸空無實之謂乎? 是必有其事矣. 故致知必在於格物. 物者, 事也, 凡意之所發必有其事, 意所在之事謂之物. 格者, 正也, 正其不正以歸於正之謂也. 正其不正者, 去惡之謂也. 歸於正者, 爲善之謂也. 夫是之謂格.[104]

'격'을 '바로잡음'(正)으로 해석한다. 즉 양지의 천리로써 물을 바르게 하거나 천리의 보편 정신으로써 구체적인 실천(사事에 있어서의 수양)을 하는 것이다. 이 명제가 부정하는 것은 심과 물 사이에 세워진 인식 관계이다. '정물'正物의 해석에서 '물' 개념 자체에 중요한 변화가 생겼다. 즉 '사'事로서 그것은 인간의 활동이며, '물'物로서 그것은 의意가 있는 곳 혹은 의의 구현이기 때문에 '정물'은 곧 '정염두'正念頭•이다. '사'事의 기본적인 특징 중 하나는 내재와 외재를 하나의 관계 속에서 종합하는 것이다. 따라서 '사' 범주에서 내재와 외재의 구분은 오히려 이해할 수 없게 된다.

만약 치지가 모든 사물에서 내 양심을 모두 완성하는 것이라면, 치지는 곧 천리의 보편 정신에 따라 구체적인 실천을 하는 것이다. 만약 사事·물物의 범주와 심心·의意의 범주 사이에 직접적인 연속 관계가 존재한다면, 사·물과 심·의라는 이분법은 지나치게 경직되어 보인다. 심학의 시각에서 '사'는 객관적이며, 인식 방법으로서 이해할 수 있는 범주가 아니며, 주체 활동의 확대이다. 그러나 이 주체 활동은 주체의 임의적인 활동이 아니라 제도적 실천 활동과 연관되며, 천리를 드러낼 수 있는 활동이다. 그러므로 양명은 '사'와 '의'를 밀접하게 연계시켰다.

> 의意의 작용에는 반드시 물物이 존재하며, 물物은 곧 사事이다. 만약 의意가 어버이를 섬기는 데에 작용하면 어버이를 섬기는 것은 하나의 물物이며, 의意가 백성을 다스리는 데에 작용하면 백성을 다스리는 것은 하나의 물物이며, 의意가 책을 읽는 데에 작용하면 책을 읽는 것이 하나의 물物이며, 의意가 시비를 판가름하는 데에 작용하면 시비의 판가름은 하나의 물物이다. 무릇 의意가 작용하는 곳에는 물物이 존재하지 않음이 없다. 의意가 있는 곳에는 곧 물物이 있다. 의意가 없으면 곧 물物이 없다. 물物은 의意의 작용이 아니겠는가?
>
>> 意之所用, 必有其物, 物卽事也. 如意用於事親, 卽事親爲一物; 意用於治民, 卽治民爲一物; 意用於讀書, 卽讀書爲一物; 意用於聽訟, 卽聽訟爲一物; 凡意之所用無有無物者. 有是意卽有是物. 無是意卽無是物矣. 物非意之用乎?[105]

'물'物을 '사'事로 정의하는 것은 주체의 도덕 실천 측면에서 말한 것

• 정염두(正念頭): '염두(念頭)를 바르게 한다', 즉 '생각을 바로잡다'라는 뜻이다.

이며, '사'事와 밀접하게 연관된 '의'意 또한 개인의 의지와 같을 수는 없다. 왜냐하면, '의'意는 '바른 것으로 돌아가는' 혹은 '선善을 행하는' 보편 의지 및 질서와 내재적으로 연관되어 있기 때문이다. 그러므로 의意·물物·사事 등 범주의 내재적 연관은 더욱 기본적인 설정에서 만들어진다. 즉 세계 질서는 지선至善한 이치로 구성된다는 것이다. 이른바 "모든 사물이 모두 그 리理를 얻는다"는 것은 한 가지 일을 할 때마다 '물'物의 바른 이치에 부합하여 경서經書의 원칙을 추구할 필요가 없음을 말하며, 또한 모든 사물이 모든 사물이 되는 것은 그들이 천리라는 지극히 선한 질서의 구현임을 말한다. 주자학과 양명학은 모두 천리라는 지극히 선한 질서를 설정하였다. 그러나 양명이 주자학의 천리와 합일하는 것을 목적으로 하는 인식 절차를 제거했을 때, 모든 사물 자체의 중요성은 천리 개념의 목적론적 특징을 약화시켰다. '사事에서의 수양'은 곧 현재성에 대한 관심이다. 이러한 현재성은 예악 제도 내에서 '사'事의 상태를 전제로 한다. 머우쭝싼은 거듭 다음과 같이 논증하였다. 양명의 물物은 사事를 초월하는 의의를 포함하며, 양명이 '의意가 있는 곳'에서 물物을 말할 뿐만 아니라 '명각明覺의 감응感應'에서 물物을 말하였기 때문에 물物을 스스로 있는 존재로 인정하였다.[106] 이러한 의미에서 양명의 '물'物 개념은 '행위물'行爲物과 '지식물'知識物이라는 이중적 함의를 포함한다. 그러나 이미 밝혔듯이 심학의 '격물'설은 실천 개념을 중심으로 한다. 그것이 힘써 제거하려고 했던 것은 내부와 외부, 주체와 객체의 이분법이다. 만약 여전히 '지식물'로서 양명의 '물' 개념을 정의한다면, 지식 자체를 다시 정의해야 할 것이다. '행위물'과 '지식물'의 이분법은 자세한 구분이 필요하다.

'물'物에 대한 양명의 해석은 신신身·심심心·의意·지지知 등의 개념과 밀접한 관련이 있다. 그가 강조한 것은 '물'物과 신신身·심심心·의意·지지知와의 일체성이다.

　　선생 "다만 신신身, 심심心, 의意, 지지知, 물物이 하나라는 것만 알면 되는 것이다."

진구천陳九川**이 의심하여 말하길** "물物이란 외부에 존재하는 것인
데 어떻게 신身·심心·의意·지知와 하나가 된다는 것입니까?"

선생 이목구비 사지四肢는 신身이지만, 심心이 아니면 어떻게 시
청언동視聽言動이 있겠는가? 그렇다고 해서 아무리 심心이 보고,
듣고, 말하고, 움직이려 해도 이목구비와 사지가 없으면 불가능
한 것이다. 그러므로 심心이 없으면 신身이 없는 것이고 신이 없
으면 심이 없는 것이다. 단지 그 가득찬 것을 신身이라고 말하
고, 주재하는 것을 심心이라 하며, 그 심이 발동하는 것을 의意라
고 말하고, 의가 신령하게 밝은 것을 지知라고 말하고, 의가 돌
아다니거나 머무르는 것을 물物이라고 말하니, 모두 하나인 것
이다. 그리고 의는 텅 비어 적막하게 존재하는 것이 아니라 반
드시 사물에 붙어 있는 것이므로, 그 의를 성실하게 하고자(誠意)
한다면 의가 있는 사事에 따라 연구해야 하고 그 인욕을 제거하
여 천리로 돌아가고자 한다면 양지가 그 사에 있어서 일체 가리
워짐이 없이 이루어져야 한다. 이것이 곧 의를 성실하게 하는(誠
意) 공부이다.

> 先生曰: "…只要知身心意知物是一件." 九川疑曰: "物在外,
> 如何與身心意知是一件?"
>
> 先生曰: "耳目口鼻四肢, 身也, 非心安能視聽言動? 心欲視聽
> 言動, 無耳目口鼻四肢亦不能. 故無心則無身, 無身則無心. 但
> 指其充塞言之謂之身, 指其主宰處言之謂之心, 指心之發動處
> 謂之意, 指意之靈明處言之謂之知, 指意之涉著處謂之物, 只是
> 一件. 意未有懸空的, 必着事物, 故欲誠意, 則意所在某事而格
> 之, 去其人欲而歸於天理, 則良知之在此事皆無蔽而得致矣. 此
> 便是誠意的工夫.[107]

'물'物은 우선 "의가 돌아다니거나 머무르는 것"(意之涉着處)으로 해

석된다. 즉 물은 천하 만물이 아닌 도덕 실천으로서의 '사물'이다. 따라서 실천의 동기와 실천의 과정을 떠나 '물'을 논할 수는 없다. 만약 '양지'가 외재 사물에 의존하지 않고 성인의 말과 일상적 습속에도 의존하지 않는다면, '물'의 실재성(예컨대 외재 사물 또는 도덕 지식) 또한 해소된다. '양지' 개념은 기존 지식과 질서에 대한 거부를 포함한다. 따라서 양지의 현재성에 대한 강조는 어떠한 사상이 해방되는 작용을 포함한다.

물의 실재성을 해소하는 것은, 인仁의 본심을 어버이를 모시고, 백성을 다스리고(治民), 독서하고, 송사를 다루는(聽訟) 등 구체적인 실천에 두기 위함이다. 그러나 이는 이와 같은 사물이 실천의 목적이었음을 말하는 것은 아니다. 여기에서의 '양지설'은 물物과 리理의 이분법과 이에 따른 격물 절차를 배척하며, 사물의 구체성으로서 '리'라는 개념이 상징하는 질서를 없애는 것에 반대한다. 양명이 일체성의 틀 안에서 신, 심, 의, 지, 물의 관계를 논한 것은 이러한 이중 착오를 극복하기 위한 것이다. 만물일체, 심리합일의 관념은 특수한 '사'事의 분류법과 이로 인한 덕목을 설정하기 때문에 "사事에서의 수양"(在事上磨煉) 자체는 일종의 질서를 설정하고 있는 것이다. 이른바 "대개 하늘을 '안다'고 할 때의 '지'知는 마치 '지주'와 '지현'이라고 할 때의 '지'와 같다"(蓋知天之知, 如知州知縣之知者)는 것은, 지주와 지현의 일이 "모두 나의 사事이다"(皆己事也) '즉 리는 사 안에 있음'을 강조할 뿐만 아니라, 또한 사람이 하늘을 섬기는 것이 구체적이고 서로 다른 사의 실천 속에서 진행되어야 함을 암시했다. 이에 따라 '지주', '지현' 등 제도와 관직을 도덕 실천 내부에 포함시켰다. 양명은 체용體用 겸비, 교양敎養 합일合一의 사회 체제에 관심을 기울였으나, 사회적 함의에서는 공맹의 예악에 대한 이해와 거리가 멀다. 또한 송대 유학자의 군현 제도에 대한 회의와도 거리가 멀다.

사事와 덕목의 분류가 존재한다면, 학문의 방법과 체계도 필요하게 된다. 이러한 의미에서 양명과 주자의 차이는 지식('학'學)의 인정 여부에 있지 않고, 지식을 어떻게 이해하느냐에 있다. 양명은 성인의 가르침을 논할 때 "그 사사로움을 극복하고, 그 폐단을 제거하여 그 마음 본체의 동일함을 회복한다"(克其私, 去其蔽, 以復其心體之同然)는 것을 종지로 삼았던 것이지, 결코 구체적인 '사'의 분류와 덕목을 부정한 것은 아니었다.

그 가르침의 대강은 순舜과 우禹가 서로 전승한 이른바 '인심人心은 오직 위태로운 것이고, 도심道心은 오직 미미한 것이므로 오직 정일精一하여 그 가운데를 잡으라'고 한 것이요, 그 항목은 순舜이 계契에게 명한 이른바 '부모와 자식 간에는 친함이 있고, 임금과 신하 사이에는 의가 있고, 부부간에는 구별이 있고, 어른과 아이 사이에는 차례가 있고, 친구 간에는 신의가 있다'라고 한 다섯 가지뿐입니다. 당우唐虞(요순)와 하은주夏殷周 삼대三代의 세상에서 가르치는 자는 오직 이것만을 교육하였고, 배우는 자는 오직 이것만을 학문으로 삼았습니다. 이 시대에는 사람들이 이견이 없었고, 가정에서도 서로 다른 습관이 없었는데, 이것을 편안히 보존하는 자는 성인이라 부르고, 이것에 부지런히 힘쓰는 자는 현인이라 불렀습니다. 그러나 이것을 배반하는 자는 비록 단주丹朱와 같은 밝은 지혜를 가졌다 하더라도 역시 변변치 못한 불초자라고 불렀습니다. 아래로는 보통 사람과 농공상의 천한 신분에 이르기까지도 모두 이 학문을 하지 않음이 없었고, 오직 덕행만을 이루는 데 힘써 할 것으로 알았습니다.

> 其教之大端則舜禹之相授受, 所謂'道心惟微, 惟精惟一, 允執
> 厥中'. 而其節目則舜之命契, 所謂'父子有親, 君臣有義, 夫婦
> 有別, 長幼有序, 朋友有信'五者而已. 唐, 虞, 三代之世, 教者
> 惟以此爲教, 而學者惟以此爲學. 當是之時, 人無異見, 家無異
> 習, 安此者謂之聖, 勉此者謂之賢, 而背此者雖其啓明如朱亦謂
> 之不肖. 下至閭井, 田野, 農, 工, 商, 賈之賤, 莫不皆有是學,

而惟以成其德行爲務.[108]

　양명은 도덕의 분류에서 사회 분업의 분류로 전환했으며, 각각의 사회 분업 자체는 모두 '학'學을 포함한다고 강조했다. 이러한 의미에서 도덕 실천은 추상적이거나 전문화된 도덕 실천 형식이 필요 없다. 왜냐하면 인류의 사회 활동과 그 분업 형식 내부에는 내재적 초월의 기질을 포함하고 있기 때문이다. 어떤 사람이 어떠한 직업에 종사하고 어떠한 지위에 있든 간에 모두 "실제 사事에서의 연마"를 통해 성인이 되고 덕을 이룰 수 있다. 이러한 논리는 사회 분업의 범위 안에서 "덕행만을 이루는 데 힘써야 하는" 최종 목적에서 출발한 평등주의를 설정했다. 또한 이러한 목적을 사회 분업 조건에서 일상적 실천 윤리로 전환시킨 것이다. 양명은 도덕 목표를 분업 성격을 갖는 실천 가운데 둠으로써 직업 행위의 도덕 기초를 제공했다. 물론 그가 강조한 것은 직업윤리 문제가 아닌 '지행합일'과 일상생활 자체의 도덕화였다. 그는 "배우고 묻고 사색하고 변별하고 행함은 모두 학문을 하는 것이니, 배우고도 행하지 않는 사람은 없다"(學問思辨行, 皆所以爲學, 未有學而不行者也)[109]라고 말했다. 지식의 방법론과 실천 과정 자체가 동일성을 가지기 때문에 실천론도 지식론으로 이해될 수 있다.

　'천하가 함께하는 덕'을 완성하는 것을 목적으로 삼고, 구체적인 일을 분류의 기초로 삼으며, 지행합일의 실천을 방법으로 삼는 것은 양명의 이상 사회 모델이다. 이것은 사람의 신체와 흡사한 학교로서 각 사람은 자신의 재능과 기질에 따라 일을 나누어 협력하며, 각자의 구체적인 실천 속에서 통일된 이상을 이룬다. 이러한 의미에서 학교는 보편적인 분류법에 따라 분업화했다. 그것은 개체가 가진 재능의 정도만 인정할 뿐 구체적인 풍속 습관의 특성을 인정하지는 않았다. 또한 역사 조건에서 형성된 선악의 기준을 인정하지 않는데, 이것은 모든 기능의 차이가 모두 동일한 유기체에 귀속되기 때문이다. 이러한 의미에서 양명은 학學의 목표가 역사·시대·습속의 특성을 극복함으로써

'천하가 함께하는 덕'으로 귀결되는 것이라고 보았다. 그는 다음과 같이 말했다.

학교에서는 오직 덕의 완성만을 일로 삼기 때문에, 예악에 특별한 재능이 있는 사람도 있고, 정치와 교육에 특별한 재능이 있는 사람도 있고, 농사일에 특별한 재능이 있는 사람도 있어서 각기 재능의 차이는 있지만, 학교에서는 덕을 성취하고 이러한 자기의 재능을 더욱 정밀히 연마하도록 하는 것입니다. 그래서 그 덕을 성취한 자를 임용하여 그 직책을 맡겨 평생 그 자리에 머물도록 하면서 바꾸지 않았으며, 임용하는 자도 오직 한마음 한 덕德으로 천하의 모든 사람을 함께 편안하게 할 것만을 책임으로 알았습니다. 따라서 재능에 맞느냐 맞지 않느냐 하는 것만을 볼 뿐이요, 높고 낮은 것으로 경중을 삼는다거나 편안한 것으로 좋고 나쁨을 삼지 않았습니다. 임용된 사람도 오직 한마음과 한 덕으로 천하 사람들을 모두 함께 평안하게 할 것만을 알고, 그 재능에 진실로 맞는 것 같으면 평생 번잡한 직무에 처해도 수고롭다 하지 않았으며, 비천하고 자질구레한 직무라 할지라도 그것을 만족할 뿐 천하다고 생각지 않았습니다. 이 시대에는 천하 사람들이 널리 화목하여 서로가 모두를 일가친척과 같이 보았습니다. 그 재질이 하등에 속하는 자는 농민, 장인, 상인, 장수 등의 신분에서 만족하여 각기 자기의 직업에 부지런하고 서로 살리고 서로 길러 자기 일보다 더 높은 지위를 바라거나 자기 분수 밖을 넘보는 마음이 없었습니다. 그러나 고요皐陶·기夔·후직后稷·설契과 같은 재능이 뛰어난 사람이 있을 것 같으면 벼슬길에 올라서 각기 그 재능을 발휘하여 그 직분에서 누구라도 집안을 보살피기에 힘쓰도록 하여, 어떤 자는 의식衣食을 경영하고 어떤 자는 있고 없는 것(有無)을 서로 교환(相通)하고 어떤 자는 필요한 기물을 마련하기도 하며 대중의 지혜를 모으고 힘을 합하여 부모를 섬기고 처자를 기르는 소원을 이룩하도록 하였습니다. 오직 두려운 것은 각자가 자기의 직분을 태만하게 하지 않을까 하는 것으로, 결국은 자기에게 부여된 임무를 중히 여기는 것이었습니다. 그러므로 후직은 농사일에 부지런할 뿐 교육에 관해 모르는 것을 전혀 부끄러워하지 않았으며, 반면 설이 교육을 잘하는 것이 곧 자기가 교육을 잘하는 것이나 마찬가지라 생각하였습니다. 또한 기는 악樂을 맡았으나 예禮에 밝지 못함을 하등 부끄럽게 생각하지 않았으며, 반면 이夷가 예에 통달한 것을 곧 자기가 통달한 것으로 생각하였습니다. 대개 심학心學은 순수하게 밝아 만물 일체의 인덕仁德을 온전케 하기 때문에 서로 정신과 지기志氣가 통하여 자타의 구분이라든지 물아의 간격이란 없었습니다. 이것을 한 사람의 신체에 비유하면 눈은 보고, 귀는 듣고, 손은 쥐고, 발은 걸어서 한 몸뚱이의 작용이 수행되는 것입니다. …이것은 성인의 학문이 지극히 간단하고 알기 쉬운 이유입니다.

學校之中, 惟以成德爲事, 而才能之異或有長於禮樂, 長於政教, 長於水土播植者, 則就其成德, 而因使益精其能於學校之中. 迨夫擧德而任, 則使之終身居其職而不易, 用之者惟知同心一德, 以共安天下之民, 視才之稱否, 而不以崇卑爲輕重, 勞逸爲美惡: 效用者亦惟知同心一德, 以共安天下之民, 苟當其能, 終身處於煩劇而不以爲勞, 安於卑瑣而不以爲賤. 當是之時, 天下之人熙熙皞皞, 皆相視如一家之親. 其才質之下者, 則安其農, 工, 商, 賈之分, 各勤其業以相生相養, 而無有乎希高慕外之心. 其才能之異若皋, 夔, 稷, 契者, 則出而各效其能, 若一家之務, 或營其衣食, 或通其有無, 或備其器用, 集謀并力, 以求遂其仰事俯育之願, 唯恐當其事者之或怠而重已之累也. 故稷勤其稼, 而不耻其不知教, 視契之善教, 卽已之善教也: 夔司其樂, 而不耻於不明禮, 視夷之通禮, 卽已之通禮也. 蓋其心學純明, 而有以全其萬物一體之仁, 故其精神流貫, 志氣通達, 而無

有乎人已之分, 物我之間, 譬之一人之身, 目視, 耳聽, 手持, 足
行, 以濟一身之用. …此聖人之學所以至易至簡.[110]

양명이 제시한 '학교'의 분업 협력과 조직 방식은 이미 알 수 없게
되었다. 그러나 분명한 것은 그의 학교 구상이 자치 성격을 띤 사회 자
체였기 때문에 그의 향약 실천 방향과 완전히 일치한다는 점이다. 그
러므로 우리는 그의 향약 실천에서 그의 학교 구상의 의도를 조금이
나마 추측할 수 있다. 그의 유명한 『남감향약』에서 양명은 민속의 선
악이 인습 때문이 아니며, 향민의 어리석음과 완고함은 완전히 "관리
의 다스림에 도가 없고, 가르침에 제대로 된 방법이 없었던"(我有司治之
無道, 敎之無方) 결과라고 생각하였다. 그러므로 향약을 설립하고 향민을
조화롭게 하는 목적이 "상례喪禮에 서로 돕고, 어려움에 서로 도우며,
선한 일을 서로 권면하고, 악한 일을 서로 경계하며, 송사訟事를 그치
고 다툼을 그만두며, 신뢰와 화목을 가르치고, 착하고 선량한 백성이
되는 데에 힘쓰고, 함께 어질고 인심 좋은 풍속을 이루는"(死喪相助, 患難
相恤, 善相勸勉, 惡相告戒, 息訟罷爭, 講信條睦, 務爲良善之民, 共成仁厚之俗)[111] 것이
라고 생각했다. 향약은 비록 '어질고 인심 좋은 풍속'을 길러내는 것이
목적이지만, 구체적인 운영은 일정한 절차와 의무 그리고 권리 관계가
필요하다. 예를 들면 공의公意로 약장約長을 추대하면, 약중約衆은 회
의에 참석해야 한다. 또한 약장은 약중과 협조하여 민사民事에 관한 소
송을 해결하며, 공의를 참고하여 그 인물을 표창하거나 비판하는 등의
일을 담당한다.

우리는 양명에게 많은 영향을 받은 황종희(1610~1695)의 『명이대방
록』에서 비슷한 보편 질서를 발견할 수 있다. 이 질서에서 윤리·정치·
경제의 관계는 구체적인 사물 관계에서 천리의 직접적인 과정으로 생
각할 수 있다. 이처럼 우주 질서, 정치 관계, 윤리 행위를 하나의 보편
적인 모델 가운데 종합시킨 유학 정치 논리의 근원 중 하나가 바로 양
명학에서 체현하는 심心·물物·지행知行·제도制度의 연계 방식이다. 만

약 양명의 심과 지 개념이 향약·학교와 지주·지현 등의 제도적인 것과 연계된다면, 우리는 도덕 실천과 제도의 관계가 이미 은약隱約의 방식으로 심일원론의 틀에 드러나 있다고 말할 수 있지 않을까? 우리는 이러한 지행知行 관계로 연결된 심성과 예악 제도의 연계가 고대의 제도를 고증하는 경학의 흐름을 다시 이끌어 낼 수 있음을 예견할 수 있지 않을까?

무無·유有와 경세

양명 후학들은 치지격물 문제에서 이견이 분분했지만, 좌파든 우파든 간에 '물'物의 실재성을 해소하는 점에서는 비슷한 성향을 띤다. 이른바 '물'의 실재성은 객관 세계의 실재성을 가리킬 뿐만 아니라, 경서가 가리키는 여러 규범의 권위를 가리키기도 한다. 따라서 이러한 실재성에 대한 배척은 외재성에 대한 거부로 해석할 수 있다. 또는 도덕 실천과 인식 과정의 모든 매개물에 대한 거부라고 말할 수도 있겠다. 만약 인간의 행위를 단지 그때 그 장소의 양지良知와 정리正理에 의한 판단에 의존한다면, 외재 규범(선조들이 제정한 법과 제도, 경서의 가르침을 포함)의 권위는 의문시될 것이다. 섭표聶豹(자는 문울文蔚, 호는 쌍강雙江, 영풍永豊 사람)의 '귀적'歸寂을 위주로 함, 유문민劉文敏(자는 의충宜充, 호는 양봉兩峯, 길吉 지역의 안복安福 사람)의 '허虛를 으뜸으로 삼음'(以虛爲宗), 나홍선羅洪先(1504~1564, 자는 달부達夫, 별호는 염암念庵, 길영吉永 사람)의 '거두어 굳게 지키고 보호하여 모음'(收攝保聚), 유방채劉邦采(자는 군량君亮, 호는 사천師泉, 길吉 지역의 안복安福 사람)의 '본성을 깨닫고 천명을 닦음'(悟性修命) 등은 모두 견문의 지知, 드러난 물物, 움직이는 심心을 도외시한 채, 발현되지 않은 리理만이 성性이라고 생각했다. 나아가 고요함을 위주로 하고 욕심을 없애는 것을 종지로 삼으며, 학문을 할 때 오로지 '미발일기'未發一機(아직 발하지 않은 것으로 이미 발한 것을 통괄함)를 추구하였다. 주자학의 정통을 비판하는 분위기에서 그들은 본심이 곧 양지임을 강조하여 이학 내부의 지식 성향을 부정했을 뿐만 아니라 실제 일에서의 수양 공부 이론을 반대했다. 섭표는 학자들이 '도리의 장애'(道理障), '격식의 장애'(格式障), '지식의 장애'(知識障)에 얽매여 '다학이지'多學而識(많이 배워서 기억함—역자), '고색기송'考索記誦(자세하게 고찰하고 암송함—역자)을 성인이 되는 방법으로 삼았다고 비판하였다.[112] 또한 그는 왕기王畿(자는 여중汝中, 별호는 용계龍溪, 절浙 땅의 산양山陽 사람)의 "격물은 치지를 매일 볼 수 있는 행위이며, 일에 따라 이 양지를 이루어 어두운 데에 이르지 않게 함"(格物是致知日可見之行, 隨事致此良知使不至於昏蔽也)의 주장에 대해 전면적으로 부정했다. 그는 이와 관련하여 다음과 같이 명확하게 설명했다.

> 오늘날 격물은 치지를 매일 볼 수 있는 행위이며, 일에 따라 이 양지를 이루어 물을 맴돌 뿐 넘어서지 않는다고 말한다. 이로써 미루어 행하여 정치(政事)를 해 보면, 이는 모두 인위적인 것일 뿐이다. 종일토록 물과 마주 대하다 보니, 그것에 이끌려 따라감을 어찌 면할 수 있겠는가?
>
> > 今日格物是致知日可見之行, 隨在致此良知, 周乎物而不過, 是以推而行之爲政, 全屬人爲, 終日與物作對, 能免牽己而從之乎?[113]

그는 양명의 양지설에서 출발했으나, 사물(행위의 결과)을 통해 양지에 도달하는 관점에 반대했다. 이로써 양명의 '격格으로써 사물을 바르게 하는'(格以正物) 공부 이론을 부정했다. "느낌 중에 고요함을 구하고, 조화 중에 중용을 구하며, 일에서 그침을 구하고, 만 가지 중에 한 가지를 구함은 단지 격물의 잘못이 여기에까지 미쳤기 때문일 뿐이다."(感上求寂, 和上求中, 事上求止, 萬上求一, 只因格物之誤, 蔓延至此)[114]

섭표의 논리는 불교와 도교에 큰 영향을 받은 것이다. 그러나 송학宋學의 전통 내부에도 그 근원이 있다. 예컨대 주돈이가 『통서』通書에서 제시한 '주정'主靜과 '무욕'無欲의 학설이다. 섭표의 견해에 따르면, 양지는 본래 고요하므로 고요함으로 돌아가야만 발현되지 않은 고요한 본체를 발견할 수 있다. 지知는 심心의 본체이다. 이 심의 본체가 허령불매虛靈不昧(마음에 잡스러운 것이 없고 영묘하여 어둡지 않음—역자)하기 때문에 '치지'는 곧 '그 허령한 본체를 가득 채움'(이른바 '치중'致中)이다. 치지는 곧 고요함으로 돌아감이다. "고요하여 움직이지 않으며, 하늘보다 앞서지만 하늘이 어기지 않는 것이다. 격물이란 치지의 쓰임이니, 물物이 물物에 붙어 감응하여 마침내 천하의 이치를 통달한다. …그 바르지 못함을 바로잡아(格) 바름으로 돌아가니, 이것은 곧 스승(즉 왕양명—역자)께서 아래로부터 배워서 점차 바름으로 돌아간 것이다. 그러므로 이것은 그칠 수 없다는 말이다. 이른바 바르지 않음이란 또한 무릇 의意가 다다르는 바를 가리키는 말이지, 본체에 바르지 않음이 있다는 것은 아니다."(寂然不動, 先天而天弗違者也. 格物者, 致知之功用, 物各付物, 感而遂通天下之故. …格其不正以歸於正, 乃是先師爲下學反正之漸, 故爲是不得已之詞. 所謂不正者, 亦指夫意之所及者言, 非本體有所不正也)[115] 본체로 볼 때, 주자가 말한 격물 공부는 전혀 근거가 없다. 섭표는 다음과 같이 말했다.

양지는 본래 고요하지만 사물에 감응한 후에야 지知가 생기니, 지가 발현된 것이다. 지가 발현된 것을 양지로 여겨서 그 발현된 것의 연원을 잊어서는 안 된다. 심心은 안에서 주재하며, 밖에 감응한 후에야 밖이 있게 된다. 밖이란 그 그림자이니, 밖에서 감응하는 것을 심으로 여겨 그 심을 밖에서 찾아서는 안 된다. 그러므로 배우는 자가 도道를 구한다는 것은 안에서 주재하는 그 고요한 것으로부터 찾아, 그것이 고요하고 늘 안정되도록 해야 한다.

良知本寂, 感於物而後有知. 知其發也, 不可遂以知發爲良知,

而忘其發之所自也. 心主乎內, 應於外, 而後有外. 外其影也,
不可以其外應者爲心, 而逐求心於外也. 故學者求道, 自其主乎
內之寂然者求之, 使之寂而常定.[116]

'지'는 '하늘의 밝은 명'(天之明命)과 '본성의 본체'(性體)이며, 결코 '이
것으로써 저것을 안다'는 뜻을 포함하지 않는다. 여기에서 적정주의寂
靜主義는 두 가지 뜻이 있다. 첫째, '귀적'歸寂*은 '지'知와 외재 세계가
전혀 관계가 없다는 것을 의미하며, 둘째 '귀적'을 '치양지'致良知로 삼
는 방식은 반드시 세계 질서가 지선至善에서 구성되었다는 사상을 전
제로 해야 한다.

'귀적'으로써 인식과 도덕 실천의 외재성을 거부하는 것은 불교의
색채가 너무 짙어서 현실 생활 자체에 대한 부정을 초래하기 쉽다. 그
렇다면 '귀적'과 현실 생활을 긍정하는 유학적 입장 간의 모순을 어떻
게 조절할 것인가? 바로 이 문제에서 출발하여 왕기, 진구천陳九川(자
는 유준惟濬, 호는 명수明水, 임천臨川 사람), 추수익鄒守益(1491~1562,
자는 겸지謙之, 호는 동곽東廓, 강서江西 안복安福 사람) 등은 각기 '도
는 떨어지지 않음'(道之不離), '도는 동정으로 나뉘지 않음'(道之無分動靜),
그리고 '마음과 일은 하나임'(心事合一) 등 세 가지 측면에서 섭표의 관
점을 반대했다. '귀적'에 대한 비판의 긍정적인 결과는 곧 천리에 부
합하는 생활에 대한 인정은 반드시 사람의 일상생활에서 찾아야 한다
는 것이다. 왕양명의 후학 중 나홍선을 제외하고는 대부분 섭표의 견
해를 비난했다. 그러나 그들도 모두 지식으로부터 시작하여 양지를 입
증하는 관점을 부인했다. 그러므로 섭표와 기타 왕양명의 후학들 사이
에 엇갈림은 결코 '물'의 실재성 인정 여부에 있는 것이 아니다. 왕기
를 예로 들면, 그의 학설이 당시 혹은 후세에 논쟁을 일으킨 것은 주로
『천천증도기』天泉證道記에서의 사무설四無說(심心·의意·지知·물物에 모두 선도 없

• 귀적(歸寂): '고요함으로 돌아간다'는 뜻으로, 불교와 도교의 핵심 이론 중 하나이다.

고 악도 없다—역자)이다. 왕기는 '무선무악'無善無惡으로써 심·의·지·물을
정의하여 '무'無에 기초하여 선악이 모두 사라지고, 요임금과 걸임금
이 모두 잊혔다고 주장했다. 그러나 사무설은 사대개공四大皆空(지地·수
水·화火·풍風이 모두 공이다—역자)처럼 현실에 순응하는 것이 아니라 근본적
인 '무'無를 가지고 각종 현실의 유有에 대항하는 것이다. 그중에는 매
우 현실적인 비판의 날을 세운 것도 있다. 왕기의 격물치지에 대한 해
석을 보면 다음과 같다.

> 격물이란, 『대학』 전체에서 실질적인 출발점이다. 그러므로 "치
> 지는 격물에 있다"(致知在格物)라고 말한 것이다. 만약 격물에 공
> 부가 없다고 말하면, 『대학』은 군더더기 말이 되며, 사문師門(양
> 명학파를 지칭함—역자)은 표절한 것이 되니, 마음에서 구하고 실제
> 의 일을 이해해야 한다. 리理는 하나일 뿐이며, 성性은 리가 모인
> 것이며, 심心은 모인 것을 주재하는 것이며, 의意는 주재하는 것
> 의 움직임이며, 지知는 그것을 밝게 깨닫는 본체이며, 물物은 감
> 응의 작용이다. 천하에 성性 밖에 다른 리理는 없으니, 어찌 다시
> 성性 밖에 물物이 있겠는가? 그대가 알고 있듯이, 우리 중 격물
> 치지의 학문을 한다는 자들은 지식을 양지라고 여겨 은미한 곳
> 까지 파고들지 못해서, 그 자연스러운 깨달음에 다다르지 못한
> 채 종일토록 흔적에만 매달리고 표피적인 외면('집니회상'執泥繪像
> 이라는 고사에서 유래—역자)에 집착하며, 이를 모아서는 거기서 그 마
> 땅함을 구하려 하고 있다. 그래서 거듭해 허적虛寂을 화두로 끄
> 집어내어 학자의 폐단을 바로잡고자 하는 것이니, 본래 내가 사
> 문師門의 가르침과 다름을 추구했던 것은 아니다. 그러나 이 때
> 문에 마침내 점차 격물에는 공부가 없다고 한다. 비록 불초한
> "이 양지를 이룸에 따라 물物에 두루 미치면서도 지나치지 않는
> 다"는 설이라도 또한 모두 사람의 행위에 속한다고 여겨 종일토
> 록 물物과 상대함에 자기를 끌어다 그것을 따르니, 아마도 또한

징갱취제懲羹吹齏*의 잘못을 면하지 못할 것이다. 고요함은 마음의 본체이니 상황에 따라 동動과 정靜이 있다고 할 수 없고, 고요함은 동과 정의 구분이 없다. …양지는 거울의 밝음과 같고, 격물은 거울이 비침과 같으니, 거울이 상자에 들어 있는 것과 화장대 위에 있는 것의 동과 정을 말할 수 있으나, 거울 본체의 밝음은 비치지 않을 때가 없으니, 상자에 들어 있다거나 화장대에 있다는 구분이 없다. 그러므로 우리 학자들이 격물하는 노력에는 동과 정 사이에 구분할 틈이 없다.

> 格物者, 『大學』到頭, 實下手處, 故曰"致知在格物". 若曰格物
> 無工夫, 則『大學』爲贅詞, 師門爲剩說, 求之於心, 實所爲解.
> 理一而已, 性則理之凝聚, 心則凝聚之主宰, 意則主宰之發動,
> 知則其明覺之體, 而物則應感之用也. 天下無性外之理, 豈復有
> 性外之物乎? 公見吾人爲格致之學者, 認知識爲良知, 不能入
> 微, 致其自然之覺, 終日在應迹上執泥有象, 安排湊泊, 以求其
> 是當, 故苦口拈出虛寂話頭, 以救學者之弊, 固非欲求異於師門
> 也. 然因此逾斬然謂格物無工夫, 雖以不肖"隨在致此良知, 周
> 乎物而不過"之說, 亦以爲全屬人爲, 終日與物作對, 牽已而從
> 之, 恐亦不免於懲羹吹齏之過耳. 寂是心之本體, 不可以時言,
> 時有動靜, 寂則無分於動靜. …良知如鏡之明, 格物如鏡之照,
> 鏡之在匣在台, 可以言動靜, 鏡體之明無時不照, 無分於在匣在
> 台也. 故吾儒格物之功無間於動靜.[117]

왕기는 양명의 '몸, 마음, 뜻, 앎, 일은 하나'(身心意知物是一件)라는 견해를 근거로 격물설을 긍정하였다. 그는 '격'格 자를 '자연적인 격식'(天

• 징갱취제(懲羹吹齏): 뜨거운 국물에 입을 데어 놀란 나머지 날것으로 된 회나 찬 나물도 입김을 불면서 먹는다는 뜻으로, '한 번 실패에 겁이 나서 쓸데없이 지나치게 마음을 쓰는 것'을 비유하는 말.

然之格式) 또는 '하늘의 법칙'(天則)으로 해석하여 노장老莊의 천칙天則이 자연에 순종하는 의미를 가지고 있다고 생각했다. "하늘이 뭇 백성을 세상에 태어나게 했으니, 물物이 있는 곳에 법칙이 있다. 양지는 자연의 법칙이며, 물은 윤리가 감응한 자취이다. …물은 감응하여 존재하니, 의意가 쓰이는 곳이 물이 된다. 의가 도달하여 움직이는 곳은 곧 욕망에 흐르기 쉽다. 그러므로 반드시 자취에 감응할 때에 욕망을 줄이는 공부를 해야 한다. 줄이고 또 줄여 욕망이 없는 데에 이르는 것을 격물이라고 말하는데, 단지 물을 욕망으로 여기는 것은 아니다."(天生蒸民, 有物有則. 良知是天然之則,物是倫物所感應之迹. …物者因感而有, 意之所用爲物. 意到動處, 便是易流於欲, 故須在應迹上用寡欲工夫. 寡之又寡, 以至於無, 是之謂格物, 非卽以物爲欲也)[118] 세상에는 '본성 밖의 이치'(性外之理)가 없으므로 '본성 밖의 물'(性外之物)도 없다. 본성 밖의 물이 없기 때문에 단지 지식을 양지로 삼는 '격물' 공부도 없다. "만물은 사람의 감정이나 사물의 이치에 감응한 자취"(物是倫物所感應之迹)이기 때문에 물에서 양지를 탐구하는 것 역시 일반적으로 말하는 인식이 아닌 것이다. 이른바 "본체가 곧 공부다"(本體卽功夫)라는 말은 본체 밖의 실천으로 본체에 도달하는 공부 이론을 부정한 것이다. '치지'의 실천은 단지 천칙天則의 자연에 따르기만 하면 되며, "문을 닫고 고요하게 앉아 무욕의 본체를 길러서 이룰"(閉關靜坐, 養成無欲之體) 필요도 없고, 경전을 읽어 궁리하여 "문자를 통해 도를 배울"(由文字學道) 필요도 없다. (왕기는) 한편으로는 자연, 무욕으로 왕양명의 양지설을 다시 해석하여 도덕 실천과 외재 규범의 관계를 철저하게 벗어나는 데에 조건을 제공하였다. 다른 한편으로는 무욕 등 세속 생활에서 군자의 덕성 기준을 지극히 선한 세계 질서로 귀결시켜 일상생활에서의 바람직한 생활 기준(이는 군자 또는 사대부의 생활 윤리에서 연원함)에 적극적인 논술을 제공하였다. 이러한 의미에서 자연, 무욕, 허虛의 관념은 공부론과 경세 사상의 기초를 제공하였다. 이것은 앞에서 말한 이중 윤리의 결합이다. 즉 송학의 우주론에서 뻗어 나온 질서관과 생활 세계에서의 사대부 혹은 군자 윤리가 하나로 결합된 것이다.

자연·무욕·허의 지향과 경세의 결합은 실질적으로 '물'의 실재성을 거부하는 지향과 세계를 긍정하는 지향을 종합하여 내재적 주체 및 그 의지를 존중하는 논리를 제공하였다. 경세 관념의 성행은 날로 심각한 사회정치적 위기와 밀접한 관계가 있었기 때문에 사람들은 경세 관념을 시사時事에 대응하는 전략적 혹은 공리적인 사상으로 보았다. '경세'란 말은 갈홍葛洪(284~364)이 쓴 『포박자』抱朴子 「심거」審擧에서 기원한다. "그러므로 「홍범」洪範을 연구하여 기자箕子가 세상을 경륜한 도구가 있음을 알며, 『범자계연』範子計然 「모국구술」謀國九術을 살펴보아 범려范蠡가 나라를 다스리는 대략을 본다."(故披『洪範』而知箕子有經世之器, 覽『九術』而見范生懷治國之略) 청대 이후에는 경세 관념과 실학의 관계가 더욱 밀접하여 『역경』「계사 하」繫辭下의 "의義를 정밀히 하여 신묘한 경지에 들어감은 쓰임을 지극하게 하기 위함이다"(精義入神, 以致用也)의 '치용'致用과 함께 자주 사용되기도 한다. 1825년 위원魏源은 『황조경세문편』皇朝經世文編을 편집하기 시작하면서 '현허지리'玄虛之理(가물거리고 공허한 이치—역자)·'심성우담'心性迂談(심과 성에 대한 우활한 논의—역자) 등을 비판하였고, 나아가 백성들의 고통·관리들의 정사·국경 수비·국가 재정·농사·정치 등을 경세지학의 중심 위치에 놓았다. 경세치용은 이때부터 동림파東林派*를 계승하여 양명학 및 그 말류를 반대하는 사상 운동이 되었다. 그러나 경세 관념은 아편전쟁 이전에 시작된 것이지 서구의 도전에 대한 대응이라고 할 수 없으며, 그 자체 또한 유학의 기본 명제 중 하나이다. 경세 관념은 이학자와 실학자들의 견해이며,[119] 또한 양명 후학들의 핵심 이론이다. 경세와 왕학王學, 특히 경세와 양명 후학을 대립시키는 견해는 사실 동림파 및 그 후학들이 자신들의 역사

---

* 동림파(東林派): 명나라 말기에 정부의 강압 정치와 환관에 의한 정치적 폐단을 비판하고, 백성의 입장에서 사회 기강 확립을 주장했던 고헌성(顧憲成)을 중심으로 한 학자들을 가리킨다.

적 상황을 근거로 판단한 것에 불과하다.

심학의 맥락에서 보면, 유교와 불교를 구분하는 것은 경세 관념과 밀접한 관계가 있다. 육구연의 「여왕순백」與王順伯에서는 다음과 같이 말했다.

> 내가 일찍이 의리義利 두 글자로 유교와 불교를 판단했다. 또 말하기를, "공사公私의 실질은 곧 의義와 리利이다. 유교는 인간이 천지간에서 태어났으나 만물보다 신령하고 귀하다고 여기며, 천지와 함께 삼극三極이 된다고 생각한다. 하늘에는 천도天道가 있고, 땅에는 지도地道가 있으며, 사람에게는 인도人道가 있다. 사람으로서 인도를 다하지 않으면, 천지와 함께할 수 없다. 사람은 다섯 가지 감각기관이 있는데, 각 감각기관에는 담당하는 일이 있어서 여기에 시비득실이 있으며 가르침과 배움이 있다. 그 가르침이 세워지는 것이 이와 같기 때문에 의義라고 말하고, 공公이라고 말한다. 불교는, 인간은 천지간에서 태어났기 때문에 생사가 있고, 윤회가 있으며, 번뇌가 있어서 매우 고통스러운 것이라 생각한다. 그래서 그것을 면하는 방법을 구한다. …그러므로 그 말에 이르기를, 삶과 죽음은 큰일이다. …그 가르침이 세워지는 것이 이와 같기 때문에 리利라고 말하고, 사私라고 말한다. 오직 의롭게 하고 공정하기 때문에 경세經世이고, 오직 이롭게 하고 사사롭기 때문에 출세出世이다. 유교는 비록 소리도 없고 냄새도 없으며, 있는 곳도 형체도 없는 데에 이르러서도 모두 경세를 위주로 한다. 불교는 비록 미래제未來際*가 다하도록 중생을 구제하더라도 출세를 위주로 한다.
>
> 某嘗以義利二字判儒釋. 又曰公私, 其實卽義利也. 儒者以人生天地之間, 靈於萬物, 貴於萬物, 與天地並而爲三極. 天有天道,

---

• 미래제(未來際): '미래(未來)의 끝'을 뜻하는 불교 용어.

地有地道, 人有人道. 人而不盡人道, 不足與天地並. 人有五官,
官有其事, 於是有是非得失, 於是有敎有學. 其敎之所從立者如
此, 故曰義曰公. 釋氏以人生天地間, 有生死, 有輪廻, 有煩惱,
以爲甚苦, 而求所以免之. …故其言曰: 生死事大. …其敎之所
從立者如此, 故曰利曰私. 惟義惟公故經世: 惟利惟私故出世.
儒者雖至於無聲無臭, 無方無體, 皆主於經世. 釋氏雖盡未來際
普度之, 皆主於出世.[120]

상산학은 심心을 우주 전체로 생각하기 때문에 학문하는 방식은 심
이 잘못된 방향으로 향하는 것을 제거하여 그 본체를 회복하는 것이
다. 자신도 모르는 사이에 자연에 내맡기는 이 심은 영원히 만물에 감
응할 수 있다. 경세로써 유불儒佛을 구분하는 것은 입세入世를 전제로
하여 '무'無를 논하는 것이다. 왕기는 사무설四無說과 경세 관념을 결합
시켜 육구연의 정신을 어느 정도 계승했는데, 이것은 경세의 출발점이
'무'에 기초한다는 것을 설명해 준다. '격물'의 논리적 전제는 '지'知의
실천성이며, '문을 닫고 정좌하는'(閉關靜坐) 잘못은 이러한 구도 방식이
경세의 실천에서 벗어나 독서궁리와 마찬가지로 격물치지의 진정한
핵심을 상실한 것이다. 지知 밖에 물物이 없고, 물 밖에 지가 없으니,
만약 부모를 기쁘게 하고, 벗을 신뢰하며, 윗사람에게 신임을 얻거나,
백성을 다스리는 등의 실천에서 벗어나면, 곧 선善을 밝히거나 힘 쓸
곳이 없다. 그러므로 선을 밝힘(明善)과 윗사람에게 신임을 얻음(獲上),
백성을 다스림(治民), 부모를 기쁘게 함(悅親), 벗을 신뢰함(信友)의 공功
을 두 가지로 분리하여 말할 수 없으며, 격물과 실천은 한 가지 일의
두 가지 표현이 되는 것이다. 다시 말하면, 오직 지의 실천을 강조하고
고요함을 좋아하며 움직임을 싫어하는 귀적歸寂을 부정해야만 치지의
실천과 경세의 목적을 연관시키고, '반기'反己(자신을 돌이킴)의 실천과 인
생의 세속적 특징을 통일시키며, 리의 질서관과 사건의 구체적인 상황
을 연계시키는 것이 가능하다. 바로 이 때문에 물의 실재성에 대한 부

정은 치지 과정의 모든 중개 또는 외재성의 부정이다. 그러나 이러한 부정 자체는 바로 현실 생활을 유도하고 내재적인 '고요한 본체'(寂體)에 상대되는 밖으로 기우는 경향을 포함한다.

　이러한 의미에서 '경세' 관념의 부흥을 추동하는 내재적 근거는 여전히 양명의 만물일체, 지행합일이다. 왕기는 다음과 같이 말하였다.

> 만약 격물에 공부가 있다고 말하면, 어찌하여 치지를 지극히 한다고 말하는가? 만약 격물에 공부가 없다고 말하면, 어찌하여 (치지가) 격물에 있다고 말하는가? 물物은 천하 국가의 실제 일이니, 양지로 말미암아 감응하여 비로소 생긴다. 치지가 격물에 있음은 양지를 다하고자 한다면 천하 국가의 실제 일에서 그것을 할 수 있을 뿐이라고 말하는 것과 같은 것이다.
>
> …성인의 학문은 경세를 위주로 하며, 본래 세계와 서로 떨어지지 않는다. 옛날에 사람을 가르칠 때에는 다만 온 마음을 다해 학문에 정진함(藏修遊息)*을 말할 뿐, 일찍이 문을 닫고 정좌하라고 말한 적이 없다. 매일같이 감응하고 시시각각으로 수렴하여 정신이 확 트이고 널리 가득 차서 욕심에 동요하지 않는다면 그게 바로 정좌와 같은 것이다. 하물며 욕심의 뿌리(欲根)*는 마음 깊숙한 곳에 숨어 있어서 대경對境*이 아니라면 욕심은 쉽게 발현하지 않는다. 이는 마치 쇠붙이에 구리와 납을 섞으면 아주 뜨거운 불이 아니고서는 쉽게 녹지 않는 것과 같다. 만약 지금 감응이 제대로 되지 않는다고 여겨서, 문을 닫고 정좌하면서 욕심

---

* 옛날에~정진함: 공부할 때는 물론 쉴 때도 학문을 익히는 것을 항상 마음에 둠을 뜻한다.
* 욕심의 뿌리(欲根): 인간의 욕망을 작동시키는 여섯 가지 뿌리. 즉, 안(眼), 이(耳), 비(鼻), 설(舌), 신(身), 의(意)라는 육근(六根)을 말한다.
* 대경(對境): 육근에 근거해 마음의 작용을 일으키는 여섯 가지 경계(境界). 즉, 색(色), 성(聲), 향(香), 미(味), 촉(觸), 법(法)이라는 육경(六境)을 말한다.

이 없는 본체를 양성해 낸 뒤에야 비로소 그친다면, 비단 지금의 공부조차 망칠 뿐만 아니라, 고요함만 좋아하고 움직임은 싫어하게 되어, 세상과 아무런 교류가 없는 지경에 이를 것이니, 그리되어서야 어찌 다시 경세를 할 수 있겠는가?

> 若謂格物有工夫, 何以曰盡於致知? 若謂格物無工夫, 何以曰在於格物? 物是天下國家之實事, 由良知感應而始有. 致知在格物, 猶云欲致良知, 在天下國家實事上致之云爾.
> …聖人之學, 主於經世, 原與世界不相離. 古者教人, 只言藏修遊息, 未嘗專說閉關靜坐. 若日日應感, 時時收攝, 精神和暢充周, 不動於欲, 便與靜坐一般. 況欲根潛藏, 非對境則不易發. 如金體被銅鉛混, 非遇烈火, 則不易銷. 若以見在應感不得力, 必待閉關靜坐, 養成無欲之體, 始爲了手, 不惟蹉却見在功夫, 未免喜靜厭動, 與世間已無交涉, 如何復經得世?[121]

일반적으로 심학은 본체·본심에 편중되어 있고, 기氣의 운행을 소홀히 하여 시대의 변천, 상황의 변화, 제도 측면의 문제에 대한 심도 있는 역사적 사고가 결핍되어 있다. 그러나 이러한 판단을 할 때는 적어도 두 가지를 보충해야 한다. 첫째, 이러한 반역사적인 사상은 본심本心, 동심童心, 적자지심赤子之心, 본체本體, 차물此物, 허무虛無로써 역사의 진부한 규범과 교조를 법칙으로 하는 권위 체제에 대항하여 구체적인 상황에서 날카로운 비판적 기능을 담당하였다. 이러한 의미에서 반역사적인 사고 형식 자체는 역사성을 가진다. 둘째, 외재성에 대한 거부(왕기가 무無에 대해 중시한 것과 같은 것)가 표현하는 것은 도덕과 행위와의 관계에서 내재적 연속성을 재정립한 것이지, 어떠한 현실적 제도 및 그 실천을 부정하기 위해서가 아니다.[122] 이러한 의미에서 본심·동심·자연·무無로 회귀하는 경향은 결코 어떠한 제도적인 실천에 대한 부정을 의미하지 않는다. 그러므로 한편으로는 왕양명에서 양명 후학(특히 이지李贄)까지 끊임없이 계승된 육경개사六經皆史의 사상은 역사적인 관념을 통해 경서經書를 상대화하고 나아가 주자학 정통에 대한 비판을 형성하였다. 다른 한편으로는 본심·동심·자연 등의 범주는 도덕적 기초에서 현실의 등급 관계를 분리하고, 또한 정情·욕欲의 영역에 이론적인 전제를 제공하였다. 황종희는 태주학파의 중심인 물인 안균顔鈞(자는 산농山農)의 행위와 가르침을 종합하면서 "본성을 좇아 행하고 자연에 순전히 맡기는 그것을 도라고 말한다. …무릇 기존 유학자의 견문과 도리의 격식은 모두 도를 가로막을 수 있다"(率性所行, 純任自然, 便謂之道. …凡儒先見聞, 道理格式, 皆足以障道)[123]고 하였고, 순수한 자연 상태에 입각하여 도를 구해야 함을 강조했다. 이에 따라 선유先儒의 가르침·예의 제도·법률·정치의 방식과 도道·자연·리理 등의 최고 범주를 구분하였다.

섭표의 귀적歸寂이든 왕기의 무욕無欲·자연·본체 즉 공부든, 모두 특정 범위 내에서 등급화된 혹은 교조화된 윤리 관계에 대한 부정이다. 그들은 다른 관점에서 도덕과 현실의 동일 관계 회복을 추구하였다. 이른바 '경세' 관념은 바로 그들의 도덕과 현실의 관계에 대한 이해 위에서 정립되었다. 그러나 도대체 무엇이 진정한 현실인가? 각자의 이해는 전혀 달랐다. 섭표에게 이러한 현실은 고요한 본체이며, 왕기에게 이러한 현실은 자연이었다. 즉 경세의 실천과 자연 회귀 사상은 긴밀한 관계를 맺고 있다. 자연이 여기에서는 현실 질서의 대립물로써 존재하기 때문에, 현실 질서가 자기의 자연으로 회복될 것을 요구한다. 본체·공부·자연 등의 문제에 있어서 왕기, 섭표, 이지 및 양명좌파의 기타 인물들의 견해는 일치하지 않는다. 그러나 그들의 비판적 견해는 자연, 심성, 양지, 욕망을 모두 진정한 현실로 승화시킨 것으로 표현해서 결국은 현실 질서와 서로 대립하게 만든다. 이러한 의미에서 도덕 평가와 자연의 통일 관계의 회복은 결코 공자의 그러한 군자유君子儒 평가 방식의 회복이 아니다. 후자는 예제禮制에 따라 한 사람의 행위와 그의 실제적 신분, 예의 관계 속의 위치를 요구하기 때문에 걷거나 먹거나 옷을 입는 형식과 직접적으로 연계시켰다. 양명 후학의 비판적 영향력은 오히려 이러한 방식의 거부에서 나왔다고 말할 수 있다.

바로 이러한 점에서 태주학파의 시초인 왕간王艮(1483~1541, 자는 여지汝止, 태주泰州 안풍장安豐場 사람, 당시 사람들은 심재선생心齋先生으로 불렀음)의 학설은 그 특징을 드러낸다. 그는 『효경』과 『논어』, 『대학』을 표준으로 삼아 실천적인 측면에서 공자가 제시한 군자유君子儒의 도덕 이상을 회복하고자 하였다. 왕간은 왕기, 섭표처럼 무無로써 유有를 반대하지 않고 유有로써 유有를 반대하였다. 그의 '회남격물'淮南格物 이론은 '백성들의 일상적인 학문'을 중시하여 동림파의 인물인 고헌성顧憲成(1550~1612), 사맹린史孟麟(자는 제명際明, 호는 옥지玉池, 상주常州 의흥宜興 사람)이 '배고프면 와서 밥을 먹고, 피곤하면 와서 잠을 잔다'(飢來吃飯困來眠)의 '현재에 충실한 자연스러움'(當下自然)을 비판했던 느낌이 다분히 있다.[124] 그러나 이지李贄(1527~1602, 호 탁오卓吾, 독오篤吾, 천주泉州 진강晉江 사람)의 이른바 "옷을 입고 밥을 먹는 것이 곧 인륜人倫과 물리物理이다. 옷 입고 밥 먹는 것을 제외하면 윤리도 물리도 없다"(穿衣吃飯, 卽是人倫物理: 除却穿衣吃飯, 無倫物矣)[125]의 견해와 비교해 볼 때, 왕간의 '자연'과 '일용조리'日用條理의 함의는 결코 같지 않다. 이지는 '인의예악'仁義禮樂, '형명법술'刑名法術을 멸시하고 불교와 노장 사상을 더욱 많이 융합시켰기 때문에 '자연' 개념은 그에게 있어서 욕欲에 대한 긍정이다. 이러한 논리에 따르면, 자연은 옷과 밥 가운데 존재할 뿐만 아니라, 옷과 밥 그 자체이다. 옷과 밥 이외에는 별다른 특별한 자연과 조리가 없는 것이다. 왕간의 사상은 비교적 단순하여 그의 학문은 『효경』과 사서四書에 국한되어 있다. 그의 비판력은 유학 내부의 다른 방향에서 나온다. 그것은 바로 '물'物과 '물이 있는 곳'(物之所)을 구분시킨 것으로서 주자의 '자연', '진처'盡處, '합당'合當과 비교적 가깝다. 예컨대 그는 다음과 같이 말했다.

무릇 인仁이란 천지 만물을 한 몸으로 생각하니, 하나의 물物이 있을 곳을 얻지 못하면 곧 자기가 있을 곳을 얻지 못한 듯이 여겨 그로 하여금 있을 곳을 얻게 하도록 힘쓸 뿐이다. 이런 까닭에 사람들은 모두 군자요, 집집마다 표창表彰할 만한 인물이 많으며, 천지가 제자리에 있고 만물이 길러지니 이것이 나의 뜻이다.

> 夫仁者以天地萬物爲一體, 一物不獲其所, 即己之不獲其所也,
> 務使獲所而後已. 是故人人君子, 比屋可封, 天地位而萬物育,
> 此予之志也.[126]

만물일체의 평등관은 '물'物과 '그 있을 곳'(其所)의 관계 속에 정립된다. 이러한 의미에서 인仁은 '현재에 충실한 자연스러움'(當下自然)에 대한 긍정이 아니라, 만물이 그 있을 곳으로 돌아간(物歸其所) 결과이다. '그 있을 곳'(其所)은 이상적인 상태이며 현재의 '물'物과는 다르다.

그러나 왕간은 왕양명을 본받아 수신을 핵심적인 위치에 놓고 평등 사상을 주장했다. 그는 주자가 즉물궁리를 통해 '그 있을 곳' 또는 만물의 이치를 파악했던 옛 방법을 따르지 않았다. 그의 격물 개념은 '제가·치국·평천하'의 경세 목표와 긴밀한 관계가 있다. 그의 사상 세계에서 '제가·치국·평천하'는 제왕의 특권이 아니라 각 사람의 수신修身의 결과이다. 만약 왕기의 경세 사상이 그의 '무'無에 기초한 것이라면, 왕간의 경세는 오히려 '유'有를 전제로 한다. 평등하게 정치에 참여한다는 의미에서 이것은 진실로 고염무의 "천하의 흥망은 필부에게도 책임이 있다"(天下興亡, 匹夫有責)의 시초가 되지만, 고염무의 사대부 특유의 사명감과 비장한 분위기는 없다. '물'物은 여기에서 본말本末 범주의 관계 속에 놓여졌다.

물物은 근본과 말단이 있으니, 그러므로 물物을 격格한 후에 근본을 안다. 근본을 알면 앎이 지극해진다. 앎이 지극해지면 앎이 그치게 된다. "천자로부터" 여기에 이르기까지란 앎이 지극함을 말한 것이니, 곧 격물치지의 뜻을 해석한 것이다. 나와 천하 국가는 하나의 물物이다. 오직 하나의 물이지만 본말이 있다고 말한다. 격格은 헤아리고 재는 것이다. 본말의 사이를 헤아리고 재어 근본이 어지러우면 말단이 다스려짐이 없다는 것을 안다. 이 것이 격물이다. 물을 격하여 근본을 알고, 근본을 알아 앎이 지극해진다. 그러므로 "천자로부터 서인庶人에 이르기까지 모두 수신을 근본으로 여긴다"라고 말한다. 수신은 근본을 세우는 것이며, 근본을 세우는 것은 몸을 편안히 하는 것이다.

> 物有本末, 故物格而後知本也. 知本, 知之至也. 知至, 知止也.
> "自天子"至此, 謂知之至也, 乃是釋格物致知之義. 身與天下國
> 家一物也. 惟一物而有本末之謂. 格, 絜度也. 絜度於本末之間,
> 而知本亂而末治者否矣. 此格物也. 物格, 知本也, 知本, 知之
> 至也. 故曰"自天子以至於庶人, 一是皆以修身爲本也." 修身,
> 立本也: 立本, 安身也.[127]

세계 만물은 모두 일물一物이기 때문에 차이가 없다. 그러나 같은 일물이며 본말이 있기 때문에 '격물'에서 중요한 것은 물物의 본말을 명확하게 구분하는 것이다. 왕간은 몸을 근본으로 삼고 가정·국가·천하를 말단으로 삼았다. 이에 따라 본말 범주는 가정·국가·천하의 윤리 우선성을 부정하였다. 비록 '반기'反己 또한 '집안을 가지런히 하고 나라를 다스리며 천하를 태평하게 함'(齊治平)의 목적론을 포함하고 있지만, '기'己의 우선성은 확실히 개체주의적 요소를 가지고 있다. 이러한 개체주의는 물론 원자론적 개인주의가 아니다. 왜냐하면 왕간의 논리 또한 마찬가지로 리理라는 지선至善한 우주 질서를 전제로 하고 목적으로 삼기 때문이다.

왕간에게 있어서 경세의 가장 중요한 방법은 수신에 있으며, 수신의 핵심은 반기反己이다. 그의 '격물'은 인식 부분을 간과했다. 왕간은 '격'을 '격식'의 '격'으로 이해했다. 그렇다면 격물 또한 물物에 부여된 일종의 격식이다.

격格 자의 뜻을 물으니, 이렇게 대답하였다. "격은 격식의 격과 같으니, 곧 곱자로 재는 것(絜矩)을 말한다. 내 몸이 곱자이며 천하 국가가 네모이니, 곱자로 재도 네모가 반듯하지 않은 것은 곱자가 반듯하지 않기 때문임을 안다. 이 때문에 곱자를 바르게 할 뿐이지 오히려 네모에서 반듯함을 구하지는 않는다. 곱자가 반듯하면 네모도 반듯하며, 네모가 반듯하면 격을 이룬다. 그러므로 물이 격한다고 말하는 것이다. 내 몸의 상하 전후 좌우에 대한 것이 물이고, 곱자로 재는 것이 격이다. …격물은 근본을 알고 근본을 세우며 몸을 편안히 하는 것이다. 몸을 편안히 함으로써 집안을 편안히 하여 집안이 가지런해지고, 몸을 편안히 함으로써 나라를 편안히 하여 나라가 다스려지며, 몸을 편안히 함으로써 천하를 편안히 하여 천하가 태평하게 된다."

> 問: "格字之義". 曰: "格如格式之格, 卽絜矩之謂. 吾身是個矩, 天下國家是個方, 絜矩則知方之不正, 由矩之不正也. 是以只去正矩, 却不在方上求. 矩正則方正矣, 方正則成格矣, 故曰物格. 吾身對上下前後左右是物, 絜矩是格也. …格物, 知本也, 立本, 安身也, 安身以安家而家齊, 安身以安國而國治, 安身以安天下而天下平也.[128]

왕간은 옛 제도에 따라 행동하는 것을 수신의 방법으로 삼아 도덕 평가와 도덕 실현 과정에서의 행동, 신분과 예제의 동일 관계를 회복하고자 힘썼다. 그러나 그는 왕양명, 왕기처럼 성의誠意, 정심正心, 치지致知, 격물格物의 추상적이고 마땅히 있어야 할 상태를 반복적으로 연마하지는 않았다. 또한 자아 심성心性에서의 자득自得에 힘써 점차 경전과 상도에서 벗어났던 경정리耿定理,* 이지李贄 등과는 달랐다. 도

---

* 경정리(耿定理): 자는 자용(子庸), 호는 초공(楚倥), 호북(湖北) 황안(黃安) 사람. 형인 경정향(耿定向), 동생인 경정력(耿定力)과 함께 '황안 삼경'으로 불렸다. 이지가

덕 평가 방식에서 그는 군자유君子儒의 방식에 더욱 가까웠다. 즉 심성心性을 추상화하지 않았다. 그가 보기에 고대의 이상은 고대의 전장 제도에 담겨 있다. 고대의 이상을 회복하려면 반드시 고대의 전장 제도를 회복해야 한다. 만약 한편으로는 자연自然, 동심童心으로써 전장 제도를 부정하면서, 다른 한편으로는 유가의 도덕을 회복하고자 한다면 연목구어緣木求魚와 다름없는 것이다. 왕간의 평등주의는 비록 바로 『대학』 '수신'修身 조목의 "천자부터 서민에 이르기까지 모두 수신을 근본으로 한다"(自天子至於庶人, 壹是皆以修身爲本)에서 나온 것이지만, 그는 결코 이러한 평등주의가 예의 질서에 대한 초월은 아니라고 생각했다. 거꾸로 평등의 특징은 단지 사람이 반드시 수신을 근본으로 삼아야 하며, 수신의 실천은 고대의 제도를 벗어날 수 없다고 보았다.[129] 따라서 그의 사상적 귀결은 이른바 '낙학'樂學의 경지였으며, 예약의 세계였다. 이 '학'學은 정좌귀적靜坐歸寂, 독선기신獨善其身이 아닌 안신지법安身之法이다. 즉 고대 전범과 예제의 회복을 전제로 해서 "배워서 스승이 되고, 배워서 어른이 되며, 배워서 군왕이 된다"(學爲師也, 學爲長也, 學爲君也)는 것이다.

왕간은 엄격하게 『효경』의 이른바 "선왕의 바른 옷이 아니면 감히 입지 않으며, 선왕의 바른말이 아니면 감히 말하지 않으며, 선왕의 덕행이 아니면 감히 행하지 않는다"(非先王之法服不敢服, 非先王之法言不敢道, 非先王之德行不敢行)는 원칙에 따라 행동했다.[130] 그는 도덕 실천과 도덕에 관한 논의가 도덕의 형식에만 존재할 수밖에 없다고 생각하여 "요임금의 말을 말하고, 요임금의 행동을 행하니, 요임금의 옷을 입지 않을 수 있겠는가?"(言堯之言, 行堯之行, 而不服堯之服可乎)라고 주장했다. 그는 『의례』儀禮에 따라 오상관五常冠, 심의深衣, 대대大帶를 제작하여 옛 복장으로 행하여 홀을 손에 쥐고 앉았다(古服啓行, 執笏而坐). 또한 공자가 천하를 주유했을 때의 수레를 모방·제작하고 스스로 포륜蒲輪*을 발

황안 경씨 집안에서 수년간 머물렀다는 기록이 있다.

명하여 길거리에서 뽑냈다.[131] 왕간은 역사의 변천을 염두에 두지 않고 염정鹽丁* 출신으로서 공공연히 옛 선비의 예제를 복원하여 오히려 유가 도덕과 현실 세계의 아이러니한 관계를 도드라지게 하였다. 예컨대, 그는 정전井田을 회복하여 유민遊民이 없도록 요구하였으며, 문文이 아닌 덕德으로 사람을 선발해야 한다고 했다. 이렇듯 전혀 실천 가능성도 없는 복고주의는 당시 사회에 대한 부정적인 태도를 나타낸다. 그의 '원리주의'가 이단으로 배척되었다는 사실이야말로 유학의 도통道統임을 자처하는 세계가 선비에게 철저히 배반당했음을 가장 잘 보여준다. 왕간은 역사의 변천과 사회 제도의 변화 속에서 도덕 실천의 함의를 이해하는 것을 거부했다. 그는 수신修身의 실천과 옛 제도의 관계를 일종의 고립된 관계로 이해했다. 이에 따라 결국 도덕 실천을 변화하는 사회 상황에서 예제 질서를 재구성하려는 노력으로 확장시키는 경향과는 상반된다.

양명 후학의 수정 운동은 단지 의리義理 논쟁의 결과일 뿐만 아니라 극심한 정치 투쟁의 산물이다. 동림당東林黨은 명예와 절개를 두고 절차탁마하며, 왕학王學 말류末流를 대재난으로 간주하였다.[132] 그들은 '무선무악'無善無惡, '만물일체' 관념을 맹렬하게 비판하고, '일체의 어찌할 수 없는 감정'(一體不容已之情) 때문에 신체·명예·명교名敎·절조節操를 도외시하는 것에 반대했다. 왕학좌파와 동림당은 모두 경세적 경향이 있었지만, 전자는 비교적 주변적(일부는 시민 계층에 속했음)인 위치에 있어 대부분 반정치적인 방식으로써 자신의 정치성을 나타냈다. 그러나 후자는 사대부의 입장에서 출발하여 직접 정치 투쟁에 참여했다. 그러므로 왕학좌파와 동림당 사람들은 비록 모두 경세를 목표로 하지만, 사회정치적 지향은 결코 같지 않았다. 고헌성(자字는 숙시

• 포륜(蒲輪): 흔들림을 막기 위해 버들잎으로 둘러 싼 바퀴. 옛날에 봉선(封禪) 또는 현사(賢士)를 영접할 때 존경과 예를 표하기 위해 흔히 사용했다.
• 염정(鹽丁): 소금 생산에 종사하는 자를 말한다.

叔時, 별호別號는 경양선생涇陽先生, 상주常州 무석無錫 사람)과 고반룡高攀龍(1562~1626, 자는 존지存之, 별호는 경일景逸, 상주 무석 사람)은 '성선'性善과 '지경'持敬(또는 이른바 '소심'小心)을 주목하였다.[133] 후세 학자들은 그들 이재李材(자 맹성孟誠, 별호 견라見羅, 풍성豐城 사람), 허부원許孚遠(자 맹중孟仲, 호 경암敬庵, 절강浙江 덕청德淸 사람), 추원표鄒元標(1551~1624, 자 이첨爾瞻, 별호 남고南皋, 강서江西 길수吉水 사람), 풍종오馮從吾(자 중호仲好, 호 소허少墟, 섬서陝西 장안長安 사람), 그리고 청초淸初의 손기봉孫奇逢(1583~1675, 하봉夏峰선생으로 불림), 황종희, 이옹李顒(1627~1705, 호는 이곡二曲)을 모두 '왕학수정파'王學修正派로 보았다.[134]

고헌성은 동림당과 양명좌파의 유사점 및 차이점을 설명할 때 "왕기의 뜻을 자세히 해석해 보면, 항상 사람에게 명예를 좋아하는 근성을 끊으라고 한다. 이것은 원래 우리의 가장 기본적인 출발점이다. … 이에 왕기는 말하기를, '명예 훼손에 대한 두려움에서 벗어나는 것, 곧 악명으로 한평생 매몰되어 헤어나지 못해도 조금도 상관이 없다'고 했는데, 위험하다. 이것은 곧 아무런 거리낌 없는 중용을 위해 모범을 세운 것이다. …그리고 인간은 명예를 좋아하는 근성뿐만 아니라 이익을 좋아하는 근성이 있다. …만약 이익을 좋아하는 근성을 끊어 내지 못한 채 명예를 좋아하는 근성만 끊어 내야 한다고 말한다면, 그 명예를 좋아하는 근성이 묻힐수록 이익을 좋아하는 근성이 더 극성을 부릴까 걱정된다. 그 속(이익을 좋아하는 근성 속)에 숨겨져 있는 것들은 이루 다 말로 할 수 없을 정도이다"(詳釋龍溪之旨, 總是要人斷名根. 這原是吾人立脚第一義. …龍溪乃曰: '打破毀譽關, 卽被惡名埋没一世, 不得出頭, 亦無分亮掛帶', 則險矣. 這便是爲無忌憚之中庸立了一個赤幟. …且人不特患有名根. …若利根不斷, 漫說要斷名根, 吾恐名根愈死, 則利根愈活, 個中包裹藏伏有不可勝言者)[135]라고 하였다. 그리고 명예를 좋아하는 근성(名根)과 이익을 좋아하는 근성(利根)을 근절하려면, 반드시 우선 '아무런 거리낌 없는' 상태를 바꾸어야 한다고 하였다. 그러므로 이에 따른 문제는 바로 '어떻게 바꾸는가'이다.

동림의 경세 실학은 명교名敎, 절의節義를 중시하고 격물을 제창하여 이미 왕양명에서 주희로 선회하는 경향을 띠었다. 명말 청초 사상 변화의 계기가 바로 여기에 숨겨져 있다. 즉 우선 '인仁'과 '의예지신'義禮 智信을 다시 연관 지어 예악 제도의 엄숙성을 회복한다.[136] 그다음으로 견문見聞의 지知를 회복하고 실천의 중요성을 몸소 행하여 이론상으로 양지에 대한 공담空談을 반대하며 나아가 격물의 옛 방법으로 되돌아오는(重返) 것이다. 고반룡은 "양명학파의 폐단은 당초 견문의 지를 일소하고 마음을 밝히는 것뿐이었다. 그러나 결국 마음에 내맡겨 버리고 배움을 폐하니 『시』詩·『서』書·『예』禮·『악』樂이 가벼워지고 선비는 실제 깨달음이 적어지고 말았다. 또한 당초 선악을 일소하여 생각을 비우는 것뿐이었다. 그러나 결국 공허에 내맡겨 행함을 폐하니 명절충의名節忠義가 가벼워지고 선비는 실제 수양이 적어지고 말았다"(姚江之弊, 始也掃聞見以明心耳, 究且任心而廢學, 於是乎詩書禮樂輕而士鮮實悟, 始也掃善惡以空念耳, 究且任空而廢行, 於是乎名節忠義輕而士鮮實修)[137]라고 하였다. '학'學과 '행'行은 특정한 상황에서의 '학'과 '행'이 아니라 『시』·『서』·『예』·『악』, 명절충의의 구체적인 관계 속에서의 '학'과 '행'이다. 시·서·예·악, 명절충의의 참뜻을 탐구하려면 격물의 공부를 벗어날 수 없다. 그러므로 치지와 격물의 내재적 연계성의 재정립은 불가피한 일이 되었다.

양지를 논하는 자는 치지가 격물에 있지 않기 때문에 허령虛靈한 쓰임을 모두 정욕으로 여기니, 이것은 하늘의 법칙을 따르는 자연이 아니므로 선에 이르는 것(至善)과는 거리가 멀다. 우리가 말하는 격물은 연구하여 선에 이르는 것(至善)이니, 선을 근본으로 삼으며 앎을 근본으로 삼지 않는다. 그러므로 치지가 격물에 있다는 이 한마디 말로 유가와 불가가 확연히 구분된다.

談良知者, 致知不在格物, 故虛靈之用, 多爲情識, 而非天則之自然, 去至善遠矣. 吾輩格物, 格至善也, 以善爲宗, 不以知爲宗也. 故致知在格物一語, 而儒禪判矣.[138]

귀적歸寂, 공무空無는 모두 하늘의 법칙을 따르는 자연이 아니며, 선에 이르는 것은(至善)은 격물의 실천 가운데 존재한다. 여기에서 '물'의 실재성에 대한 거듭된 천명이 바로 전환의 계기이다.

심물心物, 이기理氣 등의 문제에 대한 명대 심학의 이견과 변화는 심학자들의 정치적 입장과 밀접하게 관계되어 있다. 상층 정치 제도 측면에서 양명은 학교 제도의 개혁 및 보완, 가문과 신분의 제한을 타파할 것을 주장하며, 경세의 실천을 중시하였다. 이로써 부패한 정치의 혁신에 인적 자원을 제공하고자 하였다. 학교에 대한 구상은 예제 질서 회복의 한 부분으로서 송대 이학자들의 과거 제도에 대한 비판과 일맥상통한다. 양명의 주자학에 대한 비판과 주자학의 과거 제도에서의 정통적인 지위는 내재적인 역사 관계를 가지고 있다. 기층 사회 제도 측면에서 양명은 향약과 보갑 제도의 설계와 형성을 중시하였다. 그는 향약, 종법 등 사회관계를 단순히 국가 제도를 통해 실시할 수 없다고 생각하여 일종의 종족, 혈연, 지연, 감정 관계를 주축으로 하는 기층 사회 체제를 건설하고자 하였다. 이 가운데 후자는 도덕 윤리의 실천으로써 유지해야 한다. 심학의 실천은 이러한 사회 체제에 도덕적 기초와 실천 방식을 제공했기 때문에 양지설은 반드시 인의예지의 구체적인 실천에 뿌리내려야 한다. 송명 이학은 불교와 노장의 충돌 가운데 발전하였으며, 불교와 노장의 '외부적' 충격이 정통 학문의 일부분을 흔들어 놓았을 때, 이학의 '내부적' 비판은 정통의 기본 가치를 계승하는 전제에서 이러한 외부적 충격을 흡수·수용하기 시작했던 것이다. 양명학과 선종, 도교의 관계가 이러하며, 명대 후기 양명학의 변화 역시 마찬가지이다.

양명좌파의 귀적, 자연, 동심童心에 관한 주장은 도덕 실천 측면에서 개인의 주체성 문제를 제기하였다. 그들이 비판하고 피하고자 했던 대상은 과거 제도, 관료 제도뿐만 아니라 향신鄕紳, 즉 종족을 중심으로 하여 조직된 기층 사회 체제 및 그 도덕 실천을 포함한다. 이지李贄는 동심설童心說을 주장하고 자연 범주와 '나의 조리條理', '덕례정형'德禮

政刑을 철저히 분리시켰다. 그가 보기에 격물은 곧 무물無物이며, 치지致知는 곧 무지無知하게 하는 것이다. 그래서 "배움이 없고 방법이 없는 것이 바로 공자의 학술이 아니랴!"(無學無術者, 其茲孔子之學術歟)[139]라고 하였다. 이러한 의리義理 지식에 대한 부정은 곧 현재에 충실한 자연스러움(예컨대 욕망, 감정)에 대한 긍정이다. 욕망에 대한 긍정은 내재성에 대한 일종의 확인이다. 즉 우리에게 내재한 모든 자연스러움은 정당하기 때문에 모든 학술교조學術教條, 제도형정制度刑政, 종법의궤宗法儀軌를 심판할 수 있다. 이것은 욕망의 개념으로써 자연을 재정의하고 나아가 천리를 재정의하는 것이다. 여기에서의 논리는 만약 천리와 자연을 일종의 최종적 근원이라고 본다면, 천리와 자연에 순종하는 것은 마찬가지로 타율적이거나 외재적인 규범을 존중하는 것으로 볼 수 있다. 이러한 논리는 두 가지 판이하게 다른 경향을 도출한다. 그 한 가지는 욕망을 우리가 마땅히 존중해야 하는 자연으로 상승시키게 되면, 모든 외재적 규범을 타파하고 조금의 자율도 없이 욕망에 빠져 욕망에 대한 순종이 일종의 우리 신체에 내재하는 타율이 되어 버리는 일을 초래할 수 있다. 다른 한 가지는 욕망 자체를 긍정하는 것 또한 욕망을 창조함으로써 실현할 수 있는 조건을 의미한다. 이에 따라 욕망은 현실적으로 이재理財, 병정兵政, 식정食政, 부세賦稅 등의 문제를 고려하는 동력이 된다. 후자에서 보면, 현재에 충실한 자연스러움, 욕망, 감정과 일상생활에 대한 긍정은 바로 경세지학의 동력이 된다. 주자의 격물설에 대한 이지의 부정은 '자연'의 설로 귀결될 뿐만 아니라[140] 경세지학으로 전향하는 가능성을 내포한다. 그러나 경세설이 이러한 의미에서 해석될 때, 심학의 논리는 천리의 범주를 넘어서게 된다. 이지는 평생 떠돌이 생활을 했는데, 그의 유랑 및 도시 생활은 그의 가치관 형성에 중요한 영향을 끼쳤다. 그는 고착된 집단 및 그 윤리 관계에 대해 매우 강한 반감을 드러냈다. 그러므로 이지의 사상은 이학(왕학을 포함하여)의 범주로 설명할 수 없다. 그러므로 이학과 심학은 결국 향촌의 성격을 띤 지방 집단과 밀접한 관계가 있다. 그의 '사'私적 범주는 명말 청초 황종희 등의 '사'史 관련 논의와 크게 다르다. 후자는 지주, 즉 신사紳士 계급의 계약 관계와 윤리 관계를 중심으로 세워진 소유권 관계이다. 이것은 바로 이지가 벗어나고 거부하고자 한 신사, 즉 종법 관계이다.

개체 욕망과 종법 및 향약 관계의 충돌(이지는 향약, 특히 향금약에 대해 격렬히 비판했음)은 이러한 기층 사회관계가 이미 더 이상 주자 시대의 비판성 및 제도에 대항하는 능력을 가지고 있지 않음을 나타낸다. 더욱 중요한 것은 명청 시대에 이른바 사士와 상인이 서로 활발하게 움직임으로써 도시 상공업의 발전, 인구의 대규모 이동, 화폐 교환 관계의 발달을 촉진하였다. 이러한 새로운 사회관계와 향약·종법의 윤리 사이에는 내재적 모순이 존재한다. 만약 향약·종법 등 윤리 제도가 양명 심학의 도덕 실천 및 그 천리관의 제도적 전제를 제공했다면, 양명 후학이 심학의 맥락에서 시행한 이러한 기층 사회관계와 윤리 관계에 대한 비판은 필연적으로 상술한 사회 윤리의 특정한 연계 모델을 넘어서는 경향을 지니고 있었다. 이러한 의미에서, 사회 기능적 측면에서 보면 심학의 위기는 심학과 그 제도적 기초의 관계의 동요에서 기원한 것이다. 그러나 유학 지식의 내부 관계에서 보면 심학의 위기는 심학이 설정한 천리와 특정한 윤리 모델의 자연적인 연속 관계에 대한 의문에서 기원한다. 그러므로 만약 심학을 그 '정도'正道로 돌아오게 하려면 반드시 심학과 제도적 실천의 내재적 관련을 재확립하여 새로운 윤리 규칙을 이학 또는 심학이 설정한 선善에 이르는 천리 질서로 편입시켜야 한다. 여기에서 핵심 문제는 도덕 평가를 제도 평가에 굴종시키는 것이 아니라 도덕 평가를 중심으로 제도의 개혁과 재정비를 다시 생각하여 그것이 일종의 이학 질서관과 서로 부합하며, 도덕에 부합하는 제도가 되게 해야 하는 것이다. 양명 및 그 추종자로 말하자면, 도덕적인 제도는 기능적인 제도가 아니라 천리에 합하는 질서이기 때문에 현실 제도를 통해 논증할 수 없었다. 이 논리는 새로운 제도론의 도래와 심학의 종결을 예시한다.

신제도론, 물의 세계와 이학의 종결

1. 심학의 변화와 신제도론

도덕 법칙 및 그것과 제도 사이의 관계를 재확립하려면 반드시 이론적으로 기氣의 중심 지위를 확립해야 한다. 기일원론氣一元論(예컨대 장재), 이기이원론理氣二元論(정주), 심일원론心一元論(육왕)을 거친후, 앞의 여러 가지 경향을 종합하려는 이기일원론理氣一元論이 형성되고 있었다. 왕학王學의 변화는 '물'物의 실재성 재천명을 핵심으로 한다. 이러한 부분은 왕학의 내부 변화와 주자학의 관계를 혼동하게 하였다. 사실상 '물'의 실재성을 거듭 천명하는 것은 청대의 학문에서 처음으로 제기한 것이 아닐뿐더러 심지어 명말 기학氣學의 독창적인 견해도 아니다. 양명학이 주자학 정통을 비판하던 시기에 나흠순羅欽順 (1465~1547, 자는 윤승允升, 호는 정암整庵, 길주吉州 태화泰和 사람), 왕정상王廷相(1475~1544, 자는 자형子衡, 호는 준천浚川, 하남河南 의봉儀封 사람)의 기학은 이미 주자학의 이기 관계를 뒤집었으며, 기를 존재의 근원으로 간주했다. 양명학의 비판력은 그것이 '물'의 실재성을 부인하고, 천리와 심心을 직접적으로 연관시킨 데서 비롯된다. 그러나 나흠순, 왕정상은 '물'의 실재성과 유효성을 견지하면서, 객관적인 측면에서 '리'의 기초를 제공하고자 하였다. 그리하여 의리의 시비는 경서에서 증명되어야 한다고 보았으며, 이는 명말 청초 유학의 중요한 전환(고염무는 명대 학자 중 특히 나흠순을 존숭하였음)을 예언하였다.[141] 그들은 '물'의 실재성(및 천리의 객관성)을 견지하였으며, 양명처럼 격물에서 '격'을 '바로잡다'로 해석하고(訓格爲正), '물'을 '생각의 발현'이라고 해석했던(訓物爲念頭之發) 주장이 성립될 수 없다고 생각하였다. 왜냐하면 이러한 해석은 『대학』에서의 '격물'의 의미가 동의 반복의 상황에 빠지게 할 뿐만 아니라, '생각의 바름'(念頭之正)을 판정하는 데에 근거를 제공할 수 없게 한다. 왕정상은 『신언』愼言, 『아술』雅述, 『횡거이기변』橫渠理氣辯, 『답하백재조화론 14편』答何柏齋造化論十四篇 등의 저술에서 기 외에는 무물無物(주재자의 물을 가리킴), 무리無理, 무도無道, 무성無性을 거듭 논증했는데, 그 이면의 주장은 리를 기로 삼는 것이었다.

나흠순, 왕정상의 이기일원론이 직접적으로 겨냥한 것은 양명의 심일원론이다. 그러나 그들 모두 정주의 이기이원론에도 반대했다. 따라서 우리는 주자에 대한 추종 혹은 육구연에 대한 추종의 차이로써 그들의 견해를 정의할 수는 없다. 여기에서 기와 심의 대립은 부차적인 것이며, 일원론과 이원론의 대립이야말로 근본적인 것이다. 왕정상이 천문학자 및 박물학자가 된 것은 기로써 리를 대체하기 위함이 아니라 리의 객관성을 거듭 주장하기 위함이었다. 나흠순, 왕정상의 노력은 고립적인 현상은 아니다. 양명의 친구 담약수湛若水(자는 원명元明, 호는 감천甘泉, 광동廣東 증성增城 사람)는 일찍이 "불교와 도가의 허무虛無, 양주楊朱의 위아爲我, 묵자의 겸애兼愛 등 어느 하나 스스로 '바르다'(正)고 여기지 않은 적이 없었다. 우리는 도대체 무엇에 근거하여 그 옳고 그름을 판단할 것인가?"[142]라고 하였다. 판단 기준을 연구하기 위해 담약수는 격格을 '그 이치에 도달함'으로 해석했으며, 격물치지의 함의를 새롭게 해석하여 "그 이치에 도달함이라고 말한 것은 천리를 체득하는 것이다. 천리를 체득한다는 것은 지행知行을 겸하고 내외內外를 합한 것을 말하는 것이니, 천리는 내외가 없다"(至其理云者, 體認天理

也. 體認天理云者, 兼知行合內外言之也, 天理無內外也)라고 하였다.[143] '물'은 어떤 '뜻이 있는 곳'(意之所在)이 아니라, 지행이 병행되어야 도달할 수 있는 천리이다. 따라서 천리는 그 객관성과 실재성이 있다. 담약수의 비판은 양명의 본래 의미를 상실했을 수도 있다. 그러나 주목할 만한 것은 다음과 같은 사실이다. 그의 스승 진헌장陳獻章은 "명대 학자 중 주자학자에서 심학자로 바뀐 첫 번째 인물이라는 점이었다. …담약수는 오히려 스승의 말에 따라 주자학의 실제적인 지주支柱가 되어 진일보한 혁신적인 조류에 반대하였다. 더욱 신기한 것은 담약수의 학문이 하천何遷, 당추唐樞에게 전해졌고, 다시 허부원許孚遠에게 전해졌으며, 또다시 유종주劉宗周에게 전해졌다. 담약수와 왕양명의 조화에서부터 점차 변화하여 왕학의 수정파가 되었으며, 이로써 왕학 말류의 폐해를 만회하였으며, 사상사의 새로운 장을 열었다."[144] 이러한 의미에서 심학과 이학의 통상적인 구분으로는 이미 명대 사상의 복잡성을 설명할 수 없게 되었다.

유종주(1578~1645, 자는 기동起東, 호는 염대念臺, 절강浙江 산음山陰 사람)는 명말 사상의 마지막 대가였다. 그는 천지에 가득한 것이 모두 심心·도道·기氣라고 생각하여 이선기후理先氣後의 관점을 부정하고 '기즉리'氣卽理의 견해에 동의하고, 이기심성理氣心性이 모두 일원一元이라고 결론지었다.[145] 이기일원의 가설에서 유종주는 본말 관계로써 왕기의 유무지설有無之說을 대체하였다. 이러한 본말 관계에서 경세는 일종의 도덕 학설의 목적이 아니라 치지致知, 성의誠意의 결과이다. 유종주는 "의意는 지선至善이 깃든 참된 곳이며, 지知가 여기에 있으면, 물物 또한 여기에 있다"(意也者, 至善栖眞之地, 知在此, 物亦在此)라고 하였다. 왕간王艮과 마찬가지로 여기에서 이른바 '물'은 "물유본말"物有本末의 물이며, 천하·국國·가家·신身·심心·의意 등 여섯 항목이 모두 물이다. 이 여섯 항목 가운데 유종주는 '의'意가 근본이며, 그 나머지는 말단이라고 강조하였다. 어찌하여 '의'가 근본이 되는가? 그의 문맥에서 '의'는『대학』중 '심'에 종속되는 '의'가 아니며, 우주 본원 자체이며, '마음이 보존된 곳'(心之所存) 혹은 '심의 주재자'이다. 인심人心 도심道心이 단지 일심一心이고, 기질氣質 의리義理가 단지 일성一性이라면, 심일心一 성일성性一의 공부 또한 하나이다. 그렇다면 '심의 주재자'가 되는 '의'意 는 곧 근본적인 물이 아닌가? 의意를 근본으로 삼는 것은 외향적인 실 천을 주장하는 것이 아니며, 또한 단순히 실천론상의 경세와 성의가 모두 내재적 연관을 가지고 있다고 하는 것이 아니다. 오히려 '의'는 우주의 본원이라고 하는 것이다. 유종주는 중년에 '신독'愼獨의 학문을 논했으며, 말년에는 '성의誠意를 근본으로 삼음'을 논하는 것으로 변하 였다. 그러나 "독獨 이외에는 따로 본체가 없으며, 신독愼獨 외에는 따 로 공부가 없는"(獨之外別無本體, 愼獨之外別無工夫) 신독의 학문과 '성의'誠 意의 학설은 결코 근본적인 충돌이 없다.[146]

이기일원론의 체계에서 격물치지는 외향적인 경세 실천을 포함하 는 한편, 이러한 외향성을 외물에 대한 인식으로 귀결시키지 않는다. 신독의 학문은 '사事에 있어서 연마'하는 격물 공부로 회귀했다.[147] 유 종주는 "격지格知 성의誠意가 근본이 되고, 정正·수修·제齊·치治·평平이 말단이 된다"라고 생각하였다. 어째서 '격육물'格六物의 과정에서 '성 의'誠意의 주관적 심성 활동이 경세의 실천으로 전환될 수 있는가? 유 종주는 다음과 같이 말했다.

> 몸(身)은 천하와 국가를 통괄하는 본체이며, 심心은 또한 그 몸의 본체이다. 의意는 심心이 심이 되는 까닭이며, 지知는 의意가 의 가 되는 까닭이다. 물物은 지知가 지가 되는 까닭이니 본체이면 서 본체이다. 물은 본체가 없으며, 또 천하·국가·신身·심心·의 意·지知가 체體가 되니, 이것을 일컬어 체體와 용用이 한 근원이 며, 드러남과 드러나지 않음이 틈이 없다고 말한다.
>
> > 身者天下國家之統體, 而心又其體也. 意則心之所以爲心也. 知
> > 則意之所以爲意也. 物則知之所以爲知也, 體而體者也. 物無
> > 體, 又卽天下國家身心意知以爲體. 是之謂體用一源, 顯微無

間.[148]

여기에서 "물은 체體가 없으며, 또한 천하·국·가·심·신·의·지를 체로 여긴다"는 하나의 핵심적인 부분이다. 이 논리에 따르면, 격물치지의 핵심은 근본을 아는 것(知本)이다. 뜻이 성실하면 마음은 저절로 바르게 되고, 몸은 저절로 닦이고, 집안은 저절로 가지런해지고, 국가는 저절로 다스려지고, 천하는 태평해진다. "『대학』의 가르침은 단지 사람이 근본을 아는 것을 요구한다. 천하, 국, 가의 근본은 내 몸에 있으며, 몸의 근본은 마음에 있고, 마음의 근본은 뜻에 있다. 뜻은 지선至善이 머물러 있는 곳이다. 공부는 격치格致로부터 시작된다. ⋯격치는 성의誠意의 공부이다. 공부는 뜻을 위주로 하는 데서 생기니, 이것이 진정한 공부이다. 만약 오히려 의意의 근본에서 조금이라도 벗어나면 또한 격치라고 말할 수 없다. 그러므로 격치와 성의誠意는 둘이면서 하나이고, 하나이면서 둘이다."(『大學』之敎, 只要人知本. 天下國家之本在身, 身之本在心, 心之本在意. 意者, 至善之所止也. 而工夫則從格致始. ⋯格致者, 誠意之功. 功夫結在主意中, 方是眞工夫. 如離却意根一步, 亦更無格致可言. 故格致與誠意, 二而一, 一而二者也)[149] '의意'를 지와 물의 근본으로 삼는 것은 '물'을 상술한 육물의 범위 안으로 국한시키는 것뿐만 아니라, 근본적으로 격물치지 개념의 인지 의미를 부정했다.[150] 유종주의 '치지' 범주에서 '물'의 개념은 더 이상 천지 만물의 물의 함의를 지니지 않으며, '본물'本物이다. 이러한 '본물'의 개념에 따르면, 심지어 양명의 '양지' 개념조차 군더더기가 되고 만다.[151]

유종주의 본물本物과 말물末物의 관계는 공허한 왕학 말류에 대한 교정이며, 이것은 개인이 시비를 인정하고 판단하는 기준과 경세 실천의 과정을 확립하는 데에 전제를 제공했다. 『자유자학언』子劉子學言 권1에서는 '심'을 다음과 같이 설명하였다.

다만 이 하나의 마음은 스스로 네모지고 둥글며 평평하고 곧을 수 있다. …네 가지가 확립되어 천하의 도가 옳은 것이 된다. 서로 사귀어 하늘이 되고 쌓여서 땅이 되며, 끊임없이 운행하니 이것이 사기四氣가 된다. 처하여 쇠하지 않으니, 이것이 사방四方이 된다. 낳음이 그치지 않으니 이것이 만류萬類가 된다. 세워져 항상됨이 있으니 이것이 오상五常이 된다. 바뀌어 어그러지지 않으니 이것이 삼통三統*이 된다. 다스려져 법이 있으니 이것이 오례五禮·육악六樂·팔징八徵·구벌九伐*이 된다. 음양이 『역경』이 되고, 정사政事가 『서경』이 되며, 성정性情이 『시경』이 되고, 형상刑賞이 『춘추』가 되며, 절문節文이 『예기』가 되니 높아지거나 낮아져 황제와 왕백이 되는 것이 모두 이것이다. 단지 이 하나의 마음이 흩어져 만물의 변화가 되고, 만물의 변화가 다시 하나의 마음으로 되돌아온다.

• 삼통(三統): 하·은·주 삼대의 역법(曆法). 하나라는 정월(正月)을 인(寅)으로 하여 인통(人統)을 삼았고, 은나라는 정월을 축(丑)으로 하여 지통(地統)을 삼았으며, 주나라는 정월을 자(子)로 하여 천통(天統)을 기준으로 삼았다.

• 오례(五禮)·육악(六樂)·팔징(八徵)·구벌(九伐): '오례'는 중국 고대의 다섯 가지 의식. 즉 길례(吉禮), 흉례(凶禮), 군례(軍禮), 빈례(賓禮), 가례(嘉禮)를 이른다. '육악'은 주나라에 있었던 황제 이하 육대(六代)의 무악(舞樂)이다. 즉 황제악(黃帝樂), 요제악(堯帝樂), 순제악(舜帝樂), 우왕악(禹王樂), 탕왕악(湯王樂), 무왕악(武王樂)을 이른다. '팔징'은 태공망(太公望) 강상(姜尙, 속칭 강태공)이 제시한 장군을 선별하는 여덟 가지 방법을 말한다. 1. 어떤 문제를 제시하여 그 이해 정도를 살핌. 2. 자세하게 물어보아 그 반응을 살핌. 3. 간접적인 탐색으로 충성 여부를 살핌. 4. 솔직담백한 질문을 던져 그 덕을 살핌. 5. 재정 관리를 맡겨 청렴함을 살핌. 6. 여색으로 그 지조를 살핌. 7. 어려운 상황을 만들어 그 용기를 살핌. 8. 술에 취하게 만들어 그 자세를 살핌. 『六韜』「選將」참조. '구벌'은 중국 고대의 아홉 가지 죄에 대한 처벌 내용이다. 1. 약자를 짓밟고 소수자를 침범하면 봉지를 줄일 것. 2. 어진 이를 해치고 백성을 해치면 토벌할 것. 3. 안으로 백성에게 포악하고 밖으로 남의 나라를 능멸하면 갈아치울 것. 4. 들이 황폐하고 백성이 흩어지면 땅을 깎을 것. 5. 지형의 험고(險固)함을 믿고 복종하지 않으면 칠 것. 6. 제 친족을 해치거나 죽이면 죄를 다스릴 것. 7. 제 임금을 내쫓거나 시해하면 죽일 것. 8. 명령을 범하거나 정법(正法)을 능멸하면 봉쇄할 것. 9. 안팎으로 윤리가 문란하거나 짐승의 행동을 하면 죽여 없앨 것. 『周禮』夏官「大司馬」참조.

只此一心, 自然能方能圓能平能直. …四者立而天下之道冒是
矣. 際而爲天, 蟠而爲地, 運而不已, 是爲四氣; 處而不壞, 是
爲四方; 生而不窮, 是爲萬類; 建而有常, 是爲五常; 革而不
悖, 是爲三統; 治而有憲, 是爲五禮六樂八征九伐. 陰陽之爲
『易』, 政事之爲『書』, 性情之爲『詩』, 刑賞之爲『春秋』, 節文之
爲『禮』, 升降之爲黃帝王伯, 皆是也. 只此一心, 散爲萬化, 萬
化復歸一心.[152]

유종주는 '심'을 만물로 확장시켰을 뿐만 아니라 만물의 질서를 육
경의 범주로 귀결시켰다. 이것은 양명의 "육경은 다름 아닌 내 마음의
항상된 도리이다"(六經者非他, 吾心之常道也)라는 명제에 호응하는 것일
뿐만 아니라 실천에 경학적 근거를 제공하였다.[153]

황종희(1610~1695, 자는 태충太沖, 호는 남뢰南雷, 사람들은 이주
梨洲선생이라 부름. 절강浙江 여요餘姚 사람)는 유종주를 추종하여 "천
지에 가득한 것은 하나의 기氣일 따름이다"(盈天地間, 一氣而已矣)[154]라고
생각했으며, '의'意의 주재 작용의 회복을 요청하였다. 또한 나아가 시
비 판단과 자기 행위에 근거와 규범을 제공하였다. 『명유학안』明儒學
案「자서」自序에서는 "천지에 가득한 것은 모두 심心이다. 그 변화는 예
측할 수 없고 서로 다를 수밖에 없다. 심은 본체가 없어 공부工夫로써
이르는 것이 곧 그 본체이다. 따라서 사물의 이치를 궁구하는 것은 심
의 만수萬殊를 궁구하는 것이지 만물의 만수萬殊를 궁구하는 것이 아니
다"(盈天地皆心也, 變化不測, 不能不萬殊. 心無本體, 工夫所至, 即其本體. 故窮理者,
窮此心之萬殊, 非窮萬物之萬殊也.)[155]라고 하였다. "천지에 가득한 것은 모두
심"(盈天地皆心)이라는 명제와 "천지에 가득한 것은 모두 기"(盈天地皆氣)
라는 명제는 대립적으로 보이지만 사실은 상호 보완적이다. 왜냐하면
첫째, 그것들은 모두 일원론을 전제로 하며, 둘째, 유종주, 황종희의
심은 한 개인의 심이 아니라 천지지간의 모든 것으로서, 기와 심은 결
코 근본적인 차이가 없기 때문이다.[156] 이것은 왕학에 대한 수정이 단

순히 왕학을 포기하는 것이 아닐뿐더러, 단순히 주자학으로 회귀하는 것도 아니며, 오히려 주자학 정통과 왕학 말류에 대한 이중 비판의 기초에서 이학 세계관을 재구성하는 것임을 보여 준다. 황종희의 "천지에 가득한 것은 모두 마음"(盈天地皆心)이라는 언급은 역사 연구의 기초 위에서 세워진 것이며, 학술사 연구에 대한 개괄이다. 이것은 위에서 인용한 유종주 학문의 관점에서 보더라도 결코 이상하지 않다. 이러한 논리에 따르면, 황종희는 추상적으로 공허하게 심성心性을 논한 것이 아니라, 구체적인 상황에서 세계의 진상과 질서를 찾아 모든 사람이 구체적인 실천을 통해 만사만물에 대해 파악할 수 있음을 강조하였다.

심물心物 범주 자체는 지행知行의 정확성 문제를 증명할 수 없다. 만약 일련의 정치 경제 제도와 관련된 이론이 없다면, 유가는 지행에 객관적인 근거를 제공하기 어려울 것이다. 명말 청초 "하늘이 무너지고 땅이 갈라지는"(天崩地解) 참혹한 상황에서 정치 문제와 정체성 문제가 긴밀하게 얽혀 있어 신독愼獨의 도덕적 태도는 결코 복잡한 현실에 충분히 대응하지 못했다. 유종주는 물의 실재성과 공부의 필요성을 활용하여 지행합일의 의의를 새롭게 해석했다. 또한 만물의 질서와 육경의 계통을 연계시켜 도덕적 판단의 객관적 기초가 육경을 기준으로 삼을 수 있음을 암시했다. 왕판썬王汎森은 "유종주는 동림학파의 영향을 받아 다른 학파에서 절중浙中학파로 귀의한 학자이다. 그가 가져온 사상적 기질은 마침 그곳의 절중 왕학 전통과 곳곳에서 서로 모순된다"고 생각했는데, 그것은 유종주의 사상 중에 이미 경학의 요인이 포함되었음을 가리킨다. 그렇다면 도대체 어떠한 사상이 왕학과 서로 모순되는 것일까? 유종주가 심외무물心外無物, 그리고 '의'意를 근본으로 하였던 것은 왕학에 발전을 더했던 것이지, 곳곳에서 모순된 것은 아니었다. 그는 공부(본체가 곧 공부)를 매우 중시함으로써 후세 왕학에 대한 불만을 표출했다. 그리고 '리즉심'의 명제는 일찍이 고반룡에 의해 제기되었다. 그러나 가장 큰 차이는 아마도 역시 왕판썬이 언급한 유종주 사상의 세 번째 특징일 것이다. 즉, 그의 두 편의 『독서설』讀書說이 양명학의 '심'心과 '육경'의 관계를 변화시켰다. "심은 더 이상 육경에 우선하지 않는다. 심의 내용은 오히려 육경에 의해 결정되어야 한다."[157] 이러한 의미에서 유종주의 이론 내부에는 이미 경학적인 요인이 포함되어 있었다.

그렇다면 이러한 경사經史의 경향은 어디에서 기인한 것인가? 왕판썬은 명말 강경회講經會의 활동을 상세히 연구하여 그들의 활동이 대부분 경사經史를 읽고 연구하는 것과 관련이 있다는 것을 발견하였다. 학술상에서 당시의 학풍(왕학 말류, 선학과 고문)을 반대한 것 이외에 유종주의 학술적 전환은 경세제민의 관심과 관련이 있다. "유종주와 황종희는 공부, 예교명절, 유용한 학문을 강조했다. 그들은 점차 사상 체계에서 육경삼사六經三史를 위해 하나의 위치를 안배하지 않을 수 없다고 생각하였다."[158] 이러한 의미에서 경학의 기원은 단순히 주자의 격물치지론으로 거슬러 올라갈 필요가 없으며, 심학에서 도덕적 실천에 대한 사고 또한 경학 발생의 요인 중 하나이다. 유종주에서 황종희에 이르기까지 그사이의 전승 영향의 관계는 심학의 전승에 있는 것일 뿐만 아니라, 경사지학經史之學의 맹아 또한 포함한다. 그리고 이러한 경사지학의 이론적인 전제는 유종주의 이기일원론 중에 이미 어느 정도 드러나 있었다. 이학의 원류에서 볼 때, 이기일원론은 주자학과의 대결의 결과일 뿐만 아니라, 양명의 심일원론에서 배태된 것이다. 첸무는 청대 경학의 원류를 언급할 때, 한편으로는 고염무의 "옛것으로 돌아가는 것을 송학에 반대하는 것으로 생각하고, 경학의 훈고를 가지고 송명宋明의 어록을 깨뜨림"(以復古者爲反宋, 以經學之訓詁破宋明之語錄)을 오학吳學의 원류로 간주했다. 다른 한편으로는 장학성의 견해를 계승하여 절동浙東 학술은 양명학과 일맥상통한다고 생각하였다. 황종희는 『역도』易圖를 반박했으며, 진건초陳乾初는 『대학』을 의심했으며, 모기령毛奇齡은 『대학고본』大學古本을 존중하여 주자를 강하게 비판했다. "그 동기는 정주학파와 육왕학파의 옛 주장들과 겨루는 데에 있었다. 결국 고염무와 방법은 다르지만 결과는 동일하여 학자들이 옛 경적經

籍이 송학宋學과 반드시 같은 것은 아니라는 것을 명확히 인식하게 하였다."[159]

경사지학이 다시 출현한 것은 현실 정치의 필요에 따른 것일 뿐만 아니라, 유학 내부의 장기적인 난제—어떻게 개인의 도덕적 실천과 경세의 일의 관계를 처리하는가—에 대한 해결이었다. 양명 후학이 실천과 자연의 통일 관계를 재건한 것에서부터 왕간이 행위와 의례의 통일 관계를 재건하고 명말 청초 유자가 도덕과 경세치용의 통일 관계를 재건한 것까지, 도덕적 실천의 방식과 기초에는 중요한 전환이 발생했다. 그러나 도덕적 실천 및 그 전제를 추구하는 노력은 줄곧 일관되었다. 황종희의 제자 만사동萬斯同(1638~1702)은 다음과 같이 주장했다.

> 오늘날 유자는 모두 사사로운 학문을 하여 천심天心을 감당할 수 있는 자가 없다. 내가 내 능력을 헤아리지 못하고 자주 경세의 학문을 추구하지만, 나와 뜻을 같이할 사람이 없음에 괴롭다. …무릇 내가 말하는 경세는 상황에 따른 조치가 아닌 오늘날 이른바 경세제민일 따름이다. 고금의 치국의 큰 도리를 모두 취하여 그 시작과 끝을 상세히 탐구하고 그것의 합당함을 고려하고 한 시대의 제도로 정하고 오늘날 말로만 한 것들이 장래에는 행할 수 있게 할 따름이다. 만약 유자는 따로 자신과 관계된 학문이 있어 경세제민은 힘쓰지 않는 것이라고 한다면, 그것은 나라와 천하를 다스리는 대업이 성현의 학문의 일이 아니라고 여기는 것이다! …나는 오늘날의 학자들을 조금 기괴하다 여기는데, 오늘날의 학자들 중에 미진한 자는 시와 문장에 빠져 경세제민이 무엇인지 모르고, 그보다 조금 나은 자는 고문을 지극한 도리로 삼고서 일찍이 천하를 염두에 둔 적이 없으며, 성현의 학문을 하는 자 역시 왕왕 경세에 소홀하니 도리를 거칠게 따르는 것으로 보이지만 그것을 행할 줄 모른다. 그래서 학술과 경제세민은 판연하게 두 갈래의 길로 나뉘어 버렸고, 천하는 이로부터 진정

한 유자가 없고 진정한 선치善治가 없게 되었다.

> 今之儒者皆爲自私之學, 而無克當天心者耳. 吾竊不自揆, 常欲
> 講求經世之學, 苦無與我同志者 …夫吾之所爲經世者, 非因時
> 補救如今所謂經濟云爾也. 將盡取古今經國之大猷, 而一一詳
> 究其始末, 斟酌其確當, 定爲一代之規模, 使今日坐而言者, 他
> 日可以作而行耳. 若謂儒者自有切身之學, 而經濟非所務, 彼將
> 以治國平天下之業非聖賢學問中事哉! …吾竊怪今之學者, 其
> 下者旣溺志於詩文, 而未嘗以天下爲念: 其爲聖賢之學者, 又往
> 往疏於經世, 見以爲粗迹而不知爲. 於是學術與經濟遂判然分
> 爲兩途, 而天下始無眞儒矣, 而天下始無善治矣.[160]

만사동의 문제는 개인의 실천 각도에서 경세와 자기 수양의 문제를 본 것인데, 그의 시야는 이학의 틀에 묶여 있었다. 유종주는 경학의 방법을 제시했지만, 여전히 이학 실천론의 방법에 따라 제시한 것이다. 왕판썬은 "이러한 중대한 난제는 이후 점차 황종희의 손을 거쳐 유종주의 이학에 의해 해결되었다"라고 하였는데, 확실히 유종주의 학문이 이미 '육경으로의 회귀'(返諸六經)의 경향을 포함하고 있었지만, 만약 황종희의 주장이 없었다면 아마도 드러나기 어려웠을 것이기 때문이다.[161]

새로운 방향은 황종희의 제도론과 고염무의 경사지학에 이르러서야 비로소 확정된다. 황종희, 고염무의 학문은 단순히 '육경으로의 회귀'가 아니라, 예악 질서와 그 변화를 기초로 하여 일련의 '사회 정치 제도'를 내재적 구조로 하는 실천론을 재구성하는 것이다. 이러한 이론의 구축 방식은 이학자들이 심성론에서 출발하는 내성외왕內聖外王의 모델을 바꾸었으며, 도덕적 실천을 사회적·정치적·경제적 행위로 보게 하였다. 명말 청초의 역사적 맥락에서 사회적·정치적·경제적 지식은 유학에서 새로운 지위와 새로운 가치를 획득하였다. 정치 지식·경제 지식·기타 지식은 인간 생활의 자체 규율을 가지는 영역에 편중되어 있어 지식의 형태에서 도덕 및 윤리 실천 관련 지식과 달랐다. 그러나 이러한 영역에 대한 관심과 이러한 문제를 논할 때 본래의 윤리 및 도덕적 실천(예컨대 심성 문제) 문제에 대한 이탈은 결코 지식상의 차이나 분리에서 비롯된 것이 아니다. 유학의 시각 내에서 도덕 및 윤리 판단은 인간 생활 영역의 각 방면과 내재적으로 연계되어 있다. 이것들은 모두 예악 또는 '사'事의 범주 안으로 귀결시킬 수 있다.

송명 시대 심성의 학문이 천리, 본성, 본심 등의 범주를 중심으로 하기 때문에 도덕적 실천과 기타 사회 실천의 관계에 분리가 발생했다. 이에 따라 이학과 심학 내부의 지속적인 불안을 구성하게 되었다. 즉, 도대체 무엇을 중심으로, 어떤 방식으로 도덕 평가와 제도적인 실천의 내재적 연관을 다시 건립해야 하는가? 이러한 의미에서 황종희의 신제도론은 유학 발전에서 새로운 창조 또는 발명이라기보다는 오히려 유학 도덕 평가 방식의 자아 회귀이다. 그것은 최고의 가치를 추상적인 천리 또는 본심本心이 아닌 인간 생활 및 그 제도 조건 자체에 부여하도록 요구하였다. 적어도 사상 형태에서 볼 때, 유종주에서 황종희에 이르기까지 유학의 발전 과정은 확연히 구분하기는 어렵지만 또한 매우 명확한 전환을 이면에 내포하고 있다. 이것은 곧 심성론으로부터 '사회 이론' 또는 '정치 이론'으로 전환된 것이다. 고염무에게 있어서 이러한 전환은 심지어 '경제 이론'과 연계되기 시작하였다. 바로 이러한 유학 형식의 상술한 변화 때문에 '육경으로의 회귀'는 유학자의 보편적인 견해가 되었다. 명물名物 제도를 고증하는 것이 학문을 하는 정도正道가 되었고, 이학과 심학의 형식은 청조에 이르러서 전례 없는 문제 제기와 공격을 받게 된다.

황종희의 경사지학은 단지 도덕적 실천론일 뿐만 아니라 일련의 사회 이론이기 때문에 예제 질서는 다시 한번 유학 사상의 내재적 구조를 구성하게 되었다. 명말 청초, 황종희는 명대의 정치적 위기에 대한 깊이 있는 분석을 할 필요가 있었으며, 문화의 정통성을 소급하는 것을 통해 이족異族 통치에 대한 저항(제도론 형식으로 내포된 민족 사상은 왕부지, 고염무에게서 더욱 두드러짐)을 할 필요가 있었다. 일정한 의미에서 경사지학은 사회 집단(그룹)의 존재적 근거에 대한 역사적 설명 또는 이 사회 집단의 문화적 근거에 대한 확인이다. 그러므로 신제도론은 특정 사회 집단 및 그 전통을 중심으로 하는 사회사상이며, 개인의 도덕적 실천에 대한 신제도론의 견해는 전장·문물·언어·제도 등 사회 공동체의 구성 조건상에서 세워진 것이다. 이 유학 형태에서 이러한 사회 구성 조건에 대한 이해가 없으면 도덕적 실천의 문제를 논할 수 없다. 청조의 소수민족 전제 통치하에서 하은주 삼대 통치 형식을 회복함으로써 사회 행위와 개인의 실천적 기초를 재구성하는 것은 도덕적 실천의 근거를 문화와 제도의 관계에서 건립하는 것임에 틀림없다. 실천의 문제가 사회 구성 문제가 될 때 사회 구성의 방식은 하나의 실천 문제, 그리고 이와 밀접한 관계가 있는 문화, 제도 및 그 정통성의 문제가 되어 버린다.

따라서 『명이대방록』에서는 송명 이학이 내포하고 있는 하은주 삼대의 이상理想이 마침내 이학에 내재한 이상으로부터 명확한 분석의 틀로 전환될 수 있었다. 이러한 틀의 전환은 매우 중요하다. 그것은 황종희가 개인의 도덕적 실천에 집중하는 심성지학心性之學이 광범위한 제도 조건을 확립할 수 없으며, 도덕적 실천의 제도적 전제를 제공할 능력이 없음을 깨달았기 때문에 집단에 대한 체계적인 해석을 제공할 수 없었음을 보여 준다. 그는 기氣와 물物에 대한 중시를 완전한 제도론의 사고로 전환하였다. 즉 전통적인 물질 형식으로서 선왕의 제도는 부패 정치를 비판하는 척도일 뿐만 아니라 새로운 사회를 구상하는 근거인 것이다. 제도론은 문화 전통 및 그 제도 형식에 대한 구축이며, 이족 통치의 형세에서는 사회 구성원에게 정체성의 자원을 제공한다. 황종희의 신제도론에서 논하는 것은 결코 단순한 제도가 아니며 오히려 새로운 예악 체계이다. 그것은 사회구조에 대한 서술을 통해 도덕 평가의 근거를 세울 수 있을 뿐만 아니라 사회구조에 대한 서술을 도덕 행위의 서술로 전환할 수 있다. 장타이옌은 부정의 어조로 황종희의 학문이 "법만을 다룰 뿐 사람을 다루는 내용이 없어"(其言有治法無治人者) 사실 한비자, 순자에 가까우며, "한비자는 법을 믿었고, 순자 역시 이 때문에 예를 높였다. 예는 법의 다른 이름이다"(韓非任法, 而孫卿亦故隆禮, 禮與法則異名耳)[162]라고 하여 다른 측면에서 『명이대방록』의 특징을 말했다. 신제도론은 사회구조와 도덕적 실천의 동일 관계를 재확립했으나, 이러한 동일 관계의 전제는 이 사회구조가 현실의 사회구조가 아니어야 한다는 것이다.

이론의 형식에서 볼 때, 신제도론은 여러 전문 제도 사이에서 내재적이고 상호 침투적인 관계를 세우기 시작하여 확실히 군현과 봉건의 혼합 제도 모델을 종합했다. 이러한 모델에서 어떠한 제도 혹은 관계 ─예컨대 정치 관계, 경제 관계 혹은 도덕 관계─가 그 제도의 결정적인 요소라고 확정 지을 수 없다. 왜냐하면 이것들은 하나로 연계된 총체이기 때문이다. 『명이대방록』은 모두 13편인데, 군君·신臣·법法·재상(相)·학교學校·취사取士·건도建都·방진方鎭·전제田制·병제兵制·재계財計·서리胥吏·환관(奄宦) 등 전통 제도의 각 방면을 망라한다. 청말 사회운동에서 "량치차오, 담사동譚嗣同 등은 민권民權·공화共和의 이론을 제창하여 그와 관련된 책의 일부를 직접 베껴 수만 부 인쇄해 비밀리에 유포했다. 이것은 청말 사상의 급변에 매우 큰 영향을 주었다."[163] 그중에서 특히 「원군」原君·「원신」原臣·「학교」學校·「원법」原法·「전제」田制 편 등은 매우 큰 영향을 주었다. 일부 학자들은 근대 민권·법률·의회의 관념으로 황종희의 '원군'·'원법'·'학교' 등의 사상을 해석했다. 그리하여 그가 "제시한 경제·정치·법제 등 방면의 원칙은 이후 서구 계몽주의가 제기한 원칙과 거의 일치한다"[164]고 생각했다. 황종희의 이론은 전통 유학의 삼대 관련 상상 위에 건립되었을 뿐만 아니라 맹자의 "백성은 존귀하고 임금은 가볍다"(民貴君輕)는 기본 원칙과 「예운」禮運(『예기』)의 천하위공天下爲公의 사회 이상을 이용했다.

황종희는 정주학파 또는 육왕학파에 대해 문제를 제기한 것이 아니라, 그들의 사상 내부에서 선유先儒 제도의 흔적을 발굴하여 이것을 이론적 근거로 삼아 일련의 새로운 공화 이상을 구축했다.『명이대방록』
과 왕양명의「답고동교서」答顧東橋書가 묘사한 '학교'의 제도 및『남감
향약』南贛鄉約에서의 구체적인 조치는 비슷한 점이 있다. 즉 이 두 가
지는 사회의 내부적인 분업·질서·의무·권리 관계의 이해를 바탕으로
생활 실천의 질서를 조직하려고 하였다.「원군」편은 "천하의 큰 공공
성"(天下之大公)을 판단 기준으로 삼아 천하 사람들의 이익을 긍정했으
며, "천하의 이해득실에 대한 권한이 모두 군주 자신에게서 나온다고
생각하는"(以爲天下利害之權皆出於我) 군주의 큰 사사로움(大私)을 폭로하
였다.[165]「원신」편은 신하가 천하를 위해 일을 해야 하며, "군주 한 사
람을 위한 것이 아니다"(非爲一姓也)라고 하였다.[166] 여기에서 평가 기준
은 일반적으로 일컫는 정치 제도가 아니라 삼대의 이상에 따라 구상해
낸 군신君臣의 '직분'이다. 즉 군신은 반드시 자신의 '직분'을 완성해야
하며, '직분'의 완전 여부를 가늠하는 근거는 천하 백성의 이해득실이
다. 황종희는 '사'私의 합리성을 중시했지만, 이것은 마찬가지로 각 사
람의 직분의 합리성 위에서 세워지는 것이다. '직분' 관념은 제도에 대
한 이해를 포함하는데, 이것은 송명 유학의 천리·심성 등의 개념으로
군신에 대해 도덕적 평가를 한 것이 아니라, 제도적 실천을 도덕적 평
가의 객관적 근거로 삼은 것이다.

　황종희가 구축한 도덕적 맥락에서 제도의 함의는 예악에 더욱 가깝
다. 이에 따라 그 도덕 평가 방식 또한 공자의 예악론에 비교적 가깝
다. 그러므로 여기에서 이른바 제도는 예악 관계에서 분화되어 나온
제도가 아닌 도덕적 목표와 잠재 능력을 포함한 예악 제도이다. 이러
한 도덕적 근거가 존재하기 때문에 직분을 다하지 못한 군주는 폐위되
어야 하고, 직분을 다하지 못한 신하는 파면되어야 하며, 직분에 부합
하는 개인(私)은 보호받아야 한다. 여기에서 이른바 '직'은 분업 의미에
서의 직무이면서, 모든 사람의 이익을 목적으로 하는 사회질서에서 마
땅히 담당해야 할 직분이다. 도덕 평가는 '직분'의 구체적인 기능에 있
기 때문에 도덕 근거에 관한 제도론과 구체적인 사회 분업에 대한 연

구는 완전히 부합한다. 이러한 의미에서 유학의 도덕 이론의 전환은 사회 분업과 구조에 대한 새로운 이해를 이끌었다.

황종희의 신제도론은 삼대 및 그 후대 왕조의 대립 관계 위에서 세워졌다. 그것은 감정적으로는 고대를 추앙하고, 삼대 이후를 "하늘과 땅도 비 새는 지붕 아래서 버티듯 불안하고, 사람의 마음도 해진 옷 당겨 입고 하루를 보내듯 피폐했다"(天地亦是架漏過時, 而人心亦是牽補度日)[167]라고 비판하는 송명 이래의 견해와 서로 호응한다. 그의 독특함은 삼대의 다스림을 하나의 완전한 사회 체제로 삼아 재해석하여 직접 당시에 적용한 것에 있다. 이에 따라 삼대는 비판과 상상의 근원뿐만 아니라 현실 제도의 개조 원칙과 한 사회가 성립될 수 있는 구성 조건인 것이다. 예컨대 그는 '재상'宰相을 논하면서 내각제의 원칙을 논했고 '정사당'政事堂을 논하면서 행정 권력 기관의 내부 구조를 연구했으며, '학교'를 논하면서 입법과 감독의 필요성을 설명했고 '병제'兵制를 논하면서 징병제의 필요성 등을 설명했다. 이러한 모든 것은 '법'法의 정신이 필요하다. 황종희는 「원법」原法 편에서 다음과 같이 말했다.

하은주 삼대 이전에는 법이 있었지만 삼대 이후에는 법이 없다. 어째서 이렇게 말하는가? 이제삼왕二帝三王*은 세상 사람을 길러야 함을 알았기에 그들을 위해 농토를 주어 경작하게 하였고, 세상 사람들이 의복이 있어야 함을 알았기에 그들을 위해 땅을 주어 뽕나무와 삼을 심게 하였으며, 세상 사람을 교육해야 함을 알았기에 그들을 위해 학교를 세웠고, 혼인의 예로 음란을 막았으며, 병역 제도로 혼란을 방지했다. 이것이 삼대 이전의 법이었는데, 진실로 자기 한 사람을 위해서 법을 세우지 않았다. (그런데) 후대의 군주는 이미 천하를 얻었으면서도 다만 그 왕조의

• 이제삼왕(二帝三王): 요·순 이제(二帝)와 하우(夏禹), 은탕(殷湯), 주 문왕 삼왕(三王)을 가리킨다.

운명이 오래가지 못할까, 그 자손들이 보존하지 못하지나 않을까를 두려워하며 어떤 일이 생기기도 전에 미리 근심하며 법을 만든다. 그렇기 때문에 여기서 법이란 일개 황실의 법이지 천하의 법이 아니다. …대저 옳지 못한 법은 전대前代 왕이 사리사욕을 이기지 못하여 그것을 만들었고, 후대의 왕은 사리사욕을 이기지 못하여 그것을 파괴하였다. 파괴하는 자도 천하를 해치는데 족하고, 만드는 자 또한 천하를 해치는 자가 아닐 수 없다. 이에 반드시 이리 고치고 저리 고치면서, 법을 지킨다는 좋은 명성을 넓히려고 하는데, 이것은 비속한 선비가 남의 주장을 표절하여 자기 것이라고 하는 것이다. 논자들이 말하기를 천하의 다스려짐과 혼란은 법의 있고 없음과 관계없다고 한다. 대저 고금의 변란은 진秦나라 때 한 번 극심하였고, 원나라 때 또 한 번 극심하였다. 이 두 번의 극심한 변란을 겪은 이후 옛 성왕이 측은한 마음으로 백성을 사랑하여 경영한 것들이 모두 없어졌다. 진실로 멀리 생각하고 깊게 보아 하나하나 완전히 변혁하여 다시 정전·봉건·학교·군사 제도의 옛 모습을 찾지 않는다면, 비록 자질구레한 변혁을 한다 해도 백성들의 괴로움은 끝내 그치지 않을 것이다. 만일 논자들이, 다스리는 사람은 있어도 다스리는 법은 없다 해도, 나는 다스리는 법이 있고 난 뒤 다스리는 사람이 있어야 한다고 하겠다.

> 三代以上有法, 三代以下無法. 何以言之? 二帝三王知天下之
> 不可無養也, 爲之授田以耕之: 知天下之不可無衣也, 爲之授地
> 以桑麻之: 知天下之不可無敎也, 爲之學校以興之, 爲之婚姻之
> 禮以防其淫, 爲之卒乘之賦以防其亂. 此三代以上之法也 因未
> 嘗爲一己而立也. 後之人主, 旣得天下, 唯恐其祚命之不長也,
> 子孫之不能保有也, 思患於未然以爲之法. 然則其所謂法者, 一
> 家之法, 而非天下之法也. …夫非法之法, 前王不勝其利欲之私
> 以創之: 後王或不勝其利欲之私以壞之, 壞之者固足以害天下,

其創之者, 亦未始非害天下者也. 乃必欲周旋於此膠彼漆之中,
以博憲章之餘名, 此俗儒之剿說也. 卽論者謂天下之治亂, 不繫
於法之存亡. 夫古今之變至秦而一盡, 至元而又一盡. 經此二盡
之後, 故聖王之所惻隱愛人而經營者, 蕩然無具: 苟非爲之遠思
深覽, 一一通變, 以復井田封建學校卒乘之舊, 雖小小更革, 生
民之戚戚終無已時也, 卽論者謂有治人無治法, 吾以謂有治法
而後有治人.[168]

삼대의 법과 후세의 '옳지 못한 법'(非法之法)의 구분은 법의 제도 형
식 존재 여부와 그 복잡성의 정도에 있는 것이 아니라, 법의 목적 및
그 목적에 따라 가늠하여 얻은 효과에 있다. 예컨대 삼대의 학교와 태
학, 서원과 과거科擧의 구분은, 전자가 천하를 공公으로 삼아 사람들
로 하여금 각기 생존할 수 있게 하는 것이라면, 후자는 조정의 세력을
목적으로 삼기에 결코 "학교에서 시비를 공론"(公其非是於學校)할 수 없
다.[169] 황종희는 정전井田의 회복을 요구했는데, 그 목적은 토지와 부
세제도에서 특권을 없애고 "장차 정전 제도가 다시 시행된 이후 백성
이 번성"(將使田旣井而後, 人民繁庶)하게 하는 데에 있었다.[170] 명대에 무거
운 세금 부담 때문에 도적들이 생겨났다는 것은 청대 지식계의 공통된
인식이다. "『장태악집』張太岳集에서 명대의 세금은 단지 230만이었지
만, 만력萬曆 연간에 이르면 400만, 숭정 때는 800만이 되었다."[171] 「전
제 3」田制三에서 황종희는, 주자가 「개천맥변」開阡陌辨에서 조용조 제
도와 양염의 양세법에 대해 비판한 것을 거듭 비판했으며, 나아가 명
대의 일조편법一條鞭法에 대해 강하게 비판했다. 여기에서 주목할 것은
여전히 그가 삼대와 후세를 대비하는 비판 방식을 구성한 것이다. 즉
"옛날에는 정전 제도가 백성을 길렀는데, 그 토지는 모두 천자의 토지
였다. 진秦나라 이후부터 백성은 자기 소유의 토지가 있었다. 천자가
백성을 기르지 못하고 백성으로 하여금 스스로 기르게 하면서 그에 따
라서 부세하였으니, 비록 1/30의 세금이라도 옛날과 비교해 보면 또한

가볍다고 할 수 없다"(古者井田養民, 其田皆上之田也. 自秦而後, 民所自有之田也. 上既不能養民, 使民自養, 又從而賦之, 雖三十而稅一, 較之於古亦未嘗爲輕也)[172]라고 했다.

유학의 범주에서 복고 형식의 제도론은 단순한 정치학·경제학과 같을 수 없다. 정치학과 경제학이 제도의 기능을 중심으로 전개되는 이론인 반면, 유학의 제도론은 우선 도덕 이론이다. 황종희의 신제도론은 곳곳에서 이해利害의 문제와 관련되어 있으며, 협애한 도덕에 구애되거나 제한되지 않는다. 그러나 예악 제도의 도덕적 근거는 본래 이해 관계를 포함하기 때문에 이해를 논하는 것이 그 도덕적 의의에 영향을 주지는 않는다. 신제도론이 추구하는 것은 객관 제도의 기초에서 도덕적 평가의 전제를 확립하며, 이로써 도덕적 비판과 공리 관계를 연결시키는 것이다. 황종희는 대부분 경적經籍의 제도에 소홀하고 의리지학을 중시했던 송명 유학자들을 거울삼아 신제도론의 틀 내에 경사經史, 의리와 제도의 내재적 연계를 재건하고자 하였다. 도덕적 평가와 덕치 원칙은 제도적 실천의 조건에서 수립되며, 추상적인 천리 원칙에 호소하지 않는다. 고대의 제도 회복의 형식 아래 도덕과 제도의 관계는 다시 활로를 찾았다. 이것이 바로『명이대방록』의 특별한 의의이다. 전조망全祖望은 황종희를 논하면서 "선생은 당초 학문이 반드시 경술經術에 근거해야 이후 공허해지지 아니하며, 역사 전적에서 증명되어야 세상일에 순조롭게 대응할 수 있으니, 근본을 갖추고 있어야만 의지할 수 있다고 하였다"(先生始謂學必原本於經術, 而後不爲蹈虛, 必證明於史籍, 而後足以應務. 元元本本, 可據可依)[173]라고 하였다. 이는 정확하게 황종희의 "이학이 경술經術에 근거하지 않은 것은,『사서집주』를 비록秘錄인 양 아끼지 않고, 그 작용을 맹자가 전수한 바로 삼았던 것"(理學不本之經術, 非矜『集注』爲秘錄, 則援作用爲軻傳)[174]이라는 요지를 증명하였다.

황종희는 명말의 잔혹한 정치 투쟁과 청군淸軍이 중원에 들어온 이후 고난의 무장 항쟁을 겪은 후 결국 학술 연구로 전향하였다. 그는 왕학王學을 익혀서 직접 제도적 측면의 창조적인 해석을 통해 방대하고 심오한 정치·경제 이론을 개척하였다. 이른바 '경술에서 기원함'(原本於經術)과 '사적에서 증명함'(證明於史籍)은 새로운 사상 방식을 포함하고 있다. 즉 판단 기준이 개인의 신독愼獨이 아닌 경사經史의 실천 내용에 있는 것이다. 비록 황종희가 여전히 이학과 심학의 기본 개념과 가치(특히 신독, 성의誠意 및 지행합일)를 우러러 받들었더라도 그의 이론 방식은 이학의 이전 방식에서 이미 벗어났거나 벗어나고 있었다. 이후의 긴 세월 속에서 조정朝廷이 정한 이데올로기로서 이학은 여전히 지배적인 지위를 점하였으며, 많은 유자들 또한 여전히 정·주·육·왕의 사상 방식을 계속 사용했다. 그러나 일종의 이론 형태로서 이학은 황종희에 와서 종결되었다. 왜냐하면 바로 그의 이론 연구에서 이학의 기본 특징이 되는 우주론, 본체론과 심성론이 마침내 의리와 경술, 도덕과 제도를 유기적으로 구축할 수 있는 신제도론에 자리를 내주었기 때문이다. 도덕적 평가의 객관성은 이로써 다시 확립되었다. 여기서 이른바 '종결'이란 말은 완성을 의미하기도 한다. 왜냐하면 송명 유학자들은 삼대를 추앙하는 방식으로 당시當時를 비판했는데, 그 우주론과 심성론의 주된 목표는 바로 실연實然과 응연應然의 통일 관계를 추구하는 것이다. 그러나 우주론과 심성론의 형식 자체가 제도를 초월하는 내재적 본질을 창조했기 때문에, 도덕적 평가와 제도 평가의 심각한 분리를 초래했다. 그러므로 송명 이학은 자아 부정의 형식으로 실연과 응연의 합일을 완성해야만 했다. 이러한 의미에서 신제도론이 재건한 것은 도덕적 평가 및 제도의 통일 관계일 뿐만 아니라 유학의 새로운 이론 형식이다. 이러한 새로운 이론 형식 중 이학의 복고 기조는 최종적으로 완성될 수 있었다. 바꿔 말하면 '종결'이란, 이학에 대한 간단한 부정을 의미하는 것이 아니라, 이와는 반대로 이학의 내재적 목표가 완성되었음을 나타낸다.

황종희의 신제도론과 학술사 연구는 상황과 도덕적 평가의 관계에 대한 이해를 포함한다. 즉 도덕적 평가는 항상 특정한 제도와 상황, 그리고 특정한 지적知的 상황에서 실현되기 때문에 도덕에 대한 이해는 반드시 우선 역사적 상황 및 이러한 상황에 대처하는 사람의 태도에 대한 이해로 전환되어야 한다. 청학淸學은 지식의 분류 원칙 또는 실증 방법에 대한 변화(예컨대, 이학, 경학과 사학의 구분 및 고증 방법) 탐구에서 기원하지 않고, 도덕적 평가와 규범의 객관적 기초를 찾는 노력에서 기원한다. 「답만충종논격물서」答萬充宗論格物書에서 황종희는 구여직瞿汝稷의 말을 인용하여 "활쏘기에는 세 짝이 있다. 짝은 무릇 두 사람인데, 위짝은 위짝의 물에서 멈추고, 중간 짝은 중간 짝의 물에서 멈추고, 아래짝은 아래짝의 물에서 멈춘다. 땅에 그어 세 짝이 멈추어야 할 곳을 정하는 것을 물이라고 한다. 따라서 『대학』에서 말하는 물은 멈추어야 할 곳이다. 격은 이른다는 뜻이니, 격물이란 것은 멈추어야 할 곳에 이르는 것이다. …인의예지는 나중에 생긴 이름이므로 물物이라고 하지 리理라고 하지 않는다"(射有三耦, 耦凡二人, 上耦則止於上耦之物, 中耦則止於中耦之物, 下耦則止於下耦之物. 畵地而定三耦應止之所, 名之物也. 故『大學』言物是應止之所也. 格, 至也. 格物也者, 至於所應止之所也. …仁義禮智, 後起之名, 故不曰理而曰物)[175]라고 하였다.

이러한 학술의 새로운 방식에서 '예'와 '물'은 중심적인 위치를 점하며 경학과 사학의 목표를 구성한다. 황종희의 제자 만사대萬斯大는 경학으로 유명하고 삼례三禮에 정통하며, 위서僞書 『주관』周官을 변별하고 『의례』儀禮를 의심하는 효시가 되었다. 그는 "여러 경서에 통달하지 않으면 한 경서에도 통달할 수 없으며, 전傳과 주注의 잘못을 깨닫지 못하면 경서에 통달할 수 없다. 경서로 경서를 해석하지 않으면 전주傳注의 실수를 깨달을 방법이 없다"(非通諸經不能通一經, 非悟傳注之失, 則不能通經: 非以經釋經, 則亦無由悟傳注之失)[176]라고 주장하여 황종희의 극찬을 받았다. 대진, 완원阮元 등의 훈고訓詁·주소注疏는 모두 전주傳注를 의심하는 것을 전제로 하기 때문에 황종희 학풍이야말로 바로 청대 경학의 효시가 된다. 황종희의 또 다른 제자 만사동은 역사학으로 유명하고 그의 방법론은 이후 장학성의 『문사통의』文史通義의 단초를 열었기 때문에 황종희의 학문은 청대 사학 부흥에 공로가 있다고 말할 수 있다.

청대 한학漢學이 경사의 고증과 해석에 중점을 둔 것은 결코 우연이 아니며, 청초 대유大儒의 경세지학과 그 영향이 매우 큰 작용을 하였다.

2. 물의 세계와 그 사회 분업

신제도론은 정태靜態적인 사회 이론이 아니며, 그 안에는 제도적 실천에 대한 연구를 포함하고 있다. 안원顔元(1635~1704, 자는 혼연渾然, 호는 습재習齋, 하북河北 박야博野 사람)은 삼대 제도의 도덕 목표를 새롭게 다시 주장하면서, 정·주·육·왕의 허황함을 폭로했을 뿐만 아니라, 청대의 고증학과 그 방법론을 거짓 유학으로 간주했다. 그의 관점에서 고증학의 발전이 깊어질수록 최초 목표를 상실하여 궁극적으로는 고증을 위한 고증의 상황에 빠지게 되었다. 안원은 삼대 경세의 법, 대학의 제도를 판단 기준으로 하여 도가·불가 및 정·주·육·왕 등 이른바 한학漢學을 모두 강하게 부정했다.

> 송대부터 지금까지 500년간 학자들은 여전히 우禹와 백익伯益, 공자와 안연顔淵의 실제 일을 행하고 있는가? 다만 공연한 말만 계속하고 글만 더하여 조용히 앉아 어록語錄 속의 학문만 하고, 『소학』小學·『대학』大學의 학문을 하지 않는다. 책과 학교에는 유가가 있지만, 『소학』·『대학』에는 유가가 없다.
> 　兩宋及今, 五百年學人尚行禹益孔顏之實事否? 徒空言相續, 紙上加紙, 而靜坐語錄中有學, 小學大學中無學矣: 書卷兩廡中有儒, 小學大學中無儒矣.[177]

황종희와 마찬가지로 안원의 실학은 경사經史를 널리 읽는 학문과는 다르다. 실학이 요구하는 것은 옛날 선비들의 성학聖學을 현재의 실천에 적용하는 것이다. 안원은 전황에게 보내는 편지에서 이공李塨

(1659~1702)이 염약거閻若璩, 모기령毛奇齡 등 한학자들의 영향을 받았다고 하여 몰래 배척했고, '경세제민'經世濟民을 떠난 실천은 진정한 유학자라고 할 수 없다고 명확히 지적했다.

> 이것(경세제민)을 벗어난다면, 어려서 책을 읽고, 장성하여 책을 이해하고, 늙어서 책을 지을 때, 잘못되거나 틀리게 말한 적은 없어서, 따로 사서四書나 오경五經과 같은 것을 짓는다고 해도 원래의 사서나 오경과 한 자도 틀리지 않을 것이니, 결국 서생書生일 뿐 유가는 아니다. …그러므로 내가 말한 예로부터 전해진 『시경』, 『서경』은 그저 경세제민을 익혀 행하는 기록에 지나지 않는다. 그래서 다만 그것을 행할 방도를 얻는다면 진위眞僞를 따질 필요가 없으니, 거짓이라 해도 무방하다.
>
> 離此(經濟)一路, 幼而讀書, 長而解書, 老而著書, 莫道訛僞, 即另著一種四書五經, 一字不差, 終書生也, 非儒也. …故僕謂古來『詩』『書』, 不過習行經濟之譜, 但得其路徑, 眞僞可無問也, 即僞亦無妨也.[178]

삼대의 제도에 대한 규명은 일종의 지식적인 행위가 아니라 실천적인 행위이다. 제도의 의미는 그것이 행위의 합리성에 객관적인 기초를 제공하는 데에 있다. 말년에 만사동은 이공의 『대학변업』大學辨業을 읽고 경사의 학문과 실천 사이의 거리를 느끼고 "절을 하며 말하기를 내가 60여 년 동안 잘못했다"(下拜曰 吾自誤六十餘年矣)[179]고 하였다. 여든 살 나이의 단옥재段玉裁는 왕염손王念孫에게 "오늘의 폐해는 정치를 바르게 하지 않고 표절한 학설을 숭상한 데에 있으니, 한학漢學도 수해水害와 같다. 그러나 이학理學은 추구하지 않을 수 없으니, 선생은 그것에 뜻이 있는가?"(今日之弊, 在不當行政事, 而尚剿說, 漢學亦與河患同. 然則理學不可不講, 先生其有意乎)[180]라고 했지만, 또 철저하게 뉘우치고 "글자에 대한 훈고와 고증을 즐겨 말하며, 그 지엽적인 것에 천착하고 그 근본적인 것에 소홀하다 보니, 늙도록 이룬 것이 없다. 그러나 뒤늦게 후회해도 이미 늦었다"(喜言訓詁考核, 尋其枝葉, 略其根本, 老大無成, 追悔已晚)[181]고 하였다. 이것은 비록 후일담이지만, 안원의 비판이 결코 근거 없지 않음을 충분히 증명해 준다.

안원과 이공의 학문이 실천 지향적이라고 말하는 저서는 이미 많다. 그러나 그들의 실천관이 신제도론을 전제로 한다는 것을 명확히 지적한 것은 아직 보이지 않는다. 안원의 『왕도론』王道論(이후 『존치편』存治篇으로 개명)은 정전井田·봉건封建·학교學校·향거鄕擧·이선里選·전부田賦·진법陣法을 구애받지 않고 마음대로 논했으나, 분명히 삼대를 기준으로 삼았다. 그의 『존학편』存學篇은 공문의 성학聖學을 뒤쫓아 예禮·악樂·병병兵·농農·심心·의意·신身·세世를 정학正學으로 삼았다.[182] 고증학의 시각에서 보면, 안원의 격물설格物說과 삼물관三物觀*은 다소 견강부회한 점이 있다. 그러나 근본적인 지향은 오히려 매우 분명했다. 장타이엔은 일찍이 이를 개괄하여 "명나라가 쇠퇴할 즈음, 정주학자들은 위축되어 쓰일 수 없었고, 육왕학자들은 특이했으나 지속되지 못했다. 독송·명상·치양지를 추구하는 자들은 이미 도를 밝혀야 하는 책임을 감당할 수 없었다. 그러므로 안원이 『주례』 지관의 가르침으로 돌아가 향삼물鄕三物(향학의 세 가지)을 근거로 삼았으니, 육덕六德·육행六行·육예六藝가 그것이다. 이를 일러 격물이라고 한다"(明之衰, 爲程朱者痿弛而不用, 爲陸王者奇觚而不恒, 誦數冥坐與致良知者既不可任, 故顏元返道於'地官', 以鄕三物者, 德行藝也, 斯之謂格物)[183]라고 하였다. 안원의 실학 및 그 물物의 세계에서 신제도론의 확립과 이학의 종결은 직접적인 연관이 있다.

그렇다면 제도는 어떻게 비로소 행위에 합리성을 제공할 수 있는가? 황종희처럼 안원은 삼대의 정전, 학교, 봉건을 그의 정치사상의

---

* 삼물관(三物觀): 『주례』 지관(地官)에 나오는 육덕(六德), 육행(六行), 육예(六藝)를 가리킨다. 육덕은 지(知)·인(仁)·성(聖)·의(義)·충(忠)·화(和)이며, 육행은 효(孝)·우(友)·목(睦)·인(姻)·임(任)·휼(恤)이며, 육예는 예(禮)·악(樂)·사(射)·어(御)·서(書)·수(數)이다.

중심적 위치에 놓았다. 그의 이른바 정전, 학교, 봉건은 일종의 제도뿐만 아니라 고대 예악의 핵심 내용이기 때문에 삼대로의 회귀의 첫 걸음은 곧 예악의 재건이다. 안원과 이공 학파의 실천 관념은 사회 분업의 사상과 밀접한 관계가 있다. 안원은 2천 년 이래의 세계는 '문'文의 세계(즉 장구부문章句浮文, 허문虛文, 도문道文, 시문時文, 훈고訓詁, 청담淸談, 선종禪宗, 향원鄕愿의 세계)라고 생각했다. 왜냐하면, 이러한 문文의 형식은 일종의 명확한 분업 형식에서 행위 및 그 기능에 도덕의 객관적인 기초를 제공할 수 없기 때문이다. 이 점에서 출발하여 그는 삼대의 정전, 봉건, 학교에서 영감을 얻어 '물'의 세계의 회복을 요구하였다. 즉 이 물은 우주에서의 객관적 사실이 아니라 이른바 '육부'六府, '삼사'三事, '삼물'三物, '사교'四敎이다.[184] 그러므로 이것은 예악 제도를 존숭하고 철저하게 실천하는 실학이다. 이러한 의미에서 실천이란 양지의 충동에 따라 발생하는 행위가 아니라, 특정한 제도와 형식 가운데에서의 실천이다. 또한 삼대의 제도를 자신의 시대에 실현하여 충실하게 하며, 나아가 천하의 복리와 평등, 욕망과 사회 분업의 실천을 촉진하는 것이다. 안원은 요순의 육부, 주공과 공자의 육예를 하나의 기술적인 분업의 사회 원리로 생각했기 때문에 사회 분업, 지식 분류와 실천 사이에 제도적인 기초를 구축했다. 바로 이 때문에 그는 자신의 실천을 '습행경제'習行經濟로 개괄했다.

분업의 사회는 단순한 기능과 효율을 중심으로 하는 사회가 아니다. 제도와 분업의 과정에서 세워진 도덕적 이상은 공자가 말한 '군자유' 君子儒의 도덕 이상에 대한 회복이다. 옛 유자의 직분 관념은 여기에서 기술을 위하거나 직능의 분업을 위한 것으로 직접적으로 표현된다.

> 무릇 유자儒者의 학學이란 임금에게 모든 관직을 살피게 하고, 백성에게 타고난 삶을 영위하게 하고, 자연 질서의 섭리를 주관하는 것이다. 그래서 요순시대에는 오신五臣, 십육상十六相, 사악四嶽, 군목群牧을 두고,* 대인의 학문이라거나 군자유君子儒라

고 부른 적이 없다. 비록 사공司空의 한 관리, 후직后稷의 부관, 구주九州 행정관의 한 하급 관리라 하더라도 무릇 삼사三事를 다루는 자는 모두 대인의 학문이자 군자유였다. 하은주 시대에서는 백익伯益, 미靡, 잉仍, 이윤伊尹, 내주萊朱, 부열傅說, 주 무왕을 도운 10명의 어진 신하 등을 대인의 학문이라거나 군자유라고 부른 적이 없다.* 비록 일개 관리, 부관, 하급 관리라도 삼사를 다루는 자는 모두 대인의 학문이자 군자유였다. 공자의 문하에서는 안연, 증자 등 70명의 현인을 대인의 학문이라거나 군자유라고 부른 적이 없다. 비록 2,928명의 문도門徒라 할지라도, 단지 한 가지 덕, 한 가지 행, 한 가지 예를 익히고 실천하기만 한다면 모두가 대인의 학문이자 군자유였다. 유자는 평소엔 오로지 익히고 실천할 뿐이며, …밖으로 나아가서는 오로지 세상을 다스리고 백성을 구제할 뿐이다. …여기서 벗어나 버린다면, …따로 사서와 오경을 지어 한 글자도 틀림이 없다 한들, 그저 서생일 뿐 유자가 될 수는 없다. …이러한 뜻이 확실하게 밝혀지면, 삼사三事와 삼물三物의 학문은 회복될 수 있으며, 거짓 유자들이 초래한 모든 재앙은 저절로 사라질 것이다.

夫儒者學爲君相百職, 爲生民造命, 爲氣運主機者也. 卽如唐虞

---

* 오신(五臣)~두고: '오신'은 순임금 때의 현신인 우(禹), 후직(后稷), 설(契), 고요(皐陶), 백익(伯益)이다. '십육상'(十六相)은 순임금이 등용한 16족이다. '사악'(四岳)은 요순시대 임금을 보필하던 재상인데, 1인의 관직명이란 설과 4명을 합쳐 부르는 것이란 설이 있다. '군목'(群牧)은 각 지역을 다스리는 지방 장관을 말한다.

* 하은주~없다: '백익'(伯益)은 하(夏)나라 우왕(禹王) 때의 현신(賢臣)이다. '미'(靡)는 하(夏)나라 6대 왕인 소강(少康)을 도와 상나라를 중흥한 현신(賢臣)이다. '잉'(仍)은 미상(未詳). 이윤(伊尹), 내주(萊朱) 두 사람 모두 상(商)나라 탕왕(湯王) 때의 현신이다. 부열(傅說)은 상나라를 부흥시킨 왕 무정(武丁)을 보필했던 현신이다. 10명의 어진 신하는 주나라 무왕을 보필한 10명의 신하를 가리킨다. 일반적으로 주공단(周公旦), 소공석(召公奭), 태공망(太公望), 필공(畢公), 영공(榮公), 태전(太顚), 굉요(閎夭), 산의생(散宜生), 남궁괄(南宮括)과 주 무왕의 어머니를 그 10명의 어진 신하로 보는데, 혹자는 주 무왕의 어머니 대신 주 무왕의 아내를 넣기도 한다.

之世, 莫道五臣十六相四岳群牧, 是大人之學君子之儒, 雖司空
之一吏, 后稷之一掾, 九州牧下之一倅, 凡與於三事之中者, 皆
大人學君子儒也. 夏商周之世, 莫道伯益靡仍伊萊傅說, 十亂諸
公, 是大人學, 君子儒, 雖其一吏一掾一倅, 凡與於三物之中者,
皆大人學君子儒也. 孔子之門, 莫道顏曾七十賢是大人學君子
儒, 雖二千九百二十八徒眾, 但習行一德一行一藝, 皆大人學君
子儒也. 儒之處也惟習行, …儒之出也惟經濟, …離此一路, …
卽另著一種『四書』『五經』, 一字不差, 終書生也, 非儒也. …此
義一明, 則三事三物之學可復, 而諸爲儒禍者自熄.[185]

대인학大人學, 군자유君子儒는 사람의 덕행, 명분과 사회 분업에서의
기능을 결합했는데, 그 전제는 사회를 각기 자신의 소질을 최대한 발
휘할 수 있는 물의 세계로 바꾸는 것이다. 안원은 '본원지지'本原之地가
조정이 아닌 경전에서의 학교라고 굳게 믿었다.[186] 여기에서 조정과 대
비되는 대학은 교육 장소가 되는 학교가 아닌 '물'의 세계 자체이다.
즉 고전 예악 의미상에서의 학교이다. 물의 세계가 하나의 분업 세계
이기 때문에 윤리적 관계는 어느 정도의 공리적 관계에서 만들어진다.
이 세계란 사람의 품성·감정·욕망과 노동을 긍정하고, 은둔하는 선종·
도교를 부정하고, 또한 속으로는 불교·도교이면서 겉으로만 유학인 심
성의 학문도 부정한다. 이지 등이 반항적인 형식으로 욕망에 대한 긍
정을 표현했다면, 안원은 욕망·감정·풍속과 기타 생활 요소를 함께 물
의 세계로 귀결시켰다. "육행六行은 특히 인정人情과 물리物理에 힘쓰는
것으로, 인정과 물리를 떠나면 힘쓸 바가 없다. 인정과 물리를 떠나 힘
쓰는 것은 유학이 아니다."(六行尤在人情物理用功. 離人情物理則無所用功, 離人
情物理用功則非儒)[187] 물의 세계는 동시에 인정의 세계이며, 분업의 원칙
은 물의 세계의 한 부분이다. 그리고 지식 및 기술과 감정은 객관적인
영역이 아니며, 끊임없이 생성되면서 사라지지 않는 우주와 인류의 내
재적인 요소이다.

대인학과 군자유가 사회 분업의 사상과 하나로 연계되면서, 도덕 중심의 실천은 분류된 지식으로 전화되었다. 이것은 안원의 교육 구상과 그 분과 원칙에 직접적으로 구현되어 있다. 「장남서원기」漳南書院記에서 안원의 문의 세계와 물의 세계의 대립은 두 가지 다른 지식과 그 과정의 대립으로 직접적으로 표현된다. 즉 '이학재'理學齋, '첩괄재'帖括齋와 '습강당'習講堂의 대립이 그것이다. '습강당'은 사재四齋로 구분되는데, 즉 '문사'文事(예禮, 악樂, 서書, 수數, 천문天文, 지리地理 등의 과목), '무비'武備(황제黃帝, 태공太公 및 손오오자병법孫吳五子兵法과 공수攻守, 영진營陣, 육수제전법陸水諸戰法, 사어射御, 기격技擊 등의 과목), '경사'經史(십삼경十三經, 역대사歷代史, 고제誥制, 장주章奏, 시문詩文 등의 과목), '예능'藝能(수학水學, 화학火學, 공학工學, 상수象數 등의 과목)이다. 그리고 '이학재'와 '첩괄재'(원문院門 내에 설치)란 곧 정좌靜坐와 팔고문 과거 시험을 말한다. 이학자들의 관점에 따르면, 안원의 사상은 기능·기예의 세계관이지만, 군자유의 관점으로 볼 때, 이러한 기능·기예와 분과 지식을 중시하는 세계관은 삼대의 덕치에서 온 것이다. 따라서 분업의 세계관은 윤리 관계의 토대에서 발전되어 온 것이다.

황종희에서 안원에 이르기까지 신제도론의 기초는 예악을 형식으로 하는 '군'群의 세계이다. 이 세계에서 '사'私와 '인정'人情, '물리'物理는 긍정되었지만, 이 긍정의 전제는 원자론적 개인 개념이 아닌 천하지공天下之公이었다. 천하지공은 천하지사天下之私의 긍정을 전제로 한다. 그리고 천하지사는 천하지공을 목적으로 삼는다. 량치차오, 후스 등은 안원을 청대의 반反이학 실용주의 사상가라고 간주했지만, 안원은 유학 정통을 충실히 지키고 개인적인 행위에서도 예의를 철저하게 지켰다. 그의 학술은 왕학王學과 유학儒學 사공파事功派*에서 기원하고 있으

• 사공파(事功派): 공리학파(功利學派)라고도 하는데, 현실을 중시하고 실리를 추구하는 학파라는 의미이다. 주로 남송(南宋) 절동(浙東) 영가(永嘉) 지역의 학인인 섭적(葉適)이나 진량(陳亮)이 이러한 입장을 견지했기에, 영가학파(永嘉學派)라고도 부른다. 이들은 당시 삼대(三代)의 왕도(王道)만 추종하는 주희의 견해를 반박하며, 주희

며, 이학과 심학에 대한 그의 논박이 반反이학으로 귀결될 수 있는지는 깊이 연구해 볼 필요가 있다. 그 이유는 첫째, 정·주·육·왕에 대한 안원의 비판은 그의 '현재의 것을 취해 옛것을 복원하는'(取今復古) 세계관을 토대로 형성된 것이며, 그의 선진 예악 복원은 이학과 심학의 바탕에서 이루어진 것이기 때문이다. 이러한 의미에서 '물의 세계'는 이학에 대한 부정이며, 이학의 내재적 논리에 따른 유학 도통에 대한 재확인이다. 둘째, 그의 이른바 "손으로 맹수를 칠 때의 '격'"(手格猛獸之格)은 결코 원자론적 실증주의의 바탕에서 세워진 것이 아니며, 예악 관련 원시 유학에 대한 이해에서 만들어진 것이기 때문에 풍부한 도덕적 함의를 내포한다.

안원 사상의 특징은 당시 현실과 생명 자체에 대한 복고주의이다. 그는 격물설格物說을 다음과 같이 정의하였다.

> 그러므로 나는 물物을 곧 삼물三物의 물이라고 단정지어 생각하는데, 격은 곧 손으로 맹수를 친다(格)고 할 때의 격格이다.
> 故吾斷以爲物卽三物之物, 格卽手格猛獸之格.[188]

또한 다음과 같이 말했다.

> 내 생각에 격물의 격格은, 왕양명 계통에서는 바로잡다로 해석했고, 주희 계통에서는 도달하다(至)로 해석했으며, 한대 유학자들은 오다(來)라고 해석했으니 모두 온당치 않은 듯하다. 내가 들기로 성인의 행함을 관찰하지 못한 자는 이를 성인의 말씀에서 증명해야 하고, 성인의 말씀을 이해하지 못한 자는 이를 성인의 행함에서 증명해야 한다고 들었다. 오로지 성문聖門이 어

가 패도(覇道)라고 폄하하는 한 고조나 당 태종의 업적을 중시했고, 이 때문에 주희와 왕패(王覇) 논쟁을 벌이기도 했다.

디에 애썼는지에 따라 격물의 해석이 결정된다. 나는 역사책의 '손으로 맹수를 친다'(手格猛獸)의 격格과 '손으로 쳐 죽이다'(手格殺之)의 격格이 손으로 치고 만지는 의미가 있다고 생각한다. 즉 공문孔門의 육예六藝의 가르침이 그러하다. 만약 예를 알고자 하면, 다른 사람들의 공허한 생각에 기대거나 귀로 듣고 입으로 외기만 하는 것보다는 인사와 일상생활, 응대와 접대, 옥백玉帛*을 받드는 외교와 예기禮器를 진설하는 제사를 드리는 것이 낫다. 이른바 예에 대해 치지致知한다는 것은 확실히 이러한 것이다. 음악에 대해 알고자 하면, 다른 사람들의 공허한 생각에 기대거나 귀로 듣고 입으로 외기만 하는 것보다는 손과 발로 춤추고 악기를 잡고 치고 두드리고 때리고 피리를 불고 입으로 시를 노래하는 것이 낫다. 이른바 음악을 치지한다는 것은 확실히 이러한 것이다. 만 가지 이치에 미루어 보아도 모두 그러하니 글의 뜻을 고찰하고 성학聖學에 물어보아도 틀리지 않은 듯하다. 한대漢代 유가와 주자, 육구연 세 학파가 유학의 핵심을 잃은 것도 역시 이를 통해 알 수 있다.

> 按格物之格, 王門訓正, 朱門訓至, 漢儒訓來, 似皆未穩. 竊聞
> 未窺聖人之行者, 宜證之聖人之言, 未解聖人之言者, 宜證諸聖
> 人之行. 但觀聖門如何用功, 便定格物之訓矣. 元謂當如史書手
> 格猛獸之格手格殺之之格, 乃犯手捶打搓弄之義, 卽孔門六藝
> 之敎是也. 如欲知禮, 憑人懸空思悟, 口讀耳聽, 不如跪拜起居,
> 周旋進退, 捧玉帛, 陳籩豆, 所謂致知乎禮者, 斯確在乎是矣:
> 如欲知樂, 憑人懸空思悟, 口讀耳聽, 不如手舞足蹈, 搏拊考擊,
> 把吹竹, 口歌詩, 所謂致知乎樂者, 斯確在乎是矣. 推之萬理皆
> 然, 似稽文義質聖學爲不謬, 而漢儒朱陸三家失孔子學宗者, 亦
> 從可知矣.[189]

* 옥백(玉帛): 옥기와 비단. 고대 제사와 국가 간 관계에서 주고받은 예물.

"수격맹수지격"手格猛獸之格을 이해하는 핵심은 '물'의 함의이다. 격물의 물은 자연에서의 만사萬事 만물萬物로서가 아니라 '삼물'三物의 물, 즉 육덕六德·육행六行·육예六藝이다. "수격맹수지격"은 천리, 양지의 실천 없이 공허하고 입과 귀로만 하는 공부에 대한 거부이며, 공문 육예의 가르침에 대한 회복이다. 이 회복은 상상 관계에서의 회복이 아니라, 인정 물리의 현실에서의 회복이다. 물은 실재성을 가진다. 이 것은 예악에 내재되며, 물의 세계의 지행합일에 내재되어 있다. 안원의 격물설은 이학의 오류를 폭로했지만, 결코 근대 실증주의 과학관의 시야에서 '실증적 지식론'의 범주로 해석될 수 없다. 허우와이루는 안원의 학문이 묵자 학술의 부활이라고 생각했다. 왜냐하면 묵자는 예악을 제도와 예술로 환원시켰기 때문이다.[190] 그러나 예악을 제도와 예술로 환원시키는 것은 곧 제도와 예술이 반드시 예악과 같은 도덕적 의미를 지니고 있음을 뜻하는 것이 아닌가? 안원은 "주공과 공자는 후세 사람들이 사물을 떠난 것을 도라고 여기고 사물을 버린 것을 학문이라고 예견하여 육덕六德, 육행六行, 육예六藝의 총칭을 물物이라고 칭했던 것 같다. 육예에 밝은 것이 진실로 사물의 공이니, 곧 덕행 역시 사물에 포함된다. 『대학』의 명명덕明明德과 친민親民의 공로가 매우 크지만, 그 처음에는 단지 '격물에 있다'고만 했다. 공허하고 적막함에서의 고요한 깨달음과 책 속의 강론들을 어찌 함께 뒤섞어 논할 수 있겠는가"(思周孔似逆知後世有離事物以爲道, 舍事物以爲學者, 故德行藝總名曰物. 明乎六藝固事物之功, 卽德行亦在事物內.『大學』明親之功何等大, 而始事秖曰'在格物'. 空寂靜悟, 書冊講著, 焉可溷載)[191]라고 하였다.

　송대 이후로 삼대 상상은 각파 유학의 내재적 기조이며, 유학 내부에서 발생한 변화와 혁신의 내재적 동력이었다. 한당 이후의 제도적 혁신은 이학자들이 새로운 활로를 개척하도록 만들었다. 그들이 삼대 이상의 회복을 요구하는 노력은 단지 천리, 심성 등의 범주에서만 드러날 수 있었다. 황종희, 안원의 신제도론의 특징은 삼대에 대한 추모가 아니며, 실연과 응연의 통일 관계를 재건하는 것도 아니다. 왜냐하면, 이러한 사상 방식은 송대 이학의 일관된 특징이기 때문이다. 황종희, 안원의 특징은 그들이 시대적 내용을 제도적 형식 내에 채웠다는 점이다. 삼대의 예치를 이학이란 큰 범주의 내부에서 밖으로 끌어내 무대 전면에 세웠다. 그리고 제도에 대한 산발적인 비판을 이론적인 기본 틀로 전환하여 이학이 완성하지 못했던 임무를 완성했다. 이런 관점에서 이학 내부의 논쟁과 전환의 역사를 되돌아보면, 우리는 다음과 같은 사실들을 발견할 수 있다. 즉 이학의 자신에 대한 부정은 그것이 처해 있던 당시 시대에 대한 비판보다 훨씬 더 급진적이었으며, 매 차례 겪었던 이학의 자기 혁신은 모두 이전의 노력에 대한 조롱과 부정이었던 셈이다. 심성지학心性之學은 천리나 심성을 통해, 그리고 변화무쌍한 변신을 통해, 당시 제도와 문화의 관계에 대해 비판을 가했으며, 도덕적 실천의 근거를 연구하고 모색했다. 그러나 그 결과는 항상 자신의 변형과 변화를 초래했다.

　황종희, 안원은 각기 다른 방식으로 삼대에 대한 상상을 제도적인 관계로 드러냈다. 나아가 이 세계가 사실 사람들이 상상한 원시 세계가 아니며, 오히려 억압적인 현실 세계이자 인정 물리의 현실 세계라는 것을 발견했다. 그들은 강렬한 복고 경향과 현실 관심을 예악 제도의 재건에 대한 노력으로 쏟아부었다. 그 복고주의는 삼대 또는 육경의 세계를 추모하는 복고적인 정서로 나타나지는 않았다. 그러나 삼대, 육경을 일찍이 죽지 않은 정신과 보편적 가치가 예악/제도의 실천에 뿌리내리고자 하는 노력으로 나타났다.[192] 바로 이 때문에 삼대, 육경은 이상적인 세계를 명시할 뿐만 아니라, 인정 물리의 현실 세계를 파악하기 위한 총체적인 시각을 제공했다. 역사의 새로운 전개 속에서, 일단 역사의 무대 위로 부각되었던 삼대의 제도, 육경의 가르침이 현실 실천에 영감을 제공해 주었다고 한다면, 삼대의 제도, 육경의 가르침에 대한 회의의 출현 또한 불가피한 것이었다. 의고疑古의 역사적 흐름은 바로 고고考古의 현실적인 필요에서 발전되어 나온 것이다.

제3장

경經과 사史 (1)

行己有恥,　　　　몸소 행함에 염치를 지니고,
博學於文.　　　　모든 문文에서 두루 배워라.

封建之失,　　　　봉건제의 폐단은 그 전권이
其專在下;　　　　아랫사람에게 있었다는 것이고,
郡縣之失,　　　　군현제의 폐단은 그 전권이
其專在上.　　　　윗사람에게 있었다는 것이다.

― 고염무顧炎武

신예악론과 경학의 성립

1. '예'禮와 '문'文의 세계

신제도론新制度論은 도덕적인 평가와 제도의 내재적 연관을 회복시켰지만, 이러한 회복은 단순히 제도와 그 관계를 도덕적인 평가의 근거로 간주하는 데에 그치지 않고, 제도를 도덕의 범주 내부로 귀납시켰다. 즉 유학의 틀 안에서 다시금 예악과 제도의 일치성을 회복시킨 것이다. 이 때문에 고염무(1613~1682, 자는 영인寧人, 학자들은 그를 정림선생亭林先生이라 칭함, 강소江蘇 곤산崑山 사람)·황종희가 관심을 기울인 것은, 도대체 어떠한 제도라야 비로소 도덕의 정심精深한 뜻을 포괄하면서 경세經世라는 목표에 맞게 운용될 수가 있는가 하는 것이었다. 고증적이고 훈고적인, 그리고 역사적인 방법이 청대에 크게 일어나 발전했던 것은, 그것의 당초 의도가 바로 경의經義를 추구함으로써 하·은·주 삼대 정치의 전범典範을 이해하고, 이에 따라 경세적經世的 목적을 완성하기 위해서였다. 고염무의 경학과 황종희의 제도론은 내재적인 연속성을 지니고 있었다. 그들은 모두 전장 제도와 예악 습속을 사고의 중심에 두었다. 그리하여 "혼란함을 뽑아 버리고 더러움을 씻어 내며 옛것을 배우고 고대 중국(하나라)의 것들을 사용하면서, 후학들에게 박학다문博學多聞하게 되는 길을 열어, 훗날 등장할 성왕聖王

에 의해 한번 제대로 다스려지기를 기다리는 데에 그 뜻이 있었다."(意在撥亂滌汚, 法古用夏, 啓多聞於來學, 待一治於後王)[1] 사상사의 맥락에서 보면 이러한 신제도론은 예악 질서를 재건하는 방식을 통해 오로지 내심內心만을 쫓는 명말의 학풍을 비판한 것이다. 강번江藩의『한학사승기』漢學師承記*는 한학漢學과 송학宋學을 엄격히 구분했다. 그래서 염약거閻若璩와 호위胡渭에 대해서는 청대 한학의 사승師承 관계를 열었다고 하면서도, 황종희와 고염무에 대해서는 모두 송대 유학자의 방법론에 너무 깊이 빠졌기에 결코 한학의 종주宗主가 아니라고 했다. 이 때문에 황종희와 고염무는『한학사승기』에서 단지 부록으로 첨가되어 있을 뿐이었다. 그러나『한학사승기』권8에서 고염무의 학문을 논한 말미에 첨부해 놓은 객客과의 대화를 보면, 그래도 고염무와 황종희의 학술이 일으킨 역사적인 전변轉變에 대해서만큼은 다음과 같이 지적하고 있다. "황종희 이래로 쇠퇴한 경학이 진작되었고, 고염무가 그 뒤를 계승했다. 이에 그 학문을 잇는 선비들이 고경古經의 뜻을 익히는 것을 알게 되었다."(自梨洲起而振其頹波, 亭林繼之, 於是承學之士知習古經義矣)[2] "훗날 등장할 성왕에 의해 한번 제대로 다스려지기를 기다리는 데에 그 뜻이 있었다"는 말은 청조淸朝의 합법성을 전혀 인정하지 않는다는 것을 의미한다. 동시에 명나라의 멸망에 대한 그들의 비판은 송명宋明으로 이어지는 민족 전통 속에서 나온 비판이다. "고경의 뜻을 익힌다"고 말한 것은 미래의 정치를 육경六經이 체현하는 예악형정禮樂刑政에 기탁하고 있었다는 말이다.

청나라 군사는 산해관山海關을 들어온 후 양주揚州와 가정嘉定 등지에서 잔혹한 학살 행위를 저지른 바 있다. 또한 팔기八旗 제도와 기인旗

• 강번(江藩)의『한학사승기』(漢學師承記): 청 중엽의 경학자인 강번(1761~1831)이 지은 한학(漢學) 학술사에 관한 저술이다. 여기서 말하는 '한학'은 중국 한대(漢代)에 형성된 유가 학술에 근거를 둔 유학 학파를 가리키는 것으로, 한학가(漢學家)인 혜동(惠棟)의 재전 제자였던 강번은 이 책을 통해 청초의 대학자인 고염무(顧炎武)로부터 발생·발전해 온 한학의 사승 관계를 다루고 있다.

士과 백성 간의 구분을 기준으로 하는 족군族群 계급 제도는 청대 사회 제도의 주요 특징 중 하나였다. 이런 배경 아래서 황종희와 고염무 등은 유민遺民의 신분으로 너무나 힘든 항전을 벌였기에, 그들의 사상과 학술에서는 '이하지변'夷夏之辨의 범주로써 표현되는 민족 사상이 관철되어 있었다. 그러나 민족의식 혹은 '이하지변'으로 고염무와 황종희의 비판적 사상의 특징을 개괄하기에는 부족하다. 여기엔 두 가지 고려해 볼 만한 요인이 있다. 우선 그들의 청조에 대한 저항과 사상적 실천은 명나라 멸망이란 역사적 사실에 대해 깊은 반성을 하게끔 만들었다. 뿐만 아니라 만주족의 중원 정복과 대청大淸 왕조의 건립 과정은 지극히 복잡한 역사적 요소를 포함하고 있었다. 예를 들어 항복한 한족의 장수와 군대가 중원과 서남 지역 정복에 참여하는 과정이나, 명나라 조정 내부의 붕괴와 분열, 그리고 농민 봉기는 명조明朝가 신속하게 멸망하도록 만든 내부 원인이 되었다. 그러므로 이런 과정에 대한 사고의 범위를 단순하게 '민족의식' 혹은 '이하지변'만으로 설정할 수는 없다. 명대 말기에 집중적으로 발생했던 사회적 위기는 정치, 경제, 문화 관계에 대해 전면적인 검토를 할 수 있는 기회를 제공해 주었다. 뿐만 아니라 송대宋代 이래로 유학자들에 의해 점진적으로 형성되어 온 사유 방식에서 벗어날 수 있는 가능성을 제공해 주었다.

고염무, 황종희, 왕부지王夫之(1619~1692, 자는 이농而農, 호남湖南 형양衡陽 사람) 등은 도덕적 충동을 경세지학經世之學의 연구로 전환했고, 아울러 제도론 혹은 예제론의 틀 속에서 도덕 혹은 규범의 함의를 탐구하면서, 이를 가지고 현실 제도와 대립했다. 앞서 기술한 바와 같이, 송명 유학자들 역시 향약鄕約·종법宗法·전제田制·세법稅法 등 제도 문제를 토론하였다. 하지만, 송명 이학理學의 중심은 천리天理를 도덕의 원천으로 삼았기에, 그들의 제도 비판이 완정한 제도의 구상으로 드러날 수는 없다. 청대 유학자들이 노력을 경주한 바는 이와는 정반대였다. 그들은 제도론과 예악론의 틀 속에서 도덕의 근거를 탐구하고, 아울러 이를 제도 비판의 출발점으로 삼았다. 그들의 사고 속에서,

송명 시대 성행했던 천리나 심성 학설은 점차 부차적인 지위로 물러나
게 되었다.

청말 시기 민족주의의 파도 속에 반청反淸·반만反滿 혹은 반청복명
反淸復明의 구호는 혁명 동원의 중요한 요소였다. 이에 만주족 청 왕조
를 타민족·외래 왕조로 구분 짓는 역사관이 주도적 지위를 점하게 되
었다. 이 같은 새로운 내외이하관內外夷夏觀의 출현 원인을 단순하게
유학의 원칙 자체에 있다고 여기는 것보다는, 차라리 서방의 민족주의
에 대한 반응이라고 간주하는 것이 나을 것이다. 바로 이런 맥락에서
보면, 고염무의 사상에 대한 사람들의 연구는 '민족' 혹은 '종족' 의식
에 집중되면서 도리어 그의 사상에 존재하는 더더욱 복잡한 측면들을
다소 소홀히 하고 말았다. 장타이옌은 제도론을 중심으로 하는 경세지
학에 대한 많은 의견을 천명하면서 더 나아가 공자의 가르침·전장 문
물典章文物, 그리고 경세지학 내부에 숨겨진 민족주의를 들추어냈다.

> 그래서 저는 민족주의가 농사 같다고 생각합니다. 요컨대 사적
> 史籍에 실린 인물·제도·지리·풍속 따위로 관개灌漑 작업을 해 주
> 어야 무성하게 일어나는 것입니다. 그렇지 않고 그저 '주의'主義
> 가 귀하다는 것만 알고 '민족'은 아낄 줄 모른다면 점차로 누렇
> 게 시들어 버리고 말 것입니다. 공자의 가르침은 본래 역사를 종
> 주로 하고 있습니다. 공자를 종주로 받드는 자라면 응당 벼슬과
> 봉록을 구하는 데에 유용한 술수를 버리고, 오로지 선왕先王이
> 이루어 놓으신 자취 중 감응하여 가슴에 담아 둘 만한 것을 취
> 해 이에 심취하면서 절대 변치 않아야 합니다. 『춘추』 이전엔 육
> 경이 있었는데 이는 본래 공자의 역사학이었고, 『춘추』 이후 『사
> 기』·『한서』부터는 역대로 서지書志·전기傳記*가 있는데 이 역시

---

* 서지(書志)·전기(傳記): '서지'는 『사기』의 십서(十書)와 『한서』의 십지(十志)로부
  터 시작된 중국 정사(正史) 특유의 문물제도에 대한 기록을 가리킨다. '전기'는 기전

공자의 역사학입니다.[3]

장타이엔의 이와 같은 분석은 청대 초기 경사지학經史之學 중 '민족' 측면에만 치중되어 있을 뿐, 왜 '민족' 사상이 반드시 공자의 가르침·전장 제도 및 역사학에 기대어야 하는지에 대해서는 따로 다루지를 않았다. 고염무에게 있어서 경사지학이란 정치·경제·문화적 관계에 대한 전면적인 검토를 내포하고 있었다. 이는 한편으론 족군族群이란 아이덴티티에 유리한 측면도 있었으나, 또 다른 한편으론 더욱 광범위한 반성적·비판적 내용까지 포함하고 있었다.

청대 초기 경학의 학술과 사상의 의미는 결코 족군 사상 혹은 경사지학 자체에 국한되지 않는다. 고염무는 족군 사상과 만주족에 대한 반항 운동을 반성의 계기로 전환시켜서 '나라를 보전하는'(保國) 문제와 '천하'의 관념을 명확하게 구분했다. 그런데 '천하'의 재건을 정치와 도덕 실천의 기본 목표로 삼자, 명조明朝를 회복하고 이민족의 통치를 반대하는 범주를 초월해 버렸다. 그는 지극히 엄격한 방식으로 역사 속의 인물·제도·지리·풍속을 검토했으나, 그의 이러한 연구를 일반적이고 경험적인 연구로 간주할 수는 없다. 왜냐하면 고염무는 특수한 방식으로 이런 경험 연구에 보편적이고도 규범적인 가치와 의미를 부여했기 때문이다. 이것이 바로 경사지학을 이해하는 관건이 되는데, 고염무의 여러 사상과 학술 명제를 깊이 있게 연구하기 전에, 먼저 그의 저술 중에 나오는 '천하'의 개념과 '나라'·'임금' 등의 개념을 확실하게 해 두는 것이 지극히 필수적이다. 고염무는 이렇게 말했다.

나라가 망하는 경우와 천하가 망하는 경우가 있다는데, 나라가 망하는 것과 천하가 망하는 것은 어찌 구별하는가? 이 물음에 난 이렇게 답했다. 국성國姓이 바뀌고 국호國號가 갈리는 것

체(紀傳體)의 특징인 열전(列傳)을 말한다.

을 일컬어 나라가 망했다고 한다. 인의仁義가 막히고 뭇 짐승들
이 사람을 잡아먹고 사람이 서로를 잡아먹는 지경*을 일컬어 천
하가 망했다고 한다. 이런 까닭에 천하를 보전한 연후에야 나라
를 보전함을 알 수 있다. 나라를 보전한다는 것은 그 임금과 신
하 같이 고기를 먹는 자들*이 도모하는 것이다. 천하를 보전하는
것은 필부匹夫와 같은 보잘것없는 천한 자라도 각기 책임이 있
는 것이다.

> 有亡國, 有亡天下. 亡國與亡天下奚辨? 曰: 易姓改號, 謂之亡
> 國. 仁義充塞, 而至於率獸食人, 人將相食, 謂之亡天下. …是
> 故知保天下, 然後知保其國. 保國者, 其君其臣肉食者謀之. 保
> 天下者, 匹夫之賤, 與有責焉耳矣.[4]

천하와 나라의 구분은 결코 지역적인 범위의 크기를 기준으로 삼
는 것이 아니며, 또한 정치적 조직이 존재하는지의 여부를 전제로 하
는 것도 아니다. 이 두 가지 개념은 서로 다른 두 가지 사회 상태를 나
타내고 있다. '나라'는 하나의 정치 제도로 유지되는 사회 상태(예를
들어 한 가문 한 성씨의 나라)이다. 천하는 이에 반해 사회의 동일성
을 덕치의 조건에서 수립한 상태(예를 들어 한 가문 한 성씨의 나라
를 초월한 예의로써 세워진 나라)이며 또한 예악의 실천을 통해 사람
과 하늘 사이의 내재적으로 연계된 예악 공동체를 보존하고 있는 것이
다. '천하'와 '나라'의 구분은 예악과 왕권 제도의 구분 위에 세워진 것
이다. 천하 개념은 예악 실천을 통해 천인天人 관계의 소통을 회복하려
시도하는데, 예악 실천이 왕권으로 옮겨 가는 과도기적 과정 중에 점
차 상실되었다. 예악 공동체의 시각에서 볼 때, "인의가 막히고 뭇 짐

• 인의(仁義)가~지경: 인륜과 도덕 질서가 완전히 무너진 상태를 빗댄 표현. 『맹자』
「등문공 하」(滕文公下)에 보인다.
• 고기를 먹는 자들(肉食者): 존귀한 자들을 빗댄 표현. 『좌전』 「장공 10년」(莊公十
年)에 보인다.

승들이 사람을 잡아먹고 사람이 서로를 잡아먹는" 상황이라면 설령 '나라'(왕권을 중심으로 하는 정치 제도)가 여전히 존재하더라도 도덕과의 일치성을 구비한 인류 공동체는 아니다. 왜냐하면 그 제도는 이미 천의天意와의 내재적 연계가 상실되었기 때문이다. 천하와 나라의 구별은 아주 오래된 천명天命 관념에서 연원한 것이다. 아주 오래전 백성들은 제사 등의 의식을 통해 천인天人 사이를 소통시켰다. 씨족의 수장은 동시에 샤머니즘 의식을 관장하는 무당이었다. 초기 국가가 출현하면서, 이런 천인 관계를 소통시키는 중개자의 역할은 점차 무당·무군巫君(씨족의 수장)에서 일정한 제도와 예의에 근거해 국가를 다스리는 군왕君王으로 전환되었다. 바로 이러한 이유 때문에, 군왕은 하늘의 대표라는 역할을 맡아 반드시 예악을 실천하고 민의民意를 따라야 한다는 것이 전제가 되어 버렸다. 왜냐하면 예악과 민의는 바로 천명·천의가 세상에 드러난 것이기 때문이다. 이른바 '예악을 제작했다'고 함은 바로 하늘의 예악화禮樂化 혹은 천인 관계의 예악화이다. 이른바 치도합일治道合一이란 바로 제도, 질서, 그리고 관계가 모두 도덕적인 함의(즉 천의)를 체현할 수 있는 사회를 가리키는 것이다. 이른바 예악 공동체란, 정치 실천이 결코 도덕 실천 밖에 있지 않으며 도덕 실천 역시 예악 제도의 사회 밖에 있는 것이 아님을 가리킨다. 예를 들어 군왕이 진정 천인 사이를 소통시킬 수 없고 그저 권력·제도(즉 법률) 구조와 기능적인 관계에만 의지하여 자신의 통치를 유지한다면 그 사회는 분명히 도덕적 일치성이 결핍된 정치 공동체이며, 외재적인 강제 관계로써 유지되는 공동체이다. 이런 의미에서 '천하' 개념은 정치 공동체에 대한 거부가 아니라 치도합일 공동체 형식에 대한 동경이었다. 왕조가 궤멸되어도 예의가 존재한다면 천하는 정말로 몰락할 리 없으며, 왕조가 쇠망함에 예의도 따라서 함께 쇠망한다면 천하는 몰락한 것이다. 덕치의 상태란 도덕적 의미·도덕적 가치를 담아낼 수 있음을 가리키고, 동시에 사람들의 일상적 실천을 이끌어 낼 수 있는 정치 상태를 가리킨다. 외부로부터의 침략에 대항하는 역사적인 정황 속에서도 여전히 '천하'와 '나라'의 구별을 고수하는 것은 그 의도가 일종의 도덕 관념을 제시하는 데에 있는 것이다. 국가의 정치는 반드시 예의 덕성에 복종해야 하며, 예의 덕성을 저하시키는 그 어떠한 정치적 수단으로서의 관념이라도 모두 인의仁義 자체의 폄하와 천하의 진정한 몰락을 야기할 수 있다. 이는 천하와 나라의 구분을 전제로 냉혹하면서도 정치적이고 사회적인 위기를 논하는데, 그 목적은 사대부의 사상적 실천에 규범을 제공하는 것이다. 즉 사람들에게 "고기를 먹는 자들이 도모하는" 군신 관계와 단순히 나라를 보전하는 관념을 넘어서서 개인의 일상생활을 기초로 한 예의 실천에 힘쓰고 아울러 '중국'을 예악 공동체로 구축하자고 호소하고 있는 것이다.

경학고증經學考證과 경세치용經世致用의 관계는 이미 충분히 얘기했으므로 여기서는 논하지 않겠다. 내게 문제가 되는 것은 이런 것이다. 고염무와 그 추종자들의 도덕적 논증에 대한 기본 방식은 어째서 격물과 격심이라는 자신을 닦는 실천으로부터 문자를 고증하고 음운音韻을 따지면서 옛 제도의 원류로 돌아가 궁구하는 '지식' 실천으로 전향했는가? 도덕 논증의 전제가 어째서 천리로부터 제도와 풍속으로 전향했는가? 고염무의 '천하'관과 그의 학술 방식의 관계는 어떠한가? 예악의 요체는 외재적인 제도와 개인적인 행위를 밀접하게 연관시키는 것이다. 즉 외재적인 제도의 내재화인 동시에 사람의 정감·욕망·도덕의 수요와 예의 제도 간의 조화와 합치이다. 이는 예악론의 틀 안에서 제도와 도덕 사이의 내재적인 관계를 재건하려는 시도였다. 단옥재는 후에 이렇게 말했다. "옛 성인들의 제작制作의 위대함은 모두 천지만물의 이치를 정밀히 살피시어 그 실정實情을 얻으시고, 그 시작과 끝을 종합하시고, 큰 벼리를 들어 세목細目까지 갖추어지길 기다리시고, 이로움으로 일으키면서도 그 폐단을 방비하셨던 것에 있으며, 그렇기에 능히 만세토록 편안케 하실 수 있었던 것이다."(自古聖人制作之大, 皆精審乎天地民物之理, 得其情實, 綜其始終, 擧其綱以俟其目, 興以利而防其弊, 故能奠安萬世)[5] 단옥재는 고증학으로 이름을 날렸기에 경세치용의 성격은 이미 매우 옅어져 있었다. 그는 고증이란 방법으로 "천지 만물의 이치를 다하는 것"(以盡天地民物之理)이 유자의 근본지도根本之道라고 여겼는데, 이는 어느 정도 건륭·가경 시기 고증학을 위해 변명해 주려는 의도도 있었다. 그러나 다른 측면으로는, 여전히 고염무의 학술 종지宗旨를 이어받아 경학 내부에 함축된 사상적 전제, 즉 고증 훈고를 통해 성왕聖王의 전장 제도의 정치한 뜻(즉 '대경대법'大經大法)을 이해함으로써 "난세의 원인을 뿌리 뽑아 올바르게 되돌리려는"(撥亂世而返之正) 목적을 밝히려고 한 것이다.

황종희와 마찬가지로 고염무는 경세지도經世之道가 일종의 제도적 실천 속에 존재한다고 믿었다. 그러나 경세지도든 제도적 실천이든 모두 상세한 범주 설정이 필요했다. 이른바 경세지도는 결코 개인의 도덕 실천과 무관한 정치·경제 혹은 군사적 사무가 아니었다. 그리고 이른바 제도적 실천 역시 결코 구체적인 상황은 고려치 않은 채 이미 존재하는 전장 제도를 따라 교조적으로 일을 행하는 것이 아니었다. 신제도론과 경학의 범주 안에서는 정치·경제·군사, 그리고 개인의 도덕 실천이 모두 예제 관계 및 그 변천 속에 있는 것이다. 고염무의 고증학과 명도明道·경세經世의 내재 관계는 예제 및 그 변천을 돌이켜 궁구함으로써 드러나는 것이다. 그는 관중關中 지역에서 학문을 논할 적에 이렇게 말했다. "여러분은 관학關學*의 후예요. 장재張載·여대림呂大臨의 가르침은 예禮를 우선시하고 있소. 공자께서도 일찍이 이렇게 말씀하셨소. '문文으로 자신을 넓히고 이를 다시 예로써 간추려라.'* 그리고

• 관학(關學): '관중(關中) 땅의 학문'의 약칭이다. 주로 북송 시기 장재의 가르침을 계승한 학문을 가리킨다.

• 문(文)으로~간추려라: 『논어』 「옹야」(雍也) 제25장에 이르길 "공자께서 말씀하셨다. '군자는 문헌에서 학문을 넓히고 이를 예로써 추린다면 도에 어긋나지 않을 수 있으리라!'"(子曰: 君子博學於文, 約之以禮, 亦可以弗畔矣夫)라 했다. 『논어』 「자한」(子罕) 제10장에서는 "문(文)으로 자신을 넓히고 예로써 자신을 간추린다"(博我以文, 約我以禮)라고 했다. 저우위퉁(周予同)의 변증(辨證)에 따르면 『한학사승기』에서의 "博我以文"이란 인용문은 "博學於文"의 오기(誤記)인데, 일단은 『한학사승기』 원문을 따

유강공劉康公 역시 이렇게 말했소. '백성이 천지 속에 담긴 바를 부여받아 태어나는 것을 명命이라 한다. 이런 까닭에 동작함에 예의와 위의威儀의 법도가 있는 것을 정명定命이라 한다.' 그러니 군자가 학문을 함에 예를 버린다면 그 무엇으로부터 시작하겠소? 근래 강학講學을 한다는 선생들이 오로지 무리를 모아 자신의 문호를 내세우는 것만을 생각하면서, 그 가르침이 경건하지 않소이다. 이에 그 불경함을 꾸짖는「모치」茅鴟 편'을 읊조리는 것만으로도 쉴 틈이 없는데 나머지 다른 일들이야 더 물어 무엇 하겠소!"(諸君, 關學之餘也. 橫渠·藍田之敎, 以禮爲先; 孔子嘗言'博我以文, 約之以禮'; 劉康公亦云'民受天地之中以生, 所謂命也; 是以有動作禮義威儀之則以定命'; 然則君子爲學, 舍禮何由? 近來講學之師, 專以聚徒立幟爲心, 而其敎不肅, 方將賦「茅鴟」之不暇, 何問其餘哉)[6] 고염무에게 전장 제도는 뻣뻣하게 굳어버린 교조敎條나 단순한 기능적 체제가 아니라 일상생활과 역사 실천속에 존재하는 규범이자 질서였고, 사람의 구체적인 실천을 통해야만비로소 온전하게 드러날 수 있는, 생활의 가치를 규정짓는 예제였다.

고염무의 경학고증은 예악·제도·전장·풍속·전통·인물·언어·자연등 각 방면을 두루 섭렵하고 있지만 결코 혼란스레 뒤죽박죽 모아 놓은 것은 아니다. 그것이 펼쳐 보이는 것은 '예'禮와 '문'文의 세계이다. 그의 저작 속에서 '예'와 '문'은 상호텍스트적'인 관계를 가지고 있다.

라 풀었다.
- 유강공(劉康公)~정명(定命)이라 한다:『좌전』「성공(成公) 13년」, "民受天地之中以生, 所謂命也; 是以有動作禮義威儀之則, 以定命也."
- 「모치」(茅鴟) 편:『좌전』「양공(襄公) 28년」, "숙손목자가 경봉에게 음식 대접을했는데, 경봉이 제사도 치르기 전에 제사 음식에 건드렸다. 숙손목자는 이를 불쾌히여겨 악공(樂工)으로 하여금 경봉에게 「모치」(茅鴟)를 노래하게 했지만 경봉은 그래도 제 잘못을 깨닫지 못했다."(叔孫穆子食慶封, 慶封汜祭, 穆子不說, 使工爲之誦「茅鴟」, 亦不知) 두예(杜預)의 주(注)를 보면 "「모치」 편은 일실(逸失)된 시로, 불경함을 비난한 것"(「茅鴟」逸詩, 刺不敬)이라고 했다.
- 상호텍스트적: 원문은 '互文'인데 이는 'Intertextuality'의 번역어로 우리나라에선주로 '상호텍스트성'으로 번역된다(혹 '상호전거성', '간텍스트성', '간본문성'이라고번역되기도 한다).

이는 "몸소 행함에 염치를 지니고 모든 문文에서 두루 배워라"(行己有恥, 博學於文)라는 유명한 논제를 이해하는 관건이 된다. 고염무는 이렇게 말했다.

> 군자는 모든 문文에서 두루 배운다. 자기 스스로로부터 집(家)·나라(國)·천하天下에 이르기까지 어느 경우든, 제작하여 '문물과 법도'(度數)가 된 것이나, 발현하여 소리와 용모로 갖추어진 경우 중에 어느 하나라도 문文이 아닌 것이 없다. "잘 추스려 절도를 지키는 것을 일러 예라 한다."• …『역전』에서는 이렇게 말했다. "문명으로 사람을 법도에 맞게끔 그치게 하는 것이 인문人文이다. …인문을 잘 살펴서 천하를 교화하고 완성한다."• 그래서 공자께서 가로되 "문왕께서 이미 돌아가셨으니 그 문명이 내게 있지 아니한가?"•라고 하셨으며, 『일주서』逸周書「시법」諡法에서도 "천지天地를 경륜한 이의 시호를 '문'文이라 한다"고 했다. 이는 공자의 제자들이 『시경』·『서경』 등의 육예六藝를 익혔다고 할 때의 문文과는 수준이 다른 것이다.
>
> 君子博學於文, 自身而至於家國天下, 制之爲度數, 發之爲音容, 莫非文也. 品節斯, 斯之謂禮. …傳曰: 文明以止, 人文也.

• 잘 추스려~한다: 『예기』「단궁 하」(檀弓下), "잘 추스려 절도를 지키는 것을 일러 예라 한다"(品節斯, 斯之謂禮) 원서 인용문에 오류가 있기에 『예기』에 근거해 번역했다.
• 문명으로~완성한다: 『주역』「비괘」(賁卦) '단전'(彖傳), "문명으로 사람을 법도에 맞게끔 그치게 하는 것이 인문(人文)이다. (천문을 보면서 때의 변화를 살핀다.) 인문을 잘 살펴서 천하를 교화하고 완성한다."(文明以止, 人文也. 〔觀乎天文, 以察時變,〕 觀乎人文, 以化成天下) 원문 중 각괄호 부분은 인용문에서 생략된 부분이다.
• 문왕께서~아니한가: 『논어』「자한」, "공자께서 광(匡) 땅에 갇히시자, 이렇게 말씀하셨다. '문왕(文王)께서 이미 돌아가셨으니 그 문(文)이 내게 있지 아니한가? 하늘이 장차 이 문(文)을 없애려 하신다면, 이후에 죽을 이들이 이 문(文)과 더불 수 없었을 것이요, 하늘이 이 문(文)을 없애려 하지 않으신다면, 광 땅 사람들 따위가 날 어찌하겠는가?"(子畏於匡, 曰: '文王旣沒, 文不在玆乎? 天之將喪斯文也, 後死者不得與於斯文也, 天之未喪斯文也, 匡人其如予何)

…觀乎人文, 以化成天下. 故曰: 文王既沒, 文不在玆乎! 而謚
法經緯天地曰文. 與弟子之學詩書六藝之文, 有深淺之不同矣.[7]

'문'文은 문자가 아니고 문장도 아니다. 이것은 일종의 내재적인 규칙이자 예의와 합치되는 행동 중에 자연스레 드러나는 조리이다. '문'의 개념과 주대의 예의 규범(이른바 '주문'周文)에는 역사적인 연관이 있다. 그러나 고염무는 '문'의 내재성을 더욱 강조했는데 이는 공자가 "인仁으로 예禮를 풀이함"(以仁釋禮)과 유사한 함의가 있다. "제작하여 '문물과 법도'(度數)가 된 것이나, 발현하여 소리와 용모로 갖추어진 경우 중에 어느 하나라도 문이 아닌 것이 없기에" 일거수일투족 안에 '문'이 담겨 있다. "군자가 학문함에 예를 버린다면 그 무엇으로부터 시작하겠는가?"라는 표현에서의 예는 협의로서의 예의 질서가 아니라 내재적으로 우리의 생활을 규정짓는 자연自然/필연必然*의 질서이다. 이 때문에 "제자들이 『시경』·『서경』 등의 육예를 익혔다고 할 때의 문과는 수준이 다른 것이다." 비록 곧잘 문장의 형식으로 출현하기도 하지만, 그것은 "인문을 잘 살펴서 천하를 교화하고 완성하는" '문'에 더 가깝다. 고염무는 이렇게 말했다.

문文이 천지간에 끊길 수 없는 것은 그것이 도를 밝히고 정사政

---

* 자연(自然)/필연(必然): 이 개념은 원래 대진이 제시한 것이다. 대진은 『원선』(原善)에서 자연/필연 개념, 즉 '스스로 그러함'(自然)과 '반드시 그렇게 될 수밖에 없음'(必然)이란 개념을 제시했다. 야마노이 유우(山井湧)에 따르면, 대진의 '필연'이란 보통 떠올리는 '반드시 그렇게 되도록 정해져 있다'라는 의미가 아니라, '그렇게 되지 않으면 안 된다'는 의미이다. 이러한 대진의 '필연'이라는 표현은 이학(理學)의 '당연'(當然)과 상당히 유사한 개념이지만 '당연'은 주자학의 용어였기에 따로 '필연'이라는 표현을 취한 것이라 보았다. 이는 대진이 구상한 개념이 이학에서 연원했음을 암시하는 대목이다(「대진 철학戴震哲學에 있어서의 '기'氣」, 김석기金錫起·배경석裵慶錫 공역, 『명청사상사의 연구』, 서울: 학고방, 1994, 452면). 자연/필연에 대해서는 다음 장에서 상세히 다룬다.

事를 기록하고 백성의 은밀한 바를 살피고 남의 선함을 즐겨 말하고 있기 때문이다. 이와 같은 것들은 천하에 보탬이 되는 것이다. 장래에 보탬이 되는 문이 한 편 늘어나면 그 한 편이 늘어난 만큼 보탬이 된다. 괴력난신怪力亂神에 관한 일이나 황당무계한 말이나 남의 것을 표절한 얘기나 아첨하는 글과 같은 것들은 나에게도 손해가 되며 남에게도 보탬이 되질 않으니, 한 편이 늘어나면 한 편이 늘어난 만큼 손해가 된다.

> 文之不可絶與天地間者, 曰明道也, 紀政事也, 察民隱也, 樂道
> 人之善也, 若此者, 有益於天下, 有益於將來, 多一篇, 多一篇
> 之益矣. 若夫怪力亂神之事, 無稽之言, 剿襲之說, 諛佞之交,
> 若此者, 有損於己, 無益於人, 多一篇, 多一篇之損矣.[8]

여기에 담긴 대의는 비단 문文에 도를 싣는다는 것뿐만 아니라, '문'이 도를 실을 때에 자연에 합치되는 조리를 체현할 수 있다는 것이다. 이 전제가 없다면 '문'이 많고 적음은 중요하지 않게 된다. 대진은 일찍이 '조리'로 '리'理를 풀었다. "예禮란 천지의 조리이다. 조리의 극치에 대해 얘기해 보자면, 하늘(天)을 제대로 깨닫지 못하고서는 이것을 극진히 할 수가 없다. 그러므로 예의 제도 역시 성인聖人이 천지의 조리를 드러내 보인 것이며, 이를 온 천하의 세세대대世世代토록 변치 않을 법도로 정하신 것이다. 예를 마련해 두는 것은 천하의 갖가지 사정을 다스리기 위한 것이기에, 혹은 과한 부분을 쳐내고 혹은 미치지 못하는 부분에 더 힘써 그것의 적절함을 드러내 보인 것일 뿐이다."(禮者, 天地之條理也; 言乎條理之極, 非知天, 不足以盡之. 卽儀文度數, 亦聖人見於天地之條理, 定之以爲萬世法. 禮之所設所以治天下之情, 或裁其過, 或勉其不及, 示之中而已矣)[9] 이는 고염무가 문과 예를 토론한 방식과 비슷하다. 다소 차이가 있다면, 대진의 '조리' 개념과 '자연'이란 범주는 밀접한 관계가 있어서 어느 정도 추상성과 초탈의 의미를 지니고 있다. 그런 데 반해, 고염무는 '문'과 '예' 두 가지 관념을 결합시켜서 모든 예악 제도와 질서를 통칭하고 있다. 또한 바로 이렇기 때문에, 고염무는 "문에 대한 고증"(考文)의 범위를 일상생활 중에 실천하는 모든 규범에까지 확대하여, 육경을 상세히 고찰했을 뿐만 아니라 제자백가에도 두루 통달했으며, 중국 구주九州의 풍속만 연구한 것이 아니라 외국의 풍속까지 헤아렸던 것이다.[10] 그는 육경에 국한되지 않고, 육경으로부터 시작하여 그 외의 다른 것들에게까지 두루 미쳤다. 심지어 화려하고 번쇄하며 꾸밈을 중시하고 실질을 경시하는 중국의 풍속에 대해, '외국 풍속'이나 '오랑캐의 풍속'을 인용하여 날카로운 비판을 가하면서 더 나아가 지적인 해방을 획득하고 있다. 그가 이렇게 한 까닭은 무엇인가? 육경은 하·은·주 삼대 예제禮制의 기록인데 시간이 감에 따라 세상이 바뀌어 봉건제가 군현제로 변하고, 군현제가 제국帝國으로 변하게 되었다. 만약 옛것에만 집착하는 데에 만족해 버린다면 비단 경세經世라는 목표를 완성할 수 없을 뿐만 아니라 '경륜'(經)하려고 하는 '세상'(世)을 파악할 방법조차 없게 되어 버리고 만다. "모든 문文에서 두루 배우자"는 주장은 이런 독특하고도 부단히 변화하는 예제 질서의 개념을 전제로 삼고 있는 것으로, 이는 학자에게 요구하는 바가 아니라 '군자'君子에게 기대하는 바인 것이다.

이 때문에 "몸소 행함에 염치를 지니고 모든 문文에서 두루 배워라"라는 주장을 사람 노릇하고 학문을 하는 데 종지로 삼았으니, 그 관계가 지극히 긴밀하여 따로 떼어 논할 수 없다. 어째서 "몸소 행함에 염치를 지니는" 도덕 방식에 "모든 문에서 두루 배우라"는 보충이 필요했을까? 이는 사람 노릇하는 일상생활의 실천이라는 것은 삼라만상을 포괄하고 있으며 예악과 제도의 범위 역시 비할 데 없이 넓어서, "모든 문에서 두루 배우려는" 노력 없이는 염치를 알 수 없기에 진정 "몸소 행함에 염치를 지니는 것" 역시 얘기할 수 없기 때문이다. 그렇다면 어째서 "모든 문에서 두루 배우는 것"이 주로 경서의 고증으로 표현되었을까? 이는 예악이 붕괴된 지 오래되어 오로지 유학 경적經籍만이 능히 "난세의 원인을 뿌리 뽑아 올바르게 되돌리고 풍속을 바꿈으로써 평안한 세상을 다스리는 데에 유용하지만 무익한 바에 대해선 얘기하지 않을"(撥亂反正, 移風易俗, 以馴致乎治平之用, 而無益者不談) 수 있었기 때문이다.[11] 여기서 가장 중요한 문제는 다음과 같다. 도덕 행위의 척도는 단순한 심성적인 실천에서 나온 것이 아니라, 구체적인 예악 제도를 전제로 하면서도 특정한 역사적 상황을 참고로 하는 척도이다. 이런 의미에서 "모든 문에서 두루 배울" 수 없다면 "몸소 행함에 염치를 지니는 일"을 언급조차 할 수 없다. 왜냐하면 우리가 어떻게 해야만 비로소 "염치를 지니게 되는" 근거를 알게 될까 하는 의문을 던져 볼 때 "몸소 행함에 염치를 지니는 일"을 종지宗旨로 삼지 않는다면 "모든 문에서 두루 배우는 일"은 목표를 상실하여 아무런 의미도 없게 되어 버릴 것이기 때문이다.[12]

이런 의미에서 황종희·고염무의 학술은 신제도론이면서 동시에 신예악론이며, 경학과 사학史學은 이런 신예악론의 표현 형식이었던 것이다. 이학理學에 대한, 그중에서도 특히나 심학心學에 대한 비판들 중 이런 신예악론은 제도론의 성격이 강했다. 왜냐하면 고염무·황종희 등은 이학과 그 주요 범주가 도덕 실천과 제도/예악의 내재적 관계를 모호하게 만들었다고 여겼기 때문이다. 고염무가 관심을 기울인 핵심 주제에는 비단 집(家)·나라(國)의 제도뿐만 아니라 일상 행위·사회 풍속의 변천 및 천문·지리·자연환경의 차이까지도 포함되어 있었다. 어떤 측면에서 보자면 이런 주장들은 왕양명 등과 별 차이 없어 보인다. 그러나 고염무가 강조한 것은, 제도의 수립은 모종의 심성론이나 제도론에 근거하는 것이 아니라 풍속·습관과 역사 변천 그 자체라는 점이다. 예치禮治 질서는 반드시 아래로부터 위로 형성되며 제도의 개혁은 반드시 "풍속을 바로 잡는 데서 시작된다."(自正風俗始) 이 점이 바로 그가 설계한 예악 공동체가, 왕양명이 사람 마음은 서로 같음을 지표로 삼았던 '학교'學校*나, 심지어는 황종희가 분업·권리·의무·법률·제도를

* 왕양명이~'학교'(學校): 왕양명의 『전습록』 권중(卷中)에 실린 '발본색원론'(拔本

기본 구조로 삼았던 사회 모형*과는 다른 중대한 차이점이다. 간단히 말해서 그는 단순히 제도의 설계를 논한 것이 아니라 풍속의 변화를 문제의 관건으로 간주했던 것이다. 왜냐하면 그에 따르면, '천하'는 예악 공동체이다. 하지만 이는 정치 제도와 법률 체계를 틀로 하는 구조/기능의 체계도 아니고 또 공동의 의지를 만들어 내는 '마음의 공동체'도 아니었기 때문이다.

『일지록』 권13에는 광범위한 풍속론이 실려 있다. 여기서 작자인 고염무는 주나라 말엽·양한兩漢·송대宋代 및 후대를 망라한 역대의 풍속을 논하면서 혼인·전제田制·인재人材·도덕·미신·산업·청의淸議(공정한 의론) 등을 두루 열거하며 언급하지 않는 바가 없었다. 이에 따라 제도나 문화 등 역사적인 내용은 풍속·습관 등의 범주 안에 포함되었다. "세상의 추세를 목격하고 나서야, 비로소 치란治亂의 관건은 반드시 인심人心 풍속風俗에 있다는 것을 알게 되었다. 인심을 변화시키고 풍속을 정돈하는 데에는 교화를 펼치고 기강을 바로잡는 일이 빠질 수 없다."(目擊世趨, 方知治亂之關必在人心風俗, 而所以轉移人心整頓風俗, 則敎化紀綱爲不可闕矣)[13] 이 주장은 문화와 정치의 질서 일체를 포함하는 예와 문에 대한 그의 이해를 생동감 있게 드러내 주고 있다. 고염무는 송명宋明 이래로 헛되이 심성을 논하는 기풍을 반대하면서 천天·도道·성性·심心 등은 예악, 제도, 풍속 속에서 존재하지 않는 것이 없으며 사람의 일상 생활의 실천 중에 존재한다고 여겼다. 바로 이러한 이유로 훈고訓詁 고증考證의 학술은 반드시 모든 생활 영역에 깊이 들어가야 했기에, 육경에만 국한될 수 없었다. 그는 널리 알려진 「여우인논학서」與友人論學書에서 이렇게 말했다. "무릇 100여 년 이래로 학문하는 자들이 종종 심心이니 성性을 말하면서도 망연자실 그 속뜻을 제대로 이해하지 못했음에 삼가 탄식합니다. 명命과 인仁은 공자께서 드물게 말씀하셨던 것

塞源論)에 이러한 주장이 보인다.
* 황종희가~사회 모형: 황종희의 『명이대방록』(明夷待訪錄)에 이러한 주장이 보인다.

입니다.[*] 성性과 천도天道는 자공子貢조차 들어 보지 못했던 바입니다.[*] 성명性命의 리理는『역전』에 드러나 있는데 일찍이 남에게 말씀하신 적이 몇 번 없었습니다."(竊嘆夫百餘年以來之爲學者, 往往言心言性, 而茫乎不得其解也. 命與仁, 夫子之所罕言也; 性與天道, 子貢之所未得而聞也; 性命之理, 著之『易傳』, 未嘗數以語人)[14] 그가 추구했던 것은 육예의 문을 익히고 여러 성왕의 정전政典을 연구하며 당대當代의 임무를 종합하여, 다시금 새로이 공자가 학문과 정치를 논했던 중요한 단서를 돌이켜 궁구하는 것이었다. 이는 바로 나를 닦고 남을 다스리는 실학實學이었다.[15] 이런 모든 것들은 그의『일지록』과『음학오서』音學五書에 체현되어 있다.

2. 경학고증과 '물'物 개념의 회귀

고염무는 이학理學의 방식으로는 경세라는 목표를 달성할 수 없다고 여겼다. "마음(心)이란 전해지길 기다릴 필요도 없는 것이다. 천지 사이를 누비고 고금을 꿰뚫는다고 하더라도 늘 다른 바가 없는 것, 그것이 바로 리理이다. 리는 내 마음에 갖추어져 있으며 사물에서 징험된다. 마음이란 이러한 리를 통섭하여 따로 그 시비를 밝히는 것이다. 사람의 현명함과 어리석음, 일의 득실得失, 천하의 치란治亂은 모두 여기에서 판가름이 나는 것이니, 이에 성인이 위급함·은미함·정심精深함·전일專—함[*] 사이에서 잘 살피며 절충하는 도를 전하시어, 리에 부합되

- 명(命)과~것입니다:『논어』「자한」, "공자께서는 이득(利得)과 명(命), 그리고 인(仁)에 대해 드물게 말씀하셨다."(子罕言利與命與仁)
- 성(性)과~바입니다:『논어』「공야장」(公冶長), "자공이 말했다. '공자의 문장은 들을 수 있었으나, 공자께서 성(性)과 천도(天道)에 대해 말씀하신 것은 들을 수 없었다.'"(子貢曰: '夫子之文章, 可得而聞也, 夫子之言性與天道, 不可得而聞也)
- 위급함~전일(專一)함: 이는 이학의 주요 관심사라고 할 수 있는『고문상서』(古文尚書) 우서(虞書)「대우모」(大禹謨) 편의 다음과 같은 16자(字) 심결(心訣)을 가리킨다. "사람의 마음은 위태롭기만 하고 도의 마음은 은미하기만 하다. 애오라지 정심(精

지 않는 일이 하나도 없게끔 만들고 한쪽으로 편중되어 넘치거나 모자라게 되는 경우가 없게끔 하셨던 것이다. 선학禪學은 리를 장애물로 여기고 오로지 그 마음만을 가리켜 '문자 따위를 따로 쓰지 않고 오로지 마음에 새겨진 깨달음만 전한다'고 한다. 성현의 학술은 한 사람의 마음으로부터 천하 국가의 쓰임에까지 도달하는 것이니, 지극한 리의 작용이 아닌 경우가 없다."(心不待傳也. 流行天地間, 貫徹古今而無不同者, 理也. 理具於吾心而驗於事物. 心者, 所以統宗此理而別白其是非. 人之賢否, 事之得失, 天下之治亂, 皆於此乎判, 此聖人所以致察于危微精一之間, 相傳以執中之道, 使無一事之不合於理, 而無有過不及之偏者也. 禪學以理爲障, 而獨指其心曰不立文字, 單傳心印. 聖賢之學, 自一心而達之天下國家之用, 無非至理之流行)[16] 심心·리理·물物·학學은 긴밀하게 연관되어 있어서, 심을 하나의 고립되고 절대적인 존재로 간주하는 시각으로는 도덕 판단과 경세라는 목표를 달성할 수가 없다. 이것이 바로 고염무가 송명의 의리지학에서 제도론 혹은 예악론으로 전향하게 되는 기본적인 근거이다. 심心·성性·도道·리理와 역사적으로 변화해 가는 예악·제도·풍속은 하나로 연관되어 있는 것이다.

　　고염무는 이학에 대해 전반적인 부정을 한 것이 아니라, 방이지方以智가 말한 "경학에 이학이 들어 있다"(藏理學於經學)는 관점과 일맥상통하게, 이학을 경학의 범주 안에 귀납시켰다. 이학을 경사지학經史之學으로 전환시킨다는 것의 실질은 보편적이고 절대적인 천리를 역사적인 변천 관계 속에서 처리하는 것이고, 그 가운데 일부가 바로 '경'經에 대한 이해였다. 경이란 보편적인 리理인가, 아니면 특정한 역사적 맥락 속에서 생성된 '리'에 대한 이해인가? 경에 대한 추궁은 최종적으로 '리'에 대한 이해까지 연관된다. 보편적인 리란 영구불변하고 시간을 초월한 것인가, 아니면 언제나 특정한 맥락 속에만 존재하는 것인가? 만약 보편적인 리가 특정한 맥락, 즉 특정한 예악·제도, 그리고 기

深)하고 전일(專一)하게 하면서 그 중용(中庸)된 바를 잡아야 한다."(人心惟危, 道心惟微, 惟精惟一, 允執厥中)

타 관계 속에 존재한다면 우리는 어떻게 해야만 이러한 리를 파악해 낼 수 있는가? 만약 리와 특정한 사회관계가 긴밀하게 연관되어 있으며 이런 사회관계의 합당한 표현이 예禮라고 한다면, 리와 예는 어떤 관계인가? 경학의 요체는 바로 경의經義에 대한 고증을 통해 고대 제도와 풍속에 대한 이해를 획득하는 것이다. 그리고 이러한 고대 제도와 풍속의 역사적인 변천으로부터 성인의 정심精深한 뜻을 연구하여, 그럼으로써 보편적인 천리에 대한 탐구를 예악 관계라는 범주 안에 확고하게 자리 잡게 하는 것이다. 이는 황종희의 신제도론과 동일한 노선을 따라 추구된 것이다. 신제도론은 경세를 동력으로 하는 선진先秦 예악론을 회복하는 것이다. 이것은 비록 이학과 형태상 구별된다고 해도, 결코 이학의 내재된 목표까지 완전히 배척하는 것은 아니었다. 만약 황종희의 신제도론(혹은 신예악론)과 이학과의 관계를 이해하지 않거나, 고염무 고고학考古學의 핵심이 제도 혹은 예악의 진정한 가르침에 있다는 것을 이해하지 않는다면, 고증학의 흥기와 그것의 이학과의 관계를 이해할 수 없게 된다.

예악과 제도의 분화라는 여건 아래서 이학가들은 제도를 도덕 논증의 객관적인 근거로 삼을 수 없으며, 도리어 천도론과 심성론으로 도덕 평가의 출발점을 삼아야 한다고 여겼다. 명말 청초의 경세치용이라는 사상적 분위기 속에서, 황종희와 고염무는 천도론과 심성론이라는 방식을 버리고, 예악과 제도의 동질적 관계를 회복시키며, 도덕 평가와 제도의 내재적인 연계를 재건하는 데에 힘썼다. 그들의 이론 방식은 신제도론 혹은 경학으로 변신하기 시작했다. 바로 이런 변신은 경학이 사학史學으로 나아가는 계기를 제공해 주었다. 만약 경經이 천리에 대한 성인의 직접적인 진술이 아니라 특정한 예악 제도 및 그러한 도덕 평가 방식에 대한 기술이라면, 특정한 예악 제도의 역사에 대한 탐구는 분명히 '천리'를 이해하는 중요한 경로일 것이다. 바로 이러한 이유로, 제도에 대한 황종희의 천명闡明이든 고대 제도의 시말始末에 대한 고염무의 연구이든, 모두가 더 이상 심성心性을 사고의 중심에 두지도 않았고, 더 이상 추상적인 천리를 도덕의 최고 원천으로 간주하지도 않았다. 신제도론과 신예악론의 틀 안에서 도덕은 필연적으로 (제도·예악·풍속과) 연관된 산물이기에, 인간의 특정한 예의 관계 속 도덕적인 선택에 의지하고 있었다. 이 때문에 경전·역사·풍속에 대한 연구를 버리고서는, 가공架空의 도덕 체계를 구축하려는 그 어떠한 시도라 할지라도 신예악 제도의 종지宗旨와 배치되는 것이었다.

고염무의 이른바 "이학은 경학이다"(理學, 經學也)라는 명제는 이학과 신제도론, 그리고 고증학의 관계에 대한 깊이 있는 개괄이다. 그것은 경학에 대한 고증이라는 방법을 통해 의리와 제도를 내재적으로 연관된, 그리고 하나로 합쳐진 대상으로 삼아 연구한 것이다. 그래서 예악론의 내재적인 구조를 떠나서는 그의 저작을 읽고 이해할 방법이 없게된다. 고염무는 『정림문집』 권3 「여시우산서」與施愚山書에서 이렇게 말했다.

이학의 전승은 본래가 그대 집안 대대로 이어져 온 가업입니다. 그러나 전 유독 이학의 명칭이 송인宋人으로부터 처음 생겨났다고 여깁니다. 옛적의 이학이라고 말해지던 것은 바로 경학이었습니다. 수십 년의 노력을 들여도 능통할 수 없는 학문이 아니었습니다. 그래서 가로되 "군자는 『춘추』에 대해 평생을 바칠 따름이다"라고 했던 것입니다. 오늘날의 이학은 선학禪學이라서 오경五經에서 가르침을 취하지 않고 단지 송대 유학자의 어록에만 근거하니, 이는 판에 박힌 첩괄帖括 따위의 글보다도 더 손쉬운 것이었습니다. 또 이르기를 "『논어』는 성인의 어록이다"라고 했는데, 성인의 어록을 버리고 이후의 유자를 따라 섬기고 있으니 이를 일러 근본을 모르는 짓거리라 하는 것입니다.

理學之傳, 自是君家弓冶. 然愚獨以爲理學之名, 自宋人始有之. 古之所謂理學, 經學也, 非數十年不能通也. 故曰: "君子之於『春秋』, 沒身而已矣." 今之所謂理學, 禪學也, 不取之五經,

而但資之語錄, 校諸帖括之文而尤易也. 又曰: "『論語』, 聖人
之語錄也." 舍聖人之語錄, 而從事於後儒, 此之謂不知本矣![17]

　어째서 "군자는 『춘추』에 대해 평생을 바칠 따름"일까? 이는 비단
경학의 범위가 지극히 광활하기에 "평생을 바치지" 않고서는 정통할
길이 없었기 때문이다. 뿐만 아니라, 『춘추』에는 예악의 정치精緻한 뜻
이 담겨져 있기 때문에 그것에 "평생을 바친다"는 것은 특정한 예악
관계에 평생을 바친다는 뜻이다. 또한 오직 이런 맥락에서만, 고염무
는 비로소 "옛적의 이학이라고 말해지던 것은 바로 경학이었다"(古之
所謂理學, 經學也)고 말할 수 있었다. 이는 공자가 육경을 가르침으로 삼
은 것에 대한 명확한 표명이었다. 육경은 선왕의 예의·제도·행위·품격
을 기재하고 있으며 리理와 의義란 것은 오로지 선왕의 예의·제도·행
위·품격을 이해하고 회복함으로써만이 획득되어지는 것이다. 고염무
가 『일지록』 권7 「부자지언성여천도」夫子之言性與天道 조에서 "행동거지
와 응대함이 모두 예에 맞아떨어지는 것이 지극한 성덕盛德이다"(動容周
旋中禮者, 盛德之至也)라고 한 것이 바로 이에 대한 해설이다. 고염무는 이
렇게 말했다.

　　공자의 문장 중 『춘추』만큼 대단한 것이 없는데, 『춘추』에 담긴
　　뜻은 천자를 존숭하고 오랑캐를 물리치며 난신적자亂臣賊子를
　　주살誅殺하는 것이니, 이 모두가 성性이자 천도이다. 그래서 호
　　안국胡安國은 『춘추』를 성인이 성명性命을 다룬 문장으로 여겼던
　　것이니,・"공자께서 말씀치 않으셨다면 보잘것없는 자들이 무엇
　　을 조술祖述했겠는가!"・

・ 호안국(胡安國)은~것이니: 호안국은 북송 말기의 이학자로 학풍은 정이(程頤)를
　따랐다. 평생 이학의 관점으로 『춘추』를 연구해서 『춘추전』(春秋傳) 30권을 지었는데,
　이 책은 이후 『춘추호씨전』(春秋胡氏傳)으로 불리면서 상당히 중시되었다.
・ 공자께서~조술(祖述)했겠는가: 『논어』 「양화」(陽貨)의 구절을 인용한 것이다.

夫子之文章莫大乎『春秋』, 『春秋』之義, 尊天王, 攘夷狄,
誅亂臣賊子, 皆性也, 皆天道也. 故胡氏以『春秋』爲聖人性命之文,
而子如不言, 則小子其何述乎?[18]

성성性과 천도天道는 정치적인 실천 중에서 성취되는 것이다. 이런 주
장들은 비단 도덕 실천과 예악의 내재적인 연관을 드러내 보여 줄 뿐
만 아니라, 단순히 양지良知로부터 실천 방법을 논하던 방식을 바꿔 버
렸다. 이학과 경학의 방법론상의 차이는 지극히 분명했기 때문에, 사
람들은 이학과 경학의 구분을 두 가지 지식의 형식으로 간주한다. 그
리하여 "이학은 경학이다"라는 명제를 "이학이 경학과 같다고 말하는
것이 아니라, 이학이 경학의 일부분이라는 것을 말하는 것"[19]이라고 여
기게 되었다. 하지만 이는 고염무의 명제에 대한 심각한 오해이다. 이
런 측면에서 보자면, 전조망全祖望의 "경학이 바로 이학이다"[20]라는 명
제는 그래도 따져 볼 만하다. 이학과 경학 사이의 관계는 상호 예속된
관계가 아니라 동질적인 관계이다. 고염무의 입장에서 볼 때, 이른바
경학을 초월하는 이학이 존재치 않는다는 것은 결코 이학이 경학에 종
속된다는 말이 아니다. 경학의 각 부분이 모두 이학의 내재적인 목표
를 달성하는 것을 지표로 하고 있으며, 경학이란 형식이 없다면 이학
의 목표 역시 논할 수 없다는 말이었다. 이런 내재적인 목표는 유가의
예제禮制였다. "내 한 몸으로부터 천하 국가에 이르기까지가 모두 학
문에 해당한다. 아들 노릇·신하 노릇, 아우 노릇, 벗 노릇으로부터 출
입왕래出入往來, 사수취여辭受取與까지, 이 모두가 염치의 일이다."(自一
身以至於天下國家, 皆學之事也; 自子臣弟友, 以至出入往來辭受取與之間, 皆有恥之事
也)[21] 역사 제도, 풍속 습관, 사회 변천에 대한 고찰이야말로 이학이 진

"공자께서 말씀하셨다. '난 말이 없고자 한다.' 그러자 자공이 말했다. '선생님께서 말
씀해 주시지 않는다면 저희같이 보잘것없는 것들이 무엇을 조술한단 말입니까?'"(子
曰: 予欲無言. 子貢曰: 子如不言, 則小子何述焉)

정 힘을 기울이는 바였다. 그것이 주목하고 있는 것은 비단 외재적인 제도뿐만 아니라 모든 사람의 출입왕래, 벼슬을 받거나 그만둠, 무엇을 취하거나 내주는 것의 행동 방식과 그 행동의 동기였다. 이런 의미에서 바로 경학이란 형식 이외의 이학은 존재치 않으며, 또한 이학 밖에 따로 경학고증이 존재치 않는다는 것과 같다. 리의 개념과 예의 개념의 호환 관계가 여기서 다시금 새로이 출현하게 된다.[22] 황종희의 신제도론은 비이학적인 이학 형식이었으며, 고염무의 경학 역시 일찍이 이와 같지 않았던가? 그의 입장에서 말하면 이학은 응당 경학의 일부분이 아니라 바로 경학이어야 했던 것이다.

고염무는 명말 학풍이 박학다식을 버리고 하나로 관통시키려는 방책만 구하며, 사해가 곤궁한데도 이는 얘기치 않고 종일토록 위급함·은미함·정심精深함·전일專一만을 얘기하는 것에 대해 비판을 가했는데, 그 비판은 극도의 혐오에 가까웠다.[23] 그는 또한 육구연의 "스스로의 주장을 세워 1500년간의 학자들을 배척하는"(自立一說, 以排千五百年之學者) 작태 역시 싫어했다.[24] 주자 만년 정론定論 등의 문제에 있어서 고염무는 육구연과 왕양명을 비난하면서, 동시에 분명하게 주자를 존중하는 주장을 내놓았기에, 학술사에서 고염무를 주자학자로 귀속시키는 이들이 적지 않았다. 장학성과 공자진은 고염무의 학술을 주자 학술이 5대째 전승된 것으로 간주했다. 강번은 "황종희는 유종주의 학생으로 '양지'의 폐단을 바로잡아 실천을 위주로 했고, 고염무는 설선薛瑄의 후예로 육구연과 왕양명의 그릇됨을 변별하여 주자를 종주로 삼았다. 그래서 두 학자의 학술은 모두 송대 유학자의 영역에 깊이 들어가 있었다. 다만 한학漢學은 폐할 수 없다고 여겼을 뿐이다"(梨洲乃蕺山之學, 矯'良知'之弊, 以實踐爲主; 亭林乃文淸之裔, 辨陸·王之非, 以朱子爲宗. 故兩家之學, 皆深入宋儒之室, 但以漢學爲不可廢耳)[25]라고 말했다. 이런 관점은 근대의 사상가와 학술사가의 호응을 받았다. 옌푸와 후스 등은 주자의 격물궁리로부터 근대 실증주의와 귀납법을 이해하면서, 동시에 경험·증거를 중시하는 고증학의 방법을 과학적 방법론과 대등하게 여겼다. 또 첸무와 위잉스는 학술사 발전의 내재적인 사유 논리를 더더욱 중시하면서 청대 한학은 송학宋學의 내부적인 논쟁의 결과라 확신했다. 그 근원을 말하자면, 이런 관점의 시조는 아무래도 장학성──특히 그의 『문사통의』文史通義 내편內篇 권2의 「주육」朱陸 편일 것이다.* 일찍이 건륭·가경 시기에 장학성은 청대 유학자가 각자 자기가 속한 파당派黨의 편협한 견해를 가지고 다투는 것을 비판하면서 청대에 "주자를 반대하는 학자들이야말로 주자의 학술을 여러 세대에 걸쳐 전승받아 일어난 학자들"(薄朱氏之學者, 即朱氏之數傳而後起者也)이라고 여겼다. 아울러 고염무와 황종희를 나란히 예로 삼아, 명청대 학술의 원류에는 정주程朱와 육왕陸王이 두루 갖추어져 있다고 말했다. 비록 "세상 사람들이 고염무를 청대 초기의 대선비로 추대하지만"(推顧亭林氏爲開國儒宗), 황종희의 학문은 "위로는 왕양명과 유종주를 종주로 하고 아래로는 만사동·만사대 형제의 길을 열어 주었으니, 고염무와 비교해 볼 때 그 연원이나 전승됨이 더 유장하다."(而上宗王劉, 下開二萬, 較之顧氏, 源遠而流長矣) 이런 의미에서 볼 때, 청학淸學이 송학에서 연원하는 경로가 하나뿐이겠는가!²⁶

한학과 송학이 연관되어 있다는 것은 전혀 의문의 여지가 없다. "경학이 바로 이학이다"라는 명제는 이 점을 증명해 주고 있다. 그러나 문제는 어떻게 이러한 연관을 파악할 것인가이다. 상술한 관점을 견지하는 학자들은 대다수가 주지주의主知主義의 시각에서 주자학과 고염무 학술의 유사성을 다루면서 두 사람이 격물치지·훈고 고증이란 방면에서 일맥상통한다고 여겼다.²⁷ 그러나 만약 몇몇 요소들만을 놓고 고염무의 학술과 전대 사상의 관계를 살펴보는 것이라고 한다면, 어째서 "그의 실천 관념이 왕양명을 계승했다거나(그 역시 도덕 문제가 밖에

• 특히~것이다: 『문사통의』(文史通義)의 대표적인 양대 판본으로 '대량본'(大梁本)과 '장씨유서본'(章氏遺書本)이 꼽히는데, 이 두 판본은 체례(體例)가 크게 다르므로 주의를 요한다. 이 책의 저자 왕후이가 근거한 것은 후자로 「주육」이 내편 권2에 실려 있지만, 전자의 체례에 따르면 내편 권3에 실려 있다.

나가고 안에 거하고 사양하고 취하고 주는 행위 속에 있다고 이해하고 있었다), 그의 경학이 심학을 계승한 것이다"라고 말하지 않는 것일까? 이런 판단을 할 때 관건이 되는 것은, 매우 미세하면서도 극히 중요한 일련의 차이들을 확실하게 변별하는 것이다. 천리적 세계관 안에서와 예제론의 범주 안에서 지식의 문제가 지니는 의미가 매한가지인가? 양지라는 범주 안에서와 예약 풍속 관계 안에서 실천 문제가 지니는 의미가 같은가? 경학 성립의 전제는 예제禮制를 도덕 평가와 도덕 실천의 객관적인 전제로 삼는 것이다. 이는 고매한 천리 및 양지를 중심으로 한 주자학이나 양명학과는 종지와 방식에 있어서 모두 함께 논하기 어렵다. 주자는 사서四書를 중시했으나 고염무는 오경五經의 지위를 강조했고,[28] 주자의 격물치지는 천리를 얻는 것을 종지로 했지만 고염무의 훈고 고증은 경서의 진정한 의미를 얻는 것을 목적으로 하고 있었다. 이는 비단 고증을 중시한 방법론과 의리를 중시한 방법론의 차이일 뿐만 아니라 그들 각자가 '격'格한 '물'物의 차이이기도 하다.

앞서 기술한 바대로 '천하' 관념의 함의를 이해하지 못하면 우리는 경사經史 고증考證 속에서 드러나는 고염무의 정심한 함의를 이해할 수 없다. 이는 사대부가 제도적인 조건을 완전히 상실한 상황 속에서 도덕道德 자존自尊을 유지하는 근거이다. 청말 이래의 사상적 분위기 속에서 이런 함의는 가장 쉽게 사람들의 홀시를 받았다. 예를 들어 량치차오는 청학淸學의 개산지조開山之祖를 얘기하면서 고염무 말고는 이 칭호를 감당할 만한 다른 인물이 없다 여겼으니, 고염무에 대한 평가가 높았다고 할 수 있겠다. 그러나 그의 판단은 대체로 명청 사이의 사상 전환에 착안한 것으로, 한편으론 심학과 이학에 대한 고염무의 비판을 준거로 삼아 손기봉孫奇峰·황종희·이공李塨을 "명학明學*의 여파餘波"로 규정지었다. 또 다른 한편으론 고염무의 경학 방법론을 척도로 삼아 명학을 반대하던 왕부지王夫之, 주지유朱之瑜를 깎아내렸다.*[29] 경

• 명학(明學): 명대(明代)에 성행하던 양명학(陽明學).

학고증은 광범위하게 증거를 수집하고, 한 방면의 것으로 나머지 부분까지 유추해 내고, 직접 보고 들은 지식을 통해 '경經의 진정한 의미'에 대한 이해를 획득하는 것을 중시했기에, 량치차오와 후스는 고염무의 고증학 안에서 과학적 방법을 발견하게 되었다. 하지만 고증학은 주로 고대 경적經籍만을 대상으로 할 뿐 광범위한 자연 지식까지 연관되지 않았기 때문에, 진정한 과학 연구로 발전될 수 없었다는 점에는 불만을 품었다. 이런 과학적 방법론으로 고염무의 독특한 지위를 논증하는 관점은 비단 고증 방법이 추구하려 한 전장 제도와 예악 풍속의 의미를 설명할 수 없을 뿐만 아니라, 공리주의적이고 실용주의적인 가치관에 근거해 고염무 사상의 핵심적 가치까지 말살해 버리고 마는 것이다.

고염무와 량치차오·후스는 각기 전혀 다른 정치적·도덕적 세계에 처해 있었다. 후자가 어떻게 고염무의 '과학적 방법' 및 그것의 이학에 대한 대립(후스는 고염무를 300년 이래 첫 번째 반이학적反理學的인 사상가로 간주했다)을 평가하든지 간에 그들은 모두 의식적으로든 무의식적으로든 다음과 같은 기본적인 사실을 소홀히 하고 있었다. 그것은 바로 청대 경학이 반이학의 기치를 내걸긴 했지만, 청대 경학 자체도 바로 유학의 특수한 형식이었다는 점이다. 이와 같은 과학적인 혹은 과학 방법적인 근대적 시각으로는 경학고증의 기본적인 출발점을 이해할 수 없다. 고증학의 대상이 되는 '물'物이란 심학에서 말하는 물(즉 '심'心)도 아니거니와 이학의 천도관天道觀에서의 우주 만물('격물궁리'의 '물')도 아니었다. 사실 개념으로 간추릴 수도 없었으며 결코

• 고염무의~깎아내렸다: "고염무의 경학 방법론을 척도로 삼아 명학을 반대하던 왕부지, 주지유를 깎아내렸다"는 왕후이의 표현은 량치차오의 주장을 오해하게 할 만한 소지가 있다. 당초 량치차오는 "왕부지, 주지유와 같은 사람들은 비록 반명학(反明學)의 경향이 있긴 했지만 새로이 구축한 바가 있었던 것은 아니었으며, 혹 구축한 바가 있다 해도 사회에 영향을 주지는 못했다"라고 말했다. 즉 왕부지와 주지유에 대한 량치차오의 평가가 박했던 것은 그들이 명학을 반대한 것과는 상관이 없다. 오히려 량치차오는 그들이 공소(空疏)한 명학을 반대한 것에 대해서만큼은 긍정적으로 평가하고 있다.

실증주의의 범주 안에서 이해될 수도 없는 것이었다. 차라리 경학 혹은 신예악의 물物이 극복하려던 것이 바로 이런 사실의 물物, 즉 송학宋學의 격물치지론과 과학 방법론에서 추론된 만물萬物이었다고 말해야 할 것이다. 황종희의 신제도론이든 고염무의 경학고증학이든 간에, '물'物은 모두 규범·규칙이라는 의미를 지니고 있었다. 이것은 오로지 예제 질서 안에만 존재하는 것이었다. '물' 개념의 규범적 함의는 '예'禮·'문'文 등의 범주와 상호 증명할 필요가 있다. 그것들은 모두 예악론 혹은 신제도론의 이론 형식 속에서 수립된 것이거나, 예악론 혹은 제도론을 전제로 해야만이 수립될 수 있는 것이다. 이런 의미에서 보면 정주程朱의 물物이야말로 근대 과학에 좀 더 근접해 있다고 할 수 있다. 엘먼의 연구에 따르면 심학의 발전은 결코 자연학의 발전을 방해한 적이 없을뿐더러 고증 방법에 치중하는 청대 경학의 발전이야말로 자연학의 쇠퇴와 맞물려 있었다. 어째서 경험, 귀납, 상호 증명의 방법론을 중시하는 고증학이 도리어 자연학의 쇠퇴와 한데 결부되어 있는 것인가? '물' 개념의 전환은 이에 대해 다음과 같은 해석을 제공해 준다. 고증 방법의 정밀함은 자연학의 발전에 도움이 되질 않았다. 왜냐하면 이런 방법은 결코 사실 개념을 전제로 삼은 것이 아니라 규범, 가치, 질서, 제도를 목적으로 하고 있었기 때문이다.

여기서 "하늘이 백성들을 낳으시니 만물에 규칙이 생겼네"(天生蒸民, 有物有則)라는 시구에 대한 해설을 앞의 글에서 일찍이 언급했던 정호程顥의 '만물'萬物을 '물'物로 푸는 경우와 대비해 보아도 무방하겠다. 고염무는 이렇게 말했다.

> 『시경』에서 이르길 "하늘이 백성들을 낳으시니 만물에 규칙이 생겼다"(天生蒸民, 有物有則)*라고 했다. 맹자는 "순임금은 만물에

• 하늘이~생겼다: 이 구절은 『시경』 대아(大雅)「탕지십(蕩之什)·증민(烝民)」에 보인다.

밝으셨고 인륜을 살피셨다"•고 했다. 옛적 주周 무왕武王의 방문을 받고 기자箕子가 진술한 바•나 증자曾子·자유子游가 묻자 공자가 답한 바•는 모두가 '물'物이었다. 그래서 "만물은 나에게 모두 구비되어 있다!"•고 한 것이다. 오로지 군자는 능히 천하의 물을 체현할 수 있기에 『역경』에서 가로되 "군자는 말함에 물物이 담겨 있고 행함에는 항상됨이 있다"•고 한 것이다. 『예기』에서 가로되 "어진 이는 물物을 그르치지 않고 효자는 물物을 그르치지 않습니다"•라고 했다.

> 『詩』曰：“天生烝民，有物有則.” 孟子曰：“舜明於庶物，察於人倫.” 昔者武王之訪，箕子之陳，曾子·子游之問，孔子之答，皆是'物'也. 故曰：“萬物皆備于我矣!” 惟君子爲能體天下之物，故『易』曰：“君子以言有物而行有恒.” 『記』曰：“仁人不過乎物，孝子不過乎物.”[30]

'물'物은 사실적 의미에서의 '만물'이 아니라 도덕 행위의 전제이자 규범이다. 즉 고전적인 자연(또한 천天이기도 함)이란 의미에서의 '만물'이기에 '문'文의 개념 혹은 '예'禮의 개념과 직접적으로 상통한다. 이런 '물' 개념은 청대 경사학자經史學者의 보편적인 인식이었으며 그것은 정주程朱의 격물설에 대한 거부를 드러내는 동시에 선진先秦 시기 '삼물'三物• 개념의 회복이기도 하다. 만사동은 이렇게 분명하게 말했

- 순임금은~살피셨다: 이 구절은 『맹자』 「이루 하」(離婁下)에 보인다.
- 옛적~진술한 바: 이 구절은 『상서』(尙書) 「홍범」(洪範)에 자세한 내용이 보인다.
- 증자~답한 바: 『예기』 「증자문」(曾子問)에, 증자와 자유가 예(禮)의 구체적인 사항에 대해 질문하면 공자가 답해 주는 내용이 있다.
- 만물은~있다: 이 구절은 『맹자』 「진심 상」(盡心上)에 보인다.
- 군자는~있다: 이 구절은 『주역』 「가인괘」(家人卦) '상전'(象傳)에 보인다.
- 어진 이는~않습니다: 이 구절은 『예기』 「애공문」(哀公問)에 보인다.
- 삼물(三物): 일반적으로 '삼물'이란 『주례』에 보이는 정의를 따른다. 『주례』 지관(地官) 「대사도」(大司徒): "향삼물(鄕三物)로 백성을 가르치고 빈객으로 천거를 하는

다. "후대의 유자들은 물物이 『대학』의 삼물三物*인줄 모르고, 혹자는 궁리窮理라고 여기고, 혹자는 일을 올바르게 하는 것이라고 여기고, 혹자는 외부의 유혹을 물리치는 것이라고 여기고, 혹자는 나와 남을 소통시키는 것이라고 여기면서, 서로들 의론이 분분했다. 비록 그 분석이 지극히 정밀하지만 결국엔 『대학』의 바른 가르침만 한 것이 없다. …옛적 학교에서 사람을 가르치는 항상된 법도는 당시 초학자들조차 모두 알았던 것이거늘, 이를 아득하니 망연茫然한 곳에서 찾으니 결국 그 종지를 얻을 수 없게 되었다. 만약 명친明親*에 뜻을 둔 이가 있더라도, 입문할 방법을 고생해서 찾아도 찾을 수 없는데, 이는 물物이란 것이 바로 삼물三物임을 모르기 때문이다."(後之儒者, 不知物爲大學之三物, 或以爲窮理, 或以爲正史, 或以爲扞格外誘, 或以爲格通人我, 紛紛之論, 雖析之極精, 終無當乎大學之正訓. …將古庠序敎人之常法, 當時初學盡知者, 索之於渺茫之域, 而終不得其指貴, 使有志於明親者, 究苦於無所從入, 則以不知物之卽三物也)[31] 고염무는 이렇게 말했다.

　　　　앎에 다다른다는 것은 머무를 바를 안다는 것이다. 머무를 바를

데, 첫째는 육덕(六德)으로 '지인성의충화'(知仁聖義忠和)이고, 둘째는 육행(六行)으로 '효우목인임휼'(孝友睦婣任恤)이고, 셋째는 육예(六藝)로 '예악사어서수'(禮樂射御書數)이다."(以鄕三物, 敎萬民而賓興之, 一曰六德: 知仁聖義忠和, 二曰六行: 孝友睦婣任恤, 三曰六藝: 禮樂射御書數) 하지만 앞뒤 문맥으로 보아 여기서는 『대학』의 삼강령(三綱領)을 가리키는 것으로 보인다.
• 『대학』(大學)의 삼물(三物): 여기서 만사동이 인용문 말미에서 '명친'(明親) 운운한 것을 보건대, 그가 말하는 『대학』의 삼물이란 『주례』의 '삼물'이 아니라 『대학』의 삼강령을 말하는 듯하다. 『대학』에 이르길 "대학의 도는 밝은 덕을 밝히고 백성과 친하고 지극한 선(善)에 머무는 데에 있다"(大學之道, 在明明德, 在親民, 在止於至善)라고 했다.
• 명친(明親): '명친'이란 "밝은 덕을 밝히고(明) 백성과 친하고(親) 지극한 선에 머무는 것(止)"을 압축한 표현이다. 주자학에서는 '친하고'(親)를 '새롭게 하고'(新)라고 풀지만, 만사동은 유종주-황종희로 이어지는 양명학 계열의 학자이므로 이를 따르지 않은 것이다.

안다는 것이 무엇인가? "임금 노릇을 하는 자는 어짊에서 머물고, 신하 노릇을 하는 자는 공경함에서 머물고, 자식 노릇을 하는 자는 효에서 머물고, 아비 노릇을 하는 자는 너그러움에서 머물고, 나라 안의 사람과 사귐에는 믿음에서 머문다"라고 할 때의 '머묾'이다. 머무를 바를 안 연후에야 지극함을 안다고 할 것이니, 군신君臣 부자父子나 나라 안 사람과의 사귐에서부터 예의禮儀 300가지·위의威儀 3천 가지에 이르기까지를 '물'物이라 한다. …격물이 조수鳥獸 초목草木의 이름 따위를 많이 아는 것이라 여긴다면 이는 말단이라 하겠다. "지혜로운 자는 알지 못하는 것이 없겠지만, 응당 힘써야 할 바를 가장 시급한 것으로 친다."•

> 致知者, 知止也. 知止者何? "爲人君止於仁, 爲人臣止於敬, 爲人子止於孝, 爲人父止於慈, 與國人交止於信", 是之謂'止'. 知止然後謂之知至. 君臣父子國人之交, 以至於禮儀三百, 威儀三千, 是之謂'物'. …以格物爲多識於鳥獸草木之名, 則末矣. "知者無不知也, 當務之爲急."[32]

오로지 '물'物 개념을 예악·인문, 그리고 고전적인 자연 범주(즉 응연應然과 실연實然을 '본연'本然 속에 통합시킬 수 있는 자연 범주) 안에서 수립된 규범 그 자체로 회복시켜야만 앎을 구하려는 실천이 도덕 실천과 분리되지 않을 수 있었다. 왜냐하면 앎을 구하는 최종 목표는 '머무를 바'(止)를 아는 것이기 때문이다. '머묾'(止)은 그 어떠한 구체적 규범도 아니지만 반드시 각종 구체적인 규범을 통해서만 비로소 드러날 수 있다. 따라서 '머묾'(止)은 이런 규범들의 존재 근거로 이해될 수 있다. '예'禮와 '문'文의 개념과 마찬가지로 '물'物의 개념은 반드시 가장 광범위한 의미 속에서 이해해야만 한다. '물'은 '예'와 '문'의 세계

• 지혜로운~친다: 이 구절은 『맹자』 「진심 상」(盡心上)에 보인다.

에 존재하며 세계의 모든 예의·규범, 그리고 질서 안에 존재하는 것이다. '물'의 세계는 (고전적인) 자연 질서의 세계이며, (고전적인) 자연 질서의 세계는 바로 예와 문의 세계이다. 신제도론 혹은 신예악론이라는 배경을 떠나서는 우리는 이런 내재적인 전환을 이해하기 어렵다. 이 때문에 겉으로 보기에, 경학고증이란 방법은 우선 경서의 고증을 통해 경서에 기재된 성왕聖王의 전장 제도의 신성성을 회복해야 하는 것이지만, 그것의 신성화된 바는 전장 제도 자체라기보다는 전장 제도로부터 체현되는 사람과 물物(예악·제도·규범 등등) 사이에 내재한 일치성이다. 이런 의미에서 신학적神學的인 우주관에 대한 실증주의의 해체와는 완전히 다르다. 증거와 방법을 중시하는 고증학은 세계를 전통적인 신성성神聖性으로부터 해방시켜서 가치 함의를 지니지 않은 냉정한 사실들로 바꿔 버린 것이 아니라, 정반대로 세계의 신성성 혹은 도덕이라는 본질을 수립하고 더 나아가 사실(物)을 가치화하거나 가치를 사실화(物)하려 했다. '물'이란 개념에 대한 경학적 재건은 이 때문에 이학이 구축했던, 알쏭달쏭한 리理(가치)/기氣(사실) 이원론의 극복이라 간주할 수 있겠다.

'물' 개념의 회복과 실천에 대한 고염무의 이해는 상호 보완적이다. 어떠한 전문적 도덕 실천도 없이 오로지 일상생활의 실천, 즉 특정한 규범·제도, 그리고 형식적인 조건 아래서의 실천만 있는 것이다. 그는 각종 자질구레한 노력을 피하지 않으면서 이학가의 일관지도一貫之道*를 비난했다. 바로 이런 작업을 통해 이러한 제도적인 혹은 예의적인 실천의 역사적 조건을 드러내 보이려 한 것이다. 그러나 앞의 글에서 얘기한 바대로 앎의 최종 목적은 그 어떤 예의·규범 혹은 행위가 아니라 사람들의 일정한 예의·규범적 행동과 사고를 따를 때 체현되는 '머

---

* 일관지도(一貫之道): 여기서는 폄하의 의미로 쓰였다. 갖가지 잡다한 부분들에 대해 '일이관지'(一以貫之)한다며 두루뭉술 넘어가 버리는 이학가들의 주장을 가리키는 표현이다.

묾'의 상태에 숨겨져 있는 것이다. '머묾'이란 동태적動態的인 과정 중에 체현되는 것으로 마치 아주 먼 옛날 무당이 제사 과정 중에 '천의'天意 혹은 '천명'天命을 드러내는 것과 같은 것이다. 이 때문에 문자를 연구하고 음운을 식별하는 실천은 단순히 앎을 구하는 것이 아니다. 옛것을 좋아하고 기민하게 구하며 많이 보아 알아야 한다는 주장은 결코 '회통'會通과 '일관'一貫의 중요성을 배척하지 않는다.

옛것을 좋아하고 기민하게 구하며 많이 보아 안다는 것은 공자께서 스스로 말씀하셨던 바이다. 그러나 이보다 더 나아간 바가 있다. 육효六爻의 뜻은 지극히 은미하여 "지혜로운 자가 그 '단사'彖辭를 살핀다면 깨닫는 바가 많을 것이다"*라고 했다. 305수의 『시경』은 지극히 광범위해서 "한마디로 추리자면 생각에 사특함이 없다는 것이다"*라고 했다. 3천 가지·300가지의 예의는 지극히 많아서 "예란 사치하느니 차라리 검소하게 하라"*고 했다. 10세대 전의 일은 지극히 먼 옛날이라 "은殷나라는 하夏나라의 예禮에 근거하고 주周나라는 은殷나라의 예禮에 근거했으니 비록 100세대가 지난다 하더라도 알 수 있다"*고 했다. 여러 왕들의 정치적 방도는 지극히 분분했으나 "도道는 두 가지이니 어짊과 어질지 않음뿐이다"*라고 했다. 이것이 바로 내가 말하는 일이관지라는 것이다. 공자께서 문인들을 가르치심에 반드시 먼저 시종본말始終本末을 가늠해 보고* 그들로 하여금 다른 일들까

* 지혜로운~것이다: 이 구절은 『주역』 「계사 하」(繫辭下)에 보인다.
* 한마디로~것이다: 이 구절은 『논어』 「위정」(爲政)에 보인다.
* 예란~하라: 이 구절은 『논어』 「팔일」(八佾)에 보인다.
* 은(殷)나라는~있다: 이 구절은 『논어』 「위정」에 보인다.
* 도(道)는~않음뿐이다: 이 구절은 『맹자』 「이루 상」(離婁上)에 보인다.
* 공자께서~가늠해 보고: 이 구절은 『논어』 「자한」에 보인다. 실제 원문은 다음과 같다. "공자께서 말씀하셨다. '내가 아는 것이 있을까? 나는 아는 것이 없다. 아무것도 모르는 사람이 내게 뭘 물어 오면, 그 묻는 바가 아무리 별것 아니더라도 나는 그 묻는

지 유추하게 하셨다.* …이 어찌 천하의 이치가 갈래갈래 다른 길을 거치지만 결국 한 곳에 모이는 것이 아니겠는가. 또한 이 어찌 대인大人의 학문이란 근본을 들어 말단까지 포괄하는 것이 아니겠는가! 장구章句나 따지고 드는 선비들은 그 회통會通함을 살피기에도 부족하고, 고명한 군자조차 간혹 타고난 덕성德性만을 말하며 학문에 대해 따져 묻기를 관둬 버리니, 이 모두가 성인의 종지宗旨를 잃은 것이다.

> 好古敏求, 多見而識, 夫子之所自道也. 然有進乎是者. 六爻之義至賾也, 而曰知者觀其'象辭', 則思過半矣. 三百之『詩』至泛也, 而曰一言以蔽之曰思無邪. 三千三百之儀至多也, 而曰禮與其奢也寧儉. 十世之事至遠也, 而曰殷因於夏禮, 周因於殷禮, 雖百世可知. 百王之制至殊也, 而曰道二, 仁與不仁而已矣. 此所謂予一以貫之者也. 其教門人也, 必先叩其兩端, 而使之以三隅反. …豈非天下之理殊涂而同歸, 大人之學擧本以該末乎? 彼章句之士既不足以觀其會通, 而高明之君子又或語德性而遺問學, 均失聖人之指矣.[33]

어째서 반드시 고증 실천에서 회통의 관점을 관철해야만 하는가? 규칙 혹은 규범으로서의 '물'은 죽어서 뻣뻣이 굳어 버린 교조敎條가 아니라 시대와 풍속의 변화에 따라 부단히 변화하는 범주이다. 이 때문에 인지認知의 실천은 반드시 '사'史의 관점 속에 놓여야만 한다. '사'史란 상황의 변화이지 목표를 미리 정해 둔 과정(예를 들어 서방

바의 시종본말을 모두 살펴보았다.'"(子曰: 吾有知乎哉? 無知也. 有鄙夫問於我, 空空如也, 我叩其兩端而竭焉)

* 그들로~하셨다: 이 구절은 원래 "그들로 하여금 나머지 세 모서리까지 유추하게 하셨다"(使之以三隅反)인데, 이는 『논어』「술이」의 "한 모서리를 들어 주었을 때 나머지 세 모서리까지 유추해 내지 못하면 반복하지 않으셨다"(擧一隅, 不以三隅反, 則不復也)는 표현을 차용한 것이다. 여기서는 이런 의미를 살려 의역했다.

근대의 역사 개념 같은 것)이 아니다. 그것이 강조하는 것은 사람의 활동과 풍속, 습관, 제도의 변천 속에 존재하는 내재적인 연관이다. 이 때문에 '회통'은 바로 변화의 상황, 구체적인 사건, 인물과 의리 간에 저울질을 하면서 구체적으로 의리를 파악하고 견지하고 실천한다. 경사經史의 시각에서는 인지와 분리된 도덕 실천은 없고, 도덕 실천과 분리된 인지 과정도 없으며, 동시에 예악·풍속·상황 변화와 분리된 인지 및 실천 형식은 존재하지 않는다. 이른바 "몸소 행함에 염치를 지니고 모든 문文에서 두루 배워"야 하는 근거가 바로 여기에 있다.

음운학音韻學은 청대 고증학의 핵심이며 고염무는 이것을 경세치용의 방도로 삼았다. 우리는 이 지점에서 이렇게 물을 수 있을 것이다. 문자를 고증하고 음운을 식별하는 방법이 어떻게 예악이라는 제도와 연관되는가? 어째서 "구경九經을 읽는 것은 문자를 고증하는 것으로부터 시작하고, 문자를 고증하는 것은 음운을 아는 것으로부터 시작하며, 이는 제자백가의 책들 역시 그렇지 않은 경우가 없는"(讀九經自考文始, 考文自知音始, 以至諸子百家之書, 亦莫不然) 것일까?[34] 이는 단순한 방법일 뿐인가? 아니면 달리 내재된 목표가 있는 것인가? 고염무의 관점을 논하기 전에, 음운학과 예악의 관계에 대해 약간의 분석이 필요하다. 공자의 관점에 따르면 주례周禮의 쇠퇴는 음악의 쇠미함으로부터 시작했다. 음률을 법도(節)로 삼아야 함에도, 또 정음鄭音·위음衛音*에 의해 혼란스러워졌으니, 이것이 이른바 '예악의 붕괴', 즉 예제 질서의 문란이었다. 『예기』「악기」樂記에서는 궁宮·상商·각角·치徵·우羽 5음과 임금(君)·신하(臣)·백성(民)·일(事)·물건(物)의 예제 질서를 대응시켜서 "이 다

---

* 정음(鄭音)·위음(衛音): 주나라 때 제후국인 정나라와 위나라의 음악을 가리킨다. 공자는 『논어』「위령공」 편에서 "정나라 음악을 축출하고 아첨꾼을 멀리하라. 정나라 음악을 들으면 음란해지고 아첨꾼을 가까이하면 위태로워진다"(放鄭聲, 遠佞人, 鄭聲淫, 佞人殆)고 하였다. 순자 역시 『순자』「악론」(樂論)에서 "요염한 자태와 정나라, 위나라 음악은 사람의 마음을 음란하게 만든다"(姚冶之容, 鄭衛之音, 使人之心淫)고 말했다. 이후로 두 나라의 음악 모두 음란한 음악의 대명사가 되었다.

섯 가지가 문란해지지만 않는다면, 막혀서 어수선하거나 화음이 맞지 않는 음이 없을 것이니"(五者不亂, 則無怗懘之音矣)[35] "이런 까닭에 선왕先王이 예악을 제정하심은 이목구비의 욕망을 다하려는 것이 아니라, 백성을 가르쳐서 호오好惡를 공평히 하면서 인도人道의 올바름으로 돌아가려 하심이라"(是故先王之制禮樂也, 非以極口鼻耳目之欲也, 將以敎民平好惡而反人道之正也)[36]라고 했다. 음운을 연구하는 출발점은 원초적인 예악 제도의 본의, 즉 정음正音 혹은 정성正聲으로 대표되는 예악의 종지를 추적해 올라가는 것이다. 『사기』「공자세가」孔子世家에서는 이렇게 말했다.

공자의 시대에는 주나라 왕실이 쇠미해지고, 예악이 끊어졌으며, 『시경』·『서경』이 산실散失되었다. 삼대三代의 예禮에 관한 자취를 거슬러 올라가고, 『서전』書傳＊을 편집하면서 위로는 당우唐虞 시기를 기록하고 아래로는 진秦 목공穆公에 이르기까지의 사실들을 편찬했다. 공자가 이르기를 "하나라의 예는 내 능히 말할 수 있으나, 기杞나라에는 이를 징험할 증거가 부족하고, 은나라의 예는 내 능히 말할 수 있으나 송나라에는 이를 징험할 증거가 부족하다. 증거만 충분하다면 내 능히 이를 징험할 수 있을 것이다"라고 했다. 하나라·은나라의 보태진 바와 줄어든 바를 살피고는 말하였다. "비록 백세百世 이후라도 알 수 있을 것이니, 한번은 문文이 드러나고 한번은 질質이 드러나기 때문이다. 주나라는 이 두 왕조를 잘 살펴 문화를 빛냈으니, 난 주나라를 따르리라." 그래서 『서전』·『예기』가 공자에게서 나온 것이다. 공자는 노魯나라 태사太師에게 이야기하였다. "음악에 대해 대략 알겠습니다. 처음엔 가락이 혼연일체인 듯 일어나서는 여러 소리로 퍼져 나가면서 조화를 이루고 명료해지며 끊이질 않다가 완성되는 것이군요." "내 위衛나라에서 노나라로 돌아온

＊ 『서전』(書傳): 『상서』(尙書)에 관한 해설.

연후에야 음악이 바로잡혔고 '아'雅·'송'頌이 제자리를 찾았다."
옛적 『시경』 3천여 편 중 공자 때에 이르러 그 중첩된 바를 제거
하고 예의를 베풀 수 있는 것만 추렸다. …305편은 공자가 모두
현악기로 연주하며 노래 부르며 '소'韶·'무'武·'아'雅·'송'頌의 소
리와 부합되길 바랐다. 예악은 이로부터 조술祖述될 수 있게 된
것이니 왕도를 구비하고 육예六藝를 완성시킨다.

> 孔子之時, 周室微而禮樂廢, 『詩』·『書』缺. 追迹三代之禮, 序
> 『書傳』, 上紀唐虞之際, 下至秦繆, 編次其事. 曰: "夏禮吾能言
> 之, 杞不足徵也. 殷禮吾能言之, 宋不足徵也. 足, 則吾能徵之
> 矣." 觀殷夏所損益, 曰: "後雖百世可知也, 以一文一質. 周監
> 二代, 郁郁乎文哉. 吾從周." 故『書傳』·『禮記』自孔氏. 孔子語
> 魯大師: "樂其可知也, 始作翕如, 縱之純如, 皦如, 繹如也, 以
> 成." "吾自衛反魯, 然後樂正, 『雅』·『頌』各得其所." 古者『詩』
> 三千餘篇, 及至孔子, 去其重, 取可施於禮義. …三百五篇孔子
> 皆弦歌之, 以求合『韶』·『武』·「雅」·「頌」之音. 禮樂自此可得而
> 述, 以備王道, 成六藝.[37]

매우 분명한 것은, 음운을 고증하는 목적이 바로 예악을 바로잡는
데에 있다는 것이다. 공자는 『시경』 305편을 연주하고 노래하면서, 예
악을 "조술될 수 있도록" 만들었는데, 음운이란 음악과 직접적인 관계
가 있다. '악'樂은 고대 전장 제도 속에서 지고의 지위를 가지고 있는
것으로 천인天人을 소통시키고 내외를 화합시키며 상하를 협조케 하
는 작용을 일으킨다. 아울러 예禮·형刑·정政 등과 함께 '왕도'王道를 구
성하는 사대지주四大支柱이다. 『예기』 「악기」에서 "이런 까닭에 선왕이
예악을 지으시니 사람들은 이를 법도로 삼았다. 상복喪服을 입고 곡哭
을 하는 것은 상喪을 치르는 것이요, 종과 북을 울리며 방패로 춤을 추
는 것은 안락함에 어울리는 것이요, 혼인하고 관冠을 쓰는 것은 남녀
를 구분하는 것이요, 화살을 쏘고 음식을 흠향하는 것은 사귐을 바로

하는 것이니, 예禮는 민심을 법도 있게 하고, 음악은 민성民聲을 화합하게 하며, 정치는 이로써 행하고, 형벌은 이로써 방지한다. 예악형정 이네 가지가 두루 쓰이며 어긋나지 않는다면 왕도가 갖추어 진 것"(是故先王之制禮樂, 人爲之節. 衰麻哭泣, 所以節喪紀也. 鐘鼓干戚, 所以和安樂也. 昏姻冠笄, 所以別男女也. 射鄕食饗, 所以正交接也. 禮節民心, 樂和民聲, 政以行之, 刑以防之. 禮樂刑政, 四達而不悖, 則王道備矣)[38]이라고 했다. 성음聲音과 지역·풍속·호오好惡의 다양성은 밀접한 관련이 있다. 성음의 변화는 지역·풍속·호오의 변화 혹은 차이를 나타내는 것이며, 성음이 음악으로 변화한다는 것은 바로 다양하고 차이가 나는 성음을 조화의 관계 속에 엮어 내는 것이다.

『시경』에서의 '풍'風은 각국의 민가民歌에서 기원한 것이다. 공자는 이를 연주하며 노래 부르면서 예악에 합치시킬 수 있었는데, 이것은 바로 음音을 바로잡는 과정이었다. "악樂이란 같아지는 것이요, 예禮란 차이 짓는 것이다. 같아지니 서로 친해지고, 차이가 나니 서로 공경하게 된다. …예의가 세워지니 귀천貴賤에 차등이 생긴다. 음악과 문文이 같아지니 상하가 화합하게 된다."(樂者爲同, 禮者爲異. 同則相親, 異則相敬. … 禮義立, 則貴賤等矣. 樂文同, 則上下和矣)[39] 이는 예악과 왕제王制의 내재적인 관계이다. 이른바 지역 특성에 맞게끔 펼치는 것이나, 이른바 풍속을 따르고 적당함을 따르는 것은 비단 고대 예악 내부의 다양성을 말해 줄 뿐만 아니라, 예악이 이런 다양성과 차이성을 예악의 관계 속에서 엮어 낼 수 있음을 설명해 주는 것이다. 공자가 『시경』을 산정刪定하고 음운을 바로잡은 의도는 음운의 '삿됨과 바름'(邪正)을 변별하여 화하華夏와 오랑캐의 문명·야만의 구분을 확정짓고, 이로써 "나를 이기고 예로 돌아가며"(克己復禮), "천하 사람들을 어짊으로 돌아오게 만든다"(天下歸仁)고 하는 목적을 달성하려는 데에 있었다. 그러나 여기서의 '삿됨과 바름'의 구분이나 문명과 야만의 변별은 결코 지역이나 풍속 등에 기인하여 생겨난 다양성을 배척하는 것이 아니었다. 정반대로 예악의 요의要義란 바로 이런 다양성과 차이성을 조화를 이루면서도 차이를 결코 배격하지 않는 관계 속으로 귀납시키는 데에 있었다. 이런 의미에서 예악을 제작하는 것은 예로써 차이를 구분하고 음악으로써 조화롭게 함으로써 "음악이 지극하면 원망함이 없게 되고 예가 지극하면 다툼이 없게 된다. …부자 간에 친목하게 하고 장유長幼 간에 순서를 밝히어 사해四海 안의 사람들이 예로써 서로 공경하는"(樂至則無怨, 禮至則不爭. …合父子之親, 明長幼之序, 以敬四海之內)[40] 상태에 다다르게 하기 위함이다.

그러면 무엇을 음운의 '바름'(正)이라 하는가? 사마천의 지적을 따르자면 노魯나라의 음악, '소'韶, '무'武, '아'雅, '송'頌이 바로 바른 음흡(정음正音)이다. 그러나 노나라의 음악, '소', '무', '아', '송'이 '정음'인 까닭은 결코 그 음악들이 (정나라와 위나라의 음악 혹은 다른 음악에 상대적인 의미로서의) 노나라 음악이나 궁정 음악 혹은 제사의 음악이기 때문이 아니다. 이런 음악들이 '바름'(正) 그 자체를 체현하고 있기 때문이다. 말하자면, '바름' 혹은 '정음'이 비록 노나라의 음악, '소', '무', '아', '송'에 착실히 담겨 있다곤 하지만 그것은 결코 어떠한 구체적 음악을 가리키는 것이 아니며, '바름'이 가리키는 것은 음악 본연의 상태이다. 하늘 본연의 질서는 예악 질서 자체로 체현되기에 이런 본연의 상태는 반드시 구체적인, 그리고 다양한 예악 관계와 예악 형식 안에 확실하게 자리 잡아야만 비로소 표현될 수 있는 것이다. 『예기』「악기」에서 이르길, "무릇 음흡이 일어나는 것은 사람의 마음으로부터 생겨나는 것이다. 사람의 마음이 움직이는 것은 물物이 그렇게 되게끔 만든 것이다. 물에 감응하여 움직이게 되기에 소리로 드러나게 된다. 소리가 상응하기에 변화가 일어나게 되고 변화된 바가 일정한 틀을 이룬 것을 일컬어 음이라 한다. 음을 연이어 이를 음률로 만들면서 방패나 깃발로 춤까지 추게 되면 이를 일컬어 악樂이라 한다"(凡音之起, 由人心生也. 人心之動, 物使之然也. 感於物而動, 故形於聲. 聲相應, 故生變, 變成方, 謂之音. 比音而樂之, 及干戚·羽旄, 謂之樂)[41]고 했다. 음악이 음에서 생겨나고 음은 또 "사람의 마음이 물에 감응되어"(人心之感於物) "소리로 드러난"(形於聲) 결과이다. 이런 '물'은 단지 외물外物이 아니라 고전적인 자연의 범주(또한 문文과 예禮의 세계 혹은 하늘 자체) 속에서 규정되어진 '물'이다. 그렇지 않다면 어떻게 "예·악·형·정의 궁극은 매한가지이니 백성의 마음을 하나로 만들어 치도를 만들어 내는 것이다"(禮·樂·刑·政, 其極一也, 所以同民心而出治道也)[42]라고 했겠는가? 이런 '물'에 대한 반응으로부터 생성된 '소리'는 음악의 가장 원초적인 원소이며, '소리'의 변화는 '음'을 구성하고 "음을 연이어 이를 악으로 만들게 된다." 즉 성음聲音이 최종적으로 악樂으로 전환되는 것이다. 이 때문에 음운을 연구하는 것은 구체적인 소리와 음을 벗어날 수 없다. 즉 반드시 서로 다른 소리 및 음 사이에서 변별해 내는 것이다. 이때 그 변별과 판단의 근거가 되는 것이 바로 음의 바름이다. 즉 음악 속에 착실하게 자리 잡은 본연의 음악인 것으로, 지방성과 차별성을 초월할 수 있으면서도 동시에 지방성과 차별성 속에 착실하게 자리 잡은 존재이다. 상술한 바에 근거해 볼 때 음운을 연구하고 문자를 고증하는 실천의 배경에는, 한편으론 예악과 제도, 봉건과 군현, 다원多元과 일통一統 등의 문제에 대한 탐색 같은 정치/도덕이란 명제가 함축되어 있으면서, 또 다른 한편으론 최고의 예악(또한 하늘과 공존하는 '문'文과 '예'禮이기도 하다)에 대한 추구이기도 하다. 전자는 왕제王制에 대한 탐색이고, 후자는 왕제가 왕제가 되는 근거에 대한 정치적/미학적 이해이다.

『음학오서』音學五書*를 통해서 고증 및 회통의 방법과 고염무가 생각한 예악의 관계를 이해하려면, 격물 과정 중에 발생한 '물'의 변화를 관찰해야 한다. 우선 고염무는 스스로 "나는 50세 이후로 경사를 연구하는 데에 뜻을 돈독히 했는데 음운학에 대해서 깊이 얻은 바가 있었습니다"(某自五十而後, 篤志經史, 其於音學, 心有所得)라고 말했다. 그는 문자를 고증하고 음운을 식별하는 방식을 통해 예악·제도, 그리고 풍속의

• 『음학오서』(音學五書): 고염무의 저작. 총론격인 『음론』(音論), 『시경』의 음운을 다룬 『시본음』(詩本音), 『주역』의 압운을 다룬 『역음』(易音), 고음(古音)으로 『당운』(唐韻)의 잘못을 바로잡은 『당운정』(唐韻正), 고음을 표로 정리한 『고음표』(古音表), 이렇게 다섯 가지 책을 합쳐 부르는 것이다.

진정한 의미를 발견하여 "이로써 『시경』 300편 이래 오래도록 전승이 끊어졌던 바를 계승했다."(以續三百篇以來久絶之傳)[43] 이는 송명 학풍에 대한 비판이면서, 동시에 진한 이래의 역사에 대한 질정이었다.[44] 고염무의 음운학은 위로는 진제陳第의 『모시고음고』毛詩古音考를 계승한 것인데, 음운학상의 성취가 진제보다 훨씬 뛰어났을 뿐만 아니라, 음운학으로 예악을 논한다는 함의까지 부여했다. 그는 『음학오서』「서」序에서 이렇게 말했다.

> 『예기』에 이르길 "소리(聲)가 문文을 갖춘 것이 음音이다"라고 했다. 소리에 문을 갖추면 바로 음이 있게 된다. 음을 연이어 시를 짓고, 시가 만들어진 뒤에 악樂에 맞춘다. 이는 모두가 하늘에서 나온 것으로 사람이 해낼 수 있는 바가 아니다. 하은주 삼대 시절에는 그 문이 모두 육서에 근거했고 그 당시 사람들은 모두 혈친이자 국립학교 출신이었고 그 성품은 모두 중화中和에 훈도되어 있었기에 이를 음으로 발현하면 올바르지 않은 경우가 없었다.
>
> 『記』曰: "聲成文謂之音." 夫有文斯有音, 比音而爲詩, 詩咸然後被之樂, 此皆出於天而非人之所能爲也. 三代之時, 其文皆本於六書, 其人皆出於族黨庠序, 其性皆馴化於中和, 而發之爲音, 無不協於正.[45]

소리에서 문을 갖추고, 문을 갖춰서 음으로, 음에서 시로, 시에서 악으로 편입되는 이러한 과정은 비록 사람이 창제한 것이지만, 가장 근본적인 의미에서 놓고 볼 때 결코 개인에게서 취한 것이 아니며, 또한 어떠한 여타 인위적인 힘에 의한 것도 아니다. 이것은 자연적인(본연의) 과정이다. 그래서 이르길 "이 모두가 하늘에서 나온 것이지 사람이 해낼 수 있는 바가 아니"라고 한 것이다. 소리가 문을 갖춰야만 음을 이루고, 음을 연이어 시를 만드니, 이 때문에 음의 연구란 문자를 떠나서는 불가능하다. 육경이 체현하고 있는 언어와 성음聲音에는 모두 일정한 규칙 혹은 규율이 있다. 그 규칙은 선인들이 육서에 근거한 것이고, 또한 혈친과 국립학교──그리고 예악 관계──에서 만들어진 것이다. 이런 예악의 관계 속에서는 어떻게 발음하든 간에 "올바르지 않은 경우가 없었다." 이런 의미에서 '올바름'의 근거는 음흡에 있는 것이 아니라 예악 관계 자체에 있는 것이다. 바로 이 점을 고려해 본다면 고염무는 성음聲音에 대한 고증을 예악의 진정한 의미를 통달하는 근본적인 통로로 간주한 것이며, 성음을 고증하는 근거 역시 '문' 자체이다. 왜냐하면 소리가 문으로 전환되어야만 음을 이루므로, 문이 없으면 음을 알 길이 없게 되기 때문이다.

다음으로 고염무의 음운론은 역사 변천의 관념 위에 수립된 것이다. 즉 한편으론 음, 그리고 음과 문자와의 관계는 끊임없는 전파, 혼합, 변천이라는 자연 과정을 거쳐 왔다. 이 때문에 고대로부터 진한에 이르기까지, 진한부터 수당에 이르기까지 성음은 멋대로 변하는데 문자는 변하지 않는 상황은 경학 연구에 있어서 매우 곤란한 문제를 초래했다. 후대 학자들은 종종 이에 대해 잘 살피지도 않은 채, 후대 사람들의 음운으로 고대의 글자를 해석해 읽다 보니, 고인古人의 정심精深한 뜻이 상실된 것이다. 또 다른 한편으론, 후대의 음은 종종 고대 음을 이해할 수 있게 해 주는 요소나 단서들을 제공해 주기도 한다. 그러므로 고증 방법의 한 가지는 한 층 한 층 거슬러 올라가며 변천된 부분을 발견하면서 결국엔 고대의 음을 회복하는 것이다. 이른바 "문자를 연구하고 음운을 식별하는 것"은 역사의 미로를 통과하게 해 주는 통로이다. 그러나 "미로를 통과"한다는 것 자체가 '정음'을 구하고자 하는 것이 변화하는 역사적 과정(미로)을 떠나 가공으로 수립될 수는 없다는 것을 의미하기도 했다. 고염무는 이렇게 말했다.

『시경』305편은 옛사람들의 음서音書이다. 위진魏晉 이래로 옛날과 날로 멀어지면서 사부辭賦가 날로 번성한 이후엔 이를 일러 '운'韻이라 했다. 남조 송의 주옹周顒과 남조 양梁의 심약沈約에

이르러『사성절운』四聲切韻과『사성운보』四聲韻譜가 지어졌다. 그
러나 진한 시기의 문에서 그 음이 이미 점차로 옛 음과 어그러
지기 시작했으며 동한 시기에는 더더욱 심각했다. 심약이『사성
운보』를 짓기는 했지만, 위로는『시경』의 '아'雅·'남'南을 근거로
하고 옆으로는 초사楚辭인『이소』離騷와 제자백가의 서적을 모아
서 불후의 경전을 만들어 내지는 못했다. 그는 그저 반고班固와
장형張衡 이래의 여러 사람의 부賦와 조씨曹氏 삼부자三父子·유정
劉楨* 이래의 여러 사람의 시에서 사용한 음에 근거해 정본定本
을 만들었을 뿐이다. 그래서 지금의 음이 유행하게 되고 옛 음은
없어져 버렸으니, 이것이 음학音學의 첫 번째 변천이다. 이후 당
대唐代에 이르러 시부詩賦로 선비를 뽑는데 그때 사용하는 운은
오로지 육법언陸法言의『절운』切韻을 기준으로 삼았다. 비록 독
용獨用과 동용同用*의 주注가 있긴 했지만 그 운목韻目들을 나눔
에 대해 아직 개찬改竄이 가해지지는 않았었다. 송 경우景祐 연
간에 이르러 조금이나마 수정이 가해졌다. 이종理宗 말년에 평
수平水 땅의 유연劉淵이 처음으로 206운을 107운으로 간추렸다.
원대元代 황공소黃公紹 역시『고금운회』古今韻會를 지을 때 이를
따랐다. 오늘날에 이르러 송대의 운이 유행하고 당대의 운은 망
일되었으니, 이것이 음학의 두 번째 변천이다. 세상은 날로 옛날
과 멀어지고 전해지는 바는 날로 어그러지니 음의 도道가 사라
진 지도 거의 2천여 년이 흘렀다. 나 고염무는 여러 해를 음학에
몰두하면서『광운』廣韻에서 처음 깨달음을 얻으며 그 주장들에

---

* 조씨(曹氏) 삼부자(三父子)·유정(劉楨): '조씨 삼부자'는 조조(曹操)·조비(曹丕)·
조식(曹植)을 이른다. 이 글에서 '유정'은 유정 한 명을 뜻하는 것이 아니라, 그가 속
한 건안칠자(建安七子) 모두를 가리키는 것으로 보인다.
* 독용(獨用)과 동용(同用): 둘 다『광운』(廣韻) 각주에 보이는 술어로, 독용은 해당
운이 주위의 유사한 운과 통용될 수 없음을 뜻하고, 동용은 해당 운이 주위의 유사한
운과 통용될 수 있음을 뜻한다.

두루 통달했다. 그래서 당인唐人에 근거하여 송인宋人의 실수를
바로잡고, 고경古經에 근거하여 심약으로부터 당인에 이르는 실
수를 바로잡으니, 삼대 이전의 음운 분류가 질서정연해졌고 아
주 은미한 부분까지 전혀 혼란스럽지 않게 되었다. 이에 고금古
今 음音의 변천을 나열하여 서로 다른 까닭을 연구했다. …이로
부터 육경의 문이 읽히게 되었다. 기타 제자백가의 책 중엔 이에
부합하지 않는 부분이 있기도 하지만 그렇게 심하게 차이나진
않는다. 하늘이 아직 음학의 도를 완전히 상실케 하지는 않으셨
나니, 필시 성인이 다시 나타나시면 오늘날의 음을 순박하고 예
스럽게 되돌리실 것이다.

> 三百五篇, 古人之音書也. 魏晉以下, 去古日遠, 辭賦日繁而後
> 名之曰韻, 至宋周顒·梁沈約而四聲之譜*作, 然自秦漢之文, 其
> 音已漸戾於古, 至東京益甚. 而休文作譜(『四聲譜』), 乃不能上
> 據「雅」·「南」, 旁撫『騷』·子, 以成不刊之典, 而僅按班張以下諸
> 人之賦, 曹劉以下諸人之詩所用之音, 撰爲定本, 於于是今音
> 行而古音亡, 爲音學之一變. 下及唐代, 以詩賦取士, 其韻一以
> 陸法言『切韻』爲準, 雖有獨用同用之注, 而其分部未嘗改也. 至
> 宋景祐*之際, 微有更易. 理宗末年, 平水劉淵始并一百六韻爲
> 一百七. 元黃公紹作『韻會』因之, 以迄于今, 於是宋韻行而唐韻
> 亡, 爲音學之再變. 世日遠而傳日訛, 此道之亡蓋二千有餘年
> 矣. 炎武潛心有年, 既得『廣韻』之書, 乃始發悟於中, 而旁通其
> 說. 於是據唐人以正宋人之失, 據古經以正沈氏唐人之失, 而三
> 代以上之音, 部分秩如, 至賾而不可亂, 乃列古今音之變, 而究
> 其所以不同. …自是而六經之文乃可讀, 其他諸子之書離合有
> 之, 而不甚遠也. 天之未喪斯文, 必有聖*人復起, 擧今日之音而

* 譜: 원래 '普'의 이체자(異體字)인데, 여기서는 '譜'의 이체자로 쓰였다.
* 祐: 원서엔 '佑'라고 되어 있으나 이는 '祐'의 잘못이다. 이에 바로잡는다.

還之淳古者.[46]

　『시경』은 옛사람의 음운서이다. 그러나 진한 시기의 음은 이미 고대
와 점차 어긋나기 시작했고 위진 이래로는 사부辭賦의 발전으로 운韻
으로 바뀌었다. 후인들의 성운학은 한위漢魏 시대의 사부와 시에서 사
용된 음을 표준으로 삼았기에 결국 옛 음이 쇠망하고 지금 음이 유행
하는 국면을 야기하고 말았다. 당대 이후로는 시부로 선비를 뽑았는데
육법언의 『절운』을 표준으로 삼았으며, 이후 송원 시기에 또 새로운
변화가 생겨서 당대의 운이 쇠망하고 송대의 운이 유행하는 국면을 야
기하고 말았다. 고염무는 시간이 오래 흐르면서 성음이 와전되었으니,
옛사람의 도가 쇠망한 지 이미 2천여 년이나 되었다고 단언했다. 이런
역사의 단계적인 변천이라는 관점에서, 고염무는 방법론상의 원칙을
확립했다. 그 원칙이란 바로 당인의 것으로 송인의 실수를 바로잡고,
고경古經으로 심약과 당인의 실수를 바로잡음으로써, 점차적으로 옛
음의 질서를 회복하는 것이었다. 고염무가 특별히 성음의 변화와 제도
간의 관계(예를 들어 시부로 선비를 뽑는 것)를 들은 것은, 문자를 연
구하고 음운을 식별하는 것이 사회의 유동, 제도의 개혁, 풍속의 변천
에 대한 고찰과 떨어질 수 없기 때문이다. 정음이 이미 상실되었고, 전
적은 개찬되었으며, 진정한 의미는 찾기 곤란한 상황 아래서 "삼대 육
경은 …대부분 후인들이 능통하지 못한 바인데, 능통하지도 못하면서
함부로 오늘날의 음으로 고치고 있다."(三代六經 …多後人所不能通, 以其不

　• 必有聖: 원서의 인용문은 여기까지다. 하지만 원서의 마지막 구절 인용에는 두 가
지 오류가 있다. 원서엔 "하늘이 죽지 않았다면 사문(斯文)은 반드시 드러남이 있을 것
이다"(天之未喪, 斯文必有呈)라고 인용하고 있지만 이는 잘못된 구두(句讀) 끊기다. 이
구절 자체가 『논어』 「자한」의 "天之未喪斯文也, 匡人其如予何"라는 표현에서 차용된 것
이므로 '斯文'은 응당 앞 구절에 붙어서 "天之未喪斯文"이 되어야 한다. 그리고 '呈' 역
시 오자이다. 이에 『음학오서』 「서」 원문에 근거해 잘못된 구두와 오자를 고친 뒤, 생
략되었던 부분까지 첨가하여 온전한 문장을 번역하고 인용된 원문 역시 수정했다.

能通而輒以今世之音改之) 그래서 經經을 개찬하는 병폐가 생긴 것이다.[47]
이에 고증학은 "경서를 통달하는 관건"과 "도를 밝히는 밑바탕"의 근
본적인 통로가 되는 것이다. 위원魏源은 이렇게 말했다.

> 대개 사시四始*의 체례體例가 밝아지고 나서야, 주공이 예악을 제
> 작하신 실정을 알 수 있다. 예악에 밝아지고 나서야, '아'·'송'을
> 읽을 수 있다. 『시경』이 망일된 뜻에 밝아야만, 공자께서『춘추』
> 로『시경』을 이으신 뜻이 드러난다. 『춘추』에 밝아야 '국풍'을
> 읽을 수 있게 된다. …예악이란 평안함을 다스리면서 혼란함을
> 방지하는 것이니, 바탕(質)으로부터 꾸밈(文)으로 나아가는 것이
> 다. 『춘추』는 혼란함을 뿌리 뽑아 치세의 시절로 돌아가는 것이
> 니, 꾸밈에서 바탕으로 돌아가는 것이다. 그래서『시경』의 도道
> 는 반드시 위로는 예악에 밝고, 아래로는『춘추』에 밝아야만이,
> 옛 성인들께서 다가올 천하의 미래를 걱정하는 마음이 천하에
> 단절되지 않을 수 있다.
>> 蓋自四始之例明而後周公制禮作樂之情得，明乎禮樂而後可以
>> 讀「雅」·「頌」；自跡熄『詩』亡之誼明而後夫子『春秋』繼『詩』之誼
>> 章，明乎『春秋』而後可以讀「國風」. …禮樂者，治平防亂，自質
>> 而之文，『春秋』者，撥亂返治，由文而返質. 故『詩』之道，必上
>> 明乎禮樂，下明乎『春秋』，而後古聖憂患天下來世之心，不絶於
>> 天下.[48]

꾸밈과 바탕, 예악,『춘추』는 변화하는 이상적인 정치에 대한 유학
의 이해를 구축했다. 이 단락의 말은 비록 공양가公羊家의 입에서 나온
것이지만, 청대 고증학자들의 기본적인 입장에 부합하는 것이기도 했
다. 이는 대진의 「이아문자고서」爾雅文字考序를 읽어 보기만 해도 저절

---

* 사시(四始):『시경』의 풍(風)·소아(小雅)·대아(大雅)·송(頌)을 가리킨다.

로 알 수 있다.[49] 음운을 연구하는 목적은『시경』에 담긴 풍속과 예악을 밝힘으로써, 육경의 문에 통달하고 옛 제도의 진정한 의미를 회복하여, 이를 경세 실천의 근거로 삼는 것이다. 만약 이런 의미에서 '격물'의 '물'을 이해해 본다면, '물'은 분명 일반적인 (성음을 포함하여) 자연 대상이 아니라 예악 교화 그 자체이다. 예악 교화와 천도 자연이 완전히 하나로 합쳐지는 것이다.

음운에 대한 연구는 경학의 고고학적 관점을 체현한 것으로, 오로지『시경』을 연구하는 방법만인 것이 아니며, 음흡과 문文의 관계 외에도 언어와 글쓰기의 관계 역시 경전 연구 속의 중요한 문제이다. 이른바 "문장은 공자에 이르러 비로소 완성되었다"(文章至孔子後始成也)는 말은 고대에 언어(성음聲音)를 중요하게 여겼고 문자(글쓰기)는 그다음이었다는 것을 설명해 준다. 왜냐하면 언어가 보다 '자연'에 근접해 있는 것이기 때문이다. 경학 연구의 각도에서 보면, 사람들은 다음과 같은 문제를 추궁해 볼 수밖에 없다. 기왕에 언어(성음)가 모두 문자의 방식으로 유포되었다면 언어와 문자의 내재적인 구별은 어디에 있단 말인가?『논어』에서 말하길 "나라의 정령政令을 지음에 비심裨諶이 초안을 잡았다"(爲命, 神諶草創之)*고 했고,『좌전』에 이르길 "자산子産은 사령辭令에 재주가 있다"고 했으며, "공자가 가로되 '말(言)에 꾸밈(文)이 없으면 멀리까지 전해지지 못한다'"(子産有辭; 仲尼曰: 言之無文, 行而不遠)*고 했다. 이는 전파傳播라는 각도에서 언어가 문자에게 의지하는 바를 논한 것이다. 고대 경전에 기록된 것 중에서 이런 서신이나 격문檄文을 제외한다면, 군신이 정치를 논하거나 적국이나 이웃 나라에 초빙

* 나라의~잡았다: 이 구절은『논어』「헌문」(憲問)에 보인다.
* 자산(子産)은~못한다: '자산' 운운한 부분은『좌전』「양공(襄公) 31년」에 보이고, '공자' 운운한 부분은『좌전』「양공 25년」에 보인다. 인용문 중 "行而不遠"은 왕후이가 "行之不遠"으로 잘못 인용하고 있어서 원전에 근거해 바로잡았다. 번역에서 "言之無文"은 "말에 꾸밈(文)이 없으면"이라고 푸는 것이 일반적이지만, "말(言)을 써 놓지(文) 않으면"이라는 풀이도 가능하다. 일단은 일반적인 풀이를 따랐다.

받아 문대問對한 것, 벗끼리 주고받고 사제끼리 묻고 답한 것처럼 모두
가 서로 얼굴을 맞대고 나눈 대화를 기록한 것이다. 이 때문에 유전流
傳 과정 중에 언어가 문자에 의지하는 바가 결코 언어와 문자의 구별
을 없애지 못한다. 캉유웨이는 이에 대해 일찍이 다음과 같이 심도 있
게 풀이를 한 적이 있다. "육경부터 글말(文言)이 되며, 이 밖에는 비록
『논어』라 할지라도 어록語錄일 뿐이다. 장자莊子가 이르기를 '말 잘하
는 선비는 유세를 하지 않으면 즐거워하지 않는다'고 했고, 또한 '그대
가 말하는 것이 마치 말 잘하는 선비와 같구려'라고 했다. 그래서 종횡
가縱橫家는 장의張儀, 소진蘇秦, 진진陳軫처럼 손을 부비며 당시 군주에
게 유세遊說를 하던 그 모든 것이 언어에 의지한 것이었다. 광대무변한
하늘을 얘기한 추연鄒衍이나 용龍을 아로새겨 놓은 듯 기묘한 얘기를
한 추석鄒奭 등 직하稷下에 거주하면서 주장을 펼친 자들이 1천여 명이
나 되었는데 모두가 언어에 의지했다. 혜시惠施와 공손룡公孫龍이 견백
론堅白論을 펼치고 백마론白馬論과 지물론指物論을 들어 설명한 것도 모
두 언어로써 한 것이었다. 송견宋銒과 묵적墨翟이 남의 나라에서 유세
한 것도, 오늘날 그 쓰인 어투를 살펴보면 모두 언어에 근거한 것임을
추정해 낼 수 있다."[50] 이런 의미에서 제자백가는 모두 쓰인 언어 혹은
입말이다. 언어가 문자 형식으로 전환하는 과정 중에서 각종 상호 관
계와 필요에 적절히 부응하기 위해서 사람들은 글쓰기 과정 중에 많은
수식과 변화를 첨가하여 글쓰기 자체에만 근거할 뿐 결코 언어, 성음聲
音 등과 예악의 관계가 보다 더 직접적이라는 성왕聖王의 본의는 이해
할 수 없게 되었다. 그리고 글쓰기 과정 중에 첨가된 부분 중에서 가
장 은폐되기 쉬운 것이 공교롭게도 언어, 성음 등과 예악 제도 간의 이
런 직접적인 관계이다. 예를 들어 『대대례기』大戴禮記와 『국어』國語 중
에 실린 문사文詞가 번잡하고 중복된 것은 후인들이 첨가한 결과이다.
그 책들의 간략하면서도 개괄적인 문자들만큼은 여전히 언어적 특성
이 남아 있다. 이 때문에 경전 속 문자의 함의를 이해하는 필수적인 통
로는 바로 후대의 각종 문자적 첨가와 꾸밈을 제거하고 '음운을 식별

하는 것'(知音)이다.『시경』은 각국의 시가詩歌에 대한 총집인데, 그 성운聲韻, 어휘, 음악은 각국의 풍속 특징을 체현하고 있다. 만약 그 음운을 모른 채, 그저 문자에만 근거하여 이해한다면『시경』에 담긴 고대의 풍속과 공자의 시詩 산정刪定에 담긴 예악의 정심한 뜻(정음正音)을 이해할 길이 없게 된다.

문자 기재 방면에서 보면, 삼대의 문文은 예악으로부터 확정된 '정체'定體와 '정명'定名을 포함하고 있다. '정명'이란 예악 범주 안에서 경계를 확정 짓는 명분상의 순서이다. '언어의 정체'란 일정한 예禮의 규칙을 따라 형성된 고정적인 언어 격식을 가리킨다. 예를 들어 축고祝告·관례冠禮·상견례相見禮·축하祝賀·맹서盟誓의 언사言詞, 사신使臣의 언사 등에는 모두 일정한 격식과 수사가 있는데 한 글자라도 함부로 고치지 않으며 어디서든 공적으로 통용된다. 이는 후대의 공문서와 같은 것으로 먼 옛날의 무술巫術·제사祭祀의 의식에서 변천해 온 것이다. 이런 언어적 형식들은 오늘날에 이르기까지 일련의 서신체書信體 중에 보이듯이 여전히 남아 있다. 그러나 후인들은 대부분 이를 문체文體라고 착각하고는, 옛사람에겐 그것들이 의식·음악·성조·무용과 밀접한 관련이 있는 어체語體임을 이해하지 못했다. 예를 들어『효경』에서 "증자가 자리에서 일어나 가로되 '저 증삼은 불민不敏하오니 어찌 족히 그것을 알겠습니까?'"(參不敏, 何足以知之)*라고 했다.『예기』「애공문」哀公問에서는 "과인은 고루하오. 고루하지 않다면 어찌 그런 말을 듣겠소?"(寡人固. 不固, 焉得聞此言也)라고 했고,『예기』「악기」에서는 "저 을乙은 천한 악공樂工일 뿐이니, 어떤 노래를 불러야 마땅할지에 대해 질문 받을 자격이 어디 있겠습니까? 청컨대 그저 제가 들어봐서 아는 바를 늘어놓을 터이니, 그대께서 스스로 선택하십시오"(乙, 賤工也, 何足以問所宜? 請誦其所聞而吾子自執焉)*라고 했다. 이는 사양辭讓하며 응대應對하

---

* 증자가~알겠습니까: 이 구절은『효경』「개종명의 제1」(開宗明義第一)에 보인다.
* 저 을(乙)은~선택하십시오: 마지막 구절의 원문 인용이 틀렸다. '請'은 원서에는

는 형식이다. 이런 정체定體들은 구체적인 상황의 유동에 따라 조정되는 바이지만 기본 형식은 변화가 없다. 그래서 정체 자체는 '소리'(聲), '음'音, '악'樂의 함의를 보존하고 있는 것이다. 고대 언어의 지위는 매우 높았기에 반드시 전문적인 학문이 배합되었다. 『상서』에서 이르길 "사령辭令은 긴요하고 간결한 것을 숭상한다"(辭尙體要)*고 했다. 공자는 가로되 "『시』를 배우지 않으면 말할 방법이 없다"(不學詩, 無以言)*고 했다. 바꿔 말하자면 정명定名과 마찬가지로 언어의 정체定體 역시 인위적으로 만들어진 '형식'이 아니라 예악에 근거하여 일어난 '형식'인 것이다. 바로 이로 말미암아 우리는 비로소 "고대의 말이란 것은 예로써 그 형식을 정하고 악으로써 그 기氣에 화합한다. 다양한 비유로 그 깨우침에 이르고 오로지 스승 삼음으로써 그 정심함에 이른다. 학자에게 행해지는 바가 이와 같을진대, 백성에게 베풀어지는 것 역시 필시 이와 크게 다르지 않으리라. 천하의 기풍이 통일되면 서로 괴리되는 근심이 없게 되고 쓸모없는 학문이 없게 되어, 그 용모와 말투에 있어 그 꾸밈(文)이 볼만하게 되고 그 실질이 족히 완비된다. 말이란 자신의 뜻을 펼치는 것으로 윗사람과 아랫사람이 서로 뜻을 펼치니 다스려지지 않음이 없다."[51] 이런 의미에서 '정체'定體와 '정명'定名이 체현하는 것은 예악의 형식(體)과 명칭(名)이며 또한 "문에서 두루 배운다"에서의 '문'이다. 고염무는 이렇게 말했다.

> 『주례』의 대행인大行人이란 관직은 "9세에 고사瞽史에게 맡겨져 서책의 문자를 배우고 성음을 듣지만", 도덕을 하나로 하고 풍속을 같게 한 바 역시 감히 생략지 않았다. 이 까닭에 『시경』 305편은 위로는 '상송'으로부터 아래로 진陳 영공靈公 때의 시詩*

'抑'으로 되어 있었으나 원전에 근거해 '請'으로 고쳤다.
• 사령(辭令)은~숭상한다: 이 구절은 『상서』 주서(周書) 「필명」(畢命)에 보인다.
• 『시』를~없다: 이 구절은 『논어』 「계씨」(季氏)에 보인다.
• 진영공(陳靈公) 때의 시(詩): 『시경』 진풍(陳風) 「택피」(澤陂)를 가리킨다. 『시경』

에 이르기까지 넓게는 사방에 흩어진 15개국이요, 시간으로는
천수백 년이 넘었으면서도 그 음은 달랐던 적이 없었다. 순임금
의 노래와 고요의 이어 부른 노래, 기자가 진술한 홍범구주洪範
九疇, 문왕·주공의 『주역』 편찬과 같지 않은 것이 없었다. 그러
므로 『시경』 305편은 옛사람의 음서音書이다.

> 『周禮』大行人之職, "九歲屬瞽史, 諭書名, 聽聲音", 所以一道
> 德而同風俗者, 又不敢略也. 是以『詩』三百五篇, 上自「商頌」,
> 下逮陳靈, 以十五國之遠, 千數百年之久, 而其音未嘗有異. 帝
> 舜之歌, 皋陶之賡,* 箕子之陳, 文王·周公之繫, 無弗同者. 故
> 三百五篇, 古人之音書也.[52]

고대 각 지방의 방언이 다르고 개인 습관이 달랐기에, 언어를 활용
한다는 전제란 언어가 일정한 형식과 명칭에 근거해 표현된다는 것이
다. 만약 그렇지 않다면 대화나 권유, 그리고 교류가 모두 불가능해진
다. 형식과 명칭은 비단 예악을 근거로 할 뿐만 아니라 예악의 실천으
로부터 생성된 것이기에 이른바 정체와 정명이란 결코 (성음·문자 등)
표현의 다양성을 부정하지 않는다.

앞에서 기술한 바와 같이 고염무의 학술은 예악으로 복귀하는 것
을 종지로 삼고, 문자 연구와 음운 식별을 예악으로 복귀하는 기본적
인 경로로 삼았다. 또 역사의 변천과 흐름으로 말미암아 예악의 의미
가 더 이상 자명한 것이 아니었기에, 그것은 반드시 일정한 형식을 통
해야만 비로소 드러나게 된다. 이런 의미에서 문자를 고찰하고 음운을
식별하는 것의 핵심은 예악의 진제眞諦와 역사 변천 간의 관계를 이해
하는 데에 있다. 예를 들어 어음語音과 문자의 변화에서 보자면 어떻게

중 가장 후대의 것이라 추정되는 시로써 여기서는 『시경』의 끝을 비유한 것이다.
* 賡: 원서의 원문 인용이 틀렸다. '庚'이 아니라 '賡'이 되야 한다. 『상서』(尙書) 우
서(禹書) 「익직」(益稷)에 보인다.

언어에 대한 '바름'(正)의 경계를 확정 지어야 하는가? 언어가 정명定名함에 따라 사대부가 아침저녁으로 학술을 논하고 서로 문사文詞를 겨루고 앞다투어 서로 전아함을 숭상하게 되면서 아속이라는 구분이 출현하게 되었다. 공자가 말하길, "말에 꾸밈이 없으면 멀리까지 전해지지 못한다"(言之無文, 行而不遠)°라고 했고 또 말하길, "말을 수식하는 데서 그 성실함을 세운다"(修辭立其誠)°고 했다. 증자曾子가 가로되 "말을 내뱉음에 비루하고 어긋나는 것을 멀리한다"(出辭氣, 斯遠鄙倍矣)°고 했다. 여기서 이른바 '꾸밈'(文)·'수식'(修), 그리고 '비루함을 멀리함'(遠鄙)은 모두 전아典雅하다는 뜻이다. 그러나 공자에게는 "그 성실함을 세우는 것"만이 비로소 진정한 전아함이었다. 후인들은 지之·호乎·자者·의矣·언焉은 문장의 보조적인 허사虛詞로 여겼으나, 옛사람들은 이를 언어의 보조적인 허사虛詞로 여겼다. 그러나 이런 문사들은 모두 수사의 처리를 거친 것들로, 입말에서의 실제 어투와는 다른 것들이었다. 왜냐하면 후인들에 의해 너무 '속'俗되다고 여겨졌기 때문이다. 이런 의미에서 수사의 발전은 곧잘 예악의 정명, 정체, '성음'을 포괄하기에 형식상 아속雅俗의 구분은 결코 '바름'의 표준이 되지 못한다. 공자의 이른바 "말을 수식함에 있어서 그 성실함을 세운다"란 말에서 '성실함'이란, 예악 관계를 구성하는 과정에서의 의미와 작용에 있어서 도드라진다. 이는 그의 "인으로 예를 풀이함"(以仁釋禮)과 완전히 일치하는 것이다. 이런 의미에서 우리는 어째서 고염무가 후대의 사부辭賦와 음운이 야기한 변란을 힘써 제거하고, 옛사람의 바른 음운의 내재적인 동력을 힘써 쫓으며 연구했는가를 이해할 수 있다.

상술한 아속雅俗·사정邪正의 변별 방식은 일정한 정치관을 전제로 한 것이다. 고염무는 진한의 음운을 신뢰하지 않았으며 동시에 위진

* 말에~못한다: 이 구절은 『좌전』 「양공 25년」에 보인다. 원서 인용문 중 오자가 있어 원전에 근거해 바로잡았다.
* 말을~세운다: 이 구절은 『주역』 「건괘」에 보인다.
* 말을~멀리한다: 이 구절은 『논어』 「태백」(泰伯)에 보인다.

의 음운도 신뢰하지 않았다. 그는 당송 시대의 음운에 대해서도 마찬가지로 신뢰할 수 없었다. 진한의 음운은 상대적으로 통일되어 있었고, 위진 시대엔 변화가 많고 복잡했다. 그러나 이 두 시대는 모두 '바름'의 표준이 수립되지 않았다. 고염무가 회복에 힘쓴 것은 주대周代의 음운으로, 이는 또한 『시경』에 포함되는 것이면서 공자가 연주하고 노래함으로써 예악에 편입된 음운이기도 했다. 우리는 분分과 합合 두 가지 방면으로부터 음악의 잠재적인 의미를 드러낼 수 있다. 분의 측면에서 보면, 춘추시대 이래로 제후들이 할거했고 전국시대엔 7국이 패권을 다투었으며, 학술에서는 제자백가가 쟁명爭鳴했고 정치적으론 각 지역이 쪼개져 있었다. 언어에서는 "말은 그 소리가 다르고 문자는 그 형태가 달랐다." 결국 혼란스러움을 뿌리 뽑아 올바름으로 돌아가고자 하는 요구가 이런 세태에 부응하여 일어나게 되었다. '분'이란 분명 '바름'(正)을 대표하는 것은 아니다. 공자는 언설言說을 위주로 했으나 도리어 '정명'正名을 지극히 중시했다. 공자는 춘추시대 예악이 붕괴된 분열 국면을 겨냥해, 예악의 개념으로 이를 개괄했다. 이때 그가 요구한 것은 바로 이른바 "형벌의 명칭은 상나라의 것을 따르고, 작위의 명칭은 주나라의 것을 따르고, …일반 사물들의 명칭은 중원中原 여러 나라의 습관적으로 약정된 것을 따르는 것"(刑名從商, 爵名從周, …散名之加 於萬物者, 則從諸夏之成俗曲期)* 이었다. 당시는 예악이 붕괴된 형국이었기에, 이른바 '바름'이란 것이 실제 존재하는 구체적인 언어 문자의 존재를 가리킬 리는 없었으므로, 필시 예악(이는 '문'의 세계이기도 하다)의 의미를 체현해 낼 수 있는 언어·문자를 가리키고 있는 것이다. 합合의 측면에서 보면 '정명'正名, '정음'正音, 혼란스러움을 뿌리 뽑아 올바름으로 돌아가고자 함에서의 '바름'(正)이란, 일정한 정치적 통치에 따라 명칭과 소리를 통일시킨 경우와 동일시할 수 없다. 왜냐하면 '바름'

---

* 형벌의~따르는 것: 이 말은 공자가 한 말이 아니라 순자가 한 말이다. 이 구절은 『순자』「정명」(正名)에 보인다.

은 오로지 고염무의 '문'과 '예'의 범주 안에서, 그리고 음악으로써 같아짐(同)을 위주로 하면서도 예로써 다름(異)을 구분해 내는 분위기 속에서만이 이해될 수 있는 것이기 때문이다. 예를 들어 진한 이후로 언어는 쇠락했으나 문자는 통일되었고, 문장은 번성했으나 문장의 체제는 분분해졌으며, 이에 자구에 난삽함까지 더해졌다. 그러므로, '통일' 자체에는 비단 '바름'을 구성하는 조건이 없을 뿐만 아니라 도리어 문과 문 사이에 차이(예를 들어 시부詩賦와 악곡樂曲의 차이, 산문散文과 변문駢文의 차이, 공문서[公牘]와 서찰書札의 차이, 민간에 통용되는 문자와 선비들의 글과 관방官方의 공식 문서의 차이)와 말과 문文의 구분(예를 들어 각 지방 방언과 기술記述 문자의 차이, 사대부의 글과 저잣거리 글의 차이, 문인의 글과 관리의 글의 차이)을 만들어 냈다. 이런 제도적인 차이는 음악(樂)으로써 같아지면서도(同) 예禮로써 다름(異)을 구분해 내는 국면과는 달리, 내재적인 파열과 괴리를 내포하고 있는 것이었다. 이런 의미에서 "글을 쓰는 데에 문자를 통일시켰다"(書文同)는 말 역시 '바름'을 얻었다는 의미일 수는 없었다. 고염무의 예악론 안에는 봉건적인 정치 가치가 포함되어 있었고, 그것은 '정음'正音, '정명'正名 자체가 성음·언어·풍속·습관의 다양성을 포용할 수 있다는 것을 암시했다. 만약 정음의 '바름'을 완전히 하나의 중심으로 귀결시킨다면 그 '바름'과 '관'官은 한 몸으로 합해지고, 이에 따라 봉건적인 통일을 군현적인 통일과 뒤섞어 버릴 수 있게 된다. 아래 인용할 캉유웨이의 주장은 바로 군현으로의 통일이라는 정치관이 음운학상에서 체현된 것이다. 그는 정음正音을 관화官話*와 같다고 보고, 고르지 않은 것을 고르게 하는 것(不齊之齊)을, 하나의 규칙으로 각종 규칙을 통일한 것과 같다고 보았다. 사실상 '음'에 대한 고염무의 이해와 정반대의 길을 걷고 있었다.

* 관화(官話): 관리들이 사용하는 언어(official language)란 뜻으로 일종의 표준어를 뜻한다. 여기서는 실질적으로 만다린(mandarin), 즉 북경어(北京語)를 가리킨다.

후대의 유자들이 학술을 전수함에 그 명칭이 하나로 귀납되었다. 그래서 방언方言으로 된 책까지 아는 것은 나라를 다스리는 데에 응당 있어야 할 바는 아니었다. 다스리는 자가 고르지 못함을 다스린다는 것은 그것을 고르게끔 만드는 것이다. 말을 갖추고 그 명칭을 드러내면서 시행되어 사람들을 따르게 만드니, 천하 사람들을 일률적으로 고르게 만든다. 그런즉 천하 구주九州에 두루 시행되어 통달하지 못한 이들이 없게 된다. 예를 들어 오늘날 이른바 정음正音이란 관화이다. 천하 사람들은 모두 정음의 명칭에 근거하면서 이에 해당하는 방언을 끊게 되니 통하지 않음이 없게 된다.[53]

'음', '방언'에 대한 서로 다른 이해로부터 우리는 고염무와 캉유웨이의 정치/예악관의 엄연한 차이를 볼 수 있다. 고염무의 '바름'은 예악론적으로 각종 서로 다른 지방적·풍속적·습관적인 내용을 포용하고 심지어 장려까지 해 줄 수 있으며, 아울러 '바름'의 시각으로 이런 잡다성을 이해할 수 있다. 그러나 캉유웨이의 '바름'은 제도론적으로 지방적·풍속적·습관적인 내용을 일소하길 요구하며 아울러 그것들을 일종의 지고至高한 단일성에 종속되도록 만든다. 고염무가 보기에 예악은 자연의 질서라서 "소리(聲)가 문文을 갖춘 것을 음音이라 하니, 무릇 문이 있으면 이에 음이 있다"라고 할 때의 '문'은 결코 문자 기호가 아니라 문자 기호가 체현하는 우주의 자연 혹은 예악의 정수를 가리키는 것이다. 이런 층차의 의미가 없다면 "이를 음으로 발현하면 올바르지 않은 경우가 없었다"고 말할 수 없다. 이 때문에 음운을 식별하고 문자를 연구하는 목적은 고대 경적經籍 내부에 포함된 정체定體와 정명定名을 이해하고, 그것들이 선왕 정교政教의 내용을 구성하고 동시에 공자가 『시경』·『서경』을 산정하고 예악을 제정한 종지를 체현하는 것이다. 문자를 고찰하고 음운을 식별하는 것은 이런 의미에서 경세지학의 필수적인 내용이 된다.[54]

3. 경학고증, 삼대의 제도, 그리고 사회사상

고염무의 사회사상에 관해서는, 많은 학자가 상세하고도 창의적인 견해로 풍부한 연구를 진행했으므로, 여기서 다시금 이를 하나하나 반복하지는 않겠다. 여기서 다룰 문제는 다음의 것들이다. 만약 이런 사상들을 '정치사상'이나 통상적인 '제도론'의 범주에 놓는다면 고염무의 '물'物, '예'禮, '문'文에 대한 관념을 어떻게 해석해 낼 수 있단 말인가? 공리功利 관계에 대한 정치·경제 사상적 검토는 어떻게 도덕의 범주 내부로 들어올 수 있을까? 『일지록』의 상편上篇은 경술經術, 중편中篇은 치도治道, 하편下篇은 박문博聞으로 모두 30여 권인데, 시말始末을 따지고 득실을 고증하는 과정 곳곳에서 경세치용에 대한 고심을 드러냈다. 고염무의 문인들은 이에 대해, "고염무 선생께서는 온갖 학술을 모두 모아 하나로 꿰고 전후 1천 년의 일을 두루 훑으면서 그 득실의 이유를 상세히 고찰하셨는데, 마음으로 단안斷案을 내려 서책에 쓰신 것이다. 조정朝廷과 나라의 전장 제도와 백성의 풍속이 원래 모습 그대로 통찰되지 않은 것이 없어, 그 학술은 시류를 바로잡기에 족하고 그 말은 세상을 구제하기에 족하니 이를 일컬어 통유通儒의 학문이라 하는 것"(綜貫百家, 上下千載, 詳考其得失之故, 而斷之於心, 筆之於書, 朝章國典民風土俗, 元元本本, 無不洞悉, 其術足以匡時, 其言足以救世, 是謂通儒之學)[55]이라고 말했다. 또한 『일지록집석』의 작자 황여성黃汝成은 고증 방식과 예제禮制 간의 내재적 관계를 포착해 냈다.

> 고염무 선생께서 경사經史를 말씀하신 것은 은미한 문장에 큰 뜻을 담아 두신 것으로, 어진 법도와 훌륭한 정치에 그 뜻이 있었다. 이에 예·악·덕·형의 근본을 유추하는 데 힘쓰시어 문질文質의 순환에 통달하시고, 그 이치를 엮어 내어 그 요지를 회통시키셨다. 부세賦稅·전무田畝·직관職官·선거選擧*·전폐錢幣·권량權量*·수리水利·하거河渠·조운漕運·염철鹽鐵·인재人材·군려軍旅 등

무릇 국가의 제도에 연관된 것들에 대해서 그 성쇠와 득실이 말미암는 바를 모두 통찰하시고는 강개한 심정으로 그 제도들을 변화시켜 소통시키는 방법(道)에 대해 기록하신 것이다.

> 其言經史, 微文大義, 良法善政, 務推禮樂德刑之本, 以達質文否泰之遷嬗, 錯綜其理, 會通其旨. 至於賦稅·田畝·職官·選擧·錢幣·權量·水利·河渠·漕運·鹽鐵·人材·軍旅, 凡關家國之制, 皆洞悉其所由盛衰利弊, 而慨然著其化裁通變之道.[56]

고염무 학술의 각종 내용은 "예·악·덕·형의 근본을 유추하는 데 힘쓰시어 문질의 순환에 통달한다"는 종지에 순응한다. 이 때문에 정치·경제·군사·도덕의 역사적인 변천은 반드시 예·악·덕·형의 배경 속에만 비로소 이해될 수 있다. 이 역시 그가 말한 "몸소 행함에 염치를 지니고 모든 문에서 두루 배워라"라는 말을 이해하는 관건이 된다. 도덕 실천이란 단순한 도덕적 행위가 아니라 모든 일상생활의 실천이다. 왜냐하면 토지·세법·관직·선거·풍속·정치 제도를 초월하는 도덕 실천이란 절대 존재하지 않으며, 일상생활 실천과 동떨어진 경세經世의 큰 사업이란 존재하지 않기 때문이다. 고염무는 '문'文과 '예'禮라는 틀 안에서 각종 예의·제도·문물·전장·풍속 및 그 변천을 상세하게 고찰하여 한 사회가 구성되고 운동하는 바와 그 운동의 지향에 대해 실질적인 해석을 제시했다. 이런 방식 자체는 지금까지도 중요한 계시를 주고 있다. 즉 현대의 사회 이론가들은 줄곧 실질적인 사회 이론의 가능성을 모색해 왔지만 그들의 모든 노력—역사성에 대한 발견까지 포함해서—은 그들을 이러한 목표에 도달시키기에는 부족했다. 사회 이론은 줄곧 규범적인 이론 방식에 국한되어 있었던 것이다.

• 선거(選擧): 인재 발탁 및 관직 부여 방식. 찰거제(察擧制), 즉 추천제(推薦制)가 대표적이다. 이는 다분히 중앙집권적인 과거제(科擧制)와 대척점에 놓인 지방분권적인 입장의 주장이다.
• 권량(權量): 전반적인 도량형 및 그와 관련된 제도.

고염무는 경학의 범주 안에서 각종 정치와 사회 문제를 논의했다. 이런 학술 형식을 간단히 '복고라는 외투'일 뿐이라고 간주할 수는 없다. 경학이란 형식이 없다면 어째서 군주론君主論·전제론田制論·청의론淸議論·군현론郡縣論·보거론保擧論*·생원론生員論·식량론食糧論 등이 예나 문의 범주로 이해될 수 있는지와 어째서 이런 구체적인 정치·경제·사회 문제에 대한 고증이 일반적인 사실에 대한 연구가 아니라 '물'物(규범·의칙儀則·예제禮制)에 관한 탐색인지를 이해할 수 없다. 이론 형식의 전환은 세계관 전환의 결과이며, 이론 형식을 그저 '외투'로 간주해서는 세계관 전환의 진정한 의미를 이해할 수 없다. 내가 보기에 이렇게 문제를 제기하지 않는다면 고염무의 총체적인 이론적 구상 및 그의 이론 형식에 전환이 생겨난 내재적인 원인을 이해할 수 없다. 이런 의미에서 우리가 따져야 할 것은 그가 정치·경제·군사·치학治學·산천山川·풍속·질고疾苦·이해득실·인류 관계 등 구체적인 지식을 조목조목 분석했을 때 그 안에 내재적인 구조가 존재했는가의 여부이다.

고염무는 고증이라는 방법으로 각종 항목의 사안을 조목조목 분석했는데, 그의 저작엔 겉으로 드러나 보이는 그런 완정한 사유 구조는 없었다. 이는 일련의 학자들이 고염무의 사상을 경제·정치·교육의 범주에 놓고 분석하기 위한 편의를 제공해 주긴 하지만, 동시에 그들로 하여금 이런 사상적 측면들은 예제의 완정한 구상에 의해 상호간에 하나로 연결되어 있다는 것을 망각하게 하고 말았다. 완원阮元은 "고염무를 추존하는 세상 사람들은 그가 경사經史보다 경세제민經世濟民에 더 뛰어났다고 여긴다"(世之推亭林者以爲經濟勝於經史)고 했다. 이는 경사와 경세제민을 완전히 다른 두 갈래로 나누어 얘기한 것으로, 고염무의 경세지학과 경사지학 사이의 내재적 관계를 제대로 밝혀내지 못한 것이다. 근세의 학자들은 더더욱 이러한 관계를 초월하여, 고염무가 마

---

* 보거론(保擧論): '보거'란 주로 자기 아랫사람을 조정에 추천하는 것은 가리키지만, 여기서는 앞서 나온 '선거'와 같은 뜻으로 쓰였다.

치 공법학자公法學者인양 "공법학公法學상의 모든 문제, 즉 국가 조직, 행정 체계, 공권력 행사, 민의 기관은 '옛것을 끌어와 오늘날의 것을 기획했고' …군주에 대한 해석 역시 상징적 권한만을 갖는 근대의 군주제와 유사했으며 …인민이 응당 공권을 가져야 한다고 주장했다"[57]고 단정했다. 고염무는 확실히 사회사상가였지만, 이런 사회사상들은 반드시 예제禮制의 구조 안에서만 비로소 진정한 이해가 가능하다. 그렇지 않다면 그는 자기 시대에 속하지 못하게 되고, 동시에 대유大儒라고도 말할 수도 없게 된다. 우리가 신제도론으로 황종희의 학술을 명명하고, 경학 혹은 신예악론으로 고염무의 학술을 명명한 까닭 역시 여기에 있다. 이렇게 주장하는 것은 성급한 판단일까?

우리는 고염무와 황종희의 공통점과 차이점에 대해 얘기를 시작해도 무방할 것이다. 고염무는 황종희의 『명이대방록』을 읽은 뒤 황종희에게 편지를 보내 감복한 자신의 심정을 전하는 동시에 자신의 연구 역시 『명이대방록』과 동일한 부분이 "열의 여섯, 일곱"이라고 말했다. 자세히 살펴보면 『일지록』과 그의 다른 저작들은 모두 "온갖 왕들에 의해 폐단이 발생한 것들을 복구하여 서서히 삼대의 성대함으로 돌아간다는"(復起百王之敝, 徐還三代之盛) 종지를 맴돌고 있었으며, 조목조목 고증하는 형식이기는 하지만 그 안에 예제 구조가 내재해 있음을 덮어 버리지는 못한다. 즉 삼대 예제의 기본 원칙이란 현실 문제와 제도 개혁의 기본 원칙 및 내재적인 구조를 고려한 것이다.[58] 바꿔 말하면 『명이대방록』과 마찬가지로 삼대의 예제—더욱이 정전井田, 봉건, 학교—는 고염무 학술의 내재적인 구조를 구성하고 있었다. 전제와 부세, 군현과 봉건, 선거와 관제에 관한 고염무의 논의는 반드시 이러한 구조 안에 귀납되어야만 비로소 온전하게 파악될 수 있다. 예를 들어 고염무가 청의淸議를 주창하고, 과거를 반대하고, 선거를 주장한 것은, 북송의 여러 유자가 삼대의 제도로 과거에 대항했던 경우와 얼추 비슷하다. "선비를 뽑는 제도는 해당 인물을 추천하는 방식으로 한다. 대개 옛사람들이 고을에서 사람을 뽑아 천거하던 뜻을 채용하는 것이다."(取士之制, 其薦之也, 略用古人鄉擧里選之意)[59] 그는 사마광司馬光이 승상에 재직할 때의 선거에 관한 몇 가지 표준을 인용하면서 "현명한 군주는 어진 이를 구하기 위해 수고를 다할 뿐, 사람을 임명하는 것은 편한 대로 한다"(明主勞於求賢而逸於任人)는 도리에 대해 반복해서 "훌륭하구나! 자하가 번지樊遲에게 일러준 말이여! 자하가 말하길 '순임금이 천하를 소유했을 때 대중 속에서 사람을 뽑으셨다. 고요皋陶를 중용하시니 어질지 않은 자들이 멀어졌다. 탕임금께서 천하를 소유하실 때 대중 속에서 사람을 뽑으셨다. 이윤伊尹을 중용하시니 어질지 않은 자들이 멀어지게 되었다'고 했도다"(善乎! 子夏之告樊遲也, 曰: 舜有天下, 選於衆, 擧皋陶, 不仁者遠矣. 湯有天下, 選於衆, 擧伊尹, 不仁者遠矣)[60]라고 논술했다.

그러나 황종희의 예제론과 비교해 볼 때 고염무는 제도, 풍속, 학풍의 연원과 변천을 보다 더 중시했다. 그가 조목조목 고증한 방법론은 도덕 실천과 구체적인 상황의 관계에 대한 이해를 포함하고 있었던 것이지, 그저 실천과 제도를 연계시키기만 한 것이 아니었다. 만약 황종희의 제도론이 명확한 이상적 모델의 색채를 지니면서 사회 내부의 구조와 메커니즘에 치중했다고 한다면, 고염무는 풍속과 제도의 변천에 보다 더 치중해 있었다. 전제와 세법, 군현과 봉건, 선거와 관제에 대한 고염무의 주장엔 변화와 불변의 변증법이 스며들어 있지 않은 부분이 없으며, 결코 옛것만을 고수하며 변화를 모르는 예제론이 아니었다. '변화'와 관련된 이런 변증법은 성왕의 제도를 부정하는 것이 아니라, 성왕의 제도를 뻣뻣하게 굳은 교조로 간주하는 것을 반대하고, 시대 변천에 적응한 제도로 간주할 것을 요구하는 것이다. 예를 들어 그의 「생원론」生員論 및 「생원액수」生員額數 등의 글에서 과거를 통해 길러 낸 생원에 대해 깊이 있게 비판하면서, 혼란스러운 정치·백성을 곤궁케 함·파벌을 형성함·인재를 망침 등 네 가지의 큰 폐단을 열거했다. 고염무는 "천하의 생원 제도를 폐한다면 관부官府의 정치는 깨끗해질 것이요, 천하의 생원 제도를 폐한다면 곤궁에 빠졌던 백성이 되살아날 것이요, 천하의 생원 제도를 폐한다면 파벌을 가리는 폐습이 사라질 것이요. 천하의 생원 제도를 폐한다면 세상에 쓰일 만한 인재가 나타날 것"(廢天下之生員而官府之政淸, 廢天下之生員而百姓之困蘇, 廢天下之生員而門戶之習除, 廢天下之生員而用世之材出)[61]이라 여겼다. 그러나 그는 결코 당장 생원 제도를 폐지하라고 요구하지는 않고, 별도로 천거薦擧의 방법을 다시 마련하는 보완책을 찾았다. 따로 인재가 관직에 나아갈 수 있는 길을 열 것, 생원 이외에 따로 "자신과 가문을 보존할 수 있는"(保身家) 작위를 만들어 백성들이 살 수 있게 하되 선비들과 뒤섞이지 않게 할 것, 과거를 개량하고 인원수를 제한하고 실학實學을 강구하게 하여, 생원이 너무 범람치 않게끔 보증할 것 등의 보완책이 그것이다.[62] 이 때문에 고금 변천의 관계 중 그냥 단순히 "옛것을 빌려만 오는 것"(借古)에 대해 그는 반대했다.

> 오늘날의 땅은 옛것이 아닌데도 옛 지명을 끌어다 쓰고, 오늘날의 관직은 옛것이 아닌데도 옛 관직명을 끌어다 쓰고, 오늘날에 늘 사용하는 글자를 버리고 옛 글자를 빌려 와 통용하는 자는 모두가 문인 스스로 자신의 비루하고 천박함을 덮어 보려는 것이다. …관직이나 군읍郡邑을 두는 데에는 조대朝代 별로 연혁이 있었으니 오늘날 반드시 전대前代의 명칭으로 그것을 칭한다면 훗날 장차 어떻게 연구할 수 있겠는가? 이것이야말로 이른바 이치에도 닿지 않고 실제 일에도 장애가 있는 것이다.
>
> > 以今日之地爲不古, 而借古地名; 以今日之官爲不古, 而借古官名; 捨今日恒用之字, 而借古字之通用者, 皆文人所以自蓋其俚淺也. …官職郡邑之建置, 代有沿革, 今必用前代名號而稱之, 後將何所考焉? 此所謂於理無取, 而事復有礙者也.[63]

지명, 관직, 군읍의 설치는 부단히 변화하는 것이기에 옛 법도를 고집하는 것은 '리'理에 대한 존중이라 말할 수 없으며, 더군다나 그 대상(事) 자체의 발전에 대해서조차 장애가 된다. 때의 변화를 살피는 것은 결코 경서에 대한 배반이 아니었다. 『춘추』야말로 때와 일에 대한 변화의 뜻이 담겨 있는 경서가 아니던가? 청조는 명조와는 다른 새로운 제국이었다. 청나라의 강역, 관제, 정치 구조는 전조前朝와 전혀 다른 얼개였다.[64] 고염무의 이런 지적을 청대 초기라는 역사적 맥락에 놓고 볼 때, 우리는 새로운 제도·강역·관직에 대한 그의 관용적인 태도를 짐작할 수 있다. 여기서 '민족 사상', 특히나 한족漢族 사상으로는 역사 변화에 대한 그의 이해를 포괄해 낼 길이 없다. 고염무의 이런 지적은 그가 새로운 정치 현실과 대화하는 관계였음을 함축적으로 드러내는 것이다.

황종희는 제도의 효용과 가치에 관심을 기울였고, 옛 제도의 정심精深한 뜻을 목적으로 삼은 고염무의 학술은 실천의 상황에 보다 더 관심을 기울였다. 고염무는 내심 과거에 반대하고 선거를 주장했지만, 때를 살피고 추세를 헤아리고는, 여전히 "벽거辟擧*의 법을 사용하되 생원 제도를 병존시키자"(用辟擧之法, 而幷存生儒之制)[65]라고 주장했다. 그는 국력이 쇠미해진 책임을 "소아小雅*가 폐해지자 중국中國*이 쇠미해졌고, 풍속이 쇠미해지자 반란이 일어난"(小雅廢而中國微, 風俗衰而叛亂作矣)데로 돌렸는데, 자못 옛것을 그리워하는 듯하지만, 사실 결코 후세의 유효한 실천을 폄하한 적은 없다. 『일지록』 권13 「양한풍속」兩漢風俗 조가 바로 이러한 증거이다. 그는 동한東漢의 청의淸議를 대단히 추앙하여 "삼대 이래 풍속이 아름다웠던 것은 동한 때보다 대단하였던 적이

---

* 벽거(辟擧): 징벽(徵辟)과 찰거(察擧)를 합쳐서 부르는 말. 징벽은 벼슬하지 않은 명사(名士)를 황제나 조정에서 초빙하는 것을 말한다. '징'(徵)은 황제가 직접 초빙하는 것이고, '벽'(辟)은 조정에서 초빙하는 것이다. 찰거는 벼슬아치가 쓸 만한 인재를 잘 살펴서 추천하는 것을 말한다.
* 소아(小雅): 원래 '소아'는 『시경』의 한 부분일 뿐이지만, 여기서는 『시경』이 포함된 육예가 실현되던 성인의 치세를 상징한다.
* 중국(中國): 여기서 중국은 한 시대의 나라 이름을 가리키는 것이 아니라 '중원'(中原)을 의미한다. '중원'이란 한족의 주요 근거지를 중심으로 하는 자신들의 통치 영역을 오랑캐들의 외부와 변별하기 위해 상정한 일종의 추상적 표현이다.

없었다"(三代以下風俗之美, 無尙於東京者)[66]고 여겼다. 학풍 역시 풍속의 일부분이기에 '변화'의 관점을 벗어날 수 없다. 고염무는 학술을 논하길 "경학에는 자체적으로 원류가 있으니, 한대부터 시작해 육조, 당, 송까지 반드시 하나하나 연구해 본 뒤, 최근 유자의 저작에까지 미쳐야 한다. 그런 연후에야 그 가운데 같은 점과 다른 점, 벗어나는 점과 합해지는 점의 요지를 알 수 있다"(經學自有源流, 自漢而六朝, 而唐, 而宋, 必一一考究, 而後及於近儒之所著, 然後可以知其異同離合之指)[67]고 여겼다. 학술에 원류가 있다면 제도 역시 어찌 이와 같지 않을 수 있겠는가? "법이 변하지 않으면 오늘날을 구제할 수 없다. 이미 부득불 변화할 수밖에 없는 추세에 처해 있지만 여전히 그 변화하는 실질적인 내용은 꺼리면서 잠시나마 그 변화하지 않는 명칭만을 고수한다면 필시 큰 폐단이 생겨날 것이다."(法不變不可以救今. 已居不得不變之勢, 而猶諱其變之實, 而姑守其不變之名, 必至於大弊)[68] 그의 「전량론」錢糧論은 비록 "선왕의 제도에선 부세賦稅는 반드시 그 땅에 있는 것을 취했다"(先王之制, 賦必取其地之所有)*는 기치를 내걸고 있었지만, 구체적인 부세 징수 방법은 도리어 옛 제도로 국한할 수 있는 바가 아니었다. 고염무는 한편으론 도시와 화폐를 비판하고, 또 다른 한편으론 비교적 자유로운 경제 관계와 사유 부동산을 주장했기에, 혹자는 고염무의 경제 정책의 요점이 농업 재생산이라고까지 말했다. 하지만 그의 주장 어디에 정전제의 자취가 조금이라도 남아 있단 말인가?

군현과 봉건에 대한 고염무의 관점은 매우 유명하다. 그는 삼대를 추종하면서도 군현제에는 찬성했으므로, 제도론의 차원에선 분명하게 '혼합된 제도'의 특징을 지니고 있었다. '중국'이란 관념은 봉건 예의 관계 중 내외의 구별과 밀접한 관련이 있기에, 군현 체제의 형성 자체가 바로 '중국'에 대한 재정의였다. 고염무의 '봉건/군현 혼합론'은 어떤 이상적인 제도 형식에 대한 고려에서 생겨난 것이 아니라, 시대 변

* 선왕의~취했다: 이 말은 「전량론」(錢糧論) 상(上)에 보인다.

천에 대한 기민한 대응과 전통 및 풍속에 대한 중시에서 생겨난 것이다. 그의 역사적 시야는 지극히 넓어서 위로는 삼대로부터 아래로는 청조에 이르기까지 구주九州의 풍속을 상세히 살피고, 멀리 외국의 풍속까지 살핀 뒤, "구주의 풍속을 두루 살피고, 전대의 사서史書들을 살피니 중국이 외국만 못한 게 있다"(歷九州之風俗, 考前代之史書, 中國之不如外國有之矣)고 단언했다. '외국 풍속'을 경학적인 고찰로 받아들이는 시각을 통해, 고염무는 분명하게 이하지변夷夏之辨을 중시하는 송학宋學의 전통을 초월하면서, 실질적으로 그의 '중국'에 대한 시각을 넓혀 나갔다. 유학의 시각에서 내외의 구별은 예악이 성립할 수 있는 전제이며, 문명/야만의 구별은 '중국'이란 범주가 확립되는 전제이다. 이 때문에 "중국이 외국보다 못한 것이 있음"을 인정하는 것은 비단 내외의 엄격한 경계를 타파하는 것일 뿐만 아니라, 문명/야만의 구별에 있어서 확정된 경계를 뒤흔드는 것이다.

이는 청대 중기에 대두되는 '이하夷夏의 상대화'와 '내외무별론'內外無別論의 실마리였다. 고염무는 『요사』遼史를 인용해 거란契丹의 "화려하고 기이한 외물에도 마음이 흔들리지 않는"(不見紛華異物而遷) 풍속을 칭찬했다. 『금사』金史를 인용해서는, 만주의 옛 풍속이 "하늘과 땅에 제사 지내고, 친척을 공경하며, 어르신들을 존대하고, 손님을 대접하고, 벗과 믿음을 지키고, 존중하는 마음으로 곡진하게 대접하는 것이 모두 자연스러움에서 나온 것"(祭天地, 敬親戚, 尊耆老, 接賓客, 信朋友, 禮意款曲, 皆出自然)이라고 설명했다. 『소씨문견록』邵氏聞見錄을 인용해서는 "회흘回紇*의 풍속은 순박하고 도타워 군신 간의 계급적 차이가 그다지 심하지 않기 때문에, 모든 사람의 뜻이 오로지 하나로 뭉쳐서 적수가 없을 만큼 강건하다"(回紇風俗樸厚, 君臣之等不甚異, 故衆志專一, 勁健無敵)고 했다. 『사기』를 인용해서는, 흉노는 형벌이 가볍고 일 처리에 기민하다고 말했다. 외국 풍속에 대한 인용은 모두 '중국' 풍속의 피폐에 대한

• 회흘(回紇): 수당대(隋唐代) 위구르족의 한자(漢字) 표기이다.

비판이었으며, 동시에 청조의 예의 제도가 비록 대부분 유학의 전통과 중국의 제도를 계승하고 있지만, 또한 기타 다른 민족의 가치와 체제까지도 포함하고 있다는 것을 설명하고 있다. 거란 풍속의 소박함, 만주 예의의 자연스러움, 회흘 습속의 평등하게 하나로 뭉침, 흉노 제도의 자유롭고 날램을 통해, 고염무는 그들 풍속과 제도에 대한 긍정적이면서 구체적인 견해를 펼쳤다.[69]

군현 속에 봉건이 담겨 있는 제도 구상은 분명 역사적 변천과 각지 풍속의 차이를 고려한 것이다. 이런 강렬한 변화에 대한 의식과 강역·풍속·제도에 대한 시각 사이엔 내재적인 연관이 존재한다. 이는 단순한 민족 사상이라기보다는 오히려 한족漢族이라는 관념을 초월한 새로운 제국 체제에 대한 사상적 반향反響에 가깝다. 만주는 몽골을 통일하고 중원에 들어와 주인 노릇 하면서 규모가 엄청나게 큰 다민족 제국을 수립했다. 복잡한 내외 관계를 대면한 청 왕조는 습속에 따라 정책을 펼치면서 내지內地, 몽골, 티베트(西藏), 서남西南 등 서로 다른 지역의 족군·풍속·정치─법률 전통과 다른 방면의 차이에 대해 끊임없이 정책을 조정해 가면서, 중앙 왕권을 중심으로 하면서도 법률과 제도의 다원주의를 특징으로 하는 제국 체제를 형성해 갔다. 청 제국은 내지에서는 군현 체제를 시행했지만, 서북과 서남에서는 다양한 제도 형식을 시행했는데, 뚜렷한 봉건적 색채를 띠고 있었다. 이런 정치 현실은 도리어 중앙 권력 구조에 중대한 영향을 끼쳤다. 예를 들어 이번원理藩院은 청대의 독특한 변경邊境 통치 기구이다. 제국이 확장하는 과정 중에 통치의 필요에 따라 내부로부터 봉건의 필요성이 제기되었고, 만주팔기滿洲八旗, 몽고팔기蒙古八旗, 서남토사西南土司, 화번和藩/조공朝貢/회사回賜 제도와 중앙中央/행성行省 체제는 공존하게 되었다. 고염무가 『일지록』에서 고찰한 '외국'은 왕조 체제 내에서 자치 권력을 지니고 있었는데, 그들은 특정하고 다양한 정치 형태로써 중앙 왕조의 정치 구조 틀 속에 예속되었다. 그 통치 양식과 신속臣屬 관계는 비단 한족 지역의 행성行省 제도와 너무나 큰 차이가 날 뿐만 아니라 서로 간에 전혀 달랐다. 여기서 의미하는 '봉건'은 중앙 왕조에 대해 지니는 자치 형식이다. 유민遺民 노릇을 하던 고염무는 청 제국 및 내외 정책에 대한 명확한 견해를 피력한 적이 없다. 그러나 그가 이처럼 역사의 변천과 내외 풍속의 차이를 중시하고 옛 제도나 옛 명칭을 그대로 따르는 것을 반대한 것을 보면, 그의 "화하華夏의 문화로 오랑캐를 변화시킨다"(用夏變夷)는 주장이 당시 발생했던 역사 변화와 무관하다고는 생각하기 어렵다.

천하와 국가의 범주에 관해 상술했던 명확한 구분에서 표명하고 있는 것은, 고염무가 단순하게 족군 아이덴티티를 정치와 문화의 유일한 자원으로 삼는 편협한 유생은 아니긴 하지만, 만주족의 통치라는 현실의 정치체제에 대해서도 인정할 수가 없었다는 것이다. 이 때문에 천하 관념 및 거기에 내재한 예악 질서는 강제적이고 외재적인 실제 정치체제와 대치하게 되었다.

고염무는 군현의 폐단을 간파했지만, 결코 경직되게 오로지 봉건제만을 채택하려는 데에는 찬성하지 않으면서, 봉건의 정신을 군현 제도 안에 주입하길 요구했다. 이렇게 함으로써 독특한 '혼합' 방식으로 옛 제도의 정심한 뜻과 역사 상황을 연계시켰다. 그는 이렇게 말했다.

> 봉건이 폐해진 것은 하루아침에 그리된 것이 아니다. 비록 성인이 나타났더라도 군현으로 바뀌고 말았을 것이다. 지금은 군현의 폐단이 이미 극에 달했으나, 성인이 등장하질 않기에 여전히 이전의 제도를 하나하나 따르고만 있다. 이것이 바로 민생이 나날이 가난해지는 까닭이요, 중국이 나날이 약해져서 더더욱 혼란스러워지는 까닭이다.
>
> 封建之廢非一日之故也, 雖聖人起亦將變而爲郡縣. 方今郡縣之敝已極, 而無聖人出焉, 尙一一仍其故事. 此民生之所以日貧, 中國之所以日弱而益趨於亂也.[70]

봉건이 군현으로 변한 까닭을 알면 군현의 폐단이 장차 다시 변화할 것이라는 사실을 알게 될 것이다. 그렇다면 다시금 봉건으로 변할 것인가? 불가능하다. 성인이 등장해서 봉건의 뜻을 군현 안에 담으시면 천하가 다스려지리라. 봉건제의 폐단은 그 전권이 아랫사람(지방 제후)에게 있었다는 것이고 군현제의 폐단은 그 전권이 윗사람(중앙정부)에게 있었다는 것이다.

> 知封建之所以變而爲郡縣, 則知郡縣之敝而將復變. 然則將復變而爲封建乎? 曰不能. 有聖人起, 寓封建之意於郡縣之中, 而天下治矣. …封建之失, 其專在下; 郡縣之失, 其專在上.[71]

고염무는 봉건에 대한 이학가의 이상화된 견해를 채택하지 않았다. 봉건에 대한 그의 태도는 변천과 상황에 치중하는 역사적 태도였다. 정치 제도의 구체적인 작용으로부터 헤아려 보면, 고염무는 봉건과 군현에 각기 득실이 있는데, 추세에 따라 득실이 달라지기에 그 득실을 따져야만 비로소 효율적인 체제를 형성할 수 있다고 여겼다. 이 때문에 고도의 자치이면서도 결코 분열이 아닌 정치 제도를 창조해 내어 중앙 권력의 통일을 유지하면서도 지방 권력의 자주自主를 보존해야 했다. 이런 구상은 이론적으로는 서진西晉 시기 곽상郭象이 제시한 황제와 문벌 귀족이 '함께 다스리는 상황'에 근접한 것이지만, 구체적인 역사적 상황은 전혀 달랐다. 왜냐하면 귀족 제도에 대해 고염무는 호감을 갖지 않았기 때문이다. 그는 군현 제도와 신사紳士-지주地主의 토지 제도라는 전제 아래서 지방 자치를 이해했다. 그가 요구한 것은 귀족제에 반대하는 경제적 관계였다. 『일지록』 권9 「봉박」封駁 조에서 알 수 있듯이 고염무는 사족士族이 만약 태평한 시기에 천자의 전제적 통치를 받지 않을 수 있다면, 혼란해졌을 때 그들이 천자와 천하를 보호하는 중임을 맡을 수 있을 것이라고 여겼다. '혼합 제도'의 구상은 많건 적건 간에 공화제라는 정치 제도에 근접해 있었고, 그 핵심은 분권을 기초(예를 들어 현縣으로 현을 제어하고 향촌으로 향촌을 제어하

고 보保로써 갑甲을 제어하는* 등의 방식)로 천하의 공동 통치를 유지
해 나가는 것이었다.

군현 체제 속에 '봉건'의 정신을 담는 관건은 반드시 '백성을 보호
함'(保民)을 정치체제의 종지로 삼는 데 있다. 성인의 다스림이란 '인도'
人道를 기점으로 하여 변화와 불변이라는 두 가지 측면을 포함한다. 제
도, 전장, 예의는 모두 반드시 '백성'의 변화에 따라 변화하지만 삼대에
확정된 예의 정신은 도리어 변천의 과정 중에서도 영원불변한 법칙이
다. 이른바 '백성을 보호함'이란 바로 역사의 변천에 따라 예악의 기본
정신과 원칙을 체현해야만 한다는 것이다. 고염무는 이렇게 말했다.

> 성인은 남면南面하여 천하를 다스리는데, 반드시 인도人道로써
> 시작한다. 도량형을 확정하고 문장을 살피고 정삭正朔을 고치고
> 복색服色을 바꾸고 휘호徽號를 달리하고 기계器械를 달리하며 의
> 복을 구별하니, 이는 백성과 더불어 변혁할 수 있는 까닭이다.
> 변혁할 수 없는 것도 있으니, 친한 이를 친하게 여기고 존귀한
> 자를 존귀하게 여기고 연장자를 연장자로 여기고 남녀 사이에
> 구별이 있는 것은 백성들과 더불어 변혁할 수 없는 바이다. 춘추
> 시대가 일곱 나라로 병합되고 일곱 나라는 진秦나라로 병합되면
> 서 선왕의 예가 크게 변화되었다. 그러나 그 위아래를 변별하고
> 친소親疏를 나누며 혐의嫌疑를 판결하고 시비是非를 확정하는 것
> 은 본래 선왕의 시대와 다른 적이 없었다. …옛 제왕들이 서로
> 전승한 정통은 진나라에 이르러 크게 변화했다. 그런즉 진나라
> 가 망한 까닭과 한나라가 흥한 까닭은 참위讖緯의 설명이 없더라

---

* 보(保)로써 갑(甲)을 제어하는: 보갑제(保甲制)를 가리킨다. 당초 보갑제는 향촌
자치 조직(혹은 제도)이었지만 점차 국가 제도로 편입되었다. 특히 청대에 이르러 순
치제(順治帝) 때 정식으로 10가구를 1갑(甲)으로 하고 10갑을 1보(保)로 하며, 10보
를 1향(鄉)으로 하는 국가 제도로서의 보갑제가 완성되었다. 이후 건륭제(乾隆帝)에
이르러서는 100가구가 1갑으로 개편되기도 했다.

도 알 수가 있다. 어질지 아니한 자가 천하를 얻은 적은 아직 없었으니, 이는 백세가 지나도 알 수 있는 것이다. 백성을 보호하면서 왕 노릇 하면 거칠 것이 없다는 것은 백세가 지나도 알 수 있는 것이다.

> 聖人南面而治天下, 必自人道始矣. 立權量, 考文章, 改正朔, 易服色, 殊徽號, 異器械, 別衣服, 此其所得與民變革者也. 其不可得變革者則有矣, 親親也, 尊尊也, 長長也, 男女有別, 此其不可得與民變革者也. 自春秋之並爲七國, 七國之並爲秦, 而大變先王之禮. 然其所以辨上下別親疏決嫌疑定是非, 則固未嘗異乎先王也. …自古帝王相傳之統至秦而大變, 然而秦之所以亡, 漢之所以興, 則亦不待讖緯而知之矣. 不仁而得天下未之有也, 此百世可知者也. 保民而王莫之能禦也, 此百世可知者也.[72]

제도의 인습과 개혁은 '백성을 보호함'이란 전제하에서 역사 변화에 순응한 결과이다. 그렇다면 '백성을 보호함'의 또 어떤 측면들을 포괄하는 것인가? 이는 백성과 임금, 이 두 가지 측면에서 얘기할 수 있다. 백성의 측면에서 보자면, '백성을 보호함'은 바로 '천하의 사사로움'을 보호하는 것이다. "천하 사람들은 각기 자신의 집을 그리워하며 각기 자신의 자식을 사사로이 아끼는데 이는 인지상정이다. 천자를 위하거나 백성을 위하는 마음은 필시 자신을 위하는 것만 못하다. …성인은 이에 인습하여 그것을 활용한다. 천하 사람들의 사사로움을 군주 한 사람의 공리가 되게 하면 천하가 다스려진다."(天下之人各懷其家, 各私其子, 其常情也. 爲天子爲百姓之心, 必不如其自爲. …聖人者因而用之, 用天下之私, 以成一人之公, 而天下治)[73] 바꿔 말하면 고염무는 봉건/군현의 혼합 관계가 우선 '백성'을 존중하는 사사로운 개인의 권리가 체현되고, 아울러 이런 '백성'의 사사로운 개인으로서의 권리 위에 '공리'公利의 합법성이 수립되는 것이라고 여겼다. 왕의 측면에서 보면, '백성을 보호함'이란 분권적인 정치 형식을 요구한다. "이른바 천자란 천하의 대권을 쥐고 있는 자이다. 그 대권을 쥐고 어떻게 해야 하는가? 천하의 권력을 천하 사람들에게 내맡겨야 그 권력이 천자에게 돌아오게 된다. 공경대부로부터 100리 되는 땅을 다스리는 관리나 명령이나 전달하는 하급 관리에 이르기까지 천자의 권력을 나누어 각자의 일을 처리하지 않는 자가 없는데, 이로써 천자의 권력은 더더욱 존귀해진다. 후세에 능숙하지 못한 통치자가 등장하면서 모든 권력을 모아 윗사람에게만 두었으나, 복잡다단한 온갖 정무는 본래부터 한 사람이 능히 조종할 수 있는 바가 아니다."(所謂天子者, 執天下之大權者也. 其執大權奈何? 以天下之權寄之天下之人, 而權乃歸之天子. 自公卿大夫至於百里之宰, 一命之宦, 莫不分天子之權, 以各治其事, 而天子之權乃益尊. 後世有其不善治者出焉, 盡天下一切之權而收之在上. 而萬幾之廣, 固非一人所能操也)[74] 이런 두 가지 측면을 합치면 바로 군현제 내부에 봉건의 뜻을 담는 것이다. 이는 바로 정치 조직의 형식에 있어 종법宗法 조직과 현령縣令 단위제를 결합한 것으로, 전자는 기층 사회의 자치에 대한 보장이고[75] 후자는 군현제 국가의 정치 형식이다. 이런 이중 관계 속에서 부정되어 버린 것은 비단 문벌 귀족 제도와 제후 봉건의 정치 구조뿐만 아니라 황제 1인 전제專制의 구조였다. 그가 말한 권력은 바로 이 지점에서 보편적인 '대중'에게 기초한 권력으로 이해된다.

경세치용의 동력 아래, 고염무는 경학고증을 당시의 실천과 판단에 운용했다. 이에 따라 부득불 상당히 높은 수준으로 경전을 상대화할 수밖에 없었다. 경학과 신제도론은 이학을 탈신비화한 결과이지만, 이런 과정은 경전의 신성화를 통해서만이 달성될 수 있는 것이다. 경학의 범주 안에서 삼대의 정치와 역대 명물, 전장, 제도, 풍속이 도덕의 근원이 된다. 이 때문에 고증학의 임무는 선왕의 정심한 뜻을 추구하고 도덕 실천과 예악 풍속이 일치되는 관계를 회복하는 것이다. 그러나 고염무가 경학의 형식 안에서 당시의 실천을 위해 대책을 제시할 당시, 경전의 의미가 상대화되는 것을 피할 순 없었다. 만약 경학이 천도와 천리를 구체적인 제도와 예악으로 구현함으로써 이학을 탈신비

화했다면, 실용적인 실천 과정에서 (일종의 대책론이 될 때) 경학 자
체도 역시 탈신비화에 직면하게 된다.

경학의 전환과 변천

1. 경학고증과 경학의 탈신비화

고염무의 학술은 예제론을 내재적인 구조로 삼았고, 고증 방법과 '변화'의 관점을 경사經史를 관찰하는 기본 방법으로 삼았다. 이런 방법론의 원칙은 이학의 의리관에 대한 비판으로, 청대 한학의 기본 전제였다. 대진은 혜동惠棟의 학술을 총결할 때 이렇게 말했다.

> 사람들은 곧잘 "한대 유학자의 경학이 있고 송대 유학자의 경학이 있어서, 전자는 훈고를 위주로 하고 후자는 의리를 위주로 한다"고 말한다. 이는 진실로 나 대진이 납득하지 못하는 바이다. 무릇 의리란 것이 만약 경經을 버리고 헛되이 가슴속의 억측에 근거할 수 있는 것이라면 사람마다 날조하여 얻었을 것이니 어디 경학이라 칭할 만한 것이 따로 있었겠는가? …그래서 훈고에 밝게 되면 옛 경經에 밝게 되고 옛 경에 밝게 되면 성현의 의리에 밝게 되어 내 마음이 서로 같은 것도 이로 인해 밝아지게 된다. 성인과 현인의 의리란 것은 다른 것이 아니라 전장 제도에 남겨진 것이 바로 그것이다. 혜동 선생께서는 경을 연구하는 데에 있어서, 학자들이 한대漢代 경사經師의 훈고를 연구하여 삼대

의 옛 전장 제도를 두루 고찰하고 난 뒤 이로부터 의리를 유추해
내기를 바라셨는데, 이는 확실히 근거가 있는 것이다.

> 言者輒曰: 有漢儒經學, 有宋儒經學, 一主於故訓, 一主於理
> 義. 此誠震之大不解也者. 夫所謂理義, 苟可以舍經而空憑胸
> 臆, 將人人鑿空得之, 奚有於經學之云乎哉? …故訓明則古經
> 明, 古經明則賢人聖人之理義明, 而我心之所同然者乃因之而
> 明. 賢人聖人之理義非它, 存乎典章制度者是也. 松崖先生之爲
> 經也, 欲學者事於漢經師之故訓, 以博稽三古典章制度, 由是推
> 求理義, 確有據依.[76]

여기서 황종희·고염무의 전제와 대진의 관점 사이엔 분명한 연속성
이 존재한다. 그들은 의리·제도·육경 간의 상호 의존성을 강조하고 있
다. 그러나 이런 연속성의 표상하에서도 미묘한 차이는 있게 마련이
다. 신제도론과 고염무의 학술은 완전히 제도를 실천의 근거로 삼았으
나, 대진의 관점은 보다 더 강렬한 방법론적 의식을 지니고 있어서, 의
리가 경서 및 경서가 체현하고 있는 전장 제도에 대한 훈고 고증에 기
반해야 함을 반복해서 설명하고 있다. 대진은 건륭·가경 시기의 학자
중에서 특별한 인물로, 그는 훈고 고증을 중시했지만 단순한 훈고 고
증에는 불만을 표시하면서 의리와 훈고 간의 내재적 연관을 강조했다.
고염무·황종희의 학술로부터 건륭·가경 시기의 학술에 이르기까지 방
법론은 날로 정밀해졌고 경학 자체가 하나의 전문화된 지식으로 변모
하면서 그것과 현실과의 긴장 관계는 날로 약화되어 갔다. 그렇다면
경학 자체의 전환은 도대체 어떠한 조건 아래서 출현한 것일까?

이 문제에 대한 학술사가들의 대답은 두 갈래로 나뉜다. 비교적 이
른 견해로는 량치차오를 대표로 들 수 있다. 그는 건륭·가경 시기의 학
술 및 그것의 현실과의 관계를 청대 문자옥文字獄의 결과로 간주했고,
청대 이민족의 통치가 청대 유자들의 사상을 억압하자 학술의 전문화
라는 분위기 속에서 고증학이 대규모로 발전하게 되었다고 여겼다. 이

후에 나타난 견해로는 위잉스를 들 수 있다. 그는 명청 학술 사상의 전환을 외재적인 압력만으로 간단하게 해석할 수 없으며, 이러한 전환은 내재적인 사유 논리 속에 존재하는 것임을 강조했다. 우리는 여기서 그들의 논증을 일일이 분석할 수 없으며, 단지 다음과 같은 사실만을 지적하고자 한다. 즉 고증학이 흥기했던 시기는 그렇게 단순하지가 않다는 점이다. 예를 들어 안원·이공의 학술 흥성과 염약거 등의 등장은 모두 같은 시대였는데, 간단한 외재적 조건만 가지고 어떻게 이런 복잡한 현상을 개괄할 수가 있단 말인가? 청대 사회의 정치적·경제적 조건과 경학의 관계를 한 걸음 더 나아가 분석하기 전에, 먼저 경학의 방법론 내부로부터 이런 일련의 문제들을 관찰하도록 하자. 경학의 내재적인 구조와 경학의 방법 사이엔 상호 해체적인 관계가 존재하는가? 고증이란 방법은 경학이 확립될 수 있는 기본 전제 조건을 바꿀 수가 있는가? 경학의 격물이 어떤 고대 사실에 대한 연구로 전환될 수 있는가, 그리고 더 이상 도덕 실천과 그 규범의 함의를 갖추지 않을 수 있는가?

우선 고염무가 제창한 경학의 내재적인 구조는 '예'禮와 '문'文이었다. 이 두 가지 개념은 사람·제도·예의·풍속 및 우주의 삼라만상을 하나의 복잡하고도 변동적인 그물 안에 직조해 내는 것으로, 실제로는 예악 문화를 통해 천인天人 관계를 소통시킴으로써 사회와 그 구성원의 실천을 위해 일상의 예의 실천에 내재해 있는 도덕 목표를 제공하는 것이었다. 문자를 고찰하고 음운을 변별하는 것의 목적은 도덕 실천을 위해 객관적인 조건, 즉 도덕 실천과 '예'·'문'의 세계를 긴밀하게 연계시키는 것이었지, 단순히 주체의 심성이라는 입장에서 도덕 행위와 도덕 판단을 논하려는 것이 아니었다. 이런 의미에서 경학고증의 대상인 '물'은 하나의 사실이 아니라 도덕적 규범이었다. 그러나 이런 규범은 추상적인 교조가 아니라 '문'과 '예'에 의지하고 있는 세계였다. 도덕 규범은 풍속·예악·인지認知의 행위에 내재해 있으면서도, 현실적이고 통치적인 지위를 점하고 있는 제도 밖에 존재하는 것이었다.

'문'과 '예'는 세계 자체에 내재해 있으나, 동시에 응당 그래야 하는 질서이기도 했다. 이 때문에 "모든 문에서 두루 배워라"(博學於文)라는 말은 비단 일종의 지식 실천일 뿐만 아니라 도덕 실천이기도 했다. 왜냐하면 이런 실천은 현실 정치의 합법성에 대한 완전한 거부 위에 수립된 것이기 때문이다.

그러나 고증 방법은 반드시 최종적으로 정확하거나 혹은 진실한 존재를 전제로 하고 있었기 때문에 서로 객관적 정신과 엄밀한 논증을 표방했다. 경학의 목적이 어떠하든 간에 고증 과정에서 예제 풍속이 되는 '물'이 반드시 진실한 존재나 객관적인 사실로 간주되어야만 비로소 '물'의 개념도 바로 '규범적 의미'(規範義)로부터 '사실적 의미'(事實義)로 탈변을 하게 되는 것이다. 이런 의미에서 볼 때, 경세치용의 목적과 예제 질서의 내재적인 구조, 그리고 문자를 고찰하고 음운을 변별하는 기본 수단 사이에는 내재적인 곤란과 상호 모순이 존재한다.

량치차오는 일찍이 염약거의 『잠구찰기』潛丘箚記·왕인지王引之의 『경전석사』經傳釋詞와 『경의술문』經義述聞·진례陳澧의 『동숙독서기』東塾讀書記를 고염무의 연구와 서로 비교하고, 이런 경학의 저작들과 『일지록』엔 비교할 만한 부분이 없다고 여겼다. 그가 이렇게 판단한 근거는 고염무 저작의 각 조항이 대부분 서로 맞물려 있으면서 의미를 내포하는 반면에, 이런 경학 저작들은 대부분 손 가는 대로 쓴 찰기札記여서 원재료 혹은 투박한 결과물과 같은 성격을 지닌다는 점이었다.[77] 그러나 이런 주장은 상당히 거칠고 비루한 것이다. 왜냐하면 건륭·가경 연간의 학자와 고염무의 차이점은 결코 고증에 대한 정밀함의 정도나 연관성에 있는 것이 아니기 때문이다. 많은 건륭·가경 연간의 학자들에게 경학은 더 이상 고염무가 말했던 '이학'("이학이 바로 경학이다")의 도덕적 충동을 지니고 있지 않았다. 그들이 고찰한 대상은 비록 여전히 삼대의 제도(오파吳派)이거나 명물·전장 제도(환파皖派)였지만,*

---

* 오파(吳派), 환파(皖派): 청대 학술에서 오파와 환파의 구분은 강번(江藩)의 『국조

고증 방법이 설정하고 있는 연구 대상—'물'—의 성격에 이미 변화가 생긴 것이다. 그것은 고염무·황종희처럼 의미로서의 '물'이 아닌 구체적인 사실—설령 그 사실들이 예의·규칙·규범이라 할지라도—이었다. 박학樸學과 사학史學의 시각에서 볼 때, 예의·규범 및 유교의 여러 교조는 모두가 특정한 역사적 맥락에서 출현한 '사실'이지 보편적인 가치는 아니었다. '물'物과 '사실'이란 구분은 단지 기본적인 이론적 동기에 주목하여 접근할 때 비로소 이해될 수 있으며, 일반적인 방법론의 시각에서는 이런 결론이 도출될 수 없다. 위의 분석에 비춰 볼 때, '사실'의 범주로서의 '물'은 사실 고증 방법 자체에 내재해 있으며, 동시에 황종희와 고염무의 기본적인 학술 방식에도 내재해 있었다. 이는 경학고증 방법 자체가 예악론 혹은 제도론의 내재적인 구조에 대한 해체를 내포하고 있음을 표명하는 것이다.

다음으로, 고염무가 고대 전장 제도의 의미를 경세의 실천에 적용하면서 '이학'으로서의 경학은 대책론적인 성격의 의미들을 지니지 않을 수 없었다. '변화'의 역사관은 실제 현실에 적용하기 위한 동기에 토대를 두고 있는 것으로, 그것은 성왕의 전장 제도의 신성성에 대한 파괴를 내포하고 있었다. 고염무에게 있어서 '변화'란 다음의 두 가지 중층적인 관점을 포함하는 것이다. 한편으론 역사가 변천하면서 성왕의 전장 제도의 진정한 뜻이 점차 매몰되어 갔기에 경세의 학문은 반드시 겹겹이 쌓인 두터운 역사의 장애물들을 초월하여 경전의 진정한 뜻을 발굴해 내야만 한다. 또 다른 한편으론 성왕의 전장 제도의 진정한 뜻은 결코 불변하는 본질이 아니라 특정한 역사 풍속 및 그 변천 속에 존

한학사승기』(國朝漢學師承記)에 처음 등장했고, 이후 장타이옌의 「청유」(清儒)나 량치차오의 『청대학술개론』(清代學術概論)에서 이 구분을 그대로 따르면서 널리 인정받아 사용되었다. 기본적으로는 지역에 따른 구분인데, 학술 성향에 근거해 보면 오파는 혜동의 학맥을 근간으로 하며, 환파는 대진의 학풍을 위주로 한다. 하지만 이러한 이분법은 복잡다단한 청대 건륭·가경 시기 학술 성향을 지나치게 단순화해 버린다는 단점이 있어서, 현재 구체적인 청대 학술의 성향 분석에서는 그다지 채용되지 않는다.

재하는 것이므로 경세의 학문은 결코 문자적으로 경전의 옛 뜻을 밝히는 것으로 만족하지 않고 역사 과정에서의 풍속의 변천을 관찰해야만 한다는 것이다. 여기서 전자는 경학의 연원이 되었고 후자는 사학史學의 연원이 되었다. 이런 의미에서 경학과 사학의 관계는 확연히 구분해 낼 수 없는 것이다. 경학은 회고의 방식으로 후세에 쇠퇴한 원인을 드러내고 아울러 정확한 방향을 암시해 준다. 사학은 현재와 미래를 마주 대하게 하는 방식으로 성왕의 전장 제도의 절대적인 권력과 유학의 교조주의를 해소시킨다. 이런 실질적인 효과를 중시하는 방법론은 필연적으로 경학이 경전의 진정한 뜻과 전장 제도의 정수精髓를 추구한다는 애초의 표면상 목적과는 달리 결국엔 경전과 제도를 상대화시키게 된다.

요컨대, 고증 방법과 '변화'의 역사관은 모두 '경'經의 '탈신비화'의 가능성을 은연중 내포하고 있다. 이론적 형태로 보자면 이런 '탈신비화'의 과정은 바로 경학이 신예악론으로부터 역사학으로 전환되는 것이다. 황종희의 제자 만사동은 사학의 방법을 논하면서 단도직입으로 "실록을 종지로 삼는다"(實錄爲指歸)고 했다.

> 대개 실록이란 당시의 사건과 말을 아무런 가감도 없이 그대로 기재하는 것이다. 당시의 현실에 근거하여 그 사건을 고찰하고 그 말을 세심히 살펴 공평하게 따져 보면 그 사람의 본말을 열에 아홉은 얻어 낼 수 있는 것이다. 무릇 상세하게 실록하기 어려운 부분에 대해서는, 나는 다른 책을 가지고 증명하고, 다른 책들의 왜곡된 내용이나 함부로 쓰인 부분들은 내가 얻은 실록으로 재단하니, 비록 감히 모두 믿을 수 있다고 말할 수는 없겠지만 시비를 따짐에 있어 남을 억울하게 하는 경우는 드물 것이다.
>
> 蓋實錄者, 直載其事與言而無所增飾者也. 因其世以考其事, 核其言而平心察之, 則其人之本末十得其八九矣. 凡實錄之難詳者, 吾以它書證之, 它書誣且濫者, 吾以所得於實錄者裁之, 雖

不敢謂俱可信, 而是非之枉於人者鮮矣.[78]

　'실록'의 효과는 "그 사건을 그대로 기재하는" 실증 방법에서 유래한 것이며, "당시의 현실에 근거하여 그 사건을 고찰하는 것"은 경학의 '변화'의 관점에서 연원한 것이다. 만약 고증의 방법과 '변화'의 역사관이 모두 성왕의 전장 제도를 회복하여 당시 현실에 적용하는 것을 목표로 하는 것이라면, 한학漢學 실천의 결과는 도리어 고대를 고대로 환원하는 것이 되어 버린다. 장학성은 이론상 이런 '실록'을 위해 한 가지 이론적 근거를 찾아냈다. 그는 이렇게 말했다. "삼대의 학술에서는 사史가 있음을 알았을 뿐 경經이 있음은 몰랐는데 이는 인간의 실제 삶의 문제가 절박했던 것이다. 후세 사람들은 경술經術을 귀히 여기는데 그건 사실 삼대의 사史일 뿐이다. 요즘 선비들이 경經을 논하는데, 마치 인간의 실제 삶 외에 따로 의리라 불리는 것이 있는 듯하다. 절동浙東의 학술에서는 성명性命을 얘기할 때 반드시 사史에서 이를 고찰하니 이것이 바로 절동 학술이 탁월한 까닭이다."(三代學術, 知有史而不知有經, 切人事也. 後人貴經術, 以其卽三代之史耳. 近儒談經, 似於人事之外, 別有所謂義理矣. 浙東之學, 言性命者必究於史, 此其所以卓也)[79] 삼대의 의미는 여전히 남아 있지만 이미 그것은 사학의 대상일 뿐이다. 이는 고염무의 '변화'라는 관점에 비해 더욱 급진적이며 "오제五帝의 다스리는 방식은 중복되지 않았고 삼대의 제도는 인습하지 않았습니다. 각자 자신들의 시대에 근거해 다스렸을 뿐, 서로의 치술治術이 상반되는 것은 아니었습니다. 이는 때의 변화가 서로 달랐기 때문입니다"(五帝不相復, 三代不相襲, 各以治, 非其相反, 時變異也)*라고 하는 법가法家의 역사관에 일정 정도 근접해 있

---

* 오제(五帝)의~때문입니다: 이 말은 진(秦)나라의 승상 이사(李斯)가 한 말로 『사기』 「진시황본기」(秦始皇本紀)에 보인다. 하지만 인용문에 연자(衍字)와 약간의 탈락된 구절이 있다. 원문 중 "各以治, 非其相反"이란 구절은 원서에서는 "各以其治"로 인용되어 있었다. 이에 『사기』 원문에 근거해 '其' 자를 빼고 "非其相反" 구절을 삽입한 뒤, 이를 번역했다.

다. 장타이옌은 훗날 이렇게 총결해 말했다.

주공과 공자 이래로 지금에 이르기까지 수천 년이 흐르면서 정치와 풍속은 계속 변해 왔다. 무릇 옛날의 모든 법식이 어찌 요즘에 시행될 수 있으랴! 그러므로 경을 얘기하는 자는 옛것을 보존할 뿐 이를 오늘날에 적용하진 않는다. 선인이 손수 남기신 바가 그 자손에 전해지면, 비록 그것이 형편없이 졸렬한 것이라 할지도 여전히 귀중하게 여겨진다. 그러나 그렇다고 만약 그것을 완전무결하게 훌륭한 것이라고 한다면 이는 그릇된 것이다. 『의례』 17편은 귀족에게만 해당하는 것으로 서민들에게는 미치지 않았다. 우리 중국은 오늘날에 이르기까지 전제專制 정치가 시행되고 있는데 이는 현재에는 시행되지 않고 또 쓸모없는 예의이다. 그런데 이를 지방의 큰 행정구역에 펼쳐서 점차 시골 구석에까지 미치게 하려는 것은, 고염무가 오늘날의 말을 바꾸어 삼대의 고음古音으로 돌아가고자 한 것과 무엇이 다르겠는가! 『모시』毛詩·『춘추』·『논어』·『순자』의 기록은 인륜을 기록하고 백성에 대한 것을 살펴 처리한 것으로 가르침의 문사文辭가 깊고도 도타우니 의당 불후의 정전으로 삼아야 한다. 그러나 인간의 일은 복잡다단한 것이고 끊임없는 변화 역시 아직까지 그치지 않으며 그른 것이든 옳은 것이든 오래도록 쌓여 점차 명확해지는 것이니, 어찌 앞선 성인 중 한 분만을 존귀하다 확정할 수 있겠는가? …그래서 경에 통달해 쓰임에 이르는 것*은 단지 한대漢代의 유자들이 벼슬과 봉록을 위해 과도하게 옛 성현을 숭배하며 만능인양 떠받든 것일 뿐임을 알 수 있으니, 지금 우리에겐 장애가 될 뿐이다.[80]

• 경에~이르는 것: 통경치용(通經致用). '경세치용'(經世致用)과 같은 의미이다.

변화의 관점으로 경전의 교조주의를 타파하는 것은 원래가 고염무가 주장했던 종지였다. 그러나 장타이옌이 주목한 것은 오늘날의 사람들에 대한 성왕의 전장 제도의 속박이었으며, 고염무가 관심을 기울인 것은 만약 전장 제도라는 형식이 없다면 도덕 실천은 아무런 의지할 바가 없게 된다는 점이었다. 이제 여기서 우리는 다음과 같은 질문을 하지 않을 수 없다. 삼대의 전장 제도가 단지 사학史學의 대상일 뿐, 더 이상 규범으로서의 의미를 지니지 않는다면 어떻게 도덕 평가의 문제를 해결할 것인가? 청말 시기 경사經師인 장타이옌은 종교를 수립하여 도덕 문제를 해결할 것을 제창했는데, 고염무의 입장에서 보면 실로 상상의 범위를 훌쩍 벗어난 것이었다. 즉 우리가 경학 외에, 그리고 예악형정 외에, 따로 특정한 영역(종교)을 수립해서 우리의 도덕을 관리하고 아우르고 유지할 필요가 있을까? 종교에 호소하는 이런 현상 자체가 바로 경학에 대한 탈신비화의 결과라고 여겨진다. 요컨대 경학은 이제 더 이상 도덕의 객관적인 근거가 되지 못함으로써 비로소 종교 건립의 문제가 도덕에 대한 요청으로서 의제로 제기될 수 있었다. 청대 초기에서 말기에 이르는 과정에서, 경사經師들에게 있어서도 성왕의 전장 제도와 도덕 평가의 관계 역시 이미 근본적인 변화가 생겨났다. 이 과정에서 경經과 사史, 경經과 리理, 경학經學의 여러 지파의 착종 관계가 중요한 작용을 했다.

2. '치도합일'과 경학의 곤경

경학의 전환과 변천은 그 방법론상의 근거도 있지만, 동시에 정치적 조건, 그중에서도 특히 이런 정치적 조건들이 만들어 낸 결과에 대한 사람들의 반응과도 불가분의 관계가 있다. 황종희·고염무는 신제도론 혹은 신예악론으로 이학理學 혹은 심학心學이라는 도덕 논증 방식에 대항하면서 도덕 실천과 예악 제도의 내재적 관계를 회복하는 데에 힘썼다. 예제를 학술의 내재적 구조로 삼는 것은 두 가지 전혀 상반된 결과를 포함할 수 있었다. 첫째로 현실의 제도를 부정하는 전제하에서 도덕 실천과 도덕 평가를 위해 제도와 예악의 근거를 제공해 준다. 둘째로 현실 제도를 긍정하는 전제하에서 제도 자체를 도덕적 제도로 간주하여 이로부터 도덕 평가와 제도의 동질적 관계로써 현실 정치를 위해 합법적인 논증을 제공해 준다. 물론 이 밖에 제3의 결과도 있었다. 바로 현실 제도에 대해 긍정하면서도 또 부정하기도 했기 때문에, 결국 학술 방식에 있어 예제론과 반예제론의 다툼에 함몰될 수 있다는 것이다. 다시 말해 신제도론 혹은 신예악론의 비판적인 전제는 그것과 현존 제도 사이의 긴장 관계였다. 그런데 일단 이런 긴장 관계가 해소되거나 이완되자 제도론 혹은 예악론이 도리어 현실 제도의 합법적인 논증이 되어 버리는 것이다. 여기서 이른바 "긴장 관계가 해소되거나 이완되었다"고 하는 것은 다음과 같은 두 가지 의미가 있다. 경학가와 현실 제도의 긴장 관계가 이완되고, 현실 제도의 변혁이 신제도론 혹은 신예악론의 내용을 포용하면서 그것들의 비판의 전제를 해소해 버린다. 이런 가능성이 현실 속에서는 어떻게 나타났는지 살펴보도록 하자.

청조清朝는 소수민족 정권이자 다민족 제국이었다. 청 제국은 소수민족의 귀족 통치라는 분명한 특징을 지니고 있었지만, 동시에 제국의 전제적인 통제와 문화적인 관용과 제도상의 기민성이 결합될 수밖에 없었다. 왕조의 통치를 유지하기 위해 청 정부는 유학 정통을 재건하여 종족이 아닌 문화로써 왕조 통치의 합법적 기초로 삼았다. 이는 소수민족의 귀족 통치하에서 형성된 민족 다원의 제국 체제였다. 그것은 송명 시기의 준민족국가적인 성격의 군현제 국가와는 달랐다. 청말 시기 체제 내의 개혁파는 문화적 동일성으로 종족적인 민족주의에 대항했다. 그들이 근거한 바들은 바로 청 제국의 상술했던 특징 안에 숨겨져 있는 것들이었다. 정복 왕조였던 청조는 반드시 자신을 '중국'의 왕조로 합법화해야만 했다. 그리고 이를 이루기 위해서는 반드시 제도적으로, 그리고 문화적으로 자신의 역사 관계를 재건해야만 했다. 강희제는 이 방면에서 공헌이 가장 컸다. 그는 만주 법률을 폐하고, 명조의 제도를 계승하고, 과거제를 회복시키고, 한문을 사용했다. 명조 역사에 대한 명말 사대부의 반성과 총결산을 흡수하고, 토지와 기타 제도의 개혁을 촉진하고, 아울러 유학의 지도 아래 치통治統과 도통道統의 합일을 자신의 정치 이상과 통치 방침으로 삼았다. 강희제가 막 등극했을 때 홍문원弘文院 시독侍讀 웅사리熊賜履가 상소를 올려 정치를 논하면서 황제가 육경의 문장을 고찰하고 역대의 자취를 비추어 심신에 체현함으로써 정치를 펴는 근본으로 삼을 것을 건의했다. 강희제는 이에 깊이 동감하며 "제왕의 학문은 리理를 밝히는 것이 우선이며 격물치지는 반드시 강론을 바탕으로 해야 한다"(帝王之學以明理爲先, 格物致知, 必資講論)고 여겼다. 특히 의리를 경사經史의 깊은 의미를 통해 강연하고 증명할 수 있기를 희망했다.[81] 그는 공묘의 의례儀禮를 크게 확장시키고 사서四書를 논하며 "도통이 여기에 있고 치통 역시 여기에 있다"(道統在是, 治統亦在是)고 하면서 스스로 문무를 겸비하기로 결심했다. 강희제는 강희 9년(1670) 11월에 경연대전經筵大典을 거행했고 3년후(1673) 또 한림원翰林院 강관講官들이 격일로 하던 강론을 매일 하게끔 했다. 효과적인 경제 정치 개혁을 시행하는 동시에 강희 17년(1678)에는 조서詔書를 내려 '박학홍사과'博學鴻詞科*를 통해 천하의 학자들을 널리 모았다. 주자를 사전祀殿에 배향하면서 정주학程朱學이 극성하게 되었고, 조서를 내려 『명사』明史를 편찬케 하여 스스로 왕통을 계승하면서 명조의 유민들을 위로했는데, 이는 더더욱 성공적인 문화 정책이었다.

강희 시대의 주자학 부흥과 명 멸망 이후 왕학王學에 대한 사대부들

• 박학홍사과(博學鴻詞科): 추천제의 장점을 흡수한 과거제의 일종이다. 복잡다단한 과거 시험을 통해 수재(秀才), 거인(擧人), 진사(進士)로 차근차근 올라오는 것이 아니라, 순무(巡撫)나 학정(學政) 등의 추천을 받은 이들을 모아 수도인 북경에서 별도의 시험만을 거쳐 곧바로 임용하는 방식이었다. 특히나 청대엔 명망 있는 한족 지식인을 회유하기 위한 방법으로 곧잘 활용되었다.

의 반성은 상호 호응 관계에 있었다. 이를 보여 주는 주자학자로는 조정에서는 웅사리·이광지李光地·장백행張伯行·우성룡于成龍·육롱기陸隴其·양명시楊名時·주식朱軾 등이 있었고, 재야에서는 육세의陸世儀·장리상張履祥·여유량呂留良·주용순朱用純 등이 있었다. 재야인가 조정인가하는 구별은 당연히 학술의 사상 경향과 정치적 관점에 영향을 끼치긴 했지만 청대 정주학의 사조가 조야朝野에 두루 미친 점만은 분명한사실이다. 그들의 공통된 특징은 헛되이 심성만 얘기하는 명대 유가의 주장을 배척하고 경세치용을 이학의 목표로 삼았다는 점이다.[82] 웅사리는 강희제와 치도·인정仁政·백성의 고통을 해소하는 방법을 토론했고, 이광지는 비단 이학에 정통했을 뿐만 아니라 정사政事에까지 참여했다. 강희 22년(1683) 복건수사제독福建水師提督 시랑施琅이 팽호澎湖를 함락하며 타이완을 통일했는데, 시랑을 제독으로 임명하여 타이완을 함락시키자고 건의한 이가 바로 이광지였다. 이불李紱은 간언을 하는 것으로 유명한 충직한 신하였다. 그는 강희제를 지극히 앙모하여 "공덕이 지극히 융성하심이 오제와 같고 삼황의 경지에 올라섰다"(功德至隆, 咸五帝, 登三皇)고 찬송했다. 이런 관점은 위상추魏象樞·진정경陳廷敬 등의 저명한 신하 입에서도 나왔다. 황종희는 청조를 반대하는 대유大儒였지만 만년(1686)엔 "고금의 유자들이 접한 융성함 중 아마도 지금에 비할 바는 없을 듯하다. 500년마다 세상에 이름을 드날리는 자가나온다더니 오늘날 보게 되었다"(古今儒者遭遇之隆, 蓋未有兩; 五百年名世, 於今見之)[83]고 감탄했다. 주자학의 제창과 짝을 이루어 강희 시대는 "위로는 실학을 숭상하고 장려하시며 대신에게 명해 경술經術에 밝은 선비를 천거케 하셨고"(上方崇獎實學, 命大臣學經術之儒)[84] 전후로 『고금도서집성』古今圖書集成과 『사고전서』四庫全書의 편찬 사업이 있었다. 이런 조치들은 당초 경사經史의 학문에 대한 강희제 자신의 인식에서 연원한 것이다. 그는 이렇게 말했다. "천하를 다스리는 도는 경서보다 상세한것이 없고 천하를 다스리는 일은 사서보다 갖춰진 것이 없으니"(治天下之道莫詳於經, 治天下之事莫備於史), "경서로 도를 밝히고 사서로 일을 증명하며, 이 두 가지를 표리로 삼은 뒤에야 지극히 융성하기를 기약할 수 있다."(經以明道, 史以徵事, 二者相爲表裏而後郅隆可期)[85]

강희·건륭은 모두 일찍이 경학 저작을 어찬御撰했는데 그중 강희제가 지은 것은 대부분 이광지가 대필한 것이다. 이광지(1642~1718, 자는 진경晉卿, 호는 후암厚庵, 복건福建 안계安溪 사람)는 주자학을 선양하고 왕학王學을 억눌렀으며 성리학에 관한 논저가 50여 종이 넘는다. 어용 경학의 찬술자로서 이광지는 분명하게 도통과 치통의 합일을 가져다 당시를 평론하는 준칙으로 삼았다. 다음에 보이는 말은 한두 학자에게만 인용되었던 것이 아니다.

> 신이 도통과 치통을 살펴보니 옛적엔 그 근원이 하나였다가 훗날 두 갈래로 나뉜 것입니다. 맹자는 요순 이래 주 문왕에 이르기까지 서술하며 대략 500년 동안 통일이 이어졌다고 했는데 이는 도통과 치통이 하나에서 나온 것입니다. 공자 이후 500년 이후인 건무建武(25~56)*까지, 그리고 그로부터 500년 후인 정관貞觀(627~649)*까지, 다시 그로부터 또 500년 이후에 남쪽으로 도하渡河*했습니다. 무릇 동한東漢의 풍속이 일변하여 도道에 다다르고 정관의 치적이 주 성왕成王·주 강왕康王에 가까웠으나 모두 순왕純王*에 비해 보자면 부끄러운 바가 없을 수 없었습니다. 공자는 주나라가 동쪽으로 옮긴 뒤 태어났고* 주자는 송나라가 남쪽

- 건무(建武): 후한(後漢) 광무제(光武帝)의 연호.
- 정관(貞觀): 당 현종(玄宗)의 연호.
- 남쪽으로 도하(渡河): 북송(北宋)이 금(金)나라에 쫓겨 황하 이남으로 내려가 남송(南宋)이 된 때를 가리킨다. 1126년 금나라의 침략으로 북송의 수도였던 개봉(開封)을 잃고 남하한 것이 북송의 최후이고, 그 이듬해 1127년에 남경(南京)에 수도를 정해 고종(高宗)이 즉위한 것이 남송의 시작이다. 주희는 송나라가 남하한 직후인 1130년에 태어났다.
- 순왕(純王): 진정한 성왕(聖王)을 가리키는 말로, 정자의 표현을 연용(沿用)한 것으로 보인다.

으로 도하한 이후 시기에 살았습니다. 하늘이 대개 진정한 도를 그분들에게 내어 주었지만, 때를 만나지 못해 도통과 치통이 두 갈래로 나뉜 것입니다. 주자朱子 이래로 우리 황상 폐하에 이르기까지 또 500년이 흘렀는데, 왕 노릇 할 자가 등장할 시기임에 호응하여 폐하께서 몸소 성현의 학술을 갖추셨으니, 이야말로 하늘이 요순 시기의 운수를 다시금 열어 도통과 치통을 결합시킨게 아니겠습니까!

> 臣觀道之與治, 古者出於一, 後世出於二. 孟子敍堯舜以來至於
> 文王, 率五百年而統一續, 此道與治之出於一者也. 自孔子後
> 五百年而至建武, 建武五百年而至貞觀, 貞觀五百年而至南渡.
> 夫東漢風俗, 一變至道, 貞觀之效幾於成康. 然律以純王不能無
> 愧. 孔子之生東遷, 朱子之在南渡, 天蓋付以斯道, 而時不逢,
> 此道與治之出於二者也. 自朱子而來, 至我皇上又五百歲, 應王
> 者之期, 躬聖賢之學, 天其將復啓堯舜之運, 而道與治之統復合
> 乎!⁸⁶[86]

이광지는 '도통과 치통의 재결합'을 청조 정치를 위한 도덕적 논증으로 제공했는데, 사실 이는 강희제 자신의 입장을 반복한 것이다.[87] 그의 논증은 바로 경학의 방식을 사용한 것으로, 이는 바로 삼대의 제도로 모범을 삼아 도덕 판단·도덕 실천을 정치 제도와 완전히 통일된 과정으로 간주한 것이다. 이광지는 도통과 치통의 구분을 역사의 구분으로 보았으며, 이런 관점은 이학에 대한 청조 초기 학자들의 비판적 성과를 흡수한 것이다. 이학(주자학)의 문제는 도덕 판단과 제도의 분리에 있었는데, 이런 분리 자체는 단지 특정한 역사 조건의 산물에 불

• 공자는~태어났고: 호경(鎬京)에 도읍을 둔 서주(西周)가 견융(犬戎)에게 공격을 받은 뒤 수도를 호경의 동쪽인 낙읍(洛邑)으로 옮기고, 이때부터를 동주(東周: BC. 771~BC. 221)라 구분하는데, 주로 춘추전국시대(春秋戰國時代)라 불린다. 여기선 공자가 난세인 동주 시기에 태어났음(BC. 551~BC. 479)을 지적하는 것이다.

과했다. 따라서 경학 실천 중 도덕 판단·도덕 실천·제도의 통일 관계를 회복하는 것은 공교롭게도 청조 정부를 위해 합법성을 제공해 주었다.

이광지는 경학 방식을 이용해 청대 정치를 위해 합법적인 논증을 제공해 주었는데 이러한 사실은 우리에게 청대 정치와 고염무·황종희와의 관계를 다시금 새로이 살펴볼 것을 요구한다. 위에서 이미 언급한 바와 같이 신제도론과 신예악론 자체는 이민족 통치에 반항하는 민족의식을 포함하고 있었으며, 고대의 전장 제도 및 그것과 도덕 평가의 관계에 대한 회복은 현실 정치에 대한 부정 위에서 수립된 것이다. 그러나 청조 통치가 안정되고 합법화되면서 사대부와 현실 제도의 관계에서도 상응하는 변화가 생겨났다. 그들 중 많은 이들은 합법적인 체제에 진입한다는 전제하에서 경학의 실천에 종사했다. 물론 이광지의 경우처럼 "대유大儒를 명신名臣으로 삼아서"(以大儒爲名臣: 강번의 말), 직접 병부시랑兵部侍郎과 제독提督·순천학정順天學政을 역임하고, 강희제와의 교유가 이처럼 깊었던 학자는 사실 그리 많지 않았다. 그러나 청대에 학문을 하며 하릴없이 관방과 민간 사이에 끼어 있던 이들은 자못 적지 않았다.[88] 정치에 내포된 부분은 미뤄 두고 언급하지 않더라도, 경을 통해 도를 밝힌다는 강희제의 경학의 도를 밝힌다는 뜻과 경학에 대한 당초의 충심衷心 사이에는 그 표현에 큰 차이가 없었다. 이런 문화 정책과 그 연속은 건륭·가경 시기 학자들에게 엄청난 영향을 끼쳤다. 그들은 자신의 정력을 경서의 진위眞僞와 예의 제도 연구에 집중하면서, 청조 초기 경학의 전장 문물제도·언어 문자에 담겨 있던 선명한 정치적 함의를 회석시켰다.

이런 상황 속에서 편집·고증·연구 작업은, 이미 경학과 현실 제도 간의 긴장과 대립 관계가 해소되었기에, 고염무·황종희의 학술에 내포되었던 그런 비판적이고도 실천적인 성격과는 완전히 달랐다. '5·4' 신문화운동의 역사적 시각에서 볼 때, 대진은 일찍이 반역적인 학자로 간주되기도 했지만, 그는 결코 청대 과거 제도와 관방 경사지학의 편찬 작업을 거부한 적이 없었다. 1773년 대진은 조정의 부름에 응해 사고편찬관四庫編纂官을 역임했다. 그리하여『수경주』水經注,『구장산술』九章算術,『해도산경』海島山經,『주비산경』周髀算經,『손자산경』孫子算經,『의례지오』儀禮識誤,『의례석궁』儀禮釋宮,『의례집석』儀禮集釋,『대대례기』大戴禮記,『방언』方言 등의 관방 서적을 교감校勘했다. 이 시대에 유학의 예의 관계 문헌을 편찬하는 것은 관방과 학자 개인이 모두 추구하는 바였다. 예를 들어 1753년 진혜전秦蕙田(1702~1764)의『오례통고』五禮通考가 출판되었는데, 그 안에는 왕명성王鳴盛(1722~1798), 전대흔錢大昕(1728~1804), 대진(1724~1777) 등의 연구 성과도 담겨 있었다. 1736년에 시작하여 1756년에 완성된『대청통례』大淸通禮와 1763년에 출간된『대청회전』大淸會典은 모두 많은 경학 대사大師들이 참여하여 편찬된 것이다. 완원阮元은 건가학파乾嘉學派의 선봉이면서도 봉강대리封疆大吏*를 지냈는데 한학을 선양하고 송학을 억눌렀다. 또한 훈고와 도의道義 사이에서 두 가지 모두를 인정하려 했다. 고증학의 분위기 속에서 그는 한편으론 송학의 성명지설性命之說에 대해 심도 있는 역사적 분석을 가하면서,[89] 다른 한편으론 경학가의 신분으로 주자를 찬양하고 예와 리의 합일로써 치도합일治道合一을 대체했는데, 얻어 낸 결론은 뜻밖에도 주자학을 숭상하던 이광지와 별 차이가 없었다. "주자는 …만년에 예를 강론하면서 더더욱 번잡하고 어려운 바를 감당해 냈으니 진실로 리는 반드시 예에서 나온다는 것을 보인 것이다. 고금에 천하를 다스리는 것은 바로 예이다. 오륜이 모두 예이기에 응당 충효를 다하는 것이 바로 리이다."(朱子 …晚年講禮, 尤耐繁難, 誠有見乎理必出於禮也. 古今所以治天下者, 禮也. 五倫皆禮, 故宜忠宜孝即理也)[90] 완원은 청조 "도학道學의 성性과 도道를 존숭하되, 한대의 유학으로써 이를 충실하게 하여"(崇道學之性道, 而以漢儒實之) 학풍상의 도덕 의리와 예의 제도의 합일을 청조와 청조

• 봉강대리(封疆大吏): 명청 시기 포정사(布政使), 안찰사(按察使), 순무(巡撫), 총독(總督) 등 지방을 총괄하는 고위직을 이르는 별칭. 완원은 일찍이 절강순무(浙江巡撫), 호남순무(湖南巡撫), 강서순무(江西巡撫), 양광총독(兩廣總督), 운귀총독(雲貴總督) 등을 두루 역임했다.

문화 정책의 방책으로 삼는 것에 동조했다. 이러한 예리합일禮理合一·치도합일治道合一·도기일체道器一體의 경학 관념이 서로 배합되는 것은 한편으론 송학을 비판하는 학술적 분위기와 사상적 방법론을 반영하는 것이면서 또 다른 한편으론 종정鐘鼎과 고문古文을 연구하여 예제禮制(도기합일설道器合一說)를 밝히는 사학史學을 개창한 것이다. 완원은 이렇게 말했다.

> 형이상을 도道라 하고 형이하를 기器라 한다. 상주商周 이대二代의 도는 오늘날 구경九經에 남아 있으며, 기물로는 남아 있는 것이 드무니, 남아 있는 것은 청동기인 종정鐘鼎의 부류이다. 옛 청동 기물엔 명銘이 있는데 명에 새겨진 글자는 옛사람들이 쓴 글자의 흔적*이어서 …그 중요함이 구경과 매한가지이다. …오늘날 전해지는 것들을 만약 옛 성현에게 보여 드린다면, 그것들이 경전에 실리지 못했음을 어찌 짐작이나 하셨으리오? 기물이란 예가 담긴 것이다. 그래서 공자가 말하길, "오로지 지위를 나타내는 명칭과 지위에 맞는 기물만은 남에게 빌려주지 못한다"*고 했던 것이다. 선왕께서 기물을 제작하신 것은 그 도량度量을 가지런하게 하고 그 문자를 통일하고 그 존비尊卑를 구별하여, 조정에서 알현할 때나 연회에서 대접할 때에 썼던 것이니, 천자의 존귀함과 명命을 내리시는 은총을 드러낸 것이다. …그러므로 기물이란 선왕께서 천하 사람들이 왕을 존숭하고 조상을 존경하게 하려는 마음으로 천하 사람들에게 예의를 익히거나 모든 문文을 두루 배우는 학술을 가르치신 것으로, 상나라 600년, 주

• 글자의 흔적: 원문은 '전적'(篆迹)이지만 결코 지금 우리가 말하는 '대전'(大篆)이나 '소전'(小篆)의 흔적을 가리키는 것이 아니라 청동기에 새겨진 '금문'(金文)을 가리킨다. 여기서 '전'(篆)이란 하나의 서체를 지칭하는 것이 아니라 오래된 서체임을 의미한다. 그래서 '글자의 흔적'으로 의역했다.

• 오로지~못한다: 이 구절은 『좌전』 「성공(成公) 2년」 조에 보인다.

나라 800년 동안 도와 기물이 쇠퇴하지 않았던 것이다. …선왕
께서 그 재주와 힘과 예와 문을 기물 안에 사용하시니 예가 밝
아지고 문이 통달되어 지위가 정해지고 왕이 존귀하게 되니, 어
리석고 난폭하여 난리를 일으키기 좋아하는 자가 드물었던 것이
다! …내 보기에, 삼대 이전의 도와 기물을 살펴보려 할 때, 구
경 이외에 종정 부류를 버려둔다면 무엇으로부터 살펴볼 수가
있겠는가!

> 形上謂道, 形下謂器. 商周二代之道, 存於今者有九經焉, 若器
> 則罕有存者, 所存者銅器鐘鼎之屬耳. 古銅器有銘, 銘之文爲古
> 人篆迹, …其重與九經同之. …今之所傳者, 使古聖賢見之, 安
> 如不載入無傳也? 器者, 所以藏禮, 故孔子曰: "唯器與名不何
> 以假人." 先王之制器也, 齊其度量, 同其文字, 別其尊卑, 用之
> 於朝覲燕饗, 則見天子之尊, 錫命之寵; …然則器者, 先王所以
> 馴天下尊王敬祖之心, 敎天下習禮博文之學, 商祚六百, 周祚
> 八百, 道與器皆不隳也. …先王使用其才與力與禮與文於器之
> 中, 禮明而文達, 位定而王尊, 愚慢狂暴好作亂者鮮矣! …故吾
> 謂欲觀三代以上之道與器, 九經之外, 捨鐘鼎之屬, 曷由觀之![91]

완원의 이런 관점은 이후 왕궈웨이에 의해 발전되었다. 그러나 대다
수의 학자들은 그저 금문金文과 남겨진 문자 기록과 전해지는 역사를
상호 증명하는 역사적 방법에서의 그들의 연속성과 사학적 공헌만을
보았을 뿐, 더 이상 이런 방법론의 배후에 함축된 도와 기가 분리되지
않으며 예는 기器에 숨겨져 있다는 신앙에는 관심을 두지 않았다. 완원
에게 있어서 사학 방법의 확립이란 예제의 내재적 구조를 전제로 하는
것이었다. 여기서 사학이란 경사지학을 말하며 사史로 경經을 증명하
려는 노력이다. 그러나 그의 최종적인 공헌은 통경치용通經致用에 있는
것이 아니라 정밀한 고증으로 근대 사학의 발전을 위해 길을 열었다
는 데 있었다. 상주商周 시기의 청동 기물·주공의 예제·은례殷禮에 대

한 그의 고증을 예로 삼아 보자면, 그것들을 가져다 도덕 이론으로 삼는 함의는 이미 희박해져 버렸기에 사람들은 그저 이런 고증들을 단순한 역사 연구로만 간주할 뿐이었다. 바꿔 말하면 지식상 '치도합일'의 결과 중 하나가 경학의 '각성' 혹은 경학의 (전문적·객관적·실증적인) 근대 사학으로의 전향이며, 이는 당시 '치도합일'의 합법화에 대한 논술과 서로 맞아떨어지는 부분이다.

"이학이 경학이다"(理學, 經學也)라는 주장의 역량은 그것이 함축하고 있는 의리와 예제의 합일관습一觀에서 연원한 것이지만, 오히려 이러한 관점 자체가 "이학은 경학"이란 명제의 비판적 성격을 훼손하고 있었다. 고염무·황종희에게서 예악과 제도·예제와 의리(이의理義)·치통과 도통의 내재적 연계는 비판적 성격의 연원이었다. 이후의 경학 발전에서, 방법론상으로 이러한 내재적 연계에 변화가 생긴 것은 결코 아니었지만, 그것과 현실 제도 사이의 긴장 관계는 완화되어 버렸다. 여기서 문제가 되는 것은, 송학에 대한 건륭·가경 시기 여러 학자의 비판들이 방법론상으로 고염무·황종희의 학술에 내재한 것이 아니었는가 하는 것이다. 청대의 '치도합일' 관념은 비단 통치자의 관념이었을 뿐만 아니라 사대부 측에도 기반을 두고 있었다. 그것은 청대 사상의 흥기 자체가 바로 송명 이학 도통관의 비판 위에 수립된 것이기 때문이다.[92] 이학과 경학의 관계에 대한 강희제의 논의와 비교해 볼 때, 완원의 주장은 그 어떠한 특별한 점도 없었다. 약간 다른 점이라곤 완원은 신하의 신분으로 충효의 도를 논했으나 강희제는 이학과 경학이 치도의 기틀이 된다고 여겼다는 점이다.[93]

치도합일을 추구하는 것은 사실 송명 이학에 내재한 주제 중 하나였다. 그러나 이 주제가 '내재적'인 까닭은, 이학가와 심학가들은 천리·심성의 관념으로써 현실 정치에 대한 긴장 관계를 수립하려 시도했기 때문이다. '치도합일'이 현실 제도의 합법성에 대한 논증이 되어 버린 시기에, 여전히 현실 제도에 대한 경학의 비판 정신을 유지하려 한다면, 경학 자체의 변화는 불가피한 것이었다. 왕부지의 『독통감론』讀通

鑑論 중에는 청 왕조의 이른바 치도합일에 대한 많은 비난이 실려 있는데, 오늘날 읽어 보노라면 마치 청대 경학의 발전에 대한 예언과도 같다. 여기서 따져 물으려는 것은, 청조 통치자의 문화 정책 이외에도, 청대 정치 자체의 발전은 경학과 정치의 관계 변화를 위한 사회적 기초를 제공했느냐는 것이다. 강희 시대의 치적과 청대 문인의 찬미는 이를 위한 약간의 예증을 제시해 준다. 어떤 학자는 이를 근거로 청조(특히 강희제)가 성공적으로 치도합일을 실현함으로써 청조라는 소수민족 정권이 "동림파東林派가 근거했던 기반을 전부 자신의 기반으로 삼았다"고 여기고는 황종희의 신제도론은 "청조 정권하에서 체제 내에 서 있는 입장"이라고 단언한다.[94] 그렇다면 고염무·황종희의 학술의 실천 내용이 청대 정치와 경제 실천 중에서 도대체 어떤 위치를 차지하고 있단 말인가?

우선 『명이대방록』과 『일지록』을 관통하는 정치 관념 중 하나가 바로 신사紳士-종법宗法 관계를 기초로 예제 질서를 재건한다는 것이다. 이 주장은 청대 통치자에게 확실하게 받아들여졌는데, 그 부분적인 원인은 청조가 소수민족 통치 왕조라는 데에 있었다. 청조는 사회구조에 있어 귀족 제도를 재건했다. 이런 배경 아래서, 황권과 한족 지주계급의 신사 사이에서 발생한 모순조차 곧잘 신사들과 귀족계급 간의 충돌에 의해 우선순위가 뒤처졌다. 명말 사대부는 신사·종법 관계에 근거하여 지방자치를 시행하길 바랐다. 그들이 관전官田을 새로이 배분하길 요구하던 새로운 권리 의식과 반군주적인 주장 사이엔 밀접한 연관이 있다. 황종희는 '민토'民土 개념과 '왕토'王土 개념을 대립시켰고, 조정의 사유재산(예를 들어 관장官莊 형식으로 경영되던 둔전屯田)을 '큰 사사로움'(大私)으로 간주했고, 심지어 군주는 없어야 한다는 결론에까지 다다랐다. 그들의 '봉건론'(황종희)·'군현론'(고염무)과 전제론田制論은 직접적으로 황권의 토지 확장에 대한 지주 신사 계급의 견제를 체현하고 있었으며 지주와 자경농 계급 및 도시 상공업자의 권익을 반영하고 있었다. 신사 계급의 분권分權 요구 자체가 완전히 새로운 것은 아니었다. 그렇지만 그것과 반군주적인 입장의 결합은 도리어 명말의 특수한 정치적 구조의 산물이었다. 한대 이래로 중국에 등장한 전제국가들은 특수한 향촌 통치 형식을 통해 사회를 조직하여, 한대의 이제里制·수당의 향리제鄉吏制·송대의 보갑제·명대의 이갑제里甲制를 형성했다. 이런 향촌 조직의 주요한 기능은 세금 징수, 치안 유지, 그리고 요역徭役 체계를 조직하여 대규모의 공사를 진행하는 것이었다. 그러나 송대 이래로 향약과 종법 제도에 대한 사대부 계급의 각별한 추앙은, 그들이 이를 기초로 삼아 예악 제도를 재건하고 황권의 과도한 확장에 항거를 시도하게끔 했다. 왕양명의 향약 실천은 바로 이러한 시도의 가장 명확한 예증이다. 명조明朝 전기에 중앙정부는 보편적인 호구조사·황책黃冊* 편찬·토지 측정을 통해 이갑제와 관진제關津制를 시행하기 시작했다.[95]

명조 중엽 토지 겸병이 더욱 극렬해지자 황공 귀족皇公貴族과 고관대작들이 점유한 장전莊田이 이전 시대를 넘어서게 되고 지방 신사와 관료의 토지 점유 상황 역시 마찬가지로 심각해졌다. 다음의 통계는 간략하게나마 우리에게 토지 겸병과 호구 상황의 급변을 볼 수 있게끔 해 줄 것이다. 명조 초기 전국 토지는 850여만 경頃이었으나 천순天順 7년(1463)엔 단지 429만여 경만 남았고, 홍치弘治 15년(1502)에는 실제 너비가 겨우 422만여 경이었다. 명조 초기와 비교해 보면 절반 수준이다. 명조 초기 전국 호구 수는 1600만여 호戶였으며 영락永樂 연간에 2천만 호까지 증가하다가 홍치弘治 4년(1491)에 다다라서는 겨우 900여만 호만 남게 되어 영락 연간의 절반에도 못 미치게 되었다. 암암리에 진행된 지주의 호구 점유와 농민이 유랑 걸식하는 상황은 결국 명 만력 연간에 이르러 이갑제의 위기를 야기하고 말았다. 만력 6년(1578),

---

• 황책(黃冊): 중국 명나라 때, 조세 대장을 겸한 호적부. 1381년에 이갑제의 실시와 함께 전국적으로 만들게 했으며, 리(里)를 단위로 10년에 한 번씩 작성했는데, 황색 표지로 만들었기 때문에 황책이라 불렸다.

장거정張居正은 영令을 내려 토지를 확실하게 측정하게 했는데 모두 700여만 경이었으며, 여러 훈척勳戚과 호족豪族, 그리고 군관軍官들이 암암리에 점유한 장전莊田·둔전屯田 역시 확실하게 조사되었다.[96] 만력 9년(1581), 장거정은 가정 초년 이미 복건·절강 등지에서 시행했던 일조편법一條鞭法을 널리 시행하여, 호구 수와 인정人丁 수에 근거해 세금을 징수하고 부역賦役을 하게 했던 것을 바꾸어, 인정 수와 전량田糧 수에 근거해 세금을 징수하고 부역을 하게끔 하면서, 공평한 부역 시행을 시도했다.[97] 상술한 개혁은 사회적 충돌 완화, 농민의 처지 개선, 그리고 지주제 흥기에 새로운 역사적 기회를 제공했다. 그러나 명말明末에 토지 겸병이 다시금 미증유의 수준에 이르면서, 농민들은 토지를 잃었고 왕공王公과 훈척勳戚이 점유한 장전莊田은 최대로 커졌다. 이를 배경으로 동림당東林黨은 지방 향신鄕紳 지주 계층 여론의 역량을 대표하여, '공론'에 의지해 광산세鑛山稅와 장전莊田 문제를 가지고 중앙 권력에 대항하면서 신사紳士-촌사村社 공동체를 향촌 질서의 기초로 삼으려 했다.[98]

만약 북위에서 수당 시기까지의 균전제가 호족 지주를 타파하는 데에 뜻이 있어서, 토지에 대한 품위 등급 점유제品位等級占有制를 폐지하고 황권과 지주가 서로를 지지하며 이용하는 역사적 관계를 체현했다고 말한다면, 명말의 토지 개혁 사상은 전제 국가와 왕공 훈척의 토지 겸병을 반대하고 이갑제가 붕괴된 상황에서 향촌지주제를 추진하려는 것이었다. 황종희·고염무 등은 동림당의 주장을 계승하여 체계적인 사회 개혁 방안을 제시했는데 그중 황권·귀족·국가 체제에 대한 비판은 더더욱 사람들의 주목을 끌었다.

청대 초기의 개혁 과정 중에 청조의 통치자는 이미 토지 제도·종법 관계·예의 체계에 대한 황종희·고염무의 반역적인 사상을 대거 합법적 제도와 정책으로 전환했기 때문에, 향촌 자치 사상 중 반군주적인 의식은 해소되었다. 강희 8년(1669), 청 정부는 만주팔기가 한족의 땅에 함부로 경계를 그어 빼앗아 버리는 권지圈地*를 그칠 것을 명령했다.

아울러 이해에 함부로 경계를 그어 빼앗은 팔기八旗의 토지를 모두 한족 백성에게 돌려줄 것을 명령하면서, 따로 다른 곳의 넓은 토지로 보상해 주었다. 강희·옹정 시기 조정은 영을 내려 만주 귀족과 한족 지주가 "조세를 늘리고 소작농(佃戶)을 함부로 내쫓는 것"(增租奪佃)을 금했다. 건륭 시기엔 장기간 고용된 농민과 고용 지주가 "함께 앉아 같은 음식을 먹고"(共坐同食) "서로를 평등한 칭호로 부르며"(平等相稱) 아울러 "문서화된 계약서를 쓰지 않고"(不立文契) "주인과 종의 구분이 없게"(無主僕之分) 하였다.[99] 청조는 산해관山海關을 들어온 뒤 명대의 일조편법으로 부역을 징수한다고 선포했다. 이후 강희 51년(1712), 조정은 다시 일조편법의 시행 과정 중 생겨나는 폐단에 대해 조치했다. 강희 50년(1711)의 전국 정은액丁銀額*을 기준으로 삼아 이후로 늘어난 인정人丁에 대해 더 징수를 하지는 않는다며 "성세聖世에 늘어난 인정엔 영구토록 부세賦稅를 더하지 않는다"(聖世滋丁, 永不加賦)고 선포했던 것이다.[100] 이 정책과 옹정제 때 시행한 전량세田糧稅와 인정세人丁稅를 통일하거나 전량세에 인정세를 포함하는 방식은 모두 명대 일조편법의 계승이자 발전이었다.

향촌 지역에 대한 어느 정도의 '자치'는 전통적인 제국의 제도였으며, 더군다나 청대 사회 체제에서는 유기적인 부분이었다. 이런 의미에서 한 측면으론 청대 향촌 신사의 특수한 역할은 확실히 이갑제 등 명대 향촌 통치 조직의 해체와 명말 향촌 자치의 사상을 전제로 하고 있는 것이다. 다른 측면으론 명말 지주제가 황권에 대한 해체적 역할을 했던 것과는 달리, 청대 향촌 신사는 오히려 사회 기층(특히 향촌)

---

* 권지(圈地): 만주팔기가 중원에 들어온 후 생계를 위해 한족의 땅에 멋대로 경계를 그어 땅을 빼앗아 기지(旗地), 즉 만주기인(滿洲旗人)의 땅으로 삼는 것을 허락한 권지령(圈地令). 순치제 때부터 여러 차례 각지에서 시행되었다가 강희제 때 비로소 일단락되었다.
* 정은액(丁銀額): 당시 청나라 전국 인정(人丁)의 총수(總數)는 2,462만여 정(丁)이었고, 이에 대한 정은액은 335만 냥이었다.

에 대한 황권 통치의 기틀이 되었다. 리원즈李文治는 청대 전기의 토지 관계 변화를 세 가지 측면에서 개괄했다. 우선 토지권 분배의 변화, 즉 봉건 소유제는 약화되었으나 농민 소유제는 성장했다. 다음은 농민 계급과 지주계급 간 상호 관계의 변화, 즉 관신 지주官紳地主의 권세는 상대적으로 약화되었고 광범위하게 노비와 피고용인, 그리고 소작농이 해방되거나 사회적 지위가 개선되었다. 세 번째로 귀족 지주와 신사 지주의 쇠락과 서민 경영 지주의 발전이다.[101] "개간지 백성의 재산권을 인정한" 정책을 통해 청 왕조는 농민 전쟁*으로 혼란스러워진 호적 제도를 새로이 재건하여, 농민을 일정한 지역 안의 도圖·도都·이里·갑甲·촌村·사社에 편입시켜 부세 징수를 보장하도록 했다. 청초에 실행한 '경명법'更名法*과 황무지 개간 정책은 비록 새롭게 다시금 농민과 토지의 결합을 실현함으로써 부역을 회복하는 데에 뜻이 있었지만, 객관적으로 볼 때 결과적으로는 상당히 많은 농민이 토지를 얻게 됨으로써 농민 토지 소유제가 발전되었다.[102] 강희·옹정·건륭 삼조三朝는 이전의 인정세丁稅를 폐지하고 "인정세를 토지세에 포함하는" 등의 개혁으로 조정에 대한 농민의 종속성을 경감시켰다. 이는 황권·귀족 권력·신사 권력 및 국유제·지주 소유제와 농민 소유제가 모종의 불안정한 평형에 도달한 결과이다.[103]

청대 전제 정치를 논하다 보면 피할 수 없는 것이 바로 청대 통치 양식의 다양성이다. 설령 한족 지역이라 할지라도 도시 지역은 늘 향촌 지역의 자치 수준에는 도달할 수 없었다. 명말 향촌 통치 조직의 해

• 농민 전쟁: 관리들의 부패와 토지 제도의 부당함으로 인해 궁지에 몰린 농민들이 명말(明末)부터 대대적으로 봉기한 일. 명나라를 멸망시킨 이자성(李自成)의 경우 역시 이러한 농민 봉기에 포함된다.
• 경명법(更名法): 청초에 명나라의 종실(宗室)이나 번왕(藩王)들이 소유한 전답을 실제 해당 지역의 경작을 담당하는 농민들에게 돌려준 조치. 이렇게 농민에게 돌려준 전답을 경명전(更名田), 혹은 경명지(更名地)라고 불렀다. 여기서 '경명'이란 토지의 명의가 바뀌었다는 뜻이다.

체 이후 청대 사회는 다음과 같은 자신만의 특색 있는 통치 체제를 갖추었다. 소수민족인 만주족의 전제 정권이라는 상층 구조 아래서, 향촌 신사 지주와 종법 질서는 더더욱 중요한 역할을 담당하게 되었다. 청대 역사 연구자들이 얘기하는 신사 계급과 지방 종족의 역량과 황권의 상호작용 관계가 바로 청조 정치 구조의 특징이다. 바꿔 말하면 청조 정부는 팔기八旗 제도를 통해 이민족 통치를 강화하는 동시에, 명말 사회의 구조적 변화를 새로운 왕조 체제의 옹호라는 궤도에 귀납시켰던 것이다. 개괄하면, 청대 통치의 특징은 팔기 제도 이외에도 두 가지 관련된 조건이 있었다. 첫째로는 지방 세력, 특히 종족/촌사村社로 유대를 맺고 있는 신사 권력은 이미 날로 강성해지고 있었다. 둘째로는 왕조의 합법성(및 그 취약성)은 비단 종족 권력 위에 수립된 것일 뿐만 아니라 향촌 신사 권력의 기초 위에 수립된 것이기도 했다. 만약 지주 토지 소유제와 농민 소유제의 발전이 송명宋明 사회 변화의 연속이라 한다면, 이런 새로운 발전들은 청조 통치 구조 안에서 직접적으로 소수민족 통치의 특징에 연관된다. 만청滿淸 귀족(즉 중원에 들어와 주인 노릇을 하는 소수민족)은 부득불 한족 지주와 신사에 의지함으로써, 그들의 기층 사회에 대한 사회적 통치를 유지시킬 수밖에 없었다. 청 조정은 국가 이익을 한족 신사와 관원과 왕공 귀족 간 모종의 평형에 둘 수밖에 없는 상황에 처해 있었다.[104] 이런 의미에서 청조의 토지 제도의 개혁에 따라, 신사 지주와 자경농을 핵심으로 하는 토지 제도는 점차 청조 정치/경제 구조의 통치의 기초가 되었고, 부민富民 계급의 권익 요구에 포함된 반군권적反君權的인 함의는 도리어 약화되었다.

향촌 자주권에 대한 고염무·황종희의 요구는 청조에서 이미 제도화된 실천이 되었다. 이런 역사적 전환은 지주 향촌 신사들로 하여금 기층 사회의 통치 및 그 조절 역할을 맡는 데에 있어서 더 이상 반군권적인 성향을 지니지 않게끔 만들어 버렸다. 정반대로 그들이 제창한 예제 질서 자체가 이미 정치 합법성의 근원이 되었다. 이런 역사적 상황 속에서 강희제의 체제에 대한 많은 사대부(황종희 본인도 포함)의 태도도 복잡하게 변하기 시작했다. 그중에서 일련의 사람들은 비단 청대 정치의 합법성을 인정할 뿐만 아니라, 조정에 들어가 관직을 맡고, 심지어 새로운 당쟁을 야기하기까지 했다. 순치제 시기의 남인南人 북인北人의 다툼*이나 강희제 시기의 남인끼리의 다툼이 바로 이러한 예증이다. 이광지·서건학徐乾學·웅사리·고사기高士奇 등 이학理學 명신名臣들은 모두 일찍이 자신의 명리와 지위를 위해 당쟁에 깊이 빠져들었다. 이들은 이학을 제창하고 성리性理에 대해 고담준론하긴 했지만, 정작 자신들의 말을 실천해 내지는 못했다. 이처럼 명말 청초의 사림士林 인사들을 신뢰할 수 없음은 실로 우려스러울 정도였다.[105] 사림의 정치적 태도의 전향과 약화는 심지어 신제도론과 신예악론의 반역적인 성격까지 해체시켰다. 청 조정은 이학 명신의 건의로 치도합일을 표방하며, 더 나아가 황종희·고염무 등이 제창한 신제도론과 신예악론의 비판적 전제前提를 청조의 정치 속에 뒤섞어서 모호하게 바꿔 버렸다.

　그러나 우리가 이를 가지고, 청조의 소수민족 정권이 "동림파가 근거한 기반을 전반적으로 자신의 기반으로 삼았"으므로 황종희의 신제도론은 이미 "청조 정권 아래서 체제 내의 입장에 서게 된 것"이라고 여길 수 있을까? 이에 대해서는 구체적인 분석이 필요하다. 우선 고염무·황종희의 학술은 광범위한 사회 이론이지, 구체적인 정책을 다룬 것이 아니었다. 그들은 비록 토지 개혁과 향촌 지주제를 지지했지만, 그들의 정치·경제 사상은 결코 여기에 국한되지 않았다. 사실 '봉건'·'군현' 등의 이름 아래 세기된 분권分權 사상은 신사-종족 제도의 구상과 같을 수 없는 것이며 '향약'으로도 설명할 수 없는 것이다. '봉건론'과 '군현론'은 남송 시대 섭적葉適 이래 분권 정치에 관련된 제도 구상의 연속이며, 그 중심 논제는 어떻게 지방 분권의 형식으로써 중

---

* 순치제~다툼: 순치제 때에 이르러, 이미 명대부터 과거(科擧)나 관계(官界)에서 확실하게 주도권을 쥐고 있던 남방(즉 강남) 지식인들에 대해 그동안 여러모로 소외되었던 북방 지식인들의 불만이 표출되면서, 양자의 갈등이 고조되었다. 심지어 남인과 북인 간의 우열론까지 등장하기도 했다.

앙집권의 폐단을 개진할 것인가였기에, 그저 신사 지주를 중심으로 하는 향촌 자치는 아니었다. 이 때문에 봉건론과 군현론은 결코 일반적인 향촌 신사 지주와 전제田制의 문제를 논한 것이 아니라, 국가 제도라는 층차에서 세제稅制·관제官制·병제兵制·사법司法·감독 관리 등의 제도의 구조를 논한 것이다.[106] 이는 또한 황종희·고염무의 학술의 관건이 되는 내용이기도 하다. 다음으로 청대는 만주 귀족 통치와 강역 확장의 시기였는데, 통치자는 소수민족 통치와 다민족 국가의 특징에 근거하여 중앙집권하는 소수민족에게 유리한 귀족 전제 정치를 실행했다. 정치·경제·군사·사법 등의 제도 형식에 있어서 청조는 특히 사회의 구심력과 권력의 집중을 중시했다. 청조 정부는 명나라의 제도를 기초로 군기처제軍機處制·밀절제密折制*·비밀건저제秘密建儲制*를 만들고 총독순무제總督巡撫制를 전면적으로 시행했기에, 그 중앙집권적인 정도에 있어서 송명 시대를 훨씬 웃돌고 있었다. 이 때문에 분권 정치를 중시하는 황종희·고염무의 학술이 '체제 내'의 틀에 귀납되어 이해되기는 매우 어렵다. 강희 17년(1678)에 박학홍사과를 개설하고 주이존朱彝尊·왕원汪琬·모기령·시윤장施閏章 등을 모두 북경으로 불러들여 선발에 응하도록 했다. 그러나 고염무·황종희 등은 산에서 나오길 거부했으니, 이는 그들의 사상 중에 포함된 특수한 정치적 아이덴티티와 밀접한 관련이 있는 것이다.

중앙집권이란 개념은 흔히 집권과 분권이 완전히 대립하는 정치 형식인 듯한 느낌을 준다. 그러나 역사 속에서 허다한 집권 체제들은 서

---

* 밀절제(密折制): '밀절'이란 은밀한 상주문을 말한다. 여기서 '절'(折)은 '절자'(折子)나 '주절'(奏折)의 줄임말로 상주문을 가리킨다.

* 비밀건저제(秘密建儲制): '건저'란 저군(儲君), 즉 황태자를 세운다는 뜻이다. 특히 강희제 때부터 신하들이 파당을 만들어 각자 자신이 모시는 황자(皇子)를 태자로 옹립하기 위해 각축을 벌였다. 차기 권력을 확보하려는 황자들 간의, 신하들 간의 싸움이 갈수록 격화되자, 강희제는 공개적으로 이들을 비난하면서 가차 없이 처벌했다. 결국 이로부터 황제가 생각해 둔 저군, 즉 태자를 공개적으로 밝히지 않고 비밀에 부쳐 두게 되었는데, 옹정제 때에 이르러 아예 제도화되었다.

로 다른 형식의 분권제 기초 위에 수립되었기에, 이를 절대적인 집권 형식이라고 칭하기는 상당히 곤란하다. 비트포겔Karl A. Wittfogel 등이 '동양적 전제주의'라는 개념을 사용해 중국의 전통적인 국가 구조를 묘사한 뒤로, 관료제 국가를 고도의 중앙집권 사회와 동일시하게 되었다. 그러나 "계급이 분화된 사회에서 단지 소수의 사람만이 도시(城) 안에 거주한다는 것은 전통 국가가 자신의 신민臣民에 대해 시행하는 행정적인 통제력이 상당히 제한적이었다는 것을 드러낸다. …이러한 사회를 현대 국가와 대비시켜 본다면 이런 설정은 근본적으로 잘못된 것이다."[107] 이는 그저 제국의 구조 안에서 도시와 향촌의 서로 다른 위상에 대한 논술일 뿐이며, 사실상 전통적인 제국의 정치 구조와 다양성은 단순히 도시와 향촌의 차별에서만 존재하는 것이 아니다. 아이젠슈타트S. N. Eisenstadt는 일찍이 성읍 국가·봉건제·세습 제국·유목 혹은 정복 제국을 "중앙집권의 역사적인 관료 제국"과 구분했다.[108] 아울러 한대에 변천하기 시작하여 당조唐朝 이래로 정형화된 "제왕제적帝王制的인 중국 정치체제의 기본적 특징"을 다음과 같이 개괄했다. "자치적 정치 중심의 정형화 및 황제-사대부의 연맹이 내재한 정치적 지위, 군대가 중요한 역할을 맡았다가 안정된 시기에는 비교적 부차적인 지위가 되는 추세, 유교-법가 이데올로기를 중심에 둔 통치 지위, 마지막으로 부차적인 추세에 수반되는 것들, 특히 도교적·불교적 추세의 강력한 혼합물"로 개괄했다. 아이젠슈타트의 연구는 제국 체제에 대한 일종의 비교 유형 연구였다. 그는 중국 제왕제의 통일성과 안정성을 강조했다. 그가 이러한 사고 틀 안에서 관찰해 낸 현상은 바로 중국 사회가 계층적인 자치나 자치 조직, 그리고 다른 계층이 중심으로 진입할 능력이 모두 비교적 박약한 사회라는 것이다.[109]

역사의 변화라는 입장에서 보자면 여전히 "제왕제인 중국"의 체제에 지극히 중요한 변천이 포함되어 있어서, "제왕제인 중국"이란 범주로써 중국의 정치 문화를 개괄해 내는 데서 우리는 아주 많은 난관을 맞닥뜨리게 되는 것을 발견할 수 있다. 청조를 예로 들면, 우선 상술한 제국의 분류는 그저 형식적 의미만을 지니고 있을 뿐이다. 왜냐하면 청 제국 체제 내부엔 성읍 이외의 모든 유형, 즉 중앙집권의 역사적인 관료 제국 내부에 봉건제·군현제·세습 제국·유목 혹은 정복 제국 등의 다양한 요소를 거의 다 포괄하고 있기 때문이다. 또 아이젠슈타트는 중국의 사회계층 체제를 다음과 같은 네 가지 측면으로 개괄했다. 1)사회계층 체제의 핵심적인 초점을 중심으로 발전. 2)신분을 확정짓는 정치-문학 표준의 현저한 지위 및 문사文士와 관원官員이 관방 체제 안에서 갖게 되는 제한적 지위. 3)귀족 지위의 상대적 약화와 향신 지위의 성장. 4)사회 등급을 구축하는 부차적인 약간의 양식의 변천. 이런 묘사는 총체적으로 중국 제왕제의 일반적인 특징을 드러내 준다. 그러나 이런 기본적인 묘사의 전제가 있다 하더라도, 여전히 다음과 같은 두 가지를 고려해야 한다. 첫째, 번진藩鎭 제도와 분봉分封 제도는 제국 체제에서 장기적인(그리고 우연한 것이 아닌) 역사적 현상이다. 청대의 귀족 세력과 이런 제도는 의존적인 관계에 놓여 있었다. 둘째, 향신의 지위가 날로 성장한 것은 중요한 역사적 현상이다. 그러나 향신-종법 체제와 정권의 관계는 결코 시종 서로를 강화시켜 주는 관계는 아니었다. 뒤(그리고 제4장과 제5장)에서의 논의 중 우리는 다시금 이 두 가지 문제를 다루게 될 것이다.

청조의 한족 통치는 기본적으로 명조의 제도, 즉 고염무 등이 격렬하게 비판했던 군현 제도를 계승했다. 이러한 체제와 관련된 중앙과 지방의 관계 양식은 중국학자들이 장기적인 연구를 해 왔다. 나는 여기서 그 관련된 연구에 근거하여 귀납적으로 요점을 개괄해 보겠다. 첫째는 행정 제도이다. 청대는 명대의 성급省級 삼사三司*가 정립된 기초 위에서 도지휘사사都指揮使司를 간소화하고, 하나의 성 혹은 여러 개의 성을 총독總督·순무巡撫가 통괄하여 다스리며, 번사藩司와 얼사臬

• 삼사(三司): 명대의 대표적인 지방 관제. 포정사사(布政使司), 제형안찰사사(提刑按察使司), 도지휘사사(都指揮使司)를 말한다.

司*가 총괄적으로 통제하는 것이 완전히 정착되었다. 이에 따라 총독·순무가 주상主上의 성지聖旨를 받아 봉해진 강역을 총괄적으로 통제하고, 번사와 얼사는 부현府縣을 관리하는 정형政刑 분리의 행정 관할 체제를 형성했다. 이외에도 청 조정은 출신을 따지고, 관결官缺*을 시행하고, 사회계층별로 전선銓選(관리 임용)을 관리하고, 관리가 고향으로 부임하는 경우를 피하고, 임명시 황제를 알현케 하는* 등에 관한 제도와 조치를 발전시켜 조정, 그중에서도 특히 지방관의 임용과 전보轉補에 대한 황제의 엄격한 통제권을 강화했다. "지방의 높은 관리에 대한 청대 중앙의 행정 관할은 황제 개인이 통제함으로써 출현한 것이다. 그래서 중앙집권과 황제의 전제專制라는 양면적 성격을 지니고 있다."[110] 그러나 관제官制의 형성이란 각도에서 보자면, 중앙 관제와 지방 관제는 병렬적인 관계에 놓여 있었다. 예를 들어 총독·순무와 중앙 관청은 평등한 지위에 놓여 있었지 예속적인 관계가 아니었다.

둘째로, 재정 권력의 분배이다. 청대 재정에서의 집권적 성격과 전제적 성격은 최고봉에 달했다. 명대에 중앙과 지방의 세수 분배는 대

• 번사(藩司)와 얼사(臬司): 각기 포정사사와 제형안찰사사의 별칭으로, 전자는 지방 행정 및 세수를 책임졌고, 후자는 지방 사법기구였다.

• 관결(官缺): 만한평등(滿漢平等)을 주장하던 청 조정이 실제로는 만주족이 실권을 장악하게 하려고 마련한 제도이다. 원래 청조에서는 원칙상 모든 관직에 만주족과 한족이 동수로 배정되어야 했다. 하지만 관결로 지정된 관직은 예외로 두었는데, 그 안에서도 만관결(滿官缺)과 한관결(漢官缺)을 구분했다. 그리고 만관결인 관직은 오로지 만주족이 독점했고, 한관결인 관직은 한족이 독점하게 했다. 이렇게 보면 공평해 보이지만 사실 만관결인 관직이 대부분 권력을 장악하는 요직인 데 반해, 한관결인 관직은 대부분 한직이었다. 이 때문에 결과적으로 관결 제도는 모든 관직에 만주족과 한족이 동수로 배정된다는 원칙을 깨고 중요한 관직을 만주족이 독점할 수 있는 근거가 되었다.

• 임명시 황제를 알현케 하는: 청대의 중앙 관리 중 5품 이하, 지방 관리 중 4품 이하의 관리들은 처음 관직을 받거나 공적이 있어 추천을 받을 때 등 여러 차례 황제와 알현할 기회가 있었다. 이는 하급 관리(특히 지방 관리)에 대한 황제의 직접적인 통제력을 강화하려는 조치였다.

체적으로 중앙집권제와 지방 책임제를 결합시킨다는 원칙을 채용했다. 즉 조정에서 규정한 기운起運·존류存留*의 비례를 맞춘 금액을 보장한다는 전제 아래, 각지에서 존류의 세수로써 현지의 경비 지출을 안배하고, 존류 이외의 혹은 잉여가 된 부분은 전부 지방에서 스스로 해결하도록 하는데, 조정은 일반적으로 더 이상 간여하지 않았다. 청대에 주현州縣의 존류는 대폭 감소되어 "전액 모두 번사藩司(포정사사)에 호송하는 경우"와 호부戶部의 엄격한 '주소'奏銷 제도*는 한漢·당唐 국가 제도의 일련의 지역적이거나 할거적割據的인 성격의 요소를 완전히 사라지게 했다(예를 들어 양한兩漢 시기 군수郡守가 세수를 관리하고 당唐 말기 양세삼분법兩稅三分法 등 재정의 지역적이거나 할거적인 성격의 요소). 뿐만 아니라, 명대의 부분적인 지역 책임 정책 역시 붕괴시켜, 주현의 부세賦稅 수입(정해진 액수에 따르는 존류 등의 항목은 제외)을 "비단 한 올, 쌀 한 톨조차 계속해서 경사京師(북경)로 호송되지 않는 경우가 없게" 만들었다.[111]

셋째, 사법 권력이다. 청대 지방 사법司法의 특징은 "총독·얼사臬司(제형안찰사사)·도道·부府*가 차례대로 거듭 심사하는데 '일체의 은혜와 위엄은 모두 주상에게서 나왔다.'" "차례대로 거듭 심사하는 것의 총체적인 효과는 지방의 심판관이 전횡을 일삼지 않게 되고, 최종적으로는 중앙과 다수의 사법을 황제에게 집중시키거나 전제하게 하는 데에 유리했다."[112]

넷째, 군사 제도이다. 팔기병에 대해 조정이 시행한 직접적인 관할

- 기운(起運)·존류(存留): 기운은 중앙정부의 호부(戶部)로 올려 보내는 세수를, 존류는 징수된 세수 중 예정된 지출 이외의 지출에 대비해 현지에 남겨 둔 것을 가리킨다.
- 주소(奏銷) 제도: 주현마다 호부에 매년 실제 거둔 세금이나 세곡(稅穀)의 양을 보고하는 제도.
- 총독(總督)·얼사(臬司)·도(道)·부(府): 여기서 총독·얼사는 성급(省級) 관직과 기관을 가리킨다. 도는 성(省) 예하의 지역 단위인데, 이는 보편적인 행정 단위라기보다는, 일종의 감찰을 위한 단위였다. 부는 성 예하의 행정 단위다. 여기서 도나 부는 모두 성급 이하의 사법 관련 관직과 기관을 가리킨다.

통치와 녹영병綠營兵*에 대해 총독·순무·제진提鎭*이 시행한 분할 통제
는 소수민족 전제 정치의 특징이 군사 체제에서도 명확하게 체현된 것
이다. 태평천국太平天國 이후 청대 군사 제도와 재정 제도에는 중대한
변화가 생겨났고, 결국엔 만청晩淸 지방 분권 역량의 성장과 청조 멸망
을 촉진하는 근본적인 원인이 되었다. 그러나 이런 사실을 뒤집어 보
면, 오히려 청조가 고도의 집중적인 중앙권력이었다는 증거가 된다.
청대 중앙과 지방의 각종 권력을 분배하는 와중에 총독·순무는 중요한
위치에 놓이게 된다. 리즈안은 청대 중앙집권의 특징을 '독무분기제'督
撫分寄制로 개괄했다. 이는 조정이 전통적인 군현제라는 중앙집권의 기
초 위에서, 지방을 통제하는 직책과 조정을 대표해 행정·재정·군사·사
법권 등을 행사할 권한을 각 성의 총독·순무에게 위임하여 총독·순무
의 "분업적인 성격의 지방 분권"을 통해 고도의 중앙집권의 목표를 달
성한 것이다.[113]

　　청대 정치의 발전 과정과 확장 성향의 제국으로서의 특징은 밀접한
관련이 있다. 만주족은 산해관을 들어오기 전 일찍이 대명大明의 '외
번'外藩이자 '변경의 파수꾼'이라 자부했다. 이러한 역사적 사실은 그
들에게 변경을 경영하는 특수한 경험을 제공해 주었다. 청조라는 다민
족 통일 국가가 되는 확장 시기에, 이것은 변경의 경영에 대해 역대 왕
조 중 가장 성공적이었고, 그 통치는 내지에서 시행되는 행정 제도의
수립과 엄청나게 큰 차이를 지녔다. 13세기 말 칭기즈칸이 만들어 낸
몽골 내부의 통일 상황이 와해되자, 몽골 각 부족 간의 경쟁이 다시금
새로이 전개되었다. 17세기 초 만주족이 흥기하자 홍타이지*는 1630년

---

* 녹영병(綠營兵): 청대에 과거 명나라 병사였던 이들과 기타 한족 병사들을 합쳐 만
든 일종의 상비군.
* 제진(提鎭): 제독(提督)·총병(總兵)의 줄임말. 제독은 주로 녹영(綠營) 출신, 즉 한
족이 맡던 관직으로, 흔히 총병을 겸직했다. 그러므로 제독과 총병을 합쳐 제진이라고
칭하는 것이다. 이들은 주로 성(省)의 육로(陸路)나 수로(水路)를 관장했다.
* 홍타이지: 청조의 전신인 후금(後金)의 태종(太宗). 누르하치의 아들이자 순치제

대에 차하르 몽골*의 링단 칸*을 궤멸시켜서 내몽골에 대한 통치권을 확보하고 아울러 몽고팔기蒙古八旗 제도를 수립했다. 1644년 청나라 군사가 산해관에 들어온 이후 청조는 전후로 컬크 몽골*·신강新疆의 중가르 몽골*의 반항을 평정했다. 1696년 갈단*의 반란을 평정한 후 청조는 비단 신강에 대한 통치권을 확립했을 뿐만 아니라, 16세기 이래 형성된 몽골 귀족과 서장西藏의 달라이 라마 사이의 역사적인 연계에도 타격을 가하여, 청조가 몽골과 서장을 통제하기 위한 여건을 제공해 주었다. 비록 이후로 번복이 있긴 했지만, 이때의 전쟁과 정복은 건륭 시기 서장에 수립한 카삭Kashak 제도*에 대한 역사적 기초를 제공해 주었다. 1680년대에 청조는 서남西南 지역의 삼번三藩의 난(1637~1681)을 평정하고 개토귀류改土歸流* 정책을 시행했다. 아울러 명나라 유민遺

(順治帝)의 아버지로, 한자로는 '황태극'(皇太極)이라고 쓴다.

• 차하르(察哈爾) 몽골: 지금의 중국 하북성(河北省) 거용관(居庸關) 밖, 만리장성 북방 지역이다. 명나라 시절부터 몽골족 차하르부(部)가 있었으며, 1952년에 남부는 하북성에 편입되고 그 외는 내몽골 자치구에 편입되었다.

• 링단 칸(Lingdan Khan, 林丹汗): 1592~1634, 재위 1604~1634. 내몽골 차하르 부족의 칸이다. 쇠퇴하는 차하르의 부흥을 위해 북방의 호르친을 멸망시켰다. 그 후 청나라 태종에게 패해 병사함으로써 몽골은 멸망하고 내몽골은 청나라에 귀속되었다.

• 컬크 몽골: 컬크, 즉 할하(Khalkha, 喀尔喀)는 몽골족의 한 분파다. 몽골의 주요 구성 민족으로, 15세기 무렵에 할하강 유역에 정착했다. 주로 목축에 종사하고 라마교를 신봉한다.

• 중가르 몽골: 중가르, 즉 준갈이(準噶爾)/준거얼(准格尔)은 17세기에서 18세기에 서북 몽골과 천산 북로에서 활약한 오이라트의 부족 국가다. 17세기 후반부터 강성했으나 1759년에 청 건륭제에게 멸망했다.

• 갈단(噶尔丹): 1644~1697. 중가르 부족의 수령이다.

• 카삭(kashak) 제도: 카삭은 티베트어로 '명령을 내리는 집'이란 뜻이다(그래서 '내각'으로 의역되기도 한다). 청나라가 티베트에 설치한 일종의 현지 통치 기구를 가리킨다. 청나라 건륭제 때부터 '카론'(Kalon, 噶倫)이라는 네 명의 현지 장관(귀족 3명, 라마승 1명)을 임명해 카삭을 운영하게 했는데, 달라이 라마와 청나라 조정에서 파견한 주장대신(駐藏大臣)의 관리하에 있었다.

• 개토귀류(改土歸流): 토착 인물을 그곳의 관리로 삼는 토사(土司) 제도를 폐지하고 중앙에서 직접 관리를 파견하는 유관(流官) 제도를 시행했다는 뜻이다. 이는 보다 중

民 정성공鄭成功 세력의 통제하에 있던 타이완을 점령하면서 청조의 제국 체제가 대체적으로 갖추어졌다.[114] 서남 지역에서 중앙정부는 이번 원리藩院을 협조 관리 기구로 삼아, 변방의 통일 확립이 아닌 각지의 구체적인 상황에 근거해 군사를 파견해 지키기도 하고 군부를 설치하기도 하고 장군·대신大臣·도통都統*을 현지로 파견해 감독하고 관장하게 했다. 이 모든 방법은 변경 민족과 중앙정부의 통치-예속 관계의 강화와 연관되어 있었다.

송명 시기의 정치 관계와 청조를 거칠게나마 대비해 보면, 우리는 다음과 같은 기본적인 결론을 도출할 수 있다. 송명 시기에 민족 충돌이 생겨나는 역사적 관계 속에서, 군현제 제국은 준민족국가準民族國家의 특징을 지니고 있었다. 그러나 청조는 소수민족 귀족 전제 정치의 기초 위에 수립된 다민족 제국이었다. 명·청 두 왕조는 몽골·서장 등의 지역과 모두 조공 관계에 있었지만, 그 관계의 성격은 서로 전혀 달랐다. 명조와 몽골의 조공 관계는 결코 몽골의 지도자를 감독하거나 통치 규칙을 제정하는(세금 징수와 형법을 포함) 등의 책임을 포함하지 않았다. 정치 제도의 각도에서 보면, 청 제국의 권력 집중 방식의 정치 양식은 부득불 모종의 봉건제 혹은 분봉제의 형식을 채용하여, 서로 다른 민족 간의 관계를 아우르고 관리해야만 했다. 이데올로기 측면에서 보면 이는 유가 '문화'를 통일 제국의 윤리 기초로 삼는 동시에, 불교와 기타 종교도 존숭하면서, '종족'을 정치적 일체감*의 전제로 삼기를 거부했다. 한족의 유학은 이 때문에 소수민족 통치의 합법적 근거가 되었다. 청대의 집권과 분권分權 관계는 황권皇權·만인滿人 귀족·몽골 및 기타 소수민족·한인漢人 관료와 기층 사회조직 등 여러 층의 복잡한 관계 중에 형성된 것이다. 한 측면에서의 분권 형식은

앙집권적인 성향이 강화되었음을 보여 주는 일례이다.
* 도통(都統): 팔기군 조직에서 일기(一旗)의 가장 높은 군정장관(軍政長官).
* 정치적 일체감: 이 말은 '정치 동일성'(政治同一性)을 의역한 것이다. 아마도 'Political identity'의 의미로 사용한 듯하다.

다른 측면에서의 집권일 수 있고, 한 측면에서의 집권 형식은 다른 측면에서의 분권일 수 있다. 예를 들어 청대 초기의 정치 제도는 팔기 제도의 기초 위에 수립되었다. 이는 태조太祖 누르하치 시대에 정해진 여덟 가문과 공동으로 칸을 선출하는 방식과 밀접한 관계가 있다. 청 태조의 정권은 귀족 분권 정치의 특징을 지니고 있으며, 이는 팔기 제도를 기초로 형성된 합의 정치 체제까지 그 기원을 거슬러 올라갈 수 있다. "여러 자제가 이미 나뉘어 여러 부족의 무리를 이끌고 있으며, 각기 거느리고 있으니, 각 기旗 간의 지위는 평등한 권리로 병렬되며, 이 체제를 보호하기 위해 자연히 공통으로 받아들일 수 있는 영수領袖가 모두를 이끌며 어우러지게 할 필요가 있었다. 또한 팔기八旗 제도라는 특수한 조직이 있고 난 후에야 팔기가 나라를 운영하는 합의 정치체제가 있게 되었다. 팔기가 나라를 운영하는 정치체제에 합의함으로써 팔기가 공동으로 분권하는 조직을 유지하게 되었다고 말할 수도 있겠다."[115]

청초의 행정 체제는 비록 명나라 제도를 계승한 것이지만, 내각 외에 따로 의정왕대신회의議政王大臣會議('국의'國議라고 칭하기도 함)를 마련했다. 의정왕대신회의는 모두 만주 귀족이 맡았는데 그 권력은 내각과 육부六部보다 높았다. 이 때문에 청 조정의 통치 내부로부터 살펴보면 팔기 제도는 분권 정치의 특징을 지니고 있었으나 이 분권 정치는 오히려 소수민족의 한족에 대한 귀족 전제 정치였다. 팔기가 나라를 운영하는 체제는 결국엔 보다 더 집권적인 행정 관리 기구, 즉 천총天總 5년(1631)에 설립된 육부에 그 자리를 내주게 된다. 태종太宗 순치제順治帝 시대의 중앙집권은 주로 대패륵大貝勒(amba beile)＊의 권력을 제한하는 것[116]으로, 이것은 우리가 통상적으로 말하는 산해관에 들어온

＊ 대패륵(大貝勒, amba beile): 암바(amba, 大)는 크다는 뜻이고 버이러(beile, 貝勒)는 당초 큰 부족을 이끄는 부족장을 의미했지만, 청나라 때엔 황실 종친의 작위로 사용되었는데, 12등급의 작위 중 세 번째로 높은 작위였다.

이후의 청대 중앙과 지방 관계와는 다른 점이 있다. 몽고팔기 제도는
만주팔기의 군정합일軍政合— ·병민합일兵民合— 조직 형식을 몽골의 각
부족에게 확장한 것이지만 내용과 형식 면에서 모두 만주팔기와는 구
별되었다. 만주팔기의 주요 목적은 몽골의 각 기旗를 고정된 기의 경계
안에 잡아 두어 몽골 각 부족 사이에 통일된 역량이 형성되는 것을 막
는 데 있었다. 이런 분권적인 구조 아래서 몽고팔기는 만주팔기의 보
조적인 힘이 되어 주었다.[117] 이러한 분권 정책은 이후 청조의 판첸 라
마 숭배·4대 활불活佛 체계의 수립 등의 조치와 마찬가지로 모두 안정
유지와 제국의 통일을 목적으로 하는 것이었다. 이 때문에 우리가 집
권과 분권의 대립 양식 속에서 이러한 분권적 조치의 의미를 논하기는
매우 곤란하다.

종족적인 특권이 존재하기에, 청대의 집권과 분권 문제는 서로 다
른 층차와 함의를 내포하고 있다. 이러한 점은 늘 학자들에게 홀시되
어 왔다. 산해관을 들어온 이후 청대 초기의 중앙집권 문제는 단지 중
앙과 지방의 관계에서만 논의될 수 없으며, 황권·팔기·삼번三藩·한인
관원과 백성 간의 권력 관계에서 고려되어야만 한다. 그저 중앙과 지
방의 관계만을 사회관계와 전제의 정도를 가늠하는 척도로 삼는 관점
은 주로 민족국가 내부 관계에 대한 현대 사회 이론의 연구에서 연원
한 것이다. 이런 시각은 다민족 제국의 복잡한 내부 관계를 드러낼 방
법이 없으며, 소수민족 정복 왕조의 권력 관계를 설명할 길은 더더욱
없다. 현엽玄燁(강희제의 이름)이 친정親政을 펼칠 때 삼북三北• 지역
은 불안하여 하루도 편안한 날이 없었고, 몽골·중가르 등의 귀족 세력
은 할거하면서 청조의 통치에 저항했고, 민남閩南·광동廣東·운남雲南·
귀주貴州의 삼번 집단의 세력은 이미 통제할 수 없을 만큼 커졌다. 조
정 내부에서는 보정대신輔政大臣 오배鰲拜가 권력을 쥐고 권지圈地와 도
인법逃人法•이 모두 실시되어 농민의 생활은 안정되지 못했고 주인·노

• 삼북(三北): 서북(西北), 화북(華北), 동북(東北) 지역을 가리킨다.

예의 관계는 극히 잔혹했으며 만주족과 한족 간의 모순은 날로 심각해져 갔다. 상술한 변경의 위기·봉건의 폐단·귀족 전제 정치는 강희제가 친히 큰 정치를 펼치고 군주로서 독단을 내릴 수 있는 배경을 제공해 주었다. 그는 중앙집권 정책으로 몽골·서장·신강의 부족 세력을 공격해 평정했다. 이를 위해 그는 한족 관원을 구슬리면서 만주족과 한족 간의 모순을 완화시켰다. 삼번의 난을 평정한 것이나 만주족의 토지 권점圈占을 금지하고 도인법을 너그러이 완화시킨 것은 모두 지방 봉건과 팔기 귀족 세력을 억압하는 동시에 한족 농민과 노예의 처지를 개선시켰다. 이런 의미에서 청조는 지방·변경에 대한 통제를 강화하는 동시에 소수민족 귀족 통치와 한족 간의 모순을 완화했으나 도리어 청대 후기 변경의 소수민족과 한족의 모순(예를 들어 운남의 무슬림과 한족 간의 충돌)에 대한 역사적인 전제前提를 미리 심어 두게 되었다.

중앙집권적인 행정 체제의 형성 과정은 황권과 만주 귀족 간의 투쟁을 수반하고 있었는데, 이는 주로 팔기 귀족의 역량을 깎아내리는 데서 선명하게 드러났다. 옹정 시기 군기처軍機處의 설립은 바로 팔기 의정議政의 역량을 깎아내리기 위해서였으며, 이 사건은 청대 집권 정치가 최종적으로 성공했음을 보여 주는 상징이었다.[118] 만주 귀족의 권력을 깎아내리기 위해 황제는 반드시 한족 관료의 역량을 빌려야만 했고, 이에 따라 정치 구조상 한족의 지위는 상승하게끔 되었다. 이런 의미에서 집권의 방식 자체가 어느 정도는 한족과 만주 귀족 간 분권分權 관계의 형성을 내포하고 있었다. 그러나 이런 분권 관계는 청조의 소수민족 귀족 제도의 기본적인 특징까지 진정으로 동요시키지는 못했다. 청조가 반포한 과거 제도를 예로 들면, 고시考試의 방식상 일률적으로 평등하게 시행되는 제도였지만, 고시 제도 위에 수립되어 있는 봉작封爵과 임관任官 제도는 도리어 여전히 세습과 신분의 요소를 포

• 도인법(逃人法): 만주팔기의 노예인 한족의 도망을 엄금한 법. 도망간 노예뿐 아니라 숨겨 준 사람도 엄벌에 처했다.

함하고 있었다.[119] 청대 중기의 태평천국운동太平天國運動은 한족의 지방 무장武裝 세력의 발전을 촉진했고, 한족 관료의 지위 역시 이에 따라 확실히 상승했다. 청대 중앙집권 형성 과정에서 보면 이런 추세는 곧바로 청대 초기 황권과 팔기 귀족 권력의 평형 관계까지 거슬러 올라갈 수 있다. 제도 개혁을 통해 조정은 황권과 한족 신사-지주계급의 관계를 재건했는데, 그 권력상의 평형 관계는 수당 시대 황권이 귀족 계급의 세력과 평형을 맞추기 위해 서족庶族 지주들과 연맹한 것과 매우 유사하다.

대다수의 학자는 청조가 '해당 지역의 관습을 따르고 지역적인 특성을 따르며' '각기 해당 지역의 관습을 안정시키고' '그 관습을 바꾸지 않고' 상층 계급을 구슬리고 은택과 위엄을 동시에 중시하는 등의 정책을 시행하는 데 가장 성공적이라는 것을 인정하고 있다. 청대 제국의 확장은 청나라가 부득불 몽골·서장·신강 등의 변경 지역에서 봉건제에 더 가까운 형식을 취할 수밖에 없도록 만들었다. 다민족 제국과 민족국가의 기본 정책에는 중요한 차이가 있었다. 그 특징은 한편으로는 군사와 정치의 정복과 통제였고, 다른 한편으로는 『예기』 「왕제」王制에서 말한 "교화를 다잡되 그 습속을 바꾸지는 않고, 정책을 가다듬되 지역적 특성을 바꾸지 않는"다는 관념을 가져다가 서북 지역에서 제국이란 틀을 기본 전제로 하면서도 지방자치적인 제도를 시행한 것이었다. 중원 지역에서 시행하는 행성行省 제도와는 달리, 변경 지역 혹은 소수민족 지역의 자치 제도와 황권의 관계에서는 결코 직접적으로 예속되는 형식을 취하지 않았다. 군사적으로 정복한 후 청조는 내지의 행정 제도에 비추어 서북 사회의 구조를 개조하려 하지 않고, 지방 역량을 분할하거나 혹은 평형을 이루게 하여, 그들로 하여금 중앙의 감독하에서 자치 관리를 시행하게 하려 했다. 내외몽골의 맹기盟旗*

* 맹기(盟旗): 기(旗)는 몽고팔기 제도를 말하고 맹(盟)은 그 상위 조직을 말한다. 그 수장을 맹장(盟長)이라 했다. 하나의 맹(盟)에 24개의 기(旗)가 포함된 경우도 있고,

제도는 만주팔기 제도·몽골 초원 부락 영지領地 제도·회맹會盟 관습을 융합하고 또 귀순歸順의 선후先後와 청 조정에 순응하고 반역하는 상황에 따라 외번外藩 몽골과 내속內屬 몽골에게 서로 다른 통치 방식을 시행했다.[120] 몽골의 팔기제도는 비록 만주팔기를 모방한 것이지만 그 성격은 만주팔기와 달랐다. 만주족의 청 조정은 팔기로 전국을 통치했는데, 이것이 이른바 "팔기로써 군사를 통솔한다"(以旗統兵)는 말이다. 그러나 팔기는 일정한 근거지가 없었기에, 만주족은 그저 팔기 중 한 기旗에 나뉘어 소속될 뿐 실질적인 본적本籍은 없었다. 이런 팔기 제도는 군사 조직의 법칙으로 전체 사회의 모든 생활을 규범 짓는 것이며, 그 특징은 군사와 민간이 하나인양 뒤섞여 버린다는 점이다.

몽골의 팔기 제도는 이렇지 않았다. 첫째 몽고팔기는 한 부락 혹은 한 부락의 일부를 단위로 조직되어 토지와 백성을 할양받았다. 둘째 몽골의 부락은 비록 기제旗制로 개편되었다지만, 단지 원래 있던 부족에게 봉건제를 시행하여 왕공王公을 분봉分封한 뒤 각기 한 기旗를 다스리게 한 것인데, 한 기에 봉해진 왕공 역시 한 명으로 그치지 않았다. 청대의 새로운 형태의 봉건제를 통해 이러한 원래 통치 계급 중 소외받던 왕공들이 몽골 사회의 귀족계급이 되면서 청 조정의 봉작封爵·봉록俸祿·혼인·세직世職 등의 각종 우대를 누리게 되었다. 셋째 몽골의 부락이 팔기로 개편된 후 백성은 부락 시절 주인을 택할 수 있던 자유와 물과 풀을 좇아 옮겨 사는 유동성을 상실하게 되었다. 몽골 사회의 조직과 그 경제 활동의 기동성機動性 역시 이로 인해 바뀌게 되었다.[121] 기제에 의한 구분이든, 각기各旗에 대한 맹장盟長의 감독이든, 몽고팔기 제도는 언제나 안전을 유지하고 나뉘어 다스려진다는 원칙 아래 시행되었다. 맹기 제도 아래서 청조는 장군將軍·쿠룬Kulun* 판사대신辦事

아예 한 기가 하나의 맹을 이루는 경우도 있었다.
* 쿠룬(Kulun, 庫倫): 몽골의 수도(지금의 울란바토르)를 가리킨다. 원래 쿠룬이란 몽골어로 '사원'(寺院)이란 뜻이다.

大臣·참찬대신參贊大臣 등 만주 관원을 파견하여 진주시키며, 외몽골의 대對러시아 무역을 조절하고 몽골의 불교 세력을 제어했다.[122] 맹기 제도 아래서 각기 내부 규칙의 제정은 친족 원칙·지역 원칙을 준수했으며 원래의 사회구조를 가능한 한 보존·유지했다.

상술한 기본 원칙은 서장·신강·서남에서 각기 서로 다른 방식으로 표출되었다. 만주족은 일찍이 산해관에 들어오기 전에, 내몽골 각 부족과 연맹을 맺거나 그들을 신하로 복속시켰다. 더욱이 몽골과 서장은 황교黃敎*에 대한 복잡한 역사적 관계를 지니고 있었다. 만주족은 산해관에 들어오기 전부터 몽골과 서장의 종교-정치 연맹이 자신들의 권위에 위협이 되지 않을까 걱정하기 시작했다. 그래서 서장의 일을 간섭하기 시작했다. 청조의 서장 정책은 원·명 두 왕조의 약간의 유산, 즉 현지의 종교적 역량으로 서장의 일을 관리하는 방식을 취하면서, 청조 자신은 보호자 역할을 맡았다. 1652년 달라이 라마가 방문한 이후, 순치제는 달라이 라마를 서장의 몽골 통치자로 인정하게 되었지만 동시에 청조의 행정 관원을 그곳에 부임하게 했다. 1717년 중가르는 달라이 라마의 계승 문제로 서장을 침입했고, 1720년 강희제는 진정한 달라이 라마를 지지한다는 이유로 서장에 군사를 보내 주둔케 하면서 중가르의 점령자들을 쫓아내게 했다. 이로부터 서장은 정식으로 청조의 번속이 되었다.[123] 1723년 옹정제가 군대를 소환한 후에 서장 내부에 반란이 일어나자, 옹정제는 결국 1727년 주장대신제도駐藏大臣制度를 만들었다. 1750년(건륭 15), 청 조정은 서장 군왕의 책봉을 폐하고 서장 지방 행정 장관 데빠sde-pa 제도를 취소하고 카삭 장관으로 하여금 온

* 황교(黃敎): 라마교의 새로운 지파. 붉은 모자와 법의(法衣)를 걸치는 기존의 라마교(즉 홍교紅敎)가 부패하자, 이에 반발해 엄격한 율법을 강조하며 따로 노란 모자와 법의를 둘렀기에 황교, 혹은 황모교(黃帽敎)라고 부른다. 원래 이름은 게르그파(Gelug-pa)인데 한자로는 이를 음역하여 '거루파이'(格魯派)라고 부르기도 한다. 다른 라마교와는 달리 승려의 혼인을 엄격히 금지했다. 달라이 라마와 판첸 라마는 각각 황교 계열의 서열 1, 2위의 지도자로 생불(生佛)로 추앙받는다.

갖 정사를 돌보게끔 바꾸면서, 정교합일政教合一·달라이 라마와 주장대
신駐藏大臣이 협동 관리하는 카삭 체제를 시행했다. 이런 정책은 달라
이 라마를 다시금 새로이 최고 통치자의 지위로 확립시켰다.[124]

1760년 청조는 신강 지역을 정복하고 몽골족·한족·위구르족 등이
각각 모여 사는 지역의 상황에 근거하여 몽고팔기제·군현제郡縣制·벅
제Bek制*(즉 위구르족 봉건 군주들을 각종 관원으로 임명하여 남강南疆
의 성城·촌村의 사무를 관리케 하는 것)를 시행했는데 후자(즉 벅제)
는 위구르의 제도를 이번원理藩院이 마련한 제도 안에 수렴시킨 것이었
다.[125] 신강 동부의 우르무치·투르판·하미 등지는 우르무치 도통都統이
관할하며 그 아래로 주현州縣을 나누어 이번원의 관리하에 귀속시켰
다. 투르판·하미 등의 도시는 현지 엘리트들이 행정적인 관리를 시행
했다. 천산天山 이북에 농지 간척 지역이 만들어져서, 주둔 군대를 위
한 경제적 원조를 제공했다. 대다수의 사병과 군인들은 신강 내부에서
왔으나, 내지에서 온 소수의 호둔戶屯*도 있었다.[126]

사천四川·운남雲南·귀주貴州·서강西康*·청해淸海 등 서남과 서북의
성省들에서 청조는 토사 제도를 시행하여 현지 관원의 관직 품계를 비
교적 높게 대우해 주면서 중앙정부는 기간에 맞춰 조공을 바치고 토
사·토관의 교체시 규정에 따라 조정에 통보하는 것 외에는 결코 그들
의 내부 일에 간섭하지 않았다.[127] 옹정제 시기 서남 지역에 대해 '개토
귀류'를 시행하면서 이 지역에 대한 중앙행정권의 통제와 침투가 날로
강화되었다. 그러나 기층의 측면에서 보자면 서남 소수민족 지역과 내

• 벅제(Bek制): 벅이란 돌궐어(突厥語)로 우두머리란 뜻으로, Bek. 혹은 Beg이라고
쓴다. 한자로는 백극(伯克)이라고 음역(音譯)한다.

• 호둔(戶屯): 둔전의 일종. 여기서 호(戶)란 원래 청나라 호적에 올라 있던 내지의
백성들을 뜻한다. 청조는 당시 신강을 개발하며 만주팔기의 기둔(旗屯), 녹영군의 병
둔(兵屯), 위구르족의 회둔(回屯), 내지에서 이민 온 백성들의 호둔 등 각종 둔전을 운
영했다.

• 서강(西康): 민국 시기에 폐지된 행성으로, 지금의 사천성 일부에 해당한다.

지의 통치 방식에는 여전히 중대한 차이가 존재했다. 귀주·운남의 소수민족에 대한 청조의 진압(더욱이 운남 무슬림의 진압)과 통치는 더더욱 혹독했다.[128] 이것은 다민족 제국의 정치 양식으로, 그것은 "습속을 따르고 지역적 특성을 따르는"(즉 민족 문화와 지방 풍속을 존중하는) 책략과 폭력 수단의 위협을 종합하고 지방자치와 강대한 중앙집권을 하나로 모아서 군현과 봉건이 서로 융합된 제국의 패턴을 구성했다. 이처럼 규모가 방대한 제국 체제는, 고대 제국의 전복甸服 제도의 구상과 송명 시기에 성숙된 군현제가 하나로 결합한 것으로, 내지·서북·서남에 대한 청조의 정복·확장·통치를 완성시켰다.

상술한 제도의 형성과 변화는 장기적인 발전 과정을 거쳤는데 어떤 것들은 건륭 시대와 그 이후 시기까지 줄곧 이어졌다. 그러나 고염무·황종희 시대에 이미 상술한 청조의 정치적 특징이 그 추형雛形과 기본 격식을 드러내고 있었으며, 진작에 존재했던 만주팔기·몽고팔기 제도는 새로이 발전하게 되었다. 청대 토지 제도와 문교文敎 제도 측면의 개혁은, 그것의 고도로 집권적集權的인 정치와 하나로 연계되어, 복잡한 역사적 국면을 만들어 냈다. 명나라의 유민 신분이었던 황종희·고염무는, 만주족 청 왕조가 소수민족 정권이기에 시행하게 된 계급적인 민족 정책과 제도 수립을 인정할 수 없었다. 그들의 신제도론과 신예악론은 복고와 변혁을 하나로 융합시켜, 이 두 가지 서로 다른 방향으로부터 정통론과 반만反滿 사상의 내재적 연관을 드러냈다. 그들의 학술 사상과 이민족의 전제專制 통치의 대립은 완화되지 못했고, 그들의 총체적인 정치 구상과 사회 이론 역시 정치 현실로 펼쳐지지는 못했다. 그러나 청 왕조의 비교적 성공적인 제도 혁신에 따라, 그들의 정치·경제, 심지어 문화적 주장들은 도리어 특수한 역사적 상황 속에서 부분적으로나마 실현되었고, 어떻게 이런 변화를 대할 것인가가 당시 사대부가 당면한 난관이었다. 『일지록』 권29에는 앞서 인용했던 「외국풍속」 조 말고도 「사융」徙戎·「누번」樓煩·「토번회흘」吐藩回紇·「서역천문」西域天文·「삼한」三韓·「대진」大秦·「간타리」干陀利 등의 조항이 있다. 이런 조항들은 한편으론 이민족의 사자使者가 경사京師(수도)에 와서 중국의 내부 사정을 모두 알아내면서 결국 변경의 환난이 일어나던 역사에 대해 각성을 촉구하면서, 또 다른 한편으론 역대 왕조가 다뤘던 돌궐·달단韃靼(중앙아시아)·토번(투르판과 회족, 즉 신강·영하寧夏 일대)·서역(서장西藏·네팔·인도)·삼한三韓(동북 지역과 조선)·해남海南의 여러 오랑캐(동남아시아 각국)의 조공 관계의 경험에 대해 총결을 시도했다.[129] 이런 글들은 청나라가 개국한 이래 역사적으로 실천한 실제 조치와 호응하는 것이었다.

청조 정치의 합법성에 대한 모호한 태도 역시 필연적으로 그들의 일상생활 속에 침투될 수밖에 없었다. 황종희·손기봉孫奇峰 등은 유민의 신분으로 청조에서 벼슬하지는 않았으나, 그들의 제자들은 도리어 조정에 중용되어 대신大臣이 되었다. 이런 일상생활 중의 변화는 반드시 심각한 아이덴티티의 위기를 야기하고, 이에 선비들은 반드시 이론적으로, 그리고 심리적으로 합당한 해석을 제시해야만 했다. 때가 변하면 사안事案도 변하는 법, 건륭·가경 시기에 다다르자 사대부와 학자들이 대면한 상황은 이미 유민 학자와는 다른 부분이 있었다. 전대흔·대진 등에 대비해 보자면, 황종희·고염무가 유민의 신분으로 조성했던 현실 제도와 전반적으로 대립하던 상황은 이미 소실되었다. 그리고 전업화專業化된 경학 연구 역시 점차 신제도론과 신예악론의 이론적 완벽성 및 그 속에 내포된 비판적 역량을 상실했다. 경학의 전문화·경학에 대한 조정의 제창, 그리고 특히나 경학가들과 체제 관계의 변화는 함께 다음과 같은 상황을 조성했다. 경학의 실천은 도道와 치治의 합일이라는 환상 아래서 현실 정치의 합법성에 대한 논증이 되어 버리거나, 아니면 고증을 위한 고증이라는 전문화된 연구 작업으로 전락했다. 이런 의미에서 실사구시의 원칙을 견지하며 구체적인 고증 작업에 종사할 수 있다는 것은 이미 학자의 보기 드문 품격으로 간주되었다. 장타이옌은 이 점을 예리하게 살피고는 이렇게 말했다. "근세에 박학樸學(고증학)에 종사하는 자들에겐 세 가지 훌륭한 점이 있다. 명확한 징험으로 지킬 것을 확정지으니 사기詐欺와는 거리가 멀고, 먼저 문난問難한 뒤에 답을 얻어 내니 요행과는 거리가 멀고, 익히는 데 힘쓰고 사려 또한 훌륭하니 나태함과는 거리가 멀다. 그래서 그 학문에는 세상에 영합하지 않고 여전히 신실信實하고 허물이 적은 선비들이 많다."[130] 박학의 "훌륭함"은 그저 피동적인 혹은 소극적인 의미에서만이 비로소 체현될 수 있는 것이며, "아부하며 빌붙으며, 권력을 지닌 자로부터 허울 좋은 인의仁義나 훔쳐 오는"* 짓거리를 거부하고 '학은'學隱의 자세로써 박학의 작업에 종사하는 것이다.

경학예제론經學禮制論의 내재적인 구조는 더 이상 황종희·고염무의 학술처럼 예리하고 심각한 비판의 역할을 해낼 수 없었다. 이 때문에 대진·장학성, 그리고 이후의 위원·공자진이 현실 제도와 그 윤리적인 규칙에 대해 의문을 던지고 변혁을 시도하려 할 때, 그들은 반드시 새로운 샛길을 뚫어 그 도道(즉 기존의 추세)에 반하여 이를 행했다. 이는 어느 정도 예의 제도와 도덕 평가·치治와 도道의 통일 관계를 타파한 것이다. 그러나 관방과 사사로운 학술 풍조가 한학漢學으로 합쳐져 크게 흥성하게 되던 시대에는, 한학에 대한 비판 자체도 부득불 한학의 형식을 띠지 않을 수 없었다. 대진·장학성과 이후 등장한 금문경학가들은 반드시 경사지학經史之學 내부에서 경사지학을 타파할 방식을 발굴해 내는 방식으로 모반謀反의 사상을 드러내야만 했다. 경학의 형식과 이를 타파하려는 형식의 충돌은, 이 당시 가장 비판적인 성향의 학자들의 공통적인 특징이었다. 청대 학술의 그러한 전제들은 천 년 이래 유학이 내부적으로 부단히 몸부림치며 변혁해 온 결과였다. 설령 가장 모반적인 인물이라 해도 이러한 전제들을 무심결에 함부로 방

---

* 아부하며~훔쳐 오는: 『장자』(莊子) 외편(外篇) 「거협」(胠篋)에 이르길 "그들 중 허리띠 고리를 훔친 자는 죽임을 당하고 나라를 훔친 자는 제후가 된다. 그러니 그런 제후의 집 문 안에 인의(仁義)가 보존되어 있다면, 그 인의니 성지(聖智)니 하는 것들은 훔쳐 온 것이 아니겠는가!"(彼竊鉤者誅, 竊國者爲諸侯, 諸侯之門而仁義存焉, 則是非竊仁義聖知邪)라고 했다.

기할 수는 없었다. 다음에 보이는 청대 관방과 사학私學의 한학에 대한 장학성의 항의는 속세의 학풍 속에 놓인 어느 정도 모반성을 지닌 인물의 곤궁함을 남김없이 보여 준다.

> 저 장학성은 문사文史·교수校讎 작업에 종사하면서 새로이 밝혀낸 바가 좀 있습니다. 그러나 그 내용을 다른 이들과 논변해 보면 요즘 사람들의 기호와는 너무 어긋나 있었습니다. 그래서 이젠 남들이 많이 알아주길 바라지 않습니다. 지금 제가 올린 보잘것없는 글이 제발 남들 입에 오르내리지 않도록 해 주십시오. … 그저 세상의 풍속의 추세는 반드시 한쪽으로 치우치게 마련이라, 현달한 고관대작이 주장하면 총명한 재사才士들은 이를 뒤쫓습니다. 이러한 와중에는 필시 생겨나는 폐단이 적지 않을 것입니다. 붓을 잡은 사士라는 이들이 이를 만류할 생각을 하지 않으며 저술을 귀히 여기지 않습니다. 진실로 이런 폐단을 만류하려 한다면 반드시 시류時流에 역행해야만 합니다. 시류라는 것은 가공할 만한 것이어서, 형조刑曹의 법령보다도 더 무섭습니다. 대진이 일찍이 모임에서 우연히 수수秀水 땅의 주이존朱彝尊을 논했는데, 예부시랑禮部侍郎 전재錢載는 평생토록 이를 두고 절치부심했으니 실로 생각만 해도 마음이 스산해집니다. 한유韓愈는 「장적張籍에게 보내는 답장」에서 "불교나 도교를 왕공 귀인들이 바야흐로 숭상하는데, 내 어찌 감히 내놓고 이를 비방하겠습니까?"라고 했습니다. 이로 보아 그가 자신의 「원도」原道 편 등을 당시 대중에게 공개하지 않았음을 알 수 있습니다.

> 學誠從事於文史校讎, 蓋將有所發明. 然辨論之間, 頗乖時人好惡. 故不欲多爲人知. 所上敝帚, 乞勿爲外人道也. …惟世俗風尚, 必有所偏, 達人顯貴之所主持, 聰明才雋之所奔赴, 其中流弊, 必不在小. 載筆之士, 不思救挽, 無爲貴著述矣. 苟欲有所救挽, 則必逆於時趨. 時趨可畏, 甚於刑曹之法令也. 戴東原嘗

於筵間偶議秀水朱氏, 籜石宗伯*至於終身切齒, 可爲寒心. 韓
退之「報張司業書」: "謂釋老之學, 王公貴人, 方且崇奉, 吾豈
敢昌言排之." 乃知「原道」諸篇, 當日未嘗昭揭眾目.[131]

이런 조건하에서 예의 제도와 도덕적인 평가·도통道統과 치통治統 합일의 경학 형식은 더 이상 해방의 역량이 아니라, 사람들의 사상을 속박하고 사람들의 비판이 담긴 필봉을 억압하고, 현존 정치 제도를 옹호하는 형식이 되어 버렸다. 정치에서든 학술의 기풍에서든 '치도합일'·'예리합일'禮理合一의 주장은 미증유의 강력한 역량을 형성했다. 그들은 결국 다시금 새로이 이기이원론理氣二元論이 주체라는 측면에서 획득했던 비판적 원천으로 돌아가려 한 것일까, 아니면 '합일' 자체에 대해 다시금 새로이 해설하여 '합일'에 대한 해석과 통일을 지향하는 권력 의지를 구분해 내려고 한 것일까? 요컨대 현실에 안주하지 못하는 사고방식을 지닌 이들은, 이로부터 "경학의 형식에서 아직 그 합리성과 합법성을 상실하지 않았을 때 비판적 사상은 응당 어떠한 형식을 취해야 하는가?"라는 절박한 문제를 마주 대하지 않을 수 없었다.

• 籜石宗伯: 탁석(籜石)은 전재(錢載)의 호. 종백(宗伯)은 예부시랑의 별칭. 전재와 대진의 갈등은 사고관(四庫館)에서부터 시작되었다. 대진은 여러 학자가 모인 곳에서 대놓고 기존의 이학(理學)을 무시하고 고증학을 내세웠으며, 열다섯 살이나 나이가 많은 전재에게도 무례하게 대든 적이 있었다. 이에 대해서는 옹방강의 「여정어문평전 대이군논의구초」(與程魚門評錢戴二君論議舊草)에 간결한 설명이 보인다. 이 글은 『복초재문집』(復初齋文集) 권7 「이설－박대진작」(理說－駁戴震作)에 부록되어 있다.

제4장 　　　　　경經과 사史 (2)

六經卽其器之可見者也.　　육경은 그 기器를 눈으로 볼 수 있는 것이다.

後人不見先王,　　　　　　후세 사람들은 직접 선왕先王을 뵐 수 없으니

當據可守之器,　　　　　　응당 준수할 수 있는 기器에 근거하면서

而思不可見之道.　　　　　볼 수 없는 도道를 생각해야 한다.

— 장학성章學誠, 「원도」原道 중中

송학 배척과
청대 주자학의 흥망성쇠

대진(1723~1777, 자는 동원東原, 안휘安徽 휴녕休寧 사람)은 건가乾嘉(건륭·가경) 시기 학술을 대표하는 인물이다. 그가 대표적 인물이라고 말하는 까닭은 그의 학술이 건가 고증학 방법론의 정수와 최고의 성취를 대표할 뿐만 아니라, 그 역시 고증학의 내재적인 곤경과 모순을 체현하면서 건가학파의 종결을 암시하고 있기 때문이다. 이렇게 얘기하는 것은 결코 허다한 학술사 연구자들의 옛 주장들을 따르는 것이 아니다. 만청晚淸 이래로 과학적 방법과 그러한 세계관은 새로운 시대의 사상적 지표가 되었다. 량치차오·후스 등은 청대 고증학의 성취로부터 거슬러 올라가면서, 이를 현대의 과학적 방법과 근대 지식주의의 선도로 여겼다. 대진의 철학에 대한 후스의 평론은 더더욱 주의를 끈다. 그는 대진이 위로는 청대의 "실용을 중시하고"(안원·이공), "경학을 중시하는"(고염무) 학술 전통을 이어받아 "청대 학술의 전성기 철학"을 창출하고, 고염무·안원의 뒤를 잇는 반이학反理學의 사상가가 되었다고 여겼다. 후스의 철학 개념은 실용주의의 과학 방법론에 근거를 두고 있으며, 그가 관심을 기울인 바는 형이상학적인 문제가 아니라 (실용적인) 지식과 (실험적인) 방법 문제였다. 더욱 정확하게 말하면 지식론과 과학 방법의 기초 위에서 세계관을 재건하는 문제였다.[1] 5·4 시기의 반유학적 관점은 대진의 지적 취향이나 고증 방법, 그리고 『맹자자의소증』의 "리理로써 사람을 죽이는"(以理殺人) 것에 대한 비판과 호응하는 관계였고 모두가 송명 이학에 대한 엄중한 항의였다. 이 때 문에 대진에 대한 후스의 평가는 반이학의 과학적 세계관을 수립하고 자 하는 각도에서 나온 것이며, 실증 방법과 과학적 세계관은 이러한 평가의 중심을 이루는 양대 지주였다.

청대 유학자의 지식주의는 치도합일, 이례합일理禮合— 그리고 경 사經史의 정심한 의리義理로써 이학의 해설*을 논증하는 것을 전제로 하는 것이다. 이 역시 바로 강희·건륭 황제가 친히 제창했던 성학聖學 의 이론적 전제였다. 송명 이학에 대한 고증학의 비판은 그 연원이 크 고도 오래되었지만 그것은 송학의 이기이분理氣二分 및 심心에서 리理 를 구하는 치지致知의 방법을 부정하면서, 기본적으로 치도治道·이례理 禮·예기합일禮器合—의 유학 정통을 따르는 것이었다. 청대 통치자에게 도 치도합일을 표방하는 맥락에서의 이러한 설정은, 이데올로기상에 서 비판적인 의미를 형성하기가 어려웠다. 바꿔 말하면 일단 고염무· 황종희의 그런 정심한 이해와 명확한 정치적 성향에서 분리된 이후로, 고증학의 이론적 전제와 청대 주자학은 결코 근본적인 차이가 없었다. 그렇다면 그것의 지식 성향과 방법론이 갖추고 있던 반이학적 의미를 우리는 어떻게 이해해야 할까?

주의를 기울일 만한 것은, 건가 시기에 대진을 비난했던 이들이 두 부류라는 것이다. 한 부류는 송학宋學의 문도門徒로, 그들은 대진이 정 주程朱를 비난한 것에 대해 몹시 분하게 여겼다.[2] 그리고 또 다른 부류 는 건가 고증학의 대표적 인물들로, 그들은 대진의 고증학에 대해서 는 지극히 존숭하면서도『원선』原善·『서언』緖言과『맹자자의소증』에 대 해서는 오히려 냉담하기 그지없었다. 최소한 후세 사람의 시각으로 볼

---

* 해설: 여기서 '해설'은 '강장'(講章)의 의역(意譯)이다. 원래 '강장'이란 과거 준비 나 경연(經筵) 참가 등을 위해 사서오경의 일부 장구(章句)를 따로 뽑아 강설해 놓은 것을 가리킨다.

때, 대진을 비난하는 이유는, 그가 저작에서 제기한 "리理로써 사람을 죽인다"는 반이학적 명제 때문은 아니었고, 그가 이례합일·치도합일·이기일원의 경학 혹은 청대 주자학의 명제를 배척해서도 아니었다. 그 이유는 바로 방법상으로, 형식상으로 그 책들이 고증학의 전통과 괴리되었다는 데에 있었다. 바꿔 말하면 반이학이라서가 아니라, 어느 정도 반한학反漢學 혹은 이학理學에 근접했다는 이유로 대진은 건가의 학자들에게 "별난 꼴이란 대접"을 받았던 것이다. 이러한 의미에서 볼 때, 그의 방식은 본래부터 일종의 애매함을 내포하고 있었다. 즉 이학의 방식으로 한학을 도리어 풍자하고 또한 한학의 방식으로 이학을 비판했다. 이로 말미암아 '반이학'이란 말로 대진 사상의 특징을 밝히는 것은 어려울 듯하다.

경학과 이학의 관계는 결코 이미 앞서 기술한 바와 같이 완전히 대립적인 것이 아니었다. 고염무의 "이학은 경학이다"란 명제는 이학에 대한 비판일 뿐, 이학에 대한 전반적인 포기는 아니었다. 주자학은 격물치지를 중시하여 본래가 경서로써 사람의 마음을 다잡고 의리를 체인體認하는 경향이 있었다. 그는 "한漢의 여러 유자는 음독音讀을 바로잡고 훈고訓詁를 통하게 하고 제도를 고찰하고 명물名物을 변별함에 그 공로가 크도다! 학자가 만약 우선 이러한 부분에 미치지 못한다면, 또 어떻게 그런 역량으로 여기에 힘을 쓸 수 있겠는가!"(漢魏諸儒, 正音讀, 通訓詁, 考制度, 辨名物, 其功博矣! 學者苟不先涉其流, 則亦何以用其力於此)[3]라고 말했다. 청초淸初 이래로 허다한 학자들이 명조明朝의 유민을 자처하며 명나라가 망한 교훈을 총결하면서, 공소空疏하게 심성心性을 얘기하는 것을 반대했으니, 주자학의 부흥과 경사지학經史之學의 흥기는 동일한 조류의 산물이었다. 장학성은 박학博學을 중시하는 경사經師들에 대해 이렇게 일침을 가했다.

오늘날 주자의 학문을 박대하는 이가 있는데, 바로 주자의 학문을 몇 세대에 걸쳐 계승 받은 자들이다. …성명性命에 대한 학설

이 허무로 빠지기 쉽기에, 주자는 많이 배워 학식을 늘리는 것으
로 일관되기를 추구했고, 드넓은 학문을 예禮로써 간추리는 것
에 뜻을 두었다. 그 작업은 번잡했으나 꼼꼼했으며, 그 공적은
실질적이었으나 너무나 어려웠다. 비록 주자가 추구한 바이지
만, 분명 아무런 실수가 없다고는 감히 말할 수 없겠다. 하지만
그 학술을 계승한 자는 당초 황간黃榦·채침蔡沈에게 전해지고,
다시 진덕수眞德秀·위료옹魏了翁·황진黃震·왕응린王應麟*에게 전
해지고, 세 번째로 김이상金履祥·허겸許謙에게 전해지고, 네 번
째로 송렴宋濂·왕휘王褘에게 전해지고, 다섯 번째로 고염무·염약
거에게 전해졌는데, 모두가 옛것에 힘쓰며 경經에 통달하고, 학
문에 있어서는 그 옳은 바를 구했으니, 오로지 자신만을 내세우
며 남겨진 부스러기만을 고집하고 공허한 말로 성명을 지껄이는
부류가 아니었다.

> 今人有薄朱氏之學者, 卽朱氏之數傳而後起者也. …性命之說,
> 易入虛無, 朱子求一貫於多學而識, 寓約禮於博文, 其事繁而
> 密, 其功實而難, 雖朱子之所求, 未敢必謂無失也. 然沿其學者,
> 一傳而爲勉齋(黃榦)·九峰(蔡沈). 再傳而爲西山(眞德秀)·鶴
> 山(魏了翁)·東發(黃震)·厚齋(王應麟). 三傳而爲仁山(金履
> 祥)·白雲(許謙). 四傳而爲潛溪(宋濂)·義烏(王褘). 五傳而爲
> 寧人(顧炎武)·百詩(閻若璩). 則皆服古通經, 學求其是, 而非
> 專己守殘, 空言性命之流也.[4]

　　청대 초기 주자학과 경학은 똑같이 주자학의 전통을 계승하여 왕학
의 "육경을 나의 각주로 삼는 것"(六經爲我注脚)을 비판했다. 그러나 설

---

* 진덕수(眞德秀)·위료옹(魏了翁)·황진(黃震)·왕응린(王應麟): 이 부분의 설명은 약
간 두루뭉술해 오해의 소지가 있다. 여기 한꺼번에 언급되는 네 학자 중 진덕수와 위
료옹만 재전제자(再傳弟子)이고, 황진과 왕응린은 사전제자(四傳弟子)이다.

명이 필요한 것은 명말 이래로 왕학에 대한 비판은 왕학 전통을 완전히 배척하는 것을 의미하는 것이 아니라, 정주학程朱學과 육왕학陸王學을 조정했다는 점이다. 격물치지를 중시하면서도 특별히 격물·양지·실천·경세치용을 중시했다. 장학성의 절동浙東 학술에 대한 평론은 다른 측면에서 이에 대해 예증을 제공해 준다. 장학성은, 황종희와 만사대·만사동 형제, 그리고 전조망 등 경사학자經史學者들이 "대부분 강서江西의 육구연陸九淵을 종주宗主로 하되 경서에 능통하고 옛것을 익혀 절대 공소空疏하게 덕성德性을 말하지 않았기에, 주자의 가르침에도 어긋나지 않았다"(多宗江西陸氏, 而通經服古, 絶不空言德性, 故不悖於朱子之教)고 여겼다. 그렇다면 정주학과 육왕학의 구분이나 이학理學과 경사經史의 구분은, 모두가 청대 사상 학술의 실제 면모를 설명하기 곤란하다.[5] 청대 주자학자인 육세의·여유량·장이상張履祥 등은 궁행실천躬行實踐·경세치용을 이학의 명맥으로 간주하여, 예법·형정·학교 및 전제 등 경세지학에 대한 심도 있는 연구를 시도했다.[6] 그들 입장에서 말하자면, 삼대의 제도와 선유先儒의 말씀은 바로 민족 아이덴티티의 자원이었다. 청초 주자학은 민족의 절의를 중시했고, 비단 경학과 연계되어 있었을 뿐만 아니라, 왕학을 비판하는 동시에 왕학의 정수를 흡수하면서 궁행실천의 시각에서 진짜 정주와 가짜 정주에 대한 변별에 엄격했다. 이것이 경학과 이학 간의 뒤얽힌 관계이다.

청초 주자학의 상술한 특징과 청 왕조가 예禮를 높이고 주자를 존숭하는 국면은 대립되면서도 동시에 서로 호응하는 것이었다. 마치 사림士林에서 주자학과 경학이 병행되면서도 어그러지지 않듯이, 관방 주자학은, 왕학에 대한 반대를 표방하면서 흠정경학欽定經學과 상통했을 뿐만 아니라, 어느 방면에 있어서는 고염무·여유량 등과 비슷한 취향을 형성하기도 했다. 이러한 국면과 고염무·황종희·여유량 등의 사상적 실천은 일종의 역설적인 관계를 맺게 되었다. 즉 쌍방의 정치 성향은 전혀 상반되지만, 어느 정도 이론적 측면에서의 설정은 대체로 일치했던 것이다. 장열張烈의 『왕학질의』王學質疑는 관방 주자학의 예증例

證이다. 이 책은 '심즉리'心卽理, '격물치지'와 '지행합일'이라는 3대 주제에 대해 돌아가며 비판을 전개하면서, 격치궁리格致窮理하여 육경으로 돌아갈 것을 요구했다. 비록 이론적으로는 지극히 성글고 거칠지만, 자못 청대 주자학의 일반적인 성향을 볼 수 있다.[7] 청대에는 반反왕학의 기풍이 번성하게 되어, 건가 연간에 이르러 학자들은 문자를 고증하고 음운을 아는 것으로 경서에 통달하고 도道를 밝힘을 표방하게 되니, 곳곳에서 고염무의 "이학이 경학이다"라는 구호를 내걸었다. 그러나 그들의 고증 훈고는 경세치용의 종지와는 갈수록 멀어져서, 오로지 "어떻게 사실로 허구를 증명할 수 있는가?" 혹은 "허구로 사실을 증명할 수 있는가?"만을 말하고 있었다. 이러한 의미로 보자면 한漢·송宋의 구분은 청대 사상의 내부적 분화를 드러내 보여 주기에 절대적으로 부족하다.

예를 들어 왕부지는 줄곧 송학의 후예로 간주되었으나, 그의 저서 중에는 『서경패소』書經稗疏·『상서인의』尙書引義 등도 있다. 이 책들 속에는 적지 않은 부분—예를 들어 『서경패소』에서 「우공」禹貢에 대한 분석—은 그 고증이 상세하고 치밀하여 『사고전서총목』四庫全書總目 같은 관방 저작에서조차 "이 저작물은 경문經文을 전석詮釋한 것인데, 참신한 내용 역시 많다. …소식蘇軾의 『서전』書傳과 채침蔡沈의 『서전』書傳에 보이는 잘못을 반박했는데 대체적으로 그 말에 근거가 있어 그냥 뜨내기 주장과는 다르다. 비록 순정한 부분과 흠잡을 부분이 모두 보이지만 취할 만한 부분이 많다"(是編詮釋經文, 亦多出新意. …駁蘇軾傳及蔡傳之失, 則*大抵辭有根據, 不同游談. 雖醇疵互見, 而可取者較多焉)[8]라고 인정하고 있다. 설령 학술적 방법이 고염무와는 다르다 하더라도 왕부지의 『상서』에 대한 고증 역시 결코 고증을 위한 고증은 아니었다. 그가 『상서』를 끌어다 그 대의大義를 추론해 낸 것은 "대부분 후세의 일을 가져다 바로잡은 것"(多取後世事爲之糾正)이며, 역대 왕조의 잘못, 그중에서

* 則: 인용문에는 즉(則) 자가 빠져 있지만 『사고전서총목』에 근거해 삽입했다.

도 특히 명대明代의 폐단에 대해서 거듭 유감을 표하고 있다. "예를 들어 「요전」堯典의 '공경하고 통달하다'(欽明)라는 구절을 논하면서 이로써 왕양명의 양지를 내치고, 「순전」舜典의 '그윽한 덕'(玄德)*이란 구절을 논하면서 이로써 노자의 '현묘한 종지'(玄旨)를 내치고, '길게 읊조림에 의지한다'(依永)·'소리를 조화시킨다'(和聲)는 구절을 논하면서 송렴宋濂과 첨동詹同이 이 부분에 대해 구궁교묘九宮郊廟의 악장樂章을 끌어온 것이 얼마나 비루한 식견인지를 통박했다. …'갑주는 전쟁을 일으킨다'(甲胄起戎)*라는 구절을 논하면서 진한秦漢 이래 제도 상의 잘못한 점들을 드러냈다. '아는 게 어려운 것이 아니라 행하기가 어려울 뿐이다'(非知之艱, 行之惟艱)*란 구절을 논하면서 주희와 육구연의 학술적 단점들을 비난했다."(如論「堯典」欽明, 則以闢王氏良知. 論「舜典」元德, 則以闢老氏元旨. 論依永和聲, 斥宋濂詹同用九宮壇郊廟樂章之陋. …論甲胄起戎, 見秦漢以後制置之失. 論知之非艱, 行之維艱, 詆朱陸學術之短) 그중 약간의 정치적 판단에 대해서만큼은 『사고전서총목』에서 "더군다나 '권술'權術의 작용에까지 연관되고 있으니 제대로 된 가르침이라 할 수 없다"(益涉於權術作用, 不可訓矣)[9]며 배척했다.

일단 청대 초기 경세치용이라는 특정한 분위기 및 명조明朝의 유민으로 남으려는 고염무·황종희·왕부지의 의지와 멀어지게 되면서, 여러 고증학자들의 송명 이학에 대한 부정은 필연적으로 완전히 방법과 지식만을 파고드는 데에 함몰될 수밖에 없었기에, 더 이상 경세치용과 지행합일의 정치적 관심과 도덕적 의미는 없었다.[10] 고염무의 『일지

---

* 그윽한 덕(玄德): 인용문에는 '원덕'(元德)으로 되어 있지만, 이는 청조 강희제의 휘(諱)인 '현엽'(玄燁)을 피하기 위해 '현'(玄)을 '원'(元)으로 바꾼 것을 그대로 옮긴 것이다. 여기선 원래의 '현'(玄)을 따랐다. 아래 '현지'(玄旨) 역시 원서에서 '원'(元)이던 것을 '현'(玄)으로 되돌린 것이다.
* 갑주는 전쟁을 일으킨다: 이 구절은 『상서』「열명 중」(說命中) 제4장에 보인다.
* 아는 게~뿐이다: 인용문에는 "知之非艱, 行之維艱"이라고 되어 있으나 『상서』「열명 중」 제13장의 원문에 의거해 고쳤다.

록』과 염약거의『잠구차기』潛邱箚記에 보이는 "주 무왕이 상商나라 주왕紂王을 정벌하다"(武王伐紂)라는 구절에 대한 반박을 예로 들면 다음과 같다. "고염무는 이 단락에서 '천하를 가진 자는 복속시킨 나라를 없애지 않는다'는 뜻을 중시하고 있으니 이는 바로 청조淸朝에 대항해 명조明朝를 되살리려는 일에 대해 말한 것이다. 염약거가 반박한 바는 바로 송나라와 상나라의 칭호를 서로 바꿀 수 있다는 데에 있었는데,* 그의 풀이는 그 '말 속에 감춰진 본래 함의'(微言)에 어두웠다 할 만하다."(亭林本條重在'取天下者無滅國'之義, 乃對淸之覆明而言. 潛邱所駁者, 乃在宋商稱謂之互易, 可謂昧於微言矣)[11] 염약거의『고문상서소증』古文尙書疏證과 호위胡渭의『역도명변』易圖明辨 역시 반이학의 저작으로 간주할 수 있다.『고문상서소증』으로 인해서, 송대 유가가 요堯·순舜·우禹로 전승되었다고 간주했던 이른바 '16자字 심결心訣'──즉 "사람의 마음은 위태롭기만 하고 도의 마음은 은미하기만 하다. 애오라지 정심精深하고 전일專─하게 하면서 그 중용中庸 된 바를 잡아야 한다."(人心惟危, 道心惟微, 惟精惟一, 允執厥中)──은 위서僞書(『고문상서』古文尙書「대우모」大禹謨)에서 나온 것임이 증명되었다. '역도'易圖는 송대 유가의 성리학의 출발점 중 하나인데,『역도명변』은 고증을 통해 이것을 오대십국五代十國 시기의 도사道士 진단陳摶의 위조된 모조품으로 귀납시켰다. 이러한 근원을 쫓아 따지는 고증은 청대 고증학의 독창적인 바라고 하기보다는, 송명 이학 내부에 이미 존재했던 암류暗流의 발전이라 해야 한다. 그러나 송대의 육구연 형제·청초의 황종희 형제의 하도낙서河圖洛書에 대한 고증은 주자학의 형이상학적인 우주론을 비판하고 궁행실천의 경세적 의지에 그 종지가 있었다.

여기서 상술한 '송학을 배척하는' 예증은 청대 유학자에게 그저 한학의 주지주의적主知主義的인 표현일 뿐이었다. 이러한 경향은 대진처

• 송나라와~있었는데: 주(周)나라가 상(商)나라를 멸망시킨 뒤 상나라의 후손에게 분봉(分封)한 나라가 바로 송(宋)나라이다.

럼 의리에 대한 관심을 가진 인물에게조차 반영되어 있다. 그는 주로 고증학의 방법으로 송대 유가를 배척했으나, 공공연히 궁행실천의 의리로 송학과 대립하지는 못했다. 대진에 대한 장학성의 이해는 간혹 편파적인 부분도 있긴 하지만, 이를 한 세대의 풍조에 대한 비평으로 간주해도 무방할 것이다. "대진은 힘써 송인을 배척하면서도 몸소 실천하는 데에 있어서조차 자신은 절대 그들에게 미칠 수 없다고 여겨지자, 그들의 몸소 실천함까지도 싸잡아 불가佛家나 도가道家와 매한가지이며 송대 유가의 폐단이기에 아무래도 위군자僞君子가 생길까 저어된다고 비난했다. 그러고는 대진 자신도 이와는 반대로 굴었으니 자진하여 진짜 소인배가 된 것이다."(戴氏力闢宋人, 而自度踐履萬不能及, 乃倂誆其躬行實踐, 以爲釋老所同, 是宋儒流弊, 尙恐有僞君子, 而戴亦反, 直甘爲眞小人矣)[12] 주자학과 경학은 함께 육왕학을 배척했으나 오히려 이 때문에 궁행실천의 정신을 잃고 말았다. 이러한 의미에서, 청유淸儒가 송학을 배척하는 성향은 지속되어 온 것이긴 하지만, 훈고 고증으로 송학을 무시하는 것이 비판적인 성격을 지니고 있는가 하는 문제는 크게 의문시된다.[13]

상술한 배경으로부터 대진과 송학의 관계를 관찰해 보면, 우리의 결론과 후스의 결론은 자연히 달라진다. 대진은 고증에 뛰어났고 그의 학술은 실사구시로 귀납된다. 그는 젊어서 일찍이 무원婺源의 강영江永에게서 배웠는데, 강영은 삼례三禮에 깊은 연구가 있었고 주자의 뜻을 이어받아 예악을 완성하는 저술에 뜻을 두고 있었다. 그의 영향 아래 대진의 초기 학술은 반주자학적인 흔적이 전혀 없었다. 첸무의 말을 빌려 말하자면, 대진은 "의리로써 송학을 추숭하고 제도와 예의로써 한학을 숭상했다. …한송漢宋을 모두 거론했으며 어느 한쪽으로 치우침이 없었다."[14] 「여시중명논학서」與是仲明論學書는 대진이 그때 학술의 종지를 논한 것이다. 이 편지는 한편으론 글자로써 낱말에 통달하고 낱말로써 경서에 통달하며 경서로써 도에 통달한다는 경학의 옛 종지를 거듭 펼치면서, 다른 한편으론 '도문학'道問學으로써 육왕의 '존덕성'尊德性을 배척하고 있지만, 단 한마디도 정주에 대해 언급한 것이 없으니, 그의 고증학과 주자학이 서로 표리를 이룸을 알 수 있다.

경서에서 지극한 것은 바로 도인데 그 도를 밝히는 것은 낱말이 며 낱말을 이루는 것은 글자입니다. 글자로써 낱말에 통하고 낱 말로써 도에 통하는 것은 필시 점진적인 것이라고 여겼습니다. 이른바 글자에 대한 공부를 추구하여 여러 전서篆書를 고찰하고 허신의 『설문해자』를 얻어 3년 만에 그 요체를 알게 되고 나서 야, 점차 옛 성인이 지으셨던 경서의 본래 모습을 들여다볼 수 있었습니다. 또 허신이 훈고에 완전할 수 없었을 것이라 여기고 벗에게 『십삼경주소』十三經注疏를 빌려 읽으면서, 한 글자의 뜻을 파악하는 데에도 마땅히 여러 경서를 두루 살피고 육서六書에 근 본을 두어야 함을 알게 되고 나서야 제 학문이 확고히 정립되었 습니다. …송대의 육구연이나 명대의 진헌장陳獻章·왕양명은 강 습·토론의 학문을 폐지해 버린 채 이른바 '존덕성'을 빌려 그 이 름만 아름답게 꾸몄으나, '도문학'을 버려두고 어찌 '존덕성'이 라 명명할 수 있겠습니까?

> 經之至者道也, 所以明道者其詞也, 所以成詞者字也. 由字以通
> 其詞, 由詞以通其道, 必有漸. 求所謂字, 考諸篆書, 得許氏『說
> 文解字』, 三年知其節目, 漸睹古聖人制作本始. 又疑許氏於故
> 訓未能盡, 從友人假『十三經注疏』讀之, 則知一字之義, 當貫群
> 經本六書, 然後爲定. …宋之陸, 明之陳·王, 廢講習討論之學,
> 假所謂'尊德性'以美其名, 然舍夫'道問學', 則惡可命之'尊德
> 性'乎?[15]

차이가 존재하는 부분은, 주자의 '격물'에서의 '격'格은 천하 만물에 두루 미치는 것이었다. 그러나 대진 본인은 수학 등 자연과학에 대해 정심한 연구가 있기도 했지만, 그의 격물설의 대상은 육경의 명물名物 이었다. 전대흔은 대진의 성취를 총결하길, "(대진은) 예경禮經의 제도

명물제도名物과 천문역법을 꿰뚫어, 모두 그 근원까지 통찰했다. 한대 유가의 전주傳注와 『방언』方言·『설문해자』 등을 정심히 연구했으며 성음聲音·문자로부터 훈고를 구하고 훈고로부터 의리를 찾았다"(講貫禮經 制度名物及推步天象, 皆洞徹原本, 旣乃研精漢儒傳注及『方言』『說文』諸書, 由聲音·文字 求訓詁, 由訓詁以尋義理)[16]고 했다. 이것이 바로 고증학의 방법이었다.

경학의 형식은 본래가 이학에 대한 일종의 비판이었지만, 만약 「여시중명논학서」와 고염무·단옥재의 관점을 하나하나 펼쳐 놓아 본다면 고염무가 그 단서를 열었고 혜동과 대진이 그 흐름을 창달케 했으며, 단옥재·왕념손에 이르러 대성한 경학의 실마리와 이학의 관계는 자못 서로 표리를 이루는 부분이 있다. 고염무는 『『의례정주구두』서』儀禮鄭注句讀』序에서 "훗날의 군자들은 구두句讀로부터 그 문장을 변별하고, 문장으로부터 그 의리를 판별하고, 그 의리로부터 제작의 근원을 통달하기에, 공자께서 이르신 바, 하늘에게서 이어받은 도로써 사람의 정情을 다스린다면 삼대의 뛰어난 영걸英傑을 따를 수 있을 것이니, 나라가 망하기 전에 그 예제禮制가 먼저 망한다는 신유辛有의 한탄*이 이천伊川에서 나올 일은 없을 것이다. 그러니 『의례정주구두』를 남긴 장이전張爾田 같은 분은 후세의 태평한 시대를 위해 먼저 예제를 이끌어 내신 분이 아니겠는가!"(後之君子, 因句讀以辨其文, 因文以識其義, 因其義以通製作之原, 則夫子所謂以承天之道而治人之情者, 可以追三代之英, 而辛有之嘆, 不發於伊川矣. 如穩若者, 其不爲後世太平之先倡乎)[17]라고 했다. 이러한 주장이야말로 「여시중명논학서」와 서로 호응하고 있는 것이 아니겠는가? 단옥재의 『『대동원집』서』戴東原集』序를 보면 고염무·대진의 문장에서 의리를 판별해 내는 데 대한 이해의 정도가 깊어졌다 할 수 있다. 왜냐하면 그는 직접적으로 고증 훈고의 근거를 송대 유가가 추숭했던 『중용』까지 끌어올

---

* 신유(辛有)의 한탄: 신유는 주나라 대부이다. 주 평왕平王 당시 동쪽으로 수도를 옮길 때, 이천 땅에 가서 그곳 사람들이 머리를 풀고 들판에서 제사 지내는 것을 보고는, 100년이 되기 전에 이천 땅은 오랑캐의 땅이 되어 예제가 먼저 소멸될 것이라고 탄식했다 한다.

렸기 때문이다. 단옥재가 보기에 경학의 근거란, 성인은 공상이나 허구에 의지하여 마음속으로 의리에 통달할 수는 없다는 데 있었다. 예를 들어 『중용』에서 말한 것처럼 "자신의 몸에 근거를 두면서 뭇 백성들에게서 징험하며, 삼왕三王이란 잣대로 연구하면 잘못이 없고, 천지天地에 세우면 어그러짐이 없고, 귀신에게 물으면 의심되는 바가 없고, 백세百世가 지나 성인이 나타더라도 의혹이 없게"(本諸身, 徵諸庶民, 考諸三王而不謬, 建諸天地而不悖, 質諸鬼神而無疑, 百世以俟聖人而不惑) 할 수 없다면 성인 역시 "천지와 백성·만물에 대한 이치를 다할 수 있는"(盡天地民物之理) 방법이 없었다. 이 때문에 단옥재는 고증이 "군자의 도"(君子之道)라 한다면 의리는 고증의 극치가 아니냐는 물음에 대해 이렇게 답했다.

무릇 성인의 도는 육경에 있는데, 육경에서 이를 구하지 않는다면 성인이 구하는 의리를 집·나라·천하에 시행할 방법이 없다. 문사文辭를 잘 꾸미지 못함은 이러한 일의 말단에 불과할 뿐이다. 선생의 경서 연구는 무릇 훈고·음성·산수·천문·지리·제도·명물·인사의 선악善惡 시비是非로부터 음양陰陽·기화氣化·도덕·성명性命에 이르기까지 그 실질을 연구하지 않은 바가 없었으니, 고거 고증으로부터 성性과 천도天道를 통달한 것이리라. 성과 천도에 통달했다면 고증이 더욱 정밀해지고, 문장은 더욱 풍성해져서, 위정자에게 채용된다면 시행되어 백성을 이롭게 하고, 위정자에게 버림받는다면 세상에 가르침으로 세워도 아무런 폐단이 없을 것이다. …선생께서 말씀하시길, "육서六書·구수九數 등의 일은 거간꾼 같아서 수레에 탄 사람을 들어 올리는 일을 한다. 육서·구수에만 매진한다면, 이는 거간꾼을 수레에 탄 사람으로 오해한 것과 같다"고 하셨다. 또 일찍이 나(단옥재)에게 편지를 쓰시길 "내 평생의 저술 중 대단한 것은 『맹자자의소증』이 제일이니, 사람의 마음을 바로잡는 바이다!"라고 했다. 아! 이로써 선생이 어떤 분인지를 가히 알 수 있도다!

夫聖人之道在六經, 不於六經求之, 則無以得聖人所求之義理,
以行於家國天下, 而文詞之不工, 又其末也. 先生之治經, 凡故
訓·音聲·算數·天文·地理·制度·名物·人事之善惡是非, 以及
陰陽·氣化·道德·性命, 莫不究乎其實, 蓋由考覈以通乎性與天
道. 既通乎性與天道矣, 而考覈益精, 文章益盛, 用則施政利民,
舍則垂世立教而無弊. …先生之言曰: 六書·九數等事, 如轎夫
然, 所以升轎中人也. 以六書·九數等事盡我, 是猶誤爲轎中人
也. 又嘗與玉裁書曰: 僕生平著述之大, 以『孟子字義疏證』爲第
一, 所以正人心也. 噫! 是可以知先生矣![18]

단옥재가 의리·고증·문장을 확연히 구분함을 비판한 것은, 유가의
일관지도一貫之道로써 후대 유자들이 억지로 서로 다른 영역이라 나누
는 작태를 비판한 것이다. 이는 비단 대진의 사상을 정확하고 적절하
게 체현한 것일 뿐만 아니라 이학에 편중된 방동수가 한학을 비난하고
송학을 존숭하던 관점과도 매우 가까운 것이다.[19] 단옥재와 방동수는
각기 반대 방향에서 함께 고증과 의리가 비단 대립적인 지위를 차지하
고 있지 않을 뿐만 아니라, 서로 지탱해 주는 관계이며 송학을 한학을
이끌어 준 스승으로 간주할 수도 있음을 밝혔다.

송명 이학은 본래 정주·육왕의 논쟁이 있었는데, 명말 청초의 유자
들은 논쟁 중 각기 필요한 바를 취해 오면서, 점차 경사지학의 길로 이
끌리게 되었다. 학술사 연구자들은 학술 발전을 거슬러 올라가는 내재
적 논리에 습관화되었기에, 여기서 더 나아가 서로 다른 시대의 사상
적인 요소들을 끊임없이 이어져 온 하나의 연속선으로 엮어 버렸다.
첸무는 오학吳學의 반이학적 특징을 논하면서 이렇게 말했다.

고염무의 『음학오서』音學五書는 그 대의가 당唐에 근거하여 송宋
을 바로잡고, 고경古經에 근거하여 당唐을 바로잡는 것이니, 이
는 즉 복고로써 송에 대해 반박하고 경학의 훈고로써 송명의 어

록을 깨 버리는 것이었다. 이러한 풍조는 삼오三吳 지방에 퍼져서 오학吳學의 먼 연원이 되었다. 절동浙東의 요강姚江은 오래된 고장으로 양명학의 정신이 여전히 남아 있었다. 예를 들어 황종희 형제가 역도易圖를 반박하고, 진확陳確이 『대학』을 의심하고, 모기령이 『대학고본』을 크게 추존하며 힘써 주자의 주장을 가려낸 것은, 그 동기가 정주·육왕이라는 오래 묵은 논쟁거리를 다시금 다투려는 데에 있었다. 그래서 결국 얻은 바가 고염무와 전혀 다른 경로를 통했으면서도 결과는 같았으니, 학자로 하여금 옛 경적經籍이 송학宋學과 반드시 혼연일체를 이루는 것은 아님을 확실히 알게 해 주었다. 그다음으로 염약거가 『고문상서』가 거짓임을 변별해 낸 것은 그 뜻이 본래 주자를 존숭하는 데에 있기는 했지만, 그래서 결국 얻은 바 역시 사람들로 하여금, 경서에 통달하는 것은 옛것으로 거슬러 올라가는 데에 그 단서가 있으며, 진당晉唐 이래로는 벌써 미혹스러운 부분이 있으니 송명 시기는 더욱더 얘기할 것도 없음을 알게 해 주었다.[20]

강희제가 주자학을 존숭하면서부터 주자학과 경학 간의 긴장은 점차 소실되어 갔다. 이학가의 치도합일·이례합일과 경학가의 '도기일체'는 같은 근원을 가진 것으로, 이러한 기본적인 설정이 흔들리지 않는 한 그들 사이에 확연히 대립하는 상황은 출현할 리가 없었다. 이 때문에 강영·대진의 경학은 주자를 기술하는 것으로 시작했고 주균朱筠 등 건가 연간의 학자들은 여전히 정주를 추존했다.

혜동·대진은 각기 오학吳學과 휘학徽學의 영수로 간주되었고, 동시에 건가 시기에 송학을 배척하는 대표적인 인물들로 간주되었다. 왕명성은 "요즘 학자들은 혜동·대진 두 선생을 가리켜, 혜동 선생의 경학 연구는 옛것을 구했고 대진 선생의 경학 연구는 옳음을 구했다고 여긴다. 따져 보면 옛것을 버리고는 옳을 수가 없는 것이다"(方今學者斷推兩先生, 惠君之治經求其古, 戴君求其是, 究之, 舍古亦無以爲是)라고 했다.[21] 첸무는 더 나아가 그들의 차이를 이렇게 분석했다.

휘학은 주자를 조술祖述하여 격물하는 데에 연원이 있으니, 그 정밀한 부분은 『삼례』三禮에 있었다. 천문·역법·지리·음운·명물 등 각 방면에 대해 연구한 것은 그 마음씀씀이가 늘 여러 경서들을 회합하여 관통함을 얻는 데에 있었다. 오학은 옛날로 돌아가고 싶어하는 마음으로 이후 생겨난 거짓 학설들을 변별해 내었으니, 그들이 『주역』·『상서』와 같은 문헌을 연구한 것은 그 마음씀씀이가 늘 그 옛것으로 거슬러 올라가 그 원형을 얻으려는 데에 있었던 것이다. 그래서 오학은 전문적인 방향으로 나아갔고, 휘학은 실질을 증명하는 데로 다달았던 것이다.

또 이렇게 말했다.

소주蘇州의 혜동이 등장하자 회의懷疑의 마음이 돈독한 믿음으로 바뀌었고, 위조를 변별하던 노력은 진실을 구하는 것으로 향했다. 그들이 한대 유가에게로 돌아간 것은 스스로 당송의 것을 천시하여 폐기하면서 그렇게 된 것이다. 그래서 휘학과 오학을 비교해 보면, 오학은 실로 급진적이고 새로운 바로 나아가는 데에 한 걸음 앞서 갔고 혁명적인 기풍을 지니고 있었다. 그러나 휘학은… 대체로 명말 동림당의 뒤를 이었기에 당초 뜻이 여전히 송학宋學을 천명하고 주자를 조술하는 데에 있었다. 이는 오학에서 고차원적이고 거시적으로 한학과 송학을 확연히 나누어 버려, 마치 북방의 기冀 땅과 남방의 월越 땅으로 가는 길이 전혀 다른 것처럼 구분한 것보다 훨씬 못한 것이었다.[22]

혜동과 대진이 "당송의 것을 천시하여 폐기"하고 한대 유가에게로 돌아간 것은 분명한 사실이지만 그들과 송학의 관계를 어떻게 이해해야 하는가에 대한 문제는 좀 더 자세한 분석을 필요로 한다. 휘학의 당초 뜻은 여전히 송학을 천명하는 것이고, 송학을 배척하는 것은 오학으로부터 시작되었으므로, 먼저 혜동이 어떻게 송학을 배척하고 한학으로 돌아갔는지 살펴보도록 하자.

1759년 혜동이 남송 왕응린王應麟의 『정씨주역』鄭氏周易을 중간重刊하면서 한대 유가의 학설을 기초로 삼은 것은, 왕필王弼 이래로 『역전』에 침투된 도가 학설에 대한 비판이었다. 이러한 학술 성향은 본래가 송대 유가의 도통설道統說과 서로 대립되는 것으로, 암암리에 송학宋學에서의 불가와 도가의 요소에 대한 억제의 의미를 포함하고 있었다. 혜동은 『역한학』易漢學 「자서」自序에 이르길, "육경은 공자에 의해 편정編定되었고, 진대秦代에 훼손되었다가, 한대漢代로 전해졌다. 한학이 쇠망한 지 오래되었으나, 유독 『시경』·『예기』·『춘추공양전』 이렇게 세 경서는 아직 각기 모형毛亨의 주注·정현鄭玄의 주·하휴何休의 주가 남아 있다. 『춘추』는 두예杜預에 의해 어지러워졌고, 『상서』는 위조된 공안국의 『고문상서』로 인해 어지러워졌고, 『역경』은 왕필에 의해 어지러워졌다. …한학은 비록 쇠망했지만 그렇다고 완전히 망실된 것은 아니었다. 단지 왕필이 상象에 기탁하여 『역경』을 말한 것은 황로지술黃老之術에 근본을 둔 것이었기에, 그 속에 한대漢代 경사經師의 뜻을 더이상 보존하질 못했던 것이다"(六經定於孔子, 毀於秦, 傳於漢. 漢學之亡久矣, 獨 『詩』『禮』『公羊』三經猶存毛·鄭·何三家. 『春秋』爲杜氏所亂, 『尙書』爲僞孔氏所亂, 『易經』爲王氏所亂. …漢學雖亡, 而未盡亡也. 惟王輔嗣以假象說『易』, 根本黃老, 而漢經師之義, 蕩然無復有存者矣)[23]라고 했다. 양샹쿠이의 정리에 따르면 혜동이 송학을 배척한 것은 두 가지 측면을 내포하고 있다. 첫 번째로는 하도낙서의 허황함을 밝히고, 두 번째로는 '리'의 관념을 새롭게 해석하는 것이다. 그는 경학의 고증 방식으로써 송대 유가의 '선천'先天·'무극'無極 따위의 우주론에 대해 격렬한 비평을 가하면서, 〈선천도〉先天圖와 〈무극도〉無極圖 그리고 〈하도〉河圖와 〈낙서〉洛書가 위조된 것임을 폭로했다. 이하 두 가지 예는 이미 양샹쿠이가 들었다. 우선 혜동은 『역례 상』易例

上에서는 다음과 같이 말함으로써 '선천' 학설을 깨트렸다.

> 「서괘전」序卦傳에 이르길, "천지가 있고 난 뒤에 만물이 생겨났
> 다"고 했다. 이 말에 간보干寶는 이 같은 주석을 달았다. "사물은
> 천지보다 먼저 생겨난 것이다. 오늘날 천지부터 시작하는 것은,
> 천지 이전에 대해선 성인께서도 결코 논하지 않던 바였기 때문
> 이다. 그러므로 만물이 본받은 법상法象은 필시 천지로부터 환
> 원된 것이다."
>
> > 「序卦」曰: 有天地然後萬物生焉. 干寶注云: 物有先天地而生
> > 者矣, 今正取始於天地, 天地之先, 聖人弗之論也, 故其所法象
> > 必自天地而還[24]

『주역술』周易述「역미언 상易微言上·무无」에서는 다음과 같이 말함으
로써 '무극'無極 학설을 깨트렸다.

> 육경에는 '무'无*로써 도를 이야기한 곳이 없다. 오로지「중용」에
> 서『시경』을 인용하여 "하늘의 일은 소리도 냄새도 없다(無)"고
> 했는데… '무'无는 '원'元과 통용되기에• '원'元을 도의 근본으로
> 삼은 것이다. …'원'元이 도의 근본임을 안다면, 후세의 '선천'先
> 天이나 '무극'無極에 관한 학설들은 모두 쓸 수 없을 것이다.
>
> > 六經無有以'无'言道者, 唯「中庸」引『詩』: 上天之載, 無聲無

• 무(无): '无'와 '無'는 같은 글자이다.
• '무'(无)는 '원'(元)과 통용되기에: 이는 원래 한대(漢代)『효경』(孝經) 계열의 위
서(緯書)에서 나온 주장이다. '무'(无)와 '원'(元)의 자형이 매우 비슷한데다가, 자
의(字義)도 황로 사상 이래로 '텅 빔'과 '근원'이라는 의미가 매한가지라고 여겨 이
두 글자를 통용하게 된 것이다. 하지만 단옥재가 지적했듯이 이는 잘못이다(『설문
해자주』의 '无'자 설명 참조). 혜동은 여기서 '무'(无)로 도(道)를 표현한 것은 단지
'원'(元)의 의미일 뿐이라고 주장하면서, '무'(无)와 도(道)의 관련성을 원천적으로 부
정하고 있다.

臭… 无通於元, 故元爲道之本. …知元之爲道本, 則後世先天·
無極之說, 皆不可用.[25]

송원宋元 이래로 이학의 분쟁은 주자학의 기틀을 뒤엎기 위해 육왕
학자들이 고증의 방식으로「태극도설」太極圖說의 허황함을 밝힌 것이
었는데, 이는 이후의 경사지학經史之學의 발전에 중대한 공헌을 했다.
하도낙서에 대한 혜동의 비판은 사실 이러한 전통의 연속이었다. 그
는 또 고증의 방법으로 '리'理를 말하면서『관자』管子 등의 저술 중에서
'둘을 겸한다'(兼兩)는 함의를 끌어냈다. 그리고 더 나아가 천리가 음
양·강유剛柔·인의·호오를 두루 포용한다는 것을 확신했다. 훈고 방식
으로 "천天/인人, 리理/욕欲을 대치시키고"(以天人·理欲爲對待) "하늘이 바
로 리다"(天卽理)라는 명제를 해체한 것은[26] 대진의 이욕지변理欲之辨을
위해 길을 닦아 준 것이다. 혜동은 '리'理란 법가法家의 저술에 근본을
둔 것이라 했고, 대진은 '리'란 바로『순자』를 바탕으로 한 것이라 말
했다. 이 모두는 사람과 예법의 관계로써 리를 설명하려는 경향이 있
었던 것이다. 이는 그들의 의리와 고증 저작 중에 드러나 보이는 새로
운 제도론의 흔적이다.

그러나 혜동의 학술과 송학의 관계는, 반이학으로 개괄해 낼 수 있
는 것이 절대 아니다. 피석서는 혜동·대진 등 경학 대사大師들이 송학
宋學의 해석을 모두 버리고 오로지 한대漢代의 기치를 독창적으로 내걸
었음을 논급하면서, 특별히 이렇게 보충을 가했다.

혜동의「홍두산재영첩」紅豆山齋楹帖에서 말하길, "육경은 공자와
맹자를 종주로 하고, 모든 행동은 정자와 주자를 본받는다"라고
했으니, 이로 보아 혜동의 학술은 송대 유가를 무시한 적이 없었
던 것이다. 대진은… 그 학술이 본래 강영에게서 나왔는데, "강
영의 학술은 한대 경사經師 정현 이후 그 짝할 이가 드물다"라고
칭송했다. 강영은 일찍이 주자의『근사록』近思錄에 주를 달았고,

그가 지은 『예경강목』禮經綱目 역시 주자의 『의례경전통해』儀禮經傳通解에 근본을 둔 것이다. 대진은 『원선』·『맹자자의소증』을 지었는데 비록 그 내용이 주자의 경설經說과 어긋나기는 하지만, 그 역시 그저 '리'理 한 글자를 가지고 논쟁했을 뿐이다. …단옥재는 대진에게서 배웠는데, 대진을 주자의 사당에 배향할 것을 논의했고, 또 주자의 『소학』에 발문跋文을 달았다. …단옥재는 소학에 지극히 정심한 사람이었으나, 한인漢人의 소학으로 주자의 『소학』을 무시하지 않았다. 이로 보아 강영·대진·단옥재의 학술은 일찍이 송대 유가를 무시한 적이 없었던 것이다.

> 惠氏「紅豆山齋楹帖」云: "六經宗孔孟, 百行法程朱", 是惠氏之學未嘗薄宋儒也. 戴震… 其學本出江永, 稱永學自漢經師康成後, 罕其儔匹. 永嘗注朱子『近思錄』, 所著『禮經綱目』亦本朱子『儀禮經傳通解』. 戴震作『原善』·『孟子字義疏證』, 雖與朱子說經抵牾, 亦只是爭辨一理字. …段玉裁受學於震, 議以震配享朱子祠, 又跋朱子『小學』. …段以極精小學之人, 而不以漢人小學薄朱子『小學』, 是江戴段之學未嘗薄宋儒.[27]

피석서는 금문학今文學 진영 출신이었기에, 혜동의 학술에 대한 그의 판단은 그저 「홍두산재영첩」에서만 기인한 것이 아니라, 금문경학가로서의 민감한 부분을 내포하고 있다.[28] 양샹쿠이는, "혜동은 『역경』을 연구함에, 이른바 고자古字로 속자俗字를 고치길 좋아했고, 고문경古文經의 체계를 존숭했으나, 또한 금문가今文家의 학설도 채용했는데 대부분이 음양참위학陰陽讖緯學에 관한 것이었다. 이 때문에 '천인지도'天人之道에 대해서도 얘기하게 되었다. 혜동이 경經을 연구함에 순수하게 한대 유가만을 받들었다고 말할 수 있겠다"고 했다.[29] 이러한 주장은 바로 피석서의 관점을 증명해 주는 것이다. 여기서 "순수하게 한대 유가만을 받들었다"란 말을 어떻게 이해해야 하는가에 대해서는 여전히 되짚어 볼 만하다. 혜동은 문자 훈고訓詁 방면에서 고문경 체계(즉 고자로 속자를 바꾸기)를 존숭했지만, 고증의 배후에 있는 의리 방면에서는 도리어 천인지도에 관심을 두고 금문가의 학설을 채용했다. 그는 50세 이후 경술經術에 전심전력했는데, 특히나 『역경』에 정심했다. 『주역술』周易述·『역례』易例 『역한학』易漢學 및 『구경고의』九經古義 중 『역경』에 관련된 논술은 청대 역학易學에서 매우 중요한 저작들로, 학술사 연구자들의 칭찬을 받고 있다.[30]

송대 이학은 불가와 도가에 대한 배척을 기치로 내걸었지만, 송대 이학의 우주론·심성론은 불가·도가와 지극히 밀접한 관계를 가지고 있었다. 혜동은 하도낙서를 비판하고 한학을 부흥시키는 것을 자신의 소임으로 삼았으며, 송대 유가의 선천·후천 학설은 『역경』에 대한 왕필의 곡해에 연원했고 많은 노장 사상의 요소가 뒤섞여 있다고 여겼다. 그러나 그가 송학에 반대하고 한학으로 돌아가고자 하는 방식으로 재건한 '천인지학'天人之學이란 암암리에 불가·도가의 학설과 상통한다. 여기서 경학과 이학을 연결시켜 주는 다리 역할을 한 것이 바로 한대 금문학今文學과 참위학讖緯學, 그리고 도교적인 요소였다.

혜동은 공개적으로 『주역참동계』周易參同契를 인용하며 이로써 '끊어진 학술'(絶學)을 다시 잇고 '의미가 숨겨진 말'(微言)을 계승할 수 있다고 여겼다. 『주역술』에서 혜동은 힘을 다해 주자를 공격했지만, 『역경』을 해석할 때는 오히려 『음부경』陰符經을 많이 인용했다. 이 책은 주희가 매우 좋아해서 고정考訂까지 했던 저작이다. 『음부경』의 이른바 "천지의 도란 점차로 쌓여 가는 것이므로, 음양이 번갈아 가며 앞선다"(天地之道浸, 故陰陽勝)라는 말은 주자의 심득을 제대로 체득한 것이다. 그리고 혜동이 『역례 상』 중에서 "양이 자라면서 음이 시드는 것은 모두 점차로 쌓여서 그리된 것이다. 「문언전」文言傳에서 이르길 '그 연유된 바는 점차로 쌓여 온 것이다'라고 했다. 그래서 '침浸이란 점차 쌓이는 것'이라 했던 것이다. 『음부경』에 가로되 '천지의 도란 점차로 쌓여 가는 것이므로, 음양이 번갈아 가며 앞선다'라 했고 「둔괘」遯卦의 「단전」象傳에서 이르길 '바르면 조금 이롭다란 것은 바로 점차로 쌓여 자라난다는 뜻이다'라고 했다. 이를 일러 음양이 번갈아 가며 점차 쌓여서 자라난다고 했던 것이다"(陽長陰消, 皆以積漸而成.「文言」曰: '其所由來漸矣', 故曰: '浸, 漸也.'『陰符經』曰: '天地之道浸, 故陰陽勝.'「遁」「彖傳」曰: '小利, 浸而常也', 此謂陰陽浸而長也)라고 말했다. 양샹쿠이는 이에 근거하여 "한학의 발전은 본래 이학과 대립되는 것이지만, 이 부분에 있어서는 양자가 『음부경』을 통해 합치되었던 것"이라고 보았다.[31] 혜동은 천상天象의 괴이함·괘효卦爻의 혼란스러움·음양 조화의 상실 및 재이災異의 유행으로부터 인사人事의 "도를 상실하고 망령되이 행하는 바"(失道妄行)를 관찰했는데, 이는 완전히 한대 유가의 천인상관天人相關과 천인상류天人相類라는 옛 학설을 따르고 있는 것이다. 그의 한학은 역학易學을 중시했고, 그중에서도 음양陰陽 재이災異의 학설을 중시하면서, 한학으로의 복귀와 암암리에 보이는 도교와의 소통을 병행하면서 상충하지 않도록 했다. 이는 그가 송학을 배척하는 동시에 천인지학天人之學으로 송학과 대화할 수 있었던 주요 원인이다.[32]

혜동의 역학易學은『역경』과『춘추』를 소통시켰는데, 전자는 천학天學이요 후자는 인사人事이니, 이를 합치면 천인지학이 된다.[33] 이러한 패턴은 차후 공양학公羊學의 천인지학과 호응하는 부분이 매우 많다. 구체적으로 말하면 "『역례 상』「태극생차」太極生次에서 그는 천지만물의 발생·발전이 바로『역경』의 발생·발전이라고 했다. 만물의 발전은 우주의 실체이며,『역경』은 우주 실체가 자신의 덕성을 겉으로 드러낸 것이다.『춘추』는 일을 기록하는 것으로『역경』을 본받고 있는데, 임금이 갈릴 때마다 '원'元*을 기록하여 시작하는 것은『역경』이 태극을 그 머리로 하고 있음을 본뜬 것이다."[34] 혜동은 한대 유가를 쫓아 우주 현상을 64괘에 배합했다.[35] 또한 하나하나 나누어 도道·원元·성誠·성명性命 등의 명제를 논했는데, 이는 명백히 송학宋學의 이른바 '이치를 궁구

• 원(元): 이는『춘추』에 보이는 기년법(紀年法) 중 새로운 임금의 첫해, 즉 원년(元年)을 뜻한다.

하고 본성을 다함'(窮理盡誠)이나 '천도이기'天道理氣의 학설에 호응하는 것이다. 천인天人을 한 몸으로 합하는 이러한 역학 우주론 역시 이학의 주요 연원 중 하나이다. 그는 경학의 형식 속에서 역학 우주론으로 회귀했는데, 이는 비단 고문경학古文經學 내부에서 금문경학今文經學의 단초를 열었을 뿐만 아니라, 동시에 인사人事를 관찰하기 위해 우주론적인 관점을 제공해 주었다.[36]

대진과 전대흔은 모두 혜동에게 학문을 배운 적이 있으며, 그를 쫓아 송학을 배척함에 매우 적극적이었다. 한漢과 송宋의 구별은 건가 연간의 학술에 있어 마치 물과 불처럼 절대 뒤섞일 수 없는 것이었다. 그러나 만약 학술사의 상호 전승과 침투라는 관점에서 살펴본다면 문제는 매우 복잡해진다. 대진의 『원선』은 경학가가 가장 듣기 싫어하는 이학 저작이지만, 첸무의 주장에 따르면 오히려 혜동의 한학 가법家法에서 나온 것이다. "대진은 혜동을 매우 좋았기에, 훈고를 버리고는 의리를 밝힐 방법이 없다고 말했다. 『원선』 3권은 바로 이러한 정신으로 만들어진 것이다. 그래서 이르길 '천인지도는 경經의 큰 가르침이 모여져 있는 바다'라고 했으니, 대진이 학술을 논구하고 저작을 지으면서 혜동에게서 받은 영향을 가히 알 수 있다."[37] 장타이옌의 「강성자옹위송명심학도사설」康成子雍爲宋明心學導師說을 읽어 보면 그의 한송관漢宋觀은 실로 첸무의 이러한 주장의 선구였다.

한인漢人은 명리名理에 약했기에, 경학가들은 도道를 말하면서도 만주晚周 때처럼 정심하지를 못했다. 그러나 늘 논하던 가운데에 높고 빼어난 견해가 뒤섞여 있던 것이 결국은 송명 심학心學의 단초가 되었다. 정현은 '치지는 격물에 있다'란 구절을 풀면서 '격格이란 오는 것(來)이며 물物이란 일(事)이다. 그 앎이 자못 선하면 선한 일이 오게 되고, 그 앎이 자못 악하면 악한 일이 오게 된다. 이는 일이란 사람이 좋아하는 바에 따라서 오게 됨을 말하고 있는 것이다'라고 했다. 이는 바로 공자가 '내가 어질고자(仁) 한다면 어짊이 바로 다다른다'*라고 말한 것에 근거한 것이다. 이로 미루어 보면 내가 어질지 않고자(不仁) 하면 어질지 않음이 바로 다다르게 된다. 이후 왕양명이 지행합일설을 만들면서 말하길, '앎(知)이 독실한 지점이 바로 행(行)함이며, 행함의 정심하고 명확한 지점이 바로 앎이다'*라고 했는데, 앞서 본 정현의 뜻과 다를 바가 없다. 왕숙王肅은 『고문상서』와 『공총자』孔叢子를 위조했는데, 『고문상서』에서 "사람의 마음은 위태롭기만 하고, 도의 마음은 은미하기만 하다. 애오라지 정심하고 전일하게 하면서 그 중용된 바를 잡아야 한다"*는 점을 언급했다. 이는 순자가 『도경』道經의 글귀를 인용한 것을 고친 것인데, 송대 유가는 모두 이를 준칙 삼아 받들어 모셨다. 그러나 그것이 궁극의 이치는 아니었다. 『공총자』에서는 '마음의 정신을 일컬어 성聖이라 한다'*고 했으니, 비단 유자의 말 중에서도 월등히 뛰어날 뿐만 아니라 비록 서방의 성인이라 해도 이에 더 무엇을 더하리오! 그래서 양간楊簡은 평생 이를 암송하며 절대 변치 않을 말씀이라 여겼다. 앞서 말한 사량좌謝良佐나 이후의 왕양명이 모두 '마음(心)이 곧 리理'라고 말한 것 역시 이것과 맞아떨어지는 것이다.[38]

이러한 관점은 청대 한학과 이학의 관계에도 자못 적용되지만, 그 말을 뒤집어 보면 주자학과 양명학, 그리고 『역경』과 도교, 그리고 참

- 내가~다다른다: 이 구절은 『논어』 「술이」(述而)에 보인다.
- 앎(知)이~앎이다: 이 구절은 『전습록』 권중(卷中)에 보이는데 원문에 약간의 이동(異同)이 있다. 원래 문장은 "知之眞切篤實處. 旣是行, 行之明覺精察處"이다.
- 사람의~잡아야 한다: 이 말은 위고문(僞古文)인 『상서』 「대우모」(大禹謨)에 보인다. 특히 이학의 대표적 저작인 주희의 『중용장구』(中庸章句)의 「서」(序)에 인용되면서 공자의 16자(字) 심결(心訣)이라 불리며 중시되었다가 『고문상서』가 위작으로 밝혀지면서 그 의미와 권위에 타격을 받게 된다.
- 마음의~성(聖)이라 한다: 이 구절은 『공총자』 「기문」(記問)에 보인다.

위설 역시 청대 한학의 단초였던 것이다. 혜동이 경학의 내부에서 천인지학의 의리를 발굴해 내고 대진이 「법상론」法象論 중에서 역리易理로 인사人事를 엿보는 것을 언급하는 것[39]이 모두 이러한 사실을 증명하고 있지 않은가? 이러한 배경하에서 대진은 도대체 어떻게 송학을 배척했는가. 이 역시 또 다른 문제이다.

여기에는 여전히 좀 더 중요한 의문이 하나 남는다. 강희제가 주자를 숭상하여 한때 공경대부 및 석학 대유들이 벌떼처럼 주자학에 경도되었다. 주자학이 여전히 청조의 관학이었다면, 도대체 건가 연간 북경에 거처하던 여러 학자는 어떻게 감히 송학을 배척한다고 공공연히 표방할 수 있었을까? 어떻게 혜동이 『모시주소』毛詩注疏를 평가하면서, 이른바 "송대 유가의 화禍가 진시황의 분서보다 심하다"(宋儒之禍, 甚於秦灰)는 극언極言이 사고관四庫館에 있던 신하들의 동조를 얻을 수 있었을까? 이 때문에 대진이 송학을 배척한 것과 오학吳學과의 관계를 분석하기 이전에, 정치와 학술의 관계로부터 청대 주자학의 운명과 변화에 대해 대략이나마 얘기할 필요가 있다. 량치차오는 일찍이 고증학의 흥기를 청대 문자옥文字獄 때문이라 했다. 이러한 관점은 이미 적지 않은 학자들이 논난論難을 가했는데, 첸무의 상술한 개괄이 바로 그 예증이다. 그렇지만 문자옥과 청대 학풍의 변화와의 관계 역시 무시할 수는 없다. 문자옥은 우선 그 화가 청대 이학, 특히 주자학에까지 미쳤다. 그리고 간접적으로 경학가와 주자학과의 관계에도 영향을 미쳤기에, 경학가들은 자신과 주자학과의 관계를 재정립하지 않을 수 없었다.[40]

옹정제와 건륭제의 시대에 이르면서 이학의 명유名儒들은 계속 쇠잔해져 갔고, 이학은 비록 정통의 자리를 지키고 있었지만 그 지위에는 이미 미묘한 변화가 생겨났다. 여기서 관건이 되는 현상이 벌어지게된다. 그것은 바로 관방의 주자학과 붕당朋黨의 관계 및 민간 주자학과민족 관념의 내재적인 연계에 관한 현상이었다. 루바오첸은『청대 사상사』淸代思想史에서 이에 대해 간단하면서도 명료한 기술을 하고 있다.

옹정제 시기 문자옥이 크게 일어나자 우선 '과갑붕당'科甲朋黨 사건*
이라는 타격이 있었고, 이불李紱은 이 때문에 전문경田文鏡과 서로 탄
핵하다 죄를 얻어 옥에 갇힌다. 이불은 한 세대를 풍미한 신료로, 육왕
심학을 학문의 종주로 삼기는 했으나 동시에 주朱·육陸을 공평히 대했
으며, 정치와 도가 합일되었다고 칭송되는 강희제 시기 조정의 핵심
인사였다. 과갑붕당 사건이 아직 완전히 결론 나지 않았던 1728년, 옹
정은 또한 호남湖南의 수재秀才 증정曾靜이 천섬총독川陝總督 악종기岳鍾
琪에게 서찰을 올렸던 사건으로 인해 영향력이 엄청났던 여유량 사건
에까지 말려들게 되었다. 여유량(1629~1638)은 화華와 이夷의 엄격한 구
분을 굳게 지키며, 이른바 "구차히 목숨을 부지한다는 것이 말처럼 쉽
지 않음을 비로소 알게 되었으며, 굶어 죽는 것이 일 중에 가장 별 것
아님을 오늘에야 깨달았네"(苟全始識譚何易, 餓死今知事最微)*라는 등의 시
를 지은 저명한 이학가였다. 그는 순치 15년 수재가 되었으나 이후 삭
발하고 승려가 되었으며, 박학홍사과에 응시하거나 출사하기를 거부
했다. 증정과 증정의 제자인 장희張熙는 여유량을 매우 앙모했기에, 그
들은 정치와 도가 하나로 합쳐진다는 종지에 근거하여, 화와 이의 엄
격한 구분을 굳게 지키며 황제는 응당 "우리 학파의 유자가 나서서 맡

• 과갑붕당(科甲朋黨) 사건: 명청대에는 과거 시험을 과갑(科甲)이라고도 불렀기에,
과거 시험을 통과한 거인(擧人)이나 진사(進士)를 '과갑(科甲) 출신'이라고 불렀다.
여기서 말한 '과갑붕당' 사건은 옹정 4년(1726), 옹정제의 신임을 얻고 있던 감생(監
生) 출신의 전문경(田文鏡)이 진사 출신인 지방관을 탄핵하자, 진사 출신이던 이불이
그 지방관의 억울함을 호소하며 전문경을 탄핵하고 나서면서 발생했다. 전문경은 오
히려 이를 두고 진사 출신들이 사사로이 붕당을 이루어 서로 싸고도는 것이라고 옹
정제에게 보고를 올렸고, 결국 우여곡절 끝에 그 지방관이나 이불의 편을 들던 진사
출신의 신하들이 파면·좌천·투옥되면서 이 사건은 전문경의 완승으로 끝났다. 이는
사실 과거 시험 출신들이 조정에 출사(出仕)하면서 각기 붕당을 이루어 국정(國政)을
호도한다고 보았던 옹정제의 정치적인 선택이었다.
• 구차히~깨달았네: 첸무의 『중국근삼백년학술사』(中國近三百年學術史)의 인용문
에는 앞 구절의 '苟全始識譚何易' 중 '識' 자가 '信' 자로 되어 있다. 이를 따르면 "구차
히 목숨 부지한다는 것이 말처럼 쉽지 않음을 비로소 믿게 되었으며"라고 풀이된다.

아야 한다"(吾學中儒者做)고 여겼다. 예를 들어 춘추시대에는 공자, 전국시대에는 맹자, 진秦나라 이후 시대에는 정자와 주자를 꼽듯이, 명말의 황제는 응당 여유량이 맡아야 한다고 여겼던 것이다. 이를 보면 청대 주자학자의 곤란한 처지와 민족 문제의 관계가 아주 밀접하다는 것을 알 수 있다.[41] 여유량과 그의 제자들이 정자와 주자를 존숭한 것은 본래 정주학의 진위를 엄격히 변별한다는 의미가 담겨 있었고, 그 공격의 창끝이 노리고 있는 것은 바로 강희제가 정주학을 이용해 인심을 수습한 점이나 강희제의 정치와 도를 하나로 합친 '문치'文治에 대한 육롱기·이광지 같은 주자학자들의 칭송이었다. 이는 자신들의 치도합일로써 청조의 치도합일에 대항한 것이었다. 증정 사건이 발생한 후 옹정제는 비단 여유량 및 그의 제자 엄홍규嚴鴻逵·재전제자再傳弟子 증엄曾嚴 등의 저작을 색출하라는 명을 내렸을 뿐만 아니라, 특별히 대학사大學士 주식朱軾 등에게 명을 내려 여유량의 『사서강의』四書講義나 그의 어록에 반박을 가하도록 했다. 여유량과 그의 아들은 부관참시되었고 그의 후예나 제자는 모두 죽임을 당하거나 귀향을 갔으며, 그의 구족九族까지 주살誅殺되었다.

붕당 사건과 여유량 사건은 건가 연간 정치 및 주자학의 지위에 깊고 큰 영향을 끼쳤다.[42] 붕당 문제에서 보면 건륭제는 옹정제의 입장을 계승하여, 붕당이나 문호門戶에 대해 경각심을 갖고 있었다. 그래서 그는 고압적인 태도를 보인 것 이외에도, 어찬御纂·흠정欽定 서적에 한漢/송宋을 겸용하는 방식을 통해, 이론적 차원에서 문호나 붕당이 생겨날 수 있는 전제 조건을 제거하는 데 힘썼다. 이에 대해서는 『청고종순황제실록』淸高宗純皇帝實錄에 확실한 기록이 있다. 예를 들어 1758년(건륭 23)에 어찬한 『춘추집해』春秋集解의 「어찬서」御纂序에서는 『춘추』에 대해 강론하면서 금문가今文家가 얘기하기 좋아한 '촉사비사'屬辭比事(문사文辭를 엮어서 사건을 나열함)나 '미언대의'微言大義(은미하게 감추어진 큰 뜻)를 언급하면서 결코 고문가古文家의 말에만 얽매이지 않았다.[43] 1782년(건륭 47) '중춘경연'仲春經筵에서, 덕보德保·조수선曹秀先이 강론한 『논어』

의 "지혜로운 자는 낙천적이고, 어진 자는 장수한다"(知者樂, 仁者壽)*는 부분에 대해, 건륭제는 "어짊(仁)이란 지혜로움(知)의 몸체이고, 지혜로움은 어짊의 쓰임이다"란 말로 주자의 "어짊과 지혜로움을 겸비하지 못하고 하는 소리"(不兼仁知而言)란 풀이*를 비판하면서 주자는 공자의 정심하면서도 은미한 의미를 제대로 파악하지 못했다고 여겼다.[44] 이 같은 이유로 건가 연간의 송학을 배척하는 풍조와 옹정제·건륭제 시대에 문호·붕당을 반대하면서 조성된 주자학의 쇠락은 서로 호응하는 관계에 놓였다.

민족 문제로 보면, 청대 초기 민간의 주자학은 공맹·육경을 통해 종족 집단의 관념을 선양하고, 이하夷夏의 구분이란 틀 안에서 청조를 반대하는 뜻을 드러냈다. 왕부지나 여유량 모두 이러한 상황에 대한 중요한 예증이다. 여유량은 극단적으로 정주학을 신봉하고 육왕학을 "겉으론 유학인 척하지만, 속으론 불교를 따른다"(陽儒陰釋)며 배척했다.[45] 이는 주자학의 정통성을 이용해 오랑캐를 배척하려는 심사를 내포한 것이었다. 『사서강의』는 사서四書를 이용해 절의節義의 문제를 강론했다. 예를 들어 "관중이 없었다면 난 머리를 풀고 옷깃을 왼편으로 여미는 오랑캐가 되었을 것이다"(微管仲, 吾其被髮左衽矣)*란 구절을 해석할 때, 여유량은 "군신의 의리는 중원 안에서 가장 중요한 일이며, 인륜의 지극히 위대한 바이다. 이 절의를 잃는다면 비록 큰 공을 세운다 하더라도 속죄하기에는 부족하다"(君臣之義, 域中第一事, 人倫之至大, 此節一失,

---

• 지혜로운~장수한다: 이 구절은 『논어』 「옹야」(雍也)에 보인다.
• 주자의~풀이: 이 주장은 『주자어류』(朱子語類) 권32에 보인다. "지혜로운 자는 낙천적이고, 어진 자는 장수한다"라는 구절이 포함된 『논어』 「옹야」의 "지혜로운 자는 물을 좋아하고, 어진 자는 산을 좋아한다"(知者樂水, 仁者樂山) 장(章)에 대해, 주자는 "이는 어짊과 지혜로움을 합쳐서 얘기한 것이 아니라, 마치 '어진 자는 이를 보고 어짊이라 하고, 지혜로운 자는 이를 보고 지혜라고 한다'에서처럼 각자 한 가지씩을 얘기하고 있는 것"(不是兼仁知而言, 是各就其一體而言, 如仁者見之謂之仁, 知者見之謂之知)이라고 했다.
• 관중이~것이다: 이 구절은 『논어』 「헌문」(憲問)에 보인다.

雖有勳業作爲, 無足以贖其罪者)라고 하면서, "'관중이 없었다면'(微管仲)으로 시작하는 구절을 보면, 이하를 엄격히 구분하는 『춘추』의 대의大義는 군신의 윤리보다 더 큰 일인데, 바로 이를 중원의 가장 중요한 일로 삼았기에 관중은 죽지 않을 수 있는 것이다. 원래 절의의 대소를 따진 것이지 공명을 중시한 것이 아니다"(看微管仲句, 一部『春秋』大義, 尤有大於君臣之倫, 爲域中第一事者, 故管仲可以不死耳. 原是論節義之大小, 不是重功名也)라고 했다.[46] 그는 삼대의 봉건제도에서 출발하여, 진한秦漢 이후의 허다한 (군현郡縣) 제도가 본래 자신만을 위하는 사사로운 마음에서 나왔기에, 삼대 제도의 정신을 완전히 잃었다고 단언했다. "삼대 이전의 성인은 소출所出을 관리하고 인륜을 밝히며 봉건제를 실시하고 군사 제도와 형벌을 운용하는 등 많은 안배"(三代以上聖人制産明倫以及封建兵刑許多佈置)에 있어서 모두 천하 후세의 이익을 따졌을 뿐, "한 가지 일이나 한 가지 법이라도 자신의 부귀나 자신의 자손들이 대대로 사업을 이어가는 데에 있어서 이를 영원히 점유하고자 하면서 남이 빼앗아갈까 전전긍긍했던 적이 없었다."(不曾有一事一法從自己富貴及子孫世業上起一點永遠佔定, 怕人奪取之心)[47] 여유량은 이학의 옛길을 따르면서 군현제로의 통일을 비판하고, 삼대의 봉건제와 정전제를 추앙하며 "봉건제와 정전제가 폐해진 것은 일시적인 추세일 뿐, 영원불변의 리理는 아니며, 혼란스러워진 것이지 잘 다스려진 것이 아니다"(封建·井田之廢, 勢也, 非理也. 亂也, 非治也)라고 하면서 후세 임금과 재상이란 자들이 "구차함을 인습하며 사사로운 마음만을 키웠기에 삼대로 돌아갈 수 없는 것"(因循苟且以養成其私利之心, 故不能復返三代)이라고 했다.[48] 이는 삼대의 제도를 치란을 가늠하는 근거로 간주한 것으로, 암암리에 당시 세상에 대한 폄훼였다.

옹정제는 증정에게 반박을 할 때 여유량의 사상을 비판하면서, 그 비판에 이하의 구분 말고도 송명 이학에서 말해지던 군신 간의 강상綱常에 관련된 주장이나 이학가가 탐닉하며 즐겨 얘기하던 삼대의 봉건제까지 포함시켰다. 옹정제 시대에 이학으로 죄를 얻은 이로는 또 사제세謝濟世·육생남陸生枏 등이 있다. 전자의 죄명은 『대학』에 주석을 달면서 정자와 주자를 비방한 것이고, 후자의 죄명은 『통감론』通鑑論을 쓰면서 봉건을 주장하고 군현을 반대했다는 것이다. 여유량 사건 이후 옹정제는 더 이상 주자를 존숭하지 않고 많은 불경佛經을 판각하고 친히 불가佛家의 어록들을 골라 『어선어록』御選語錄을 만들면서 스스로를 원명거사圓明居士라 칭했다. 옹정제가 천자의 존귀한 신분으로, 한 산山의 주인으로 자처하면서 법당法堂을 열어 제자를 가르치니,* 정주학은 점차 이전의 힘을 잃어 갔다.[49] 이는 강희제가 불교를 배척하고 유교를 존숭했던 경우와 첨예한 대비를 이룬다.[50] 레이명천雷夢辰이 지은 『청대각성금서회고』淸代各省禁書匯考를 살펴보면, 건륭 연간에 각 성省에서 주청奏請한 금서禁書 중에는 여전히 여유량·대명세戴名世 등과 관련된 많은 이학 저작들이 포함되어 있다. 예를 들어 『대전유사서문』戴*田有四書文(대명세 지음)·『천개루사서문』天蓋樓四書文(여유량이 뽑아서 평함), 『사서강의반룡집』四書講義攀龍集(진미발陳美發 모음, 대부분 여유량의 풀이를 인용)·『사서역주』四書繹注(왕담王錟 모음, 대부분 여유량의 평어評語를 인용) 등이 있는데, 우리는 여기서 옹정제와 건륭제 사이의 사림士林 주자학의 개황을 유추해 볼 수 있다.

상술한 배경 아래 고증학자들이 송학을 배척한 상황을 어떻게 평가할 것인가는 새로운 사고방식으로 따져 볼 필요가 있는 문제이다. 만약 옹정·건륭 연간에 붕당에 대한 타격이나 여유량 사건 이후 주자학을 대하는 조정의 태도 변화가 없었다면, 사고관신四庫館臣의 신분인 경학가들이 공공연히 송학을 배척하리라고 상상하기는 어려웠을 것이다. 치도합일·이례합일을 독실하게 믿는 유학 관념 측면에서 보면, 경학가와 청대 주자학자는 본래 아무런 차이가 없었다. 경사지학의 번성

• 옹정제가~가르치니: 옹정 11년(1733)에 옹정제는 봄과 여름 두 차례 궁 안에서 대형 법회(法會)를 열었는데, 그 법회에서 직접 설법하면서 14명의 문도를 받아들였다. 친왕(親王)과 대신(大臣) 등 속가(俗家)의 사람이 8명, 승려가 5명, 도사(道士)가 1명이었다.

• 戴: 원서에는 '帶'로 되어 있으나 이는 '戴'의 오기이다.

과 이학에 대한 조정의 미묘한 태도 변화는 공교롭게도 동일한 시기에 발생했다. 훈고 고증이 보편적으로 인정받는 지식의 형식이 되었을 뿐만 아니라, 동시에 송학에 대한 배척 역시 한때를 풍미하는 풍조가 된 이상, 이 둘 사이에 아무런 연관이 없다고는 말할 수 없다. 이러한 의미에서 경학의 흥성이 문자옥의 결과라고 말하기보단, 차라리 경학의 반이학적 경향이 주자학이 황제의 총애를 잃고 만 상황의 영향을 받았다고 말하는 게 나을 것이다. 이 때문에 반이학이냐 아니냐는 청대 유가를 판별하는 비판적 표준이 되지 않는다.[51] 이러한 분위기 속에서 치도합일·이례합일이라는 경학적 전제는 결코 변한 적이 없다. 변한 것은 바로 황종희·고염무·여유량 등의 사람들이 이러한 전제 아래에서 수립했던 이민족 통치에 대적하는 정치의식이다. 송대 유가에 대한 배척은 주로 학문 수행 방법에 집중되어 있었지, 결코 치도합일·이례합일·이기합일理氣合一[*] 등 (주자학까지 포함한) 청대 유학의 보편적으로 인정된 관념과 설정에 대한 부정이 아니었다. 고증학은 치도합일·이례합일의 내재적 이상을 일종의 학술 방식으로 축조해 냈고, 청조 주자학은 이를 황제가 제공해 준 합법적 논증으로 삼았던 것이다. 그것들은 '합일'合一이라는 각도에서 공통적으로 정주의 이기理氣·치도治道·이례理禮 이원론二元論을 부정하고 다시 이례理禮·치도治道·도기道器의 관계로부터 육왕陸王의 심心을 쫓아 리理를 얘기하는 입장을 부정하기 시작했다. 이에 따라 송학 전통의 이러한 안과 밖·리理와 기氣·도道와 기器의 내재적 긴장이 지양되게 된 것이다.

이 두 가지 방면에서 고증학과 청대 주자학 간의 구분은 극히 제한적이다. 송대 유가는 천리天理와 현실 질서 간의 상호 대립으로써 예악과 제도, 신분 지위와 도덕 상태가 서로 분리되는 세계를 드러내 보였다. 그들에 대해 말하자면 천리와 현실 세계의 대립은 공교롭게도 비

---

[*] 이기합일(理氣合一): 원서에는 '禮器合一'로 되어 있으나 문맥상 '禮器'는 '理氣'의 오기로 보여 고쳐서 옮겼다.

판의 원천이 되었다. 고염무·황종희는 이례합일·치도합일로써 이기理
氣·이욕理欲 이원론을 부정하고, 새로운 제도론과 새로운 예약론으로
써 선유들의 풍속과 제도를 재건하고 명대 유가의 허위와 망령됨을 비
판했다. 이는 청조 통치에 대항하는 동시에 도덕/정치 실천의 사상적
자원과 행동의 나침반을 제공한 것이다. 대진 등의 건가 연간 학자들
이 이러한 명제를 거듭 밝힐 때, 그들은 송대 유가처럼 천리와 제도를
서로 대립시킬 수 없었고, 또한 고염무·황종희처럼 현실 제도와 완전
히 대립하는 포부는 진작에 없어져 버렸다. 그렇다면 이러한 명제들은
도대체 얼마만큼의 비판적 의미가 있는 것일까? 대진이 송학을 배척
한 주요 동기와 목적은 무엇인가? 이는 바로 송학을 배척하고 주자학
을 반대한 조류가 후스가 기대했던 바와 같이 비판적 의미가 있는가의
여부를 검증하는 데에 관건이 된다.

경학, 이학 그리고 반이학

대진은 건륭 정축년(1757)에 남방의 양주揚州로 가서 혜동을 만나면서 그 학술이 일변한다. 원래 "대진의 학술은 주자를 존숭하고 조술祖述하는 데서 시작했으나, 혜동의 학술은 송학에 반대하여 고古로 돌아가는 데서 나온 것이었다."(戴學從尊朱述朱起脚, 而惠學則自反宋復古而來) 그러나 이후 "건가 연간 이래의 송학을 배척하는 기풍은 대진으로부터 더 심해졌다. 그리고 대진이 학술을 논함에 한漢을 존숭하고 송宋을 억누른 것은 사실 소주蘇州 땅 혜동 학풍의 가르침을 받으면서 그리된 것이다."(乾嘉以往詆宋之風, 自東原起而愈甚, 而東原論學之尊漢抑宋, 則實有聞於蘇州惠氏之風而起也)[52] 건륭 을유년(1765)에 지은 「제혜정우선생수경도」題惠定宇先生授經圖 및 4년 후 혜동의 제자 여소객余蕭客의 『고경해구침』古經解鉤沉에 쓴 서문은 사람들에게 줄곧 송학을 배척한다는 대진의 선언으로 간주되었다. 앞의 글에서 대진이 말하길, "이른바 의리라는 것은 진실로 경經을 버리고 공소하게 억측만으로 할 수 있는 것이라 장차 사람들마다 허상을 들이파며 얻어 낼 것이니 여기서 어찌 경학이라 운운할 만한 것이 있으리오? …성인과 현인의 의리는 다른 것이 아니라 전장 제도 속에 담겨 있는 것이 바로 그것"(所謂理義, 苟可以舍經而空憑胸臆, 將人人鑿空得之, 奚有以經學之云乎哉? …賢人聖人之理義非它, 存乎典章制度者是也)[53]이라고 했다. 뒤의 글에서는 말하길 "경의 지극한 바는 도이다.

도를 밝히는 것은 그 경에 담긴 낱말(詞)이다. 낱말을 이루는 것은 소학에서의 문자文字 이외에는 있을 수 없다. 문자로부터 언어에 통달하고, 언어로부터 옛 성현의 심지心志에 도달한다. 이는 비유컨대 당堂과 단壇을 오를 때에 반드시 계단을 차근차근 밟아 가야지 한꺼번에 뛰어오를 수는 없는 것과 같은 것"(經之至者道也, 所以明道者其詞也, 所以成詞者, 未有能外小學文字者也. 由文字以通乎語言, 由語言以通乎古聖賢之心志, 譬之適堂壇之必循其階, 而不可以躐等)[54]이라고 했다. 이러한 표현에서 자못 송대 유가의 의리지학을 일소해 버리려는 느낌이 들기도 한다.

『서언』과 『맹자자의소증』이 송대 유가의 '리'관觀을 비난하긴 했지만, 이론의 형식을 보자면 오히려 『원선』과 마찬가지로 경학고증이란 틀을 돌파하기 위해 힘쓰면서, 다시금 새로이 이학理學의 도기道器·이기理氣·이욕理欲·천심天心·심성心性·자연自然/필연必然 등 비교적 추상적인 범주로 돌아가는 것이었다.[55] 이 방면에 있어서 대진은 혜동에 비해 훨씬 더 진척이 있었다. 혜동은 구경九經의 옛 뜻을 기술하면서 "한인漢人이 경을 통달하는 데에는 가법家法이 존재했기에, 오경五經에는 가법을 전할 스승이 있었다. 훈고학은 모두 이러한 스승에게서 구두로 전수 받던 것을 이후에 죽백竹帛에 기록한 것이다. 그래서 한대 경사經師의 주장은 학관學官에 세워져 있으면서 경과 병행되었던 것이다. 오경이 집 벽에서도 나왔는데* 이는 대부분 옛 글자 옛말로 되었기에 경사들이 아니면 변별해 낼 수 없었던 것이다. 경의 뜻은 훈訓에 남아 있었고, 글자와 음을 식별해 내면 뜻을 알 수 있었다. 이런 까닭에 훈은 고칠 수가 없는 것이며, 경사도 폐할 수 없는 것이다"(漢人通經有家法, 故有五經師. 訓詁之學皆師所口授, 其後乃著竹帛, 所以漢經師之說立於學官, 與經並行. 五經出於屋壁, 多古字古言, 非經師不能辨. 經之義存乎訓, 識字審音乃知其義. 是故訓不可改也, 經師不可廢也)라고 했다.[56] 『주역술』周易述 등의 저작은 고문경古文經의 가법으로 역리易理를 천술한 것으로, 고증 방식을 버리고 직접 도

* 오경이 집 벽에서도 나왔는데: 공벽(孔壁)에서 나온 고문경(古文經)을 가리킨다.

를 언급한 적이 없었다. 대진의 『맹자자의소증』은 '소증'疏證이란 방식으로 남의 이목을 가리려 힘썼지만, 의리지학의 형식이라는 것이 이미 확연하게 드러나 있었다. 『원선』 및 그 개정본을 비교해 보고, 「독맹자논성」讀孟子論性과 『맹자자의소증』을 살펴본다면 의리와 고증의 관계가 십분 분명해질 것이다. 『원선』 개정본의 소서小序에서 대진은 다음과 같이 솔직하게 진술했다.

> 나는 당초 『원선』 3장을 지었지만, 학자들이 날 이단이라 하며 막을까 두려워 경의 말씀을 끌어다 이를 소통시키고 증명했다. 그리고 3장을 각기 나누어 책머리로 삼아서 상·중·하권으로 만들었다. 부류 별로 늘어놓고 뜻을 합하여 그 전후 본말을 분명하게 모두 드러냈다. 천인지도天人之道는 경의 큰 가르침이 모여 있는 바이다. 오늘날은 옛 성현과 시간상으로 멀리 떨어져 있기에 경을 연구하는 선비는 이를 종합해 일관할 수 없어서, 결국 보고 들은 바대로만 익히다가 점차로 그릇된 바들이 쌓여, 이것이 옳은 것인 양 뒤바꿔 버렸기에, 『원선』에 담긴 내 주장으로는 아마도 이렇게 땅에 떨어진 옛 성현의 가르침에 대한 단서를 다시 부흥시키기에 아직 부족해 보인다. 그래서 집 서재에 숨겨 두고 재능 있는 자가 이를 밝혀 주기를 기다리노라.
>
> 余始爲『原善』之書三章, 懼學者蔽以異趣也, 復援據經言疏通證明之, 而以三章者分爲建首, 此成上中下卷. 比類合義, 燦然端委畢著矣, 天人之道, 經之大訓萃焉. 以今之去古聖哲既遠, 治經之士, 莫能綜貫, 習所見聞, 積非成是, 余言恐未足以振茲墜緒也, 藏之家塾, 以待能者發之.[57]

여기서 개정본을 지은 것이 다른 학자들의 편견을 걱정해서였음을 분명히 밝히고 있다. 그래서 "경의 말씀으로 이를 소통시키고 증명했던 것"(據經言疏通證明之)이다. 그렇다면 경의 말씀 배후에는 무엇이 있는가?『원선』초간본의 첫 장절을 보면 명제 및 논술의 방식이 송유가 천天·리理·성性을 말하던 옛날 방식과 마치 짝을 이루듯 맞아 떨어진다.

> 선善이란 인仁이며 예禮이며 의義이니, 이 세 가지는 천하의 크나
> 큰 근본이다. 이것이 하늘의 자명自明함으로 드러나는 것을 명命
> 이라 하고, 화육化育에 순응함으로 차오르는 것을 도道라 하며,
> 이를 따라 다스림에 항상됨이 있는 것을 리理라 한다. 명은 천지
> 중의 신信으로 밝힌 것을 말하며, 도는 화육함이 끝없음을 말하
> 며, 리는 상세하고 지극함을 말한다. 선은 뒤섞이지 않았음을 말
> 하며, 성性은 하늘에 근본함을 말하는데, 행동과 본능으로 징험
> 된다.
>
> 善: 曰仁, 曰禮, 曰義, 斯三者, 天下之大本也. 顯之爲天之明
> 謂之命, 實之爲化之順謂之道, 循之而分治有常謂之理. 命, 言
> 乎天地之中昭明以信也. 道, 言乎化之不已也. 理, 言乎其詳至
> 也. 善, 言乎無淆雜也. 性, 言乎本於天, 徵爲事能也.[58]

송학을 배척하던 대진의 주된 논조는 경학의 고증 방식으로 송대 유
가의 의리지학을 대체한다는 것이었지만, 송학에 대한 그의 가장 날카
로운 비판은 공교롭게도 자신의 『원선』·『서언』, 그리고 『맹자자의소
증』 등의 저작에서 논하고 있는 이욕理欲의 구분과 자연/필연의 구분
에서 나왔다. 그렇다면 이러한 저작들은 그의 고증학과 정말 그렇게
모순되고 대립되는 것일까?

송학이 성性과 리理를 말한 것 등등 대진의 비판에 대해, 단옥재는
대진의 경학상의 입장과 완전히 일치된다고 보았다. 단옥재는 이렇게
말했다.

> 대진 선생의 『원선』 3편·『논성』論性 2편이 완성되었는데, 이는
> 송대 유가가 성性·리理·도道·재才·성誠·명明·권權·인의예지·지

인용智仁勇을 얘기한 것에 근거한 것이기에 모두가 육경과 공맹의 말씀이 아니었다. 그러나 이단 학문의 말을 섞었기에『맹자』의 자의字義에 대해 펼쳐 보일 때 사람들에게 "인욕을 남김없이 정화하면 천리가 돌아가기 시작한다"*는 주장에 대한 어폐를 깨닫게끔 했다. 이른바 리理란 반드시 인정의 아무런 아쉬움도 없음에서 구해야만 안정되는 것이지 성性을 리理라 할 수는 없는 것이다.

> 蓋先生『原善』三篇·『論性』二篇旣成, 又以宋儒言性, 言理, 言道, 言才, 言誠, 言明, 言權, 言仁義禮智, 言智仁勇, 皆非六經孔孟之言, 而以異學之言糅之, 故就『孟子』字義開示, 使人知 '人欲淨盡, 天理流行'之語病. 所謂理者, 必求諸人情之無憾而後卽安, 不得謂性爲理.[59]

대진 본인의 관점은 또 어떠했을까?『맹자자의소증』에서 대진은 비단 불가와 도가의 주장을 비판했을 뿐만 아니라, 정주학이 이기이분리氣二分의 기초 위에서 학술을 논하면서 "경敬을 상세히 논하면서 학술을 논하는 데에는 소략하게"(詳於論敬而略於論學) 만들었다고 책망했다.[60] 이 때문에 그의 방법은 절대 의리지학을 중복해서 기술한 것이 아니라, 고증학자의 방법으로 각 학파를 각 학파의 위치로 돌려보낸 것이라고 할 수 있다.[61]

나는 17세부터 도道를 깨닫는 데에 뜻을 두면서, 반드시 육경·공맹에게서 구할 수밖에 없고 자의字義·제도制度·명물名物에 힘쓰지 않으면 그 언어에 통할 방법이 없다고 여겼다. 30여 년 간

• 인욕을~시작한다: 여기서 이 주장은 좁게는 주자, 크게는 주자학을 대변한다.『논어집주』「안연」편의 첫 장인 '극기복례' 장에서 주희는 "사사로운 인욕을 남김없이 정화한다면 천리가 돌아가기 시작한다"(私欲淨盡, 天理流行)고 주를 달았다. 원서에는 "人欲盡淨盡"이라 했는데 세 번째 글자 "盡"은 연자(衍字)이기에 산거(刪去)했다.

이 일에 종사하면서 고금 치란治亂의 근원이 여기에 있음을 확연히 알게 되었다. 옛사람이 말한 '리'理의 풀이란 바로 '그 결을 찾아서 쪼개는 것'이다. 천리라는 것은 마치 장자莊子의 "천리에 의지한다"•는 말처럼 이른바 "그 마디에 틈이 있다"•는 것이다. 옛 현인·성인이 백성의 정서情緒를 체득하고 백성의 바람(欲)을 이루어 주는 것을 일러 리를 얻었다고 했건만, 오늘날의 사람들은 자신의 의견 중 자기 자신에게서 나오지 않은 것을 리라고 한다. 이런 까닭에 의견으로 사람을 죽이면서 모두 스스로 리라고 믿는다. 이는 자의·제도·명물을 내버리고 언어 훈고를 떼버리고는 남겨진 경서에서 성인의 도를 얻으려는 것과 같다.

> 僕自十七歲時, 有志聞道, 謂非求之六經孔孟不得, 非從事於字義·制度·名物, 無由通其語言. 爲之三十餘年, 灼然知古今治亂之源在是. 古人曰理解者, 卽尋其膚理而析之也. 曰天理者, 如莊周言依乎天理, 卽所謂'彼節者有間'也. 古賢聖人以體民之情·遂民之欲爲得理, 今人以己之意見不出於私爲理, 是以意見殺人, 咸自信爲理矣. 此猶舍字義制度名物, 去語言故訓, 而欲得聖人之道於遺經也.[62]

그러나 여기에는 여전히 약간의 문제가 남아 있다. 만약 송학宋學과 한학漢學의 원칙이 완전히 일치되는 것을 비판하는 것이라면, 어째서 대진은 훈고학의 옛 방식을 쫓지 않고 이학의 본체와 형식으로 복귀해 버렸단 말인가? 어째서 대진은 송학의 이욕관理欲觀을 비판할 때 반드시 이학의 본체론과 심성론의 틀에 복귀해야만 했는가? 대진의 송학 의리에 대한 구체적인 비판은 한학의 전제前提와 아무런 차이가 없으나, 도리어 반한학의 형식으로 드러내고 있는데, 이러한 사실은 따져

• 천리에 의지한다: 이 구절은 『장자』「양생주」(養生主)에 보인다.
• 그 마디에 틈이 있다: 이 구절은 『장자』「양생주」에 보인다.

볼 만한 가치가 있다.

대진에 대한 장학성의 평론으로부터 출발하여 대진에 대한 몇몇 분석을 시도해 보는 것도 무방할 것이다. 「서「주육」편후」書「朱陸」篇後·「답소이운서」答邵二雲書 및 「우여주소백서」又與周少白書 등의 글에서 장학성은 "대진 선생의 학문이란, 훈고에 깊이 통달하여 명물 제도에 대해 연구하는 것으로 그 소이연所以然을 깨달아 이로써 도를 밝혔다. …대진 선생이 지은 『논성』·『원선』 등은 천인天人·이기理氣에 대해 실로 이전 사람들이 밝히지 못했던 부분이 있었다."(戴君所學, 深通訓詁, 究于名物制度, 而得其所以然, 將以明道矣. …戴著『論性』『原善』諸篇, 於天人理氣, 實有發前人所未發者)[63]고 여겼다. 그는 대진의 학술이 위로 고염무·염약거를 잇고 있어서 실로 주자 가법家法에 연원한 바가 있다고 추정했다. 장학성은 대진의 천인이기론天人理氣論을 충분히 추숭하긴 했지만, 그가 대진에게 가장 불만스러웠던 것은 대진이 학풍의 유행과 자신의 개인적인 위상에 대해 전전긍긍 마음을 쓰다 보니, 마음에 담은 것과 입으로 하는 말이 다르게 되어 양시론兩是論의 입장을 취했고, 궁행실천과 성경誠敬을 견지할 용기도 없었기에, 결국에는 "주자를 박대하지 않으면 달인達人이 될 수 없는"(不薄朱子, 則不得爲通人) 조류 속에서 송대 유가를 배척함에 격렬하지 못할까 저어하게 되었다는 데에 있었다.[64]

후대에 대진의 학술을 연구하는 자들은, 대다수가 대진의 학술 연구 분야와 (대진의 마음이 불순했다는) 심리 분석을 서로 결합한 장학성의 생각을 계승하고는 있다. 그러나 의리와 고증의 형식적 차이에 더 주의를 기울여 보면 형식적 차이 배후에 숨겨진 사상적 모순과 그 연원까지 생각이 미치는 경우는 아주 드물다. 위잉스의 『대진과 장학성을 논하다』(論戴震與章學誠)의 논조는 장학성에 대한 논의로부터 시작된다. 이 책은 학술사의 분야를 배경으로 삼아 심리적 각도에서 대진의 학술과 성격의 이중성을 묘사하는데, 생동감 있고 유창하다. 위잉스는 대진과 장학성의 교류 관계 속에서 건가 연간 학술의 분위기를 논술하면서 다음과 같이 말하였다. "고증학풍이 극성하던 건가 시기에 의리 방면의 작업은 일반 학자들의 동정을 가장 얻지 못했다. 또 당시 고증 학자가 의리를 비루하게 여기는 것은 절대 오로지 의리가 송학이라는 이유만으로 그리되었던 것은 아니다. 그들은 근본적으로 체계적인 추상 사고에 익숙지 않았던 것이다. 그래서 고증과 의리의 다툼은 근본 적으로 두 가지 서로 다른 형태의 인지 활동의 대립에서 연원하게 된 다. 이른바 한송지쟁漢宋之爭은 그저 그중의 두드러진 부분일 뿐이었 다."[65] 위잉스는 이에 근거하여 대진이 '고슴도치' 유형으로서 건가 시 기 '여러 여우의 우두머리'가 되어 결국 학술상·심리상에서 분열된 그 의 인격을 만들었다고 여겼다. 장학성은 정반대로 '여우'가 무리를 이 루고 있는 곳에서 '고슴도치'의 고독과 고난을 흠뻑 맛보고, 대진의 내 재적 본질(고슴도치)과 외재적인 형상(여우)의 모순을 분명히 보아 냈 다. 그래서 장학성은 한편으로는 대진에 대해 지기知己라 인정하면서 도 다른 한편으론 그를 '두 마음을 품은 신하'라 비난했던 것이다.

의리/고증의 모순이 대진의 사상적 특징 및 장학성과의 관계를 설 명해 줄 수 있는가? 이 질문에 답하기 전에 나는 우선 기본적인 사실 을 한 가지 지적하고 싶다. '의리지학'의 범주는 이학에 비해 훨씬 넓 었다. 하지만 대진의 공헌은 훈고 고증에 있는 것이 아니라 "천인이기 天人理氣에 대해 실로 이전 사람들이 밝히지 못했던 부분을 밝혔다"(於 天人理氣實有發先人所未發)는 데에 있었다는 장학성의 판단과 이 점을 합 쳐 본다면, 대진이 한학가에게 죄를 얻은 것은 아무래도 이학과 가까 웠기 때문이다.[66] 그러나 학술적 측면에서 얘기하자면, 장학성의 학설 은 차라리 경학의 기본 설정(즉 예禮가 기器 안에 담겨 있다거나 치도 합일, 이례합일이라는 점)을 인정하는 것을 전제로 하고 있을망정, 송 명 이학에는 전혀 근접해 있지 않다. 경학가들 면전에서의 대진을 위 한 장학성의 변호는 결코 대진이 '천인이기'天人理氣 방면에 공헌이 있 다는 것을 설명하기 위한 것이 아니었다. 시마다 겐지島田虔次는 '육경 개사설'六經皆史說이란 "고증학의 철학을 초월하는 동시에 고증학의 철 학이다"[67]라는 말로 장학성 학술 사상의 특징을 지적했다. 대진에 대한 주균·전대흔의 비난은 경학 내부의 긴장에서 연원한 것이다. 왜냐하면 어쨌든지 간에 대진은 고증학의 동량인 데다가, 대진의『원선』·『맹자자의소증』등의 책들 또한 글자로부터 낱말에 통달하고 낱말로부터 도道에 통달한다는 경학의 외투를 걸치고 있었기 때문이었다. 바꿔 말하면 대진의 반이학反理學 때문이 아니라, 대진의 형식상 이학으로의 복귀가 고증학자들을 불안하게 만든 것이다. 만약 그들이 정말 대진의『맹자자의소증』등의 책들을 경시했다면 장학성·홍방洪榜 등은 또 어째서 이를 위해 적극 변호했겠는가? 만약 대진이 정말 송학의 진영으로 돌아갔고, 장학성이 애오라지 송명 시기 의리지학만을 학술의 귀결처라고 여겼다면, 경학가들의 면전에서 장학성이 대진을 변호할 필요는 또 뭐가 있었겠는가? 변호의 기본 이유는 오해를 해소하는 것이고, 오해를 해소한다는 것은 쌍방이 사실은 그렇게 대립되지는 않거나 혹은 쌍방이 여전히 어떤 부분에 있어선 공동의 전제가 있다는 것이 아니겠는가? 장학성의 입장에서 말하자면, 대진은 결코 철저하게 송학으로 돌아간 것이 아니었다. 그것은 차라리 경학의 형식 중 유학으로 도를 깨닫는다는 일관된 종지를 회복시키는 것이었기에, 장학성이 그를 변호할 필요성이 있었던 것으로 보아야 한다. 이러한 측면이 아니라면 그가 주균 면전에서 대진을 변호한 이유를 해석할 길이 없다.[68]

장학성은 '구도'求道와 '통변'通變을 중시하고 육경이란 옛것에 얽매이는 것을 반대했다. 그의 기본 이론은 "육경은 모두 사史"(六經皆史)라는 것이었다. 이 이론은 도기일체道一體·이례합일理禮合一의 전제 위에서 수립된 것으로, 이 측면에서 장학성과 경학가들의 관점은 근본적으로 아무런 차이가 없었다. '의리' 문제는 일반 경학가들에게는 방법론의 문제였으나 장학성과 대진에게는 도리어 유학의 기본적인 성향의 문제였다. 대진의 학술에 대한 장학성의 관심은, 기본적으로 대진의 이학적 성향이 경학에 내재한 이학적 성향이며, 대진의 경학 사상의 핵심이 의리지학의 영향을 깊이 받았다는 전제를 두고 있었다. 이 때문에 대진과 이학의 갈등은 경학이라는 형식 내부에서 진행되던 것이며, 여기서 이학의 요소는 바로 그가 일정한 수준 안에서 경학이란 울타리를 돌파하려 했다는 것을 보여 준다. 대진에 대한 장학성의 분석은 의리와 고증의 구분을 채용했다. 그러나, 만약 장학성의 학술 주장을 전면적으로 살펴본다면 장학성 본인이 바로 이러한 구분 자체를 경학이 타락한 원인으로 간주하고 있음을 발견할 수 있다. 그는 경사지학의 형식 안에서 이기심성理氣心性과 실천을 회복하는 문제에 대한 토론을 요구하면서, 경학을 의리와 고증으로 나누다가 스스로 지리멸렬해지고 만 학풍을 바로잡았다. 그러나 이것이 결코 장학성이 이학의 형식에 동의했다는 것을 의미하진 않는다. 이러한 의미에서 대진에 대한 장학성의 비판은 복잡한 학술상의 판도·역사상의 맥락, 그리고 그의 개인적인 학술 관점으로부터 전개되던 것이었다. 따라서 만약 우리가 단순히 '고슴도치'로 의리를 가리키고 '여우'로 고증을 가리킨다면 한漢·송宋(의리·고증)을 엄격히 구분하는 형식주의에 빠질 수 있다. 우리가 계속해서 물어야 할 것은, "대진의 학술 사상에서의 갈등은 도대체 어떻게 만들어진 것인가? 그의 내재적인 모순과 사상적인 특징을 어떻게 해석해야만 하는가?" 하는 것이다.

대진 사상의 다중적인 성향은 복잡한 사상적 분위기 속에서 형성된 것이다. 그가 비판하는 대상은 비단 송학뿐만 아니라 불교와 도교도 있었는데 특히나 불가에 대한 비판이 심했다. 청조 황제와 라마교의 특수한 관계 때문에 대진이 처했던 사상적 처지 역시 송대 유가와 자못 유사해서, 유학과 불가 사이에 미묘한 대항 관계가 형성된 상황에 처해 있었다. 다른 점은 첫째, 청대 경학의 발전은 이미 근본적으로 와해된 이학을 전제로 하고 있었기에, 대진이 이기이원론의 전제 아래 혹은 우주론의 범주 안에서 천리의 개념을 재천명하는 것은 용납될 수 없었다. 둘째, 청대처럼 다원화된 제국 체제 내에서 유학의 지존적인 지위는 포용성을 그 전제로 하는 것이기에 송대 유가처럼 불가를 배척하는 방식으로 유학의 도통을 수립하려는 시도는 인정을 받기 어려웠다. 이러한 의미에서 대진의 사상은 송대 유가에 비해 더더욱 복잡하다. 그가 비판하려 했던 불교와 도교는 이미 더 이상 단순한 불교와 도교가 아니었다. 또한 이학에 침투한 불교와 도교이기도 했다. 그가 비판의 근거로 삼은 유학 전통 역시 단순한 한학 전통이 아니라 한학에 대한 비판이 담겨 있는 유학 전통이었다. 『맹자자의소증』 권상에 이르길 "정자와 주자가 불교와 도교를 드나든 것은 모두 이것으로써 도를 구하려 했던 것이라, 만약 그 도가 옳다고 보인다면 비록 남들이 그르다 하더라도 신경 쓰지 않았던 것이다. 그들이 애당초 육경·공맹을 배척하고 그것을 믿은 것은 아니었다"(程子·朱子其出入於老釋, 皆以求道也, 使見其道爲是, 雖人以爲非而不顧. 其初非背六經·孔孟而信彼也)고 했다. 이는 이학과 불교·도교의 관계를 기술한 것이지만, 그는 동시에 "정자와 주자는 육경·공맹에서 의리에 대해 말한 것을 보고 '반드시 그러해'(必然) 바꿀 수 없는 경지로 돌아왔으니, 이는 노장이나 불가가 미칠 바가 아니었다"(程子·朱子見於六經·孔孟之言理義, 歸於必然不可易, 非老莊·釋氏所能及)고 말했다.[69] 불교·도교와 정자·주자에 대해서는 그래도 여전히 이처럼 분별되는 바가 있었는데, 대진은 어째서 이같이 본 것일까? 한편으로 보자면 이는 대진이 배척한 송학의 의리가 결코 공맹지학이 아니라 "이단적인 학술의 말이 속에 뒤섞여 있었던"(異學之言糅之) 결과였다(단옥재가 암시한 바처럼 말이다). 다른 한편으로는 불교·도교에 대한 그의 폭로 자체가 궁극적으로는 일련의 송학적 주제에 호소할 수밖에 없었다. 송학을 배척하는 것은 유학의 형식으로 출현한 이단적인 학술을 배척하면서 공맹·육경의 종지를 회복하는 것이었다. 그렇다면 "이단적인 학술의 말"(異學之言)이란 구체적으로 무엇을 가리키는가? "이단적인 학술의 말"로 대표되는 학술 풍조는 또 무엇이란 말인가?

앞서 언급한 여유량 사건과 이 부분은 많은 연관이 있다. 여유량 사건 이후 주자학은 좌절을 맛보고 경학이 크게 흥성하는 풍조에 따라 학자들은 지리한 고증에 빠져들고 의리심성지학義理心性之學은 선비들에게 점차 냉대를 받게 되었다. 여유량은 이하를 엄격히 구분했는데 명물 제도와 선유先儒의 의리에 대해 그가 고증적으로 천발闡發한 바는 황종희·고염무와 상통했다. 이 모두는 유학의 연구를 통해 정통 관념을 드러내려는 노력을 포함하고 있었던 것이다. 그러나 문자옥의 잔혹한 현실은 이학에서 헤어나지 못하는 그러한 사람들에게 극심한 억제제로 작용했다. 그들은 정주육왕지학程朱陸王之學을 다시 펼쳐 보일 수도 없었고 훈고 고증이 달갑지도 않았다. 이에 세상에 쓰임 받으려는 성향이 세상을 탈속하려는 취향에 휘말려 들어가는 상황을 피할 수 없었다. 팽소승彭紹升·설기봉薛起鳳·왕진汪縉·나유고羅有高 등은 방향을 바꾸어 공孔·맹孟·정程·주朱·육陸·왕王의 종지로써 불가의 의리를 해석했는데, 그 예봉이 노리는 바는 바로 고증학이었다. 예를 들어 팽소승은 다음과 같이 말했다.

> 요즘 학업의 폐단은 헛된 문장이 날로 승승장구하면서 근본으로 돌아갈 줄 모르는 데에 있다. 비루한 자는 달달 외우기나 하는 첩괄帖括을 탐닉하는데, 이는 화려한 듯하지만 사실 더불어 얘기하기에도 부족하다. 대충이나마 육경에 힘쓸 줄 아는 자들은 도리어 종종 자기 자신에게서 실질을 구하지 아니하고 헛되이 남에게서 구하면서 남보다 뛰어나려고만 한다. 많음을 과시하고 아름다운 것만을 다투며, 뜻이 같은 이들끼리 뭉쳐서 뜻이 다른 이들을 공격하니, 비록 머리가 하얗게 셀 때까지 책을 판각해서 저서가 집안 가득하다 해도 '외부적인 것에 맘을 빼앗겼다'라는 비난을 면키 어려우니 크게 애석한 일이다.
>
> > 近世學業之弊, 在浮文日勝, 不知反本. 卑者溺帖括, 靡曼既不足與言, 其粗知從事於六經者, 顧往往不求實得於己, 而徒欲求取於人, 求勝於人. 誇多鬪靡, 黨同伐異, 雖白首槧鉛, 著書滿家, 難免玩物喪志之誚, 大可惜也.[70]

그들은 유교·불교의 의리를 소통시켜서 양자 간의 구별을 없앴는데, 이러한 풍조의 유행으로 말미암아, 많은 한학의 명가들 역시 불문으로 돌아가 심적인 위로를 얻었다. 혜동의 역학은 암암리에 참위讖緯·도교와 통했으며, 또한 혜동이 직접 『태상감응편』太上感應篇에 전주箋注를 달기도 했다. 정정조程廷祚는 평소에 안원·이공의 학문을 배우다가, 옛날에 도를 해쳤던 것은 유가가 아닌 것에서 나온 것이었지만, 오늘날의 도를 해치는 것은 유가에서 나온 것이라고 여기게 되었다. 그는 일찍이 불학佛學이 뒤섞인 이학에 대해 통렬한 비판을 가하기도 했지만, 오히려 원매에게는 『능엄경』楞嚴經을 읽으라고 권했다. 항용項墉은 이를 한마디로 추려서 "오늘날의 사대부 중 불교를 신봉치 않는 이가 없다"(今士大夫靡不奉佛)[71]면서 당시 사림의 풍조를 지적했다. 이 때문에 이른바 "이단적인 학술의 말"(異學之言)은 외부의 불교·도교를 가리키는 것이면서, 동시에 유학의 의리 속에 뒤섞여 있는 불교·도교의 요소들을 가리키는 것이기도 했다. 팽소승 등은 이에 근거하여 고증학에 대항했다. 그는 대진이 당시 속유俗儒들의 지리멸렬한 고증과는 다르다는 점을 칭찬했는데, 자못 대진을 자신의 편으로 끌어들이려는 의도가 있었다. 고증학자들이 '외부적인 것에 맘을 빼앗겨 버렸다'(玩物喪志)는 팽소승의 비판에 대해 대진은 분명 끌리는 바가 있긴 했지만, 결코 불가에 대한 팽소승의 입장에 찬동하진 않았다. 대진의 이학적인 경향은 경학 내부에서의 이학적인 경향이었기에, 결국에는 이례합일·도기일체라는 의리적 경향 위에 수립된 것이다. 그는 스스로 『맹자자의소증』 등의 책들이 정사正邪를 구분하려는 목적이었다고 말했는데 그 예봉이 노리는 바가 바로 팽소승 등이 불교와 도교의 종지로 선유의 종지를 대체하려는 풍조였다. 대진은 힘써 고증과 의리의 결합을 도모하고 이례합일·도기일체의 불변성을 설명했다. 유학 내부에 대한 이러한 '해석의 정치'*는 비단 『서언』·『맹자자의소증』의 여러 곳에서 관건이 되는 요체를 지적해 내었을 뿐만 아니라, 홍방·단옥재 역시 모두 이에 관해 언급하고 있다.

* 해석의 정치: 이는 아마도 'Politics of interpretation'의 번역인 듯하다.

홍방은 「대선생행장」戴先生行狀에서 "대개 선생의 학문은 어려서부터 옛것을 연구하며 종합해 따지고, 박람강기博覽强記하시되 더욱이 논술論述에 능하셨다. 만년에는 더더욱 성性과 천도天道의 전승됨을 엿보시고, 노장·불가의 주장 중 사람의 맘속에 가장 깊이 파고든 것들에 대해 배척하시며, 이러한 것들이 절대 육경과 공맹의 책들과 뒤섞일 수 없게 하셨다"(蓋先生之爲學, 自其早歲稽古綜核, 博聞强識, 而尤長於論述. 晚益窺於性與天道之傳, 於老釋氏之說, 入人心最深者, 辭而闢之, 使與六經孔孟之書, 截然不可以相亂)[72]라고 했다. 그는 대진이 『원선』을 지은 것은 오로지 불교·도교를 배척하기 위해서라고 여겼다. 그뿐만 아니라, 대진이 "만년에는 더더욱 성과 천도의 전승됨을 엿보았음"(窺於性與天道之傳)을 지적하며, 대진 만년 저작의 종지가 바로 성과 천도에 대한 거듭된 기술로 육경과 공맹과 불교·도교의 구별을 밝히는 데에 있음을 암시했다. 「여주균서」與朱筠書에서 홍방은 한 걸음 더 나아가, 대진의 「여팽진사소승서」與彭進士紹升書 및 『원선』·『맹자자의소증』 등의 책들에 대해 논했는데, 그 논술은 요점을 잘 추려낸 것이 정심하고 상세하다.

무릇 대진의 「여팽진사소승서」에서는 정주학을 비난한 것이 아니라 육왕학의 실수를 바로잡은 것뿐입니다. 사실 이것은 육왕학의 실수를 바로잡은 것이 아니라, 불교·도교의 사특한 주장을 배척한 것일 뿐입니다. 사실 이것도 불교·도교를 배척한 것이 아니라 후대 학자들이 사실은 불교·도교를 따르면서 겉으론 유가의 책을 지으며, 주공과 공자의 말씀을 불교·도교의 가르침에 끼워 넣으면서 사이비 불교·도교로 주공과 공자의 진면모를 어지럽히면서 모두 정주학에 빌붙어 있음을 배척한 것입니다.

夫戴氏「與彭進士書」, 非難程朱也, 正陸王之失耳. 非正陸王也, 闢老釋之邪說耳. 非闢老釋也, 闢夫後之學者, 實爲老釋而陽爲儒書, 援周孔之言入老釋之教, 以老釋之似亂周孔之眞, 而皆附於程朱之學.[73]

대진이 송학을 배척하고 불교·도교를 배척한 것은, 송학이나 불교·도교를 배척한 것이 아니라 불교·도교가 유가의 서적에 끼어 들어옴을 배척한 것이다. 그의 이론에 보이는 사나운 기세는 물론 팽소승 등을 비판하는 데에만 국한된 것이 아니었다. 『맹자자의소증』 등의 책들은 송대 이래 계속되던 각종 오해를 확실하게 바로잡았다. 대진의 말을 가져다 말하자면 "정자와 주자는 노장·불가의 종지 중에서 몇몇 주장들을 바꾸어 리를 말했으니, 유학을 끌어다 불가에 끼워 넣은 것이 아니라, 불가의 말을 유학에 뒤섞어 넣은 잘못을 범했을 뿐이다. 육구연·왕양명 등은 노장·불가가 가리키는 바에 대해 리로써 이를 채웠으니 이는 유학을 끌어다 불가에 끼워 넣은 것이다."(程子朱子就老莊釋氏所指者, 轉其說以言夫理, 非援儒入釋, 誤以釋氏之言雜入於儒耳. 陸子靜·王文成諸人就老莊釋氏所指者, 卽以理實之, 是乃援儒以入於釋者也)[74] 홍방이 한유韓愈를 예로 들어 대진이 송학을 배척한 것에 비유한 것은, 대진의 송학 배척 역시 한유의 「원도」原道와 마찬가지로 그 종지가 "학자로 하여금 불교·도교의 그릇됨을 확연히 알게 함"(使學者昭然知二氏之非)에 있었기 때문이다. 여유량 사건 이후까지 생각해 보면 주자학이 좌절되고 불학佛學이 점차 흥기하고 유儒·불佛이 착종되고 심지어 옹정제 본인 역시 불학을 수련하는 거사居士로 자처하는 상황이었으니, 대진이 불교·도교를 배척하는 종지는 그가 표면적으로 송학을 배척했던 것보다도 더욱 깊은 함의를 지니고 있는 것이다.

1747년 정월 14일, 대진은 단옥재에게 편지를 보내 이렇게 말했다. "내 평생 저술 중 제일 대단한 것은 『맹자자의소증』인데, 이는 바로 사람의 마음을 바로잡는 요체이다. 오늘날 사람들은 정사正邪를 막론하고, 모두 자신의 의견을 리라고 잘못 이름하고 있으니 그 화가 백성에게까지 미친다. 그래서 『맹자자의소증』을 짓지 않을 수 없었다."(僕生平著述最大者, 爲『孟子字義疏證』一書, 此正人心之要. 今人無論正邪, 盡以意見誤名之曰理, 而禍斯民. 故『疏證』不得不作)[75] "정사를 막론한"(無論正邪) 특징은 바로 "자신의 의견을 리라고 잘못 이름하고 있다"(以意見誤名之曰理)는 것이었다. 이 말을 홍방이 『원선』의 종지를 해석한 말과 참조하여 풀이해 본다면, 이른바 "자신의 의견을 리라고 잘못 이름하고 있다"는 것은 비단 이학가의 말을 가리킬 뿐만 아니라 불교·도교의 '사사로움'(私)과 '가려짐'(蔽) 역시 가리키는 것이다.[76] 대진이 1747년 4월에 지은 「답팽진사소승서」與彭進士紹升書를 다시 보아도 이러한 사실을 서로 증명할 수 있다. 팽소승은 불학을 좋아하여 공맹·정주의 말씀으로 불가의 주장을 증명하면서, 공맹과 불도는 다른 것이 없으며 정주와 육왕·불가는 다른 길을 가는 게 아니라고 여겼다.[77] 순식간에 나유고羅有高·왕진汪縉이 그 주장에 동조했다.[78] 팽소승의 「답심입방」答沈立方에 이르길 "도는 하나일 뿐입니다. 도가 유가에선 유가의 것이고, 불가에선 불가의 것이고, 도가에선 도가의 것이라 도에 대한 가르침은 세 갈래로 나뉘지만, 도의 근본은 셋일 수가 없습니다. 학자는 가르침으로부터 입문하는 데까지 근본을 아는 것보다 우선시되는 것은 없습니다. 진실로 근본을 안다면 어느 갈래를 따르든지 간에 도를 얻지 못할 리가 절대 없습니다"(道, 一而已. 在儒爲儒, 在釋爲釋, 在老爲老, 敎有三而道之本不可得而三也. 學者由敎而入, 莫先於知本. 誠知本, 則左之右之, 無弗得也)[79]라 했다. 또 이르길, "경經에서 이르길 '오로지 이 한 가지 사실뿐이니 나머지 두 가지는 진실이 아니다'*라고 했는데 유불儒佛 간에 망령되이 분별을 만들고 망령되이 장단점을 논하는 것은 모두 뜨내기들의 주장입니다. 대장부가 귀히 여기는 바는 근본을 아는 것일 뿐입니다. 진실로 그 근본을 얻으면 일체의 차별법은 이로부터 나오지 않은 것이 없으니 또 어찌 지엽적인 것만 찾아다니며 남의 울타리에만 기대려 하겠습니까?"(經云: 唯此一事實, 餘二則非眞. 於儒佛之間妄生分別, 妄論短長, 皆途說也. 大丈夫所貴, 知本耳. 誠得其本, 則一切差別法無不從此流出, 又安肯尋枝摘葉, 寄他人之籬下乎)[80]라고 했다. 이러한 흐름 속에서 대진은 특별히 『원선』과 『맹자자의소증』 두 책을 팽소승에게 보냈는데, 유가와 불가를 변별해 내려는 데에 그 의도

* 오로지~아니다: 이 구절은 『법화경』(法華經) 「방품편 2」(方品篇二)에 보인다.

가 있었다. 팽소승은 이 두 책을 받아 읽고 난 후, 충분하고도 분명하게 대진의 의도를 알아차렸다. 그는 답장에서 우선 인사치레의 말들을 하고는, 이어서 이렇게 말했다. "제가 학문에 어둡다 보니, 학문에 입문하는 길이 그대와 같을 수는 없습니다. 그렇다고 우리 모두 그렇다고 여기는 리理에 대해 망령되이 분별을 하고자 한다면 그게 가능하겠습니까? 단지 한두 가지 큰 문제에 대해서만큼은 마음이 편치 못한지라, 감히 그 내용에 대해 질의하나이다"(紹升懵於學問, 於從入之途, 不能無異, 要其同然之理, 卽欲妄生分辨, 安可得邪? 顧亦有一二大端, 不安于心者, 敢質其說於左右)[81]라고 했다. 이른바 '큰 문제'(大端)란 첫째로 천명天命 문제, 둘째로 허적虛寂 문제였다. 전자에 관해 팽소승은 대진이 천天을 도외시하고 사람을 말하는 방식과 '분'分으로 명命을 풀이하는 관점*을 비판했다. 후자에 관해 그는 무욕無欲의 주장을 힘써 증명했으니, 결국 팽소승은 정주와 불교·도교에 대한 대진의 공격에 대해 동의할 수가 없었던 것이다. 팽소승의 편지를 받은 후 대진은 『원선』·『맹자자의소증』 등의 내용을 팽소승에게 내보이면서 아울러 이렇게 답했다.

> 육경·공맹의 종지는 육경·공맹에 돌아가고, 정주의 종지는 정주에게 돌아가고, 육왕과 불가의 종지는 육왕과 불가에게 돌아가니, 육왕이 정주인 척하거나, 불가가 공맹인 척할 수는 없는 것입니다.
>
> 以六經·孔孟之旨, 還之六經·孔孟, 以程朱之旨, 還之程朱, 以陸王·佛氏之旨, 還之陸王·佛氏, 俾陸王不得冒程朱, 釋氏不得冒孔孟.[82]

이 편지와 『원선』·『맹자자의소증』을 대조하여 읽어 본다면, 대진이

---

* 분(分)으로~관점: 대진의 이러한 관점은 대체적으로 순자(荀子)의 '분'(分) 개념에 근거한 것이다.

불가의 종지를 배척한 것이 자못 명확할 것이다. 그의 의리에 대한 거듭된 기술과 송학이 불교·도교를 배척한 내용이 서로 유사한 것은, 불교·도교의 본체론과 심성론을 깨트리기 위해 부득불 유학의 본체론과 심성론을 재건했기 때문이다.

대진이『서언』·『맹자자의소증』에서 고증학의 이론 전제를 엄격하게 지킨 것은 송학을 배척하기 위해서였다. 그의 의리지학은 불교·도교와 송학에 뒤섞여 들어온 불교·도교를 배척하는 데에서 일어났다. 팽소승이『수능엄경』首楞嚴經의 '여래장'如來藏으로『중용』의 이른바 "큰 것을 말하면·작은 것을 말하면"*을 풀이하고,[83] 나유고羅有高는『주역』으로 윤회를 논하고[84]『능엄경』으로 맹자의 '잃어버린 마음'(放心)*을 구하는 것을 논한 것[85] 등등에서 보면, 어째서 대진의 저술이 리理·천도天道·재才·도道·인의예지仁義禮智·권權 등의 범주로부터 이야기를 시작했는지, 어째서 자의字義에 대한 소증疏證과 의리에 대한 해석을 결합하려 했는지 이해하기가 어렵지 않다. 이른바 공맹은 공맹으로 되돌리고 정주·육왕은 정주·육왕으로 되돌리고 불가는 불가로 되돌리려면, 연구 방법상 고증과 의리를 종합하여 유학의 '원초적인 종지'로 거슬러 올라갈 필요가 있었다. 만약 대진이 겨우 훈고 고증에만 근본을 두려 했다면, 불교·도교의 현리玄理에 대항할 방도가 없었을 것이고, 만약 대진이 단지 의리지학으로 대항하려 했다면, 정주·육왕과 뒤섞여 그 근원을 정갈하고 올바르게 지킬 방도가 없었을 것이다. 대진이 직면한 문제는 분명 송대 유가보다 복잡했다. 불교·도교가 이학 속에 숨어 있기에 불교·도교를 배척하는 것은 필연적으로 이학을 배척하는 것과도 같을 수밖에 없었다. 그래서 육경·공맹과 정주·육왕 사이에 엄격한 구분을 둔

• 큰 것을~말하면: 이 표현은『중용』제12장에 보인다. "그래서 군자가 큰 것을 말하면 너무 커서 천하 어느 누구도 이를 싣지 못할 정도이고, 군자가 작은 것을 말하면 너무 작아 천하 어느 누구도 이를 더 쪼개지 못할 정도이다."(故君子語大, 天下莫能載焉, 語小, 天下莫能破焉)

• 잃어버린 마음(放心): 이 표현은『맹자』(孟子)「고자 상」(告子上)에 보인다.

것이다. 이 역시 '자의에 대한 소증'이라는 경학적 형식의 이론적인 근거였다.

상술한 토론에서 우리는 대진의 학술과 사상적으로 그가 맞닥뜨린 상황의 복잡성을 체감할 수 있다. 그는 거의 동시에 송학과 경학 안에 자리한 지리멸렬한 고증적 경학 및 불교·도교와 싸워야 했다. 개괄해서 말하자면 그는 훈고 고증으로 송학을 배척하고 천도·성·리로써 불교·도교를 배척하며 의리지학으로 속유의 경학을 배척했다. 대진은 모든 방면에 비판을 가했으며 동시에 모든 방면에 대해 받아들이는 바도 있었다. 그래서 주균·전대흔 등은 『원선』·『맹자자의소증』 등의 책들에 대해 동조하지 않고 "이러한 내용들은 책에 싣지 않아도 되었거늘! 성과 천도는 자공조차 공자에게 전해 들을 수 없었던 바인데, 어찌하여 여기서 더 나아가 정주를 벗어나 또 다른 주장을 펴려고까지 한단 말인가? 대진이 전한 정수는 여기에 없다"(可不必載, 性與天道不可得聞, 何圖更於程朱之外復有論說乎? 戴氏所可傳者不在此)고 여겼다. 그러나 홍방은 도리어 "대진이 성과 도를 논한 것은 그가 『맹자』를 논한 책만큼 갖추어진 것이 없기에, 그 책 이름을 『맹자자의소증』이라 한 것이다. 그러므로 성명의 종지를 말한 것이 아니라, 훈고일 뿐이며 전장 제도를 따진 것일 뿐이다"(戴氏論性道, 莫備於其論『孟子』之書, 而其所以名其書者, 曰『孟子字義疏證』焉耳, 然則非言性命之旨也, 訓故而已矣! 度數而已矣)[86]라고 했다. 이러한 복잡한 상황 속에서 대진은, 각 방면에 호응할 수 있으면서도 동시에 취사선택을 하는 일종의 학술 형식을 발전시킬 수밖에 없었다. 예를 들어, 그는 훈고 고증으로 송학을 배척하면서 자의字義·명물·제도에 귀의하지 않을 수 없었고, 천도·성리로 불교·도교를 배척하면서 선유의 의리심성지설을 펼치지 않을 수 없었고, 의리지학으로 속유의 지리멸렬한 고증을 배척하면서 고증 밖에서 송학의 주제를 논하지 않을 수 없었다. 맹자로부터 착수하여 자의에 대한 소증의 형식으로 드러내면서, 의리상 공맹과 순자를 종합한 것이 『맹자자의소증』의 기본 특색이라 여겨진다. 이러한 대진의 학술과 사상의 다양성을 떠나서는, 그의 리理

/욕欲의 구분과 자연/필연이란 명제를 이해할 길이 없다.

대진 학술의 이론 형식은 이학의 논변 방식에 치우쳐 있었다. 그러나 기본이 되는 이론은 도리어 한학의 전제 위에 수립되어 있으면서도, 결코 이기理氣·도기이원론道器二元論에 대해 다짜고짜 반대하는 그런 경학적인 입장은 없었다. 『서언』의 권두언에 "도道라는 이름에 담긴 함의를 물으며"(問道之名義) 도기道器·음양陰陽·형이상/형이하·태극양의太極兩儀의 구분으로부터 이기理氣 선후先後를 추론하고, 마지막에는 대진의 자연/필연의 구분을 얻어 낸다. "음양이 유행하는 것은 자연(스스로 그러한 것)이다. 정밀하게 말하면 아무런 아쉬움도 없음을 목적으로 하는 것이 이른바 리理인데, 리란 다른 것이 아니라 대개 필연(꼭 그렇게 될 수밖에 없는 것)이다. …성인이라야 사람의 리를 다하는데, 사람의 리란 다른 것이 아니라 인간관계와 일상생활에서 그 필연에 다하는 것이다"(陰陽流行, 其自然也. 精言之, 期於無憾, 所謂理也. 理非他, 蓋其必然也. …聖人而後盡乎人之理, 盡乎人之理非他, 人倫日用盡乎其必然而已矣)[87] 라는 주장이나, "필연은 자연의 지극한 준칙으로 …필연으로 돌아가는 것이 바로 그 자연을 완전케 하는 것"(必然乃自然之極則, 而歸於必然適完其自然)[88]이란 주장은 완전히 새로운 관점이라고 말할 수가 없다. 왜냐하면 우리는 이미 유종주·황종희의 "천지에 가득 찬 것이 심心이다"(盈天地者皆心)와 "천지에 가득 찬 것이 기氣이다"(盈天地者皆氣)라는 명제*에서 유사한 의미를 체득했기 때문이다.

대진의 특징은 '기'氣의 문제를 싸잡아 말한 것이 아니라 사물의 '조리'條理 혹은 '분리'分理로부터 출발해 사물의 '자연'自然(즉 스스로 그러한 조리나 분리)을 따라야만 '리'理를 파악할 수 있다고 여긴 데에 있다. 이는 새로운 지식의 분류학을 위해 근거를 제공한 것이다. 또한

* 유종주·황종희의~명제: 유종주는 『유자전서』(劉子全書) 권2 「독역도설」(讀易圖說)에서 "천지간에 가득 찬 것은 오로지 기(氣)뿐이다"(盈天地間一氣而已)라고 했다. 또 황종희의 『명유학안』을 보면 "천지에 가득 찬 것이 모두 마음"(盈天地皆心)이라든가, "천지에 가득 찬 것이 모두 기"(盈天地間皆氣)라는 표현이 보인다.

대진의 학술을 이해하기 위한 자연지학自然之學 방면 성취 부분에서의 인식론과 우주론상의 근거를 제공해 주고 있다. "천지天地·인물人物·사위事爲를 들어 그저 바뀌지 않는 준칙을 밝힌 것을 리理라 한다. 이른바 준칙이란 나 스스로 하는 것이 아니고 다른 사물에서 구하는 것일 뿐이다."(擧凡天地·人物·事爲, 虛以明夫不易之則曰理. 所謂則者, 匪自我爲之, 求諸其物而已矣) 『시경』의 "하늘이 백성을 생육하시니, 한 사물이 있으면 그에 따른 준칙이 있도다"(天生烝民, 有物有則) 등의 구절을 해석할 때, 대진은 '리'를 일반적인 사물에서 인사人事로까지 확대하여 "천하의 백성들이 늘상 지니지 않았던 날이 없었던 것"(天下之民無日不秉持爲經常者也)[89]이라고 했다. 이러한 의미에서 사사로운 의견을 부정하고 사물의 분리를 고려하는 등의 명제는 백성의 사정을 살갑게 살피고 일상의 실천을 중시하는 것과 내재적인 연계가 생겨났다.

자연/필연의 구분은 '예'禮와 '리'理를 개인의 의견이 전이된 것이 아니라, 인정人情이나 물리物理에 내재한 객관적인 영역으로 간주한 것이다. 이는 순자의 예제론禮制論과 장자의 자연설自然說의 독특한 결합이었다. 자연 방면에서 말하면, 인의예지는 모두 "성性의 자연(스스로 그러함)"에서 나온 것이다. 이 때문에 배움으로부터 알게 되는 예의는 자연의 리를 벗어나지 못한다. 이는 불교·도교가 현세를 벗어나 자연을 논하는 것에 대한 비판이었다. 필연 방면에서 말하면, "예란 천지의 조리條理이다. 조리의 극치에 관해 얘기하자면 천天을 알지 못한다면 이를 다하기에 부족하다는 것이다. 그런즉 의절儀節 제도 역시 성인이 천지의 조리를 드러내 보인 것이며, 이를 천하 만세의 법도로 정하신 것이다. 예를 마련해 두는 것은 천하의 갖가지 사정을 다스리기 위한 것이기에, 혹 과한 것은 쳐내고 혹 미치지 못한 바는 더 노력하면서, 천지의 중용을 알게끔 한 것일 뿐이다"(禮者, 天地之條理也. 言乎條理之極, 非知天不足以盡之. 卽儀文度數, 亦聖人見於天地之條理, 定之以爲萬世法. 禮之設所以治天下之情, 或裁其過, 或勉其不及, 俾知天地之中而已矣)[90]라고 했다. 예가 조리가 되기에, 사람들은 반드시 '배움'(學)을 통해 이것을 이해하고 접근해야만 한다. 이것이 바로 필연의 의미이다. 이는 송학의 이욕理欲이라는 이원론二元論을 배척하기 위해 이론의 전제를 제공한 것이며, 동시에 '배움'으로부터 예를 알게 된다는 과정을 위해 인식론의 기초를 제공한 것이다. 이른바 "그 자연을 따른다"는 말은 바로 "백성의 리理" 혹은 사물의 조리를 따르는 것이다. 그리고 "필연으로 돌아간다는 것"은 학문 공부를 통해 자연을 파악해야 함을 말하는 것이다.[91] 매우 명확하게도, 대진의 자연/필연의 구별은, 불교·도교의 자연설과 송대 유가의 이기이분理氣二分의 관점을 반대하는 것을 종지로 한다. 대진의 입장에서 보면 이기이분은 본래 노장과 불가의 자연설에서 온 것이지, 결코 육경과 공맹의 옛 뜻이 아니었다. 만약 '리'理가 "천하의 백성들이 늘 지니지 않았던 날이 없었던 것"(天下之民無日不秉持爲經常者)이라면 우리는 세상을 초탈하는 입장(즉 불·도의 자연론)에서 '리'를 논할 수 없게 되며 반드시 '리'와 '예'를 일상생활과 인간의 욕망, 그리고 정감에 내재한 존재로 간주해야만 한다.[92]

자연과 필연의 관계에서 리와 예의 관계를 토론하기 시작하면, 동시에 예의 범주를 '번잡하기 그지없는 꾸밈'(繁文縟節)에서 구분해 내어 이를 사물의 내재적인 조리와 밀접하게 상관된 관념으로 만든다. 이는 바로 고염무가 말한 '문'文과 '예'禮의 '상호텍스트'적 관계 중의 '예'이며, 동시에 '배움'(學)의 대상이었다.[93] 이러한 의미에 있어서 '배움'의 뜻은 기계적으로 옮겨 놓은 교조敎條가 아니라, 광범위하게 자연의 조리를 연구하고 본받는 것이었다. 대진이 '예'를 숭상한 것은 청대에 발달한 종법宗法 제도나 예교禮敎와 결코 직접적인 관계가 없다. 왜냐하면 그의 '예'禮는 일종의 자연 질서로서, 사람의 감정이나 욕망을 어울리게 할 수 있으며 일상 도덕에서 필요로 하는 질서이기 때문이다. 그는 맹자와 순자의 관점을 종합하여 '예의'禮義를 자연/필연의 범주 안에 넣어 이해했고, 이를 통해 덕德을 이루는 문제에서 예의와 성性·리理의 통일 관계 속으로 들어갔다. 대진은 이렇게 말했다.

순자는 예의가 성인의 가르침인 것은 알았지만, 예의 역시 성性에서 나온 것임을 몰랐으며, 예의가 그 필연을 밝혀 주는 것임을 알았지만, 필연은 자연의 지극한 준칙이기에 그 자연을 완전케 하는 바임을 몰랐다. 맹자의 책을 살펴보니, 예의란 성性을 밝히면서 인의예지를 들어 성性이라고 말하고 있는데, 이 역시 성性에서 나온 자연이기에, 사람들은 모두 배우지 않고도 할 수 있으나 배워서 이를 확충할 뿐이라고 여겼던 것이다. 순자가 배움을 중시한 것은 내면에 없으니 밖에서 취해 온다는 것이며, 맹자가 배움을 중시한 것은 내면에 있기에 밖에서 보충할 뿐이라는 것이다.

> 荀子知禮義爲聖人之教, 而不知禮義亦出於性. 知禮義爲明於
> 其必然, 而不知必然乃自然之極則, 適所以完其自然也. 就孟子
> 之書觀之, 明禮義之爲性, 擧仁義禮智以言性者, 以爲亦出於性
> 之自然, 人皆弗學而能, 學以擴而充之耳. 荀子重學也, 無於內
> 而取於外, 孟子之重學也, 有於內而資於外.[94]

그는 순자·맹자를 상호 증험證驗하여 송학의 이기이원론과 불교·도교의 형신이원론形神二元論을 공격했다.[95] 아울러 이에 근거하여 이기·형신·예의, 그리고 성性의 내재적인 연계를 수립했다. 노장·불가의 공통 특징은 "자연에 맡기며 예의가 자연의 지극한 준칙임을 모른다"[96]는 것이고, 장재·소옹·정자·주자·육구연·왕양명은 상대의 주장을 바로 그 상대를 공격하는 방법으로 사용하다가 불교·도교의 관념을 자신의 전제로 삼아 버렸던 것이다.[97] 이는 "문文으로 넓히고 예禮로써 간추린다"(博文約禮)는 경학의 종지와 너무나 거리가 먼 것이며, 동시에 "조리를 시작하는 것은 앎(智)의 일이고, 조리를 마치는 것은 성인의 일"이라는 공맹의 남겨진 가르침과도 완전히 괴리된 것이었다. 대진은 예를 자연의 지극한 준칙으로 간주하여 예의 외재성을 사물의 내재적인 본질이라 해석했다. 그러나 만약 자연에 대한 인식이 없다면 사물의 조리라는 것이 대체 무엇인지 이해할 길이 없었다. 이러한 의미에서 예 또한 가늠하는 바의 표준이기도 했다. 그래서 그는 예로써 충신忠信을 증험할 수 있으나 충신으로는 예를 증험할 수 없다고 여겼다.[98] 이것이 바로 예의라는 범주 안에서의 자연/필연 구분의 체현이었다.

첸무는 "『서언』은 오로지 이기理氣만을 변별했고 『맹자자의소증』에서야 비로소 이욕理欲을 변별했다"고 했으나 사실 이는 정확한 것이 아니다.[99] 『서언』 권하에는 "리를 따르는 것은 따로 있는 것이 아니라 …식사와 성교(飲食男女)에서 발생하는 정욕情欲이 둘로 나뉜 것이다. 그런즉 이러한 식사와 성교란 그 행함에 있어 리理를 따르는 것이 옳고, 행함에 있어 리를 거스르는 것이 그릇된 것일 따름이다"(循理者非別有一事 …於飲食男女之發乎情慾者分而爲二也, 卽此飲食男女, 其行之而是爲循理, 行之而非爲悖理而已矣)[100] 등등의 말이 있다. 자연/필연의 구분과 이욕의 구분 간에는 밀접한 관계가 있으며, 그들은 하나의 명제의 두 가지 측면이라고 할 수 있다. 만약 자연/필연의 구분이 노장·불가 및 송학의 자연설을 배척하는 데에 그 의도가 있다고 말한다면, 이욕의 구분은 불교·도교 및 이학의 무욕설無欲說을 배척하는 것이다.[101] 먼저 자연/필연의 구분이 어떻게 이욕의 구분과 하나로 연계되는지 살펴보도록 하자. 『맹자자의소증』 권상에서는 이렇게 말하고 있다.

성인은 그 육체적인 혈기의 욕망(欲)을 따르기에, 낳고 기르는 도를 서로 베풀게 하나니, 이에 남을 자기처럼 보는 것이 충忠이고, 자신을 미루어 남을 생각하는 것이 서恕이고, 남으로 말미암아 기뻐하고 근심하는 것이 인仁이다. 올바름에서 나오고 삿된(邪) 것에서 나오지 않는 것이 의義이고, 공경하며 거만해하지 않는 것이 예禮요, 그릇된 실수가 없는 것이 지智이니 어찌 다른 게 있겠는가? …욕망이란 혈기의 자연이다. "그 훌륭한 덕德을 좋아한다"는 것은 지각 활동을 하는 심지心知의 자연으로, 이것이 바로 맹자가 성性이 선善하다 말했던 까닭이다. …혈기의 자연으

로부터 그것을 살펴 그 필연을 알게 되는 것을 일컬어 의리라고
하는데, 자연과 필연은 두 가지가 아니다. …노장·불가는 보통
사람이 혈기의 자연에 따르는 것이 불가하다고 보고 고요히 심
지心知의 자연을 키워야 한다고 한다. 그들은 심지의 자연을 성
性이라 일컫고 혈기의 자연을 욕망이라 일컬으니, 주장을 비록
교묘하게 바꾸긴 했어도 결국에는 혈기·심지를 두 가지로 나누
려는 것에 불과하다. 순자는 보통 사람의 심지를 보고 예의로써
성인의 마음(聖心)을 삼고자 했고, 보통 사람의 혈기와 심지의 자
연에 맡기는 것의 불가함을 보고 예의의 필연으로 나아갔다. 그
는 혈기·심지의 자연을 일컬어 성性이라 하고 예의의 필연을 일
컬어 가르침(敎)이라 하여 혈기·심지를 하나의 근본으로 합쳤으
나 예의의 근본은 얻질 못했다.

> 聖人順其血氣之欲, 則爲相生養之道, 於是視人猶己, 則忠. 以
> 己推之, 則恕. 憂樂於人, 則仁. 出於正, 不出於邪, 則義. 恭敬
> 不侮慢, 則禮. 無差謬之失, 則智, 豈有他哉? …欲者血氣之自
> 然, 其好是懿德也, 心知之自然, 此孟子所以言性善. …由血氣
> 之自然, 而審察之以知其必然, 是之謂理義. 自然之與必然, 非
> 二事也. …老莊·釋氏見常人任其血氣之自然之不可, 而靜以養
> 心知之自然. 于心知之自然謂之性, 血氣之自然謂之欲, 說雖巧
> 變, 要不過份血氣心知爲二本. 荀子見常人之心知, 而以禮義爲
> 聖心. 見常人任其血氣心知之自然之不可, 而進以禮義之必然.
> 於血氣心知之自然謂之性, 於禮義之必然謂之敎. 合血氣心知
> 爲一本矣, 而不得禮義之本.[102]

대진은 욕망이 바로 "혈기의 자연"이며 필연(혹 의리)은 바로 이러
한 자연 안에 있다고 여겼다. 왜냐하면 필연은 자연의 지극한 준칙이
아닌 적이 없기 때문이다. 노장·불가·정주·육왕은 모두 자연으로 돌
아가는 방법으로 욕망을 제거해서 욕망과 심지·자연을 완전히 다른 두

가지로 구분하려고 했다. 바꿔 말해, 만약 자연과 필연을 서로 대립하는 양극단으로 간주한다면 욕망과 의리는 충돌하는 것이 되고, 만약 자연과 필연을 서로 소통하는 것으로 간주하거나 필연이 자연에 대한 인식으로 "지극한 준칙"에 도달한 것으로 간주한다면 사람들은 욕망(혈기·심지 혹은 현실적 존재)을 떠나 자연이나 필연(의리)을 논할 수도 없을뿐더러 논해서도 안 되는 것이었다.

이러한 논리에 따르면 사람들은 일상생활을 떠나거나 혈기·심지를 떠나서는 의리를 논할 길이 없다. 송대 유가는 이욕이분理欲二分을 신봉했는데, 그들이 말한 의리는 자연 혹은 필연이 아니라, 그저 사람의 주관적인 의견일 뿐이었다. 대진이 말하길 "마음으로 다 같이 그렇다고 여기는 바라야 비로소 리理라고 일컫고 의義라고 일컫는다. 그런즉 아직 다 같이 그렇다고 여기지 않는 것은 그 사람의 주관적인 의견이 남아 있는 것이기에 리가 아니고 의가 아니다"(心之所同然始謂之理, 謂之義. 則未至於同然, 存乎其人之意見, 非理也, 非義也)[103]라고 했다. 여기서 이른바 "마음으로 다 같이 그렇다고 여기는 바"는 본심으로만 돌아가면 의리를 구할 수 있다고 말하는 것이 아니다. 의리는 반드시 보통 사람들의 공통된 느낌과 요구에 부합되어야지, 그렇지 않다면 의리는 그저 한 개인의 사사로운 의견에 불과할 뿐이라고 말하고 있는 것이다. "천지天地·인물人物·사위事爲에 말로 할 수 없는 리가 있다는 것을 들어 보지 못했다. 『시경』에서 말한 '한 사물이 있으면 그에 따른 준칙이 하나 있다'란 말이 바로 이를 말하는 것이다. 사물이란 실제 몸뚱이와 실제 일을 가리키는 이름이요, 준칙(則)이란 순수하게 중용과 바름을 지키는 것에 대한 이름을 말한다. 실제 몸뚱이와 실제 일이란 자연이 아님이 없으니 필연으로 돌아가면 천지·인물·사위의 리를 얻게 된다"(天地·人物·事爲, 不聞無可言之理者也, 詩曰'有物有則'是也. 物者, 指其實體實事之名. 則者, 稱其純粹中正之名. 實體實事, 罔非自然, 而歸於必然, 天地·人物·事爲之理得矣)[104]고 했다. "마음으로 다 같이 그렇다고 여기는 바"(心之同然)는 분명 "순수하게 중용과 바름을 지키는"(純粹中正) "준칙"(則)이다. 바꿔 말하면 의

리는 일종의 공인公認 형식에 판단을 더해야 하는 것으로, 이러한 논의는 관자·한비자 등 법가의 관점에 가까운 것이며, 순자의 이론과는 더더욱 딱 들어맞는 것이다. 관자·한비자는, 군주君主·사장師長은 사물에 내재하면서도 구체적인 권력 관계를 초월하는 '리'에 따라 관리管理 혹은 교육敎育을 진행해야 한다고 여겼다. 대진은 예가 바로 사물에 내재된 자연에 의지하면서 동시에 사물을 규범화하는 존재임을 강조했다.

대진과 그의 제자 능정감凌廷堪 등은 모두 예로써 리를 대신하려는 구상을 가지고 있었다. 이는 예란 것이 일상생활의 실천으로부터 파악할 수 있고 또한 응당 그리해야만 하는 것이며, '리'의 관념은 불교·도교가 끼어들어 이미 확증하기 어려운 '견해'의 영역으로 변질되어 버렸기 때문이다. 만약 비교적 객관적인 표준 혹은 자연의 준칙으로 '견해'를 가늠할 길이 없다면 그 견해의 운용은 권력의 운행에 속할 수밖에 없었다. 이를 관자·한비자의 관점과 비교해 보면 대진은 더 많이 하층 계급의 입장에서 리 혹은 예의 함의를 관찰하여 정情와 욕欲의 정당성을 긍정하고 강렬한 비판의 의미를 지니고 있었다.

> 그러므로 오늘날의 다스리는 자들이, 옛 현인·성인이 백성의 정서(情)를 체득하고 백성의 바람(欲)을 이루어 주는 것이 거의 비근卑近하고 미세微細하고 은밀隱密하고 곡진曲盡한 데서 나오는 것임을 보고, 여기에 뜻을 두지 않는 것은 조금도 기이한 일이 아니다. 그들이 리理를 들어 책망하는 것에 대해 보자면, 절세絶世의 고절高節한 자에 대해서조차 의義를 가지고 정죄定罪하기가 어렵지 않다. 존귀한 자는 리를 들어 비천한 자를 책망하고, 나이가 많은 자는 리를 들어 나이가 어린 자를 책망하고, 부귀한 자는 리를 들어 가난한 자를 책망하니, 존귀한 자·나이가 많은 자·부귀한 자들은 비록 자신이 잘못하더라도 이를 일컬어 '리를 잘 따른다'(順)고 한다. 비천한 자·나이가 어린 자·가난한 자에게는 리로써 따져서 비록 타당함을 얻더라도 이를 일컬어서는 '리

를 거슬렀다'(逆)고 한다. 그래서 아랫사람은 천하 사람들이 다 같이 그렇다고 여기는 바와 천하 사람들이 다 같이 바라는 바를 윗사람에게 표달할 수가 없다. 윗사람은 리로써 아랫사람을 책망하니, 아랫사람이라 처벌받게 된 죄는 일일이 다 지적할 수 없다. 사람이 법에 의해 죽는다면 이를 가련히 여기는 자가 있겠으나, 리에 의해 죽는다면 그 누가 이를 가엽다 여길까? 아아! 불교·도교의 말이 뒤섞인 그들의 주장은, 그 화禍가 신불해나 한비자보다도 심하구나! 육경·공맹의 책이 어찌 일찍이 리를 별도의 사물처럼 여기고, 사람의 성이 정욕에서 발생한 것임을 도외시한 채, 이처럼 억지로 제제한 적이 있었으랴!

> 故今之治人者, 視古賢聖體民之情, 遂民之欲, 多出於鄙細隱曲, 不措諸意, 不足爲怪, 而及其責以理也, 不難擧曠世之高節, 著於義而罪之. 尊者以理責卑, 長者以理責幼, 貴者以理責賤, 雖失, 謂之順. 卑者·幼者·賤者以理爭之, 雖得, 謂之逆. 於是下之人不能以天下之同情·天下所同欲達於上. 上以理責其下, 而在下之罪, 人人不勝指數. 人死於法, 猶有憐之者. 死於理, 其誰憐之? 烏呼! 雜乎老釋之言以爲言, 其禍甚於申韓如是也! 六經·孔孟之書豈嘗以理爲如有物焉, 外乎人之性之發爲情慾者, 而强制之也哉![105]

여기서 주의할 만한 것은 청대의 예교가 크게 흥성하고 종법의 위력이 지극히 강대해졌다는 것이다. 정주이학程朱理學은 관방官方 제도의 운용 속에서 작용한 것 말고도, 기층 사회에서 역시 지극히 중요한 배역을 맡고 있었다. 이른바 '치도합일'이란 단지 조정에서의 정치만을 가리키는 것이 아니라, 동시에 기층 사회와의 관계가 도덕의 범주 내에서 운용될 수 있다는 것을 가리킨다. 여기서 대진의 이례합일과 청대 사회의 리理와 예교의 합일을 구분할 필요가 있다.

근대 학자들은 곧잘 대진의 "리로써 사람을 죽인다"(以理殺人)는 항의와 예교에 대한 비판을 결합시켰다. 그 원인은 종족宗族·사당祠堂이 왕왕 주희가 제정한『주자가례』朱子家禮를 각 종족의 가전家典과 족규族規로 삼았기 때문이다. 휘상회관徽商會館은 "오로지 휘국문공徽國文公*만을 제사"(專祠徽國文公)지냈고 회관의 방사房舍들은 '주자당'朱子堂·'문공사'文公祠를 겸하고 있었으며 족장族長들은 곧잘 이학의 교조로 예교의 합리성을 설명했다. 그렇다면 대진은 어째서 '리'의 초월성 혹은 '정'情·'욕'欲의 본체성을 재건하여 예교의 범람에 대항하지 않고 오히려 리와 예를 다시금 새로이 연관시켰을까? 이례합일은 도대체 예교의 전제가 아니란 말인가?

이는 몇 가지 층차로 나누어 얘기할 수 있다. 우선 대진은 '리'理를 "정情을 잃지 않는 것이며, 정을 얻지 못하고 리를 얻는 경우는 없었다"(情之不爽失也, 未有情不得而理得者也)고 간주했다. "자연의 분리分理"가 되는 천리는 '정'情의 범주를 초월하는 것이 아니기에, "내 감정(情)으로 남의 감정(情)을 가늠한다면 그 공평함을 얻지 못할 것이 없으리라는 것이다."(以我之情絜人之情, 而無不得其平是也)[106] 그는 정주와 노장·불가의 분별이란 결국에 모두가 리로써 자연의 범주를 대체하고 이욕의 구분을 엄격히 하여 결국에는 정과 욕을 리의 범주에서 배제해 버린 것이라고 비판했다.[107] 대진이 이러한 정리합일情理合一·이욕합일理欲合一의 관념에서 출발한 것은 비단 정주의 이욕이분理欲二分을 피하는 것 이외에도 왕학 말기의 정을 본체로 하는 관념 역시 배제하는 것이었다. 정·욕의 범주는 리에 내재해 있으며 리의 범주는 '예'에 내재되어 있다. 이것이 바로 이례합일理禮合一의 함의이다.

그다음으로 앞서 기술한 바대로 대진의 예禮는 고염무가 말한 예禮와 문문文의 의미로서의 예이다. 이는 예교禮敎의 도덕적인 교조가 아니라 우주 자연·만세 만물의 조리이다. 이 때문에 리와 예의 관련은 바로

---

* 휘국문공(徽國文公): 주희의 추서(追敍)된 시호(諡號)이다. 흔히 '문공'(文公)이라 존칭한다.

리와 구체적인 사물의 내재적 규율 혹은 특별한 연관이며, 이는 정욕을 존중한다는 함의를 가진다. "예란 하늘의 준칙이 머무는 바인데 인간관계와 자연 만물에서 행해지면 천하가 모두 편안해진다. 각자의 분수가 안 지켜짐이 없기에 그 속한 것들을 너그러이 대하는 것이다."(禮者, 天則之所止, 行之乎人倫庶物而天下共安, 於分無不盡, 是故恕其屬也) 이러한 의미에서의 '예'禮는 '욕'欲의 정당성을 인정하기에 정주의 이욕이원론理欲二元論처럼 완전히 리理로써 욕欲을 제어하는 것과는 다르다.[108]

　세 번째로 대진의 '리'理는 '자연'에 대한 일종의 인식 작용을 포함하고 있다. 그것은 대상을 근거의 표준(즉 분리分理)으로 삼아서 수립한 사물에 대한 일종의 분류였다. 이 역시 그의 자연지학自然之學의 연구를 위해 인식론적인 전제를 제공해 주는 것이다.[109] 그는 "리理를 들어서 마음의 대상을 구분할 수 있음을 보여 주었고, 의義를 들어서 마음이 대상을 재단할 수 있음을 보여 주었다. 대상을 나누어 그것들이 각각 바꿀 수 없는 법칙을 가진 것은 리라고 부르고, 이와 같이 하여 마땅한 것을 의라고 부른다. 그러므로 리를 밝히는 것은 구분을 밝히는 것이고, 의를 정밀하게 하는 것은 재단을 정밀하게 하는 것이다. 밝지 않으면 종종 비슷한 것에 사로잡혀 미혹되고 정밀하지 않으면 종종 치우치고 사사로움이 섞여서 도를 해치니, 의리를 구하지만 지혜가 부족하니, 의리라고 부를 수 없는 것이다. …사람이 가려짐을 근심하지 않고 스스로 지혜롭다 여겨 자신의 의견만을 따라 그것을 고집해서 의리라고 한다. 나는 의리를 구하는 사람이 자신의 의견을 가지고 의리라고 할까 두려우니, 백성이 그 한없는 화를 받는다는 것을 누가 알리오!"(擧理, 以見心能區分. 擧義, 以見心能裁斷. 分之, 各有其不易之則, 名曰理. 如斯而宜, 名曰義. 是故明理者, 明其區分也. 精義者, 精其裁斷也. 不明, 往往界於疑似而生惑. 不精, 往往雜於偏私而害道. 求理義而智不足者也, 故不可謂之理義. …人莫患乎蔽而自智, 任其意見, 執之爲理義. 吾懼求理義者以意見當之, 孰知民受其禍之所終極也哉)[110] 라고 말했다.

　이에 근거해 보면 대진의 종지는 결코 의리를 부정하는 것이 아니라 자연/필연의 내재적인 연계에서 의리에 대한 새로운 이해를 수립하기를 요구한 것이다. 노장·불가 혹은 이학가는 리理를 구하거나 혹은 자연이란 명의로 허무한 세계로 돌아갔지만, 대진은 사물에 대한 연구과 이해 가운데서 의리의 정신을 체현하기를 요구했다. 이러한 의미에서 그는 비단 의리와 일상생활 혹은 인지상정人之常情을 하나로 연계할 뿐만 아니라 '앎'(知)과 '배움'(學)을 통해 구체적인 사물의 내재적인 규율을 통찰하도록 요구했다. 이 때문에 대진의 이욕理欲 구분과 자연/필연 구분은 "문으로 넓히고 예로써 간추린다"(博文約禮)는 경학적인 종지의 재확인이라 하겠다.

대진은 법法과 리理를 대립시키면서, 한편으론 리理로 욕欲을 억제하는 것을 반대하고, 다른 한편으론 '법'法의 문제를 들고 나왔다. 이러한 관점들은 맹자의 본래 뜻과 별 관계가 없고, 노장과 법가에 더욱 가까우며, 특히나 순자와 가깝다.[111] 어째서 리로 욕을 억지하는 것에 대한 대진의 비판은 그를 '법'의 문제로 향하게 만들었는가? 대진의 "사람이 법에 의해 죽는다면 이를 가련히 여기는 자가 있겠으나, 리에 의해 죽는다면 그 누가 이를 가엾다 여길까? 아아! 불교·도교의 말이 뒤섞인 그들의 주장은, 그 화가 신불해나 한비자보다도 심하구나!"라고 한 말을 어떻게 이해해야 하는 것일까? 우리는 먼저 정치적인 측면에서 보도록 하자. 장타이옌은 이렇게 말했다.

> 대진은 옹정 말에 태어나, 임금이 조령詔令으로 사람들을 벌하면서 법률에 근거하지 않고 도리어 정주학자程朱學者*의 말을 취해다가 따지며, 속에 담긴 저의까지 엿보면서 그냥 허물없이 주고 받은 말까지 그 죄를 묻는 작태를 목도했다. 천하가 넓디넓거늘 온통 가시덤불로 가로막아 버려서 선비와 백성이 손사래 치

---

* 정주학자(程朱學者): '낙민유자'(雒閩儒者)의 의역. '낙'(雒＝洛)은 정호·정이 형제가 살던 곳을, 그리고 '민'(閩)은 주희가 살던 곳을 가리킨다.

며 나라가 금지한 바를 건드리지조차 못하게 만들었으니, 선비와 백성의 서글픔이 매우 깊었다. 대진은 어려서 장사를 하며 천리 길을 돌아다니면서 민생의 세세한 부분까지도 잘 알고 있었다. 그는 임금이 각박하게 백성에게 은혜를 베푸는 말을 한마디도 하지 않자, 격분하여 『원선』과 『맹자자의소증』을 지었으니, 백성의 억울함에 관심을 갖고 풀어 주는 데에 힘쓰면서, 신료와 백성의 사정을 하늘에 하소연해 주기 위해서였다. 이는 당시의 상황이 법에 의해 죽으면 구제 받을 수 있으나 리에 의해 죽으면 구제 받을 수 없음을 분명히 알았던 것이다.[112]

장타이옌이 말한 것은 구체적인 정치적 행위이지만, 만약 우리가 이러한 행위가 치도합일을 표방하는 청조 때에 발생했다는 데까지 생각이 미친다면, 도덕 행위로 법률 행위를 대체하는 것이 그저 법률 행위만을 사용하는 것보다 더욱 엄격하고 잔혹하다는 것은 너무나 분명하다. 이른바 치도합일이란 정치상에서 법의 독립성을 말소하고, 법을 도덕이란 명의하에 운용되도록 만드는 것이다. 이 때문에 법률을 말소했다는 말은 결코 제재制裁와 형률刑律이라는 강제 행위를 말소하는 것이 아니라, 제재 행위를 초월한 도덕 표준을 말소했다는 뜻이다. 만약 다시금 새로이 도덕의 자주성을 회복해야 한다면 우선적으로 법률의 자주성을 회복해야 한다. 바꿔 말해 치도합일의 상황에서, 대진이 법가의 입장에 근접할수록 이학理學의 태도에 근접하게 되었던 것이다. 이는 바로 법률이란 범주 밖의 도덕적 판단이 요구되었기 때문이다.

우리는 보다 광범위한 역사적 시야로 예와 법에 대한 대진의 복잡한 태도를 이해할 필요가 있다. 그중 청대 종법 제도의 부침은 대진의 상술한 관점을 이해하는 데 관건이 된다. 경학의 형식은 송명 천도론天道論과 심성론心性論에 대한 반기였으며, 그 핵심은 도덕 실천과 도덕 평가를 제도적인 실천, 더욱이 종법 관계와 다시금 새로이 연계하는 것에 있었다. 청대 초기 학술의 중심 문제는 예제禮制였다. 선왕의 정전

政典과 언어 문자에 대한 고염무·황종희·왕부지의 연구 중 예악의 완정성을 회복하는 것을 내재적 목표로 삼지 않는 경우가 없었고, 더욱이 종족과 종족의 윤리를 중시했다. 이러한 선택은 비단 도덕적 선택이었을 뿐만 아니라 정치적 선택이기도 했다. 왜냐하면 종족의 역량이 바로 청나라 군사들이 산해관을 넘어온 후 항전을 지속하고 망해 버린 명나라 정권을 지지하는 주체였기 때문이다.[113] 순치제 시기 강소江蘇 율양栗陽의 주씨周氏 종족·강서江西 영풍永豊의 양씨楊氏 종족·복건福建 정주汀州의 양씨楊氏 종족은 모두 일찍이 군사를 일으켜 청에 대항하다가 포위당해 결국 섬멸되었다. 이것이 청대 초기 경학의 예제론이 내함하고 있는 정치적 성격이었다.

그러나 경학 예제론의 함의는 청대 사회에서의 종족 역량의 지위 변화에 따라 변화되었다. 강희제 이래로 청대 통치자는 점차 종족에 대해 배척적이고 억압적인 태도를 바꾸어서, 유학의 권위와 종법 제도를 재건하기 위해 힘썼으며, 자각적으로 종족 공동체를 사회질서를 유지하는 기층 조직으로 삼았다. 1770년 강희제는 「상유 16조」上諭十六條를 반포했다. "효행과 공손함을 도탑게 하여 인륜을 중시하고, 종족을 도탑게 하여 화목함을 밝히고, 향당을 화목하게 하여 다툼과 송사를 그치게 하고, 농사와 누에치기를 중시하여 먹고 입을 것을 풍족히 하고, 절약과 검소함을 숭상하여 재물 사용을 아끼게 하고, 학교를 흥성케 하여 선비의 습속을 단정하게 하고, 이단을 축출하여 올바른 풍속을 숭상케 하고, 법률을 따져 어리석고 완고한 자들을 가르치고, 예절과 양보를 밝혀 풍속을 두텁게 하고, 각기 본업에 힘써서 생업에 대한 백성의 의지를 세우게 하고, 자제를 훈계하여 그릇된 짓을 못 하게 하고, 쟁송을 멈추어 타고난 선함을 보존하게 하고, 숨거나 도망간 자들을 본보기로 삼아 연좌連坐됨을 면하게 하고, 돈과 식량을 완정하게 하여 나라 세금 독촉하기를 줄이고, 여러 고을 조직들*을 연계하여 도

---

* 여러 고을 조직들: 보갑제(保甲制)로 조직된 향촌 조직을 가리킨 것인데, 여기서는

적들을 막고, 원수지고 성냈던 일을 해소하여 몸과 생명을 중시케 하라"(敦孝弟以重人倫, 篤宗族以昭雍睦, 和鄉黨以息爭訟, 重農桑以足衣食, 尚節儉以惜財用, 隆學校以端士習, 黜異端以崇正習, 講法律以教愚頑, 明禮讓以厚風俗, 務本業以立民志, 訓子弟以禁非爲, 息爭訟以全良善, 誡窩逃以免株連, 完錢糧以省催科, 聯保甲以弭盜賊, 解仇忿以重身命)는 것이 그 내용이다.[114] 이는 분명 종족을 정치 통치의 구조적인 지주로 삼은 것이다. 강희제는 비단 여섯 차례의 남순南巡 과정 중에 여러 차례 배에서 내려 중요 종족들을 위로했고, 종족 공동체의 각종 요소(종족의 자산, 종족의 사당, 종족의 족보, 종족의 기구들, 종족의 법규, 그리고 후손들)에 대해 법률상의 보호를 더해 주었다.

이러한 경향은 옹정제 시기에 새롭게 발전하게 된다. 그 기본 방향은 정권과 족권族權 간 고도의 결합이었다. 법률의 형식으로 종족을 명확하게 규정지음으로써 지방 정권을 보조하고 지방 질서를 유지하는 상위 조직으로 삼아, 보갑 제도와 병행시킨 것이다. 송대 이후 종족 공동체는 두루 수립되어 왔지만, 송·원·명 시기든 순치제·강희제 시기든 간에, 정치 구조상 종족에 대한 이 같은 법률적 지위는 전혀 선례가 없는 것이었다. 이러한 의미에서 종족법은 비단 종족 성원의 행동거지를 규정짓고 종족 내부의 사회질서를 유지하는 기본 원칙일 뿐만 아니라, 국가 법률의 보장을 얻었던 것이다.[115] 이러한 배경 아래 청대 주자학과 경학이 전개한 예제에 대한 대규모 연구와 창도는 이미 청대 초기의 학술이 내함했던 그런 반역적인 성향을 상실하고 있었다.

종족 역량의 확대는 그것의 내적 결집력과 외적 배타력이 동시에 상승하여 복잡한 국면을 만들었음을 의미한다. 한편으론 각지의 종족들이 재산을 모으고 규범을 만들며 토지·산업의 규모가 날로 확대된 데다가, 과거科擧로 벼슬길에 오르는 등의 방식을 통해 국가 기구에 침투하면서, 관리와 상인이 밀접하게 관련을 맺는 국면을 만들어 냈다. 대진은 어려서 장사를 하면서 휘주徽州 상인 생활에 대한 친근한 체험이

문맥에 맞춰 쉽게 의역했다.

있었다. 탕리싱唐力行의 연구에 따르면, 휘주의 각 성씨는 모두 자제가 공부하여 관리가 되는 것을 매우 중시하여 이를 가전족규家典族規의 맨 앞에 열거해 두었기에, 청대 각 성별省別 장원狀元 수에서 안휘성安徽省은 3위였고, 명수로는 9명을 헤아렸는데 9명 중 휘주부徽州府에서만 4명이 나왔다.[116]

다른 한편으론 종족 세력과 상업의 결합이 새로운 사회 제어 메커니즘을 만들어 냈다. 예를 들어 휘주에 종족이 모여 살면서 지극히 종법을 존중했는데, 상인들이 조상을 받들어 모시는 것을 중시하는 이유는 "종족을 거두어 챙기는 것에 있었으니 이는 바로 종손宗孫의 신분으로 종족을 관리·단속하고, 혈연의 친소親疏 존비尊卑 관계로 항렬行列 고하高下의 구분에 엄격한 종족의 관장管掌 계층을 보호했고.""휘상徽商은 종법 제도를 이용해 상인을 따르는 전복佃僕*에 대한 억제를 강화했다.""전복을 무시하고 박해하는 것은 휘주에선 이미 풍속이 되어 있었다. 가정 연간『휘주부지』徽州府志「풍속」에 이르길 '그 주인과 전복의 구분은 더더욱 지극히 엄격하게 구별한다. 전복 출신은 설령 돈을 많이 벌어 부유해지더라도, 천한 출신 때문에 끝내 종족이 사는 고을 사람들 사이에서 회자될 수 없었다'(其主僕名份尤極嚴肅而分別之. 臧獲輩卽盛資富厚, 終不得齒於宗族鄕里)고 했다. 강희제 시기의 『부지』府志에는 이 조문의 뒤에 다음과 같은 부주附注를 달았다. '이러한 습속은 오늘에 이르기까지 여전하다. 만약 약간이나마 주인과 전복의 구분을 어지럽히면, 이에 대해 한 사람이 나서서 싸우고, 한 집안이 나서서 싸우고, 한 씨족이 나서서 싸우다 결국에는 온 나라 사람들이 싸우게 되는데, 이를 바로잡기 전에는 그치질 않는다.'(此俗至今猶然. 若有稍紊主僕之分, 則一人爭之, 一家爭之, 一族爭之, 並通國之人爭之, 不直不已)"[117]

• 전복(佃僕): 일반적으로 전복은 일종의 농노(農奴)라고 추정된다. 하지만 전복의 성격에 대해서는 약간의 이론(異論)이 존재한다. 우리가 생각하는 농노보다는 좀 더 자유로웠던 데다가, 일정 부분에서는 오히려 소작농에 가깝기도 하기 때문이다. 전복 제도가 청대에는 특히 휘주(徽州)에서 성행했다고 한다.

종법과 예교의 엄격함과 잔혹성은 혼인 관계와 부녀의 지위 방면에서도 체감할 수 있다. 명청 교체기에 휘주 상인은 방방곡곡에서 장사를 했기에 그 발길이 전국 각지에 미쳤다. 그들은 종종 16세 정도에 집을 떠나 장사를 했는데, 집을 떠나기 전 대부분의 사람은 약혼이나 결혼을 했다. 그러나 장사의 어려움 때문에 대부분의 사람이 장사에 실패하여 집이 있어도 돌아오기 힘들어졌다. 결국 "'신혼의 생이별'(新婚別)*을 참으며 밖으로 나가 장사를 했지만 후사後嗣가 없이 타향에서 죽는 자가 부지기수였다. 그래서 휘상徽商이 간 지역들에는 거의 모두 휘주 사람의 의총義冢이 있다."('新婚別'就外出經商, 沒有子嗣, 客死他鄕者更是不計其數. 大凡徽商所到之地, 都有徽人義塚)[118] 휘주 상인은 조혼早婚과 늦둥이를 보는 특징이 있었고, 부부간의 나이 차가 많이 나서 남자가 여자에 비해 평균 7.9세나 높았으니,[119] 남자가 멀리 타향으로 떠나 야기되는 혼인으로 인한 위기를 짐작할 만하다. 그러나 공교롭게도 상업으로 조성된 사회 유동은 부녀婦女 정절에 대한 더더욱 엄격하고 잔혹한 규정을 만들어 냈다. 명청 교체기에 휘주 풍속에 대한 기록 중 부녀 및 그들의「행장」行狀에 대한 기록이 대량으로 남아 있으니 예를 들어『담도효리황씨종보』潭渡孝里黃氏宗譜에는 명대 성화成化 연간에서 청대 옹정 연간에 이르는 270년 동안 이 장사치 집안의 42명이나 되는 열부烈婦를 기록하고 있다.[120] 이 때문에 대진의 "리理로써 사람을 죽인다"는 명제와 정情·리理 관계에 대한 분석을 청대 상업의 발전과 연계시키는 것은 상당히 근거가 있다.[121]

종족과 상업이 결합하면서, 종족 내 혹은 종족 간의 재산으로 인한 분쟁은 늘 발생했다. 또 종족의 규모와 세력의 방대함으로 말미암아, 종족과 지방 정권의 관계 역시 여러 가지로 갈등을 빚었다. 종족 간에

• 신혼의 생이별(新婚別): 원래 '신혼별'이란 표현은 당대(唐代) 두보(杜甫)의 시 제목이다. 안사(安史)의 난으로 신혼부부가 생이별한 사연을 시로 읊은 것인데, 여기서는 그냥 부부의 생이별을 비유한 것이다.

흉기까지 휘두르는 폭력 사건이 빈번해서 사회 치안에 영향을 끼치고, 사법司法 과정에 대한 종족 역량의 간섭 역시 정상적인 사법 과정을 붕괴시켰다. 옹정제와 건륭제 시기에는 종족법宗族法을 핵심으로 하여, 이미 일정 정도의 국가 법률 밖에 독립된 사사로운 처벌 체계를 형성하고 있었던 것이다. 종족의 기구機構는 끊임없이 종족법의 강제적 역량을 강화하여 사사로이 판결을 내리는 공당公堂을 짓고 형벌 도구들을 설치했다. 종족법을 어기는 족인族人에 대해 심리審理·판결判決·처벌권處罰權을 행사함으로써, 각지에 종족이 직접 족인을 처형하는 사건까지 끊임없이 발생했다. 종족과 국가 간에 사건의 심리권審理權을 쟁취하기 위한 다툼은 날로 심화되었고, 이에 따라 종족법과 국가 사법권 간에 심각한 충돌이 야기되었다.[122]

1727년 건륭제는 각지의 종족들이 종족법을 남용하고 국가 사법권을 침해하는 상황에 근거하여, 이에 대한 상주문들을 비준批准하며 다음과 같이 분명하게 밝혔다. "생사여탈生死與奪은 조정의 큰 권한이니, 만약 불법이 있다면 응당 형벌과 법으로 바로잡아야 할 것이며 족인의 손을 빌려 이러한 체계에 균열이 가게 하지 말아야 한다."(生殺乃朝廷之 大權, 如有不法, 自應明正刑章, 不宜假手族人, 以開其隙)[123] 이에 따라 옹정 5년에 확립한 '종족법을 허가한'(允許家法) 조례를 폐지하고, 법률상 종족의 사법권을 제한했다. 건가 연간 각지의 주현州縣은 계속해서 족장 혹은 기타 종족의 우두머리가 월권하여 사형을 집행하고 족인에게 중상을 입힌 일련의 허다한 사건들을 처리해야만 했다. 청 정권과 종족 역량의 분쟁은 비단 종족법의 제한에서만 드러나는 것이 아니라, 종족의 재산을 훼손하고 족장권族長權을 약화시키는 등의 조치에서도 드러난다. 그러나 근본적으로는 청조의 통치자는 결코 종족 역량을 철저하게 파괴할 생각이 없었다. 즉, 종족 역량을 사회질서를 완성하고 지방 정부를 도와 관리하는 차원에만 국한하기 위해서였다. 바로 이 지점에서 중앙집권 체제와 족권族權은 결합하게 된다.

이러한 배경 조건 속에서 대진과 장학성은 각자 다른 측면에서 도덕 실천·예법 및 사적史的 관념을 지행합일의 가르침에 대한 회복으로 간주한 것이다. 그들의 사상 틀 안에서 정전政典·형법과 인륜의 관계는 모두 예악의 유기적인 부분이다. 대진은 이학에 대한 비판을 통해 공공연히 종법 역량을 비판하고 리理로써 사람을 죽이는 것이 법法으로 사람을 죽이는 것보다 더 잔혹하다고 여겼다. 아울러 예禮에 대한 해석과 법의 관계를 연계하는 데에 힘썼다. 그는 방향을 바꾸어 제도와 법률을 중시하고 도덕 평가와 제도적인 실천의 관계를 회복하려 했다. 이는 비단 이론상으로 삼대 예악과 군현제 국가의 내재적 모순에 균형을 맞추려 했던 것일 뿐만 아니라, 실천에 있어서도 종법 예제와 국가 법률 간의 균형을 추구한 것이다. 만약 종법이 사회 기층에서 지방 정부와 권력을 다투는 상황에 대해 조정朝廷의 조치가 없었다면, 대진의 상술한 관점의 분명한 함의를 이해하기 쉽지 않았을 것이다. 그러나 이는 결코 대진과 조정의 입장이 완전히 일치함을 의미하진 않는다. 대진과 장학성에게서 경학의 비판 역량은 이 핵심 명제에 뿌리를 두고 있다.

제도와 법률은 응당 도덕 안에 (외재하는 것이 아니라) 내재하는 존재이며, 이 명제는 도덕과 제도의 통일 관계를 강조함으로써 이학과 종법 관계에 대한 비판을 제기하는 동시에, 제도를 강조하는 도덕으로써 현실 제도에 대한 비판을 제기한다. 이러한 사유 방식과 청대 초기 학자의 치도합일로써 치도합일에 대항하는 역사적 상황은 이미 일정한 괴리가 있다. 청대 초기 학자들은 현실 제도와 법률의 합법성을 인정하기를 거부하면서, 고대 전장典章 문물文物을 연구하고 종법 질서를 재건하는 것을 도덕 기초와 민족 정체성 수립의 길로 간주했다. 그들에게 있어서 선왕의 정전은 이상주의의 선명한 각인을 가지고 있었으며 후세의 왕이 발견하고 운용하길 기다리는 덕치德治의 원리가 되는 것이었다. 그것들은 비단 현실의 제도론으로 이해될 수도 없을 뿐만 아니라, 현실 제도에 대항하는 형태로 존재하는 것이었다. 이와 대비되는 종법 윤리에 대한 건가 학자들의 비판은 결코 황권에 대한 비판이 아니었다. 오히려 정반대로 이러한 비판은 바로 황권이 종족을 억누르는 경향에 대해 호응하고 있었다. 대진을 놓고 보자면 인정지례人情之禮에 순응한다는 것은, 한편으론 법에 대한 보충이자 종족법에 대한 비판이었다. 그리고 또 다른 한편으론 국가의 법률 관계에 대한 보충과 제한으로 예와 법의 내재적 연계를 재건하는 것이었다. 즉 종족법과 국가법 사이에서, 대진은 후자에 기울어 있었다. 이러한 각도에서 보자면 청대 초기의 경학은 제도론 혹은 예제론의 형식으로 출현한 도덕 이론이며, 건가 연간의 제도론과 예론禮論은 종법 역량과 국가 법률 체계에 대한 일종의 균형잡기이자 총괄이었다.

이러한 역사적인 조건 아래서 대진은 이례합일·도기일체의 한학 입장을 견지했다. 그가 송학을 배척하고 불교·도교를 배척하며 육경·공맹으로 돌아간 것은 모두가 이러한 유학의 '정통주의'에서 출발한 것이다. 이 때문에 그는 이학理學의 입장으로 곧장 돌아갈 수 없었기에, 초월적인 관념으로 치治·도道를 하나로 합치는 정치 현실에 대해 비판을 가했던 것이다. 그는 리로 사람을 책망하는 것이 법으로 사람을 책망하는 것에 비해 더욱 엄격하고 잔혹한 국면을 야기할 수 있음을 지적하고, 이에 현실 정치의 폐단은 결코 엄격한 형벌과 법률의 결과가 아니라, 리로써 법을 대신한 결과의 산물임을 암시했다. 자연/필연의 구분과 리理/욕欲의 구분에서 출발하여 다시금 일종의 새로운 예禮의 질서로 돌아가길 요구한 것이다. 이는 곧 자연과 필연, 그리고 리와 욕을 겸비하면, 지극한 준칙을 지니게 될뿐더러 사물의 내재적인 규율과 수요에 합치될 수 있다는 것이다. 정치적 각도에서 얘기하자면, 이는 민정民情을 살피고 왕도王道를 실행하는 것으로, "백성의 리理"(民之理)를 따름으로써 법률 제도를 수립하는 것이다. 이러한 관점은 그와 순자의 관계를 복잡하게 만들어 버렸다. 대진은 순자의 성악론을 반대했으며, 맹자의 성선설에 보다 더 근접해 있었다.[124] 그러나 대진은 후천적인 지식(배움(學))을 중시하여 필연으로부터 그 자연을 구하라고 요구했다. 이러한 관점은 그를 자연스레 순자의 관점으로 향하게끔 했다. 한 측면으로 대진은 순자와 맹자를 구분하며 "순자는 예의禮義가 성인의 가르침인 것을 알긴 했지만, 예의 역시 성性에서 나왔음을 몰랐다. 예의가 그 필연을 밝혀 줌은 알았지만, 필연은 자연의 지극한 준칙으로 그 자연을 완전하게 한다는 것을 몰랐다. …순자가 중시한 배움(學)은 안에 없어서 밖에서 취한 것이고 맹자가 중시한 배움(學)은 안에 갖고 있으면서 밖에서 보충하는 것이다"(荀子知禮義爲聖人之敎, 而不知禮義亦出於性, 知禮義爲明於其必然, 而不知必然乃自然之極則, 適完其自然也. …荀子之重學也, 無於內而取於外, 孟子之重學也, 有於內而資於外)[125]라고 했다. 다른 측면으로 대진은 공공연히 순자의 성악론이 성선설과 "비단 서로 어긋나지 않을 뿐 아니라 서로를 천명闡明해 주는 듯하다. …대개 순자의 견해는 배움(學)을 중시하는 것으로 돌아갔으나 성性의 온전한 모습을 몰랐다. 그 말은 성인을 존숭함에서 나왔고 배움(學)을 중시하고 예의를 존숭함에서 나왔다"(不惟不相悖, 而且若相發明. …蓋荀子之見, 歸重於學, 而不知性之全體. 其言出於尊聖人, 出於重學崇禮義)[126]고 했다. 장타이옌은 이렇게 말했다.

> 대진이 논의한 바를 살펴보니 순자와 부합된다. 순자는 성악을 얘기하는데, 이는 대진의 주장과 배치되는 것이었다. 그래서 이를 설명하다 보니 선善의 근원을 따지는 『원선』에 매진하게 되었다. 자연에 내맡기는 것은 노자老子보다 윗길이 없었다. 자신을 유가의 이름에 기탁해 놓고는 다시 노자를 모셔 왔고, 맹자를 장자莊子로 둔갑시켰으니, 이는 이른바 우언寓言이었다! …백성의 수장 노릇 하는 데에 뜻을 두었으나, 도리어 법을 다루길 꺼렸다. 그 명칭으로 표창表彰한 바가 『예기』의 「유행」儒行이나 「곡례」曲禮와 다를 바 없었다. 혈기를 다스리지 못한 이로 하여금, 수도修道한 선비가 아닌데도 타고난 성性이 착하다는 핑계로 간사함을 추궁하지 않는 술수를 끌어왔다. 그래서 고관대작들은 우매하고 추잡한 이들을 이용해 큰 재물을 건져 올렸다. 재물이 윗사람에게 흘러가니 교묘한 언변을 펼치는 자들은 이를 가지고

대진의 잘못을 다루지 않는 자가 없었다. 그래서 장자가 이르길 "입술이 없어지면 이가 시리고, 노魯나라의 술이 묽다는 이유로 애꿎은 조趙나라 수도 한단邯鄲이 포위되고, 성인이 태어나면 큰 도둑도 일어난다"(脣竭則齒寒, 魯酒薄而邯鄲圍, 聖人生而大盜起)•고 했 던 것이다.[127]

이른바 자연/필연·리/욕의 구분은 분명 순자의 성론性論과 「권학」勸 學 편에서 나온 것이다. 쳰무는 이렇게 단언했다. 주나라 말기 제자백 가 중 자연을 가장 잘 배척한 이로 순자만 한 이가 없다. "대진은 순자 의 사유로 불교·도교를 배척했고 다시 맹자의 성선론을 순자에게 옮 겨 덧붙였다." 그가 말한 "리理란 사람의 정욕情欲에서 구하는 것으로 아주 세세한 부분에서조차 아무런 아쉬움이 없는 것을 일컬어 리라 한 다. 이는 순자의 '진취적으로 나아갈 수 있을 때는 극진함에 근접하도 록 해야 하고, 여의치 않아 물러날 때는 조절하여 구해야 한다.'(進近盡 退節求)•는 종지이다. 순자는 예禮로 돌아갈 것을 요구하여 가로되 '사 람이 태어나서는 욕망이 있으니, 욕망이 있지만 얻을 수 없다면 구하 지 않을 수 없다. 구하는 데 제한이 없다면 다툼이 없을 수 없다. 다투 면 어지러워지고 어지러워지면 궁핍해진다. 선왕께서 이러한 어지러

• 입술이~일어난다: 이 구절은 『장자』 「거협」(胠篋) 편에 보인다. 여기서 "노나라의 술이 묽다는 이유로 애꿎은 조나라 수도 한단이 포위"된 것은 약간의 설명이 필요하 다. 당초 강대국이던 초(楚)나라의 선왕(宣王)이 제후들을 불러 회합을 가졌는데, 마 침 노(魯) 공왕(恭王)이 늦게 온 데다 그가 바친 술까지 묽어서 초 선왕이 크게 화를 냈다. 결국 이를 빌미로 초나라는 노나라를 침공하게 되었다. 그런데 마침 양(梁) 혜 왕(惠王)은 조(趙)나라를 치고 싶어 했지만 늘 뒤에서 조나라를 받쳐 주는 초나라가 두려워 감히 엄두를 못 내고 있었다. 그러던 와중에 초 선왕이 노나라 정벌에 나서자 초나라가 조나라까지 돌볼 여력이 없음을 눈치챈 양 혜왕은 곧장 조나라를 침공해 결 국 조나라의 수도 한단까지 포위하는 데 성공했다. 이 구절은 주로 남 때문에 전혀 뜻 밖의 재난을 당한다는 의미로 사용된다.
• 진취적으로~구해야 한다: 이 구절은 『순자』 「정명」(正名) 제15장에 보이는 구절 의 축약으로 원문은 "道者, 進則近盡, 退則節求, 天下莫之若也"이다.

움을 싫어하셔서 예의를 제정해 사람들이 분별하게 하시어, 사람의 욕망을 길들이며, 사람이 구하는 바를 공급해 주셨다. 이렇게 함으로써, 반드시 사람의 욕망이 유한한 물자物資를 초과하여 궁핍하게 되지 않게 하셨고, 또 반드시 유한한 물자가 사람의 욕망으로 동나게 하지도 않으셨다. 그러면서 이 두 측면이 서로를 자라나게끔 만드셨다. 이것이 바로 예禮가 생겨난 이유이다'(人生而有欲, 欲而不得則不能無求, 求而無度量分界則不能不爭, 爭則亂, 亂則窮. 先王惡其亂也, 故制禮義以分之, 以養人之欲, 給人之求, 使欲必不窮乎物, 物必不屈於欲, 兩者相持而長, 是禮之所起也. 戴學後起, 靡勿以禮爲, 又兩家思理之相通而至似者也)*라고 했다. 대진의 학술은 순자의 뒤를 이어 제기되었는데, 그 역시 예禮를 주장하지 않은 적이 없었으니 이 또한 순자와 대진이 상통하면서 지극히 비슷한 바이다."[128]

대진과 순자의 관계에서 '배움'(學)과 예禮의 관계는 확실히 관건이 되는 부분이다.[129] 법률 제도 재건 혹은 예의의 관건이 사사로움(私)·편협함(偏)·가려짐(蔽)을 제거하는 것이라면, 이는 또 어떻게 도달할 수 있단 말인가? "사람이 근심할 것은 사사로움과 가려짐이 있다는 것이다. 사사로움은 감정(情)과 욕망(欲)에서 나오고, 가려짐은 심지心知에서 나온다. 사사로움이 없는 것이 어짊(仁)이고, 가려짐이 없는 것이 앎(智)이다. 그러나 감정과 욕망을 끊는 것이 어짊이 되는 것이 아니고, 심지를 버리는 것이 앎이 되는 것은 아니다. 이러한 까닭에 성현의 도는 사사로움을 없애는 것이지, 욕망을 없애는 것이 아니다. 반면에 노장과 불가는 욕망을 없앨 뿐, 사사로움을 없애는 것이 아니다. 노장과 불가는 욕망을 없애면서 자기의 사사로움을 이루는 것이고, 성현의 도는 사사로움을 없애서 천하 사람들의 감정을 통하게 하고 천하 사람들의 욕망을 이루는 것이다. …성현의 학문은 널리 배우고 살펴 묻고 신중하게 생각하고 명철하게 변별한 다음에 독실하게 행하는 것*이다.

• 사람이~이유이다: 이 구절은 『순자』「예론」(禮論) 제1장에 보인다.
• 성현의 학문은~행하는 것: 이 구절은 『중용』 제20장의 "博學之, 審問之, 愼思之,

그래서 행한다는 것은 바로 인간관계와 일상생활에서 가려지지 않는 바(不蔽)를 행하는 것이다. 이는 저들이 인간관계와 일상생활은 저버린 채, 따로 욕망 없애는 것을 독실하게 행할 수 있다고 여기는 것과는 다르다."(人之患, 有私有蔽. 私出於情欲, 蔽出於心知. 無私, 仁也. 不蔽, 智也. 非絕情欲 以爲仁, 去心知以爲智也. 是故聖賢之道, 無私而非無欲. 老莊·釋氏, 無欲而非無私. 彼以 無欲成其自私者也, 此以無私通天下之情, 遂天下之欲者也. …聖賢之學, 由博學·審問·愼 思·明辨而後篤行, 則行者, 行其人倫日用之不蔽者也, 非如彼之舍人倫日用, 以無欲爲能 篤行也)[130] 단지 진정한 앎*을 통해 사사로움과 가려짐을 제거해야만 예의는 비로소 인간관계와 일상생활에서 드러날 수 있다. 이 때문에 대진은 비록 성악性惡/성선性善이나 리/기 등의 문제에서 순자와 송대 유가를 반대했지만, 도리어 배움과 예의 관계 방면에서는 순자와 정주학의 관점을 펼쳤다.[131] 여기서 관건이 되는 것은 대진이 '배움'(學)을— 즉 사물의 조리에 대한 이해는 필연적으로 정명正名이라는 지식 실천으로 체현됨을— 의리 혹은 예의를 통달하기 위해 반드시 거쳐야 할 길로 간주했다는 것이다.

대진이 순자와 정주의 주장에 근접하게 된 또 다른 원인은, 그가 비판한 대상, 즉 선천적인 자연에만 내맡긴 채 후천적인 학습을 경시하는 노장과 불가 때문이었다. 팽소승 등은 위로는 동림당의 학술을 계승하여 본심本心을 중시하고 학문하기를 소홀히 했다.[132] 그리고 왕진 등은 또한 주자학으로부터 영감을 받아 다음과 같이 말하였다. "주자의 학문이란 '성'誠일 뿐이고 심법心法의 오묘함은 오로지 '경'敬뿐이다. 성誠이란 따로 하는 바가 없는 것이요 생각이 없는 것이고 일이 없는 것으로, 한 가지 리理가 하늘에 의해 명해진 것이다. 경敬이란 따로 하는 바가 없는 것이요 생각이 없는 것이고 일이 없는 것으로, 한 가지

明辨之, 篤行之"를 인용한 것이다.
• 진정한 앎: 이는 '성지총명'(聖智聰明)의 의역이다. 대진은 '성지총명'보다 '총명성지'(聰明聖智)라고 표현했는데 뜻은 같다. 『맹자자의소증』에서 이르길 "가려지지 않아야 그 앎이 이른바 총명성지인 것"(不蔽, 則其知乃所謂聰明聖智也)이라고 보았다.

리理가 내 맘에 구비되어 있는 것이다."(朱子之學誠而已矣, 心法之妙敬而已矣. 誠, 無爲也, 無思也, 無事也, 一理之命於天者也. 敬, 無爲也, 無思也, 無事也, 一理之具於吾心者也)[133] 대진은 이러한 주장들 때문에 '배움'(學)과 '성'性을 상세히 논하지 않을 수가 없었고, 결국 후천적인 '배움'의 문제를 가장 중요한 위치로 격상시켰다. 대진은 이렇게 말했다.

옛 성현은 사람의 자질에 차등이 있는 것을 알았으므로, 묻고 배우는 것을 중시하고 점차 확충해 나가는 것을 귀히 여겼다. 노장과 불가는 생명이 있는 것은 모두 같다고 여겼으므로 정情과 욕欲을 물리쳐 생명을 해치지 않는 것을 주로 했기에, 반드시 묻고 배우면서 이를 확충할 필요가 없었다. …순자는 보통 사람의 성性은 배운 이후에야 예의를 안다고 말했으니, 그 주장 역시 충분히 펼칠 만했다. 육구연과 왕양명은 노장·불가와 같지만 그들이 인의仁義를 비방했던 것을 고쳐서 자연은 인의에서 온전해진다고 했으니, 이는 교묘하게 자기들의 주장을 편 것이다. 정자와 주자가 리理를 존숭하여 하늘이 내게 준 것이라고 여긴 것은, 순자가 예의를 존숭하여 성인이 나에게 준 것이라고 여긴 것과 같다. 또 리가 형기形氣에 의해 더럽혀지고 어긋난다고 말했는데, 이것은 성인보다 못한 사람들은 형기가 모두 크게 아름답진 않다는 말이니, 바로 순자의 성악설性惡說인 것이며, 이른바 리는 따로 모여 부착되는 하나의 사물이라는 것이다. …리는 이미 완전히 자족적이라, 배움(學)으로써 리를 밝힌다고 말하기 어려웠으므로, 배움을 강조하기 위해 리와 기를 나누어 두 가지 근본으로 삼은 뒤, 불완전한 형기를 탓할 수밖에 없었다. 이러한 주장은 뒤섞이고 끼워 맞춰진 것이다.

古賢聖知人之材質有等差, 是以重問學, 貴擴充. 老莊·釋氏謂
有生皆同, 故主於去情慾以勿害之, 不必問學以擴充之. …荀子
謂常人之性, 學然後知禮義, 其說亦足以伸. 陸子靜·王文成諸

人同於老莊・釋氏, 而改其毀訾仁義者, 以爲自然全乎仁義, 巧
於伸其說者也. 程子・朱子尊理而以爲天與我, 猶荀子尊禮義以
爲聖人與我也. 謂理爲形氣所汚壞, 是聖人而下形氣皆大不美,
卽荀子性惡之說也, 而其所謂理, 別爲湊泊附著之一物. …理旣
完全自足, 難於言學以明理, 故不得不分理氣爲二本而咎形氣.
蓋其說雜糅傅合而成.[134]

　대진은 여기서 이학의 이원론二元論을 비판하면서도, 분명히 정주와
육왕을 구분하고 있다. 후스는 "경敬을 논하는데 상세했고, 배움을 논
하는 데에 소략한" 대진의 대담하기 그지없는 단언斷言에 대해 극찬했
다. 그러나 결코 이러한 판단의 예봉銳鋒이, 당시 사람들이 불가를 끌
어다 유가에 넣으려는 작태를 깨뜨리려는 노력도 포함되어 있음을 이
해하지 못했다.[135] 후자의 측면에서 볼 때, 대진의 관점은 그저 정통 안
에서의 이단일 뿐이었다. 또한 그가 지키려고 한 것은 이례합일・도기
합일이라는 한학의 전제 혹은 유학 정통이었다. 전대흔은 "육경이란
성인의 말로, 그 말에 근거하여 그 뜻을 구하니 반드시 훈고로부터 시
작해야 한다. 훈고 외에 또 다른 의리가 있다고 하는 것은 마치 불문佛
門에서 불립문자를 최상승으로 여기는 것과 같은 것으로, 우리 유가의
학문이 아니다"(六經者, 聖人之言, 因其言以求其義, 則必自訓詁始. 謂訓詁之外別有
義理, 如桑門不立文字爲最上乘者非吾儒之學也)[136]라고 했다. 대진의 논의는 이
와 멀기도 하고 가깝기도 하다고 할 수 있겠다.

　대진은 건가 연간의 걸출한 인물로 그의 학문 수준과 사상 능력은
그 시대의 최고 수준을 대표하는 것이었으나, 도리어 그 시대의 사상
과 도덕의 심각한 곤경을 드러내 보여 주고 있기도 하다. 그는 북경에
머물렀으며 학술계의 공인된 중진이기도 했기에, 사방팔방에서 오는
도전과 탐문에 대해 다른 사람에 비해 더욱 민감하고도 절절한 체험이
있었다. 대진은 한漢・송宋의 사이에서 왕복하며 맴돌고, 유교・불교의
사이에서 오고 가며 변난辯難하고, 도道・법법法의 사이에서 어떤 주장은

의지하고 어떤 주장은 거스르기도 했다. 비록 유가로써 유가로 돌아가고, 송학으로써 송학에 돌아가고, 불가로써 불가로 돌아가고, 도가로써 도가로 돌아가게 하고자 했지만, 결국에는 도리어 순苟·맹孟과 한·송의 사이에서 여전히 그 주장들을 조정했고, 결국에는 이례합일과 도기일체라는 유학의 종지와 경학의 교조로 귀납되었다. 대진의 리/욕 구분이라는 비판적 역량은 이러한 전제 위에서 수립되었고, 그 한계 역시 이 전제에서 왔다. 우리는 "사람이 법에 의해 죽는다면 이를 가련히 여기는 자가 있겠으나, 리에 의해 죽는다면 그 누가 이를 가엽다 여길까?"라는 대진의 호소에서 미약한 암시를 발견하게 된다. 그것은 바로 치도합일 혹은 이법합일이 가장 심각한 억압 기제가 된다는 것이다. 그러나 암시는 그저 암시일 뿐, 그것이 법에 의해 죽은 자를 동정하는 것에 대한 초월적 범주가 결국에는 분리되어 나오지 못했음을 드러내 준다. 그렇다면 대진은 이학가가 되어 버리고 만다. 그의 입장에서 보자면 도기일체·이례합일 그리고 치도일치의 유학 이상理想은 결코 틀린 것이 아니다. 문제는 어떻게 이러한 기본적인 원칙들을 해석하느냐 하는 것이다. 그의 항의에 보이는 준엄함과 입론상立論上의 정통성은 공교롭게도 청대 사대부가 직면한 사상적 곤경을 드러낸다. 즉 이례합일과 치도합일은 유학에 내재한 기본 명제이며, 그것은 청대 유학이 천신만고 끝에 찾아낸 결론이었다. 이에 깨트리기 힘든 사상적 전제가 만들어졌지만, 공교롭게도 이 사상적 전제는 그 스스로가 이미 그들이 몸담고 있는, 그리고 비판하고자 힘쓰던 바로 그 제도에 의해 활용되고 있었다. 이 때문에 대진의 경학에 대한 조예가 깊어질수록 그가 느끼는 압박 역시 커져만 갔고, 그의 의리적인 격정이 짙어질수록 그의 마음속의 긴장감 역시 강렬해져 갔고, 사상적 곤경에 대한 그의 통찰이 명확해질수록 이러한 사상적 도전들에 대응하는 그의 방식 역시 복잡해져 갔고, 다른 학파와 취향에 대한 그의 이해가 구체적이고 절절해질수록 그의 격정적인 비판의 목소리는 더욱더 복잡하게 꼬여 갈 수밖에 없었다. 이러한 사상적 복잡성은 심리적인, 그리고 도덕적인 애매함이 되었고, 그러한 풍부함 때문에 대진은 다소 취약함을 드러내게 되었다고도 말할 수 있겠다. 내가 추측건대, 대진은 어떠한 한 측면에서 제기된 비난을 용인할 리가 없었다. 혹여 자신의 이론과 학술 방식이 각종 모순을 다잡을 수 있다고 여겼을 수는 있겠지만 말이다. 어쨌든 간에 여러 가지 사상적인 역량 사이에서 대진의 변화무상하면서 종횡무진했던 각개격파는 공교롭게도 경학 내부에 담긴 자기 자신에 대한 회의적 요소를 설명해 주었으며, 이는 새로운 변혁이 장차 경학 내부에서 발전되어 나올 것을 예고하는 것이었다.

'육경개사'와 경학고고학

1. 자연과 부득불연

    장학성(1738~1801, 자는 실재實齋, 절강浙江 회계會稽 사람)은 "육경은 모두 사史다"(六經皆史)라는 주장으로 훈고 고증학의 폐단을 공격하며 의경疑經*의 단서를 열었다. 그는 당시 사람들의 학풍에 대해 통렬히 비난하기를, 마치 목구멍에 생선 가시가 박힌 듯 격렬했기에, 설령 대진에 대해서라 할지라도 붓에 조금도 사정을 두지 않았다. 이러한 날카로운 글쓰기 기풍과 장학성의 학자로서의 인격과 학술상의 격조에 대한 추구는, 마치 그의 사관史觀과 당시의 경학이 완전히 대립 국면이라는 인상을 만들어 냈다. 장학성의 학술 태도는 지극히 분명해서, 대진의 심리心理나 학술처럼 꼬이거나 분열되어 있지 않았다. 그러나 자세히 따져 보면 그에게도 일련의 모순점들을 발견할 수 있다. 예를 들어 그는 주균에게 배워서 정주이학이 청대 학술을 열었다고 여겼지만, 기본적인 관점은 정주와 또 달랐다. 그는 공허하게 의리만 얘기

---

* 의경(疑經): 원래 의경은 주로 경서의 연혁이나 권위에 대해 의심하고 이의를 제기하는 것인데, 여기서는 고증학으로 대변되는 경학의 권위에 대한 의심과 이의를 가리키는 듯하다.

하는 것을 반대하여, 왕양명이 주희를 공격한 부분에 대해 비난했다. 이와 동시에 양명학이 청대 사학史學의 단서를 열었다고 여기며 의연하게 절동浙東 학술의 선봉으로 자처했다. 그는 극성한 고증학의 기풍을 공격하고 의리지학을 존숭했으나 여전히 도기일체·이례합일의 관념을 견지했는데, 이는 경학의 전제와 그다지 차이가 나지 않았다. 심지어 장학성이 고증학을 비판하는 방식으로 가장 완정한 고증학의 근거를 제공해 주었다고 볼 수 있을 정도이다. 그렇다면 이러한 모순되게 보이는 현상은 도대체 어떤 논리로 조합된 것일까?

한학漢學·송학宋學이 서로 비난하고 경학이 대세를 이룬 시대에 장학성은 '두루 넓힘'(博)에서 '잘 간추림'(約)으로 회귀하는 것을 중시하였다. 정주학을 존숭하며 의리를 회통會通시키고 다시금 새로이 학문의 종지와 구도求道, 그리고 경세의 종지를 연계시켰다. 이는 더더욱 사람들에게 그의 학술 입장이 이학에 근접해 있다고 느끼게 만들었다.[137] 그러나 만약 우리가 그의 입론 종지에 대해 토론하는 동시에 대진·초순焦循 등 경학가의 관점까지 둘러본다면, 이러한 비판들은 결코 호응하는 학자가 없었던 것이 아니며, 경학과 전혀 다른 길로 갔던 것이라고도 말할 수 없을 것이다.[138]

장학성과 경학가들의 근본적인 차이점은 의리와 고증의 관계에 있는 것이 아니라, 육경의 위상에 있는 것이다. 경학가에게 있어서 도道는 육경으로부터 나온 것이라 문자 훈고를 통하지 않는다면 그 들어가는 길을 찾을 수 없는 것이었다. 장학성에게 있어서 육경은 도에 곡진하다고 하기에 부족한 것이기에, 그는 사史의 범주에서 따로 의리의 길을 찾으려 노력했다.[139] 그는 '의리'의 입장에 서서 대진이 결코 추앙하지 않았던 "공허한 주장"(空說)의 송학을 치켜세우면서, 대진의 학술이 훈고 고증에 엄격하면서도 가법家法에 얽매이지 않은 점 역시 포착해냈다. 대진의 자연/필연의 주장에 대해 장학성은 내심 깊이 동감하고 있었다. 이러한 추상적인 의리와 장학성 사학史學을 이끄는 사상은 완전히 일맥상통했다.[140]

장학성은 의리를 중시했지만 그의 의리는 송명 유학의 의리가 아니라 사적史的인 관념이었다. 여기서 사史가 연관되는 바는 허다한 인문학 분야 중의 한 분야가 아니라, 유학 전통에 대한 이해 방식, 즉 유학 경전이란 역사 본연의 체현이며, 유학의 도덕 실천 역시 이 때문에 반드시 일종의 역사적인 실천으로 간주되어야 한다는 것이다. 이러한 의미에서 "육경은 모두 사史다"라는 명제와 왕학王學의 '지행합일'이라는 답안은 같은 차원의 문제인 것이다.[141] 「절동학술」浙東學術에서 장학성은 청대 사학史學이 육왕陸王의 학술을 계승했다고 여겼고, 지행합일이라는 가르침에 깊이 승복하고 있었다. 그러나 그의 사학적 관점에서 볼 때 지행의 관계와 제도 형식의 변화는 역사적인 연관이 있는 것이기에, 도덕 실천이 되는 지知와 행行 역시 특정한 역사 제도와 예의禮儀 내부에 존재하는 지와 행이었다. 『문사통의』文史通義와 『교수통의』校讎通義 및 다른 글들을 자세히 읽어 보면, 각종 다른 문맥 중에서 장학성은 반복해서 관사官師나 정교政敎의 관계 및 그 변화에 대해 언급하고 있다. 경학·역사·도덕 및 기타 지식 문제에 대한 그의 논의는 거의 모두가 이와 연관되어 있다.

장학성의 입장에서 보면 고대에는 치교미분治敎未分·관사합일官師合一이 되어 있어서 "사도司徒가 다섯 가지 가르침(五敎)˙을 펼치고 전악典樂이 왕족과 귀족의 맏아들을 가르쳤던 일이나, 삼대에 학교가 있었다는 것은 모두가 제도에서 확인된다. 그때에는 배움에 종사하던 자들이, 들어가서는 죽간竹簡을 읊조리고, 나와서는 정치와 가르침의 전장 제도가 직접 시행되는 것을 보았다. 이런 까닭에 당시의 배움이란 모두 믿음직하고 징험할 근거가 있었으니, 빈말로 가르치고 배웠던 것이 아니다."(司徒敷五敎, 典樂敎胄子, 以及三代之學校, 皆見於制度. 彼時從事於學者, 入而申其占畢, 出而卽見政敎典章之行事, 是以學皆信而有徵, 而非空言相爲授受也)[142] 이

˙ 다섯 가지 가르침(五敎): 부자유친(父子有親), 군신유의(君臣有義), 부부유별(夫婦有別), 장유유서(長幼有序), 붕우유신(朋友有信), 즉 오륜(五倫)을 가리킨다.

는 지행합일의 시대였다. "관리와 스승이 나누어지자 제자백가의 말이 흥기했고, 이에 따라 배움(學)도 사람의 품성이나 조예에 근거하여 이름 지어졌다. …배움이 사람에 근거해 명칭을 달리하게 되면서부터, 배움은 어그러졌다. 이것은 실천이 지나쳐서 이 지경이 된 것이 아니라, 생각(思)이 지나쳐서 벌어진 일이다."(師分而諸子百家之言起, 於是學始因人品詣以名矣. …學因人而異名, 學斯舛矣. 是非行之過而至於此也, 出於思之過也)[143] 경학은 배우기만(學) 하고 생각하지(思) 않고, 제자학諸子學은 생각하고(思) 배우지(學) 않으며, 과거 제도는 봉록俸祿으로 유술儒術을 권장하니 공자의 이른바 "아래로 인사人事를 배워서 위로 천도天道에 통달한다"(下學而上達)*는 종지는 결국 완전히 상실되었고, 이에 따라 합쳐져 있던 지知/행行이 분리되고 말았다. 장학성은 '앎'(知)의 문제를 제도 변화의 조건에 놓고 관찰했다. 그 관점 역시 사실은 '예악/제도의 분화' 혹은 '삼대 이전/삼대 이후'라는 유학관儒學觀에서 변천되어 나온 것이다. 그는 왕양명처럼 '지행합일'을 토론한다고 해서 "아래로 인사를 배워서 위로 천도에 통달한다"는 종지를 결코 회복할 수는 없다고 여겼다. 왜냐하면 '지행합일'은 개인의 도덕 실천 방식이 아니라 한 사회가 돌아가는 형식이기 때문이다. 또한 그것은 간단한 도덕 관념이 아니라 하나의 역사 관념이자 특정한 제도적 조건 아래 놓인 '배움'(學)의 방식이기 때문이다.[144]

장학성은 도기일체·치도합일·이례합일 등의 명제를 '경학'에서 해방시키면서 이를 사史의 범주로 전환했다. '사'史의 관점에서 경經을 보면서 간혹 경을 사로 삼기도 했다. 이는 곧 경을 선왕의 제도와 실천에 대한 기록으로 간주한 것이다. 이러한 의미에서 '사학'史學은 경학經學을 역사적 실천 관계 안에 놓고 이해하길 요구하고, 이에 따라 일종의 반성의 성격을 지닌 지식이 된다. "육경은 모두 사史다"라는 주장은 비단 고증학에 대한 비판일 뿐만 아니라 경학에 대한 부정, 즉 경經

---

* 아래로~통달한다: 이 구절은 『논어』(論語) 「헌문」(憲問) 편 제37장에 보인다.

을 經經으로 삼는 태도와 방법에 대한 부정이기도 했다. 이러한 특징은 고증학풍에 대한 장학성과 대진·초순의 비판 중에 구분되는 경계선을 긋게 된다.[145] 그렇다면 그는 어떤 경로를 통해 경학의 신념과 의경疑經의 사학적史學的인 경향을 연계시킨 것일까? 먼저 그의 「원도」 상편에서의 한 단락을 보도록 하자.

혹자或者가 물었다. 도道에는 스스로 그러함(自然)이 있고 성인聖人에게는 그럴 수밖에 없음(不得不然)이 있으니, 그 일(事)이 같은 것입니까? 내가 말하길, 다르다. 도는 하는 바 없이 스스로 그러한 것이요, 성인은 본 바(所見)가 있어서 그럴 수밖에 없었던 것이다. 그러므로 성인이 도를 체득했다고 말할 수는 있지만, 성인이 도와 동체同體라고 말할 수는 없는 것이다. 혹자가 다시 물었다. 성인은 본 바가 있으므로 그럴 수밖에 없었고, 중인衆人은 본 바가 없으므로 그러함을 모르면서 그러한 것이라면, 누가 도에 가까운 것입니까? 내가 말하길, 그러함을 모르면서 그러한 것이 곧 도이다. 중인은 본 바가 없는 것이 아니라 볼 수가 없는 것이다. 그럴 수밖에 없는 것은 성인이 도에 합해지는 까닭인데, 이것을 바로 도라고 할 수는 없다. …주공周公은 …때마침 옛것이 쌓이고 전해져 온 바가 보존되어 도법道法이 크게 갖추어졌을 때에, 이로써 경륜經綸하고 제작하여 천고의 문화를 집대성했는데, 이 역시 마침 때가 그렇게 되게끔 했을 뿐, 주공의 성스러운 지혜(聖智)로도 능히 그렇게 할 수 있는 것이 아니었다. 예로부터 위대한 성인은 모두 중인의 '그러함을 모르면서 그러함'(不知其然而然)에서 배웠는데, 주공은 게다가 예로부터의 성인의 '그럴 수밖에 없음'(不得不然)까지 두루 살펴 '그러함을 알았던 것'(知其然)이다. …하지만 이것은 주공의 지력智力으로 할 수 있는 바가 아니라 때가 그렇게 되도록 하였던 것이다. …임금과 스승이 나누어지니 다스림(治)과 가르침(敎)이 하나로 합쳐질 수 없었다. 이러한 명운은 하늘에서 나온 것이다. 주공은 치통治統의 이룸을 모 았으며 공자는 입교立敎의 법도를 밝혔으니, 모두 일의 이치상 그럴 수밖에 없었던 것이지, 성인이 이전 사람과 달라서 그런 것 이 아니었다. 이 도법道法은 하늘에서 나온 것일 뿐이다. …후세 사람들 …공자를 한껏 추대하여 공자가 요순조차 넘어섰다고 했 기 때문에, 결국 성명性命을 존숭하고 사공事功을 박대하게 되었 다. 그래서 여러 성인의 경륜經綸함이 유생들이 앉아서 지껄이 는 논의를 당해 내는 데 부족하게 되어 버렸다. …무릇 공자를 존숭하는 것만큼 인정에 절실하고 근접한 것이 없다. 이러한 사 실을 모르고 단지 존숭하는 데에만 힘쓴다면 더더욱 아득해지기 만 할 것이다. 성인이 신神과 천天 같은 통칭일 뿐이라면 세상을 교화하는 데에 무슨 보탬이 되겠는가?

道有自然, 聖人有不得不然, 其事同乎? 曰: 不同. 道無所爲而 自然, 聖人有所見而不得不然也. 故言聖人體道可也, 言聖人 與道同體不可也. 聖人有所見, 故不得不然. 衆人無所見, 則不 知其然而然. 孰爲近道? 曰: 不知其然而然, 卽道也. 非無所見 也, 不可見也. 不得不然者, 聖人所以合乎道, 非可卽以爲道也. …周公 … 適當積古留傳, 道法大備之時, 是以經綸制作, 集千 古之大成, 則亦時會使然, 非周公之聖智能使之然也. 蓋自古聖 人, 皆學於衆人之不知其然而然, 而周公又遍閱於自古聖人之 不得不然, 而知其然也. …此非周公智力所能也, 時會使然也. …君師分而治敎不能合於一, 氣數之出於天者也. 周公集治統 之成, 而孔子明立敎之極, 皆事理之不得不然, 而非聖人異於前 人, 此道法之出於天者也. …後人 …盛推孔子, 過於堯·舜, 因 之崇性命而薄事功, 於是千聖之經綸, 不足當儒生之坐論矣! …夫尊夫子者, 莫若切近人情. 不知其實, 而但務推崇, 則玄之 又玄, 聖人一神天之通號耳, 世敎何補焉?[146]

이제 세 가치 차원에서 위의 인용문에 대한 분석을 진행해 보도록 하자. 첫째, 장학성은 '자연'自然으로 '도'道를 얘기하면서 도기(이기)이원론道器(理氣)二元論을 반대했다. 그는 또 '부득불연'不得不然으로 '배움'을 말하면서 공허한 말로 성리性理에 대해 얘기하는 것을 반대했다. 이는 대진의 자연/필연이란 구분의 또 다른 표현이다. '일'(事)에 다른 바가 있으면 '도' 역시 차이 나는 바가 있다는 것은, 대진의 '분리'分理설과 얼추 근접해 있다. 그러나 그들 사이에도 차이가 있으니, 장학성은 '기'器의 측면에 편중했고, 대진은 도리어 내재적인 실질에 편중했다. 여기에서 '일'(事)에 대한 그들의 서로 다른 이해가 바로 중요한 관건이다. "리理는 일(事) 중에 있다"(理在事中)는 것은 그들의 공통된 신념이었지만 대진의 '일'은 일상생활에서의 실천(이른바 매일 사용하고 먹고 마시는 것)에 편중되었고 논의의 중심은 개인의 도덕 실천이었다. 장학성의 '일'은 역사적인 것으로 그는 일(事情)의 변화와 제도·언론 간의 내재적인 연계를 강조하면서 일의 변화를 통해 고대 전장제도와 유자儒者의 언론 사이의 연관 관계를 관찰할 것을 주장했다.[147] "일(事)에는 실질적인 근거가 있고 리理에는 일정한 형체가 없다. 그래서 공자가 육경을 조술한 것은 모두 선왕의 전장典章을 취한 것이니, 일찍이 일을 떠나 리를 저술한 적은 없었다. 후세의 선비들이 성사聖師*의 언행을 세상의 법도로 여겨 그 서적들을 경經이라 이름하니, 이것은 이치상 필연적인 결과(當然)*였다. 그러나 마음대로 이를 존중할 수 있다면, 마음대로 이를 참칭할 수도 있는 법이다. 관리와 스승이 분리되

• 성사(聖師): 일반적으로 공자를 가리키는 것이라고 본다. 왜냐하면 명 가정 연간부터 공자의 시호가 지성선사(至聖先師)였기 때문이다. 하지만 장학성이 기본적으로 고문경학적 입장에 서 있었다는 점을 감안하여 좀 넓게 본다면 '성사'를 성인(聖人)과 선사(先師), 즉 주공과 공자 두 사람을 가리킨다고 보아도 무방할 것이다.
• 필연적인 결과(當然): 지금의 '당연히 그래야 한다' 혹은 '이치상 그리되는 것이 옳다'는 의미보다는 그리되는 까닭을 의미하는 '소이연'(所以然)이라는 개념에 대비되어 당연히 그렇게 될 수밖에 없는 사실이나 현상을 가리킨다.

었지만 관리가 정치를 하는 데에는 아직 천박한 자들이 확실히 억지로 침범해 들어오지는 못했다. 이는 관리들에게는 아직 근거할 바가 있기 때문이었다. 그러나 스승의 가르침(敎)에는 불초한 자들이 곧잘 함부로 앞다퉈 잘난 척을 하고 나섰으니, 이는 사도師道에는 근거가 없기 때문이었다. 맹자 때에는 양주楊朱와 묵적墨翟을 이단으로 여겼다. 양주는 남긴 책이 없고 묵적의 책은 당초 경經이라 불리지 않았다.”(事有實據, 而理無定形. 故夫子之述六經, 皆取先王典章, 未嘗理事而著理. 後儒以聖師言行爲世法, 則亦命其書爲經, 此事理之當然也. 然而以意尊之, 則可以意僭之矣. 蓋自官司之分也, 官有政, 賤者必不敢强干之, 以有據也. 師有敎, 不肖者輒敢紛紛以自命, 以無據也. 孟子時, 以楊墨爲異端矣. 楊氏無書, 墨翟之書, 初不名經)[148] 바꿔 말하면 의리·실천의 형식과 특정한 제도의 형식은 밀접하게 연관되어 있다. 즉 관사官師·정교政敎가 나뉘지 않으면 지행합일은 바로 제도적인 지식론과 실천론이 되고, 관사·정교가 나뉘면 의리지학은 반드시 다른 방식으로 표현할 방법을 찾아야 한다. 제자학諸子學과 송명 이학이 바로 이러한 예증이다. 지식과 제도가 이러한 내재적 관계를 갖추어야 만이 비로소 ‘육경개사’란 관념이 성립될 수 있다.

둘째, 대진은 ‘자연/필연’의 구분으로부터 리/욕의 구분을 끌어냈지만 장학성은 ‘자연/부득불연’의 구분에서 경학을 사학의 범주로 귀납시켰다. 이러한 범주 안에서 제도·예악과 의리의 형성은 결코 성인의 지혜로 이루어진 성과가 아니며, ‘맞닥뜨린 때’(時會)에 의한 결과인 것이다. “예로부터 위대한 성인은 모두 중인의 ‘그러함을 모르면서 그러함’에서 배웠는데, 주공은 게다가 예로부터의 성인의 ‘그럴 수밖에 없음’까지 두루 살펴 ‘그러함을 알았던 것’이다.” 이러한 의미에서 성인 “역시 스스로 그러함을 알았던 것이 아니다.”(亦不自知其然也)[149] 장학성은 변화의 관점에서 제도·예악 그리고 행위를 관찰하고 질서란 그 자체가 바로 ‘일’을 따라 변화한 ‘그럴 수밖에 없음’의 결과라고 여겼다. 바꿔 말하면 질서란 특정한 조건 아래 사람의 자유로운 행동의 결과이지 모든 행위를 규범 짓는 제도가 아니다. ‘자연’과 ‘부득불연’의 관계에서 '도道'를 논하는 것은, 고대 전장 제도 자체가 성인의 개인적 작위의 결과가 아니라 일상생활의 변화의 산물이며, 이로부터 나온 의리가 이러한 스스로 그러한(自然) 과정에 대한 성인의 "그럴 수밖에 없었다는"(不得不然) 인식임을 보여 준다. 이러한 의미에서 고대 제도는 결코 의도적인 창제創制가 아니라 여러 갈래의 힘이 모인 스스로 그러한 성과이다. 이는 전형적인 진화進化 사관史觀으로, 의지를 지닌 사람의 행위는 그저 스스로 그러한 과정의 내재적 요소일 뿐이며, 역사의 질서는 여러 갈래의 힘이 모인 운동의 산물이라는 것이다. "사람이 생겨나니 저절로 도도 있게 되었으나, 사람들이 자각하지 못했기에 아직 형상화되진 않았다."(人之生也, 自有其道, 人不自知, 故未有形)* 사람은 군체群體 관계 안의 존재이며 군체의 분업·합작 및 각기 자신의 일을 담당하는 것은 스스로 그러한 추세이고, "공평과 질서"의 의리는 바로 이러한 스스로 그러한 질서 자신의 반영인 것이다. 같은 논리로 보면 장유長幼 존비尊卑·계급 질서 및 각종 사회 제도는 모두 성현이 제정한 규칙이 아니라 스스로 그리된 진화의 결과이다.

또 서로에게 일을 미루거나 서로 하려다가 다툼이 날 것을 두려워해, 반드시 연장자를 추대함으로써 그 공평함을 유지토록 한 것 역시 그럴 수밖에 없는 추세였는데, 이에 장유長幼나 존비尊卑의 구분이 따로 형성되었다. 사람이 다섯 명, 열 명, 백 명, 천 명으로 늘어나면서 무리가 나뉘고 계층이 갈리자, 다시 각기 그 열 명, 다섯 명의 연장자 노릇 할 사람이 반드시 있어야 했다. 천 명, 백 명으로 늘어나면서, 사람이 많아지자 유능한 사람에게 의지하게 되었기에 반드시 재주가 출중한 자를 추대하여 번거로운

---

* 사람이~않았다: 이 구절에 대한 출전이 빠져 있어서 보충해 넣는다. 장학성, 「원도」 상, 『문사통의』 내편 2, 『장학성유서』 권2, 10면. 참고로 이 구절은 대량본(大梁本) 『문사통의』에는 보이지 않는다.

바를 조리 있게 하게 했고, 동시에 여러 세력이 분분해지자 복종
시킬 자가 필요하게 되었기에 반드시 덕이 훌륭한 자를 추대하
여 교화를 담당하게 했다. 이 역시 그럴 수밖에 없는 추세였으
며, 이로부터 임금을 세우고 스승을 세우고 들을 구획 짓고 주州
를 나누고 정전제와 봉건제를 시행하고 학교를 세우는 뜻이 드
러나게 되었다. 그런즉 도는 성인의 지혜와 힘으로도 능히 할 수
있는 바가 아니요, 모두 그 일의 추세가 저절로 그렇게 되었던
것으로 점차 형상화되고 점차 드러나게 되면서 부득이하게 나오
게 된 것이다. 그래서 '하늘'이라 했던 것이다.

> 又恐交委而互爭焉, 則必推年之長者持其平, 亦不得不然之勢
> 也, 而長幼尊尊之別形矣. 至於什伍千百, 部別班分, 亦必各長
> 其什伍, 而積至於千百, 則人衆而賴於幹濟, 必推才之傑者理其
> 繁, 勢紛而須於率俾, 必推德之懋者司其化, 是亦不得不然之勢
> 也; 而作君作師, 畫野分州, 井田封建學校之意著矣. 故道者,
> 非聖人智力之所能爲, 皆其事勢自然, 漸形漸著, 不得已而出
> 之, 故曰天也.[150]

삼대의 제도는 저절로 그리되는 바를 따른 것이며, 동시에 그렇게
될 수밖에 없었던 것이다. 고대 전장 제도도 이와 같고 후세의 변혁 역
시 저절로 그리되는 바에 순응해야지 개인의 사사로운 의견으로 "스스
로 그리되는 추세"를 대신하려 해서는 안 된다. 이러한 시각은 유종원
이 스스로 그리되는 추세로 제도의 변천을 논증한 관점과 일맥상통한
다. 장학성은 구체적인 제도와 환경을 벗어난 도는 존재하지 않으며,
영구불변의 제도와 환경도 존재하지 않는다고 여겼다. 즉 밭을 '정'井
자로 나누어 경작하고(井田), 지도자를 책봉하여 세우고(封建), 학교를
두는(學校) 등의 삼대三代 제도 역시 때가 그리 만든 결과라고 여긴 것이
다. 이는 도기일체는 역사 안의 지식·제도와 역사 변천의 방식으로 다
루어야 하는 것으로, 더 이상 유학의 도덕 이상이 아니었다는 것이다.

셋째, 장학성은 역사의 변천·사회의 분화와 제도의 연혁을 저절로 그리되는 과정으로 간주했다. 이러한 관점은 치도일체治道一體에 대한 경학가와 이학가의 관념을 바꿔 버렸다. 예제禮制 질서는 '일'에서 발생한 변화이며 '일' 자체가 바로 스스로 그리해서 그리된 바(自然而然)의 산물이다. 이른바 "주공은 치통治統의 이룸을 모았으며 공자는 입교立敎의 법도를 밝혔다"란 말은, 주공과 공자의 차이가 결코 의리의 다름 때문이 아니라, 맞닥뜨렸던 상황이 달랐기 때문이란 말이다. 성인이 예악을 제작하고 문자를 만든 것은 결코 도와 동체이기 때문이 아니라 흡사 신들린 듯 저절로 그리되는 바에 근거하여 세상의 음양 변화의 '자취' 안에서 '도'를 체득하는 것이다. 이러한 의미에서 주공·공자의 학문은 '스스로 그리되는 바'에 대한 인식이며 심지어 '스스로 그리되는 바'에 대한 그들의 인식 행위 자체 역시 '스스로 그리되는' 과정의 일부분인 것이다. 만약 그들의 사상 및 서로 간의 차이를 체감하려면 반드시 그들의 사상이 생겨날 수 있었던 역사 관계를 이해해야만 한다. 이는 그들 역시 결코 스스로 그리함을 몰랐던 '저절로 그리되는 추세'였다.

"육경은 모두 사史다"라는 관념은 일을 떠나 리를 얘기하는 경학적 관념을 반대하는 데에서 생겨났지만, 동시에 반대로 경학의 의미에 대해서도 의문을 제시했다. 즉 경학은 육경을 성인의 미언대의微言大義로 간주하면서 "옛사람들은 따로 저서를 하지 않았고 일을 떠나 리를 말한 적이 없었으며 육경이란 선왕의 정전이었음"(古人不著書, 古人未嘗離事而言理, 六經皆先王之政典也)[151]을 이해하지 못했다는 것이다. 이에 『주역』조차도 역시 정치에 대해 말한 책이 된다. '도기일체'의 관념과 '육경은 모두 사'라는 명제는 서로 표리를 이루어 '경'經의 의미를 변화시켰다. 이는 위진魏晉 시대 곽상 등의 관점과도 약간 유사한 것으로, 육경은 성인의 도가 아니라 성인의 자취라는 것이다. 장학성은 다음과 같이 말했다.

『주역』에 가로되 "형이상을 일러 '도'道라 하고 형이하를 일러 '기'器라 한다"고 했으니, 도가 기를 떠나지 않음은 마치 그림자가 실체를 떠나지 않는 것과 같다. 후세에 공자의 가르침에 순종하는 자들은 육경으로부터 비롯하면서 말하길 "육경은 도를 싣고 있는 책이다"라고 하는데, 이는 육경이 모두 기器임을 모르는 것이다. 『주역』이라는 책은 사물을 개창開創하고 마땅히 힘쓸 바를 성취하는 바로, 춘관春官에 속하는 태복太卜에게 관장管掌된 것을 보면, 본래 담당 관리가 있었고 옛 제도(掌故)에 열거되어 있었다. 『상서』는 외사外史에게 맡겨져 있었고, 『시경』은 태사太師가 관리했고, 『예기』는 종백宗伯에게서 말미암았고, 『악』樂에는 사성司成이 있었고 『춘추』는 각 나라의 역사를 담당한 국사國史들에게 있었다. 삼대 이전에는 『시경』·『서경』 등의 육예六藝로 사람들을 가르치지 않은 적이 없었기 때문에, 후세처럼 육경을 존숭하여 따로 유학이라는 문호를 만들고 육예를 따로 "도가 실려 있는 책"이라고 부르지 않았다. 대개 학자가 익힌 바가 관부官府에서 관장하던 바와 국가의 정교政敎에서 나오지 않았다면, 그 쓰임 또한 평범한 인간관계와 일상생활에서 나오지 않은 것이다. 이런 까닭에 단지 그것이 부득불 그러한 일이라고만 여겼지, 따로 도가 실려 있는 것이라고는 여긴 적이 없었다. 공자는 육경을 조술하여 후세 사람들을 가르쳤다. 또한 공자는 선성先聖 선왕先王의 도를 직접 볼 수는 없었지만, 육경이란 선성 선왕의 도가 담겼던 기器로써 볼 수 있는 것이며, 후세 사람들은 선왕을 뵙지 못하기 때문에 마땅히 준수할 만한 기器에 근거하여 볼 수 없는 도를 궁리해야 한다고 여겼던 것이다.

『易』曰: "形而上者謂之道, 形而下者謂之器." 道不離器, 猶影不離形. 後世服夫子之敎者自六經, 以謂六經載道之書也, 而不知六經皆器也. 『易』之爲書, 所以開物成務, 掌於『春官』太卜, 則固有官守而列於掌故矣. 『書』在外史, 『詩』領大師, 『禮』自宗

伯, 樂有司成,『春秋』各有國史. 三代以前,『詩』·『書』六藝, 未
嘗不以教人, 不如後世尊奉六經, 別爲儒學一門, 而專稱爲載道
之書者. 蓋以學者所習, 不出官司典守, 國家政教; 而其爲用,
亦不出於人倫日用之常, 是以但見其爲不得不然之事耳, 未嘗
別見所載之道也. 夫子述六經以訓後世, 亦謂先聖先王之道不
可見, 六經卽其器之可見者也. 後人不見先王, 當據可守之器而
思不可見之道.[152]

만약 이 인용문과 「역교」易敎(상·중·하), 「서교」書敎(상·중·하), 「시
교」詩敎(상·중·하), 「예교」禮敎, 「경해」經解(상·중·하) 등의 편들을 서
로 참조하며 궁리해 본다면, "육경은 모두 사史다"라는 명제가 경학에
대한 장학성의 각종 해설 속에서 관철되고 있음을 분명하게 볼 수 있
을 것이다. 경서에 대한 장학성의 관점은 비단 육경이 모두 왕제王制라
는 것을 간단히 설명하고 있을 뿐만 아니라 사史의 관점에서 제도와 경
서·제자서의 관계를 해석하고, 이에 따라 경經·전傳·자子·사史 및 그
의례義例·편찬 분류 형성을 위한 계보학적인 설명을 제공해 준다.

계보학의 각도에서 '육경개사' 설은 '경'을 일종의 지식 형성 과정
으로 간주하여 질문을 던진다. 여기서 제기되는 문제는 어째서 '경'經
은 '사'史로부터 분리되어 나올 수 있는가? '도'道는 어째서 점진적으
로 일종의 언설言說이 되면서 더 이상 '기'器에 담긴 존재가 아니게 되
었는가? 장학성이 보기에, 경사經史 분리는 진화 과정에 대한 사람들
의 오해로부터 발생한 것이다. 만약 오늘날의 언어로 표현한다면 바
로 지식의 형성사이자 담론의 구축 과정이다. 이는 두 가지 서로 다른
차원에서 살펴볼 수 있다. 우선 '경'經과 '전'傳의 관계이다. 경전經傳
이란 개념은 전국시대『관자』「계」戒 편·『순자』「권학」편·『장자』「천
도」편 등에서 시작되었지만, 이러한 글 중의 이른바 '경'이란 그저 전
적의 뜻일 뿐이었다.[153] '경'을 일종의 지식 혹은 담론으로 간주하는 것
은 주공이 예악을 제작하거나 사관이 기록하거나 공자가 이를 편찬하

고 산절刪節할 때 생겨난 것이 아니라, 경서 내용과 직접적인 상관이
없는 또 다른 시기에 생겨난 것이다. 즉 사람들이 선유의 전적(이는 사
람들이 실제 겪은 삶의 과정이 아니다)을 의리의 근원으로 간주한 시
기에 경학이 탄생한 것이다. 만약 한 무제 때 오경박사를 세운 일에 대
한『사기』「유림전」儒林傳·『한서』「유림전·찬」儒林傳·贊의 내용을 참조
한다면, 이 시기에 법령으로 규정지은 성격이 지극히 분명하게 드러날
것이다. 장학성은 지식 분류학의 각도로부터 이 시기에 경經을 풀이하
는 것을 목적으로 하는 '전'傳*의 출현을 구체적으로 체현하고 있음을
지적하고 있다. 어째서 전傳인가? 공자가 죽고 나서 미언대의가 일시
에 끊기려 하자 그의 제자 문인들은 각자 보고 들은 바를 기록해 글을
만들어 대의를 더듬었다.『좌씨춘추』·『자하상복』子夏喪服* 등의 편들은
모두 '전'이라 명명했다. "전대前代 일문逸文들 중 육예六藝에서 나오지
않은 것들은 모두 전이라 불리게 되었다. 예를 들어 탕왕·무왕의 거사
나 문왕의 원유苑囿에 대한 제齊 선왕宣王의 물음에 맹자가 대답한 경
우*가 그러하다. 즉 전 때문에 경의 이름이 생긴 것으로, 이는 마치 자

• 전(傳): 경(經)의 하위 개념으로, 주로 경에 대한 주석이나 부연 설명을 담당한 책
을 가리킨다. 예를 들어『주역』의 십익(十翼)이나『시경』의「모전」(毛傳)이 이에 해당
한다. 하지만 비록 경과 직접적인 연관이 없더라도, 유가 계열의 서적이면서 육경에
포함되지 않는 책들 역시 전이라고 불렸다. 예를 들어『논어』는 원래 전에 속했다.
• 『좌씨춘추』(左氏春秋)·『자하상복』(子夏喪服):『좌씨춘추』는 좌구명(左丘明)이 지
은『춘추좌씨전』(春秋左氏傳)을 가리킨다. 이 책은 공자가 정리했다고 간주되는『춘
추』에 전을 단 것이다(하지만 금문경학가들은 이 책을『여씨춘추』처럼『춘추』와는 아
무 상관없는『좌씨춘추』라는 별도의 책으로 간주하기도 한다).『자하상복』은 지금 전
해지는『의례』「상복」(喪服) 편에 "전왈"(傳曰)로 시작되는 부분을 가리킨다. 전해지
는 말로 이 부분은 원래의「상복」편을 설명하기 위해 자하(子夏)가 지은「상복전」(喪
服傳)이라고 한다. 그래서 혹자는 자하의「상복전」이 섞여 있는 지금의「상복」편을
「상복」경/전으로 구분하기도 한다(하지만 현재 학계에서는,「상복」편에 "전왈" 부분
이 자하가 지은「상복전」이라는 견해에는 상당히 부정적인 입장이다).
• 문왕의~경우: 이는『맹자』「양혜왕장구 하」(梁惠王章句下)에 보인다. "제 선왕이
물었다. '주(周) 문왕(文王)의 원유(苑囿)가 사방 70리였다는데, 정말 그랬습니까?'
맹자가 대답했다. '전(傳)에 그러한 기록이 있습니다.' …제 선왕이 물었다. '탕왕(湯

식이 있어야 아버지라는 칭호가 성립되는 것과 같은 경우이다."(而前代
逸文, 不出於六藝者, 稱述皆謂之傳, 如孟子所對湯武及文王之圍, 是也. 則因傳而有經之
名, 猶之因子而立父之號矣.)[154]

공자진의 「육경정명」六經正名은 장학성의 영향을 많이 받았다. 공자
진은 이렇게 말했다. "훌륭하구나! 한대 유향劉向(응당 유흠劉歆이어
야 한다)의 『칠략』이여! 반고가 이에 근거하여 『예문지』(『한서예문지』)를
지었도다! 육예를 아홉 갈래로 나열하니, 그 안에 경·전·기記·군서群書
가 있었다. 전이란 경에 부가되는 것이고 군서란 자못 경과 관계된 것
들이기에 경에 부가된 것이다. 어째서 전이라 하는가? 『상서』에는 하
후승夏候勝·하후건夏候建·구양고歐陽高의 주석이 있으니, 이것들이 『상
서』의 전이다. 『시경』에는 제齊나라의 원고생轅固生·노魯나라의 금문今
文에 속하는 신배공申培公·한韓나라의 한영韓嬰의 주석과 고문古文에 속
하는 모형毛亨의 주석이 있으니, 이것이 『시경』의 전이다. 『춘추』에는
지금까지 전해지는 공양고公羊高·곡량적穀梁赤·좌구명左丘明의 주석과
이젠 일실된 추씨鄒氏·협씨夾氏의 주석이 있으니, 이 역시 『춘추』의 전
傳이다."(善夫漢劉向(應爲劉歆)之爲 『七略』也, 班固仍之, 造「藝文志」. 序六藝爲九種,
有經, 有傳, 有記, 有群書. 傳則附於經, 群書頗關經, 則附於經. 何謂傳? 『書』之有大小夏
侯·歐陽, 傳也; 『詩』之有齊·魯·韓·毛, 傳也. 『春秋』之有公羊·穀梁·左氏·鄒·夾氏, 亦傳也)[155]
'경'은 만약 '전'이란 대응 관계가 없었다면 존재하지 않았을 것이다.
'전'이 만약 독립적으로 존재한다면 '전'이라 부를 필요가 없었을 것이
다. 그래서 장학성은 "육경은 스스로 경經이라 말하지 않고* 춘추삼전

王)이 걸(桀)을 내쫓고 무왕(武王)이 주(紂)를 정벌했다는데, 정말 그랬습니까?' 맹자
가 답했다. '전에 그러한 기록이 있습니다.'"(齊宣王問曰: 文王之圍方七十里, 有諸? 孟
子對曰: 於傳有之, …齊宣王問曰: 湯放桀, 武王伐紂, 有諸? 孟子對曰: 於傳有之)
• 육경은~않고: 당초 육경에는 경(經)이란 표현이 붙질 않았다. 예를 들어 『역경』은
『주역』, 『서경』은 『상서』, 『시경』은 『시』라고만 불렸다. 그리고 육경이란 명칭 자체도
『장자』 외편 「천운」(天運) 편 제7장에 처음 보인다. 『장자』의 외편과 잡편은 대체로 전
국시대 말에서 한나라 초에 지어진 것으로 추측된다. 그 전에는 육예라고만 불렀다.

春秋三傳은 스스로 전이라 말하지 않으니* 이는 마치 사람마다 각자 자아가 있지만 스스로 자신(我)을 '나'(自我)라고 하지는 않는 것과 같다. 경經에 의지해야 전傳이 있게 되고, 남과 대비해야 나에게 '나'(自我)가 있게 되는 것이다. 이 경·전·남(人)·나(我)의 이름은 상황의 흐름상 부득이해서 생겨난 것이지 그 본질은 아니다"(六經不言經, 三傳不言傳, 猶人各有我而不容我其我也. 依經而有傳, 對人而有我, 是經傳人我之名, 起於勢之不得已, 而非其質本爾也)[156]라고 했다. 후대 사람들은 이러한 고고학적인 시각이 결여되어 전을 경으로 삼고 성인의 미언대의만을 연구하며, 더 이상 고대의 이른바 '경'이 정교의 구체적인 시행인 전장 제도에 드러나 보였음을 이해할 수 없었다. '경'은 성왕의 전장 제도에 대한 기술이 일종의 지식 담론으로 전화된 것이다.

다음은 '경'經과 '자'子의 관계이다. 장학성의 입장에서 보면, 주공周公이 몸소 "세상을 경륜하고 교화한 것은 하나같이 도체道體의 마침 그러함에서 나온 것"(經綸治化, 一出於道體之適然)이며 "오제삼왕五帝三王의 완비된 바를 계승하게 되었고 은나라에 의거하고 하나라를 거울삼으면서 더 이상 보탤 것이 없는 경지에 다다랐던 것"(帝全王備, 殷因夏監, 至於無可復加之際)이다. 이 때문에 비로소 전장을 제작하고 주나라의 도로써 옛 성현들의 이루어 놓은 바를 모을 수 있었다. 이른바 치도합일이란 바로 "주공이 하늘이 내려 준 나면서부터 아는 성인으로,* 때마침 옛것이 쌓이고 전해져 온 바가 보존되어 도법이 크게 갖추어졌을 때에, 이로써 경륜하고 제작하여 천고의 문화를 집대성했는데, 이 역시 마침 때가 그렇게 되게끔 했을 뿐"(周公以天縱生知之聖, 而適當積古留傳, 道法

---

* 춘추삼전(春秋三傳)은~않으니: 『공양전』(公羊傳)·『곡량전』(穀梁傳)·『좌전』(左傳)을 말한다. 『사기』「십이제후연표서」(十二諸侯年表序)에서는 『좌전』을 『좌씨춘추』라고 했다. 또한 유흠(劉歆)의 「이서양태상박사」(移書讓太常博士)에서도 『공양전』과 『곡량전』을 『공양춘추』·『곡량춘추』라 칭했고 『한서』「유림전」도 동일하다. 장학성은 이러한 예를 근거로 경을 떠나 이야기할 때에는 삼전을 전이라 하지 않았다고 한 것이다.
* 하늘이~성인으로: 이 표현은 『논어』「자한」(子罕)에 보인다.

大備之時, 是以經綸制作, 集千古之大成, 則亦時會使然)[157]이다. 공자는 삼대가 쇠락하고 치교治敎가 이미 분리된 동주 시기에 태어나 덕德은 있으되 지위를 갖추지 못하여 제작의 권리를 얻을 수 없었는데, 이는 치도합일이란 '때'(時會)가 결여되었던 것이다. 그는 "이 때문에 주공의 전장을 취했으니 '하늘과 사람의 창조적인 작용'(天人之撰)*을 체득하고 교화의 자취를 보존한 바는 오로지 자신의 문도들에게만 펼쳐서 드러내 보이게 되었다. 이는 육예가 비록 관방에서는 이미 유실된 바였으나, 그래도 스승의 가르침(師敎)에 의지해 전수되고 있던 것이다.* 그러나 공자의 시대에는 아직 경이라 명명하지 않았다."(於是取周公之典章, 所以體天人之撰而存治化之迹者, 獨與其徒, 相與申而明之. 此六藝之所以雖失官守, 而猶賴有師敎也. 然夫子之時, 猶不名經也)라고 하였다.[158] 공자는 성현의 것을 조술할 뿐 따로 짓지 않았으며, 결코 스스로 경을 짓는다고 여기지도 않았다. 이는 "일의 이치상 그럴 수밖에 없었던 것"(事理之不得不然)이다. 그러나 이후 제자諸子의 학술은 사사로운 말의 방식으로 육예의 공적인 말들과 대립했으니, 이른바 "처사處士들이 함부로 의론을 펼치고 제자백가가 앞다퉈 책을 짓고 주장을 세우니 문자 저술에 비로소 사사로운 학자의 주장이 생겨났는데, 이 모두가 전장 정교에서 나온 것은 아니었다."(處士橫議, 諸子紛紛, 著書立說, 而文字始有私家之言, 不盡出於典章政敎也)[159] 이에 육예의 공적인 주장들은 결국 경서가 되었다. 이 때문에 만약 제자학이 없다면 경학도 없는 것으로, 경학과 제자학 사이에는 일종의 공생 관계가 성립한다. 이러한 공생 관계는, 경학은 제자학 형성 과정의 산물이라는 말로 개괄할 수 있다.[160]

---

* 하늘과~작용: 이 표현은 『주역』 「계사전 하」(繫辭傳下) 6장의 "하늘과 땅의 창조적인 작용"(天地之撰)이란 말에서 '땅'(地)을 '사람'(人)으로 바꾼 것이다.
* 스승의~것이다: 원래는 조정의 공식적인 교육과 관직을 통해서만 전수되던 천하의 모든 문헌 문물(여기서는 특히 육예에 초점을 맞추고 있다)이 이미 조정의 통제를 벗어나게 되었지만 그래도 그 문헌 문물을 관리하던 자들이 흩어져 각자 사교육을 통해 전수하게 되었던 것을 말한다. 그 사교육의 대표적인 예가 바로 공자이다.

"대도가 은미해지는 것은, 범상하고 어리석은 자에 의해 은미해지는 것이 아니라, 현명하고 지혜로운 자들이 뒤죽박죽으로 각자의 견해를 가지고 있기 때문에 은미해져 버리는 것이다."(大道之隱也, 不隱於庸愚, 而隱於賢智之倫者, 紛紛有見也)[161] 침묵할 때 도는 드러나고 충실해지며, 말로 할 때 도는 숨겨지고 공허해진다. 이것이 경經·자子의 각 특성에 대한 장학성의 개괄이다. 도道가 기器에 담겨 있다는 것은 바로 도가 제도와 일상에서의 실천 자체에 담겨 있는 것이기에 언설 논의에는 없다는 것이다. 이 때문에 "육경은 모두 사다"라는 말은 바로 육경이 모두 선왕의 정전이며, 이른바 '사의'史意란 바로 육경 중에 투영된 제왕이 세상을 경륜했던 사실의 대략이지 성인의 미언대의로부터 경전을 이해하기 시작한다는 의미가 아니다. 바로 이 때문에 장학성은 학문을 함에 마땅히 '예'(古)로 나아가야 하고 제자학이 내포한 육예의 정수를 구분해 내야지, 스스로 고정考訂·의리義理·문사文辭라는 얽매임에 빠져서는 안 된다고 지적한다.

그러나 그가 결코 제자학의 의의를 완전히 부정한 것은 아니다. 왜냐하면 '때'(時會)란 관점에서 보자면 제자학의 탄생 역시 "그럴 수밖에 없어서" 존재하게 된 것이기 때문이다. 왕제王制를 조술함으로부터 여러 의견이 분분함에 이르기까지, 이러한 변천은 결코 찬술자의 주관적인 의견에 의해 그리되는 것이 아니라 역사 변천의 유기적인 한 부분인 것이다. "임금과 스승이 나누어지니 다스림과 가르침이 하나로 합쳐질 수 없었다. 이러한 명운은 하늘에서 나온 것이다."(君師分而治敎不能合於一, 氣數之出於天者也) 주공은 복희·헌원·요·순 이래의 도법道法을 모아 가감하며 완벽을 기할 수 있었지만, 공자는 주공의 도법을 다했을 뿐 "직접 시행할 수는 없었기에 그 가르침을 밝혔다."(不得行而明其敎) 이는 저절로 그리된 추세였다.* "유가의 부류가 육예를 존숭하여 이를 경이라 받들게 되었으나, 오로지 전과 대비해서 경이라 이름 지

* 주공은~추세였다: 이 구절은 대량본 『문사통의』에는 보이지 않는다.

은 것만은 아니었다. 순자가 가로되 '배움이란 경을 읽고 외우는 데서 시작하여 예禮를 익숙하게 익히는 데서 끝난다'*라고 했고 장자가 가로되 '공자가 말하길 『시』·『서』·『예』·『악』·『역』·『춘추』의 육경을 연구했다'*고 했고, 또 가로되 '십이경十二經을 풀이하며 노자老子를 뵈었다'* 고 했다."(儒家者流, 乃尊六藝而奉以爲經, 則又不獨對傳爲名也. 荀子曰: 夫學始於誦經, 終於習禮. 莊子曰: 孔子言治『詩』『書』『禮』『樂』『易』『春秋』六經. 又曰: 繙十二經, 以見老子)[162] 이 역시 저절로 그리된(自然) 추세였다. 제자백가가 선왕의 정교전장을 사용해 천하를 경륜했지만 육예의 종지는 이미 사라져 드러나지 않았기에 반드시 '경의 풀이'(經解)로 육경을 가지런히 변별해야 한다.[163] 순자·장자는 모두 자하의 문하에서 나왔으니, 그들의 이러한 표현들은 육경의 이름이 바로 공문孔門 제자弟子에게서 나왔음을 증명해 준다.

장학성은 제자백가가 입을 함부로 놀리는 것에 대해 비판했지만, 여전히 제자백가는 육예에서 나왔기에 그들의 말을 단순하게 사사로운 학파의 말로만 간주할 수는 없다고 여겼다. '때'(時會)의 의미에 있어서 경經·자子 구분의 절대적인 경계선은 존재치 않는다. 제자諸子의 등장과 정교政敎·관사官師의 나뉨 사이에는 밀접한 연계가 존재하며 선왕의 도는 그 왁자지껄한 백가쟁명 속에 존재한다. 이 때문에 장학성의 고고학적 입장에 서서 선왕의 도를 살펴보려면, 반드시 '학술의 성격을 변별하고 그 연원과 지류를 거슬러 올라가 연구'(辨章學術, 考鏡源流)해야만, "전국시대의 문장이 육예에 근원하고 있으며"(戰國之文, 其源皆出於六藝) "제자서가 입론에 근거를 갖추고 주장에 논리를 갖춘 것"*은,

---

* 배움이란~끝난다: 이 말은 『순자』(荀子) 「권학」(勸學)에 보인다.
* 공자가~연구했다: 이 말은 『장자』(莊子) 「천운」(天運)에 보인다.
* 십이경(十二經)을~뵈었다: 이 말은 『장자』 「천도」(天道)에 보인다. 사실 여기서 '12경(經)'이 무엇을 말하는지는 논쟁의 여지가 많다.
* 제자서가~갖춘 것: 원래 이 표현은 『순자』 「비십이자」(非十二子) 편 첫머리에 나오는 말로, 순자가 제자(諸子) 중 타효(它囂)와 의모(魏牟)를 비판한 말이었다.

필시 도체道體의 일단一端을 얻은 후에나 자신의 주장을 분방하게 풀어 놓아도 일가지언一家之言을 이룰 수 있었던 것임"을 알 수 있다. 이른바 '일단'이란 것은 육예에 포괄되는 바가 아님이 없으니, 그래서 이를 유추해 보면 모두 그 근본을 얻을 수 있다는 것일 뿐, 제자백가가 정말 육예의 가르침을 능히 수행할 수 있고 그들의 언사가 반드시 육예에 절충된다고는 말할 수 없음"(諸子之爲書, 其持之有故而言之成理者, 必有得於道體之一端, 而後乃能恣肆其說, 以成一家之言也. 所謂一端者, 無非六藝之所該, 故推之而皆得其所本. 非謂諸子果能服六藝之教, 而出辭必衷於是也)[164]을 알 수 있다. 이 때문에 장학성은 특별히 『장자』「천하」 편과 『순자』「비십이자」 편을 중시했다.

> 『한서예문지』는 학술의 성격과 그 연원과 지류를 가장 중시하는데, 아마도 사마천의 「태사공자서」太史公自敍와 『장자』「천하」 편, 『순자』「비십이자」 편의 뜻을 얻은 듯하다. 이는 저록著錄이 도를 밝히는 요체와 관계있음을 기술한 것이기에, 후세의 그저 서지 분류만 따지는 자들이 미칠 수 있는 바가 아니다.
>
> > 『漢志』最重學術源流, 似有得于太史「敍傳」及莊周「天下」篇·荀卿「非十子」之意, 此敍述著錄所以有關於明道之要, 而非後世僅計部目者之所及也.[165]

육예의 책과 유가의 말은 본래 「유림열전」儒林列傳을 참고해 살펴야만 한다. 그리고 도가·명가名家·묵가의 책은 각자의 열전 외에도 『장자』의 「천하」 편을 참고해 살펴야만 한다. 사마천의 「태사공자서」에서는 육예의 종지를 추존하긴 했지만 미처 그 지류의 갈래까지는 연구하지 못했다. 『장자』의 「천하」 편이야말로 실로 제자백가 학술을 가늠하는 기준이요, 제자백가를 저록할 때 마땅히 취해야 할 법도이다. 「천하」 편의 첫 단락에 옛 법도로서 세상에 전해지는 사史와 『시』詩·『서』書 등 육예에 관한 문장을 기록하고 있는 것을 살펴보면, 후세 경사經史의 큰 근원이다. 그 후에는 묵적墨翟·금활리禽滑釐의 학문을 적고 있으니, 묵지墨支(묵적의 제자들)·묵별墨別(상리근相里勤과 그 뒤에 나오는 사람들)·묵언墨言(우임금이 홍수를 막았다는 구절부터 그 뒤의 부분이 이에 해당)·묵경墨經(고획苦獲·기치己齒·등릉자鄧陵子 등이 모두 '묵경'을 독송했다는 부분이 이에 해당)에 대한 기술이 날실과 씨실로 차근차근 엮여 있으니, 유흠·반고의 저록과 비교해 볼 때 그 본말이 더욱 질서정연하다. 따라서 도가·명가·묵가와 「천하」 편의 관계는 「유림열전」과 『한서예문지』에 실린 「육예략」六藝略의 관계에 뒤지지 않는다. 송견宋銒·윤문尹文·전병田駢·신도愼到·관윤關尹·노담老聃 및 혜시惠施·공손룡公孫龍 등은 모두 『한서예문지』에 실린 「제자략」諸子略에서 도가와 명가에 동시에 보인다. 그런즉, 옛사람의 서지書誌 저록著錄은 진실로 대도大道를 밝히기를 추구했기에, 제자백가 학술의 성격과 그 연원·지류를 변별하지 않은 적이 없었다.

> 六藝之書與儒家之言, 固當參觀於「儒林列傳」. 道家名家墨家之書, 則列傳而外, 又當參觀於莊周「天下」之篇也. 蓋司馬遷「敍傳」所推六藝宗旨, 尙未究其流別, 而莊周「天下」一篇, 實爲諸家學術之權衡, 著錄諸家宜取法也. 觀其首章列敍舊法·世傳之史, 與『詩』·『書』六藝之文, 則後世經史之大原也;其後敍及墨翟·禽滑釐之學, 則墨支(墨翟弟子)·墨別(相里勤以下諸人)·墨言(禹湮洪水以下是也)·墨經(苦獲·己齒·鄧陵子之屬皆誦『墨經』是也), 具有經緯條貫, 較之劉·班著錄, 源委尤爲秩然, 不啻「儒林列傳」之於「六藝略」也. 宋銒·尹文·田駢·愼到·關尹·老聃以至惠施·公孫龍之屬, 皆「諸子略」中道家名家所互見. 然則古人著書, 苟欲推明大道, 未有不辨諸家學術源流.[166]

제자諸子의 주장들이 아무리 분분하더라도 '학술의 성격을 변별하고 그 연원과 지류를 거슬러 올라가는 연구'를 통해 우리는 여전히 육경의 흔적을 읽어 낼 수 있으며, 지식의 분화 속에 숨겨진 역사적 분화 과정을 읽어 낼 수 있다. 도기일체 혹은 육경개사의 명제 역시 마찬가지로 제자학과 기타 지식—예를 들어 천문·지리·역산·법률 등—의 흥기를 이해하는 데에 적용된다. 이러한 의미에서 치도합일은 정치 실현의 묘사가 아니라, 지식 형식을 관찰하는 방식이었다. 그것은 비단 지식의 형식(전장 제도·경전의 낱말 풀이·의리를 다룬 주장들)이 특정한 역사 관계에서 만들어졌음을 의미할 뿐만 아니라, 전적에 보이는 지식의 고고학이라고도 불리는 일련의 사학史學 원칙들을 밝혀 준다. 예를 들어 "형이상을 일러 도道라 하고 형이하를 일러 기器라고 한다. 좋은 방법을 모두 사용하고, 본말을 모두 포괄하고, 각종 분류와 배열이 서로 어울리고, 도道와 리理를 갖추게 되어 책을 찾는 자가 기器를 통해 도를 밝힐 수 있게 하고, 한 측면만 보고도 전체를 얻을 수 있게 한다. 『한서예문지』 중 임굉任宏이 교수校讎한 「병서략」兵書略과 이주국李柱國이 교수한 「방기략」方技略이 이에 가깝다. …무릇 「병서략」 중 『손자병법』孫子兵法이나 『오자병법』吳子兵法과 「방기략」 중 내외경內外經들, 그리고 「제자략」諸子略 중 각 제자諸子의 말들은 이른바 형이상인 도에 해당한다. 그리고 「병서략」 중 '형세'形勢·'음양'陰陽·'기교'技巧 세 항목과 「방기략」의 '경방'經方·'방중'房中·'신선'神仙 세 항목은 모두 구체적인 방법과 명칭을 적어 둔 것으로 이른바 형이하인 기器에 해당한다"(形而上者謂之道, 形而下者謂之器. 善法具擧, 本末兼該, 部次相從, 有倫有脊, 使求書者, 可以卽器而明道, 會偏而得全, 則任宏之校「兵書」, 李柱國之校「方技」, 庶幾近之. …夫兵書略中『孫』『吳』諸書, 與「方技略」中內外諸經, 卽諸子略中一家之言, 所謂形而上之道也. 「兵書略」中「形勢」·「陰陽」·「技巧」三條, 與「方技略」中「經方」·「房中」·「神仙」三條, 皆著法術名數, 所謂形而下之器也)[167]라고 했다. 또 예를 들어 「보교예문지 제10」補校漢藝文志第十에서 법률에 관한 서적에 대해 논하길, "후세에 나온 법률 책들이 매우 많다. …제자백가 중에 신불해·한비자 등 법률을 논한 제자의 책을 취해 맨 앞에 위치시키면, 이것이 이른바 도에 해당한다. 뒤이어 세세하고 구체적인 율령 격식 따위를 나누어 배열해 두면, 이것이 이른바 기器에 해당한다"(後世法律之書甚多. …就諸子中掇取申韓議法家言, 部於首條, 所謂道也. 其承用律令格式之屬, 附條別次, 所謂器也)[168]고 했다. 천문·지리·역산 등을 포괄하는 거의 모든 지식 영역이 이러한 도道·기器 관계를 포함하고 있는 것이다.[169]

2. 도기일체와 지식의 분류

'육경개사' 설 분석에 이어, 더 나아가 장학성이 말한 도기일체의 관념을 총결해 보고자 한다. 이 관념의 핵심 내용은 두 가지 측면을 포함하고 있다. 첫째, 지식·의리, 그리고 제도는 '저절로 그리되는' 역사 관계의 산물이기에, 외골수로 의리나 도에 대한 체득만 가지고는 의리와 도를 이해할 방법이 없으며, 또한 텍스트의 의미 차원에서 훈고 고증을 통한다 하더라도 '도'에 대한 이해를 달성할 방법이 없다. '유가'는 역사의 일부분이지 공자 개인 저술의 성과가 아니다. 치治·도道 관계의 나뉨과 합쳐짐 역시 역사의 산물이지, 개인이 어찌할 수 있는 바가 아니다.[170] 만약 역사의 변천과 전장 제도의 연혁을 소홀히 하면서 문자 훈고에만 집착한다면 어떻게 선유의 종지를 깨달을 수 있겠는가?[171] 둘째, 도기일체의 관념은 비단 본체론의 관념일 뿐만 아니라 사학 관념이기도 하면서, 동시에 지식에 관한 이론이다. 그것은 한 측면으론 전적典籍을 대하는 구체적인 원칙을 제공해 주면서, 또 다른 측면으론 지식의 분류학을 위해 새로운 설명을 만들어 낸다. 도기일체의 핵심은 주공과 공자를 구분하고 학술과 정전政典의 관계를 변별하는 데에 있다. "그러므로 공자를 배우는 자들은 마땅히 공자가 배웠던 바를 배워야지 공자의 부득이했던 바를 배워서는 안 됩니다. …그들은 공자의 부득이했던 바를 공자의 본래 뜻이라고 오해하게 되면서, 헛되이 도덕·문장을 존숭하며 이러한 것들을 별도의 개체라고 여기게 되어, 크게는 온 세상을 경륜하는 일에서 세세하게는 일상생활과 인간관계까지 조악한 자취쯤으로만 간주하게 되고 말았습니다. 그러므로 도기합일됨을 알아야 비로소 배움을 말할 수 있습니다. 도기합일하는 까닭은 반드시 주공·공자의 구분에서 그 단서를 구해야 하니 이는 실로 고금 학술의 요지입니다."(故學孔子之所學, 不當學孔子之不得已. …以孔子之不得已而誤謂孔子之本志, 則虛尊道德文章, 別爲一物, 大而經緯世宙, 細而日用倫常, 視爲粗迹矣. 故知道器合一, 方可言學. 道器合一之故, 必求端於周·孔之分, 此實古今學術之要旨)[172] 장학성의 입장에서 보면 후세에 볼 수 있는 책은 그저 선유들의 남겨진 자취이자 역사의 부스러기일 뿐이지만, 후세 사람들에게 서로 다른 부류로 편집되었다. 이 때문에 만약 학술을 변별하고 연원과 지류를 연구하며, 분류와 배열의 근거를 확실히 정리할 수 없다면 우리는 그저 조각난 미언대의 속에서 헤맬 수밖에 없다. 이른바 "기에서 도를 밝힌다"(卽器明道)는 주장은 바로 이러한 전적 내부에서 찾아낸 일련의 단서로부터 상호 증명과 분류를 통해 고대 제도와 역사 관계의 내재적인 구조와 정체성을 회복해야만 한다는 의미였다.

장학성의 관점에 따르면 "후세의 문장들은 반드시 그 연원이 육예로 거슬러 올라간다. 육예란 공자가 지은 책이 아니라 주나라 관리들이 관장하던 옛 전적이다."(後世文字, 必溯源於六藝. 六藝非孔子之書, 乃周官之舊典也)* 그러나 관리와 스승, 그리고 정치와 가르침이 나뉘면서 제자백가가 일어나자 후세 학술은 더 이상 관방의 저술이 아닌 사사로운 학자들의 저술이 되었다. 그렇다면 어떻게 해야 비로소 이러한 저술들 속에 숨겨진 '도'를 찾아낼 수 있는가? 『교수통의』는 반복해서 "기에서 도를 밝히는"(卽器明道) 방법을 사용하며 옛 서적의 함의를 설명하고 있다. 이러한 방법론의 관점에서는, 고대의 전적이란 선왕의 '자취'가 아님이 없으니, 이것은 경서에 담긴 참뜻 자체는 아니다. 지식의 분

---

* 후세의~전적이다: 원서에는 이 구절의 출전 표기가 없다. 이 구절은 『교수통의』(校讎通義) 「원도」(原道) 편에 보인다.

류학이란 뒤섞여 있는 역사에 대한 구분이다. 이 때문에 장학성이 따르는 것은 계보학 혹은 고고학적인 노선이다. 즉 경적 분류를 일종의 담론으로 간주하고, 더 나아가 그들의 분류법과 내재적인 구조에 대해 계보 분석을 시도했다. 여기서 가장 중요한 단서는 바로 지식 분류학의 변화이다. 선진의 '육예'는 한대에 『칠략』七略으로 진화하고, 한대의 『칠략』은 진대晉代 및 후대의 '사부'四部*로 진화했다. 이러한 분류법은 비단 지식에 대한 후대의 인식을 규범화할 뿐 아니라 동시에 흠정欽定이라는 형식의 제도화된 지식이 되어 버린다. 1722년, 즉 건륭 37년 청 정부는 전국적으로 서적을 징집하라는 영을 내리고, 다음 해에 사고관四庫館을 열어서 각종 전적에 대해 교감된 글자나 간행된 연도를 고증하고 서지 분류와 함께 해제를 달면서, 60억 자字 분량을 편집 처리하여 1600만 쪽에 달하는 분량을 바로잡아 고쳐 썼다. 15년의 기간 동안 이 일에 투입된 인원만 3800여 명이었다. 『사고전서』의 편찬자는 360명에 달했고, 기윤紀昀 등 학자들 말고도 세 명의 황자皇子 및 대학사大學士·상서尙書 등 고관대작이 포함된 실로 대단한 국가적 사업이었다.[173] 고증학의 흥성과 사고관 신하들의 지위는 모두 이러한 『사고전서』 사업과 밀접한 관계가 있다. 장학성은 도기합일의 종지를 펼치면서, 지식 분류학을 일종의 역사 관계의 산물이자 일종의 지식 담론으로 간주했다. 이는 비단 경사자집經史子集이라는 엄격한 구분을 뒤흔들었을 뿐만 아니라, 『사고전서』 사업 및 지배적인 지위에 있던 고증학과 송학의 이론 전제에 대한 전복이었다. 그는 사학에 있어서 유흠·반고를 숭상했지만 여전히 위로 『사기』 「공자세가」의 관점을 계승하여 삼대에는 관방에 의해서 관장되던 지식과 학업이 합일되었기에 『역』·『시』·『서』·『예』·『악』·『춘추』 중 '육예'가 아닌 것이 없으며,

---

• 사부(四部): 중국 전통 서지학의 가장 기본적인 분류법으로 경부(經部)·사부(史部)·자부(子部)·집부(集部)의 4분법을 채용하고 있다. 위진 시기에 처음 등장해 점차 보편화되면서, 지금까지도 중국 전통 서적 분류에 사용되고 있다.

이러한 분류의 근거는 바로 고대의 제도라고 여겼다. 장학성은 진秦나라 사람이 "관리를 스승으로 삼던 일"에 비기며 삼대에 "『예』는 종백宗伯을 스승으로 삼고, 『악』은 사악司樂을 스승으로 삼고, 『시』는 태사太師를 스승으로 삼고, 『서』는 외사外史를 스승으로 삼고, 세 가지 『역』*과 『춘추』 역시 이와 같이 관리를 스승으로 삼았을 뿐"(『禮』以宗伯爲師, 『樂』以司樂爲師, 『詩』以太師爲師, 『書』以外史爲史, 三『易』·『春秋』亦若是則已矣)이라고 했다.[174] 이러한 고고학 방식으로 『칠략』·사부 등의 분류법을 논의해 보면, 이러한 분류들은 더 이상 보편적인 지식 형식이 아니었다. 이 때문에 장학성이 관심을 둔 것은 목록학 상에 보이는 분류의 의미가 아니라, 분류 자체가 하나의 사회구조를 체현해 내는 일 및 지식의 분류법과 제도적 실천 사이에서 연관된 관계를 구성해 낼 수 있는가, 그리고 지식의 분류 구별을 통해 선왕의 정전에 담긴 정심한 뜻을 드러낼 수 있는가 하는 것이었다.

『칠략』 분류는 한대 유흠으로부터 시작되었다. 그의 부친 유향劉向은 임굉任宏(병서兵書 부분을 책임)·윤함尹咸(술수術數 부분을 책임)·이주국李柱國(방기方技 부분을 책임) 등과 함께 왕의 부름에 응하여 각자 경전經傳·제자諸子·시부詩賦를 나누어 교정하는 임무를 맡았으며, 아울러 각 책들의 서록敍錄(지금의 해제解題에 해당)을 총괄적으로 찬술했다.[175] 남조南朝 양梁나라 완효서阮孝緖의 『칠록』七錄 「서」序에 이르길 "옛날 유향이 책을 교정하는데 매번 서록을 지었다. 그 서록은 담긴 요지를 논하고 와전되거나 잘못된 부분을 변별했던 것으로, 이를 상주하자 모두 해당 책에 실리게 되었다. 이때 또 여러 서록들을 따로 모아, 이를 『별록』이라 했으니, 오늘날의 『별록』이 바로 이것이다"(昔劉向校書, 輒爲一錄, 論其指歸, 辨其訛謬, 隨竟奏上, 皆載在本書. 時又別集衆錄, 謂之『別錄』, 卽今之『別錄』是也)[176]라고 했으니, 유향의 『별록』이 여러 책의 서록을 찬집한 것임을 알 수 있다. 유향이 죽고 나서 유흠이 오경五經 교정

---

* 세 가지 『역』(易): 『연산』(連山)·『귀장』(歸藏)·『주역』(周易)을 가리킨다.

작업을 이끌고 동시에 육예와 여러 서적을 모으면서, 부친이 여러 책들을 교정보고 분야별로 분류하던 작업을 계승하여 결국 『칠략』을 완성해 온갖 학문의 단서들을 총괄했다. 이른바 『칠략』이란 「집략」輯略, 「육예략」六藝略, 「제자략」諸子略, 「시부략」詩賦略, 「병서략」兵書略, 「술수략」術數略, 「방기략」方技略이다. 『칠략』 중 「집략」을 나머지 여섯 분류의 총괄로 삼아 제외하면, 그 나머지 여섯 가지 대분류는 『별록』과 차이가 없다. 단지 유향 때 '경전'經傳이란 표현이 '육예'六藝로 변했을 뿐이다.[177] 장학성은 「종류」宗劉에서 목록학상의 유씨劉氏 부자父子의 공헌을 높이 평가하면서, 유씨 부자가 후세 학자들을 위해 분류·배열을 해야 하는 목록학과 문헌학의 범례를 제공해 주었다고 여겼다.[178] 그러나 더욱 중요한 것은, 그가 지식의 분류와 고대 제도 사이에는 내재적인 호응 관계가 있으며, 글쓰기 방법 자체(예를 들어 사인私人 저작이거나 관방에서 나온 저술이거나, 혹은 저술이거나 편집이거나, 혹은 창의성을 발휘한 것이거나 술이부작한 것)도 응당 고대 제도의 특징을 체현하고 있다고 여겼다는 점이다. 『칠략』 분류법의 장점은 "옛사람들의 관사합일官師合一의 도道에 자못 밝아서 사적인 학파에선 당초 저술이 없었던 까닭을 알게 해 주기 때문이다."(深明乎古人官師合一之道, 而有以知乎私門初無著述之故也)[179] 『칠략』이 「육예략」을 맨 앞에 두는 것은 경학 중심의 사상을 반영하는 것이다. 장학성이 지식의 분류학으로 관사합일의 도와 사적인 학파에는 당초 저술이 없었던 역사를 관찰한 것은 또 다른 각도에서 경학의 전제를 다시금 새로이 서술한 것이다. 장학성은 이렇게 말했다.

> 어째서 그러한가? 『칠략』에서 육예에 대한 책들을 저록하고 난후에, 제자백가를 다루면서, 반드시 "어떤 학파는 대개 옛날 어떤 관직이 관장하던 바에서 나왔으며, 그것이 변천하여 어떤 학파가 되었으며, 잃은 바가 생기자 그 학파의 폐단이 되었다"라고 설명했다. 거기서 어떤 관직이 관장하던 바라는 것은 바로 해

당 법도가 관직에 구비되었으며 관방에 그에 대한 책을 관리하고 있었다는 뜻이다. 그것이 변천하여 어떤 학파가 되었다는 것은 관리가 담당하고 있던 직분을 잃자 사제 간에 학업으로 전수되었다는 뜻이다. 잃은 바가 생기자 그 학파의 폐단이 되었다는 것은 맹자가 말한바, 나쁜 마음이 생겨난 뒤 정치를 펼치는 것은, 정치를 그르치고 일을 그르치는 것*이다. 이를 변별해야 하는 것은 대개 '말을 아는'(知言) 학자에 가까워지려 하는 것이다. 유씨劉氏의 종지에 근거하여 고금의 전적에서 널리 구한다면, 분류·배열한 바를 저록하고 학술의 흐름과 갈래를 변별하여 장차 육예에 절충되어 대도大道를 널리 밝히게 될 것이니, 그저 갑이니 을이니 하며 숫자만 기록하길 필요로 하는 것이 아님 역시 이미 분명하도다.

> 何則? 其敍六藝而後次及諸子百家, 必云:"某家者流, 蓋出古者某官之掌, 其流而爲某氏之學, 失而爲某氏之弊." 其云某官之掌, 卽法具於官, 官守其書之義也. 其云流而爲某家之學, 卽官司失職, 而師弟傳業之義也. 其云失而爲某氏之弊, 卽孟子所謂生心發政, 作政害事, 辨而別之, 蓋欲庶幾於知言之學者也. 由劉氏之旨以博求古今之載籍, 則著錄部次, 辨章流別, 將以折衷六藝, 宣明大道, 不徒爲甲乙紀數之需, 亦已明矣.[180]

지식의 분류 계보 자체가 역사 변천의 결과이며 그중 지식과 제도의 관계는 이러한 변화의 중심이다.

장학성은 삼대의 지행합일된 제도를 앙모했지만, 제도에서나 아니면 지식 분류 방면에 있어서 고대로 돌아가고자 하는 의도는 전혀 없었다. 그가 보기에 지식과 그 분류법의 변천은 전체 역사 관계 변동의

• 나쁜~그르치는 것: 이 표현은 『맹자』 「공손추장구 상」(公孫丑章句上)에 보이는 구절의 축약이다.

결과이며 문제는 어떻게 변화하는 지식 분류를 통해 역사 변동의 진제眞諦를 관찰해 낼까에 있었다. '사부' 분류에 대한 그의 비판은 '사부' 분류가 육예 혹은『칠략』의 분류를 바꿔 버렸기 때문이 아니라, 사부의 분류·배열은 역사 제도 및 그 변천의 궤적을 체현할 수 없기 때문이었다. 사부 분류는 위나라가 한나라를 대신한 혼란의 시기에서 기원했다. "위나라 비서랑秘書郞 정묵鄭默이 처음『중경』中經을 지었고 비서감秘書監 순욱荀勗이 또 그『중경』에 근거하여 다시금『중경신부』中經新簿를 지었다. 사부로 나누어 군서群書를 총괄했지만"(魏秘書郞鄭默始制『中經』, 秘書監荀勗又因『中經』更著『新簿』. 分爲四部, 總括群書) 분류·배열에 있어서 전혀 치밀하지 못했기에, "작자의 의도에 대해 논의하거나 따진 바는 없었다."(至於作者之意, 無所論辨)[181] 이후 남조南朝 송宋나라의 사령운謝靈運이『사부목록』四部目錄을 짓고 왕검王儉이『송원휘원년비각사부서목록』宋元徽元年秘閣四部書目錄을 짓고 따로『칠지』七志를 찬술했으며, 제齊나라 왕량王亮·사굴謝朏이 다시『사부목록』四部目錄을 만들었으며, 양梁나라 임방任昉·은균殷鈞 역시『사부목록』이 있었다.『수서』隋書「경적지」經籍志에서 경經·사史·자子·집集 사부 분류(도경道經과 불경佛經은 그 뒤에 부록했다)가 확립되어 이로부터 사부 분류는 고대 목록의 정통이자 주류가 되었다.[182]『칠략』과 사부의 분류를 비교해 보면 주된 차이는 다음과 같은 몇 가지가 있다. 1. 옛날에는 '사'史란 명목이 없었기에,『칠략』에는 사부史部가 없어 따로 갈래를 이루지 못했다. 그러나『사기』를 지은 사마천의 포폄褒貶이 근엄했기에 사서史書는「육예략」六藝略 예하『춘추』의 갈래에 배열될 수 있었다.[183] 2.『칠략』은 집부集部를 배열하지 않았는데, 그 이유인즉, 옛사람들은 글을 지음에 전문지학專門之學을 엄수했기에 제자백가든 구류九流든 시부詩賦든 후세 사람들의 문집마냥 그 갈래를 확정 짓기 어렵지 않았다. 3.『칠략』은 병서兵書·방기方技·술수術數를 세 갈래로 삼아 제자백가와는 따로 배열해 두었으나, 후세에는 모두 자부子部의 예하 갈래에 배열되어 비교적 간단명료해졌다.『칠략』에서 '사부'까지의 이러한 지식 분류 방식의 변화는 역사와 지식 변동의 결과이다. 그러나 '사부'에 대한 장학성의 비판은 결코 이러한 변동에 대한 비판이 아니라, '사부' 분류가『칠략』처럼 제도·지식과 사회의 변화를 충분히 반영하고 체현하지 못했다고 여겼던 것이다. 그는 이렇게 총결했다.

> 『칠략』이 변하여 사부四部가 된 것은 마치 전서·예서가 변하여 행서·해서가 된 것과 마찬가지로 모두가 멈출 수 없는 추세였다. 우선 사부史部가 날로 번잡해져서 모두「육예략」의「춘추가」春秋家에 예속될 수가 없는 것이 사부四部가『칠략』으로 돌아갈 수 없는 첫 번째 이유이다. 명가名家·묵가墨家 등의 여러 학파는 후세에 더 이상 존재하지 않는 것이 사부가『칠략』으로 돌아갈 수 없는 두 번째 이유이다. 문집이 극성하여 제자백가나 구류九流*의 명목으로는 갈래를 확정지을 수 없는 것이 사부가『칠략』으로 돌아갈 수 없는 세 번째 이유이다. 초집抄輯하는 체재는 총서叢書도 아니요 유서類書도 아닌 것이 사부가『칠략』으로 돌아갈 수 없는 네 번째 이유이다. 시문詩文에 평점評點을 다는 것 역시 별집別集과 유사하나 사실은 별집이 아니며 총집總集과 유사하나 총집도 아닌 것이 사부가『칠략』으로 돌아갈 수 없는 다섯 번째 이유이다. 무릇 옛날에는 없다가 지금 생기거나, 옛날에는 있다가 지금 없어진 모든 책은 그 추세가 천양지차이니, 또 어찌『칠략』의 체제로 오늘날의 문장을 분류·배열할 수 있겠는가? 하지만 가법家法에 밝지 못한 것은 저작이 날로 저하되는 이유이며, 분류·배열에 정심하지 못한 것은 학술이 날로 흩어져 버리는 이유이다. 그래서 사부의 체제에 대해『칠략』의 갈래를 가지

* 구류(九流): 제자백가에 대한 분류로 유가, 도가, 음양가(陰陽家), 법가, 명가, 묵가, 종횡가, 잡가(雜家), 농가(農家)를 가리킨다. 이는 원래『한서예문지』「제자략」諸子略에서 보이는 십가(十家) 구분 중 소설가(小說家)를 뺀 것이다. 이후로 선진 시기의 제자백가뿐만 아니라 세상의 모든 학문을 통칭할 때 곧잘 쓰이게 되었다.

고 토론함으로써, 옛사람들의 관사합일의 까닭을 깨우치게 할 수 있다면 문장을 짓는 데 보이는 병폐를 약간이나마 구제할 수 있을 것이다. 그리고 『칠략』의 요지 역시 옛사람들의 사부 체제에도 보탬이 될 것이다.

> 『七略』之流而爲四部, 如篆隸之流而爲行楷, 皆勢之所不容已者也. 史部日繁, 不能悉隸以春秋家學, 四部之不能返『七略』者一. 名墨諸家, 後世不復有其支別, 四部之不能返『七略』者二. 文集熾盛, 不能定百家九流之名目, 四部之不能返『七略』者三. 鈔輯之體, 旣非叢書又非類書, 四部之不能返『七略』者四. 評點詩文, 亦有似別集而實非別集, 似總集而又非總集者, 四部之不能返『七略』者五. 凡一切古無今有·古有今無之書, 其勢判如霄壤, 又安得執『七略』之成法, 以部次今日之文章乎? 然家法不明, 著作之所以日下也. 部次不精, 學術之所以日散也. 就四部之成法, 而能討論流別, 以使之恍然於古人官師合一之故, 則文章之病可以稍救, 而『七略』之要旨, 其亦可以有補於古人矣.[184]

『칠략』은 원류를 연구하고 학술을 변별하는 것을 중시한다. 『칠략』 분류법은 전문지학專門之學의 관념 위에 수립되었다. 전문지학의 함의는 『칠략』 혹은 사부 분류법에서 체현되고, 동시에 모든 구체적인 사학史學의 의례義例 중에 표현되는 것이다. '전문'專門의 함의는 비단 지식의 전문화를 가리킬 뿐만 아니라 지식의 형성사形成史를 가리킨다. 구체적으로 말하면 바로 책의 의례와 형식 자체의 역사적 함의이다. 장학성은 "사적인 학파에는 저술이 없었다"(私門無著述)는 것에 대해 이렇게 논했다.

이치는 크고 만물은 드넓게 펼쳐져 있기에 아무래도 다할 수가 없는 것이다. 성인은 이를 위해 관직을 세워 각자 나누어 관장하게 했다. 문자 저술 역시 이로부터 기록되었던 것이다. 해당 관

직이 있으면 그가 관장하는 법도가 있었기에, 법도는 관직에 구
비되어 있었던 것이다. 관장하는 법도가 있으면 이를 기록한 서
책이 있기 마련이기에, 해당 관직이 그 서책을 관리했다. 서책이
있으면, 그 안에 담긴 학문이 있는 것이기에, 스승이 그 학문을
전수했다. 학문이 있으면 이를 익히는 학업이 있는 것이기에, 제
자가 그 학업을 익혔다. 관직이 학문과 학업을 관장하니 모두 하
나에서 나온 것이며, 천하는 문자를 통일하여 다스려졌기에 사
적인 학파에게는 따로 문자 저술이 없었던 것이다.

> 理大物博, 不可殫也, 聖人爲之立官分守, 而文字亦從而紀焉.
> 有官斯有法, 故法具於官. 有法斯有書, 故官守其書. 有書斯有
> 學, 故師傳其學. 有學斯有業, 故弟子習其業. 官守學業, 皆出
> 於一, 而天下以同文爲治, 故私門無著述文字.[185]

육경의 의례는 관리들이 각자 나누어 해당 학문을 관리하는 제도에
서 생겨난 것으로, 이는 사학史學의 형식 자체가 바로 제도의 산물임을
나타낸다. 장학성은 한 걸음 더 나아가 사史의 형식과 정치체제의 관계
를 분석해 이렇게 말했다. "나라별로 나누는 사서는 『국어』國語에서 근
원했다. 옛날에는 나라들이 스스로 사서史書를 지었기에 공자께서 『춘
추』를 지으셨고 자하의 무리는 각국의 귀한 사서들을 구했지만, 이를
모아 합쳤다는 말을 들은 적이 없다. 이도李燾가 이르길 '좌구명左丘明
은 『춘추』에 '전'傳을 짓기 위해, 먼저 각국의 책을 모아 나라별로 말
들을 모아 『국어』를 지었다.'고 했다. 비록 이 설명이 완벽하진 않지
만, 아무튼 여러 나라를 합쳐 한 사서로 만든 것 역시 이때가 최초였던
것이다. 오로지 『국어』의 「주어」와 여러 나라는 구별이 없었으니, 이

• 좌구명(左丘明)은~지었다: 『국어』는 국별사(國別史)의 체제로 되어 있는데, 주
(周)나라 부분은 「주어」(周語)로 노(魯)나라 부분은 「노어」(魯語)로, 제(齊)나라 부분
은 「제어」(齊語)로 명명되어 있다.

것이 어찌 공자께서 『시』를 정리하며 주나라가 직접 다스리던 왕도王都 지역의 것은 따로 '왕풍'王風이라 이름하시어 여러 나라의 '국풍'國風에 넣어 두셨던 의도와 같다고 할 수 있겠는가? 정말 『시』가 망실된 후 『춘추』가 지어지고, 『서』가 망실된 후 『국어』가 지어졌던 것이 아닐까?"(分國之書, 本於『國語』. 古者國自爲書, 夫子作『春秋』, 而子夏之徒求得百國寶書, 亦未聞有會而合之者也. 李巽岩謂'左氏將傳『春秋』, 先採各國之書, 國別爲『語』.' 說雖未諦, 然合衆國而爲一書, 亦其最初者也. 惟「周語」與諸國無別, 豈夫子錄王風於列國之意歟? 抑『詩』亡作『春秋』而『書』亡爲『國語』耶)[186] 이러한 관점에서 사서의 의례에 대한 장학성의 질의는 일반적인 방법상의 문제가 아니라, 사학의 담론 형식이 은폐하고 있는 역사 관계를 고찰하는 것이다. 예를 들어 제후들이 패자가 되기 위해 다툰 것은 봉건제도가 쇠락했다는 징표이며, 군웅이 할거한 사건들은 군현 제도 아래서 일어났는데,* 만약 이 두 가지 사건을 합쳐서 얘기해 보면 따로 패사覇史라는 분류가 나온다.* 이는 분명 기본적인 역사 관계를 위배하는 것이다.[187] 여기서 봉건·군현의 구별은 사학 분류법을 이해하는 중요한 근거가 된다.

장학성의 사학은 세계와 지식의 발전에 대한 일종의 역사 서술로, 역사 교체와 지식 형성사의 관계를 드러내 보임으로써 지식과 제도가 어떻게 현재의 상황으로 변천되어 왔는지를 설명해 준다. 이 때문에 그가 관심을 갖는 것은 비단 어찌해야 '알 수 있는가'(知: '사물의 리理를 살피는 것'〔格物〕인가 '내 마음을 바로잡는 것'〔格心〕인가, 독서인가 실천인가, 적멸로 돌아가는가 아니면 세상 속으로 들어가는가 등등)와

• 제후들이~일어났는데: 여기서 "제후들이 패자(覇者)가 되기 위해 다툰 것"은 동주(東周) 시기, 즉 춘추전국시대를 가리킨다. "군웅(群雄)이 할거(割據)한 사건들은 군현(郡縣) 제도 아래서 일어났다"는 것은 후한 말엽부터 위·촉·오 삼국시대까지 또는 동진부터 남북조시대 등을 가리킨다.
• 만약~나온다: 실제로 『수서』(隋書) 「경적지·사부」(經籍志·史部)에 '패사류'(覇史類)가 있는데, 주로 군웅할거 시대, 즉 잠시나마 일정 지역에 존속했던 지역 왕조의 사서들을 수록했다.

관계된 이학가들의 문제뿐만 아니라, 제도·지식과 도덕의 관계 내부에서부터 왜 그들은 현재의 형식을 취하고 있는가 하는 것이었다. 지식 분류법에 관한 이러한 연구는 일련의 방법론적인 사고를 만들어 냈다. 장학성의 입장에서 보면 분류 및 그 방법의 요의는 사학의 글쓰기가 표현하는 제도와 변천의 역사에 적합한가에 있었다. 이에 이러한 차원에서 '지행합일'에 도달하는 것이다. 이 때문에 장학성은 보편적으로 적용되는 방법을 믿지 않았다. 방법론은 역사 글쓰기의 산물이며 필연적으로 역사 글쓰기 방식의 진화에 따라 변천하는 것이기도 했다. 예를 들어 고대에는 전문적인 의례지학義例之學이 없었지만, 서책이 완성되면 그 의례는 저절로 갖추어졌다. 마치 문자 통일이 이뤄지면 법도가 저절로 수립되는 것처럼 말이다.

"좌구명은 『춘추』의 경문經文에 의거해서 담긴 뜻을 밝혔고, 예를 들어서 범례를 세웠으니, 이 역시 유형별로 이름을 지어 단서를 보이고, 본문에 따라 주장을 펼친 것이지만, 따로 편장篇章을 두어 토론하면서 스스로 책을 지은 적은 없었다. 동한 시대에 동관東觀*을 둔 이래로 여러 학자를 모아 책을 편수하게 하니, 부득불 통일된 범례를 밝혀서 각자의 생각대로 들쑥날쑥하게 편수編修하는 것을 막을 수밖에 없었다. 간보干寶나 등찬鄧粲* 같은 몇몇 학자들은 『사통』史通에서 말한 '조술祖述한 자'이다."(左氏依經起義, 舉例爲凡, 亦就名類見端, 隨文著說, 未有專篇討論, 自爲一書者也. 自東觀以降, 聚衆修書, 不得不宣明凡例, 以杜參差, 若干寶·鄧粲諸家, 見於『史通』所稱述者是也) 또 고정지학考訂之學의 경우도 고대에는 없었던 것이다. "전문지학은 앎(知)을 존중하고 들은 바를 행했던 것으로 그저 한 가지일 뿐이었으니, 어찌 고정考訂이 따로 있을 수 있겠는가?

• 동관(東觀): 동한 시대 궁중 도서관. 단순히 도서를 관장한 것이 아니라 여러 학자들을 불러 모아 여러 서적을 편수케 했다.
• 간보(干寶)나 등찬(鄧粲): 모두 동진 시대에 활동한 학자. 각자 서진(西晉)의 역사를 다룬 편년체(編年體) 사서 『진기』(晉紀)를 지었다. 하지만 모두 일실되어 지금은 전하지 않는다.

관官·사師가 하나 되어 학문을 관장하지 못하자, 제자백가가 흥기하면서 일을 기술함에 참과 거짓이 생겨났고 이치를 풀이하는 데에 있어서 옳고 그름이 생겨났다. 학자들은 이러한 사건 이후에 태어났기에 부득불 변별하여 옳은 한 가지를 존숭할 수밖에 없다. 그러나 변별하더라도 공허한 말로만 뛰어나선 안 되었기에, 이것을 저것의 증거로 하고 실제 사건으로 이치에 절실해야 하는 데에서 고정考訂이 나온 것이다. 사마천이 이른바 '서적은 극히 많다지만 육예에 근거하여 믿을 수 있는지를 따진다'*란 것이 바로 이것이다. 옛사람은 고정의 작업을 통해 책을 지었을 뿐인데, 후세 사람들은 하나의 책을 두고는 고정에 대한 책이라고 여기니, 사학이 실전되어 버렸다."(專門家學尊知行聞, 一而已矣, 何所容考訂哉? 官師失守, 百家繁興, 述事而有眞僞, 詮理而有是非. 學者生承其後, 不得不有所辨別, 以尊一是. 而辨別又不可以空言勝也, 則推此證彼, 引事切理, 而考訂出焉. 史遷所謂'載籍極博, 尤考信於六藝', 是也. 顧古人以考訂而成書, 後人又卽一書以爲考訂, 則實學失傳)[188] 바로 고대 지식의 분류법과 방법론으로부터 자신의 역사 관계가 만들어지기 때문에, 후세 학자들이 만약 진정으로 경사經史의 의미를 이해하려 한다면 반드시 각종 의례와 방법에 능통하여 역사·지식, 그리고 인문人文의 변천에 대한 인식에 도달해야만 한다. 이것이 바로 '통의'通義와 '의지'義旨의 함의이다.[189]

　사학의 방법에 대한 장학성의 검토는 비단 사史가 개인의 '사덕'史德·'사재'史才·'사식'史識에까지 미칠 뿐만 아니라, 사학의 제도 문제에까지 연관된다. 개인 저술의 방식을 취하든 아니면 사관史官에 의해 관장되든지 간에, 사학적 글쓰기는 모두 단순한 개인의 행위가 아니다. 왜냐하면 개인화된 글쓰기 방식 자체가 바로 사회의 분화 과정으로부터 결정된 것이기 때문이다. 장학성은 체재를 표준으로 하는 사학 분류법(예를 들어 편년체와 기전체의 구분)을 넘어서서 다시금 새로이 '찬술'撰述과 '기주'記注(혹은 '비류'比類라고도 했음)라는 두 가지의 사

---

* 서적은~따진다: 이 말은 『사기』「백이열전」(伯夷列傳) 앞부분에 보인다.

학을 구분해 낸다. 전자는 역사적인 사실을 뽑아 의례를 천명하는 것을 가리키고, 후자는 사료의 편찬과 배열을 가리킨다. 전자는 대부분 일가의 저술이고 후자는 관방에서 설립한 사관史館이나 사국史局에 의해 찬수된 것이다. 이 두 가지 방식은 모두 자신의 맥락과 연원을 가지고 있으며 결코 고하의 구분이 없다. 「서교」書敎 하편에 이르길, "고금의 서적에서 찬술은 원만히 두루 미쳐서 신묘하게 하려는 것이요, 기주는 일정함이 있어서 지식을 축적하려는 것이다. 무릇 '괘卦의 과거에 대해 축적된 지식으로 지난 일들을 잘 모아 두고 시초蓍草의 신묘막측神妙莫測함으로 미래를 아는 것'이다."(古今之載籍, 撰述欲其圓而神, 記注欲其方以智也. 夫"智以藏往, 神以知來")[190] 그러나 장학성의 '사의'史意는 분명히 일가의 저술에 편향된 '찬술' 및 그 사식史識을 말하고 있어서 마치 그의 '육경개사'와 서책은 육예에서 나왔다는 관점과 괴리되는 듯하다.[191] 어째서 그럴까? 우리는 두 가지 측면에서 살펴봐야 한다.

우선 장학성은 역사 글쓰기 중 사의史意를 지극히 중시했다. 이른바 '사의' 문제의 제기는 관사官師·정교政敎가 분리되고, 정치 제도가 봉건제에서 군현제로 전환되는 상황 중에, 다시금 새로이 관사·정교가 합일된 봉건의 정신을 찾아내고 아울러 이로써 새로운 역사 추세에 적응하게 하려는 노력이 드러나 있는 것이다. 개인 찬술과 전문가의 체제는 관사·정교 분리의 형식이고, 사학의 의의는 이러한 도술道術의 분열과 문체의 분화라는 국면으로부터 그 근원을 찾아가서, 그 역사적 변천으로부터 육예의 정심한 뜻을 연구하는 데에 있다. 사학 찬술 방식에 대한 장학성의 관점은 사학 체제와 부단히 변천하는 사회 체제 사이에 내제한 연계에 대한 장학성의 이해에 전적으로 의지하고 있다. 예를 들어 『사기』와 『한서』는 기전체의 전통을 확립했고, 아울러 「본기」本紀·「표」表·「지」志*·「열전」列傳, 이렇게 네 가지 부분을 나누어 수

---

* 「지」(志): 「지」를 처음 창안한 것은 『사기』였지만 『사기』에서는 원래 「서」(書)라고 명명했다. 이후 『한서』부터 「서」를 「지」로 개명한 것이다.

립했다. 하지만 동한東漢 시기부터 수隋나라까지의 13종의 정사正史 중
단지 6종만이 「지」志가 있으며 「표」表가 있는 것은 아예 1종도 없다.*
당대唐代 이후에 만들어진 구사九史는 모두 「지」志를 포함하고 있으며,
7종이 「표」表를 싣고 있다.[192] 이러한 사학 내부의 체제와 역사의 관계
를 어떻게 이해할 것인가는 중요한 문제이다. 왜냐하면 만약 초기 사
학의 체제를 회복하더라도 초기 사학 체제의 정심한 뜻을 반드시 체현
할 수 있는 것은 아니며, 사학 체제의 함의는 사학과 사회 체제의 상호
연동 관계 중에 형성된 것이기 때문이다. 사회적 맥락이 변화하는 와
중에 인습이 된 구식 체제는 결코 사학의 객관성과 의의를 보증해 줄
수 없다. 여기서 사학 방법에 대한 장학성의 논술을 보는 것도 무방하
겠다.

　　삼대 이전에 사서를 짓는 일과 삼대 이래로 사서를 짓는 일에 차
　　이가 있는 까닭은 가히 알 수 있도다. 삼대 이전의 기주記注에는
　　이미 완비된 체재가 있었으나 찬술撰述에는 정해진 명칭이 없었
　　다. 삼대 이후로는 찬술에 정해진 명칭이 있게 되면서 기주에 이
　　미 완비된 체재가 없어졌다.
　　『주관』의 법도가 폐하여지자 『서』가 망일되었고, 『서』가 망일된
　　이후에 『춘추』가 지어졌으니, 이는 왕의 전장典章이 세워지지 않
　　았음을 말하는 것이다. 이를 보면 『춘추』의 체례體例가 어떨지
　　가히 알 수 있겠다. 어찌 『주관』의 법도가 폐하여지자 『서』가 망
　　일되었다고 하는가? 관례官禮가 두루 꼼꼼하게 실행된 이후에
　　기주에 완비된 체재가 있게 된 것이며, 기주에 완비된 체재가 있

---

* 하지만~없다: 여기서 13종의 정사란 『후한서』(後漢書), 『삼국지』(三國志), 『진서』
(晉書), 『송서』(宋書), 『남제서』(南齊書), 『양서』(梁書), 『진서』(陳書), 『위서』(魏書),
『북제서』(北齊書), 『주서』(周書), 『남사』(南史), 『북사』(北史), 『수서』(隋書)를 가리킨
다. 이 중 「지」(志)가 갖추어진 정사는 『후한서』, 『진서』, 『송서』, 『남제서』, 『위서』,
『수서』, 이렇게 6종뿐이다.

은 연후에야, 찬술에 정해진 명칭이 없을 수 있다는 것이다. 생각건대, 당초에는 문헌이 두루 꼼꼼하게 갖추어져 있었으며, 담당 관리가 이미 완비된 문서들을 갖추고 있었다고 여겨지지만, 나는 단지 그중에서 중대한 부분만을 뽑아다 기술함으로써 제왕이 세상을 경륜하던 대략을 보여 주려 할 뿐이다. …관례가 폐하여지자 기주가 그 온전함을 갖추지 못하게 되었고, 이에『춘추』가 '문사文辭를 이어 사건들의 시비是非를 비교'하고,『춘추좌씨전』이 부득불 온갖 담당 관리들의 옛 제도들을 취하여 여러 나라들의 귀중한 사적史籍들과 합쳐『춘추』에 실린 사건들의 시말始末을 갖춘 것은, 그 당시의 추세가 그랬던 것이다. 사마천·반고 이래로『춘추좌씨전』으로부터 부연하여 그 지류를 더욱 펼쳤다. 이른바 기주에 완비된 체재가 없어지자 찬술에 부득불 정해진 명칭이 생겨났다. 그래서 가로되 "왕자의 치적이 끊어지자『시』가 망일되면서『춘추』의 쓰임이 드러났으며,『주관』의 법도가 폐하여지자『서』가 망일되면서『춘추』의 체례가 드러났다"고 하는 것이다.

> 三代以上之爲史, 與三代以下之爲史, 其同異之故可知也. 三代以上, 記注有成法.『周官』之法弊而『書』亡,『書』亡而後『春秋』作. 則言王章之不立也, 可識『春秋』之體也. 何謂『周官』之法廢而『書』亡哉? 蓋官禮制密, 而後記注有成法. 記注有成法, 而後撰述可以無定名. 以謂纖悉委備, 有司具有成書, 而吾特擧其重且大者, 筆而著之, 以示帝王經世之大略. …至官禮廢, 而記注不足備其全.『春秋』比事而屬辭, 而左氏不能不取百司之掌故, 與夫百國之寶書, 以備其事之始末, 其勢有然也. 馬·班以下, 演左氏而益暢其支焉. 所謂記注無成法, 而撰述不能不有定名也. 故曰: 王者迹息而『詩』亡, 見『春秋』之用.『周官』法廢而『書』亡, 見『春秋』之體也.[193]

기주와 찬술의 차이는 일반적인 방법론의 차이가 아니라 관사·정교의 역사적 변천이 그렇게 되게끔 만든 것이다. 다시 말해 역사의 차이이다. 이 두 가지 방법 자체는 결코 좋고 나쁨의 구분이 없다. 중요한 것은 역사의 변화에 적응하여 대도를 밝힐 수 있는가 하는 것이다. 이 때문에 '변화'가 문제의 관건이 된다. "전국시대에 이르러서 문장의 변화가 극에 다다랐고, 저술이라는 사업이 전문화되었고, 후세의 문체가 구비되었다. 그래서 전국시대의 문장에 대해 논하면, 문장이 흥성하고 쇠락했던 까닭을 가히 알 수 있다. 전국시대의 문장에 기이하고 사특한 면이 착종되어 나타나자 도가 흐트러지게 되었다는 점은 사람들이 아는 바이다. 그러나 그 연원이 모두 육예에서 나왔다는 것은 사람들이 모르는 바이다. 후세 문장의 체재가 전국시대에 구비되었다는 것은 사람들이 모르는 바이고, 그 연원이 대부분 『시』의 가르침에서 나왔다는 것은 사람들이 더더욱 모르던 바이다. 문체가 전국시대에 구비되었다는 것을 안 연후에야 더불어 후세의 문장을 논할 수 있고, 제자백가가 육예에 근본하고 있다는 것을 안 연후에야 더불어 전국시대의 문장을 논할 수 있으며, 전국시대의 것들은 대부분이 『시』의 가르침에서 나왔다는 것을 알아야, 더불어 육예의 문장을 논할 수 있다. 더불어 육예의 문장을 논할 수 있은 연후에야 더불어 문장을 떠나 도를 볼 수 있고, 더불어 문장을 떠나 도를 볼 수 있은 연후에야 도를 받들어 제자백가의 문장을 절중折中할 수 있는 것이다."(蓋至戰國而文章之變盡, 至戰國而著述之事專, 至戰國而後世之文體備, 故論文於戰國, 而升降盛衰之故可知矣. 戰國之文, 奇衺錯出, 而裂於道, 人知之, 其源皆出於六藝, 人不知也. 後世之文, 其體皆備於戰國, 人不知, 其源多出於『詩』教, 人愈不知也. 知文體備於戰國, 而始可與論後世之文. 知諸家本於六藝, 而後可與論戰國之文, 知戰國多出於『詩』教, 而後可與論六藝之文, 可與論六藝之文, 而後可與離文而見道, 可與離文而見道, 而後可與奉道而折諸家之文也)[194] 장학성은 사학 방법의 취사가 비단 개인의 취향·재질과 상관있을 뿐만 아니라 더욱이 일종의 역사적 선택이라고 여겼던 것이 분명하다.

다음으로 청 조정에서 인정받은 24종의 정사正史* 중 절대다수가 관

방에서 찬수한 정사(유일한 예외가 구양수歐陽修의『신오대사』이다)라
는 점이다. 양롄성楊聯升은 이십사사二十四史 중 후구사後九史*에 대해
총결하면서, 아울러 이러한 정사의 몇 가지 주요한 특징을 다음과 같
이 귀납했다. 1)관방 찬수 정사는 모두 뒤이은 왕조 혹은 몇 대 이후의
왕조에서 찬술되거나 편찬된 결과이다. 2)사서 찬수 작업은 관방이 지
정한 사가史家에 의해 조직된 전문 기구가 담당했다. 3)이 9종의 저작
은 모두 기전체이다.[195] 이러한 세 가지 특징은 관방 수찬 정사에 있어
서 방법상 다음과 같은 일련의 결과들을 파생시켰다. 이전 왕조의 정
사를 관방 수찬하는 동시에 본 왕조의 정통성을 드러내 보였고, 포폄
간에도 본 왕조의 영향을 받았다. 그리고 관방 수찬 정사는 많은 분량
에 있어 이전 왕조 황제의 재위 시『기거주』起居注 등의 자료에 근거했
다. 전통적인 사가가 후대에 대한 책임을 지기 위해 사실대로 기록하
는 원칙을 견지하는 것은 중국 편년 사학의 중요한 전통이었지만, 결
코 황제와 재상이 사실을 기록하는 것에 대한 간섭을 막을 수는 없었
기에 기사紀事 과정에 회피나 꾸밈이 생겨났다. 18세기 조익趙翼은 일
찍이『이십이사차기』二十二史箚記에서 정사에서 사실을 은폐하거나 회
피하는 현상에 대해 비판을 가했다. 그리고 당대唐代의 저명한 사론가
史論家 유지기劉知幾 역시『사통』史通에 수록된 한 통의 편지에서 관방
수찬 정사의 각종 유폐流弊를 기술한 바 있다. 이러한 대비 아래서 사
마천으로 대표되는 개인 사서 수찬 전통이 도리어 더더욱 신뢰할 만하
다는 점이 두드러진다. 개인의 사서 수찬에 대한 중시와 상술한 사학

* 24종의 정사(正史): 이를 이십사사(二十四史)라고도 칭하는데, 사마천의『사기』
로부터 시작하여,『한서』,『후한서』,『삼국지』,『진서』(晉書),『송서』(宋書),『남제서』
(南齊書),『양서』(梁書),『진서』(陳書),『위서』(魏書),『북제서』(北齊書),『주서』(周書),
『남사』(南史),『북사』(北史),『수서』(隋書),『구당서』(舊唐書),『신당서』(新唐書),『구
오대사』(舊五代史),『신오대사』(新五代史),『송사』(宋史),『요사』(遼史),『금사』(金史),
『원사』(元史),『명사』(明史)이다. 총 24종의 기년체 사서를 가리킨다.
* 후구사(後九史):『구당서』,『신당서』,『구오대사』,『신오대사』,『송사』,『요사』,『금
사』,『원사』,『명사』를 가리킨다.

사상은 내재적인 연관이 있다.

역사 변천에 대한 장학성의 이해는 그의 사학 방법 안에서 표면적으로는 상반되지만 실제로는 상호 보완되는 두 가지 특징을 만들었다. 첫째, 그는 일가지언一家之言과 전문 저작을 중시하고 무슨 사국史局이니 사관史館 따위를 설치하는 것을 반대하며 집단 수찬 과정에서의 역사를 편집하고 나열하는 작업에 흥미를 느끼지 않았다.[196] 둘째, 그는 봉건·군현의 역사 변천에서 출발하여 고대 사관史官의 관방의 저술을 지방지地方志 찬술로 전환시켰다. 이 때문에 지방 정부(基層政府)가 지방지를 편찬하는 전문 기구(지과志科)를 건립할 것을 요구했다. 역대로 학자들은 지방지 문제에서 장학성과 대진 등의 의견을 두고, 지방지가 지리서地理書로 지어져야 하는가 아니면 독립된 사학의 분과인가로 갈리는 지점을 중시했을 뿐,* 개인 찬술 방법에 대한 중시와 관방의 기술인 지방지(즉 기주記注)에 대한 관심이 도대체 무슨 관계인지에 대해서는 그다지 관심을 두지 않았다.[197] 내가 보기에 이 두 가지 서로 다른 측면은, 하나의 역사적 이해 위에 수립된 것이다. 전자는 관사·정교의 분리로부터 사학의 변천을 본 것이고, 후자는 봉건·군현의 변천으로부터 기술류記述類 책의 문장 유형 변화를 논한 것이다. 이 두 가지 측면은 모두 제도와 사학적 글쓰기 간의 관계를 중심으로 한다.

장학성이 "방지方志는 옛 나라의 사서史書와 같은 것으로, 본래 지리 방면의 전문서가 아니었음"(方志如古國史, 本非地理專門)[198]을 강조한 까닭은 바로 "방지는 옛 나라의 사서와 같다"(方志如古國史)는 구절에 그 요체가 있다. 국사國史에서 방지에 이르는 변천은 봉건에서 군현으로의 역사 전변을 반영한 것이긴 하지만, 분명 방지의 편찬은 군현 체제하에서 봉건의 의의를 담고 있는 것이다. 사학의 형식에서 보자면 방지의 찬술은 유지기에 의해 '군서'郡書라 불렸던 위진 시대의 지방 인물 전기집傳記集(예를 들어 『여남선현집』汝南先賢集·『양양기구전』襄陽耆

---

* 역대로~중시했을 뿐: 전자가 대진의 관점이고, 후자가 장학성의 관점이다.

舊傳 등)과 『낙양기』洛陽記·『오군기』吳郡記·『한수기』漢水記·『여산기』廬山記·『화양국지』華陽國志·『낙양가람기』洛陽伽藍記 등까지 그 연원이 거슬러 올라간다. 이러한 '군서' 및 지방의 인물·풍물·사적지史蹟地와 관련 있는 저작의 출현은, 위진 시대 봉건 성향의 군웅할거 국면 및 구품중정제九品中正制의 시행과 밀접한 관련이 있다. 지방지는 주현州縣을 단위로 하는 군현제의 산물이다. 그러나 방지를 기술하는 의의는 고대의 국사 혹은 위진 시대의 상술한 저작과 유사한 것이다. 장학성은 「『대명현지』서」『大名縣志』序에서 이렇게 말했다.

군현의 지승志乘은 바로 봉건제 시대 열국列國의 사관史官이 남긴 가르침이 담겨 있는 바이다. 그러나 근자에 들어 방지를 수찬하는 여러 학자는 당송 시기의 주군州郡 도경圖經을 본뜨는 잘못을 범하고 있기에 전해지던 원래의 가르침을 잃고 말았다. 『주관』에 보이는 외사外史는 사방의 방지를 관장했다. 정현의 주注에서는 이렇게 설명하고 있다. "진晉나라의 『승』乘, 초나라의 『도올』檮杌, 노나라의 『춘추』와 같은 것이다." 이는 일국一國의 사서史書에 실리지 않은 바가 없어야만이, 비로소 한 왕조의 사서로 채택될 수 있었다는 말이다. 공자께서 『춘추』를 지으심에 굳이 여러 나라의 여러 사서들로써 징험하셨던 것이 바로 이러한 뜻이다. 도경의 쓰임은 지리에 대한 전문서이다. …방지는 도경과 그 체재가 완전히 다른 것이다.

> 郡縣志乘, 卽封建時列國史官之遺, 而近代修志諸家, 誤仿唐宋州郡圖經而失之者也. 『周官』外史掌四方之志. 注: 謂若晉之『乘』, 楚之『檮杌』, 魯之『春秋』. 是一國之史無所不載, 乃可爲一朝之史之所取裁. 夫子作『春秋』, 而必徵百國寶書, 是其義矣. 若夫圖經之用, 乃是地理專門. …方志之與圖經, 其體截然不同.[199]

장학성은 봉건제 시기 "일국의 사서"(一國之史)를 군현제 시대의 지방지에 비겼다. 이 때문에 장학성은 지방지의 체례에 있어 인물 전기·전장 제도, 그리고 문학 작품들을 포괄할 것을 요구했다. 이는 『춘추』의 뜻을 이으며 군현제라는 조건하에서 "천하의 사서"(天下之史)를 수찬하는 것이었다.[200] 만약 장학성의 사학史學 방법과 규모, 제도에 대해 일종의 귀납을 시도해 본다면, 그는 사학의 차원에서 군현 제도 속의 봉건제도 정신 체현이라는 고염무의 관점을 다시금 펼치고 있다고 말할 수 있을 것이다. 고염무의 정치관은 혼합적인 특색을 지녔는데 장학성의 사학 역시 이와 같다. 장학성은 도道가 자연의 추세에 존재한다고 굳게 믿었다.

우리가 이러한 큰 틀 위에서 장학성의 '육경개사'와 '도기일체'의 진정한 함의를 이해할 때, 이학적 세계관과 경학적 방법론에 대한 장학성의 비판과 부정의 의미 역시 분명해질 것이다.[201] '도기일체'의 관념은 이학의 이기이원론에 대한 비판이지만 다른 각도에서 보면 또한 이학에 함축된, 삼대 이래 예악과 제도가 분화되면서 도덕적 평가에 부득불 새로운 형식을 채택할 수밖에 없다는 설정에 대한 긍정이기도 했다. 복잡하게 변화하는 역사 관계 중에 예제의 형식주의를 견지하는 것은 아무런 쓸모없는 것이며 그저 옛 제도와 경서의 예의만을 고증하는 것 역시 부족한 것이다. 중요한 것은 고금의 변화에 통달하여 생생한 생활의 실천 안에서 세계를 이해하고 '자연' 안에서 '부득불연'을 이해하는 것이다.[202] 이것이 바로 장학성의 역사관이다. "구체적인 사실을 가지고 리理를 얘기하는 것"(卽事理理)과 "구체적인 사실을 떠나 도道를 얘기하는 것"(離事言道)이라는 이 두 가지 지식 형식은 관사官師·정교政敎의 합일과 분화에 대한 대응이기 때문에, 이를 단순하게 성인이나 후세의 선비 개인의 선택이라 간주할 수 없는 것이다.

만약 제자학과 이학의 논술 방식 역시 역사 변천의 결과라면, "기에서 도를 밝힌다"(卽器明道)는 원칙은 절대 제자학과 이학에 대한 방기放棄가 아니다. 오히려 정반대로 장학성은 "후세의 서책들은 육예에서 연원했다"(後世之書源出六藝)는 기본 신념에서 출발하여 문호지견門戶之見을 벗어나, 각종 지식의 관계 안에서 제도와 그 변천을 통찰하기를 요구하고 있다.[203] 「절동학술」은 절동의 경사지학과 양명학의 관계를 논하고 있지만, 결코 주자학의 원류와 절서浙西의 학문을 폄하할 의도는 없었다. 오히려 정반대로 주朱·육陸의 분쟁을 각자의 역사 관계와 의리 논리에 두어 그 진위를 변별하려 했다.[204] 그는 「주육」과 「서「주육」편후」書「朱陸」篇後 등의 글들에서 주·육에 대한 고증학자의 문호지견을 비판했지만, 동시에 이학의 입장으로 돌아가기를 요구한 것이 아니라, 주·육의 이론 혁신은 특정한 역사 조건의 산물이라 여겼던 것이다. 장학성의 입장에서 보면 복건服虔·정현의 훈고와 한유·구양수의 문장, 주돈이와 정호·정이 형제의 의리가 자기가 몸담은 문호는 주인 섬기듯 받들어 모시고 다른 문호는 노비를 대하듯 천시하여 쟁론이 분분했지만, 사실 모두가 도 안에서의 일이었다. 당세의 학자들이 각자 자신의 견해를 뽐내며 서로 헐뜯는 이유는 그들이 앞으로 올 일을 알아채고 이전의 일들을 잘 간수하는 능력을 상실했기 때문이 아닌 적이 없었다.[205] 이는 일종의 사적史的인 입장이며 학술 변화를 자연의 추세로 간주하는 입장이다.

> 무릇 하늘은 온통 뭉뚱그려져 이름이 없는 것인데 …부득이해서 억지로나마 이름 지어 그 성향을 정했을 따름이다. 후세 사람들은 그러한 까닭을 살피지는 않고 그 이름만 따르기에, …서로들 티격태격하며 자기가 몸담은 문호는 주인 섬기듯 받들어 모시고 다른 문호는 노비를 대하듯 천시하는 추세가 생겨났다. 한학과 송학이 서로 비난하고, 훈고와 사장이 서로 헐뜯고, 덕성과 학문이 다투는 것은, 모두 그러함만 알 뿐 그렇게 된 까닭은 모르기 때문이다. 학업은 세상을 경륜하려는 것이니, 마치 천문역법을 연구하는 자가 사람의 노력을 다해 하늘의 움직임에 부합되길 구하는 것과 마찬가지일 뿐이다. …주공은 문왕·무왕의 뒤를 계

승하여 재상의 자리에 있었기에, 예악을 제작하여 한 조대朝代의
법도가 되게끔 했다. 공자는 쇠락하는 세상에 태어나 덕은 있으
되 제작할 지위는 없었기에 조술祖述만 하고 따로 제작은 하지
않음으로써 선왕의 대도를 밝혔다. 맹자는 처사處士들이 의론議
論을 마구 펼칠 때 살았기에 힘써 양주와 묵적을 배척함으로써
공자가 전술傳述한 바를 존숭했다. 한유는 불교와 도교가 번창
할 때였기에 성도聖道를 천명함으로써 천하의 학술을 바로잡았
다. 정자와 주자는 말단의 학문이 근본을 잊었던 때였기에 성리
性理를 변별하여 밝힘으로써 비속함으로 흐르는 인심을 다잡았
다. 그들의 사업과 공로는 모두가 서로 인습 되지 않는 것이지
만, 모두가 세상을 경륜하는 것에 대해 말을 하는 것이다. 그러
므로 학업이란 새로운 기풍을 개창하는 것이다. 아직 새로운 기
풍이 열리지 않았으면 학업이 이를 열게 하고, 기존의 기풍에 폐
단이 생겼다면 학업이 이를 다잡는 것이다. 인심과 풍속은 오래
되면 폐단이 없을 수 없다. …이는 달이 차면 기우는 이치 때문
이 아니라, 중정中正의 마땅함을 얻지 못했기 때문이다.

> 天渾然而無名者也, …不得已而强爲之名, 定趨向爾. 後人不
> 察其故, 而徇於其名, …而紛紛入主出奴之勢焉. 漢學宋學之
> 交譏, 訓詁辭章之互詆, 德性學問之紛爭, 是皆知其然而不知其
> 所以然也. 學業將以經世也, 如治曆者, 盡人功以求合於天行而
> 已矣. …周公承文武之後, 而身爲冢宰, 故製作禮樂, 爲一代成
> 憲. 孔子生於衰世, 有德無位, 故述而不作, 以明先王之大道.
> 孟子當處士橫議之時, 故力距楊墨, 以尊孔子之傳述. 韓子當佛
> 老熾盛之時, 故推明聖道, 以正天下之學術. 程朱當末學忘本之
> 會, 故辨明性理, 以挽流俗之人心. 其事與功, 皆不相襲, 而皆
> 以言乎經世也. 故學業者, 所以關風氣也. 風氣未開, 學業有以
> 開之. 風氣旣弊, 學業有以挽之. 人心風俗, 不能歷久而無弊.
> …非因其極而反之, 不能得中正之宜也.[206]

우리는 학술의 변천에 대한 장학성의 분석에서 다시금 대진의 '자연/필연'의 구분이라는 명제를 보게 되고, 장자의 자연설과 순자의 예제론의 관련을 보게 된다. '육경개사'라는 명제는 경학을 사학으로 귀납시키는 것이며, 사학에 귀납시킨다는 것은 또한 경세적인 실천에 귀납시킨다는 의미이기도 하다. 장학성은 도기일체의 관념을 엄격하게 지키며 당시 학술과 학자들의 인격에 대해 지극히 준엄한 비판을 가했지만, 그의 역사 관념은 도리어 장자의 자연설과 순자의 예제설 사이에서 일종의 내재적인 연계를 구성했는데, 양자 간의 공통점은 바로 '공'公 관념에 있었다. 이와 연이어 있는 요점은 바로 예禮가 외재적인 규범인가 자연의 내재적인 질서인가라는 문제에 대한 답변이었다. 장학성은 예를 일종의 내재적인 질서로 간주했으나 이른바 '내재'는 사물 혹은 사람의 선천적인 본질을 가리키는 것이 아니라 예가 역사 관계의 변동 속에 있음을 가리키는 것이었다. '도기일체'라는 명제는 학자가 전장 제도와 현실의 실천으로부터 도를 구할 것을 요구했고 '기'器의 관념은 청대 학술이 주목하던 전장典章·예제禮制와 밀접한 관계가 있었다. 이러한 것들은 모두가 전형적인 유학의 명제들이었다. '육경개사'의 관점에서 볼 때, 전장 제도와 학술 풍조는 성철현인聖哲賢人의 정심 어린 제작이 아니라 저절로 그리되는(自然) 추세의 결과였다. 도에는 스스로 그러한 바(自然)가 있고 학술에는 그리될 수밖에 없는 바(不得不然)가 있었다. 서로 다른 지식 형식에 모두 각자의 합리성을 가지고 있었다.[207]

전장 제도·경세 실천은 모두 사인私人의 작위作爲가 아니라 저절로 그리되는 추세였고, 육예 경전은 대부분 작자의 이름을 몰라, 공자의 70 제자의 후학들이 기록한 바를 살펴보아도 이것이 누구의 손에서 나왔는지 고증할 길이 없다. 이는 일종의 '공'公적인 상황이다. "옛사람의 말은 공公을 위한 것이었기에, 일찍이 문사文辭를 자랑하면서 사사로이 나 자신에게 독점이 된 적은 없었다. 도를 바라는 뜻을 세우고, 말로써 의지를 밝히며 문사로 말을 충족시킨다."(古人之言, 所以爲公也, 未

嘗矜其文辭, 而私據爲己有也. 志期於道, 言以明志, 文以足言)[208] "공公에 대해 말한다"(言公)는 개념 아래 정통과 이단, 제자백가와 일반 백성은 모두 언설에 대한 권리가 있다. "『역』은 기이하고 『시』는 올바르고 『예』는 절도가 있고 『악』은 화해를 이루며, 『좌전』은 과장되어 있고 『장자』는 방자하며, 굴원의 초사는 은미하고 『사기』는 간결하니 그 문리文理에 포괄되지 않는 것이 없다. 천인성명天人性命의 구분, 세상 경륜에 두루 통달함, 그리고 유가의 분주함·묵가의 검약함·명가의 지리멸렬함·법가의 심각함까지, 그 학술들에 구비되지 않은 것이 없기에"(『易』奇『詩』正,『禮』節『樂』和, 以至『左』誇『莊』肆, 屈幽『史』潔之文理, 無所不包. 天人性命, 經濟閎通, 以及儒紛墨儉, 名䜣法深之學術, 無乎不備)[209] 그런 가탁된 책들과 천문·방기方技·병서도 모두 경經이라 칭할 수 있다.[210] '경'經이란 개념은, 이로 말미암아 마음대로 사용할 수 있는 범주로 바뀌어 버렸던 것이다.[211]

장학성은 도기일체의 역사관을 치도합일의 정치 현실과 동등하게 두지 않았을 뿐만 아니라, 이례합일·도기일체의 관념으로 제자백가의 주장과 정程·주朱·육陸·왕王을 간단하게 부정해 버리지도 않았다. 여기서의 관건이 되는 것은, 그의 사학史學에서 유학이 대답해야 할 기본 문제라고 파악하고 있었던 것은 바로 무엇이 도덕의 기초인가, 혹은 어떻게 해야만 비로소 도덕적 행위가 될 수 있는가라는 문제이다. 장학성의 입장에서 말하자면, 사학의 관념은 오늘날 사람들이 말하는 역사학의 관념이 아니라 도덕에 관한 관념이었다. 도덕 실천과 도덕의 의의는 오로지 구체적인 역사 관계와 경세 실천에 존재했고, 경세 실천과 역사 변천, 그리고 도덕 평가와 경세치용은 하나였다.[212] 육경개사·도기일체·즉기명도卽器明道와 지행합일은 동일한 명제의 각종 서로 다른 표현으로 간주할 수 있다. 부분적으로 보면 사학 관념이 되는 도기일체는 더 이상 관사합일·정교합일·치도합일의 관념과 동등하지 않았다. 그것이 확립한 것은 '경사'經史 관계를 이해하는 방법론의 시각이었다. 이러한 시각에서 관官·사師, 정政·교敎와 치治·도道의 관계는 부단히 변화가 발생하지만 이러한 변화 자체가 공교롭게도 오로지 도기일체라는 관념을 준수해야만 비로소 선왕의 도에 담긴 진정한 의미를 이해할 수 있음을 설명해 준다. 그것은 결코 경서 안에 존재하는 것이 아니라 우리의 경세 실천에 존재한다.

이 때문에 총제적으로 보자면 이러한 명제들이 해결하려고 하는 근본적인 문제들은 바로 실천·지식과 제도는 도대체 무슨 관계인가 하는 것이다. 나는 여기서 다음과 같은 몇 마디의 말로 '육경개사'와 '도기일체'란 명제에 내재한 논리를 개괄해 보려고 한다. 지식은 응당 실천과 합일되어야 하는데 실천은 언제나 제도에 내재한 실천이다. 제도는 또 언제나 스스로 그러한(自然) 과정 중에 존재한다. 지식은 스스로 그러한(自然) 과정에 대한 인식이지만, 인식 과정 역시 스스로 그러한(自然) 과정의 일부분이다. 그렇다면 어째서 지식의 형식이 반드시 이학과 경학의 방식을 초월하여 사학의 방식을 취해야만 하는가? 이것은 세계가 혼연일체의 스스로 그러한(自然) 진행 과정이며, 또한 각종 사람과 역량, 그리고 각종 조합(예를 들어 관사官師·정교政教의 분화)을 내포하고 있으며, 이러한 스스로 그러한(自然) 과정에 대한 인식 형식은 반드시 진화 혹은 변화의 관념을 내포하고 있기 때문이다. 바로 이 관념이 사학과 이학·경학을 구분한다. 하지만 그것들이 대답하려는 문제는 완전히 일치한다. 여기서 핵심이 되는 문제는 장학성이 관통貫通과 의리義理를 중시했지만, 그가 제기한 이러한 사학 관념은 동시에 일종의 도덕 개념이기도 하다는 것이다. 그것은 개체 혹은 기타 형이상학적인 관념을 통해 도덕 평가를 형성할 가능성을 완전히 부정한다. 대진과 장학성은 서로 다른 차원에서 도덕과 자연의 관념을 연계시켰다. 하지만 이러한 자연의 관념은 장자식의 자연도 아니었고, 또한 순자식의 예제도 아니었다. 그것은 그들, 즉 예악 제도와 역사 변천에 내재되어 있는 자연에 대한 초월과 종합이었다. 예악 제도는 역사 변천의 자연 결과이기에 인정 물리가 내재한 규범이기도 하다.

상술한 바를 종합해 보면 우리는 이학과 경학에 대한 장학성의 비판과 총결로부터 어떠한 일련의 결론을 얻어 낼 수 있는 것인가? 우선,

이학·경학과 사학은 모두 같은 문제, 즉 도덕의 기초 혹은 근거는 무엇이며 어떻게 해야 비로소 도덕의 경계에 다다를 수 있는가에 대한 서로 다른 답변 방식이다. 이학가는 본체론 혹은 우주론의 구조 내에서 이 문제에 답변하길 시도했으나, 경학가는 도리어 반드시 선유의 남겨진 가르침으로 돌아가야 한다고 여겼다. 장학성은 이러한 두 가지 방식 모두 문제가 있다고 여겼다. 왜냐하면 그들은 도덕 행위가 실천의 구조 안에 존재한다는 것을 잊어버리고 있었다. 이러한 실천의 구조는 부단히 변동하는 제도에 기대어 있는 것이다. 이 때문에 실천은 스스로 그러한(自然) 진행 과정이며, 이러한 스스로 그러한 진행 과정은 또 제도와 그 변천의 형식으로 드러난다. 이러한 의미에서 장학성은 경학가에 비해 보다 더 경학 성립의 전제에 근접했던 사람이다.

다음으로 고염무로부터 장학성에 이르기까지, 도덕 행위에 대한 그들의 이해는 이학에 대한 비판 운동을 조성했다. 그들은 모두 이학(그리고 심학)의 도덕 실천을 형이상학적인 관념으로부터 구해 내어 다시금 새로이 제도적인 실천의 틀 안에 두려 했다. 그러나 제도적인 틀이란 의미가 무엇일까? 그것은 단순히 선유의 교의敎義를 따르기만 해서는 이해할 수 없으며, 또한 현실의 제도를 행동의 근거로 삼은 것도 아니다. 이른바 제도란 사람의 행위의 스스로 그러한(自然) 결과이다. 이는 스스로 그러한 진행 과정을 따라 부단히 변화하는 탄력성이 높은 질서이다. 이 때문에 제도는 역사의 스스로 그러한 진행 과정의 일부분이다. 제도는 일종의 진화하는 역사적인 질서이다. 고염무·황종희·대진, 그리고 장학성의 도덕관은 고전주의적인 도덕관이었다. 그들은 모두 순수한 자율적 도덕 개념, 즉 자아 혹은 천리를 도덕의 근거로 삼는 도덕 개념을 거부했다. 그들의 비판 대상은 근대적인 도덕관이 아니라 이학적인 천리 개념이었다.

하지만 우리는 이러한 비판에서 도리어 이학적 세계관과 근대적 세계관 간의 더욱더 직접적인 연관을 보게 되지 않는가? 근대주의자는 자아 관념의 형성을 외재적인 권위(예를 들어 신神의 법률·자연목적론 혹은 계급 제도)에 대한 탈피로 간주한다. 그러나 이러한 유자들의 입장에서 말하자면, 예악 제도는 무슨 외재적인 권위가 아니라 우리 행위에 내재한 질서이다. 장학성이 보기에 질서의 본질은 반드시 시세時勢와 천리天理 간 균형을 이루는 사이에서야 비로소 드러나는 것이다. 이는 스스로 그러한(自然) 과정이며, 이러한 과정에 대한 인식 행위 심지어 인식의 형식 역시 이러한 스스로 그러한 과정의 일부분이다. 그것의 '그럴 수밖에 없는'(不得不然) 방식은 지식의 차원에서 스스로 그러한 과정의 살결로 드러난다.

이것이 바로 지행합일이고, 이것이 바로 윤리와 정치에 대한 성찰의 사학이며, 이것이 바로 사학 형식으로 등장한 실천론이었다.

재판 서문

1   Isaiah Berlin, 孫尙揚·揚深 譯,『啓蒙的時代: 18世紀哲學家』, 南京: 譯林出版社,
    2005, 6~7면(이샤야 벌린, 정병훈 옮김,『계몽시대의 철학: 18세기의 철학자들』, 서
    광사, 1992.)

도론導論

1   중국이라는 명칭의 역사적 연원에 관해서는 王爾敏,「'中國'名稱溯源及其近代詮
    釋」,『中國近代思想史論』(北京: 社會科學文獻出版社, 2003), 370~400면 참조.
2   많은 중국 마르크스주의 학파의 사상사 연구에서 가장 풍부하고 걸출한 성과는
    여전히 侯外廬, 趙紀彬, 杜國庠 등의『中國思想通史』(5권본, 北京: 人民出版社,
    1957)이다.
3   John King Fairbank,『中國: 傳統與變遷』(China: Tradition and Transformation,
    Boston: Houghton Mifflin Company, 1989), 張沛 譯, 北京: 世界知識出版社,
    2002.; Max Weber,『儒敎與道敎』(Konfuzianismus und Taoismus: Gesammelte
    Aufsätze zur Religionssoziologie, Tübingen: Mohr, 1978), 洪天富 譯, 南京: 江
    蘇人民出版社, 1993.; Joseph R. Levenson,『儒敎中國及其現代命運』(Confucian
    China and its Modern Fate, Berkeley: University of California Press, 1968), 鄭
    大華 譯, 北京: 中國社會科學出版社, 2000 등.
4   Paul A. Cohen,『在中國發現歷史·中國中心觀在美國的興起』, 任同奇 譯, 北京:
    中華書局, 1989.
5   內藤湖南,「槪括的唐宋時代觀」,『日本學者硏究中國史論著選擇』(一)(北京: 中華
    書局, 1992), 10~18면.
6   宮崎市定,「東洋的近世」,『日本學者硏究中國史論著選擇』(一), 153~242면.
7   濱下武志,『近代中國的國際契機-朝貢貿易體系與近代亞洲經濟圈』, 朱蔭貴·歐
    陽菲 譯, 北京: 中國社會科學出版社, 1999.
8   Andre Gunder Frank,『白銀資本與重視經濟全球化中的東方』(Re-Orient: Global
    Economy in the Asian age, Berkeley: University of California Press, 1998), 劉
    北成 譯, 北京: 中央編譯出版社, 2000.(안드레 군더 프랑크, 이희재 옮김,『리오리
    엔트』, 이산, 2003).
9   Harold J, Berman,『法律與革命—西方法律傳統的形成』, 北京: 中國大百科全
    書出版社, 1993, 3면.; Harold J, Berman, Law and Revolution; the Formation

of the Western Legal Tradition, Cambridge, Mass: Harvard University Press, 1993, 3면.

10 앞의 책, 4면.

11 자본주의 맹아에 관한 토론은 경제사 영역에 집중되었고, 그중 대표적 작품은 許滌新·吳承明, 『中國資本主義發展史 中國資本主義因素的萌芽』(北京: 人民出版社, 1985.), 傅衣凌, 『明淸社會經濟變遷史』(北京: 人民出版社, 1989.), 傅筑夫·李競能, 『中國封建社會內資本主義萌芽』(上海: 上海人民出版社, 1986.), 李文治·魏金玉·經君建, 『明淸時代的農業資本主義萌芽問題』(北京: 中國社會科學出版社, 1983.), 南京大學歷史系 明淸史硏究室 編, 『明淸資本主義萌芽硏究論文集』(上海: 上海人民出版社, 1981.) 등이 있다. 黃宗智(Philip C.C. Huang)의 『華北的小農經濟與社會變遷』(*The Peasant Economy and Social Change in North China*, Stanford University Press, 1985.)은 다른 방향에서 이러한 논의의 성과에 대한 반응과 새로운 해석을 내어놓았다. 사상사 연구에서는 허우와이루(侯外廬)가 주편한 『中國思想通史』 및 쑤사푸(蘇蓮父)·쉬쑤민(許蘇民)의 『明淸啓蒙學術流變』(瀋陽: 遼寧敎育出版社, 1995.) 등이 대개 비슷한 방향에서 이 문제를 상세히 논했다. 이밖에 『홍루몽』(紅樓夢) 연구, 『금병매』(金甁梅) 연구에서 명청 시대 자본주의 맹아 논의의 또한 중요한 서술 요소가 되었다.

12 Max Weber, 『儒敎與道敎』, 南京: 江蘇人民出版社, 1993. 베버의 합리와 시좌(視座)와 그의 중국 역사 서술과 관련이 있는 분석은 졸고, 「韋伯與中國的現代性問題」, 『汪暉自選集』(桂林: 廣西師範大學出版社, 1998.) 참조.

13 이러한 기본 가설이 근대 중국 혹은 현대 중국의 위기에 대한 해석에 쓰이면, 너무나 당연하게도 다음과 같은 결론들이 상이한 맥락 속에서 도출된다. 첫째, 중국의 근대성 위기와 중국이 통일 국가로 존재할 수 있는가 하는 문제는 밀접한 관계를 맺고 있다. 둘째, 중국의 위기는 몇몇 제도나 이데올로기(공산주의 혹은 자본주의)의 위기가 아니라 중국 사회의 각종 측면에 두루 미쳐 있는 총체적인 위기라는 것이다. 셋째, 위기의 각 측면에는 내재적 연계가 있는데, 즉 그것들이 중국 역사나 과거에 근거하며, 이에 따라 중국이 위기에서 벗어나는 유일한 길은 자신의 과거와 가장 철저하게 결별하는 것뿐이다. 상술한 세 가지 측면의 상호 연계는 중국 위기의 '총체성'을 구성하며, 이는 결국 모든 것을 포괄하는 '과거'로 귀결된다. 즉 선진 시대와 진한 시대에 이미 형성되어 나날이 부단히 확장된 중국 상층 문화(황권皇權, 관료 체계, 법률, 종교)와 각종 상층 문화에 물들고 침식된 대중문화는 전제(專制: 진시황秦始皇으로부터 마오쩌둥毛澤東까지의 중앙집권), 혹독함(중국 역사의 혹독한 형벌과 법률), 폐쇄성(오랑캐와 중화의 변별, 만리장성부터 마오쩌둥 시대의 폐쇄 정책까지)과 관료 체제(과거 제도와 관료 체제로부터 거대 국가 기구까지) 등을 기본 특징으로 한다.

14 宮崎市定, 『宋元時代的法制和審判機構』, 劉榮濤 主編·徐世虹 譯, 『日本學者研究中國史論著選擇』(八), 中華書局, 1992, 271면.

15 필립 쿤(Philip A. Khun)의 태평천국과 청대 지방 군사화에 관한 연구는 중국사 연구에서 지방사 경향을 개창했다. Philip A. Khun, *Rebellion and Its Enemies in Late Imperial China, Militarization and Social Structure, 1796~1864*(Cam-

bridge, MA: Havard University Press, 1970.) 참조. 이후 미국의 중국 연구에는 한
구(漢口), 절강(浙江), 강남(江南) 등의 지역을 중심으로 한 역사 연구가 대량 시도
되었다.

16 량치차오(梁啓超), 후스(胡適), 허우와이루(侯外廬), 위잉스(余英時), 벤자민 엘먼
(Benjamin A. Elman) 등의 학술적 입장과 방법은 모두 일치하지 않으며, 명청 시대
학술에 대한 평가에도 매우 큰 차이가 있다. 그러나 명청 시기의 전환에 대한 논의
를 근대성과 관련된 관점에 놓고 본다면, 도리어 유사한 점을 띠고 있다. 예컨대 청
대 학술의 실증적인 방법론에 대한 량치차오와 후스의 추앙, 계몽주의 범주 안에서
의 명말 청초 사조에 대한 허우와이루의 연구, 명청 무렵 사대부와 상인의 상호작용
과 유학의 전환과 관련한 위잉스의 논의, 사회사 범주에서 이학(理學)으로부터 박학
(樸學: 고증학)으로의 전환에 대한 벤자민 엘먼의 해석 등은 모두 명청 사상 및 학술
적인 방법론의 요소와 근대성/자본주의의 관계에 착안하고 있다.

17 Pamela Kyle Crossley, *A Translucent Mirror: History and Identity in Qing
Imperial Ideology*(Berkeley: University of California Press, 1999.) 및 Mark
C. Elliott, "The Limits of Tartary: Manchuria in Imperial and National
Geographies," *The Journal of Asian Studies* *59*, no3.(August 2000) 603~646
면 참조.

18 Owen Lattimore, *Inner Asian Frontiers of China*(New York: American
Geographical Society, 1940.); *Asia in a New World Order*(New York: Foreign
Policy Association, Incorporated, 1942.) 참조.

19 예를 들어 Dorothea Heuschert, "Legal Pluralism in the Qing Empire: Manchu
Legislation for the Mongols," *The International History Review 20*, no.2 (June
1998) 310~324면.

20 Joseph F. Fletcher, *Studies on Chinese and Islamic Inner Asia*(Aldershot,
Hampshire: Variorum, 1995.)

21 Mark C. Elliott, "The Limits of Tartary: Manchuria in Imperial and National
Geographies," *The Journal of Asian Studies*, vol.59, no3.(August 2000),
603~646면.

22 Peter C. Perdue, Boundaries, Maps, and Movement: Chinese, Russian, and
Mongolian Empires in Early Modern Central Eurasia, *The International
History Review 20*, no.2(June 1998) 264~286면.

23 청대 서남 지역의 역사를 연구한 학자들은 '중국 식민주의'라는 개념으로 청대의
서남 지역에 대한 통치를 서술했다. 그 가운데 운남(雲南), 귀주(貴州) 등 족군 상
황이 복잡한 지역에 대한 족군 충돌에 관한 서사 또한 이 개념 아래 서술되었다.
Laura Hosteter, "Qing Connections to the Early Modern World: Ethnography
and Cartography in Eighteen-Century China" *Modern Asian Studies* vol.34,
no.3(July 2000) 623~662면.

24 James L. Hevia, *Cherishing Men From Afar: Qing Guest Ritual and the
Macartney Embassy of 1973*(Durham and London: Duke University Press,
1995)

25   예컨대, 장타이옌(章太炎)은 만주족을 배척하는 민족주의의 틀 속에서 종족과 중국
      의 관계를 논했고, 「中夏亡國二百四十二年記念會書」라는 글에서 전체 만주 통치
      시기를 중국 망국의 역사 시기로 간주했고, 이 242년 가운데 만청 왕조가 이미 자신
      을 중국 왕조로 전환한 것에 대해 인정하기를 거부했다. 『章太炎全集』(四), 上海: 上
      海人民出版社, 1985, 188~189면 참조.

26   사람들에게 인지도가 있는 경전적인 작가 이외에 홉슨의 제국주의 이론은 현대
      제국주의 관련 토론 중에서 중요한 영향력을 가지고 있다. 그의 주요 저작은 *The
      Evolution of Modern Capitalism: A Study of Machine Production*(London:
      Walter Scott Publishing Co. Ltd, 1912), *The War in South Africa:Its Causes
      and Effects*(New York: Macmillan, 1900), *Imperialism: A Study*(Ann Arbor:
      University of Michigan Press, 1965), *The Conditions of Industrial Peace*(New
      York: Macmillan, 1927) 등을 포괄한다.

27   제국주의의 이론 해석 및 그 당대 발전에 관해서는 칠코트(Ronald H. Chilcote)
      가 주편한 『帝國主義的政治經濟學: 批判的範式』(The Political Economy of
      Imperialism: Critical Appraisales), 北京: 社會科學出版社, 2001. 참조. 이 책에는
      주요 학자들의 제국주의와 발전 문제에 관한 논문이 수록되어 있다.

28   Giovani Arrighi, *The Geometry of Imperialism; The Limits of Hobson's
      Paradigm*, London: Verso, 1983.

29   이 책의 부록 2 『아시아 상상의 계보』의 관련 논술 참고.【역주】본 번역본에서는 부
      록이 빠져 있다. 이 글은 이미 「아시아 상상의 계보-새로운 아시아를 상상하기 위하
      여」란 이름으로 『새로운 아시아를 상상한다-동아시아의 비판적 지성』(왕후이 지음,
      이욱연 옮김, 서울: 창작과비평사, 2003.)에 수록되어 출판되었다.

30   예컨대 레베카 칼(Rebecca Karl)은 중국 근대 혁명과 아시아와 피압박 민족의 상상
      관계에서 출발하여 중국 민족주의의 발생을 탐구했다(*Staging the World: Chinese
      Nationalism at the Turn of the Twentieth Century*, Durham and London:
      Duke University Press, 2002). 멍웨(孟悅)는 그녀의 박사 논문에서 양주(揚州), 소
      주(蘇州) 도시 문화의 상해(上海) 도시 문화 형성에 대한 공헌을 추적하고, 상해 연
      구를 혼종적 관계 속—이른바 양대 제국 간—에 놓고 상해 문화의 함의를 관찰했
      다. 리우허(劉禾)는 초국가적(transnational) 언어 실천과 번역 이론에서 출발하여
      중국 사상과 서구 사상 간의 상호작용과 창신을 연구했다(『跨語際實踐: 文學·民族
      文化與被譯介的現代小史(中國, 1900~1937)』, 北京, 三聯書店, 2002)【역주】리
      우허의 책은 이미 국내에서도 『언어횡단적 실천』(리디아 리우 지음, 민정기 옮김, 서
      울: 소명, 2005.)이란 이름으로 번역 출판되었다.

31   Mark Elvin, *The Pattern of the Chinese Past: A Social and Economic
      Interpretation*, Stanford: Stanford University Press, 1973, 17면.

32   孫覿, 『鴻慶居士集』卷9, 21면, 文淵閣 四庫全書本. 또한 '제국'(帝國) 두 글자는
      연이어 함께 있지만 한 단어로 구성되어 있지 않았다. 예를 들면 사마광(司馬光)의
      『司馬文正公傳家集』(上海: 商務印書館, 1937, 叢書集成初編)에 실린 「賜皇弟高
      密郡王頵辭恩命第二表不允斷來章批答」에서는 "조종(祖宗)에게 연제(禮帝) 올리
      는 것을 살펴보니 제국(帝國)의 성대한 의전(儀典)과 같았다"(省表具之禮宗, 類帝

33 　王勃,『王子安集』卷6, 上海: 上海古籍出版社, 1992, 43면.

34 　陳棐,「拱辰樓賦(幷序)」,『山西通志』卷220, 53b면(文淵閣 四庫全書本).

35 　張國維(1595~1646),「宣邦直贈王貳守佐理開河序」,『吳中水利全書』卷23, 6면
　　(文淵閣 四庫全書本).

36 　阮逸(宋) 注,『中說』卷5「問易」篇, b면(四部備要本).

37 　釋契嵩(宋),『鐔津集』卷6(文淵閣 四庫全書本).

38 　黃震,『黃氏日抄』卷55, 11ab(文淵閣 四庫全書本).

39 　Dominic Lieven, *Empire: The Russian Empire and Its Rivals*(New Haven and
　　London: Yale University Press, 2000), p. 3. 로마 시대 일정한 영토 범위 내에서
　　통치권을 행사하던 정치 실체를 지칭했던 제국은, 중세기의 비잔틴 이슬람과 서구
　　기독교 세계 등 종교 혹은 문화의 통일적 기초 위에서 성립된 다민족 제국이며, 심
　　지어는 19세기 후반에서 20세기까지 유럽과 미국의 해상 제국이 세계를 제패했을
　　때, 이 개념은 강성·번영·무력과 문화의 이중적 기초 위에서의 통일을 의미했기에,
　　보편적으로 긍정 또는 선망을 받는 의미였다. 그렇지 않았다면 필사적으로 유럽 열
　　강을 따라 배우고자 했던 메이지(明治) 시기 일본이 어째서 스스로 제국이라 일컬
　　었겠는가? 사람들의 일상 어휘에서 제국 개념의 가치절하는 우선 서유럽 국가의 오
　　스만제국에 대한 충돌과 관련이 있으며, 나중에는 나치 독일을 세운 제3제국(das
　　Dritte Reich) 및 그 멸망의 영향을 받았다. 제2차 세계대전 이후 이 '종족주의 제국'
　　을 묘사하는 데 사용된 제국(Reich) 개념은 보편적 경멸에 봉착했다. 서구 사회가
　　소련을 제국 혹은 사악한 제국으로 일컬을 때, 이 개념이 함축하고 있는 오스만제
　　국, 제3제국에 대한 적의는 이데올로기 투쟁 속에서 바뀌어 갔고, 아울러 서구 민주
　　에 대한 자기 확신의 도구가 되었다. 그러나 19세기 대영제국의 자기 표방이나, 오
　　늘날 미국을 '부득이하게 그렇게 된 제국'이라는 칭하는 경우에는 제국 개념이 모두
　　강성·번영의 함의를 포함하고 있었다.

40 　1963년, 아이젠스타트(S.N. Eisenstadt)의『제국의 정치체제』(The Political
　　Systems of Empires)가 출판되었다. 그는 여기서 우선 제국을 엄격한 정치체제 유
　　형으로 분석하고, 그로부터 민족국가의 민주와 전제의 역사적 근원을 총결해 내고
　　자 하였다. 사회학적 견지에서 그는 제국을 다양한 유형으로 구분하고, 그 가운데
　　세습제 제국과 중앙집권적 관료제 제국을 가장 중요한 두 가지 분류 유형으로 삼
　　았는데, 전자는 고대 이집트, 인도, 아즈텍, 혹은 많은 남아시아 왕국이 대표적이
　　고, 후자는 중국, 로마, 비잔틴, 사산(페르시아), 이슬람 칼리파 등 여러 제국 및 유
　　럽 초기 절대주의 국가가 대표적이다. 아이젠스타트가 수행한 것은 구조주의적 사
　　회 유형 분석이고, 거기에는 말할 필요도 없이 역사 관념을 포함하고 있었으니, 그
　　것은 바로, 제국은 민족국가 이전의 보편적인 정치 구조라는 역사 관념이었다. 이
　　것은 아주 중요한 사회학 저작이긴 하지만, 대다수 역사학자는 엄격하게 이러한 사
　　회학 분석 유형에 따라 제국사를 서술하거나 혹은 제국 개념을 사용하지는 않았다.
　　Eisenstadt, 沈原·張旅平 譯,『帝國的政治體制』, 南昌: 江西人民出版社, 1992.

41 　Jürgen Habermas, 曹衛東 譯,『何謂民族?』,『後民族結構』, 上海: 上海人民出版
　　社, 2002, 12면.

42 Perry Anderson, 『絕對主義國家的系譜』(*Lineages of the Absolutist State*, London: Verso, 1979, p. 397), 劉北成·龔曉莊 譯, 上海: 上海人民出版社, 2001, 427면.【역주】이 책은 이미 『절대주의 국가의 계보』(페리 앤더슨, 김현일 외 옮김, 서울: 까치, 1997.)란 이름으로 번역되어 국내에서 출판되었다.

43 앤더슨은 다음과 같이 서술했다. "18세기에 이르러 식민 개발 및 확장에 따라 처음으로 튀르키예와 접촉하면서 형성된 관념이며, 지리상의 함의는 점차 동쪽으로 확장되었다. 우선은 파키스탄으로 확대되었고, 이후 인도, 그리고 나중에는 중국으로까지 확대되었다. 이러한 지리적 함의의 확대에 따라 당초 튀르키예에서 발견되었고 튀르키예에 국한되었던 몇몇 특징이 점차 보편적 개념으로 전환되었던 것이다. 정치 '전제주의'의 개념은 바로 이로부터 탄생한 것이다." 같은 책, 495면(영어본 Ibid., 463면).

44 여기에서 마르크스의 논술에 대해 특수한 설명이 필요하다. 『정치경제학 비판』서문에서 그는 일찍이 서구의 역사 경험을 "인류 사회경제 형태 발전의 몇몇 시대"라고 표현했다. 그러나 이 서문은 1859년 출판된 뒤 마르크스의 생전에는 재출판되지 않았고, 그는 다른 저작에서 나중에 유명해진 이 규율을 제기한 바 없다. 그가 죽고 난 뒤 수고(手稿: 1857년 8월 23일로 각주가 달려 있다)가 발견되었고, 칼 카우츠키에 의해 1903년 3월 『신시대』(Neue Zeit)에 발표되었다. 영문판은 1904년 처음으로 스톤(N. I. Stone)이 번역한 『정치경제학 비판』에 실려 발표되었다. 1877년 한 러시아 학자는 '마르크스주의 이론'에 근거하여, 러시아 봉건사회를 벗어나기 위해 러시아는 자본주의 제도를 만들 필요가 있다고 주장했다. 마르크스는 그의 저작에서 다음과 같이 언급한 바 있다. "서구 자본주의 경제 제도가 봉건주의 내부에서 출발한 경로를 서술하려 한 것일 뿐이고", "나의 서구 자본주의 기원에 관한 역사 개술을 일반적 발전 경로로서의 역사철학론으로 철저하게 변화시키거나 모든 민족이 그들이 처한 역사 환경이 어떠하든지 이러한 경로로 필연적으로 가야 한다"는 것은 결코 아니며, "이렇게 되면 나에게 주어질 수 있는 과도한 영광은 동시에 또한 나에게 과도한 모욕이 될 수 있다"고 말했다. 『馬克思恩格斯全集』, 北京: 人民出版社, 1963年版, 第19卷, 129~130면.

45 몽테스키외는 제국을 자연환경, 특히 지리적 상태와 직접 관련시키고, 이로써 제국 서술의 자연적 기초를 제공했다. 이것은 또한 당시 나날이 고조되던 과학 담론의 산물이다. 『論法的精神』上冊, 北京: 商務印書館, 1997, 278면.

46 위의 책, 314면.

47 Perry Anderson, 앞의 책, 400, 412면.

48 Hegel, 王造時 譯, 『歷史哲學』, 上海: 上海書店出版社, 1999, 62~63면.【역주】헤겔의 인용문은 일단 중국어 번역문을 따라 번역했다. 보다 선명한 의미는 한국어판 번역문을 참조. G. W. F. 헤겔, 권기철 옮김, 『역사철학강의』, 서울: 동서문화사, 2016, 68면.

49 앞의 책, 85면.【역주】G.W.F. 헤겔, 권기철 옮김, 앞의 책, 86면.

50 앞의 책, 110~111면.【역주】G.W.F. 헤겔, 권기철 옮김, 앞의 책, 109면.

51 19세기 정치경제학에서의 시간 문제는 내가 『反市場的資本主義』라는 저서를 위해 쓴 도언(導言) 『經濟史, 還是政治經濟學?』을 참고할 것. 許寶強·渠敬東 編, 『反市

場的資本主義』, 北京: 中央編譯出版社, 2000, 1~49면.

52 Hegel, 范揚·張企泰 譯, 『法哲學原理』, 北京: 商務印書館, 1995, 198면.【역주】
    G.W.F. 헤겔, 임석진 옮김, 『법철학』, 서울: 한길사, 357면.

53 Hegel, 『法哲學原理』, 앞의 책, 246면.【역주】G.W.F. 헤겔, 임석진 옮김, 앞의 책,
    431면.

54 1821년에 발표한 『법철학원리』에서 헤겔은 정치와 사회조직의 발전을 세 단계, 즉
    가정·시민사회·국가의 수립으로 구분했는데, 여기서 국가는 곧 가정과 시민사회
    의 총괄이다. "시민사회는 가정과 국가와는 별개로 이 둘 사이에 자리를 차지하고
    있지만, 그러면서도 시민사회는 국가보다 뒤늦게 형성된다. 그럴 수밖에 없는 것이
    가족·국가와는 별개로 그사이에 자리하고 있는 시민사회가 존립하기 위해서는, 독
    립된 존재로서의 국가가 미리 전제되어야 하기 때문이다." 앞의 책, 197면.【역주】
    G.W.F. 헤겔, 임석진 옮김, 앞의 책, 356면.

55 20세기 말에 시작된 '역사의 종말'과 관련된 논쟁은 이러한 역사관의 맥락에 놓일
    때에만 역사적 이해를 얻을 수 있다. 유럽을 대표하는 자유와 민주의 국가 이념과
    시민사회를 대표하는 생산관계가 갖가지 실험, 폭정과 허무를 거친 뒤에야 결국 자
    기 자신에게로 돌아온 것이다. Francis Fukuyama, 飜譯組 譯, 『歷史的終結』, 呼和
    浩特: 遠方出版社, 1998.

56 Adam Smith, 『國民財富的性質和國原因的民研究』(An Inquiry into the Nature
    and Causes of the Wealth of Nations) 下卷, 北京: 商務印書館, 1972, 254~284
    면.

57 위의 책, 上卷, 161~162면.

58 Ernest Gellner, 『民族與民族主義』(Nation and Nationalism), 韓紅 譯, 北京: 中
    央編譯出版社, 2002, 6면.

59 Angus Walker, *Marx: His Theory and its Context*(London: Rivers Oram Press,
    1978), 64~65면.

60 페리 앤더슨, 앞의 책, 503면(*Lineages of the Absolutist State*, 473면). 앤더슨의
    아시아적 생산양식에 대한 토론은 경전적 의미가 있다. 그러나 어떤 이유에서인지
    그는 헤겔과 마르크스의 아시아 개념에 있어서 애덤 스미스와 스코틀랜드학파가 큰
    영향을 끼쳤다는 점을 언급하지 않았다.

61 앞의 책, 495면.

62 Lenin, 「亞洲的覺醒」, 『列寧選集』 第2卷, 北京: 人民出版社, 1973, 447면.

63 Lenin, 「落後的歐洲和先進的亞洲」, 『列寧選集』 第2卷, 449면.

64 Lenin, 「中國的民主主義和民粹主義」, 『列寧選集』 第2卷, 423면.

65 Lenin, 「亞洲的覺醒」, 앞의 책, 448면.

66 러시아 지식인의 유럽관과 아시아관은 확실히 서구 근대 정치 발전과 계몽적 역사
    관의 영향을 받았다. 레닌이 사용하는바, 아시아라는 이 전제주의 개념과 밀접하게
    연관된 개념은 근대 유럽의 역사관과 정치관 속에서 발전해 나온 것이다. 슬라브주
    의와 유럽주의에 관한 논쟁은 니콜라이 베르쟈예프(Н.А.Бердяев), 『俄羅斯思想』
    第1~2章, 雷永生·邱守娟 譯, 北京: 三聯書店, 1995, 1~31면과 32~70면.

67 Lenin, 「中國的民主主義和民粹主義」, 『列寧選集』 第2卷, 428~429면.

68   Lenin,「論民族自決權」,『列寧選集』第2卷, 511~512면.

69   레닌에게 있어서 아시아 문제는 민족국가와 밀접하게 연계된다. 그는 이렇게 역설
      했다. 아시아에서는 "일본과 같은 독립적 민족국가만이 상품 생산을 가장 충분히 발
      전시킬 수 있고, 자본주의를 가장 자유롭고 광범위하며 신속하게 발전시킬 수 있는
      조건을 조성할 수 있다. 이 국가는 부르주아 국가이며, 그 자신이 이미 여타 민족을
      압박하고 식민지를 부리고 있다." Lenin,「論民族自決權」, 앞의 책, 511~512면.

70   중국 공산당의 초기 문건과 헌법 대강은 모두 명확하게 소수민족의 민족자결 지지
      를 정치 강령으로 삼고 있었다. 예컨대 중국 공산당이 제출하여 중국 노농병회의 제
      1차 전국대표대회 중앙 주비(籌備)위원회 전체회의에서 통과된『中華蘇維埃共和
      國國家根本法(憲法)大綱草案』제5절에는 다음과 같이 명시되어 있다. "소비에트
      국가근본법 최대 원칙의 네 번째는 바로 민족자결을 철저하게 인정하고 실행하는
      것이며, 각 소수민족이 분립 국가를 가질 권리가 있다는 점을 일관되게 인정한다는
      것이다. 몽골, 회회, 묘족, 고려인(즉 한국인) 등 무릇 중국에 거주하는 이러한 약소
      민족들은 중국 소비에트 연방에 가입과 탈퇴를 완전히 자유롭게 결정할 수 있고, 자
      신들의 자치 구역 건립을 완전히 자발적으로 결정할 수 있다. 소비에트 정권은 이러
      한 약소민족 혹은 낙후한 민족이 그들의 민족문화와 민족어 등을 발전시키는 것을
      도와주는 데도 힘써야 하며, 그들이 경제적 생산력을 발전시키고 소비에트로 나아
      가고 사회주의적 문명에 이르는 물질적 기초를 조성하는 데도 도움을 주도록 노력
      해야 한다." 韓延龍·常兆儒 編,『中國新民主主義革命時期根據地法制文獻選編』
      第一卷, 北京: 中國社會科學出版社, 1981, 5면 참조.

71   嚴譯名著叢刊 赫胥黎 著 嚴後 譯,『天演論』, 商務印書館, 1981, 92면.; 엄복 저,
      양일모 옮김,『천연론』, 소명출판, 2008.

72   예컨대 캉유웨이(康有爲)는『논어』의 다음 구절에 대해 이렇게 해석했다. "자공이
      말하기를 '나는 남이 나에게 하길 원하지 않는 것을, 나 또한 다른 사람에게 하고 싶
      지 않습니다. 공자가 이르기를, 사야, 그것은 네가 할 수 있는 일이 아니다."(子貢曰:
      我不欲人之加諸我也, 吾亦欲無加諸人. 子曰: 賜也, 非爾所及也) 캉유웨이는 이에
      대해 다음과 같이 설명했다. "자공이 다른 사람이 나에게 가하기 원하지 않는다고
      한 것은 자립 자유를 말한 것이다. 다른 사람에게 가하지 않는다고 한 것은 다른 사
      람의 자립 자유를 침범하지 않는다는 것이다. 사람은 하늘로 말미암아 태어났지만,
      사람들은 모두 그저 하늘에만 예속될 뿐, 자립적이고 자유롭다. …사람은 각각 영역
      이 있는데, 남의 영역에 침범한다면 그것은 다른 사람의 자립 자유를 억압하는 것이
      다. 하늘이 정해 준 공리에 어긋나는 짓은 더더욱 불가하다. 자공은 일찍이 천도의
      자립 자유의 학문을 깨닫고, 인도의 공리를 완성하여, 이에 서둘러 그것을 천하의
      만사에까지 적용한 것이었다. 공자가 생각건대, 난세의 유아적 상태에 살아가고 있
      으므로 비록 도는 아름답다 할지라도 그것을 실행하기에는 너무 일렀다. …승평세,
      태평세에 이르러야 시행할 수 있다고 여긴 것이다." 姜有爲,『論語注』, 樓宇烈整理,
      北京: 中華書局, 1984, 61면.

73   Hans-Georg Gadamer,『科學時代的理性』(Reason in the Age of Science), 臺北:
      結構群文化事業有限公司, 1980, 6~7면.【역주】박남희 역,『과학 시대의 이성』, 책
      세상, 2009.

74 Alasdair MacIntyre,『德性之後』(After Virtue), 中文本序言, 龔群·戴揚毅 等譯, 北京: 中國社會科學出版社, 1995, 1면.

75 馬其昶 校注,『韓昌黎文集校注』, 上海: 上海古籍出版社, 1986, 9면.

76 劉宗周 撰,『論語學案』卷四「泰伯第八」에는 다음과 같이 서술되어 있다. "공자가 이르기를, 태백(周 태왕太王 고공단보古公亶父의 맏아들)은 덕이 지극한 사람이라고 할 수 있다. 세 번이나 천하를 양보했어도 백성들은 그를 칭송할 길이 없었다"라는 구절 밑에 다음과 같이 쓰여 있다. "성인은 실마리를 보고 결말을 알며, 사태가 이르는 흐름을 예지하고 그 기대할 수 없는 계기(無待之機)를 일찍 결정지으므로, 진정 천하를 양도할 수 있는 것이니, 그러므로 제위를 세 번 양보한 것이다. 오늘날 사람들은 일이 어찌할 수가 없을 지경에 이르러서야 그 형세를 들 수 있을 뿐이다. 탕왕과 무왕의 상황이 되어도 토벌을 하지 못할 것이요, 요임금과 순임금의 처지가 되더라도 선양의 역사를 행하지 못할 것이다. …그러므로 이르기를 하늘보다 먼저라도 하늘이 어기지 않고, 하늘보다 나중이면 천시(天時)를 받든다. 하늘도 어기지 않는데, 하물며 사람의 경우에랴? 하물며 귀신의 경우에랴? 그러므로 태백의 양보는 천지 사람과 귀신이 모두 피하는 바이라."(子曰: 泰伯其可謂至德也已矣, 三以天下讓, 民無得而稱焉 條下有: 聖人見端知末, 逆知必至之勢而早決其無待之機, 真能讓天下者也, 故曰三讓. 今人事到臨局處無可奈何只得聽勢所轉, 時當湯武不合做征誅事, 當堯舜不合做揖讓事. …故曰先天而天弗違, 後天而奉天時, 天且弗違而況於人乎, 況於鬼神乎, 泰伯之讓直天地人鬼之所避者也)

또한 四庫全書本,『日講四書解義』卷十五,『孟子·上之三』에는 다음과 같이 이르고 있다. "이 두 책의 제나라 역왕 편을 보면 그 시세를 탔다고 할 수 있다. …무릇 사람이 일을 도모하는데 지혜의 뛰어남이 있다 하더라도 그것을 행할 수 있는 형세를 이용하여 그 일을 이루는 것만 같지 못하다. 무릇 농사꾼이 밭을 경작하는데 농기구 등의 장비를 준비했다 하더라도 그 경작할 수 있는 때를 기다려 그 쓰임을 이롭게 할 수 있는 것만 같지 못한 것이다. 제나라 사람들의 말을 살펴보면, 천하의 왕이 되는 사람은 반드시 시세의 도움이 있어야 함을 알 수 있다. 내가 제나라 왕이 손바닥 뒤집듯 쉬웠다고 이른 것은 바로 제왕이 가히 시세를 탈 수 있어서 진실로 혁명을 하면서도 어려움이 없었던 것을 말한 것이다."(此二節書見齊之易王, 以其時勢可乘也. …凡人之作事, 雖有智慧之巧, 不如乘其可爲之勢, 乃可以濟其事. 凡農之治田, 雖有鎡基之備, 不如待其可耕之時, 乃可以利其用. 觀齊人之言, '知王天下者必有資於時勢矣. 吾之言以齊王猶反手者, 正以齊有可乘之時勢, 真有至易而無難者也)

77 『周易程氏傳』卷三, 程顥·程頤 著,『二程集』, 中華書局, 1981, 921면.

78 納蘭性德(1654~1685) 編,『合訂刪補大易集義粹言』卷十一, 10b면(文淵閣 四庫全書本). 또한 위에 인용한 두 구절은 元나라 胡炳文,『四書通·孟子通』卷三, 6a(文淵閣 四庫全書本) 참조.

79 元 胡炳文,『四書通·孟子通』卷三, 6a면(文淵閣 四庫全書本) 참조.『四書講義困勉錄』(文淵閣 四庫全書本), 卷二十六, 1ab면 注『孟子·公孫丑』上에는 또한 다음과 같이 말하였다. "덕은 근본이고, 시세는 그것이 타는 바라, 맹자가 제나라 왕을 왕으로 만든 것은 덕이었으며, 그 손바닥 뒤집듯이 쉬웠다고 한 것은 시세 때문이

다. 그러므로 덕이 있는 연후에야 시세를 논할 수 있으며, 시세가 수신제가치국평천하의 덕을 이룰 수는 없는 것이다."(德是根本, 時勢是其所乘. 孟子之能使齊王者是德, 其反手處是時勢. 有德然後可以論時勢, 不可以時勢德三平看)【역주】『맹자』의 이 문장 앞에는 "공자가 이르기를, '덕의 감화가 사방으로 퍼져나가는 것은 역마가 명을 전하는 것보다 빠르다'고 하셨다"(孔子曰 德之流行 速於置郵而傳命)라는 구절이 있으므로 위 문장은 덕행이 빠르게 진전된다는 표현을 쓴 것이다.

80   何建章 注釋,『戰國策注釋』, 北京: 中華書局, 419면. 또는『주역』송괘(訟卦)의 "九四不克訟複即命渝安貞吉"에 대한 명나라 내지덕(來知德, 1525~1604)의 주(注)에 이르기를, "대개 구이(九二) 효(爻)의 송은 그 험난함으로 그려진 것이니, 이기지 못하는 것은 흐름(勢)이다. 흐름을 아는 것은 막을 수 없으므로, 돌아가 피하는 것이다. 그리하여 돌아간다는 것은 시세를 아는 것이라 하였다. 구사(九四) 효의 송은 그 강함으로 그려진 것이다. 그것을 이기지 못하는 것이 이치(理)이다. 이치를 알면 어그러질 수 없다. 그러므로 복종하는 것이 곧 운명(命)이다. 복종한다는 것은 의리에 밝다는 것이다. 구사 효의 복은 구이 효의 돌아감(歸)에 해당한다. 이는 모두 강함으로 부드러움에 거하기 때문에 이와 같을 수 있는 것이다. 사람이 의리에 밝으면, 시세를 알고, 천하의 일을 처리함에 어려움이 없게 된다."(蓋二之訟者, 險之使然也. 其不克者, 勢也. 知勢之不可敵, 故歸而逋逃, 曰: 歸者識時勢也. 四之訟者, 剛之使然也, 其不克者, 理也. 知理之不可違, 故復即於命曰: 復者, 明理義也. 九四之復, 即九二之歸, 皆以剛居柔, 故能如此, 人能明理義, 識時勢, 處天下之事無難矣) 來知德,『易經集注』卷二, 29ab 면, 上海: 上海書店影印康熙二十七年(1688), 寶廉堂刻本, 1988.

81   張載,「橫渠易說, 系辭上」,『張載集』, 北京: 中華書局, 1978, 205면.

82   朱熹,「孟子或問 卷五」,『四書或問』, 朱傑人·嚴佑之·劉永祥 主編,『朱子全書』第六冊, 上海: 上海古籍出版社, 2002, 948면.

83   위원(魏源)은 "무엇을 대인의 학문에서 본말과 말물이라고 하는가"(何謂大人之學本末之物)를 해석할 때 다음과 같이 언급했다. "의(意)가 구축하는 하나하나의 생각이 모두 물(物)이다. 심(心)이 구성하는 사단오성(四端五性)이 모두 물이다. 몸(身)이 이루어 가는 오사(五事: 고대 통치자들이 수양할 때의 다섯 가지 사항. 모공貌恭·언종言從·시명視明·청총聽聰·사예思睿ー역자)와 오륜(五倫)이 모두 물이다. 가정, 나라, 천하가 구축하는 수많은 계기와 생각이 모두 물이다. 무릇 무엇이 '리'가 아니고 '성'이 아니며, 상제가 복을 내리는 소이가 아니겠는가?"(意之所构一念一虑皆物焉; 心之所构四端五性皆物焉; 身之所构, 五事五伦皆物焉; 家国天下所构, 万几百虑皆物焉; 夫孰非理耶性耶, 上帝所以降衷耶) 이로써 물의 범위가 매우 넓다는 것을 알 수 있다. 魏源,「默觚上·學篇一」,『魏源集』上冊, 北京: 中華書局, 1976, 4면.

84   內藤湖南,『概括的唐宋時代觀』, 宮崎市定,『東洋의 近世』등 참조(劉俊文 主編, 黃約 譯,『日本學者研究中國史論著選譯』(一), 10~18면, 153~241면).

85   이 논제는 중국에 민주사회로 통하는 내재적 동력이 결핍되어 있다는 것을 논증하거나, 중국은 근대화 또는 자본주의 과정이 반드시 분열 해체를 야기할 것을 암시하고 있다. Lucian W. Pye, *The Spirit of Chinese Politics: A Psychocultural Study*

of the Authority Crisis in Political Development, Cambridge, Mass: The MIT Pdress, 1968, p.xviii.

86   제너(W. J. F. Jenner)는 다음을 논증한 바 있다. 영어 및 여타 유럽어와 비교해 볼 때, 한어는 더욱 낙후되고 원시적이며 전제 전통에 가장 자연스럽게 적합한 서사 문자이다. 이 언어 서사의 역사는 '폭정의 역사'일 뿐만 아니라 '역사의 폭정'이기도 하다. W. J. F. Jenner, *The Tyranny of History: The Roots of China's Crisis*, London: The Penguin Press, 1992. 중국 역사학의 지위를 유럽 종교의 지위와 동등하게 놓는 관점이 19세기 선교사들의 역사관에 뿌리를 두는 것과 마찬가지로, 한어와 유럽어의 차이로 중국의 통일성 및 보수성을 설명하는 것은 19세기 유럽 선교사들의 유산이다. 예컨대 1862년 패터슨(R. H. Patterson)은 그의 『중국의 국가생활』(The National Life of China, Edinburgh, 1862, 235~318면)에서 중화제국의 쇄국성과 지리상의 격절 상태의 관계를 분석함과 동시에 이러한 상태가 그것의 서면어(書面語)가 갖는 독특한 면과 내재적 연관이 있다고 지적하였다. 이 유럽 작가는 중국어의 아름다움과 활력을 인정하였고 한어 서면어를 간단히 낙후와 전제의 상징으로 간주하지는 않았지만, 그러나 다음과 같이 분명하게 지적하였다. "이러한 특징(중국의 서면어를 지칭한다)은 국가 통일을 유지하는 중요한 연결체이다. 이 언어의 문자는 표음문자가 아니라 문자의 가장 광범위한 함의로 사정(事情)과 사상을 표현하는데, 그것은 표음문자에 비해 우월하며 발음의 변화와 방언의 영향을 받지 않는다. 따라서 중국인의 언론과 사상은 일정한 범위 안으로 제한될 수 있고, 구어의 부단한 변화 및 정돈과 비교할 때 서면어는 우월한 점을 지니고 있다."

87   Benedict Anderson, 吳叡人 譯, 『想象的共同体』(Imagined Communities), 上海: 上海世纪出版集團, 2003.

88   앞의 책, 91면.

89   Jacob Burckhardt, 馬香雪 校, 何新 譯, 『意大利文藝複興時期的文化』(The Civilization of the Renaissance in Italy 1860), 商務印書館, 2007(1979), 371~372면. 부르크하르트는 또 다음과 같이 서술했다. "더욱 중요한 것은 사람들은 논쟁할 필요도 없이 보편적으로 순정한 언어와 발음을 귀중하고 신성한 것으로 존중한다는 점이다. 한 국가의 지방마다 각각 연이어 이러한 전범적 언어를 정식으로 채용했다." 앞의 책, 373면. 【역주】이기숙 옮김, 『이탈리아 르네상스의 문화』, 한길사, 2003.

90   柄谷行人, 「民族主義與書寫語言」, 『學人』 第9輯, 南京: 江蘇文藝出版社, 1996, 94면.

91   康有爲, 「教學通義·言語第二十九」, 『康有爲全集』(一), 上海: 上海古籍出版社, 1987, 159면.

92   상세한 토론은 「地方形式、方言土語與抗日戰爭時期"民族形式"的論爭」을 보라. 【역주】 왕후이 저, 송인재 옮김, 『아시아는 세계다』, 글항아리, 2011, 제5장, 349~405면.

93   두아라(Prasenjit Duara)는 중국사를 예로 하여 민족과 민족 정체성은 전근대에 이미 존재했던 현상이며, 민족 기억과 역사인과의 공동으로 작용한 산물이라고 보았다. 인쇄 자본주의가 아니라 신화, 서면어와 구두어의 역사적 혼합체가 중국 민족

상상의 주요 담지체를 구성했다는 것이다. "한족 중국인이 여타 집단과 상면했을 때 '타자'를 인식하고 아울러 그에 상응하게 자신의 집단을 인식하게 된 것은(즉 민족 의식의 맹아) 결코 인쇄 매체 때문이 아니다." Prasenjit Duara, 王憲明 譯, 『從民族 國家拯救歷史』(Rescuing History From The Nation, Questioning Narratives of Modern China), 北京: 社會科學文獻出版社, 2003, 41면. 【역주】문명기·손승희 옮김, 『민족으로부터 역사를 구출하기: 근대 중국의 새로운 해석』. 삼인, 2004.

94 정치와 상업은 언어를 통일하는 최대 동력이다(예컨대 1950년 이후 추진된 보통화 운동과 당대 시장화 과정에서 소수민족 언어 교육 운동의 쇠락과 마찬가지로). 이 점은 세계 각지에서 보편적이지만 각기의 사회 조건과 방식은 매우 다르다고 하겠 다. 예를 들면 19세기 중엽 차르 알렉산더 3세(Aleksandr III)가 '러시아화 정책'을 추진한 사실과 비교해 보면, 내가 여기에서 묘사한 정형도 매우 다르다.

95 Karl Wilhelm von Humboldt, 姚小平 譯, 『論人類語言結構的差異及其對人類 精神發展的影響』(Flitner and K. Giel eds, *Schriften zur Sprachphilosophie, in Wilhelm von Humboldt Werke in fünf Banden*, vol. 3, Darmstadt: Wissenschaftliche Buchgesellschaft, 1963, 657면), 北京: 商務印書館, 1997.

96 胡三省 注, 『資治通鑑』卷108에 이르기를 "수나라 이후 당시 명성을 날린 자가 대 북(代北: 이전 북위北魏 지역) 자손들 중 열이면 여섯 일곱이 그러했다"라고 하였 다. 또한 『안씨가훈』(顔氏家訓) 「음사편」(音辭篇)에는 북방 한어가 선비족의 영향을 받은 정황을 설명하면서 "남면으로는 오월의 방언으로 오염되었고, 북면으로는 이 민족 이로(夷虜) 언어가 섞여들었다"라고 했다.

97 章太炎, 「中華民國解」, 『章太炎全集』(四), 上海: 上海人民出版社, 1985, 252~262 면.

98 일찍이 학자들은 몽골족 원나라 정치 문화를 '몽한(蒙漢) 이원성'으로 개괄하면서 이른바 이미 한족의 규범을 시행하고, 또한 '국가의 풍속'이 존재했다고 보았다. 한 편으로는 한족 지역의 의식 문화 예법, 관제, 군제, 농상 부역 등 예의와 제도를 채택 했지만, 다른 한편으로는 또한 몽골 제도 즉 칸 호위제인 겁설숙위제(怯薛宿衛制), 정복에 공을 세운 수령(投下)에게 토지와 백성을 나누어 주는 분토분민제(分土分 民制), 양민 신분의 소작인 제도 혹은 한족을 노예로 삼는 구노제(驅奴制), 하사품 제도인 조회람사제(朝會濫賜制), 귀족 중 칸을 선발하는 귀족선한제(貴族選汗制), 공장(工匠) 관리 제도인 관공장제(官工匠制), 상업상의 고리대금업인 알탈제(斡脫 制) 등을 유지하고 추진했다. 청대의 상황과 다른 것은 몽골어는 줄곧 법적인 관방 언어였으며 많은 몽골 황제와 귀족들은 몽골어만 알았고 한어를 몰랐다. 王曉欣 編 著, 『元史學槪說』, 天津: 天津教育出版社, 1989, 4면.

99 Karl Marx, *The Communist Manifesto*, The Centenary Edition, ed. Harold Laski, London: Published for the Labour Party by Allen & Unwin, 1948, 125면. 사람들은 중국의 폐쇄성을 풍자하는 관용적인 실례로 장성의 건립과 반복적인 개축 을 드는데, 이는 중국 정통 관념이 확실히 인위적으로 구축한 그 전쟁 도구로 내외 를 구분하는 습관이 있기 때문이다. 그러나 장성이라는 오래된 비유로 중국 문화의 폐쇄성을 암시하는 것 또한 뜻하지 않은 많은 곤란에 부딪힐 수 있다. 래티모어의 장성에 대한 분석이 바로 아주 좋은 예증이다.

100 Owen Lattimore, *Inner Asian Frontiers of China*, New York: American Geographical Society, 1940.

101 이러한 연계는 시대에 따라 다르다. 그러므로 상이한 시기에 중국과 연계를 맺는 것도 이러한 세계의 동일한 부분이 아니다. Jacques Gernet, 耿昇 譯, 『中國社會史』(Le Monde Chinois, Paris: Armand Colin, 1990), 南京: 江蘇人民出版社, 1995, 26면.

102 강희제는 수차례 사신을 파견하여 일본에 가서 무역 통상의 기회를 찾도록 했지만, 일본이 시행한 쇄국정책으로 인해 실패하고 말았다. 1683년 타이완을 평정한 뒤 동남 지역 각 성의 변경 관리들이 해금 조치를 풀어 줄 것을 요청하자 강희제는 즉시 윤허했으며, 1685년에는 광동 마카오, 복건(福建) 장주(漳州), 절강(浙江) 영파(寧波), 강남(江南)의 운대산(雲臺山) 등 네 곳의 교역지를 설치하여 외국과 통상하도록 하였다. 그리고 네덜란드, 시암 등의 나라에 대해 관세를 면제하고, 중국에 오는 기타 국가의 상선에 대해서도 세금 감면을 시행했다. 강희제 시대 강소, 절강, 복건 지방과 광동 지역에 해관을 열고, 옹정 시대에 중국과 러시아 간 캬흐타 조약의 체결, 그리고 청조와 조선, 베트남, 남태평양 각지의 상업 교류 등은 모두 청조가 결코 사람들이 비판하는 바와 같은 그러한 폐쇄 정책을 펴지 않았음을 증명해 주고 있다.

103 건륭제는 일찍이 광주(廣州) 한 지역에서만 통상을 허용하였고, 외국 상인들이 아모이, 영파 등지에서 무역을 하는 것을 금지하였으며 관세를 가중하였다.

104 E. Kedourie, 張明明 譯, 『民族主義』(Nationalism), 北京: 中央編譯出版社, 2002, 121~122면.

105 Anthony D. Smith, 龔維斌·良警宇 譯, 『全球化時代的民族與民族主義』(Nations and Nationalism in a Global Era), 北京: 中央編譯出版社, 2002, 117면.

106 앞의 책, 120면.

107 Alexis de Tocqueville, 馮棠 譯, 『舊制度與大革命』, 北京: 商務印書館, 1992.

108 Karl Marx, 『路易·波拿巴的霧月十八日』, 『馬克思恩格斯選集』 第一卷, 北京: 人民出版社, 1972, 605~606면.

109 V. Lenin, 「中國的民主主義和民粹主義」, 『列寧選集』, 第2卷, 428~429면.

110 Ernest Gellner, 韓紅 譯, 『民族與民族主義』, 北京: 中央編譯出版社, 2002, 114면, 117면.

111 Michael Hardt & Antonio Negri, *Empire*, Cambridge, MA: Harvard University Press, 2000.

제1장 천리와 시세

1 內藤湖南, 「概括的唐宋時代觀」, 『日本學者研究中國史論著選譯』(一), 北京: 中華書局, 1992, 10면.

2 宮崎市定, 「東洋的近世」, 앞의 책, 159면.

3 앞의 책, 168면.

4 앞의 책, 159~160면.

5   앞의 책, 217면.

6   교토학파의 논술은 매우 깊은 역사적 통찰을 담고 있지만, '당송 변혁설'과 그 '동양
    적 근세'의 목적론적 서술은 또한 약간의 곤란에 직면하고 있다. 장기 지속의 역사
    적 묘사에서 볼 때, 송명 이학과 송명 사회가 중국의 초기 '근대성' 혹은 '이성화' 과
    정을 대표한다면, 사회 체제와 사상 형태상에서 송명 시대와 중대한 차이를 형성하
    였으며 또 근대 중국의 인구 구조, 면적, 교류 관계 및 제도적 조건에 대해 거대한 영
    향을 낳은 원조와 청조 사회 및 그 경사지학(經史之學)을 어떻게 평가할 것인가? 그
    것들은 중국 초기 '근대성'의 중단 혹은 후퇴인가? 원대와 청대의 사상은 '반근대적'
    혹은 '반이성화적'인가? 이와 상응하여 사상사 영역에서의 '내재로의 전향'과 '이성
    화' 등의 범주 역시—철저히 포기되지 않는다면—새롭게 정의되어야 할 것이다.

7   Joseph Needham, 『中國科學技術史』 第二卷, 北京: 科學出版社, 1990, 444면.

8   쉬푸관(徐復觀)은 이 의미를 가장 명확하게 표현한다. 즉 "서방에서 근대 초기에 수
    행한 종교적 권위로부터 이성의 해방을 구해 낸 작업은, 우리가 맨 처음 노자·공자
    시대에 이미 철저하게 행한 적이 있었고, 두 번째로는 다시 정주(程朱) 육왕(陸王)의
    손에서 철저하게 해낸 바가 있다. 중국 전통 문화의 근간은 본래 이성주의이다. 그
    러나 그것은 도덕과 예술 방면으로 발전하였다." 徐復觀, 「反傳統與反人性」, 『徐復
    觀雜文補編·兩岸三地卷·上』, 李明輝·黎漢基 編, 中國文哲專刊21, 2001, 201면
    참조.

9   杜維明, 『儒家思想新論—創造性轉換的自我』, 南京: 江蘇人民出版社, 1991, 8~9
    면 참조.

10 牟宗三, 『心體與性體』 上, 上海: 上海古籍出版社, 1999, 4~5면.

11 물론 여기서의 '정치' 개념은 머우쭝싼의 '정치' 개념과 다르다. 그것은 '반정치적 정
    치'를 포함한다. 머우쭝싼의 '정치' 개념 탈피가 강조하는 것은 더러운 정치 자체에
    대한 개인의 거부라고 할 수 있다.

12 근대 신유학은 '성덕지교'(成德之敎)를 개체의 실천 및 그것이 하늘과 가지는 관계
    에 연계시키는데, 그 근거 중 하나는 『주역』 '건괘' '문언'에서 말하는 이 문장이다.
    "무릇 대인은 천지와 그 덕을 비기고, 일월과 그 밝음을 비기고, 사시(四時)와 그 질
    서를 비기며, 귀신과 그 길흉을 비긴다. 하늘보다 먼저라도 하늘을 어기지 않고, 하
    늘보다 뒤이면 천시(天時)를 받든다. 하늘도 어기지 않는데, 하물며 사람의 경우에
    랴? 하물며 귀신의 경우에랴?" 머우쭝싼은 이것이 곧 '성덕지교'의 극치라고 여긴
    다. 그는 "이 '성덕지교'는 본래 송명 유학자들의 무중생유(無中生有: 무에서 유를
    창출하다)의 과장이 아니니, 곧 선진 유가가 이미 가지고 있던 큰 규범이다. 공자는
    사람들이 '인자'(仁者)가 되도록 가르쳤으면서도 또한 가벼이 '인'(仁)으로써 사람을
    허락하지 않았고, 그 자신도 '성'(聖)과 인(仁)과 같은 경우라면 내가 어찌 감당하겠
    는가?'라고 하였다. 그러나 그 '가르침에 물리지 않고 배움에 싫증 내지 않음'이 곧
    '인하고도 지혜로움'이다. 그래서 그 인을 실천하여 하늘을 아는 것이 곧 '성덕지교'
    의 척도가 된다. 『중용』에서 '간절하도다 인이여, 고요하고도 깊도다 연못이여, 광대
    하도다 하늘이여'(肫肫其仁 淵淵其淵 浩浩其天)라고 한 것은 바로 이러한 큰 규범
    에 대해 말한 것이고, 또한 성인 생명의 '하늘의 뜻에 도달한다'(上達天德)는 경지의
    가장 합당한 체득이다"라고 말하였다. 牟宗三, 『心體與性體』, 6면.

13 A.C. Graham, 程德祥 譯,『中國的兩位哲學家: 二程兄弟的新儒學』(Two Chinese Philosophers: Cheng Ming-tao and Cheng Yi-chuan), 鄭州: 大象出版社, 2000, 46면. 포르케(A. Forke)는 또 다른 의미에서 이렇게 말했다. "이는 물질적 원칙과 서로 대립하는 이성적 원칙으로서, 실제로는 또한 물질을 창조하고 주재하는 이성이기도 하다." Geschichte der Neueren Chinesischen Philosophie(ie.From beg. of Sung to modern times)를 보라. De Gruyter, Hamburg, 1938, p.171, Joseph Needham,『中國科學技術史』第二卷, 앞의 책, 505면에서 인용.

14 내재로의 전향에 대한 평가는 각기 다르다. 신유학은 근대 유럽의 도덕 이론의 내재화 방향에서 지지를 얻었고, 이 전향이 '근대성'의 요인을 포함하였다고 생각하였으며, 이것이 심성지학(心性之學)을 중심으로 이학을 해석하는 신유학에서 담론의 중심적 지위를 차지했다. 그러나 사회 발전의 방향에서 이 내향화 과정을 비판하는 사람도 있다. 이 관점은 劉子建, 趙冬梅 譯,『中國轉向內在一兩宋之際的文化內向』, 南京: 江蘇人民出版社, 2002 참조.

15 杜維明,『論儒學的宗敎性』, 武漢: 武漢大學出版社, 1999 참조.

16 유럽 사상의 측면에서 볼 때, 세속/종교의 이원론은 또한 유럽 기독교의 근대적 전환에 대한 홀시이기도 하다. 두웨이밍(杜維明)은 특히 슐라이어마허, 키르케고르 등 종교 철학자들을 예증으로 삼아, 세속화 과정과 종교의 근대화는 내재적 관계라고 설명한다. 앞의 책, 4~5면.

17 陳來,『宋明理學』, 瀋陽: 遼寧敎育出版社, 1991, 10면.

18 진진성(陳眞晟)은 처음에『중용』을 공부하고 그다음에『대학』을 연구하여『정주정학찬요』(程朱正學纂要)를 지었다. 그러나 황종희는 진진성의 학술이 "학통(師承)이 없고, 혼자서 유전되어 온 경서(遺經)에서 성취하였다"고 여겼다. 그는『심학도』(心學圖)에서 '심학' 전승 계보를 만들었다. "곧 복희(伏羲), 요(堯), 순(舜), 우(禹), 탕(湯), 문(文), 무(武), 주공(周公), 공자, 안회(顔回), 증자(曾子)가 그것이다. 그러나 이 계보는 맹자에 이른 후에는 그 전승이 끊어졌다고 하였다." 그리고 그 이후에 대해서는 다음과 같이 언급했다. "주돈이(周敦頤), 정호, 정이, 장재, 주희가 나온 후에야 이 학문이 크게 밝아졌다. 주희가 죽자 다시 어두워져서, 송원의 학교에서 모두 정·주의 책을 사용하였으나 취사(取士: 독서인을 취하여 관리로 등용시킴)는 여전히 수당 시대의 과거(科擧)였고, 그래서 이 심(心)을 무용하다고 보았기에 추구하지 않는 이가 많았고 마침내 또한 그 진정한 전승이 많이 이루어지지 못하게 되었다."(至周·程·張·朱氏出, 然後此學大明. 及朱氏沒而復晦者, 只由宋元學校雖皆用程朱之書, 而取士仍爲隋唐科擧, 是以視此心爲無用, 故多不求, 遂又多失其眞傳焉)『明儒學案』卷46,『黃宗羲全集』第八冊, 杭州: 浙江古籍出版社, 1992, 387~388면 참조.

19 이학 개념의 운용에 관해서, 학자들이 자주 인용하는 예증은 다음과 같다. 육구연은 말하였다. "진한 이래 학문은 끊기고 도가 사라졌으며 세상에는 더 이상 스승이 없었다. …오직 송 왕조의 이학만이, 멀리 한당(漢唐)을 넘어 비로소 다시 사도(師道)를 가지게 되었다."(秦漢以來, 學絶道喪, 世不復有師. …惟本朝理學, 遠過漢唐, 始復有師道;「與李省幹書二」,『陸九淵集』卷一, 北京: 中華書局, 1980, 14면) 황진(黃震)은 말했다. "송나라가 흥한 지 80년 만에 안정(安定) 호원(胡瑗) 선생·태산

(泰山) 손복(孫復) 선생·조래(徂徠) 석개(石介) 선생이 비로소 그 학문을 교수하였는데, 안정의 제자들이 가장 성하였고, 이어서 이락(伊洛: 정호·정이 이정)의 학이 일어났다. 그러므로 송조의 이학은, 비록 이정에 이르러서 정밀해졌으나, 실은 세 선생으로부터 시작하였다."(宋興八十年, 安定胡先生(瑗), 泰山孫先生(復), 徂徠石先生(介), 始以其學敎授, 而安定之徒最盛, 繼而伊洛之學興矣. 故本朝理學, 雖至伊洛而精, 實自三先生而始;『黃氏日抄』卷45, 24면,「墓誌」, 文淵閣 四庫全書本) 이학 개념과 심학 개념의 가장 초기의 사용 및 그 해석은 勞思光,『新編中國哲學史』(三上), 臺北: 三民書局, 1983, 41면 참조.

20 장취앤차이(章權才)는, "제1단계는 당송 무렵이고, 그 중심은 '명도'(明道) 사조의 흥기이다. 제2단계는 양송이며, 그 중심은 정주 학파의 주류 지위의 확립이다. 제3단계는 송원 이후이고, 그 중심은 '사서'(四書) 통치 국면의 형성이다. 제4단계는 명대이며, 그 중심은 경학 중에서 이학으로부터 심학으로의 발전이다"라고 하였다. 章權才 著,『宋明經學史』, 廣州: 廣東人民出版社, 1999, 3~4면 참조.

21 중당(中唐) 이후의 유학 부흥 운동을 '초기 유학'의 범주 내에 귀납시키고(徐洪興,『思想的轉型─理學發生過程硏究』, 上海: 上海人民出版社, 1996, 8~9면), 그로써 중당 이후의 유학 사상에 대해 천술한 학자들을 그들이 생각해 본 적 없던 유형의 사상 형태의 선구자 위치에 놓는 학자도 있다. 피터 볼은 이렇게 비판하였다. "이 병폐는 주희 본인에게까지 소급할 수 있는데, 그것은 이미 황종희(1610~1695)의『송원학안』을, 지금까지 가장 전면적인 송대 사상 연구 저작으로 평가한 전조망(全祖望, 1705~1755)을 통해 보다 직접적으로 당대(當代) 학술 장에 들어왔다." Peter K. Bol, 劉寧 譯,『斯文: 唐宋思想的轉型』("This Culture of Ours": Intelletual Transitions in T'ang and Sung China, Stanford: Stanford University Press, 1992), 南京: 江蘇人民出版社, 2001, 31면.

22 앞의 책, 31~32면.

23 송명 유학을 도학(道學)이라 할 것인지 이학이라 할 것인지는 논쟁거리이다. 펑유란은「도학의 특징, 명칭과 성질 약론」(略論道學的特點, 名稱和性質)에서 정이(程頤), 주희 및 기타 사서(史書)의 자료에 근거하여 이미 도학 개념이 운용되고 있으니 당연히 도학 개념을 운용해야지 이학 개념은 아니라고 생각하였다. 이학은 심학 개념과 마주하여 거론할 때만 운용할 수 있으며, 그것들은 모두 도학의 범주 속에 귀납될 수 있다는 것이다(馮友蘭,「論宋明理學」, 杭州: 浙江人民出版社, 1983, 48~52면). 그러나 천라이(陳來)의 관점에 따르면, "도학은 이학이 기원하던 시기의 명칭이고, 송대 전체에서 그것은 이학의 주류파의 특징이었으므로, 이학 전부를 담기에는 부족하다."(陳來 著,『宋明理學』, 瀋陽: 遼寧敎育出版社, 1991, 8면 참조)

24 피터 볼이 도학에 대한 주밀(周密, 1232~1308)의 비판을 빌려 했던 묘사를 참고하였다. 피터 볼, 앞의 책, 342~343면 참조.

25 馮友蘭,『中國哲學史』上冊, 北京: 中華書局, 1992, 55면.

26 司馬遷,『史記』卷二十七「天官書」第五,『史記』, 北京: 中華書局, 1982, 1342~1343면.

27 楊伯峻 編著,『左傳』昭公25年,『春秋左傳注』卷51, 앞의 책, 1459면.

28 일찍이 한위(漢魏)부터 당송까지의 사회 변화에 근거하여 천관(天觀)의 변화를 주

재자 천으로부터 존재 근거로서의 천으로 건너가는 직선적 과정으로 개괄한 학자가 있었다. 그러나 역사 문헌을 조사해 보면, 『시경』 같은 선진 시대의 전적 속에 이미 천으로서의 법칙 및 방향과 이서(理序)의 근거 혹은 형이상학적 실체의 천 관념이 포함되어 있다. 이런 종류의 천 관념은 선진 시대에 주도적 지위를 점했던 주재적 천 및 천명, 천의(天意) 관념과 병행하며 서로 모순되지 않는다. 예를 들어 『시경』 주송(周頌) 「유천지명」(維天之命)의 이른바 "하늘의 명령이여 아름답고도 그치지 않는구나. 아 크게 드러나는구나 문왕의 덕이여"(維天之命, 於穆不已. 於乎不顯, 文王之德之純) 같은 것이다. 여기서 "천지명"(天之命)은 곧 천의 법칙과 방향을 가리킨다. 또 예를 들어, 『십익』(十翼)은 비록 후인의 위작이지만 일반적으로는 『주역』 괘효 자체의 조직 및 괘·효사의 형성이 주(周) 초보다 늦지는 않을 것으로 생각되며, 그것들이 구축한 우주 질서 및 그 변화 법칙 역시 인격적 천의 범주를 벗어났다. 이들 관념은 결코 리의 관념 속으로 조직되어 들어가지 않았으며, 오히려 리관 혹은 천리관의 변화가 직선적 진화 과정으로 묘사되기는 어렵다는 점을 충분히 설명해줄 수 있다.

29 張載, 「答范巽之書」, 『張載集』, 北京: 中華書局, 349면.

30 牟宗三, 『心體與性體』(上), 앞의 책, 42~43면.

31 리쩌허우(李澤厚)는 주대 유학의 '덕'과 '예' 등의 개념 전부를 '이 이성화 형태의 표지'로 귀결시킨다(李澤厚, 「說巫史傳統」, 『波齋新說』, 香港: 天地圖書公司, 1999, 50면 참조). 주(周)·공(孔) 유학과 무사 전통의 관계에 대한 「무사 전통을 논함」(說巫史傳統)의 해설은 많은 빛나는 통찰을 담고 있으며, 여기서 '이성화'라는 단어에 대한 논의는 결코 그 글에 대한 총체적 비판이 아니다.

32 傅斯年, 「論孔子學說所以適應於秦漢以來的社會的緣故」, 『傅斯年選集』, 天津: 天津人民出版社, 1996, 300~301면.

33 앞의 책, 1490면.

34 李澤厚, 『中國古代思想史論』, 北京: 人民出版社, 1985, 20~21면.

35 『禮記』, 「禮運」, 『禮記集解』 中, 孫希旦 撰, 北京: 中華書局, 585면.

36 『禮記集解』 下, 같은 책, 1411면.

37 『禮記集解』 下, 같은 책 1414면. 『예기』가 공자의 사상을 체현하였는지는 여전히 논쟁의 여지가 있지만, 1993년 호북성(湖北省) 형문(荊門) 곽점(郭店) 초묘(楚墓)에서 출토된 죽간(竹簡)에 근거하여, 연구자들은 이미 『예기』 「중용」이 자사자(子思子)에게서 나왔음을 인정하였다. 따라서 『중용』과 『예기』 속의 부분적 내용이 공문(孔門)의 사상을 체현하였음은 근거가 없지 않다. 李學勤, 「先秦儒家著作中的大發現」, 『人民政協報』, 1998년 6월 8일 제3판.

38 『禮記集解』 下, 같은 책, 1414면.

39 牟宗三, 『心體與性體』 上, 앞의 책, 12~13면. 나는 머우쭝싼의 구분 자체가 근거가 있다고 생각한다. 그는 일찍이 『중용』의 "군자의 도는 부부에서 시작되고 지극한 경우에 이르러 천지를 살핀다"(君子之道, 造端乎夫婦, 及其至也, 察乎天地)를 들어 평할 때 이것이 "곧 성덕지교 중의 부부지도(夫婦之道)이다. 군자는 자각적으로 인륜을 실천하여 그 덕을 이루는 것은 곧 여기서부터 시작하고, 그 지극함에 이르러서는 무궁무진하니, 그러므로 '천지를 살핀다'

고 하였다. …이런 성덕지교는 공자가 시작한 것으로, 왕자진제(王者盡制) 중의 예악 인륜과 다르다"라고 하였다. 앞의 책, 13면.

40 공자의 시대, 송명 시대의 전환을 '이성화'라는 개념으로 담론할 수 있다면, 우리는 어떻게 19세기 이후 이성과 자아 등 서구의 개념을 핵심으로 하는 근대 과학적 세계관과 개인주의적 가치가 이학 세계관에 준 충격을 이해할 것인가?—이학적 세계관은 왜 재차 반이성적 미신으로 묘사되는가?

41 장학성(章學誠)의 『문사통의』(文史通義)의 관련 담론이 대표적인 관점이다. 본서 제4장 참조.

42 『國語』 卷18 「楚語下」, 上海: 上海古籍出版社, 1978, 559면.

43 徐旭生, 『中國古史的傳說時代』, 增訂本, 北京: 科學出版社, 1960; 楊向奎, 『中國古代社會與古代思想研究』, 上海: 上海人民出版社, 1964; 張光直, 『中國考古學論文集』, 北京: 三聯書店, 1999, 393면.

44 『論語』, 「陽貨」, 『論語正義』 下冊, 劉寶楠 撰, 北京: 中華書局, 1990, 691면.

45 『論語』, 「八佾」, 앞의 책, 115면.

46 앞의 책, 81면.

47 『論語』, 「陽貨」, 『論語正義』 下冊, 691면.

48 『尙書今古文注疏』 卷3, 「皐陶謨」, 淸 孫星衍 撰, 北京: 中華書局, 2004, 89면.

49 『禮記』, 「祭統」, 『禮記集解』 下, 1238~1239면.

50 牟宗三, 『中國哲學的特質』, 臺北: 臺灣學生書局, 1984, 20면.

51 徐復觀, 『中國人性論史』, 臺北: 臺灣商務印書館, 1990, 20면.

52 陳夢家, 「商代的神話與巫術」, 『燕京學報』 20(1936), 535면.

53 李澤厚, 「說巫史傳統」, 『波齋新說』, 51면.

54 『論語』, 「鄕黨」, 『論語正義』 上冊, 앞의 책, 368~436면.

55 왕궈웨이(王國維), 궈모러(郭沫若), 둥쭤빈(董作賓), 천멍지아(陳夢家) 후허우쉬앤(胡厚宣), 쉬푸관(徐復觀), 장광즈(張光直), 허빙두이(何炳棣), 리쉬에친(李學勤), 키틀리(David N. Keightley), 크릴(H.G. Creel), 슈워츠(Benjamin Schwartz) 등 중국과 서방 학자들은 상고 중국 사회 형태 및 그 신명 숭배에 대하여 각기 다른 담론을 내놓았지만, 그들은 은상(殷商) 문명이 제(帝) 혹은 상제(上帝), 자연신, 조상이라는 세 종류의 신명을 숭배했음을 확인하는 점에서는 대체로 인식을 공유하고 있다. 허빙두이는 단언한다. "화하(華夏) 인본주의를 구성하는 가장 주요한 제도적 요소는 씨족 조직이며, 가장 주요한 신앙 요소는 조상 숭배이다. 제도와 신앙은 본래 한 가지 일의 양면이다." 何炳棣 著, 『華夏人本主義文化: 淵源, 特徵及意義』, 『二十一世紀』 總第33期, 1996, 93면.

56 천(天) 개념의 기원에 관해서, 학계에는 두 가지 관점이 있다. 하나는 천이 주(周)의 씨족신이 변화·발전하여 된 것이라고 여기는 것이고, 또 다른 하나는 천이 주나라 건국 전에 이미 존재했다고 여기는 것이다. 관련된 토론과 다른 의견은 傅佩榮, 『儒道天論發微』, 臺北: 學生書局, 11~14면에 상세히 정리되어 있다.

57 같은 책, 2면.

58 육경과 공자의 관계는 역대로 논쟁이 그치지 않았는데, 여기서는 논하지 않는다(이 문제에 관해서는 周予同, 「"六經"與孔子的關係問題」, 朱維錚 編, 『周予同經學史

論著選集』增訂本, 上海: 上海人民出版社, 1996, 801~802면 참조). 그러나 육경이 시범적 가치를 가진 것은 그것이 선왕의 정교와 송사〔官司〕의 전수(典守)를 체현하였기 때문이며, 이는 많은 유자(儒者)의 기본 신념이다. 또한『논어』외의 기타 전적, 예를 들면『예기』에서 우리는 공자가 육경을 본보기로 삼은 전제를 찾을 수 있다. 『예기』의 진위 및 시간 문제는 역대로 논쟁이 있었다. 최근의 고고학적 발견에 근거하면,『예기』의 내용은 적어도 전국시대로 소급될 수 있다. 리쉬에친의 곽점(郭店) 초간(楚簡)에 대한 연구는 다음과 같은 사실을 증명하였다. 즉 "「치의」(緇衣)는『예기』에 수록되어 있는데, 죽간에도 적지 않은 곳이『예기』의 약간의 편장과 관련 있는 것은『예기』가 현대의 많은 사람들이 생각한 연대보다 더 이르게 출현했음을 설명해 준다.『한서예문지』(漢書藝文志)의 '예'(禮) 류(類)에는 이렇게 기록되어 있다. '「기」(記) 131(篇)은 공자의 70 제자들이 스스로 기록한 바이다(七十子後學自所記也).' 정현(鄭玄)의『육예론』(六藝論)에서는 이렇게 말했다. '한이 수립된 후 고당생(高堂生)은『예』70(篇)을 얻었는데, 나중에 공자의 구택 벽 속에서, 하간헌왕(河間獻王)의『예』56편과『기』131편을 얻었다.' 따라서『한지』(漢志)의『기』가 모두 고문이며, 어떤 것은 공작의 벽에서 나온 것이고 어떤 것은 하간헌왕이 모은 것으로, 모두 공자 문하 70 제자들의 작품임을 알 수 있다. 고당생의 제5대 제자 대덕(戴德), 대성(戴聖)이 전한『예기』,『대대례기』(大戴禮記)는 모두 이들 재료에 근거하여 편찬한 것이다. 현재 곽점의 초간은『예기』의 일부 편장의 진실성을 인증하였고, 이로써 초기 유가 연구에 더욱 광활한 경계를 열어 주었다." 「郭店楚簡研究」,『中國哲學』第二十輯, 21면.

59 캉유웨이는 말했다. "옛날의 왕이 왕조를 열고 나서 그 백성을 안정시킬 때, 위로는 헌장(憲章)을 내어 기조〔敎〕로 삼고, 아래로는 그 헌장을 받들어 학(學)으로 삼았는데, 모두 한 왕조의 법령, 전장(典章)이다. 임금에게서 창시되고, 관(官)에 보존되며, 그것을 지킨 이는 사유(師儒)이고 외워 익히고 받들어 행하는 자는 사민(士民)이다. 위의 법령이 알기 쉽고, 아래의 정의(情意)가 소통되기 쉬웠으니, 그것을 배우는 추세〔勢〕가 지극히 쉬웠고 그것을 이용함도 지극히 편하였는데, 이것이 선왕이 통치한 방법이다. 지금 말하는 경의(經義)라는 것은 모두 주도(周道)이다."(古之王者, 創業垂統, 安定其民, 上出其憲章以爲敎, 下奉其憲章以爲學, 皆一朝之法令·典章也. 創之於君, 存之於官, 守之者師儒, 誦習奉行者士民, 上之法令易知, 下之情意易通, 其學之之勢至易, 其施於用也至便, 此先王所以致治也. 今所稱經義皆周道也)「敎學通義」,『康有爲全集』(1), 上海: 上海古籍出版社, 1987, 135면.

60 徐復觀,『兩漢思想史』第一卷, 上海: 華東師範大學出版社, 2001, 15~16면.

61 張光直,「中國古代王的興期與城邦的形成」,『中國考古學論文集』, 北京: 三聯書店, 1999, 389, 388면.

62 『예기』의「상복소기」(喪服小記)와「대전」(大傳)은 역대로 주나라 시대의 종법을 고찰하는 주요 자료인데, 그 요점은 이렇다. 별자(別子: 제후의 아들 중에서 적자를 제외한 아들)를 조(祖)로 하고, 별자의 적자를 계승하는 것이 종(宗)이며, 적자 이외의 아들을 계승하는 것이 소종(小宗)이다. 위로는 조상을 모시니 존존(尊尊)이고, 아래로는 자손을 다스리니 친친(親親)이다. 옆으로는 형제를 다스리니 전 가족을 회합하여 먹이고, 소(昭)와 목(穆)으로 종묘와 묘지를 순서 짓고, 예의로써 구별한다.『禮

記集解』中, 867~878, 902~905, 914~918면.

63   『荀子』, 「儒效篇」, 『荀子集解』上, 中華書局, 1988, 134면.

64   楊伯峻 編著, 『左傳』「僖公24年」, 『春秋左傳注』卷51, 北京: 中華書局, 420면.

65   정전(井田)과 병제(兵制)의 관계에 대해서는 쉬중수(徐中舒)의 「정전제도탐원」(丁田制度探源)이 가장 상세하다. 徐中舒 著, 『徐中舒歷史論文選集』下, 北京: 中華書局, 1998, 713~760면.

66   같은 책, 724면.

67   『左傳』「定公4年」, 앞의 책, 1538~1539면.

68   상권 제2부 '제국과 국가' 제5장 참조.

69   朱執信 等著, 『丁田制度有無之硏究』, 上海: 華通書局, 1930 참조. 이 책은 후스, 후한민, 랴오중카이(廖仲愷), 주즈신(朱執信), 지룽우(季融五), 뤼스미앤 등의 글을 수록하였다.

70   『孟子』卷10, 焦循 撰, 『孟子正義』, 北京: 中華書局, 1987, 334~361면.

71   『禮記』卷48, 「經解」제26, 『禮記集解』上, 1254~1255면.

72   허우와이루는 공자가 "형식상 더욱 많이 이른바 '군자유'(君子儒)의 요소를 보존하였다"고 생각하는데, 그 이유가 바로 여기에 있다. 『中國思想通史』第一卷, 北京: 人民出版社, 1957, 40~41면.

73   『禮記集解』中, 9576~9587면.

74   주자는 『예기』「학기」를 이렇게 풀이하였다. "옛날 학교에서 교인(敎人)과 전도(傳道)와 교수(授受)의 순서와 그 득실과 흥망이 말미암는 바를 말할 때, 대개 대학과 소학을 겸하여 말하였음을 이른다."(言古者學校敎人傳道授受之次序, 與其得失興廢之所有, 蓋兼大小言之) 같은 책, 956면.

75   같은 책, 958면.

76   같은 책, 959면.

77   다음 사항에 주의해야 한다. 『예기』가 만들어진 시대는 이미 이 일학(一學)의 예서(禮序)가 붕괴된 시대였고, 그래서 그 속에는 또한 이런 개탄이 있다. "오늘날 교육은 눈앞의 책을 그 내용은 모르면서 그저 자구만 되풀이해서 읽고 질문을 번다하게 하여 말이 잡다하고 학습의 진도에만 급급하여 학생의 상황은 돌보지 않으며 온 마음을 다하지 못하게 하고 가르쳐도 그 재능을 다하지 못하게 하고, 그 베푸는 것도 어그러져 있고 그 요구 또한 거절하게 된다. 대저 그러하니 그 배운 것은 숨기려 하고 그 스승을 미워하며, 공부가 어렵다고 힘들어하며 그것의 이점을 모른다. 비록 그 학업을 마치더라도 서둘러 버린다. 교육이 이루어지지 못하는 것은 여기에서 말미암는 것이다!"(今之敎者, 呻其佔畢, 多其訊, 言及於數, 進而不顧其安, 使人不由其誠, 敎人不盡其材, 其施之也悖, 其求之也佛. 夫然, 故隱其學而疾其師, 苦其難而不知其益也. 雖終其業, 其去之必速. 敎之不刑, 其此之由乎) 바로 이런 의미에서 이 학(學)의 계보를 상세히 묘사하고, 학(學)과 예(禮) 사이의 내재적 연계를 다시 구축하는 것은 바로 학제(學制)와 예(禮) 사이의 조화에 대한 일종의 이해와 비판에서 기원하였다. 같은 책, 964면.

78   「일서」(逸書)에서 덕의 각종 표현 방식에 대해서는 饒宗頤, 『中國史學上之正統論』, 上海: 上海遠東出版社, 1996, 10~12면 참조.

79   같은 책, 12면.

80   『書經』,「蔡仲之命」,『十三經注疏』, 尙書 部分, 254, 247면.

81   『詩經』大雅,『十三經注疏』, 詩經 部分, 674, 537면.【역주】『시경』대아(大雅)「문왕」(文王)

82   양샹쿠이는 '상'(賞)과 후대 법가의 '이병'(二柄: 형상刑賞)을 연계하여, 이 이병이 바로 서주(西周)부터 춘추시대까지의 '형덕'(刑德)이라고 추단한다. 楊向奎 著,「關於西周的社會性質問題」,『繹史齋學術文集』, 上海: 上海人民出版社, 43면.

83   王國維,「殷周制度論」,『觀堂集林』卷第十,『王國維遺書』(二), 上海: 上海古籍書店, 1983, 14면.
     또한 궈모러는 주(周) 나라 때의 '덕'의 관념을 논하며 이렇게 말하였다. "『주서』(周書)와 주나라 청동기로부터 볼 때, 덕 자는 주관적 방면의 수양을 포함할 뿐 아니라 동시에 객관적 방면의 규모도—후인들이 말하는 '예'(禮)도—포함하고 있다. 예는 나중에 생긴 글자로, 주나라 초기의 청동기 명문(銘文)에는 이 글자가 보이지 않는다. 예는 덕의 객관적 방면의 절문(節文: 예절에 관한 문장.『논어』「학이」에, '예는 천리의 절문이고, 인사의 의칙'(禮者, 天理之節文, 人事之儀則)이라고 하였다)이 변질된 것으로, 고대의 덕 있는 사람의 일체의 정당한 행위의 방식이 모여서 후대의 예가 되었다. 덕의 객관적인 절문은「주서」에서 말하는 것이 매우 적지만, 덕의 정신상의 추동은 명백히 하나의 '경'(敬) 자에 집중되어 있다." 郭沫若,『靑銅時代·先秦天道觀之進展』,『郭沫若全集』歷史篇, 第一卷, 北京: 人民出版社, 1982, 336면.
     이에 대해 양샹쿠이는 다른 견해를 표명하였다. 그는 예가 덕의 파생물도 아니고 "고대 덕이 있는 사람의 일체의 정당한 행위의 방식이 모인 것"도 아니며, 상황은 정반대라고 하였다. 예의 기원은 매우 빨라서, "예의 규범 행위가 덕의 사상 체계를 파생시켰고, 덕은 예에 대한 수정이자 보충이기 때문이다."(楊向奎,『中國社會與禮樂問名』(修訂本), 北京: 人民出版社, 1977, 337면)
     현대의 궈카이(郭開)는 그의 박사 논문에서 각기 '덕형' 관계, 성씨 문제 및 원시 무술의 이데올로기 등 삼중의 배경 속에서 '덕'의 원시적 함의를 연구, 상술한 몇 가지 관점에 대해 연구를 진행하고, 왕궈웨이, 궈모러, 양샹쿠이 등 선배 학자들이 예와 덕의 관계로부터 출발하여 '덕'을 연구한 경로를 부각시켰는데, 나는 이것이 주대 사상의 특징에 부합한다고 생각한다. 郭開,『略述先秦思想史中"德"的源流』, 北京大學博士硏究生學位論文, 1999, 15면.

84   徐復觀, 앞의 책, 2001, 12면.

85   이 점은 유럽 사상가가 묘사한 영웅시대의 도덕과 매우 유사한데, 매킨타이어의 주장에 따르면, 이 시대에는 "정해진 기성 규칙은 사람들의 지위와 신분을 부여했을 뿐만 아니라 그들이 지불해야 할 것과 받아야 할 것을 규정했다. 그리고 이러한 규칙을 준수하지 못할 경우 어디에 처해지고 취급되며, 타인들이 준수하지 못할 때는 또 어디에 위치짓고 어떻게 대처해야 하는지를 규정하였다." "사회질서 속에서 한 개인은 이런 어떤 지위에 있지 않으면, 타인이 그가 누구인지 인식할 방법이 없을 뿐 아니라, 그에게 반응할 방법도 없고, 그가 누구인지를 알아볼 사람도 없으며, 또한 그 자신조차도 그가 누구인지 모른다." A. Alasdair Chalmers MacIntyre, 龔群·戴揚毅 等譯,『德性之後』(After Virtue, University of Notre Dame Press, 1984),

pp.123~124, 北京: 中國社會科學出版社, 1995, 156면.

86 荊門市博物館 編, 『郭店楚墓竹簡·六德』, 北京: 文物出版社, 1998 및 廖名春, 「荊門郭店楚簡與先秦儒學」, 『郭店楚簡研究』, 『中國哲學』 二十輯, 1999, 62~63면 참조.

87 이런 의미에서 데이비드 홀(David Hall)과 로저 에임스(Roger Ames)의 다음과 같은 판단이 성립된다. "공자 사상 중에서 영향이 가장 심원하고 일관된 전제는 어떠한 초월적 존재 혹은 원칙도 존재하지 않는다는 것이다." 그들은 또 다음과 같이 지적한다. 즉 중국 경전을 비중국어 세계에 소개하려는 시도는 기독교 선교사에 의해 시작되었으며, 그들 선교사들과 여타 서구의 철학자들은 초월적 개념에 의존하여 『논어』를 해석했다. 그 후 실존주의 관점에서 공자를 해석하려는 사람들이 등장했다는 것이다. "공자가 인류를 중심으로 하는 환경 도덕론자였다면, 서구 철학 속의 실존주의자들은 인간과 인간의 상호 의존에 그다지 주의하지 않았으며, 그들은 개인 가치의 독립적 실현을 보다 중시했으며, 결정적인 초월적 원리는 자아실현의 정점에 서 있는 개인, 자신이 창조한 세계로부터 독립된 개인이라고 생각했다." David Hall·Roger Ames, 『孔子哲學思微』, 南京: 江蘇人民出版社, 1996. 초월성이라는 이 개념에 대항하기 위해, 위 두 저자는 공자 사상의 원리를 일종의 강렬한 내재론적 선결 설정(先決設定)에 귀속시켰다. 내가 보기에, 이 개념은 여전히 공자의 사상적 특징을 정확히 보여 줄 수 없다. 왜냐하면 예악의 도덕 판단 방식은 유 혹은 무의 본체론을 전제로 하지 않을 뿐 아니라, 근본적으로 실연(實然)과 응연(應然), 내재(內在)와 외재(外在)라는 이원론 관계 속에 세워지지 않았기 때문이다. 그러므로 내재론과 초월론은 모두 공자의 도덕 평가 방식을 설명할 수가 없다.

88 장학성이 볼 때, 도덕 실천은 반드시 선왕의 제작(制作)을 그 객관적 근거로 삼아야 하는데, 예악 제도를 떠나면 어떻게 도덕을 말할 수 있을 것인가? 공자 사상 속의 성왕지제(聖王之制)는 일종의 예악 공동체이고, 치도합일은 이 예악 공동체의 기본 특징이다. 장학성은 도기합일(道器合一)로써 공자의 사상을 귀납하고, 육경을 이러한 예악 공동체의 유적(遺迹)이라고 보았다. "후세에 공부자의 가르침을 복종하는 자들은 육경에서 시작하기에, 육경이 도를 싣고 있는 책이라고 말하지만, 육경이 모두 그 그릇(器: 쓰임)임을 모른다. …공부자가 육경을 찬술하여 후세를 가르친 것 또한, 선성(先聖) 선왕(先王)의 도는 볼 수 없고 육경이 곧 그 쓰임 가운데 볼 수 있는 것임을 이른다."(後世服夫子之敎者自六經. 以謂六經載道之書也, 而不知六經皆器也. …夫子述六經以訓後世, 亦謂先聖先王之道不可見, 六經卽其器之可見者也) 章學誠, 『文史通義·原道中』, 『章學誠遺書』, 北京: 文物出版社, 1985, 11면.

89 『孟子』, 「萬章上」, 『孟子正義』 下, 焦循 撰, 北京: 中華書局, 1987, 같은 책, 643면.

90 <顧頡剛致傅斯年, 民國十五年十月十八日>. 傅斯年, 「論孔子學說所以適應於秦漢以來的社會的緣故」, 『傅斯年選集』, 297면.

91 『禮記』, 「中庸」, 『十三經注疏』 阮刻本, 『禮記正義』, 北京: 中華書局, 1980, 406면.

92 余英時, 「古代知識階層的興起與發展」, 『士與中國文化』, 上海: 上海人民出版社, 1987, 12~13면.

93 『論語』, 「子路」, 劉寶楠, 앞의 책, 538면.

94 사(士)는 일종의 주체적 능동적 내발적 역량을 체현하고 있는데, 소위 '인으로써 예

를 해석한다는 이인석례' 즉 '예'는 한 층위의 주체적 전화를 거칠 것을 요구한다. 『논어』「학이」에서 "선생께서 말씀하셨다. …남들이 알아주지 않아도 화내지 않으면 또한 군자가 아니겠는가?"(人不知而不慍, 不亦君子乎)라 했다. 『논어』「이인」(里仁)에서는 "사는 도에 뜻을 둔다. 나쁜 옷과 나쁜 음식을 부끄러워한다면 더불어 논의할 만하지 못하다"(士志於道, 而恥惡衣惡食者, 未足與議也)고 했다. 『논어』「태백」(泰伯)에서는 "증자께서 말씀하셨다. '사는 드넓고 굳세지 않을 수 없으니, 임무는 무겁고 길은 멀기 때문이다"(士不可以不弘毅, 任重而道遠)라고 했다. 劉寶楠, 앞의 책, 146, 396~397면.

95   『論語』, 「學而」, 앞의 책, 7면.

96   章太炎, 「說物」, 『太炎文錄初篇』 卷一, 『章太炎全集』 4, 41면.

97   완원(阮元)이 고증하였다. "춘추시대에 공문(孔門)에서 말한 인(仁)이란 것은 이 한 사람과 저 한 사람이 짝이 되었을(相人偶) 때, 그 경·예·충·서 등의 일을 다 하는 것을 말한다. 상인우(相人偶)란 인지우지(人之偶之)를 말한다. 무릇 인은 반드시 몸이 행하는 바에서 체험하여야만 비로소 보이고, 또 반드시 두 사람이 있어야 인은 비로소 보이니, 만약 한 사람이 문을 닫고 들어앉아서 눈을 감고 정좌한다면, 비록 덕리(德理)가 마음에 있다 하더라도 끝내 성문(聖門)의 이른바 인을 가리킬 수는 없을 것이다. 사(士)·서인(庶人)의 인은 종적과 향당에서 보이고, 천자·제후·경대부의 인은 국가와 신민(臣民)에게서 보이는데, 같은 상인우의 도이니, 반드시 사람과 사람이 서로 만나야 인이 비로소 보인다. …『논어』의 기립입인(己立立人), 기달달인(己達達人)의 뜻은 가까운 곳에서 비유를 취할 수 있음이니, 즉 말은 달리고 물은 흐르는 뜻이다."(春秋時孔門所謂仁也者, 以此一人與彼一人相人偶, 而盡其敬禮忠恕等事之謂也. 相人偶者, 謂人之偶之也. 凡仁必於身所行者驗之而始見, 亦必有二人而仁乃見, 若一人閉戶齋居, 瞑目靜坐, 雖有德理在心, 終不得指爲聖門所謂之仁矣. 蓋士庶人之仁, 見於宗族鄕黨, 天子諸侯卿大夫之仁, 見於國家臣民, 同一相人偶之道, 是必人與人相偶, 而仁乃見也. …『論語』己立立人, 己達達人之旨, 能近取譬, 卽馬走水流之意) 阮元, 『硏經室一集』 卷8 「論語論仁論」, 『硏經室集』, 北京: 中華書局, 1993, 176~177면.

98   『論語』, 「顔淵」, 『論語正義』, 앞의 책, 483~484면.

99   『論語』, 「陽貨」, 『論語正義』, 앞의 책, 683면.

100 李覯, 「常語」, 『宋元學案』 卷3 「高平學案」, 『黃宗羲全集』 3, 杭州: 浙江古籍出版社, 1992, 222~223면에서 재인용.

101 『孟子』, 「藤文公上」, 『孟子正義』 上, 315면.

102 『孟子』, 「盡心下」, 『孟子正義』 下, 991면.

103 『孟子』, 「離婁上」, 같은 책, 492면.

104 『孟子』, 「盡心下」, 같은 책, 959면.

105 『孟子』, 「公孫丑上」, 같은 책, 239면.

106 傅佩榮, 『儒道天論發微』, 臺北: 學生書局, 133면.

107 『孟子』, 「盡心上」, 같은 책, 906면.

108 『孟子』, 「盡心上」, 같은 책, 878면.

109 『孟子』, 「離婁上」, 같은 책, 505면.

110 『孟子』,「告子上」, 같은 책, 757면.

111 徐復觀,「『中庸』的地位問題」,『中國思想史論集』, 臺中: 中央書局, 1959, 78면.

112 杜維明,『儒家思想新論──創造性轉換的自我』, 南京: 江蘇人民出版社, 1991, 127~128면.

113 두웨이밍은 한 걸음 더 나아가 이 본체론적 상태를 "유학의 종교성"으로 해석한다. 杜維明,『論儒學的宗敎性』, 武漢: 武漢大學出版社, 1999, 21면.

114 첸무(錢穆)의『중용신의』(中庸新義)는 장자(및 공맹)로『중용』을 해석했고, 쉬푸관은 첸무의 입장에 대해 논의한「『중용』의 지위 문제」(『中庸』的地位問題)에서,『중용』사상이『논어』에서 나온 것이라고 하였다. 徐復觀, 앞의 책, 1959, 72~88면 참조.『중용』이 도가 사상 혹은 불가의 어떤 학파에 영향을 받은 사상적 작품(사상서)인지 여부에 관한 토론은 杜維明, 앞의 책, 1999, 13면 참조.

115 리쉬에친은 다음과 같이 말했다. "이들 유서(遺書)의 발견은『중용』이 자사에게서 나왔음을 실증하였을 뿐 아니라『대학』이 확실히 증자와 관련 있음을 추론할 수 있다.『대학』에서 제기한 많은 범주, 예를 들면 수신·신독·신민 등등은 죽간에서 모두 반복적으로 논술되고 인신(引伸)된다.『대학』의 경과 전을 가진 구조는『오행』(五行) 경전과 매우 닮았다. 이로부터 송 이래의 학자들이『대학』·『중용』을 추숭하여,『대학』과『중용』이 공문(孔門)의 이론적 이상을 체현했다고 보는 입장은 근거 있는 것임을 알 수 있다." 李學勤, 앞의 책, 1998년 6월 8일 제3판. 그는 다른 글「곽점 초간과 유가 경적」(郭店楚簡與儒家經籍)에서 또「『예기』내의『대학』,『중용』은 증자와 자사가 지은 것이라고 전해지는데, 송명 이래로 중시되어『논어』·『맹자』와 함께 '사서'(四書)라고 불린다. 곽점 초간에는 비록 이 두 편이 없지만, 두 편 속의 많은 관념 범주가 죽간의 유서 각 편 속에 진술되어 있는데, 예를 들면 성·신독·격물·수신 등은『대학』과『중용』을 읽은 사람이라면 모두 익숙한 것들이다.『대학』에서 '큰 배움의 길은 밝은 덕을 밝히는 데 있고, 백성들과 친해지는 데 있으며, 그로써 지극한 선에 이르는 데 있다'(大學之道, 在明明德, 在親民, 在止於至善)를 말하면서 아래 글에서 '강고'(康誥)의 '작신민'(作新民)을 인용했다. 송의 정자(程子)는 '친(親)은 신(新)이라고 해야 한다'고 말했고, 주자도 이렇게 해석했는데, 후대의 많은 사람들이 믿지 않았다. 현재 곽점 초간을 보면 모든 '친' 자가 '신'으로 쓰여 있고,『대학』의 '친민'(親民)도 본래 마땅히 '신민'(新民)이었을 것이니, 정주(程朱)가 말하는 것은 여전히 일리가 있다."'형문 곽점 초간 속의『자사자』(子思子)'에 관해서는 리쉬에친의 같은 글과 姜廣輝,「郭店楚簡與"子子"」를 참고하기 바란다. 이상의 각 인용문은 모두「郭店楚簡研究」,『中國哲學』20輯, 1999, 16, 21, 75~80, 81~92면 참조.

116 『中庸』第20章, 第25章. 朱熹,『四書章句集注』, 北京: 中華書局, 1989, 31, 33~34면 인용.

117 『中庸』第26章, 같은 책, 34~35면.

118 周敦頤,『周元公集』卷1,「通書 誠上 第1」, 10a면(文淵閣 四庫全書本).

119 周敦頤,『周元公集』卷1,「通書 聖 第四」, 14b면(文淵閣 四庫全書本).

120 만약 단지『중용』등 유학 문헌 속의 천명과 성 등의 학설에만 근거해 '유학의 종교성'을 논한다면, 이들 범주가 유학 내부에서 발생시킨 동력을 설명할 수 없고, 또『맹자』·『중용』및『대학』속에서 천명·인성 및 자아에 대한 고도의 중시와 공자의 예

악론 사이의 관계를 해명할 방법이 없다.

121 朱熹,『晦庵先生朱文公文集』, 朱杰人 等 主編,『朱子全書』, 第23冊, 上海: 上海古
籍出版社, 2002, 3279면.

122 戴震,『孟子字義疏證』,『戴震全書』1, 北京: 淸華大學出版社, 1991, 207면 참조.
대진은 '극기복례'를 해석할 때 이렇게 말한다. "'극기복례지위인'(克己復禮之爲
仁)은, '기'(己)로써 '천하'에 대하여 말한 것이다. 예라는 것은 지극히 당연하여 바
뀌지 않는 법칙이니, 그러므로 '언행이 예에 들어맞음은 성덕의 지극함이다'라고 한
다. 의견이 조금 편향되고 덕성이 순수하지 않음은 모두 이미 천하와 멀어지는 단서
이다. 극기할 수 있음으로 해서 그 지극히 당연하고 바뀌지 않는 법칙으로 돌아오기
때문에, '하루라도 극기복례 하면, 천하가 인으로 돌아갈 것이다'라고 말하는 것이
다."(克己復禮之爲仁, 以'己'對'天下'言也. 禮者, 至當不易之則, 故曰, '動容周旋
中禮, 盛德之至也.' 凡意見少偏, 德性未純, 皆己與天下阻隔之端; 能克己以還其
至當不易之則, 斯不隔於天下, 故曰, '一日克己復禮, 天下歸仁焉.') 대진의 해석은
덕성, '위인유기'(爲仁由己: 인덕의 실행이 완전히 자기에게서 비롯함)의 자유, 그리
고 '예에 맞음'를 연관시켜 송학이 '예'를 '리'(理)로 추상화하는 방식을 이었지만, 여
전히 덕성과 '예에 맞음'의 필연적 연계를 드러내 보인다.

123 王陽明,『傳習錄』上,『王陽明全集』上, 上海: 上海古籍出版社, 1992, 26면.

124 程頤,『河南程氏遺書』卷21下, 程顥·程頤 著,『二程集』, 北京: 中華書局, 1981,
274면.

125 程頤,『伊川易傳』, 같은 책, 1025~1026면.【역주】『주역』「미제괘」(未濟卦)의 상구
(上九) 효(爻)에 대한 해설이다.

126 朱熹,『朱子語類』卷6, 黎靖德(宋) 編, 北京: 中華書局, 1986, 112면.

127 주희의 또 다른 언급 역시 상술한 판단에 대한 주해로 삼을 수 있다. "문장은 덕이
겉으로 보이는 것이니, 위의(威儀)와 문사(文辭)가 모두 그러하다. 성(性)이라는 것
은 사람이 받은 천리다. 천도라는 것은 천리자연(天理自然)의 본체로서, 그 실질은
일리(一理)다. 공자의 문장은 날마다 겉으로 보여서, 참으로 배우는 이들이 함께 들
은 바다. 성과 천도는 공자께서 드물게 말씀하셨기에 배우는 이들이 들을 수 없었던
것이다."(文章, 德之見乎外者, 威儀文辭皆是也. 性者, 人所受之天理. 天道者, 天
理自然之本體, 其實一理也. 言夫子之文章, 日見乎外, 固學者所共聞; 至於性與天
道, 則夫子罕言之, 而學者有不得聞者) 朱熹,「公冶長」章 "子貢曰夫子之文章可得
而聞也夫子之言性與天道不可得而聞也"條 注,『四書章句集注』, 北京: 中華書局,
1983, 79면.

128 '예'에 대한 명청 시기의 유학자들의 해석에는 선진 사상의 내핵(內核)이 약간 남
아 있었으나, 송학의 세례를 거치면서 '예'에 대한 그들의 해석은 이미 내재화와 자
연화의(혹은 내재 초월식內在超越式의) 특징을 지녔다. 즉 '예'는 '자연'으로 간주
될 수 있었고, 또 그 자연임으로 인하여 자연이기도 했다. 예를 들면 鄒守益,『鄒東
廓集』卷9「論克己復禮章」에서는 "예라는 것은 천연자유(天然自由)의 속에서 …기
(己)가 본래 가지고 있는 것이다. …몸(身) 바깥에 도가 없고, 자기 바깥에 예가 없
다"(禮者, 天然自有之中, …己之所本有也. …身外無道, 己外無禮)고 하였다. 대진
에게서, 이 '예'는 '천연자유'와 '자기가 본래 가지고 있는 것'(己之所本有) 사이에서

전개된다. 그는 말한다. "자연과 필연은 별개의 것이 아니다. 그 자연으로 보자면 밝음의 다함이요 기미(幾微)를 잃음이 없으니, 이것은 그 필연이다. 이와 같이 한 뒤에야 유감이 없고, 이렇게 한 뒤에야 편안하니, 이는 곧 자연의 최고의 준칙(極則)이다."(自然之與必然, 非二事也. 就其自然, 明之盡而無幾微之失焉, 是其必然也. 如是而後無憾, 如是而後安, 是乃自然之極則) 자연 자체가 필연을 의미하고 있고, 따라서 필연을 이반한 자연은 존재하지 않으니, 만약 "그 자연에 맡겨 잘못되고, 다시 그 자연을 잃는다면 이는 자연이 아니다."(任其自然而流於失, 轉喪其自然, 而非自然也) 戴震, 『孟子字義疏證』, 「戴震全集」 1, 北京: 淸華大學出版社, 1991, 170면.

129 전대흔은 다음과 같이 말한다. "고서에서 천도를 말한 것은 모두 길흉화복을 주로 하여 말한 것이다."(古書言天道者, 皆主吉凶禍福而言) 錢大昕, 『十駕齋養身錄新錄』 卷3, 上海: 上海書店, 1983, 45면. 공자 사상 속의 천(天) 역시 이렇게 일종의 주재적 천이다. 군자에 대한 그의 요구에는 "천명을 두려워한다"는 내용이 포함되었는데, 이른바 "군자에게는 세 가지 두려움이 있다. 즉 천명을 두려워하고, 대인을 두려워하고, 성인의 말을 두려워한다."(君子有三畏: 畏天命, 畏大人, 畏聖人之言) 『論語』, 「季氏」, 劉寶楠 撰, 『論語正義』 下册, 1990, 661면. 그러나 천명은 결코 인간의 도덕 준칙과 행위를 직접 규정하지 않으며, 따라서 공자는 다음과 같이 말했다. "명을 모르면 군자가 될 수 없다. 예를 모르면 설 수가 없다. 말을 모르면 사람을 알 수가 없다."(不知命, 無以爲君子也, 不知禮, 無以立也, 不知言, 無以知人也) 『論語』, 「堯曰」, 같은 책, 769면.

130 데이비드 홀과 로저 에임스는 이렇게 강조한다. "공자가 더욱 관심을 가졌던 것은 특정한 환경 속에서의 인간의 행동이지 추상적 도덕으로서의 선(善)의 근본 성질이 아니다." David Hall·Roger Ames, 앞의 책, 1996, 7면 참조.

131 王陽明, 『傳習錄』 上, 앞의 책, 1992, 6~7면.

132 程顥·程頤 著, 『伊川易傳』, 『二程集』, 中華書局, 1981, 723면.

133 종래로 사람들은 오행설이 추연(鄒衍)에게서 나왔다고 여겼으나, 라오쭝이는 각종 신구 자료를 종합해 오행설이 사실은 자사에게서 일어났다고 여긴다. 구체적 논증은 饒宗頤, 『中國史學上之正統論』, 上海: 上海遠東出版社, 1996, 10~16면 참조.

134 顧頡剛, 『秦漢的方士與儒生』, 上海: 上海古籍出版社, 1998, 2~4면.

135 陳夢家, 「商代的神話與巫術」, 『燕京學報』 第20期, 1936, 535면; K.C. Chang, *Art, Myth, and Ritual*, Cambridge, Mass.: Harvard University Press, 1983, p. 73 참조. 또한 리쩌허우는 다음과 같이 개괄한다. "원시 시대의 '가위무사'(家爲巫史: 집집마다 무사가 되는 것 — 역자)에서 '절지천통'(絶地天通)으로 전환한 뒤에, '무'(巫)는 '군'(君: 정치적 수장)의 특권적 직능이 되었다." "이런 '무군 합일'(즉 정교 합일)과 조선-천신 숭배 합일(祖先-天神崇拜合一: 즉 신인 합일神人合一)은 실제로 동일한 일이다." 이런 의미에서, 상고시대 대무사(大巫師)로부터 하·상·주 시대의 정치적 지도자에 이르기까지 "모두가 정치적 통치권(王權)과 정신적 통치권(神權)을 한 몸에 모은 대무(大巫)다". 李澤厚, 「說巫史傳統」, 『波齋新說』, 香港: 天地圖書公司, 1999, 36~37면 참조.

136 Joseph Needham, 何兆武 等譯, 『中國科學技術史』(Science and Civilisation in China) 第2卷, 北京: 科學出版社, 1990, 148~159면.

137 　李澤厚, 앞의 책, 1999, 43면.

138 　『禮記』,「曲禮上」,『禮記集解』上, 孫希旦 撰, 北京: 中華書局, 1989, 94면 참조.

139 　같은 책, 95면.

140 　『禮記』,「校特牲」,『禮記集解』中, 孫希旦 撰, 北京: 中華書局, 1989, 706~707면 참조.

141 　같은 책, 707면.

142 　『禮記』,「仲尼燕居」,『禮記集解』下, 孫希旦 撰, 1989, 1272면.

143 　『禮記』,「樂記」, 같은 책, 1009면.

144 　章學誠,『文史通義』,「易敎上」,『章學誠遺書』, 北京: 文物出版社, 1985, 1면.

145 　龔自珍,「古史鉤沉論二」,『龔定庵全集類編』, 北京: 中國書店, 1991, 99면.

146 　천멍지아·리징츠(李鏡池)·라오쭝이 등의 학자는 모두 일찍이 고적(古籍)에 의거해 복서(卜筮)와 사(史)의 역사적 연계를 논증했다. 리쩌허우는 여러 입장을 종합하고 『예기』「예운」(禮運)의 "왕이 무를 앞세우고 사를 뒤로한다"(王前巫而後史)라는 공간적 설명을 전개해 시간적 변천으로 만들었으니, 곧 "'사'를, '무'의 뒤를 이어 복서(卜筮) 제사(祭祀) 활동을 진행하고 왕에게 복무하는 총직책으로 일컫는다." 李澤厚, 앞의 책, 1999, 46~74면.

147 　班固,『漢書』,「五行志」, 顔師古 註釋, 北京: 中華書局, 1962, 1317면.

148 　동중서는 일상적인 정치 실천 속에서 그의 이 주장을 받아들였는데,『한서』「동중서전」에서는 이렇게 말한다. "대(對)가 끝난 후, 천자께서는 나를 강도(江都)의 승상(丞相)으로 삼았다. …내가 나라를 다스림에,『춘추』의 재이지변(災異之變)을 가지고 음양이 잘못 행해지는 까닭을 추측하였다. 그러므로 비를 구할 때는 모든 양기를 막고 모든 음기를 풀게 하였다. 비를 그치게 할 때는 그 반대로 하였다. 나라 전체에서 이를 행하니, 바라는 바를 얻지 못한 적이 없었다."(對旣畢, 天子以仲舒爲江都相. …仲舒治國, 以『春秋』災異之變, 推陰陽所以錯行. 故求雨閉諸陽, 縱諸陰; 其止雨反是; 行之一國, 未嘗不得所欲) 같은 책, 2523~2524면.

149 　쉬푸관은『춘추번로』를 다시 다음과 같이 세 번째 부분으로 열거해 볼 수 있다고 하였다.「교어」(郊語) 제65,「교의」(郊義) 제66,「사제」(四祭) 제68,「교사」(郊祀) 제69,「교사」(郊事) 제71,「제의」(祭義) 제76 등이 그것이다. 이들 편장(篇章)은 "곧 존천(尊天)에서부터 교천(郊天: 임금이 천신에게 제사를 지내던 일—역자) 및 일반 제사의 예에 이르기까지 널리 다루었으며, 당시 조정의 예제와 관련이 있다.「지현」(贄賢) 제72는 곧 예의 일단이다.「산천송」(山川頌) 제73은 동씨(董氏)가 산수로 (군자의) 품덕을 비유한 잡문이다. 이는 곧『춘추번로』의 세 번째 부분을 구성하였다." 徐復觀,『兩漢思想史』第2卷, 上海: 華東師範大學出版社, 2001, 192면 참조.【역주】「산천송」은 동중서가 자연 산수를 인격화하여 군자의 품덕을 비유한 것으로「산천송」은 유가 문화에서 경학의 기본 특징을 계승한 것으로 평가된다. 경학의 방식으로 유가의 이론 관념을 새롭게 해석했다는 것이다. 이로써 선진 시대 이후 유가들의 산수 전통은 매우 유효한 경학화의 추세를 이루었고, 이로써「산천송」은 선진 시대의 제사시송(祭祀詩頌)으로부터 한대의 경전문을 해석하는 '송체'(頌體)로 전변되었으며, 문학 갈래로서 '송체'로 표지되었다고 할 수 있다.

150 　『춘추번로』에 관한 연구는 많은데, 그 책의 구조적인 간단명료한 서술에 대해서는,

Michael Loewe ed., 李學勤 等譯, 『中國古代典籍導讀』(Early Chinese Texts: A Bibliographical Guide), 瀋陽: 遼寧教育出版社, 1997에 쓰인 관련 조목을 참조. 이 책의 81~91면 참조.

151 董仲舒, 「同類相動」 第57, 『春秋繁露』 卷13, 凌曙 注, 北京: 中華書局, 1991, 影印本, 207~208면.

152 James George Frazer, 徐育新 等譯, 『金枝』(The Golden Bough) 上, 北京: 中國民間文藝出版社, 1987, 19~20면. 【역주】 이 책은 국내에서 『황금가지』라는 제목으로 여러 판본이 나와 있다.

153 Joseph Needham, 앞의 책, 1990, 307면.

154 『사기』 「봉선서」(封禪書), 『사기』 「진시황본기」(秦始皇本紀)와 『전한서』(前漢書) 「교사지 상」(郊祀志上)은 모두 추연의 제자 선문고(羨門高)와 그의 방술(方術) 등을 언급하는데, 니덤의 추측에 의하면 선문(羨門)이라는 단어는 샤먼(shaman)이라는 단어의 유래일 가능성이 많으며, 샤먼은 곧 무(巫)다. 같은 책, 148~149면.

155 James George Frazer, 앞의 책, 1987, 19~20면.

156 M. Mauss & H. Hubert, "Esquisse d'une théorie Générale de la magie", *L'Année Sociologique*, vol.7, 1902~1903, 1904, p.56. Joseph Needham, 앞의 책, 1990, 281면에서 재인용.

157 『漢書』, 「律曆志」, 『漢書』 卷21上, 北京, 中華書局, 1962, 974면.

158 쉬푸관은 말한다. "양한 인사들 중에는 『여씨춘추』의 영향하에서 경학을 파악한 사람이 많았는데, 『여씨춘추』가 정치 체제에 미친 거대한 영향을 경학이 미친 영향이라고 보았다. 『여씨춘추』를 떠나서는 한대 학술의 특성을 이해할 수가 없다." 徐復觀, 앞의 책, 2001, 1면 참조.

159 『여씨춘추』 각 권의 숫자 및 그 대응 관계에 관한 간단명료한 서술은 Michael Loewe ed., 李學勤 等譯, 「呂氏春秋」, 앞의 책, 1997, 344~351면 참조.

160 徐復觀, 앞의 책, 2001, 11~12면 참조. 쉬푸관은 또 논증하여 말하기를, 오행은 본래 국계민생(國計民生)에 실제로 사용되는 다섯 가지 재료인데, 뒤에 우주 간의 다섯 기본 원소(元素)로 변했고, 또 음양 이기(二氣)와 연계되었는데, 이 과정은 추연에게로 소급할 수 있을 뿐이다. 같은 책, 182면. 이 관점은 Joseph Needham, 앞의 책, 1990의 관련 논술에서도 볼 수 있다.

161 "『춘추』의 도는 본래 상(常)이 있고 변(變)이 있다. 변은 변에 이용되고 상은 상에 이용되니, 각기 그 과(科)에 머무를 뿐 서로 방해하지 않는다."(『春秋』之道, 固有常有變. 變用於變, 常用於常, 各止其科, 非相妨也) 董仲舒, 「竹林第三」, 『春秋繁露』, 『春秋繁露義證』, 蘇興 撰, 北京: 中華書局, 1992, 53면.

162 「志第二十八 · 百官五」, 『後漢書』, 北京: 中華書局, 1965.

163 董仲舒, 「盟會要第十」, 『春秋繁露』, 蘇興 撰, 앞의 책, 1992, 141~142면.

164 董仲舒, 「二端第十五」, 같은 책, 155~156면.

165 펑유란은 이렇게 말한다. "한(漢) 고조(高祖)는 비록 자제(子弟)와 공신(功臣)을 봉건(封建)했으나, 이때 및 이후의 봉건은 정치적인 의미이지 경제적인 의미는 없었다. 한나라 중엽에 이르러, 정치와 사회의 새로운 질서가 점차 정착되었다. 경제 방면에서도 점차 경제의 자연적 추세로부터 발생한 새로운 제도에 안착되었다. 『한서』

에서는 '그들은 평민으로 편입되었으나, 서열을 나란히 하고 또 재력으로써 통치를 하니, 비록 하인이라도 성내는 기색이 없었다'(其爲編戶齊民, 同列而以財力相君, 雖爲僕虜, 猶無慍色)라고 하였다. 귀족 정치의 눈으로 보면, '평민으로 편입되었는데 어찌 서열을 나란히 하고 재력으로 통치를 할 수 있겠는가'(編戶齊民, 同列而以財力相君)라 할 수 있겠는가!" 馮友蘭, 『中國哲學史』 上冊, 北京: 中華書局, 1992, 41~42면.

166 傅斯年, 「論孔子學說所以適應於秦漢以來的社會的緣故」, 『傅斯年選集』, 臺北: 聯經出版事業公司, 1980, 1492면.

167 董仲舒, 「竹林第三」, 『春秋繁露』, 蘇輿 撰, 앞의 책, 1992, 46~47면.

168 司馬遷, 「孟子荀卿列傳第十四」, 『史記』(中華書局本) 卷7, 2344면.

169 대소 9주에 관한 추연의 논술은 만청 시기 다시 랴오핑(廖平) 등의 경학가에 의해 부활하는데, 목적은 지리적으로 중국과 외부 세계의 관계를 천명하는 데 있었다. 본서 상권 제2부 제6장의 랴오핑에 관한 논술 참조.

170 董仲舒, 蘇輿 撰, 앞의 책, 1992, 214~218면.

171 같은 책, 238면. 『춘추번로』 속의 관제와 수(數)의 관계에 관한 토론은, 쉬푸관의 분석이 가장 정밀하고 타당한데, 여기서의 토론은 다음을 참고하라. 徐復觀, 「『周官』成立之時代及其思想性格」, 『徐復觀經學史二種』, 上海: 上海書店出版社, 2002, 224~226면 참조.

172 班固, 「董仲舒傳」(賢良對策), 『漢書』, 顔師古 註釋, 앞의 책, 1962, 2503~2504면.

173 班固, 「食貨志」, 같은 책, 1137면.

174 董仲舒, 「仁義法第二十九」, 『春秋繁露』, 蘇輿 撰, 앞의 책, 1992, 250~254면.

175 白鋼 主編, 『中國政治制度史』, 天津: 天津人民出版社, 1991, 246면 참조.

176 추창린(雛昌林)은 춘추 이래 이른바 고례(古禮)와 신례(新禮)의 구분 문제가 있었다고 보았다. 이른바 고례는 곧 『주례』와 『의례』(儀禮)가 종합해서 이룬 형식과 내용이 통일된 예의(禮儀) 체계이다. 한대 이후에 '이의제의'(以義制儀)의 신례가 출현했으며, 따라서 예의와 예의의 구분을 형성했다고 여긴 것이다. "『의례』라는 이 구조 속에서, 종권(宗權)이 중심이고, 일체는 모두 종권을 둘러싸고 전개되었다. 『의례』와 『주례』의 통일 구조에서는 군권(君權)이 중심이며, 국가의 방법으로서 예제는 군신·귀천의 엄격한 등급 질서로써 각종 관계를 전개했다." 雛昌林, 『中國古禮研究』, 北京: 文津出版社, 1992, 165면 참조.

177 『사고전서총목제요』(四庫全書總目提要) 제19권 『주례주소』(周禮注疏)에서는 말한다. "『주례』는 주나라 초에 지어졌다. …동천(東遷) 이전 300여 년간, 관제의 연혁, 정전(政典)의 손익, 옛것을 없애고 새것을 펼침이 얼마나 되는지는 모른다. …이에 후세의 법으로써 몰래 숨어 들어가, 그 책이 마침내 어지럽혀졌다."(夫『周禮』作於周初, …其東遷以前三百餘年, 官制之沿革, 政典之損益, 除舊布新, 不知凡幾. …於是以後世之法竄入之, 其書遂雜) 또한 『주례』의 저자와 책이 이루어진 시대에 관해서는 북송 시기 사마광(司馬光, 1019~1086), 호안국(胡安國, 1074~1138), 홍매(洪邁, 1123~1202)와 소철(蘇轍, 1039~1112) 등의 관점이 가장 특별하다. 그들은 『주관』이 유흠의 위조라고 논증했는데, 만청 때 캉유웨이 관점의 선성(先聲)이라고 볼 수 있다. 이 관점은 왕안석(王安石)이 『주례』를 원용하여 변법(變法)을 행하던 조

건하에서 탄생했으며, 학술사적인 견실한 근거는 전혀 없다.

178 순열(荀悅, 148~209)은 그 책명이 『주관』에서 『주례』로 변한 것은 바로 유흠이 한 일이라고 보았다.

179 孫詒讓 撰, 『周禮正義』 第1冊, 北京: 中華書局, 1987, 1면.

180 쉬푸관은 「주관 성립의 시대 및 그 사상적 성격」(周官成立之時代及其思想性格)에 서 이것에 대해 매우 정밀하게 분석한다. "관제가 정치적 이상을 표현하는 것은 정 치사상사에서 발전해 나온 일종의 특별한 형식이다. …『시경』, 『서경』, 『좌씨전』(左 氏傳), 『국어』, 『주서』(周書) 및 공자가 시작한 제자백가 등의 관련 전적에서 볼 때, 그저 '사람을 알아보고 임용을 잘함'(知人善任), '군자를 가까이함', '소인을 멀리함' 같은 문제에서 착안하는 것은 관제 자체의 이상으로부터 정치적 이상에 도달한다 는 사상이 매우 적다. 관제로 정치적 이상을 표현하는 것은 전국시대 중기 전후에야 비로소 점차로 발전해 나온 것으로서, 나는 '삼공'(三公)이라는 단어의 출현에서 시 작되었다고 추측한다." 그는 또 추정하여 말했다. "왕망·유흠 등은 관제로써 정치적 이상을 나타내는 노선을 따라, 왕망이 대사마(大司馬)로 독재를 행하던 때에, 정치 의 공동 이상, 그들이 운용할 수 있는 유생 집단을 운용하여, 이 노선을 집대성하는 것을 정치적 이상 실현의 청사진으로 삼았다." 徐復觀, 앞의 글, 2002, 213, 245면.

181 白鋼 主編, 앞의 책, 1991, 228~232면.

182 范曄 撰, 「仲長統傳」, 『後漢書』 卷49, 『後漢書』, 北京: 中華書局, 1965, 1657면.

183 柳宗元, 「時令論」 上, 『柳宗元集』, 北京: 中華書局, 1979, 85~86면.

184 柳宗元, 「封建論」, 같은 책, 70면.

185 「원도」(原道)에서는 '상생상양지도'(相生相養之道)를 천명(天命)이 아닌 성인에게 귀속시킨다. 무릇 의식주의 방식 및 공(工)·고(賈)·의(醫)·장(葬)·예(禮)·악(樂)·정 (政)·형(刑) 등 사회적 분업은 모두 성인(聖人)이 우리를 지도하여 생존 투쟁을 진 행한 산물이다. 「여위중행서」(與衛中行書)에서 한유는 또 말한다. "현(賢)함과 불초 (不肖)함은 자신에게 달렸고, 귀(貴)와 천(賤), 화와 복은 하늘에 달렸으며, 명성의 선악은 남에게 달렸다. 자신에게 달린 것은 내가 애쓸 것이고, 하늘에 달리고 남에 게 달린 것은 내가 그들에게 맡길 뿐 나의 힘을 쓰지는 않는다."(賢不肖存乎己, 貴 與賤, 禍與福存乎天, 名聲之善惡存乎人. 存乎己者吾將勉之, 存乎天, 存乎人者吾 將任彼而不用吾力焉) 韓愈, 『韓昌黎文集校注』, 馬其昶 校注, 上海: 上海古籍出版 社, 1986, 194면.

186 韓愈, 「答劉秀才論史書」, 같은 책, 667면.

187 韓愈, 「送孟東野書」, 같은 책, 235면.

188 韓愈, 「原性」, 같은 책, 21면.

189 韓愈, 「本政」, 같은 책, 50~51면.

190 「태극도」 제2도, 제3도는 각기 『주역참동계』(周易參同契)의 「수화광곽도」(水火匡廓 圖)와 「삼오지정도」(三五至正圖)에서 취한다. 다음의 책은 계승 관계를 매우 상세 히 서술하고 있다. 馮友蘭, 앞의 책, 下冊, 1992, 823면.

191 周敦頤, 『周濂溪集』 第2冊, 卷5 「通書」 順化 第11, 商務印書館, 叢書集成本, 1936, 97~98면.

192 邵雍, 「觀物外篇」, 『觀物篇』(影印道藏本), 上海: 上海古籍出版社, 1992, 33면.

193   黎靖德(宋), 『朱子語類』 卷65, 王星賢 點校, 中華書局, 1986, 1611면.

194   앞 구절은 『주문공역설』(朱文公易說), 뒤 구절은 호위(胡渭)의 『역도명변』(易圖明辨) 주문(注文)을 보라.

195   邵雍, 앞의 글, 1992, 4면.

196   같은 글, 17면.

197   같은 글, 41면.

198   같은 글, 57면.

199   같은 글, 49면.

200   程顥, 『河南程氏遺書』 卷2上, 程顥·程頤 著, 앞의 책, 1981, 45면. 【역주】 원서에 오기가 있어, "言"을 "意"로 바로잡았다

201   邵雍, 앞의 글, 1992, 49면.

202   이런 요구는 인지 실천 속에서 개체적 경험을 부정하고 천지와 합일하는 경계에 이르는 방식을 요구하며, "심적으로 상호 융합하여 마음의 범위를 넓혔고, 인간의 지위를 높였으며, 주관과 객관의 경계선 역시 부수었고", 따라서 주자 '격물치지'의 효시가 되었다. 錢穆, 「濂溪百源横渠之理學」, 『中國學術思想史論叢』 5, 臺北: 東大圖書公司, 1978, 60, 63, 64면.

203   「道學傳」, 『宋史』 卷427, 『宋史』 36, 北京: 中華書局, 1977, 12724면. 이학가들은 예제(禮制)를 매우 중시하지만, 이론상으로는 오히려 도덕 논증과 천도론을 관련 지었다. 이는 송대 사회의 과도기적 특징을 반영했다. 귀족제가 와해되는 과정에서, 어떻게 진정한 도덕 계보를 수립할 것인지는 중요한 정치적 함의를 포함하고 있었다. 이정(二程)은 여러 차례에 걸쳐 '종자법'(宗子法)을 언급하고, 세가(世家)의 계보 종법(系譜宗法)을 공고히 할 것을 창도했다. 장재 역시 '종자법'의 필요성을 인정하지만, 그가 더욱 중시한 것은 '종자법'의 기능이지 귀족의 전통적 세계(世系)의 의미로서 '종자법'은 아닌 것으로 보여진다. 張載, 『張載集』, 北京: 中華書局, 1978, 259면 참고.

204   張載, 『正蒙』, 「乾稱篇」, 『張載集』, 63면.

205   張載, 『正蒙』, 「太和篇」, 『張載集』, 7면.

206   陳俊民, 「關學思想流變」, 『論宋明理學』(宋明理學討論會論文集), 杭州: 浙江人民出版社, 1983, 109면.

207   장재는 이정(二程)의 "관중의 선비들은 학문을 말하면 정치에 미치고, 정치를 말하면 예악병형(禮樂兵刑)의 학문에 이르니, 거의 학문에 뛰어난 자들이다"(關中之士, 語學而及政, 論政而及禮樂兵刑之學, 庶幾善學者)라는 말을 평할 때 이렇게 말한다. "만약 정말로 그러하다면, 뜻이 커서 명성을 추구하지 않을 것이며, 또 학문이 쓰임보다 귀함도 알 것이다."(如其誠然, 則志大不爲名, 亦志學貴於有用也) 「二程粹言·論學」, 程顥·程頤 著, 앞의 책, 1981, 1196면.

208   이는 장식(張栻)이 관학 제자 손소원(孫昭遠)을 평한 말이다. 張栻, 「跋孫忠愍帖」, 『張南軒先生文集』(叢書集成初編本), 上海: 商務印書館, 1936, 109면.

209   예를 들어, 이야(李冶)는 이렇게 말한다. "'기예(技藝)는 정사(政事)에 포함된다'라는 지적에 대해 말해 보자면 백이(伯夷)의 예(禮)와 기(夔)의 음악 역시 하나의 기예일 뿐이다. 기예가 도(道)로 나아가는 것에 대해 말하자면, 장석(匠石)의 도끼질

과 윤편(輪扁)이 깎은 수레바퀴가 어찌 성인이 도의 수준에 다다랐다 인정한 바가
아니겠는가!"(由技兼於事者言之, 夷之禮·夔之樂, 亦不免爲一技; 由技進乎道者
言之, 石之斤, 扁之輪, 豈非聖人之所與乎) 李冶, 「序」, 『測圓海鏡』(文淵閣 四庫全
書本), 1면. 또 예를 들어 이복(李復)은 다음과 같이 여겼다. "물(物)이 생겨나면 상
(象)이 있게 되고, 상이 늘어나면 기수(氣數)가 생긴다"(物生而有象, 象滋而有數),
"기수라는 것은 천지의 스스로 그러함에서 나온다. 사물(物)이 있으면 형체(形)가
있게 되고, 형체가 있으면 기수가 있게 된다."(數出天地之自然也. 蓋有物則有形,
有形則有數也)『潏水集』,「答曹鉞秀才書」(文淵閣 四庫全書本), 5면, 2면. 이런 관
점은 소옹의 『황극경세서』(皇極經世書)「관물외편」(觀物外篇)에서 말하는 "신(神)
은 기수를 낳고, 기수는 상(象)을 낳고, 상은 기물(器)을 낳는다"(神生數, 數生象,
象生器)는 관점과 완전히 상반된다. 周瀚光,「淺論宋明道學對古代數學發展的作
用和影響」참조. 陳俊民, 앞의 책, 1983, 544면 참조.【역주】이야의 주장은 기본적
으로 『장자』(莊子)「천지」(天地) 편의 "기예는 정사에 포함되고, 정사는 올바름(義)
에 포함되고, 올바름은 덕(德)에 포함되고, 덕은 도(道)에 포함되고, 도(道)는 천(天)
에 포함된다"(技兼於事, 事兼於義, 義兼於德, 德兼於道, 道兼於天)라는 구절을 기
반으로 나온 것이다. 백이는 백이·숙제의 백이가 아니라 요임금 때 제례(祭禮)를
담당한 신하 이름이다. 기는 순임금 때 음악을 담당한 관리였다. 각기 『상서』(尙書)
「요전」(堯典)과 「순전」(舜典)에 관련 기술이 보인다. 장석의 도끼질은 『장자』「서무
귀」(徐無鬼) 편에 보이는데, 다른 사람 코에 백토를 아주 얇게 바르고 바람 소리가
날 정도로 도끼를 휘두르며 백토를 깎아 내렸는데 그 사람의 코에는 아무런 손상이
없을 정도로 도끼질이 입신(入神)의 지경에 올랐다고 한다. 윤편(輪扁)의 수레바퀴
는 『장자』「천도」(天道) 편에 보이는데, 윤편은 제(齊) 환공(桓公)을 만나 수레바퀴
깎는 법과 도(道)의 공통점에 대해 설파했다.

210 이야는 말한다. "수(數)는 궁(窮)하기 어렵다고 말하는 것은 괜찮으나, 수는 궁하기
불가능하다고 말하는 것은 불가한데, 왜 그런가? 저 어둡고 어두운 가운데에 참으
로 밝고 밝은 것이 존재한다. 밝고 밝은 것은 그 자연(自然)의 수(數)다. 자연의 수가
아니면, 그 자연의 리다. …만약 자연의 리를 미루어서 자연의 수를 밝힐 수 있다면,
비록 멀리는 건단(乾端)과 곤예(坤倪), 어둡기로는 신정(神情)과 귀상(鬼狀)이 합치
하지 않는 것이 없을 것이다."(謂數爲難窮斯可, 謂數爲不可窮斯不可, 何則? 彼其
冥冥之中, 固有昭昭者存. 夫昭昭者, 其自然之數也. 非自然之數, 其自然之理也.
…苟能推自然之理, 以明自然之數, 則雖遠而乾端坤倪, 幽而神情鬼狀, 未有不合
者矣)「序」, 『測圓海境細草』(文淵閣 四庫全書本), 3면. 이복은 역법(曆法)이 잘못하
여 끌어들인 '재이'(災異)를 언급할 때 이렇게 말한다. "이것은 스스로 그러한 리다.
천행(天行)은 쉼이 없고, 일월(日月)의 운전(運轉)은 멈추지 않으니, 모두 움직이는
물(物)이다. 하늘에 있는 물들의 움직임은 한결같지 않아서, 비록 움직이는 궤적을
대략적으로 추릴 수는 있지만, 하루하루가 쌓여서 한 달이 되고 한 달이 쌓여서 한
해가 되고, 달은 차고 기울고 해는 뜨고 저무는 과정 중에 아주 약간씩 궤도에 차이
가 나게 된다. 이 아주 작은 차이가 생겨나기 시작했을 때는 그다지 드러나지 않지
만, 그 차이들이 쌓이고 쌓여 오래되면 반달, 보름달, 그믐달, 초승달의 시기가 결국
차이 나게 된다."(此自然之理也. 天行不息, 日月運轉不已, 皆動物也. 物動不一,

雖行度有大量可約, 至於累日爲月, 累月爲歲, 盈縮進退, 不得有毫釐之差. 始於毫釐, 尙未甚見; 積之旣久, 弦望晦朔逐差)「又答曹鉞秀才」,『濂水集』(文淵閣 四庫全書本) 참조.

211 주희는 기(氣)에 대한 장재의 관점을 비판적으로 계승하였고,『태극해』(太極解)와 『주자어류』(1, 2)에서, 일종의 지구 중심적 성운설(星雲說)을 서술했는데, 태극의 리 (理)가 드러나면서 발생하는 자연 현상을 구체적으로 진술했다.

212 王夫之,『張子正蒙注』卷8,『船山全書』12, 長沙: 岳麓書社, 1992, 335면.

213 장재는 이렇게 말한다. "태허(太虛)로부터 천(天)의 이름이 있고, 기화(氣化)로부터 도(道)의 이름이 있고, 허와 기를 합하여 성(性)의 이름이 있고, 성과 지각(知覺)을 합하여 심(心)의 이름이 있다."(由太虛有天之名, 由氣化有道之名, 合虛與氣有性之名, 合性與知覺有心之名) 張載,『正蒙』,「太和篇」, 앞의 책, 1978, 9면.

214 장재의 '성론'(性論)은 여전히 우주론에 편중되어 있기 때문에, 모두『성명편』(誠命篇) 속에 들어갔고, '성'에 대한 전문적인 논의가 없는데, 이 점은 의문이 없는 듯하다. 장재의 학술 연원에 관한 변증은 다음을 보라. 陳俊民, 앞의 책, 1990, 7~14면. 장재의 심·성 관념과 우주론의 관계는 다음을 참고하라. 勞思光,『新編中國哲學史』3上, 臺北: 三民書局, 1981, 179~183면.

215 程頤,『河南程氏遺書』卷19, 程顥·程頤 著, 앞의 책, 1981, 247면.

216 이천(伊川)은 상수지학(象數之學)을 하던 소옹을 이렇게 비판한다. "소옹의 학은 먼저 리에서 뜻을 추동하고 상수를 말하며 천하의 리는 반드시 네 가지에서 나온다고 말한다. …요컨대 또한 천하 국가를 다스리기 어렵다. 그 사람됨은 곧 무례하고 공손하지 않으며, 모욕하고 놀릴 뿐이다."(堯夫之學, 先從理上推意, 言象數, 言天下之理須出於四者. …要之亦難以治天下國家. 其爲人則直是無禮不恭, 惟是侮玩) 程頤,『河南程氏遺書』卷2上, 같은 책, 45면.

217 程顥,『河南程氏遺書』卷11, 같은 책, 132면.

218 예를 들면 이렇게 말한다. "천명을 성이라고 부르는 것, 이는 성의 리를 말함이다. …성의 리와 같다면 선하지 않은 것이 없다. 천이라고 하는 것은 자연의 이치이다."(天命之謂性, 此言性之理也. …若性之理也, 則無不善. 曰天者, 自然之理也) 程頤,『河南程氏遺書』卷24, 같은 책, 312면.

219 성은 곧 리다. 이른바 이성(理性)이 이것이다. 천하의 리는 그 유래한 바를 따져 보면 선하지 않음이 없다."(性卽理也. 所謂理性是也. 天下之理, 原其所自, 未有不善) 程頤,『河南程氏遺書』卷22上, 같은 책, 292면.

220 程頤,『河南程氏遺書』卷25, 같은 책, 316면.

221 谷方,「理的早期形態及其演變」,『論宋明理學』(宋明理學討論會論文集), 57~75면 참조. 본 절에서 '리'가 전국시대에 가지는 함의에 관련한 토론은 이 글을 참조했다. 그 밖에, 張立文 主編,『理』(中國哲學範疇精髓叢書, 北京: 中國人民大學出版社, 1991)는 리 개념에 대해 체계적 정리와 연구를 진행했는데, 본 절에서 위진과 수당 시기의 '리'에 대한 토론은 이 책을 참조했다.

222 許愼 撰,「玉部」,『說文解字』, 北京: 中華書局, 1963, 12면, 1면.

223 段玉裁,『說文解字注』, 上海: 上海古籍出版社, 1981, 15면.

224 戴震,『孟子字義疏證』卷上,『戴震全集』1, 北京: 淸華大學出版社, 1991, 151면.

劉師培,「理學字義通釋」,『北京大學百年國學文粹·哲學卷』, 北京: 北京大學出版社, 1998, 90면 참조.

225 惠棟,「易微言下·理」,『周易述』. 청대 고증학의 반(反) 이학적 분위기 속에서, 혜동은 호(好)와 오(惡)를 모두 리라고 여겼으며, 따라서 '겸양'(兼兩)의 의미에서 이학자가 말하는 존천리(存天理)·멸인욕(滅人欲)의 관점을 부정했다. 그는 말했다. "『악기』에서 천리를 말한 것은 호와 오였다. 호는 인(仁)에 가깝고 오는 의(義)에 가깝다. 호오가 그 바름을 얻는 것을 천리라고 한다. 호오가 그 바름을 잃는 것을 멸천리(滅天理)라고 한다. 『대학』에서는 그것을 인성을 거스르는 것이라고 한다. 천명을 성이라고 하고, 성에는 음양(陰陽)·강유(剛柔)·인의(仁義)가 있기에, 천리라고 한다. 후인(後人)이 천리와 인욕을 대립시키고 또 천이 곧 리[天卽理]라고 말한 것은 특히 잘못된 견해다."(『樂記』言天理謂好與惡. 好近人, 惡近義. 好惡得其正, 謂之天理; 好惡失其正, 謂之滅天理.『大學』謂之拂人性. 天命之謂性, 性有陰陽剛柔仁義, 故曰天理. 後人以天人理欲對待, 且曰天卽理也, 尤謬)

226 혜동은『주역술』(周易述)「역미언하·리」(易微言下·理)에서『한비자』(韓非子)를 인용하여 말한다. "무릇 이치란, 네모난 것과 둥근 것, 짧은 것과 긴 것, 굵은 것과 가는 것, 견고한 것과 얄팍한 것의 구분이 있다. 그래서 이치가 정해진 뒤에야 도를 얻을 수 있다."(凡理者, 方圓·短長·粗靡·堅脆之分也, 故理定而後可得道也) 다음을 보라. 韓非,『韓非子』,「解老」,『韓非子集釋』上, 陳奇猷 校注, 上海: 上海人民出版社, 1974, 369면.

227 「召浩」,『尚書正義』卷15, 北京: 北京大學出版社, 1999, 395면.

228 「泰誓」, 같은 책, 卷11, 274면.

229 「泰誓」, 같은 책, 卷11, 276면.

230 「皐陶謨」, 같은 책, 卷4, 109~110면.

231 朱熹,『朱子全書』第一册,『詩集傳』卷16, 上海: 上海古籍出版社, 2002, 667~668면.

232 같은 책, 卷19, 723면.

233 郭慶藩,『莊子集解』第3册, 北京: 中華書局, 1961, 539면.

234 같은 책, 735면.

235 같은 책, 第4册, 1066~1067면.

236 『韓非子集解』卷6, 王先慎 集解(『諸子集成』本), 上海: 上海書店, 1986, 107면.

237 熊十力,『讀經示要』卷3, 臺北: 廣文書局, 1960, 145면.

238 「君臣下」,『管子』,『管子校正』卷11, 戴望 著(『諸子集成』本), 上海: 上海書店, 1986, 177면.

239 「形勢解」, 같은 책, 卷20, 325면.

240 같은 책, 卷5, 78면, 77면.

241 신하의 입장에서 말하자면, "그 여러 신하는 리(理)를 밝혀 군주를 보좌하므로, 군주가 밝아진다."(其群臣明理以佐主, 故主明.) 군주의 입장에서 말하자면, 반드시 "하늘은 천지자연의 이치를 좇아 일을 행하므로 끝나면 다시 시작하는 식으로 천지의 상도를 반복한다. 군주는 만민을 보살피고 천하를 다스리고 백관을 통솔한다. 이것이 군주의 상도이다."(治之以理, 終而復始, 主牧萬民, 治天下, 莅百官, 主之常也)

「形勢解」,『管子』, 같은 책 卷20, 326면, 324면을 보라. 이 밖에 예를 들어, "현자(賢者)의 일함은, 비록 귀한 이를 대하더라도 구차히 행하지 않고, 복종하더라도 스스로 아부하지 않고, 반드시 이치에 맞게 한 뒤에야 움직이며, 반드시 의에 합당한 뒤에야 거동하니, 이것이 충신(忠臣)의 행함이다"(賢者之事也, 雖貴不苟爲, 雖廳不自阿, 必中理然後動, 必當義然後擧, 此忠臣之行也)『呂氏春秋』,「不苟論」,『呂氏春秋』卷24, 高誘 注(『諸子集成』本), 上海: 上海書店, 1986, 307면. "말은 반드시 이치에 합당하게 하고, 일은 반드시 임무에 합당하게 하고, 이러한 것이야말로 군자가 잘하는 바이다."(言必當理, 事必當務, 是然後君子之所長也)『荀子』,「儒效」,『荀子集解』卷4, 王先謙 注(『諸子集成』本), 上海: 上海書店, 1986, 79면. "이치로써 그 신하에게 책임을 물으면 군주는 그 신하와 함께 선을 행할 수 있고 또한 더불어 나쁜 것을 행할 수 없다."(以理督責於其身, 則人主可與爲善而不可與爲非)『呂氏春秋』,「行論」,『呂氏春秋』卷20, 高誘 注, 앞의 책, 1986, 272면. "군주가 몸소 도를 논하고 치리를 행하면 신하들은 군주의 명령과 가르침에 복종하고, 백관은 사사롭게 법을 왜곡하지 못하고 법을 엄격히 집행한다. 법을 엄격히 집행하면 백관은 감히 사사로이 법을 왜곡하지 못한다."(君身論道行理, 則群臣服敎, 百吏嚴斷, 莫敢開私焉)『管子』,「七法」,『管子校正』卷2, 戴望 著, 앞의 책, 1986, 30면.

242 사(師)의 각도에서 말하자면, "그러므로 스승 된 이들의 임무는 이치를 앞세우고 의를 행하는 데에 있다. 리를 앞서면 의가 서니, 즉 위상이 존귀해진다. 왕공대인은 감히 교만할 수 없다."(故爲師之務, 在於勝理. 理勝義立, 則位尊矣. 王公大人不敢驕也) 또 말하였다. "위로는 천자를 만나도 부끄러운 일이 없게 된다. 무릇 우연한 만남은 반드시 바람직하게 되는 것은 아니다. 리를 버려두고 의를 내버려 두고 반드시 이루어지지도 않을 것을 바라면서, 남들이 존중해 주기를 바라는 것은 또한 어렵지 않겠는가? 그러므로 스승은 반드시 리를 앞세우고 의를 행한 후에야 존귀해진다."(上至於天子, 朝之而不慙. 凡遇合也, 合不可必. 遺理釋義, 以要不可必, 而欲人之尊之也, 不亦難乎? 故師必勝理行義然後尊)「勸學」,『呂氏春秋』, 高誘 注, 앞의 책, 卷4, 1986, 37면 참조.

243 『管子校正』卷1, 戴望 著, 1986, 14면. 또 말하였다. "그러므로 신하가 군주를 위해 일하고 군신들의 힘이 군주의 어질고 현명한 인지(仁智)를 위해 일하고, 군신들의 몸가짐이 군주의 마음을 위해 일하는 것은 사물의 이치이다."(是故以人役上, 以力役明, 以刑(形)役心, 此物之理也)「君臣下」,『管子』, 같은 책, 卷11, 177면. "그러므로 군신 관계를 구별하고 군신의 직분을 바로잡는 것을 리(理)라고 한다."(是故別敎正分之謂理)「君臣上」,『管子』, 같은 책, 卷10, 165면.

244 『노자』(老子) 하편 제38장에는 다음의 언급이 있다. "무릇 예라는 것은 충의와 신의가 희박해진 것이며 혼란의 원인이다."(夫禮者, 忠信之薄而亂之首也)『老子校釋』, 朱謙之 撰, 北京: 中華書局, 1984, 152면 참조.

245 『荀子』「禮論」. "예(禮)의 원리는 참으로 깊어 '견백' '동이'(堅白同異: 중국 전국시대 조나라의 명가名家 공손룡公孫龍이 논한 궤변—역자)와 같은 설법은 그 안으로 들어가면 이내 빠져 죽는다. 그 원리는 실로 커서 제멋대로 만들어진 법제와 편벽되고 고루한 학설은 그 안으로 들어가면 이내 없어지고 만다. 그 원리는 참으로 높아 난폭하고 방자하며 가벼운 습속을 고매한 것으로 여기는 자들은 그 안으로 들어

가면 곧 추락하고 만다."(禮之理誠深矣. '堅白', '同異'之察入焉而溺; 其理誠大矣, 擅作典制辟陋之說, 入焉而喪; 其理誠高矣, 暴慢恣睢輕俗以爲高之屬, 入焉而隊〔墜〕)『荀子集解』卷12, 王先謙 注, 앞의 책, 1986, 237면.

246 예를 들어『맹자』「고자장구 하」(告子章句下)에는 이런 언급이 있다 "유독 마음의 경우에만 같은 것이 없을 수 있을까? 마음이 공통된 바는 무엇이겠는가? 그것은 곧 리(理)이고, 의(義)이다. 성인은 내 마음의 같이하는 바를 먼저 얻을 뿐이다. 그러므로 리와 의가 우리 마음을 즐겁게 하는 것은, 소나 양, 개와 돼지의 고기가 우리 입을 즐겁게 하는 것과 같다."(至於心, 獨無所同然乎? 心之所同然者何也? 謂理也, 義也. 聖人先得我心之所同然耳. 故理義之悅我心, 猶芻豢之悅我口)『맹자』에서 '의'와 대비되는 '리'는 겨우 한 차례 보이지만, 여기서 이르는 '리'와 '예'(禮)는 서로 같다. 또 예를 들어『순자』「의병」(議兵)에 이런 말이 있다. "진효(陳囂)가 손경자(孫卿子: 순자 - 역자)에게 물었다. '선생께서 방법에 대해 논할 때, 항상 인의를 근본으로 하신다. 인(仁)이란 사람을 사랑하는 것이고 의(義)란 도리를 따르는 것이다. 그런데 어떻게 또한 병사를 일으킬 수 있겠는가. 무릇 병사를 일으킨다는 것은 쟁탈을 위한 것이다.' 손자가 말했다. '그것은 그대가 알 수 있는 것이 아니다. 인이란 사람을 사랑하는 것이고, 사람을 사랑하기에 다른 사람이 해치는 것을 싫어하는 것이다. 의란 도리를 따르는 것인데 도리를 따르기 때문에 다른 사람을 어지럽게 하는 것을 싫어하는 것이다."(陳囂問孫卿子曰: 先生議兵, 常以仁義爲本. 仁者愛人, 義者循理, 然則又何以兵爲? 凡所爲有兵者, 爲爭奪也. 孫卿子曰: 非汝所知也. 彼仁者愛人, 愛人, 故惡人之害之也; 義者循理, 循理故惡人之亂之也)

247 예를 들면『순자』(荀子)「악론」(樂論)에는 다음과 같은 구절이 있다. "예라는 것은 리가 바꿀 수 없는 것이다."(禮也者, 理之不可易者也)

248 『墨子閑詁』卷11, 孫詒讓 著(『諸子集成』本), 上海: 上海書店, 1986, 250면.

249 도리를 따라 일을 하여 '리'(理)와 '사'(事)를 밀접히 연관 짓기 시작했고, 한편으로는 도덕/정치 실천 속에서 '리'의 필요성을 인지하고 좇았음을 암시했다. 다른 한편으로는 리에 대한 인지가 결코 '사' 바깥에 있지 않고 '사'라는 이 범주는 반드시 예악의 범주 내에서 이해해야 함을 또한 표명했다. 전국시대의 순자부터 만청 시대의 옌푸까지, 그들은 우주와 도덕 행위를 구상하고 이해하는 과정에서 모두 일종의 '학'(學)의 계보를 수립했는데, 전자의 학은 '정명'의 기초 위에 수립했고, 후자의 학은 귀납과 연역의 논리와 개념 체계 위에 수립했다(이른바 '명학'名學). 이런 의미에서 분류학으로서 '리' 개념과 근대적 과학 개념에는 모종의 내재적 관계가 존재한다. 이러한 관계는 근대 중국 과학자 혹은 과학 교육자의 '궁리학', '이학' 및 이와 밀접히 상관된 '격치' 개념을 이용하여 과학을 지칭하는 언어 실천으로 표현될 뿐 아니라, 과학의 지식 계보 역시 정치·경제 그리고 도덕의 실천으로 표현되었다.

250 『韓非子集釋』上, 陳奇猷 校注, 上海: 上海人民出版社, 1974, 343면.

251 미조구치 유조(溝口雄三)는 이렇게 지적한다. "보편 법칙인 '도'와는 상대적으로, 리는 '사'(事) '물'(物)의 질서 영역에 대해 확립하기 시작한 관념 영역이다." "'만물지리'(萬物之理) 및 '도리' 등의 어휘가 보여 주는 것은, 만물의 초월적 실체인 '도'와 상대적으로, '리'는 '물' '사' 곧 만물의 내재적 혹은 본유적(本有的) 질서의 한 개념임을 인식해야 한다." 전국시대의 '리'는 '도'처럼 그렇게 초월성과 실체성이 있지

않았다. 이 개념은 "'물의 리', '역순(逆順)의 리' 등 모종의 사물의 법칙 혹은 조리(條理)를 가리키는 부속(附屬) 의의(意義) 성분"으로부터 "사물의 자연성 혹은 필연성 의의를 함유하는 개념으로 전환되었고, 따라서 '도'와 '의'와 병렬되는 독립적 개념 영역을 형성했으며", 이미 한대가 된 이후에야 비로소 발생한 일이다. 溝口雄三, 「中國理氣論的形成」, 溝口雄三 編, 『在亞洲思考7·世界像的形成』, 東京: 岩波書店, 77~130면 참조.

252 賈誼 撰, 閻振益·鍾夏 校注, 『新書校注』, 北京: 中華書局, 2000, 325면.

253 鄭玄, 「樂記」, 『禮記注疏』(文淵閣 四庫全書本) 卷37.

254 班固, 『白虎通義』(文淵閣 四庫全書本) 卷下.

255 劉師培, 『理學字義通釋』, 『北京大學百年中國文粹』, 北京: 北京大學出版社, 1999, 90면 참조.

256 董仲舒, 「盟會要」, 『春秋繁露』, 蘇輿 撰, 『春秋繁露義證』, 北京: 中華書局, 1992, 142면.

257 董仲舒, 「陰陽出入上下」, 같은 책, 342면.

258 「選擧二」, 『通典』 卷14.

259 宮崎市定, 『九品官人法の研究: 科擧前史』, 京都: 東洋史研究會, 1965, 참조.

260 「九征第一」, 『人物志』, 劉邵(漢) 撰(文淵閣 四庫全書本), 第848冊, 762면.

261 「材理第四」, 『人物志』, 같은 책, 767면. 머우쭝싼은 『심체와 성체』(心體與性體)에서 이 말을 인용한다. 그는 이 논술이 리를 네 부분, 즉 도리(道理)·사리(事理)·의리(義理)·정리(情理)로 나눈다고 여겼다. "송명 유학자들이 중시한 것은 당연히 '도리'와 '의리' 양자를 하나로 겸섭(兼攝)한 학(學)이다. '도리'는 유가가 중시하는 천도, 천명의 리다. '의리'는 자각적으로 도덕 실천을 행할 때 보는 내재적 당연지리(當然之理)이며, 또한 유소(劉劭)가 말하는 '예교의적'(禮敎宜適: 예와 교의 마땅함—역자)처럼 그저 외부적이기만 한 것도 아니다." 牟宗三, 『心體與性體』, 上海: 上海古籍出版社, 1999, 2면.

262 머우쭝싼은 '정리'(情理)와 '정리지가'(情理之家)가 대체로 '사리'(事理)와 '사리지가'(事理之家) 속에 포함될 수 있다고 본다. "'사리'는 정치적, 역사적이고, '정리'는 비교적 사회성에 치우친다. '정리'에 밝은 이가 반드시 나아가 '사리지가'가 되는 것은 아니지만, '사리지가'는 반드시 '정리'에 통한다." 앞의 책, 2면.

263 탕이지에(湯一介)는 다음과 같이 말했다. "한위 교체기에 유가 사상의 지배적 지위가 약화됨에 따라, 유·도·명·법 사상이 합류하는 추세가 나타났다. 유소의 사상은 바로 이런 발전의 추세를 반영했고, 위진 현학(玄學)으로 넘어가는 한 고리가 되었다." 湯一介, 『郭象與魏晉玄學』(增訂本), 北京: 北京大學出版社, 2000, 19면.

264 현대 신유학은 '리' 범주를 지식 분류에 이용하는데, 그 근거는 한위 교체기의 도덕 계보이다. 탕쥔이(唐君毅)는 『중국철학원론』(中國哲學原論)에서 '문리(文理)의 리'(선진 사상), '명리(名理)의 리'(위진 현학), '공리(空理)의 리'(수당 불학佛學), '성리(性理)의 리'(송명 이학), '사리(事理)의 리'(청대 유학자), '물리(物理)의 리'(현대 사상) 등 '리'를 구별했다. 그러나 탕쥔이의 분류는 역사적 궤적에 따라 획기한 것으로, 결코 유소의 분류 의미에 부합하지 않는다. 머우쭝싼의 『심체와 성체』는 다른 분류표를 제출했다. 명리를 윤리에, 물리를 경험 과학(자연적 혹은 사회적)에, 현리·

공리·성리를 도덕 종교학에, 사리를 정치철학과 역사철학에 귀입시켰다. 리의 분류학은, '자연'의 리 탐구가 시종 '합리적으로' 모종의 도덕적/정치적 질서를 수립하는 것과 상관됨을 의미한다. 이런 질서는 우선 우주와 세계에 대한 분류학적 이해로 표현되고, 역사적 관계 속에서는 인간의 분류에 대한 이해이며, 그것은 불가피하게 정치·경제·도덕 관계 속의 분류 기준 혹은 등급 관계와 이어져 있다. 牟宗三, 앞의 책, 1999, 2~3면.

265 이런 철학의 전환이 함축하는 것은 성인관(聖人觀)의 전환이다. "(전 사회를 통치하는) 제왕인 성인이 있는 그곳에, 지극한 '리'가 있다. 신민(臣民) 이하의 만물이 있는 그곳에 (각자 자기의 본분을 맡는) 지극한 본분의 '리'가 있는데, 이 점에서 양자는 모두 같다. '리'는 존재의 근본의 도라는 의미를 가지고 있으며, 그래서 어떤 사람이라도 '리'의 체현(체오體悟)과 '소요유'(逍遙游)의 진행을 통해서 성인이 될 수 있다." 荒牧典俊,「中國對佛敎的接受: "理"的一大轉變」第2節,『日本語·日本文化硏究論集』第4集, 大阪大學文學部, 1988; 溝口雄三,「中國理氣論的形成」에서 재인용. 溝口雄三 編, 앞의 책, 77~130면 참조.

266 미조구치 유조는 곽상 철학 속의 '자연' 개념과 '리' 개념(예를 들면 '자연의 리', '리의 자연', '천리 자연')이 '존재의 근거성으로서의 리'에 기초를 놓았다고 지적한다. 같은 곳.

267 王弼,「周易略例·明象」, 樓宇烈 校釋,『王弼集校釋』, 北京: 中華書局, 1980, 591면.

268 王弼,「老子指略」, 같은 책, 199면.

269 "總其會, 理雖博, 可以至約窮也, 譬猶以君御民執一統衆之道也."『論語』皇疏引王弼, 같은 책, 622면.【역주】皇疏引王弼: 황소(皇疏)는 중국 남조 양(梁) 무제(武帝) 때 황간(黃侃)이 쓴『논어의소』(論語義疏)를 이른다. '황소인왕필'이란 '황소의『논어의소』는 왕필을 인용한 것'이라는 말이다.

270 배위의「숭유론」(崇有論)은 '리'를 사물의 구체적 규율이자 내재적 필연성으로 보지만, 왕필(王弼)·하안(何晏)의 '무를 본으로 삼는 것'과 날카롭게 대치한다(以無爲本, 針峰相對). 이 '리'는 찾을 수 있는 흔적이 있을 뿐 아니라 그것이 근거하는 본체는 곧 실유(實有)로서, 이른바 "감화가 착종하는 것이 리 궤적의 근원이다."(化感錯綜, 理迹之原也) "살아서 찾을 수 있으니, 이른바 리이고, 리가 체현하는 바는 이른바 유이다."(生而可尋, 所謂理也, 理之所體, 所謂有也) 왕필·하안 등의 '리' 개념에 대해서는 다음을 보라. 張立文 主編,「魏晋南北朝時期理的思想」, 앞의 책, 1991, 69~96면.

271 郭象,「齊物論」注,『莊子』郭象 注, 上海: 上海古籍出版社影印浙江書局本, 1989, 10면.

272 위와 같은 곳.

273 郭象,「知北游」注, 같은 책, 114면.

274 같은 책, 131~132면.

275 같은 책, 4~5면.

276 郭象,「齊物論」注, 같은 책, 19면.

277 郭象,「德充符」注, 같은 책, 35면.

278 郭象,「人間世」注, 같은 책, 29면.

279 같은 책, 82면.

280 같은 책, 140면.

281 같은 책, 133면.

282 곽상은 다음과 같이 말한다. "예(禮)라는 것은 세상이 스스로 행하는 바이지 내가 돕는 것이 아니다. 형(刑)이라는 것은 본체로서, 내가 만든 것이 아니다. 지(知)라는 것은 시대의 움직임이지 내가 창도하는 것이 아니다. 덕(德)이란 상대방으로부터 저편에서 따르는 바이지 내가 만드는 것이 아니다."(禮者, 世之所以自行耳, 非我將; 刑者, 治之體, 非我爲; 知者, 自時之動, 非我唱; 德者, 自彼所循, 非我作) 郭象,「大宗師」注, 같은 책, 38면.

283 적'(迹)이라는 개념이 경전의 절대적 권위성을 해소할 때 중시하는 것은 역사적 변화의 관념이다. 이 개념과 '자연'의 상호 결합 외에, 또 하나의 방향은 '권변(權變, 권력의 변화)을 중시하는 것이다. 북송의 왕안석은 『녹은』(祿隱)에서 적과 도를 구분하여 이렇게 말한다. "만약 때가 같지 않은데 억지로 같게 하려고 하면, 같은 바는 적(迹)이고 같지 않은 바는 도(道)다. …세상의 사(士)들이 도가 (항상적 상도常道이므로) 한 번의 흔적(一迹)일 수 없음을 모른 지 오래되었다. …만약 성현의 도가 모두 하나에서 나오고, 권력에 따라 변화하지 않는다면, 또한 어떤 성현을 성현이라 일컬을 수 있겠는가? 성인이란 권력의 위대함을 아는 사람이고, 현인이란 권력의 작음을 아는 사람이다."(如時不同而固欲爲之同, 則是所同者迹也, 所不同者道也. …世之士不知道之不可一迹也久矣. …聖賢之道皆出於一, 而無權時之變, 則又何聖賢之足稱乎? 聖者, 知權之大者也; 賢者, 知權之小者也) 王安石, 『臨川先生文集』卷67, 北京: 中華書局, 1959, 730~731면 참조.

284 郭象,「齊物論」注, 같은 책, 11면.

285 같은 책, 6면.

286 같은 책, 17면.

287 侯外廬 主編, 『中國思想通史』第3卷, 北京: 人民出版社, 1957, 201, 230면 참조.

288 이미 성인의 예법이 '적'(迹)에 지나지 않고, '리'에 통달하는 길 역시 반드시 물과 '명이무적'(冥而無迹)해야 한다면, 리와 적 이 두 범주는 공동으로 성인 예법의 절대적 권위에 대한 질문을 구성한다. 곽상의 시대에, 이 질문은 말할 나위 없이, 주대의 전장 제도의 이름에 기대어 제작된 예의와 제도를 가리킨다. 곽상의 입장에 따르면, 성인은 (무위 정치의 수행자로서) 행함이 있어[有爲] 예약을 창제한 것이 아니라, "믿음[信]이 용모와 태도에 베풀어져 자연스럽게 문리에 맞는 것, 그 '흔적'이 예가 되는 것이다"(信行容體, 而順乎自然之節文者, 其'迹'則禮也)라고 할 수 있다. 郭象,「繕性」注, 앞의 책, 1989, 133면.

289 田餘慶, 『東晋門閥政治』, 北京: 北京大學出版社, 1991, 349, 352, 362면.

290 宇都宮淸吉,「東洋中世史的領域」, 『日本學者研究中國史論著選譯』1, 北京: 中華書局, 1992, 130면.

291 宮崎市定,「東洋的近世」, 같은 책, 158면.

292 천인커는 이렇게 말한다. "사마씨의 제업(帝業)은 곧 당시의 유가의 대족(大族)들이 추대하여 이루어졌기에, 서진이 위를 찬탈한 것 역시 동한 유가 대족의 부흥이라고

할 수 있다." 陳寅恪, 『金明館叢稿初編』, 上海古籍出版社, 1980, 129면 참조. 곽상 사상과 문벌 정치의 관계에 대해서는, 陳燕谷, 「沒有終極實在的本體論」, 『學人』第 9輯, 534, 541면 참조.

293 장리원(張立文) 등의 학자가 얻은 결론은 다음과 같다. "왕필·곽상은 '소이연'·'필 연'으로써 리를 해석하고, 불교는 리를 매우 심오한 법성·불성으로 삼으며, 리를 체 현하여 성인이 됨(體理成聖)을 선(禪)을 닦아 성불함과 연관시켰으며, 그로써 불 교 철학 범주의 특색을 체현했다. 왕필의 이무위본(以無爲本)을 계승하여 리는 허 환(虛幻)한 본체로 간주되기 시작하였고, 철학 범주의 역사에 등장했는데, 이는 송 명 이학이 리를 본체로 하는 것에 대해 맹아적 작용을 했다." 張立文 主編, 앞의 책, 1991, 89~90면.

294 같은 책, 95면, 91면.

295 柳宗元, 「爲裴中丞賀破東平表」, 『柳河東全集』, 北京: 中國書店, 1991, 543면.

296 柳宗元, 「答元饒州論政理書」, 『柳宗元集』, 833면.

297 柳宗元, 「斷刑論下」, 같은 책, 91면.

298 머우쭝싼은 송명 유학의 '리'는 주로 '도리'와 '의리' 두 방면을 가르친다고 여기며, 또 "'의리'는 자각적으로 도덕적 실천을 행할 때 보이는 내재적인 당연지리이며, 또 한 단지 유소가 말한 '예교의적'(禮敎宜適)이 그저 외부적이기만 한 것도 아니다"라 고 강조한다. 牟宗三, 앞의 책, 1999, 2면을 보라.

299 支道林, 「大小品對比要鈔序」, "지(智)는 물(物)에 있으나 실(實)은 흔적이 없다. 명 (名)은 저것에서 생겨나나 리(理)는 말이 없다."(智存於物, 實無迹也. 名生於彼, 理 無言也) "리가 어두우면 말이 폐해지고, 학(覺)을 잊으면 지가 온전하다."(理冥則言 廢, 妄覺則智全) 『中國佛敎思想資料選編』第1卷, 北京: 中華書局, 1981, 60면.

300 玄覺, 『禪宗永嘉集』, 『中國佛敎思想資料匯編』, 北京: 中華書局, 1983, 131면 참 조.

301 A.C. Graham, 『中國的兩位哲學家: 二程兄弟的新儒學』(Two Chinese Philosophers: Cheng Ming-tao and Cheng Yi-chuan, London: Open Court Publishing Company, 1992), 鄭州: 大象出版社, 2000, 45~46면.

302 程顥, 『河南程氏遺書』卷2上, 程顥·程頤 著, 『二程集』第1冊, 北京: 中華書局, 1981, 30면.

303 예를 들면 "천지 만물의 리는 혼자 있는 것(獨)이 없고 반드시 짝(對)이 있어야 하 니, 모두 자연히 그러한 것이지 일부러 계획한 것은 없다. 매번 밤중에 생각해 보다 가, 저도 모르게 손을 저어 춤을 추고 발을 굴러 춤을 춘다."(天地萬物之理, 無獨必 有對, 皆自然而然, 非有按排也. 每中夜以思, 不知手之舞之, 足之蹈之也) 程顥, 『河南程氏遺書』卷11, 같은 책, 121면.

304 『이정유서』 속에는 정호 혹은 정이가 한 말인지를 명시하지 않았으나 주자에 의해 정호의 말이라고 판정된 말이 있는데, 그 말은 이러하다. "'생(生)을 성(性)이라고 하 는데', 성은 곧 기(氣)요, 기는 곧 성이니, 생이라고 하는 것이다."('生之謂性', 性卽 氣, 氣卽性, 生之謂也) 『河南程氏遺書』第1冊, 같은 책, 10면.

305 라오쓰광(勞思光)은 이 모순을 세 방면으로 귀결한다. 1)실제 세계 속의 '생'(生)과 '생의 파괴'는 항상 의존하여 성립하며, 따라서 우주 운행의 '생생불식'(生生不息)

역시 부단한 '생의 파괴'이다. 2)만약 '생생불식'이 도덕의 원리로 간주되고 '생생불식'이 또 '생의 파괴'와 병행한다면, 우주 운행은 곧 선악과 분리되지 않는다. 3)만약 모순을 포함하는 이 우주론을 기초로 도덕 실천의 기준을 세운다면, 선악은 하나의 상대적 개념이 될 것이다. 勞思光, 『新編中國哲學史』3上, 臺北: 三民書局, 1983, 54~55면 참조.

306   A.C. Graham, 程德祥 等譯, 앞의 책, 2000, 32면.

307   『河南程氏遺書』卷2上, 程顥·程頤 著, 앞의 책, 1981, 43면.

308   『二程遺書』卷19, 같은 책, 247면.

309   『二程遺書』卷18, 같은 책, 193면.

310   馮友蘭, 『中國哲學史』下冊, 875~876면.

311   『二程遺書』卷15, 程顥·程頤 著, 앞의 책, 1981, 157면.

312   陸象山, 『象山全集』(四部叢刊本) 卷34, 38면.

313   陸象山, 같은 책 卷15, 55면.

314   韓愈, 「原道」, 『韓昌黎集』卷11.

315   張立文, 『走向心學之路』, 北京: 中華書局, 1992, 5면.

316   柳宗元, 「守道論」, 『柳宗元集』卷3, 北京: 中華書局, 1979, 82면.

317   주희는 이렇게 말한다. "태극은 형이상의 도(道)이다. 음양은 형이하의 기(器)이다. 그러므로 그 드러난 것으로 볼 때, 동정(動靜)이 다를 때 음양은 위치를 달리하고, 태극은 없는 곳이 없다. 그 은미한 것으로 볼 때, 텅 비고 막막하여 징조가 없지만, 동정 음양의 리는 이미 모두 그 속에 갖추어져 있다."(太極, 形而上之道也; 陰陽, 形而下之氣也. 是以自其著者而觀之, 則動靜之不同時, 陰陽不同位, 而太極無不在焉. 自其微者而觀之, 則冲漠無眹, 而動靜陰陽之理, 已悉具於其中矣) 『太極圖說』注」, 『濂溪集』卷1, 7면.

318   朱熹, 「答陳同甫」, 『晦庵先生朱文公文集』卷36, 『朱子全書』第21冊, 1590면.

319   楊簡, 『慈湖遺書』(大酉山房刊本) 卷7, 1~10면.

320   자크 제르네(Jacques Gernet)는 이들 제도의 발전을 종교적이고 제사적인 범주에 속하는 하나의 사회에서 군사적 요소가 작용을 일으키고 제후의 독립성을 강화한 결과라고 해석한다. Jacques Gernet, 耿昇 譯, 『中國社會史』(Le Monde Chinois, 1972), 南京: 江蘇人民出版社, 1995, 55면 참조.

321   歐陽脩·宋祁 編, 「禮樂志」, 『新唐書』卷11, 北京: 中華書局, 1975, 307~308면.

322   司馬光(宋) 編著, 胡三省(元) 音注, 「周紀一」, 『資治通鑑』第1策, 卷1, 北京: 中華書局, 1987, 2~3면.

323   같은 책, 6면.

324   같은 책, 14~15면.

325   錢穆, 「略論魏晉南北朝學術文化與當時門弟之關係」, 『中國學術思想史論叢』3, 臺北: 東大圖書公司, 1977, 141면. 나는 여기서 또 남북(南北) 토지 제도에 관한 약간의 자료를 보충하여 첸무의 관점의 방증으로 삼을 수 있다. 미야자키 이치사다는 「진 무제의 호조제」(晋武帝의 戶調式, 『東亞經濟硏究』19)에서 "위(魏)의 둔전은 (진진의 과전법을) 계승하였고, 후일 수당 토지법의 모범이 되었다"고 여겼으며, 위의 둔전을 토지 국유 제도의 남상(濫觴)으로 간주했다. 마에다 나오노리(前田直典)

는 「고대 동아시아의 종결」(古代東亞的終決)에서 토지 국유제를 북방 민족의 영향이라 간주했다. 그는 "남북조시대에 남조의 점전(占田)·공전(公田)·과전(果田) 등 한대의 풍습과 비슷한 일에서 보아, 토지 제도는 한으로부터 위진을 거쳐 다시 남조로 전해졌으며, 일관적 연속성이 있다고 생각할 수 있다. 그러나 북조의 균전법(均田法)은 비록 역시 기왕의 공전·둔전·과전을 기초로 삼긴 했지만, 실제로는 일종의 비약적 진보로서, 정복 민족인 북방 민족의 영향이 있었기에 자연히 다르다. 북방 민족에서는 지금 여전히 강력한 토지 공유제를 실행하고 있는데, 고대에는 더욱 그러했다. 북방 민족은 통치자가 된 후 비로소 균전제를 반포하여 토지 국유제를 주제(主制)로 삼음을 명확히 표시했다." 劉俊文 主編, 黃約瑟 譯, 『日本學者硏究中國史論著選譯』 1, 北京: 中華書局, 1992, 142면 참조.

326 陳寅恪, 「隋唐制度淵源略論稿」, 『陳寅恪學術史論文選集』, 上海: 上海古籍出版社, 1982, 534면.

327 陳寅恪, 「論唐代之藩將與府兵」, 같은 책, 383면.

328 캉유웨이는 일찍이 「부병설」(府兵說)을 지었는데(1891년 이전), 서술한 바는 천인커의 토론 착안점과 다르다. 그는 부병이 마침 삼대의 장점을 얻었지만, 부병제 폐지 후에야 삼대의 병(兵)의 정의(精義)가 비로소 상실되기 시작했다고 본다. 그러나 병제 문제상의 관점의 차이를 제외하면, 그들의 논술은 비슷한 부분도 있는데, 곧 후대 병제와 삼대 병제를 대비하는 의지와 취향을 포함하고 있는 점이다. 캉유웨이는 이렇게 말한다. "내가 역사서를 읽다가 당 현종이 부병을 없애고 확기(彍騎)로 변경한 지점에 이르면 책을 덮고 세 번 탄식하기를 금할 수 없었다. 옛날의 군사 제도는 나라를 보호하기 위함이었고, 후세의 군사 제도는 나라를 병들게 하기에 적당하였으니, 민병(民兵)과 모병(募兵)은 효과가 달랐던 것이었다. 송나라 소식(蘇軾)은 이렇게 말한 바 있다. '삼대 때의 병사는 말할 나위 없이 정예병이었다.' 무슨 까닭에서인가? 병사가 농민에서 나오니 그 수는 일정하였지만 정해진 사람은 없었다. 국가에 일이 생겨 사람이 필요하면 한 집에 정졸(正卒) 한 사람을 갖추고 있었다. 그 때문에 늙은이를 봉양할 수 있었고 병든 이는 한민(閑民)이 될 수 있었으며, 관에 부역하는 자는 건장한 자제가 아닌 이가 없었다. …당나라 초의 부병제에서는 일이 없으면 장수는 조정에 머물고 병사는 부(府)에 머물렀다. 일이 생기면 부계문(符契文)을 내려보내고, 주(州)의 자사(刺史)와 절충(折冲)이 그것을 검토해 보고 군대를 소집하였다. 국가에는 병사를 양성하는 비용이 들지 않고, 장수는 병사들을 장악해야 할 부담이 없었으니, 오랜 전통에 가까웠다. 개원(開元) 연간에 그 법이 무너져서, 재상 장열(張說)은 모병한 군대인 숙위(宿衛)에 모든 것을 청하였기에 민병(民兵)은 모두 폐하고 모병을 이용하였으며, 병사를 농민 속에 두던 좋은 옛날의 법은 흔들렸다."(余讀史至唐玄宗去府兵之法, 變爲彍騎, 不禁掩卷而三嘆也. 曰: 古時設兵所以衛國, 後世設兵適以病國, 則民兵與募兵之爲效異也. 宋臣蘇軾有言曰: '三代之兵, 不待擇而精.' 何故也? 出兵於農, 有常數, 而無常人, 國家有事要人, 一家備一正卒. 是故老者得以養, 疾病者得以爲閑民, 而役於官者莫非其壯子弟. …唐初, 府兵之制, 無事將居於朝, 兵居於府; 有事則下符契文州刺史與折冲勘契, 乃發. 國家無養兵之費, 將帥無握兵之重, 最爲近古. 開元中, 其法寖壞, 宰相張說請一切募士宿衛, 於是盡廢民兵而用募兵, 而古者寓兵於農之良法蕩然矣) 康有爲, 『康有爲全

870

集』1, 上海, 上海古籍出版社, 1987, 527~528면 참조.

329 陳寅恪,『隋唐制度淵源略論稿』, 앞의 책, 1982, 100면.

330 傅斯年,「夷夏東西說」,『傅斯年選集』, 823면 참조. 푸스녠의 이 관점은 삼대(三代) 고고학의 발전에 따라 보충하고 수정할 지점 또한 있을 것이다. 그러나 이른바 '남북의 중국사'가 동한 말기 사회적 전환에서 비롯되었다는 것은 확실히 알 수 있다.

331 李書吉,『北朝禮制法系研究』, 北京: 人民出版社, 2002, 2면.

332 진(晋)의 남도(南渡)와 송(宋)의 남천(南遷)은 800년 정도의 시차가 있지만, 상황은 여전히 비슷한 바가 있다. 이에 구와하라 지츠조(桑原騭藏)는 남방의 유학과 문화가 남방으로의 천도로 인해 장족의 발전을 이루었다는 점에서 남북 관계의 관점에서 중국의 역사를 새롭게 서술할 필요가 있다고 인식하기에 이르렀다. 桑原騭藏,「歷史上所見的南北中國」, 劉俊文 主編, 黃約瑟 譯, 앞의 책, 1992, 19~68면.

333 錢穆,『象山龍川水心』,『中國學術思想史論叢』5, 臺北: 東大圖書公司, 1978, 269~270면에서 재인용.

334 Hoyt Cleveland Tillman,『功利主義儒家: 陳亮對朱熹的挑戰』(*Utilitarian Confucianism: Ch'en Liang's Challenge to Chu Hsi*, Cambridge, MA: the Council on East Asian Studies, Harvard University, 1982), 南京: 江蘇人民出版社, 1997, 35~36면 참조.

335 Peter K. Bol, 劉寧 譯,『斯文: 唐宋思想的轉型』(*"This Culture of Ours": Intellectual Transitions in T'ang and Sung China*, Stanford: Stanford University Press, 1992), 南京: 江蘇人民出版社, 2001, 37면. 包弼德,『斯文: 唐宋思想轉型』, 37면.

336 徐揚杰,『宋明家族制度史論』, 北京: 中華書局, 1995, 84면.

337 『續自治通鑑長編』卷103, 天聖 三年 四月 條, 第8冊, 北京: 中華書局, 2380면.

338 錢大昕,「周氏族譜序」,『潛研堂集』(昌友仁校點), 上海: 上海古籍出版社, 1989, 451면.

339 「氏族略」,『通志』,『通志二十略』, 北京: 中華書局, 1995, 1면.

340 「大傳」,『禮記』. "그런 까닭에 인도(人道)는 친한 이를 친하게 여기고, 친한 이를 친하게 하므로 조상(祖)을 존중하며, 조상을 존중하므로 종(宗)을 공경하며, 종을 공경하므로 족(族)을 거둔다."(是故人道親親也, 親親故尊祖, 尊祖故敬宗, 敬宗故收族)『禮記集釋』, 916~917면.

341 張載,「宗法」,『經學理窟』,『張載集』, 北京: 中華書局, 1978, 259면.

342 程頤,「入關語錄」,『河南程氏遺書』卷15, 程顥·程頤 著,『二程集』, 北京: 中華書局, 1981, 150면.

343 程頤,「伊川先生語」,『河南程氏遺書』卷18, 같은 책, 242면.

344 程頤,「家人」,『周易程氏傳』卷3, 같은 책, 885면.

345 朱熹,『朱子家禮』,『朱子全書』第7冊, 朱傑人·嚴佐之·劉永祥 主編, 上海: 上海古籍出版社, 2002, 875면 참조.

346 朱熹,「跋三家禮範」, 같은 책 第24冊, 3920면. 종법과 가례에 관한 주희의 논술은 徐揚杰, 앞의 책, 1995, 94~95면 참조.

347 조용조와 균전제의 관계에 관해서, 20세기 50년대『역사연구』(歷史研究)에서 일찍

이 한바탕 논쟁이 발생했다. 덩광밍(鄧廣銘)은 조용조와 균전제는 관계없다고 여겼지만, 천종미앤(쑹仲勉), 한궈칭(韓國磬), 후루쉬에(胡如雪) 등은 반대 의견을 나타냈다. 『歷史研究』, 1954年 第4期, 1995年 第5期 등 참조.

348 푸이링(傅衣凌)은 균전제가 왜 진정으로 시행되지 못했는지를 논의하면서 이렇게 언급했다. "진한 이후 공전·간전(墾田)·둔전·점전(占田)·균전은 모두 부자(富者)들의 전(田)을 빼앗아 빈민에게 나눠 주는 것이었고, 국가는 이런 제도를 통해 황폐한 토지와 유산(流産)된 노동력을 다시 조직하여 생산에 투입했다. 국가는 사인(私人) 지주와 투쟁을 통해 일부분 토지와 노동력을 쟁취했을 따름이다. 따라서 수당 시대는 비록 균전제를 계속 추진했음에도 불구하고, 지주 토지 소유는 여전히 계속 발전하고 있었다. 특히 상품경제의 발전과 상공업의 진보에 따라 도시는 상업경제의 중심이 되었다. 원래 중국의 상인은 토지를 점유할 권리가 없었으며, 상업자본의 발달은 오히려 지주 호강(豪强) 세력의 발전을 더욱 추동하여, 수당 이후 중국 토지의 집중은 저당 잡기, 되사는 조건으로 팔기를 통하여 모두 사들이는 단계에 이르는 경우가 많았으니, 상업 자본과 고리대 자본은 이미 균전제 시행을 불가능하게 촉성해 왔음을 충분히 설명해 준다." 傅衣凌, 『明清土地所有制論綱』, 上海: 上海人民出版社, 1992, 10~11면. 균전제 문제에 관해서는, 武建國, 『均田制研究』, 昆明: 雲南人民出版社, 1992 참조.

349 양세법 내용에 관해서는 『新唐書』 및 『舊唐書』의 「楊炎傳」, 『唐會要』 卷83 「租稅」 上, 『陸宣公翰苑集』 卷22 「均節賦稅恤百姓」 第3條 참조. 양염(楊炎) 및 그가 제정한 양세법 문제에 관해서는 역대로 연구가 매우 많았는데, 李志賢, 『楊炎及其兩稅法研究』, 北京: 中國社會科學出版社, 2002의 논술이 매우 상세하다.

350 翦伯贊, 『中國史綱要』 第2冊, 199면 참조.

351 陳紀瑜, 「中國封建社會土地及其賦役制度變遷的探討」, 『揚州大學學報』, 1998年 第3期, 總第9期, 70~71면.

352 李翱, 『李文公集』 卷3, 6b면.

353 「均節賦稅恤百姓第六條」, 『陸宣公翰苑集』 卷22.

354 양세전(兩稅錢)의 절납(折納)에 관해서는, 船越泰次, 「唐代兩稅法的斛斗徵科及兩稅錢的折糴和折納問題」, 『日本中青年學者論中國史·六朝隋唐卷』, 上海: 上海古籍出版社, 1995, 485~508면 참조.

355 송대 동전과 철전의 유통 상황에 관해서는 高聰明, 『宋代貨幣與貨幣流通研究』, 保定: 河北大學出版社, 2000, 35~49면 참조.

356 宮崎市定, 「東洋的近世」, 劉俊文 主編, 黃約瑟 譯, 앞의 책, 1992, 172면.

357 송대 상업과 도시 발전의 상황에 관해서는 Laurence J.C. Ma, *Commercial Development and Urban Change in Sung China*, Ann Arbor: University of Michigan Press, 1971 참조.

358 폴 바이로흐는 이런 자유무역 정책이 500여 년간 실행되었으며, 1490년 즉 콜럼버스가 신대륙에 도착하기 2년 전, 중국은 '보호무역주의'를 실행하기 시작하였으며, 또한 두 세기 후 서방의 침략 시대에 이르러서 비로소 한층 더 강화시켰다고 보았다. 바이로흐가 설정한 중국의 보호무역주의 실행 연대에 관해서는 여전히 따져볼 가치가 있지만, 1490년부터 1800년 전후까지 중국의 대외무역에 대한 그의 산정은

지나치게 보수적이다. Paul Bairoch, 「經濟學與世界史」, 許寶强·渠敬東 選編, 『反市場的資本主義』, 北京: 中央編譯出版社, 2000, 117면 참조.

359 나이토 고난 등의 학자는 일찍이 당송 시대의 화폐 유통에서 일어난 변화에 주목했다. 즉, 당대에는 개원통보(開元通寶)를 주조했으나 유통량은 크지 않았다. 화폐의 대량 유통은 송대에 이르러서야 시작되었다. 당대는 실물경제가 아니었지만, 적지 않은 물품은 화폐를 이용해 가치를 표시하는 것 외에는 오히려 견포(絹布)로 교환했다. 송대는 동전이 견포·비단 등을 대체했고, 지폐까지 유통되었다. 內藤湖南, 「槪括的唐宋時代觀」, 劉俊文 主編, 黃約瑟 譯, 앞의 책, 1992, 17~18면 참조.

360 「均節賦稅恤百姓第二條」, 『陸宣公翰苑集』 卷22, 『李文公集』 卷9, 「疏改稅法」, 『唐會要』 卷84, 元和十五年, 翦伯贊, 『中國史強要』 第2冊, 199~200면.

361 「食貨志」, 『宋史』 卷173, 北京: 中華書局, 1977, 4164면.

362 「食貨一二」, 『宋會要輯稿』, 臺北: 新文豊出版公司, 1976, 4994면.

363 李覯, 「平土書」, 『李覯集』 卷19, 北京: 中華書局, 1981, 183면.

364 李覯, 「潛書十五篇倂序」, 같은 책 卷20, 214~215면.

365 張載, 「經學理窟」, 「周禮」, 『張載集』, 北京: 中華書局, 1978, 248~249면.

366 주대의 정전제는 농노제의 특징을 띠며, 농민의 이주는 엄격하게 제한되었다. 『관자』(管子)의 기록에 따르면, 제(齊)나라의 치도(治都: 공경대부와 왕 자제 등의 땅으로 제후의 방국과는 구분되는 도심을 다스림-역자)에는 철법(徹法)을 적용했고, 변읍을 다스리는(治鄙) 데는 조법(助法)을 사용했다. 양샹쿠이는 분석하여 이렇게 말한다. "도내(都內)에 거주하는 이는 군자이고, 비중(鄙中)에 거주하는 이는 야인(野人)이다. 야인은 비(鄙)에 거주하며, 실제로는 농노와 같은데, 이들 농노는 행동이 자유롭지 못했다." 이는 『주례』 속의 농민 이주 관련 서사와 완전히 부합하며, 양샹쿠이의 해석에 따르면 『주례』가 반영하는 것은 제나라의 사회 제도이다(楊向奎, 「從 "周禮"推論中國古代社會發展的不平衡性」, 『繹史齋學術文集』, 上海: 上海人民出版社, 1983, 25면). 맹자는 전국시대 예악(禮樂)이 붕괴되는 환경 속에서 낡은 예제(禮制)로 자신이 직면한 문제를 비판했는데, 마찬가지로 회고(懷古)의 특징이 있다고 하겠다. 나는 초기 정전제의 특징에 근거하여 맹자의 이러한 설법을 "사람을 기만하는" 설법이라 여기는 데에 찬성하지 않는다. 어떤 논술의 출현은 그 논술의 배경 조건과 더욱 긴밀하게 연관되며, 맹자의 관점은 일반적으로 초기 제도를 위해 합법적인 논증을 행한 것이 아니라 전국시대의 혼란한 국면을 겨냥한 비판적 응변이기 때문이다. 우리는 또한 이러한 사상을 봉건적 이상으로 그것이 바야흐로 형성 중에 있고 날로 주도적 지위를 차지하고 있는 군현 체제 및 그 사회 풍습에 대항한 것으로 간주할 수도 있다. 이것이 장재의 관점이 그처럼 맹자에 가까운 원인이 되기도 한다.

367 張載, 『經學理窟』, 「周禮」, 앞의 책, 1978, 248~249면.

368 張載, 『經學理窟』, 「宗法」, 같은 책, 260면.

369 청대 오파(吳派) 학자 혜사기(惠士奇)는 『주례』를 상세히 고찰했는데, '종'(宗)을 논해서 이렇게 말한다. "종족이 번다하면 흩어지고, 종족이 번성하면 강하니, 이런 까닭에 대종(大宗)을 세워 규합하고 바로잡아, 일족에게 사랑하고 친하며, 공경하고 존중하도록 한다. 이 때문에 노인과 빈궁한 이가 버려지지 않고, 사납고 간사한 자

가 감히 잘못하지 않는다. 따라서 사람들은 각기 그 대종을 종가로 삼아 종법 질서가 확립되어 천하가 다스려진 것이다. 이른바 종족 구성원이 종가를 믿고 종가가 그 종족 구성원인 민을 얻는다는 것은 대개 이와 같다. 후대로 춘추시대에 이르자, 종족은 종을 믿지 않고, 대종은 종족 구성원을 거두지 않았다. …그리하여 종법 질서가 궤멸하였다."(族繁則渙, 族盛則强, 是故立大宗以糾合之, 檢彈之, 使一族愛而親, 敬而尊, 由是老窮不遺, 桀黠者不敢爲非, 故人人各宗其宗而天下治. 所謂族則任宗, 宗以族得民者, 蓋如此. 降及春秋, 族不任宗, 宗不收族, …而宗法壞矣) 양상쿠이는 보충해서 말한다. "대종이 종족으로써 민을 얻는 것이 종법 봉건사회의 기초인데, 춘추 이후로는 종법제가 무너져 주천자(周天子)가 왕 노릇을 못하고, 대소종(大小宗)이 나누어지지 않으며, 종족은 민을 얻지 못해 칠국(七國)이 일어났고, 사대부와 서민이 나누어지지 않았다." 楊向奎, 『淸儒學案新編』 3, 濟南: 齊魯書社, 1994, 111면.

370 胡宏, 『知言』(文淵閣 四庫全書本) 卷3, 2b면.

371 같은 책 卷1, 11a면.

372 같은 책 卷6, 6b면.

373 같은 책, 4b면.

374 같은 책 卷5, 14b~15a.

375 蕭公權, 『中國政治思想史』 2, 瀋陽: 遼寧敎育出版社, 1998, 471~472면.

376 朱熹, 「開阡陌辨」, 『朱文公文集』(商務印書館縮印明刊本), 311면.

377 朱熹, 『朱子語類』 卷108, 2680면.

378 같은 책, 卷97, 2495면.

379 같은 책, 卷12, 207, 224면.

380 王安石, 「與丁元珍書」, 『臨川先生文集』(萬有文庫本) 第8冊, 卷75, 上海: 商務印書館, 1929, 32면.

381 康有爲, 「敎學通義·立學第十二」, 『康有爲全集』 1, 上海: 上海古籍出版社, 1987, 132면 참조.

382 馬端臨, 「十通」 第7種, 『文獻通考』 卷42, 上海: 商務印書館, 1936.

383 張希淸, 「論宋代科擧取士之多與冗官問題」, 『北京大學學報』 1987年 第5期.

384 苗書梅, 『宋代官員選任和管理制度』, 開封: 河南大學出版社, 1996, 3면.

385 蔡襄, 「國論要目·擇官」, 『端明集』(文淵閣 四庫全書本) 卷22, 2ab면.

386 「儒學上」, 『舊唐書』 卷189上, 北京: 中華書局, 1975, 4941면.

387 「選擧志」, 『新唐書』 卷44, 北京: 中華書局, 1975, 1160면. 관련 논술은 章權才, 『宋明經學史』, 廣州: 廣東人民出版社, 1999, 16~17면 참조.

388 천종미앤의 『수당사』(隋唐史) 기록은 이렇게 말하고 있다. 즉, 명경(明經) 초시(初試)는 "일대경(一大經) 『예기』 혹은 『좌전』 및 『효경』, 『논어』, 『이아』(爾雅)를 내걸고, 매 경(經)은 10조항을 내걸어, 5조항 이상을 통할 수 있는 자를 채용한다." 이시(二試)는 "구두로 대의(大義) 10조항을 물어, 6조항 이상을 통할 수 있는 자를 채용한다." 삼시(三試)는 "시무책(時務策) 삼도(三道)에 답하게 하여, 문리(文理)가 트인 자를 취하여 급제시킨다." 岑仲勉, 『隋唐史』, 石家莊: 河北敎育出版社, 2000, 182면 참조.

389 謝善元, 『李覯之生平及思想』第5, 6, 7章, 北京: 中華書局, 1988 참조.

390 『列傳』第86, 『宋史』卷327, 北京: 中華書局, 1977.

391 王安石, 「『周禮義』序」, 『王文公文集』, 上海: 上海人民出版社, 1974, 426면.

392 王安石, 「言事書」, 『王文公文集』, 3~6면.

393 程顥, 「請修學校尊師儒取士箚子」, 程顥·程頤 著, 앞의 책, 1981, 448면.

394 「上神宗答詔論學校貢擧之法」, 『宋明臣奏議』(文淵閣 四庫全書本) 卷78, 10면.

395 王安石, 「乞改科條制」, 앞의 책, 卷31, 1974, 363면. 왕안석의 글에서 언급한 개혁
은 세 방면이다. 1. 진사과 시험은 경의(經義) 중심으로 고친다. 2. 단계를 나누어 제
과(諸科)를 폐지한다. 3. 서북오로대책(西北五路對策: 송나라 선종宣宗 당시 서하
西夏의 내란을 틈타 30만 군대로 인주麟州 등 5개 지역 방면에서 서하를 공략하고
자 한 대책. 서하의 강력한 저항에 실패했다.—역자) 그의 최종 구상은 과거를 폐지
하고 학교 제도를 정돈함으로써 태학(太學) 졸업생을 관료로 삼는 것이었다. 곤도
가즈나리(近藤一成)의 말을 인용하자면, "경력(慶曆) 이래 많은 논자가 반복적으로
제기한 취사(取士)와 양사(養士)의 일원화를 실현하려는 것으로서, 이는 긍정할 만
한 것이다." 近藤一成, 「王安石科擧改革」, 『日本中靑年學者論中國史·宋元明淸
卷』, 北京: 中華書局, 1995, 137면.

396 왕안석이 『삼경신의』를 찬정(撰定)한 정황에 관해서는 章權才, 앞의 책, 1999,
108~113면 참조.

397 관련 자료는 『續自治通鑑長編』卷227, 243, 266에 보이고, 관련 토론은 鄧廣銘,
「宋明的家法和北宋的政治改革運動」, 鄧廣銘, 『北宋政治改革家王安石』, 石家莊:
河北敎育出版社, 2000, 364면에 보인다.

398 皮錫瑞, 『經學通論·三禮』, 「論周禮在周初時初末擧行亦難行於後世」, 北京: 中華
書局, 1954, 58면.

399 이도의 『속자치통감장편』(續自治通鑑長編) 희녕 7년 3월의 기록과 진진손(陳振孫)
의 『직재서록해제』(直齋書錄解題)의 관련 설명에 따르면, 『삼경신의』의 저술은 일
련의 학자들을 운집시켰을 뿐만 아니라 당시 최고 통치자의 의지도 체현했다.

400 鄧廣銘, 앞의 책, 2000, 51~52면.

401 程顥·程頤 著, 앞의 책, 1981, 562~576면.

402 陸象山, 『陸象山全集』, 北京: 中國書店, 1992, 231~235면.

403 이천(정이)은 명도(정호)를 위해 행장을 지었다. "선생의 학문은 15, 6세부터, 주무
숙(周茂叔)이 도를 논하는 것을 듣고는 마침내 과거 시험 준비를 포기하고, 분연히
구도(求道)의 뜻을 품었다. …만물에 밝으셨고 인륜을 살피셨으며, 자기 본성을 다
하고 자기 삶을 영위하기 위해서는 반드시 효제(孝悌)에 근본을 두어야 함을 알았
고, 자기 정신의 변화를 궁구하는 것은 예악에 정통하는 것에서부터 시작한다는 것
을 아셨다."(先生爲學, 自十五六歲時, 聞周茂叔論道, 遂厭科擧之業, 慨然有求道
之志. …明於庶物, 察於人倫, 知盡性之命, 必本於孝悌, 窮神之化, 由通於禮樂)
程顥·程頤 著, 앞의 책, 1981, 638면.

404 朱熹, 『朱子語類』卷130, 3101, 3097면.

405 첸무는 주육동이(朱陸同異)를 논할 때 송학 정통에 대한 절동학파의 충격을 논한
다. 그는 그 학술적 근원이 위로 북송 왕안석과 사마광의 경학 및 사학의 분치(分

幟)로 소급될 수 있다고 생각한다. 그는 주자의 말을 인용하여 이렇게 말한다. "육상산은 인심(人心)의 애경(哀敬)에만 주의했고, 동래(東萊: 여조겸呂祖謙)는 사학(史學)을 중시했는데, 육상산은 허묘종묘(墟墓宗廟: 사람은 무너진 묘역을 보면 슬퍼지고, 종묘에 있으면 존경심이 인다는 내용, 곧 사람의 지각을 세계의 본원으로 본다는 뜻. 육상산의 시에서 인용―역자)에 더 주의한 것 같다. 그러므로 주자는 여조겸이 많이 잃었고 육상산은 적게 잃었다고 간추려 말하였다." 그러나 주희에 대한 진량(陳亮)·섭적(葉適)의 공격 역시 역사에 대한 관점을 건드리는데, 그들은 도가 인사(人事) 현실 속에서부터 생겨난다고 여겼고, 도가 인사 현실을 떠나 독립할 수 있다고 인정하지 않았다. 그러므로 이 노선에 선 사람은 한당의 제도, 특히 이치(吏治)를 연구하는 데 더욱 주의를 기울였다. 錢穆, 「象山龍川水心」, 앞의 책, 1978, 266~269면.

406 朱熹, 『朱子語類』 卷130, 3098면.

407 朱熹, 「答陳師德」, 『朱子全書』 第23冊, 2671면.

408 朱熹, 『朱子語類』 卷116, 2801면.

409 錢穆, 「初期宋學」, 앞의 책, 1978, 8면.

410 錢穆, 「二程學術述評」, 같은 책, 114면.

411 최근 발견된 곽점(郭店) 초간(楚簡) 「성지문지」(成之聞之) 편은 곧 천도론적 방식으로 구기(求己) 문제를 논증한다. 간문(簡文)은 총 10단(段)인데, 군자신교(君子身敎), 치민지술(治民之術), 반구저기(返求諸己), 취신어민(取信於民) 등의 방면에서 '구지어기'(求之於己)의 중요성을 논한다. 마지막 두 단은 군자치인론(君子治人倫)을 천덕(天德)에 순종하는 것으로 간주하고 군자 '구지어기'는 천상(天常)에 순응하는 것으로 간주한다. 만약 '천강대상'(天降大常)이라는 말에서 본다면, 천(天)은 여전히 주재(主宰)의 천의 의미를 함유하고 있지만, 구기이순천(求己以順天)의 논리로 보자면, '천덕'·'천상'은 자연의 덕 혹은 자연법칙의 함의를 지닌다. 廖名春, 「荊門郭店楚簡與先秦儒學」, 『郭店楚簡研究』, 『中國哲學』 第20集, 52면 참조.

412 王夫之, 『張子正蒙注』 卷9, 『船山全書』 12, 長沙: 岳麓書社, 1992, 362면.

413 이 특징 역시 북송 도학이 의거한 경적(經籍)에 체현된다. 즉, 『논어』·『맹자』와 『순자』는 결코 주요 문헌이 되지 않았으며, 『역경』 및 도교의 영향을 받은 '도서'파(圖書: 하도낙서河圖洛書에 의거하여 상수象數를 말한다)의 역학(易學), 『예기』의 『중용』, 증자에게서 나왔을 수 있는 『대학』이 주요한 자료가 되었다. 공맹의 원전(原典)에 우주론과 본체론적 흥미가 없는 것 외에도, 송대 유학자들이 새롭게 유학 전적을 발견한 것 역시 또 하나의 원인일 것이다. 장횡거는 일찍이 불학과 노장 사상이 유학에 '쓰임만 있고 본체가 없다'(有用無體)라고 공격한 것을 언급하며, "대도(大道)의 정미(精美)한 리는 유학자들이 이야기할 수 없는 바로서 반드시 나의 책을 취하는 것이 옳다"고 생각하였고, 북송 유학자들은 그래서 "나의 육경(六經)은 일찍이 말한 적이 없고, 공맹은 일찍이 언급한 적이 없다는 것을 깨닫고, 이에 그 책을 신봉하고 그 도를 종주로 삼으면, 천하가 마치 쓰러지듯 그 풍조에 함께하니, 감히 그 사이에 의심을 두는 이가 없을 것이다"(吾之六經未嘗語也, 孔孟未嘗及也', 從而信其書, 宗其道, 天下靡然同風, 無敢置疑於其間)라고 하였다. 『張載集』, 앞의 책, 4~5면. 허우와이루는 바로 여기에 의거하여, 불교를 배척하는 송대 유학자들이 늘 "불

학의 비판자가 아니라 비판적 불학자"라고 여긴다.【역주】하도는 복희씨가 황하에서 얻은 그림으로 8괘를 만든 것이고, 낙서는 하우(夏禹)가 낙수(落水)에서 얻은 글로 '홍범9주'를 만든 것이다. 송대 주역 해석을 둘러싼 의리파와 도서파 중 도서파인 주희는 <주역본의> <역학계몽>에 도입, 주역의 도상과 수로를 근간으로 하여 도식과 도상으로 우주관을 표현한 것.

414 李翺, 「去佛齋論」, 『全唐文』卷637, 上海: 上海古籍出版社, 1990, 2846면.

415 Patricia Ebrey, "Women, Marriage, and the Family in Chinese History," in *Heritage of China: Contemporary Perspectives on Chinese Civilization*, ed. Paul S. Ropp, Berkeley: Univeristy of California Press, 1990, pp. 214~215.

416 「蔡謨傳」, 『晋書』(文淵閣 四庫全書本) 卷77, 16b면.

417 「顧歡傳」, 『南齊書』(文淵閣 四庫全書本) 卷54, 10a면.

418 韓愈, 「論佛骨表」, 馬其昶 校注, 『韓昌黎文集校注』, 上海: 上海古籍出版社, 1986, 613~616면.

419 韓愈, 「原道」, 같은 책, 17~18면.

420 馮友蘭, 『中國哲學史』, 北京: 北京大學出版社, 1985, 298면.

421 李方子, 「自治通鑑綱目後序」, 『御批資治通鑑綱目』(文淵閣 四庫全書本) 卷首下, 7면.

422 朱熹, 『御批資治通鑑綱目』(文淵閣 四庫全書本) 卷首上, 38면.

423 朱熹, 「壬午封事」, 『朱子文集』, 臺北: 財團法人德富文教基金會, 2000, 348면.

424 양송 춘추학과 호안국 『춘추전』에 관한 토론은 章權才, 앞의 책, 1999, 151~181면, 203~208면 참조.

425 陳亮, 『龍川文集』(四部備要本) 卷1, 1면 上.

426 陳寅恪, 『隋唐制度淵源略論稿』, 上海: 上海古籍出版社, 1982, 515면.

427 陳寅恪, 『唐代政治史述論稿』, 上海: 上海古籍出版社, 1982, 1면.

428 홀름그렌은 이런 도덕주의와 새로운 재산 관계의 조정이 서로 호응하여, 후대 여성의 재혼에 대한 법률적 제한과 윤리적 구속을 촉진했음을 지적한다. 즉, 여성이 재혼하면 그녀들이 가지고 있던 혼수품을 취득할 수 없었다. 홀름그렌은 이 습속이 몽골에서 기원했다고 여기는데, 몽골의 습속에 따르면 남편의 가족은 과부를 남편의 형제에게 재가시킬 수 있었는데, 그 목적은 여자의 재산을 가족 범위 내에 남겨 두고자 함이었으며, 상술한 법률은 곧 몽골 습속의 영향으로 형성된 것이다. 이 논점의 성립 여부는 아직 더 논해 보아야 한다. Jennifer Holmgren, "Widow Chastity in the Northern Dynasties," in *Papers on Far Eastern History* 23(1981): pp. 165~186, 185~186; "Observations on Marriage and Inheritance Practices in Early Mongol and Yuan Society: With Particular Reference to the Levirate," *Journal of Asian History* 20(1986): pp. 127~192 참조.

429 Patricia Ebrey, "Women, Marriage, and the Family in Chinese History," in *Heritage of China: Contemporary Perspectives on Chinese Civilization*, ed. Paul S. Ropp, Berkeley: University of California Press, 1990, pp. 220~221. 유사한 상황이 청대에도 분명한 예증이 있다. 즉 이민족 통치 초기에, 기절(氣節)·도덕·예의에 대한 한족 사대부의 추존은 매우 가혹하고 엄했다. 여성의 특징 및 그 정

조 관념은 민족의식의 한 부분이 되었다. 예를 들어, 청 조정은 여러 차례 부녀자의 전족(纏足) 폐지를 규정했고 또 그에 상응하는 처벌 조치를 제정했으나, 모두 효과를 거두지 못했다.

430 「食貨志」, 『魏書』, 北京: 中華書局, 1974, 2849~2850면.

431 楊向奎, 「試論東漢北魏之際中國封建社會的特徵」, 앞의 책, 1983, 58~61면.

432 Hoyt Cleveland Tillman, 『功利主義儒家: 陳亮對朱熹的挑戰』(*Utilitarian Confucianism: Ch'en Liang's Challenge to Chu Hsi*, Cambridge, MA: the Council on East Asian Studies, Harvard University, 1982), 南京: 江蘇人民出版社, 1997, 96~97면 참조.

433 朱熹, 「答黃直翁」, 『朱子文集』 卷44, 1986면.

434 朱熹, 「古史餘論」, 같은 책 卷72, 1297면.

435 朱熹, 『朱子語類』 卷139, 3303면.

436 분봉과 군현의 논쟁에 대해서, 주희는 명확하게 논평한다. "주나라가 동천(東遷)한 뒤 왕실은 갈수록 약해졌다. …진에 이르러, 사세(事勢)가 극에 달하여 어쩔 수 없었기에 이렇게 할 수밖에 없었다."(周自東遷之後, 王室益弱, …至秦時, 是事勢窮極, 去不得了, 必須如此做也)

437 朱熹, 『朱子語類』 卷24, 599면. 탕친푸(湯勤福)는 일찍이 주자의 '사학 사상'(史學思想)에 대한 탐구에서 리(理)·세(勢) 등의 범주가 주자 역사관에서 작용하는 바를 상세히 분석했다. 湯勤福, 『朱熹的史學思想』, 濟南: 齊魯書社, 2000, 23~31면 참조.

438 朱熹, 『朱子語類』 卷1, 2, 4면.

439 Alasdair MacIntyre, 龔群·戴揚毅 等譯, 『德性之後』(*After Virtue*, University of Notre Dame Press, 1984, pp. 56), 北京: 中國社會科學出版社, 1995, 72면.

440 앞의 책, 75면.

441 이 전환의 지식 기초 역시 분명하다. 즉, 우주론 방면에서 보아, 송명 이학이 한대 유학 및 그 인격적 천관을 비판함과 동시에, 사상과 전적 두 방면에서 한대 사상의 우주론 흥취를 계승했다. 심성론 방면에서 보아, 그것은 유학의 입세(入世) 관념으로써 불교의 출세관(出世觀)을 비판했지만, 역시 주체 및 그 자유(自由)에 대한 불학의 이해를 흡수했다. 정이가 「명도선생행장」(明道先生行狀)에서 정호를 논한 한 단락은 가장 정밀하고 중요한 개괄이라고 할 수 있다. "제가(諸家)에서 떠돌고, 노석(老釋)에 출입한 지 수십 년, 되돌아와 육경에서 구(求)한 후에야 얻었다."(泛濫於諸家, 出入於老釋者幾十年, 返求諸六經而後得之) 『河南程氏文集』 卷程顥·程頤 著, 앞의 책, 1981, 638면. 卷11, 『二程集』, 638면.

제2장 물物의 전환: 이학과 심학

1 『漢書』, 北京: 中華書局, 1962, 1775면.

2 『史記』(中華書局本) 卷27, 1342면.

3 饒宗頤, 「陰陽五行思想有'形', '氣'二原與'德禮'關聯說」, 『中國史學上之正統論』,

上海: 上海遠東出版社, 285~288면. 문과 예에 관한 문제는 제3장 고염무 관련 내용 참조.

4   李學勤 主編, 『周禮注疏』, 『十三經注疏』, 北京: 北京大學出版社, 1999, 859면. 아울러 『주례구해』(周禮句解) 卷8(文淵閣 四庫全書本)에서 송대 주신(朱申)은 "일물(一物)은 일류(一類)로써 서로 따른다"(一物者謂以一類相從也)라고 해석했다.

5   『左傳杜林合注』 卷19(文淵閣 四庫全書本), 11a면.

6   『春秋左傳注疏』 卷23(文淵閣 四庫全書本), 8b면.

7   예악과 만물의 이런 합일 관계에 관해서는 더 많은 예증이 있다. 추시구이(裘錫圭)는 『주례』, 『상서』, 『여씨춘추』, 『회남자』(淮南子)에서 음악으로써 물을 완성하는 예증을 수집·기록했다. 예를 들어 『주례』 춘관 「대사악」(大司樂)에서는 "육율(六律)·육동(六同)·오성(五聲)·팔음(八音)·육무(六舞)로써 대합악(大合樂: 여러 음악을 크게 합주하는 것. 『예기』 「월령」月令 참조 ― 역자)을 연주하여 귀신에게 바친다. …무릇 육악(六樂)이란 한 번 연주하면 깃털이 있는 동물과 물가의 신들을 불러들이고, 두 번 연주하면 짧은 털의 짐승과 산림의 신들을 불러들이며, 세 번 연주하면 물비늘 있는 동물과 언덕의 신들을 불러들이고, 네 번 연주하면 가늘고 긴 털의 짐승과 물가와 낮고 평탄한 땅의 신들을 불러들이며, 다섯 번 연주하면 패류의 동물과 땅의 신들을 불러들이고, 여섯 번 연주하면 기린·봉황·거북·용과 하늘의 신을 불러들인다"(以六律六同五聲八音六舞, 大合樂以致鬼神 …凡六樂者, 一變而致羽物及川澤之示, 再變而致臝物及山林之示, 三變而致鱗物及丘陵之示, 四變而致毛物及墳衍之示, 五變而致介物及土示, 六變而致象物及天神)라고 했다. 裘錫圭, 「說'格物'」, 『文史叢稿: 上古思想, 民俗與古文字學史』, 上海: 遠東出版社, 1996, 8~9면 참조.

8   李學勤 主編, 『禮記正義』, 앞의 책, 1999, 1450면.

9   같은 책, 1076면.

10 李學勤 主編, 『周禮注疏』, 앞의 책, 1999, 266면.

11 예를 들어, 『역경』 「계사 하」(繫辭下)에서 "우러러 하늘의 형상을 보고, 굽어서는 땅의 법을 보며 …가까이는 몸에서 취하고, 멀리는 만물에서 취하여 팔괘를 만들었다"(仰則觀象於天, 俯則觀法於地. …近取諸身, 遠取諸物, 於是始作八卦)라고 했다. 李學勤 主編, 『周易正義』, 앞의 책, 1999, 298면. 여기에서 물은 몸(身)과 상대되지만 상(象)·법(法) 등 추상적 개념 속에서 만들어졌다. 선진 시기 '물'의 용법에 관한 글로는 장타이옌의 「설물」(說物)이 있다. 章太炎, 『太炎文錄初編』 卷1, 『章太炎全集』 4, 上海: 上海人民出版社, 1985, 40면 참조.

12 송명 이학에서 '기'는 매우 중요한 범주다. 국내외 많은 유학자가 이미 이 범주에 관해 자세히 분석·정리했다. 여기에서는 논제와 지면의 제한으로 '기' 개념의 형성과 발전을 전면적으로 논할 수 없다. 이 장에서 논하는 '물'의 변화는 송명 시기 이기론의 형성과 변화에서 발생한 것임을 밝혀 둔다.

13 「知北遊」, 『莊子』, 郭慶藩 撰, 『莊子集釋』, 北京: 中華書局, 1961, 731면 참조.

14 程顥, 「答橫渠張子厚先生書」, 程顥·程頤 著, 『二程文集』 卷2, 『二程集』, 北京: 中華書局, 1981, 460면.

15 程顥, 『河南程氏遺書』 第11, 程顥·程頤 著, 1981, 123면.

16 「性理一」(性命條), 『御撰朱子全書』(文淵閣 四庫全書本) 卷42, 31a~32a면. 이 조목의 부분적 내용은 朱熹, 『中庸或問』, 『朱子全書』第6冊, 上海: 上海古籍出版社, 2002, 551면 참조.

17 이러한 점 때문에 첸무는 소옹의 학문을 '새로운 인간 본위론'(新人本位論)으로 개괄한다. 물에서 사람을 분리해 말한 것이 아니라 물에 사람을 합하여 말한 것이다. 곧 물의 범주에서 사람을 논하고, 물의 범주에서 사람의 지위와 그 의의 및 가치를 발견한다. 그는 또한 바로 '물' 범주의 중요성 때문에 "소옹은 상수(象數) 이외의 실재에 대해 그만의 독특한 견해가 있다. 그것은 소옹이 물을 관찰할 수 있었기 때문이다. 이러한 유파의 학문에는 중국에서 소옹처럼 뛰어난 인물이 거의 없다"라고 한다. 錢穆, 「濂溪百源横渠之理學」, 『中國學術思想史論叢』5, 臺北: 東大圖書公司, 1978, 60~61면.

18 같은 책, 62면. 첸무는 소옹과 주자를 비교해 "소옹은 성정 구분론을 주로 하고, 리로써 물을 관찰하는 이론을 위주로 했다. 이는 주자의 격물궁리와 그 본말이 전도된 듯하다. 주자 또한 이미 알고 있는 이치에 근거하여 더욱 그것을 궁구하기를 위주로 했으니, 주자 역시 리로써 물을 관찰했다"라고 했다. 이는 장자의 이도관물(以道觀物)과 다르다.

19 첸무는 공맹의 성명(性命)과 송대 유학자들의 천리를 비교한 후 이 두 가지가 사실 매우 가깝다고 생각했다. 그러나 "오직 공맹은 성명에서부터 아래로 도까지 말하여 물의 일부분을 간과했다. 송대 유학자들은 성명에서부터 위로 리까지 말하여 물의 위치를 부각했다. 장횡거는 「서명」(西銘)에서 '모든 백성은 나의 형제이고, 만물은 나와 더불어 같이 한다'(民吾同胞, 物吾與也)라고 했다. 무릇 공자와 맹자는 앞 구절을 중시하고, 뒤 구절을 중시하지 않았다. 『주역』 「계사전」은 형이하를 말하며, 기(器)를 들지 물을 들지 않는다. 이 또한 선진 유학자와 송대 유학자의 다른 점이다. 오직 『중용』에서 물에 대해 많이 말한다. 그러므로 송대 유학자들은 공맹을 말할 때 반드시 중용을 함께 설명한다"라고 했다. 錢穆, 「程朱與孔孟」, 앞의 책, 1978, 206면.

20 머우쭝싼은 송명 이학의 '신'(新)의 해석과 관련해 다른 측면으로 자세한 견해를 내놓았다. 그는 다섯 가지로 '신'의 뜻을 정리한다. 그 핵심 관점은 선진 및 한대의 유학이 비록 "인을 실천하고 하늘을 안다"(踐仁知天, 공자), "마음을 다하여 성을 알고 하늘을 안다"(盡心知性知天, 맹자), "천명을 성이라고 한다"(天命之謂性, 『중용』), "하늘의 도가 변하여 각각 성명을 바르게 한다"(乾道變化, 各正性命, 『주역』 「계사전」), "밝은 덕을 밝힌다"(明明德, 『대학』) 등의 명제를 언급했지만, 인과 천의 합일, 심성과 천의 합일, 천도와 성명이 하나로 통하고, 천도의 실체가 각 개체에 내재되어 성이 되는 등 명제를 명확하게 제시하지 못했다는 것이다. 牟宗三, 『心體與性體』, 上海: 上海古籍出版社, 1999, 14~15면.

21 이학, 고증학, 정치 등 삼자 관계 속에서 『대학』 개정본의 기능은 黃進興, 「理學, 考據學與政治: 以"大學"改本的發展爲例證」, 『優入聖域: 權力, 信仰與正當性』, 臺北: 允晨文化實業股份有限公司, 1994, 352~391면 참조.

22 朱熹, 『四書章句集注』, 北京: 中華書局, 1989, 3면.

23 같은 책, 1면.

24 일반적으로 볼 때, 주자가『대학』에 격물보전(格物補傳)을 지은 목적은 전적(典籍) 정리가 아닌 도덕 논증의 전제와 과정을 재확립하는 데에 경전적 근거를 제공하기 위함이었다. 주자는「명당실기」(名堂室記)에서『역』의 "경으로써 안을 곧게 하고, 의로써 밖을 곧게 함"(敬以直內, 義以方外)을 '학문의 핵심'(爲學之要)으로 삼았지만, 어디서부터 손을 대야 할지 몰랐다. "『중용』을 읽게 되자 도를 닦는 가르침에 대하여 논함에 반드시 경계와 삼감, 두려움을 시작으로 삼은 후에 무릇 지경(持敬: 경을 지킴－역자)의 근본을 얻는 방법을 알았다. 또한『대학』을 읽게 되자 덕을 밝히는 순서에 대하여 논함에 반드시 격물치지를 시작으로 삼은 후에 무릇 명의(明義: 의를 밝힘－역자)의 단서를 얻는 방법을 알았다."(及讀『中庸』, 見其所論修道之敎而必以戒愼恐懼爲始, 然後得夫所以持敬之本. 又讀『大學』, 見其所論明德之序而必以格物致知爲先, 然後得夫所以明義之端) 朱熹, 朱傑人·嚴佐之·劉永祥 主編,『朱子全書』, 第24冊, 上海: 上海古籍出版社, 2002, 3732면.『대학』과 이학의 관계, 특히 주자의『대학장구』'보격물치지전'(補格物致知傳) 상황에 관해서는 陳來,『朱熹哲學硏究』(北京: 中國社會科學出版社, 1993)가 상세한 고증이 되어 있으므로 여기에서는 덧붙이지 않는다.

25 錢穆,『程朱與孔孟』,『中國學術思想史論叢』5, 臺北: 東大圖書公司, 1978, 206면.

26 朱熹,『四書章句集注』, 北京: 中華書局, 1989, 1면.

27 錢穆,『朱子新學案』中, 成都: 巴蜀書社, 1987, 707면.

28 朱熹 著, 陳俊民 校訂,「答趙民表」,『朱子文集』卷64, 臺北: 財團法人德富文敎基金會, 2000, 3220~3221면.

29 朱熹 著, 陳俊民 校訂,「答陳齊仲」, 같은 책 卷39, 1649면.

30 첸무는 "주자가 논한 격물 공부는 여전히 심 공부에 속한다. 곧 인간 마음에서 이미 알고 있는 리를 미지의 영역으로 널리 확대한다"라고 했다. 인간 마음의 이미 알고 있는 리(人心已知之理)는 예컨대 자효(慈孝), 불인지심(不忍之心), 예악 제도(禮樂制度), 치평지도(治平之道), 우주 조화(宇宙造化)에 이르기까지 각종 물리 현상이 모두 포함된다. 이른바 '이일분수' 또한 만물의 이치가 모두 하나의 이치에 속한다는 도리를 포함한다. 즉 리가 사(事)를 떠나지 않으며 심 또한 떠나지 않는다. 리는 물 가운데 있으며, 모두 오심(吾心)이 밝힐 수 있는 것이다(錢穆,『朱子新學案』上, 成都: 巴蜀書社, 1986, 93면). 첸무는「주자심학략」(朱子心學略)에서 주자 심학의 몇 가지 명제 및 주자와 육왕 심학의 관계를 상세하게 논했다. 錢穆, 앞의 책, 1978, 131~158면 참조.

31 赤塚忠·金谷治·福永光司·山井湧, 張昭 譯,『中國思想史』, 臺北: 儒林圖書公司, 1981, 247면.

32 『河南程氏遺書』卷18, 程顥·程頤 著,『二程集』, 北京: 中華書局, 1981, 188면.

33 朱熹 著, 陳俊民 校訂,「答陳齊仲」, 앞의 책, 卷39, 2000, 1649면.

34 朱熹,『朱子語類』卷6, 北京: 中華書局, 1986, 102면.

35 그러나 격물의 영세(零細)한 공부의 궁극적 관심은 사물의 개별성이 아닌 치지를 통해 총체를 얻는 것이다. 주자는 "격물로써 당연지리를 살펴봄"(格物以觀當然之理)에 대해 답할 때, "격물은 이 마음을 살피는 방법"(格物所以明此心)이라고 했다. 같은 책, 卷118, 2856~2857면. 이는 물론 격물의 목적이 경험 세계에 대한 객관적

인 이해를 추구하는 것이 아니다. 그러나 격물의 과정이든 심을 밝히고 성을 보는 목적이든 간에 모두 신비적·주재적 천관과 서로 충돌한다.

36 같은 책, 권95, 2436면, 권1, 1면. 주자는 또한 "오늘날 사로써 말하는 것은 본래 리가 있은 후 사가 있다고 생각하는 것이다. 리로써 말하는 것 또한 사가 없는데 리만 있다는 것이 아니다. 다만 그 말이 완전하지 못하여 후학의 의구심을 유발했으니, 사만을 말하여도 리가 그 속에 있음이 극진하다고 하는 것만 못하다"(今以事言者, 固以爲有是理而後有是事, 彼以理言者, 亦非以爲無是事而徒有是理也. 但其言之不備, 有以啓後學之疑, 不若直以事言, 而理在其中之爲盡耳)라고 했다. 朱熹, 『中庸或問』卷上, 앞의 책, 第6冊, 2002, 560면.

37 『이정어록』에는 "물은 사다. 무릇 사에서 그 리를 궁구하면, 통달하지 못할 것이 없다"(物則事也, 凡事上窮極其理, 則無不通), "사에 따라 리를 살펴보면, 천하의 리가 얻어진다"(隨事觀理, 而天下之理得矣), "지극히 드러난 것은 사만 한 것이 없고, 지극히 은미한 것은 리만 한 것이 없으니, 사와 리가 일치하며, 은미함과 드러남은 같은 곳에서 근원한다"(至顯者莫如事, 至微者莫如理, 而事理一致, 微顯一源)라고 하였다. 『河南程氏遺書』卷15, 卷25, 程顥·程頤 著, 앞의 책, 第1冊, 1981, 143, 316, 323면. 정주학은 화엄종의 '이사설'(理事說)에서 영향을 받았다. 그러나 화엄종의 이사관(理事觀)은 사의 분위 차이와 리의 한계 없음을 대립시키지 않았다. 예를 들면, "고루 미칠 수 있는 사는 성이 한계가 없고, 고루 미치는 사는 분위가 차이가 있으니, 하나하나의 사 가운데 리가 모두 두루 미친다. 왜 그런가? 그 진리를 나눌 수 없기 때문이다. 그러므로 하나하나의 작은 먼지는 모두 한없이 큰 진리를 가지고 있어서 충족되지 않음이 없다"(能遍之理, 性無分限, 所遍之事, 分位差別, 一一事中, 理皆全遍. 何以故? 以彼眞理不可分故. 是故一一纖塵, 皆攝無邊眞理, 無不圓足), "고루 미칠 수 있는 사는 한계가 있고, 고루 미치는 리는 한계가 없어, 이 한계가 있는 사가 한계가 없는 리에 대하여 전체가 같은 것으로 생각하지 부분적으로만 같은 것으로 생각하지 않는다. 왜 그런가? 사는 체(體)가 없어서 오히려 리와 같기 때문이다"(能遍之事, 是有分限; 所遍之理, 要無分限, 此有分限之事於無分限之理, 全同非分同. 何以故? 以事無體, 還如理故)라고 하였다. 『華嚴發菩提心章』, 『大正新修大藏經』卷45, 653면.

38 『二程語錄』卷9, 卷6, 程顥·程頤 著, 앞의 책, 1981, 권9 68면, 권6 108면.

39 이것은 현대 학자들이 '내재적 초월'(기독교 문화의 외재적 초월과 구별하기 위함)로써 유학의 도덕 방식을 묘사하는 근거이며, 이학과 예교가 어떤 역사적 조건하에(만약 그것이 '마땅히 이와 같아야 한다'라면) 하나로 융합될 수 있는 이론적 전제다. 비록 얼핏 보기에 이 두 가지(초월성과 예교)는 서로 수용할 수 없더라도 말이다.

40 예를 들어, 무신년(순희淳熙 15년, 1188년)에 어떤 사람이 주자에게 정심성의(正心誠意)의 논의를 가지고 임금에게 자질구레한 일로 번거로이 아뢰지 말라고 권고했다. 주자는 대답하기를, "내 평생에 배운 것이 이 네 글자인데, 어찌 이것을 감추고 임금을 속이겠는가?"(吾生平所學惟此四字, 豈可隐默以欺君乎)라고 했다. 리우수시앤(劉述先)은 "주자와 현실 정치 및 공리 태도의 대립"이라는 논의에서 주자가 황제에게 올린 간언 몇 조(條)를 기록했다. 리우수시앤은 이 간언들이 국시를 논하는

것이 아니라 임금이 어떻게 정심술(正心術)로써 기강을 세우는가를 논한 것으로 주자의 천리 개념과 현실 사이 긴장 관계를 재차 설명한다. 劉述先, 『朱子哲學思想的發展與完成』, 臺北: 學生書局, 1982, 356~359면.

41　朱熹, 『朱子語類』 卷15, 北京: 中華書局, 1986, 284면.

42　앞의 책, 卷15, 284면.

43　앞의 책, 卷18, 400면.

44　주자는 "'그 있을 곳에 머문다'라고 말한다. 마땅히 머물 곳에 머무는 것은 마치 '임금이 인(仁)에 머물고, 신하가 경(敬)에 머무는' 것과 같아 완전한 천리(天理)이니, 다시 인욕(人欲)이 없다면 안으로 나를 보지 않고, 밖으로 남을 보지 않아도 다만 리(理)가 있음을 보는 것이다"(所以謂之'止其所'. 止所當止, 如'如人君止於仁, 人臣止於敬', 全是天理, 更無人欲, 則內不見己, 外不見人, 只見有理)라고 하였다. 朱熹, 앞의 책, 卷18, 2413면.

45　嵇文甫, 『晚明思想史論』, 北京: 東方出版社, 1996, 175면.

46　勞思光, 『新編中國哲學史』 3上, 臺北: 三民書局, 1983, 315면.

47　牟宗三, 『心體與性體』, 上海: 上海古籍出版社, 1999, 16면.

48　朱熹, 앞의 책, 卷6, 1986, 104면.

49　侯外廬 主編, 『中國思想通史』 第4卷 下冊, 北京: 人民出版社, 1957, 647면.

50　劉述先, 『朱子哲學思想的發展與完成』, 臺北: 學生書局, 1982, 355, 362면. 이 책 제7장에서 '주자와 현실 정치 및 공리 태도의 대립'을 논하면서, 주자의 정치관 및 그의 현실적 처지를 상세하게 고증하고 주자와 그 사상의 비판적 의미를 논증한다. 355~393면 참조.

51　溝口雄三, 林右崇 譯, 『中國前近代思想的演變』, 臺北: 國立編譯館, 1994, 323~324면.

52　이 명제는 장재에게서 기원하여 이정, 주자에 의해 발양되고 체계화되었다. 장재는 우주 존재를 '만물의 한 근원'(萬物之一源)으로서의 '천지지성'(天地之性)과 '기'로 형성된, 감성적·경험적 '인욕'을 포함하는 '기질지성'(氣質之性)으로 구분하고, 이로써 인욕/천리의 대립에 대한 이론적 전제를 제공한다. 이런 대립적 관계를 이어, 이정의 '성즉리'는 '리'를 이미 그렇게 본래 갖추고 있으며 실현되어야 하는 존재로 정의해 논리적으로 사물 세계와 리의 세계를 구분한다. 이것이 바로 이기이원론(理氣二元論)의 탄생이다.

53　程頤, 『河南程氏遺書』 卷22, 程顥·程頤 著, 『二程集』, 北京: 中華書局, 1981, 108면.

54　程頤, 『河南程氏遺書』 卷18, 같은 책, 204면.

55　같은 곳.

56　도덕 판단의 시각에서 보면, 이러한 이기이원론은 다음처럼 개괄할 수 있다. 즉 어떠한 시간의 느낌과 현실적 위치는 나의 본성을 나타내지는 않는다. 이 때문에 나에게 어떻게 생활해야 하는가에 대한 가르침을 줄 수 없다. 그러나 내가 어떻게 생활해야 하는가의 문제는 자기 본성을 실현함으로써만 해결할 수 있다. '존천리, 거인욕'(存天理, 去人欲)의 논리는 처음에는 평등주의 요소를 포함하고 있었다. 왜냐하면 현실 세계의 분위는 도덕의 높고 낮음을 나타내지 않기 때문에 오히려 '요순으

로부터 보통 사람에 이르기까지'가 모두 내재적으로 성 또는 리를 포함하고 있으며, 천리의 경지에 도달할 가능성이 있기 때문이다.

57 程頤,『河南程氏遺書』卷2, 程顥·程頤 著, 앞의 책, 461면.

58 첸무는 이정, 주자와 장재의 천도관을 논할 때 다음과 같이 언급했다. "요컨대 당시 정자 문하의 최고 제자들 중「서명」이론의 맥락을 제대로 인식하지 못하는 자는 없었기에, 만물 일체를 위주로 하며 성 이외에는 물이 없다고 하고, '성즉리'라고도 말했던 것이다. 이를 보면 정자, 주자 견해의 이면에는「서명」의 천지만물 일체의 견해가 토대가 되고 있음이 분명하다. 그러므로 주자의『대학』'격물보전'과 수(修)·제(齊)·치(治)·평(平)은 인사에 속하며, 반드시 '무릇 천하의 물에 나아가 격(格)한다'는 것이 바로 만물과 내가 일체가 되는 것일 뿐"이라고 했다. 錢穆,「辨性」,『中國學術思想史論叢』(5), 252면.

59 朱熹,『朱子語類』, 卷62, 北京: 中華書局, 1986, 1496면.

60 성즉도(性卽道)에 관해 정호는 이렇게 말한다. "도는 곧 성이다. 만약 성 밖에서 도를 찾는다면, 이것은 옳지 않다."(道卽性也. 若道外尋性, 性外尋道, 便不是) "대개 타고나는 것을 성이라고 하니, 사람이 태어나기 이전에는 성이라 말할 수 없고, 성이라 말할 수 있을 때는 이미 성이 아니다."(蓋生之謂性, 人生而靜以上不容說. 才說性時, 便已不是性) 程顥,『河南程氏遺書』卷1, 程顥·程頤 著, 앞의 책, 1981, 1, 10면. "사람이 태어나기 이전"은 만물이 생겨나기 이전에 이미 성이 존재함을 말한다. 성즉기에 관해 정호는 "타고난 것을 성이라고 하며, 성은 곧 기이며, 기는 곧 성이며, 타고나는 것을 말한다. 사람이 태어날 때 기품을 타고나며, 리에는 선악이 갖춰져 있다. 그러나 성 가운데 원래 이 두 물이 상대하여 생겨나는 것은 아니다. 어렸을 때부터 선함이 있고, 어렸을 때부터 악함이 있으니, 이는 기품에 그러한 것이 있기 때문이다. 선함은 본래 성이지만, 악 또한 성이라고 하지 않을 수 없다"(生之謂性. 性卽氣, 氣卽性, 生之謂也. 人生氣禀, 理有善惡. 然不是性中元有此兩物相對而生也. 有自幼而善, 有自幼而惡, 是氣禀有然也. 善固性也, 然惡亦不可不謂之性也)라고 한다. 같은 책, 10면. 그리고 개별적인 성에 대해 정호는 다음과 같이 말한다. "고자(告子)가 타고난 것을 성이라고 말한 것은 옳다. 무릇 천지가 낳은 물은 그것을 성이라고 말한다. 모두 성이라고 말한다면 옳지만, 그중에 도리어 소(牛)의 성과 말(馬)의 성의 구별이 있다. 이는 곧 단지 도가 같은 것이다. 부처의 말처럼 꿈틀거리는 벌레도 영혼이 있다는 것은 모두 불성이 있음이니, 이와 같다면 옳지 않다. '하늘이 명한 것을 성이라 하고, 성을 따르는 것을 도라고 한다'는 것은 하늘이 이것을 아래에 내려 주어 만물이 형체를 갖추고, 각각 성과 명을 바르게 한 것이니, 이것이 이른바 성이다. 그 성을 따라 잃지 않는 이것이 이른바 도다. 이 또한 사람과 만물을 통틀어 말한 것이다. 성을 따름은 말의 경우 말의 성이 되면서 동시에 소의 성이 되지 않는 것이며, 소의 경우 소의 성이 되면서 동시에 말의 성이 되지 않는 것이다. 이것을 이른바 성을 따른다고 말한다."(告子云生之謂性, 則可. 凡天地所生之物, 須是謂之性. 皆謂之性則可, 於中却須分別牛之性, 馬之性. 是他便只道一般. 如釋氏說, 蠢動含靈, 皆有佛性, 如此則不可. '天命之謂性, 率性之謂道'者, 天降是於下, 萬物流形, 各正性命者, 是所謂性也. 循其性而不失, 是所謂道也. 此亦通人物而言. 循性者, 馬則爲馬之性, 又不做牛底性; 牛則爲牛之性, 又不爲馬底性. 此

所謂率性也) 程顥,『河南程氏遺書』卷2上, 같은 책, 29~30면.

61 예컨대 "사람들이 성에 대해 말할 때는 다만 '성을 계승하는 것이 선이다'(繼之者 善)라고 한다. 맹자가 말한 사람의 본성이 선하다는 것이 이것이다. 무릇 이른바 '성을 계승하는 것이 선이다'라는 것은 물이 흘러 아래로 나아가는 것과 같다. 모든 물은 흘러 바다에 이르는데, 끝내 머물러 고이는 일은 없으니, 이것이 어찌 번거로이 사람의 힘으로 그렇게 한 것이겠는가? 흘러감에 멀리 가지 못하고 탁해지는 것이 있고, 매우 멀리 흘러가서야 마침내 탁해지는 것이 있다. 탁해짐이 많은 것도 있고, 탁해짐이 적은 것도 있다. 맑고 탁해짐이 비록 같지 않지만, 그러나 탁해진 것을 물이 아니라고 할 수는 없는 것이다"(凡人說性, 只是說: 繼之者善也. 孟子言人性善 是也. 夫所謂繼之者善也者, 猶水流而就下也. 皆水也, 有流而至海, 終無所汚, 此何煩人力之爲也: 有流而未遠, 固已漸濁: 有出而甚遠, 方有所濁: 有濁之多者, 有濁之少者: 淸濁雖不同, 然不可以濁者不爲水也)라고 하였다. 程顥,『河南程氏遺書』卷1, 같은 책, 10~11면.

62 程顥,『河南程氏遺書』卷11, 같은 책, 121면.

63 程顥,『河南程氏遺書』卷14, 같은 책, 142면.

64 程頤,『河南程氏遺書』卷18, 같은 책, 193면

65 朱熹,『中庸章句』,『四書章句集注』, 新編諸子集成, 北京: 中華書局, 1983, 17면. 주자는『태극도설장구』(太極圖說章句)에서 또한 "태극은 리이며, 음양은 기다. 기가 움직일 수 있는 것은 리가 주재하기 때문이다"(太極, 理也: 陰陽, 氣也. 氣之所以能動靜者, 理爲之宰也)라고 했다. 그러나 여기에서 이른바 '리가 주재한다'는 것은 여전히 현상 세계의 변화가 그 가운데 내재한 규율에 의해 제한을 받는다는 뜻이다.

66 朱熹,『晦庵先生朱文公文集』卷61, 朱傑人·嚴佐之·劉永祥 主編,『朱子全書』第23冊, 上海: 上海古籍出版社, 2002, 2960면. 그러나 라오쓰광의 분석에 따르면, 주자는 이천의 '성즉리'설을 원칙으로 삼지만, 주자의 견해는 정자와 약간 다르다. "그리고 '성' 자가 다만 차별적 의미의 '리'와 같다고 생각했다. '태극' 또는 공동이란 뜻의 '리'는 '성'이라고 칭할 수 없다." 라오쓰광의 이러한 근거는『주자어류』권94의 내용이다. 즉, "묻습니다. 선생님께서 태극은 성을 가지고 있으니 음양오행이 있다고 하셨는데, 여기에서 말씀하신 성은 어떠한 것입니까? 말하였다. 생각해 보니, 이것은 옛날에 말한 것이다. 근래에 들어 생각한 것은 그렇지 않다. 이 성이란 글자는 하늘로부터 품부받은 것을 말함이니, 태극을 단지 마땅히 리라고 말한 것과 같다."(問: 先生說太極有是性則有陰陽五行云云, 此說性是如何? 曰: 想是某舊說: 近思量又不然. 此性字爲稟於天者言. 若太極只當說理) 勞思光,『中國哲學史』3上, 臺北: 三民書局, 1983, 276면.

67 朱熹 著, 陳俊民 校訂,「答陳衛道」,『朱子文集』, 臺北: 財團法人德富文敎基金會, 2000, 2899면.

68 錢穆,「程朱與孔孟」,『中國學思想史論叢』5, 臺北: 東大圖書公司, 1978, 207면.

69 朱熹 著, 陳俊民 校訂,「讀大紀」,『朱子文集』卷70, 臺北: 財團法人德富文敎基金會, 2000, 3500면.

70 같은 책, 3739~3750면.

71   William. Theodore de Bary, 李弘祺 譯,「中國的自由傳統」(*The Liberal Tradition in China*, New York: Colombia University Press, 1983), 香港: 中文大學出版社, 1983, 29~30면.

72   寺田浩明,「明淸時期法秩序中"約"的性質」, 滋賀秀三 等著, 王亞新·梁治平 編, 王亞新 等譯,『明淸時期的民事審判與民間契約』, 北京: 法律出版社, 1998, 153면.

73   柳田節子,「宋代鄕村的戶等制」, 劉俊文 主編, 黃約瑟 等譯,『日本學者硏究中國史論著選譯』5, 北京: 中華書局, 1993, 189면.

74   周藤吉之,「宋代的官僚制和大土地占有」, 같은 책, 166면.

75   명청 시대 사상가, 예컨대 이지(李贄)는 예교와 향약(특히 향금약鄕禁約)에 대해, 대진(戴震)은 천리와 자연지설(自然之說)에 대해 격렬히 비판했다. 또한 그들은 다른 방면에서 이러한 종법 제도와 그 윤리가 일반 백성 특히 여성에게 가한 박해를 폭로했다. '5·4' 시기 사상의 시야에서 향촌 지주제와 황권은 상호 보완 관계다.

76   張載,「祭祀」,『經學理窟』,『張載集』, 北京: 中華書局, 1978, 295면.

77   徐揚杰,『宋明家族制度史論』, 北京: 中華書局, 1995, 468면.

78   程頤,「渙」,『周易程氏傳』卷4, 程顥·程頤 著,『二程集』, 北京: 中華書局, 1981, 1002면.

79   程頤,『河南程氏外書』卷1, 같은 책, 352면.

80   朱熹,「通禮·祠堂」,『家禮』卷1, 朱傑人·嚴佐之·劉永祥 主編,『朱子全書』, 第7册, 上海: 上海古籍出版社, 2002, 875면.

81   徐揚傑, 앞의 책, 1995, 475면.

82   Willima Theodore de Bary, 李弘祺 譯, 앞의 책, 1983, 29면.

83   Ellen Neskar, *The Cult of Worthies*(Columbia PhD. Dissertation, 1993) 참조. 이 연구에 따르면, 적어도 한대부터 이미 향현(鄕賢: 지방의 선현)을 모신 사당이 시작되었지만, 1163~1190년 및 1210~1241년 사이에 이르러 비로소 사당 건립이나 정비 풍조가 일어났다. Hoyt Cleveland Tillman(田浩), 江宜芳 譯,「80年代中葉以來美國的宋代思想史硏究」,『中國文哲硏究通訊』, 臺北, 第3卷 第4期, 1993, 65면.

84   溝口雄三, 汪婉 譯,「中國公私槪念的發展」,『國外社會科學』, 1998年 第1期, 64면.

85   寺田浩明, 앞의 책, 1998, 142면.

86   같은 책, 154면

87   학전지조(學田地租) 문제에 관해 가장 상세한 연구는 다음과 같다. 李文治,「明淸時代的學田地租」,『明淸時代封建土地關係的鬆解』第4篇, 北京: 中國社會科學出版社, 1993, 402~442면.

88   李弘祺,『宋代官學敎育與科擧』, 臺北: 聯經出版公司, 1994, 24~25면.

89   경의일도는 각각 하나의 경에 관해 논술하는 것으로,『시경』은 주희의 주석을 위주로 하고,『서경』은 채침(蔡沈: 남송 시대의 학자)의 주석을 위주로 하며,『주역』은 정이·주희의 주석을 위주로 하고,『춘추』는 삼전(三傳:『공양전』,『곡량전』,『좌씨전』―역자)과 호안국의 주석을 위주로 하며,『예기』는 고주(古注)를 위주로 했다.

90   과목, 학교 설립, 학교의 내용은,『明史』卷69「選擧志」,『明史』卷70「選擧志」2,『明史』卷62「學校志」참조.

91   첸무는 주희와 육구연의 유사성을 발견해 독창적인 견해를 제시한다. 그는 주희와

육구연의 중요한 차이가 흔히 이른바 '도문학'(道問學)과 '존덕성'(尊德性)이 아니라, 덕성의 실천이 외재적 형식과 예의를 필요로 하는가를 인정하는 여부에 달려 있다고 했다. "상산(육구연)은 오직 이 심의 애(哀)와 경(敬)을 중시해 묘지와 종묘가 어떻게 발흥했는지의 구체적인 사실을 간과했다. …이렇듯 마음의 슬픔과 공경은 덕성의 문제이며 직접적인 것이다. 그러나 묘지를 정비하고 종묘를 세우는 것 등은 간접적인 것이다. 장인의 정비와 건축은 단지 일종의 기술이며 슬픔과 공경이 필요 없는 듯하다. 그러나 묘지와 종묘가 없다면, 이런 슬픔과 공경의 마음이 어떻게 흥기하고 어떻게 귀착될 것인가? 여기에는 오히려 도문학의 것이 더욱 많다. 주희와 육구연의 공통점과 차이점을 논할 때 이 점 또한 주목해야 할 것이다." 錢穆, 「象山龍川水心」, 『中國學術思想史論叢』 5, 臺北: 東大圖書公司, 1978, 265~266면. 첸무의 관찰은 순수 관념론의 설명을 초월했으나, 여전히 구체적인 역사적 맥락이 부족하다. 이와 같은 해석으로 주희와 육구연 간의 차이를 설명할 수는 있지만, 전체 이학과 심학 사이 관계를 해석할 수는 없다. 필자가 보기에, 묘지와 종묘, 사당에 대한 정비 및 건축의 중시 또는 반대에 관한 문제는 역사적 맥락에서도 분석을 해야 한다. 즉 묘지와 종묘, 사당의 정비 및 건축, 황권 주도하에서 제도 건립의 관계는 과연 어떠한가? 이러한 종법 건립이 제공한 도덕 평가, 배양한 방식과 과거·전제·관제가 제공한 도덕 평가, 배양한 방식의 관계는 어떠한가? 등이다.

92 Benjamin A. Elman, 雷頤 譯, 「晚明儒學科擧策問中的"自然之學"」, 『中國文化』 第13期, 133면.

93 같은 글, 137면.

94 羅月霞 主編, 『宋濂全集』 第1冊, 『潛溪集·潛溪前集』 卷4, 『蘿山雜言』, 杭州: 浙江古籍出版社, 1999, 52면.

95 容肇祖, 『明代思想史』, 濟南: 齊魯書社, 1992, 8~9면.

96 예를 들어 양명학은 본심(本心)을 중시하지만, 왕양명은 양지설(良知說)을 논증하기 위해 역사 속에서 근거를 찾을 수밖에 없었다. 이에 따라 그는 주자와 같이 『대학고본』(大學古本)을 보완하게 되었다. 이는 유가 원시 경전과의 분쟁을 낳았다. 위잉스는 다음과 같이 말한다. "경전 정리와 관련하여 '도문학'파에 편중된 유학자들은 곧 재능을 발휘할 수 있게 되었다. 송명 이래 유학에서 끊어질 듯 말 듯했던 지식주의는 이로써 발전할 수 있는 기회를 얻었다. …이러한 관점에서 보면, 청학은 송명 유학의 반(反)명제가 될 수 없으며, 근세 유학 부흥에서 세 번째 단계다. …청학은 바로 이 같은 '존덕성'과 '도문학' 두 계파의 끊이지 않는 논쟁 속에서 유학 발전의 필연적 귀결이다. 즉 의리의 옳고 그름은 경전에 의해 결정된다는 것이다. 그러나 이런 발전의 결과, 유가의 지식주의는 실천 기회를 얻었을 뿐만 아니라 비주류에서 주류로 전환되었다. 그리고 주자와 육구연 사이의 전통적 논쟁은 이에 따라 근본적인 변화가 생겼다." 余英時, 「從宋明儒學的發展論清代思想史」, 『中國思想傳統的現代詮釋』, 南京: 江蘇人民出版社, 1991, 194~195면.

97 첸무는 왕양명의 양지 개념을 논할 때 이 개념의 이중성에 주목한다. 즉 "첫째, 양명이 양지를 논할 때 심(心)에 편중하지 않고 심과 사(事)를 안팎으로 융합해 하나로 만들었다. 둘째, 양명이 양지를 논할 때 인심(人心)의 동질성에 편중하지 않고 사람이 그 성을 다하고 일에 대해 분담·협조함으로써 천하일가(天下一家), 만물일체의

경지를 완성했다." 錢穆, 「陽明良知學述評」, 『中國學術思想史論叢』 7, 臺北: 東大
圖書公司, 1979, 77~78면.

98 미조구치 유조는 이학과 심학 사이 대립은 송학에서 양명학에 이르는 변천을 역사
적으로 단절시키는 위험이 있다고 말한다. 이는 규율 기준(理)과 인성(心), 그리고
외재적 규범과 내재적 권위(心)가 상호 대립한다는 오해를 초래하기 쉽다는 것이
다. "성즉리에서 심즉리라는 이 논제의 전개는 성에서 심으로가 아니라 송대 이관
(理觀)에서 명대 이관으로의 전개다. 즉 리에서 리로의 전개이며, 리의 질적 전개다.
…이는 양명의 이학…송대 이학에 대한 반대라기보다는 진정 명대에 적합한 이관
의 모색과 창조를 종지로 삼는다." 溝口雄三, 林右崇 譯, 『中國前近代思想の演變』,
臺北: 國立編譯館, 1994, 62면. 1980년대부터 천룽지에(陳榮捷, Wing-tsit Chan),
드 배리 등은 송대 사상 연구의 범위를 확대하기 시작했다. 윌리엄 시어도어 드 배
리(William Theodore de Bary)는 *Neo-Confucian Orthodoxy and the Learning
of the Mind -and -Heart*(New York: Columbia University Press, 1981) 및 *The
Message of the Mind in Neo-Cconfucianism*(New York: Columbia University
Press, 1989) 등 저술에서 심학이 육구연·왕양명에서 기원한다는 견해를 버리고 심
학이 주희 및 그 계통에서 기원한다고 보았다.

99 陸九淵, 『陸象山全集』 卷11, 北京: 中國書店, 1992, 95~96면.

100 같은 책, 卷19, 152면.

101 余英時, 「淸代思想史的一個新解釋」, 『中國思想傳統的現代詮釋』, 南京: 江蘇人民
出版社, 1991, 215면.

102 王陽明, 「答顧東橋書」, 『傳習錄』 卷中, 『王陽明全集』 上, 上海: 上海古籍出版社,
1992, 45면.

103 같은 책, 43면.

104 王陽明, 「大學問」, 『全書』 卷26, 『王陽明全集』 下, 上海: 上海古籍出版社, 1992,
972면.

105 王陽明, 「答顧東橋書」, 『傳習錄』 卷中, 앞의 책 上, 1992, 47면.

106 牟宗三, 『從陸象山到劉蕺山』, 上海: 上海古籍出版社, 2001, 163~172면.

107 王陽明, 『傳習錄』 卷下, 앞의 책 上, 1992, 90~91면.

108 王陽明, 「答顧東橋書」, 『傳習錄』 卷中, 앞의 책 上, 1992, 54면.

109 같은 책, 45면.

110 王陽明, 「答顧東橋書」, 『傳習錄』 卷二, 앞의 책 上, 1992, 54면.

111 王陽明, 「南贛鄕約」, 앞의 책, 1992, 599~600면.

112 聶豹, 「困辨錄」, 『明儒學案』, 沈善洪 主編, 『黃宗羲全集』 第7冊, 杭州: 浙江古籍出
版社, 1992, 442~443면.

113 聶豹, 「致知議辯」, 『王龍溪全集』(道光 1822年 刊本, 1970年 影印) 卷6, 12b~13a
면, 台北: 華文書局. (『치지의변』은 섭표와 왕기의 대화이기 때문에 『왕용계전집』에
수록되어 있다.)

114 聶豹, 「答鄒西渠」, 『明儒學案』 卷17, 沈善洪 主編, 앞의 책, 1992, 435면.

115 聶豹, 「答亢子益」, 같은 책, 430~431면.

116 聶豹, 「答歐陽南野」 3, 『雙江聶先生全集』(明嘉靖刻本) 卷8, 書 1(『明儒學案』 卷

17, 앞의 책, 1992, 429면에도 보임). 섭표의 영향을 많이 받은 왕시괴(王時槐: 자는 자식子植, 호는 당남塘南, 길안부吉安府 영풍현永豐縣 사람)는 더욱 직접적으로 '지'(知)의 함의를 정의해 "'지'라는 것은 선천의 발규(發竅: '발현하는 곳' 혹은 '작용하는 중요한 부분'─역자)다. 그것을 발규라고 말하는 것은 이미 후천에 속한다. 비록 후천에 속하지만, 형기(形氣)가 그것을 막기에 부족하다. 그러므로 지(知) 한 글자는 안으로는 공적(空寂)에 기대지 않고 밖으로는 형기에 떨어지지 않는다. 이것이 공자 문하에서 말하는 중(中)이다. 말세의 학자들은 흔히 형기에 떨어지는 영식(靈識: 불교에서 말하는 인간에게 있는 '영원하고 신령한 의식'─역자)을 지(知)로 여긴다. 이것이 성학이 어두워진 이유다"(知者先天之發竅也. 謂之發竅, 則已屬後天矣. 雖屬後天, 而形氣不足以干之. 故知之一字, 內不倚於空寂, 外不墮於形氣, 此孔門之所謂中也. 末世學者往往以墮於形氣之靈識爲知, 此聖學之所以晦也)라고 했다. 王塘南, 「答朱易庵」, 『明儒學案』卷20, 沈善洪 主編, 앞의 책, 1992, 542면 참조.

117 王畿, 「致知議辯」, 『王龍溪全集』卷6, 12b~13a면.

118 王畿, 「新安斗山書院會語」, 같은 책 卷7. (『明儒學案』卷12, 沈善洪 主編, 앞의 책, 1992, 283면에도 보이나 약간의 차이가 있다.)

119 주자의 경세치용학에 관해서는 湯福勤, 『朱熹的史學思想』, 35~43면 참조.

120 陸象山, 「與王順伯書」, 『象山全集』卷2, 1~2면.

121 王畿, 『三山麗澤錄』卷1. 『王龍溪全集』卷1 『語錄』, 11b, 12a~13b면 참조.

122 이 장을 수정할 때, 저우창룽(周昌龍)의 논문 「양지와 경세: 왕용계의 양지 경세 사상으로 만명(晩明) 시기 왕학의 진면목을 보다」(良知與經世: 從王龍溪良知經世思想 看晩明王學的眞貌)를 읽게 되었다. 요지는 양명 후학의 경세론(經世論)에 대한 필자의 논리와 유사하지만, 더욱 체계적이고 전문적이다. 저우창룽은 그의 논문에서 왕기가 예와 형(刑)을 동일시(동등하게 간주)했다는 내용을 거론하는데, 매우 믿을 만하다. "예(禮)에서 나와 형(刑)으로 들어감은 형이 교화를 보완하여 변화를 일으키기 때문이다. 전대(前代)의 현인이 말씀하시길, 한 권의 『대명률』의 뜻은 『대학』한 권에 담겨 있다. …『대학』은 성현의 깊은 뜻이 담겨 있으므로, 그 속에서는 송사를 듣는 것을 차선으로 삼으니 그 뜻이 깊다. …자애롭고 온화하면 사람을 사랑할 수 있고, 공명하고 진실하면 송사를 판결할 수 있다. 평소 예에 밝으면 이미 형을 사용하는 근본을 얻은 것이다." 王畿, 「贈周見源赴黃州司理序」, 『王龍溪全集』(淸 道光 2年 重刻明萬曆刻本, 1970年 影印), 臺北: 華文出版社, 卷14, 965~966면. 그는 또한 이지가 무위(無爲)와 유위(有爲) 사이를 오가며 병(兵)·식(食) 이정(二政)에 대해 논한 것을 기술한다. 周昌龍, 「良知與經世: 從王龍溪良知經世思想看晩明王學的眞貌」, 『張以仁先生七秩壽慶論文集』, 967~969면.

123 黃宗羲, 『明儒學案』卷32, 沈善洪 主編, 앞의 책, 1992, 822면.

124 顧憲成, 『當下繹』, 『顧端文公遺書』卷14. 그리고 사옥지(史玉池)는 『논학』(論學)에서 이렇게 말한다. "지금 강학할 때에 주로 가르치는 것은 모두 그 자리에서 학생들을 지적하는 것이니, 이것은 가장 친절한 말이다. 나중에 그 까닭을 물으면, 오히려 배고프면 밥을 먹고 피곤하면 와서 잠자는 것은 모두 자연스러운 일이라고 말하며 전혀 힘을 들이지 않으니, 학생들은 드디어 얻음이 있다고 생각하고 기뻐하여 배우

는 사람들이 열심히 하는 것을 보면 지나치다고 말한다. 본체는 원래 이와 같지 않으나 오히려 자연에 내맡겨 감정과 욕심에 따라 방종하게 되었다. 이것이 지금 사람들이 빠지는 깊은 구덩이다. 본체의 공부는 나눌 수가 없는 것이어서 본체 스스로 공부가 있으며, 공부가 없으면 곧 본체가 없음을 알지 못한다."(今時講學主教者, 率以當下指點學人, 此是最親切語. 及叩其所以, 却說飢來吃飯困來眠, 都是自自然然的, 全不費功夫, 學人遂欣然以爲有得, 見學者用功夫, 便說多了, 本體原不如此, 却一味任其自然, 任情從欲去了, 是當下反是陷人的深坑. 不知本體功夫分不開的, 有本體自有功夫, 無功夫卽無本體)『明儒學案』卷60, 沈善洪 主編, 앞의 책 第8冊, 杭州: 浙江古籍出版社, 1992, 843~844면 참조.

125 李贄,「答鄧石陽」,『續焚書』卷1,『焚書·續焚書』, 北京: 中華書局, 1975, 49면.

126 王艮, 雜著,「勉仁方」,『王心齋全集』(1975年 日本 嘉永 元年 1864年 和刻本 影印) 卷4, 臺北: 廣文書局, 7b면.

127 王艮,「明哲保身論」,『明儒學案』卷32, 沈善洪 主編, 앞의 책 第7冊, 1992, 833면. 화각본(和刻本) 권3의 글은 본문의 인용문과 차이가 있다. 여기에서는 『명유학안』을 인용했다.

128 王艮,「語錄下」,『王心齋全集』(和刻本) 卷3, 3ab면.

129 왕간은 "…몸과 도는 본래 하나다. …몸은 존숭하지만 도를 존숭하지 않는다면, 그것을 몸을 존숭한다고 말하지 않는다. 도를 존숭하지만 몸을 존숭하지 않는다면, 그것을 도를 존숭한다고 말하지 않는다"(…身與道原是一件, …尊身不尊道, 不謂之尊身: 尊道不尊身, 不謂之尊道)라고 했다. 王艮,「語錄下」, 같은 책, 6ab면. 그에게 양지(良知)가 없는 외지(外知)의 의미는 본심만을 중요시하는 것이 아니라 안신(安身), 치지와 고전에 따라 행사(行事)하는 것 또한 같은 일로 보는 것이었다. 王艮, 雜著,「次文成答人問良知」,『王心齋全集』(和刻本) 卷4, 14b면.

130 黃宗羲,『明儒學案』卷32,『黃宗羲全集』第7冊, 앞의 책, 832면.

131 黃宗羲, 같은 책, 829~830면.

132 량치차오는 왕학의 수정 운동에 두 단계가 있다고 생각했다. "왕학은 만력, 천계(天啓) 연간에 거의 선종(禪宗)과 하나가 되었다. 동림의 지도자 고헌성·고반룡은 격물을 제창하여 공담(空談)의 폐단을 만회하고자 했는데, 이것이 첫 번째 수정이라고 할 수 있다. 유종주(劉宗周)가 그후 출현하여 신독을 제창해 방종의 폐단을 만회하고자 했는데, 이것은 두 번째 수정이라고 할 수 있다." 梁啓超,『梁啓超論淸學史二種』, 上海: 復旦大學出版社, 1985, 138면.

133 대진과 동시대 인물인 청대 학자 팽소승(彭紹升, 1740~1796)의 학문은 육왕 일파에 가까웠으며, 직접적으로는 고반룡에 기원한다. 그는 고반룡을 이렇게 평가한다. "고반룡이 격물을 말하는 것은 성선을 위주로 한다. 주경(主敬)을 말할 때 마음에 조금도 사(事)가 없는 것을 근본으로 한다. 그는 정주의 뜻을 잘 발휘하여 자사·맹자 학파의 전승자에 해당한다."(高子之言格物, 以性善爲宗: 言主敬, 以胸中無絲毫事爲本. 其善發程朱之蘊以契思孟之傳者與) 彭紹升,「讀高子書」,『二林居集』(光緒 辛巳 季春刊本) 卷2, 4면 참조.

134 嵇文甫,『晚明思想史論』, 北京: 東方出版社, 1996, 100면.

135 顧憲成,「南岳裔語」,『晚明思想史論』, 82~83면에서 재인용.

136 고헌성은 "정호는 인(仁)이라는 것이 혼연(渾然)하여 물과 하나라고 말씀하셨다. 단
지 이 한마디로 이미 끝이 났는데, 어찌하여 또 의예지신(義禮智信)이 모두 인이라
고 하셨는가? 처음에는 그것이 군더더기라고 매우 의심하였다. 나중에 세상에서 인
을 나타내는 것들을 보니 항상 원만하고 활발해야 하여 밖으로는 세상 풍속에 아첨
하고 안으로는 그 자신의 이익을 취한다. 심지어 염치를 멸시하고 규칙을 무너뜨리
며, 명확하지 않고 반복하여 자신과 사람들을 속이니, 의예지신이 무엇인지 성찰하
지도 않고 마치 공공연하게 스스로 명하여 인이라고 하는 것과 같았다. 그 후 정호
의 뜻이 심원한 것을 알았다"(程伯子曰: '仁者渾然與物同體', 只此一語已盡, 何以
又云:'義禮智信皆仁也'? 始頗疑其爲贅, 及觀世之號識仁者, 往往務爲圓融活潑,
以外媚流俗而內濟其私: 甚而蔑棄廉恥, 決裂繩墨, 閃爍回互, 誑己誑人, 曾不省義
禮智信爲何物, 猶偃然自命曰仁也, 然後知伯子之意遠矣)고 하였다. 顧憲成, 高攀
龍, 『崇文會語錄』, 『高子遺書』, 高攀龍(明) 撰, 陳龍正 編, 文淵閣 四庫全書本, 第
1292冊, 551면. 『小心齋劄記』卷1, 馮從吾·高攀龍 校, 光緖丁丑重刊涇里宗祠藏
版, 臺北: 廣文書局, 1975年 影印, 4b~5a면.

137 高攀龍, 『崇文會語錄』, 高攀龍(明) 撰, 陳龍正 編, 『高子遺書』 文淵閣 四庫全書本,
第1292冊, 551면.

138 高攀龍, 「答王儀寰二守」, 『高子遺書』(文淵閣 四庫全書本) 卷8上.

139 李贄, 「答耿中丞」, 『焚書·續焚書』, 北京: 中華書局, 1975, 17면.

140 이지는 다음과 같이 말했다. "천하에 지(知)를 타고나지 않은 자는 없고, 지를 타고
나지 않은 물체는 없으며, 또한 지가 발생되지 않는 순간은 없다. …비록 소, 말, 나
귀, 낙타 등이라도 깊이 근심하고 괴로워할 때 지를 일깨워 주거나 불승(佛乘)을 가
르쳐 주는 것도 불가능한 것은 아니다. …게다가 이미 자신이 성불할 수 없다고 생
각했다면, 이 한평생 온전한 사람이 될 수 없다고 또한 스스로 이를 것인가? 이 천지
간에서 어떻게 자립하겠다는 것인지 나는 알 수 없다. 기왕에 스스로 설 수 없다면
편안할 수도 없다. 자신이 편안하지 못하면 집에 있어도 가정을 편안하게 할 수 없
고, 고을에 있어도 고을을 편안하게 할 수 없으며, 조정에 있어도 조정을 편안하게
할 수 없다. 무엇으로 나날을 보내고 어떻게 사람 앞에 선다는 것인지 나는 또한 알
수 없다. 내가 아무리 양보해도 자신을 두고 온전한 사람이 아니라는 데는 결코 수
긍할 수 없음이 확실하다. 기왕에 온전한 사람이라면 또 어찌 성불할 수 없어 훗날
을 기다리겠는가? 천하에 어찌 사람 밖의 부처가 있겠으며, 부처 밖의 사람이 있겠
는가?"(天下無一人不生知, 無一物不生知, 亦無一刻不生知者. …雖牛馬驢駝等,
當其深愁痛苦之時, 無不可告以生知語以佛乘也. …且旣自謂不能成佛矣, 亦可自
謂此生不能成人乎? 吾不知何以自立於天地之間也? 旣無以自立, 則無以自安. 無
以自安, 則在家無以安家, 在鄕無以安鄕, 在朝廷無以安朝廷. 吾又不知何以度日
何以面於人也? 吾恐縱謙讓, 決不肯自謂我不成人也審矣. 旣成人矣, 又何佛不成,
而更等待他日乎? 天下寧有人外之佛, 佛外之人乎) 李贄, 같은 책, 1~2면 참조. 이
지는 『사서평』(四書評) 「대학」에서 주자의 격물보전이 전혀 무의미하다고 생각했다.

141 나흠순이 말하길, "배우면서 경서에서 증명하지 않고 모든 것을 자기만 옳다고 고집
한다면 스스로 잘못되지 않음이 없다"(學而不取證於經書, 一切師心自用, 未有不
自誤者也)고 했다. 『羅整庵先生困知記』(叢書集成本) 卷2, 13면.

142 湛若水,「答陽明論格物」, 黃宗義 撰,『明儒學案』卷37, 沈善洪 主編,『黃宗義全集』第8冊, 杭州: 浙江古籍出版社, 1992, 151면.

143 같은 글, 152~153면.

144 嵇文甫,『晚明思想史論』, 北京: 東方出版社, 1996, 176면.

145 劉宗周,『子劉子學言』卷2, 黃宗義 撰, 沈善洪 主編,『黃宗義全集』第1冊, 杭州: 浙江古籍出版社, 1985, 304면.

146 劉宗周,「中庸首章說」,『劉蕺山集』(文淵閣 四庫全書本) 卷11, 第1294冊, 臺北: 臺灣商務印書館, 1985, 510면.

147 유종주는『증인사어록』(証人社語錄)에서 "도석령(陶奭齡)은 매번 인식(認識) 두 글자를 거론하는데 과연 인식을 거치지 않고 어떻게 일에 착수하는 것을 논하겠는가? 그의 제자들은 '인식'이 무엇인지 알고자 했지만, 근거도 없는 부수적인 부분만 훑다 보니 찾으려 할수록 멀어져 깊은 구덩이에 빠져 버리는 상황에 놓이고 말았다.『중용』에서는 도가 사람에게 멀지 않다고 했는데, 그 핵심을 종합하면 자식과 신하와 아우와 친구다. 배우는 자가 사람을 멀리하는 것을 도로 삼고자 하는가?"(陶石梁每提認識二字, 果未經認識, 如何討下手? 乃門下便欲認識個什麽, 轉落影響邊事, 愈求愈遠, 墮入坑塹.『中庸』言道不遠人, 其要歸之子臣弟友. 學者乃欲遠人以爲道乎)라고 했으며, "우리 선비들은 마음에서 그것을 의(意)와 지(知)로 미룬다. 그 공부는 실제 격물에 있다. 따라서 마음과 하늘이 통한다"(吾儒自心而推之意與知, 其工夫實地却在格物, 所以心與天通)라고 했다. 劉宗周, 黃宗義 撰,『明儒學案』卷62, 沈善洪 主編, 앞의 책 第8冊, 1992, 922면.

148 劉宗周,「學言上」, 牟宗三,『從陸象山到劉蕺山』, 上海: 上海古籍出版社, 331면.

149 劉宗周,『子劉子學言』卷1, 沈善洪 主編, 앞의 책 第1冊, 1985, 286~287면.

150 유종주는 이렇게 말한다. "게다가『대학』에서 말한 치지는 다만 그 '그쳐야 함을 아는' 것에 대하여 궁구하는 앎일 뿐이다. …지(知)는 그치는 가운데 있고, 양(良)은 그치는 것을 보는 것으로 말미암는다. 그러므로 '그쳐야 함을 안다'라고 말할 때 재차 양지(良知)를 말할 필요가 없다. 양지의 앎으로써 '그쳐야 함을 알고', 양지의 앎으로써 '우선을 알고' '근본을 안다'고 하니 어찌 심히 중복되고 군더더기가 아니겠는가."(且『大學』所謂致知, 亦只是致其'知止'之知. …知在止中, 良因止見. 故言知止, 則不必更言良知. 若以良知之知知止, 又以良知之知知先而知本, 豈不架屋疊床之甚乎) 劉宗周,「良知說」,『劉蕺山集』(文淵閣 四庫全書本) 卷11, 第1294冊, 520면 참조.

151 유종주는 "심(心), 의(意), 지(知), 물(物)을 합하여 심의 전체를 보았으며, 다시 자신과 국가 천하를 합하여 심지(心知)의 전체를 보았다"(合心意知物, 乃見心之全體; 更合身與家國天下, 乃見心知全量)라고 했다. 劉宗周,「學言中」,『劉子全書』卷11. 이에 대해 머우쫑싼은 이 구절에 대해 주석과 평론을 달았는데, "살펴보건대, '합심의지물(合心意知物)의 물(物)은 곧 의근독체(意根獨體)를 가리켜 말하는 것으로서 곧 본물이다. 천지 만물의 물이다. 이 물 자(字)는 실제 의의가 없다." 牟宗三, 앞의 책, 2001, 356면 참조.

152 劉宗周,『子劉子學言』卷1, 沈善洪 主編, 앞의 책 第1冊, 1985, 263면.

153 王陽明,『王陽明全集』上, 上海: 上海古籍出版社, 1992, 254면. 왕판썬(王汎森)은

유종주의 『독서설시아』(讀書說示兒)에 근거하여 유종주가 양명의 사상을 전복시켜 그 중심을 존경(尊經)—즉 내 마음의 상도(常道)—에 두었다고 보았다. 王汎森, 「淸初的講經會」, 『中央硏究院歷史語言硏究所集刊』 第68本, 第3分, 1997年 9月, 530면.

154 黃宗羲, 「蕺山學案」, 黃宗羲 撰, 『明儒學案』, 沈善洪 主編, 앞의 책 第8冊, 1992, 899면.

155 黃宗羲, 「自序」, 黃宗羲 撰, 『明儒學案』, 沈善洪 主編, 앞의 책 第7冊, 1992, 3면.

156 유종주는 "하나의 마음은 요컨대 심이라고 하며, 분석하여 말하면 천하·국·가·신(身)·심·의(意)·지(知)·물이라 한다. 오직 마음이 정밀하게 합해지면 의·지·물과 하나가 되며, 거칠게 합하여 천하·국·가·신과 하나가 되면 심이 된다. 단지 심만을 말한다면, 심 또한 하나의 물체일 따름이다"(一心也, 統而言之, 則曰心, 析而言之, 則曰天下國家身心意知物. 惟心精之合意知物; 粗之合天下國家與身, 而後成其爲心. 若單言心, 則心亦一物而已)라고 했으며, "마음은 물로써 본체를 삼으니, 물을 떠나서는 앎이 없다. 지금 물을 떠나 앎을 구하려는 것은 정주가 말한 거울을 뒤집어서 비추는 것이다. 그렇다면 물은 때때로 마음과 떨어지는가? 말하기를, '어느 때라도 물이 아닌 적이 없다.' 심은 밖에 있는가? 말하기를, '오직 마음은 밖이 없다"(心以物爲體, 離物無知, 今欲離物以求知, 是程朱所謂反鏡索照也, 然則物有時而離心乎? 曰: 無時非物. 心在外乎? 曰: 惟心無外)라고 했다. 劉宗周, 『子劉子學言』 卷1, 沈善洪 主編, 앞의 책 第1冊, 1985, 286면, 278면 참조.

157 王汎森, 앞의 글, 1997年 9月, 515면.

158 같은 글, 524면.

159 錢穆, 『中國近三百年學術史』 上冊, 北京: 中華書局, 1986, 320면.

160 萬斯同, 「與從子貞一書」, 楊向奎, 『淸儒學案新編』 1, 濟南: 齊魯書社, 1985, 214~215면에서 재인용.

161 王汎森, 앞의 글, 1997年 9月, 536~539면.

162 章太炎, 「非黃」, 『太炎文錄初編·文錄卷一』, 『章太炎全集』 4, 上海: 上海人民出版社, 1985, 125면.

163 梁啓超, 『淸代學術槪論』, 『梁啓超論淸學史二種』, 上海: 復旦大學出版社, 1985, 15면.

164 沈善洪, 「黃宗羲全集序」, 黃宗羲 撰, 沈善洪 主編, 앞의 책 第1冊, 1985, 12면.

165 黃宗羲, 「原君」, 『明夷待訪錄』, 같은 책, 2면.

166 같은 책, 4면.

167 陳亮·鄧廣銘 點校, 「壬寅答朱元晦秘書·又申辰秋書」, 『明夷待訪錄·陳亮集』 增訂本, 北京: 中華書局, 1987, 340면. 진량 본인은 이러한 언급들에 동의하지 않았다.

168 黃宗羲, 「原法」, 『明夷待訪錄』, 黃宗羲 撰, 沈善洪 主編, 앞의 책 第1冊, 1985, 6~7면.

169 黃宗羲, 「學校」, 같은 책, 10면.

170 黃宗羲, 「田制二」, 같은 책, 25면.

171 康有爲, 『南海師承記』 卷2, 『康有爲全集』 2, 上海: 上海古籍出版社, 1990, 515면.

172 黃宗羲, 「田制一」, 『明夷待訪錄』, 黃宗羲 撰, 沈善洪 主編, 앞의 책 第1冊, 1985,

23면.

173 全祖望, 「甬上證人書院記」, 『鮚埼亭集外編』 卷16, 黃云眉 選注, 『鮚埼亭文集選注』, 濟南: 齊魯書社, 1982, 347면.

174 黃宗羲, 「陳夔獻五十壽序」, 黃宗羲 撰, 沈善洪 主編, 『黃宗羲全集』 第10冊, 杭州: 浙江古籍出版社, 1993, 661면.

175 黃宗羲, 「答萬充宗論格物書」, 같은 책, 193~94면.

176 黃宗羲, 「萬充宗墓志銘」, 같은 책, 405면

177 顔元, 「大學辨業序」, 『習齋記餘』 卷1, 『顔元集』, 北京: 中華書局, 1987, 396면.

178 顔元, 「寄桐鄕錢生曉城」, 『習齋記餘』 卷3, 같은 책, 440~441면.

179 陳訓慈·方祖猷, 『萬斯同年譜』, 香港: 香港中文大學, 1991, 210면.

180 段玉裁, 「與王石臞書」, 錢穆, 앞의 책, 1986, 366면에서 재인용.

181 段玉裁, 「朱子小學跋」, 같은 책, 367면에서 재인용.

182 안원의 학술은 호원(胡瑗)과 장재에서 기원한다고 보는 것이 일반적인 견해다. 『존학편』 권1 「명친」(明親)에서 "송대 유학자로는 오직 호원이 경적(經籍)의 의리를 세우고 사재(事齋)를 다스렸다. 비록 분석이 이미 틀렸지만, 그 일은 매우 실질적이었다. 장재는 예로써 가르치고 정전 실행을 기대하였다. 비록 등용되지 않았지만, 그 뜻은 높이 살 만하다"(宋儒惟胡子立經義治事齋, 雖分析已差, 而其事頗實矣: 張子敎人以禮而期行井田, 雖未擧用, 而其志可尚矣)라고 했다. 『淸儒學案』 1, 앞의 책, 310면. 또한 "송대 유학자로는 호원 외에 오직 장재가 정전을 시행할 의지가 있었으며, 예를 가르쳐 공맹의 전승자가 되었다"(宋儒胡子外, 惟橫渠之志井田, 敎人以禮, 爲得孔孟正宗)라고 했다. 顔元, 「性理評」, 『存學編』 卷2, 『顔元集』 上, 60면.

183 章太炎, 「正顔」, 『檢論』 卷4, 『章太炎全集』 3, 上海: 上海人民出版社, 1984, 469면. 장타이옌은 안원의 삼물육예(三物六藝) 해석에 대해 상세히 분석하고 반박한다. 훈고학적 의미에서 보면, 장타이옌의 비판은 대체로 성립한다. 그는 자주(自注)에서 다음과 같이 언급한다. "삼물을 익혀 행하는 것을 배움으로 삼고, 견강부회하여 사물의 이치를 따져 밝히지 않는다. 옛날에 물을 말하는 것은 마치 오늘날 사(事)와 건(件)을 말하는 것과 같다. 향삼물(鄕三物)이라는 것은 이른바 향학(鄕學)의 세 가지를 말하는 것이다. 이것은 보편적인 이름이지 향학의 고유 이름이 아니다." 같은 곳.

184 육부(六府)와 삼사(三事)의 출전은 『상서』 「대우모」(大禹謨) 및 『좌전』(문공 7년)이다. 전자는 수(水)·화(火)·금(金)·목(木)·토(土)·곡(穀)을 가리키며, 후자는 정덕·이용(利用)·후생(厚生) 등 삼물(三物)을 가리킨다. 삼물의 출전은 『주례』이며, 그 내용은 이미 앞에서 서술했다. 사교(四敎)는 문(文)·행(行)·충(忠)·신(信)으로 『논어』 「술이」에서 유래한다. 안원은 육부·삼사·삼물·사교를 옛 성인의 가르침으로 생각하여 그 실천을 기술·기능의 측면까지 실현했으며, 각종 시문(時文)에 대해 철저히 부정했다.

185 顔元, 「寄桐鄕錢生曉城書」, 『習齋記餘』 卷3, 앞의 책, 1987, 440~441면.

186 顔元, 「送王允德敎諭淸苑序」, 『習齋記餘』 卷1, 같은 책, 403면.

187 顔元, 「與高陽孫衷淵書」, 『習齋記餘』 卷4, 같은 책, 456면.

188 顔元, 『大學』, 『四書正誤』 卷1, 같은 책, 159면.

189 顔元, 「閱張氏王學質疑評」, 『習齋記餘』 卷6, 같은 책, 491~492면.

190   侯外廬 主編,『中國思想通史』第5卷, 北京: 人民出版社, 1956, 374면.

191   李塨,『顔習齋先生年譜』卷上, 李塨 撰, 王源 訂, 陳祖武 校,『顔元年譜』, 北京: 中華書局, 1992, 55면.

192   다음 인용문의 출전은 주자의 「답진사덕서」(答陳師德書)이다. "이를 통해 얻을 수 있는 결론은 명말 청초 시기 실학과 주자학 사이의 거리는 사람들이 상상하는 것만큼 멀지 않았다는 것이다. 주자는 이렇게 말했다. "정자께서 함양이란 모름지기 경(敬)을 쓰는 것이고, 배움에 나아감이란 치지(致知)에 있다고 말씀하셨다. 이 두 가지는 사실 배우는 이들이 자신을 세우고 정진하는 요체이다. 이 두 가지의 공부는 대개 서로 발하지 않는 것이 없다. 그러나 정자께서 사람들에게 경(敬)을 붙들라고 가르치신 것은 단지 의관과 용모를 깔끔하게 하는 것을 우선으로 삼았다. 이른바 치지(致知)라는 것은 또한 단지 경서(經書)와 사서(史書)를 읽거나 맞닥뜨린 일에 대응하면서 그 안에서 이치의 존재를 찾는 것일 뿐이다. 이는 요즘 황당하고 괴이하여 인정(人情)에 가깝지 않은 주장들과 같지 않았다. …그러나 독서의 방법은 마땅히 순서대로 항상 해야 하며, 집중하고 게으르지 않아야 한다. 글의 뜻 사이에서 여유 있게 끊어 읽으며, 의지를 가지고 실천하는 결과를 체험한다. 그 후에 마음이 고요하고 이치가 밝아지니 의미가 점차 드러난다. 그렇지 않으면, 비록 널리 구하고 많이 취하며, 매일 다섯 수레의 책을 읽더라도 무엇이 배움에 이롭겠는가?"(程夫子曰: 涵養須是敬, 進學則在致知. 此二言者, 實學者立身進步之要. 而二者之功, 蓋未嘗不交相發也. 然夫子敎人持敬, 不過以整衣冠齊容貌爲先, 而所謂致知者, 又不過讀書史·應事物之間, 求其理之所在而已. 皆非如近世荒誕怪譎不近人情之說也. …抑讀書之法, 要當循序而有常, 致一而不懈, 從容乎句讀文義之間, 而體驗乎操存踐履之實, 然後心靜理明, 漸見意味. 不然, 則雖廣求博取, 日誦五車, 亦奚益於學哉)『朱子文集』卷56, 臺北: 允晨, 2000, 2070, 2703면.

제3장   경經과 사史 (1)

1   顧炎武,「與楊雪臣」,『亭林文集』卷6,『顧亭林詩文集』, 北京: 中華書局, 1983, 139면.

2   江藩,『漢學師承記』, 錢鍾書 主編, 朱維錚 執行主編, 徐洪興 編校, 江藩·方東樹,『漢學師承記(外二種)』, 北京: 三聯書店, 1998, 158면.

3   章太炎,「答鐵錚」,『民報』第14號,『太炎文錄初編』,「別錄」卷2에 수록.『章太炎全集』4, 上海: 上海人民出版社, 1985, 371면.

4   顧炎武,「正始」條,『日知錄』卷13, 顧炎武 著, 黃汝成 集釋,『日知錄集釋(外七種)』, 上海: 上海古籍出版社, 1985, 1015면.

5   이 단락은 원래 단옥재가 대진의 의리·고증·문장의 관계를 설명할 때 사용한 말이다. 단옥재는 이 인용문에 뒤이어 이렇게 말하고 있다. "무릇 성인의 도는 육경에 있으니 육경에서 이를 구하지 않으면 성인이 구하던 의리로 집(家)·나라(國)·천하(天下)에 시행할 수 없으며, 문사(文詞)를 제대로 다듬지 못하게 되는 것도 이러한 결과의 말단에서 생겨나는 일이다. 대진 선생께서 경을 연구하심에 무릇 훈고·음성(音

聲)·산수(算數)·천문·지리·제도·명물·인사의 선악 시비(善惡是非) 및 음양·기화 (氣化)·도덕·성명 등 그 실질을 궁구치 않으신 것이 없었다. 대개 고핵(考覈: 사실 을 고찰하여 자세히 밝혀냄－역자)에서 시작하여 성과 천도에까지 통달하셨다. 성 과 천도에 통달하시자 고핵은 더더욱 정치(精緻)해지고 문장은 더더욱 성대해져서 세상에 쓰이게 된다면 정치가 베풀어지고 백성이 이로울 것이며 세상에 쓰이지 못 한다면 세세토록 가르침을 세운다 하여도 폐단이 없을 것이다."(夫聖人之道在六 經, 不於六經求之, 則無以得聖人所求之義理, 以行於家國天下, 而文詞之不工, 又 其末也. 先生之治經凡訓詁·音聲·算數·天文·地理·制度·名物·人事之善惡是非, 以及陰陽·氣化·道德·性命, 莫不究乎其實. 蓋由考覈以通乎性與天道, 旣通性與 天道矣, 而考覈益精, 文章益盛, 用則施政利民, 舍則垂世立敎而無弊) 段玉裁,「戴 東原集序」, 戴震,『戴震全集』6, 北京: 淸華大學出版社, 1999, 3458~3459면.

6   江藩,『漢學師承記』, 錢鍾書 主編, 朱維錚 執行主編, 徐洪興 編校, 江藩·方東樹, 앞의 책, 1998, 156면에서 인용.【역주】면수가 틀렸다. 해당 책의 157면에 보인다.

7   顧炎武,「博學於文」條,『日知錄』卷7, 顧炎武 著, 黃汝成 集釋, 앞의 책 上, 1985, 539~540면 참조.

8   顧炎武,「文須有益於天下」條,『日知錄』卷19, 같은 책 中, 1985, 1439면.

9   戴震,「緖言」卷中,『戴震全集』1, 北京: 淸華大學出版社, 1991, 94면.

10   顧炎武,「外國風俗」條,『日知錄』卷29, 顧炎武 著, 黃汝成 集釋, 앞의 책 中, 1985, 2175면.

11   顧炎武,「答友人論學書」,『亭林文集』卷6, 앞의 책, 1983, 135면.

12   예·리의 관계에서 출발한 왕양명의 "문에서 이것을 넓힌다"(博之於文), "예로써 이 것을 간추린다"(約之於禮)에 대한 해석 역시 참조해 볼 만하다. 왕양명은『전습록』 상(上)에서 이렇게 말한다. "예(禮) 자는 바로 리(理) 자다. 리의 발현을 볼 수 있는 것은 일컬어 문(文)이라 한다. 문이 은미하여 볼 수 없는 것을 일컬어 리라 한다. 이 들은 그저 한가지일 뿐이다. 예로 간추린다는 것은 그저 이 마음이 순수하게 천리라 는 것이다. 이 마음이 순수하게 천리라면 리가 발현하는 지점에 대하여 힘써야 한 다. 만약 어버이를 모실 때에 발현된다면 어버이를 모시는 데에 그 천리를 보존함을 배우고, 임금을 섬기는 데에 발현된다면 임금을 섬기는 데에 그 천리를 보존함을 배 운다. 부귀하거나 빈천함에 처할 때 발현된다면 부귀하거나 빈천함에서 천리를 보 존함을 배우고, 환난을 당하거나 오랑캐 속에 있게 될 때에 발현하면 환난을 당하거 나 오랑캐 속에 있게 될 때 천리를 보존하는 것을 배운다. 행동을 멈추고 말을 그치 는 경우에도 발현하지 않는 곳이 없으니 어느 곳이든 발현이 되는 바로 그곳에서 천 리를 보존하는 것을 배운다. 이것이 바로 문으로 자신을 두루 넓히는 것이며 예로써 간추리는 공부다. '문으로 넓힌다'(博文)는 것은 바로 '오로지 정심하게 한다'(惟精) 는 것이요 '예로써 간추린다'(約禮)는 말은 바로 '오로지 한결같게 한다'(惟一)는 말 이다."(禮字卽是理字, 理之發見可見者謂之文; 文之隱微不可見者謂之理: 只是一 物. 約禮只是要此心純是一箇天理. 要此心純是天理, 須就理之發見處用功. 如發 見於事親時, 就在事親上學存此天理; 發見於事君時, 就在事君上學存此天理; 發 見於處富貴貧賤時, 就在處富貴貧賤上學存此天理; 發見於處患難夷狄時, 就在處 患難夷狄上學存此天理. 至於作止語黙, 無處不然隨他發見處, 卽就那上面學箇存

896

天理. 這便是博學之於文, 便是約禮的功夫. 博文卽是惟精, 約禮卽是惟一) 王陽明, 『傳習錄』上, 『王陽明全集』上, 上海: 上海古籍出版社, 1992, 6~7면.

13 顧炎武, 「與人書」9, 『亭林文集』卷4, 앞의 책, 1983, 93면.

14 顧炎武, 「與友人論學書」, 『亭林文集』卷3, 앞의 책, 1983, 40면.

15 顧炎武, 「夫子之言性與天道」條, 『日知錄』卷7, 顧炎武 著, 黃汝成 集釋, 앞의 책 上, 1985, 538면. 고염무는 다른 곳에서 이렇게 말하기도 했다. "송조(宋朝) 이래로 한두 현명한 무리가 한인의 훈고지학(訓詁之學)을 탓하면서도 대충이나마 그 자취만을 얻어서 이를 교정하여 속내에 귀납하는 데에 힘썼으나 삼달도(三達道)·오달덕(五達德)·구경(九經)·삼중(三重)의 일에 대하여는 신경 쓰지 않았으니 이는 진실로 이른바 '고자(告子)가 의를 미처 모르는 것'이다."(自宋以下, 一二賢智之徒, 病漢人訓詁之學, 得其粗跡, 務矯之以歸於內, 而達道達德九經三重之事置之不論, 此眞所謂「告子未嘗知義」者也)「行吾敬故謂之內也」, 같은 책, 575면. 【역주】 삼달도, 오달덕, 구경, 삼중은 모두 『중용』에 나오는 개념이다. 삼달도는 내재적으로 갖추어야 할 세 가지 덕성으로, 앎(知)·어짊(仁)·용기(勇)다. 오달덕은 인간관계에서 갖추어야 할 다섯 가지 도리로, 군신·부자·부처·형제·벗 사이에 존재한다(오륜과 같은 표현이다). 구경은 천하를 다스리는 데에 필요한 아홉 가지 덕목으로, 자신을 수양하고(修身), 현명한 이를 존대하고(尊賢), 피붙이를 가까이하고(親親), 대신을 공경하고(敬大臣), 뭇 신하들을 내 몸처럼 여기고(體群臣), 백성을 자식처럼 여기고(子庶民), 온갖 기술자들을 불러들이고(來百工), 먼 곳의 사람들과도 화목하게 지내고(柔遠人), 제후들을 품는 것(懷諸侯)이다. 삼달도, 오달덕, 구경은 모두 『중용』 제20장에 보인다. 삼중은 천하를 다스리는 데 필요한 세 가지를 가리킨다. 『중용』 제29에 이르길 "천하의 왕 노릇 하는 데 세 가지 중요한 것이 있다"(王天下有三重焉)고 했는데 여대림(呂大臨)은 『중용』 제28장의 표현에 근거해 "'세 가지 중요한 것'이란 예를 논하고, 제도를 만들고, 문서를 살피는 것"(三重, 謂議禮·制度·考文)이라고 풀이했다.

16 顧炎武, 「心學」條, 『日知錄』卷18, 『日知錄集釋(外七種)』中, 1985, 1397~1398면.

17 顧炎武, 「與施愚山書」, 『亭林文集』卷3, 앞의 책, 1983, 58면.

18 顧炎武, 「夫子之言性與天道」條, 『日知錄』卷7, 顧炎武 著, 黃汝成 集釋, 앞의 책 上, 1985, 536면.

19 侯外廬 主編, 『中國思想通史』第5卷, 北京: 人民出版社, 1956, 206면.

20 "경학을 버린 채 이학을 말하는 자가 있고부터 삿된 주장들이 일어났으니, 이는 경학을 버리고서는 이른바 이학이란 것도 선학(禪學)일 뿐임을 모르는 것이다."(自有舍經學以言理學者, 而邪說以起, 不知舍經學則其所謂理學者禪學也) 全祖望, 「亭林先生神道表」, 『鮚埼亭集』卷12, 黃云眉 選注, 『鮚埼亭文集選注』, 濟南: 齊魯書社, 1982, 114면.

21 顧炎武, 「與友人論學書」, 『亭林文集』卷3, 앞의 책, 1983, 41면.

22 예(禮)로 리(理)를 대신한다는 명제를 분명하게 제기한 이는 능정감(凌廷堪, 1757~1809)이지만, 이를 일종의 사상적 추세로 놓고 본다면 이 명제가 반영하는 것은 차라리 청대 사상이 송명 예학(禮學)과 구별되는 기본적 측면이라 말하는 게 나을 것이다. 능정감과 그의 "예로 리를 대신한다"(以禮代理)는 주장에 대해서는

張壽安, 『以禮代理: 淩廷堪與淸中葉儒學思想之轉變』, 石家莊: 河北敎育出版社, 2001 참조.

23 顧炎武, 「朱子晚年定論」條, 『日知錄』 卷18(顧炎武 著, 黃汝成 集釋, 앞의 책, 1985)에서 왕학 말류(末流)들을 비판해 말하길, "배우지 않으면서 '일관'(一貫)이란 말을 빌려다 자신들의 비루함을 꾸미고, 실천하지 않으면서 성명이라는 핑곗거리로 회피하여 남들이 이를 비난치 못하게 한다"(不學, 則借一貫之言以文其陋; 無行則逃之性命之鄕, 以使人不可詰)라고 했다. 같은 책, 1421면.

24 顧炎武, 「下學指南序」, 『亭林文集』 卷6, 앞의 책, 1983, 131면.

25 江藩, 『漢學師承記』, 錢鍾書 主編, 朱維錚 執行主編, 江藩·方東樹, 앞의 책, 1998, 158면.

26 章學誠, 「浙東學術」, 『文史通義』 內篇 2, 『章學誠遺書』 卷 2, 北京: 文物出版社, 1985, 15면.【역주】이는 '장씨유서본'(章氏遺書本)의 체례에 근거한 것이고, '대량본'(大梁本)에는 내편 권5에 실려 있다.

27 고증학은 당인(唐人)으로부터 시작되어 송학에서 더욱 발전했다. 장학성은 이 때문에 그 근원을 궁구하여 고염무·대진 등을 주자학의 계보에 귀납시켰던 것이다. 章學誠, 「朱陸」, 『文史通義』 內篇 2, 같은 책, 15면.

28 심학이 흥기한 이후, 『대학』의 지위는 이미 하락했고 명말 청초 때에는 『사서집주』 역시 지위가 하락하기 시작했다. 장대(張岱)의 『사서우』(四書遇), 모기령의 『사서개착』(四書改錯)은 모두 『사서집주』를 공격한 예다. 이로 말미암아 청대 초기에 사서란 총칭이 성립될 수 있는가 하는 회의까지 점차 일기 시작했다. 이러한 배경 아래서 오경과 사서의 우선순위에도 변화가 생겨났다. 王汎森, 「淸初思想中形上玄遠之學的沒落」, 『中央硏究員歷史語言硏究所集刊』 第69本 第3分, 564~572면.

29 량치차오는 다음과 같이 말한다. "고염무는 한편으론 완전히 주관적인 왕학이 학문이 되기에 부족함을 배척했고, 다른 한편으론 객관적 측면에서 허다한 학문적 길이 있음을 지적했다. 그래서 학계 분위기가 일변되어 200~300년간 고염무가 이끈 길로 나아가게 되었다. 고염무가 청대 학술사에서 특수한 지위를 차지하는 이유 역시 여기에 있다." 梁啓超, 『中國近三百年學術史』, 上海: 復旦大學出版社, 1985, 153, 157면.

30 顧炎武, 「致知」條, 『日知錄』 卷6, 顧炎武 著, 黃汝成 集釋, 앞의 책 上, 1985, 511~512면.

31 陳訓慈·方祖猷, 『萬斯同年譜』, 香港: 中文大學出版社, 1991, 211면.

32 顧炎武, 「致知」條, 『日知錄』 卷6, 顧炎武 著, 黃汝成 集釋, 앞의 책 上, 1985, 511~512면.

33 顧炎武, 「予一以貫之」條, 『日知錄』 卷7, 顧炎武, 「予一以貫之」條, 『日知錄』 卷7, 顧炎武 著, 黃汝成 集釋, 앞의 책 上, 1985, 549~550면.

34 顧炎武, 「答李子德書」, 『亭林文集』 卷4, 앞의 책, 1983, 73면.【역주】원서에는 이 각주가 다음 문장 끝에 달려 있지만 이는 착오인 듯하다. 이에 고쳐 달았다.

35 『禮記集解』, 978면.

36 같은 책, 982~983면.

37 司馬遷, 「孔子世家」 第17, 『史記』 卷47, 『史記』 6, 北京: 中華書局, 1982, 1935~

1937면.

38 『禮記』,「樂記」,『禮記集解』下, 孫希旦 撰, 北京: 中華書局, 1989, 985~986면.

39 같은 책, 986~987면.

40 같은 책, 987면.

41 같은 책, 976면.

42 같은 책, 977면.

43 顧炎武,「與人書」25,『亭林文集』卷4, 앞의 책, 1983, 98면.『정림문집』권4「이자덕에게 답하는 편지」(答李子德書)에서 고염무는 좀 더 분명하게 지적하길, 음운학의 종지는 바로 옛 뜻을 명확히 밝히고 옛 제도를 고증하는 것이지 고증을 위한 고증을 하는 것이 아니라고 했다. 같은 책, 69~73면.

44 그래서 첸무는 고증학의 흥기에 대해 다음과 같이 논한다. "그래서 음운을 연구하는 것을 경서를 통달하는 관건으로 삼고, 경서에 통달하는 것을 도를 밝히는 밑바탕으로 삼은 것이다. 도를 밝히는 것은 바로 세상을 교화하는 바다. 고염무의 의도 역시 그러했다. 건륭·가경 연간의 고증학은 이로부터 부연된 것으로, 문자를 연구하고 음운을 식별하는 공부를 경서에 대한 연구로 삼은 것이며, 이는 바로 경서에 대한 공부를 도를 밝히는 것이라 여긴 것이니, 진실로 고염무의 진전(眞傳)을 얻었다고 할 수 있겠다." 고염무 음운학의 목적이 경서 통달임은 틀림이 없지만, 경서 통달은 치용(致用)을 근본으로 하고 있었다. 이 때문에 문자를 연구하고 음운을 식별하는 과정 중에서 펼쳐진 그의 사상 세계와 건륭·가경 시기의 여러 학자 사이엔 중요한 차이가 있었다. 錢穆,『近三百年學術史』上冊, 北京: 中華書局, 1986, 134면.

45 顧炎武,「音學五書序」,『音學五書』, 北京: 中華書局, 1982, 2면.

46 같은 책, 2~3면.

47 고염무는 또 이렇게 말한다. "처음으로 당(唐) 현종(玄宗)이『상서』를 개찬하니 후인들이 종종 이를 본받았다. 그래도 '이전엔 무엇이었는데 지금은 무엇으로 고친다'라고 밝혀 놓기는 하였다. …요즘 들어서는 …모든 선진 이래의 책들을 경솔하게 억측하고 함부로 고치면서 더는 그것이 옛날엔 무엇이었다고 밝히지 않으니, 옛사람들의 음이 망일되고 문 역시 망일되었다."(始自唐明皇改『尙書』, 而後人往往效之. 然猶曰舊爲某今改爲某, …至於近日, …凡先秦以下之書率臆徑改, 不復言其舊爲某, 則古人之音亡而文亦亡) 顧炎武,「答李子德書」,『亭林文集』卷4, 앞의 책, 1983, 69면.

48 魏源,「詩古微序」,『魏源集』, 北京: 中華書局, 1976, 120면.

49 대진은 다음과 같이 말했다. "무릇『이아』(爾雅)를 끌어다『시경』과『서경』을 풀이하고,『시경』과『서경』에 근거하여『이아』를 증명하는 것으로부터 선진 이전의 문헌에까지 두루 미치게 되니, 모든 옛 전적 중 남아 있는 것들을 종합하여 살펴보고 조리를 갖추어 관통케 되고, 게다가 육서·음성에 근본을 두고 확실하게 훈고의 근원을 밝히는 이가 있다면, 나는 그와 더불어 이 학문을 할 만하다고 하겠다."(夫援『爾雅』以釋『詩』·『書』, 據『詩』·『書』以證『爾雅』, 由是旁及先秦已上, 凡古籍之存者, 綜覈條貫, 而又本之六書·音聲, 確然於故訓之原, 庶幾可與於是學) 戴震,「爾雅文字考序」,『戴東原集』卷3,『戴震全集』5, 北京: 淸華大學出版社, 1997, 2181면.

50 康有爲,「言語」第29,『敎學通義』,『康有爲全集』1, 上海: 上海古籍出版社, 1987,

155면.

51 　같은 책, 157면.

52 　顧炎武, 「音學五書序」, 앞의 책, 1982, 2면.

53 　康有爲, 「敎學通義」, 『康有爲全集』 1, 앞의 책, 1987, 156면.

54 　바로 언어가 담지하는 상술한 기능 때문에, 언어는 고대 사과(四科: 음악·언어·정
사·문학) 중 정사(政事)와 문학의 윗자리에 놓였으며, 음악은 다시 그러한 언어의
위에 놓이게 된 것이다. 이는 진정한 음성 중심주의다. 어째서 귀족의 자제들[國子]
을 가르치는 언어는 반드시 음악의 덕에 근본해야만 했는가? 원인은 고대엔 덕행
을 선양할 수 있는 것이 언어였기 때문이다. 예를 들어 음(陰) 땅의 이생(飴甥)이 회
맹(會盟)할 적에 나라 사람들이 모두 울었으며 장홍(臧洪)이 단상에 올라 맹서의 말
을 낭독했는데 그 말하는 기세가 강개해 관중이 감동했다. "옛적 전령의 역할을 하
던 주인(遒人)이 목탁을 두드리며 길을 돌면서 노래하길, '관리들은 서로 법도를 지
키며, 장인(匠人)들은 자신의 기술로 간(諫)하라'라고 한 것은 모두가 언행이었다.
선성(先聖)이 드리우신 가르침과 현사(賢師)께서 도를 논하신 바는 마치 『대대례기』
에 실린 바나 제자백가의 책에 기록된 바처럼 성인을 하늘의 입으로 삼고 현인을 성
인의 대변자로 삼는 것은 덕행을 말하는 것으로 모두 말이 귀하다는 것이다. 정치
라는 것은 윗사람과 아랫사람이 맞닥뜨리고 관리와 백성이 서로 소통하면서 소송
과 옥사를 따지고 아프고 고통스러운 것에 대해 묻고 윗사람의 덕을 펼치고 아랫사
람의 실정(實情)을 표현하는 것인데, 반드시 언어가 같고 명칭이 같은 부류여야만이
서로 알 수가 있는 것이다. 만약 읽는 법을 가르친다면 남면의 묘만(苗蠻) 같은 오랑
캐나 심심산골에 사는 이들이라 할지라도 모두 이해시킬 수 있을 것이니, 언어의 쓰
임이란 요긴한 것이다." 康有爲, 「敎學通義」, 같은 책, 157면 참조. 【역주】왕후이는
원서에서 사과를 음악·언어·정사·문학이라고 설정했지만 이는 오류로 보인다. 『논
어』 「선진」(先進)에 보이는 사과에 근거해 볼 때 '음악'은 응당 '덕행'으로 고쳐야 한
다. 왕후이가 근거한 바가 무엇인지 알 수 없는 데다, 문맥상 수정이 불가능해 일단
왕후이의 표현을 그대로 옮겼다. 이생의 일은 『좌전』 「희공 15년」에 보이고, 장홍(臧
洪)의 일은 『삼국지』(三國志) 「위지」(魏志) 권7에 보인다.

55 　潘耒, 「原序」, 『日知錄』, 顧炎武 著, 黃汝成 集釋, 앞의 책 上, 1985, 23면.

56 　黃汝成, 『「日知錄」敍錄』, 같은 책, 7~8면.

57 　侯外廬 主編, 앞의 책, 1956, 243, 245면.

58 　고염무는 자신이 "성현의 육경의 대의 요지, 국가 치란의 근원, 민생의 기본 방
책"(聖賢六經之指, 國家治亂之原, 生民根本之計) 탐구에 주력해 왔다고 말했는데
황종희와 마찬가지로 목적은 "온갖 왕들에 의해 폐단이 발생한 것들을 복구하여"
"서서히 삼대의 성대함으로 돌아가는 것"에 있었다. 黃宗羲, 「思舊錄·顧炎武」, 沈
善洪 主編, 『黃宗羲全集』 第1冊, 杭州: 浙江古籍出版社, 1985, 390~391면.

59 　顧炎武, 「郡縣論」 9, 『亭林文集』 卷1, 앞의 책, 1983, 17면.

60 　顧炎武, 「保擧」, 『日知錄』 卷9, 顧炎武 著, 黃汝成 集釋, 앞의 책 上, 1985, 692면.

61 　顧炎武, 「生員論」 中, 『亭林文集』, 앞의 책, 1983, 22면.

62 　샤오궁취안(蕭公權)이 고염무의 생원론에 대해 언급하면서 고염무와 황종희의 차
이점을 논한 부분은 주의해서 살펴볼 필요가 있다. "황종희는 선비를 중시하여 천하

정사(政事)의 시비를 경사(京師)와 군현의 학교에서 나온 공론(公論)으로 결정하려 했다. 고염무는 생원을 통렬히 배척하고 축소·폐지하려 했으니 그 주장이 황종희와 완전히 상치되는 듯하지만 …황종희가 천하의 정론(正論)을 맡기려 했던 기관은 평범하게 과거에 매진하는 생원이 아니라 이미 개혁된 학교였다. 고염무가 꾸짖은 것은 정치를 어지럽히고 풍속을 어그러뜨리는 생원이었지 사대부의 청언정의(清言正議)가 아니었다. 한 사람은 이상적인 학교의 효용에 주목했고, 다른 한 사람은 실질적인 생원의 결점에 유의한 것일 뿐, 사대부의 정치적 지위에 대해 두 사람이 근본적으로 견해가 달랐던 것은 아니다." 蕭公權, 『中國政治思想史』 2, 瀋陽: 遼寧敎育出版社, 1998, 576~577면. 그러나 황종희·고염무의 정치적 견해 불일치만으로는 이론 방식 면에서 그들이 보인 차이를 설명하기에 부족하다. 황종희의 '학교'와 그의 모든 제도론은 이상적 방식에 따라 구축된 것이며 학술적 연원을 따져 보면 왕양명이 말했던 '학교'에 보다 접근해 있는 것이다. 고염무는 역사적 변천에 주목하여 구체적 방법을 통해 치우침을 보정하고 폐단을 구제하는 방법까지 포괄하면서 어떻게 현실의 상황을 개량할 것인가에 치중했다. 그의 이상은 현실에 대한 직접적 시정을 통해 드러나며 실천에서도 종종 풍속에 따른 처리를 고려했다.

63　顧炎武, 「文人求古之病」, 『日知錄』 卷19, 顧炎武 著, 黃汝成 集釋, 앞의 책, 1985, 1469~1470면.

64　청대 관직의 설립에 대해서는 Charles Hucker, *A Dictionary of Official Titles in Imperial China*, Stanford: Stanford University press, 1985 참조.

65　顧炎武, 「生員論」 下, 『亭林文集』 卷1, 앞의 책, 1983, 24면.

66　顧炎武, 「兩漢風俗」, 『日知錄』 卷13, 『日知錄集釋(外七種)』 上, 1009면. 「양한풍속」 조에서는 위진 시기를 폄하하고 동한 시기를 숭상했다. 이는 사실 현학을 배척하고 경학을 존숭한 것이다. 고염무는 이 때문에 이렇게 말했다. "한나라는 무제가 육경을 표창한 이후로, 사유(師儒)가 비록 많아졌지만 그들은 진정한 대의(大義)를 미처 제대로 알지 못했다. 그래서 신나라 왕망이 섭정하자 그의 덕을 찬송하고 상서로운 징조가 나타남을 찬미하는 글을 바치는 자가 온 천하에 두루 있었다. 광무제는 이를 거울삼아 절의를 숭상하고 명실상부함을 권장하니 등용된 자 중에 경학에 밝고 품행이 단정하지 않은 자가 없었다. 이로써 풍속이 일변하게 되었다. 동한 말엽에 다다르자 조정의 정치는 혼탁해졌고 나랏일은 날로 그릇되어만 갔으나 당고(黨錮)의 화(禍)를 당한 선비들이나 은거하며 오롯이 절개를 지키며 살아가던 무리들은 인에 의지하고 의를 밟고 서서 죽을지언정 그 절개는 변치 않았다. 『시경』 정풍(鄭風)의 「풍우」(風雨)에서 '비바람이 몰아쳐 어두컴컴한데 닭은 울기를 멈추지 않네'라고 하였다. 삼대 이래 풍속이 아름다웠던 것은 동한 때보다 대단한 적이 없었다. …정시(正始) 연간에 이르러 몇몇 부화하고 괴탄스러운 무리가 그 간사한 꾀를 뽐내며 주공과 공자가 남기신 경서를 멸시하고 노자와 장자의 가르침을 익히니 풍속이 이로써 또다시 일변했다. 무릇 경술(經術)에 의한 다스림과 절의에 의한 단속은 광무제에서 명제(明帝)를 거쳐 장제(章帝)까지 몇 세대 동안 행해진 것으로도 부족했건만, 조조(曹操) 혼자서도 방정(方正)함을 훼손하고 상도(常道)를 무너뜨리는 풍속으로 바꿔 버리는 데에는 충분하고도 남음이 있었다. 후세의 임금 노릇 하는 자가 장차 훌륭한 교화를 수립하고 규범으로 삼아서 풍속을 좋게 하고 인재를 등용하려면

이를 잘 살피지 않으면 안 된다."(漢自孝武表章六經之後, 師儒雖盛, 而大義未明, 故新莽居攝, 頌德獻符者遍於天下. 光武有鑒於此, 故尊崇節義, 敦厲名實, 所擧用者, 莫非經明行修之人, 而風俗爲之一變. 至其末造, 朝政昏濁, 國事日非, 而黨錮之流, 獨行之輩, 依仁蹈義, 捨命不渝, '風雨如晦, 雞鳴不已', 三代以下風俗之美, 無尙於東京者. …至正始之際, 而一二浮誕之徒, 騁其智識, 蔑周·孔之書, 習老·莊之敎, 風俗又爲之一變. 夫以經術之治, 節義之防, 光武明章數世爲之而未足; 毁方敗常之俗, 孟德一人變之而有餘. 後之人君將樹之風聲, 納之軌物, 以善俗而作人, 不可不察乎此矣)

67   顧炎武,「與人書」4,『亭林文集』卷4, 앞의 책, 1983, 91면.

68   顧炎武,「軍制論」,『亭林文集』卷6, 같은 책, 122면.

69   顧炎武,「外國風俗」,『日知錄』卷29, 顧炎武 著, 黃汝成 集釋, 앞의 책 中, 1985, 2175면.

70   顧炎武,「郡縣論」1,『亭林文集』卷1, 앞의 책, 1983, 12면.

71   같은 곳.

72   顧炎武,「子張問十世」,『日知錄』卷7, 顧炎武 著, 黃汝成 集釋, 앞의 책 上, 1985, 528면.【역주】원서에 오자가 있어,『일지록』원문에 의거해 고쳤다.

73   顧炎武,「郡縣論」5,『亭林文集』卷1, 앞의 책, 1983, 14면.

74   顧炎武,「守令」,『日知錄』卷9, 顧炎武 著, 黃汝成 集釋, 앞의 책 上, 1985, 718면.

75   허우와이루의 말을 빌리자면, "그가 주장한 현령 단위제와 그가 옹호한 종법 조직은 상호 연관된 것이다. 이는 프랑수아 케네(François Quesnay)의『경제표』(經濟表: Tableau économique, 중농학파의 경제 이론)에서 자본의 유통을 봉건 농촌의 틀 안에 놓고 운용하면서 그 내용을 시민의 요구로 하고 있는 것과 매우 유사하다. 고 염무는 지방 자치의 이상(理想)을 과거 종법 조직의 틀 안에 놓고 운용했다." 侯外廬 主編, 앞의 책, 1956, 243면.

76   戴震,「題惠定宇先生授經圖」,『戴東原集』卷11,『戴震全集』5, 北京: 淸華大學出版社, 1997, 2614~2615면. 일반적으로 대진의 이 글은 그의 학술상 제2기에 속하는, 다시 말해 건륭 정축년(1757)에 양주(揚州)에 가서 혜동을 만난 이후의 글이기에 좀 더 고증학의 종지를 체현하고 있다고 여겨진다.

77   梁啓超,「中國近三百年學術史」,『梁啓超論淸學史二種』, 上海: 復旦大學出版社, 1985, 162면.

78   錢大昕,「萬先生斯同傳」,『潛硏堂文集』卷38, 上海: 上海古籍出版社, 1989, 682면에서 전재(轉載).

79   章學誠,「浙東學術」,『文史通義』內篇 卷2,『章學誠遺書』, 北京: 文物出版社, 1985, 15면.

80   章太炎,「與人論樸學報書」,『太炎文錄初編』卷2,『章太炎全集』4, 上海: 上海人民出版社, 1985, 153~154면.

81   王先謙 等編,『東華錄』, 臺北: 文海出版社(影印本, 康熙朝, 卷4), 1963, 9면.

82   루바오첸(陸寶千)은 이렇게 말한다. "청대 주자학은 비록 성조(聖祖: 강희제―역자)의 제창에 의해 학술의 태두가 되어 한 시대를 풍미하게 되었지만, 조정의 인사들은 단지 왕학(王學)을 비판하는 것으로 주자학에 대한 존경의 표현으로 삼았을

뿐, 실제론 문호지견(門戶之見)이 매우 심해서 주자학의 이론적 수준은 높지 않았는데…" 이에 비해 "강희 시대 민간의 주자학은 대체적으로 '왕학화'(王學化)된 주자학이었다. 민간의 주자학자들 심중(心中)의 주자학이란 '왕학이라는 렌즈'를 통해 바라본 주자학이었으므로 주자학의 진정한 모습은 아니었다." 陸寶千, 「康熙時代之朱學」, 『淸代思想史』 第3章, 臺北: 廣文書局, 1983, 119~158면 참조.

83 黃宗羲, 「與徐乾學書」, 『黃宗羲南雷雜著稿眞迹』, 杭州: 浙江古籍出版社, 1987, 278면. 이와 관련된 논의는 黃進興, 「淸初政權意識形態之探究: 政治化的'道統觀'」, 『優入聖域: 權力·信仰與正當性』, 臺北: 允晨文化實業股份有限公司, 1994, 91~96면 참조. 황진싱(黃進興)의 저작은 청대의 정교(政敎) 합일에 대해 상세히 고찰하고 있다. 여기서 인용한 문장 외에도 이 문제와 직접적으로 관련된 것으로는 「權力與信仰: 孔廟祭祀制度的形成」, 「學術與信仰: 論孔廟從祀制與儒家道統意識」, 「孔廟的解構與重組: 轉化傳統文化所衍生的困境」 등의 논문이 있는데 모두 위의 책에 보인다. 황진싱은 옹정과 건륭 시기 '문치'(文治)에 대해서도 상세히 논하고 있지만 여기서는 더 반복하지 않겠다. 【역주】 황진싱의 책 제목에 있는 '우입성역'(優入聖域)이란 표현은 '너끈히 성인의 경지에 들어서다'라는 뜻으로, 한유(韓愈)의 「진학해」(進學解)에 나오는 표현이다.

84 戴震, 「江愼修先生事略狀」, 『戴東原集』 卷12, 『戴震全集』 5, 2608면.

85 康熙, 『御製文集』 第1集, 卷19, 3면b.

86 李光地, 『榕村全書』(1829) 卷10 「進讀書筆錄及論說序記雜文序」, 3면a~3면b. 【역주】 원서 원문 인용에 오류가 있다. 인용문 모두(冒頭)에 "臣觀道之與治" 가 "臣觀道統之與治統"으로 오기되었고 이외에도 몇 부분에 오류가 있어서 바로잡았다.

87 강희제는 스스로 이렇게 말했다. "예로부터 치도는 요순이 다스리던 당우(唐虞) 시기에 극성했는데, 그 다스리는 도가 바로 학문을 하는 공력이었다."(自古治道盛於唐虞, 而其所以爲治之道, 卽其所以爲學之功) 또 이렇게 말했다. "짐이 생각건대, 하늘은 성현을 낳아 임금을 삼고 스승을 삼았다. 만세의 도통이 전해진 것은 만세의 치통과 연계되어 있는 것이다. 요, 순, 우왕, 탕왕, 문왕, 무왕 이래로 공자, 증자, 자사, 맹자가 계셨으니 …대개 이 네 분(공자, 증자, 자사, 맹자)이 계신 이후에야 이제삼왕(二帝三王: 요, 순, 우왕, 탕왕, 문왕)의 도가 전해졌고, 이 네 분의 책(이 네 사람이 지은 책, 즉 사서四書－역자)이 있은 연후에야 오경(五經)의 도가 구비되었다."(朕惟天生聖賢作君作師. 萬世道統之傳, 卽萬世治統之所系也. 自堯舜禹湯文武之後, 而有孔子曾子子思孟子, …蓋有四子而後二帝三王之道傳, 有四子之書而後五經之道備) 康熙, 『御製文集』 第1集, 卷19, 3면b~4면a, 1면a~2면b.

88 王鍾翰, 「李光地生平研究中的問題」, 『燕京學報』 第1期, 北京: 北京大學出版社, 1995, 111~126면 참조.

89 阮元, 『硏經室一集』 卷10 「性命古訓」, 『硏經室續集』 卷3 「復性辨」·「塔性說」 등 참조. 『硏經室集』, 北京: 中華書局, 1993, 211~236면, 1059~1060면 참조.

90 阮元, 「書東莞陳氏『學蔀通辨』後」, 같은 책, 1062면.

91 阮元, 「商周銅器說」 上, 같은 책, 632~633면.

92 내가 앞서 언급한 완원이 그 일례다. 그 이전에 당경우(唐經虞, 1599~1671)와 비밀(費密, 1625~1701) 부자(父子)는 유생을 중심으로 하는 도통관(道統觀)에 대해 극

렬히 비판했는데, 이 역시 또 다른 증명이 된다.

93 강희제는 이렇게 말한다. "송대 유학자로부터 이학이란 명칭이 생겨났고 주자에 이르러 이것이 더더욱 확충되어 비로소 이치를 밝히고 도를 구비하게 되었다. 후인들이 비록 의론(議論)을 잡다하게 쏟아냈지만 아무래도 이 만고의 올바른 이치를 깨트릴 순 없었다."(自宋儒起而有理學之名, 至于朱子能擴而充之, 方爲理明道備. 後人雖然出議論, 總不能破萬古之正理) 康熙,『御製文集』第4集, 卷21, 1b~2a면.

94 미조구치 유조는 이렇게 단언한다. "객관적으로 말해서, 황종희는 청조 정권하에서 체제 내적인 입장에 서 있었다. 뒤집어 말하자면, 청조라는 소수민족 정권은 황종희를 대표로 하는, 상술한 이른바 '역사의 소리'(바로 사사롭고 이윤 추구적인 백성의 소리)를 무시하고는 성립될 수가 없었다. 명조 정권이 붕괴한 일을 교훈 삼아, 동림파가 근거한 기반을 전부 자신의 기반으로 삼지 않았다면 정권이 공고해질 수 없었다. 이를 두고 황종희 측의 승리라고도 말할 수 있을 것이다. 하지만 승리의 결실은 이민족이 가져가 버리고 말았다." 溝口雄三, 林右崇 譯,『中國前近代思想的演變』, 臺北: 國立編譯館, 1994, 248면.

95 이갑제란 110호(戶)를 1리(里)로 하고 1리는 다시 10갑(甲)으로 나누며, 리에는 이장을 두고 갑에는 갑장을 두었다. 이갑(里甲)에 소속된 사람들은 서로 감시하여 호구를 숨기거나 함부로 이주하는 것을 막았다. 관진제는 관문이 되는 각 요지마다 순검사(巡檢司)를 두어 행인을 꼼꼼히 검사하도록 한 것이다.

96 翦伯贊 主編,『中國史綱要』, 北京: 人民出版社, 1979 참조. 이 책의 주장에 따르면, 이런 논밭의 수치는 각지 관리들이 모두 소궁(小弓: 원래 3척 5촌 하던 토지 측량 기준 1보步를 3척 2촌으로 줄인 것)을 사용해 측량한 것으로 어느 정도 과장된 부분이 있다. 그러나 궁극적으로는 계획대로 많은 토지를 확인해 냈다. 이 책의 186면과 196면 참조.

97 『명사』(明史) 권78「식화」(食貨) 2에는 다음과 같이 말하고 있다. "일조편법이란 한 주현의 부세(賦稅)와 요역(徭役)을 총괄하여, 농지 면적을 측량하고 인정수(人丁數)를 헤아려서 그 인정세(人丁稅)와 전량세를 모두 관부(官府)에 납부토록 한 것이다. 한 해의 필요한 요역은 관부에서 수요를 헤아려 뽑았다. 직접 요역을 하려는 자들에겐 그에 합당한 품삯과 식비를 계산하여 그 인원을 늘릴지 줄일지를 헤아리고, 은자(銀子)로 대납코자 하는 자들에겐 그들이 납부할 은자를 계산하여 늘리거나 줄였다. 모든 액판(額辦)과 파판(派辦), 경고세수(京庫歲需)와 존류(存留), 그리고 예산 잡힌 제반 판공비와 산지 공물(貢物)까지, 이 모두를 하나로 합친 뒤에, 측량한 농지 면적을 기준으로 은자로 징수했는데, 관부가 총괄하여 처리하였다. 그래서 이를 일조편법이라 하였다."(一條鞭法者, 總括一州縣之賦役, 量地計丁, 丁糧畢輸於官. 一歲之役官爲僉募. 力差則計其工食之費, 量爲增減; 銀差則計其交納之費, 加以增耗. 凡額辦·派辦·京庫歲需與存留·供億諸費, 以及土貢方物, 悉倂爲一條, 皆計畝徵銀, 折辦於官, 故謂之一條鞭) "가정·융경 연간 이후로는 일조편법이 시행되었는데, 한 성(省)의 인정 수와 전량 수를 계산하여 균등하게 한 성의 요역액을 징수했다. 이에 요역은(徭役銀)과 이갑은(里甲銀), 양세(兩稅: 하세夏稅와 추량秋糧―역자)가 하나로 합쳐지니, 백성은 사는 데 방해되는 바가 없고, 세금을 걷는 일 역시 쉽게 완수할 수 있었다."(嘉隆後行一條鞭法, 通計一省丁糧, 均派一省徭役, 於是

均徭・里甲與兩稅爲一, 小民得無擾, 而事亦易集.)【역주】액판(額辦)은 호부와 공부에서 황실에서 필요한 공사나 물품 비용을 산정한 뒤, 매년 그 액수를 정해 각 산지나 판매지에 부과한 것을 가리킨다. 파판(派辦)은 호부와 공부에서 필요에 따라 수시로 부과한 것을 말한다. 경고세수(京庫歲需)란 한 해 동안 북경의 여러 창고에 저장할 물품을 각 지역에 부과한 것을 말하며, 존류(存留)는 징수된 세량액(稅糧額) 중 예정된 지출 이외의 지출에 대비해 남겨 둔 것을 일컫는다.

98　미조구치 유조는 고염무의 「군현론」에 나오는 '천하의 사사로움'(天下之私)이라는 개념에 대해 다음과 같이 언급한다. "그가 말한 '천하의 사사로움'이란 비단 부유한 계층의 토지를 보전하는 것뿐만 아니라 본거지에서의 통치권이라는 부유 계층의 권익까지도 포괄하는 것이다. 이는 사대부의 경세적(經世的) 의도라는 측면에서 볼 때 농민층까지 포함한 이들의 생존을 보전하는 것을 목적으로 하고 있음을 표명한다. 또한 과거의 왕-관리-백성이라는, 관리를 임금의 가산家産 관료로 여기는 황제 일원적인 전제 체제에 대해, 그는 부유층의 본거지에서의 통치권을 인정함과 동시에 이로써 새로운 전제 체제를 구성하자는 주장을 제기했다. 그의 '천하의 사사로움을 합쳐서 천하의 공의를 이룬다'(合天下之私以成天下之公)는 주장이 바로 이러한 의미이다. 황종희가 비판한 황제의 '자신의 큰 사사로움을 천하의 큰 공의로 삼는'(以我之大私爲天下之大公) 작태와 '왕의 땅'(王土)을 '백성의 땅'(民土)으로 여기는 주장은 그 논거가 고염무와 같다고 간주할 수 있다." "지주층은 일군만민(一君萬民)의, 그리고 개별적 인신(人身) 지배라고 불리는 이갑제의 틀을 깨고, 아래로는 소작농・노비와 새로운 질서 관계를 맺고, 지주제 구조에 대해 재편과 보강 작업을 시도했으며, 위로는 청조 권력층과 타협하면서 이와 같은 새로운 질서 관계를 사실상 지주계급의 권력으로 삼아 상호간의 보완 효과를 얻어 냈다. 요컨대 그들은 전제 권력하에 있는 본거지에 대한 통치권을 강화했다." 溝口雄三, 앞의 책, 1994, 15~16면.

99　『刑部檔鈔』, 『中國近代農業史資料』, 北京: 三聯出版社, 1957, 113면.

100　『淸聖祖實錄』 卷249, 康熙 51年 2月. 翦伯贊, 『中國史綱要』 第3冊, 263~265면 참조.

101　명말 청초 토지 관계의 변화 및 사회관계의 상대적 해이, 특히 청조 토지 제도의 형성에 대해서는 李文治, 『明淸時代封建土地關係的鬆懈』, 北京: 中國社會科學出版社, 1993 참조. 이 책의 제7편 「청대 전기 토지 관계의 변화와 서민 지주의 발전을 논함」(論淸代前期土地關係的變化及庶民地主的發展)에서, 작자는 다음과 같은 점들을 특별히 지적했다. 청대 전기의 지주 신분 지위 변화란 바로 장원(莊園)을 지닌 귀족 지주가 점차 쇠락하고 신사 지주가 과거에 몰락했다가 다시 살아나게 된 것이지만, 명대와 비교하면 극성하던 시대는 이미 지나 있었다. 주의할 점은 바로 서민 지주의 발전이었다. 서민 지주는 두 가지 유형이 있었으니, 첫째는 상업으로 흥기한 서민 지주가 있었고, 둘째는 오로지 지세(地稅)를 받거나 직접 농사를 짓는 농민 지주가 있었다. 그는 또 다음과 같은 점도 특별히 지적했다. 청대 장원 기지(旗地)의 지주는 세습 특권을 지닌 지주였다. 이러한 토지 점유 형식은 청대 초기에 이러한 제도를 만든 이후 오래지 않아 바로 변화가 생겼다. 직예성(直隷省)에 분포된 기지(旗地)를 예로 들면, 토지 면적이 점차 축소되었다. 이는 명대 장원이 점차 확대되어

명 전기에 수백만 무(畝)였다가 후기엔 수천만 무로 확대된 것과는 그 발전 방향이 완전히 달랐다. 李文治, 같은 책, 513~540면 참조.

102 같은 책, 542면. 청대 토지 제도의 변화는 비단 지주제 형성에서 드러날 뿐만 아니라, 농민 소유제의 출현 역시 토지 제도의 변화에 포함된다. 이 때문에 경제적 갈등 구도가, 신사 지주계급과 황권의 긴장에서 지주 소유제와 농민계급의 모순으로 바뀌게 된다. 이 점에 대해서는 史志宏, 『淸代前期的小農經濟』, 北京: 中國社會科學出版社, 1994 참조.

103 미조구치 유조는 명말의 황권에 대한 비판이 어째서 사라졌는가를 분석하면서, 확실히 청대 경제사 연구에 성과를 올렸다. 그는 이렇게 지적한다. "청조가 명조와 다른 점은, 청조가 지주계급의 권익을 인정하고 이로부터 자신의 정권을 확립했다는 것이다. 청나라 정권은 강남에 있던 명나라의 수많은 황장(皇莊)과 왕부(王府)를 해방시켜 민전(民田)으로 만들었다. 그리고 자신들은 북방에 팔기군의 기지로 불리던 둔전을 확보하는 것 외에는, 더 이상 조정의 사유지를 늘리려 하지 않았다. 이 무렵의 상황을 가장 잘 설명해 주는 것은 옹정 연간에 시행된 지정은제(地丁銀制)다. 이것은 사람에게 부과하는 정세(丁稅)를 토지에 부과하는 지세(地稅)에 합쳐서 은(銀)으로 내는 것으로, 사실상 세금 제도를 일원화하면서 정세를 폐지한 것이었다. 정세는 고대부터 부역의 형태로 내려와 성인 남자에게 부과해 온 인두세였다. 이 인두세의 폐지는 명나라 때까지 계속 유지해 온 일군만민(一君萬民)의 원리, 곧 인민 전체가 황제의 통치를 받는다는 원리를 저버린다는 것을 의미한다. 따라서 이것을 토지세로 대체해서 일원화한 다음부터, 지주에게는 몇 명의 소작농을 고용하는가 하는 것은 아무런 문제가 되지 않았고, 다만 토지를 얼마나 소유하고 있는가 하는 것만이 문제가 되었다. 이것은 토지에 대한 지주의 사유권과, 사유지에서 농민에 대한 지주의 통치권을 용인한다는 것을 뜻한다. 다시 말해 청나라 왕조는 향촌에 대한 지주의 통치를 사실상 인정했고, 그것을 바탕으로 황제와 지주가 연합하는 정권을 세운 것이다. 바로 이것이 청 왕조가 송에서 명까지 이르는 왕조와 결정적으로 다른 점이다. 청나라에 들어와 군주를 비판하는 소리가 없어진 것은 명나라 말기에 여론을 형성하는 데 선봉에 섰던 향신 계층과 같은 지주층 출신이었기 때문에 대부분 그들과 같은 목소리를 냈던 관료 계층이 청나라 정권의 정책에 대해 기본적으로 찬동했기 때문이다." 『中國的思想』, 北京: 社會科學出版社, 1995, 103~104면. 【역주】인용문의 첫 줄만 직접 옮기고, 나머지 부분은 한역본(韓譯本)에서 전부 인용했다. 미조구치 유조, 최진석 옮김, 『중국사상명강의』, 소나무, 2004, 194~195면. 번역문 중 '황장'(皇莊)은 '황실에 속한 장전'을 '왕부'(王府)는 '왕부에 속한 장전'을 가리킨다.

104 순치제·강희제 시기에는 비단 한인을 등용하기 시작했을 뿐만 아니라, 이것이 점차 제도화되었다. 순치제 때에 범문정(范文程), 김지준(金之俊), 홍승주(洪承疇)가 모두 내각에 들어갔고, 강희 9년 이후로는 내삼원(內三院: 내국사원內國史院, 내비서원內秘書院, 내홍문원內弘文院 — 역자)을 내각으로 고쳐서 만한(滿漢) 대신(大臣)이 모두 내각에 들어가 대학사(大學士)가 될 수 있었다. 謝國楨, 『明淸之際黨社運動考』, 北京: 中華書局, 1982, 98면 참조.【역주】이 주석은 약간의 부연 설명이 필요하다. 원래 내삼원(內三院)은 순치제 때 이미 내각으로 전환되었다. 각주에서 "범문정, 김지준, 홍승주가 모두 내각에 들어갔다"고 설명한 이유 역시 이 때문이다. 그

러나 강희제 초년에 전권을 행사하던 오보이(Oboi, 鰲拜)가 다시 내각을 내삼원으로 되돌려 버렸다가, 이후 강희 9년이 되어서 다시 내삼원을 내각으로 복원하게 되었다.

105 謝國楨,「淸初順治康熙間之黨爭」, 앞의 책, 1982, 96~118면.

106 분권 사상이 꼭 반군권적(反君權的)인 것은 아니다. 예를 들어, 곽상의 사상에는 일종의 '공동 통치'(共治)의 개념이 포함되어 있었다. 다른 한편으로 중앙집권과 황제의 전제 역시 상호 연계되면서도 같지 않은 정치 개념이었다. 전자는 중앙과 지방 사이 관계이고, 후자는 황제와 신료 사이 관계였다. 그러나 이 두 측면은 곧잘 하나로 뒤엉켜 있었다. 남송의 섭적(葉適)은 이렇게 말했다. "오늘날 저 만 리나 떨어진 들쑥날쑥한 변경은 모두 왕께서 직접 칙명으로 정하신 바입니다. …그래서 만 리나 떨어져 있어도 그곳의 표정이나 움직임까지 왕께서 모두 알고 계십니다. 이는 그 벼리가 됨을 전담하신 것입니다. 그러나 비록 그렇다 하더라도, 제대로 나누어 안배하지 않아 임무를 맡길 수 없게 되면, 천하가 그저 드넓기만 할 뿐입니다. 장기적으로 지속되는 근심과 갑자기 닥친 환난을 모두 왕께서 홀로 담당하시면서 여러 신하는 이에 참여하지 않습니다. 무릇 만 리나 떨어진 곳 모두를 왕께서 칙명으로 정하신 것은 진실로 왕께 이득입니다. 그러나 장기적으로 지속되는 근심과 갑자기 닥친 환난을 모두 왕이 홀로 담당하시다가 생겨나는 폐해는 어찌한단 말입니까!"(今自邊徼犬牙萬里之遠, 皆上所自製命. …故萬里之遠, 嚬呻動息, 上皆知之, 是紀綱之專也. 雖然, 無所分畫則無所寄任, 天下泛泛焉而已. 百年之憂, 一朝之患, 皆上所獨當, 而群臣不與也. 夫萬里之遠, 皆上所制命, 則上誠利矣; 百年之憂, 一朝之患, 皆上所獨當, 而其害如之何) 葉適,『葉適集』,『水心別集』卷10「實謀」,『葉適集』, 北京: 中華書局, 1983, 768면. 중앙집권과 황제의 전제 문제에 관해서는 李治安 主編,『唐宋元明淸中央與地方關係研究』, 天津: 南開大學出版社, 1996, 442면 참조.

107 Anthony Giddens, 胡宗澤·趙力濤 譯,『民族-國家與暴力』(The Nation-State and Violence, vol.II of A Contemporary Criticism of Historical Materialism, Berkeley: UC Press, 1990), 北京: 三聯書店, 1998, 47면.

108 S. N. Eisenstadt, 沈原·張旅平 譯,『帝國的政治體制』(The Political System of Empires, New Brunswick&London: Transaction Publishers, 1993), 南昌: 江西人民出版社, 1992.

109 아이젠슈타트가 자신의 저작의 중국어 번역본에 쓴 서문에서 인용. 같은 책, 9~11면.

110 李治安 主編, 앞의 책, 1996, 368~369면.

111 이 말은『청성조실록』(淸聖祖實錄) 권240「강희 48년 11월 병자(丙子)」에 보인다. 지방 관부의 세금 지출과 수입은 모두가 중앙 조정 호부의 지휘를 받았다. 포정사 이하 지방 관부의 나랏돈을 지출할 때에는 반드시 호부에 보고를 올린 뒤 내려오는 명령을 따라야 했을 뿐, 그 어떤 독자적 행동을 하거나 임의로 지출을 계획할 권한이 없었다. 李三謀,『明淸財政史新探』, 太原: 山西經濟出版社, 1990, 280면, 296면 참조. 또 李治安 主編, 앞의 책, 1996, 376~383면도 참조.

112 李治安 主編, 앞의 책, 1996, 406면.

113 같은 책, 428면.

114 서남 토사 제도 문제에 관해서는 John E. Herman, "Empire in Southwest: Early Qing Reforms to the Native Chieftain System", *Journal of Asian Studies* 56(1997), 47~74면 참조.

115 陳文石, 「淸太宗時代的重要政治措施」, 『中央硏究院歷史語言硏究所集刊』第40本 上冊, 1968年 10月.

116 李宗侗, 「淸代中央政權形態的演變」, 『歷史言語硏究所集刊』第37本 上冊, 1967, 101면 참조.

117 몽골의 기제(旗制) 및 그 내부 규칙 제정은 袁森坡, 『康雍乾經營與開發北疆』, 北京: 中國社會科學出版社, 1991, 260~286면 참조.

118 李宗侗, 「辦理軍機處考略」, 『幼獅學報』第1卷 第2期 참조. 군기처의 기능에 관해서도 다른 시각이 있다. 예를 들어 주앙지파(莊吉發)는 다음과 같이 주장했다. "세종(世宗: 옹정제―역자)이 군수방(軍需房)을 설립한 까닭은 서쪽 변경에서 전쟁을 수행하면서 은밀히 군수 업무를 처리하기 위해서였지, 결코 중앙집권을 관철하고 정왕대신政王大臣의 권한을 없애기 위한 것이 아니었다. 옹정 연간에 군기처 설립과 독재 정치 배경 및 발전은 너무 강조해서는 곤란하다." 莊吉發, 「淸世宗與辦理軍機處的設立」, 『食貨月刊』第6卷, 第12期, 1977. 3, 23면.

119 晏子有: 「淸朝宗室封爵制度初探」, 『河北學刊』1991年 第5期, 67~74면; 賴惠敏, 「淸代皇族的封爵與任官硏究」, 『第二屆明淸之際中國文化的轉變與延續學術硏討會論文集』, 臺北: 國立中央大學共同學科 主編, 文史哲出版社, 1993, 427~460면 참조.

120 몽골의 지역적 요소는 막북(漠北), 막남(漠南)으로 나뉜다. 전한 시기 흉노의 좌우현왕(左右賢王), 후한 시기 흉노의 남북선우(南北單于), 그리고 동호(東胡)/서호(西胡), 동서돌궐(東西突厥)에 이르기까지, 대체로 한해(瀚海: 지금의 바이칼 호수―역자)를 기준으로 했다. 청대엔 외몽골, 내몽골, 울렛(Ület) 몽골로 나누었다. 차하르 몽골의 링단 칸과 중가르의 난을 평정하고 고비사막의 남북을 모두 영토에 포함시키게 되었다. 그래서 만주팔기 제도를 본떠 내몽골·외몽골을 179개 기(旗)로 나누었다. 몽고팔기 제도의 기는 몽골 군사와 형정(刑政)이 합일된 정권 조직이었다. 학자들의 연구에 따르면, 청의 통치자는 몽골의 여러 부족을 정복하는 과정 중에 몽골의 여러 부족으로 하여금 청 정권의 법률 제도를 받아들이도록 했다. 청 조정은 유목 경계를 나누고 호구를 조사하고 관원을 임명하고, 더 나아가 만주팔기 제도를 몽골 사회에 시행하면서 이것이 몽고팔기 제도로 바뀌었다. 趙雲田, 『淸代蒙古政敎制度』, 北京: 中華書局, 1989, 74면; 李治安 主編, 앞의 책, 1996, 421~422면 참조.

121 陶道南, 『邊疆境政治制度史』, 臺北: 中華叢書審委員會, 1996, 7~40면.

122 청조의 몽골 지역 행정 체제 및 그 형성에 대해서는 Nicola di Cosmo, "Qing Colonial Administration in Inner Asia", *The International History Review* 20, no. 2(June 1998), 287~309면.

123 청조 황제와 달라이 라마는 그 관계가 지극히 복잡하고 애매해서, 상호 존중을 표할 때에는 자신을 상대방의 우위에 두었다. James P. Hevia, *Cherishing Men from Afar: Qing Guest Ritual and the Macartney Embassy of 1793*, chapter 2(Durham, NC: Duke University Press, 1995).

124 카삭은 귀족 3명과 라마 1명으로 이루어졌다. 청의 통치자는 원대 토번吐蕃의 정교
합일 전통을 연용해 달라이 라마와 판첸 얼터니(Panchen AerTeni: 판첸 라마 — 역
자)를 최고의 종교 지도자로 삼아 행정권을 집행하도록 규정했다. 건륭 58년(1793)
청 정부는 『흠정서장장정』(欽定西藏章程)을 반포하여, 카삭 체제의 기초 위에서 한
걸음 더 나아가 주장대신이 서장 안의 일을 감독·처리하는 데서 달라이 라마 및 판
첸 얼터니와 동등한 지위를 갖추도록 규정했다. 이러한 조치는 확실히 서장에 대
한 중앙 권력의 통치 관리를 강화하는 것이었다(張羽新, 「淸前期的邊疆政策」, 『中
國古代邊疆政策研究』, 北京: 中國社會科學出版社, 1990; 李治安 主編, 앞의 책,
1996, 423~24면; 陶道南, 앞의 책, 1996, 98~136면 참조). 청조가 정식으로 주장
대신판사아문(駐藏大臣辦事衙門)을 설치한 것은 옹정 6년(1728)이었다. 그러나 일
찍이 강희 53년(1714) 서장 내부에서 이른바 진짜 가짜 달라이 라마 분쟁이 일어
났을 때 청해(淸海)의 여러 타이지(Tayiji, 臺吉)들과 라장 칸(Lha-bzang Khan, 拉
藏汗) 사이엔 무력 충돌이 발생할 지경까지 갔다. 이에 강희제는 호부시랑(戶部侍
郞) 혁수(赫壽)에게 서장에 가서 라장 칸이 서장의 일을 관리하는 것을 돕게 했다.
이는 청조가 주장대신을 설치하게 되는 전조였다. 『淸聖祖實錄』 卷236, 강희48年
正月 乙亥, 袁森坡, 『康雍乾經營與開發北疆』, 北京: 中國社會科學出版社, 1991,
131면 참조. 또 이에 대한 서방 학자의 저작으로는, Luciano Petech, *China and
Tibet in the Early XVIIIth Century*, Leiden: E. J. Brill 참조. 【역주】타이지는 원래
몽골과 오이라트의 귀족들을 가리키는 호칭이었으나, 청나라 때는 자신들이 복속시
킨 몽골과 오이라트의 지역을 기(旗) 단위로 재편하면서 각 기의 우두머리를 타이
지라고 칭했다. 당시 티베트 역시 몽골과 오이라트의 지배 영역에 속했다. 라장 칸
(1698~1717)은 몽골 코슈트(Khoshuud, 和碩特) 칸국(汗國)의 마지막 칸으로, 당
시 제5대 달라이 라마가 죽었을 때 티베트의 섭정이던 상계 갸쵸(angs-rgyas rGya-
mtsho)가 정권을 농단하자, 군사를 동원해 라싸로 가서 상계 갸쵸를 죽이고, 상계
갸쵸가 내세운 제6대 달라이 라마를 폐위시켰다. 라장 칸은 줄곧 청조와 긴밀한 관
계에 있었기에, 라장 칸이 새로 옹립한 제6대 달라이 라마는 청나라 강희제의 인정
을 받았다. 그러나 1717년 청나라와 견원지간인 중가르 칸국의 침입으로 라장 칸은
죽고 코슈트 칸국은 멸망했다. 이후 1720년 청나라는 동조 세력들을 규합해 중가르
부족을 티베트에서 축출했다.

125 袁森坡, 『康雍乾經營與開發北疆』, 北京: 中國社會科學出版社, 1991, 207~208면.

126 Nicola di Cosmo, 앞의 글, 1998. 6, 298면; Waley-Coben, *Exile in Mid-Qing
China: Banishment to XinJiang, 1758~1820*, New Haven, CT: Yale University
Press, 1991, 24~32면; Dorothy V. Borei, "Economic Implications of Empire
Building: The Case of XinJiang", *Central and Inner Asian Studies*, no. 5, 1991,
22~37면을 참조.

127 佘貽澤, 『中國土司制度』(中國邊疆學會叢書 第1輯), 上海: 正中書局, 1947 참조.

128 라우라 호스테틀러(Laura Hostetler)는 귀주의 공문서들을 통해, 18세기 귀주 지역
의 종족사(宗族史, ethnography)와 지도학(地圖學, cartography) 연구를 시도
했다. 그가 보기에, 이런 문헌들의 묘족(苗族) 지역에 대한 묘사는, 한족이 아닌 소
수민족 지역에 대한 중앙정부의 행정적 통제의 확대를 보여 주기에, 이를 '청나라의

식민주의'라고 칭했다(Laura Hostetler, "Qing Connections to the EarlyModern World: Ethnography and Cartography in Eighteenth-Century China," *Modern Asian Studies* 34, no. 3, 2000, 623~662면 참조). 청대에는 삼번의 난 이후 서남에 대한 행정적 통제를 강화했는데, 개토귀류가 바로 이에 대한 명확한 예증이다. 유관(流官)이 배치되고 이민이 증가함에 따라, 서남 지역과 내지 사이 제도상의 차이는 확실히 줄어들었다. 그러나 여기서 반드시 짚고 넘어가야 할 점이 두 가지 있다. 우선 작자는 청대 서북 지역 연구들을 추적해 들어가면서, '식민주의' 개념을 서남 지역에 사용했지만, 두 기본적 사실, 즉 첫째로 만주족의 명나라 정복 과정에서 보자면 서남 지역 문제는 내지 문제와 따로 떨어져 논의될 수 없다는 점, 둘째로 서남 지역은 명나라 영토에 속해 있었는데 청나라가 명나라의 제도를 계승했기에 서남 지역 정책과 서북 지역 정책에는 분명한 차이가 있었다는 점, 이렇게 두 가지를 너무 홀시했다. 이 밖에도 서남 지역에서 묘족에 대한 청조의 통제는 다른 민족에 대한 통제를 넘어서 버렸지만, 대량산(大凉山)의 이족(彝族) 지역 및 사천(四川)의 장족(藏族) 지역은 여전히 자치의 특성을 유지해서 지방 특유의 풍속이 존중받고 보존될 수 있었다.

129 顧炎武, 『日知錄』 卷29, 『日知錄集釋(外七種)』 中, 上海: 上海古籍出版社, 1985, 2175~2201면.

130 章太炎, 「學隱」, 『檢論』 卷4, 『章太炎全集』 3, 上海: 上海人民出版社, 1984, 481면.

131 章學誠, 「上辛楣宮詹書」, 『外集』 卷2, 『章學誠遺書』 卷29, 北京: 文物出版社, 1985, 332면.

제4장 경經과 사史 (2)

1 예를 들어, 후스는 대진이 "경(敬)을 논하는 데 상세하고 학문을 논하는 데 소략했음"(詳於論敬而略於論學)으로 정주를 비판한 것에 대해 이렇게 평했다. "이 아홉 글자의 송사(訟事)는 줄곧 제기하는 사람이 없었다. 또한 청조 학문이 극성하던 시대여야만이 이처럼 대담한 송사가 생겨날 수 있었다. 육왕이 정주를 가리켜 학문을 논함이 너무 많다고 했는데 대진은 도리어 그들을 가리켜 학문을 논함이 너무 소략하다고 했다!" "이야말로 궁리치지(窮理致知)의 학설로써 도리어 정주를 공격한 것이기에 …500~600년간이나 존숭되던 옛 주장을 혁파하고 자신의 신이학(新理學)을 수립할 수 있었다. 대진의 철학은 역사적으로 볼 때, 송명 이학의 근본적 혁명이라 할 수 있고, 또한 신이학의 건설─철학의 중흥─이라고도 할 수 있다." 후스의 눈에, 대진은 과학적 방법 성질을 지닌 고증학으로써 형이상학적 이학을 반대하고, 혁명적 성격의 신이학을 창출한 것이었다. 胡適, 『戴東原的哲學』, 上海: 商務印書館, 1927, 80~82면 참조.

2 옹방강(翁方綱)의 『복초재문집』(復初齋文集) 권7 「이설-박대진작」(理說-駁戴震作)에서는 이렇게 말하고 있다. "요즘 휴녕 땅의 대진은 일생토록 명물상수(名物象數)의 학문에 힘을 다했는데 박학하고도 부지런했다. 그러나 이 역시 고증학의 일단일 뿐이다. 뜻밖에도 대진은 고증학을 자신의 소임으로 달가워하지 않고 성(性)

과 도(道)를 얘기하며 정주학(程朱學)과 다른 주장을 세우려 했다."(近日休寧戴震一生畢力於名物象數之學, 博且勤矣, 實亦攷訂之一端耳. 乃其人不甘以考訂爲事, 而欲談性道以立異於程朱) 요내(姚鼐)는『석포헌척독』(惜抱軒尺牘) 권6(北京: 中國書店影印版, 1986)에서 다음과 같이 언급했다. "대진이 고증에 대해 언급한 바가 어찌 훌륭하지 않으랴! 그러나 의리에 대해 언급하면서 정주의 지위를 빼앗으려 한 것은 어리석고 망령되니, 주제 파악을 못 한 것이라 하겠다."(戴東原言考證豈不佳, 而欲言義理, 以奪洛閩之席, 可謂愚妄不自量矣)

3   朱熹,『語孟集義序』,『朱熹集』, 成都: 四川教育出版社, 1996, 3945면.

4   章學誠,「朱陸」,『文史通義』內篇 2,『章學誠遺書』卷2, 北京: 文物出版社, 1985, 15~16면. 장순후이(張舜徽)는 장학성의 주장을 확대하여 청조의 학술은 모두 송대 현인들에게서 그 단초가 열렸다고 여겼다. 즉 소학·경학·사학의 고정(考訂) 중에 양송(兩宋)에서 연원하지 않은 게 없다는 것이다. 張舜徽,『史學三書平議』, 北京: 中華書局, 1983, 190~191면 참조.

5   章學誠,「浙東學術」,『文史通義』內篇 2, 앞의 책, 1985, 14~15면.

6   육세의(陸世儀)의『사변록집요』(思辨錄輯要) 총서집성본(叢書集成本) 관제·군사·사법·봉건·정전·학교 등에 관련된 부분이 있다. 呂留良,『天蓋樓四書語錄』(周在延 編, 康熙 23年 刊行),『十二科程墨觀略』(天蓋樓偶評, 康熙刊本) 등이 있다. 陸寶千,「康熙時代之朱學」,『淸代思想史』第3章, 臺北: 廣文書局有限公司, 1983, 147~158면 참조.

7   張烈,『王學質疑』, 同治 5年 福州正誼書局 刊行 참조.

8   「書類 2」,「經部」,『四庫全書總目』卷12, 上冊, 北京: 中華書局, 1965, 101면.

9   같은 책, 114면.

10   청대에 논의된『상서』에 대한 진위 문제는 劉起釪,『尙書學史』, 北京: 中華書局, 1989, 334~421면 참조.

11   陸寶千, 앞의 책, 1983, 182~183면.【역주】『일지록』권2의 "무왕이 주왕을 정벌하다"(武王伐紂)라는 조항을 보면, 고염무는 주나라가 비록 상나라를 멸망시켰지만 그 후손들이 옛 땅에서 제사를 이어갈 수 있도록 했음을 주목하고, 그래서 송나라 사람들이 상나라로부터의 연속성을 보전하고 있어서 곧잘 송을 상이라고 부른 것이라 주장했다.『잠구차기』(潛邱箚記) 권5를 보면 염약거는 이에 대해, 고염무의 풀이는 착오이며 송나라를 상나라로 부르는 경우가 사적에 보이는 이유는 단순히 피휘(避諱)를 위해서거나 앞뒤 문장의 글자와 압운을 위해 바꾸었을 뿐이라고 주장했다. 인용문 마지막에 "말 속에 감춰진 본래 함의"에 어두웠다며 염약거가 틀렸다는 지적은 루바오첸의 말이다.

12   章學誠,「與史餘村」,『章學誠遺書』「佚篇」, 北京: 文物出版社, 1985, 644면.【역주】인용문에 있는 몇 개의 오탈자를『章學誠遺書』에 근거해 수정했다.

13   방동수(方東樹)는 건가(乾嘉) 연간의 한학(漢學)이 너무 세세한 부분에 집착하다 보니 "몸과 마음, 성명, 국가의 대계, 민생, 학술의 대체(大體)"(身心性命·國計民生·學術之大)와는 무관해져 버렸음을 질책했다. 특히 다음의 지적은 정곡을 찌른 것으로 보인다. "한학을 하는 사람들은 의리가 훈고, 전장, 제도 안에 보존되어 있다고 강변한다. …사물에는 본말이 있는 것인데 근본에 속하는 의리가 어찌 이처럼 자

잘한 것들 속에 넉넉히 담기겠는가? 순자의 '후대 왕을 본받는다'는 말에 근거해 미루어 보면, 면복(冕服)·거제(車制)·녹전(祿田)·부역 등은 비록 옛 성인의 제도이긴 하지만, 또한 이제는 소꿉장난에서나 쓰는 쓸모없는 모래 밥과 나무 돈일 뿐이다. 하·상·주 삼대에 걸쳐 달력을 세웠던 것이나, 예전에는 참되고 질박함을 숭상했던 것이나, 과거의 정전제나 예악 제도 등 확연히 드러나는 단서들을 살펴보면, 삼대의 성인들께서도 이미 계승하지 않은 것인데, 또 어찌하여 후세를 논하는 데서 옛 제도를 거슬러 올라가야 한단 말인가!"(漢學諸人, 堅稱義理存乎訓詁·典章·制度. …物有本末, 是何足以臧也? 以荀子'法後王'之語推之, 則冕服·車制·祿田·賦役等, 雖古聖之制, 亦塵飯木㪻耳! 何者, 三統之建, 忠質之尙, 井田·禮樂諸大端, 三代聖人, 已不沿襲, 又何論後世, 而欲追古制乎) 方東樹,『漢學商兌』卷下, 錢鍾書 主編, 朱維錚 執行主編,『漢學師承記(外二種)』, 北京: 三聯書店, 1998, 405면.

14 　錢穆,『中國近三百年學術史』, 上冊, 北京: 中華書局, 1986, 308, 317면. 첸무의 이 말은 사실 대진이「여방희원서」(與方希原書)에서 "성인의 도는 육경에 있습니다. 한대 유학자는 그 옛 제도에 대한 고증을 얻었으나 의리를 잃었고, 송대 유학자는 의리를 얻었으나 옛 제도에 대한 고증을 잃고 말았습니다"(聖人之道在六經. 漢儒得其制數, 失其義理; 宋儒得其義理, 失其制)라고 한 것에서 연원한다. 戴震,『戴震全集』5, 北京: 淸華大學出版社, 2590면 참조.

15 　戴震,「與是仲明論學書」, 같은 책, 2587~2588면.【역주】『대진전집』(戴震全集)에 근거하여 편명을 바로잡았다.

16 　錢大昕,「戴先生震傳」, 戴震,『戴震全集』6, 北京: 淸華大學出版社, 1999, 3426면.

17 　顧炎武,『『儀禮鄭注句讀』序』,『亭林文集』卷2,『顧亭林詩文集』, 北京: 中華書局, 32~33면.

18 　段玉裁,『『戴東原集』序』, 戴震, 앞의 책, 1999, 3458~3459면.

19 　대진(戴震)은「여방희원서」(與方希原書, 1755)에 이르길 "작금에 학문을 하는 길에는 크게 세 갈래가 있습니다. 혹자는 의리 연구에 종사하고, 혹자는 제도 예의 연구에 종사하고, 혹자는 문장에 종사합니다. 그중 문장에 종사하는 자가 가장 말단입니다. …족하께서는 도를 좋아하시고 고문에 힘쓰시니 필시 그 근본을 구하게 될 것입니다. 그 근본을 구하면 또 이른바 '큰 근본'이 있습니다. 큰 근본을 얻은 다음에야 이르길 '이것은 도이지 기예가 아니다'라고 하십시오"(古今學問之途, 其大致有三: 或事於理義, 或事於制數, 或事於文章. 事於文章者, 等而末者也. …足下好道而肆力古文, 必將求其本. 求其本, 更有所謂大本. 大本旣得矣, 然後曰: '是道也, 非藝也')라고 했다. 이는 의리지학의 우선적 지위를 암시하는 것이다. 戴震, 앞의 책, 1997, 2589~2590면.【역주】번역에서 '理義'를 '義理'로 옮겼다(구분을 위해 괄호 안 원문의 한자는 '理義'를 그대로 두었다). 원래 '理義'란 표현은 대진이 자신의 의리를 기존의 이학에서 말해지는 의리와 구분하기 위해 사용한 것이다. 이하 '理義'는 모두 '의리'로 옮긴다. '理義'는 원래『맹자』「고자장구 상」(告子章句上)에 처음 보인 표현으로, 대진은 이를 사용해『맹자자의소증』에서 리와 의에 각기 세심한 설정을 하고 있다. 이는 뒤에서 본격적으로 다뤄질 것이다.

20 　錢穆, 앞의 책, 1986, 320면.

21 　洪榜,「戴震先生狀」, 戴震, 앞의 책, 1999, 3383면.

22   錢穆, 앞의 책, 1986, 324, 320~321면.

23   惠棟,「自序」,『易漢學』, 1a면, 百部叢書集成 經訓堂叢書 影印本. 이「자서」는 문연
      각 사고전서본『역한학』「원서」(原序)와는 내용이 약간 다르다.「원서」에서는 이렇게
      썼다. "유독『시경』·『예기』이렇게 두 경서는"(獨『詩』·『禮』二經猶存)이라고 하면서
      『춘추공양전』은 언급치 않았다.『역한학』「원서」의 원문은 "육경은 공자에 의해 편
      정되었고, 진대에 훼손되었다가, 한대로 전해졌다. 한학이 쇠망한 지 오래되었으나,
      유독『시경』·『예기』이렇게 두 경서는 아직 각기 모형의 주와 정현의 주가 남아 있
      다.『춘추』는 두예에 의하여 어지러워졌고,『상서』는 위조된 공안국의『고문상서』로
      인해 어지러워졌고,『역경』은 왕필에 의하여 어지러워졌다. …한학은 비록 쇠망했
      지만 그렇다고 완전히 망실된 것은 아니었다. 단지 왕필이 상에 기탁하여『역경』을
      말한 것은 황로지술에 근본한 것이었기에, 그 속에 한대 경사의 뜻을 더는 보존하질
      못하였던 것이다."(六經定於孔子, 毀於秦, 傳於漢. 漢學之亡久矣, 獨『詩』·『禮』二
      經猶存毛·鄭兩家.『春秋』爲杜氏所亂,『尙書』爲僞孔氏所亂,『易經』爲王氏所亂. …
      漢學雖亡, 而未盡亡也. 惟王輔嗣以假象說『易』, 根本黃老, 而漢經師之義, 蕩然無
      復有存者矣) 文淵閣 四庫全書本, 1a면.【역주】 본문이나 인용문의 구두에 오류가
      있어 수정했다.

24   惠棟,『易例上』, 楊向奎,『淸儒學案新編』3, 濟南: 齊魯書社, 1994, 120면.【역주】
      인용문에는 원래 "物有先天而生者矣"라고 되어 있으나 이는 "物有先天地而生者
      矣"의 잘못이다.

25   惠棟,「易微言上·无」,『周易述』, 같은 책, 161면.

26   惠棟,「易微言下·理」, 같은 책, 121면.

27   皮錫瑞,『經學歷史』, 北京: 中華書局, 1989, 313면.

28   강번의『한학사승기』는 한/송을 엄격하게 구분하고 있지만 그의『송학연원기』(宋學
      淵源記)는 도리어 피석서의『경학역사』처럼 혜동의『홍두산재영첩』을 인용해 청학
      내부의 한/송 갈등을 설명하고 있다. 강번은 "근자에 한학이 번창하여 천하에 두루
      퍼지게 되자, 수박 겉핥기로만 아는 자들 중 송학을 통박하지 않는 자가 없다. 그러
      나 우리 청조에서 한학을 하는 자들은 원화 땅 혜동으로부터 비롯된 것이다. 혜동의
      「홍두산방반농인수서영첩」(紅豆山房半農人手書楹帖)에 이르길 '육경은 복건(服
      虔)과 정현을 존숭하고, 모든 행동은 정자와 주자를 본받는다'고 했다. 이를 보면 정
      자와 주자를 그르다고 여긴 것이 아니라 본받을 대상으로 여겼건만, 요즘 한학을 한
      다는 자들이 자신들의 사승된 바를 배척하니 어찌된 일인가? 나 강번은 이 때문에
      『송학연원기』를 지었으니, 실로 한유가「사설」(師說)을 지은 것과 같은 경우다"(近
      今漢學昌明, 遍於寰宇, 有一知半解者, 無不痛詆宋學. 然本朝爲漢學者, 始於元
      和惠氏「紅豆山房半農人手書楹帖」云: '六經尊服鄭, 百行法程朱.' 不以爲非且以
      爲法, 爲漢學者背其師承, 何哉? 藩爲是記, 實本「師說」)라고 했다. 피석서의 인용
      문과는 글귀의 내용이 약간 같지 않으니, 하나는 "육경은 공자와 맹자를 종주로 한
      다"(六經宗孔孟)이고, 하나는 "육경은 복건과 정현을 존숭한다"(六經尊服鄭)이다.
      이는, 사소한 내용의 차이와는 상관없이, 강번과 피석서가 중시하는 바를 잘 보여
      주고 있다. 江藩,『國朝宋學淵源記』,『漢學師承記』, 錢鍾書 主編, 朱維錚 執行主
      編, 徐洪興 編校, 江藩·方東樹,『漢學師承記(外二種)』, 北京: 三聯書店, 1998, 187

면.

29 楊向奎, 『繹史齋學術文集』, 上海: 上海人民出版社, 1983, 514~515면.

30 강번의 『한학사승기』에서 말하길, 혜동은 "50세 이후 경술에 전심전력을 다하였고, 특히나 『역경』에 정심하였으며"(年五十後, 專心經術, 尤邃於『易』) "『주역술』에서는 오로지 우번(虞翻)의 학설을 종지로 받들면서도 순상(荀爽)이나 정현 등의 주장을 참조하여 그 요지를 추려서 주(注)를 삼고 그 학설을 부연하여 소(疏)로 삼았으니, 한학이 끊어진 지 1,500여 년이나 되었다가, 이에 이르러서야 다시금 찬란하게 드러났다"(『周易述』一編, 專宗虞仲翔, 參以荀·鄭諸家之義, 約其旨爲注, 演其說爲疏, 漢學之絶者, 千有五百年, 至是而粲然復章矣)라고 했다. 江藩, 『漢學師承記』, 錢鍾書 主編, 朱維錚 執行主編, 徐洪興 編校, 江藩·方東樹, 앞의 책, 1998, 120면.

31 楊向奎, 앞의 책, 1994, 120면.

32 같은 책, 7~121면.

33 『주역술』 『역미언 하』의 '성명' 조에 이르길 "『문언전』(文言傳)에서 가로되 '하늘의 도는 변화하고 만물은 각기 자신의 성명을 바로잡아 궁극의 조화로움을 보전하면서 하나가 되는데, 올곧아야만 이로울 것'이라고 하였다. 『설괘전』(說卦傳)에서 말하길 '이치를 궁구하고 본성을 다함으로써 명(命)에 도달한다'고 하였는데, 우번은 이 구절에 대하여 '건(乾)은 성이 된다'고 주를 달았다. 『시경』의 『증민』 편에 말하길 '하늘이 백성을 낳으시니 만물 만사가 갖추어지면서 온갖 법칙들도 갖추어지게 되었네. 이에 백성들이 법칙에 맞게 늘 그러함을 유지하니 그 큰 덕을 좋아하도다'라고 했는데, 정현은 이 구절에 대하여 '하늘이 많은 백성을 낳으셨는데, 만물의 타고난 성품에는 물상이 갖추어져 있었으니, 이른바 오행과 인의예지신이다. 만물의 타고난 정감에는 본받게 되는 바가 있었으니, 이른바 희로애락과 호오였다. 그리하여 백성이 변치 않는 진정한 도를 지니고 있었기에, 백성 중에 아름다운 덕을 지닌 사람을 싫어하는 이는 없었다'고 전주를 달았다. 『대대례기』 『본명』 편에 이르길, '도에서 나누어진 것을 명(命)이라 하며, 하나로 형태 지어진 것을 성(性)이라 한다. …음양 속에서 변화하다가 형체를 갖추어 드러나게 되는 것을 생(生)이라 한다'고 하였다."(『文言』曰: 乾道變化, 各正性命, 保合太和乃利貞. 『說卦』曰: 窮理盡性, 以至於命. 虞注云: 乾爲性. 『詩·烝民』曰: 天生烝民, 有物有則, 民之秉彝, 好是懿德. 鄭箋曰: 天之生衆民, 其性有物象, 謂五行仁義禮智信也. 其情有所法, 謂喜怒哀樂好惡也. 然而民所執持有常道, 莫不好有美德之人. 『大戴·本命』曰: 分於道謂之命, 形於一謂之性… 化於陰陽, 象形而發, 謂之生) 楊向奎, 앞의 책, 1994, 176면.

34 같은 책, 118면. 그는 또 혜동의 '천인지학'이 『역경』·『춘추』·『중용』과 결합해, 앞선 성인과 후대의 성인이 천지간의 화육하는 일을 돕는다는 점을 천명했음을 지적했다. 혜동은 『춘추공양전』의 삼세론(三世論)을 『역경』 『상전』(象傳)의 "운뢰란 두려움〔屯〕이며 군자는 이로써 경륜한다"(雲雷, 屯, 君子以經綸)에 대한 우번의 주해와 섞어 이해해, "큰 법도를 경륜하여 중화(中和)의 근본을 세우고 천지간의 화육을 돕는 것"(經綸大經, 以立中和之本而贊化育)이 주 문왕이 『역경』의 8괘를 64괘로 늘리면서 '기제괘'(旣濟卦)를 얻어 태평천하를 이루어 낸 것을 가리킨다고 여겼다. 또 『중용』에서 공자가 "요임금과 순임금의 자취를 따르면서 문왕과 무왕의 업적을 법도로 삼으셨다"(祖述堯舜, 憲章文武)라고 한 것은 자사가 공자의 도가 위로는 요임금과

순임금, 문왕과 무왕을 계승하면서 『시경』을 산정하고 『상서』를 전술(傳述)하고 『예기』를 확정짓고 『악경』을 정리하고 『춘추』를 지은 것 역시 「기제괘」의 공능에 밝아 그 문명으로 태평함을 이룬 것임을 알았던 것이라고 여겼다. 이와 같은 설명은 음양 재이설의 변형된 표현으로 '천인지학'의 새로운 이론이었다. 같은 책, 119면. 『周易述』「易微言上·元」참조(같은 책, 157~161면에 보인다).

35 이렇게 하나의 괘에 하나의 자연 현상과 사회 현상을 배합하는 방식은 전형적인 금문학파의 방식으로, 바로 『역경』에서의 '배합' 문제였다. 예를 들어 『경씨역전』(京氏易傳) 권2의 「건괘」에 이르길 "건괘는 순수한 양으로 일을 보기에, 그 상이 하늘과 배합된다. 이는 금(金)에 속하며, 곤(坤)과 짝하여 비복(飛伏)을 이루니, 세상에 거하게 된다. …이를 인사와 배합시켜 보면 머리에 해당하고 임금과 아비에 해당한다. 이를 사물의 부류에 배합시켜 보면, 말(馬)에 해당하고 용(龍)에 해당한다"(乾, 純陽用事, 象配天, 屬金, 與坤爲飛伏. 居世. …配於人事爲首·爲君父. 於類爲馬·爲龍)라고 했다. 楊向奎, 앞의 책, 1994, 117면. 【역주】여기서 '용사'(用事)는 원래 상수역학에서 어떤 대상이 그 성격이나 효용이 드러나는 것을 가리킨다. 일단 '일을 본다'고 의역해 두었다. '비복'은 경방(京房)의 상수역학에서 사용하는 전문 용어로 비(飛)는 괘가 드러나는 것을, 복(伏)은 괘가 드러나지 않는 것을 말하는데, 늘 두 괘가 음양처럼 짝을 이룬다.

36 어째서 역학에서 고문경학파가 금문경학파와 이처럼 유사할 수 있을까? 이는 여러 경서 중 『역경』에는 금고문학파 구별에 특이한 바가 있었기 때문이다. "우선은 『역경』은 진대(秦代)에 분서를 당하지 않아서, 기록된 문자와 전해진 스승의 학설이 모두 보존되고 계승되었기에, 『역경』에 대한 훈고와 장구에서 금고문 사이에 현격한 차이가 없었다. 둘째로 『역경』은 점복서이기에 대부분 음양 재이에 관한 내용이었는데, 이는 서한(西漢)의 금문 경사(經師)들의 장기였다. 이로부터 『역경』의 학파들을 따져 보자면 각 학파가 모두 금문에 속했다." 같은 책, 116면.

37 錢穆, 앞의 책, 1986, 327면.

38 章太炎, 「康成子雍爲宋明心學導師說」, 『太炎文錄續篇』, 『章太炎全集』5, 上海: 上海人民出版社, 63면.

39 대진은 "『역경』에서 말하길 '법상(法象) 중 천지보다 큰 것이 없다'라고 했고 또 '하늘의 상을 이룬 것을 건이라 하고, 땅의 법식을 본받은 것을 곤이라 한다'고 했으며, '우러러 하늘에서 상을 살피고 아래로 땅에서 법식을 본다'라고 했다. 무릇 도에는 멀고 가까움이 없으니 능히 인륜을 다함으로써 자기 자신에게 돌이켜 구하면 다하지 못할 바가 없다. …하늘은 상을 이룬 바이고 땅은 형체를 이룬 바이니, 성인이 그 준거를 세운 바는 매한가지이니, 그것은 바로 도의 지극함이다"(『易』曰: 法象莫大乎天地.又曰: 成象之謂乾, 效法之謂坤. 又曰: 仰則觀象於天, 俯則觀法於地. 夫道無遠邇, 能以盡於人倫者反身求之, 則靡不盡也. …天所以成象, 地所以成形, 聖人所以立極, 一也, 道之至也)라고 했다. 戴震, 「法象論」, 『戴震全集』1, 北京: 淸華大學出版社, 1991, 1~2면.

40 雷夢辰, 『淸代各省禁書匯考』, 北京: 北京圖書館出版社, 1989, 4면.

41 中國社會科學院歷史硏究所淸史硏究室 編, 『淸史資料』(第4輯), 『大義覺迷錄』卷2, 北京: 中華書局, 1983, 48면.

42 청대 주자학과 붕당 사건의 관계는 루바오첸의 『청대사상사』를 참조. 이 책은 청대 주자학의 부침과 붕당 사건의 관계에 대해 아주 압축적이면서도 정확하게 설명하고 있다. 여기서의 내 설명도 루바오첸 책의 논의에서 착안한 것이다.

43 『清高宗純皇帝實錄』卷56, 22면.

44 같은 책 卷1150, 415면.

45 呂留良, 「滕文公下」, 『孟子六』, 『呂晚村先生四書講義』卷35, 9a면.

46 呂留良, 「憲問」, 『論語十四』, 같은 책 卷17, 9a면.

47 呂留良, 「中庸六」, 같은 책 卷29, 10a면.

48 呂留良, 「滕文公上」, 『孟子五』, 같은 책 卷34, 10a면.

49 陸寶千, 앞의 책, 1983, 158면. 루바오첸의 이 책에서는 여유량 사건과 청대 주자학의 변화에 주목하고 있는데, 건가 연간 학자들이 송학에 제기한 비평을 이해하는 데 단서를 제공해 준다. 대진의 사상에 대한 나의 해석 역시 이러한 이해를 배경으로 제시된 것이다.

50 청조 황제들의 불교 배척과 몽골이 황교의 영향 아래 국운이 쇠락한 일에 대한 청조 황제들의 분석은 관련이 있다. 홍타이지는 이렇게 말했다. "몽골의 여러 귀족들이 스스로 몽골어를 버리고 이름을 모두 라마교의 것을 따르니 결국 국운이 쇠락해지고 말았다."(蒙古諸貝子自棄蒙古之語, 名號俱學喇嘛, 卒致國運衰微)『清太宗實錄』卷18, 天聰 8년 4月 辛酉. 강희제는 어려서부터 유학을 익혔는데, 1673년에 웅사리 등에게 다음과 같이 말했다. "짐이 열 살 때 한 라마승이 조정에 와서 서역의 불법을 주장했소. 짐이 대면하여 그의 오류를 통박했더니 그는 결국 말문이 막히고 말았소. 아마도 짐이 어려서부터 그런 종류의 얘기를 싫어한 때문일 것이오."(朕十歲時, 一喇嘛來朝, 提起西方佛法, 朕卽面關其謬, 彼竟語塞. 蓋朕生來便厭聞此種也)『康熙起居注』, 12년 8月 26日.

51 19세기에 이르러 위원은 금문가의 신분으로 대진을 포함한 한학가들의 고증 작업을 비판했으며, 동시에 그들이 사고관에서 송학에 비판적이었던 태도를 취한 것에 대해서도 비난했다. 위원은 변법개제(變法改制)라는 시대적 요구 아래에서 이러한 판단을 내놓게 된 것이지만, 오히려 금문학의 경로를 통해 고염무의 종지에 접근해 가고 있었다. 위원 역시 송학에 대해 많이 비판했지만 사고관신(四庫館臣)들이 송학을 배척한 태도에 대해서는 매우 불만스러워했다. 「서 『송명신언행록』 후」(書『宋名臣言行錄』後)에서는 기윤(紀昀)에 대해 이렇게 비판한다. "건륭 연간에 『사고전서』를 수찬했는데, 문달공(文達公: 즉 기윤 - 역자)께서는 시독학사(侍讀學士) 직위에 계시면서 이 작업의 총편집을 맡고 계셨다. 문달공은 본래 송대 유학자를 좋아하지 않았기에, 그분의 『사고전서총목』(四庫全書總目)에는 이러한 성향을 천명한 부분이 많이 있는데, 그중에서도 『송명신언행록』(宋名臣言行錄) 조항보다 심한 곳은 없다. …『송명신언행록』에 대해 거리낌 없이 비난하고 또 비난하였다. 그 입장이 너무도 확연해서 죽어서도 변치 않고 영원토록 변함없을 것 같았다. 비록 그렇긴 하지만 나는 문달공의 견해가 뭘 근거로 하고 있는지 아직도 모르겠다."(乾隆中修『四庫書』, 紀文達公以侍讀學士總纂. 文達故不喜宋儒, 其『總目』多所發揮, 然未有如『宋名臣言行錄』之甚者也. …昌言抨闢, 汔再汔四, 昭昭國門可懸, 南山不易矣! 雖然, 吾未知文達所見何本也) 魏源, 「書『宋名臣言行錄』後」, 『魏源集』上冊, 北京: 中華

書局, 1976, 217면. 이런 예증은 단지 반(反)이학이라는 맥락에서만 대진 사상의 의의를 논하는 것이 사실은 요점을 찌르지 못하고 있음을 충분히 설명해 준다.

52 錢穆, 『中國近三百年學術史』 上冊, 北京: 中華書局, 1986, 320~322면.

53 戴震, 「題惠定宇先生授經圖」, 『戴震全集』 5, 北京: 淸華大學出版社, 1997, 2614~2615면.

54 戴震, 「『古經解鉤沉』序」, 같은 책, 2631면.

55 옹방강(翁方綱)은 대진을 이렇게 비판한다. "요즘 휴녕 땅의 대진은 일생토록 명물상수의 학문에 힘을 다했는데 박학하고도 부지런했다. 그러나 이 역시 고증학의 일단일 뿐이다. 뜻밖에도 대진은 고증학을 자신의 소임으로 달가워하지 않고는 성과 도를 얘기하며 정주학과 다른 주장을 세우려 했다."(近日休寧戴震一生畢力於名物象數之學, 博且勤矣, 實亦攷訂之一端耳. 乃其人不甘以考訂爲事, 而欲談性道以立異於程朱) 翁方綱, 「理說—駁戴震作」, 『復初齋文集』 第1冊 卷7, 臺北: 文海出版社影印本, 1966, 321면.

56 惠棟, 「述首」, 『九經古義』, 『皇淸經解』 冊77, 卷359, 1a면.

57 戴震, 『原善』 卷上, 『戴震全集』 1, 北京: 淸華大學出版社, 1991, 9면.

58 같은 책, 3면.

59 段玉裁, 「戴東原先生年譜」, 『戴震全集』 6, 北京: 淸華大學出版社, 1999, 3403면. 첸무의 고증에 따르면, 단옥재가 건륭 31년(1766)에 대진이 완성했다고 든 이학 관련 저작은 결코 『맹자자의소증』이 아니다. 왜냐하면 『맹자자의소증』은 이보다 뒤에 완성되었기 때문이다. 단옥재가 본 것은 응당 『원선』 3편의 확충본이었을 것이다. 錢穆, 앞의 책, 1986, 326~327면 참조.

60 戴震, 『孟子字義疏證』 卷上, 앞의 책, 1991, 166면.

61 초순(焦循)이 말하길 "대진 선생의 책을 죽 둘러보니 그중 가장 탄복하게 되는 것은 바로 『맹자자의소증』이다. 요즘 사람들은 한학과 송학을 구별한 뒤 의리는 송학에 귀속시킨다. 송학의 의리가 사실 한학보다 상세하긴 하지만, 훈고에 밝아야만이 복희, 주 문왕, 주공, 공자의 의리를 깨우칠 수 있다. 송학의 의리라는 것도 여전히 공자의 의리로 가늠하여 보아야만 하기에, 송학의 의리를 공자의 의리라고 할 수는 없다"(循讀東原戴氏之書, 最心服其『孟子字義疏證』. 說者分別漢學宋學, 以義理歸之宋. 宋之義理誠詳於漢, 然訓詁明乃能識義文周孔之義理. 宋之義理, 仍當以孔之義理衡之, 未容以宋之義理卽定爲孔子之義理也)라고 했다. 焦循, 「寄朱休承學士書」, 『雕菰樓集』 卷13.

62 戴震, 「與段玉裁書」. 이 편지는 段玉裁, 「戴東原先生年譜」, 戴震, 앞의 책, 1999, 3417면에 보인다.

63 章學誠, 「書『朱陸』篇後」, 『章學誠遺書』, 北京: 文物出版社, 1985, 16면.

64 장학성은 또 이렇게도 말한다. "대진의 말은 대상에 따라, 장소에 따라, 때에 따라 변해 왔습니다. 임시방편으로 사기를 치고 술수를 부리니 그의 말이 필시 진정에서 우러나왔다고 볼 수 있겠습니까!"(戴氏之言, 因人因地因時, 各有變化, 權欺術御, 何必言之由中) "대진의 학문과 마음은 실로 뛰어난 점과 폐단이 모두 보여 가릴 수가 없습니다."(其學問心術, 實有瑕瑜不容掩者) 章學誠, 「答邵二雲書」, 『章學誠遺書』, 645면. 「우여주소백서」(又與朱少白書)에서 그는 또 이렇게 말했다. "대진은 훈

고로 경서를 풀이하면서 옛사람들의 본체를 얻었기에 사람들이 그를 존숭하였다. 허나 그의 『원선』 등의 저작들은 비록 개방적인 춘부장 주균 선생이실지라도 취하지 않는 바였습니다. 그의 『원선』 등의 저작은 사실 아주 정묘하고 심오하여, 실로 옛 사람들이 미처 천명하지 못했던 뜻을 담고 있습니다. 저는 이러한 성과가 잘못된 것이라 생각지는 않습니다. …대진의 잘못은 바로 송대 유가의 궁행실천을 비난하면서 정작 자기 자신은 그 공과의 밖에 있다는 점입니다. 송대 유가의 잘못을 바로잡는 것은 인정할 수 있지만, 이와 더불어 송대 유가의 일체를 통째로 말살시키고 싸잡아 함부로 비난하고 있습니다. 휴녕(休寧)이나 흡현(歙縣) 지역 젊은 인재들은 정자와 주자를 욕하지 않고는 달인이라 불릴 수가 없게 되었으니, 정말이지 잘못된 일입니다. 이는 실로 대진에게서 초래된 일입니다. 사실 대진의 주장을 처음 들을 땐 그 내용이 마치 고명한 듯하지만 꼼꼼히 따져 보면 그저 근본을 잊은 것일 따름입니다. 성과 리에 대해 탁상공론하다 고루하고 과문하게 되어 제대로 아는 것이 하나도 없게 되는 것은 분명 송학 말류의 크나큰 폐단입니다. 그러나 경서에 통달하고 옛것을 쫓으며 박학으로부터 돌이켜 잘 간추리는 것이 주자의 가르침입니다. 당초 주자의 가르침은 채침(蔡沈)과 황간(黃榦)에게 전해졌고, 다시 진덕수·위료옹에게 전해졌으며, 이는 다시 황진과 왕응린에게 전해졌습니다. …우리 청조 초엽에 고염무·황종희·염약거는 모두가 학문을 계승함이 사승 관계를 엄격히 따지던 한대의 경사들보다도 심했습니다. 대진 역시 이러한 여러 선생으로부터 학문에 입문하게 되었건만 주자학을 통렬히 배척하니, 이는 마치 물을 마시면서 그 물이 나온 근원을 잊은 것처럼 배은망덕한 짓입니다. 그러나 대진에게는 실제로 빼어난 성과를 이룬 부분이 있기는 하기에 『원선』 등의 저작들을 없앨 수는 없습니다."(戴東原訓詁解經, 得古人之大體, 衆所推尊. 其『原善』諸篇, 雖先夫子亦所不取. 其實精微醇邃, 實有古人未發之旨, 鄙不以爲非也. …戴君之誤, 誤在詆宋儒之躬行實踐, 而置己身於功過之外. 至於校正宋儒之訛誤可也, 並一切抹殺, 橫肆詆詞, 至今休·歙之間, 少年英俊, 不罵程朱, 不得謂之通人, 則眞罪過, 戴氏實爲作俑. 其實初聽其說, 似乎高明, 而細核之, 則直爲忘本耳. 夫空談性理, 孤陋寡聞, 一無所知, 乃是宋學末流之大弊. 然通經服古, 由博反約, 卽是朱子之敎. 一傳爲蔡九峰·黃勉齋, 再傳而爲眞西山·魏鶴山, 三傳而爲黃東發·王伯厚. …至國初而顧亭林·黃黎洲·閻百詩皆俎豆相承, 甚於漢之經師譜系. 戴氏亦從此數公入手, 而痛斥朱學, 此飮水而忘其源也. 然戴實有所得力處, 故『原善』諸篇, 文不容沒) 章學誠, 「又與朱少白書」. 『章學誠遺書』, 611면.

65 余英時, 『論戴震與章學誠』, 臺北: 華世出版社, 1977, 86~87면.

66 장학성은 다음과 같이 말했다. "대진 선생의 학문이란 훈고에 깊이 통달하여 명물제도에 대해 연구하는 것으로 그 소이연을 깨달아 이로써 도를 밝혔다. 요즘 사람들은 바야흐로 박학하고 고정(考訂)하는 것을 귀히 여기는데, 대진의 훈고 명물(訓詁名物)이 당시의 그런 유행과 영합함을 보고는 대진 선생의 궁극적 종지가 바로 여기에 있다고 여겼다. 대진 선생이 지은 「논성」·『원선』 등은 천인·이기에 대해 실로 이전 사람들이 밝히지 못한 부분이 있었건만, 요즘 사람들은 의리를 탁상공론한 것이라며 아예 짓지 않아도 좋았을 것이라 여기니, 이는 진실로 대진의 학문을 모르는 것이다!"(凡戴君所學, 深通訓詁, 究于名物制度, 而得其所以然, 將以明道也. 時人

918

方貴博雅考訂, 見其訓詁名物有合時好, 以謂戴之絶詣在此. 及戴著「論性」·「原善」諸篇, 於天人理氣實有發前人所未發者, 時人則謂空說義理, 可以無作, 是固不知戴學者矣) 章學誠, 「書『朱陸』篇後」, 『文史通義』 內篇 2, 『章學誠遺書』 卷2, 16면.

67 島田虔次, 「六經皆史說」, 劉俊文 主編, 黃約瑟 等譯, 『日本學者研究中國史論著選譯』 7, 北京: 中華書局, 1993, 189면.

68 장학성은 「답소이운서(答邵二雲書)」에서 말한다. "병술년(1766) 봄에서 여름으로 넘어가던 시기에, 저는 대진에 대한 태사(太史) 정호문(鄭虎文) 선생의 말씀을 듣고는, 휴녕(休寧) 관사에 가서 대진을 만나 보았습니다. 그의 학문에 대하여 물으니 대진은 대충이나마 자기 학문의 대강을 알려주었습니다. 저는 이를 듣고는 정호문 선생 말씀만으로는 대진의 참모습을 알기에 부족한 것이 아닌가 여겨졌습니다. 저는 당시 주균 선생의 문하에 머물면서 한 시대를 풍미하는 달인들을 뵐 수 있었습니다. 비록 평생의 보고 들은 바를 놓고 따진다 해도 능히 옛사람의 본체를 깊이 깨닫고 천지의 순정함을 엿볼 수 있을 경지에 가까운 이로는 오로지 대진만을 꼽을 수 있을 뿐입니다. 당시 조정의 고관대작 중 명망이 높은 이로는 대흥(大興) 땅의 주균 선생과 가정(嘉定) 땅의 전대흔 선생이 있었는데, 실로 한 시대를 풍미하는 거물들이라 할 만합니다. 그러나 그들이 대진을 높이 치는 이유 역시 그저 대진이 훈고 명물이나 육서구수(六書九數)에서 공력이 심후하고 정교하다고 말할 뿐입니다. 대진의 『원선』 등 저작에 대해서는 모두 쓸데없는 일에 정력을 낭비했다고 애석해합니다. 당시 저는 주균 선생 앞에서 그렇지 않다고 힘써 따지면서 대진을 그렇게 보는 주장은 마치 쓸데없이 구슬 함만 사고 정작 안에 있던 값비싼 구슬을 돌려보내는 것처럼 본질을 제대로 잡아내지 못하고 겉모습에만 얽매이는 어리석은 주장이라고 했습니다. 하지만 제가 워낙 미미한 인물이다 보니 제 말도 경시를 받아 여러 선생의 생각을 바꾸기에는 역부족이었습니다."(丙戌春夏之交, 僕因鄭誠齋太史之言, 往見戴氏休寧館舍, 詢其所學, 戴爲粗言崖略, 僕卽疑鄭太史言不足以盡戴君. 時在朱先生門, 得見一時通人, 雖大擴生平聞見, 而求能深識古人大體, 進窺天地之純, 惟戴氏可與幾此. 而當時中朝薦紳負重望者, 大興朱氏, 嘉定錢氏, 實爲一時巨擘. 其推重戴氏, 亦但云訓詁名物, 六書九數, 用功深細而已, 及擧『原善』諸篇, 則群惜其有用精神耗於無用之地. 僕於當時, 力爭朱先生前, 以謂此說似買櫝而還珠. 而人微言輕, 不足以動諸公之聽) 章學誠, 『章學誠遺書』, 645면. 【역주】 명청 시대에는 태사(太史)가 정식 관직명이 아니라 한림원의 한림학사를 일컫는 일종의 별칭이었다.

69 戴震, 『孟子字義疏證』 卷上, 앞의 책, 1991, 168~169면.

70 彭紹升, 「與汪大紳」, 『二林居集』(光緒 辛巳 季春 刊本) 卷3, 15면.

71 袁枚, 「答項金門」, 『小倉山房尺牘(隨園三十種本)』 卷7, 8면. 이 시기 불학의 상황에 대해서는 陸寶千, 「乾隆時代之士林佛學」, 『淸代思想史』 第5章, 197~219면 참조.

72 洪榜, 「戴先生行狀」, 戴震, 앞의 책, 1999, 3382면.

73 洪榜, 「與朱筠書」, 江藩·方東樹, 『漢學師承記(外二種)』, 北京: 三聯書店, 1998, 117면.

74 戴震, 『孟子字義疏證』 卷上, 戴震, 앞의 책, 1991, 166면.

75 戴震, 「與段玉裁書」, 段玉裁, 「戴東原先生年譜」에 보인다. 戴震, 앞의 책, 1999,

76 대진은 불교·도교에 대해 이렇게 생각했다. "스스로는 육신과 구분되는 신묘한 의식을 귀히 여기며, 유자는 세상일을 잘 처리할 뿐이라고 여긴다. 사실 사람의 우환 거리는 두 가지다. 하나는 '사사로움'이요, 또 하나는 '가려짐'이다. 사사로움은 잘못된 욕심에서 생겨나고, 가려짐은 잘못된 앎에서 생겨난다. 이단인 불가는 무욕을 숭상하고, 유가의 군자는 가려진 바가 없음을 숭상한다. 이단인 불가의 학문은 정적(靜寂)을 위주로 삼는 것을 지극하다고 여긴다. 유가의 군자는 너그러움(恕)을 강화하여 사사로움을 제거하고, 묻고 배움으로써 가려진 바를 제거하니, 충신에 근거하여 밝은 선함에 다다르게 되는 것을 위주로 한다. …리를 학문으로 삼고, 도를 계통으로 삼고, 심을 종주로 삼다 보니 아무리 찾아 헤매도 막막하고 아득할 뿐이다. 이는 육경으로 되돌아가 구하는 것보다 못한 것이다. 이것이 바로 『원선』을 지은 까닭이다."(自貴其神識, 而儒者在善治事情. 凡人之患二: 曰私, 曰蔽. 私生於欲之失, 而蔽生於知之失. 異氏尙無欲, 君子尙無蔽. 異氏之學, 主靜以爲至. 君子强恕以去私而問學以去蔽, 主以忠信而止於明善. …夫以理爲學, 以道爲統, 以心爲宗, 探之茫茫, 索之冥冥, 不若返求諸六經. 此『原善』之書所以作也) 洪榜, 「戴先生行狀」, 같은 책, 3386~3387면.

77 홍방은 팽소승의 입장을 다음과 같이 표현한다. "그러나 오늘날의 학자들은 어려서 머리를 갓 묶고 처음 서책을 배우기 시작하면서 리니 도니 심이니 성을 말하는데, 이른바 리·도·심·성을 운운하는 것이 바로 모두가 육경과 공맹의 말씀이라고 여긴다. 그들의 리니 도니 심이니 성이니 하는 주장들은 종종 불교·도교의 종지가 뒤섞여 있다. 만약 그 주장이 정말 옳다면 그 주장을 좇아 천명하면 된다. 만약 그 주장이 사실은 그른 것이라면 그건 경서를 연구하는 자로서 침묵할 수가 없어서였을 뿐이다. 만약 가규(賈逵), 마융(馬融), 복건(服虔), 정현이라 할지라도 지금 태어난다면 그들 역시 침묵할 수는 없을 것이다."(而今學者束髮受書, 言理言道言心言性, 所謂理道心性之云, 則皆六經孔孟之辭, 而其所以爲理道心性之說者, 往往雜乎老釋之旨. 使其說之果是, 則將從而發明之矣. 如其說之果非, 則治經者固不可以默而已也. 如使賈馬服鄭生於是時, 則亦不可以默而已也) 洪榜, 「與朱筠書」, 江藩·方東樹, 앞의 책, 1998, 119면.

78 왕진은 이렇게 말한다. "제가 유가와 불가를 공부해 보니, 사실 우리 공자와 석가모니의 도가 한 짝의 부절(符節)처럼 딱 들어맞는다는 것을 발견하였습니다. 한 짝의 부절처럼 딱 들어맞는 점으로, 공자는 '생각도 하는 것도 없다'고 했는데, 석가모니는 '본래 생겨남(生)이 없다'고 했습니다. 공자는 '정해진 꼴이 없고 고정된 형체가 없다'고 하였는데, 석가모니는 '생겨났지만 생겨나지 않았다'고 했습니다."(縉之遊乎儒釋, 實有見於我孔氏釋迦氏之道幾乎若合符節也. 其幾乎若合符節者也, 孔曰无思无爲, 釋曰本無生, 孔曰无方无體, 釋曰當生不生) 汪縉, 「與羅台山書」, 『汪子文錄』(『汪子遺集』本, 光緒 8年 刊行), 卷5, 11면. 【역주】"无思无爲"란 표현은 『주역』 「계사전 상」 제10장 보인다. "'역'이란 생각도 없고 하는 것도 없어서 고요히 아무런 움직임이 없건만, 감응하여 세상 모든 것들과 소통한다."(易, 无思也, 无爲也, 寂然不動, 感而遂通天下之故.) "无方无體"란 표현 역시 『주역』 「계사전 상」 제4장에 보인다. "세상의 모든 변화를 64괘로 틀 지어도 넘침이 없고, 만물을 곡진히 이

루면서 빠트리는 바가 없으며, 밤낮으로 이어지는 도에 관통하여 알게 되기에, 변화
막측한 신묘함은 정해진 꼴이 없고 '역'은 고정된 형체가 없다."(範圍天地之化而不
過, 曲成萬物而不遺, 通乎晝夜之道而知, 故神无方而易无體) "本無生"은 불교의
제17대 조사(祖師) 승가난제(僧加難提) 존자가 제18대 조사인 가야사다(伽倻舍多)
존자에게 남긴 전법게(傳法偈)에 보인다. "마음의 법상(法相)은 본래 생겨남이 없
다."(心法本無生) "當生不生"은 불교의 제18대 조사 가야사다 존자가 제19대 조사
구마라다(鳩摩羅多) 존자에게 남긴 전법게에 보인다. "생겨날 때에 생겨났지만 생
겨나지 않았다."(當生生不生)

79 彭紹升, 『一行居集』 卷4, 民國 10年(1921) 金陵刻經處 刊行, 15면.

80 彭紹升, 「答王鳳喈」, 같은 책, 12면.

81 彭紹升, 「與戴東原書」, 『戴震全集』 7 「附錄之二」, 合肥: 黃山書社, 1997, 134면.

82 戴震, 「與彭進士紹升書」, 段玉裁, 「戴東原先生年譜」, 戴震, 앞의 책, 1999, 3417
면.

83 彭紹升, 「讀『中庸』別」, 『一行居集』 卷2, 1921, 金陵刻經處 刊行, 20면.

84 羅臺山, 「醉榴軒集紋」, 『尊聞居士集』 卷2, 光緒 7年 刊行, 8면.

85 羅臺山, 「與大紳論居士傳評語·第六評」, 같은 책, 21~22면.

86 홍방은 이렇게까지 말했다. "대진의 학문은 그 공적이 육경이나 공맹의 말씀보다도
더 크다. 후학들로 하여금 고답적인 데에 마음을 쏟지 않게 하면서, 인간관계와 세
상 만물을 명확하게 살피게 한 것은 분명 대진으로부터 시작되었다."(戴氏之學, 其
有功於六經孔孟之言甚大, 使後之學者無馳心於高妙, 而明察於人倫庶物之間, 必
自戴氏始也) 洪榜, 「與朱笋書」, 江藩·方東樹, 앞의 책, 1998, 117~119면.

87 戴震, 「緒言」, 戴震, 앞의 책, 1991, 67면.

88 같은 책, 83면. 【역주】 원래는 중간에 다른 문장이 더 있는데 생략되었다. 그리고
'乃'가 '爲'로 오기되어 있어서 원문에 의거해 바로잡았다.

89 戴震, 「緒言」, 같은 책, 69면. 그렇다면 어떻게 의견과 리의 차이를 판별할 것인가?
『맹자자의소증』에서는 다음처럼 말한다. "말하길, 마음으로 다 같이 그렇다고 여
기는 바라야 비로소 리라고 일컫고 의라고 일컫는다. 그런즉 아직 다 같이 그렇다
고 여기지 않는 것은 그 사람의 주관적 의견이 남아 있는 것이기에 리가 아니고 의
가 아니다. 한 사람이 그렇다고 여기는 것에 대해, 언제든 온 세상 사람들도 '이는 바
뀔 수 없는 것이다'라고 인정해 주는 것, 이것이 바로 다 같이 그렇다고 여기는 것이
다."(曰: 心之所同然始謂之理, 謂之義. 則未至於同然, 存乎其人之意見, 非理也,
非義也. 凡一人以爲然, 天下萬世皆曰'是不可易也', 此之謂同然) 같은 책, 153면.

90 대진은 이렇게 말한다. "사람은 만물과 다르다. 사람은 필연을 밝힐 수 있지만, 만물
의 삶은 각기 자신의 자연을 완수할 뿐이다."(夫人之異於物者, 人能明於必然, 百
物之生各逐其自然也) 대진은, 노장(老莊)과 불가와 송대 유학자 모두 "도는 자연을
본받았다"(道法自然)는 주장을 추종하면서 '배움'(學)에 대한 필요성이 사라져 버
렸다는 점을 걱정했던 것이다. 戴震, 『孟子字義疏證』 卷下, 같은 책, 200면.

91 대진은 또 성과 명의 관념을 자연과 필연에 대한 논의에 주입했다. "옛사람들은 대
부분 명(命)에 대해 말하였고, 후대 사람들은 대부분 리에 대해 말하였는데, 사실 명
칭만 다를 뿐 실질은 같은 것이다. 눈과 귀, 그리고 신체의 각 부위가 하고자 하는 바

는 성의 자연에서 비롯되어 그 필연에서 밝혀지며 천지의 중용에서 화합하게 됨으로써, 삼가 제한을 받으며 함부로 넘어서지 않게 되는데, 이런 까닭에 명이라고 하는 것이다. 명이란 다름이 아니라, 성의 자연에 대하여 정심하게 살피고 곡진하게 밝혀서 필연으로 돌아가 일정한 제한이 되는 것으로, 이것이 바로 자연의 지극한 준칙이다. 만약 마냥 자연에 내맡겨 잘못되게 된다면, 도리어 그 자연을 잃어버려 더는 자연이 아니게 된다. 그래서 필연으로 돌아가는 것이 그 자연을 완성시키는 것이다. 이와 같게 된다면 '천지와 그 덕이 하나로 합해지고 귀신과 그 길흉이 하나로 합해지는 경지'가 될 것이다."(古人多言命, 後人多言理, 異名而同實. 耳目百體之所欲, 由於性之自然, 明於其必然, 斯協乎天地之中, 以奉爲限制而不敢踰, 是故謂之命. 命者非他, 就性之自然, 察之精, 明之盡, 歸於必然, 爲一定之限制, 是乃自然之極則. 若任其自然而流於失, 轉喪其自然, 而非自然也. 故歸於必然, 適完其自然. 如是斯'與天地合其德, 鬼神合其吉凶') 戴震,「緒言」, 앞의 책, 1991, 82면.【역주】 인용문 말미에 천지와 귀신 운운한 부분은『주역』「건괘」의「문언전」(文言傳)에서 인용한 것이다.

92　대진은 다음과 같이 말한다. "육경과 공맹의 책들에서는 이기의 구분에 대한 언급을 볼 수가 없다. 송대 유학자가 이를 만들어 얘기하면서 도를 리에 기탁하였다. 이는 사실 도란 이름에 담긴 함의를 잃어버린 것이다."(六經孔孟之書, 不聞理氣之分, 而宋儒創言之, 又以道屬之理, 實失道之名義也) 戴震,「緒言」, 같은 책, 65~66면. 첸무는 대진의 주장을 이렇게 풀이한다. "「서언」은 주로 이기의 선후를 변별하였고, 『소증』은 주로 이욕(理欲)의 이동(異同)을 변별하였다. 「서언」에서는 송대 유학자인 정자·장재·주자에 대하여 다루면서, 그들이 그래도 도를 해쳤다고까지 여기지는 않았다. 그러나『소증』에서 처음으로 이욕에 대하여 일일이 변별하면서 힘주어 이들을 배척하였다. 이 점에서는, 혜동의『역미언』에서 이미 한비자의 책에서 도와 리 두 글자를 나누어 설명한 것을 인용하여 송대 유학자가 도와 리를 같다고 본 것이 편협된 것이라 여겼다. 대진의 주장은 아마도 이로부터 발휘되어 나온 것 같다.『원선』은 도와 성만 얘기할 뿐, 도와 리를 변별하지는 않았다.『소증』에 이르러서야 책 첫머리부터 리라는 글자를 변별하고 나섰으니,『소증』상권 15개 조항 전부가 '리'라는 글자에서 나온 것이다. 그다음 권인 중권에 가서야 비로소 천도와 성에 대하여 다루고, 하권에서는 기타 여러 사항을 두루 다루고 있다. 그 목차의 선후와 설명의 상략(詳略)을 살펴보니 두 책에 보이는 중심 사상의 추이를 알 수 있다. 오로지『원선』3권에서만큼은 성과 정욕(情慾)의 이동(異同)에 대하여 이미 상당한 변별을 가하고 있다." 錢穆, 앞의 책, 1986, 353~354면.

93　이것은 대진이 순자를 중시한 원인 중 하나다. 대진은 이렇게 말한다. "대개 순자의 견해는 배움을 중시하는 것으로 귀결되는데 성(性)의 전체적인 모습은 알지 못하였다. 그의 주장은 성인에게서 나왔으며, 배움을 중시하고 예의를 숭상하는 데에서 나왔다.『순자』맨 앞 편을「권학」편으로 삼았으니, …순자가 배움을 말하는데 능하였던 것이 이와 같았다. 또 이른바 신명에 통하고 천지와 함께한다는 것 역시 예의의 극치를 알았던 것으로,『주역』「문언전」에서 말한 '성인은 천지와 그 덕이 합쳐짐'이 바로 여기에 있는 것이다. 설령 죽은 성인이 다시 살아난다 하여도 어찌 이 말을 고칠 수 있으랴!"(蓋荀子之見, 歸重於學, 而不知性之全體. 其言出於尊聖人, 出於重

學崇禮義. 首之以「勸學篇」, …荀子之善言學如是. 且所謂通於神明·參於天地者, 又知禮義之極致, 聖人與天地合其德在是, 聖人復起, 豈能易其言哉) 戴震,「孟子字義疏證』卷中, 戴震, 앞의 책, 1991, 183면.

94   戴震,「緒言」, 같은 책, 86~87면.

95   대진은 다음과 같이 말한다. "순자는 예의를 숭상하였고 송대 유학자는 리를 숭상하였는데, 둘 다 성인의 가르침에 피해를 끼치지는 않았다. 그들은 단지 성을 몰랐을 뿐이다. 노담·장주·석가모니는 자신의 분수를 지키며 자족했지만, 이들은 비단 성을 몰랐을 뿐만 아니라, 실제로 사람에게 피해를 주는 가르침을 편 사람들이었다."(荀子推崇禮義, 宋儒推崇理, 於聖人之敎不害也, 不知性耳. 老聃·莊周·釋氏, 守己自足, 不惟不知性而已, 實害人之敎者也) 같은 책, 111면.

96   "노담·장주·고자(告子)·석가모니는 모두가 자신의 주장을 자신의 사사로움에 근거하여 세웠고, 모두가 자연을 종주로 삼았는데, …단지 자신의 견해에 근거하였을 뿐이다."(老聃·莊周·告子·釋氏, 其立說似參差, 大致皆起於自私, 皆以自然爲宗, …直據己見而已) 戴震,「緒言」, 같은 책, 99~101면.

97   대진은 다음과 같이 말한다. "소옹의 학문은 노장에게서 깊이 얻은 바가 있었다. 그의 책『황극경세서』(皇極經世書)에서는 이러한 사실을 스스로 드러내는 데에 아무런 거리낌이 없었다. 그는 심(心)을 성(性)의 성곽이라 여겨서 '사람의 신택(神宅: 즉 성성 − 역자)은 이 성곽 안에 있다'라고 말하였다."(邵子之學, 深得於老莊, 其書未嘗自諱. 以心爲性之郭郭, 謂人之神宅此邪郭之中也. 朱子於其指神爲道, 指神爲性者, 皆轉而以理當之) 또 장재를 다음과 같이 비판한다. "불가는 또 자연에서 깨달은 바가 있었기에 신묘함(神)을 이미 충족된 것으로 보았다. 장재는 또 필연에서 깨달은 바가 있었기에 달랑 '신묘함'이라고 말하지 않고 '신묘함에는 항상됨이 있다'고 하였다. 이 점은 그의 깨달은 바가 공맹에 가깝고 불가와는 다른 바다. …그러나 …그의 주장은 허(虛)와 기(氣)를 합치고 있는데, 허란 신묘하되 항상됨이 있는 것을 가리키고, 기란 떠다니는 기가 어지러이 뒤섞여 있는 것을 가리킨다. 이는 불교·도교가 섞여 있는 것이니, 아직 성의 실체를 얻지는 못한 것이다."(釋氏有見於自然, 故以神爲已足, 張子有見於必然, 故不徒曰'神'而曰'神有常'. 此其所見近於孔孟而異於釋氏也. …然 …其言合虛與氣, 虛指神而有常, 氣指游氣紛擾, 乃雜乎老釋之見, 未得性之實體) 戴震,「緒言」, 같은 책, 102~103면.【역주】소옹은 『『이천격양집』서』(『伊川擊壤集』序)에서 "성이란 도의 형체. 성이 손상되면 도 역시 이를 따르게 된다. 심은 성의 성곽이다. 심이 손상되면 성 역시 이를 따르게 된다"(性者, 道之形體也, 性傷則道亦從之矣. 心者, 性之郭郭也, 心傷則性亦從之矣)라고 했다. 장재의『정몽』중「태화」편에 이르길 "허와 기를 합치면 성이란 이름을 갖게 된다"(合虛與氣, 有性之名)고 했고, 또「천도」편에 이르길 "하늘의 예측할 수 없음을 신묘함이라 하고, 신묘하되 항상됨이 있는 것을 하늘이라고 한다"(天之不測謂神, 神而有常謂天)라고 했다.

98   예의 중요성을 강조했기에, 비로소 '배움'의 문제가 이처럼 부각될 수가 있었던 것이다. 대진은 다음과 같이 말한다. "충신(忠信)은 자신이 갖춘 바탕의 아름다움(質美)에서 말미암는 것이다. 성현께서는 행함을 논하실 때에 본래 충신과 충서(忠恕)를 중요하게 여기셨다. 그러나 자신이 갖춘 바탕이 실제 일을 행하는 데에 드러나

는데, 만약 배움이 부족하다면 앎(知)에서 잘못을 범하게 되고, 또 이로 인하여 행동 역시 잘못되게 된다. 이렇게 된다면 비록 그 마음(心)에 충성(忠)이나 믿음(信)이나 너그러움(恕)이 없는 게 아닌데도 도를 해치는 경우가 많아진다. 성인은 '어질면서(仁) 지혜로우니(智)' 실제 일을 행함으로 내보이는 데에 어질지 않은 바가 없고 예의가 아닌 바가 없다. 어짊과 예의, 이 세 가지('예의'를 '예'와 '의'로 나누어 셈한 것이다−역자)에 아무런 아쉬움도 없도록 하는 것이 바로 『대학』에서 말하는 '지극한 선(善)에 머문다'는 것이다. 그래서 어짊과 예의를 가지고 사안을 헤아려 판단하는 것을 앎(知)을 다한다고 하고, 이에 따라 행하는 것이 바로 실질적인 덕행이니, 이렇게 된다면 충신이나 충서는 더 말할 필요도 없게 된다. 밑바닥에서부터 타고난 바탕이 미치는 바를 배우면서, 애오라지 충신과 충서로써 행한다면 앎의 극치에 정심해지는 경지에 다다를 것이니, 이렇게만 되면 인의에 들어맞지 않는 바가 없게 된다."(忠信由於質美, 聖賢論行, 固以忠信忠恕爲重, 然如其質而見之行事, 苟學不足, 則失在知, 而行因之謬, 雖其心無弗忠弗信弗恕, 而害道多矣. 聖人'仁且智', 其見之行事, 無非仁也, 無非禮義也, 三者無憾, 卽『大學』所謂'止於至善'也. 故仁與禮義, 以之衡斷乎事, 是爲知之盡. 因而行之, 則實之爲德行, 而忠信忠恕更不待言. 在下學如其材質所及, 一以忠信忠恕行之, 至於知之極其精, 斯無不協於仁義) 戴震,「緖言」, 같은 책, 95면.

99 첸무는 말했다. "『서언』에서는 천지·인물·사위(事爲)의 바꿀 수 없는 법칙을 리로 삼았는데, 어떻게 해야 비로소 천지·인물·사위의 바꿀 수 없는 법칙이 될 수 있는지에 대해서는 미처 언급을 못 하고 있었다. 『소증』에 와서야 비로소 정욕을 통달하는 데에서 아주 세세한 부분에서조차 아무런 아쉬움이 없는 것을 리라고 하면서, 리라는 글자의 윤곽이 확연히 드러났다. 그래서 『서언』은 오로지 이기만을 변별하고 있고, 『소증』에 와서야 비로소 이욕을 변별하고 있다. 『서언』에서는 정자와 주자가 리를 숭상한 것이 성교(聖敎)에 아무런 피해가 없으며 단지 성(性)을 몰랐을 뿐이라고 여겼다. 『소증』에서는 정자와 주자가 리를 몰랐으며 불교·도교와 같아서 세상의 도에 큰 피해가 된다고 여겼다. 그래서 『서언』은 도문학을 숭상하고 앎(智)을 중시하여, 사물의 리를 정밀하게 살폈다. 『소증』은 충서를 숭상하고 자기 자신을 가늠하는 혈구(絜矩)를 위주로 하여, 사람으로 하여금 스스로 이를 자신의 정(情)에서 찾도록 만들었다. …이른바 충서로 스스로 반성하는 것 역시 『서언』에서는 미처 언급한 적이 없었으나, 『소증』은 이에 대해 특히나 상세하다. 그래서 정에 통달하여 그 욕을 완성하는 것에서 이를 잃지 않는 경지에 다다르는 것을 리로 삼고, 자기 자신을 근거로 미루어 생각하고 스스로 반성하고 자신에게 충실하며 남에게는 너그럽고 자신의 정으로 남의 정을 헤아리는 것을 리의 근원으로 삼았다. 이는 실로 대진이 만년에 도달한 사상적 종착지이며, 또한 『맹자자의소증』이란 책을 지은 이유이기도 하다." 錢穆, 앞의 책, 1986, 350~351면.

100 戴震,「緖言」, 앞의 책, 1991, 110면.

101 대진은 다음과 같이 말한다. "송대 이래로 이욕(理欲)에 대한 언급이란, 그저 이를 가지고 옳고 삿됨을 구별할 따름이었고, 나쁜 것에서 나오는 것이 아니라 바른 것에서 나오는 것인즉, 리로 일(事)에 대응한다고 하였다. 리와 일을 둘로 나누고는 오히려 리와 주관적 의견을 하나라고 여겼기에, 일을 해치게 되었다. …노자는 '하

나로 품음'(抱一)을 귀히 여기고, '욕심이 없음'을 귀히 여긴 것이라 하였고, 장주의
책 『장자』에서는 '성인이 고요한 것은 고요한 것이 훌륭하다고 해서 고요한 것이 아
니라, 만물 그 무엇도 성인의 마음을 어지럽히지 못하기에 고요한 것'이라고 하였
다. 주돈이는 『통서』에서 '그 한 가지는 바로 아무런 욕심이 없는 것이다'라고 하였
으니 이는 바로 노자나 장자, 불가의 주장이다. 사람들이 노장과 불가가 유가의 성
인과는 다르다는 것을 안다면, 그들의 무욕설을 들어도 오히려 이를 믿지 않을 것
이다. 그런데 송대 유학자들은 이 주장이 유가의 성인과 같다고 믿었기에 이욕의 구
분됨에 대하여 모두들 얘기할 수 있었던 것이다."(宋以來之言理欲也, 徒以爲正邪
之辨而已矣, 不出於邪而出於正, 則謂以理應事矣. 理與事分爲二而與意見合爲
一, 是以害事. …自老氏貴於'抱一', 貴於'無欲', 莊周書則曰: '聖人之靜也, 非曰靜
也善, 故靜也. 萬物無足以撓心者, 故靜也.' 周子『通書』曰: '一者, 無欲也.' 此卽老
莊·釋氏之說. 人知老莊·釋氏異於聖人, 聞其無欲之說, 猶未之信也. 於宋儒, 則信
以爲同於聖人. 理欲之分, 人人能言之) 戴震, 『孟子字義疏證』卷上, 戴震, 같은 책,
160~161면.【역주】노자의 말은 『도덕경』(道德經) 제22장에 보이고, 장자의 말은
『장자』「천도」편 제30장에 보인다. 주돈이의 말은 『통서』「성학」(聖學)에 보인다.

102 戴震, 『孟子字義疏證』卷上, 같은 책, 170~171면.

103 같은 책, 153면.

104 같은 책, 163면.

105 같은 책, 161면.

106 같은 책, 152면.

107 "그래서 이욕의 구분을 변별하는 데에 '리에서 나오지 않은 것은 바로 욕에서 나온
것이며 욕에서 나오지 않은 것은 바로 리에서 나온 것'이라고 한 것이다. 사람이 배
고픔과 추위에 울부짖는 것이나 남녀가 구슬피 원망하는 것에서 죽음이 드리워져
살기를 바라는 것에 이르기까지를 모두 인욕이 아님이 없다고 간주하여 버리고는
일체 정욕을 끊어 버리는 느낌을 천리의 본래 모습으로 삼아 이를 마음에 보존하게
하였다. …불행히도 사정에 밝지를 못하고 자신들의 주관적인 의견을 고집했기에,
바야흐로 천리는 인욕이 아니라고 믿어 버리게 되었다. 작게는 한 사람이 이러한 오
류의 화를 당하고 크게는 국가가 이러한 오류의 화를 당한다. 그저 욕에서 나오지
않은 것에만 의지하니 결국 이러한 오류를 깨달은 이가 없었다."(於是辨乎理欲之
分, 謂'不出於理則出於欲, 不出於欲則出於理.' 雖視人之饑寒號呼, 男女哀怨, 以
至垂死冀生, 無非人欲, 空指一絶情慾之感者爲天理之本然, 存之於心. …不幸而
事情未明, 執其意見, 方自信天理非人欲, 而小之一人受其禍, 大之天下國家受其
禍, 徒以不出於欲, 遂莫之或寤也) 같은 책, 204면.

108 戴震, 『原善』卷下, 戴震, 앞의 책, 1991, 21면.

109 본문은 편폭과 논제의 제약으로 대진이 자연지학 방면에서 이룬 성취에 대해 상세
히 분석할 수는 없다. 그러나 내가 보기에, 대진의 자연지학 연구와 그의 사상 방식
및 청대의 정치적 맥락은 밀접한 관계가 있다. 자연에 관한 각종 탐구와 고대 제도
에 관한 고증은, 이 두 연구 모두가 귀납적 혹은 연역적 방법론에 호소하고 있다 하
더라도, 이들을 연계해 내기란 매우 어려운 일이다. 이학의 전통 중에 '격물치지'의
실천은 우주론적 설정과 밀접하게 연관되어 있다. '물'은 이로 인해 고대 제도 혹은

도덕 규범의 범위를 벗어나, 우주 내부의 각종 사물과 그 상호 관계를 지향하게 되었다. 이 때문에 자연지학과 이학의 우주론은 역사적으로 연계가 되어 왔다. 이런 의미에서 볼 때, 대진은 자연지학 연구와 자신의 경학 내부에 감춰져 있는 이학 문제에 대해 논리적 연관성을 부여했다. 또 다른 측면으로는, 수학 연구 역시 대진이 사고관신(四庫館臣) 신분으로 맡은 작업이었다. 사실 강희제는 서양 선교사들을 우대했고, 그들의 천문역법과 수학을 보급하고 연구하는 데 매우 적극적이었다. 이는 그가 어려서 겪은 신구 입법(立法)의 쟁송과 윗사람이 천문역법과 수학의 지식이 결여되어 억울한 송사를 초래했던 경험과 관련이 있을 수도 있다. 그는 만년에 궁안에 몽양재(蒙養齋) 산학관(算學館)을 세웠으며, 또한 전문가들에게 명을 내려『수리정예』(數理精藝) 등을 편찬하게 하고, 만주팔기의 자제들을 뽑아 수학을 익히게 했다. 산학관은 창춘원(暢春園)에 건립되었는데, 이곳은 강희제가 곧잘 행차하던 곳이다. 서양 선교사 장성(張誠: 장 프랑수아 제르비용Jean François Gerbillon－역자)과 백진(白晉: 조아심 부베Joachim Bouvet－역자) 등이 매번 그를 수행했고 함께 이곳에서 묵었다. 이러한 행보는 강희제가 어릴 때 궁전에서 주자에게 제사를 지냈던 일과 서로 호응하는 것이다. 이 방면에 대한 연구로는 王萍,「淸初的曆算硏究與敎育」,『近代史硏究所集刊』, 臺灣中央硏究院 第3期, 365~369면; 陳受頤,「康熙『幾暇格物編』的法文節譯本」,『歷史語言硏究所集刊』第28本, 847면 등 참조.

110 戴震,『孟子字義疏證』卷上, 戴震, 같은 책, 1991, 153~154면.

111 사실 대진의 자연/필연의 변별 및 예와 정에 대한 논의는 모두가 순자와 일정 부분 연관되어 있다.『순자』「정명」에 이르길 "사람에 대한 여러 명칭 중, 사람이 나면서부터 그러한 바를 성(性)이라고 한다. 이러한 성의 조화로움이 낳는 것과 정기(精氣)가 합하여 감응하는 것과 따로 뭘 하지 않아도 저절로 그러한 것을 성이라고 하는 것이다. 이처럼 성이 좋아함이나 싫어함, 그리고 기뻐함, 성냄, 슬퍼함, 즐거워함을 일러 정(情)이라고 한다. 정의 이러한 유형 중 마음으로 하나를 선택하는 것을 사려(慮)라고 한다. 마음으로 사려하여 자신의 능력으로 행동에 옮길 수 있는 것을 위(僞)라고 한다. 사려가 쌓이고 자신의 능력이 익숙해진 뒤에야 이루어지는 것을 위라고 부른다"(散名之在人者, 生之所以然者謂之性. 性之和所生, 精合感應, 不事而自然謂之性. 性之好惡喜怒哀樂謂之情, 情然而心爲之擇謂之慮, 心慮而能爲之動謂之僞. 慮積焉, 能習焉而後成謂之僞)고 했다. 순자의 정명 사상은, 성을 사람이 나서부터 그러한 바로 간주하고, 성이 좋아함이나 싫어함, 그리고 기뻐함, 성냄, 슬퍼함, 즐거워함을 일러 정이라고 말했다. 그리고 정에 대한 선택을 사려라고 하며 사려가 쌓여서 위가 되는데, 예의는 바로 이와 같은 과정에서 생겨난다고 보았다. 이 밖에도 대진의 분리(分理) 개념 역시『순자』「권학」편의 이른바 "예란 법의 큰 범주"(禮者, 法之大分)라는 구절의 영향을 받았을 가능성이 있다. 그러나 대진의 분리는 사물의 내재한 조리를 좀 더 강조하고 있으나, 순자는 법가 관념에 더욱 근접해 있다는 차이가 있다.

112 章太炎,「釋戴」,『太炎文錄初編』「文錄」卷1,『章太炎全集』4, 上海: 上海人民出版社, 1985, 122면.

113 예를 들어 명말(明末)의 유신(遺臣)이 지은『포변기사』(蒲變紀事)에 이르길, "우리 명나라에 변고가 생긴 이후, 정해년(1647)에서 무자년(1648)에 일어난 병란에 천하

사람들이 규합하여 고을에서는 의병의 기치를 세워 군사를 모으고 가문에서도 의병의 정기(旌旗)를 일으켜 군사를 모으니, 고을과 성읍이 원수가 되고 남과 북이 대적하게 되었다"(國變以後, 丁亥戊子之亂, 山海糾合, 鄉樹一幟, 家興一旅, 鄉與城仇, 南與北敵)고 했다. 中國社會科學院歷史研究所淸史研究室, 『淸史資料』 第1集, 北京: 中華書局, 1980.【역주】일반적으로 만주족이 중원에 들어와 자리 잡은 것을 1645년으로 본다. 하지만 이후로도 남명(南明) 정부가 남방을 전전하고 있었고, 복건성이나 광동성 등 남부 일부 지역은 만주족의 영향력이 아직 미치지 않았다. 『포변기사』를 지은 인물은 명 숭정(崇禎, 1628~1644) 연간의 진사 출신인 여양(余颺)이다. 그는 복건 포전(蒲田) 사람이었기에, 당시 포전의 고을과 가문들이 규합해 북쪽에서 내려오는 만주족에 대항했던 일을 기술한 것이다.

114 「鄉里部」, 『古今圖書集成』 「交誼典」 卷27, 陳夢雷 編, 『鼎文版古今圖書集成』, 臺北: 鼎文書局, 1977.

115 張晉藩 主編, 『淸代法制史』, 北京: 法律出版社, 1994, 498~505면 참조.

116 오적(吳翟)의 『명주오씨가전』(茗洲吳氏家典) 권1에서 이르길, "종족 자제 중 기량이 비범하고 타고난 자질이 총명한데도 스승을 모실 능력이 없는 이들은 응당 거두어 가르치거나, 가숙家塾에 넣어 주거나, 학비를 보태 줘서, 한두 명의 인재를 키워내어 미래의 모범으로 삼아야 한다. 이것은 우리 종족의 희망이요, 실로 조상님들을 빛내는 일과 깊게 연관되어 있다"(族中子弟有器宇不凡·資稟聰慧而無力從師者, 當收而教之, 或附之家塾, 或助以膏火, 培植得一個兩個好人, 作將來模楷. 此是族黨之望, 實祖宗之光, 其關係匪小)라고 했다. 唐力行, 『明淸以來徽州區域社會經濟研究』, 合肥: 安徽大學出版社, 1999, 19면.【역주】원서에는 지은이가 '오적'이 아닌 '휴녕'(休寧)으로 되어 있지만, 휴녕은 명주(茗洲)가 속해 있는 현의 이름이지 인명이 아니다. 『명주오씨가전』의 지은이는 명주 오씨(吳氏) 문중 사람인 오적이다. 이에 수정했다.

117 같은 책, 1999, 17면, 25~26면. 이 책에 수록된 「휘주 방씨와 사회 변천」(徽州方氏與社會變遷) 편에는 또 방씨 일가가 전복들의 항거를 진압하면서 그들을 잔혹하게 도살한 일을 기록하였다. 이 책 56면.

118 같은 책, 39면.

119 같은 책, 37~38면.

120 같은 책, 45~46면.

121 吉田純, 「『閱微草堂筆記』小論」, 『中國: 社會と文化』, 第4號, 1989, 182~186면에서, 대진의 논점이 휘주 상인 가정의 변고에서 발전되어 나온 것이라고 지적했다. 남편이 장사하러 외지로 떠나면서, 아내들은 더더욱 엄격한 사회적·도덕적 압력을 받게 되었고, 결국 아주 많은 상인의 아내들이 부덕을 저버렸다고 간주되어 자살을 택했다. 이런 관점과 이지(李贄)의 부녀관에 대한 중국 학자의 논의는 사실 아주 많은 유사점이 있다. Benjamin Elman, 趙剛 譯, 『經學·政治和宗族: 中華帝國晚期常州今文學派研究』(Classicism, Politics, and Kinship: The Ch'ang-chou School of New Text Confucianism in Late Imperial China, Berkeley: University of California Press, 1990), 南京: 江蘇人民出版社, 1998, 7면.

122 張晉藩 主編, 앞의 책, 1994, 507면.

123 「刑部·刑律」, 『欽定大淸會典事例』 卷811.

124 "순자는 소소한 부분을 거론했지만 대체(大體)를 잃어버렸다. 그러나 맹자는 대체를 밝혔으면서도 소소한 부분을 버린 것은 아니었다."(荀子擧其小而遺其大也, 孟子明其大而非舍其小也) 戴震, 「緖言」, 앞의 책, 1991, 87면.

125 戴震, 『孟子字義疏證』 卷中, 같은 책, 183~184면.

126 같은 책, 182~183면.

127 장타이옌은 『순자』「정명」의 한 단락을 증거 삼아, 대진이 욕망(欲)으로부터 리를 얘기한 것이 순자에서 나왔음을 설명했다. 그는 이렇게 말한다. "백성의 수장 노릇하는 자는 만물의 스스로 그러함(自然)을 북돋울 뿐 함부로 굴지 않는다. 조금이라도 작위를 계획하고 행하려 한다면 과도함·사치·거만함을 없게끔 하였는데, 이는 도가에서 비롯된 것이다. 유가와 법가는 모두 도가의 성향을 추종했다. 비록 그 안에도 가혹하고 손쉽다는 차이가 있긴 했지만 궁극적인 관점은 같았다. 비록 그렇긴 했지만 욕망을 리로 삼아야 한다는 것에 대해서는 순자만큼 통찰한 이가 없었다. 『순자』「정명」에서는 이렇게 말한다. '세상을 다스리는 일에 대하여 얘기하면서 욕망을 제거하고자 하는 자는, 욕망을 잘 이끌어 줄 방법이 없어서 사람이 욕망을 갖고 있다는 것 자체를 곤혹스러워하는 자다. 세상을 다스리는 일에 대하여 얘기하면서 욕망을 최대한 적게 하길 바라는 자는, 욕망을 절제할 방법이 없어서 사람에게 욕망이 많다는 것을 곤혹스러워하는 자다. 욕망을 가지고 있는 것과 욕망을 가지고 있지 않은 것은 전혀 다른 것이다. 이는 삶과 죽음 같은 것이지 다스림과 혼란스러움 같은 것이 아니다. 욕망의 많고 적음은 전혀 다른 것이다. 이는 사람의 일정한 감정에 의한 것이지 다스림과 혼란스러움 같은 것이 아니다. 사람이 욕망한다고 하여서 다 얻기를 바랄 수는 없으니 얻을 수 있는 것에서 구하고자 한다. 삶이 욕망한다고 하여서 다 얻기를 바랄 수 없는 것은, 욕망이 선천적 본능의 지배를 받기 때문이다. 얻을 수 있는 것에서 구하고자 하는 것은, 구하는 행동이 후천적 내 마음의 지배를 받기 때문이다. …사람은 너무나 살기를 바라고, 너무나 죽기를 싫어한다. 그런데 사람이 태어나서 죽음으로 끝내게 되는 것은, 살기를 바라지 않고 죽기를 바라서가 아니다. 과분한 욕망이 있더라도 행동이 그 지경까지 다다르지 않는 것은 마음이 그 행동을 제지하기 때문이다. 마음이 얻을 수 있다고 여긴 바가 사리(事理)에 들어맞는 경우라면, 비록 그 욕망이 비록 많다 한들 어찌 세상을 다스리는 일에 방해가 되겠는가! 욕망은 그 지경까지 다다르지 않았건만 도리어 행동이 과분한 것은, 마음이 그렇게 만든 것이다. 마음이 얻을 수 있다고 여긴 바가 사리에 들어맞지 않는 경우라면, 비록 그 욕망이 아무리 적다 한들 어찌 세상이 혼란스러워지는 것을 막을 수 있겠는가! 그러므로 다스림과 혼란스러움은 마음으로 얻을 수 있겠다 여기는 바에 달린 것이지, 감정이 욕망하는 바에 달린 것이 아니다. 세상을 다스리는 데 관련이 있는 마음을 구하지 않고 이와 관련이 없는 감정에서 구하고자 한다면, 비록 내가 얻었다고 주장한다 하더라도 실은 잃은 것이다. 성이란 하늘이 준 것이고, 감정〔情〕이란 성의 실질이며, 욕망〔欲〕이란 감정의 반응이다. 욕망하는 것을 얻을 수 있다고 여겨 이를 구하는 것은 감정이 절대 피할 수 없는 바다. 얻을 수 있다고 여겨서 이를 얻도록 잘 이끌어 내려는 데에서 지혜〔知〕가 반드시 도출된다. 그러므로 비록 천한 문지기라도 욕망을 없앨 수는 없으니 이는 성에 갖춰진 바이기 때문이다. 비

록 지극히 귀한 천자라 하더라도 욕망을 다 채울 순 없는 것이다. 비록 욕망을 다 채울 순 없다지만, 그래도 욕망의 충족에 근접할 수는 있다. 비록 욕망을 제거할 수는 없다지만, 구하는 것을 조절할 수는 있다. 욕망하는 바가 비록 다 충족될 수는 없다지만 구하는 자는 그래도 충족됨에 근접하여 가고, 욕망이 비록 없앨 수는 없다지만 구하는 바를 얻지 못할 때 사려[慮] 깊은 자는 그래도 구하는 바를 조절하게 된다. 도란 진취적으로 나아갈 수 있을 때는 극진함에 근접하도록 하여야 하고, 여의치 않아 물러날 때는 조절하여 구하여야 한다. 천하의 일 중에 이와 같지 않은 경우가 없도다.'"(長民者, 輔萬物之自然, 而不敢爲稍倣割制, 而去甚·去奢·去泰, 始於道家. 儒·法皆仰其流, 雖有陟易, 其致一也. 雖然, 以欲當爲理者, 莫察乎孫卿.「正名」曰: '凡語治而待去欲者, 無以道欲, 而困於有欲者也. 凡語治而待寡欲者, 無以節欲, 而困於多欲者也. 有欲無欲, 異類也, 生死也, 非治亂也. 欲之多寡, 異類也, 情之數也, 非治亂也. 欲不待可得, 而求者從所可. 欲不待可得, 所受乎天也. 求者從所可, 受乎心也. …人之所欲生甚矣, 人之所惡死甚矣. 然而人有從生成死者, 非不欲生而欲死也. 故欲過之而動不及, 心止之也. 心之所可中理, 欲雖多, 奚傷於治? 欲不及而動過之, 心使之也. 心之所可失理, 欲雖寡, 奚止於亂? 故治亂在于心之所可, 亡於情之所欲. 不求之其所在, 而求之其所亡, 雖曰我得之, 失之矣. 性者, 天之就也, 情者, 性之質也, 欲者情之應也. 以欲爲可得而求之, 情之所必不免也. 以爲可而道之, 知所必出也. 故雖爲守門, 欲不可去, 性之具也. 雖爲天子, 欲不可盡, 欲雖不可盡, 可以近盡也. 欲雖不可去, 求可節也. 所欲雖不可盡, 求者猶近盡, 欲雖不可去, 所求不得, 慮者, 欲節求也. 道者進則近盡, 退則節求, 天下莫之若也') 이를 보면 대진이 말한 이욕과 순자의 관계가 너무나 확연하다. 장타이옌은 또 이렇게 비판한다. "대진의『맹자자의소증』은 노자와 장자를 비난했는데, 그 요령을 얻지 못했기에 내실 없는 말로 논란을 가하면 가할수록 스스로 함정에 빠져들고 말았으니, 이는 그의 잘못이다. 당시에 학자들은 노자·장자·상앙·한비자를 금기시하고 있었고, 이러한 추세로 제자백가의 학문이 폐해지지 않을 수 없었다." 章太炎,「釋戴」, 앞의 책, 1985, 123~124면. 장타이옌은 이때 마침 노장과 불교 유식학에 푹 빠져 있었다. 그는 대진의 비판에 동의하지 않았다. 하지만 장타이옌의 이른바 "학자들이 노자·장자·상앙·한비자를 금기시했다"는 말은 건가 시기 고증학자들이 이와 같았다는 것일 뿐이었고, 팽소승의 무리에 대해서는 적용되지 않는다. 학문을 하는 것과 벼슬길에 나아가는 것의 관계에서 살펴보자면, 팽소승·나유고·설기봉 등은 모두 뜻을 얻지 못했다. 팽소승은 세상을 몸소 겪어 보고 나서 스스로 세상에 쓰이지 못할 것을 알았고, 나유고와 설기봉은 모두 예부(禮部)가 주관하는 회시(會試)에서 낙방했고, 왕진은 제생(諸生)으로 생을 마쳤다. 【역주】당초 장타이옌이 인용한『순자』「정명」의 인용문 중에는 약간 생략된 부분이 있어서 '…'로 표시해 두었다. 그리고 연자(衍字)나 탈자도 약간 있는데 이는『순자』원문에 의거해 수정해 두었다. 일반적으로 인용문 중 '生死也'는 착간(錯簡)이나 전사(傳寫) 오류 등의 이유로 뒤에 나오는 '性之具也'(성에 갖추어진 것) 대신 잘못 들어간 구절이라고 본다. 그래서 '生死也'를 빼고 '性之具也'를 넣어 해석하고, 원래 '性之具也'가 있던 구절에서는 '性之具也'를 빼고 해석해야 문맥이 잘 통하게 되는데, 여기선 일단 장타이옌의 인용문 그대로 해석해 두었다. 인용문 끝부분의 '欲節求也' 구절에는 장타이옌이 따로 각주를 달아 "이 '욕'(欲) 자는 '유'(猶) 자의 가차(假借)가 잘못 남은 것"이라며 '欲' 자는 원래 '猶' 자라고 보았다. 이에 번역에서도 장타이옌의 견해를 따랐다.

128 錢穆, 앞의 책, 1986, 357~358, 359면.

129 이는 결코 대진의 주장이 맹자·순자의 주장과 혼동된다는 말이 아니다. 오히려 정반대로 성론(性論) 문제에서 대진은 다음과 같이 확실하게 밝히고 있다. "순자는 예의가 성인의 마음에서 생겨나기에, 일반 사람들은 배운(學) 연후에야 예의에 대하여 명확히 알 수 있기에, 만약 사람들이 욕망이라는 자연을 따른다면 다툼과 빼앗음이 생겨나게 될 것이라고 여겼다. 배우지 않고도 할 수 있는 것은 성(性)에 속한다. 배운 뒤에 할 수 있는 것은 성에 속할 수 없기에 성은 악하다고 한 것이다. 순자는 맹자가 성은 선하다고 주장한 것에 대하여 이렇게 논변하였다. '성이 선한 것이라면 성왕이나 예의는 필요가 없어서 버려지거나 그치게 될 것이다. 성이 악하기에 보고 배울 성왕이나 예의가 나타나고 귀히 여겨지게 되는 것이다.' 이는 또 다른 입장의 주장이다. 순자는 당시 노장이나 고자를 뒤섞어 주장하는 자들의 예의를 폐지해 버려야 한다는 주장을 익히 들어 알고 있긴 하였지만, 맹자의 성선설에 담긴 참뜻까지는 알지 못했다. 순자는 예의가 성인이 천하 사람들을 가르치고 그들의 타고난 성을 제한하기 위한 것으로, 천하 사람들로 하여금 서로 다투고 빼앗지 않게 해 준다고만 여겼을 뿐, 예의란 이름이 유래된 바를 알지 못했던 것이다. 노장이나 고자, 그리고 후세 불가의 주장은 그저 순자가 말했던 '성왕이나 예의는 필요가 없어서 버려지거나 그치게 한다'는 주장과 같을 따름이다."(荀子以禮義生於聖心, 常人學然後能明於禮義, 若順其自然, 則生爭奪. 弗學而能, 乃屬之性. 學而後能, 不得屬之性, 故謂性惡. 而其於孟子言性善也辨之曰: '性善, 則去聖王, 息禮義矣. 性惡, 則興聖王, 貴禮義矣.' 此又一說也. 荀子習聞當時雜乎老莊·告子之說者廢學毀禮義, 而不達孟子性善之旨, 以禮義爲聖人敎天下制其性, 使不爭奪, 而不知禮義之所由名. 老莊·告子及後之釋氏, 乃言如荀子所謂'去聖王, 息禮義'耳) 戴震, 『孟子字義疏證』卷上, 앞의 책, 1991, 165~166면.【역주】원서의 인용문에는 '禮義'를 두 번이나 '理義'로 쓰고 있지만 이는 오기이다. 『맹자자의소증』에 근거해 모두 고쳤다.

130 戴震, 『孟子字義疏證』卷下, 앞의 책, 1991, 204~205면.

131 정주학의 즉물궁리 개념은 사물의 조리에서 시작해 리에 접근해 간다는 점을 암시해 주고 있지 않은가? 대진이 보기에, 정주학은 '배움'의 문제에서 순자의 주장에 좀 더 근접해 있었다. 이 때문에 대진은 정주학과 불교·도교를 대하는 태도에 차이가 있었다. 예를 들어 "정자와 주자는 노장과 불가에 대하여 그들의 영역에 들어가 그들의 개념을 자신의 무기로 삼아 그들을 공격하였다. 그러나 그들의 주장을 유가적으로 바꾸고 육경과 공맹이 이와 같다고 여기고 말았다. 이를 따져 보니 이는 순자의 주장과는 어느 정도 근사하긴 하지만, 육경과 공맹의 가르침은 아니었다"(程子朱子於老莊·釋氏旣入其室, 操其矛矣, 然改變其言, 以爲六經·孔孟如是, 按諸荀子差近之, 而非六經孔孟也)라고 했다. 戴震, 『孟子字義疏證』卷中, 앞의 책, 1991, 187면.

132 팽소승은 양간의 책을 읽고 나서 이렇게 말했다. "본심의 학문이란 그저 참뜻이 전달되기만 하면 되는 것이다. 양간 선생이 스승인 육구연 선생에게 이렇게 여쭈었다. '무엇이 본심입니까?' 육구연 선생은 이렇게 대답하였다. '마침 현령으로 있는 네가

부채 장수의 송사에 대하여 옳고 그름을 판결하지 않았느냐! 옳은 것은 그 옳은 이유를 알고, 그른 것은 그 그른 이유를 아는 것, 이것이 바로 본심이다.' 양간 선생이 말하였다. '그저 그뿐입니까?' 그러자 육구연 선생이 몸가짐을 삼가며 갑자기 몰아치듯 말하였다. '또 무엇이 있단 말이냐!' 양간 선생은 그 말씀에 바로 확연히 깨달았다. 양간 선생은 학문을 논할 때, 절사〔絶四: 자의적이지 않고〔毋意〕, 꼭 자기 생각한 대로만 하려 하지 않는 것〔毋必〕, 고집을 피우지 않는 것〔毋固〕, 자기 중심으로 생각하지 않는 것〔毋我〕―역자〕를 근간으로 하셨다. 혹자가 이 점을 이상히 여겨 나에게 물었다. '옳은 것은 그 옳은 이유를 알고, 그른 것은 그 그른 이유를 아는 것에 자의적인 면이 없을 수 있습니까?' 나는 이렇게 답하였다. '그저 참뜻이 전달되기만 하면 될 뿐이니 무슨 자의적인 것이 있겠는가?' 공자께서 가로되 '내가 무엇을 알겠는가! 난 아는 것이 없도다'라고 하셨다. 아는 것이 없으면서 모르는 것이 없는 것, 바로 이것을 일러 절사라고 하며, 본심이라고 하는 것이다."(本心之學, 直達而已矣. 楊子問於陸子曰: 如何是本心? 陸子曰: 適來斷扇訟, 是知其爲是, 非知其爲非, 卽此是本心. 楊子曰: 如斯而已乎? 陸子竦然厲聲曰: 更有何也! 楊子言下廓然. 楊子論學也, 以絶四爲宗, 或者疑之曰: 是知其爲是, 非知其爲非, 而能無意乎? 知歸子曰: 直達而已矣, 何意之有? 子曰: 吾有知乎哉, 無知也. 無知而無不知, 是之謂絶四, 是之謂本心) 彭紹升,「讀楊子書」,『二林居集』卷2, 3면.【역주】육구연과 양간의 고사는『자호유서』(慈湖遺書) 권2「이륙선생사기」(二陸先生祠記)에 보인다. 팽소승이 읽었다는 양간의 책 역시 응당『자호유서』일 것이다. 그리고 '절사'(絶四)나 "吾有知乎哉, 無知也" 같은 공자의 말은 모두『논어』「자한」편 제4장과 제7장에 보인다. "直達而已"라는 표현 역시 아마도『논어』「위령공」(衛靈公) 편 제40장에 보이는 "문사(文辭)란 참뜻이 전달되기만 하면 된다"(辭達而已矣)에서 온 듯하다.

133 汪縉,「明尊朱之指」,『二錄』(『汪子遺書』本), 5면.

134 戴震,『孟子字義疏證』卷上,『戴震全集』1, 167면.

135 대진이 순자를 비판한 내용은 대부분이 정자와 주자를 비판한 부분에 보인다. 예를 들어 대진은 이렇게 말한다. "순자는 배움이란 그만둘 수 없는 것이라 보았으니, 만약 본래 갖추지 않았던 것이 아니라면 어찌하여 배워야 한단 말인가? 정자와 주자 역시 배움이란 그만둘 수 없는 것이라고 보았으니, 본래부터 갖추고 있던 것을 또 어찌하여 배워야 한단 말인가? 그래서 본래 갖추고 있던 것도 '기질(氣質)에 의하여 더럽혀지고 망가진다'라고 주장함으로써, 본래 갖추고 있는 것이 도리어 본래 갖추지 않았던 것 같아짐을 설명하는 데 편의를 도모하였다. 그래서 성(性)이라는 이름을 가져다 리에 덧씌워 버리고는, 기운(氣運)의 조화가 사람을 만들고 만물을 만들어 내는데 이는 바야흐로 성을 병들게 하는 것이라고 하였다. 성이란 비유컨대 물이 맑은데 물 속의 땅 때문에 더러워지고 혼탁해지는 것이라는 말이다. …물이 땅의 더러움 때문에 혼탁해진 것을 성이 형기(形氣) 속에서 더러워지고 망가진 것에 비유하였고, 이를 맑아지게 만드는 것을 배움에 비유하였다. 물이 고요하면 맑을 수 있다는 비유도 있는데, 노장과 불가가 무욕을 위주로 하고 정적(靜寂)을 위주로 하는 경우가 여기에 해당된다."(彼荀子見學之不可以已, 非本無, 何待於學? 而程子·朱子亦見學之不可以已, 其本有者, 何以又待於學? 故謂'爲氣質所汚壞', 以便於言本有者之轉而如本無也. 於是性之名移而加之理, 而氣化生人生物, 適以病性. 性譬

水之清, 因地而汚濁 …以受汚而濁喩性墮於形氣中汚壞, 以澄之而清喩學. 水靜
則能清, 老莊·釋氏之主於無欲, 主於靜寂是也) 戴震, 『孟子字義疏證』 卷中, 앞의
책, 1991, 187면.

136 錢大昕, 「臧玉琳『經義雜說』序」, 『潛研堂文集』(『四部叢刊』本), 卷24, 218면.

137 장학성은 공자가 말한 '하학상달'(下學上達)의 종지를 따라, 형이하의 기(器)로부터
     배워서(學) 형이상의 도에 도달할 수 있다고 여겼다. 그가 보기에 인의예지의 성은
     바로 선천적인 덕(天德)이었으며, 군신·부자·부부·형제·붕우의 윤리란 선천적인
     지위였고, 이른바 '배움'(學)이란 애오라지 독송만 하는 것이 아니라 '선천적인 덕'
     으로 '선천적인 지위'를 닦는 데에 있는 것이었다. 이렇게 도덕 실천을 다루는 방식
     에서 장학성은 마치 양명학의 신도처럼 보인다. 그러나 좀 더 깊이 살펴본다면 아주
     큰 차이가 있음을 발견할 수 있다. 그중에서도 가장 중요한 것이 바로 '배움'의 변천
     에 대한 장학성의 역사적 해설이다. 그는 도기일체의 관념에서 시작해 관사(官師)와
     치교(治教)의 분화가 제자백가의 출현과 후세 학술 변천의 가장 중요한 동력이 되
     었고, 이에 상응해 배움과 행동(行), 배움과 생각(思)의 관계 역시 변했다고 여겼다.
     그리고 이 때문에 후세 학자들은 이미 삼대 제도 안에서 지행합일 방식으로 '배울'
     수 없게 되었다고 여겼다. 이에 대한 것은 아래 글에서 상세히 다루고 있다. 章學誠,
     「原學」 上, 『文史通義』 卷2, 『章學誠遺書』 卷2, 北京: 文物出版社, 1985, 12~13면.

138 초순은 다음과 같이 말한다. "옛 학술이 미처 흥기하지 않았을 때에는 도가 그 학술
     을 보존하는 데에 있었고, 옛 학술이 크게 흥기한 뒤에는 도가 그 학술에 통달함을
     구하는 데에 있었습니다. 전자의 폐단은 배우지 않았다는 데에 문제가 있었고, 후자
     의 폐단은 생각하지 않았다는 데에 문제가 있었습니다. 실질로써 증명하며 이를 허
     령(虛靈)함에서 마음대로 부릴 수 있다면, 이것이야말로 경을 배우는 도에 가깝다고
     하겠습니다. 요즘 배우는 선비들은 뜬금없이 고증이라는 이름의 범주를 설정하였습
     니다. 저 초순은 …반복하여 이 이름의 그릇됨을 변별하였습니다."(古學未興, 道在
     存其學. 古學大興, 道在求其通. 前之弊, 患乎不學. 後之弊, 患乎不思. 證之以實,
     而能運之於虛, 庶幾學經之道也. 乃近來爲學之士, 忽設一考據之名目, 循 …反復
     辨此名目之非) 焦循, 「與劉端臨教諭書」, 『雕菰樓集』(文學山房本) 卷13, 25a~b면.

139 능정감(凌廷堪)은 건가 연간 학술의 방법론을 총결한 적이 있는데, 장학성의 관점
     과 대조해 볼 만하다. "옛날 하간헌왕(河間獻王)은 '실질적인 일로 옳은 것을 구하
     였다'고 합니다. 그 실질이 바로 앞에 있기에, 제가 옳다는 것을 사람들은 억지 부리
     며 그르다 할 수 없으며, 제가 그르다는 것을 사람들은 억지 부리며 옳다고 할 수 없
     습니다. 예를 들어 육서(六書)·구수(九數)·전장 제도의 학술이 바로 이에 해당합니
     다. 실질이 없는 이치만 앞에 있으면, 제가 옳다는 것을 사람들은 바로 또 다른 주장
     을 들어 그르다고 할 수 있으며, 제가 그르다는 것을 사람들은 또 다른 주장을 들어
     옳다고 할 수 있습니다. 의리지학이 바로 이에 해당합니다."(昔河間獻王實事求是.
     夫實事在前, 吾所謂是者, 人不能强辭而非之, 吾所謂非者, 人不能强辭而是之也.
     如六書·九數·典章制度之學是也. 虛理在前, 吾所謂是者, 人旣可別持一說以爲
     非. 吾所謂非者, 人亦可別持一說以爲是也. 如義理之學是也) 凌廷堪, 「戴東原先
     生事略狀」, 『校禮堂文集』 卷35, 北京: 中華書局, 1998, 317면.

140 장학성은 이렇게 말한다. "대진 선생은 경서를 해설하면서 오로지 정현의 주장만을

위주로 하지는 않았다. 그러나 그가 쓴 「여임유식서」(與任幼植書)에서는 함부로 정현의 주장에 반발하는 것을 경계하고 있다. 사람들은 모두가 이를 이상히 여기고 있으니, 이 두 입장이 모두 옳은 것임을 모르는 것이다. 대개의 학자들은 옛것에 대하여 그러한 까닭을 깊이 살피지 못하였기에 반드시 사설(師說)을 묵수(墨守)해야만 했던 것이다. 그러나 자신의 학문을 완성하고 나면, 여러 경서와 여러 선비의 경서 연구에 보이는 주장들을 회통하게 되면서 앞 사람의 주장이 근거할 수 없는 것임을 발견하게 된다. 이때부터 비로소 옛사람들의 큰 요체를 깨닫게 되고 더 나아가 천지의 순정함을 엿볼 수 있게 되는 것이다. 그러므로 정현을 배우더라도 감히 오로지 정현만을 따르진 못하는 것은 지극히 엄격하고 지극히 옛것을 좋아하기 때문이지, 옛것을 멸시해서 그런 것이 아니다."(戴君說經, 不盡主鄭氏說, 而其「與任幼植書」, 則戒以輕眸康成. 人皆疑之, 不知其皆是也. 大約學者於古未能深究其所以然, 必當墨守師說. 及其學之旣成, 會通於群經與諸儒治經之言, 而有以灼見前人之說之不可以據, 於是始得古人大體, 而進窺天地之純. 故學於鄭, 而不敢盡於鄭, 乃謹嚴之至, 好古之至, 非蔑古也) 章學誠, 『鄭學齋記』書後, 『文史通義』 外篇 2, 『章學誠遺書』 卷8, 74면.

141 왕학의 전통 중에 경(經)을 사(史)로 보는 관점은 끊이지 않고 이어져 왔다. 왕양명의 『전습록』에 이미 "오경은 모두 사다"라는 주장이 있었고, 왕세정(王世貞)의 『엄주사부고·예원치언』(弇州四部稿·藝苑巵言)에서는 "천지간에 역사가 아닌 것이 없나니, 육경이란 사서(史書) 중 이치를 말한 것이다"(天地間無非史而已. 六經, 史之言理者也)라고 했다. 이지(李贄)는 『분서』 「경사상위표리」(經史相爲表裏) 편에 이르길 "춘추라는 경서는 춘추 시대의 사서다. 『시경』·『서경』은 요순과 우왕·탕왕·문왕 이래의 사서다. 『역경』은 또 경서가 나온 바와 사서가 유래한 바를 사람들에게 도란 곧잘 움직여서 그 변화가 무상하니 어느 하나만을 고집할 수 없음을 보여준다. 그러므로 육경은 모두 사라고 해도 무방하다"(『春秋』一經, 春秋一時之史也. 『詩經』·『書經』, 二帝三王以來之史也. 而『易經』則又示人以經之所自出, 史之所從來, 爲道屢遷, 變易匪常, 不可以一定執也. 故謂六經皆史可也)라고 했다. 장순후이는 이에 근거해 다음과 같이 추론한다. "육경개사(六經皆史)라는 주장은 명대 사람이 진즉에 천명했으니 장학성으로부터 비롯되는 것이 아님을 알 수 있다. 이런 여러 학자들의 주장으로 미루어 고대의 저술들을 살펴보면, 어느 저술이 하나라도 사에 통섭되지 않을 수 있겠는가! 공자진은 일찍이 '사 외에는 따로 문자 저술이 없다'(史之外, 無有文字焉)고 말했는데(「고사구침론」古史鉤沉論) 전혀 과한 주장이 아니다. …육경의 말들을 모두 보자면 옛것을 연구하는 데에 자원이 되는 것이지 실용에는 도움이 되질 않는다. 육경과 이에 대한 주석서들은 천만의 숫자를 헤아리지만 이것들은 오늘날에 모두가 응당 사료로 간주되어야 한다." 張舜徽, 『史學三書平議』, 北京: 中華書局, 1983, 180면. 그러나 장순후이는 이 글에서 '육경개사'란 명제의 '사'(史)를 '사료'(史料)와 동일시하면서, '사'란 개념에 대한 유학적 함의는 설명하지 않고 있다. 이러한 실증 사학의 틀에서는 도덕 실천의 근거로서의 '사'의 함의를 드러낼 방도가 아예 없는 것이다.

142 章學誠, 「原學」 中, 『文史通義』 內篇 2, 『章學誠遺書』 卷2, 13면. 【역주】 원서에는 「원학」(原學) 중(中)이 아니라 「박약」(博約) 상(上)이라고 되어 있지만, 이는 잘못이

다.『장학성유서』에 근거해 수정했다.

143 같은 곳.

144 장학성의「경해」(經解) 상·중·하편 참조. 章學誠,『文史通義』內篇1,『章學誠遺書』
卷1, 8~9면.

145 예를 들어 초순은 다음과 같이 말한다. "주나라·진나라에서 한나라에 이르기까지
모두가 이를 배움(學)이라고 불렀을 뿐 …고증이란 표현은 없었다. …경학이란 경
문(經文)을 위주로 하면서, 여러 제자서와 사서, 천문역법과 수학, 음양오행, 육서
와 칠음 등을 보조로 삼아 이를 두루 모아 회통하고, 쪼개어 세밀하게 변별하면서,
그 훈고를 구하고, 그 제도를 꼼꼼히 살피고, 그 도의를 밝히는 것으로, …자신의 성
령(性靈)을 옛 성인들의 성령과 합치시키고, 아울러 수천 수백의 저술가와 주장을
펼친 자들의 성령을 두루 꿰뚫어야 한다. …성령이 없다면 경학이라고 말할 수 없
다."(自周秦以至於漢, 均謂之學, …無所謂考據也. …經學者, 以經文爲主, 以百家
子史·天文術算·陰陽五行·六書七音等爲之輔, 匯而通之, 析而辨之, 求其訓故, 核
其制度, 明其道義, …以己之性靈, 合諸古聖之性靈, 並貫通於千百家著書立言者
之性靈. …無性靈不可以言經學) 焦循,「與孫淵如觀察論考據著作書」,『雕菰樓集』
卷13, 21b~23a면.

146 章學誠,「原道」上,『文史通義』內篇 2,『章學誠遺書』卷2, 10면.

147 「서교」書敎 상上에서 이르길 "옛사람은 일을 말 중에 드러내 보였으니 말이 곧 일
이 되는 것이며, 말과 일을 두 가지로 나눈 적이 없었다"(古人事見於言, 言以爲事,
未嘗分事言爲二物也)라고 했다. 章學誠,「書敎」上,『文史通義』內篇 1,『章學誠遺
書』卷1, 3면.

148 章學誠,「經解」中,『文史通義』內篇 1,『章學誠遺書』卷1, 8면.

149 章學誠,「原道」上,『文史通義』內篇 2,『章學誠遺書』卷2, 10면.

150 같은 곳.

151 章學誠,「易敎」上,『文史通義』內篇 1,『章學誠遺書』卷1, 1면.【역주】원서에는
'『章學誠遺書』卷2'로 잘못 표기되었다.

152 章學誠,「原道」中,『文史通義』內篇 2,『章學誠遺書』卷2, 11면.

153 예를 들어「관자」「계」편에서 말한 "네 가지 경을 버리다"(澤其四經)의 '네 가지 경'
은 바로 '네 가지 근간이 되는 가르침'(四術:『시』,『서』,『예』,『악』)이다.『순자』「권
학」편에서 말한 "배움이란 어디서 시작하여 어디서 끝나는가? 난 이렇게 답하였다.
배움의 방법이란 경을 읽고 외우는 데서 시작하여 예를 익숙하게 익히는 데서 끝난
다. 그 뜻은 선비가 되는 데서 시작하여 성인이 되는 데서 끝난다."(學惡乎始? 惡
乎終? 曰: 其數則始乎誦經, 終乎讀禮, 其義則始乎爲士, 終乎爲聖人) 여기서 '경'
은 바로 '전적'(典籍)을 가리킨다.『장자』「천도」편에서 언급한 "공자는 십이경(十二
經)을 풀이하였다"(孔子繙十二經)란 표현이 있긴 하지만「천도」편은『장자』의 외편
(外篇)으로 후세 사람이 지은 것이니 이를 전국시대의 관점으로 칠 수는 없다. 이 때
문에 학술사 연구자들은 통상적으로 "'경'을 중국 유가에서 편찬하고 지은 서적이라
고 푼 해석은 응당 전국시대 이후에 나왔으며", 그건 아마도 한 무제가 여타 학파를
축출하고 유술(儒術)만을 존숭하던(罷黜百家, 獨尊儒術) 시기에 나왔을 것이라고
여긴다. 湯志鈞,『近代經學與政治』, 北京: 中華書局, 1989, 2~3면.

154   章學誠,「經解」上,『文史通義』內篇 1,『章學誠遺書』卷1, 8면.

155   龔自珍,「六經正名」, 張舜徽 編選,『文獻學論著輯要』, 西安: 陝西人民出版社,
      1985, 99면. 피석서(皮錫瑞)는 다음과 같이 말한다. "공자가 편정한 것을 경이라 하
      고, 제자들이 풀이한 것을 전(傳) 혹은 기(記)라 하고, 제자들이 다시 그 제자들에
      게 전수하길 여러 차례 거듭한 것을 설(說)이라고 한다."(孔子所定謂之經, 弟子所
      釋謂之傳, 或謂之記, 弟子輾轉相授謂之說) 皮錫瑞,『經學歷史』, 北京: 中華書局,
      1959, 67면.

156   章學誠,「經解」上,『文史通義』內篇 1,『章學誠遺書』卷1, 8면.

157   章學誠,「原道」上,『文史通義』內篇 2,『章學誠遺書』卷2, 10면.

158   章學誠,「經解」上,『文史通義』內篇 1,『章學誠遺書』卷1, 8면.

159   같은 곳.

160   제자서에 관해서는 송렴의『제자변』(諸子辨) 참조. 張舜徽 編選, 앞의 책, 1985,
      196~217면.

161   章學誠,「原道」上,『文史通義』內篇 2,『章學誠遺書』卷2, 11면.

162   章學誠,「經解」上,『文史通義』內篇 1,『章學誠遺書』卷1, 8면.

163   장학성은「언공」(言公) 상(上)에서 이렇게 말했다. "제자백가는 자신의 학문으로 천
      하를 바꾸려는 생각에, 자신들이 말하는 도가 천하에 더할 것이 없는 완벽한 것이라
      고 서로들 다투긴 했지만, 그들의 말과 문장 자구들을 보면 그래도 사사로이 자신에
      게서 나온 바는 없었다. …제자백가가 분분히 등장하게 된 것은 도술이 이미 분열되
      었기에, 각자 자신의 총명한 재주와 능력이 쏠리는 바에 근거하여 대도의 일단을 얻
      은 제자들이 모두들 자신이 가진 일단만을 가지고 천하를 뒤바꾸고자 하였기 때문
      이다. 그들은 입론에 나름대로 근거를 가지고 있었고 말에도 나름대로 논리를 갖추
      고 있었기에, 그 학술을 퍼트리면서 이를 자신의 문도들에게 전수하였다."(諸子思
      以其學易天下, 固將以其所謂道者, 爭天下之莫可加, 而語言文字, 未嘗私其所出
      也. …諸子之奮起, 由於道術既裂, 而各以聰明才力之所偏, 每有得於大道之一端,
      而逐欲以之易天下. 其持之有故, 而言之成理者, 故將推衍其學術, 而傳之其徒焉)
      章學誠,『文史通義』內篇 4,『章學誠遺書』卷4, 29면.

164   章學誠,「詩敎」上,『文史通義』內篇 1,『章學誠遺書』卷1, 5면.

165   章學誠,「補校漢藝文志第十」第3條,『校讎通義』內篇2,『章學誠遺書』卷11, 99면.
      장학성이『순자』의「비십이자」를「비십자」(非十子)라고 한 것은 한영(韓嬰)의『한시
      외전』(韓詩外傳)에서『순자』의 이 편을 인용하면서 열두 제자 중 자사와 맹자에 대
      한 비판이 빠졌기에 이로부터 유추해 얻어 낸 것이다.【역주】사실 장학성의 이러한
      관점은 이미 송대에 왕응린에 의해 제기되었던 것이다(『곤학기문』困學紀聞 10「제
      자」諸子 편에 보인다). 왕응린은『한시외전』을 근거로 원래 순자는 10명의 제자를
      비판했을 뿐이고, 이후 자사와 맹자에 대한 비판은 순자의 제자인 한비나 이사 등이
      덧붙인 것으로 추정했다. 이후 황진 역시 왕응린의 견해에 동감을 표했다(『황씨일
      초』권22에 보인다). 그러나 청대 학자 진례(陳澧)는 이 같은 견해는 왕응린이 순자
      를 위해 변호하기 위해 내놓은 것일 뿐이라고 주장했다(『동숙독서기』東塾讀書記 권
      12에 보인다). 실제로 현재 이사 등의 자사와 맹자 비판 첨가설은 그다지 인정받지
      못하고 있다. 그리고 자사와 맹자를 순자의 비판에서 제외한 시각은 순자를 위한 것

이라기보다는 오히려 송대에 확립되기 시작한 이학적 학풍 속에서 이학의 주요 인물인 맹자를 변호하기 위해 나왔을 가능성이 더 크다.

166 章學誠, 「漢志諸子第十四」 第24條, 『校讎通義』 內篇 3, 『章學誠遺書 卷12, 105면.

167 章學誠, 「補校漢藝文志第十」 第4條, 『校讎通義』 內篇 2, 『章學誠遺書』 卷11, 99면.

168 章學誠, 「補校漢藝文志第十」 第8條, 같은 책, 100면.

169 장학성은 다음과 같이 말한다. "「천문」(天文)에서는 선야(宣夜)·주비(周髀)·혼천(渾天) 등에 관한 주장이 담긴 서적들을 둔 뒤에, 안천(安天)에 대한 논의나 하늘을 얘기한 주장을 붙여 둔다. 어느 것은 일반적이고 어느 것은 독특하지만 조리 있게 구별하니, 확실하게 변별되어 합당한 위치를 얻게 된다. 이는 이른바 도에 해당한다. 『한서예문지』에 수록된 『태일잡자성』(泰壹雜子星), 『오잔잡변성』(五殘雜變星) 따위는 앞서 조리 있게 구별한 갈래에 맞추어 구별하여 위치를 정한다. 이는 이른바 기(器)에 해당한다. 「지리」(地理)에서는 풍수가의 주장이 담긴 서적은 전문적으로 이론을 수립한 것이다. 이것은 이른바 도에 해당된다. 『한서예문지』에 수록된 『산해경』 따위는 앞서 조리 있게 구별한 갈래에 맞추어 구별하여 위치를 정한다. 이는 이른바 기에 해당한다."(天文, 則宣夜·周髀·渾天諸家, 下逮安天之論·談天之說, 或正或奇, 條而別之, 辨明識職, 所謂道也. 『漢志』所錄『泰壹』·『五殘變星』之屬, 附條別次, 所謂器也. 地理, 則形家之言, 專門立說, 所謂道也. 『漢志』所錄『山海經』之屬, 附條別次, 所謂器也) 章學誠, 「補校漢藝文志第十」 第6條, 『校讎通義』 內篇 2, 『章學誠遺書』 卷11, 99면. 【역주】 중국의 전통적인 천문학에서는 일반적으로 하늘의 구조에 대해 선야·개천(蓋天)·혼천의 주장이 있다. 장학성이 말한 주비(周髀)가 바로 개천이다. '안천(安天)에 대한 논의'(安天之論)란 동진 시기 우희(虞喜)가 지은 『안천론』(安天論)을 가리킨다. 이 책은 일실되었는데 전해지는 말로 우희는 선야설에 근거해 이 책을 지었다고 한다. '하늘을 얘기한 주장'(談天之說)이란 전국시대 제나라 추연의 학설을 가리킨다. 추연은 당시 오덕시종설(五德始終說)과 천지광대설(天地廣大說)을 주장해 이후 중국 문화 전반에 깊은 영향을 끼쳤다.

170 장학성은 공자와 선왕의 관계를 다음과 같이 분석한다. "공자가 선왕을 존숭하기에 스스로 겸손하려는 의도로 자신은 지어내지〔作〕 않았다고 한 것이 아니다. 공자는 본래부터 지어낼 만한 바가 없었던 것이다. 공자는 덕은 지녔으되 그에 걸맞은 지위가 없었기에 제작할 수 있는 권세가 없었다. 공허한 말로는 남을 가르칠 수 없는 까닭은, 이른바 '징험함이 없으면 믿어 주지 않기' 때문이다. 가르치는 일은 복희·헌원 이래로 대개 이미 있었다. 『주역』「계사전」 하편에 기술된 바를 보면, 성인은 몸소 법도를 드러내고 실질적인 일에 근거하여 가르침을 세웠으며, 일찍이 정치를 펼치는 것 이외에는 따로 가르침과 법도라는 것이 없었음을 알 수 있다. 순임금의 우나라 가르침에는 전문적인 담당 관리가 있었다. 사도는 가르침을 삼가 펼쳤고 전악(典樂)은 순임금으로부터 가르치는 일을 명받았고, 학교의 설립은 우·하·은·주 사대(四代)에 두루 있었으며, 귀족 자제의 교육을 담당한 사성(司成)과 사씨(師氏)·보씨(保氏)의 직분에 대해서는 『주관』에 상세하다. 그리고 이미 교육을 담당한 관리가 관직에 열거되어 있는 것으로 보아, 학업을 가르치고 배우는 일이 옛 제도에 보존되어 있었던 것이다. 그들이 익힌 바는 수신·제가·치국·평천하의 도이며, 그들이 스

승 삼은 바는 해당 관직을 맡고 있던 사람이다. 이때에는 정치와 가르침이 둘이 아니며, 관(官)·사(師)가 하나로 합쳐진 때이니, 어찌 공허한 말로 사사로운 주장을 남겼겠는가? 유가에서 공자를 존숭한답시고, 공자를 사사로이 유자만의 종사(宗師)로 삼아 버린다면, 이 역시 공자를 모르는 것이다. …선비란, 현사(賢士)가 성군과 현신이 어우러지는 태평성대를 만나지 못하여 능력을 펼칠 만한 지위를 얻어 크게 행할 수 없기에, 선왕의 도를 지키며 후세의 학자를 기다리는 것을 말한다. 이는 어찌할 수 없는 상황의 추세에서 나온 것일 뿐이다."(非夫子推尊先王, 意存謙牧而不自作也. 夫子本無可作也. 有德無位, 卽無製作之權, 空言不可以敎人, 所謂無徵不信也. 敎之爲事, 羲軒以來, 蓋已有之. 觀『易·大傳』之所稱述, 則知聖人卽身示法, 因事立敎, 而未嘗於敷政出治之外, 別有所謂敎法也. 虞廷之敎, 則有專官矣. 司徒之所敬敷, 典樂之所諮命, 以至學校之設, 通於四代, 司成師保之職, 詳於周官. 然旣列於有司, 則肄業存於掌故, 其所習者, 修齊治平之道, 而所師者, 守官典法之人, 治敎無二, 官師合一, 豈有空言以存其私說哉. 儒家者流, 尊奉孔子, 若將私爲儒者之宗師, 則亦不知孔子矣. …賢士不遇明良之盛, 不得位而大行, 於是守先王之道, 以待後之學者, 出於勢之無可如何爾) 또 이렇게도 말한다. "진대(秦代) 사람들은 서로 『시』·『서』에 대해 얘기하는 것을 금하고는 "법령을 배우고자 한다면 관리를 스승으로 삼으라"라고 말하였다. 무릇 진나라가 옛것에 대하여 저지른 패륜은 『시』·『서』를 금한 것뿐이다. "법령을 배울 자는 관리를 스승으로 삼으라"라고 말한 것은, 바로 도와 기가 하나로 합쳐진 것이며, 관리와 스승, 그리고 정치와 가르침이 일찍이 둘로 나뉘기 전의 지극한 이치다."(秦人禁偶語『詩』·『書』, 而云: '欲學法令, 以吏爲師.' 夫秦之悖於古者, 禁『詩』·『書』耳. 至云 '學法令者, 以吏爲師', 則亦道器合一, 而官師治敎未嘗分歧爲而之至理也) 章學誠, 「原道」中, 『文史通義』內篇 2, 『章學誠遺書』卷2, 11면.

171 이 때문에 장학성은 다음처럼 자문자답한다. "어떻게 한 마디로 공자를 다 드러낼 수 있을까? 내 가로되, 공자는 주공을 배웠을 따름이다. 그럼 주공 이외에는 따로 배울 만한 바는 없단 말인가? 내 가로되, 배워야 할 것 중 공자가 미치지 못한 부분은 없었다. 주공이 이미 여러 성인의 성과를 모아 놓았기에 주공 이외에 따로 배움이라 일컬을 바는 없었다. 주공이 여러 성인의 크게 이룬 바를 모아 놓았고, 공자는 이를 배워 주공의 도를 다하였으니 이 한 마디로 족히 공자의 전모를 포괄할 수 있다."(何以一言盡孔子? 則曰: 孔子學周公而已矣. 周公之外, 別無所學乎? 曰: 非有學而孔子有所不至. 周公旣集衆聖之成, 則周公之外, 更無所謂學也. 周公集群聖之大成, 孔子學而盡周公之道, 斯一言也, 足以蔽孔子之全體矣) 章學誠, 「原道」上, 같은 책, 10면.

172 章學誠, 「與陳鑑亭論學」, 『文史通義』外篇 3, 『章學誠遺書』卷9, 86면.

173 戴逸, 「四庫全書和法國百科全書」, 『乾隆帝及其時代』, 北京: 人民大學出版社, 1992, 369~387면.

174 章學誠, 「原道第一」第2條, 『校讎通義』內篇 1, 『章學誠遺書』卷10, 95면.

175 『한서예문지』 「총서」(總序)에서는 다음과 같이 말한다. "옛날에 공자가 죽자 미언이 끊겼고, 공자의 70 제자들이 죽자 대의가 어그러졌다. 그래서 『춘추』는 다섯 가지 해석으로 나뉘었고, 『시』는 네 가지 해석으로 나뉘었으며, 『역』은 여러 학자의 해석

이 있게 되었다. 전국시대에는 유세객들이 종횡무진하다 보니 그들이 근거한 바의 진위를 둘러싸고 다툼이 생겨났고, 제자백가의 말이 어지러이 뒤섞이기 시작하였다. 진대(秦代)에 이르러서는 이처럼 혼란스러운 상황을 우려해 제자백가의 문장들을 불태워 없애 버려 백성들을 어리석게 만들었다. 한나라가 흥기하자 진나라의 폐해를 고쳐 대대적으로 전적들을 수거하면서 사람들이 서적을 바칠 수 있는 길을 크게 열어 두었다. 하지만 무제 때에 이르자 서적 중 없어지거나 죽간 중 빠진 부분이 많다 보니 예악이 붕괴되기 시작하였다. 무제는 탄식하며 이렇게 말했다. '짐은 이 같은 상황이 너무나 근심스럽소!' 그래서 서적을 수장할 방책을 세우고, 수집된 서적을 새로 옮겨 적을 관직을 마련하고, 아래로는 제자백가와 부수적인 주석이나 주장이 들어간 책들까지 모두 궁중 도서관에 채워 넣었다. 성제(成帝) 때에 이르자 서적 중 흩어지고 없어진 것이 많았다. 이에 성제는 알자(謁者) 진농(陳農)에게 천하의 남겨진 서적들을 구하여 오라 시키고, 조서를 내려 광록대부(光祿大夫) 유향에게 경전과 제자서, 그리고 시부를 교정케 하고 보병교위 임굉에게 병서를 교정케 하고, 태사령(太史令) 윤함에게 술수 관련 책들을 교정케 하고, 시의(侍醫) 이주국에게 방기 관련 책들을 교정케 했다. 유향은 매번 한 책의 교정을 마칠 때마다 그 서적들의 이름을 정리하고 책의 요지를 추린 뒤 이를 기록하여 임금에게 올렸다. 유향이 죽었을 때 애제(哀帝)는 다시 유향의 아들인 시중 겸 봉거도위(奉車都尉) 유흠으로 하여금 죽은 아비의 일을 계속하게 하였다. 유흠은 모든 책을 총괄하여 『칠략』을 만들어 임금에게 올렸다. 그래서 『칠략』은 「집략」, 「육예략」, 「제자략」, 「시부략」, 「병서략」, 「술수략」, 「방기략」으로 이루어졌다."(昔仲尼沒而微言絶, 七十子喪而大義乖. 故『春秋』分爲五, 『詩』分爲四, 『易』有數家之傳. 戰國從衡, 眞僞分爭, 諸子之言紛然殽亂. 至秦患之, 乃燔滅文章, 以愚黔首. 漢興, 改秦之敗, 大收篇籍, 廣開獻書之路. 迄孝武世, 書缺簡脫, 禮壞樂崩, 聖上喟然而稱曰: "朕甚閔焉!" 於是建藏書之策, 置寫書之官, 下及諸子傳說, 皆充祕府. 至成帝時, 以書頗散亡, 使謁者陳農求遺書於天下. 詔光祿大夫劉向校經傳諸子詩賦, 步兵校尉任宏校兵書, 太史令尹咸校數術, 侍醫李柱國校方技. 每一書已, 向輒條其篇目, 撮其指意, 錄而奏之. 會向卒, 哀帝復使向子侍中奉車都尉歆卒父業. 歆於是總羣書而奏其『七略』, 故有「輯略」, 有「六藝略」, 有「諸子略」, 有「詩賦略」, 有「兵書略」, 有「術數略」, 有「方技略」) 張舜徽 編選, 앞의 책, 1985, 23면.

176 阮孝緖, 「序」, 『七錄』, 같은 책, 26면.

177 완효서는 『칠록』「서」에서 다음과 같이 말한다. "유향·유흠 부자는 비록 『칠략』이라고 했지만 사실은 여섯 가지 분류였다. 그래서 왕검(王儉)은 『칠지』(七志)에서 따로 「도보지」(圖譜志)를 만들어 일곱 가지를 채웠다. 그 외에 다시 『칠략』과 『한서』·『후한서』 '예문지' 그리고 『중경신부』(中經新簿)에 빠진 책들을 정리하고, 아울러 방외의 경전이라 할 수 있는 불경과 도경을 각기 하나씩 부록으로 만들었다. 이 부록들은 『칠지』의 뒤에 덧붙어 있었지만 '칠'이란 숫자에 포함되지 않았다."(以向歆雖云『七略』, 實有六條, 故別立「圖譜」一志, 以全七限. 其外又條『七略』及二『漢·藝文志』『中經簿』所闕之書, 並方外之經, 佛經道經各爲一錄. 雖繼『七志』之後, 而不在其數) 같은 책, 26면. 【역주】이는 남조 송나라 때 왕검이 지은 『칠지』에 대한 설명이다. 『칠지』는 「경전지」(經典志), 「제자지」(諸子志), 「문한지」(文翰志), 「군서지」(軍書

志),「음양지」(陰陽志),「술예지」(術藝志),「도보지」로 이루어져 있었고 불경과 도경이 부록되어 있었다. 이름은 조금씩 차이가 나지만 도서 분류는「도보지」말고는 모두『칠략』의 6분법을 그대로 계승하고 있었다.

178 장학성은 다음과 같이 말한다. "교수(校讎)의 의미는 유향 부자의 도서 분류와 배열에서 비롯되었으며, 이로써 학술의 성격을 변별하고 그 연원과 지류를 거슬러 올라가 연구한 것이다. 도술의 정미함과 여러 주장의 득실에 대한 근거를 깊이 통찰한이가 아니고서는 이 작업을 하기에 부족하다. …오늘날 여러 학자를 절충하고 그 연원과 갈래를 연구하며『교수통의』를 지었는데 총 십여 편을 한 주제로 엮은 것이다. 학술의 연원에 대하여 확실히 구별해 낸 바가 있기를 바라노라."(校讎之義, 蓋者劉向夫子部次條別, 將以辨章學術, 考鏡源流, 非深明於道術精微, 群言得失之故者, 不足與此. …今爲折衷諸家, 究其源委, 作『校讎通義』, 總若干篇, 勒成一家, 庶於學術淵源, 有所釐別) 章學誠,「序」,『校讎通義』,『章學誠遺書』卷10, 95면.

179 章學誠,「原道第一」第3條,『校讎通義』內篇 1, 같은 책, 95면.

180 같은 곳.

181 長孫無忌,「經籍志・總序」,『隋書』, 張舜徽 編選, 앞의 책, 1985, 30~31면.

182 사부 분류의 성립에 관해선 張壽榮,「序」,『八史經籍志』; 紀昀,「序」,『四庫全書總目提要』; 錢大昕,「論經史子集四部之分」; 金錫齡,「『七略』與四部分合論」 등 참조. 모두 張舜徽 編選,『文獻學論著輯要』, 34~81면에 보인다.

183 "『상서』는 말과 일을 기록하였고,『춘추』는 연월의 순서에 따라 기록하였으니, 예로부터 사서(史書)에는 평론이 존재하지 않았다.『춘추좌씨전』부터 사건의 시말을 다 갖추어 기록하면서 때때로 풀이하는 말로 사건 속의 이치를 밝히고는 가상의 '군자'가 한 평론을 덧붙여 두었다.『사기』를 지은 사마천이 이를 본받아 매 편 끝에 따로 '태사공 가로되' 하는 평론을 하였다.『한서』를 지은 반고가 이를 본받아「찬」을 지었고,『후한서』를 지은 범엽(范曄) 역시 이를 따라「논」(論)을 덧붙여 두었다. 이러한 와중에 갈수록 사서의 평론은 화려해졌고 결국에는 일정한 격식이 되었다. 따로 책을 지어 역사 사실을 토론하는 것은 그 연원이『춘추공양전』과『춘추곡량전』에서 비롯되었다. 시비득실을 따지는 것은 또 제자백가 중 명가(名家)에 근본한 것인데, 이를 가리켜 '사물의 명칭과 속성을 따져 바로잡는다'라고 했다. 당대 이전에는 그래도 진득하고 질박했는데, 송대에 들어와서 함부로 내뱉는 주장이 많아진 데다가, 과거 시험 형식의 문장이나 대책(對策) 및 상서(上書) 따위의 영향까지 받게 되었다."(『尙書』記言記事,『春秋』紀月編年, 自古史冊, 未有評論者也. 自左氏傳經, 旣具事之始末, 時復詮言明理, 附於'君子'設辭, 史遷因之, 篇終別起, 班氏因而作「贊」, 范氏從而加「論」, 踵事增華, 遂爲一定之科律矣. 至於別爲一書, 討論史事, 其源出於『公』・『穀』, 辨別是非得失, 又本諸子名家, 以謂辨正名物. 自唐以前, 猶存諄質, 入宋以後, 騰說遂多. 又加科擧程式之文, 擬策進書之類) 章學誠,「史考摘錄」,『章學誠遺書』「佚篇」, 655면.

184 章學誠,「宗劉第二」,『校讎通義』內篇 1,『章學誠遺書』卷10, 95~96면.

185 章學誠,「原道第一」, 같은 책, 95면.

186 章學誠,「史考摘錄」,『章學誠遺書』, 654면.

187 같은 책, 655면.

188 장학성은 구체적으로 다음과 같이 풀이한다. "사마천의 『사기』와 반고의 『한서』는 경전과 제자백가의 경계를 들락거렸는데, 이는 직접 공자의 『춘추』 필법을 전수 받은 자가 아니라면 첨삭의 은미한 뜻을 얻을 수 없었을 것이다. 글자의 음에 대한 설명과 글자의 뜻풀이는 본 책에 덧붙여 진행되는 것인데, 이러한 설명과 풀이의 의도는 바로 본 책의 뜻을 소통시키고 증명하는 데 있었다. 이는 본 책에 대해 마치 신하나 종복과 같은 존재인 것이다. 고정(考訂)과 변론을 따로 한 책으로 만들면서 아울러 본 책의 득실을 바로잡는 것은, 본 책에 대해 마치 잘못을 바로잡아 주는 좋은 벗과 같은 역할이다. 사학을 추구하는 데서 글자의 음에 대한 설명과 글자의 뜻풀이 외에도 고정은 반드시 갖추어져야 할 바다. 예를 들어 남송 홍준(洪遵)의 『정정 『사기』 진본범례』(訂正『史記』眞本凡例), 금 왕약허王若虛의 『사기변혹』(史記辨惑), 남송 예사(倪思)의 『반마이동』(班馬異同), 북송 오진(吳縝)의 『『신당서』 규류』(『新唐書』糾謬) 등의 책들이 후세 사람들에게 보탬이 되는 바가 어찌 적을 수 있겠는가!"(馬班諸史, 出入經傳百家, 非其親指授者, 末由得其筆削微意. 音訓解詁, 附書而行, 意在竦通證明, 其於本書, 猶臣僕也. 考訂辯論, 別自爲書, 兼正書之得失, 其於本書猶諍友也. 求史學於音訓解詁之外, 考訂在所必資. 則若宋洪遵之『訂正『史記』眞本凡例』, 金王若虛之『史記辨惑』, 宋倪思之『班馬異同』, 吳縝之『新唐書糾謬』諸書, 資益後人, 豈淺鮮哉) 같은 책, 655면.

189 장학성은 이렇게 말한다. "통(通)이란 천하 사람들이 상통하지 못하는 바를 통하게 하여 준다는 것이다. 『역』·『서』·『시』는 서로 전혀 상관이 없어서 『역』을 읽으면 마치 『서』는 없는 듯 느껴지고, 『서』를 읽으면 마치 『시』는 없는 듯 느껴지는데, 경서 전반에 대해 『이아』(爾雅)는 훈고를 다루고 소학은 육서를 밝히니, 바로 이러한 것이 통달시켜 준다(通)는 말이다. 옛사람들은 자유로이 기존의 저술들을 쪼개어 각론으로 보거나 합쳐서 통론으로 본 일은 말하지 않아도 다들 알고 있는 사실이다. 그런데 한나라 사람들은 예를 들어 반고의 『백호통의』(白虎通義)나 응소(應劭)의 『풍속통의』(風俗通義)처럼 아예 '통'을 책의 제목으로 삼았고, 남조 양나라 때에는 예를 들어 무제(武帝)의 명으로 수찬된 『통사』처럼 '통'이 아예 사서의 체재로 편입되었으니, '통'이 들어간 그 체례에는 아마도 이전의 것과는 확연히 뒤섞일 수 없는 부분이 있으리라. …무릇 통사에 실린 사람의 역사에 대한 내용이 전후로 1천 년에 달한다 하더라도, 의례가 일관되기 때문에, 많은 세대가 떨어져 있더라도 이 모두를 포괄하여 쓰는 것을 꺼리지 않는 것이다."(通者, 所以通天下之不通也. 讀『易』如無書, 讀『書』如無詩, 『爾雅』治訓詁, 小學明六書, 通之謂也. 古人離合撰著, 不言而喩, 漢人以通爲標目, 梁世以通入史裁, 則其體例, 蓋有截然不可混合者矣. …夫通史, 人文上下千年, 然而義例所通, 則隔代不嫌合撰) 章學誠, 「釋通」, 『文史通義』 內篇 4, 『章學誠遺書』 卷4, 37면. 또 이렇게도 말한다. "오늘날 장자(章子: 장학성을 가리킨다 – 역자)께서는, 작자(作者)란 의지(義旨)를 가져야 한다고 하시는데, …이는 공자의 가르침에 어긋나는 것이 아닐까? …나 장자는 이처럼 답하였다. 천하의 여러 주장들은 각자 합당한 바가 있으니, 경전에 실린 주장들 역시 이와 같을 따름이다. 옛사람의 책을 읽으면서도 그 종지는 꿰뚫지 못하면서, 하릴없이 그 책 중 의혹이 있는 부분에만 집착한다. 한 부분에 대해서만 이와 다른 풀이들을 이기려고 한다면, 그런 주장이 너무 많아져서 다 쓰이지도 못할 것이다. …『역』에서 가로되 '일정한 요

체(要諦)가 될 수 없다'라고 하였건만 『서』에선 뜻밖에도 '문사는 요체를 숭상한다'고 하였다. 『시』는 읽을 때는 표면적 표현에 근거하여 그 안에 담긴 본뜻(志)을 해치지 않는 법이지만, 『춘추』는 바로 한마디의 말로 시비를 확정해 버린다. …만약 '옛 것을 좋아하여 기민하게 이를 구하며' '과거의 문헌으로 그것이 믿을 수 있는 것인지를 징험한다'고 하여도, 난 옛 성인들의 과거 행적과 말씀을 폐기시켜도 된다고는 생각지 않는다. 많이 들은 뒤에야 취사선택을 하게 되며 두루 배운 뒤에야 간략하게 추릴 수 있는데, 그 택한 바는 자임하는 바이기에 일괄적으로 기존의 주장에만 얽매일 수는 없다."(今先生謂作者有義旨, …毋乃背於夫子之教歟? …章子曰: 天下之言, 各有攸當, 經傳之言, 亦若是而已矣. 讀古人之書, 不能會通其旨, 而徒執其疑似之說, 以爭勝於一隅, 則一隅之言不可勝用也. …『易』曰: '不可爲典要', 而『書』則偏言辭尙體要焉; 讀『詩』不以辭害志, 而『春秋』則正以一言定是非焉. …若云好古敏求, 文獻徵信, 吾不謂往行前言, 可以滅裂也. 多聞而有所擇, 博學而要於約, 其所取者有以自命, 而不可槪以成說相拘也) 章學誠, 「答客問」中, 같은 책, 38면.

190 章學誠, 「書教」下, 『文史通義』內篇 1, 『章學誠遺書』卷1, 4면. 【역주】이 인용문에 보이는 '圓而神', '方以智', '智以藏往, 神以知來' 같은 표현은 모두 『주역』「계사전」상편에 보인다.

191 장학성은 다음과 같이 말한다. "도는 두루 통하려 하지만, 학업은 전일해야 한다. 배움은 반드시 심득(心得)을 구해야 하고 학업은 반드시 전일하고 정심함을 구해야 한다."(道欲通方而業須專一, 學必求其心得, 業必貴於專精) 章學誠, 「博約」下, 『文史通義』內篇 2, 『章學誠遺書』卷2, 14면. 또한 이렇게도 말한다. "사서에서 귀하게 여기는 바는 담긴 의미요, 갖추어 놓은 바는 사건들이요, 근거하는 바는 문장이다. …사식(史識)이 아니고선 그 담긴 의미를 판단할 방법이 없고, 사재(史才)가 아니고선 문장을 훌륭하게 할 방법이 없으며, 사학(史學)이 아니고선 그 사건들에 대하여 속속들이 알 방법이 없다."(史所貴者義也, 而所具者事也, 所憑者文也. …非識無以斷其義, 非才無以善其文, 非學無以練其事) 章學誠, 「史德」, 『文史通義』內篇 5, 같은 책 卷5, 40면.

192 앞의 책, 369~370면 참조.【역주】구사(九史)란 『구당서』, 『신당서』, 『구오대사』, 『신오대사』, 『송사』, 『요사』, 『금사』, 『원사』, 『명사』다. 이 중 『신당서』, 『신오대사』, 『송사』, 『요사』, 『금사』, 『원사』, 『명사』 7종은 「지」와 「표」를 모두 싣고 있으며, 『구당서』와 『구오대사』는 「지」만 있고 「표」는 없다.

193 章學誠, 「書教」上, 『文史通義』內篇 1, 『章學誠遺書』卷1, 2~3면.

194 章學誠, 「詩教」上, 『文史通義』內篇 1, 『章學誠遺書』卷1, 5면.

195 楊聯升, 『國史探微』, 臺北: 聯經出版事業公司, 1983, 351~353면.

196 이는 결코 장학성이 제자학이나 송명 이학의 일가지언으로 전향했음을 보여 주는 것이 아니다. 이는 『춘추』의 대의와 사마천의 통식(通識)을 계승한 것으로, 사학적 글쓰기 중에 역사에 대한 확고한 견해를 가지고 고금의 변화에 통달하는 것이다. 장학성은 『춘추』의 참뜻을 다음과 같이 기술한다. "아아! 도가 밝혀지지 않은 지 오래구나! 육경은 모두가 사(史)다. 형이상을 도라 하고 형이하를 기라 한다. 공자는 『춘추』를 지으며 '내가 공허한 말을 글에 싣고자 하였으나, 이미 실행되었던 구체적 사실을 통하여 절실하고도 분명하게 보이는 것만 못하였다'라고 말하였다. 그런즉 전

장 제도와 사실은 '제작하는 자'(作者)가 감히 소홀히 하지 않는 바이니, 기(器)에서 도를 밝히려는 것일 따름이다. …도는 밝히지 못하였건만 기의 차원에서 다투고 사실은 충족하지 못했으면서 문장이나 겨루니, …이러한 짓에 푹 빠진 세상 사람들은 제대로 득실을 살피지 못하는 것이다. 태사공 사마천이 가로되 '학문을 좋아하고 사려가 깊으며 마음으로 그 참뜻을 안다'고 하였거늘, 요즘 세상에서 어떻게 참뜻을 아는 사람을 찾아 그와 더불어 '짓고 조술하는'(作述) 종지를 논할 것인가?"(嗟乎! 道之不明久矣! 六經皆史也. …孔子之作『春秋』也, 蓋曰'我欲托之空言, 不如見諸行事之深切著明', 然則典章事實, 作者之所不敢忽, 蓋將卽器而明道耳! …道不明而爭於器, 實不足而競於文, …而世之溺者不察也! 太史公曰: '好學深思, 心知其意', 當今之世, 安得知意之人, 而與論作述之旨哉) 章學誠, 「答客問」 上, 『文史通義』 內篇 4, 『章學誠遺書』 卷4, 38면.

197 章學誠, 「釋通」, 『文史通義』와 「記與戴東原論修志」, 『方志略例』 卷1 등의 글 참조. 『章學誠遺書』 35~37, 128, 139면.

198 章學誠, 「記與戴東原論修志」, 『方志略例』 卷1, 『章學誠遺書』 卷14, 128면.

199 章學誠, 「爲張吉甫司馬撰『大名縣志』」 序」, 『方志略例』 卷1, 『章學誠遺書』 卷14, 129면.

200 우리는 이 점을 이해하기 위해 집사(集史)와 통사(通史)의 관계에 대한 장학성의 관점을 살펴보아야 한다. 장학성은 다음과 같이 말한다. "집사는 체재에서 통사와 비슷하지만 사실은 치수(淄水)와 승수(澠水: '치'와 '승'은 제나라에 있는 강 이름이다—역자)의 물맛만큼이나 전혀 다른 것이다. 통사는 멀게는 태초부터 지은이가 사는 현재의 세상까지 다루는데, 자신만의 독특한 구상을 가지고 일가의 학문을 이루어, 설령 이전 사람이 참신하게 찬술한 바가 있다 하여도 더는 이를 기본 틀로 삼지 않는다. 예를 들어 양무제의 『통사』는 사마천의 『사기』를 본받지 않았고, 정초(鄭樵)의 『통지』(通志)는 양무제의 『통사』를 본받지 않은 것이 이에 해당한다. 집사는 조대에 제한을 받으면서 여러 조대를 합쳐서 한 책을 만든다. 이로써 이전 사람의 저술을 계승하여 일가지언을 삼는데, 그 책에 실린 사건들은 단대(斷代)의 사서와 거의 대동소이하다. 단대의 사서는 단대별로 각기 하나의 사서가 되기에 체례가 단일하지 않다. 집사는 이러한 여러 체재의 사서들을 가지런히 하나로 만드는 것이기에, 내용이 들쑥날쑥하지 않게만 만들어도 충분한 것이다. 집사는 사건을 뽑는 것이 짓는 사람에게 달려 있고 궁극적으로 추구하는 것이 여러 내용을 정리해 가지런히 하는 것이기에, 통사의 자신만의 독특한 구상과는 아무런 상관이 없다. 단대별로 각기 하나의 사서가 되는 것 역시 서로 다르다."(集史之書, 體與通史相仿, 而實有淄澠之分. 通史遠自古初, 及乎作者之世, 別出心裁, 成其家學, 前人縱有撰述, 不復取以爲資, 如梁武不因史遷, 鄭樵不因梁武是也. 集史則代有所限, 合數代而稱爲一書, 以繼前人述作, 爲一家言, 事與斷代之史, 約略相似. 而斷代又各自爲書, 體例不一, 集史則就其所有諸體而劃一之, 使不至於參差足矣. 事取因人, 義求整齊, 與通史之別出心裁, 無所資藉, 斷代之各自爲書者, 又各不同也) 章學誠, 「史考摘錄」, 『章學誠遺書』 「佚篇」, 654면.

201 예를 들어 장학성은 다음과 같이 말한다. "유가는 육경을 지키며 '이것은 단지 도를 싣고 있는 서적일 뿐'이라고 여겼다. 무릇 세상천지 어디에 기(器)를 버린 채 도를

이야기하거나, 실체를 떠나 그림자가 존재하는 경우가 있으리오! 저들은 천하 만물과 인간관계나 일상생활을 버리고 육경만을 고수하며 도를 얘기하는데, 진실로 저들과 함께 도를 이야기할 수 없도다!"(儒家者流, 守其六籍, 以謂是特載道之書耳. 夫天下豈有離器言道, 離形存影者哉? 彼舍天下事物人倫日用, 而守六籍以言道, 則固不可與言夫道矣) 章學誠,「原道」中,『文史通義』內篇 2,『章學誠遺書』卷2, 11면.

202 "『역』에서 가로되 '괘효의 지력(智力)으로 옛일을 잘 담아 두고, 시초점의 신묘함으로 다가올 미래를 알게 된다'(知以藏往, 神以知來)라고 하였다. 무릇 사물과 전장제도의 이름 및 연원이나, 아주 복잡하고 번거로운 의절(儀節)이나, 정심하고 상세한 고정을 두루두루 잘 암송하는 것은 옛것을 모아 두는 학문(藏往之學)이며, 배우길 좋아하여 기민하게 구하는 것이나 마음으로 그 참뜻을 깨닫는 것이나 세상 변화에 신기하게 밝거나 축적된 옛것을 새롭게 풀어내는 것은 미래를 아는 학문(知來之學)이다. 옛것을 모아 둘 수 있으면서 미래를 모를 수는 없다. 『예』를 연구함에 다섯 방도(五端)면 곡진할 수 있다. 그『예』를 다스린 바로 후세의 제도를 절충하여 내면서, 오늘날에 적합한 바를 판단해 보니, 세상을 경륜하고 백성을 구제하며 일상의 인간관계를 지키는 것이 모두 여기서 나오게 된다. 그런즉 미래를 안다는 것의 공(功)이 지극히 크도다! 학자라도 완벽 무결할 수는 없으니 자신의 자질에 가까운 바를 추구하며 힘써 근면할 수만 있다면 되는 것이다."(『易』曰: 知以藏往, 神以知來. 夫名物制度, 繁文縟節, 考訂精詳, 記誦博洽, 此藏往之學也. 好學敏求, 心知其意, 神明變化, 開發前縕, 此知來之學也. 可以藏往, 而不可以知來, 治『禮』之盡於五端也, 推其所治之『禮』, 而折中後世之制度, 斷以今之所宜, 則經濟人倫, 皆從此出, 其爲知來, 功莫大也. 學者不得具全, 求其資之近而力能勉者, 斯可矣) 章學誠,「禮敎,『文史通義』內篇 1,『章學誠遺書』卷1, 7면.【역주】여기서 장학성이 말한 '다섯 가지 방도'란 당시 학자들이 삼례(三禮)를 연구하던 다섯 가지 유형, 즉 연원을 거슬러 올라가는 작업, 의례를 밝히는 작업, 명칭이나 내용을 종합해 내는 작업, 이동(異同)을 고증하는 작업, 일실된 바를 수집하는 작업을 가리킨다.

203 이러한 관점은 사실 장학성의 개인적 관점일뿐더러 한학과 송학이 서로 헐뜯고 고증학이 크게 흥성했던 시기에 필연적으로 출현하게 된 조류이기도 했다. 예를 들어 초순 역시 이 같은 측면에서 장학성과 궤를 같이하는 주장을 했다. "제작을 한 이를 일러 성인이라 하고, 조술한 이를 일러 현명한 자라고 한다. 제작과 조술에는 아무런 차등이 없으니, 각기 자신이 사는 시기에 적합하게 맞추었을 따름이다. 사람이 미처 모르는 것을 내가 이미 알게 되고, 남이 미처 깨닫지 못한 것을 내가 이미 깨달았다면, 내가 먼저 알게 되고 깨달은 바를 가지고 사람들을 가르쳐, 그들로 하여금 알게 하고 깨닫게 하는데, 천하 사람들이 알고 깨닫게 되는 것이 나로부터 말미암는 것이 바로 제작인 것이다. 이미 알게 되고 깨달은 자들은 스스로 이를 가감하게 되나니, …제작을 한 자의 참뜻을 다시금 밝혀 내는 것을 일러 조술이라 한다. …공자는 …제작을 하지 않은 것이 아니라 당시에는 제작을 할 필요가 없었던 것이다. …송원 이래로 …모두들 자신이 공자를 조술한다고 여기면서도, 이면은 저면을 이단이라 비난하고, 저면은 이면을 양주나 묵자라며 배척하니, …과연 공자가 조술한 바를 조술하여 낼 수 있겠는가?"(作者之謂聖, 述者之謂明. 作述無等差, 各當其時而

已. 人未知而己先知, 人未覺而己先覺, 因以所先知先覺者教人, 俾人皆知之覺之, 而天下之知覺自我始, 是爲作. 已有知之覺之者, 自我而損益之, …而作者之意復明, 是之謂述. …孔子, …非不作也, 時不必作也. 宋元以來, 皆自以爲述孔子, 而甲詆乙爲異端, 乙斥甲爲楊墨, …果能述孔子之所述乎) 焦循,「述難」2,『雕菰樓集』卷7, 百部叢書集成初編, 上海: 商務印書館, 1937, 103면.

204 "주자학과 상산학은 서로 달라 각자 문호의 입장에서 서로 공방을 주고받는다. 이는 천고의 질곡이 쌓여 있는 곳간이자 천고의 분란이 모여 있는 숲이다. 그 얼키설키 다투는 까닭을 연구하여 보니, 그저 빈말만 남발하며 실질적 인사(人事)에는 절실하지 않기 때문일 뿐이다."(朱陸異同, 干戈門戶, 千古桎梏之府, 亦千古荊棘之林也. 究其所以紛綸, 則惟騰空言而不切於人事耳) 장학성은 주(朱)·육(陸)의 성명에 관한 주장들을 부정하지 않았다. 그저 성명 문제에 대한 논의를 사학의 틀 안에 둘 것을 요구했을 뿐이다. 章學誠,「浙東學術」,『文史通義』內篇 2,『章學誠遺書』卷2, 15면.

205 장학성은 이렇게 말한다. "삼대 이래로 관사·정교가 합치될 수 없었기에 학업은 부득불 한때의 성쇠를 따라 좇아야 할 기풍을 삼을 수밖에 없었습니다. 흥성하는 시기에는 세상을 뒤덮을 만한 영웅호걸이 나서서 자신의 재능을 다하더라도 그 여분이 어느 정도인지 헤아릴 수조차 없었고, 쇠락하는 시기에는 보통의 자질도 갖추지 못한 자들이 득의양양하여 손뼉을 치며 나서도 그 부족한 바를 의논할 수 있었습니다. 복건·정현의 훈고, 한유·구양수의 문장, 주돈이와 정호·정이 형제의 의리는 서로들 자기가 몸담은 문호는 주인 섬기듯 받들어 모시고 다른 문호는 노비를 대하듯 천시하여 쟁론이 분분하였지만, 진정한 군자가 차분히 이를 살펴볼 때에는 결국에는 모두가 도 안에서 이루어진 한 갈래일 따름이었습니다. 도의 전모를 엿보지 못하여 각기 한 갈래로만 지향하면서 서로들 자기가 몸담은 문호는 주인 섬기듯 받들어 모시고 다른 문호는 노비를 대하듯 천시하였습니다. 이는 대도가 나타나지 않자, 배우는 선비들이 자신이 아끼는 바를 도인 양 드러낸 것입니다. 이는 그저 그 기풍이 돌고 도는 순환 중에 잠시 드러난 것일 뿐입니다. 족하께서는 배움으로 나아가려 하시는데, 반드시 먼저 도에서 그 단서를 구해야 합니다. 도는 사람에게서 멀리 떨어져 있지 않으니, 그것은 바로 만세토록 변함없는 모든 만물의 소이연입니다. …오늘날 배우는 자들은 그렇지 않습니다. 타고난 자질이 어느 방면에 가까운지는 따지지도 않고, 자신의 심성이 편안히 여기는 바를 추구하지도 않은 채, 그저 유행하는 기풍이 지향하는 바만을 좇고 당시 세상이 숭상하는 바만을 따라 억지로 이를 하다 보니 이미 남보다 못하게 될 뿐입니다."(三代以還, 官師政教不能合而爲一, 學業不得不隨一時盛衰而爲風氣, 當其盛也, 蓋世豪傑, 竭才而不能測其有餘. 及其衰也, 中下之資, 抵掌而可以議其不足. 大約服鄭訓詁, 韓歐文辭, 周程義理, 出奴入主, 不勝紛紛, 君子觀之, 此皆道中之一事耳. 未窺道之全量, 而各趨一節以相主奴, 是大道不可見, 而學士所矜爲見者, 特其風氣之著於循環者也. 足下欲進於學, 必先求端於道. 道不遠人, 卽萬世萬物之所以然也. …今之學者則不然, 不問天質之所近, 不求心性之所安, 惟逐風氣之所趨而循當世之所尙, 勉强爲之, 固已不若人矣) 章學誠,「答沈楓墀論學」,『文史通義』外篇 3,『章學誠遺書』卷9, 84~85면.

206 章學誠,「天喩」,『文史通義』內篇 6, 같은 책 卷6, 51면.

207 "관리·스승, 그리고 정치·교화가 합일되어 있을 때는, 천하의 총명한 자들이 그 합일된 바에 틀지어졌다. 그래서 기(器)에 도가 존재하였고 사람들 마음속에는 이를 참월(僭越)하려는 생각이 없었다. 관리·스승, 그리고 정치·교화가 나누어지자, 총명하고 재주를 지닌 자들이 틀지어지지 않게 되었고, 일음일양(一陰一陽)하는 도의 변화가 편벽한 천성에 귀착되어 버리면서 각자 자신의 편벽한 천성에 근거하여 본 바를 본래부터 그러한 바로 여겼는데, 이 역시 자연스러운 추세였다. 무릇 의례와 음악을 담당하는 관청이나 관리는 각기 전문적인 직무를 담당했기에, 비록 이루(離婁)처럼 눈이 밝고 사광(師曠)처럼 귀가 밝더라도, 원래 있는 틀을 따르고 정해진 악률을 따를 수밖에 없었다. 오늘날 가로되 '관직에서 관장되던 바가 끊어져, 내가 도덕으로 그 가르침을 밝힌다'라고 하면서 사람들 모두 스스로 자신이 주장하는 바를 도덕이라 여겼다. 그래서 공자는 이런 폐단을 피하려고 조술하며 지어내지 않았고, 육경을 드러냄으로써 주공의 옛 전장 제도를 보존하였으니, 이는 감히 기를 버린 채 도를 말하지 않은 것이다. 그러나 뒤이어 제자백가가 앞다투어 일어나 도를 말하게 되었다."(蓋官師治教合, 而天下聰明範於一, 故卽器存道, 而人心無越思. 官師治教分, 而聰明才智不入於範圍, 則一陰一陽, 入於受性之偏, 而各以所見爲固然, 亦勢也. 夫禮司樂職, 各守專官, 雖有離婁之明, 師曠之聰, 不能不赴範而就律也. 今云官守失傳, 而吾以道德明其教, 則人人皆自以爲道德矣. 故夫子述而不作, 而表章六藝, 以存周公之舊典也. 不敢舍器而言道也, 而諸子紛紛, 則已言道矣) 章學誠, 「原道」中, 『文史通義』 內篇 2, 『章學誠遺書』 卷2, 11면. 【역주】 이루와 사광에 대한 언급은 『맹자』 「이루 상」(離婁上)에 보인다.

208 章學誠, 「言公」上, 『文史通義』 內篇 4, 『章學誠遺書』 卷4, 29면.

209 章學誠, 「言公」下, 같은 책, 32면.

210 章學誠, 「書教」中, 『文史通義』 內篇 1, 같은 책 卷1, 3면.

211 "전국시대에 이르러 복희·신농·황제의 서적이 일시에 잡다하게 세상에 나타났다. 그 서적들은 모두 옛 성인이 지은 것이라고 일컬어졌다. 예를 들어 천문에 대한 책인 한대 감공(甘公)·석신(石申)의 『성경』(星經)과 방기(方技)에 대한 책인 『황제영추경』(黃帝靈樞經)·『황제소문경』(黃帝素問經)·『난경』(難經)은 그 종류가 실로 번잡하였다. 이는 마치 장인들은 노반(魯般)에게 제사 지내고 병사들은 치우(蚩尤)에게 제사 지내는 것처럼, 반드시 책을 지은 사람이 성인인 것이 아니라, 단지 그 술수를 익히는 자들이 그 서적들을 의지할 바로 삼았기에, 부득불 이를 '경의 말'(經言)로 숭상하게 된 것이다."(至戰國而羲農黃帝之書一時雜出焉, 其書皆稱古聖, 如天文之甘·石『星經』, 方技之『靈』·『素』·『難經』, 其類實繁, 則猶匠祭魯般, 兵祭蚩尤, 不必著書者之果爲聖人, 而習是術者奉爲依歸, 則亦不得不尊以爲經言者也) "제자백가의 학문은 대부분 앞다투어 삼황오제의 서적에 기탁을 하였다. 농업에 관련된 분야는 신농에게 기탁하고, 병법·의경(醫經)은 황제에게 기탁하였다. 호사가들은 이렇게 기탁한 책들이 전설의 『삼분』(三墳) 같은 일서(逸書)라는 소문을 퍼트렸다."(百家之學, 多爭托於三皇五帝之書矣, 藝植托於神農, 兵法醫經托於黃帝, 好事之徒, 傳爲『三墳』之逸書) 章學誠, 「經解」中, 『文史通義』 內篇 1, 같은 책 卷1, 9면. 【역주】 '노반'(魯般)은 춘추시대 노나라의 유명한 목수이자 발명가로, 이후 기술자들의 신으로 추앙받았다. '치우'(蚩尤)는 염제의 후손으로 용맹하고 전쟁에 능했

지만, 황제와의 전쟁에 패해 죽임을 당한 뒤에, 전쟁의 신으로 추앙받았다.

212 "천인성명의 학문은 빈말로 얘기할 수 없는 것이다. 그래서 사마천은 동중서의 천인성명설에 근본하여 세상을 경륜하는 책인 『사기』를 지었다. …사학이 『춘추』에 근본하고 있음을 알고, 『춘추』가 세상을 경륜하는 책임을 안다면, …학문을 강론하는 자들은 반드시 매사에 자신이 따로 근거하는 문호를 두지도 않을 것이며 한 문호에만 근거할 수도 없을 것이다."(天人性命之學, 不可以空言講也. 故司馬遷本董氏天人性命之說, 而爲經世之書. …知史學之本於 『春秋』, 知 『春秋』之將以經世, …而講學者必有事事, 不特無門戶可持, 亦且無以持門戶矣) 章學誠, 「浙東學術」, 『文史通義』 內篇 2, 같은 책 卷2, 15면.

백원담 1권 감수 및 한국어판 서문·초판 서문·도론 번역

연세대학교 중어중문학과를 졸업하고 동대학원에서 박사학위를 받았다. 성공회대 중어중국학과 교수, 동아시아연구소장, 대학원장을 역임했으며 현재 성공회대학교 석좌교수이다. 한국문화연구학회 회장, 한국냉전학회 회장, 한국인문한국연구소협의회 회장을 역임했고, 현재 백기완노나메기재단 통일문제연구소 소장을 맡고 있다. 논문으로 「5·4 100년의 등하만필燈下漫筆」, 「전후아시아에서 '중립'의 이몽과 비동맹운동」한국전쟁종전에서 인도요인을 중심으로」, 「The 60th anniversary of the Bandung Conference and Asia」 등이 있으며, 저서 및 편저로 『1919와 1949: 21세기 한중 '역사 다시 쓰기'와 '다른 세계'』(엮음), 『중국과 비非중국 그리고 인터 차이나』(엮음), 『뉴노멀을 넘어; 팬데믹에 대한 인도네시아의 대응과 정동』(공저), 『열전 속 냉전, 냉전 속 열전』(공저), 『신중국과 한국전쟁』(공저), 『동아시아 문화선택 한류』 등이 있다. 냉전 아시아에서 복수성 정치의 역사적 맥락화 작업을 비동맹/제3세계 운동 중심으로 지속하고 있고, 포스트 글로벌라이제이션 시대 중국과 아시아 그리고 세계의 다원 평등한 관계상 구현을 위한 문화 정치적 경로의 모색 작업을 계속하고 있다.

박자영 재판 서문 번역

연세대학교 중어중문학과를 졸업하고 중국 화동(華東) 사범대학에서 박사학위를 받았다. 현재 협성대학교 중국어문화학과에서 재직 중이다. 지은 책으로 『상하이의 낮과 밤』, 옮긴 책으로는 『루쉰전집14: 서신2』, 『루쉰전집4: 화개집·화개집속편』(공역) 등이 있다. 문화연구의 관점에서 현대중국과 동아시아의 역사와 문화현실에 대해 공부하고 있다.

최정섭 1장 번역

연세대학교 중어중문학과를 졸업한 후 동 대학원에서 박사학위를 받았으며, 현재 안양대 HK연구교수로 재직 중이다. 논문으로 「해경解經과 해자解字: 프레마르 『육서실의』六書實義를 통해 본 예수회의 중국 전유」, 「國學과 漢學의 접점으로서의 文獻學: 하가 야이치芳賀矢一와 량치차오梁啓超를 중심으로」 등이 있고, 역서로 『청말중국의 대일정책과 일본어 인식: 조공과 조약 사이에서』, 『텍스트의 제국』, 『위대한 중국학자』(공역) 등이 있다. 최근에는 동서 교류 문헌 연구의 일환으로서 선교사들의 한문漢文 그리스도교 문헌과 일본 난학蘭學에 대한 연구를 진행 중이다.